Wolls Lehr- und Handbücher der
Wirtschafts- und Sozialwissenschaften

herausgegeben von
Universitätsprofessor Professor h. c. Dr. Artur Woll

Makroökonomie

Von
Robert J. Barro
Harvard University

3. Auflage

R. Oldenbourg Verlag München Wien

Titel der amerikanischen Originalausgabe „Macrooeconomics – Third Edition"
© Copyright der Originalausgabe 1984, 1987, 1990 by John Wiley & Sons, Inc.,
New York, USA and Robert J. Barro

Übersetzung von Hans-Jürgen Ahrns, Universität Regensburg

Für Judy – in Liebe

Die Deutsche Bibliothek – CIP-Einheitsaufnahme

Barro, Robert J.:
Makroökonomie / Robert J. Barro. – 3. Aufl. – München ;
Wien : Oldenbourg, 1992
  (Wolls Lehr- und Handbücher der Wirtschafts- und
  Sozialwissenschaften)
  Einheitssacht.: Macroeconomics ⟨dt.⟩
  ISBN 3-486-21745-3

© 1992 R. Oldenbourg Verlag GmbH, München

Das Werk einschließlich aller Abbildungen ist urheberrechtlich geschützt. Jede Verwertung außerhalb der Grenzen des Urheberrechtsgesetzes ist ohne Zustimmung des Verlages unzulässig und strafbar. Das gilt insbesondere für Vervielfältigungen, Übersetzungen, Mikroverfilmungen und die Einspeicherung und Bearbeitung in elektronischen Systemen.

Gesamtherstellung: R. Oldenbourg Graphische Betriebe GmbH, München

ISBN 3-486-21745-3

Vorwort

Die Makroökonomie befindet sich in einer Phase des Umbruchs. Das keynesianische Modell, das sich bis in die späten 60er Jahre als grundlegendes Paradigma nahezu uneingeschränkter Anerkennung erfreute, stößt auf immer mehr Skepsis. Ursächlich hierfür ist vorwiegend die unzureichende Erklärung zurückliegender Wirtschaftsereignisse – insbesondere die unbefriedigende Antwort des Modells auf Inflation und Angebotsschocks. Ein weiterer Faktor ist der theoretische und empirische Fortschritt eines alternativen "Markträumungsansatzes", der sich sehr viel enger an die Mikroökonomie anlehnt, mit deren Hilfe Ökonomen recht erfolgreich das Verhalten der Haushalte und Unternehmen untersuchen. Obwohl auch mit diesem Ansatz noch einige wichtige Probleme als ungelöst verbleiben, bietet er dennoch eine sehr viel befriedigendere makroökonomische Theorie als das keynesianische Modell. Mit befriedigender meine ich, daß dieser Ansatz interne Inkonsistenzen vermeidet und gleichzeitig ein besseres Verständnis der Realität vermittelt.

Obgleich das keynesianische Modell unter Ökonomen auf zunehmende Skepsis stößt, nimmt es in den meisten Lehrbüchern nach wie vor eine dominierende Stellung ein und dient als grundlegende Basis zur Vermittlung des Faches. Wenn auch in vielen Lehrbüchern Aspekte des Markträumungsmodells dargestellt werden, ist dieses Modell bezüglich seiner Beschreibung der realen Ereignisse oder als Grundlage politischer Entscheidungen bisher nur unzureichend gewürdigt worden. Diese Diskrepanz zwischen dem vorhandenen Lehrbuchmaterial und den neuen Erkenntnissen der letzten 20 Jahre hat mich zum Schreiben der ersten Auflage dieses Buches veranlaßt.

Mein Anliegen ist die Darstellung des Markträumungsansatzes als einer generellen Analysemethode zur Untersuchung realer makroökonomischer Probleme. Die Konzentration auf diesen Ansatz bedeutet, daß dieses Buch keine "ausgewogene" Darstellung alternativer makroökonomischer Modelle bietet. Meines Erachtens gibt es kein ausgewogenes und gleichzeitig inhaltlich gutes Buch - und vermutlich kann es ein solches auch nicht geben. Obwohl ich das keynesianische Modell in diesem Buch eingehend darstelle und sorgfältig zeige, in welcher Beziehung es zum Markträumungsansatz steht, verwende ich den keynesianischen Rahmen nicht für die meisten Analysen ökonomischer Ereignisse oder politischer Maßnahmen. Wie auch immer man letztendlich zum Wert des keynesianischen Modells stehen mag, gibt es für mich vor allem einen Grund, die Analyse der Makroökonomie nicht damit zu beginnen. Es betrifft eine schwierige Thematik und beinhaltet spezifische Annahmen über die mangelhafte Funktionsweise privater Märkte. Die Natur dieser Funktionsmängel und die besonderen Eigenschaften des keynesianischen Modells können nicht vollständig verstanden und gewürdigt werden, bevor die Markträumungsanalyse entwickelt worden ist.

Die positive Aufnahme der vorhergehenden Auflage hat mich sehr ermutigt. Sie zeigt sich unmittelbar an der häufigen und weiter zunehmenden Verwendung dieses Buches in den Grundstudiumsveranstaltungen vieler Universitäten. Dem Buch ist darüber hinaus eine starke Aufmerksamkeit der nationalen Presse zuteil geworden. Positive Besprechungen erschienen in *Newsweek, Fortune, Wall Street Journal, Newsday, Boston Globe, Washington Times, Rochester Democrat and Chronicle* und *Financial Times*. Besprechungen von Lehrbüchern sind in den Medien selten, und sie stellten für mich (und meinen Verleger) eine erfreuliche Überraschung dar.

Ich glaube, daß die günstige Aufnahme ein weitverbreitetes Bedürfnis nach einem makroökonomischen Analyserahmen widerspiegelt, der dem keynesianischen Modell überlegen ist. Obwohl letzteres für Unterrichtszwecke durchaus attraktiv sein kann, vermittelt es den Studenten nur ein recht eingeschränktes Verständnis über die Funktionsweise der Volkswirtschaft und darüber, inwieweit Wirtschaftspolitik die Dinge zu verbessern oder zu verschlechtern vermag. Im übrigen scheint mir, daß viele Dozenten, nach einer gewissen anfänglichen Skepsis, nunmehr davon überzeugt sind, daß der befriedigendere Markträumungsansatz Studenten im Grundstudium wirklich zugänglich ist.

Diese dritte Auflage hat sich thematisch nicht gegenüber den früheren Auflagen verändert, enthält aber eine Reihe von Verbesserungen. Die erweiterte Behandlung der internationalen Wirtschaftsbeziehungen ist dabei die wichtigste. Nicht zuletzt wegen der Bedeutung aktueller wirtschaftlicher Ereignisse – wie das Defizit der US-Leistungsbilanz, die Fluktuationen der Wechselkurse und die internationale Schuldenkrise – wünscht nun die Mehrzahl der Dozenten für die Makroökonomie im Grundstudium die Einbeziehung einer gehaltvollen Diskussion der internationalen Wirtschaftsbeziehungen. Die Kapitel 15 und 16 (welche das frühere Kapitel 20 wesentlich erweitern) sind neu; sie zeigen, wie das auf intertemporale Überlegungen bezogene Markträumungsmodell unmittelbar auf internationale Aspekte anwendbar ist. Die Darstellung umfaßt die internationale Kreditaufnahme und -vergabe, Leitungsbilanz, Veränderungen der terms of trade, flexible und feste Wechselkurse (einschließlich des Goldstandards und des Europäischen Währungssystems) sowie die neuere Entwicklung der realen Wechselkurse. In einem neuen Abschnitt wird die Rolle der Fiskalpolitik in der Weltwirtschaft erörtert, wobei die Beziehung zwischen Defiziten des staatlichen Budgets und der Leistungsbilanz hervorgehoben wird.

Eine weitere Ergänzung, die es wert ist, besonders hervorgehoben zu werden, betrifft in Kapitel 19 die Diskussion von Regelbindungen gegenüber fallweisen Entscheidungen bei wirtschaftspolitischen Wahlhandlungen. In diesem Abschnitt wird eine Anwendung spieltheoretischer Argumentation auf Politikentscheidungen erörtert. Die Analyse zeigt, warum monetäres Wachstum und Inflation tendenziell im Übermaß auftreten, warum glaubwürdige Regeln zu besseren Ergebnissen führen können und warum derartige Regeln schwer durchzusetzen sind. Diese Diskussion nähert sich den vordersten Linien makrökonomischer Forschung, indem sie sich mit neueren Erkenntnissen befaßt, die sich für die Politikbewertung bereits als sehr wichtig erwiesen haben. Glücklicherweise können die wesentlichen Aspekte in einer Form erklärt werden, die für Studenten im Grundstudium verständlich ist.

Ebenso wie in früheren Auflagen wird das Material in der einfachsten Form dargestellt, die mir möglich erschien, so daß das Buch für Veranstaltungen zur Makroökonomie im Grundstudium geeignet ist. Die in sechs Jahren gesammelten Erfahrungen haben seine Tauglichkeit für die Lehre bestätigt. Die "Rückmeldungen" der Benutzer halfen mir, die Darstellung an vielen Stellen zu vereinfachen, und daher bin ich zuversichtlich, daß Studenten die dritte Auflage als noch leichter zugänglich empfinden werden als die vorhergehenden.

Beim Schreiben dieses Buches habe ich ungewöhnlich viele wertvolle Anregungen erhalten und bin immer wieder zur Durchführung des Projekts ermutigt worden. Da die ständige Überarbeitung für ein Lehrbuch unerläßlich ist, wäre ich für weitere Hinweise und Ergänzungen durch die Leser äußerst dankbar. Mein besonderer Dank gilt Mark Rush für seine wertvollen und detaillierten Kommentare zu den einzelnen Textfassungen aller drei Auflagen. Ich bedanke mich für hilfreiche Anmerkungen auch bei Ken Chapman, Marty Eichenbaum, Mark Fisher, Roger Goldberg, John Haltiwanger, Barry Ickes, Jim Kahn, Evan Koenig, Prakash Loungani und James McGibbany.

Robert Barro

Inhaltsübersicht

1 Der Makroökonomische Ansatz	1
TEIL I: MIKROÖKONOMISCHE FUNDIERUNG UND DAS GRUNDLEGENDE MARKTRÄUMUNGSMODELL	**29**
2 Arbeit, Produktion und Konsum - Modell einer Robinson-Crusoe-Wirtschaft	31
3 Verhalten der Haushalte auf dem Güter- und Kreditmarkt	59
4 Geldnachfrage	95
5 Das grundlegende Markträumungsmodell	123
6 Arbeitsmarkt	157
TEIL II: INFLATION	**175**
7 Inflation und Zinssätze	177
8 Geldmenge, Inflation und Zinssätze im Markträumungsmodell	201
TEIL III: KONJUNKTURSCHWANKUNGEN UND WIRTSCHAFTSWACHSTUM	**233**
9 Investitionen	235
10 Kapitalakkumulation und Wirtschaftswachstum	271
11 Arbeitslosigkeit	295
TEIL IV: STAAT	**329**
12 Staatliche Güterkäufe und öffentliche Leistungen	331
13 Steuern und Transferzahlungen	363
14 Staatsverschuldung	397
TEIL V: INTERNATIONALE WIRTSCHAFTSBEZIEHUNGEN	**435**
15 Internationale Güter- und Kreditmärkte	437
16 Wechselkurse	463
TEIL VI: WECHSELBEZIEHUNGEN ZWISCHEN MONETÄREM UND REALEM SEKTOR	**497**
17 Die Mittlerrolle des Finanzsektors	501
18 Zusammenhang zwischen nominalen und realen Variablen - Eine empirische Betrachtung	537
19 Geldmenge und Konjunkturschwankungen im Markträumungsmodell	563
20 Keynesianische Theorie der Konjunkturschwankungen	597
Literaturverzeichnis	637
Glossar	649
Index	663

Inhalt

Kapitel 1: Der Makroökonomische Ansatz   1

Die Entwicklung von Produktion, Arbeitslosigkeit und Preisniveau
in den USA   2
Die Methode der Makroökonomie   8
  Mikroökonomische Fundierung der Makroökonomie   8
  Markträumungsbedingungen   10
  Verwendung des Markträumungsmodells   12
Anmerkungen zu Mathematik und ökonomischer Argumentation   16
Grundzüge der Volkswirtschaftlichen Gesamtrechnung   17
  Nominales und reales Bruttosozialprodukt   17
  Das Bruttosozialprodukt - Ausgaben, Produktion und Einkommen   19
  Preise   26

**Teil I: Mikroökonomische Fundierung
und das grundlegende Markträumungsmodell**   29

**Kapitel 2: Arbeit, Produktion und Konsum -
Modell einer Robinson-Crusoe-Wirtschaft**   31

Produktionstechnologie   31
Entscheidung zwischen Konsum und Freizeit   35
Entscheidung über die Arbeitszeit   41
Verschiebungen der Produktionsfunktion   43
Vermögenseffekte   44
Substitutionseffekte zwischen Arbeit und Konsum   48
Kombination von Vermögens- und Substitutionseffekten   51
Zusammenfassung   54
Fragen und Probleme   55

**Kapitel 3: Verhalten der Haushalte auf dem
Güter- und Kreditmarkt**   59

Gütermarkt   59
  Geld   60
  Preisniveau   61
Kreditmarkt   61
Budgetbeschränkungen   63
  Budgetbeschränkungen für eine Periode   63
  Budgetbeschränkungen für zwei Perioden   65
  Gegenwartswerte   66
  Budgetgerade eines Haushalts   67
Präferenzen für heutigen und zukünftigen Konsum   70
Konsumwahl über zwei Perioden   72

Vermögens- und Substitutionseffekte	73
Vermögenseffekte beim Konsum	73
Zinssatz und intertemporale Substitution	75
Empirische Belege zur intertemporalen Substitution beim Konsum	77
Intertemporale Wahl des Arbeitseinsatzes	77
Vermögenseffekte beim Arbeitseinsatz	78
Zinssatz und Arbeitsentscheidungen	78
Empirische Belege zur intertemporalen Substitution beim Arbeitseinsatz	79
Budgetbeschränkungen für viele Perioden	79
Budgetbeschränkungen für eine beliebige Anzahl von Perioden	80
Planungshorizont eines Haushalts	81
Budgetbeschränkungen bei unendlichem Planungshorizont	82
Entscheidungen für viele Perioden	83
Zinssatz und intertemporale Substitution	83
Vermögenseffekte	84
Empirische Evidenz der Grenzneigung zum Konsum	86
Verschiebungen der Kurve des Grenzprodukts der Arbeit	88
Zusammenfassung	89
Fragen und Probleme	90

Kapitel 4: Geldnachfrage   95

Das Wesen einer Geldwirtschaft	95
Ein Modell der optimalen Kassenhaltung	98
Eigenschaften der Geldnachfrage	104
Aggregierte Geldnachfrage	105
Verallgemeinerung des Grundmodells	105
Zahlungsperiode und Geldnachfrage	107
Umlaufgeschwindigkeit des Geldes	107
Die Umlaufgeschwindigkeit des Geldes in den USA	108
Empirische Befunde zur Geldnachfrage	111
Geld und die Budgetbeschränkungen der Haushalte	113
Der Realkasseneffekt	115
Vermögenseffekte aufgrund von Transaktionskosten	116
Zusammenfassung	117
Fragen und Probleme	118

Kapitel 5: Das grundlegende Markträumungsmodell   123

Gesamtwirtschaftliche Konsistenz-Bedingungen und die Räumung der Märkte	123
Walras-Gesetz der Märkte	125
Räumung des Gütermarktes	127
Warum berührt das Preisniveau nicht Güterangebot und -nachfrage?	129
Die Geldnachfrage entspricht dem Geldangebot	131
Allgemeine Markträumung	132
Angebotsschocks	133

Eine temporäre Verschiebung der Produktionsfunktion	133
Angebotsschocks und Zinssatz in Frankreich während des 19. Jahrhunderts	142
Eine permanente Verschiebung der Produktionsfunktion	142
Veränderungen der Geldmenge	145
Neutralität des Geldes	147
Quantitätstheorie des Geldes und der Monetarismus	147
Veränderungen der Geldnachfrage	148
Zusammenfassung	150
Fragen und Probleme	151

Kapitel 6: Arbeitsmarkt   157

Modell eines Arbeitsmarktes	157
Arbeitsnachfrage	158
Eigenschaften der Arbeitsnachfrage	160
Vorteile eines Ausgleichs des Grenzprodukts zwischen Unternehmen	161
Arbeitsangebot und Konsumnachfrage	162
Räumung des Arbeitsmarktes	163
Empirische Belege zur Reaktion des Arbeitsangebots auf zeitliche Variationen der Reallohnsätze	164
Räumung des Gütermarktes	165
Eine Verbesserung der Produktionstechnologie	167
Nominale Lohnsätze	169
Der Arbeitsmarkt im makroökonomischen Modell	171
Zusammenfassung	171
Fragen und Probleme	172

Teil II: Inflation   175

Kapitel 7: Inflation und Zinssätze   177

Daten zur Inflation und zum monetären Wachstum verschiedener Länder	178
Inflation und monetäres Wachstum - Zeitreihenanalyse für die USA	183
Inflation als monetäres Phänomen	184
Tatsächliche und erwartete Inflation	185
Reale und nominale Zinssätze	186
Tatsächlicher und erwarteter realer Zinssatz	188
Verzinsung des Geldes	194
Indexierte Wertpapiere im Vereinigten Königreich	195
Zusammenfassung	196
Fragen und Probleme	197

Kapitel 8: Geldmenge, Inflation und Zinssätze im Markträumungsmodell 201

Einbeziehung von Inflation und monetärem Wachstum in das Modell 201
   Monetäres Wachstum und Transferzahlungen 202
   Budgetbeschränkungen bei unendlichem Zeithorizont 203
   Intertemporale Substitutionseffekte 205
   Zinssätze und Geldnachfrage 205
Markträumungsbedingungen 206
Superneutralität des Geldes 206
Monetäres Wachstum, Inflation und Nominalzinssatz 207
   Veränderung der monetären Wachstumsrate 209
Inflationsdynamik 215
   Allmähliche Anpassung der Geldnachfrage 215
   Antizipierte Veränderungen des monetären Wachstums 217
   Der Übergang von einer Inflationsrate zu einer anderen 218
Geld und Preise während der Hyperinflation in Deutschland 219
Realeffekte der Inflation 222
   Einige Effekte einer nicht-antizipierten Inflation 222
   Effekte einer antizipierten Inflation auf die reale Kassenhaltung und Transaktionskosten 222
   Einnahmen aus der Geldschöpfung 223
Zusammenfassung 224
Anhang: Vermögenseffekte der monetären Größen 226
Fragen und Probleme 228

Teil III: Konjunkturschwankungen und Wirtschaftswachstum 233

Kapitel 9: Investitionen 235

Kapitalstock und Investitionen in den USA 235
Das reale BSP und seine Komponenten in Rezessionen 239
Kapital in der Produktionsfunktion 242
Investitions- und Konsumgüter 244
Abschreibungen 245
Merkmale des vorhandenen Kapitalstocks 246
Investitionsnachfrage 247
   Eigenschaften der Investitionsnachfrage 250
Das Fehlen eines Wiederverkaufsmarktes 252
Allmähliche Anpassung der Investitionsnachfrage 253
Investitionen und die Budgetbeschränkungen der Haushalte 254
Räumung des Gütermarktes 256
Angebotsschocks 258
   Temporäre Verschiebung der Produktionsfunktion 258
   Permanente Verschiebung der Produktionsfunktion 261
   Veränderungen der Kapitalproduktivität 263

Zusammenfassung	265
Fragen und Probleme	267

Kapitel 10: Kapitalakkumulation und Wirtschaftswachstum ... 271

Auswirkungen des Kapitalstocks auf Produktion, Arbeitseinsatz und Konsum	271
Zusammenwirken von Kapital und Arbeit	272
Kapitalstock und die Entscheidungen der Haushalte	273
Kapital in der Bedingung zur Räumung des Gütermarktes	273
Erhöhung des Kapitalstocks in einer Periode	274
Erhöhungen des Kapitalstocks über viele Perioden	277
Steady-state-Kapitalstock und realer Zinssatz	278
Bevölkerungsveränderungen	281
Eine einmalige Bevölkerungszunahme	281
Bevölkerungswachstum	283
Technologischer Wandel	284
Zusammenfassung unserer Schlußfolgerungen zur wirtschaftlichen Entwicklung	285
Langfristige Daten für die USA	286
Länderquerschnittsdaten für die Periode nach dem 2. Weltkrieg	288
Zusammenfassung	292
Fragen und Probleme	293

Kapitel 11: Arbeitslosigkeit ... 295

Ein Modell der Arbeitsplatzsuche	296
Arbeitskraftsuche der Unternehmen	299
Beendigung von Arbeitsverhältnissen	300
Beendigung sowie Aufnahme von Arbeitsverhältnissen und die natürliche Rate der Arbeitslosigkeit	302
Zugänge und Abgänge bei den Erwerbspersonen	305
Entwicklung der Arbeitslosenquoten nach demographischen Gruppen in den USA	308
Dauer der Arbeitsverhältnisse	309
Dauer der Arbeitslosigkeit	310
Faktoren, die die natürliche Arbeitslosenrate beeinflussen	311
Arbeitslosenversicherung	312
Mindestlohn	315
Gewerkschaften	316
Veränderung der Erwerbsquoten	316
Beschäftigung und Arbeitslosigkeit in Rezessionen	317
Arbeitslosigkeit während der letzten US-Rezessionen	320
Angebotsschocks, Rezessionen und Arbeitslosigkeit	322
Zusammenfassung	324
Fragen und Probleme	325

Teil IV: Staat 329

Kapitel 12: Staatliche Güterkäufe und öffentliche Leistungen 331

Daten zu den Staatsausgaben 331
Staatliche Budgetbeschränkung 334
   Staatliche Produktion 336
   Öffentliche Leistungen 337
Budgetbeschränkungen der Haushalte 337
Temporäre Veränderungen der staatlichen Güterkäufe 338
Räumung des Gütermarktes 341
Entwicklung in Kriegszeiten 345
   Entwicklung der Produktion und anderer Größen 345
   Entwicklung des realen Zinssatzes 348
Permanente Veränderungen der staatlichen Güterkäufe 352
Ergebnisse für den Fall produktiver öffentlicher Leistungen
und variablen Arbeitsangebots 355
Auswirkungen staatlicher Güterkäufe auf das Preisniveau 356
Zusammenfassung 358
Fragen und Probleme 359

Kapitel 13: Steuern und Transferzahlungen 363

Staatliche Einnahmequellen in den USA 363
Steuerarten 366
   Persönliche Bundeseinkommensteuer 367
   Bundesstaatliche und kommunale Einkommensteuern 369
   Sozialversicherungsabgaben 370
   Grenzsteuersätze beim Einkommen 371
   Körperschaftsteuern 372
   Vermögensteuern 373
   Umsatz- und Verbrauchsteuern 373
Integration einer Einkommensteuer in das theoretische Modell 374
   Budgetbeschränkungen der Haushalte 375
   Steuersätze und Substitutionseffekte 376
Veränderung des Steuersatzes 378
   Räumung des Gütermarktes 379
   Wirkungen eines höheren Steuersatzes 381
Vermögenseffekte durch Variation des Steuersatzes 382
Langfristige Effekte eines höheren Steuersatzes 383
   Auswirkungen einer permanenten Zunahme der staatlichen Güterkäufe
   in Verbindung mit einer Einkommensteuer 384
   Zusammenhang zwischen Steuersatz und Steuereinnahmen 386
Transferzahlungen 390
Zusammenfassung 392
Fragen und Probleme 393

Inhalt   XVII

Kapitel 14: Staatsverschuldung   397

Entwicklung der Staatsverschuldung in den USA
und im Vereinigten Königreich   397
Merkmale öffentlicher Anleihen   402
Staatliche Budgetbeschränkung   403
   Staatliches Budgetdefizit   404
   Staatliche Ersparnis, private Ersparnis und volkswirtschaftliche
   Ersparnis   409
Staatsverschuldung und Budgetbeschränkungen der Haushalte   410
Auswirkungen einer Defizit-finanzierten Steuersenkung   414
Offenmarktoperationen   416
Warum spielt die Staatsverschuldung überhaupt eine Rolle?   417
Zeitliche Verteilung der Steuern   421
"Unerfreuliche monetaristische Arithmetik"   422
Vorherrschende Beurteilung einer Defizit-finanzierten Steuersenkung   422
   Auswirkungen einer Steuersenkung auf das Vermögen   423
Empirische Belege zu den makroökonomischen Wirkungen von
Budgetdefiziten   424
Soziale Sicherung und Sparen   429
Zusammenfassung   431
Fragen und Probleme   431

Teil V: Internationale Wirtschaftsbeziehungen   435

Kapitel 15: Internationale Güter- und Kreditmärkte   437

Die USA als eine offene Volkswirtschaft   438
Die Rolle des internationalen Kreditmarktes   443
   Beispiele für internationale Kreditaufnahme und -vergabe   447
Fiskalpolitik im internationalen Zusammenhang   450
   Staatliche Güterkäufe   450
   Steuersätze   452
   Staatliche Budgetdefizite   453
Terms of trade   455
   Nicht-handelbare Güter   459
Zusammenfassung   459
Fragen und Probleme   461

Kapitel 16: Wechselkurse   463

Internationale Geldströme   463
Unterschiedliche Währungen und Wechselkurse   464
   Kaufkraftparität   467
   Zinsparität   469
Feste Wechselkurse   471
   Geldmenge bei festen Wechselkursen   473

Weltmarktpreise bei festen Wechselkursen	476
Abwertung	477
Flexible Wechselkurse	479
Kaufkraftparität bei flexiblen und festen Wechselkursen	482
Wechselkurse und Leistungsbilanz	489
Zusammenfassung	491
Fragen und Probleme	492

Teil VI: Wechselbeziehungen zwischen monetärem und realem Sektor 497

Kapitel 17: Die Mittlerrolle des Finanzsektors 501

Scheckfähige Einlagen und M1	501
Geldmengenindizes	502
Finanzinstitute und Kreditmarkt	504
Bilanz eines Finanzinstituts	504
Das Federal Reserve-System	513
Kontrolle der Geldbasis	515
Geldbasis und monetäre Aggregate	519
Wirkungen der Notenbankaktivitäten	525
Neutralität von Offenmarktgeschäften	525
Umfang der Finanzgeschäfte	526
Zusammenfassung	532
Fragen und Probleme	533

Kapitel 18: Zusammenhang zwischen nominalen und realen Variablen - Eine empirische Betrachtung 537

Die Phillips-Kurve	539
Beziehung zwischen Arbeitslosigkeit und Änderungsraten der Löhne, Preise und Geldmenge - Langfristige Beobachtungen für die USA und das Vereinigte Königreich	541
Beziehungen zwischen nominalen und realen Variablen im Ländervergleich	548
Beziehung zwischen realen und nominalen Variablen während der großen Rezessionen vor dem 2. Weltkrieg	549
Beziehung zwischen realen und nominalen Variablen seit dem 2. Weltkrieg	553
Effekte von Preisveränderungen	553
Monetäre Schocks und reale Wirtschaftsaktivität in den USA seit dem 2. Weltkrieg	554
Hat Geld Einfluß auf die Volkswirtschaft oder beeinflußt diese die Geldmenge?	556
Saisonale Schwankungen der Geldmenge	557
Implikationen der empirischen Belege	559

Zusammenfassung 559
Fragen und Probleme 560

Kapitel 19: Geldmenge und Konjunkturschwankungen im Markträumungsmodell 563

Struktur eines Modells mit lokalen Märkten 564
  Güterangebot auf dem lokalen Markt 565
  Nachfrage der Konsumenten 568
  Räumung eines lokalen Marktes 568
  Störungen auf lokalen Märkten 569
  Zukünftige relative Preise 571
  Veränderungen der Geldmenge 571
Unvollkommene Information über die Geldmenge und das allgemeine Preisniveau 572
  Räumung eines lokalen Gütermarktes bei unvollkommener Information 573
Änderungen der Geldmenge bei unvollkommener Information 575
  Anhaltende Auswirkungen des Geldes auf reale Variablen 580
  Neutralität perzipierter Geldmengenänderungen 581
  Implikationen für die Geldpolitik 581
  Stagflation 582
  Gegenwärtige Information über Preise 583
Einige problematische Aspekte der Theorie 585
  Entwicklung der Preise und der realen Zinssätze 585
  Unvollständige Information über das Preisniveau und die Geldmenge 586
Regelgebundene versus diskretionäre Wirtschaftspolitik 588
Zusammenfassung 592
Fragen und Probleme 593

Kapitel 20: Keynesianische Theorie der Konjunkturschwankungen 597

Einfaches keynesianisches Modell 597
  Rationierung der Verkäufe 599
  Wahl des Arbeitseinsatzes 601
  Keynesianische Konsumfunktion 603
  Bestimmung der Produktion im keynesianischen Modell 604
  Bestimmung der Beschäftigung 609
  Keynesianische Investitionsfunktion 610
Investitions-Akzelerator 611
IS/LM-Analyse und die Rolle des Zinssatzes 612
  Veränderungen der Produktion und des Zinssatzes 614
  Fiskalpolitik im keynesianischen Modell 616
  Veränderungen des Preisniveaus 617
  Veränderungen der Geldmenge 619
  Veränderungen der Geldnachfrage 620

IS-LM-Analyse und allgemeine Markträumung	620
Angebotsseite im keynesianischen Modell	621
Aussagen des keynesianischen Modells zu Konjunkturschwankungen	622
Inflation im keynesianischen Modell	623
Zur Rolle relativ starrer Preise im keynesianischen Modell	625
Langfristige Verträge	627
Einige empirische Belege zum Vertragsansatz	630
Zusammenfassung	631
Fragen und Probleme	632
Literaturverzeichnis	637
Glossar	649
Index	663

Kapitel 1

Der Makroökonomische Ansatz

In der Makroökonomie untersuchen wir die Gesamtheit oder das Aggregat aller wirtschaftlichen Leistungen eines Landes, wie beispielsweise die Produktion an Gütern und Dienstleistungen (Output), die durch das **Bruttosozialprodukt (BSP)** gemessen wird. Desgleichen untersuchen wir Aggregate wie Beschäftigung und Arbeitslosigkeit sowie die Aufteilung des BSP in Konsumausgaben und Investitionen (dies sind Käufe neuer Kapitalgüter) sowie in Staatsausgaben für Güter und Dienstleistungen und Nettoexporte.

Diese Aggregate spiegeln die Gütermengen oder die Höhe des Arbeitseinsatzes wider. Wir sollten uns jedoch auch für die mit diesen Mengen verbundenen Preise interessieren. Deshalb befassen wir uns z.B. mit den in Dollar ausgedrückten Preisen der in einer Volkswirtschaft erzeugten Güter und Dienstleistungen. Den Preis des repräsentativen oder durchschnittlichen Produkts bezeichnen wir als **allgemeines Preisniveau**. Weitere wichtige Größen sind der **Lohnsatz**, also der Preis für Arbeitsleistungen, der **Zinssatz**, der die Kosten und Erträge der Kreditaufnahme und -vergabe bestimmt, und der **Wechselkurs** zwischen den Währungen verschiedener Länder.

Dabei wollen wir wissen, wie das marktwirtschaftliche System die soeben erwähnten Mengen und Preise bestimmt und inwieweit die staatliche Politik diese Variablen beeinflußt. Unser besonderes Interesse gilt der Geldpolitik, welche die Bestimmung der Geldmenge und die Ausgestaltung der Finanzinstitutionen umfaßt, sowie der Fiskalpolitik, deren Instrumente die Staatsausgaben, Steuern und Budgetdefizite sind.

Die Leistungsfähigkeit der Gesamtwirtschaft ist letztlich für uns alle von Bedeutung, da sie sowohl unsere Berufschancen und unser Einkommen als auch die von uns vorgefundenen Preise beeinflußt. Insofern ist für uns und mehr noch für unsere politischen Entscheidungsträger das Verständnis der Funktionsweise des gesamtwirtschaftlichen Systems so wichtig. Bedauerlich ist nur, daß es keine allgemein akzeptierte Theorie der Makroökonomie gibt - was sich bei der Zeitungslektüre unschwer erkennen läßt -, sondern daß sich Ökonomen sowohl bezüglich des theoretischen Grundmodells als auch der detaillierten Analyse spezifischer wirtschaftlicher Ereignisse und wirtschaftspolitischer Maßnahmen alles andere als einig sind. Jedoch sind in den letzten Jahren erhebliche Fortschritte bei der Entwicklung einer befriedigenderen makroökonomischen Theorie erzielt worden. Das Hauptziel dieses Buches besteht darin, den Studenten diesen Fortschritt in verständlicher Form darzulegen.

Die Entwicklung von Produktion, Arbeitslosigkeit und Preisniveau in den USA

Um einen Überblick über die Materie zu gewinnen, wollen wir zunächst die historische Entwicklung der wichtigsten makroökonomischen Variablen in den USA betrachten. Abb. 1.1 zeigt die Gesamtproduktion von Gütern und Dienstleistungen in den USA von 1869 bis 1988. (Das Ausgangsjahr ist durch die Verfügbarkeit der statistischen Daten bedingt.) Das Maß für den Gesamt-Output ist das Bruttosozialprodukt, ausgedrückt in Werten eines Basisjahres (hier 1982). Dieses Maß, das wir in einem späteren Abschnitt über die Volkswirtschaftliche Gesamtrechnung noch eingehend diskutieren werden, wird als **reales BSP**[1] bezeichnet.

Beachtenswert in Abb. 1.1 ist der generelle Aufwärtstrend, der das langfristige Wachstum bzw. die anhaltende wirtschaftliche Entwicklung der US-Wirtschaft widerspiegelt. Die durchschnittliche Wachstumsrate des realen BSP betrug von 1869 bis 1988 3,3% pro Jahr, d.h. die Produktion ist in 119 Jahren um das Dreiundfünfzigfache gestiegen. Wenn wir durch die US-Bevölkerungszahl teilen, um das reale Pro-Kopf-BSP zu erhalten, so erkennen wir, daß dieses im Durchschnitt um 1,8% jährlich gewachsen ist – durchschnittliche Zuwachsrate des realen BSP von 3,3% abzüglich des durchschnittlichen Bevölkerungswachstums von 1,5%. Demzufolge hat sich die Produktion pro Kopf in diesem Zeitraum um den Faktor acht erhöht.

Abb. 1.2 zeigt die Wachstumsraten des realen BSP pro Jahr. Auffallend sind die sich wiederholenden Auf- und Abwärtsbewegungen des realen BSP, die als gesamtwirtschaftliche Konjunkturschwankungen oder Konjunkturzyklen bezeichnet werden.[2] Wenn das reale BSP sinkt oder einen Tiefpunkt erreicht, so bezeichnen wir diese Situation als **Rezession** oder als Konjunkturabschwung. Andererseits spricht man im Falle einer Aufwärtsbewegung oder bei Erreichen eines Höchststandes von einem **Boom** oder einem Konjunkturaufschwung. In Abb. 1.2 sind die wichtigsten US-Rezessionen seit 1869 besonders hervorgehoben worden. Am einschneidendsten war die **Weltwirtschaftskrise** 1930-1933, in deren Verlauf der Output um 30% unter den Höchstwert von 1929 absank. Weitere wirtschaftliche Einbrüche vor dem 2. Weltkrieg erfolgten 1893-94, 1907-08, 1914, 1920-21 und 1937-38. Nach dem 2. Weltkrieg ereigneten sich die wichtigsten Rezessionen in den Jahren 1958, 1974-75 und 1980-82.

Bei Betrachtung der Konjunkturaufschwünge fallen vor allem die hohen Wachstumsraten des Outputs während des 1. und 2. Weltkriegs sowie des Koreakriegs auf.

---

[1] In der Abbildung wird eine proportionale Skala verwendet, so daß jede Einheit auf der vertikalen Achse eine gleiche prozentuale Veränderung des realen BSP angibt.

[2] Der Begriff *Konjunkturzyklus* ist leicht irreführend, da er ein sehr viel regelmäßigeres Muster der Auf- und Abwärtsbewegungen des Wirtschaftsablaufs suggeriert, als dies tatsächlich der Fall ist. Aber dieser Begriff hat sich in der volkswirtschaftlichen Literatur derart eingebürgert, daß wir ihn nicht gänzlich vermeiden können.

Weitere Boomperioden - im Sinne hoher Wachstumsraten des realen BSP - waren 1982-84, 1975-79, 1961-73 (mit Ausnahme einer kurzen Rezession 1970), die Erholung von der Weltwirtschaftskrise 1933-40 (abgesehen von der Rezession 1937-38), überwiegend die 20er Jahre, die Periode 1896-1906 sowie die Jahre 1875 bis 1880.

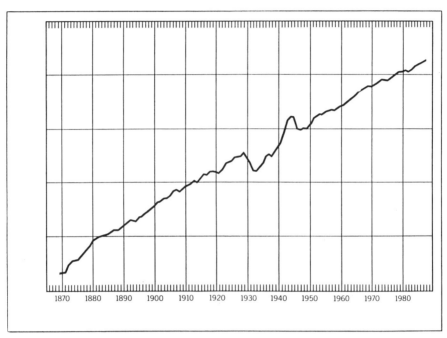

Abb. 1.1: *Die Entwicklung der Produktion in den USA, 1869-1988*
Die Abbildung zeigt das reale Bruttosozialprodukt auf einer proportionalen Skala.

Quellen zu den Abb. 1.1 - 1.5:
Für das reale BSP und den BSP-Preisdeflator stammen die neueren Daten vom U.S. Commerce Department, *U.S. Survey of Current Business*, März 1989 und Juli 1988. Ab 1929 vom U.S. Department of Commerce (1986) und für den Zeitraum 1869-1928 von Christina Romer (1987, 1988).
Die Arbeitslosenquote betreffend setzen sich die Daten aus der Zahl der Arbeitslosen im Verhältnis zu den Erwerbspersonen einschließlich des Militärs zusammen. Die Daten seit 1930 stammen aus der *Citibase* Datenbank und dem *Economic Report of the President*, 1988, Tab. B-32; 1983, Tab. B-29; 1970, Tab. C-22. Die Werte für 1933-43 sind so bereinigt, daß die bundesstaatlichen Notstandsarbeiter als beschäftigt ausgewiesen werden; vgl. dazu Michael Darby (1976). Die Angaben für 1890-1929 stützen sich auf Christina Romer (1986), Tab. 9.

Anhand von Abb. 1.3, welche die jeweiligen jährlichen Arbeitslosenquoten darstellt, betrachten wir die konjunkturellen Auf- und Abschwünge aus einem anderen Blickwinkel. Gemessen wird die Arbeitslosenquote als Anteil aller Arbeitslosen an den Erwerbspersonen. (Die genaue Bedeutung dieser Variablen werden wir in Kapitel 11 diskutieren.) Während des Zeitraums von 1890 bis 1988, für welchen Daten verfügbar sind, betrug der Median der Arbeitslosenquote 5,4%. (Der Mittelwert lag bei 6,4%.) Während der Rezessionen stieg die Arbeitslosenquote jedoch über den Median und erreichte 1932 während der Weltwirtschaftskrise den Extremwert von 22%. Weitere herausragende Jahre waren 1931-35 mit einem Durchschnittswert von 18%, 1938-39 mit 12%, 1894-98 mit 11%, 1982-83 und 1921 mit 9% sowie 1975-76 mit 8%.

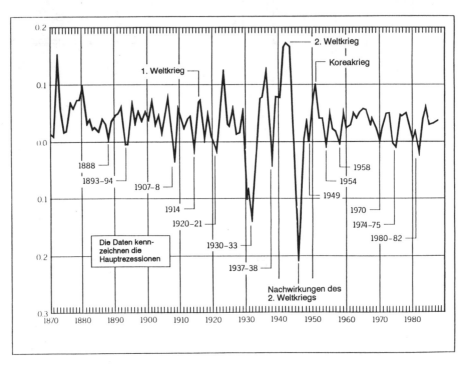

Abb. 1.2: *Wachstumsraten der Produktion in den USA, 1870-1988*
Die Abbildung zeigt die jährliche Wachstumsrate des realen Bruttosozialprodukts.

Die Abb. 1.2 und 1.3 zeigen die Turbulenzen in der Volkswirtschaft während der beiden Weltkriege und in den 30er Jahren. Wenn wir von diesen Ereignissen absehen und die Entwicklung nach dem 2. Weltkrieg mit der vor dem 1. Weltkrieg vergleichen, so machen die Daten vor allem die Ähnlichkeit zwischen diesen Entwicklungen deutlich. Die durchschnittliche Wachstumsrate des realen BSP z.B. betrug 1947-88 3,2% und 3,8% p.a. von 1869 bis 1914. Der Median der Arbeitslosenquote lag 1947-88 bei 5,4% und 1890-1914 bei 5,2% (die Mittelwerte lauten 5,5% bzw. 6,4%). Das Ausmaß der Konjunkturschwankungen - im Sinne der Heftigkeit von Rezessionen und Booms - war in der früheren Periode nur unwesentlich größer als in der späteren.³ Obwohl sich die Volkswirtschaft über ein Jahrhundert hinweg nachhaltig verändert hat - die Rolle des Staates, den verminderten Anteil der Landwirtschaft am BSP und die dramatischen Änderungen im Geld- und Währungssystem eingeschlossen - deuten die Daten daher auf keine wesentlichen Unterschiede in der Intensität der Konjunkturschwankungen hin.⁴

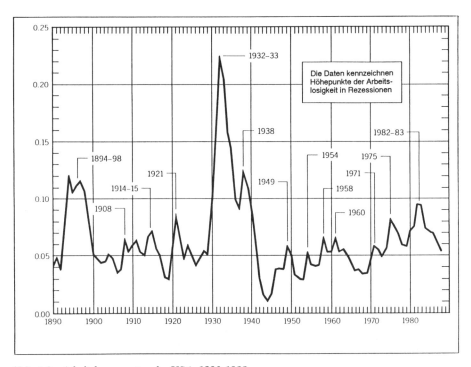

Abb. 1.3: *Arbeitslosenquoten der USA, 1890-1988*

---

³ Zum genaueren Vergleich des realen BSP und zur Arbeitslosenquote in den verschiedenen Perioden vgl. Christina Romer (1986, 1987, 1988).

⁴ Bis vor kurzem noch glaubten Ökonomen, die Periode nach dem 2. Weltkrieg sei durch mildere Rezessionen gekennzeichnet gewesen (auch in Kapitel 1 der ersten Auflage dieses Buches wurde z.B. dieser Standpunkt vertreten). Der Vergleich beruhte jedoch auf der Verwendung von Daten für die frühere Periode, die in anderer Weise ermittelt waren als die für den späteren Zeitraum. Daß diese Datenprobleme von entscheidender Bedeutung sind, zeigen Untersuchungen von Christina Romer (vgl. Fußnote 3). Sie hat Schätzungen für das reale BSP, die Arbeitslosenquote und die Industrieproduktion auf einer konsistenten Basis seit dem Ende des 19. Jahrhunderts vorgelegt; ihre Messungen zeigen geringe Veränderungen in der Unbeständigkeit dieser Variablen gegenüber der Zeit vor und nach den beiden Weltkriegen. Wir haben die Abb. 1.1-1.3 unter Zugrundelegung ihrer Schätzungen konstruiert.

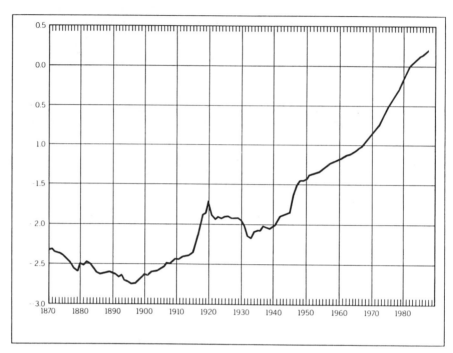

Abb. 1.4: *Das Preisniveau der USA, 1870-1988*
Die Abbildung zeigt den BSP-Deflator auf einer proportionalen Skala.

Bei Betrachtung der Abb. 1.1-1.3 sollten wir uns vor allem auf die beiden wichtigsten Gesichtspunkte konzentrieren, die wir mit Hilfe der ökonomischen Analyse verständlich machen wollen, nämlich das langfristige Wachstum einerseits und das kurzfristige Entwicklungsmuster der Konjunkturschwankungen andererseits. Bei der Entwicklung unseres makroökonomischen Modells werden wir in späteren Kapiteln immer wieder die theoretischen Aussagen zu diesen Phänomenen mit den durch die statistischen Daten aufgezeigten Entwicklungen vergleichen.

Abb. 1.4 zeigt einen Index des allgemeinen Preisniveaus für die USA zwischen 1870 und 1988. (Wir diskutieren dieses Maß - den Deflator für das Bruttosozialprodukt - am Ende dieses Kapitels genauer.) Auffallend ist der ständige Preisanstieg seit dem 2. Weltkrieg, der im deutlichen Gegensatz zu den Auf- und Abbewegungen vor dem Kriege steht. Tatsächlich gab es früher durchaus lange Perioden - so z.B. 1869-92 und 1920-33 -, in denen die Preise nachhaltig sanken.

Abb. 1.5 zeigt die jährliche Änderungsrate des allgemeinen Preisniveaus, also die **Inflationsrate**. Wie bereits angedeutet, war die Inflationsrate seit dem 2. Weltkrieg ganz überwiegend positiv, während davor sowohl positive als auch negative Raten auftraten. Bemerkenswert ist ferner, daß die Inflationsrate deutlich von einem Gipfel von nahezu 10% in den Jahren 1980-81 auf etwa 3% für 1983-88 fiel.

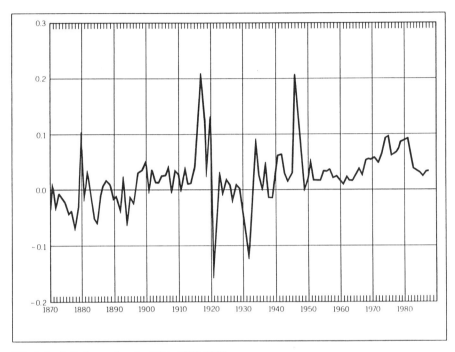

Abb. 1.5: *Inflationsraten der USA, 1870-1988*
Die Abbildung zeigt die jährlichen Änderungsraten des BSP-Deflators.

In späteren Kapiteln werden wir die Entwicklung des allgemeinen Preisniveaus zu monetären Vorgängen, insbesondere zu Veränderungen der Geldmenge, in Beziehung setzen. Diese monetäre Entwicklung hängt andererseits ab von der Ausgestaltung des Währungssystems, wie der Bindung der USA an den **Goldstandard** (von 1879 bis zum Beginn des 1. Weltkriegs und in gewissem Umfang auch nach dessen Ende bis 1933), dem Vorhandensein des *Federal Reserve Systems* (seit 1914) und den Merkmalen des Bankensektors.

Die Methode der Makroökonomie

Dieser Abschnitt stellt den grundlegenden theoretischen Ansatz dar, der in diesem Buch verwendet wird, um ein brauchbares makroökonomisches Modell zu entwerfen. Bei der Entwicklung dieses Modells werden wir uns eine geraume Zeit mit der Wirtschaftstheorie befassen. In diesem Zusammenhang werden wir fragen, ob die Theorie vernünftig erscheint und ob sie in sich konsistent ist. Dabei sollten wir allerdings nicht vergessen, daß der eigentliche Test des Modells darin besteht, inwieweit es fähig ist, das Verhalten der makroökonomischen Variablen in der Realität zu erklären. Deshalb werden wir nach Entwicklung des grundlegenden theoretischen Rahmens eingehende Vergleiche der Theorie mit der realen Welt, d.h. mit dem empirischen Datenmaterial, anstellen.

Mikroökonomische Fundierung der Makroökonomie

Wir entwickeln zunächst die grundlegende Preistheorie - oder die **mikroökonomische Fundierung** -, die der makroökonomischen Analyse der aggregierten Variablen einer Volkswirtschaft zugrunde liegt. Ein großer Teil dieser Mikroökonomie wird den Studenten aus vorangegangenen wirtschaftswissenschaftlichen Veranstaltungen bereits vertraut sein. Insoweit ist der makroökonomische Ansatz dieses Buches eine Fortsetzung der theoretischen Argumentation, mit deren Hilfe das Verhalten einzelner Haushalte und Unternehmen erklärt wurde. Nur werden wir mit Hilfe derselben ökonomischen Methode versuchen, die Funktionsweise der Gesamtwirtschaft zu verstehen, d.h. wir untersuchen das reale BSP, Beschäftigung und Arbeitslosigkeit, das allgemeine Preisniveau und Inflation, den Lohn- und den Zinssatz, den Wechselkurs usw. Leider gibt es jedoch zahlreiche einführende Lehrbücher, die bei der Behandlung der Makroökonomie nicht diesen allgemeinen Ansatz vertreten, so daß Studenten leicht den Eindruck gewinnen können, daß Makro- und Mikroökonomie zwei völlig unterschiedliche Bereiche sind. Ein zentrales Anliegen dieses Buches ist, daß sich auf der Basis der Mikroökonomie eine eindeutig befriedigendere makroökonomische Theorie entwickeln läßt. Der Ausdruck *befriedigender* bedeutet, daß sie einerseits in sich konsistent ist und uns andererseits ein besseres Verständnis der Realität vermittelt.

In Kapitel 2 untersuchen wir die Entscheidungsprobleme eines isoliert lebenden Individuums - Robinson Crusoe - und nehmen dabei an, daß Crusoes Entscheidungen von aufgeklärtem Selbstinteresse geleitet werden; d.h. wir verwenden das zentrale ökonomische Postulat der Verhaltensoptimierung. Im Ausgangsmodell geht es einzig um die Entscheidung über den Arbeitseinsatz, der seinerseits Produktion und Konsum festlegt. Indem wir Crusoes Verhalten untersuchen, verstehen wir den *trade-off* zwischen Freizeit und Konsum, der auch für entwickelte Marktwirtschaften von Bedeutung ist. Im übrigen werden wir durch die Betrachtung eines isolierten Individuums die Rolle knapper Ressourcen bzw. einer **Budgetbeschränkung** in ihrer einfachsten Form darlegen können. Da im Crusoe-Fall Güter annahmegemäß nicht für längere Zeit gelagert werden können, erzwingt die Budgetbeschränkung die Gleichheit von Konsum und Produktion. Wie wir sehen werden, sind Erweiterungen dieser einfachen Restriktion von Bedeutung für eine korrekte makroökonomische Analyse von Volkswirtschaften mit vielen Konsumenten und Produzenten sowie dem Staat.

Anhand dieses Modells können wir außerdem Crusoes Reaktionen auf Veränderungen der Produktionsmöglichkeiten vorhersagen - z.B. bei Mißernten oder bei der Entdeckung neuer Güter oder neuer Produktionsmethoden. Viele dieser Ergebnisse werden uns später eine Prognose der Produktion und der Beschäftigung unter realistischeren Bedingungen erlauben. Insbesondere bei Betrachtung der Reaktionen einer Volkswirtschaft auf Veränderungen der Produktionsmöglichkeiten - wie die Ölkrisen von 1973-74 und 1979 - erhalten wir gewöhnlich die richtigen Antworten, wenn wir an entsprechende Situationen im Robinson-Crusoe-Fall denken.

In Kapitel 3 werden wir die notwendigen mikroökonomischen Grundlagen entwickeln, um von der Analyse einer Robinson-Crusoe-Wirtschaft zu der Untersuchung einer Volkswirtschaft mit vielen auf verschiedenen Märkten agierenden Wirtschaftssubjekten zu gelangen. Auch hier werden wir wieder vom Postulat der Verhaltensoptimierung auf der Basis von Budgetbeschränkungen ausgehen, um die individuellen Reaktionen auf unterschiedliche Bedingungen zu ermitteln.

Zur Vereinfachung werden wir mit nur zwei Märkten beginnen. Auf dem ersten Markt kaufen und verkaufen Wirtschaftssubjekte Güter im Tausch gegen Geld. Die Preise der Güter auf diesem Markt sind das theoretische Gegenstück zum allgemeinen Preisniveau. Auf dem anderen Markt können die Wirtschaftssubjekte Geld verleihen und aufnehmen. Dieser Kreditmarkt bestimmt die Höhe des Zinssatzes, den die Schuldner an die Gläubiger zu zahlen haben.

Die Einführung des Gütermarktes erlaubt es den Individuen, sich bei ihren Produktionsaktivitäten zu spezialisieren und dadurch die gesamtwirtschaftliche Produktivität zu erhöhen. (Robinson Crusoe stand diese Möglichkeit nicht offen.) Die Existenz des Kreditmarktes wiederum bedeutet, daß die Ausgaben eines Haushalts während irgendeiner Periode vom Einkommen dieser Periode abweichen können. Insofern kann dieser bei einem gegebenen Einkommen - im Gegensatz zu Robinson Crusoe - zwischen heutigem und späterem Konsum wählen. Eine ähnliche Wahl kann er zwischen heutiger und späterer Arbeit treffen. Das Ergebnis dieser Entscheidung läßt sich anhand der individuellen Sparneigung ablesen, d.h. an der Bildung von Vermögen, das zu Zinseinkommen führt. Dabei gehen wir davon aus, daß ein höherer Zinssatz die Individuen zu vermehrtem Sparen anregt, so daß sie heute weniger konsumieren und statt dessen einen erhöhten späteren Konsum planen. Wir werden im übrigen zeigen, daß verschiedene Faktoren die Wirtschaftssubjekte dazu bewegen können, ihre Arbeits- und Produktionsaktivitäten von einer Periode auf eine andere zu verschieben.

Später (in Kapitel 6) führen wir einen Arbeitsmarkt ein, auf dem Arbeitsleistungen zu einem dort ermittelten Lohnsatz gehandelt werden. Zur Vereinfachung des Grundmodells klammern wir diesen Markt anfänglich aus und unterstellen statt dessen, daß die Wirtschaftssubjekte nur für sich selbst arbeiten, d.h. jeder betreibt gleichsam sein eigenes Geschäft und ist zugleich sein einziger Angestellter. Bei der Untersuchung der Hauptdeterminanten des aggregierten Outputs und der Arbeitsleistung, des allgemeinen Preisniveaus und des Zinssatzes werden wir sehen, daß diese Vereinfachung ausreichend ist. Um jedoch darüber hinaus Themen wie Arbeitslosigkeit und die Bestimmung des Lohnsatzes untersuchen zu können, müssen wir uns eingehend mit dem Arbeitsmarkt befassen.

Die Analyse betont die Rolle der Budgetbeschränkungen, die sicherstellen, daß zwischen den Mitteln eines Haushalts und deren Verwendung ein Ausgleich stattfinden muß. Selbst wenn diese Budgetbeschränkungen manchmal umständlich erscheinen mögen, sind sie für eine fehlerfreie Analyse unerläßlich. Viele gravierende Fehler in der makroökonomischen Theorie beruhen nämlich auf der Tatsache, daß Wirtschaftswissenschaftler in ihren Modellen die Bestimmung der erforderlichen Budgetbeschränkungen vergessen. Wir werden sehen, daß diese Bedingungen besonders wichtig sind für die Beurteilung temporärer und permanenter Einkommensänderungen, für die Untersuchung der Rolle des Zinssatzes für Kreditgeber und -nehmer sowie für die Analyse der Auswirkungen der Geldhaltung. Auch bei der späteren Einführung wirtschaftspolitischer Aktivitäten des Staates werden wir feststellen, daß die Beachtung der staatlichen Budgetbeschränkung unabdingbar ist. Viele Fehler in der Analyse der Staatsausgaben und Haushaltsdefizite resultieren aus der Vernachlässigung dieser Beschränkung.

In Kapitel 4 schließen wir unsere Diskussion zur Mikrofundierung ab, indem wir die Motive der Wirtschaftssubjekte zur Haltung von unverzinslichem Bargeld anstelle von zinstragenden Finanzaktiva untersuchen. Wir gehen davon aus, daß sich die **Geldnachfrage** aus jenem Prozeß an Transaktionen ergibt, bei dem Geld als **Tauschmittel** verwendet wird. Da die Haushalte Geld zum Kauf und Verkauf von Gütern oder Finanzaktiva benutzen, erfordert es einen erheblichen Planungsaufwand, eine geringe oder gar keine Kasse zu halten. Wir diskutieren sodann, inwieweit die nachgefragte Geldmenge vom Preisniveau, Zinssatz, Einkommensniveau und von anderen Variablen abhängt.

Markträumungsbedingungen

Wir betonen in Kapitel 5, daß bestimmte Bedingungen erfüllt sein müssen, wenn wir die Aktivitäten sämtlicher Haushalte aggregieren. So muß beispielsweise die Gesamtheit aller von den Anbietern verkauften Güter gleich der Gesamtheit aller von den Nachfragern gekauften Güter sein. Desgleichen muß die Summe der auf dem Kreditmarkt gewährten Darlehen genau der Summe der aufgenommenen Kredite entsprechen. Diese Bedingungen bezeichnen wir als **gesamtwirtschaftliche Konsistenzbedingungen**, da sie angeben, wie sich aggregierte Mengen verhalten müssen, damit die Analyse in sich konsistent ist. Jedes sinnvolle Makromodell muß diese Bedingungen erfüllen.

Eine Methode, diese gesamtwirtschaftlichen Konsistenzbedingungen zu gewährleisten, besteht in der Annahme, daß die verschiedenen Güter- und Kreditmärkte stets geräumt werden. Markträumung bedeutet, daß sich das Preisniveau und der Zinssatz simultan so anpassen, daß die gesamtwirtschatliche Güternachfrage und das gesamtwirtschaftliche Güterangebot sowie die aggregierte Kreditnachfrage und das aggregierte Kreditangebot übereinstimmen. In unserem Grundmodell verwenden wir diesen **Markträumungsansatz**, um die Erfüllung der gesamtwirtschaftlichen Konsistenzbedingungen sicherzustellen.

Die Vorstellung geräumter Märkte hängt eng mit der Aussage zusammen, daß Märkte effizient funktionieren. Wenn Märkte geräumt sind, lassen sich keine besseren Ergebnisse erzielen, indem man potentielle Kreditnehmer und -geber oder potentielle Käufer und Verkäufer von Gütern auf einem Markt zusammenbringt, da bereits alle für beide Seiten vorteilhaften Tauschmöglichkeiten wahrgenommen wurden. Es wird sich zeigen, daß das Konzept der Markträumung eng mit dem Optimierungsverhalten der Wirtschaftssubjekte verbunden ist, das wir bei der Vorstellung der mikroökonomischen Grundlagen des Modells erwähnten. Einerseits treffen Wirtschaftssubjekte ihre individuellen Entscheidungen in bezug auf Arbeit, Konsum u. dgl. so, daß sie sich so gut wie möglich stellen. Andererseits vermittelt der Markträumungsansatz die Vorstellung, daß die von ihrem Selbstinteresse geleiteten Individuen, die Märkte organisieren und auf diesen agieren, keinerlei Ressourcen verschwenden und insoweit effiziente Ergebnisse erzielen. Daher ist die Markträumung die natürliche makroökonomische Ergänzung zu den mikroökonomischen Grundlagen unseres Modells.

Es ist allerdings möglich, die gesamtwirtschaftlichen Konsistenzbedingungen auch ohne das soeben beschriebene Markträumungsmodell zu erfüllen. Eine wichtige Überlegung geht davon aus, daß es aufgrund unvollkommener Information nicht möglich ist, zu jedem Zeitpunkt die bestmöglichen Produktions- und Arbeitsentscheidungen zu treffen. Wir werden später einige makroökonomische Modelle untersuchen, in denen unvollständige Information unterstellt wird (insb. in Kapitel 19). Dennoch ist es sinnvoll, zunächst die Funktionsweise der Volkswirtschaft bei vollkommener Information zu erörtern, ehe man sich mit komplizierteren Modellen auseinandersetzt. Deshalb klammern wir die unvollkommene Information vorerst aus.

Eine weitere Alternative zum Markträumungsansatz ist das **keynesianische Modell**, das bestimmte Preise (normalerweise die für Arbeitsleistungen oder Güter) als mehr oder weniger unflexibel ansieht und bei dem eine gewisse Mengenrationierung auf der Angebots- bzw. Nachfrageseite eine Rolle spielt. Unter diesen Umständen sind die Ergebnisse im keynesianischen Modell zumeist ineffizient, da einige wechselseitig vorteilhafte Tauschbeziehungen nicht stattfinden. Dieses "Marktversagen" schlägt sich in chronischer Arbeitslosigkeit und einer zu geringen Produktion nieder. Diese Schlußfolgerungen des keynesianischen Modells haben viele Ökonomen dazu veranlaßt, für die Notwendigkeit "korrigierender" staatlicher Maßnahmen zu plädieren.

Das keynesianische Modell steht und fällt mit der Annahme, daß die Preise inflexibel sind. Daher ist es nicht überraschend, daß diese Frage lange und heftig debattiert wurde; und sie ist nach wie vor ungelöst. Fest steht jedoch, daß die keynesianische Theorie - genau wie die Modelle mit unvollkommener Information - ein kompliziertes Unterfangen darstellt, dessen Beurteilung keinesfalls ohne das Verständnis der grundlegenden Logik eines Markträumungsmodells erfolgen kann. Deshalb werden wir das keynesianische Modell erst in Kapitel 20 im Anschluß an die vollständige Markträumungsanalyse behandeln.

Zusammenfassend kann gesagt werden, daß das Grundmodell auf zwei zentralen Annahmen beruht, welche die Entwicklung von Mengen und Preisen in der Realität erklären sollen. Zum ersten wird als mikroökonomische Grundlage des Modells das Optimierungsverhalten der Individuen unter Berücksichtigung der Budgetbeschränkungen unterstellt, zum zweiten das Konzept der Markträumung. Wie bereits erwähnt, entspricht letzteres der Vorstellung effizient funktionierender Märkte im Sinne einer Zusammenführung aller potentiellen Nachfrager und Anbieter von Gütern, Krediten, Arbeitsleistungen etc.

Verwendung des Markträumungsmodells

In Kapitel 5 schaffen wir den zentralen theoretischen Rahmen, mit dem wir bis zum Ende des Buches arbeiten werden. Danach geht es vor allem um die Erweiterung des Grundmodells, um die Argumentation auf verschiedene makroökonomische Themen anwenden zu können. Hierzu gehören vor allem die folgenden: Angebotsschocks, Inflation, Konjunkturschwankungen, langfristiges Wirtschaftswachstum, Staatsausgaben und öffentliche Leistungen, Geld- und Fiskalpolitik, internationale Kreditaufnahme und -vergabe, Wechselkurse, die Mittlerrolle der Finanzinstitutionen, unvollkommene Information und rationale Erwartungen sowie das keynesianische Modell.

Zunächst werden wir in Kapitel 5 mit Hilfe des Modells verschiedene Störungen zu analysieren versuchen, welche die Produktionsmöglichkeiten betreffen, insbeson-

Der makroökonomische Ansatz 13

dere die Wirkungen von Angebotsschocks auf den Output, die Beschäftigung, das Preisniveau und den Zinssatz.

In Kapitel 6 führen wir einen Arbeitsmarkt ein und lassen damit Unternehmen als eigenständige Wirtschaftseinheiten zu. Diese Modellerweiterung erlaubt uns zu zeigen, wie bei Räumung des Arbeitsmarktes der Lohnsatz und die Höhe der Beschäftigung bestimmt werden. Das erweiterte Modell bringt jedoch in den meisten Fällen Ergebnisse hervor, die mit denen von Kapitel 5 übereinstimmen. Deshalb kann in der nachfolgenden Analyse überwiegend auf einen Modellrahmen zurückgegriffen werden, der den Arbeitsmarkt vernachlässigt und nur eine einzige Wirtschaftseinheit berücksichtigt. Wir können uns diese als Kombination eines Haushalts und eines Unternehmens vorstellen; d.h. wir führen die Konsum- und Arbeitsentscheidungen eines Haushalts mit den Produktions- und Beschäftigungsaktivitäten eines Unternehmens zusammen. Diese Vorgehensweise findet ihre Hauptbegründung in der Vereinfachung der Analyse, ohne dabei Gefahr zu laufen, irgendeinen Fehler zu begehen.

In den Kapiteln 7 und 8 erörtern wir die Möglichkeit eines chronischen Anstiegs des Preisniveaus, also der Inflation, die wir als vorwiegend monetäres Phänomen betrachten. Dabei ergibt sich als zentraler Gesichtspunkt, daß Inflation und Wachstum der Geldmenge weitgehend unabhängig von Schwankungen "realer" Variablen wie Output und Beschäftigung sein können. Die Interaktion monetärer Phänomene mit diesen und anderen realen Variablen ist zwar ein zentrales Thema der Makroökonomie, das jedoch bislang nicht gänzlich geklärt werden konnte. In diesem Buch werden wir uns zunächst mit einfachen Modellen befassen, in denen die Interaktion zwischen monetären Kräften und realen Variablen unbedeutend ist. In den Kapiteln 17 bis 20 erweitern wir dann die Analyse und erörtern einige interessante Aspekte dieses Zusammenspiels.

In den Kapiteln 9 bis 11 wenden wir die Theorie auf die Phänomene der Konjunkturschwankungen und des Wirtschaftswachstums an. In Kapitel 9 führen wir die Investitionen ein, welche die Akkumulation von Kapitalgütern bedeuten. Bei der Untersuchung der aktuellen Rezessionen in den USA wird sich herausstellen, daß die gesamtwirtschaftlichen Konjunkturschwankungen vor allem Veränderungen bei den Investitionen und weniger beim Konsum bewirken. Die Theorie kann eine Erklärung liefern für dieses Muster und andere Merkmale realer Konjunkturschwankungen als Reaktionen auf Schocks, welche die Technologie und die Präferenzen berühren. Derartige Störungen standen im Mittelpunkt eines jüngeren Forschungsbereichs, der als **reale Konjunkturtheorie** bezeichnet wird. (Dieser Ansatz kontrastiert mit monetären Theorien, welche die Wirkungen monetärer Störungen auf die Volkswirtschaft hervorheben.)

In Kapitel 10 untersuchen wir, wie sich die Investitionen langfristig als Zuwachs des Kapitalstocks und somit als Wirtschaftswachstum niederschlagen. Durch Einbeziehung des Bevölkerungswachstums und der technologischen Verbesserungen können wir die Theorie schließlich auf die langfristige Wirtschaftsentwicklung eines Landes anwenden. Desgleichen läßt sich mit Hilfe des Modells das Verhalten der wichtigsten makroökonomischen Variablen in den USA im Laufe des vergangenen Jahrhunderts interpretieren. Darüber hinaus ziehen wir diese Theorie zum Vergleich des Wirtschaftswachstums einer großen Zahl von Ländern seit dem 2. Weltkrieg heran.

In Kapitel 11 erweitern wir das Modell, um Arbeitslosigkeit zu berücksichtigen. Für uns ergibt sich Arbeitslosigkeit aus dem Problem der mangelnden Übereinstimmung zwischen Arbeitskräften und angebotenen Arbeitsplätzen. Wir verknüpfen das durchschnittliche Niveau und die Dynamik von Arbeitslosigkeit mit den Raten der beendeten und aufgenommenen Arbeitsverhältnisse und zeigen sodann, daß unterschiedliche ökonomische Kräfte Einfluß auf Aufnahme und Beendigung von Beschäftigungsverhältnissen haben. Insbesondere gilt es zu verdeutlichen, warum die Arbeitslosigkeit während einer Rezession ansteigt.

Die Kapitel 12 bis 14 behandeln die Staatsausgaben, Steuern und Staatsverschuldung und damit die Fiskalpolitik. Zunächst führen wir die staatlichen Ausgaben für Güter und Dienstleistungen ein, von denen wir annehmen, daß sie dazu dienen, Konsumenten und Produzenten mit öffentlichen Leistungen zu versorgen. Dann untersuchen wir, wie die Haushalte auf Einkommensteuern und Transferzahlungen, wie z.B. die Sozialversicherung, reagieren. Abschließend werden wir durch Berücksichtigung der öffentlichen Verschuldung untersuchen, welche ökonomischen Konsequenzen die Finanzierung der Staatsausgaben durch Kredite anstelle von Steuern für die Volkswirtschaft hat.

In den Kapiteln 15 und 16 wird die auf ein Land beschränkte Theorie auf viele Länder, die auf internationalen Märkten Tauschbeziehungen für Güter und Kredite unterhalten, ausgeweitet. Kapitel 15 vereinfacht die Analyse durch die Annahme, daß alle Länder dieselbe Währung verwenden und die Preise in Einheiten dieser Währung ausdrücken. Wir können dann unseren früheren Analyserahmen unmittelbar heranziehen, um die **Zahlungsbilanz** eines Landes zu untersuchen. Wir prüfen insbesondere, inwieweit für ein einzelnes Land durch technologische Schocks und Fiskalpolitik ein Anreiz zu internationaler Kreditaufnahme und -vergabe beeinflußt wird.

In Kapitel 16 werden unterschiedliche Währungen zugelassen und die Bestimmung von Wechselkursen untersucht. Wir betrachten die Unterscheidung zwischen festen und flexiblen Wechselkursen und diskutieren, inwieweit Wechselkurse und Zahlungsbilanz zueinander stehen.

Die Kapitel 17 bis 20 behandeln die Interaktionen zwischen monetären Faktoren und realen Wirtschaftsaktivitäten. In Kapitel 17 führen wir die Finanzinstitutionen ein, so daß wir die Entstehung von Guthaben und die Kreditoperationen von Banken und anderen Finanzierungsinstituten analysieren können. Dabei werden wir die effizienzsteigernde Wirkung der Finanzinstitutionen herausarbeiten und feststellen, daß eine Verringerung der finanziellen Transaktionen - wie dies während der Weltwirtschaftskrise und anderer Perioden finanzieller Krisen der Fall war - sowohl die Produktion als auch die Beschäftigung tendenziell reduziert und darüber hinaus bedeutende Auswirkungen auf das Preisniveau hat.

Kapitel 18 untersucht die wichtigsten empirischen Daten, die Auskunft über die Interaktion zwischen monetären Variablen und der realen Volkswirtschaft geben. Unsere Theorie kann zwar einen großen Teil dieser Daten erklären, aber eben nicht alle. So können wir mit Hilfe des bis dahin entwickelten Modells die durchaus signifikanten Auswirkungen von rein monetären Schocks auf die reale Wirtschaftstätigkeit nicht hinreichend begründen, obwohl diese allem Anschein nach zumindest seit dem 2. Weltkrieg aufgetreten sind.

In Kapitel 19 erweitern wir das Markträumungsmodell so, daß wir den beobachteten wirtschaftlichen Konsequenzen monetärer Störungen Rechnung tragen können. Der neue Aspekt dabei ist, daß die Wirtschaftssubjekte über Preise auf den verschiedenen Märkten und über den gesamten monetären Bereich nur unvollkommene Informationen besitzen. Doch selbst wenn sie etwas nicht direkt beobachten können - wie das allgemeine Preisniveau -, haben sie dennoch den Wunsch, die verfügbaren Informationen zur Prognose der nicht-beobachteten Variablen so genau wie möglich zu verwenden. Derartige Erwartungen werden *rational* genannt, und daher wird dieser Ansatz häufig als *Makroökonomie rationaler Erwartungen* bezeichnet. Unter dieser Prämisse können monetäre Störungen die reale Wirtschaftsaktivität mehr oder weniger stark beeinflussen, was die US-Daten zu Konjunkturschwankungen durchaus bestätigen. Dennoch bleiben einige empirische Ergebnisse ungeklärt.

Die in Kapitel 19 dargestellte Theorie enthält einige überraschende Implikationen für die Geldpolitik. So gehen insbesondere nur vom erratischen Teil der Geldpolitik Effekte auf die realen Variablen aus - allerdings in nachteiliger Weise. Die Konsequenz hieraus müßte also lauten, daß die Geldpolitik nicht erratisch, sondern vorhersehbar sein sollte.

In Kapitel 20 entwickeln wir das Modell der Konjunkturschwankungen, das vor allem auf der Forschungsarbeit des britischen Ökonomen John Maynard Keynes während der 30er Jahre basiert. Diese Theorie weicht insofern von unserer bisherigen Analyse ab, als sie annimmt, daß bestimmte Preise sich nicht sofort anpassen, um alle Märkte zu räumen. Die Güterpreise oder der Arbeitslohn werden als relativ starr und nicht als vollkommen flexibel unterstellt. Wir beginnen mit einer einfachen Version des keynesianischen Modells, bei der es darum geht, daß Schocks, die auf die Volkswirtschaft einwirken, multiplikative Effekte auf die Produktion haben können. Anschließend erörtern wir die bekannte erweiterte Version dieser Theorie, das **IS/LM-Modell**.

Eine der grundlegenden Schlußfolgerungen des keynesianischen Modells lautet, daß Rezessionen ausgelöst werden können, wenn Einschränkungen in der Geldversorgung oder andere Störungen zu einem Rückgang der aggregierten Güternachfrage führen. Dieses Modell bietet sehr viel mehr Spielraum für eine aktive Geld- und Fiskalpolitik als der Markträumungsansatz.

Das keynesianische Modell, das jahrelang das vorherrschende Instrument der makroökonomischen Analyse war, hat seit Ende der 60er Jahre deutlich an Beliebtheit eingebüßt, was sich insbesondere in den höchstentwickelten Bereichen der makroökonomischen Forschung bemerkbar machte. Ausschlaggebend hierfür sind wohl zwei Gründe: Erstens konnte das keynesianische Modell weder für Inflation noch für Angebotsschocks, die seit Ende der 60er Jahre verstärkt auftraten, befriedigende Erklärungen bieten. Zweitens ist es Ökonomen trotz vieler Versuche bislang nicht gelungen, dem keynesianischen Makromodell eine in sich konsistente mikroökonomische Fundierung zu geben. Es gibt jedoch noch einen weiteren Grund, warum wir die Analyse des keynesianischen Modells an das Ende des Buches verlegt haben. Es kann ohne die vorhergehende Analyse des Markträumungsmechanismus nicht ganz verstanden bzw. im einzelnen beurteilt werden. Unabhängig von einem letztendlichen Urteil über den Wert des keynesianischen Modells ist es ein grober Fehler, dieses Modell an den Anfang einer makroökonomischen Analyse zu stellen.

Anmerkungen zu Mathematik und ökonomischer Argumentation

Dieses Buch verwendet keinerlei komplizierte Mathematik, sondern bedient sich statt dessen graphischer Methoden und gelegentlicher algebraischer Ableitungen. Obwohl mathematische Formulierungen die Darstellung manchmal beschleunigen würden, ist komplizierte Mathematik für die zentralen ökonomischen Argumente überflüssig. Deshalb dürfte das Buch den Studenten in dieser Hinsicht keinerlei Schwierigkeiten bereiten.

Was wir jedoch ab und zu verlangen, sind ökonomische Begründungen. Dieser Aspekt der Ökonomie ist zwar der schwierigste, aber auch der ergiebigste. Unglücklicherweise müssen wir diese Mühe auf uns nehmen, wenn wir die wirtschaftlichen Ereignisse der realen Welt richtig verstehen wollen. Zur Erleichterung dieser Aufgabe ist es ausgesprochen nützlich, ein einheitliches, konsistentes Modell zu verwenden, das nach und nach verfeinert und auf verschiedenartige makroökonomische Probleme angewendet wird. Jeder, der sich die Mühe macht, das Grundmodell voll und ganz zu verstehen, wird sowohl seine Einfachheit als auch seine Anwendbarkeit auf eine Vielzahl von Problemen der Realität erkennen. Wer jedoch versäumt, das Grundmodell wirklich zu beherrschen, wird sich später ernsthaften Problemen gegenübersehen.

Grundzüge der Volkswirtschaftlichen Gesamtrechnung

Bisher haben wir Begriffe wie *Bruttosozialprodukt (BSP), Konsumausgaben, Investition, allgemeines Preisniveau* u.dgl. verwendet, ohne sie genau zu definieren. Dies werden wir nun bei der Darstellung der **Volkswirtschaftlichen Gesamtrechnung** nachholen. Da deren Erstellung einige schwierige Probleme mit sich bringt, werden wir hier nur die elementaren Konzepte erläutern, die für unsere nachfolgende Analyse ausreichend sind.

Nominales und reales Bruttosozialprodukt

Wir beginnen mit dem BSP. Das nominale BSP mißt den Wert sämtlicher Güter und Dienstleistungen, die in einer Volkswirtschaft während einer genau definierten Periode erzeugt werden. So belief sich z.B. 1988 das nominale BSP der USA auf 4.862 Mrd. $.

Wir wollen den Begriff des nominalen BSP Schritt für Schritt definieren. *Nominal* heißt zunächst, daß das BSP in Dollareinheiten gemessen wird - oder noch allgemeiner, in Einheiten irgendeiner Währung wie Pfund, DM, Yen, usw. Ferner gilt, daß der Wert der meisten Güter und Dienstleistungen - wie etwa Bleistifte, Autos, Haarschnitte - dem Preis entspricht, zu dem diese Produkte auf dem Markt verkauft werden. Jedoch werden staatliche Dienstleistungen, wie Verteidigung, Rechtssystem und Polizeischutz, nicht auf Märkten gehandelt. Diese Posten werden im nominalen BSP mit ihren Herstellungskosten bewertet.

Wir müssen uns darüber im klaren sein, daß das BSP nur die Güter und Dienstleistungen enthält, die während einer bestimmten Periode produziert wurden. Mit anderen Worten: das gegenwärtige BSP mißt nur die gegenwärtige Produktion. Während also einerseits der Bau und der Verkauf eines neuen Hauses in das BSP eingehen, bleibt der Verkauf eines alten Hauses (das früher errichtet wurde) unberücksichtigt.

Als Maß für die gesamtwirtschaftliche Produktion kann das nominale BSP irreführend sein, da es sowohl vom Gesamtniveau der Preise als auch von den physischen Mengen der Produktion abhängt. Tab. 1.1 veranschaulicht dieses Problem. Stellen wir uns eine einfache Volkswirtschaft vor, in der nur Butter und Golfbälle produziert werden. Die hypothetischen Mengen und Preise dieser Güter sind für 1988 in den ersten Zeilen der Tabelle enthalten. Das nominale BSP beträgt für 1988 500 $. Die mit 1989A und 1989B gekennzeichneten Zeilen zeigen zwei mögliche Entwicklungen der Preise und des Outputs für 1989. In beiden Fällen steigt zwar das nominale BSP um 10% auf 550 $, dabei verringert sich jedoch im Fall A die Produktion beider Güter, während im Fall B von beiden mehr produziert wird. Insofern können gleich hohe Änderungsraten des nominalen BSP sehr unterschiedlichen Veränderungen der Produktion entsprechen.

Tab. 1.1: *Berechnung des nominalen und des realen BSP*

	Butter	Golfbälle	nominelles BSP	reales BSP (Basis 1988)
1988				
Preise	2,00 $/lb	1,00 $/Stck.		
Mengen	50 lb	400 Stck.		
Marktwert in Preisen von 1988	100 $	400 $	500 $	500 $
1989A				
Preise	2,30 $/lb	1,20 $/Stck.		
Mengen	44 lb	374 Stck.		
Marktwert in Preisen von 1989A	101,20 $	448,80 $	550 $	
Marktwert in Preisen von 1988	88 $	374 $		462 $
1989B				
Preise	1,80 $/lb	0,80 $/Stck.		
Mengen	70 lb	530 Stck.		
Marktwert in Preisen von 1989B	126 $	424 $	550 $	
Marktwert in Preisen von 1988	140 $	530 $		670 $

Das Problem der sich ändernden Preisniveaus wird durch das Maß des realen BSP gelöst, das nur die Preise eines einzigen Jahres, des sog. *Basisjahres*, zugrunde legt. Wenn z.B. 1982 das Basisjahr ist, wird das reale BSP immer als "BSP in Preisen von 1982" oder als "BSP zu konstanten Preisen" bezeichnet, da wir von einem konstanten Preisniveau (1982) ausgehen. Dementsprechend wird das nominale BSP als "BSP zu laufenden Preisen" bezeichnet, da es auf den Preisen der laufenden Periode basiert.

Das reale BSP wird ermittelt durch Multiplikation der gegenwärtigen Produktionsmenge jedes Gutes mit dem Preis des betreffenden Gutes im Basisjahr. Anschließend werden die Einzelwerte addiert, und man erhält das aggregierte reale BSP der Volkswirtschaft. Da die bei dieser Berechnung verwendeten Preise nicht von Jahr zu Jahr variieren, erhalten wir ein durchaus vernünftiges Maß für die zeitlichen Veränderungen der Produktion.

Die rechte Spalte von Tab. 1.1 enthält ein Rechenbeispiel mit 1988 als Basisjahr. Wenn man die Werte des realen BSP für 1989A und 1989B vergleicht, so ergeben sich beträchtliche Unterschiede, obwohl in beiden Fällen das nominale BSP gleich groß ist. Im Beispiel 1989A sinkt das reale BSP um 7,6% unter den Stand von 1988. Dieser Wert ist ein gewichteter Durchschnitt aus der 12%igen Senkung der Butterproduktion und der 6,5%igen Senkung der Golfballproduktion. Insofern vermittelt das reale BSP ein sehr viel genaueres Bild von der Outputveränderung als die 10%ige Erhöhung des nominalen BSP. Demgegenüber verzeichnet das reale BSP im Beispiel 1989B einen Anstieg von 34 % (was für ein Jahr eine beachtliche Leistung ist!). Diese Zahl ist ihrerseits der gewichtete Durchschnitt aus der 40%igen und 32%igen Erhöhung der Buttererzeugung bzw. der Golfballproduktion.

Es ist zu beachten, daß die proportionale Veränderung des realen BSP einen gewichteten Durchschnitt der proportionalen Produktionsänderungen bei verschiedenen Gütern angibt (hier Butter und Golfbälle). Generell gibt es eine Reihe von Methoden zur Bestimmung dieser Gewichte. Die Standardmethode zur Berechnung des realen Bruttosozialprodukts - die wir in Tab. 1.1 zugrunde gelegt haben - verwendet die Anteile jedes Gutes (Butter oder Golfbälle) am BSP des Basisjahres als Gewichte, so daß jene Güter stärkeres Gewicht erhalten, deren Anteil an der Produktion (im Basisjahr) größer ist. Da sich diese Anteile bei zunehmender Entfernung vom Basisjahr stark verändern können, legt das US-Wirtschaftsministerium von Zeit zu Zeit ein neues Basisjahr fest (1986 wechselte dieses von 1972 zu 1982).

Obwohl das reale BSP uns wichtige Informationen über die Leistung der Gesamtwirtschaft liefert, ist es als Wohlfahrtsindikator nur unzureichend geeignet. Nachfolgend sind nur einige der Probleme aufgeführt, die bei der Verwendung des realen BSP als Maß für die Wohlfahrt eines Landes auftauchen:

- Dieses Meßkonzept läßt Veränderungen der Einkommensverteilung zwischen Haushalten unberücksichtigt.
- Eine Reihe von Nichtmarktgütern werden im BSP nicht erfaßt. Hierzu gehören beispielsweise legale und illegale Transaktionen in der "Schattenwirtschaft" sowie private häusliche Dienstleistungen. Wenn wir z.B. unseren eigenen Rasen mähen, erhöht sich dadurch nicht das BSP; wenn wir jedoch jemanden zum Rasenmähen einstellen (und die Transaktion offiziell deklariert wird), dann erhöht sich das BSP.
- Das BSP mißt der Freizeit keinen Wert bei.

Trotz dieser Mängel können wir anhand der Veränderungen des realen BSP sehr viel über die Gesamtleistung einer Volkswirtschaft erfahren - und zwar sowohl über die kurzfristigen Schwankungen als auch über die langfristige Entwicklung.

Das Bruttosozialprodukt - Ausgaben, Produktion und Einkommen

Wir können das BSP auf dreierlei Weise ermitteln. Erstens können wir die Ausgaben für Güter und Dienstleistungen der verschiedenen Sektoren - Haushalte, Unternehmen, Staat, Ausland - betrachten. Zweitens können wir die Produktion verschiedener Wirtschaftszweige - Landwirtschaft, verarbeitendes Gewerbe, Groß- und Einzelhandel etc. - messen. Schließlich können wir die bei der Produktion entstandenen Einkommen - die Entlohnung von Arbeitnehmern, Vermögenseinkommen, Unternehmensgewinne usw. - berechnen. Entscheidend ist, daß alle drei Methoden zum gleichen Gesamtbetrag des BSP führen. Um dies zu verdeutlichen, wollen wir die Ansätze nacheinander darstellen und mit der Aufgliederung der Ausgaben beginnen.

Messung des BSP durch die Ausgaben

Die Volkswirtschaftliche Gesamtrechnung (VGR) gliedert das BSP entsprechend den jeweiligen Käufern der Güter oder Dienstleistungen in vier Sektoren auf: private Haushalte, Unternehmen, Staat und Ausland. Tab 1.2 zeigt die Einzelheiten dieser Aufgliederung für 1988. Die erste Spalte enthält die Werte in laufenden Preisen, die zweite in konstanten Preisen - d.h. in Preisen des Basisjahres 1982.

Die Käufe von Gütern und Dienstleistungen durch Haushalte zum Eigengebrauch werden als **private Konsumausgaben** bezeichnet. Diese machen eindeutig den größten Teil des BSP aus und beliefen sich 1988 auf 2.592 Mrd. $ bei insgesamt 3.996 Mrd. $ oder 65% des realen BSP (vgl. Tab. 1.2).

Die VGR unterscheidet zwischen dem Kauf von Konsumgütern, die recht schnell verbraucht werden, wie z.B. Zahnpasta und Dienstleistungen, sowie solchen Gütern, die, wie Autos und Haushaltsgeräte, eine beträchtliche Lebensdauer haben. Die erste Gruppe wird als **Verbrauchsgüter** (kurzlebige Konsumgüter) und **Dienstleistungen** bezeichnet, während es sich bei der zweiten Gruppe um **Gebrauchsgüter** (langlebige bzw. dauerhafte Konsumgüter) handelt. Dabei ist zu beachten, daß mit letzteren sowohl in der Gegenwart als auch in der Zukunft ein Strom von Leistungen verbunden ist. Tab. 1.2 zeigt die Aufteilung der Konsumausgaben in Gebrauchsgüter sowie Verbrauchsgüter und Dienstleistungen.

Die zweite wichtige Kategorie des BSP sind die privaten **Bruttoinvestitionen**, d.h. die von Unternehmen gekauften Güter und Dienstleistungen. Den gleichsam "festen" Bestandteil dieser Investitionen bilden die betrieblichen Käufe von neuen Kapitalgütern wie Fabriken und Maschinen. Es ist zu beachten, daß die betrieblichen Kapitalgüter langlebig sind; sie erweitern die Produktionsmöglichkeiten über viele Jahre hinweg. Insoweit ähneln die Investitionen den zuvor erwähnten Gebrauchsgütern der Konsumenten. Tatsächlich wird in der VGR der individuelle Kauf eines neuen Hauses - welches man schlechthin als das Gebrauchsgut einstufen könnte - als betriebliche Investition und nicht als private Konsumausgabe gezählt. Für manche Zwecke werden wir auch andere Käufe von Gebrauchsgütern den Bruttoinvestitionen der VGR zurechnen, um das Investitionskonzept zu erweitern.

Die gesamte Investition entspricht der Summe aus Anlageinvestition und der Netto-Veränderung der betrieblichen Lagerbestände. Im Jahr 1988 machte die Gesamtinvestition 18% des realen BSP aus bzw. 28%, sofern wir die Käufe von langlebigen Gebrauchsgütern einbeziehen (vgl. Tab. 1.2).

Die dritte Komponente des BSP sind die **staatlichen Käufe von Gütern und Dienstleistungen**. In dieser Kategorie werden üblicherweise die öffentlichen Konsumausgaben mit den öffentlichen Investitionen zusammengefaßt. Dennoch ist es möglich, beide Posten mittels (grober) Schätzungen getrennt zu erfassen. Beim Staatssektor können zwei Dinge gelegentlich Verwirrung stiften: Erstens umfaßt er sämtliche staatliche Ebenen, also sowohl den bundesstaatlichen, den einzelstaatlichen als auch den kommunalen Bereich. Zweitens beinhaltet er zwar den Kauf von Gütern und Dienstleistungen, klammert hingegen die staatlichen **Transferzahlungen** aus. (Beispiele für Transferzahlungen sind Sozialversicherungs- und Sozialfürsorgeleistungen.) Dies wird damit begründet, daß Transferzahlungen keine Gegenleistung für gegenwärtig produzierte Güter und Dienstleistungen darstellen und deshalb nicht im BSP erscheinen sollten. 1988 beliefen sich die staatlichen Ausgaben für Güter und Dienstleistungen auf 20% des realen BSP (vgl. Tab. 1.2).

Tab. 1.2: *Ausgabenkomponenten des Bruttosozialprodukts 1985*

Ausgabenkategorie	Mrd. $	Mrd. $ in Preisen von 1982
Bruttosozialprodukt	4.864	3.996
Private Konsumausgaben	3.228	2.592
langlebige Konsumgüter	451	410
Verbrauchsgüter	1.047	900
Dienstleistungen	1.730	1.283
Private Bruttoinvestition	766	722
Anlageinvestition	718	679
Ausrüstungen	488	488
Bauten	230	192
Veränderung der Lagerbestände	48	42
Staatliche Ausgaben für Güter und Dienstleistungen	965	782
Bund	381	329
Einzelstaaten und Kommunen	584	454
Netto-Exporte von Gütern und Dienstleistungen	−94	−100
Exporte	520	505
Importe	614	605

Quelle: Citibase Datenbank.

Ein Teil der in einer Volkswirtschaft produzierten Güter und Dienstleistungen werden an Ausländer verkauft. Diese **Exporte** müssen den inländischen Käufen hinzugerechnet werden, um die Gesamtproduktion (BSP) der Volkswirtschaft zu errechnen. Zusätzlich zu den Käufen von Gütern und Dienstleistungen, die im Inland produziert werden, erzeugen Ausländer solche, die vom Inland importiert werden. Diese **Importe** müssen bei der Ermittlung des BSP von den inländischen Käufen abgezogen werden. Daher erscheint die Auslandskomponente im BSP als **Netto-Export**, d.h. als Ausgaben der Ausländer für inländische Erzeugnisse (Exporte) abzüglich der inländischen Käufe ausländischer Produktion (Importe). Demnach kann der Netto-Export entweder positiv oder negativ sein. Im Jahr 1988 war diese Größe negativ und machte -2,5% des realen BSP aus. (Die realen Exporte beliefen sich auf 12,6% des realen BSP, die realen Importe auf 15,1%.)

Die Nettoexporte werden bei der Entwicklung eines makroökonomischen Modells für eine einzelne Volkswirtschaft häufig vernachlässigt. Dann bezieht sich das Modell auf eine **geschlossene Volkswirtschaft** anstatt auf eine **offene Volkswirtschaft**, die den Auslandssektor einschließt. Diese Vorgehensweise wird damit begründet, daß einerseits die Darstellung der Theorie erleichtert wird und andererseits der Anteil der Exporte und Importe am BSP - zumindest in den USA - gering ist. (Allerdings ist der Anteil des Außenhandels in den USA jetzt wesentlich höher als noch vor zwanzig Jahren.) Wir werden dieser Tradition bis zum Kapitel 15 folgen, in welchem wir die Rolle des Außenhandels untersuchen. Wenn wir den Auslandssektor ausklammern, erhalten wir die bekannte Aufteilung des BSP in drei Komponenten:

BSP = Konsumausgaben + Bruttoinvestition + Staatsausgaben.

Eine häufige Fehlinterpretation der VGR ergibt sich daraus, daß die Ausgaben für neues Sachkapital als "Investition" bezeichnet werden. Diese Terminologie weicht von dem im Alltagsgebrauch üblichen Investitionsbegriff ab, bei dem stets die Aufteilung von Ersparnissen auf unterschiedliche Vermögenswerte, wie Aktien, festverzinsliche Wertpapiere, Sparkonten u.dgl. gemeint ist. Wenn wir hingegen von der Investition eines Unternehmens sprechen, verstehen wir darunter immer den Kauf von Sachkapital, wie etwa einer Fabrik. Wir müssen darauf achten, daß wir diese beiden Investitionskonzepte nicht verwechseln.

Ein weiterer Aspekt des Investitionskonzepts betrifft die **Abschreibungen**. Während jeder Periode wird ein Teil des vorhandenen Kapitalstocks verschlissen oder im Wert gemindert. Ein Teil der Bruttoinvestition ersetzt lediglich die alten Kapitalgüter, die abgeschrieben werden. Wenn wir die Abschreibungen von der Bruttoinvestition abziehen, dann gibt uns die Restgröße - die sog. **Nettoinvestition** - die Nettoveränderung des Kapitalstocks an. Wir werden den Unterschied zwischen Brutto- und Nettoinvestition in Kapitel 9 diskutieren. Im Moment ist nur wichtig, daß die Summe der Konsumausgaben, der *Netto*investition, der Staatsausgaben und der Nettoexporte als **Nettosozialprodukt (NSP)** bezeichnet wird. Der Unterschied zwischen dem BSP und dem NSP entspricht der Differenz zwischen Brutto- und Nettoinvestitionen, also den Abschreibungen. Wir erhalten folglich die Bedingung:

NSP = BSP − Abschreibungen.

Das Konzept des NSP erscheint sinnvoll, da es den Output abzüglich des notwendigen Ersatzes verbrauchter Güter mißt.

Messung des BSP durch die Produktion
Anstelle der Aufgliederung des BSP in Sektoren, welche die Ausgaben tätigen, können wir die Sektoren betrachten, die produzieren (und verkaufen). Tab. 1.3 zeigt eine solche Aufteilung für 1987. Jeweils gemessen an dem Anteil am realen BSP betrug dieser für das verarbeitende Gewerbe 22%, den Groß- und Einzelhandel 17%, die Dienstleistungen 16%, die Finanzinstitute, Versicherungen und Wohnungswirtschaft 15%, die Produktion des Staates und der öffentlichen Unternehmen 11%, das Transportgewerbe und Versorgungsunternehmen 9%, das Baugewerbe 5%, den Bergbau 3% und 2% für die Landwirtschaft.

Tab. 1.3: *Produktionskomponenten des Bruttosozialprodukts 1987*

Produktionskategorie	Mrd. $	Mrd. $ in Preisen von 1982
Bruttosozialprodukt	4.527	3.847
Inländische Wirtschaftszweige (Bruttoinlandsprodukt)	4.497	3.821
Landwirtschaft	95	96
Bergbau	85	118
Baugewerbe	218	176
Verarbeitendes Gewerbe	854	840
Transportgewerbe und Versorgungsunternehmen	408	349
Groß- und Einzelhandel	740	660
Finanzinstitute, Versicherungen und Wohnungswirtschaft	775	559
Dienstleistungen	794	611
Staat	535	416
statistische Differenz	−8	−3
Übrige Welt	30	26

Quelle: U.S. Survey of Current Business, Juli 1988, Tab. 6.1., 6.2.

In vielen Fällen produziert ein Unternehmen **Vorleistungen**, die von anderen Unternehmen als Input verwendet werden. Um eine Doppelzählung der Vorleistungen in der VGR zu vermeiden, bemessen wir jede Einheit nur mit ihrer **Wertschöpfung** zur Produktion. Die Wertschöpfung eines Unternehmens entspricht der Differenz zwischen ihrem Umsatz und den von anderen Unternehmen gekauften Gütern. Das von einem Bäcker zur Broterstellung gekaufte Mehl ist ein Beispiel für eine Vorleistung. Die Wertschöpfung des Bäckers ergibt sich aus dem Marktwert des Brotes abzüglich des zur Brotproduktion verwendeten Wertes des Mehls. Die in Tab. 1.3 ausgewiesenen Beträge sind die Wertschöpfungen der einzelnen Wirtschaftszweige.

Der zuletzt in Tab. 1.3 aufgeführte Wert bezieht sich auf die übrige Welt. Dieser Betrag entspricht der Wertschöpfung von Arbeit und Kapital der USA, der in anderen Ländern Verwendung findet, abzüglich des Beitrags von Arbeit und Kapital von Ausländern zur inländischen Produktion. (Dies wird auch als *Nettofaktoreinkommen aus dem Ausland* bezeichnet.) Wenn wir diesen Posten vom BSP abziehen, verbleibt die Produktion inländischer Wirtschaftszweige, und diese wird **Bruttoinlandsprodukt (BIP)** genannt.

Einkommen
Die dritte Methode zur Ermittlung des BSP erfolgt über die bei der Produktion entstandenen Einkommen. Dieses Einkommen wird als **Volkseinkommen** bezeichnet. Um die Beziehung zwischen Produktion und Einkommen zu verdeutlichen, wollen wir uns eine einfache Volkswirtschaft vorstellen mit einem Unternehmen, das Brot als Endprodukt herstellt, und einem anderen Unternehmen, das Mehl als einziges Vorprodukt erzeugt. Dabei nehmen wir an, daß der Müller sein Mehl einzig und allein mit dem Faktor Arbeit produziert, während der Bäcker Arbeit und Mehl zur Herstellung seines Brotes einsetzt. Tab. 1.4 enthält fiktive Konten für diese beiden Unternehmen, wobei die einzigen Einkommensquellen das Arbeitseinkommen und der Gewinn sind. Das gesamte nominale BSP, das dem Marktwert des Brotes entspricht, beträgt 600 $ und ist zugleich der Gesamterlös des Bäckers. Die Konten zeigen, daß seinen Gesamteinnahmen Kosten für Mehl in Höhe von 350 $, Lohnkosten (oder aus der Sicht des Arbeitnehmers: Arbeitseinkommen) in Höhe von 200 $ und ein Gewinn von 50 $ gegenüberstehen. Beim Müller stehen dem Erlös von 350 $ Arbeitskosten (oder Arbeitseinkommen) von 250 $ und 100 $ Gewinn gegenüber. Das Volkseinkommen ist gleich dem gesamten Arbeitseinkommen von 450 $ zuzüglich des Gesamtgewinns von 150 $ und entspricht damit den 600 $ des BSP.

Tab. 1.5 zeigt die Zusammensetzung des Volkseinkommens der USA für das Jahr 1988. Von der Gesamtsumme entfallen 73% auf die Entlohnung von Arbeitnehmern, 8% auf Einkommen von Geschäftsinhabern (Landwirte und kleine Einzelunternehmer), weniger als 1% auf persönliche Mieteinkommen (abzüglich der geschätzten Abschreibungen auf den vermieteten Grundbesitz), 8% auf die Gewinne von Kapitalgesellschaften und 10% auf Netto-Zinseinkommen.

Die Gleichheit von BSP und Volkseinkommen wird in der Realität durch zwei Komplikationen gestört. Wenn wir erstens annehmen, daß der Bäcker Kapitalgüter für seinen Produktionsprozeß benötigt, dann muß er wegen des Wertverzehrs dieser Güter seinen Gewinn um die Abschreibungen mindern. Insofern entspricht das Gesamteinkommen aus Arbeit und Gewinn dem Gesamterlös des Bäckers bzw. dem

BSP abzüglich der Abschreibungen. Das Volkseinkommen ist also gleich dem BSP abzüglich der Abschreibungen und damit gleich dem NSP.

Tab. 1.4: *Daten zur Berechnung des Bruttosozialprodukts und des Volkseinkommens*

Bäcker		Müller	
Erlös	Kosten und Gewinne	Erlös	Kosten und Gewinne
Gesamterlös aus dem Verkauf von Brot 600 $	Arbeit 200 $ Mehl 350 $ Gewinn 50 $	Gesamterlös aus dem Verkauf von Mehl 350 $	Arbeit 250 $ Gewinn 100 $

Die zweite Berichtigung ist durch Umsatz- und Verbrauchsteuern bedingt, die als "indirekte Steuern" bezeichnet werden und zu einer Differenz zwischen dem Marktpreis eines Gutes - in dem die Steuern enthalten sind - und den Einnahmen des Produzenten führen. (Dieser Differenzbetrag wird als Einnahme des Staates verbucht.) Wenn in unserem Beispiel der Tab. 1.4 eine 5%ige Umsatzsteuer auf das Brot erhoben worden wäre, hätte der Konsument 630 $ für das Brot bezahlt, während der Gesamterlös des Bäckers nach wie vor 600 $ betragen würde. Das Volkseinkommen betrüge also nach wie vor 600 $, das BSP (in Marktpreisen gerechnet) hingegen 630 $. Generell gilt, daß das Volkseinkommen gleich dem BSP abzüglich der Abschreibungen und der indirekten Steuern ist. Tab. 1.6 veranschaulicht diese Rechnung anhand tatsächlicher US-Daten für das Jahr 1988.

Tab. 1.5: *Zusammensetzung des Volkseinkommens 1988*

Einkommenskategorie	Mrd. $
Volkseinkommen	3.968
Entlohnung von Arbeitnehmern	2.905
Einkommen von Geschäftsinhabern	325
Persönliche Mieteinkommen	19
Gewinne von Kapitalgesellschaften	328
Netto-Zinseinkommen	392

Quelle: Citibase Datenbank.

Denken wir noch einmal daran, daß der Begriff des Volkseinkommens nur die bei der Produktion entstandenen Einkommen enthält. Ökonomen berechnen daneben noch das sog. **Einkommen der privaten Haushalte** (kurz: privates Einkommen), welches die Privathaushalte in einer Periode erzielen. Dieses Konzept unterscheidet sich in mehrfacher Hinsicht vom Volkseinkommen. Erstens wird nur ein Teil der Unternehmensgewinne in Form von Dividenden an die Kapitaleigner ausgezahlt. Zweitens ziehen wir vom Volkseinkommen die an die Sozialversicherung geleisteten Beiträge ab, da die Haushalte diese Summe nicht als direktes Einkommen empfangen. Ferner wird eine Reihe weiterer Berichtigungen vorgenommen, damit die im privaten Einkommen enthaltenen Zinseinkommen mit der Höhe der tatsächlich empfangenen Beträge übereinstimmen. Schließlich kommen zum privaten Einkommen noch verschiedene Transferzahlungen hinzu, die nicht im Volkseinkommen enthalten sind. Eine vollständige Darstellung der Berechnungsmethode ist in Tab. 1.6 enthalten.

Um schließlich die Höhe des **verfügbaren privaten Einkommens** zu bestimmen, müssen wir noch die von den Individuen gezahlten direkten Steuern abziehen. Tab. 1.6 zeigt die Berechnung des verfügbaren Einkommens aus dem privaten Einkommen.

Tab. 1.6: *Daten zur Berechnung des Nettosozialprodukts, des Volkseinkommens, des privaten Einkommens und des verfügbaren privaten Einkommens 1988 (in Mrd. $)*

Bruttosozialprodukt (BSP)	4.864
– Abschreibungen	506
= Nettosozialprodukt (NSP)	4.358
– Indirekte Steuern (und ähnliche Posten)	390
= Volkseinkommen	3.968
– Gewinne von Kapitalgesellschaften	328
– Beiträge zur Sozialversicherung	445
+ Staatliche Transferzahlungen	555
+ Nettoberichtigung für Zinseinkommen	184
+ Persönliche Dividenden-Einkommen	96
+ Betriebliche Transferzahlungen	31
= Privates Einkommen	4.061
– Direkte Steuern und sonstige Abgaben	590
= Verfügbares privates Einkommen	3.471

Quelle: Citibase Datenbank.

Preise

Ein Ziel der makroökonomischen Theorie ist die Erklärung des allgemeinen Preisniveaus und seiner Veränderung im Zeitablauf. Dazu benötigen wir ein empirisches Maß (oder mehrere Maße) des allgemeinen Preisniveaus. Unsere Analyse des realen und nominalen BSP liefert uns ein solches Maß, da der **implizite BSP-Preisdeflator** (oder kürzer: BSP-Preisdeflator) wie folgt berechnet werden kann:

$$\text{impliziter BSP-Preisdeflator} = \left(\frac{\text{nominales BSP}}{\text{reales BSP}} \right) \times 100.$$

Man multipliziert üblicherweise mit 100, um eine Indexziffer zu erhalten, die für das Basisjahr den Wert 100 hat (in dem das nominale BSP gleich dem realen BSP ist).

Anhand der Daten aus Tab. 1.1 wollen wir ein konkretes Beispiel durchrechnen. Im 1989A-Fall beträgt der BSP-Deflator (nominales BSP/reales BSP) · 100 = (550/462) · 100 = 119. Dies heißt, daß der Preis des "Durchschnittsgutes" von 1988 bis 1989 um 19% gestiegen ist. Dieser Wert ist ein gewichteter Durchschnitt aus dem 15%igen bzw. 20%igen Anstieg der Butter- und Golfballpreise. Somit entsprechen die zur Berechnung der durchschnittlichen prozentualen Veränderung verwendeten Gewichte dem Anteil der beiden Güter am realen BSP des Jahres 1989. Durch die Verwendung des BSP-Deflators werden also jene Güter stärker gewichtet, die gegenwärtig im Warenkorb der produzierten Güter der Volkswirtschaft anteilmäßig am bedeutendsten sind.[5]

Wenn wir die Formel für den impliziten Preisdeflator umformulieren, wird ersichtlich, warum wir von einem Preisdeflator sprechen. Die umgeformte Gleichung lautet:

$$\text{reales BSP} = \left(\frac{\text{nominales BSP}}{\text{impliziter BSP-Preisdeflator}} \right) \times 100.$$

So wird deutlich, daß wir zur Ermittlung des realen BSP das nominale BSP durch den Preisdeflator teilen.

Der implizite BSP-Preisdeflator wird als "implizit" bezeichnet, da er nicht direkt oder explizit berechnet wird. Während das reale und das nominale BSP jeweils direkt ermittelt werden, ergibt sich der BSP-Deflator aus der Division beider Größen. Es gibt aber auch explizite Indizes, d.h. direkt berechnete Indizes des allgemeinen Preisniveaus. Zwei wichtige Beispiele sind der **Konsumentenpreisindex (KPI)** und der **Erzeugerpreisindex (EPI)**, der auch als Großhandelspreisindex bezeichnet wird.

Der Konsumentenpreisindex basiert auf einem festen Warenkorb von über 400 Konsumgütern, die von repräsentativen Wirtschaftssubjekten erfragt werden. Deshalb wird in regelmäßigen Abständen eine statistische Umfrage durchgeführt, um den Warenkorb zusammenzustellen und die Preise des Basisjahres festzulegen. Dabei fungieren die Anteile an den Ausgaben als fixe Gewichte bis zur nächsten statistischen Umfrage. Zur Berechnung des KPI ermitteln wir zunächst das Verhältnis der laufenden Marktpreise eines jeden Gutes zu dessen Preis im Basisjahr. Sodann addieren wir diese Verhältniszahlen, gewichtet mit dem jeweiligen Anteil des Gutes an

---

[5] Der BSP-Deflator, der die relative Bedeutung der Güter im gegenwärtigen Warenkorb als Gewichte benutzt, ist ein Beispiel für einen "Paasche-Preisindex". Zur Diskussion dieser Methode vgl. Edwin Mansfield (1985), S. 105 ff.

den Ausgaben im Basisjahr. Üblicherweise multiplizieren wir das Ergebnis mit 100, so daß der KPI für das Basisjahr gleich 100 ist.

Der Erzeugerpreisindex wird auf ähnliche Weise ermittelt. Dieser Index, mit dessen Hilfe man versucht, die Preise möglichst in einer frühen Phase des Produktionsprozesses zu erfassen, beruht auf einem "Warenkorb" von etwa 2.800 zu Großhandelspreisen verkauften Gütern, bei denen es sich vorwiegend um Rohstoffe und Halbfertigprodukte handelt.[6]

Es ist möglich, Inflationsraten auf der Basis des KPI oder des EPI sowie auf Grundlage des BSP-Deflators zu berechnen (wie in Abb. 1.5). Tatsächlich beruhen die Mitteilungen in den Zeitungen gewöhnlich auf Veränderungen des KPI oder EPI. Wir werden bei unserer Diskussion über das allgemeine Preisniveau und die Inflation vorwiegend den impliziten BSP-Preisdeflator verwenden. Hierfür gibt es mehrere Gründe: Erstens ist der Erzeugerpreisindex ein viel zu enges Konzept, um das allgemeine Preisniveau abzubilden. Zweitens gibt der BSP-Deflator die Bedeutung der verschiedenen Produkte im aktuellen Warenkorb sehr gut wieder, wohingegen sich der Konsumentenpreisindex auf den Warenkorb des Basisjahres bezieht, der im Laufe der Zeit zunehmend irrelevant werden kann. Drittens enthält der BSP-Deflator nur die Preise der im Inland produzierten Güter, während der KPI auch die Preise der Importgüter umfaßt. Damit könnte unsere Absicht durchkreuzt werden, die binnenwirtschaftlichen Kräfte zu erfassen, welche das inländische Preisniveau beeinflussen. Darüber hinaus war bis vor kurzem die Erfassung der Wohnungskosten im Konsumentenpreisindex unzulänglich, da er viel zu stark auf Veränderungen der Hypothekenzinsen reagierte.

---

[6] Der KPI und der EPI, welche die Güter nach ihrer Bedeutung im Basisjahr gewichten, sind Beispiele für den "Laspeyres-Preisindex". Vgl. hierzu ebenfalls Mansfield, a.a.O.

Teil I

Mikroökonomische Fundierung und das grundlegende Markträumungsmodell

Kapitel 2

Arbeit, Produktion und Konsum - Modell einer Robinson-Crusoe-Wirtschaft

In jeder ökonomischen Analyse ist das Zusammenspiel der Produktionsmöglichkeiten mit den individuellen Präferenzen letztlich ausschlaggebend für die Arbeits-, Produktions- und Konsumentscheidungen. Um diese grundlegende Interaktion deutlich zu machen, beginnen wir mit dem denkbar einfachsten Modellrahmen: einer Volkswirtschaft mit völlig isolierten Individuen, die jeweils in einer Robinson-Crusoe-Welt leben. Innerhalb dieses Rahmens, den wir in diesem Kapitel entwickeln, können wir auf einfache Weise die Reaktionen auf veränderte ökonomische Bedingungen mit Hilfe von **Vermögens-** und **Substitutionseffekten** analysieren. Es wird sich zeigen, daß die einfache Robinson-Crusoe-Welt im Kern alle Entscheidungsprobleme enthält, die in entwickelten Marktwirtschaften auftreten. Deshalb bleiben die grundlegenden Ergebnisse dieses Kapitels gültig, wenn wir unsere Analyse später auf Strukturen ausdehnen, die modernen Industrieländern ähnlicher sind.

Wir beginnen mit einer einfachen **Produktionsfunktion**, welche die Produktionsmenge zum Arbeitseinsatz in Beziehung setzt. Diese Funktion bestimmt die Arbeitsproduktivität, d.h. den zusätzlichen Output, der durch einen erhöhten Arbeitseinsatz erzielt wird. Sodann diskutieren wir die individuellen Präferenzen in bezug auf Konsum und Freizeit. Grundsätzlich gilt, daß die Wirtschaftssubjekte nur dann mehr arbeiten und weniger Freizeit akzeptieren, wenn dem Mehraufwand ein ausreichend hoher Konsumzuwachs gegenübersteht.

Produktionstechnologie

Das grundlegende theoretische Modell besteht aus einer Wirtschaftseinheit, die wir uns als Kombination eines Haushalts und eines Unternehmens vorstellen wollen. Wir verbinden also in dieser Einheit die Konsum- und Arbeitsaktivitäten der Haushalte mit den Produktions- und Beschäftigungsaktivitäten von Unternehmen. Diese Abstraktion ist für unsere Zwecke zumeist zulässig, da einige Haushalte letztlich Eigentümer der Unternehmen sind. Überdies wird unsere Analyse durch die Verbindung der Aktivitäten von Haushalten und Unternehmen deutlich erleichtert. Von nun an bezeichnen wir diese kombinierte Einheit einfach als Haushalt.

In unserem Modell verwendet jeder Haushalt seinen eigenen Arbeitseinsatz als Produktionsfaktor, wobei wir der Einfachheit halber zunächst den Kapitalstock nicht als Input des Produktionsprozesses betrachten. In diesem Kapitel konzentrieren wir uns auf die ökonomischen Anreize, aufgrund derer die Wirtschaftssubjekte mehr oder weniger arbeiten, um mehr oder weniger Güter zu produzieren und zu konsumieren.

Formal gesehen ist die mit y bezeichnete Gütermenge, die ein Haushalt pro Periode produziert, eine Funktion des Arbeitseinsatzes n. Wir schreiben diese Beziehung als

$$y_t = f(n_t), \qquad (2.1)$$

wobei f die Produktionsfunktion des Haushalts ist, welche die Beziehung zwischen der Arbeitsmenge n und der mit Hilfe dieser Arbeit erzeugten Produktionsmenge angibt. Der Index t, der die jeweilige Periode bezeichnet, wird dann weggelassen, wenn dadurch keine Mißverständnisse entstehen können.

Da es in unserem Modell nur eine einzige Güterart gibt, läßt sich die Produktionsmenge jedes Haushalts problemlos messen. In der Realität entspricht diese Größe nach Addition sämtlicher Produktionsergebnisse dem Bruttosozialprodukt (BSP). Allerdings entstehen bei der Summierung von physisch unterschiedlichen Gütern mit Hilfe von Preisindizes etliche praktische Probleme; aber diese Schwierigkeiten tauchen in unserem vereinfachten theoretischen Rahmen nicht auf.

Im Basismodell gehen wir davon aus, daß die Wirtschaftssubjekte keine Güter von einer Periode zur nächsten lagern können, d.h. es gibt keine Lagerbestände. Bei den Gütern unseres Modells handelt es sich also um Konsumgüter, die unmittelbar verbraucht werden, wie persönliche Dienstleistungen, Restaurantmahlzeiten u.dgl.

Arbeit ist in dem Sinne produktiv, daß ein höherer Arbeitseinsatz n gleichbedeutend ist mit einem höheren Output y. Der zusätzliche Output, den wir durch eine zusätzliche Arbeitseinheit erhalten, wird als **(physisches) Grenzprodukt der Arbeit (GPA)** bezeichnet. Zugleich unterstellen wir **abnehmende Grenzproduktivität**, d.h., daß jede zusätzliche Arbeitseinheit immer kleinere, aber nach wie vor positive Produktionsmengen erzeugt.

Abb. 2.1, welche Gleichung (2.1) graphisch darstellt, zeigt die Beziehung zwischen Produktion und eingesetzter Arbeitsmenge. Wie man sieht, geht die Kurve durch den Ursprung, d.h. bei einem Arbeitseinsatz von Null ist die Produktion ebenfalls gleich Null. Die positive Steigung der Kurve (d.h. der an die Kurve angelegten Tangente) gibt in jedem Punkt die Beziehung zwischen der Zunahme der Produktionsmenge und der Zunahme des Arbeitseinsatzes an und ist gleichbedeutend mit dem Grenzprodukt der Arbeit. So ist z.B. beim Beschäftigungsniveau n_1 das GPA gleich der Steigung der Gerade, welche die Produktionsfunktion in Punkt A tangiert.

Die Form der Produktionsfunktion in Abb. 2.1 impliziert, daß die Steigung mit zunehmendem Arbeitseinsatz immer flacher wird. Diese Eigenschaft entspricht der Annahme abnehmender Grenzproduktivität der Arbeit. So ist z.B. beim Beschäftigungsniveau n_2, das höher ist als n_1, die Steigung der Tangente in Punkt B geringer als in Punkt A. Die Beziehung zwischen dem Grenzprodukt der Arbeit und dem Arbeitseinsatz n erscheint insgesamt in Abb. 2.2. Man erkennt, daß das Grenzprodukt mit zunehmendem Arbeitseinsatz stetig sinkt. Wir bezeichnen die Abbildung des GPA gegenüber n als *Kurve des Grenzprodukts der Arbeit* und meinen damit die gesamte funktionale Beziehung zwischen GPA und n.

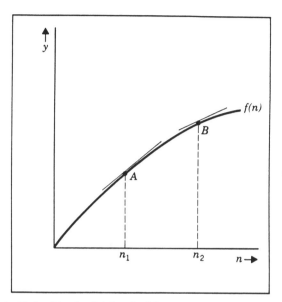

Abb. 2.1: *Verlauf der Produktionsfunktion*
Die Kurve zeigt die Produktionsmenge als eine Funktion des Arbeitseinsatzes. Im Punkt A ist die Steigung der Tangente gleich dem Grenzprodukt der Arbeit, wenn $n = n_1$ ist. Entsprechendes gilt in Punkt B für $n = n_2$.

Die Kurven in den Abbildungen 2.1 und 2.2 beziehen sich auf einen bestimmten technologischen Entwicklungsstand, d.h. eine gegebene Produktionsfunktion $f(n)$, die wir in Abb. 2.3 als durchgezogene Kurve dargestellt haben. Demgegenüber zeigt die gestrichelte Kurve $f(n)'$ das Produktionsniveau im Falle einer verbesserten Technologie. Jedem Arbeitseinsatz entspricht hier ein höherer Output.

Wie wirkt sich eine verbesserte Technologie auf das Grenzprodukt der Arbeit aus? Generell kann die verbesserte Technologie die Arbeitsproduktivität entweder erhöhen oder senken. Da uns in diesem Zusammenhang vor allem die typische oder durchschnittliche Reaktion des Grenzprodukts der Arbeit auf eine technologische Verbesserung interessiert, verlassen wir uns auf gesamtwirtschaftliche Untersuchungen von Produktionsfunktionen, die zeigen, daß normalerweise eine technologische Verbesserung bei jedem gegebenem Arbeitseinsatz zu einer Erhöhung des Grenzprodukts der Arbeit führt.

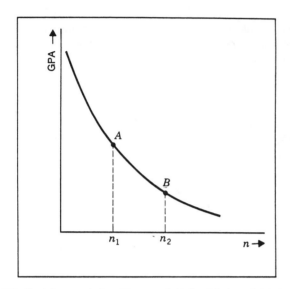

Abb. 2.2: *Beziehung zwischen Grenzprodukt der Arbeit und Arbeitseinsatz*
Da $n_1 < n_2$ ist, übersteigt das Grenzprodukt der Arbeit in Punkt A jenes in Punkt B. Folglich sinkt das Grenzprodukt der Arbeit mit zunehmendem Arbeitseinsatz.

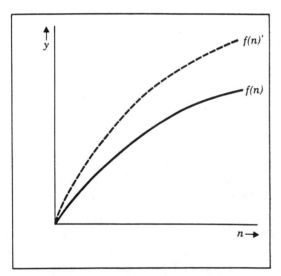

Abb. 2.3: *Auswirkungen technologischen Fortschritts auf das Produktionsniveau*
Die mit $f(n)'$ bezeichnete Kurve entspricht einer im Vergleich zur Kurve $f(n)$ verbesserten Technologie. Diese technologische Verbesserung erhöht die Produktionsmenge bei gegebenem Arbeitseinsatz.

Genau diese Annahme liegt den Kurven in Abb. 2.3 zugrunde. Die mit $f(n)'$ bezeichnete Kurve - die der verbesserten Technologie entspricht - verläuft bei jedem Arbeitseinsatz steiler als die ursprüngliche Kurve. Wie wir wissen, mißt die Steigung der Kurven das Grenzprodukt der Arbeit (GPA) in jedem Punkt. Abb. 2.4 zeigt, daß der technologische Fortschritt die GPA-Kurve nach oben verschiebt.

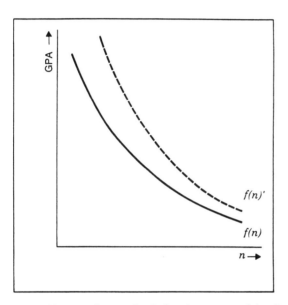

Abb. 2.4: *Auswirkungen einer Technologieverbesserung auf das Grenzprodukt der Arbeit*
Die gestrichelte Kurve $f(n)'$ entspricht einer im Vergleich zur ursprünglichen Kurve $f(n)$ verbesserten Technologie. Der technologische Fortschritt verschiebt die Kurve des Grenzprodukts der Arbeit nach oben.

Entscheidung zwischen Konsum und Freizeit

Wir wollen nun unterstellen, daß die Wirtschaftssubjekte, wie Robinson-Crusoe, weder Güter noch sonstiges mit anderen Haushalten austauschen können. In diesem Fall hat jeder Haushalt nur die Option, sämtliche in einer Periode produzierten Güter zu konsumieren (da keine Güter gelagert werden können). Unter diesen Umständen gilt für die Robinson-Crusoe-Welt

$$c_t = y_t = f(n_t), \qquad (2.2)$$

wobei c_t der in physischen Einheiten ausgedrückte Konsum ist. Diese Gleichung besagt, daß der Konsum jedes Haushalts gleich seiner Produktion ist, die wiederum vom jeweiligen Arbeitseinsatz abhängt.

Der Konsum jeder Periode ist für die Haushalte eine Quelle der Zufriedenheit bzw. des **Nutzens**. (Wir argumentieren von nun an mit dem typischen ökonomischen Begriff des *Nutzens*.) Gleichung (2.2) impliziert, daß die Wirtschaftssubjekte nur dann mehr konsumieren können, wenn sie ihre Produktion erhöhen. Des weiteren hängt bei gegebener Technologie die erzeugte Gütermenge y_t von der Höhe des Arbeitseinsatzes n_t ab. Insofern ist die Wahl der individuellen Arbeitszeit in jeder Periode die für jeden Haushalt zentrale Entscheidung in diesem Modell.

In der Realität sind die Haushalte viel flexibler hinsichtlich ihrer Entscheidung über den Arbeitseinsatz. So können sie etwa vier oder acht Stunden täglich arbeiten, können sich eine mehr oder weniger "harte" Arbeit suchen oder nur einen Teil des Jahres arbeiten, wie dies oft bei Bauarbeitern und Profi-Sportlern der Fall ist. Aus der Sicht eines Haushalts geht es überdies um die Entscheidung, wieviele Familienmitglieder erwerbstätig sein sollen. So haben z.B. in den letzten vierzig Jahren die Familien mit zwei Vollzeitbeschäftigten stark zugenommen, und zwar nicht zuletzt durch den wachsenden Anteil der Frauen an der Erwerbsbevölkerung (ohne Militär). Die Erwerbstätigkeit von Frauen ist zwischen 1940 und 1987 von 28% auf 56% gestiegen (wohingegen die von männlichen Erwerbspersonen von 84% auf 77% gesunken ist).[1] Bei längerfristiger Betrachtung hängt die Lebensarbeitszeit überdies vom üblichen Ruhestandsalter und der Anzahl der Schuljahre ab.

Wir versuchen, diesen Veränderungen des Arbeitseinsatzes in unserem Modell dadurch gerecht zu werden, daß die Individuen in jeder Periode frei über die von ihnen geleisteten Arbeitsstunden entscheiden können. Wir klammern mithin jegliche institutionellen Restriktionen aus, wie z.B. Arbeitszeitregelungen, die den Wirtschaftssubjekten erlauben, 8 oder 4 Stunden am Tag zu arbeiten, nicht jedoch 7 oder 2. Diese Abstraktion ist bei der Betrachtung einer großen Anzahl von Haushalten insoweit zulässig, als sich die institutionellen Restriktionen im Durchschnitt tendenziell aufheben.

In unserem Modell hat jeder Haushalt in jeder Periode eine bestimmte Menge an verfügbarer Zeit, die er zwischen Arbeit und Freizeit aufteilen kann. Dabei verstehen wir unter *Freizeit* die Gesamtheit aller Aktivitäten, die nichts mit der Produktion von Gütern zu tun haben, und gehen davon aus, daß Freizeit prinzipiell als angenehmer empfunden wird als Arbeit. Mit anderen Worten: Freizeit ist für Haushalte eine Quelle des Nutzens.

Wir unterstellen, daß wir mit Hilfe einer Funktion die Höhe des Nutzens messen können, der einem Haushalt im Laufe einer Periode aus Konsum und Freizeit erwächst. Diese **Nutzenfunktion** schreiben wir als

---

[1] Diese Zahlen stammen aus der *Citibase* Datenbank und beziehen sich auf Personen ab 16 Jahre und älter (im Jahre 1940 ab 14 Jahre und älter), die weder Vollzeit-Studenten noch Armeeangehörige sind.

$$u_t = u(c_t, n_t), \qquad (2.3)$$
$$(+)(-)$$

wobei u_t der Nutzen ist (ausgedrückt in Nutzeneinheiten), den jemand in der Periode t empfängt.[2] Wir gehen davon aus, daß die Form der Nutzenfunktion u für alle Perioden gleich ist. Das Pluszeichen unter der Konsummenge c_t bedeutet, daß der Nutzen mit dem Konsum steigt, während das Minuszeichen unter dem Arbeitseinsatz n_t bedeutet, daß mehr Arbeit (also weniger Freizeit) den Nutzen negativ beeinflußt. Zur Vereinfachung wollen wir nun den Zeitindex t weglassen und auf die Arbeits- und Konsumentscheidungen (c bzw. n) der Periode t Bezug nehmen.

Wir analysieren die Arbeits- und Konsumentscheidungen der Haushalte unter Verwendung des zentralen ökonomischen Postulats der Verhaltensoptimierung, welches besagt, daß jeder Haushalt sich für die Arbeits- und die Konsummenge entscheidet, die mit der Nutzenmaximierung in Gleichung (2.3) konsistent ist. Des weiteren gilt, daß diese Maximierung der Beschränkung von Gleichung (2.2) unterliegt, nach der der Konsum jedes Haushalts in jeder Periode genauso hoch ist wie seine Produktion in derselben Periode. Mit Hilfe dieser Tatbestände werden wir versuchen, die Entscheidung eines Haushalts zwischen Arbeit und Konsum verständlich zu machen.

Um bei unserer Analyse der Haushaltsentscheidungen voranzukommen, müssen wir noch die Nutzenfunktion, welche die individuellen Präferenzen in bezug auf Konsum und Freizeit beschreibt, näher charakterisieren. Eine grundlegende Prämisse lautet, daß der Nutzen einer zusätzlichen Einheit Freizeit relativ zu dem durch eine zusätzliche Konsumeinheit gewonnenen Nutzen abnimmt, während das Freizeit-Konsum-Verhältnis steigt. Mit anderen Worten: bei sehr viel Freizeit, aber relativ geringem Konsum erscheint uns eine Erhöhung unseres Konsums wichtiger als mehr Freizeit. Uns interessiert nun, wieviel zusätzlichen Konsum wir benötigen, um den Verlust einer Freizeiteinheit wettzumachen. Wenn wir in der Ausgangssituation wenig konsumieren und viel Freizeit haben - also nur wenig arbeiten -, dann erscheint uns ein erhöhter Konsum zunächst vorrangig. Deshalb sind wir bereit, sehr viel mehr zu arbeiten, um mehr konsumieren zu können. Nachdem wir sowohl unseren Konsum als auch unsere Arbeitszeit deutlich gesteigert haben, gewinnt die Freizeit immer mehr an Bedeutung, d.h. wir sind immer weniger bereit, mehr zu arbeiten und Freizeit zugunsten zusätzlicher Konsumeinheiten aufzugeben.

Diese Überlegungen lassen sich anhand der Kurve in Abb. 2.5 zusammenfassen. Bei einem Arbeitseinsatz von Null ($n = 0$) gibt die Kurve ein bestimmtes Konsumniveau c^0 auf der vertikalen Achse an. Diese Konsummenge bestimmt bei vollständi-

---

[2] Es ist nicht wirklich erforderlich, Nutzen in Nutzeneinheiten zu messen. Der entscheidende Gesichtspunkt ist, daß die Haushalte eine *Präferenzordnung* für Kombinationen von Konsum und Arbeit (c_t, n_t) haben. Gleichung (2.3) besagt, daß eine Kombination mit einem höheren Nutzenindex u_t einer solchen mit einem geringeren Wert vorgezogen wird.

ger Freizeit ($n = 0$) ein durch Gleichung (2.3) gegebenes Nutzenniveau, das wir mit u^1 bezeichnen. Die in Abb. 2.5 dargestellte Kurve zeigt alle möglichen Kombinationen von Arbeit und Konsum, die dasselbe Nutzenniveau u^1 wie die Kombination $n = 0$ und $c = c^0$ haben.

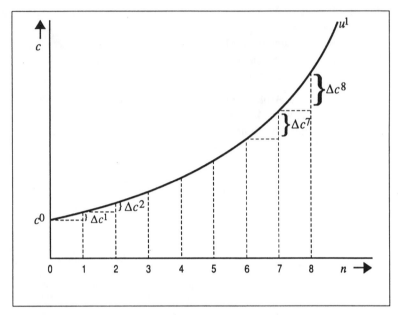

Abb. 2.5: *Eine Indifferenzkurve für Arbeit und Konsum*
Alle Punkte (n, c) der Kurve entsprechen dem gleichen Nutzenniveau u^1. Deshalb ist der Haushalt gegenüber diesen Arbeits- und Konsumkombinationen indifferent.

Angenommen, wir geben einen Teil unserer Freizeit zugunsten von Arbeit auf, indem wir z.B. eine Stunde täglich arbeiten, was $n = 1$ in Abb. 2.5 entspricht. Für sich genommen bewirkt diese Freizeitverringerung zugleich eine Nutzensenkung. Uns interessiert jedoch, wieviel zusätzlicher Konsum erforderlich ist, um uns auf das ursprüngliche Nutzenniveau zurückzubringen. Wenn wir die erforderliche Menge an zusätzlichem Konsum mit Δc^1 bezeichnen, dann erbringt die neue Kombination von Arbeit und Konsum, bei der $n = 1$ und $c = c^0 + \Delta c^1$ ist, denselben Nutzen wie die ursprüngliche Kombination ($n = 0$ und $c = c^0$). Folglich sind wir zwischen diesen beiden Kombinationen indifferent. Um zu zeigen, daß diesen beiden Punkten dasselbe Nutzenniveau u^1 entspricht, verbinden wir sie zu der in Abb. 2.5 dargestellten Kurve.

Wenn wir noch eine Stunde mehr arbeiten - d.h. $n = 2$ wählen -, bedarf es wieder einer zusätzlichen Konsummenge, um das Nutzenniveau aufrechtzuerhalten. In Abb.

2.5 wird unterstellt, daß der erforderliche zusätzliche Konsum der Menge Δc^2 entspricht, und deshalb gewährt der Punkt ($n = 2, c = c^0 + \Delta c^1 + \Delta c^2$) denselben Nutzen wie die Ausgangskombination.

Diese Rechnung läßt sich mit jeder weiteren Arbeitseinheit fortsetzen. Das Ergebnis ist die Kurve in Abb. 2.5, auf der sämtliche Kombinationen (n, c) dasselbe Nutzenniveau repräsentieren. Da wir gegenüber diesen Arbeits- und Konsumkombinationen indifferent sind, wird diese Kurve als **Indifferenzkurve** bezeichnet.

Unsere bisherigen Überlegungen erlauben uns, auf die Form einer Indifferenzkurve zu schließen. Da mit zunehmendem Arbeitseinsatz jede weitere Arbeitseinheit durch eine jeweils größere zusätzliche Konsummenge kompensiert werden muß, um dasselbe Nutzenniveau aufrechtzuerhalten, muß die jeweilige Konsumzunahme Δc um so größer sein, je höher die dazugehörige Arbeitszeit ist. In Abb. 2.5 heißt dies, daß $\Delta c^1 < \Delta c^2 < ... < \Delta c^7 < \Delta c^8$ ist.

In jedem Punkt entlang der Indifferenzkurve gibt uns die Steigung der Tangente den Konsumzuwachs an, der erforderlich ist, um den Verlust einer Freizeiteinheit zu kompensieren. Sämtliche in Abb. 2.5 dargestellten Konsumzuwächse Δc approximieren diese Steigung in der Umgebung der korrespondierenden Arbeitszeit. So ist z.B. die Menge Δc^2 ein brauchbares Maß für die Steigung der Kurve, wenn die Arbeitszeit zwischen ein und zwei Stunden täglich liegt. Unsere vorangegangenen Überlegungen besagen, daß die Steigung der Indifferenzkurve mit erhöhtem Arbeitseinsatz n zunimmt.

Die Steigung der Indifferenzkurve in Abb. 2.5 gibt die Konsummenge an, die erforderlich ist, um den Verlust einer Freizeiteinheit wettzumachen. Anders ausgedrückt heißt dies, daß ein Arbeiter sich besser stellt, wenn er eine größere Konsummenge als diese erhält. So wird er bei einer gegenwärtigen Arbeitszeit von sieben Stunden täglich nur dann zu einer weiteren Stunde Arbeit bereit sein, wenn er dadurch seinen Konsum mindestens um die Menge Δc^8 in Abb. 2.5 erhöhen kann. Wenn diese zusätzliche Arbeitszeit ihm sogar eine über Δc^8 hinausgehende Konsummenge ermöglicht, dann läßt sich aufgrund dieser ökonomischen Argumentation folgern, daß er diese zusätzliche Stunde Arbeit auf sich nehmen wird. Auf diese Weise läßt sich vorhersagen, wie viele Stunden die Wirtschaftssubjekte tatsächlich zu arbeiten bereit sind.

In Abb. 2.5 repräsentieren sämtliche Punkte der Kurve dasselbe Nutzenniveau u^1. Sobald wir uns jedoch auf der vertikalen Achse entlang bewegen und den Konsum über c^0 hinaus erhöhen, steigt der Nutzen. Folglich können wir auf diesem höheren Nutzenniveau, beispielsweise u^2, eine weitere Indifferenzkurve konstruieren. Diese ähnelt zwar der in Abb. 2.5, liegt aber insgesamt über dieser, d.h. die zu jeder Arbeitszeit n gehörige Konsummenge c ist höher. Genau deshalb repräsentiert die neue Indifferenzkurve ein höheres Nutzenniveau. (Wir können auch sagen, daß entlang der neuen Kurve für jede Konsummenge c ein geringerer Arbeitseinsatz n erforderlich ist.)

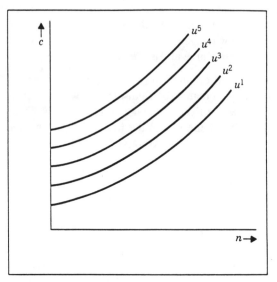

Abb. 2.6: *Eine Schar von Indifferenzkurven für Arbeit und Konsum*
Das Nutzenniveau steigt, wenn sich der Haushalt von der mit u^1 bezeichneten Kurve zur Kurve u^2 usw. bewegt.

Desgleichen könnten wir natürlich den Konsum c^0 durch eine Abwärtsbewegung auf der vertikalen Achse verringern und eine Indifferenzkurve für ein niedrigeres Nutzenniveau konstruieren. Wir können ganz generell eine "Familie" oder eine "Schar" von Indifferenzkurven definieren, die jeweils ein anderes Nutzenniveau repräsentieren. Abb. 2.6 zeigt fünf derartige Kurven, die nach ihrem jeweiligen Nutzenniveau bezeichnet sind, wobei $u^1 < u^2 < \ldots < u^5$ ist. Entlang der einzelnen Kurven ist das Nutzenniveau konstant. Sobald wir uns jedoch vertikal von einer Kurve zur anderen bewegen - d.h. den Konsum bei gleichbleibender Arbeitszeit erhöhen -, erreichen wir ein höheres Nutzenniveau. Wir haben bereits zuvor auf die zentrale Prämisse hingewiesen, daß jeder Haushalt das höchstmögliche Nutzenniveau anstrebt. Deshalb können wir auch sagen, das Ziel eines Haushalts bestehe darin, stets die höchstmögliche Indifferenzkurve der in Abb. 2.6 dargestellten Kurvenschar zu erreichen.

Entscheidung über die Arbeitszeit

Wenn wir jetzt von einer bestimmten Arbeits- und Konsumkombination (n, c) ausgehen, dann können wir anhand der Abb. 2.6 die Indifferenzkurve ausfindig machen, welche mit diesem Punkt korrespondiert. Die Steigung der Indifferenzkurve in diesem Punkt gibt uns an, wieviel zusätzlicher Konsum Δc gewährleistet sein muß, damit sich jemand zur Leistung einer weiteren Arbeitseinheit bereit erklärt. Um bestimmen zu können, wieviel jemand tatsächlich arbeitet, kombinieren wir die Indifferenzkurven mit einer Beschreibung der individuellen Möglichkeiten zur Konsumsteigerung bei zunehmendem Arbeitseinsatz. In unserem Modell resultieren diese Möglichkeiten aus der bereits eingeführten und in Abb. 2.1 dargestellten Produktionsfunktion. Das Grenzprodukt der Arbeit (GPA) gibt die zusätzliche Produktionsmenge an, die durch eine zusätzliche Arbeitseinheit erzeugt wird. Ferner wissen wir aus Gleichung (2.2), daß jeder zusätzlichen Produktionsmenge eine gleich hohe Konsummenge gegenübersteht.

Das GPA gibt uns die Erhöhung der Produktion - und folglich des Konsums - an, die aus einer zusätzlichen Arbeitseinheit resultiert. Andererseits bestimmt die Steigung der Indifferenzkurve die zusätzliche Konsummenge, die zur Kompensation des Freizeitverlustes erforderlich ist. Wenn nun das Grenzprodukt der Arbeit größer ist als die Steigung der Indifferenzkurve, dann stellen wir uns offenbar besser, wenn wir mehr arbeiten und den zusätzlichen Output zur Erhöhung unseres Konsums verwenden. Allerdings hat der vermehrte Arbeitseinsatz zwei Konsequenzen: Das GPA sinkt und die Steigung der Indifferenzkurve nimmt zu. Deshalb wird mit zunehmendem Arbeitseinsatz der anfängliche Überschuß des GPA über die Steigung der Indifferenzkurve allmählich eliminiert. Sobald die Differenz ganz verschwunden ist - d.h. sobald das Grenzprodukt der Steigung der Indifferenzkurve entspricht -, ist jeder weitere Arbeitseinsatz nicht mehr lohnend.

Das Ergebnis dieser Überlegungen ist in Abb. 2.7 dargestellt. Betrachten wir den Schnittpunkt der Produktionsfunktion mit der Indifferenzkurve u^1 in Punkt D. Dort ist die Steigung der Produktionsfunktion - die gleich dem GPA ist - größer als die Steigung der Indifferenzkurve. Deshalb bewirkt eine Zunahme der Arbeitszeit eine Erhöhung des Outputs - und des Konsums -, die größer ist, als es zur Aufrechterhaltung des Nutzenniveaus erforderlich wäre. Wenn wir uns in Abb. 2.7 über den Punkt D hinaus entlang der Produktionsfunktion bewegen, schneiden die Haushalte höhere Indifferenzkurven und steigern ihren Nutzen.

Falls wir den Arbeitseinsatz soweit erhöhen, daß wir Punkt E in Abb. 2.7 erreichen, bewegen wir uns von der Indifferenzkurve u^1 zur Indifferenzkurve u^3. Die Steigung der Produktionsfunktion hat sich in Punkt E so weit verringert, daß sie der Steigung der Indifferenzkurve entspricht. Dies läßt sich graphisch zeigen, indem man die Produktionsfunktion $f(n)$ als Tangente zur Indifferenzkurve u^3 in Punkt E zeichnet. Die dazugehörigen Arbeits- und Konsummengen bezeichnen wir als n^* und c^*. An diesem Punkt können wir durch Mehrarbeit keinen Nutzenzuwachs mehr erzielen. Wenn wir uns entlang der Produktionsfunktion über den Punkt E hinaus bewegen, schneiden wir nur noch tiefer liegende Indifferenzkurven. Folglich sind die zusätzlichen Output- und Konsummengen von nun an unzureichend, um den durch die Mehrarbeit bedingten Nutzenverlust zu kompensieren. Deshalb sinkt der Nutzen, sobald wir mehr als n^* arbeiten.

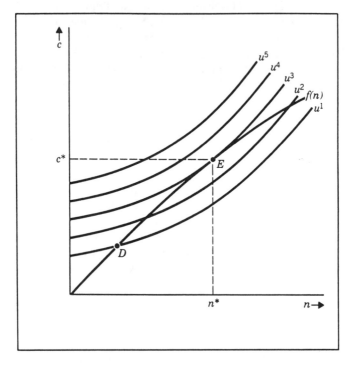

Abb. 2.7: *Kombination der Indifferenzkurven mit der Produktionsfunktion*
Der Haushalt bewegt sich entlang der Produktionsfunktion $f(n)$, bis er die höchstmögliche Indifferenzkurve erreicht. Dies ist in Punkt E der Fall, wo die Produktionsfunktion die Indifferenzkurve u^3 tangiert.

Zusammenfassend läßt sich sagen, daß jeder Haushalt die Kombination von Arbeit und Konsum verwirklichen will, die den Nutzen maximiert. Deshalb wählt er die Kombination (n^*, c^*), bei der die Produktionsfunktion eine Indifferenzkurve tangiert.

Verschiebungen der Produktionsfunktion

Uns interessiert nun, wie Wirtschaftssubjekte ihre Arbeits- und Konsumentscheidungen an veränderte Produktionsmöglichkeiten anpassen. Diese veränderten Produktionsbedingungen werden wir als Verschiebungen der Produktionsfunktion $f(n)$ darstellen. Erinnern wir uns, daß wir zunächst nur die Arbeits- und Konsumentscheidungen für eine Periode untersuchen, so daß uns auch nur die Veränderungen der Produktionsfunktion eben dieser Periode interessieren.

Es gibt eine Reihe von wirtschaftlichen Störfaktoren, die die Produktionsmöglichkeiten modifizieren. So führte z.B. in den USA die Dürre des Jahres 1988 zu einer Verringerung des landwirtschaftlichen Outputs und insoweit zu einer Verschiebung der Produktionsfunktion nach unten. Ferner bewirkten die Ölkrisen von 1973-74 und 1979 eine starke Verteuerung des Öls, so daß die Energieverbraucher erheblich mehr Ressourcen aufgeben mußten, um ihre Produktion aufrechterhalten zu können. Aus der Sicht der Energieverbraucher stellt sich diese Störung ebenfalls wie eine Verschiebung der Produktionsfunktion $f(n)$ nach unten dar. Andererseits bewirken neue technologische Entwicklungen - wie z.B. der vermehrte Einsatz von Strom, Kernenergie, Computerchips und Fieberglaskabeln - eine Verlagerung der Produktionsfunktion nach oben.

Bei unserer Analyse unterteilen wir die Reaktionen der Haushalte auf wirtschaftliche Veränderungen in zwei Kategorien:

- Vermögenseffekte
- Substitutionseffekte.

Bei einem Vermögenseffekt (den Ökonomen auch als **Einkommenseffekt** bezeichnen) geht es, kurz gesagt, um die Gesamtheit der materiellen Möglichkeiten. Sofern eine Veränderung bewirkt, daß wir mehr von den Dingen erlangen können, die Nutzen stiften, erhöht sich das Vermögen. Demgegenüber bezieht sich der **Substitutionseffekt** darauf, wie relativ schwierig bzw. kostspielig es ist, die Dinge zu erlangen, die Nutzen stiften. So können sich z.B. die Möglichkeiten der Transformation von mehr Arbeit (und folglich weniger Freizeit) in mehr Konsum verändern. Allgemeiner ausgedrückt, könnten sich die relativen Kosten ändern, die mit dem Erwerb von Gütern wie Brot und Fernsehgeräten verbunden sind.

Wir werden in diesem Buch die Konzepte des Vermögens- und Substitutionseffekts extensiv verwenden. An dieser Stelle beginnen wir zunächst mit der detaillierten Beschreibung der Vermögenseffekte im Rahmen des von uns entwickelten Modells. Dabei wollen wir unterstellen, daß die Wirtschaftssubjekte gegebene Präferenzen für Konsum und Freizeit haben, d.h. daß sich die Indifferenzkurven der Abb. 2.6 und 2.7 nicht verändern, wenn sich die Produktionsfunktion verschiebt.

Vermögenseffekte

Ganz allgemein sprechen wir von einer Erhöhung unseres Vermögens, wenn wir ein höheres Nutzenniveau erreichen. Andererseits sinkt unser Vermögen, wenn wir zu einem niedrigeren Nutzenniveau gelangen.[3] Bedauerlicherweise läßt sich diese Definition in bestimmten Fällen nur schwer anwenden. Wir wollen die Begriffe der Vermögens- und Substitutionseffekte vor allem zur Analyse verschiedener wirtschaftlicher Veränderungen, wie z.B. einer Mißernte, verwenden. In manchen Fällen wissen wir allerdings anfänglich noch nicht, ob eine spezifische Veränderung unseren Nutzen erhöht oder senkt. Insofern erscheint die Anwendung dieses Konzepts nicht sehr sinnvoll, wenn wir erst das gesamte Problem lösen müssen, um zu erfahren, wie sich unser Vermögen verändert.

Das Vorzeichen einer Vermögensänderung läßt sich normalerweise mit Hilfe folgender Methode ermitteln. Wir betrachten zunächst den in Abb. 2.7 mit n^* und c^* definierten Punkt als ursprüngliche Arbeits- und Konsumentscheidung eines Haushaltes und wollen jetzt sehen, wie ökonomische Veränderungen die materiellen Möglichkeiten in der Umgebung dieses Ausgangspunktes modifizieren.[4] Wenn wir dabei z.B. feststellen, daß die anfängliche Arbeitsmenge n^* dem Haushalt einen höheren Konsum erlaubt als zuvor, dann ist das Vermögen mit Sicherheit gestiegen (da der Haushalt ein höheres Nutzenniveau erreicht). Wenn wir andererseits feststellen, daß der ursprüngliche Arbeitseinsatz n^* nur einen geringeren Konsum ermöglicht, dann ist das Vermögen vermutlich gesunken.

Wir wollen diese Methode nun im Zusammenhang mit einer Verschiebung der Produktionsfunktion genauer untersuchen. Eine Erhöhung des Vermögens tritt dann ein, wenn der Haushalt mit Hilfe desselben Arbeitseinsatzes mehr Güter produzieren kann. Im einfachsten Fall eines reinen Vermögenseffekts äußert sich dies in einer parallelen Aufwärtsverschiebung der Produktionsfunktion. Diese bewirkt, daß mit jedem gegebenen Faktoreinsatz mehr produziert wird, während sich die Steigung der Produktionsfunktion bei gleichbleibendem Arbeitseinsatz nicht verändert. Dieser Fall ist in Abb. 2.8 dargestellt, wobei $f(n)$ die ursprüngliche Produktionsfunktion und $f(n)'$ die neue Funktion ist, die parallel zur ursprünglichen verläuft.

Erinnern wir uns, daß sich bei dem in Abb. 2.3 dargestellten Fall einer Verschiebung der Produktionsfunktion zugleich die Steigung der Funktion verändert. Wir wollen diesen Typ von Veränderungen jedoch zunächst ausklammern, da er Substitutionseffekte beinhaltet. Die in Abb. 2.8 dargestellte Parallelverschiebung ist insofern einfacher, als dabei nur ein Vermögenseffekt auftritt.

---

[3] Diese Definition stammt von John Hicks (1946), Kap. 2.

[4] Dieser allgemeine Ansatz stammt von dem russischen Ökonomen Eugen Slutsky. Eine Diskussion (im Kontext von Gütermärkten) findet sich bei Hal Varian (1987), S. 147-150.

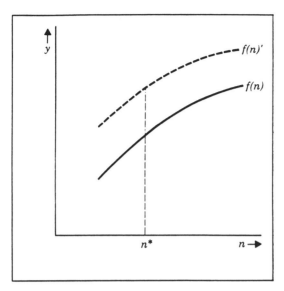

Abb. 2.8: *Parallele Aufwärtsverschiebung der Produktionsfunktion*
Die neue Produktionsfunktion $f(n)'$ liegt insgesamt über der ursprünglichen Funktion $f(n)$. Bei dieser Art von Parallelverschiebung haben beide Funktionen bei jedem gegebenen Arbeitseinsatz die gleiche Steigung.

Wie reagieren die Wirtschaftssubjekte auf eine Vermögenserhöhung? Die Antwort auf diese Frage erhalten wir durch die Kombination der in Abb. 2.9 dargestellten Veränderung der Produktionsfunktion mit zwei Indifferenzkurven. In der Ausgangssituation tangiert die Produktionsfunktion eine Indifferenzkurve im Punkt (n^*, c^*). Durch eine parallele Verschiebung der Produktionsfunktion nach oben erreichen die Haushalte eine höhere Indifferenzkurve. Die neue Produktionsfunktion $f(n)'$ tangiert eine höhere Indifferenzkurve im Punkt [$(n^*)'$, $(c^*)'$]. Aus der Darstellung ergibt sich, daß der Konsum zunimmt - $(c^*)' > c^*$ -, während der Arbeitseinsatz sinkt - $(n^*)' < n^*$. Mit anderen Worten: Die Reaktion auf die Vermögenserhöhung beinhaltet sowohl eine Erhöhung des Konsums als auch der Freizeit. Wir bezeichnen Konsum und Freizeit als **superiore Güter**, weil beide Größen in Reaktion auf eine Zunahme des Vermögens steigen. (Gelegentlich sprechen Ökonomen auch von **normalen Gütern**.) Anders formuliert: der Vermögenseffekt ist in bezug auf den Konsum positiv und in bezug auf die Arbeit negativ.

Sobald wir es mit einer Vielzahl unterschiedlicher Güter zu tun haben, können wir nicht mehr sicher sein, daß der Vermögenseffekt für alle Güter positiv ist, da es sich in manchen Fällen um **inferiore Güter** handeln kann, von denen wir mit zunehmendem Vermögen weniger nachfragen. (Typische Beispiele hierfür sind Kartoffeln und Margarine.) Sofern wir uns jedoch nur auf zwei umfassendere Kategorien nutzenstiftender Dinge beziehen - Konsum und Freizeit -, können wir ziemlich sicher sein, daß beide Güter superior sind. Dieses Ergebnis wird durch einige vernünftige Annahmen über die Art der individuellen Präferenzen gewährleistet. Deshalb gehen wir von nun an davon aus, daß Konsum und Freizeit superiore Güter sind.

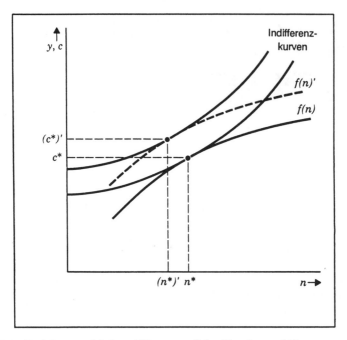

Abb. 2.9: *Reaktion von Arbeit und Konsum auf eine Vermögenserhöhung*
Die Parallelverschiebung der Produktionsfunktion nach oben veranlaßt zu mehr Konsum und zu weniger Arbeit.

Es ist keineswegs überraschend, daß der Vermögenseffekt für den Konsum positiv ist. Dies läßt sich ohne weiteres empirisch anhand von Haushalts- und Länderstudien belegen. Auch ein historischer Überblick über die Entwicklung der US-Volkswirtschaft bestätigt, daß der Pro-Kopf-Konsum zusammen mit der Pro-Kopf-Produktion gestiegen ist.

Der negative Vermögenseffekt hinsichtlich des Arbeitseinsatzes läßt sich zwar etwas schwieriger nachweisen, zeigt sich aber doch relativ deutlich im langfristig negativen Einfluß der Wirtschaftsentwicklung auf die durchschnittliche Arbeitszeit. In den USA hat die durchschnittliche Arbeitszeit pro Woche in der verarbeitenden Industrie von 55 bis 60 Stunden (1890) auf etwa 50 (1914), 44 (1929) und 41 (1987) abgenommen.⁵ Im Vereinigten Königreich ist die durchschnittliche wöchentliche Arbeitszeit männlicher Arbeiter von ebenfalls 60 Stunden (1850) auf 55 (1890), 54 (1910), 48 (1938), 47 (1965) und 44 (1986) gesunken.⁶

Wenn wir mehrere Länder zu einem bestimmten Zeitpunkt vergleichen, erhalten wir weitere Hinweise für einen negativen Vermögenseffekt beim Arbeitseinsatz. So beträgt z.B. von 1953-60 der Mittelwert der durchschnittlichen Wochenstunden in der verarbeitenden Industrie in zehn Industrieländern 43,9 Stunden. (Die zehn Länder sind die USA, Kanada, die Schweiz, Schweden, Neuseeland, das Vereinigte Königreich, Norwegen, Frankreich, die Bundesrepublik Deutschland und die Niederlande.) Demgegenüber beträgt der entsprechende Mittelwert von zehn weniger entwickelten Ländern 47,4 Stunden. (Diese zehn Länder sind Jugoslawien, Kolumbien, die Philippinen, El Salvador, Ekuador, Guatemala, Peru, Taiwan, Ägypten und Ceylon.)⁷

Andererseits scheint der negative Effekt der wirtschaftlichen Entwicklung auf die durchschnittliche Arbeitszeit bei einem hohen Entwicklungsstand nachzulassen. In den USA hört der langfristige Abwärtstrend der durchschnittlichen Wochenarbeitsstunden in der verarbeitenden Industrie etwa mit dem 2. Weltkrieg auf und hat seit 1947 mit 40,4 Wochenstunden bis 1987 mit 41,0 Stunden keine nennenswerte Änderung mehr erfahren.⁸ Im Vereinigten Königreich haben sich für männliche Arbeitskräfte mit 47,0 durchschnittlichen Arbeitsstunden 1965 gegenüber 1946 mit 47,6 keine wesentlichen Änderungen ergeben. Der Wert ist jedoch 1986 auf 44,5 zurückgegangen.

Um diese Beobachtungen in der jüngeren Vergangenheit erklären zu können, müssen wir unsere ökonomische Analyse noch weiter vertiefen und insbesondere den Substitutionseffekt als weiteren Einflußfaktor auf die Entscheidung hinsichtlich des Arbeitseinsatzes und des Konsums integrieren.

---

⁵ Die Daten stammen vom U.S. Department of Commerce (1975), S. 168 f. und dem *Economic Report of the President,* 1988, Tab. B-44. In einer vollständigen Analyse müßten wir auch Veränderungen der Erwerbspersonenzahl berücksichtigen. Vgl. hierzu Aufgabe 2.10 am Ende des Kapitels.

⁶ Die früheren Daten sind grobe Durchschnittswerte von M.A. Bienefeld (1972), Kap. 4 u. 5. Die Daten ab 1938 stammen von B.R. Mitchell und H.G. Jones (1971), S. 148. Der Wert für 1986 stammt vom Central Statistical Office, *Annual Abstracts of Statistics,* 1988 edition, Tab. 6.15.

⁷ Die Daten finden sich bei Gordon Winston, (1966), Tab. 1. Seine Untersuchung berücksichtigt auch Unterschiede in der Erwerbstätigkeit in verschiedenen Ländern.

⁸ Die verfügbaren Statistiken verwenden allerdings die von den Arbeitgebern bezahlten Arbeitsstunden. Die tatsächliche Abnahme der Arbeitsstunden kann aufgrund der zunehmenden Bedeutung der Ferien- und Krankheitstage größer sein, als die Daten vermuten lassen. Außerdem wird das Ausmaß der Abnahme noch deutlicher, wenn wir ausschließlich den privaten nichtlandwirtschaftlichen Bereich betrachten. Hier ist die durchschnittliche Arbeitszeit von 1947 bis 1987 von 40,3 auf 34,8 Stunden gesunken. Jedoch spiegeln diese Daten teilweise die Veränderungen in der Zusammensetzung der Erwerbstätigen wider, insbesondere die Zunahme der weiblichen Arbeitskräfte.

Substitutionseffekte zwischen Arbeit und Konsum

Wir haben unsere Analyse mit dem einfachen Fall eines reinen Vermögenseffektes infolge einer parallelen Aufwärtsverschiebung der Produktionsfunktion (vgl. Abb. 2.8) begonnen, die impliziert, daß eine technologische Veränderung bei gleichem Arbeitseinsatz eine Mehrproduktion von Gütern ermöglicht. Dabei haben wir jedoch die Veränderung des Grenzprodukts der Arbeit (GPA) ausgeklammert, obwohl diese Annahme unrealistisch ist, da sich das GPA bei jedem Niveau des Arbeitseinsatzes durch technologischen Fortschritt tendenziell erhöht.

Uns interessiert nunmehr, wie die Haushaltsentscheidungen durch eine in Abb. 2.10 dargestellte Aufwärtsverschiebung der Produktionsfunktion beeinflußt werden. Da die neue Produktionsfunktion $f(n)'$ bei jedem Arbeitseinsatz über der ursprünglichen Kurve $f(n)$ liegt, besitzt die neue Kurve in jedem Punkt eine größere Steigung als die ursprüngliche. Die Veränderung der Steigung beinhaltet einen Substitutionseffekt, den wir nunmehr betrachten wollen.

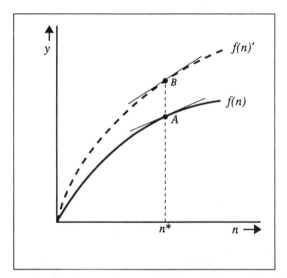

Abb. 2.10: *Proportionale Verschiebung der Produktionsfunktion nach oben*
Die neue Produktionsfunktion $f(n)'$ liegt höher und besitzt bei jedem Arbeitseinsatz eine größere Steigung als die alte Kurve $f(n)$.

Die proportionale Verschiebung der Produktionsfunktion in Abb. 2.10 kombiniert eine Parallelverschiebung (wie in Abb. 2.8) mit einer gegen den Uhrzeigersinn gerichteten Drehung der neuen Funktion $f(n)'$. Da wir die reinen Vermögenseffekte der Parallelverschiebung bereits kennen, brauchen wir nur noch die Konsequenzen einer Drehung der Produktionsfunktion zu analysieren, um die in Abb. 2.10 dargestellte proportionale Verschiebung zu verstehen. Wir isolieren daher diese Drehung in Abb. 2.11. Die neue Produktionsfunktion $f(n)'$ weist bei jedem Arbeitseinsatz eine größere Steigung auf als die alte Funktion $f(n)$. Folglich bewirkt die Drehung für sämtliche Arbeitsinputs eine Erhöhung des Grenzprodukts der Arbeit.

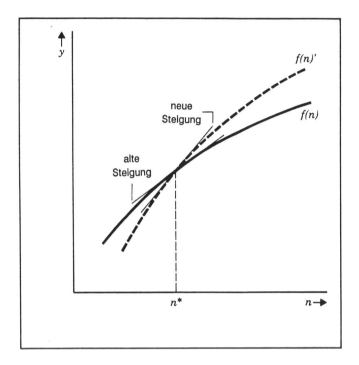

Abb. 2.11: *Drehung der Produktionsfunktion*
Bei n^* ist die Produktionsmenge für beide Produktionsfunktionen gleich. Dennoch besitzt die neue Funktion $f(n)'$ bei jedem Arbeitseinsatz eine größere Steigung als die alte Kurve $f(n)$.

Abb. 2.12 zeigt die Reaktion des Haushalts auf eine Drehung der Produktionsfunktion. Die ursprüngliche Funktion $f(n)$ tangiert im Punkt (n^*, c^*) eine Indifferenzkurve. Da die neue Funktion $f(n)'$ ebenfalls durch diesen Punkt geht, ist es möglich, nach wie vor die Menge n^* zu arbeiten und die Menge c^* zu konsumieren. Anfänglich waren die Haushalte zufrieden, diesen Punkt erreicht zu haben, da hier das GPA gleich der Steigung der Indifferenzkurve ist. Da das GPA jetzt aber höher ist, läßt sich bei entsprechender Mehrarbeit durch den damit verbundenen zusätzlichen Output (und Konsum) der Nutzen erhöhen. Bei einer Bewegung entlang der neuen

Produktionsfunktion $f(n)'$ schneiden wir in Abb. 2.12 so lange höhere Indifferenzkurven, bis der Haushalt eine Kurve erreicht, die die neue Produktionsfunktion im Punkt $[(n^*)', (c^*)']$ tangiert. Jede darüber hinausgehende Erhöhung der Arbeitsmenge vermindert den Nutzen.

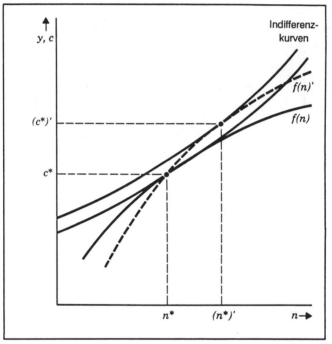

Abb. 2.12: *Reaktion von Arbeit und Konsum auf einen Substitutionseffekt*
Die Kurve des Grenzprodukts der Arbeit verlagert sich nach oben, wenn sich die Produktionsfunktion von $f(n)$ nach $f(n)'$ verschiebt. Das Resultat ist eine Erhöhung der Arbeit von n^* auf $(n^*)'$ und eine Zunahme des Konsums von c^* auf $(c^*)'$.

Wir haben gezeigt, daß eine Erhöhung der Kurve des Grenzprodukts der Arbeit sowohl zu einem erhöhten Arbeitseinsatz - $(n^*)' > n^*$ - als auch zu erhöhtem Konsum führt, $(c^*)' > c^*$. Wie wir bereits wissen, hat ein Haushalt stets die Möglichkeit, eine Zeiteinheit mehr zu arbeiten und den zusätzlichen Output zur Erhöhung seines Konsums zu verwenden. Die zusätzliche Produktions- und Konsummenge entspricht dem GPA. Im Sinne der beiden nutzenstiftenden Dinge - Freizeit und Konsum - steht der Haushalt immer vor der Entscheidung, eine Einheit Freizeit gegen die dem GPA entsprechenden zusätzlichen Konsumeinheiten einzutauschen. Sobald sich die Kurve des Grenzprodukts der Arbeit nach oben verlagert, wird dieser Tausch noch günstiger; die Haushalte können jetzt mehr konsumieren - nämlich in Höhe des

GPA -, wenn sie auf eine Freizeiteinheit verzichten. Oder anders ausgedrückt: Der Konsum wird im Vergleich zur Freizeit billiger. Ein rationales Wirtschaftssubjekt, das seinen Nutzen maximieren will, wird es als wünschenswert erachten, das teurere Gut durch das weniger teure zu substituieren, d.h. in unserem Beispiel, für mehr Konsum und weniger Freizeit (d.h. mehr Arbeit) zu optieren.[9]

Kombination von Vermögens- und Substitutionseffekten

Wir sind nun imstande, den Gesamteffekt einer proportionalen Aufwärtsverschiebung der Produktionsfunktion in Abb. 2.10 nachzuvollziehen. Diese Veränderung kombiniert eine Vermögenszunahme mit einem Substitutionseffekt, der durch die Aufwärtsverschiebung der Kurve des Grenzprodukts der Arbeit verursacht wird.

Abb. 2.13 zeigt die Wirkungen auf die Haushaltsentscheidungen. Zunächst erkennen wir eine Erhöhung des Konsums, $(c^*)' > c^*$. Die Konsequenzen für den Arbeitseinsatz sind weniger eindeutig. Während die positiven Vermögenseffekte zunächst zu mehr Konsum und mehr Freizeit bzw. *weniger* Arbeit führen, impliziert der durch die höhere GPA-Kurve bedingte Substitutionseffekt mehr Konsum, aber weniger Freizeit, was *mehr* Arbeit bedeutet. Allgemein gilt, daß die Vermögens- und Substitutionseffekte sich in bezug auf den Konsum gegenseitig verstärken, in bezug auf Arbeit und Freizeit jedoch entgegengesetzt wirken. Insofern führt die proportionale Verschiebung der Produktionsfunktion nur dann zu weniger Arbeit und mehr Freizeit, wenn der Vermögenseffekt stärker ist als der Substitutionseffekt. Generell läßt sich darüber keine Voraussage machen.

Versuchen wir nun, die zuvor diskutierte Entwicklung der Arbeitszeit unter dem Aspekt dieser beiden Effekte zu analysieren. Bemerkenswert ist dabei vor allem, daß sich die durchschnittliche Wochenarbeitszeit in den USA während der letzten 40 Jahre in der Industrie nicht stark verändert hat, während in früheren Entwicklungsstadien eine deutliche Abnahme der durchschnittlichen Arbeitszeit zu verzeichnen war.

Wenn wir die wirtschaftliche Entwicklung durch eine Reihe proportionaler Aufwärtsverschiebungen der Produktionsfunktionen darstellen, dann sind in Abb. 2.14 drei Stadien der wirtschaftlichen Entwicklung aufgezeigt. Die Produktionsfunktionen

---

[9] Abb. 2.12 zeigt, daß die Haushalte eine höhere Indifferenzkurve erreichen. Daher bringt die Störung sowohl einen Vermögens- als auch einen Substitutionseffekt hervor. Der Vermögenseffekt erweist sich jedoch als relativ unbedeutend, so daß unser Beispiel eine sehr gute Annäherung an einen reinen Substitutionseffekt darstellt. Um diesen Substitutionseffekt exakt zu isolieren, hätten wir eine geringe parallele Abwärtsverschiebung der Produktionsfunktion zusammen mit der in der Abbildung gezeigten Drehung zu berücksichtigen. Sofern diese Verschiebung das richtige Ausmaß hätte, würde der Haushalt auf der ursprünglichen Indifferenzkurve verbleiben. Diese geringfügige Modifikation würde aber die Wirtschaftssubjekte zu höherem Arbeitseinsatz und Konsum veranlassen; insofern führt die Vernachlässigung des geringen Vermögenseffektes nicht zu qualitativ anderen Ergebnissen.

(des repräsentativen Produzenten) $f(n)^I$, $f(n)^{II}$ und $f(n)^{III}$ stellen jeweils einen niedrigen, mittleren und hohen Entwicklungsstand dar. Historisch würden die ersten beiden Kurven jeweils die Situation der USA vor dem 1. Weltkrieg bzw. am Ende des 2. Weltkriegs repräsentieren, während die dritte Kurve den gegenwärtigen Stand (1989) illustriert.

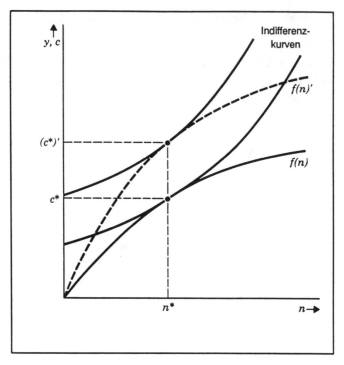

Abb. 2.13: *Reaktion von Arbeit und Konsum auf die kombinierten Vermögens- und Substitutionseffekte*
Bei einer proportionalen Verschiebung der Produktionsfunktion nach oben ergibt sich eine Zunahme des Konsums, aber keine eindeutige Veränderung des Arbeitseinsatzes.

Untersuchen wir nun die Eigenschaften der Haushaltspräferenzen, die mit den Daten der durchschnittlichen Arbeitszeit konsistent wären. Betrachten wir zuerst eine relativ unterentwickelte Volkswirtschaft - d.h. eine Situation, in der sich das repräsentative Wirtschaftssubjekt angesichts der gültigen Produktionsfunktion auf einer niedrigen Indifferenzkurve befindet. Unter diesen Umständen sind die Wirtschaftssubjekte vermutlich ohne weiteres bereit, mehr zu arbeiten, um ihr Konsumniveau aufrechtzuerhalten, selbst wenn ihr Grenzprodukt relativ niedrig ist und sie bereits sehr viel arbeiten. Dies haben wir mittels der als *niedrig* bezeichneten Indifferenzkurve in Abb. 2.14 dargestellt, die bis zu einem relativ hohen Arbeitseinsatz extrem flach verläuft. Die geringe Steigung bedeutet, daß die Wirtschaftssubjekte sehr viel arbeiten wollen um des Vorteils einer geringen Menge zusätzlichen Konsums willen. Der Punkt $[(n^*)^I, (c^*)^I)]$, in dem die erste Produktionsfunktion die niedrige Indifferenzkurve tangiert, besagt, daß die Wirtschaftssubjekte viele Stunden arbeiten, aber aufgrund des niedrigen Niveaus der Produktionsfunktion relativ wenig produzieren und konsumieren.

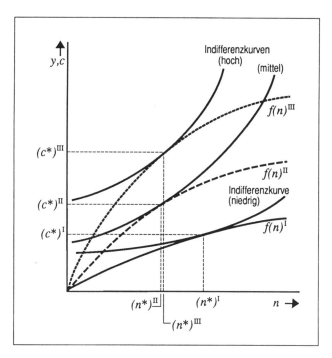

Abb. 2.14: *Einfluß der langfristigen wirtschaftlichen Entwicklung auf die durchschnittliche Arbeitszeit*
Die drei Produktionsfunktionen repräsentieren die Entwicklung der Volkswirtschaft von $f(n)^I$ zu $f(n)^{II}$ und zu $f(n)^{III}$. Die Indifferenzkurven der dazugehörigen Bereiche werden als "niedrig", "mittel" und "hoch" bezeichnet. Bemerkenswert ist, daß der Arbeitseinsatz in frühen Phasen der wirtschaftlichen Entwicklung sinkt, in den fortgeschrittenen Phasen hingegen nahezu unverändert bleibt.

Sobald sich die Produktionsmöglichkeiten bis hin zur zweiten Funktion $f(n)^{II}$ verbessern, tangiert in Abb. 2.14 die Produktionsfunktion eine Indifferenzkurve, die als *mittel* bezeichnet wird, im Punkt $[(n^*)^{II}, (c^*)^{II})]$. Wie die Abbildung verdeutlicht, weist diese mittlere Indifferenzkurve eine höhere Steigung auf und verläuft insgesamt steiler als die niedrige Indifferenzkurve. Dies bedeutet, daß zusätzliche Freizeit nunmehr im Vergleich zu zusätzlichem Konsum wichtiger wird. Aus diesem Grund geht die Verringerung der Arbeitsstunden - $(n^*)^{II} < (n^*)^{I}$ - mit einer Konsumsteigerung einher, $(c^*)^{II} > (c^*)^{I}$. In diesem Abschnitt der wirtschaftlichen Entwicklung übersteigt der negative Vermögenseffekt auf die Arbeitszeit den Substitutionseffekt.

Die Bewegung von der zweiten Produktionsfunktion $f(n)^{II}$ zur dritten $f(n)^{III}$ entspricht schließlich dem zuvor in Abb. 2.13 analysierten Fall. Hier gleichen sich die Vermögens- und Substitutionseffekte weitgehend aus, so daß die Arbeitsstunden nahezu unverändert bleiben. Der Konsum steigt jedoch weiterhin, $(c^*)^{III} > (c^*)^{II}$.

Zusammenfassung

In diesem Kapitel haben wir uns mit Haushalten befaßt, die voneinander isoliert sind und sich daher wie Robinson Crusoe verhalten. Da es keine Märkte gibt, auf denen die Individuen miteinander tauschen, verwendet jeder Haushalt nur seine eigene Arbeitskraft zur Herstellung von Gütern nach Maßgabe einer Produktionsfunktion. Weil ferner alle Güter als nicht lagerfähig betrachtet werden, konsumiert jeder Haushalt die von ihm erzeugten Produkte.

Wir können die individuellen Präferenzen als den durch Konsum und Freizeit gestifteten Nutzen ausdrücken und sie auf diese Weise als Indifferenzkurven für Arbeit und Konsum darstellen. Danach sind die Wirtschaftssubjekte grundsätzlich nur dann bereit, mehr zu arbeiten, wenn sie dadurch eine entsprechende Zunahme ihres Konsums erzielen.

Wenn wir die Präferenzen der Haushalte mit ihren Produktionsmöglichkeiten kombinieren, können wir ihre Arbeits-, Produktions- und Konsumentscheidungen bestimmen. Dabei erscheint es sinnvoll, diese Entscheidungen mit Hilfe der Vermögens- und Substitutionseffekte zu analysieren. Eine Aufwärtsverschiebung der Produktionsfunktion erhöht das Vermögen, und dies veranlaßt die Individuen, weniger zu arbeiten und mehr zu konsumieren; d.h. der Vermögenseffekt ist für Konsum und Freizeit positiv.

Der einzige Substitutionseffekt im Modell berücksichtigt die Arbeitsproduktivität. Wenn sich die Kurve des Grenzprodukts der Arbeit nach oben verschiebt, erlangen die Wirtschaftssubjekte für eine zusätzliche Arbeitsstunde mehr Konsummöglichkeiten. Da der Konsum im Vergleich zur Freizeit billiger wird, arbeiten die Wirtschaftssubjekte mehr, um so ihren Konsum zu erhöhen. Mit anderen Worten: Sie substituieren Freizeit durch Konsum.

Zuletzt haben wir mit Hilfe des theoretischen Rahmens versucht, die langfristige Entwicklung der Arbeitszeit zu analysieren. Am Anfang der wirtschaftlichen Entwicklung veranlaßt die Zunahme des Vermögens die Wirtschaftssubjekte, mehr zu konsumieren und weniger Stunden pro Woche zu arbeiten. Mit fortschreitender Wirtschaftsentwicklung heben sich der durch die höhere Arbeitsproduktivität bedingte Substitutions- und der Vermögenseffekt gegenseitig weitgehend auf. Deshalb bleiben die Arbeitsstunden nahezu unverändert, aber der Konsum nimmt weiterhin zu.

Fragen und Probleme

Zur Wiederholung

2.1 Was ist eine Produktionsfunktion? Inwieweit repräsentiert sie den für ein Individuum unvermeidlichen *trade-off* zwischen Arbeit (und Konsum) und Freizeit?

2.2 Unterscheiden Sie zwischen Gesamt- und Grenzprodukt. Welche Implikationen ergeben sich für das Gesamtprodukt, wenn das Grenzprodukt (*a*) positiv ist und zunimmt, (*b*) positiv ist und abnimmt und (*c*) negativ ist?

2.3 Was ist eine Nutzenfunktion? Zeigen Sie, wie sich die unterschiedlichen Nutzenniveaus mit Hilfe einer Indifferenzkurvenschar darstellen lassen. Können sich diese Kurven genauso verschieben wie die Produktionsfunktion?

2.4 Zeigen Sie, inwieweit die Steigung jeder Indifferenzkurve den individuellen *trade-off* zwischen Arbeit (und Konsum) und Freizeit angibt. Erklären Sie, warum dieser nicht unbedingt gleich dem durch die Steigung der Produktionsfunktion repräsentierten *trade-off* sein muß.

2.5 Nehmen Sie an, daß ein Individuum zur Kompensation einer aufgegebenen Freizeiteinheit eine zusätzliche Konsumeinheit erhalten muß, um auf demselben Nutzenniveau zu bleiben. Wäre es für das Individuum nutzenmaximierend, mehr zu arbeiten, falls der in diesem Punkt erreichbare zusätzliche Output größer als 1 ist? Wie wäre es, wenn er kleiner als 1 ist? Beantworten Sie diese Frage unter Verwendung der Konzepte der Indifferenzkurven und der Produktionsfunktion.

2.6 Wir unterstellen eine Aufwärtsverschiebung der Produktionsfunktion, die von einer Erhöhung der Kurve des Grenzprodukts der Arbeit begleitet wird. Wird das Individuum unter diesen Umständen mehr arbeiten, um mehr zu produzieren. Oder aber weniger arbeiten, dabei dieselbe oder eine größere Produktionsmenge erhalten und mehr Freizeit genießen als vorher? Beantworten Sie die Frage mit Hilfe der Vermögens- und Substitutionseffekte. Wie verändert sich Ihre Antwort, wenn entweder der Konsum oder die Freizeit ein inferiores Gut ist?

Probleme zur Diskussion

2.7 Eigenschaften einer bestimmten Produktionsfunktion
Wir gehen von einer Produktionsfunktion aus, welche die Form

$$y = A \cdot \sqrt{n} + B$$

hat, wobei y der Output und n der Arbeitseinsatz ist, A eine positive Konstante und B eine weitere Konstante darstellt, die sowohl positiv, negativ als auch Null sein kann.

a. Stellen Sie die Produktionsmenge y und den Arbeitseinsatz n graphisch dar.
b. Ist das Grenzprodukt der Arbeit positiv? Nimmt es mit zunehmendem n ab?
c. Beschreiben Sie die durch eine Erhöhung des Koeffizienten A bedingten Vermögens- und Substitutionseffekte.
d. Beschreiben Sie die durch eine Erhöhung des Koeffizienten B bedingten Vermögens- und Substitutionseffekte.

2.8 Auswirkungen von Verschiebungen der Produktionsfunktion auf die Arbeitsentscheidung

Wir gehen wiederum von folgender Produktionsfunktion aus

$$y = A \cdot \sqrt{n} + B$$

Wie wirkt sich
a. eine Erhöhung des Koeffizienten A,
b. eine Erhöhung des Koeffizienten B,
auf den Arbeitseinsatz n, den Output y und den Konsum c des Haushalts aus?

2.9 Temporäre versus permanente Veränderungen der Produktionsfunktion

Wir betrachten eine Aufwärtsverschiebung der Produktionsfunktion und gehen davon aus, daß es sich wie in Abb. 2.8 um eine Parallelverschiebung handelt, d.h. die Kurve des Grenzprodukts der Arbeit erfährt keine Veränderung. In Abb. 2.9 haben wir gezeigt, daß die Wirtschaftssubjekte auf eine derartige Veränderung mit der Erhöhung ihres Konsums und einer Verringerung ihrer Arbeitszeit reagieren.

Die Aufwärtsverschiebung der Produktionsfunktion könnte einerseits dauerhaft sein - wie im Falle der Entwicklung einer neuen Technologie - oder aber vorübergehend - wie im Falle einer günstigen Wetterlage in der betreffenden Periode. Inwieweit unterscheiden sich unsere Ergebnisse, je nachdem, ob es sich um eine dauerhafte oder eine vorübergehende Veränderung handelt? D.h. können wir in beiden Fällen unterschiedliche Konsum- und Arbeitsreaktionen erwarten?

2.10 Veränderungen der Erwerbsbeteiligung

Im Text haben wir darauf hingewiesen, daß sich die durchschnittliche Wochenarbeitszeit langfristig verändert hat. Wir haben jedoch auch wesentliche Veränderungen des aggregierten Arbeitseinsatzes gesehen, die Verschiebungen der Erwerbsbeteiligung widerspiegeln. So haben sich z.B. die Schulzeit und der Ruhestand verlängert. Außerdem haben insbesondere viele verheiratete Frauen ihre Arbeitskraft nicht mehr nur zu Hause eingesetzt, sondern auf dem Arbeitsmarkt angeboten. Die Veränderung der Erwerbsbeteiligung geht aus der folgenden Tabelle hervor, die das

Verhältnis der gesamten Erwerbspersonen (einschließlich des Militärs) zu der erwachsenen Bevölkerung im Alter von 16-64 Jahren angibt (Erwerbsquote in v.H.).[10]

Jahr	Erwerbsquote
1980	76
1960	69
1940	64
1920	63
1900	63

Auffallend ist, daß die Erwerbsquote während der Nachkriegszeit stark gestiegen ist. Diese Veränderung spiegelt vor allem die verstärkte Berufstätigkeit von Frauen, insbesondere von verheirateten Frauen, wider.

Welche Aussagen lassen sich anhand unserer Analyse der Vermögens- und Substitutionseffekte über diese Entwicklung der Erwerbsquote machen? (Denken Sie hier vor allem an die Konsequenzen für eine Familie, in der es mehr als einen potentiellen Einkommensbezieher gibt.) Wie läßt sich die zunehmende Erwerbsquote mit der zu beobachtenden konstanten oder leicht sinkenden Tendenz der durchschnittlichen Wochenarbeitszeit pro Arbeitnehmer vereinbaren? (*Anmerkung*: Auf diese Frage gibt es keine eindeutige Antwort!)

2.11 Produktivität

Ein populäres Maß für die Produktivität ist das Verhältnis der Produktionsmenge (z.B. das reale BSP) zur Beschäftigung (zu den Arbeitsstunden). Im folgenden Diagramm, das die Produktionsfunktion $f(n)$ darstellt, ist dieses Produktivitätskonzept für das Beschäftigungsniveau n^I durch das Verhältnis y^I/n^I gegeben. In diesem Punkt ist die Produktivität gleich der Steigung der gestrichelten Linie durch den Ursprung, die die Produktionsfunktion im Beschäftigungsniveau n^I schneidet.

a. Zeigen Sie, daß bei der obigen Produktionsfunktion und bei jedem anderen Beschäftigungsniveau n die Produktivität y/n immer größer ist als das Grenzprodukt der Arbeit.

b. Betrachten Sie eine technologische Veränderung, die die Produktionsfunktion für sämtliche Beschäftigungsniveaus n (vgl. Abb. 2.10) proportional nach oben verschiebt. Was geschieht in diesem Fall mit den Arbeits- und Output-Entscheidungen, n und y? Was geschieht mit der Produktivität y/n? (Empirisch gesehen ist die langfristige wirtschaftliche Entwicklung immer mit einer anhaltenden Steigerung des Outputs pro Arbeitsstunde verbunden.)

---

[10] Die Daten stammen vom U.S. Department of Commerce (1975), S. 10 u. 128 und aus der *Citibase* Datenbank.

c. Wir nehmen jetzt an, daß die Form der Produktionsfunktion gleich bleibt, daß sich jedoch die Präferenzen der Wirtschaftssubjekte ändern und ihre Arbeitsbereitschaft erhöht. Folglich sind sie bei der ursprünglichen Arbeits- und Konsumkombination bereit, schon bei einem geringeren Konsumzuwachs als zuvor eine Freizeiteinheit aufzugeben. Was geschieht in diesem Fall mit der Arbeitsentscheidung n und der Produktion y? Und was geschieht mit der Produktivität y/n?

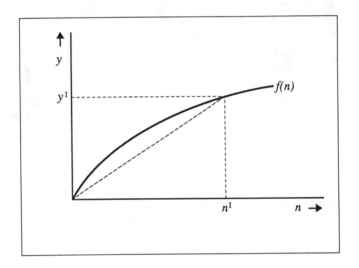

Kapitel 3

Verhalten der Haushalte auf dem Güter- und Kreditmarkt

Im vorhergehenden Kapitel traten die Haushalte als Robinson-Crusoe-Produzenten und -Konsumenten auf. Es gab zwischen den einzelnen Haushalten keinerlei Tauschmöglichkeiten. In diesem Kapitel werden wir zwei Formen von Tauschgelegenheiten einführen: Erstens gibt es einen Gütermarkt, auf dem die Wirtschaftssubjekte ihre produzierten Güter verkaufen und die Erzeugnisse anderer Marktteilnehmer kaufen können. Das Preisniveau auf diesem Markt gibt den Geldbetrag an, zu dem gegen eine Gütereinheit getauscht werden kann. Ein wichtiger Aspekt dieses Marktes ist, daß sich die Wirtschaftssubjekte in ihren Produktionsaktivitäten spezialisieren können. Diese Spezialisierung ist ein wesentliches Element einer effizienten Wirtschaftsorganisation.

Zweitens gibt es einen Kreditmarkt, auf dem die Haushalte Kredit aufnehmen und vergeben können, wobei der Zinssatz die Kosten der Kreditaufnahme und den Ertrag der Kreditvergabe bestimmt. Durch Inanspruchnahme des Kreditmarktes können die Wirtschaftssubjekte Fluktuationen ihres Konsums selbst bei periodisch schwankenden Einkommen vermeiden. Der Einfluß des Zinssatzes auf die Konsum- und Arbeitsentscheidungen im Zeitablauf ist eine der Schlüsselbeziehungen dieses Kapitels.

Gütermarkt

In der realen Welt konsumieren die Wirtschaftssubjekte nur einen geringen Teil der unter ihrer Mithilfe für den Markt erstellten Güter. So ist z.B. der Beitrag eines Automobilarbeiters zur Autoproduktion sehr viel größer als seine individuellen Ausgaben für Autos. Normalerweise arbeiten die Wirtschaftssubjekte an einem oder mehreren Produkten und erhalten Einkommen aus dem Verkauf dieser Produkte bzw. aus dem Verkauf ihrer Arbeitsleistungen, die zur Erzeugung der Produkte beitragen. Dieses Einkommen verwenden sie zum Kauf eines breiten Spektrums von Konsumgütern. Bereits Adam Smith beobachtete vor mehr als 200 Jahren, daß Wirtschaftssubjekte bei ihren Berufs- und Produktionsaktivitäten zur Spezialisierung neigen. Diese Spezialisierung führt zu effizienteren Ergebnissen. Tatsächlich wäre das Sozialprodukt sehr viel geringer, wenn jeder an der Produktion sämtlicher Güterarten beteiligt wäre, da die verschiedenen Tätigkeiten nur unzureichend ausgeführt werden könnten und sehr viel Zeit beim Wechsel von einer Aufgabe zu einer anderen verlorenginge.

In unserem theoretischen Modell gehen wir von der Tatsache aus, daß die Wirtschaftssubjekte nur einen geringen Teil der von ihnen produzierten Güter konsumieren. Vereinfachend greifen wir sogar auf die extreme Annahme zurück, daß sie ihre gesamte Produktion auf einem Gütermarkt verkaufen und dann mit Hilfe der Einnahmen aus ihren Verkäufen auf dem Gütermarkt andere Güter zu Konsumzwecken kaufen.

Unser Modell wäre nicht mehr einfach zu handhaben, wenn wir versuchen wollten, den physischen Unterschieden zwischen den zahlreichen Güterarten Rechnung zu tragen. Deshalb werden wir weiterhin unterstellen, daß nur eine einzige physische Güterart existiert, die im Rahmen eines bestimmten Produktionsprozesses erzeugt wird. Folglich lautet die Produktionsfunktion wie zuvor

$$y_t = f(n_t). \qquad (3.1)$$

Geld

Wir befassen uns nun mit den Tauschgeschäften auf dem Gütermarkt. Wir wollen davon ausgehen, daß es unbequem ist, Güter direkt gegeneinander zu tauschen. Diese Form des **Naturaltausches** macht es erforderlich - wie bereits Ökonomen vor mehreren hundert Jahren feststellten - , jemanden zu finden, der genau die von den Wirtschaftssubjekten angebotenen Güter haben möchte und zugleich die von jenen nachgefragten Güter besitzt. Deshalb unterstellen wir, daß sich die Gesellschaft auf ein **Tauschmittel** geeinigt hat, das wir als Geld bezeichnen. Auf diese Weise können die Wirtschaftssubjekte ihre Güter gegen Geld verkaufen und mit Hilfe desselben andere Güter zu Konsumzwecken erwerben. Der Gebrauch von Geld erleichtert den Warentausch erheblich.

In unserem Modell hat Geld dieselbe Funktion wie eine vom Staat ausgegebene **Papierwährung**, wie sie heutzutage von nahezu allen Ländern verwendet wird. (Ausnahmen sind Panama und Liberia, die die amerikanische Währung verwenden, sowie Andorra, Grönland, Guadelupe, Liechtenstein und Luxemburg, die ebenfalls kein eigenes Papiergeld besitzen.) Wir definieren Geld in unserem theoretischen Modell als Bargeld, das weder durch Gold noch durch andere Güter gedeckt ist. Historisch gesehen spielten Gold und Silber eine wichtige Rolle; unter den heutigen institutionellen Regelungen sind sie jedoch von geringerer Bedeutung.

Geld ist in willkürliche Währungseinheiten gestückelt, wie z.B. ein "Dollar", die wir auch als **nominale** Größen bezeichnen. Ein wichtiges Merkmal von Geld besteht darin, daß es im Gegensatz zu anderen Vermögenswerten, die wir später einführen werden, keinen Zins abwirft.[1]

---

[1] Im Laufe der Geldgeschichte wurde Bargeld nur äußerst selten verzinst. Manche Frühformen von US-Schatzanweisungen, wie sie z.B. zwischen 1812 und 1815 ausgegeben wurden, waren verzinslich

Wir bezeichnen den nominalen Geldbetrag, der von irgendeinem Wirtschaftssubjekt während der Periode t gehalten wird, mit m_t. Wenn wir das von den Wirtschaftssubjekten zu irgendeinem Zeitpunkt gehaltene Geld addieren, erhalten wir die aggregierte Geldmenge M_t, die der Summe der Geldhaltung aller Individuen entspricht. (In Anlehnung an die übliche Schreibweise verwenden wir zur Bezeichnung von Aggregatmengen Großbuchstaben.) Zunächst wollen wir annehmen, daß sich die aggregierte Geldmenge im Zeitablauf nicht verändert.

Preisniveau

Da die Güter physisch identisch sind, erwarten wir, daß sie alle zu derselben Anzahl von Geldeinheiten auf dem Gütermarkt gehandelt werden. Den für jede Gütereinheit empfangenen Geldbetrag bezeichnen wir als *Preis* des Gutes. Dieser Preis P hat den Maßstab Geldeinheiten pro Gut. Häufig bezeichnen wir mit P auch das **allgemeine Preisniveau**.

Aus der Sicht eines Verkäufers gibt der Preis P die für jede verkaufte Gütereinheit erhaltene Geldsumme an, während für den Käufer der Preis dem pro Gütereinheit bezahlten Betrag entspricht. Da P Geldeinheiten eine Gütereinheit kaufen, können wir auch sagen, daß eine Geldeinheit $1/P$ Gütereinheiten kauft. Insofern gibt der Ausdruck $1/P$ den Wert einer Geldeinheit in Gütern an, den man mit ihr erwerben kann. Mit m Geldeinheiten können wir entsprechend $(m) \times 1/P$ Gütereinheiten eintauschen. Während m den Wert des Geldes in Geldeinheiten ausdrückt, gibt uns m/P den Wert dieses Geldbetrags in Gütereinheiten an. Ausdrücke wie m/P, die in Gütereinheiten gemessen werden, bezeichnet man als **reale Größen**, während m eine nomiale Größe ist.

In diesem Kapitel unterstellen wir, daß die Wirtschaftssubjekte das Preisniveau im Zeitablauf als konstant betrachten. (In Kapitel 7 werden wir dann im Zusammenhang mit der Inflation diese unrealistische Annahme aufgeben.) Grundsätzlich gilt jedoch für unsere gesamte Analyse, daß jeder Haushalt sich selbst als hinreichend einflußlos betrachtet, um auf dem Gütermarkt jede beliebige Gütermenge kaufen oder verkaufen zu können, ohne die herrschenden Preise zu beeinflussen. Ökonomen nennen dies **vollkommenen Wettbewerb**.

Kreditmarkt

Im Robinson-Crusoe-Modell in Kapitel 2 hatten die Wirtschaftssubjekte keinerlei Möglichkeit, die Nutzung ihrer Ressourcen über die Zeit hinweg zu verteilen. Die Individuen konnten z.B. keine Kredite aufnehmen und diese später tilgen. Außerdem

---

und auch begrenzt als Tauschmittel verwendbar. Da ihr Nennwert jedoch nicht unter 100 $ lag, wurden sie zumeist als Bankreserven verwendet. Vgl. hierzu Richard Timberlake (1978), S. 13-17.

konnten sie die erzeugten Güter nicht lagern. Während die letztere Annahme nach wie vor gültig sein soll, wird unser Modell durch die Einführung eines Kreditmarktes, auf dem Kredite aufgenommen und vergeben werden können, erweitert.

Der Kreditgeber erhält ein Stück Papier, auf dem die Vertragsbedingungen festgehalten sind. In unserem Modell werden wir dieses Papier als **Wertpapier** bezeichnen. Dieses spricht seinem Besitzer - dem Kreditgeber - einen Anspruch auf einen bestimmten Zahlungsstrom zu, der vom Kreditnehmer zu leisten ist. In unserem Modell lauten die Wertpapiere auf Dollar. Wenn jemand mit einem Dollar eine Einheit dieser Wertpapiere kauft, gewährt er einen Kredit in Höhe von einem Dollar auf dem Kreditmarkt. Andererseits gilt, daß jemand einen Dollar auf dem Kreditmarkt aufnimmt, wenn er eine Einheit dieses Wertpapiers für einen Dollar emittiert.

Zur Vereinfachung unterstellen wir, daß alle Wertpapiere eine Laufzeit von einer Periode besitzen. Jede Dollareinheit dieser Wertpapiere verpflichtet daher den Kreditnehmer, dem Kreditgeber die **Kreditsumme** von einem Dollar zuzüglich der Zinsen in Höhe von $R\$$ in der nächsten Periode zurückzuzahlen. Die Variable R ist der **Zinssatz** bzw. das Verhältnis der Zinszahlungen $R\$$ zur Kreditsumme, die einen Dollar ausmacht. Für den Erwerber eines Wertpapiers stellt der Zinssatz den Kreditertrag pro Periode dar, während er für den Emittenten des Wertpapiers die Kosten der Kreditaufnahme festlegt.

Wir gehen davon aus, daß auf dem Kreditmarkt alle Wertpapiere unabhängig vom Emittenten gleichrangig sind. Wir unterscheiden die Kreditmarktteilnehmer also aus Gründen der Vereinfachung nicht nach ihrer Kreditwürdigkeit oder danach, ob sie Kreditsicherheiten zu bieten haben. Unter diesen Umständen muß der Zinssatz R für alle Wertpapiere gleich sein. Des weiteren gilt wiederum die Annahme vollkommenen Wettbewerbs, nach der jeder Haushalt so klein ist, daß er beliebig viele Wertpapiere kaufen oder verkaufen kann, ohne den Zinssatz zu beeinflussen. Später werden wir diesen Modellrahmen modifizieren, um einige Komplikationen der Realität zu berücksichtigen, wie z.B. individuelle Zugangsbeschränkungen bei der Kreditaufnahme und die Existenz von Wertpapieren mit unterschiedlichen Laufzeiten.

Wir bezeichnen b_t als die Anzahl Wertpapiere in Dollareinheiten, die ein Haushalt während der Periode t besitzt, wobei die Anzahl der von einem Haushalt gehaltenen Wertpapiere sowohl positiv als auch negativ sein kann. Zu beachten ist aber, daß jedem geborgten Dollar ein geliehener Dollar von jemand anderem gegenüberstehen muß. Folglich muß die Summe des *insgesamt* von den Kreditgebern gehaltenen positiven Wertpapierbestandes genau gleich der *Gesamtheit* des negativen Wertpapierbestandes der Kreditnehmer sein. In unserem Modell können einzig und allein die Haushalte Kredite aufnehmen und vergeben, da wir den Staat ebenso wie Ausländer, Finanzinstitute oder Unternehmen als Kreditmarktteilnehmer zunächst noch ausschließen. (Wir werden später sehen, daß sich durch deren Einbeziehung nichts Grundlegendes ändert.) Deshalb muß in unserem Modell die *Summe* der von allen Haushalten gehaltenen Wertpapiere B_t immer gleich Null sein.

Wie bereits erwähnt, mißt b_{t-1} die in Dollar ausgedrückte Anzahl von Wertpapieren, die jemand in Periode $t - 1$ besitzt. Diese erbringen dann in der Periode t die Tilgung b_{t-1} und Zinseinnahmen von Rb_{t-1}. (Es ist zu beachten, daß die in Periode $t - 1$ erworbenen oder verkauften Wertpapiere bis zur Periode t keine Zinsen abwerfen.) Folglich sind die Einnahmen aus Wertpapieren für die Kreditgeber positiv - für sie ist b_{t-1} positiv - und für die Kreditnehmer negativ. Da der Gesamtbestand an Wertpapieren in der Periode $t - 1$, also B_{t-1}, gleich Null ist, folgt, daß die Gesamtheit der Zins- und Tilgungszahlungen für die Periode t ebenfalls gleich Null sein muß. Die Gesamtsumme der Zinseinnahmen entspricht immer der Summe der Zinszahlungen.

Wir messen das in Form von Wertpapieren getätigte **Sparen** als Nettoveränderung der Vermögensposition, $b_t - b_{t-1}$. Diese Ersparnis ist eine *Stromgröße*, die der *Veränderung* des *Bestandes* an Wertpapieren einer Person während einer Periode entspricht. Für einige Wirtschaftssubjekte ist die Ersparnis positiv und für andere negativ. Wenn wir jedoch über die Haushalte aggregieren, *ist* $B_t = B_{t-1} = 0$. Deshalb muß die Summe der Ersparnis in Wertpapieren $B_t - B_{t-1}$ ebenfalls in jeder Periode gleich Null sein. Im Aggregat entspricht ein Zuwachs der Forderungen einem Zuwachs der Verbindlichkeiten.

Die gesamten Finanzaktiva eines Wirtschaftssubjekts bestehen aus Bargeld und Wertpapieren, $m_t + b_t$. Man beachte, daß die Kassenhaltung bei allen Wirtschaftssubjekten nicht-negativ ist, *also* $m_t \geq 0$. (Allein der Staat kann Geld schöpfen!) Da $B_t = 0$ ist, muß der Gesamtbestand an Finanzaktiva gleich der gesamten Geldmenge M_t sein.

Die Veränderung der Finanzaktiva eines Wirtschaftssubjekts $(m_t + b_t) - (m_{t-1} + b_{t-1})$ entspricht seiner gesamten Ersparnis in Periode t. Für die Gesamtheit aller Haushalte gilt, daß $M_t - M_{t-1} = 0$ (da die gesamte Geldmenge annahmegemäß konstant ist) und $B_t - B_{t-1} = 0$. Deshalb ist die Gesamtersparnis im gegenwärtigen Modell zu jedem Zeitpunkt gleich Null. (Dieses Ergebnis wird sich ändern, sobald wir in Kapitel 9 Investitionen einführen.)

Budgetbeschränkungen

Budgetbeschränkungen für eine Periode

Jeder Haushalt bezieht Einkommen aus dem Verkauf seiner Produktion y_t auf dem Gütermarkt. Diese Menge hängt von der Höhe des Arbeitseinsatzes n_t entsprechend der Produktionsfunktion $y_t = f(n_t)$ ab. Da der Preis der Güter P ist, beträgt das Nominaleinkommen aus dem Verkauf der Produktion Py_t. Ferner ist das Zinseinkommen, das Wirtschaftssubjekte auf dem Kreditmarkt erzielen, Rb_{t-1}, für Kreditgeber positiv und für Kreditnehmer negativ. Im übrigen erhalten Wirtschaftssubjekte für ihre Kassenhaltung keine Zinsen.

Jeder Haushalt kauft die Menge c_t an Konsumgütern auf dem Gütermarkt. Da der Güterpreis P ist, sind seine Konsumausgaben in Geldeinheiten durch Pc_t gegeben.

Bei gegebenem Gesamtbestand an Finanzaktiva kann ein Haushalt am Kreditmarkt Geld gegen Wertpapiere tauschen oder umgekehrt und so die gewünschte Zusammensetzung der Finanzaktiva in Form von Geld und Wertpapieren erreichen. Dabei bestimmt der Bestand an Wertpapieren b_{t-1} das (positive oder negative) Zinseinkommen in der Periode t. Die Motivation zur Kassenhaltung, die keine Zinsen abwirft, ergibt sich aus der Bequemlichkeit, Tauschgeschäfte mit Hilfe von Geld abzuwickeln. Wir wollen jedoch mit der expliziten Erörterung der Geldnachfrage bis zum 4. Kapitel warten und an dieser Stelle einfach unterstellen, daß die Wirtschaftssubjekte einen Teil ihrer Aktiva in Form von Geld halten.

Wir können die Gleichheit zwischen den gesamten Einnahmequellen eines Haushalts und deren Verwendung in Form einer Budgetbeschränkung ausdrücken. Die Bedingung für Periode t lautet

$$Py_t + b_{t-1}(1 + R) + m_{t-1} = Pc_t + b_t + m_t. \qquad (3.2)$$

Die linke Seite der Gleichung (3.2) erfaßt die laufenden Einnahmen, die sich aus dem auf dem Gütermarkt erzielten Einkommen Py_t, den empfangenen Tilgungen des Wertpapierbestandes der letzten Periode b_{t-1}, den Zinseinnahmen aus diesen Wertpapieren Rb_{t-1} und dem aus der Vorperiode übertragenen Kassenbestand m_{t-1} zusammensetzen. Die rechte Seite der Gleichung zeigt die Verwendung dieser Einnahmen in Form von Konsumausgaben Pc_t, dem Erwerb von Wertpapieren b_t und der Kassenhaltung m_t. Da wir das Preisniveau und den Zinssatz als konstant betrachten, erscheinen diese Variablen ohne Zeitindex in der Gleichung.

Wenn wir Gleichung (3.2) umformen, erhalten wir einen Ausdruck für die nominale Haushaltsersparnis, die gleich der periodischen Veränderung des in Geldeinheiten ausgedrückten Wertes der Finanzaktiva ist.

$$\text{Nominale Ersparnis} = (b_t + m_t) - (b_{t-1} + m_{t-1}) = Py_t + Rb_{t-1} - Pc_t. \qquad (3.3)$$

Die Nominalersparnis ist gleich dem auf dem Gütermarkt erzielten Einkommen zuzüglich der Zinseinnahmen abzüglich der Konsumausgaben.

Die Haushalte können auch ihre Ersparnis aufrechterhalten und statt dessen entsprechende Veränderungen ihres Einkommens und Konsums vornehmen. Wenn sie z.B. in der Periode t mehr arbeiten und ihr Einkommen Py_t um 1.000 \$ erhöhen und zugleich ihre Konsumausgaben Pc_t um 1.000 \$ steigern, bleiben ihre Ersparnisse unverändert. Die Budgetbeschränkung erlaubt den Wirtschaftssubjekten folglich, während irgendeiner Periode mehr zu arbeiten und mehr zu konsumieren, ohne den Bestand an Finanzaktiva antasten zu müssen, den sie in die folgende Periode übertragen. Allein diese Entscheidung zwischen Konsum und Freizeit in einer einzelnen Periode stand Robinson Crusoe in Kapitel 2 offen. Das erweiterte Modell behält diese Wahlmöglichkeit bei, eröffnet jedoch durch die Einführung des Kreditmarktes neue Entscheidungsmöglichkeiten. Durch die Veränderung ihrer laufenden Ersparnisse - die gleich der Differenz zwischen Einkommen und Ausgaben sind - können die Wirtschaftssubjekte die Höhe ihrer Aktiva, die sie in die Zukunft transferieren, beeinflussen.

Halten wir uns noch einmal vor Augen, daß Gleichung (3.3) die Ersparnisse eines einzelnen Haushalts angibt. Die Summe der Ersparnisse aller Haushalte ist in unserem Modell gleich Null. Wenn wir die rechte Seite von Gleichung (3.3) über alle Haushalte addieren, zeigt sich, daß das Gesamteinkommen gleich den Gesamtausgaben ist, $PY_t = PC_t$. (Der Gesamtbestand an Wertpapieren B_{t-1} ist gleich Null.) Während für Robinson Crusoe zu jedem Zeitpunkt die Gleichheit von Produktion und Konsum galt, können wegen der Existenz eines Kreditmarktes manche Wirtschaftssubjekte mehr konsumieren als sie verdienen (entsparen), und andere weniger konsumieren (sparen). Für die *Volkswirtschaft als Ganzes* gilt aber nach wie vor, daß die Gesamtproduktion gleich dem Gesamtkonsum ist, da der Konsum im gegenwärtigen Modell die einzige Verwendungsform der Güter ist.

Budgetbeschränkungen für zwei Perioden

In der vorausgehenden Diskussion ging es um die Effekte des gegenwärtigen Konsums und Arbeitseinsatzes auf das künftige Vermögen. Dieser Zusammenhang läßt sich noch deutlicher aufzeigen, wenn man die Haushaltsentscheidungen für zwei Perioden untersucht.

Die Budgetbeschränkung aus Gleichung (3.2) ist für jede beliebige Periode gültig. So lautet die Bedingung z.B. für Periode 1

$$Py_1 + b_0(1 + R) + m_0 = Pc_1 + b_1 + m_1 \qquad (3.4)$$

Der Einfachheit halber wollen wir annehmen, daß die Kassenhaltung aller Haushalte konstant bleibt, d.h. $m_1 = m_0$. Deshalb kann Sparen oder Entsparen nur über eine Änderung des Wertpapierbestandes stattfinden. Durch diese Annahme können wir zunächst einige weniger wichtige und möglicherweise verwirrende Ausdrücke in der Haushaltsbudgetbeschränkung für mehr als eine Periode vermeiden. Später (in Kapitel 4) werden wir auf den Fall einer sich im Zeitablauf ändernden Kassenhaltung zurückkommen.

Unter der Bedingung $m_1 = m_0$ läßt sich die Budgetbeschränkung aus Gleichung (3.4) folgendermaßen vereinfachen

$$Py_1 + b_0(1 + R) = Pc_1 + b_1. \qquad (3.5)$$

Für die Periode 2 ergibt sich eine entsprechende Einperioden-Budgetbeschränkung

$$Py_2 + b_1(1 + R) = Pc_2 + b_2. \qquad (3.6)$$

Die beiden Budgetbeschränkungen sind nicht voneinander unabhängig, da b_1 eine Einnahmeverwendung für die Periode 1 und eine Einnahmequelle in der Periode 2 darstellt.

Wir können die beiden Einperioden-Budgetbeschränkungen zu einer Zweiperioden-Budgetbeschränkung zusammenfassen. Durch Auflösung der Gleichung (3.6) nach b_1 erhalten wir

$$b_1 = \frac{Pc_2}{(1+R)} + \frac{b_2}{(1+R)} - \frac{Py_2}{(1+R)}.$$

Wir ersetzen nun b_1 in Gleichung (3.5) und ordnen die Ausdrücke nach Einnahmequellen und Einnahmeverwendungen

$$Py_1 + \frac{Py_2}{(1+R)} + b_0(1+R) = Pc_1 + \frac{Pc_2}{(1+R)} + \frac{b_2}{(1+R)}. \qquad (3.7)$$

Die Einnahmequellen auf der linken Seite der Gleichung (3.7) enthalten das auf dem Gütermarkt in den Perioden 1 und 2 erzielte Einkommen, Py_1 und Py_2, sowie den Anfangsbestand an Wertpapieren b_0. Auf der rechten Seite finden wir als Einnahmeverwendungen die Konsumausgaben der zwei Perioden, Pc_1 und Pc_2, sowie den am Ende der zweiten Periode vorhandenen Wertpapierbestand b_2.

Sehen wir uns die Einkommensgrößen Py_1 und Py_2 in Gleichung (3.7) genauer an. Wir dividieren das Einkommen der Periode 2 Py_2 durch den Ausdruck $(1 + R)$, bevor wir es dem Einkommen Py_1 hinzufügen. Dabei ist es wichtig zu verstehen, warum die Einkommen aus Güterverkäufen der beiden Perioden, Py_1 und Py_2, in der Zweiperioden-Budgetbeschränkung eines Haushalts nicht einfach addiert werden. Genau dasselbe gilt für die rechte Seite der Gleichung (3.7), auf der wir die Konsumausgaben der nächsten Periode Pc_2 durch den Ausdruck $(1 + R)$ teilen, bevor wir sie den Ausgaben der Periode Pc_1 hinzufügen. Auch hier geht es wieder darum zu verstehen, warum wir die Ausgaben unterschiedlicher Perioden auf diese Weise kombinieren.

Gegenwartswerte

Im Falle eines positiven Zinssatzes - also $R > 0$ - erbringt ein gegebener Nominalbestand heutiger Wertpapiere in der nächsten Periode einen höheren Geldbetrag. Folglich beurteilen Wirtschaftssubjekte, die Wertpapiere auf dem volkswirtschaftlichen Kreditmarkt kaufen oder verkaufen (bzw. Geld verleihen oder aufnehmen), den Wert einer Einkommens- oder Ausgabeneinheit unterschiedlich, je nachdem, in welcher Periode diese erzielt oder getätigt wird. Eine früher erhaltene oder ausgegebene Geldeinheit entspricht mehr als einer Geldeinheit später. Oder umgekehrt: Die in der Zukunft empfangenen oder ausgegebenen Geldeinheiten müssen diskontiert werden, um sie mit gegenwärtigen Geldeinheiten vergleichbar zu machen.

Nehmen wir einmal an, daß jemand heute bei einem Zins von $R = 10\%$ p.a. ein Einkommen von 100 $ hat, diese Mittel jedoch erst in der Zukunft ausgeben will. Sofern er jetzt Wertpapiere im Werte von 100 $ kauft, verfügt er im nächsten Jahr über 110 $. Folglich sind 100 $ heute genau soviel wert wie 110 $ im nächsten Jahr. Entsprechend diskontieren wir die 110 $, indem wir uns fragen, wieviel Einkommen wir heute benötigen würden, um im nächsten Jahr 110 $ zu erhalten. Die Antwort finden wir mit Hilfe der Gleichung:

$$\text{(heute benötigtes Einkommen)} \times (1 + 10\%) = 110 \text{ \$}.$$

Folglich beträgt das erforderliche gegenwärtige Einkommen 110 $/(1,1) = 100 $.

Ganz allgemein gilt: wenn wir die Höhe des Zinssatzes durch R für 10% ausdrücken, dann teilen wir das Einkommen Py_2 der Periode 2 durch den Ausdruck $(1 + R)$, um das Äquivalent für die Periode 1 zu erhalten. Das Ergebnis $Py_2/(1 + R)$ ist also der **Gegenwartswert** des zukünftigen Einkommens. Der Ausdruck $(1 + R)$ wird von Ökonomen als **Diskontierungsfaktor** bezeichnet. Wenn wir mit diesem Faktor diskontieren - d.h. wenn wir durch den Ausdruck $(1 + R)$ dividieren -, erhalten wir den Gegenwartswert des Einkommens der nächsten Periode.

Gleichung (3.7) zeigt, daß wir das Einkommen der zweiten Periode als Gegenwartswert $Py_2/(1 + R)$ ausdrücken, bevor wir es dem Einkommen der ersten Periode Py_1 hinzufügen. Deshalb gibt die Summe $Py_1 + Py_2/(1 + R)$ den gesamten Gegenwartswert des auf dem Gütermarkt erzielten Einkommens (der Verkäufe) für die Perioden 1 und 2 an. In entsprechender Weise lassen sich die Ausgaben der kommenden Periode durch den Gegenwartswert $Pc_2/(1 + R)$ ausdrücken, bevor wir sie zu den Ausgaben der laufenden Periode Pc_1 addieren. Folglich entspricht die Summe $Pc_1 + Pc_2/(1 + R)$ dem gesamten Gegenwartswert der Konsumausgaben in den Perioden 1 und 2.

Budgetgerade eines Haushalts

Die Zweiperioden-Budgetbeschränkung in Gleichung (3.7) gibt die Entscheidungsmöglichkeiten an, die einem Haushalt durch den Kreditmarkt offenstehen. Angenommen, der Haushalt erhöhe die heutigen Ausgaben Pc_1 um 1.000 $ und reduziere die Ersparnis um 1.000 $. Diese Veränderung vermindert die Finanzaktiva am Ende der ersten Periode b_1 um 1.000 $ [vgl. Gleichung (3.5)]. In der zweiten Periode verliert der Haushalt 1.000 $ an Tilgungseinnahmen aus Wertpapieren und 100 $ an Zinseinnahmen (angenommen, $R = 10\%$) Mit 1.100 $ weniger in der zweiten Periode kann der Haushalt die Ausgaben der nächsten Periode Pc_2 um diesen Betrag verringern, um den Bestand an Aktiva b_2 am Ende der Periode 2 unverändert zu lassen. Folglich kann die Ausgabensteigerung in Periode 1 um 1.000 $ in der nächsten Periode durch eine Ausgabenverringerung von 1.100 $ ausgeglichen werden. Generell gilt also, daß die erforderliche Ausgabensenkung der nächsten Periode gleich der mit dem Diskontierungsfaktor $(1 + R)$ multiplizierten Ausgabenerhöhung Pc_1 in Periode 1 ist.

Zur Analyse der Konsumentscheidungen für zwei Perioden, c_1 und c_2, ist es sinnvoll, Gleichung (3.7) durch das Preisniveau P zu dividieren, um reale Größen zu erhalten. Dann formen wir die Gleichung so um, daß alle den Konsum betreffenden Ausdrücke links stehen und erhalten

$$c_1 + \frac{c_2}{(1+R)} = y_1 + \frac{y_2}{(1+R)} + \frac{b_0(1+R)}{P} - \frac{b_2}{P(1+R)}. \qquad (3.8)$$

Jeder Ausdruck der Gleichung (3.8) wird jetzt in Gütereinheiten ausgedrückt. So ist y_1 das auf dem Gütermarkt erzielte Realeinkommen der Periode 1, das uns die Anzahl der Gütereinheiten angibt, die wir während der Periode 1 mit dem Nominaleinkommen Py_1 kaufen können.

Unterstellt, die Gesamtheit der Ausdrücke auf der rechten Seite der Gleichung (3.8) nehmen einen bestimmten Wert an, den wir mit x bezeichnen. Wir können uns dies so vorstellen, daß der Realwert der Wertpapiere im Ausgangspunkt $b_0(1 + R)/P$, der reale Gegenwartswert der in die Periode 3 übertragenen Wertpapiere $b_2/P(1 + R)$ und der Gegenwartswert aller auf dem Gütermarkt erzielten Realeinkommen $y_1 + y_2/(1 + R)$ festgelegt ist. Gleichung (3.8) läßt sich dann wie folgt umschreiben

$$c_1 + \frac{c_2}{(1+R)} = x, \qquad (3.9)$$

wobei $x = b_0(1 + R)/P - b_2/P(1 + R) + y_1 + y_2/(1 + R)$ ist. Aus Gleichung (3.9) geht hervor, daß der Haushalt für ein gegebenes x den heutigen Konsum c_1 verändern kann, indem er den Konsum der nächsten Periode c_2 entsprechend anpaßt.

Die Gerade in Abb. 3.1 veranschaulicht diese Möglichkeiten. Wenn der Haushalt z.B. in der zweiten Periode nichts konsumiert, so daß $c_2 = 0$ ist (wobei er vermutlich hungern müßte, was diese Alternative wenig wünschenswert erscheinen läßt), ergibt sich aus Gleichung (3.9), daß der gegenwärtige Konsum c_1 gleich x ist. In diesem Punkt schneidet die Gerade die horizontale Achse. Wenn der Haushalt andererseits gegenwärtig nichts konsumiert, so daß $c_1 = 0$ ist, dann ist der reale Gegenwartswert des Konsums der nächsten Periode $c_2/(1 + R)$ gleich x. Der Konsum der nächsten

Periode wird also durch $c_2 = x(1 + R)$ gegeben. Deshalb schneidet die Gerade die vertikale Achse in diesem Punkt.

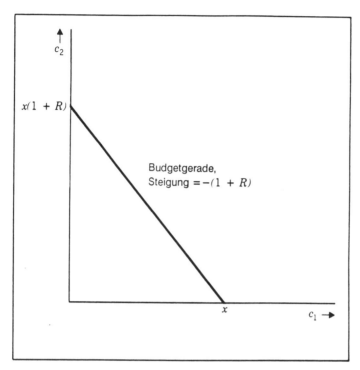

Abb. 3.1: *Vergleich der gegenwärtigen und künftigen Konsummöglichkeiten*
Die Budgetgerade mit der Steigung $-(1 + R)$ zeigt die realisierbaren Konsumniveaus c_1 und c_2. Entlang dieser Geraden ist der gesamte reale Gegenwartswert der Konsumausgaben für die zwei Perioden gleich dem fixen Betrag x.

Die Gerade in Abb. 3.1 verbindet den Wert x auf der horizontalen mit dem Wert $x(1 + R)$ auf der vertikalen Achse. Insofern zeigt diese **Budgetgerade** sämtliche Konsumkombinationen c_1 und c_2, die die Budgetbedingung aus Gleichung (3.9) erfüllen. Der entscheidende Punkt ist, daß die Budgetgerade die erreichbaren Konsumkombinationen c_1 und c_2 für einen gegebenen Wert von x, d.h. für einen gegebenen realen Gegenwartswert der Ausgaben zweier Perioden, bestimmt.

Die Budgetgerade in Abb. 3.1 hat eine Steigung von $-(1 + R)$. (Die Höhe der Steigung ist durch das Verhältnis des vertikalen Abschnitts $x[1 + R]$ zu dem horizontalen Abschnitt x gegeben.) Deshalb ist entlang dieser Geraden jede Abnahme der gegenwärtigen realen Ausgaben c_1 um eine Einheit von einer Erhöhung um $(1 + R)$

Einheiten der realen Ausgaben c_2 in der nächsten Periode begleitet. Oder um es anders auszudrücken: Der Zinssatz R stellt die Prämie dar, die wir auf unseren zukünftigen Konsum erhalten, wenn wir heute sparen anstatt zu konsumieren.

Bislang hat unsere Analyse die Konsummöglichkeiten eines Haushaltes in zwei verschiedenen Perioden beschrieben, ohne dabei allerdings die individuellen Präferenzen hinsichtlich des Konsums zu verschiedenen Zeitpunkten zu berücksichtigen. Doch erst nach der Verknüpfung der Konsummöglichkeiten mit den Präferenzen sind wir imstande, die tatsächlichen Konsumentscheidungen im Zeitablauf zu bestimmen. Deshalb wenden wir uns nun den Präferenzen zu.

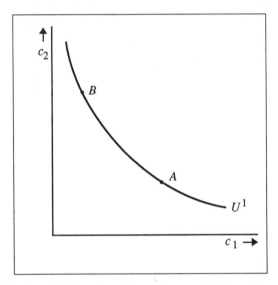

Abb. 3.2: *Eine Indifferenzkurve für heutigen und künftigen Konsum*
Sämtliche Konsumkombinationen c_1 und c_2, die sich auf dieser Indifferenzkurve befinden, bieten dem Haushalt die gleiche Befriedigung. In Punkt A ist der heutige Konsum relativ hoch im Vergleich zu dem der nächsten Periode, in Punkt B hingegen relativ niedrig. Daher verläuft die Kurve in Punkt B steiler als in Punkt A.

Präferenzen für heutigen und zukünftigen Konsum

In Kapitel 2 leiteten wir Indifferenzkurven für Konsum und Freizeit in jeder Periode her. Nun wollen wir über die Entscheidungen im Zeitablauf nachdenken, insbesondere über die Konsumwahl in Periode 1 gegenüber Periode 2 sowie den Arbeitseinsatz in Periode 1 gegenüber Periode 2. Wir beginnen mit der Annahme, daß die Arbeitseinsätze n_1 und n_2 bereits gegeben seien. Sodann wollen wir Indifferenzkurven konstruieren, welche die Präferenzen der Haushalte für unterschiedliche Kombinationen zweier Konsumniveaus c_1 und c_2 darstellen. Abb. 3.2 zeigt eine solche Indifferenzkurve. Bei einem hohen Niveau von c_1 verglichen mit c_2, wie dies in Punkt A der Fall ist, ist der Haushalt stärker interessiert am Konsum der nächsten Periode als am gegenwärtigen. Ein kleiner Zuwachs von c_2 kann daher bereits den Verlust einer Einheit c_1 wettmachen. Folglich hat in der Abbildung die Kurve im Punkt A eine relativ geringe Steigung. Demgegenüber besitzt die Indifferenzkurve im Punkt B eine große Steigung, wenn c_1 relativ niedrig ist. Die Steigung der Indifferenzkurve gibt in jedem Punkt die Konsummenge der nächsten Periode an, die erforderlich ist, um den Verlust einer gegenwärtigen Konsumeinheit zu kompensieren.

Wie in Kapitel 2 können wir auch hier eine Schar von Indifferenzkurven abbilden, wobei jede einzelne ein unterschiedliches Nutzenniveau repräsentiert. Abb. 3.3 zeigt drei derartige Kurven mit unterschiedlichen Gesamtnutzenniveaus, wobei $U^1 < U^2 < U^3$ gilt.

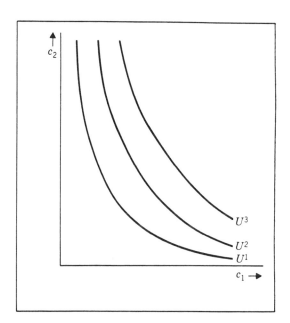

Abb. 3.3: *Eine Schar von Indifferenzkurven, die gegenwärtigen mit künftigem Konsum kombinieren*
Entlang jeder Kurve ist das Nutzenniveau konstant. Der Nutzen steigt, wenn der Haushalt sich von der Kurve U^1 auf die Kurve U^2 usw. bewegt.

Konsumwahl über zwei Perioden

Die Budgetgerade in Abb. 3.1 beschreibt, wie die Wirtschaftssubjekte wegen der Existenz des Kreditmarktes zwischen dem Konsum in der gegenwärtigen und in der nächsten Periode wählen können. Die Indifferenzkurvenschar in Abb. 3.3 illustriert die Bereitschaft der Wirtschaftssubjekte, heutigen Konsum gegen zukünftigen Konsum zu substituieren. Wenn wir nun die Marktmöglichkeiten aus Abb. 3.1 mit der Indifferenzkurvenschar aus Abb. 3.3 kombinieren, können wir die Konsumentscheidungen für zwei Perioden bestimmen.[2]

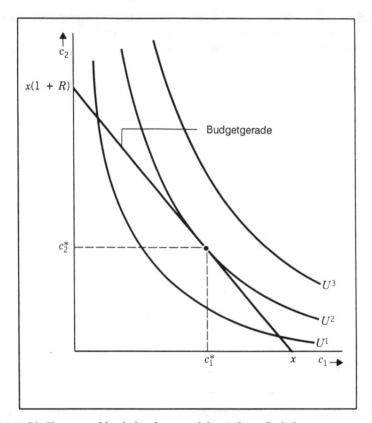

Abb. 3.4: *Die Konsumwahl zwischen heute und der nächsten Periode*
Die Konsummengen c^*_1 und c^*_2 ergeben sich in dem Punkt, wo die Budgetgerade eine Indifferenzkurve tangiert.

---

[2] Diese Methode stammt von Irving Fisher (1930), insb. Kap. 10. Interessanterweise gehört Fisher, der überwiegend an der Yale Universität gearbeitet hat, heute zu den wenigen Makroökonomen, die sowohl in Yale als auch in Chikago populär sind.

Abb. 3.4 kombiniert die Budgetgerade von Abb. 3.1 mit den Indifferenzkurven von Abb. 3.3. Dabei bewegt sich der Haushalt so lange entlang der Budgetgeraden, bis er die höchstmögliche Indifferenzkurve erreicht. In der Abbildung ist dies im Tangentialpunkt der Fall, wo die Steigung der Budgetgeraden jener der Indifferenzkurve entspricht. Die hier gültigen Konsumniveaus der beiden Perioden bezeichnen wir als c^*_1 und c^*_2.

Wir wiederholen noch einmal, daß die Steigung der Indifferenzkurve den Mehrkonsum der nächsten Periode mißt, der zur Kompensation einer aufgegebenen Einheit gegenwärtigen Konsums erforderlich ist. Die Steigung der Budgetgeraden ist andererseits durch $-(1 + R)$ gegeben, was die Prämie R angibt, die wir erhalten, wenn wir vermehrt sparen. Deshalb gilt im Tangentialpunkt der Abb. 3.4, daß die durch vermehrtes Sparen gewährte Prämie gerade der Bereitschaft, auf Konsum zu verzichten, entspricht. Aus diesem Grund führt jede andere Wahl auf der Budgetgeraden als im Punkt (c^*_1, c^*_2) zu einem geringeren Nutzen. Dieses Ergebnis ergibt sich geometrisch eindeutig aus Abb. 3.4.

Zusammengefaßt: Wir haben die individuellen Möglichkeiten (die Budgetgerade) mit den individuellen Präferenzen (den Indifferenzkurven) kombiniert, um die Konsumentscheidungen für zwei Perioden zu bestimmen. Zugleich haben wir dadurch die gegenwärtige Ersparnis festgelegt. Wir können anhand dieser Analyse feststellen, wie sich Konsum und Sparen im Zeitablauf bei Änderungen des Zinssatzes oder anderer Variablen anpassen. Dabei sind für unsere folgende makroökonomische Analyse die Veränderungen des Zinssatzes von besonderer Bedeutung.

Vermögens- und Substitutionseffekte

Wie in Kapitel 2 können wir die Entscheidungen der Wirtschaftssubjekte mit Hilfe der Vermögens- und Substitutionseffekte analysieren. In unserem gegenwärtigen Modellrahmen beziehen sich die Vermögenseffekte auf die zuvor als x bezifferte Menge, die den Gegenwartswert der gesamten realen Konsumausgaben für die Perioden 1 und 2 repräsentiert. Demgegenüber ist der Zinssatz R die für die Entscheidung über Gegenwarts- und Zukunftskonsum sowie die Höhe der Ersparnis relevante Substitutionsvariable.

Vermögenseffekte beim Konsum

Wir haben zuvor festgestellt, daß Parallelverschiebungen der Produktionsfunktion reine Vermögenseffekte implizieren. Hier schlagen sich diese Effekte als Veränderungen des gesamten realen Gegenwartswertes der Ausgaben x nieder

$$x = c_1 + \frac{c_2}{(1+R)} = y_1 + \frac{y_2}{(1+R)} + \frac{b_0(1+R)}{P} - \frac{b_2}{P(1+R)}. \tag{3.10}$$

Dabei ist die Höhe des auf dem Gütermarkt erzielten Realeinkommens durch die Produktionsfunktion $y_1 = f(n_1)$ und $y_2 = f(n_2)$ gegeben.

Angenommen, die Produktionsfunktion verschiebt sich in den Perioden 1 und 2 nach oben, wobei wir eine Parallelverschiebung betrachten wollen, die die Kurve des Grenzprodukts der Arbeit unberührt läßt. Wenn wir im Moment unterstellen, daß die Arbeitsmengen n_1 und n_2 unverändert bleiben, erhöhen sich dadurch die Realeinkommen y_1 und y_2. Darüber hinaus sei angenommen, daß der Anfangs- und Endbestand an Wertpapieren b_0 und b_2 konstant bleibt. Unter diesen Umständen bewirken die Steigerungen von y_1 und y_2 eine Erhöhung des in Gleichung (3.10) definierten realen Gegenwartswertes der Ausgaben x.

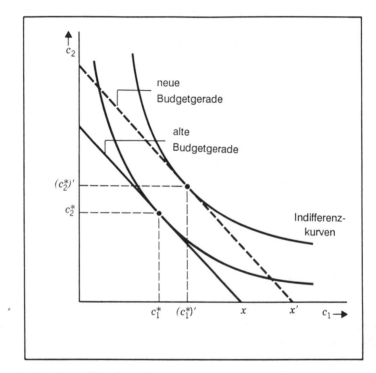

Abb. 3.5: *Vermögenseffekte beim Konsum*
Der gesamte reale Gegenwartswert der Konsumausgaben für die Perioden 1 und 2 steigt von x auf x'. Der Konsum erhöht sich in Periode 1 von c^*_1 auf $(c^*_1)'$ und in Periode 2 von c^*_2 auf $(c^*_2)'$.

Abb. 3.5 zeigt, daß die Erhöhung des gesamten realen Gegenwartswertes der Ausgaben eine parallele Verschiebung der Budgetgeraden nach rechts hervorbringt.

(Die Steigung bleibt wegen des unveränderten Zinssatzes gleich.) Die neue Budgetgerade erlaubt dem Haushalt, eine höhere Indifferenzkurve zu erreichen. Der neue Tangentialpunkt zwischen der Budgetgeraden und einer Indifferenzkurve wird bei höheren Konsumniveaus in beiden Perioden erreicht. Der Vermögenseffekt ist also für den Konsum beider Perioden c_1 und c_2 positiv. Oder anders ausgedrückt: Es handelt sich bei dem Konsum der beiden Perioden c_1 und c_2 um superiore Güter.

Zinssatz und intertemporale Substitution

Beim Zinssatz R sieht sich jeder Haushalt einer Budgetgeraden gegenüber, die wir in Abb. 3.6 als "alte" Budgetgerade bezeichnet haben. Angesichts des durch x definierten gesamten realen Gegenwartswertes der Ausgaben für die Perioden 1 und 2 wählt der Haushalt die Konsumkombination (c^*_1, c^*_2). Sobald der Zinssatz jedoch auf R' steigt, verläuft die neue Budgetgerade steiler als die alte. In Abb. 3.6 gibt es eine Reihe von Möglichkeiten, diese neue Gerade graphisch darzustellen. Für unsere derzeitigen Zwecke erscheint es angebracht, die neue Budgetgerade so zu zeichnen, daß der Substitutionseffekt eines höheren Zinssatzes isoliert wird. Wenn wir den Gegenwartswert der Ausgaben x konstant zu halten versuchen, beginnt die neue Budgetgerade im Wert x auf der horizontalen Achse und liegt rechts von der alten Budgetgeraden. Aber die neue Budgetgerade erlaubt dem Haushalt, heute denselben Betrag c^*_1 und in der nächsten Periode mehr zu konsumieren. Da in diesem Fall das Vermögen zunimmt, beinhaltet diese Verschiebung keinen reinen Substitutionseffekt.

Wir können den reinen Substitutionseffekt näherungsweise isolieren, indem wir die Budgetgerade im Punkt der ursprünglichen Konsumwahl drehen, so daß die neue Budgetgerade die alte in diesem Punkt (c^*_1, c^*_2) schneidet (vgl. Abb. 3.6). Der Haushalt kann also nach wie vor diese Ausgangskombination wählen. Allerdings kann er nicht irgendeine Konsummenge erhöhen, ohne gleichzeitig einen Teil der anderen aufzugeben.

Obwohl die neue Budgetgerade durch den Punkt (c^*_1, c^*_2) geht, tangiert sie in Abb. 3.6 in diesem Punkt keine Indifferenzkurve. Die neue Budgetgerade verläuft steiler als die Indifferenzkurve; dies bedeutet, daß die Prämie für vermehrtes Sparen R' den Betrag übersteigt, der notwendig ist, um zu höherer Ersparnis zu motivieren. Folglich wird jeder Haushalt mehr sparen, d.h. c_1 sinkt und c_2 steigt. Die neuen Konsumentscheidungen, die in Abb. 3.6 mit [$(c^*_1)'$, $(c^*_2)'$] gekennzeichnet sind, ergeben sich im Tangentialpunkt der Budgetgeraden mit einer Indifferenzkurve.[3] Der ent-

---

[3] Da der Haushalt eine höhere Indifferenzkurve erreicht, erhöht sich das Vermögen, obgleich wir die Budgetgerade um den ursprünglichen Konsumpunkt (c^*_1, c^*_2) gedreht haben. Allerdings fällt der Vermögenseffekt bei zunehmend kleineren Veränderungen des Zinssatzes im Vergleich zum Substitutionseffekt immer weniger ins Gewicht. Deswegen können wir ihn zumindest für kleine Änderungen im Sinne einer befriedigenden Annäherung vernachlässigen.

scheidende Punkt ist jedoch, daß die Erhöhung des Zinssatzes die Wirtschaftssubjekte zur Steigerung ihres zukünftigen Konsums c_2 im Vergleich zum gegenwärtigen Konsum c_1 anregt. Gleichermaßen bewirkt der erhöhte Zinssatz, daß die Wirtschaftssubjekte einen größeren Teil ihres laufenden Einkommens sparen wollen.

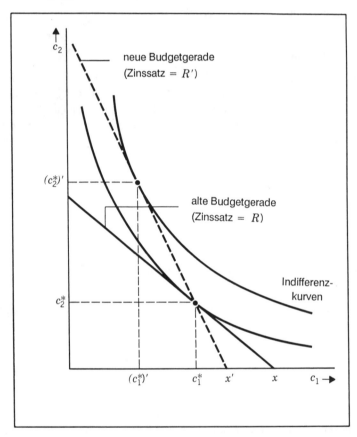

Abb. 3.6: *Auswirkungen einer Zinssatzerhöhung auf den Konsum*
Wenn bei der alten Budgetgeraden der Zinssatz R gegeben ist, wählt der Haushalt die Konsumkombination (c^*_1, c^*_2). Steigt der Zinssatz dagegen auf R', was zu der neuen Budgetgeraden führt, entscheidet sich der Haushalt für die Kombination $[(c^*_1)', (c^*_2)']$. Entscheidend ist hierbei, daß die Zinssatzsteigerung die Wirtschaftssubjekte dazu veranlaßt, den Konsum der nächsten Periode im Vergleich zur gegenwärtigen zu erhöhen.

Erinnern wir uns, daß der gesamte reale Gegenwartswert der Ausgaben für die beiden Perioden $c_1 + c_2/(1 + R)$ ist, d.h. daß wir den Konsum der nächsten Periode c_2 durch den Diskontierungsfaktor $(1 + R)$ dividieren, bevor wir ihn zum gegenwärtigen Konsum c_1 addieren. Eine Erhöhung des Zinssatzes bewirkt eine Verbilligung des zukünftigen Konsums im Vergleich zum gegenwärtigen Konsum; für jede Konsumeinheit, auf die ein Wirtschaftssubjekt heute verzichtet, erhält es in der nächsten Periode mehr Konsumeinheiten. Genau diese Veränderung der relativen Kosten veranlaßt dazu, die relativ teureren gegenwärtigen Güter c_1 durch die zukünftigen Güter c_2 zu ersetzen. Ökonomen bezeichnen dieses Ergebnis als **intertemporalen Substitutionseffekt**.

Empirische Belege zur intertemporalen Substitution beim Konsum

Unsere theoretische Analyse sagt voraus, daß ein höherer Zinssatz die Wirtschaftssubjekte dazu veranlaßt, den Konsum von der Gegenwart in die Zukunft zu verlagern. In einer jüngeren empirischen Studie von David Runkle (1988) ist dieser Effekt isoliert worden, indem man das Verhalten einer Auswahl von 1.100 Haushalten in den USA in bezug auf den Nahrungsmittelverbrauch im Zeitablauf (1973-82) untersuchte. (Die Daten stammen aus der Panel Studie zur Konsumdynamik, die an der Universität Michigan entwickelt wurde.) Runkle stellte fest, daß ein Anstieg des jährlichen Zinssatzes um einen Prozentpunkt die Zuwachsrate des Konsums einer typischen Familie um einen halben Prozentpunkt pro Jahr steigerte. (In den Schätzungen von Runkle ist der Zinssatz um Inflation und Steuern in einer Weise bereinigt, wie wir sie in den Kapiteln 7 bzw. 13 darstellen werden.) Es zeigte sich, daß die Reaktion des Konsumzuwachses auf den Zinssatz bei Haushalten, die über erhebliche liquide Vermögenswerte (wie Aktien, Anleihen, Bankeinlagen) verfügen, stärker ausfällt als bei solchen ohne derartige Aktiva. Ökonomen ist es weniger gut gelungen, derartige Effekte für aggregierte Konsumdaten zu finden. Vgl. dazu Robert Hall (1989).

Intertemporale Wahl des Arbeitseinsatzes

In Kapitel 2 haben wir die Arbeits- und Konsumentscheidung für eine einzelne Periode untersucht und dabei die durch Veränderungen der Kurve des Grenzprodukts der Arbeit bedingten Substitutionseffekte sowie die durch Verschiebungen der Produktionsfunktion verursachten Vermögenseffekte analysiert.

In diesem Kapitel haben wir uns mit den intertemporalen Konsumentscheidungen eines Individuums befaßt, dabei bislang allerdings die Arbeitszeit konstant gehalten. Wenn wir nun die vorausgehende Analyse der Arbeits- und Konsumentscheidungen mit der Analyse der intertemporalen Konsumwahl kombinieren, werden wir zugleich die intertemporalen Arbeitsentscheidungen der Haushalte verstehen.

Vermögenseffekte beim Arbeitseinsatz

Wir können die Zweiperioden-Budgetbeschränkung eines Haushaltes folgendermaßen schreiben

$$f(n_1) + \frac{f(n_2)}{(1+R)} + \frac{b_0(1+R)}{P} = c_1 + \frac{c_2}{(1+R)} + \frac{b_2}{P(1+R)}, \quad (3.11)$$

wobei wir auf der linken Seite die realen Einnahmequellen y_1 durch $f(n_1)$ und y_2 durch $f(n_2)$ ersetzt haben. Angenommen, die Produktionsfunktion verschiebt sich in den Perioden 1 und 2 parallel nach oben, dann erhöhen sich bei gegebenen Arbeitsmengen n_1 und n_2 die realen Einnahmequellen auf der linken Seite der Gleichung (3.11). Wie wir zuvor gesehen haben, reagieren die Haushalte mit einer Steigerung von c_1 und c_2.

Andererseits haben wir in Kapitel 2 gezeigt, daß sich die Wirtschaftssubjekte im Falle einer Vermögenserhöhung mehr Freizeit gönnen, d.h. der Arbeitseinsatz n_1 und n_2 bleibt nicht konstant, sondern nimmt eher ab. Makroökonomen betonen zwar häufig den positiven Vermögenseffekt für den Konsum, vernachlässigen jedoch dessen Wirkung auf die Freizeit. Die empirische Entwicklung der Arbeitszeit, die wir in Kapitel 2 aufgezeigt haben, legt aber den Schluß nahe, daß dieser Freizeiteffekt nicht unerheblich ist. Zumindest in den frühen Phasen wirtschaftlicher Entwicklung ist er offenbar stark genug, um die durchschnittliche Arbeitszeit bei Fortentwicklung der Volkswirtschaft tendenziell sinken zu lassen.

Zinssatz und Arbeitsentscheidungen

Abb. 3.6 zeigt, daß eine Erhöhung des Zinssatzes die Haushalte zu einer Verringerung des gegenwärtigen Konsums c_1 und zu einer Erhöhung des zukünftigen Konsums c_2 veranlaßt. Auf der rechten Seite von Gleichung (3.11) gilt, daß eine Erhöhung des Zinssatzes R den Konsum der nächsten Periode c_2 im Vergleich zu c_1 relativ verbilligt, so daß sich die Wirtschaftssubjekte heute zugunsten eines erhöhten zukünftigen Konsums Zurückhaltung auferlegen. Genau dasselbe Argument läßt sich auf die Freizeitentscheidungen für zwei Perioden übertragen. Auf der Basis der Freizeit in Periode 2 diskontieren wir den Outputverlust $f(n_2)$ mit dem Faktor $(1+R)$ und erhalten im Falle einer Zinssteigerung als Ergebnis, daß die Freizeit in Periode 2 relativ billiger wird als in Periode 1. Das bedeutet, der künftige Output, der durch eine Senkung der Arbeitszeit in Periode 2 verloren geht, hat einen geringeren Gegenwartswert als zuvor. Hieraus folgt, daß die Zunahme des Zinssatzes die Wirtschaftssubjekte veranlaßt, zugunsten eines künftigen Freizeitgewinns heute auf Freizeit zu verzichten bzw. im Vergleich zur nächsten Periode in dieser Periode mehr zu arbeiten. Wir sollten ferner beachten, daß die Erhöhung von n_1 die Senkung von c_1 durch eine Zunahme der gegenwärtigen Ersparnis verstärkt.

Insgesamt zieht eine Zinserhöhung zwei Arten von intertemporalen Substitutionseffekten nach sich: Erstens reduziert sich der gegenwärtigen Konsum c_1 relativ zu c_2, und zweitens erhöht sich der gegenwärtige Arbeitseinsatz n_1 im Vergleich zu dem der nächsten Periode n_2. Beide Effekte - die Verminderung der laufenden Ausgaben und die Erhöhung des laufenden Einkommens - führen zu einer Erhöhung der gegenwärtigen Ersparnis, da sie jeweils die positive Reaktion der geplanten Ersparnis auf den Zinssatz reflektieren.

Empirische Belege zur intertemporalen Substitution beim Arbeitseinsatz

Makroökonomen betonen üblicherweise den Effekt auf die Ersparnis, der sich infolge einer intertemporalen Substitution beim Konsum ergibt, vernachlässigen aber die Wirkung einer Veränderung des Arbeitseinsatzes. Es gibt jedoch einige empirische Hinweise darauf, daß die intertemporale Substitution auch beim Arbeitseinsatz von Bedeutung ist. So ermittelte beispielsweise George Alogoskoufis (1987b) für die Jahre 1948-1982 aus den US-Daten, daß eine Erhöhung des Zinssatzes um einen Prozentpunkt pro Jahr die Zuwachsrate des Arbeitseinsatzes um 0,6 Prozentpunkte p.a. verringerte. Aus den britischen Daten für 1950-1982 ergab sich eine entsprechende Schätzung [Alogoskoufis (1987a)] von etwa 0,2. Die Ergebnisse bezogen sich auf eine Messung des gesamtwirtschaftlichen Arbeitseinsatzes durch die Gesamtzahl der Beschäftigten. Wurde der Arbeitseinsatz hingegen durch die Wochenarbeitsstunden je Beschäftigten gemessen, so waren die Ergebnisse statistisch nicht signifikant. Daher legen die Resultate den Schluß nahe, daß für die intertemporale Substitution beim Arbeitseinsatz die Beschäftigtenzahl eine größere Rolle spielt als die Wochenarbeitsstunden je Beschäftigten. Thomas MaCurdy (1981) lieferte zusätzliche Belege, die die intertemporalen Substitutionseffekte beim Arbeitseinsatz stützen.

Budgetbeschränkungen für viele Perioden

Bisher haben wir das Verhalten der Haushalte für zwei Perioden betrachtet und mußten zu diesem Zweck den auf spätere Perioden übertragenen Bestand an Wertpapieren konstant halten. Tatsächlich ist dieser Bestand jedoch keine gegebene Größe, da er von den künftigen Konsum- und Einkommensplänen der Wirtschaftssubjekte abhängt. Im folgenden werden wir diese Beziehung anhand der Analyse von Haushaltsplänen für viele Perioden offenlegen.

Budgetbeschränkungen für eine beliebige Anzahl von Perioden

Ausgangspunkt unserer Überlegungen ist die Zweiperioden-Budgetbeschränkung aus Gleichung (3.7):

$$Py_1 + \frac{Py_2}{(1+R)} + b_0(1+R) = Pc_1 + \frac{Pc_2}{(1+R)} + \frac{b_2}{(1+R)}.$$

Da der Endbestand an Wertpapieren der zweiten Periode, b_2, den Anfangsbestand der dritten Periode bestimmt, lautet die Budgetbeschränkung für Periode 3

$$Py_3 + b_2(1+R) = Pc_3 + b_3$$

Wir lösen nun diese Gleichung nach dem Wertpapierbestand b_2 auf, setzen das Ergebnis in die Gleichung der Budgetbeschränkung für zwei Perioden ein und erhalten so die Budgetbeschränkung für drei Perioden. Das Ergebnis lautet

$$Py_1 + \frac{Py_2}{(1+R)} + \frac{Py_3}{(1+R)^2} + b_0(1+R) =$$

$$Pc_1 + \frac{Pc_2}{(1+R)} + \frac{Pc_3}{(1+R)^2} + \frac{b_3}{(1+R)^2}. \qquad (3.12)$$

Nun sind wir imstande, eine Budgetbeschränkung zu konstruieren, die für jede beliebige Anzahl von Perioden gültig ist. So lautet z.B. die Budgetbeschränkung für j Perioden

$$Py_1 + \frac{Py_2}{(1+R)} + \frac{Py_3}{(1+R)^2} + \ldots + \frac{Py_j}{(1+R)^{j-1}} + b_0(1+R)$$

$$= Pc_1 + \frac{Pc_2}{(1+R)} + \frac{Pc_3}{(1+R)^2} + \ldots + \frac{Pc_j}{(1+R)^{j-1}} + \frac{b_j}{(1+R)^{j-1}}. \qquad (3.13)$$

Wir sollten beachten, daß unsere vorherigen Beispiele von Budgetbeschränkungen Spezialfälle der Gleichung (3.13) sind. Wenn wir beispielsweise $j = 2$ setzen, erhalten wir die Zweiperioden-Budgetbeschränkung aus Gleichung (3.7) bzw. bei $j = 3$ die Dreiperioden-Beschränkung aus Gleichung (3.12).

Bei der Budgetbeschränkung für j Perioden in Gleichung (3.13) ist zweierlei zu beachten: Erstens enthält die rechte Seite den Wertpapierbestand b_j am Ende der Periode j. Zweitens berechnen wir den Gegenwartswert des Einkommens oder der Ausgaben für jede beliebige Periode t durch Division mit dem Faktor $(1+R)^{t-1}$, der den akkumulierten Zins zwischen Periode 1 und Periode t - d.h. für $(t-1)$ Perioden - angibt.

Planungshorizont eines Haushalts

Angenommen, ein Haushalt wählt in der gegenwärtigen Periode den Konsum c_1 und den Arbeitseinsatz n_1. Diese Entscheidungen werden typischerweise von Haushalten im Rahmen eines langfristigen Plans gefällt, der die künftigen Konsum- und Einkommensniveaus enthält. Die Zukunftswerte sind durch die j-Perioden-Budgetbeschränkung in Gleichung (3.13) mit den Gegenwartsentscheidungen verbunden. Wir werden die Zahl j als den **Planungshorizont** eines Haushalts bezeichnen.

Die Frage ist nun, welchen Horizont jemand bei seinen laufenden Entscheidungen berücksichtigen sollte. Da wir uns hier mit Haushalten befassen, die Zugang zum Kreditmarkt haben, ist generell ein langfristiger Planungshorizont angebracht, denn die Wirtschaftssubjekte können Kredite aufnehmen oder vergeben, um ihre laufenden Ausgaben mit Hilfe ihres künftigen Einkommens zu finanzieren oder aber künftige Ausgaben mit Hilfe ihres laufenden Einkommens zu bezahlen. Sofern die erwarteten Einkommen und Ausgaben der näheren Zukunft als Gegenwartswerte ausgedrückt werden, sind sie für die laufenden Entscheidungen genauso relevant wie die gegenwärtigen Einkommen und Ausgaben.

Ökonomen unterstellen häufig einen langen, aber endlichen Planungshorizont. So wird z.B. in den sog. **Lebenszyklus-Modellen**[4] der Zeithorizont j als erwartete verbleibende Lebenszeit eines Individuums definiert. Falls es den Wirtschaftssubjekten gleichgültig ist, was nach ihrem Tode geschieht, besteht für sie kein Anlaß, Vermögenswerte über die Periode j hinaus zu besitzen. Deshalb setzen sie den auf der rechten Seite der Budgetbeschränkung in Gleichung (3.13) erscheinenden Endvermögensbestand $b_j = 0$. (Somit wird auch die Möglichkeit ausgeschlossen, daß jemand verschuldet stirbt, was $b_j < 0$ bedeuten würde.)

Normalerweise gehen die Theoretiker, die Lebenszyklus-Modelle verwenden, davon aus, daß die Lebensarbeitszeit, die durch ein Intervall repräsentiert wird, für welches $n_t > 0$ gilt, kürzer ist als die gesamte Lebenszeit. In diesem Falle erleben die Individuen eine Ruhestandsphase, in der ihr Konsum entweder durch die während der Arbeitsjahre angesammelten Ersparnisse oder mit Hilfe von Transferzahlungen finanziert werden muß. Diese Transferzahlungen können entweder vom Staat (**Soziale Sicherung**) oder von den eigenen Kindern stammen.

Es ist für ein einzelnes Individuum, das sich nicht für irgendwelche Nachfahren interessiert, durchaus sinnvoll, die antizipierte Lebenszeit - und damit einen endlichen Planungshorizont - zu unterstellen. Für eine Familie hingegen, in der die Eltern für ihre Kinder sorgen, ist die Frage nach einem angemessenen Planungshorizont weitaus problematischer. (Natürlich können auch die Kinder für ihre Eltern sorgen!) In diesem Kontext erstreckt sich der Planungshorizont über die erwartete Lebenszeit

---

[4] Vgl. hierzu Franco Modigliani und Richard Brumberg (1954) sowie Albert Ando und Franco Modigliani (1963).

eines Individuums hinaus, da die meisten Menschen den erwarteten künftigen Einkommen und Ausgaben ihrer Kinder ebenfalls einen gewissen Wert beimessen. Da überdies die Kinder wiederum für das Wohlergehen ihrer Kinder sorgen und sich dieses Verhalten in jeder nachfolgenden Generation wiederholt, gibt es keinen eindeutigen Endpunkt für die Planungsperiode. Selbstverständlich impliziert dieses Argument nicht, daß die für die ferne Zukunft antizipierten Einkommen und Ausgaben genauso zählen wie die der nächsten Jahre. Vielmehr werden durch die Verwendung der Gegenwartswerte die Einkommen und Ausgaben für die ferne Zukunft in der Budgetbeschränkung bereits stark diskontiert.

Anstelle der Einführung eines endlichen Zeithorizonts können wir den **Planungshorizont** eines Haushalts als **unendlich** betrachten. Für diese Methode sprechen zwei Gründe:

- Erstens ist dieser Ansatz völlig korrekt, wenn wir uns das repräsentative Wirtschaftssubjekt als Familienmitglied vorstellen, das sich auch für die Mitglieder künftiger Generationen - also für die Kinder, Enkel etc. - in der unbestimmten Zukunft verantwortlich fühlt. Dann wäre es unangemessen, den Horizont mit der erwarteten Lebenszeit einer repräsentativen Person gleichzusetzen.

- Zweitens läßt sich mit einem unendlichen Planungshorizont äußerst einfach arbeiten, obwohl dies an dieser Stelle noch nicht offensichtlich ist.

Budgetbeschränkungen bei unendlichem Planungshorizont

Im Falle eines unendlichen Planungshorizonts enthält die Budgetbeschränkung die Gegenwartswerte der Einkommen und Ausgaben für die unbestimmte Zukunft. Unter Verwendung von Gleichung (3.13), erhalten wir

$$Py_1 + \frac{Py_2}{(1+R)} + \frac{Py_3}{(1+R)^2} + \ldots + b_0(1+R)$$

$$= Pc_1 + \frac{Pc_2}{(1+R)} + \frac{Pc_3}{(1+R)^2} + \ldots \tag{3.14}$$

Im Gegensatz zu Gleichung (3.13) werden die Einkommens- und Ausgabensummen nicht mehr mit einer bestimmten Periode j abgebrochen. Außerdem erscheint der Endbestand an Wertpapieren b_j nicht mehr in der Budgetbeschränkung, da es hier keine "End"-Periode gibt.

Zweckmäßigerweise wird meistens die in realen Größen ausgedrückte Budgetbeschränkung verwendet. Wenn wir Gleichung (3.14) durch das Preisniveau P dividieren, erhalten wir

$$y_1 + \frac{y_2}{(1+R)} + \frac{y_3}{(1+R)^2} + \dots + \frac{b_0(1+R)}{P}$$
$$= c_1 + \frac{c_2}{(1+R)} + \frac{c_3}{(1+R)^2} + \dots \quad (3.15)$$

Gleichung (3.15) besagt, daß die Summe aus dem Gegenwartswert des Realeinkommens aus Güterverkäufen über einen unendlichen Zeithorizont und dem Realwert der Einnahmen aus dem ursprünglichen Wertpapierbestand gleich dem Gegenwartswert der realen Konsumausgaben bei unendlichem Planungshorizont ist. Wir werden diese Form der Budgetbeschränkung auch bei der Analyse der Haushaltsentscheidungen über viele Perioden verwenden.

Entscheidungen für viele Perioden

Während wir zuvor die Konsumentscheidungen c_1 und c_2 über zwei Perioden diskutierten, wollen wir jetzt den gesamten Zeitpfad des Konsums $c_1, c_2, c_3 \dots$ betrachten. In der vorangegangenen Analyse gingen wir davon aus, daß der gesamte Gegenwartswert der Realausgaben zweier Perioden $x = c_1 + c_2/(1+R)$ gegeben sei. Hier fahren wir in analoger Weise fort, indem wir den gesamten Gegenwartswert für einen unendlichen Planungshorizont betrachten. Unter Verwendung der Budgetbeschränkung von Gleichung (3.15) erhalten wir

$$x = c_1 + \frac{c_2}{(1+R)} + \frac{c_3}{(1+R)^2} + \dots$$
$$= y_1 + \frac{y_2}{(1+R)} + \frac{y_3}{(1+R)^2} + \dots + b_0(1+R)/P. \quad (3.16)$$

Zinssatz und intertemporale Substitution

Selbst wenn der gesamte Gegenwartswert der realen Ausgaben für einen unendlichen Zeithorizont gegeben ist, kann der Haushalt immer noch die Konsummengen c_1 und c_2 gegeneinander substituieren. Für jede Konsumeinheit, auf die der Haushalt in Periode 1 verzichtet, erhält er $(1 + R)$ zusätzliche Konsumeinheiten in der Periode 2. Dabei bietet die Substitution zwischen den Perioden 1 und 2 keine Besonderheiten, vielmehr können die Wirtschaftssubjekte ebenso zwischen c_2 und c_3, c_3 und c_4 usw. substituieren. Generell gilt: Wenn jemand eine Konsumeinheit c_t aufgibt, erlaubt ihm die Existenz des Kreditmarktes, den Konsum c_{t+1} um $(1 + R)$ Einheiten zu steigern.

Betrachten wir eine Erhöhung des Zinssatzes R. Wie zuvor klammern wir dabei Vermögenseffekte aus, um den Substitutionseffekt zu isolieren. Wir wissen, daß im

Zwei-Perioden-Fall eine Erhöhung des Zinssatzes die Wirtschaftssubjekte zur Verringerung ihres Gegenwartskonsums c_1 im Verhältnis zum Konsum der nächsten Periode c_2 veranlaßt, da der höhere Zinssatz den Gegenwartskonsum im Vergleich zum künftigen Konsum verteuert. Diese Argumentation gilt für jedes Konsumpaar c_t und c_{t+1}. Eine Zinssteigerung verringert c_t relativ zu c_{t+1}.

Wenn wir einen variablen Arbeitseinsatz zulassen, erkennen wir, daß eine Erhöhung des Zinssatzes zudem einen intertemporalen Substitutionseffekt beim Arbeitseinsatz und bei der Freizeit auslöst. Bei Verallgemeinerung des Zweiperioden-Modells zeigt sich, daß eine Erhöhung von R die Wirtschaftssubjekte dazu veranlaßt, sich weniger Freizeit in der Gegenwart und statt dessen mehr Freizeit in der Zukunft zu gönnen; d.h. n_t erhöht sich im Vergleich zu n_{t+1}.

Schließlich sollten wir bedenken, daß eine Abnahme von c_1 und eine Zunahme von n_1 eine Erhöhung der gegenwärtigen Ersparnis bedeutet. Folglich veranlaßt ein höherer Zinssatz, genau wie im Zweiperioden-Fall, die Wirtschaftssubjekte vermehrt zu sparen.

Vermögenseffekte

Wie zuvor lösen Vermögenseffekte beim Konsum Veränderungen des in Gleichung (3.16) gegebenen gesamten Gegenwartswertes der realen Ausgaben x aus. Da bekanntlich der Gesamtwert des ursprünglichen Wertpapierbestandes B_0 gleich Null ist und im Falle eines repräsentativen oder durchschnittlichen Haushalts $b_0 = 0$ gilt, können Vermögenseffekte nur durch Veränderungen des Gegenwartswertes der auf dem Gütermarkt erzielten Realeinkommen $y_1 + y_2/(1 + R) + ...$ entstehen. Ist der Arbeitseinsatz in jeder Periode fest vorgegeben, müssen Einkommensänderungen mit Verschiebungen der Produktionsfunktion einhergehen.

Permanente Verschiebungen der Produktionsfunktion

Betrachten wir zunächst den Fall, bei dem sich die Produktionsfunktion $f(n_t)$ für alle Perioden parallel nach oben verschiebt. Als Beispiele können wir uns die Entwicklung neuer Technologien oder die Entdeckung natürlicher Ressourcen vorstellen - Veränderungen also, die anhaltende Verbesserungen der Produktionsmöglichkeiten bedeuten. Wenn wir die Arbeitsmenge einer jeden Periode n_t konstant halten, steigt in jeder Periode die Produktionsmenge y_t und damit gemäß Gleichung (3.16) zugleich der gesamte reale Gegenwartswert der Ausgaben x.

Im Sinne einer Verallgemeinerung der Ergebnisse für zwei Perioden zeigt sich, daß eine Erhöhung des Gegenwartswertes der realen Ausgaben x zugleich eine Erhöhung des Konsums c_t bedeutet, d.h. der Konsum ist in jeder Periode ein superiores Gut, was wiederum einen positiven Vermögenseffekt impliziert. Ferner sehen wir, daß eine Vermögenssteigerung in jeder Periode zu vermehrter Freizeit führt. Folglich impliziert die Vermögenserhöhung zu jedem Zeitpunkt eine Verringerung des Arbeitseinsatzes n_t.

Grenzneigung zum Konsum und Sparen

Nehmen wir an, das reale Einkommen y_t steigt in jeder Periode um eine Einheit. Eine Möglichkeit besteht darin, daß der Konsum c_t ebenfalls um eine Einheit in jeder Periode zunimmt. [Diese Reaktion erfüllt die Budgetbeschränkung in Gleichung (3.16).] Sofern jemand in dieser Weise reagiert, so sagen Ökonomen, daß seine **marginale Konsumneigung** - definiert als Veränderung des Konsums einer Periode im Vergleich zur Änderung des Einkommens dieser Periode - gleich 1 ist. Da Konsum und Einkommen sich in allen Perioden im selben Maße verändern, bleibt das Sparen in jeder Periode unangetastet, d.h. die **marginale Sparneigung** - verstanden als Veränderung des Sparens in einer Periode bezogen auf die Änderung des Einkommens dieser Periode - ist gleich Null.

Falls das Einkommen y_t in jeder Periode wiederum um eine Einheit steigt, aber ein Haushalt seinen Gegenwartskonsum c_1 um weniger als eine Einheit erhöht, dann ist die gegenwärtige marginale Konsumneigung kleiner als 1, die gegenwärtige marginale Sparneigung positiv. Da die Haushalte jedoch diese Mehrersparnis zur Erhöhung ihres Konsumniveaus in der Zukunft verwenden müssen, muß es später mindestens eine Periode geben, in der der Konsum c_t sogar um mehr als eine Einheit steigt.

Unter der Voraussetzung, daß der Haushalt zunächst einen konstanten Konsum plant, bedeutet eine Erhöhung des Konsums c_t in Periode t um mehr als eine Einheit, daß dieser Konsum sich relativ zum gegenwärtigen Konsum c_1 erhöht; d.h. der Konsum wird von der Gegenwart in die Zukunft verlagert. Nun wissen wir aber, daß diese Form der Veränderung angemessen ist, falls eine Zinserhöhung eintritt. Da der Zins hier als unveränderlich angenommen wird, möchte der Haushalt die relativen Konsummengen zu jedem Zeitpunkt aufrechterhalten. Im vorliegenden Fall ist dies nur möglich, wenn der Haushalt den Konsum in jeder Periode um eine Einheit steigert. Folglich erwarten wir bei einer permanenten Verbesserung der Produktionsfunktion, daß die Konsumneigung nahezu gleich 1 ist und die korrespondierende Sparneigung nahe bei Null liegt.

Temporäre Verschiebungen der Produktionsfunktion

Nehmen wir nun an, die parallele Aufwärtsverschiebung der Produktionsfunktion gelte nur für die laufende Periode. Anders als im Falle der Entwicklung neuer Technologien und der Entdeckung neuer Ressourcen können wir uns einen derartigen Effekt bedingt durch Witterungseinflüsse, zeitweilige Veränderungen im Angebot von Rohstoffen, Streiks u. dgl. vorstellen.

> **Empirische Evidenz der Grenzneigung zum Konsum**
>
> Die Ergebnisse empirischer Tests sprechen recht eindeutig dafür, daß die marginale Konsumneigung in bezug auf permanente Veränderungen des Einkommens deutlich höher ist als bezüglich des temporären Einkommens. Eine recht eindeutige Evidenz ergibt sich im Falle von Zufallseinkommen, die von den Wirtschaftssubjekten gewiß als vorübergehend betrachtet werden. Ein Beispiel sind die von der Bundesrepublik Deutschland in den Jahren 1957-58 geleisteten einmaligen pauschalen Wiedergutmachungszahlungen an israelische Bürger [vgl. Mordechai Kreinin (1961) und Michael Landsberger (1970)]. Diese Leistungen waren nicht unerheblich und entsprachen im Durchschnitt in etwa dem mittleren Familieneinkommen eines Jahres. Aus den statistischen Schätzungen geht hervor, daß die Konsumausgaben einer repräsentativen Familie während dieser Jahre höchstens um 20% des empfangenen Betrages stiegen. Darüber hinaus sind in diesen Konsumausgaben auch Käufe langlebiger Konsumgüter enthalten, die man aufgrund ihrer Langlebigkeit zum Teil den Ersparnissen zuordnen müßte, so daß die Konsumneigung aus Zufallseinkommen deutlich unter 20% läge.
>
> Ein weiteres Beispiel ist die 1950 von den USA an die Veteranen des 2. Weltkriegs geleistete Ausschüttung eines unerwarteten, einmaligen Lebensversicherungsbonus von etwa 175 $ - was damals immerhin 4% des durchschnittlichen Jahreseinkommens einer Familie entsprach. Für diesen Fall ergaben statistische Schätzungen, daß die Konsumsteigerung etwa 30-40% des Zufallseinkommens betrug [vgl. Roger Bird und Ronald Bodkin (1965)]. Da diese Daten ebenfalls Käufe langlebiger Konsumgüter enthalten, liegt die tatsächliche Konsumneigung deutlich unter 30%.
>
> Ganz allgemein läßt sich aufgrund der statistischen Untersuchungen des Konsumverhaltens sagen, daß die marginale Konsumneigung bezüglich der permanenten Veränderungen des Einkommens hoch ist und nahezu 1 beträgt, wohingegen sich die Konsumneigung bezüglich des temporären Einkommens nur zwischen 20% und 30% bewegt [vgl. Robert Hall (1989)]. Obwohl diese Reaktionen auf temporäre Veränderungen etwas über den von den unserer Theorie prognostizierten Werten liegen, besteht der für unsere theoretische Analyse entscheidende Punkt darin, daß die Reaktion der Konsumausgaben auf permanente Einkommensänderungen deutlich stärker ist als die auf temporäre Veränderungen.

Bei unverändertem Arbeitseinsatz ergibt sich nur in der laufenden Periode eine Erhöhung des Realeinkommens, was bei den Haushalten zu dem Wunsch führt, mit Hilfe dieses zusätzlichen Einkommens den Konsum in allen Perioden zu erhöhen. Allerdings müssen sie dann ihre laufenden Ersparnisse steigern. Deshalb nimmt der Gegenwartskonsum c_1 deutlich weniger zu als das gegenwärtige Realeinkommen y_1. Mit anderen Worten: Im Falle einer vorübergehenden Aufwärtsverschiebung der

Produktionsfunktion ist die marginale Konsumneigung nur gering, während die marginale Sparneigung positiv und nahezu gleich 1 ist.[5]

Vermögenseffekte bei Zinssatzänderungen
Wir haben uns bisher allein auf intertemporale Substitutionseffekte von Zinssatzänderungen beschränkt. Jetzt wollen wir untersuchen, ob eine Veränderung des Zinssatzes auch einen Vermögenseffekt auslöst.

Zu diesem Zweck verwenden wir erneut die Budgetbeschränkung

$$y_1 + \frac{y_2}{(1+R)} + \ldots \frac{b_0(1+R)}{P} = c_1 + \frac{c_2}{(1+R)} + \ldots$$

Wir vernachlässigen den Ausdruck $b_0(1+R)/P$, der den Anfangsbestand an Wertpapieren repräsentiert, da er bei der Aggregation über alle Haushalte ohnehin gleich Null ist.

Wir unterstellen, daß die Zeitpfade der realen Einkommen $y_1, y_2, \ldots$ und Ausgaben $c_1, c_2, \ldots$ konstant sind, um die jeweiligen Effekte einer Erhöhung des Zinssatzes auf der linken und der rechten Seite der Budgetbeschränkung isolieren zu können. Dabei ist unmittelbar ersichtlich, daß die Erhöhung des Zinssatzes die Gegenwartswerte des Realeinkommens $y_1 + y_2/(1+R) + \ldots$ und der realen Ausgaben $c_1 + c_2/(1+R) \ldots$ verringert. Die wichtige Frage ist jedoch, welche der beiden Summen stärker abnimmt. Wenn der Gegenwartswert der realen Ausgaben stärker sinkt, dann wäre der gegebene reale Einkommensstrom ausreichend, um sowohl den Kauf dieser Güter tätigen zu können als auch einen Restbetrag des Einkommens zu sparen. Damit wäre es den Haushalten möglich, den Konsum einiger Perioden zu erhöhen, ohne ihn notwendigerweise in anderen verringern zu müssen. Mithin steigt das Vermögen. Allerdings ist genau das Gegenteil zutreffend, wenn der Gegenwartswert der realen Ausgaben weniger stark sinkt als der des Realeinkommens.

Aus der Budgetbeschränkung geht hervor, daß im Falle einer Zinssteigerung diejenigen Ausdrücke der Gleichung am stärksten abnehmen, die am weitesten in der Zukunft liegen. Der Diskontierungsfaktor für Periode t ist $1/(1+R)^{t-1}$, und dieser reagiert auf Veränderungen von R um so sensibler, je höher der Wert von t ist. Deshalb nimmt bei steigendem Zinssatz der Gegenwartswert der realen Ausgaben stärker ab als der des Realeinkommens, wenn sich der Zeitpfad der Ausgaben stärker

---

[5] Unsere Ergebnisse bezüglich der permanenten und temporären Veränderungen der Produktionsfunktion entsprechen Milton Friedmans (1957, Kap. 2, 3) Konzept des **permanenten Einkommens**. Dessen Grundidee besteht darin, daß der Konsum vom langfristigen Durchschnittseinkommen - dem sog. permanenten Einkommen - abhängt und nicht vom laufenden Einkommen. Wenn die Veränderung des Einkommens nur vorübergehend ist, ändert sich das permanente Einkommen und folglich auch der Konsum nur wenig. Daher ist, wie zuvor diskutiert, die Grenzneigung zum Konsum aus dem temporären Einkommen gering.

auf in der Zukunft liegende Perioden bezieht als jener des Einkommens. Für den Fall, daß der Anfangsbestand an Wertpapieren $b_0 = 0$ ist, gilt diese Feststellung für eine Person, die während früherer Jahre zumeist positive Ersparnisse gebildet hat und in späteren Jahren eher entspart. Mit anderen Worten: Wirtschaftssubjekte, die überwiegend als Kreditgeber auftreten, erfahren bei steigendem Zinssatz eine Vermögenserhöhung, während Kreditnehmer eine entsprechende Vermögenseinbuße hinnehmen müssen.

Obwohl für ein Individuum eine der beiden Situationen zutreffen kann, lassen sich beide Fälle nicht gleichzeitig auf den durchschnittlichen Marktteilnehmer anwenden. Da der aggregierte Wertpapierbestand in unserem Modell immer gleich Null ist, wissen wir, daß der Durchschnittshaushalt weder ein typischer Kreditgeber noch ein typischer Kreditnehmer ist. Insofern ist der durch eine Zinssatzänderung ausgelöste Vermögenseffekt in der Gesamtbetrachtung gleich Null.[6] Aus diesem Grund können wir bei der Analyse der Aggregate ohne weiteres die durch Zinsänderungen ausgelösten Vermögenseffekte vernachlässigen. Dieses Ergebnis ist sehr wichtig, da wir nunmehr wissen, daß bei der gesamtwirtschaftlichen Analyse die intertemporalen Substitutionseffekte die einzig relevanten Effekte einer Zinssatzänderung sind.

Verschiebungen der Kurve des Grenzprodukts der Arbeit

Gewöhnlich ist eine Aufwärtsverschiebung der Kurve des Grenzprodukts der Arbeit eine Begleiterscheinung einer Verbesserung der Produktionsfunktion. Wie wir wissen, veranlaßt dies die Wirtschaftssubjekte dazu, mehr zu arbeiten. Falls die Veränderung für jede Periode gleich groß ist, erhöht sich die Arbeitszeit und folglich das reale Einkommen in jeder Periode in etwa im gleichen Umfang. In diesem Fall liegt die marginale Konsumneigung nahe bei eins, so daß der Konsum jeder Periode im selben Umfang wie das Einkommen zunimmt, während die Ersparnis unverändert bleibt.

Eine solche permanente Verbesserung der Arbeitsproduktivität bedeutet, daß der Konsum im Vergleich zur Freizeit billiger wird, so daß die Wirtschaftssubjekte in jeder Periode mehr arbeiten und konsumieren. Da andererseits die relativen Kosten von Konsum oder Freizeit in den einzelnen Perioden unverändert bleiben, sind in jeder Periode nahezu die gleichen Reaktionen von Arbeit und Konsum zu beobachten, und das Sparen bleibt wiederum unberührt.

Wir sollten sorgfältig zwischen der Substitution von Konsum und Freizeit und dem intertemporalen Substitionseffekt unterscheiden. Letzterer schließt die Kosten ein, die damit verbunden sind, sich Konsum oder Freizeit in einer Periode zu leisten

---

[6] Zur weiteren Diskussion dieses Resultats vgl. Martin J. Bailey (1971), S. 106-8.

statt in einer anderen. Ein Anstieg des Zinssatzes veranlaßt die Wirtschaftssubjekte z.B., Konsum und Freizeit heute im Vergleich zur Zukunft zu reduzieren. Im Gegensatz dazu bestimmt die Kurve des Grenzprodukts der Arbeit die relativen Kosten des Konsums und der Freizeit zu einem bestimmten Zeitpunkt. Deshalb bewirkt eine Verschiebung dieser Kurve Veränderungen in der relativen Höhe des Konsums und der Freizeit. Ist jedoch die Veränderung der Arbeitsproduktivität fortdauernd, so ergeben sich keine intertemporalen Substitutionseffekte.

Im Falle einer nur vorübergehenden Produktivitätsänderung erhalten wir allerdings andere Ergebnisse. Ein typisches Beispiel wäre ein "Goldrausch" oder andere kurzfristige Gewinnchancen, die den gegenwärtigen Arbeitseinsatz überaus lohnend machen. In unserem Modell stellen wir diesen Fall so dar, daß sich lediglich die Kurve des Grenzprodukts der Arbeit in der laufenden Periode verschiebt. Neu an diesem Fall ist, daß die gegenwärtige Freizeit im Vergleich zur künftigen Freizeit oder zum künftigen Konsum relativ teurer wird und die Wirtschaftssubjekte dadurch einen zusätzlichen Anreiz erhalten, heute mehr zu arbeiten, um später in den Genuß einer entsprechenden Konsum- und Freizeiterhöhung zu gelangen. Insofern regt eine vorübergehende Produktivitätsverbesserung zu vermehrtem gegenwärtigen Sparen an. Das bedeutet, daß die laufende Produktion stärker steigt als der gegenwärtige Konsum.

Zusammenfassung

Wir haben einen Gütermarkt eingeführt, auf dem die Wirtschaftssubjekte Güter zum Preis P kaufen und verkaufen. Die Existenz dieses Marktes erlaubt den Produzenten, sich zu spezialisieren, wodurch die ökonomische Effizienz gefördert wird.

Darüber hinaus haben wir einen Kreditmarkt eingeführt, auf dem die Wirtschaftssubjekte zum Zinssatz R Geld leihen und verleihen können. Mit Hilfe dieses Marktes können die Individuen einen Zeitpfad des Konsums wählen, der von dem ihres Einkommens abweicht.

Beginnend mit einer Zweiperioden-Budgetbeschränkung haben wir die Analyse auf eine beliebige Zahl von Perioden ausgedehnt. In der Mehrzahl der Fälle können wir das Verhalten der Haushalte über einen unendlichen Zeithorizont betrachten. Wir begründeten diese Vorgehensweise, indem wir uns eine Familie vorstellten, in der die Eltern für ihre Kinder sorgen, welche wiederum für ihre Kinder Sorge tragen usw.

Ein Anstieg des Zinssatzes veranlaßt die Wirtschaftssubjekte, ihren gegenwärtigen Konsum in die Zukunft zu verlagern. Entgegengesetzte Reaktionen sind beim Arbeitseinsatz zu beobachten. Diese intertemporalen Substitutionseffekte eines höheren Zinssatzes bewirken eine Zunahme der gegenwärtigen Ersparnis der Wirtschaftssubjekte.

Verbesserungen der Produktionsfunktion führen in jeder Periode beim Konsum zu positiven und bei der Arbeit zu negativen Vermögenseffekten. Im Falle einer permanenten Verschiebung der Produktionsfunktion liegt die marginale Konsumneigung nahe bei 1 und die marginale Sparneigung nahe bei Null. Im Falle einer nur vorübergehenden Verschiebung der Produktionsfunktion ist die marginale Konsumneigung gering und die marginale Sparneigung nahezu gleich 1. Schließlich haben wir gezeigt, daß eine Zinssatzänderung keinen gesamtwirtschaftlichen Vermögenseffekt hervorruft.

Eine permanente Aufwärtsverschiebung der Kurve des Grenzprodukts der Arbeit erhöht zwar in jeder Periode den Arbeitseinsatz und den Konsum, läßt das Sparen jedoch unberührt. Demgegenüber läßt eine vorübergehende Aufwärtsverschiebung dieser Kurve die laufende Produktion stärker zunehmen als den laufenden Konsum und erhöht somit die Ersparnis.

Fragen und Probleme

Zur Wiederholung

3.1 Warum interessieren sich die Wirtschaftssubjekte nur für den realen Wert ihrer Konsumausgaben, ihres Einkommens und ihrer Aktiva wie Bargeld und Wertpapiere? Würde eine Verringerung der nominalen Konsumausgaben ein Individuum schlechter stellen, wenn sie gleichzeitig von einer entsprechenden Senkung des Preisniveaus begleitet wäre?

3.2 Unterscheiden Sie deutlich zwischen der ursprünglichen Vermögensposition eines Wirtschaftssubjekts und deren Veränderung. Welche wird durch die laufenden Konsum- und Sparentscheidungen berührt? Ist ein Wirtschaftssubjekt, das entspart, zwangsläufig ein Kreditnehmer mit negativem Wertpapierbestand?

3.3 Leiten Sie die Zweiperioden-Budgetbeschränkung ab und stellen Sie diese graphisch dar. Warum gibt es auf der Seite der Einnahmequellen keinen Ausdruck für die Kassenhaltung?

3.4 Zeigen Sie, wie die Verwendung des Gegenwartswertes eine unterschiedliche Gewichtung der Nominalwerte in den einzelnen Perioden impliziert. Warum ist das Einkommen der Gegenwart "wertvoller" als das zukünftige Einkommen? Warum ist der Zukunftskonsum "billiger" als der Gegenwartskonsum?

3.5 Stellen Sie die Faktoren zusammen, die die Entscheidung eines Individuums zwischen c_1 und c_2 determinieren und illustrieren Sie diese Entscheidung graphisch. Warum stellen sich die Individuen am besten, wenn die Budgetgerade eine Tangente zur Indifferenzkurve bildet?

3.6 Von welchen Faktoren ist es abhängig, ob die marginale Konsumneigung kleiner als eins oder gleich eins ist? Kann sie auch größer als eins sein?

3.7 Überprüfen Sie, welche Effekte die folgenden Veränderungen auf den gegenwärtigen Konsum und Arbeitseinsatz haben. Unterscheiden Sie dabei deutlich zwischen Vermögens- und Substitutionseffekten.
a. Eine andauernde Parallelverschiebung der Produktionsfunktion.
b. Eine Veränderung des Zinssatzes.
c. Eine temporäre Veränderung des Grenzprodukts der Arbeit.

Probleme zur Diskussion

3.8 Discount Bonds
Die Ein-Perioden-Wertpapiere unseres Modells erbringen eine einmalige Zinszahlung oder einen "Kupon" von R \$ und eine Tilgungssumme von 1 \$. Demgegenüber enthält ein Discount Bond mit einer Laufzeit von einer Periode wie ein US-Schatzbrief keine Kupons, erbringt jedoch in der nächsten Periode eine Tilgungssumme von 1 \$ (oder realistischerweise von 10.000 \$). P^B möge der Preis jeder Einheit dieses Discount Bonds sein, wobei jede Einheit einer Forderung von 1 \$ in der nächsten Periode entspricht.
a. Ist P^B größer oder kleiner als 1 \$?
b. Wie hoch ist der Ein-Perioden-Zinssatz, den wir beim Besitz von Discount Bonds erhalten?
c. Wie verhält sich der Preis P^B zu diesem Ein-Perioden-Zinssatz?
d. Angenommen, der Discount Bond wird nicht in der nächsten Periode, sondern erst zwei Perioden später fällig. Wie hoch ist unter diesen Umständen der Zinssatz *pro Periode*? Wie lassen sich die Ergebnisse verallgemeinern, wenn das Wertpapier in j Perioden fällig wird?

3.9 Finanzinstitute
Wir betrachten ein Finanzinstitut, wie eine Bank oder eine Bausparkasse, die auf dem Kreditmarkt als Kreditgeber und -nehmer auftritt. (Der Kredit, der einer Bank von ihren Kunden gewährt wird, hat zumeist die Form einer *Einlage*.)
a. Inwieweit berührt die Existenz von Finanzinstituten unser Ergebnis, daß die aggregierte Kreditsumme immer gleich Null ist?
b. Welchen Zinssatz würde das Finanzinstitut seinen Kreditnehmern berechnen bzw. seinen Kreditgebern zahlen? Warum muß zwischen beiden Zinssätzen eine gewisse Spanne bestehen?
c. Können Sie einige Gründe dafür nennen, warum Finanzinstitute nützlich sind?

3.10 Vermögenseffekte

Wir betrachten die in realen Größen ausgedrückte Budgetbeschränkung eines Haushalts für einen unendlichen Zeithorizont: $y_1 + y_2/(1 + R) + ... + b_0(1 + R)/P = c_1 + c_2(1 + R) + ...$ Beurteilen Sie unter Verwendung dieser Bedingung den Vermögenseffekt für die folgenden Situationen:

a. Eine Erhöhung des Preisniveaus P für einen Haushalt, der einen positiven Anfangsbestand an Wertpapieren b_0 besitzt. (Das Ergebnis hat Implikationen für die Auswirkungen unerwarteter Preisänderungen auf das Vermögen der Gläubiger und Schuldner.)

b. Eine Erhöhung des Zinssatzes R für einen Haushalt mit $b_0 = 0$ und $c_t = y_t$ in jeder Periode.

c. Eine Erhöhung des Zinssatzes R für einen Haushalt mit $b_0 = 0$, $c_t > y_t$ für $t \geq T$ und $c_t < y_t$ für $t < T$, wobei T irgendeinen Zeitpunkt in der Zukunft bezeichnet.

3.11 Kurzfristige und langfristige Zinssätze

Angenommen, Ein-Perioden-Wertpapiere im Wert von 1 $, die am Ende der Periode 0 ausgegeben wurden, erbringen $(1 + R_1)$ in der Periode 1 - d.h. die Kreditsumme von 1 $ zuzüglich der Zinszahlungen von R_1 $. Des weiteren gilt, daß Ein-Perioden-Wertpapiere im Werte von 1 $, die am Ende der Periode 1 ausgegeben wurden, in der zweiten Periode $(1 + R_2)$$ erbringen. Ferner bringen die Wirtschaftssubjekte am Ende der Periode 0 gleichzeitig ein Zwei-Perioden-Wertpapier im Wert von 1 $ auf den Markt, das während der zweiten Periode $(1 + 2R)$$ erbringt. Die Kreditgeber vom Zeitpunkt 0 bis zum Zeitpunkt 2 haben folglich die Wahl, entweder ein Zwei-Perioden-Wertpapier oder eine Folge von Ein-Perioden-Wertpapieren zu erwerben. Dasselbe gilt für die Kreditnehmer.

a. Wie muß die Beziehung zwischen R, R_1 und R_2 lauten? Begründen Sie die Antwort aus der Sicht der Kreditnehmer und der Kreditgeber.

b. Welche Beziehung besteht zwischen R (dem gegenwärtigen *langfristigen Zinssatz*) und R_1 (dem gegenwärtigen *kurzfristigen Zinssatz*), wenn $R_2 > R_1$? Die Antwort ist sehr wichtig, da sie Erkenntnisse über die *zeitliche Struktur der Zinssätze* liefert. [Greg Mankiw und Jeff Miron (1986) untersuchten diese Beziehung im Blick auf Wertpapiere mit einer Laufzeit von 3 und 6 Monaten und fanden heraus, daß die US-Daten für die Zeit vor 1914 eine bessere Übereinstimmung mit der Theorie aufweisen als jene für die Zeit nach 1914.]

3.12 Budgetbeschränkung des Haushalts mit endlichem Zeithorizont

Wir betrachten zunächst die Budgetbeschränkung des Haushalts für j Perioden aus Gleichung (3.13)

$$Py_1 + \frac{Py_2}{(1+R)} + ... + \frac{Py_j}{(1+R)^{j-1}} + b_0(1+R)$$
$$= Pc_1 + \frac{Pc_2}{(1+R)} + ... + \frac{Pc_j}{(1+R)^{j-1}} + \frac{b_j}{(1+R)^{j-1}}.$$

Angenommen, es gilt $y_t = 0$ für $t > T_1$ und $c_t = 0$ für $t > T_2$, wobei T_2 hier die erwartete Lebenszeit und T_1 die antizipierte Arbeitszeit eines Wirtschaftssubjekts repräsentieren mögen.

a. Des weiteren nehmen wir an, daß der Haushalt den Planungshorizont $j = T_2$ verwendet. Warum könnte dies sinnvoll erscheinen? Welchen Wert würde der Haushalt für b_j wählen? Wie sieht in diesem Fall die j-Perioden-Budgetbeschränkung aus?

b. Diskutieren Sie die Form des Sparens $b_t - b_{t-1}$ für die "Ruhestandsphase", wobei $T_1 < t \leq T_2$. Was läßt sich über das Sparen für das typische Arbeitsjahr sagen, wenn $0 < t \leq T_1$? (Dieses Ergebnis betrifft die *Lebenszyklus*-Motivation für die Haushaltsersparnis.)

c. Unterstellt, der Staat zwingt die Bürger, eher aus dem Arbeitsleben auszuscheiden, als sie dies wünschen. Wie würde dieser Zwang die Arbeits-, Konsum- und Sparentscheidungen der Wirtschaftssubjekte beeinflussen, die zwar noch arbeiten, aber einen früheren Eintritt in den Ruhestand erwarten?

d. Welche Schwierigkeiten ergeben sich bei der Bestimmung eines Wertes für den endlichen Planungshorizont $j = T_2$ angesichts der Tatsache, daß die Wirtschaftssubjekte für ihre Kinder (und Eltern) sorgen?

3.13 Das permanente Einkommen (fakultativ)

Die Idee des permanten Einkommens ist, daß der Konsum von einem langfristigen Maß des Einkommens abhängt und nicht vom laufenden Einkommen. In operationaler Weise können wir das permanente Einkommen definieren als hypothetischen langfristigen Einkommensstrom, der denselben Gegenwartswert aufweist wie die aktuellen Einnahmequellen des Haushalts.

a. Entwickeln Sie eine Formel für das permanente Einkommen unter Verwendung der Budgetbeschränkung in Gleichung (3.15). Erläutern Sie die einzelnen Ausdrücke in dieser Formel.

b. Wie hoch ist die marginale Konsumneigung in bezug auf das permanente Einkommen?

c. Welchen Wert hat das permanente Einkommen, sofern der Konsum im Zeitablauf konstant ist?

Kapitel 4

Geldnachfrage

Obwohl unser Modell zwei Formen von Finanzaktiva, Geld und Wertpapiere, enthält, haben wir bisher nicht untersucht, wieviel Geld die Wirtschaftssubjekte halten, und wie sich diese Geldhaltung im Laufe der Zeit verändert. Wir haben unsere Analyse im vorherigen Kapitel unter der Annahme durchgeführt, daß jeder Haushalt mit einem konstanten Bargeldbestand operiert. Wann immer die Wirtschaftssubjekte ihre Ersparnis ändern, erfolgt die Anpassung über den Wertpapierbestand und nicht über die Kassenhaltung.

Wir fügen nun dem Modell den verbleibenden Baustein ein, indem wir die Bereitschaft der Wirtschaftssubjekte analysieren, einen Teil ihrer Aktiva in Form von Geld zu halten; d.h. wir erklären die Nachfrage nach Geld. Später werden wir erkennen, daß diese Nachfrage eine wesentliche Determinante des Preisniveaus ist.

Das Wesen einer Geldwirtschaft

Wir gehen wie bisher davon aus, daß Geld das einzige Tauschmittel in der Volkswirtschaft ist. Getauscht werden Geld gegen Güter und Geld gegen Wertpapiere, nicht aber direkt Güter gegen Güter und Güter gegen Wertpapiere. Der direkte Tausch von Gütern gegen Güter, der sog. Naturaltausch, ist für viele Transaktionen ausgesprochen ineffizient[1], da er eine **wechselseitige Übereinstimmung der Bedürfnisse** voraussetzt. Beide Tauschpartner müssen die jeweils vom anderen gewünschten Güter besitzen. Ein allgemeines Zahlungsmittel wie Geld vermeidet dieses Problem. Die Käufer können mit Hilfe des Geldes Güter oder Wertpapiere erwerben, und die Verkäufer erhalten ihrerseits Geld für Güter oder Wertpapiere. Unter solchen Umständen akzeptieren die Wirtschaftssubjekte Geld, weil sie es später zum Kauf anderer Dinge verwenden können. Solange die Wirtschaftssubjekte Geld halten, wissen sie, daß sie Güter oder Wertpapiere erwerben können. Das Problem der wechselseitigen Übereinstimmung der Bedürfnisse tritt nicht auf.

Historisch fungierten Güter wie Gold und Silber als Geld. Diese Edelmetalle besitzen einige, von klassischen Ökonomen betonte attraktive Eigenschaften, wie Transportfähigkeit, Unzerstörbarkeit, Homogenität, Teilbarkeit und allgemeine Anerkennung.[2] Sobald jedoch Papiergeld - wie US-Dollarnoten - das Warengeld ersetzt, werden diese physischen Eigenschaften für die Analyse irrelevant. Deshalb

---

[1] Die klassische Diskussion der Schwierigkeiten des Naturaltausches findet sich bei W. Stanley Jevons (1896), Kap. 1-3. Ein für die Entwicklung spezieller Tauschmittel interessantes Modell bietet Robert Jones (1976).

[2] Vgl. Jevons (1896), Kap. 5, sowie - für eine frühere Diskussion - John Law (1966) Kap. 1.

werden wir in unserem Modell Geld als Papiergeld verstehen und nicht als Gold, Silber oder andere Güter.

Wir unterstellen, daß es sich bei den verzinslichen Wertpapieren nicht um Geld handelt; d.h. diese Forderungen fungieren nicht als Tauschmittel. Hierfür gibt es mehrere Gründe. Erstens kann der Staat gesetzliche Beschränkungen einführen, die Private (wie z.B. General Motors) daran hindern, verzinsliche Wertpapiere in kleiner Stückelung auszugeben, die sich recht bequem als Zahlungsmittel verwenden ließen. Des weiteren kann der Staat Gesetze erlassen, die die Verwendung des von ihm ausgegebenen Geldes erzwingen. So gibt es z.b. die Verfügung, daß der Dollar das "**gesetzliche Zahlungsmittel** für alle privaten und öffentlichen Schulden" ist.[3] Im übrigen sind amerikanische Gerichte eher bereit, auf Dollar lautende Verträge durchzusetzen, als solche, die auf andere Einheiten lauten. Zweitens sind mit der Einführung des Geldes als zuverlässigem und praktischem Zahlungsmittel Kosten verbunden. Dazu gehören unter anderem die Unterbindung der Fälschungen, der Austausch von abgenutzten Scheinen sowie die Bereitschaft, die Noten in andere Stückelungen und möglicherweise in andere Aktiva umzutauschen. Wegen dieser Kosten ist zu vermuten, daß Geld etwas niedriger verzinst ist als Wertpapiere. Tatsächlich ist der Zinssatz für Bargeld typischerweise gleich Null, weil es ausgesprochen unpraktisch ist, auf das umlaufende Bargeld Zinsen zu entrichten.

Verbinden wir unser abstraktes Geldkonzept mit einem üblichen Maß der aktuellen Geldmenge. Unser theoretisches Konstrukt entspricht weitgehend dem Bargeldumlauf außerhalb der Geschäftsbanken, der Ende 1988 in den USA 212 Mrd. $ oder 4,4% des nominalen Bruttosozialprodukts (BSP) ausmachte. Dies heißt, die Bargeldhaltung der Amerikaner entsprach 1988 etwas mehr als dem BSP von zwei Wochen.

Mit dem Begriff *Geld* wird normalerweise ein monetäres Aggregat bezeichnet, das weiter definiert ist als Bargeld. Die Standarddefinition, **M1** genannt, klassifiziert diejenigen Aktiva als Geld, die regelmäßig als Zahlungsmittel fungieren. Dieses Konzept schließt scheckfähige Guthaben ein, die Wirtschaftssubjekte bei Banken und einigen anderen Finanzinstituten halten. Der Umfang dieser scheckfähigen Guthaben betrug Ende 1988 578 Mrd. $ oder 12% des jährlichen BSP der USA. Mithin belief sich M1 - die Summe aus Bargeld und scheckfähigen Guthaben - 1988 auf 790 Mrd. $ oder 16% des BSP. Oder anders gesagt: M1 entsprach 1988 etwas mehr als dem achtwöchigen Wert des BSP.

Tab. 4.1 enthält vergleichbare Daten zur Geldmenge der führenden Industrieländer im Jahr 1987. Das Verhältnis zwischen Bargeld und dem jährlichen BSP reichte von so niedrigen Werten wie 2% in Finnland und Neuseeland bis zu Höchstwerten von 11% in der Schweiz und 8% in Japan. Die Definition von M1 ist nicht ganz über-

---

[3] Allerdings läßt sich anhand dieser Bestimmung nicht der Preis ermitteln, zu dem Bargeld gegen Güter eingetauscht wird. Es wäre zu fragen: Was würde die Eigenschaft des gesetzlichen Zahlungsmittels im Falle eines unendlich hohen Preisniveaus bedeuten?

einstimmend, weil die Entscheidung darüber, welche Einlagen ein- oder auszuschließen sind, in einem gewissen Sinne willkürlich ist. So werden beispielsweise in den USA einige zinstragende Einlagen bei Geschäftsbanken als scheckfähig angesehen und deshalb in M1 einbezogen, während andere ausgeschlossen werden (jedoch in noch weiter definierten monetären Aggregaten, wie M2, enthalten sind). Wie auch immer, das Verhältnis von M1 zum jährlichen BSP reichte von Niedrigstwerten von 8% in Finnland und 11% in Neuseeland bis zu Höchstwerten von 38% in Italien und 35% in Dänemark.

Tab. 4.1: *Verhältnis zwischen Geldmenge und BSP in Industrieländern im Jahr 1987*

Land	Bargeld	scheckfähige Einlagen	M1
Australien	0,041	0,076	0,117
Belgien	0,078	0,128	0,206
BRD	0,061	0,120	0,181
Dänemark	0,031	0,323	0,354
Finnland	0,018	0,059	0,077
Frankreich	0,043	0,206	0,249
Italien	0,055	0,320	0,375
Japan	0,083	0,216	0,299
Kanada	0,031	0,127	0,158
Neuseeland	0,018	0,095	0,113
Niederlande	0,076	0,163	0,239
Norwegen	0,051	0,228	0,279
Österreich	0,063	0,082	0,145
Schweden	0,056	0,059	0,115
Schweiz	0,113	0,216	0,329
Spanien[a]	0,076	0,162	0,238
UK	0,034	0,189	0,223
USA	0,044	0,127	0,171

[a] Daten für 1986

Anmerkung: Die Anteile ergeben sich aus dem Wert des monetären Aggregats am Ende des Jahres 1987 geteilt durch das BSP (in einigen Fällen auch das BIP) für 1987.

Quelle: International Monetary Fund, *International Financial Statistics*, Juni 1989 und *Yearbook*, 1988.

Wie bereits erwähnt, können wir Geld in unserem theoretischen Modell ohne weiteres als Bargeld definieren; allerdings entspricht dann unser Konzept nicht genau einem umfassenderen monetären Aggregat wie M1. Sobald wir unseren theoretischen Rahmen um Finanzinstitute wie Banken erweitern (in Kapitel 17), können wir scheckfähige Einlagen berücksichtigen. Im Moment beschränken wir uns jedoch auf Geld in Form von Bargeld. Ferner nehmen wir an, daß der Staat das Geldschöpfungsmonopol (in bezug auf Bargeld) besitzt und daß Geld unverzinslich ist.

Sofern die Wirtschaftssubjekte Geld für Transaktionszwecke verwenden, ist zu fragen, wieviel Bargeld sie halten sollten. Vorausgesetzt, daß jeder Kauf von Gütern und Wertpapieren mit einem entsprechenden Verkauf irgendwelcher anderer Güter oder Wertpapiere synchronisiert wird, besitzen die Wirtschaftssubjekte - obgleich sie für sämtliche Tauschakte Geld verwenden - am Ende praktisch keine Kasse. Um jedoch eine derart niedrige durchschnittliche Kassenhaltung zu realisieren, muß jedes Wirtschaftssubjekt eine sehr aufwendige Finanzplanung durchführen. Verkäufe und Käufe sind zeitlich abzustimmen und eine sehr große Zahl von Transaktionen abzuwickeln. Deswegen wird es normalerweise angebracht sein, die Einnahmen solange als Bargeld zu akkumulieren, bis sie zu Konsumzwecken oder zum Kauf von Wertpapieren verwendet werden. Mit den Worten von Milton Friedman können wir Geld als *vorübergehenden Hort von Kaufkraft* bezeichnen. Ganz allgemein gilt, daß die Wirtschaftssubjekte ihre durchschnittliche Kassenhaltung nur unter Inkaufnahme höherer Kosten verringern können. Diese Kosten werden häufig als **Transaktionskosten** bezeichnet, und sie umfassen sowohl die im Zusammenhang mit den Tauschakten anfallenden Kosten als auch jene, die mit finanziellen Entscheidungen verbunden sind.

Bei einem gegebenen Gesamtbestand an Finanzaktiva bedeutet eine geringere durchschnittliche Kassenhaltung einen höheren Durchschnittsbestand an Wertpapieren. Indem die Wirtschaftssubjekte versuchen, ihren Kassenbestand so gering wie möglich zu halten, erzielen sie höhere Zinseinnahmen (oder sie müssen geringere Zinsen bei der Kreditaufnahme zahlen). Demzufolge ergibt sich die Geldnachfrage aus dem *trade-off* zwischen Transaktionskosten und Zinseinnahmen. Im nächsten Abschnitt illustrieren wir diesen *trade-off* und zeigen, inwieweit dieser die Geldnachfrage bestimmt.

Ein Modell der optimalen Kassenhaltung

Betrachten wir einen Rentner, der von seinen früher akkumulierten Vermögenswerten lebt, die er vorwiegend in Form von Wertpapieren angelegt hat. Daneben verfügt er jedoch auch über etwas Bargeld, um den Kauf von Konsumgütern zu erleichtern. Der Einfachheit halber gehen wir davon aus, daß die jährlichen Konsumausgaben mit Pc Geldeinheiten konstant sind (auch das Preisniveau P bleibt wie bisher unverändert). Der Rentner verringert seine verzinslichen Vermögenswerte durch gelegentliche Entnahmen, die im Intervall ϕ getätigt werden. Wenn beispielsweise jeden Monat eine Abhebung erfolgt, ist $\phi = 1/12$ eines Jahres bzw. es finden 12 Entnahmen jährlich statt. Diese Häufigkeit ist also der reziproke Wert des Intervalls zwischen den Entnahmen $1/\phi$.

Jeder Umtausch verzinslicher Vermögenswerte in Bargeld verursacht Transaktionskosten; dies können Maklergebühren sein, vor allem ist es aber der Aufwand an Zeit und Mühe, den der Transfer mit sich bringt. Wenn die Wirtschaftssubjekte mehr Zeit mit derartigen Transaktionen verbringen, bleibt ihnen weniger Zeit für Arbeit oder Freizeit. Wir nehmen nun an, daß jeder Umtausch γ Geldeinheiten kostet. (Diese Kosten enthalten den Wert, den ein Wirtschaftssubjekt der für den Umtausch erforderlichen Zeit beimißt.) Wir unterstellen eine Transaktionskostenpauschale, die unabhängig von der Höhe der eingetauschten Geldeinheiten anfällt. Wenn der Rentner z.B. mit einer Häufigkeit von $1/\phi$ p.a. Transaktionen tätigt, sind die gesamten Transaktionskosten pro Jahr durch den Betrag $\gamma \cdot (1/\phi)$ gegeben. Wenn wir durch das Preisniveau P dividieren, erhalten wir die realen Transaktionskosten pro Jahr

$$\text{reale Transaktionskosten} = (\gamma/P) \cdot (1/\phi). \tag{4.1}$$

Der Ausdruck γ/P gibt die realen Kosten pro Transaktion an.

Bei jeder Entnahme erhält der Rentner die Bargeldsumme, die er bis zur nächsten Entnahme benötigt, um seine Ausgaben zu decken. Da er jährliche Ausgaben in Höhe von Pc Geldeinheiten hat, beträgt der erforderliche Bargeldbetrag $Pc \cdot \phi$ Geldeinheiten. Der Rentner kauft mit Hilfe dieser Mittel nach und nach die gewünschten Güter und verfügt am Ende des Intervalls ϕ schließlich über kein Bargeld mehr, so daß er gezwungen ist, die nächste Transaktion durch Umwandlung verzinslicher Aktiva in Bargeld zu finanzieren.

In Abb. 4.1 wird die zeitliche Verteilung der Kassenhaltung dargestellt. Dabei erfolgt im Zeitpunkt 0 zunächst eine Entnahme in Höhe von Pc Geldeinheiten, die der Rentner mit der Rate $Pc \cdot \phi$ Geldeinheiten p.a. nach und nach ausgibt, so daß sein Geldbestand im Zeitpunkt ϕ gerade aufgebraucht ist. Deswegen wird der Kassenbestand zwischen den Zeitpunkten 0 und ϕ durch eine abwärts geneigte Gerade dargestellt. Im Zeitpunkt ϕ erfolgt dann eine weitere Entnahme in Höhe von $Pc \cdot \phi$ Geldeinheiten, die einen Sprung des Kassenbestandes nach oben - entlang der gestrichelten Linie in Abb. 4.1 - bis zu $Pc \cdot \phi$ nach sich zieht. Anschließend erfolgt wiederum bis zum Zeitpunkt einer neuen Entnahme in 2ϕ eine stetige Abnahme des Kassenbestandes. Dieses Sägeblattmuster mit den durch die Zeitintervalle ϕ gekennzeichneten Spitzen wiederholt sich immer wieder.

Bei der in Abb. 4.1 unterstellten Form der Kassenhaltung ergibt sich der durchschnittliche Kassenbestand aus der halben Distanz zwischen der Abszisse und den Spitzen der Kurve; er beträgt also

$$\overline{m} = \tfrac{1}{2} Pc \cdot \phi, \tag{4.2}$$

wobei $\overline{m}$ den durchschnittlichen Kassenbestand angibt. Wenn wir diesen Ausdruck durch das Preisniveau P dividieren, läßt sich der durchschnittliche Kassenbestand in realen Größen schreiben als

$$\overline{m}/P = \tfrac{1}{2} c\phi. \tag{4.3}$$

Nun nehmen wir an, daß der Rentner seine gesamten Finanzaktiva für jede Periode bereits festgelegt hat. Eine Erhöhung der durchschnittlichen Kassenhaltung geht deshalb mit einer entsprechenden Verringerung des durchschnittlichen Wertpapierbestandes einher und senkt das Zinseinkommen. Wenn der Zinssatz R (p.a.) beträgt, wird der Wert des Verlustes an Zinserträgen gegeben durch den Betrag $R \cdot \overline{m} = R \cdot \tfrac{1}{2}Pc\phi$. Falls alle Aktiva in Form von Wertpapieren gehalten worden wären, hätte sich das Zinseinkommen pro Jahr genau um diesen Betrag erhöht. Dividiert man diesen Betrag wie üblich durch das Preisniveau, so ergibt sich der reale Wert des entgangenen Zinseinkommens pro Jahr

$$\text{entgangenes reales Zinseinkommen} = R \cdot \overline{m}/P = R \cdot \tfrac{1}{2}c\phi. \tag{4.4}$$

In unserem Kassenhaltungsproblem gibt es zwei Kostenarten.[4] Erstens können wir uns den realen Zinsverlust $R \cdot \tfrac{1}{2}c\phi$ als Kosten der Geldhaltung vorstellen. In Abb. 4.2 zeichnen wir diese Kosten in Abhängigkeit von der Länge des Transaktionsintervalls ϕ. Diese Kosten bilden eine Gerade durch den Ursprung mit der Steigung $R \cdot \tfrac{1}{2}c$. Zweitens gibt es die realen Transaktionskosten, die in Gleichung (4.1) als $(\gamma/P) \cdot (1/\phi)$ definiert wurden. Diese Kosten sind in Abb. 4.2 als gleichseitige Hyperbel dargestellt: Die Transaktionskosten nähern sich Null, sobald das Intervall zwischen den Transaktionen gegen unendlich geht, und sie werden nahezu unendlich, sobald das Intervall gegen Null geht.

In Abb. 4.2 sind überdies die Gesamtkosten (Zinsverlust plus Transaktionskosten) dargestellt. Der U-förmige Verlauf der Kurve entsteht dadurch, daß die Gesamtkosten mit Verlängerung des Transaktionsintervalls zunächst abnehmen, da die Transaktionskosten stärker sinken als die Kosten in Form von Zinsverlusten steigen. Schließlich verlangsamt sich die Abnahme der Transaktionskosten, während der Anstieg der Kosten des Zinsverlustes unvermindert anhält, so daß mit zunehmender Länge des Intervalls ϕ die Gesamtkosten zu steigen beginnen. Der durch ϕ^* gekenn-

---

[4] Das Modell ist ein Beispiel für den "Lagerhaltungsansatz" der Geldnachfrage, entwickelt von William Baumol (1952) und James Tobin (1956). (Der Ansatz wird oft als Baumol-Tobin-Modell bezeichnet.) Die Kosten der Kassenhaltung sind analog zu den Kosten, die bei der Lagerhaltung eines Unternehmens anfallen. Die durch den Zinsverlust bedingten Kosten der Geldhaltung entsprechen den mit der Lagerhaltung verbundenen Kosten, wie entgangene Zinsen, Lagerung und Abschreibung. Die Transaktionskosten der Umschichtung finanzieller Aktiva entsprechen den Kosten der Aufstockung des Lagers, also den Transaktionskosten, die mit der Bestellung, dem Transport und der Verarbeitung neuer Güter eines Anbieters verbunden sind. In komplizierten Lagerhaltungsmodellen - für Güter oder Geld - wird Unsicherheit über die Einnahmen und Ausgaben berücksichtigt.

zeichnete Punkt in der Abbildung gibt das Minimum der Gesamtkosten an[5], so daß ein rational handelndes Wirtschaftssubjekt das Intervall ϕ* wählt.[6]

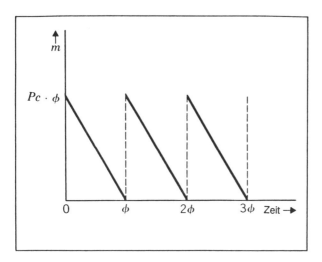

Abb. 4.1: *Zeitmuster der Kassenhaltung*
Die Kassenhaltung erreicht bei $Pc \cdot \phi$ unmittelbar nach jeder Entnahme einen Höchststand. Dann nimmt der Geldbestand allmählich ab und ist zum Zeitpunkt der nächsten Entnahme gleich Null. Die Entnahmen erfolgen dabei im Intervall ϕ.

Der für die spätere Diskussion entscheidende Punkt ist, daß die Wahl des Transaktionsintervalls ϕ zugleich die durchschnittliche reale Kassenhaltung aus Gleichung (4.3) bestimmt, die $\bar{m}/P = \frac{1}{2}c\phi$ beträgt. Mit der Festlegung des Transaktionsintervalls entscheidet ein Wirtschaftssubjekt zugleich über seine durchschnittliche reale Kassenhaltung. Unser Interesse gilt nun der Frage, wie verschiedene Veränderungen in der Volkswirtschaft das Transaktionsintervall und damit die durchschnittliche reale Kassenhaltung eines Wirtschaftssubjekts beeinflussen.

In unserem Modell hängt das Transaktionsintervall ϕ^* von drei Variablen ab: (1) dem Zinssatz R, (2) dem realen Ausgabenstrom c und (3) den realen Transaktions-

---

[5] Dies läßt sich auch rechnerisch ermitteln. Wir suchen den Wert von ϕ, der die Gesamtkosten $R \cdot \frac{1}{2}c\phi + (\gamma/P) \cdot (1/\phi)$ minimiert. Das Ergebnis lautet: $\phi^* = \sqrt{2(\gamma/P)/Rc}$. Da $\bar{m}/P = \frac{1}{2}c\phi$, ergibt sich für ϕ^* die Lösung $\bar{m}/P = \sqrt{c(\gamma/P)/2R}$. Das letzte Resultat wird häufig als *Quadratwurzel-Formel* bezeichnet, weil sie $\bar{m}/P$ positiv mit $\sqrt{c}$ verbindet.

[6] In unserem Beispiel ergibt es sich, daß beim Intervall ϕ^* beide Komponenten der Gesamtkosten gleich groß sind. D.h. in Abb. 4.2 schneidet die Gerade der entgangenen Zinseinnahmen die Kurve der Transaktionskosten im Punkt ϕ^*. Diese Eigenschaft hängt von den Annahmen unseres Beispiels ab, besitzt jedoch keine allgemeine Gültigkeit.

kosten pro Transaktion γ/P. Die Konsequenzen der Veränderung irgendeiner dieser Variablen lassen sich graphisch darstellen.

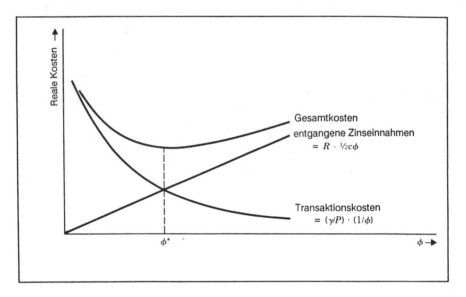

Abb. 4.2: *Kosten der Kassenhaltung*
Der durch die Bargeldhaltung erlittene Zinsverlust $R \cdot \frac{1}{2}c\phi$ erhöht sich mit der Länge des Intervalls ϕ zwischen den jeweiligen Entnahmen. Die Transaktionskosten $(\gamma/P) \cdot (1/\phi)$ nehmen mit der Länge des Intervalls ab. Die Gesamtkosten erreichen im Punkt ϕ^* ein Minimum.

Abb. 4.3 illustriert eine Erhöhung des Zinssatzes von R auf R'. Die Steigung der Geraden, welche die Kosten entgangener Zinseinnahmen abbildet, erhöht sich. Bei der Ermittlung der Gesamtkosten wird ersichtlich, daß die Zinskomponente im Vergleich zur Transaktionskostenkomponente an Bedeutung gewonnen hat, so daß wir den Punkt, an dem die steigenden Kosten des Zinsverlustes höher sind als die sinkenden Transaktionskosten, nunmehr schneller erreichen. Hieraus folgt, daß das Minimum der Gesamtkosten mit einem kürzeren Intervall zwischen den Geldentnahmen verbunden ist, also $(\phi^*)' < \phi^*$ gilt.

Wir können die Ergebnisse folgendermaßen interpretieren: Eine Erhöhung des Zinssatzes legt eine Verringerung des Bargeldbestandes nahe, um hohe Zinsverluste zu vermeiden. In unserem einfachen Modell können die Wirtschaftssubjekte ihre durchschnittliche Kassenhaltung nur durch häufigere Transaktionen verringern, d.h. durch Verkürzung des Transaktionsintervalls ϕ. Obwohl dieser Prozeß höhere Transaktionskosten impliziert, sind die Wirtschaftssubjekte aufgrund des gestiegenen Zinssatzes bereit, diese Kosten zu tragen. Folglich bewirkt der Anstieg des Zinssatzes R eine Verkürzung des Transaktionsintervalls.

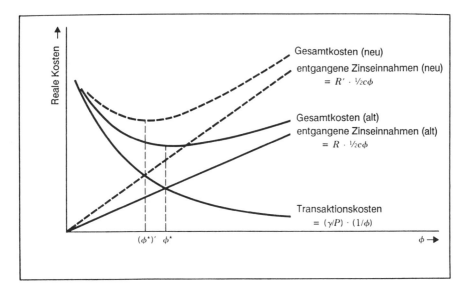

Abb. 4.3: *Einfluß einer Zinssatzerhöhung auf das Transaktionsintervall*
Ein Anstieg des Zinssatzes von R auf R' erhöht die Steigung der Geraden, die die Kosten entgangener Zinsen darstellt. Deshalb reagieren die Wirtschaftssubjekte mit einer Verkürzung des Transaktionsintervalls von ϕ^* auf $(\phi^*)'$.

In Gleichung (4.3) haben wir gesehen, daß der durchschnittliche reale Kassenbestand gleich dem Betrag $\frac{1}{2}c\phi$ ist. Da die Erhöhung des Zinssatzes die Periode ϕ verkürzt, muß der durchschnittliche reale Kassenbestand abnehmen. Anders ausgedrückt: Höhere Kosten der Geldhaltung - eine Zinssteigerung - reduzieren die reale Geldnachfrage. Dieses überaus wichtige Ergebnis werden wir in unserer folgenden Analyse noch vielfach verwenden.

Zur Analyse von Veränderungen des realen Ausgabenstroms c bedienen wir uns einer ganz ähnlichen Methode. Eine Erhöhung des Ausgabenstroms verschiebt die Kosten entgangener Zinseinnahmen in der in Abb. 4.3 dargestellten Weise. Insofern wird ein Individuum mit einem größeren jährlichen Realausgabenstrom ein kürzeres Intervall ϕ zwischen den Geldentnahmen wählen, weil durch eine Erhöhung der realen Ausgaben c die Kosten entgangener Zinsen, relativ zu den Transaktionskosten, stärker ins Gewicht fallen. Haushalte mit einem höheren realen Ausgabeniveau - typischerweise solche mit höherem Einkommen - finden es lohnend, mehr

Mühe auf ihre Finanzplanung zu verwenden, um ihre Bargeldhaltung zu rationalisieren.

Die durchschnittliche reale Kassenhaltung ist gleich dem Betrag ½cφ, der sich im Falle eines gegebenen Transaktionsintervalls φ durch eine Zunahme der realen Ausgaben c proportional erhöht. Andererseits haben wir soeben gezeigt, daß die Periode φ mit wachsendem Ausgabenvolumen abnimmt. Dies impliziert, daß eine Erhöhung der realen Ausgaben eine unterproportionale Zunahme der durchschnittlichen realen Kassenhaltung nach sich zieht.[7] Dieses Ergebnis wird gelegentlich mit dem Begriff **Skalenerträge** der Kassenhaltung umschrieben, welcher besagt, daß Haushalte mit insgesamt höherem Ausgabenniveau eine im Verhältnis dazu geringere Kassenhaltung haben.

Schließlich betrachten wir noch eine Erhöhung der realen Transaktionskosten γ/P. Wir können graphisch zeigen, daß diese Veränderung zu einer Verlängerung der Transaktionsperiode φ führt. Die Wirtschaftssubjekte reagieren auf eine Erhöhung der Kosten einer jeden Transaktion mit einer verringerten Transaktionshäufigkeit. Überdies bewirkt die Verlängerung der Periode φ eine Erhöhung der durchschnittlichen realen Kassenhaltung ½cφ.

Eigenschaften der Geldnachfrage

Unsere bisherigen Überlegungen haben uns gezeigt, wie Veränderungen des Zinssatzes R, des realen Ausgabevolumens c und der realen Transaktionskosten γ/P die durchschnittliche reale Kassenhaltung beeinflussen. Die Ergebnisse lassen sich in Form einer Funktion ℓ für die durchschnittliche reale Geldnachfrage zusammenfassen:

$$\overline{m}/P = \ell(R, c, \gamma/P). \qquad (4.5)$$
$$(-)(+)(+)$$

Auch hier geben die Vorzeichen die Wirkung jeder unabhängigen Variable auf die abhängige Variable $\overline{m}/P$ an.

Um die durchschnittliche nominale Kassenhaltung zu finden, können wir Gleichung (4.5) mit dem Preisniveau multiplizieren und erhalten

$$\overline{m} = P \cdot \ell(R, c, \gamma/P). \qquad (4.6)$$
$$(-)(+)(+)$$

Überlegen wir, was geschieht, wenn sich das Preisniveau P verdoppelt, der Zinssatz R, das Niveau der realen Ausgaben c und die realen Transaktionskosten γ/P aber

---

[7] Es läßt sich zeigen, daß die Verringerung der Kassenhaltung aufgrund der Verkürzung des Transaktionsintervalls φ kleiner ist als die Zunahme aufgrund der realen Ausgaben c. Die durchschnittliche reale Kassenhaltung nimmt daher per saldo nicht zu. Vgl. Fußnote 5 oben für eine exakte Ableitung.

konstant bleiben. (Mit der Verdoppelung des allgemeinen Preisniveaus verdoppeln sich natürlich auch die Nominalausgaben Pc und die nominalen Transaktionskosten γ.) Diese Veränderungen lassen die Kurven in Abb. 4.2 unberührt, da diese die realen Transaktionskosten und den realen Wert des entgangenen Zinseinkommens beschreiben. Damit bleibt auch das Transaktionsintervall ϕ ebenso unverändert wie die durchschnittliche *reale* Kassenhaltung $\bar{m}/P = \frac{1}{2}c \cdot \phi$ in Gleichung (4.5). Demgegenüber verdoppelt sich die durchschnittliche *nominale* Kassenhaltung $\bar{m} = \frac{1}{2}Pc \cdot \phi$ zusammen mit dem Preisniveau, wie Gleichung (4.6) zeigt.

Aggregierte Geldnachfrage

Wie wir gesehen haben, läßt sich die reale Kassenhaltung eines Haushalts in unserem Modell graphisch durch ein Sägezahnmuster darstellen. Ihr Volumen schwankt zwischen 0 und $c \cdot \phi$. Gleichung (4.5) gibt die durchschnittliche reale Kassenhaltung $\bar{m}/P = \frac{1}{2}c \cdot \phi$ wieder. Wenn wir viele Haushalte mit jeweils dem gleichen durchschnittlichen Kassenbestand aggregieren, wird das Sägezahnmuster geglättet, es sei denn, die Transaktionszeitpunkte aller Haushalte wären vollständig synchronisiert. Die aggregierte reale Kassenhaltung entspricht dann zu jedem Zeitpunkt der individuellen durchschnittlichen Kassenhaltung $\bar{m}/P$, multipliziert mit der Anzahl der Wirtschaftssubjekte.

Die aggregierte reale Geldnachfragefunktion L hat folgendes Aussehen

$$M/P = L(R, C, \gamma/P). \qquad (4.7)$$
$$(-)(+)(+)$$

Diese Funktion L gleicht den individuellen Funktionen ℓ in Gleichung (4.5), hat jedoch wegen der Aggregation über viele Wirtschaftssubjekte einen entsprechend höheren Wert. Entsprechend lautet die aggregierte Version der Gleichung (4.6) für die nominale Geldnachfrage

$$M = P \cdot L(R, C, \gamma/P). \qquad (4.8)$$
$$(-)(+)(+)$$

Verallgemeinerung des Grundmodells

Obwohl wir die Theorie der Geldnachfrage in mancher Hinsicht komplizieren können, bleiben die aus dem einfachen Modell gewonnenen Eigenschaften erhalten, denn unser einfaches Modell beschreibt den grundlegenden *trade-off*, der die Geldnachfrage bestimmt. Wirtschaftssubjekte können mit Hilfe einer sorgfältigen Planung ihrer finanziellen Transaktionen ihre durchschnittlichen Kassenbestände verringern, und dies bedeutet wiederum, daß sie höhere Zinseinnahmen erzielen. Dabei ist eine Finanzplanung bis zu dem Punkt sinnvoll, bei dem der Zuwachs an Zinseinnahmen genau durch die zusätzlichen Transaktionskosten ausgeglichen wird. Ein

Zinsanstieg veranlaßt folglich die Wirtschaftssubjekte dazu, ihren Bargeldbestand zu verringern und höhere Transaktionskosten in Kauf zu nehmen.

Ebenso erscheint eine sorgfältige Finanzplanung bei einer Erhöhung des Ausgabenvolumens lohnend. Obwohl ein steigendes Ausgabenvolumen eine höhere Kassenhaltung erforderlich macht, dürfen wir vermuten, daß diese weniger stark zunimmt als das Ausgabenniveau selbst.

Unser Modell verbindet die reale Geldnachfrage mit einer Reihe realer Variablen, u.a. mit dem realen Ausgabenstrom, den realen Transaktions- und Finanzplanungskosten sowie dem Zinssatz. Sofern die genannten Variablen konstant bleiben, läßt eine Veränderung des allgemeinen Preisniveaus die reale Geldnachfrage unberührt. Daher steigt die nominale Geldnachfrage im gleichen Verhältnis wie das Preisniveau, sofern alle realen Variablen unverändert bleiben. Eine Zunahme des Preisniveaus von z.B. 10% erhöht die Geldnachfrage M ebenfalls um 10%, so daß die reale Menge M/P konstant bleibt.

In unserem einfachen Modell hängen die jährlich anfallenden realen Transaktionskosten $(\gamma/P) \cdot (1/\phi)$ von der Zahl der Transaktionen ab, bei denen verzinsliche Aktiva in Geld umgewandelt werden. Allgemein gilt jedoch, daß Transaktionskosten auch bei anderen Tauschgeschäften anfallen, wie die Kosten der Barzahlung für Güterkäufe und die Kosten der Lohnauszahlungen an Arbeitnehmer.

Wir sollten auch die Kosten der Finanzplanung und Entscheidungsfindung einbeziehen, denn normalerweise gelingt es den Wirtschaftssubjekten mit Hilfe einer genaueren Kalkulation, eine geringere durchschnittliche Kassenhaltung zu realisieren und auf diese Weise höhere Zinseinnahmen zu erzielen. Diese umfassendere Definition der Transaktionskosten läßt jedoch unsere wichtigsten Schlußfolgerungen bezüglich der Form der aggregierten Geldnachfragefunktionen in den Gleichungen (4.7) und (4.8) unberührt.

Die Transaktionskosten verändern sich auch aufgrund technologischer Neuerungen im Finanzsektor. So hat etwa die Verwendung von Computern in Finanzinstituten den Austausch zwischen Geld (verstanden als Bargeld oder scheckfähige Einlagen) und alternativen Finanzaktiva erheblich erleichtert und dadurch tendenziell die Geldnachfrage verringert. Desgleichen hatte die Verbreitung der äußerst praktischen scheckfähigen Guthaben Ende des 19. und zu Beginn des 20. Jahrhunderts in den USA einen negativen Einfluß auf die Geldnachfrage (und einen positiven Effekt auf die Sichtguthaben).

Die Möglichkeiten zur Rationalisierung der Kassenhaltung werden überdies durch die Verwendung von Krediten beeinflußt. So ist eine bessere Synchronisierung von Ein- und Auszahlungen und damit eine geringere durchschnittliche Kassenhaltung möglich, wenn die Käufe statt mit Bargeld mit Hilfe eines Kredites abgewickelt werden. Auf jeden Fall fördert das Kreditwesen die Verwendung von Schecks anstelle von Bargeld.

Zahlungsperiode und Geldnachfrage

Irving Fisher (1971, S. 83-85) hob die Bedeutung der Lohnzahlungsperiode für die Geldnachfrage der Arbeiter hervor, die analog zu den von uns diskutierten Effekten hinsichtlich der Länge des Intervalls zwischen den Abhebungen sind. Eine kürzere Zahlungssperiode senkt insbesondere die durchschnittliche reale Kassenhaltung. Dieser Effekt wird in extremen Inflationen relevant - so z.B. während der deutschen Hyperinflation nach dem 1. Weltkrieg. In derartigen Situationen steigen die Kosten der Kassenhaltung so stark an, daß die Wirtschaftssubjekte bewußt höhere Transaktionskosten in Kauf nehmen - wie sie beispielsweise mit häufigeren Lohnzahlungen verbunden sind -, um ihre durchschnittlichen realen Geldbestände zu verringern. So berichtet ein Beobachter über das Jahr 1923, dem letzten Jahr der deutschen Hyperinflation, daß "es üblich wurde, am Dienstag eine Lohnvorauszahlung zu leisten, während der Restbetrag am Freitag ausgezahlt wurde. Später zahlten manche Unternehmen die Löhne sogar dreimal wöchentlich oder gar täglich aus." [Costantino Bresciani-Turroni (1937), S. 303]. Auch im Verlauf der österreichischen Hyperinflation nach dem 1. Weltkrieg wurden "die Löhne der Beamten, die normalerweise am Monatsende gezahlt wurden, während des Jahres 1922 in dreimaligen monatlichen Raten geleistet" [J. van Walre de Bordes (1927), S. 163].

In einem erweiterten Modell würden wir die mit dem Zeitpunkt und der Höhe der Einnahmen und Ausgaben verbundenen Unsicherheiten einbeziehen, wobei jede Zunahme dieser Unsicherheiten grundsätzlich die durchschnittliche Kassenhaltung erhöht. Wirtschaftssubjekte halten zum Teil deswegen Bargeld, weil sich eine günstige Kaufgelegenheit bieten oder weil eine Einkommenszahlung verspätet eintreffen könnte. Die Einführung von Unsicherheit beseitigt allerdings nicht die in den Gleichungen (4.7) und (4.8) zusammengefaßten Faktoren, welche die aggregierte Geldnachfrage beeinflussen und die wir später noch verwenden werden.

Umlaufgeschwindigkeit des Geldes

Wirtschaftswissenschaftler interessieren sich für das Verhältnis zwischen der durchschnittlichen Geldhaltung $\overline{m}$ und der Anzahl von Transaktionen, die mit diesem Geld durchgeführt werden. In unserem einfachen Modell ist das nominale Transaktionsvolumen gleich den Konsumausgaben Pc. Das Verhältnis der Transaktionen zu der durchschnittlichen Kassenhaltung, $Pc/\bar{m}$, wird als **Umlaufgeschwindigkeit des Geldes** bezeichnet. Diese gibt die Häufigkeit pro Zeiteinheit (beispielsweise pro Jahr) an, mit der die repräsentative Geldeinheit umgeschlagen wird.

In unserem Modell ergibt sich die durchschnittliche reale Kassenhaltung eines Wirtschaftssubjektes aus Gleichung (4.3) mit $\bar{m}/P = \frac{1}{2}c\phi$. Deshalb beträgt die Umlaufgeschwindigkeit $c/[\bar{m}/P] = 2 \cdot (1/\phi)$. Wichtig ist, daß die Umlaufgeschwindigkeit des Geldes direkt von der Transaktionshäufigkeit $1/\phi$ abhängt, mit der Finanzaktiva in Bargeld verwandelt werden und umgekehrt. Aus diesem Grund hat der Zinssatz R einen überaus wichtigen Einfluß auf die Umlaufgeschwindigkeit. So erhöht eine Zinssteigerung die Häufigkeit der Finanztransaktionen $1/\phi$ und damit zugleich die Umlaufgeschwindigkeit.

Die Umlaufgeschwindigkeit des Geldes in den USA

Abb. 4.4 zeigt die Entwicklung der Umlaufgeschwindigkeit des Geldes in den USA von 1889 bis 1987. Dabei wird die Umlaufgeschwindigkeit als das Verhältnis der aggregierten Konsumausgaben der privaten Haushalte eines Jahres PC zum durchschnittlichen jährlichen Geldbestand definiert.[8] Bei der oberen Kurve in der Abbildung setzen wir Geld mit der Bargeldhaltung des Publikums gleich. Allerdings wird in der Regel die umfassendere monetäre Größe M1 verwendet, die zugleich die scheckfähigen Guthaben enthält. Da diese scheckfähigen Guthaben eine Alternative zum Bargeld als allgemeinem Tauschmittel darstellen, können wir unsere Theorie der Geldnachfrage ohne weiteres auf das breitere Geldmengenkonzept M1 übertragen, wie wir dies bei der unteren Kurve in Abb. 4.4 getan haben.

Auffällig in Abb. 4.4 ist vor allem die Beschleunigung der Umlaufgeschwindigkeit seit dem Ende des 2. Weltkriegs; und zwar gilt dies für beide Geldmengendefinitionen. Allerdings kehrte sich der Trend in der Zeit von 1985 bis 1987 um; die Umlaufgeschwindigkeit von M1 fiel von 4,4 auf 4,0 und die des Bargeldes von 15,9 auf 15,7.

---

[8] Ökonomen verwenden zur Messung der gesamtwirtschaftlichen Umlaufgeschwindigkeit häufig eher das Bruttosozialprodukt (BSP) als die Konsumausgaben. Obwohl ersteres umfassender ist als letzteres, enthält es auch letztendlich nur die in einer Volkswirtschaft erzeugten Endprodukte. Demgegenüber sind in den gesamten Transaktionen auch Vorprodukte enthalten, wie die Güterverkäufe von Lieferanten an Produzenten, von Großhändlern an Einzelhändler u.s.w. Diese Transaktionen sind im BSP eliminiert. Außerdem gehören zu einer umfangreichen und sich ständig ausweitenden Geldwirtschaft auch Finanzgeschäfte wie etwa der Verkauf oder Kauf von Aktien und Anleihen. Obwohl wir keine Daten über das Gesamtvolumen der Transaktionen haben, kennen wir doch die Ausgaben, die über Schecks getätigt werden und sich als *Lastschriften* auf Girokonten niederschlagen. 1987 beliefen sich diese Lastschriften auf 220 Billionen $ und betrugen damit das 49-fache des BSP von 4,5 Billionen $! Das Verhältnis der Lastschriften zum BSP hat sich in den vergangenen Jahren drastisch erhöht; es erreichte 31 in 1985, 16 in 1975, 11 in 1970, 8 in 1965 und zwischen 5 und 7 zwischen 1945 und 1960. Der Hauptgrund für diese Veränderung ist die explosionsartige Zunahme verschiedener Arten von Finanztransaktionen. (Diese Daten entstammen verschiedenen Ausgaben des *Federal Reserve Bulletin*.)

Geldnachfrage 109

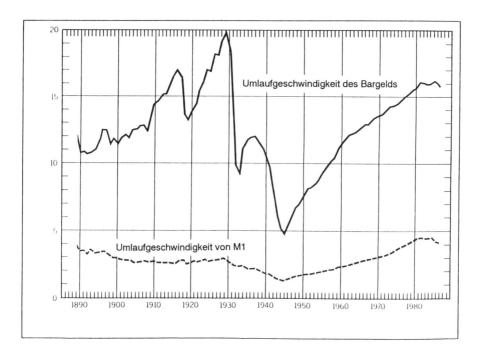

Abb. 4.4: *Umlaufgeschwindigkeit des Geldes in den USA, 1889-1987*
Die obere Kurve mißt das Verhältnis der Konsumausgaben eines Jahres zur durchschnittlichen jährlichen Bargeldhaltung beim Publikum. Bei der unteren Kurve wird statt dessen die Geldmengendefinition M1 verwendet. (Vor 1915 wurde das noch umfassendere Geldmengenaggregat M2 zugrunde gelegt, das alle Einlagen bei Geschäftsbanken enthält.)
Quellen: Die Daten für den Bargeldumlauf und M1 stammen von Milton Friedman und Anna Schwartz, (1970), Tab. 2; Board of Governors of the Federal Reserve System (1976, 1981) und verschiedenen Ausgaben des *Federal Reserve Bulletin*.

Für diese Entwicklung sind zwei grundlegende Faktoren verantwortlich. Erstens sind die Zinssätze von 1945 bis in die frühen 80er Jahre deutlich gestiegen. Während der Zinssatz für US-Schatzbriefe mit einer Laufzeit von 3 Monaten 1945 noch 0,4% und 1960 2,9% betrug, lag er 1970 bereits bei 6,5%, erreichte 1981 14% und sank 1985 auf 7,5% und 1987 auf 5,8%. Der Anstieg des Zinssatzes bis in die frühen 80er Jahre veranlaßte zu einer Verringerung der realen Kassenhaltung relativ zum realen Ausgabenvolumen und führte damit zu einer Erhöhung der Umlaufgeschwindigkeit. Der Rückgang der Zinssätze von Anfang der 80er Jahre bis 1987 kehrte diese Entwicklung jedoch tendenziell um.

Zweitens hat es eine Reihe technischer Verbesserungen im Geldverkehr gegeben, die den Amerikanern die Rationalisierung ihrer Bargeldbestände erleichtert hat.[9] In unserem einfachen Modell erscheinen diese Entwicklungen als Senkung der realen Transaktionskosten γ/P im Vergleich zum individuellen realen Ausgabevolumen c. Die Konsequenz derartiger Änderungen ist, daß die Wirtschaftssubjekte Bargeld durch alternative Finanzierungsinstrumente substituieren, und dies führt ebenfalls zu einer höheren Geldumlaufgeschwindigkeit.

Von 1889 bis 1930 hat sich die Umlaufgeschwindigkeit des Geldes zumeist beschleunigt. Der entscheidende Faktor war, daß sich während dieser Periode die scheckfähigen Guthaben als bequeme Alternative zum Bargeld verbreiteten. Interessant ist, daß der Höhepunkt der Umlaufgeschwindigkeit um 1930 über dem von 1985 liegt. Obwohl in letzter Zeit wiederholt über die Fähigkeit der Volkswirtschaft gesprochen wurde, mit immer weniger Bargeld auszukommen, sehen wir, daß im Jahre 1930 im Vergleich zum Ausgabevolumen der Konsumenten tatsächlich weniger Bargeld in Umlauf war als 1985.

Das umfassendere Geldmengenaggregat M1 schließt scheckfähige Guthaben ein, die zwischen 1889 und 1930 zunehmend populär wurden. Die Umlaufgeschwindigkeit von M1 weicht daher in dieser Periode deutlich von der des Bargeldes ab und verzeichnet zwischen 1889 und 1930 sogar eine leichte Abnahme.

Nennenswerte Verringerungen der Umlaufgeschwindigkeit des Bargeldes waren vor allem während der beiden Weltkriege zu beobachten. Für die verstärkte Nachfrage nach Bargeld in Kriegszeiten gibt es folgende Gründe: Es finden vermehrt Transaktionen mit Ausländern statt; man versucht, möglichst wenig Buchungsvorgänge auf Girokonten auszuweisen (bedingt durch Rationierung, höhere Einkommensteuern und andere gesetzliche Beschränkungen privater Aktivitäten); die Bargeldnachfrage von Ausländern nimmt zu [(vgl. dazu Phillip Cagan (1958)]. Auch während der Weltwirtschaftskrise war eine drastische Verringerung der Umlaufgeschwindigkeit zu beobachten. In diesem Fall bewirkte der totale finanzielle Zusammenbruch, daß alle Bargeldalternativen, einschließlich der scheckfähigen Guthaben, unattraktiv wurden, so daß die Umlaufgeschwindigkeit 1930-35 einen dramatischen Rückgang verzeichnete.

Während Weltwirtschaftskrise und 2. Weltkrieg eine deutliche Verringerung der Umlaufgeschwindigkeit von M1 verursachten, war während des 1. Weltkrieges ein ähnlicher Effekt nicht festzustellen.

---

[9] Ein Teil dieser Verbesserungen - insbesondere die schnelle Verfügbarkeit von Geldmarktmitteln - sind ihrerseits durch den Zinsanstieg ausgelöst worden. Insofern hängt der zweite Faktor teilweise mit dem ersten zusammen.

Empirische Befunde zur Geldnachfrage

Unser einfaches Modell enthält eine Reihe von Folgerungen bezüglich der Faktoren, welche die Geldnachfrage beinflussen. Die wichtigsten Ergebnisse lassen sich wie folgt zusammenfassen:

- Ein Anstieg des Zinssatzes R verringert die reale Geldnachfrage.
- Ein Anstieg der realen Ausgaben C (z.B. um 10%) erhöht die nominale Geldnachfrage um weniger als 10%; d.h. es existieren Skalenerträge bei der Geldhaltung. Allgemeiner formuliert: Die reale Geldnachfrage hängt positiv ab vom realen Einkommen Y (gemessen etwa durch das reale BSP) und ebenfalls von den realen Konsumausgaben.
- Ein Anstieg des Preisniveaus P (z.B. wiederum um 10%) erhöht die nominale Geldnachfrage um 10%; die reale Geldnachfrage bleibt infolgedessen unverändert.
- Ein Anstieg der realen Transaktionskosten γ/P erhöht die reale Geldnachfrage.

Wir wollen nun prüfen, inwieweit diese Feststellungen mit den Fakten übereinstimmen. In den letzten 30 Jahren hat es eine Vielzahl statistischer Untersuchungen zur Geldnachfrage gegeben, so daß umfangreiche empirische Befunde vorliegen.[10]

Der negative Einfluß von Zinssätzen auf die Geldnachfrage wird von den Untersuchungen bestätigt, gleichgültig, ob dabei die Geldmenge als M1 oder als Bargeld gemessen wird. Steven Goldfeld (1973, 1976) ermittelte beispielsweise für die USA in der Zeit von 1952 bis 1973, daß ein 10%iger Anstieg der Zinssätze (etwa eine Zunahme von 10% auf 11%) auf Terminguthaben oder Handelspapiere die reale Nachfrage nach M1 langfristig um etwa 3% verringerte. Die Abnahme von M1 findet ungefähr ihre Entsprechung in der gleichen proportionalen Verringerung des Bargeldes und der scheckfähigen Einlagen.[11]

Für den positiven Effekt der realen Ausgaben auf die reale Geldnachfrage findet sich eine deutliche Bestätigung, weniger eindeutig ist sie in diesem Zusammenhang für die Skalenerträge. So ermittelte etwa Goldfeld, daß eine 10%ige Erhöhung des realen BSP langfristig zu einer Zunahme der realen Nachfrage nach M1 um 6-7% führte. (Eine etwas stärkere Reaktion von M1 zeigt sich, wenn wir statt einer Erhöhung des realen BSP eine 10%ige Zunahme der realen Konsumausgaben betrachten.) Das Auftreten von Skalenerträgen - d.h. eine geringere als 10%ige Reaktion der realen Nachfrage nach M1 - ergibt sich aus der Entwicklung der scheckfähigen Einlagen. Eine Erhöhung des realen BSP um 10% bewirkt eine Expansion des rea-

---

[10] Einen Überblick über die empirischen Analysen bieten David Laidler (1985), Kap. 4 sowie John Judd und John Scadding (1982).

[11] Zu den Wirkungen auf das Bargeld vgl. Jack Ochs und Mark Rush (1983).

len Bargeldes um ungefähr 10%, jedoch eine Zunahme der scheckfähigen Einlagen um nur etwa 6%.

Unser Modell sagt voraus, daß eine Erhöhung des Preisniveaus die nominale Geldnachfrage im gleichen Umfang ansteigen läßt. Diese Feststellung findet eine deutliche empirische Bestätigung. So fand Goldfeld, daß eine Zunahme des Preisniveaus um 10% zu einem Anstieg der nominalen Nachfrage nach M1 um ebenfalls 10% führte.

Schließlich prognostiziert unsere Theorie, daß eine Abnahme der Transaktionskosten die Geldnachfrage verringert. Dieser Effekt war insbesondere seit Anfang der 70er Jahre bedeutsam, da eine Vielzahl von finanztechnischen Neuerungen es den Wirtschaftssubjekten erleichterte, ihren Bestand an Bargeld und scheckfähigen Einlagen geringer zu halten. Diese Innovationen schließen elektronische Bankschalter, die Verbreitung von Kreditkarten und verschiedene kostengünstige, automatisierte Transfers zwischen scheckfähigen und nicht-scheckfähigen Einlagen ein.

Viele Ökonomen, die die Geldnachfrage zu schätzen versuchten, vernachlässigten derartige finanztechnische Neuerungen. Bis etwa Mitte der 70er Jahre erschienen die auf geschätzten Funktionen beruhenden Vorhersagen über die Geldnachfrage als hinreichend zuverlässig; die Mehrzahl der Entwicklungen, die die Transaktionskosten nachhaltig verringerten, traten jedoch erst seit Mitte der 70er Jahre auf, und die solche Innovationen vernachlässigenden Schätzungen begannen zu versagen. Die tatsächliche Geldhaltung der Wirtschaftssubjekte war deutlich geringer als von den früheren Schätzungen vorausgesagt. (Dies ist gelegentlich als "fehlendes Geld" apostrophiert worden.)

Michael Dotsey (1985) fand heraus, daß das Volumen der elektronischen Transfers von Guthaben als brauchbarer Indikator für den Fortgang finanztechnischer Neuerungen gelten kann, und er zeigte zudem, daß die kürzlich eingeführten finanztechnischen Innovationen eine starke Reduzierung der scheckfähigen Einlagen bewirkten.[12] Auf der Grundlage seiner Methode zur Messung finanztechnischer Neuerungen konnte er ferner eine Geldnachfragefunktion ableiten, die sowohl vor als nach den frühen 70er Jahren stabil ist. Seine so angepaßte Funktion zeigt von Zinssätzen und realen Ausgaben ausgehende Effekte, die jenen ähnlich waren, die lediglich Daten bis zu den frühen 70er Jahren einschlossen, wie etwa die von Goldfeld.

---

[12] Unterschiede im Grad der finanztechnischen Verfeinerungen sind ebenfalls bedeutsam bei der Betrachtung der Geldnachfrage im Ländervergleich. Zu einigen empirischen Schätzungen über einen langen Zeitraum vgl. Michael Bordo und Lars Jonung (1981).

Geld und die Budgetbeschränkungen der Haushalte

Wir werden nun die Diskussion über die Geldnachfrage in unsere Analyse der Budgetbeschränkungen einbeziehen. Erinnern wir uns nochmals an die Budgetbedingung für Periode t

$$Py_t + (1 + R)b_{t-1} + m_{t-1} = Pc_t + b_t + m_t. \qquad (4.9)$$

Bisher hatten wir die Analyse durch die Annahme vereinfacht, daß die Kassenhaltung jedes Haushalts im Zeitablauf konstant bleibt, also $m_t = m_{t-1}$ gilt. Die Ausdrücke für die Kassenhaltung in Gleichung (4.9) heben sich folglich auf beiden Seiten auf. Deshalb erscheinen in der Ableitung der Budgetbeschränkung für einen unendlichen Zeithorizont keine monetären Ausdrücke. Nun wollen wir unsere Analyse dahingehend abwandeln, daß die Haushalte ihre Bargeldbestände verändern können.

In unserem Modell der Geldnachfrage verändert sich die Bargeldposition während einer Periode entsprechend dem in Abb. 4.1 dargestellten Sägeblattmuster. Für die Konstruktion einer Budgetbeschränkung für einen unendlichen Zeithorizont lassen sich diese Auf- und Ab-Bewegungen des Geldbestandes innerhalb einer Periode jedoch ohne weiteres vernachlässigen, d.h. es ist ausreichend, wenn wir die Kassenhaltung eines Haushalts während einer Periode als konstant betrachten, obwohl sie sich von einer Periode zur nächsten durchaus verändern kann.

Wie zuvor können wir die Einperioden-Budgetbeschränkung aus Gleichung (4.9) benutzen, um die Budgetbedingung für eine beliebige Zahl von Perioden abzuleiten. Wenn wir einen unendlichen Zeithorizont unterstellen, lautet diese[13]

---

[13] Gleichung (4.9) impliziert für Periode 1

$$Py_1 + (1 + R)b_0 + m_0 = Pc_1 + b_1 + m_1$$

Gleichung (4.9) für Periode 2 nach b_1 aufgelöst, ergibt

$$b_1 = 1/(1 + R) \cdot [Pc_2 + b_2 + m_2 - Py_2 - m_1].$$

Setzen wir in die obige Gleichung ein und bringen den Ausdruck, der y_2 enthält, auf die linke Seite, so ergibt sich

$$Py_1 + Py_2/(1 + R) + (1 + R)b_0 + m_0 = Pc_1 + Py_2/(1 + R) + m1 + m2/(1 + R) - m_1/(1 + R).$$

Wenn wir durch P teilen und die beiden Ausdrücke, die m_1 enthalten, kombinieren, so führt das zu

$$y_1 + y_2/(1 + R) + b_0(1 + R)/P + m_0/P$$
$$= c_1 + c_2/(1 + R) + [R(m_1/P)/(1 + R)] + [(m_2/P)/(1 + R)] + b_2/(1 + R).$$

Wenn wir unter Verwendung von Gleichung (4.9) fortfahren, nach b_2, b_3, ..., aufzulösen, erhalten wir Gleichung (4.10).

$$y_1 + \frac{y_2}{(1+R)} + \ldots + \frac{b_0(1+R)}{P} + \frac{m_0}{P} =$$

$$c_1 + \frac{c_2}{(1+R)} + \ldots + \frac{R\left(\frac{m_1}{P}\right)}{(1+R)} + \frac{R\left(\frac{m_2}{P}\right)}{(1+R)^2} + \ldots$$

(4.10)

Sehen wir uns die Rolle der monetären Größen in Gleichung (4.10) an: Erstens umfassen die Einnahmequellen auf der linken Seite den Anfangsbestand an realer Kasse m_0/P. Die Wirtschaftssubjekte können also ihren anfänglichen Bargeldbestand ebenso zum Kauf von Gütern verwenden wie den realen Wert ihres anfänglichen Wertpapierbestandes $b_0/(1+R)/P$. Zweitens enthält die Einnahmeverwendung auf der rechten Seite eine Reihe von Ausdrücken, die den durch die Kassenhaltung bedingten Zinsverlust reflektieren. Der Ausdruck $R(m_1/P)/(1+R)$ besagt, daß der Haushalt seine realen Aktiva m_1/P während der Periode 1 statt in Geld ebensogut in Form von Wertpapieren hätte halten können. Sein reales Zinseinkommen hätte sich dann während der Periode 2 um $R(m_1/P)$ erhöht. Folglich gibt der Ausdruck $R(m_1/P)/(1+R)$ den realen Gegenwartswert des entgangenen Zinseinkommens an. Desgleichen entspricht der Ausdruck $R(m_2/P)/(1+R)^2$ dem realen Gegenwartswert der in der Periode 3 entgangenen Zinseinnahmen. Insgesamt entsprechen die mit der Geldhaltung zusammenhängenden Ausdrücke auf der rechten Seite von Gleichung (4.10) dem realen Gegenwartswert des durch die Haltung von Bargeld entgangenen Zinseinkommens.

Wir saldieren die Einnahmequellen, die auf der linken Seite von Gleichung (4.10) erscheinen, mit der Einnahmeverwendung auf der rechten Seite, um den Einfluß der monetären Größen sichtbar zu machen. Der Nettoeffekt ist gleich der Differenz zwischen dem anfänglichen realen Kassenbestand und dem Gegenwartswert der insgesamt entgangenen Zinseinnahmen. Der Nettoeffekt beträgt

$$\frac{m_0}{P} - \left[\frac{R}{(1+R)}\right]\left[\frac{m_1}{P} + \frac{\left(\frac{m_2}{P}\right)}{(1+R)} + \frac{\left(\frac{m_3}{P}\right)}{(1+R)^2} + \ldots\right]. \quad (4.11)$$

Zu beachten ist dabei, daß sich alle Ausdrücke innerhalb der Klammern auf die geplanten realen Kassenbestände m_1/P, m_2/P, ... beziehen. Um den Ausdruck (4.11) leichter verstehen zu können, unterstellen wir, daß die geplanten realen Kassenbestände aller Perioden gleich groß sind – d.h. $m_1/P = m_2/P = \ldots$ Die Summe innerhalb der Klammern auf der rechten Seite des Ausdrucks (4.11) können wir dann folgendermaßen schreiben

$$\left(\frac{m_1}{P}\right)\left[1+\frac{1}{(1+R)}+\frac{1}{(1+R)^2}+\ldots\right]=\left(\frac{m_1}{P}\right)\left[\frac{(1+R)}{R}\right].$$ [14]

Wenn wir dies wieder in (4.11) einsetzen, erhalten wir den monetären Saldo $m_0/P - m_1/P$. Der Saldo aus Einnahmequellen und Einnahmeverwendungen hängt von der Differenz zwischen dem anfänglichen realen Kassenbestand m_0/P und dem für künftige Perioden geplanten realen Bestand m_1/P ab. Während wir hier davon ausgegangen sind, daß alle künftigen realen Kassenbestände gleich m_1/P sind, wird sich im allgemeinen anstelle des Kassenbestandes der Periode 1, m_1/P, irgendein Durchschnitt der geplanten künftigen Kassenbestände ergeben.

Wir sehen nun, was geschieht, wenn wir die monetären Größen in die Budgetbeschränkung des Haushalts integrieren, wie wir dies in Gleichung (4.10) getan haben. Die Einnahmequellen auf der linken Seite steigen im Vergleich zu den Einnahmeverwendungen auf der rechten Seite nur dann, wenn der anfängliche reale Kassenbestand m_0/P die für die Zukunft durchschnittlich angestrebte Kassenhaltung übersteigt. Falls also für einen Haushalt $m_0/P > m_1/P$ gilt, dann prognostizieren wir - ebenso wie in den zuvor erörterten Fällen eines gestiegenen Vermögens -, daß Konsum und Freizeit des Haushalts in den verschiedenen Perioden höher sein werden als anderenfalls. Dementsprechend würden wir für den Fall $m_0/P > m_1/P$ erwarten, daß Konsum und Freizeit des Haushalts in den verschiedenen Perioden geringer ausfallen werden. Für einen Haushalt, der plant, eine konstante reale Kassenhaltung - d.h. $m_0/P = m_1/P$ - aufrechtzuerhalten, gilt andererseits, daß der Nettoeffekt gleich Null ist. Da das repräsentative Wirtschaftssubjekt in dieser Position sein wird (der Analyse in Kapitel 5 zufolge), erweist sich dieses Ergebnis als besonders wichtig.

Der Realkasseneffekt

Wir wollen nun den Vermögenseffekt einer Änderung des Preisniveaus P untersuchen und bedienen uns dabei der in realen Größen ausgedrückten Haushaltsbudgetbedingung in Gleichung (4.10). Es sei angenommen, daß die Niveaus des Outputs y_1, y_2, ..., des Konsums c_1, c_2, ... ebenso wie der Zinssatz R, die geplanten realen Kassenbestände m_1/P, m_2/P, ... und der anfängliche *nominale* Bargeldbestand m_0 konstant sind und daß schließlich für das repräsentative Wirtschaftssubjekt der Anfangsbestand an Wertpapieren $b_0 = 0$ ist.

Prüfen wir, wie sich eine Senkung des Preisniveaus auf die rechte und die linke Seite von Gleichung (4.10) auswirkt. Unter den gemachten Annahmen verändert

---

[14] Wir verwenden hier ein Resultat für eine *geometrische Reihe*. Betrachten wir die Summe $1 + z + z^2 + \ldots$ Sofern $-1 < z < 1$, entspricht diese Summe $1/(1-z)$. Dieses Ergebnis können wir herleiten, indem wir den Ausdruck $(1 + z + z^2 + \ldots)$ mit $(1-z)$ multiplizieren und $1 - z + z - z^2 - \ldots = 1$ erhalten. (Ist der Wert von z eins oder größer eins, so ist die Summe unbegrenzt). Im vorliegenden Fall gilt $z = 1/(1 + R)$, was zwischen 0 und 1 liegt; folglich ist $1 + 1/(1+R) + 1/(1+R)^2 + \ldots = 1/[1 - 1/(1+R)] = (1+R)/R$.

sich die rechte Seite, die die reale Verwendung der Einnahmequellen mißt, nicht. Auf der linken Seite (da $b_0 = 0$) ergibt sich einzig und allein eine Erhöhung des Realwertes des anfänglichen Kassenbestandes m_0/P. Das bedeutet offensichtlich eine Vermögenserhöhung[15], da die Wirtschaftssubjekte mit Hilfe dieser höheren Anfangsbestände an realer Kassenhaltung entweder ihren Konsum erhöhen oder ihren Arbeitseinsatz senken können. Diese durch die Senkung des Preisniveaus verursachte Vermögenserhöhung wird gewöhnlich als **Realkasseneffekt** (*real-balance-effect*) bezeichnet.[16] Wie bei anderen Vermögenseffekten läßt sich vorhersagen, daß dieser in allen Perioden den Konsum erhöht und den Arbeitseinsatz verringert (mithin die Freizeit erhöht).

Der Realkasseneffekt ist nur dann wirksam, wenn sich der anfängliche reale Kassenbestand m_0/P im Verhältnis zur durchschnittlich geplanten Kassenhaltung m_1/P, m_2/P, ... verändert. Bei der anschließenden Analyse werden wir zumeist Situationen untersuchen, in denen sich die Aggregate der tatsächlichen und der geplanten realen Kassenhaltung im gleichen Ausmaß verändern. Das bedeutet, wie bereits erwähnt, daß auf beiden Seiten der aggregierten Form der Budgetbeschränkung in Gleichung (4.10) gleiche Veränderungen stattfinden, so daß in diesem Fall kein Nettovermögenseffekt bei den aggregierten Größen des Konsums und des Arbeitseinsatzes auftritt.

Vermögenseffekte aufgrund von Transaktionskosten

In unserem einfachen Modell der Geldnachfrage haben wir die Transaktionskosten und die Kosten der durch die Kassenhaltung bedingten Zinsverluste analysiert. Letztere erscheinen in Gleichung (4.10) auf der rechten Seite der Budgetbeschränkung. Die Transaktionskosten haben wir aber bisher noch nicht berücksichtigt.

Erinnern wir uns nochmals an unser einfaches Modell, in dem wir die von jedem Haushalt gewählte Transaktionshäufigkeit mit $1/\phi$ definiert haben. Wir nehmen nun an, daß die für die Periode t gewählte Häufigkeit $(1/\phi_t)$ beträgt. Wenn die realen Kosten jeder einzelnen Transaktion (γ/P) ausmachen, sind die gesamten Transaktionskosten der Periode t gleich $(\gamma/P)(1/\phi_t)$. In die Budgetbeschränkung der Haushalte gehen die Transaktionskosten gerade so ein wie die realen Konsumausgaben c_t. Um nun den Gegenwartswert der realen Transaktionskosten zu integrieren, müssen wir die rechte Seite von Gleichung (4.10) erweitern. Unter der Annahme, daß

---

[15] Wir können diese Ergebnisse so modifizieren, daß der Wert des Anfangsbestandes an Wertpapieren b_0 ungleich Null ist. Kreditgeber, für die $b_0 > 0$ gilt, profitieren von einer Senkung des Preisniveaus; Kreditnehmer müssen entsprechende Verluste hinnehmen. Da im Aggregat $B_0 = 0$ ist, bringt nur die Veränderung der realen Kassenbestände M_0/P den genannten Vermögenseffekt hervor.

[16] Dieser Effekt ist von vielen Ökonomen hervorgehoben worden. Vgl. z.B. Gottfried Haberler (1939), insb. Kap. 8 u. 11; A. C. Pigou (1947); Don Patinkin (1948); Robert Mundell (1971).

die realen Kosten pro Transaktion γ/P im Zeitablauf konstant sind, ist dieser Gegenwartswert gleich

$$\left(\frac{\gamma}{P}\right)\left[\left(\frac{1}{\phi_1}\right) + \frac{\left(\frac{1}{\phi_2}\right)}{(1+R)} + \ldots\right].$$

Unter ansonsten gleichen Bedingungen führt eine Erhöhung des Gegenwartswertes der realen Transaktionskosten zu einer Vermögensverminderung. Diese Kosten sind in normalen Zeiten im Vergleich zum gesamten Gegenwartswert der realen Ausgaben eines Haushalts, die in Gleichung (4.10) auftreten, unbedeutend. Deshalb werden die Veränderungen der Transaktionskosten bei einer Analyse zur Bestimmung des Arbeitseinsatzes, des Konsums und der Ersparnisse von Ökonomen gewöhnlich vernachlässigt. Wir werden uns dieser Praxis in den meisten Fällen anschließen.

Zusammenfassung

In diesem Kapitel haben wir erklärt, warum die Wirtschaftssubjekte einen Teil ihrer Aktiva in Form von Geld anstelle von verzinslichen Wertpapieren halten. Die Erklärung stellt zunächst auf die Rolle des Geldes (im Gegensatz zu Wertpapieren) als Tauschmedium und weiterhin auf die zusätzlichen Transaktionskosten ab, die mit einer Verringerung der Kassenhaltung einhergehen. Wir haben gezeigt, daß der durchschnittliche reale Kassenbestand einen *trade-off* zwischen Transaktionskosten und entgangenen Zinseinkommen impliziert, wobei ein höherer Zinssatz die Wirtschaftssubjekte dazu veranlaßt, höhere Transaktionskosten in Kauf zu nehmen, um ihre durchschnittliche reale Kassenhaltung zu vermindern.

Unser Modell hat im wesentlichen die folgenden Implikationen für die Geldnachfrage:

- Ein Anstieg des Zinssatzes vermindert die reale Geldnachfrage.

- Ein Anstieg der realen Konsumausgaben und des realen Einkommens erhöht die reale Geldnachfrage, jedoch in einem geringeren Umfang.

- Ein Anstieg des Preisniveaus erhöht die nominale Geldnachfrage im gleichen Verhältnis.

- Ein Anstieg der realen Transaktionskosten erhöht die reale Geldnachfrage.

Die empirischen Befunde bestätigen diese Feststellungen.

Sodann haben wir die Kassenhaltung in die Budgetbeschränkungen der Haushalte für einen unendlichen Zeithorizont eingefügt und dabei festgestellt, daß der Nettoeffekt für die Einnahme- und Verwendungsseite gleich Null ist, sofern der Durchschnitt der geplanten künftigen realen Kassenhaltung gleich dem Anfangsbestand ist.

In diesen Fällen können wir Vermögenseffekte der realen Kassenhaltung bei der gesamtwirtschaftlichen Nachfrage der Konsumenten und beim Arbeitseinsatz vernachlässigen. Andererseits verringert eine Zunahme des Gegenwartswerts der realen Transaktionskosten das Vermögen. Gleichwohl nehmen wir an, daß wir diesen Vermögenseffekt in den meisten Fällen wegen seiner Geringfügigkeit außer acht lassen können.

Fragen und Probleme

Zur Wiederholung

4.1 Welche Kosten fallen bei dem Tausch zwischen Geld und Finanzaktiva an? (Sie können eine Liste anfertigen und dabei unter anderem Kosten wie die Fahrt zur Bank und die beim Anstehen verbrachte Zeit mitberücksichtigen.) Wie würde sich ein Ausbau elektronischer Bankdienstleistungen auf diese Kosten auswirken?

4.2 Angenommen, die Konsumausgaben eines Individuums betragen 6.000 $ pro Jahr und werden durch monatliche Abhebungen von einem Sparkonto finanziert.
a. Zeigen Sie in einem Diagramm den Verlauf der Kassenhaltung für ein Jahr. Wie hoch ist der durchschnittliche Kassenbestand?
b. Stellen Sie den Verlauf der Kassenhaltung graphisch dar, wenn die Abhebungen nur einmal in zwei Monaten getätigt werden. Zeigen Sie, daß der durchschnittliche Geldbestand höher ist.

4.3 Wie hoch ist die durchschnittliche Kassenhaltung in Aufgabe 4.2, wenn die Konsumausgaben auf 9.000 $ p.a. steigen und die Abhebungen weiterhin monatlich stattfinden? Ist es bei steigendem Konsum optimal, die Häufigkeit der Entnahmen beizubehalten? Erläutern Sie dies.

4.4 Wie lautet die Definition der aggregierten Umlaufgeschwindigkeit des Geldes? Erklären Sie anhand des Konzepts der Geldumlaufgeschwindigkeit, wie man mit einer gegebenen aggregierten Kassenhaltung im Laufe eines Jahres ein relativ hohes Volumen an Konsumausgaben finanzieren kann.

4.5 Betrachten Sie die folgenden Veränderungen und erläutern Sie, ob diese bei der realen Geldnachfrage eine Erhöhung, eine Senkung oder einen ungewissen Effekt bedeuten:
a. eine Senkung des Zinssatzes;
b. eine Erhöhung der realen Transaktionskosten;
c. eine Erhöhung der realen Konsumausgaben;
d. eine Erhöhung des Preisniveaus.

4.6 Betrachten Sie nochmals die in Aufgabe 4.5 aufgelisteten Veränderungen und beschreiben Sie deren Auswirkungen auf die Umlaufgeschwindigkeit des Geldes.

Probleme zur Diskussion

4.7 Transaktionskosten und die Budgetbeschränkungen der Haushalte
Angenommen, die realen Kosten des Tauschs von Wertpapieren in Geld γ/P steigen.
a. Wie schlägt sich diese Veränderung in den Budgetbeschränkungen der Haushalte nieder? Wie wirkt sie sich auf das Vermögen aus?
b. Bei der Analyse der Haushaltsentscheidungen bezüglich des Arbeitseinsatzes, des Konsums und des Sparens haben wir die Transaktionskosten außer acht gelassen. Wenn wir den Vermögenseffekt in Teilfrage (a) berücksichtigen, wie wirkt sich dann eine Erhöhung der realen Transaktionskosten γ/P auf den Arbeitseinsatz, den Konsum und die Ersparnis der Haushalte aus?
c. Haben wir in Teilfrage (b) einen neuen Substitutionseffekt ausgelassen? Analysieren Sie die Entscheidung zwischen Konsum und Freizeit. Der Konsum impliziert einen Markttausch, für den wir Geld benutzen. Freizeit können wir ohne die Verwendung von Geld "kaufen"! Unsere Frage lautet nun: Welcher Substitutionseffekt ergibt sich zwischen Konsum und Freizeit im Falle einer Steigerung der realen Transaktionskosten γ/P? Wie beeinflußt dieser Effekt die Antwort zu Teilfrage (b)?

4.8 Weitere Aspekte der Transaktionskosten
In Aufgabe 4.7 haben wir die Auswirkungen der Transaktionskosten auf die Budgetbeschränkungen der Haushalte untersucht. Diese Kosten können sich durch den Kauf von Dienstleistungen des Finanzsektors ergeben - z.B. in Form von Makler- oder Bankgebühren. Im übrigen können die Transaktionskosten auch nur die für den Weg zur Bank oder die für die Entscheidungsfindung aufgewendete Zeit beinhalten.
a. Inwieweit schlagen sich diese beiden unterschiedlichen Formen von Transaktionskosten in den Budgetbeschränkungen der Haushalte nieder?
b. Haben diese Unterschiede irgendwelche Auswirkungen auf die anderen Antworten zu Aufgabe 4.7?
c. Wie können wir uns die Bereitstellung von Dienstleistungen des Finanzsektors vorstellen, d.h. wie können wir dieses "Gut" in das Modell integrieren?

4.9 Wirkungen des Zahlungsintervalls und Kaufverhaltens auf die Geldnachfrage
Wir stellen uns einen Arbeiter mit 12.000 $ Jahreseinkommen vor, der seine Lohnzahlungen einmal monatlich erhält und jährlich gleichbleibend 12.000 $ für Konsum ausgibt. Er möge keinerlei Wertpapiere besitzen; er hält also seine gesamten Finanzaktiva in Form von Bargeld.
a. Wie hoch ist die durchschnittliche Kassenhaltung des Arbeiters?
b. Wie hoch wäre die durchschnittliche Kassenhaltung, wenn der Arbeiter zweimal anstelle von einmal monatlich Lohnzahlungen erhielte?
c. Welche allgemeine Beziehung besteht zwischen der durchschnittlichen Kassenhaltung und dem Intervall der Lohnzahlungen?

4.10 Einkäufe und Geldnachfrage
Wir nehmen wie in Aufgabe 4.9 an, daß der Arbeiter einmal monatlich seinen Lohn erhält, daß er jedoch anstelle eines gleichmäßigen Stroms von Konsumausgaben seine Käufe in periodischen Abständen tätigt und dabei so viele Güter (z.B. Lebensmittel) kauft, daß er bis zu seinem nächsten Einkauf versorgt ist.

a. Wenn der Arbeiter viermal monatlich einkauft, wie hoch ist dann sein durchschnittlicher Kassenbestand? Warum unterscheidet sich diese Antwort von der zu Aufgabe 4.9?

b. Was geschieht, wenn er nur zweimal im Monat einkauft?

c. Wie wirkt sich generell das zeitliche Intervall zwischen den Einkäufen auf die durchschnittliche Kassenhaltung aus? Vergleichen Sie die Antwort mit der zu Aufgabe 4.9.

d. Unterstellt, das Einkaufen würde z.B. wegen steigender Benzinpreise relativ teurer. Wie wirkt sich dies auf die Häufigkeit der Einkäufe aus? Welche Auswirkungen hat dies auf die durchschnittliche reale Kassenhaltung? Vergleichen Sie das Ergebnis mit dem Effekt der im Text untersuchten finanziellen Transaktionskosten γ/P.

4.11 Ausgaben und Geldnachfrage

a. Wie wirkt sich eine Zunahme der aggregierten realen Ausgaben C auf die aggregierte Nachfrage nach realer Kassenhaltung M/P aus? Beachten Sie, daß die aggregierten realen Ausgaben aus zwei Gründen steigen können: Erstens können die individuellen realen Ausgaben steigen, obgleich die Zahl der Wirtschaftssubjekte unverändert bleibt. Zweitens können die Wirtschaftssubjekte zahlenmäßig zunehmen, während die individuellen realen Ausgaben konstant bleiben. Wie reagiert die aggregierte reale Kassenhaltung M/P auf diese beiden Veränderungen?

b. Wie müßte sich die Umlaufgeschwindigkeit des Geldes entwickeln, wenn die Volkswirtschaft wächst? (Sehen Sie sich noch einmal Abb. 4.4 an, die die Entwicklung der Umlaufgeschwindigkeit des Geldes in den USA illustriert.) Vergessen Sie bei Ihrer Antwort nicht anzugeben, was mit dem Zinssatz R sowie mit den realen Transaktionskosten γ/P beim Tausch von Geld in verzinsliche Aktiva geschieht.

4.12 Wirkungen anderer Variablen auf die Geldnachfrage
Würden Sie sagen, daß für gegebene Werte des realen Einkommens und der Ausgaben, des Zinssatzes und der realen Transaktionskosten die nachfolgenden Aussagen richtig, falsch oder ungewiß sind?

a. Eine agrarische Gesellschaft weist eine geringere reale Geldnachfrage auf als eine Industriegesellschaft.

b. Die reale Geldnachfrage ist in Diktaturen höher als in Demokratien.

c. Ein Land mit einem hohen Anteil älterer Bürger hat eine höhere reale Geldnachfrage als ein Land mit geringem Anteil älterer Menschen.

d. Ein Land mit höherer Alphabetisierungsrate weist eine geringere reale Geldnachfrage auf. [Für empirische Befunde zu derartigen Effekten auf die Geldnachfrage vgl. Lawrence Kenny (1988)]

4.13 Die Stückelung von Bargeld (fakultativ)

Untersuchen Sie, für welche Stückelung ihrer Kassenbestände sich die Wirtschaftssubjekte entscheiden (d.h. ob sie lieber 100 $-Scheine oder kleinere Banknoten besitzen wollen). Wie würde sich der wertmäßige Anteil großer Banknoten im Kassenbestand ändern, wenn

a. das Preisniveau steigt,
b. das Realeinkommen eines Wirtschaftssubjekts steigt,
c. der Zinssatz steigt,
d. es lohnender erscheint, möglichst keine Buchungen über Zahlungseingänge auszuweisen (um beispielsweise Steuern zu vermeiden oder um sich auf kriminelle Transaktionen einzulassen)?

Angesichts der obigen Resultate sind die Daten für die USA nicht leicht zu erklären. Insbesondere der Anteil der in großen Banknoten (100 $-Scheine und größer) gehaltenen Bargeldbestände blieb zwischen 1944 und 1970 nahezu konstant (zwischen 20% und 22%), während er bis 1988 auf über 48% anstieg. Wie erklären Sie sich diese Daten?

Kapitel 5

Das grundlegende Markträumungsmodell

In Kapitel 2 haben wir die Entscheidungen der Haushalte bezüglich des Arbeitseinsatzes diskutiert, die zugleich deren Güterproduktion bestimmten. In dieser Robinson-Crusoe-Welt, ohne die Möglichkeit zur Lagerhaltung, ist für jeden Haushalt die Produktion gleich dem Konsum. In Kapitel 3 haben wir dann zugelassen, daß die Wirtschaftssubjekte Güter zum Preis P kaufen und verkaufen sowie Kredite zum Zinssatz R aufnehmen und vergeben. Unter diesen Bedingungen kann ein Haushalt sparen oder entsparen, so daß Konsum und Produktion nicht in jeder Periode übereinstimmen müssen. Mit der Akkumulation von Ersparnissen im Zeitablauf wird zugleich die Höhe der Finanzaktiva eines Haushalts bestimmt, wobei diese entweder in Form von Geld oder Wertpapieren gehalten werden können. Schließlich haben wir in Kapitel 4 bei der Analyse der Geldnachfrage gesehen, wie die Wirtschaftssubjekte ihre Aktiva auf Geld und Wertpapiere verteilen.

Bei unserer Diskussion einer Marktwirtschaft in Kapitel 3 haben wir drei Bedingungen erwähnt, die für das Aggregat sämtlicher Haushalte erfüllt sein müssen. Erstens muß die gesamtwirtschaftliche Produktion Y_t gleich dem aggregierten Konsum C_t sein, da der Konsum im Modell die einzige Verwendungsmöglichkeit des Outputs ist. Zweitens muß der aggregierte Wertpapierbestand B_t in jeder Periode gleich Null sein, da jedem Kreditnehmer stets auch ein Kreditgeber gegenübersteht. Drittens muß die gesamte Geldhaltung in jeder Periode M_t der gegebenen Geldmenge M_0 entsprechen, da sich diese annahmegemäß im Zeitablauf nicht verändert. Wir wollen diese drei Bedingungen als gesamtwirtschaftliche Konsistenz-Bedingungen bezeichnen.

Gesamtwirtschaftliche Konsistenz-Bedingungen und die Räumung der Märkte

Woher wissen wir aber, daß die Gesamtheit aller individuellen Entscheidungen diese drei Bedingungen erfüllt? Beispielsweise werden die Individuen glauben, sie könnten auf dem Gütermarkt die gewünschte Menge an Gütern verkaufen bzw. *anbieten* und ebenfalls die gewünschte Menge kaufen bzw. *nachfragen*. Wir müssen irgendwie sicherstellen, daß sich die angebotenen und nachgefragten Güter insgesamt entsprechen.

Auf dem Kreditmarkt wird jeder einzelne glauben, er könne zum herrschenden Zinssatz R jede beliebige Kreditsumme verleihen oder aufnehmen. Es gibt auch keinen Grund zu der Annahme, daß bei irgendeinem bestimmten Wert des Zinssatzes die Gesamtsumme aller gewünschten Wertpapierbestände B_t gleich Null ist. In diesem Fall ergäbe sich jedoch eine Inkonsistenz, da die Gesamtsumme aller gewünschten Kredite nicht den insgesamt angebotenen Krediten entspräche. Der Kreditmarkt muß aber auf die eine oder andere Weise einen Ausgleich von Kreditnachfrage und Kreditangebot herbeiführen.

Schließlich wird hinsichtlich des Geldes jedes Wirtschaftssubjekt annehmen, daß es diejenige Menge halten könne, die es nachfragt. Jedoch muß die Gesamtnachfrage nach Geld dem gesamten Geldangebot entsprechen.

Die klassische Lösung besteht in der Annahme, daß sich der Zinssatz R und die Güterpreise P so anpassen, daß folgende Bedingungen erfüllt sind:

- Das Gesamtangebot an Gütern entspricht der Gesamtnachfrage.
- Die Gesamtheit der geplanten Wertpapierhaltungen ist gleich Null.
- Die Gesamtnachfrage nach Geld entspricht der aggregierten Geldmenge.

Diese Sichtweise wird als *Markträumungsansatz* bezeichnet. In diesem Ansatz passen sich die verschiedenen Preise, dies sind in unserem Modell R und P, so an, daß jeder Markt geräumt wird. Unter Markträumung verstehen wir, daß die angebotenen Mengen eines jeden Gutes - Wertpapiere, Geld, Waren - den nachgefragten Mengen entsprechen. Wenn diese Bedingung simultan für jedes Gut erfüllt ist, sprechen wir von **allgemeiner Markträumung**.

Sind alle Märkte geräumt, so wird kein Wirtschaftssubjekt daran gehindert, zum herrschenden Preis die gewünschte Gütermenge zu kaufen oder zu verkaufen bzw. den geplanten Kredit zum herrschenden Zinssatz aufzunehmen oder zu vergeben. Jedes Wirtschaftssubjekt kann also zu den Markträumungspreisen genau die gewünschte Menge eines jeden Gutes kaufen und verkaufen.

Erinnern wir uns, daß jeder Haushalt den Zinssatz R und das Preisniveau P als gegeben betrachtet. Beide Größen werden jedoch durch die Gesamtheit der Haushaltsentscheidungen auf beiden Märkten determiniert. Der Zinssatz und das Preisniveau können daher nicht unabhängig von den aggregierten Entscheidungen über Wertpapiere, Geld und Waren sein. Die individuellen Transaktionen machen aber annahmegemäß nur einen geringen Teil des jeweiligen Gesamtmarktes aus. Jeder einzelne kann daher, im Sinne einer brauchbaren Annäherung, die Konsequenzen seines Verhaltens für die Markträumungswerte des Zinssatzes und des Preisniveaus außer acht lassen. Insofern können wir die in den Kapiteln 3 und 4 erarbeiteten Analysen der individuellen Entscheidungen weiterhin verwenden.

Wie zuvor erwähnt, müssen wir sicherstellen, daß die drei gesamtwirtschaftlichen Konsistenz-Bedingungen erfüllt werden. Die Frage ist nur, warum wir das Postulat der Markträumung zugrunde legen, um diese Bedingungen zu garantieren. Dieses Postulat ist gleichbedeutend mit der Annahme, daß private Märkte eine effiziente

Allokation der Ressourcen gewährleisten. Wenn die Märkte geräumt werden, ist es nicht mehr möglich, bessere Ergebnisse dadurch zu erzielen, daß man potentielle Gläubiger und Schuldner oder potentielle Käufer und Verkäufer von Gütern zusammenbringt. Auf geräumten Märkten sind bereits sämtliche *für alle Beteiligten vorteilhaften Tauschmöglichkeiten* ausgeschöpft. Insofern ist die Annahme der Markträumung eng verbunden mit der Ansicht, daß Individuen, die an Märkten teilnehmen und sie organisieren - und die dabei ihr Eigeninteresse verfolgen -, zu effizienten Ergebnissen gelangen.

Wir könnten anstelle des Markträumungskonzepts auch einen anderen Ansatz verwenden, um die Erfüllung der gesamtwirtschaftlichen Konsistenz-Bedingungen zu gewährleisten. Eine Alternative ist das keynesianische Modell, bei dem manche Märkte aufgrund starrer Preise im Sinne unseres Markträumungskonzepts nicht geräumt werden und deshalb gewisse Mengen rationiert werden müssen. So ist es etwa möglich, daß manche Wirtschaftssubjekte zum herrschenden Preis nicht sämtliche gewünschten Güter oder Arbeitsleistungen verkaufen können. Wir werden uns mit dieser Sichtweise in Kapitel 20 eingehend beschäftigen. Da die subtile keynesianische Argumentation jedoch ohne Kenntnis der Funktionsweise des Markträumungsmodells nur schwer verständlich ist, müssen wir uns zunächst mit der Analyse des Markträumungsprozesses vertraut machen.

Der Begriff *Gleichgewicht* wird häufig von Ökonomen mit dem der Markträumung gleichgesetzt. Da das Gleichgewichtskonzept jedoch in der ökonomischen Literatur in sehr unterschiedlicher Weise verwendet wird, ist seine Bedeutung unscharf. So bezeichnen manche beispielsweise das keynesianische Modell als eine Theorie des *Ungleichgewichts*, während andere es als ein anderes Konzept des Gleichgewichts interpretieren. Wir werden bei unserer Diskussion die Begriffe *Gleichgewicht* und *Ungleichgewicht* vermeiden, wollen aber zwei Grundgedanken hervorheben, die für unsere Interpretation der Märkte von zentraler Bedeutung sind: Erstens muß jedes brauchbare Modell bestimmte gesamtwirtschaftliche Konsistenz-Bedingungen erfüllen. Zweitens gehen wir in unserer Analyse zumeist davon aus, daß der Zinssatz, das Preisniveau und andere Größen sich so anpassen, daß die Märkte geräumt werden. Wir erfüllen auf diese Weise die gesamtwirtschaftlichen Konsistenz-Bedingungen im Markträumungsmodell. Später werden wir sehen, wie im keynesianischen Modell das zweite Grundprinzip modifiziert, das erste hingegen beibehalten wird.

Walras-Gesetz der Märkte

Wir betrachten wiederum einen Haushalt, der bei gegebenem Preisniveau P und Zinssatz R beschließt, die Gütermenge y^s_1 zu produzieren und in Periode 1 auf dem Gütermarkt *anzubieten*. Als Angebot wird hier die Menge definiert, die jemand zu einem bestimmten Preis auf dem Markt verkaufen möchte. Entsprechend repräsentiert c^d_1 die Gütermenge, die ein Individuum auf dem Gütermarkt kaufen möchte oder *nachfragt*. Schließlich sollen b^d_1 und m^d_1 den für die Periode 1 geplanten Bestand an Finanzaktiva angeben, wobei b^d_1 die Nachfrage nach Wertpapieren und m^d_1 die Geldnachfrage bezeichnen.

Wenn wir unterstellen, daß der Haushalt aus der Periode 0 die Bestände an Finanzaktiva b_0 und m_0 transferiert hat, dann lautet die in realen Größen ausgedrückte Budgetbeschränkung für Periode 1

$$y^s_1 + \frac{b_0(1+R)}{P} + \frac{m_0}{P} = c^d_1 + \frac{b^d_1}{P} + \frac{m^d_1}{P}. \tag{5.1}$$

Wenn wir Gleichung (5.1) für alle Haushalte addieren, erhalten wir die aggregierte Form der Budgetbeschränkung für Periode 1

$$Y^s_1 + \frac{B_0(1+R)}{P} + \frac{M_0}{P} = C^d_1 + \frac{B^d_1}{P} + \frac{M^d_1}{P}. \tag{5.2}$$

Da während der Periode 0 jeder verliehenen Geldeinheit eine geborgte Geldeinheit gegenüberstehen muß, gilt $B_0 = 0$. Mit Hilfe dieser Bedingung können wir Gleichung (5.2) vereinfachen

$$(C^d_1 - Y^s_1) + \left(\frac{B^d_1}{P}\right) + \left(\frac{M^d_1}{P} - \frac{M_0}{P}\right) = 0. \tag{5.3}$$

Gleichung (5.3) zeigt, wie das Markträumungsmodell die drei oben genannten gesamtwirtschaftlichen Konsistenz-Bedingungen erfüllt. Für Periode 1 lauten diese Bedingungen:

- $C^d_1 = Y^s_1$: Das gesamte Güterangebot ist gleich der gesamten Güternachfrage;

- $B^d_1 = 0$: Jeder Geldeinheit, die jemand verleihen möchte, entspricht eine Geldeinheit, die ein anderer borgen möchte;

- $M^d_1 = M_0$: Die Wirtschaftssubjekte sind bereit, die angebotene Geldmenge M_0 zu halten.

Betrachten wir aber Gleichung (5.3). Angenommen, die ersten beiden gesamtwirtschaftlichen Konsistenz-Bedingungen seien erfüllt - d.h. $C^d_1 = Y^s_1$ und $B^d_1 = 0$ -, dann garantiert Gleichung (5.3) auch die Erfüllung der dritten Bedingung $M^d_1 = M_0$. Wenn zwei der drei Bedingungen erfüllt sind, ist die dritte ebenfalls gewährleistet. Man muß nur untersuchen, ob zwei der drei gesamtwirtschaftlichen Konsistenz-Bedingungen erfüllt sind, da die dritte automatisch aus der aggregierten Form der Haushaltsbudgetbeschränkungen folgt. Dieses Ergebnis wird zu Ehren des im 19. Jahrhundert lebenden französischen Ökonomen Léon Walras, der bei der Analyse allgemeiner Markträumungsmodelle Pionierarbeit geleistet hat, als **Walras-Gesetz** der **Märkte** bezeichnet. (Wirtschaftswissenschaftler bezeichnen diese Analyse als *Allgemeine Gleichgewichtstheorie*.)

Gleichgültig welches Paar von gesamtwirtschaftlichen Konsistenz-Bedingungen wir jeweils untersuchen, erhalten wir stets die gleichen Resultate. Da Makroökonomen üblicherweise die Bedingung für die Räumung des Gütermarktes, $C^d_1 = Y^s_1$, sowie jene für den Geldmarkt, $M^d_1 = M_0$, untersuchen, wollen wir uns dieser Praxis anschließen. Allerdings sollten wir dabei im Gedächtnis behalten, daß die Resultate unverändert bleiben, wenn wir eine dieser Bedingungen durch die Bedingungen für die Räumung des Kreditmarktes, $B^d_1 = 0$, ersetzen.

Räumung des Gütermarktes

Wir wollen sicherstellen, daß die aggregierte Angebotsmenge Y^s_1 gleich der aggregierten Nachfragemenge C^d_1 ist. Da es sich um die Mengen für die laufende bzw. für die Periode 1 handelt, können wir die Zeitindizes weglassen.

In unserer früheren Analyse haben sich einige Variable herauskristallisiert, die die aggregierten Angebots- und Nachfragemengen beeinflussen. Dies sind:

- Der Zinssatz R: Ein höherer Zinssatz löst intertemporale Substitutionseffekte aus, die die laufende Nachfrage C^d verringern und das laufende Angebot Y^s erhöhen (durch die Steigerung des gegenwärtigen Arbeitseinsatzes).

- Vermögenseffekte, die durch Veränderungen der Lage der Produktionsfunktion hervorgerufen werden: Eine Vermögenserhöhung steigert die Nachfrage C^d, verringert jedoch den Arbeitseinsatz, was seinerseits den direkten Effekt kompensiert, der durch eine Verbesserung der Produktionsfunktion beim Güterangebot Y^s entsteht.

- Substitutionseffekte, die durch Veränderungen der Kurve des Grenzprodukts der Arbeit bedingt sind: Eine Aufwärtsverschiebung bewirkt eine Erhöhung des Angebots Y^s (da die Wirtschaftssubjekte mehr arbeiten) sowie eine Erhöhung der Nachfrage C^d.

Wir können die Bedingung für die Räumung des Gütermarktes während der laufenden Periode nun folgendermaßen schreiben

$$Y^s(R, \ldots) = C^d(R, \ldots) \qquad (5.4)$$
$$(+) (-)$$

Die Funktion Y^s repräsentiert das aggregierte Güterangebot, die Funktion C^d die aggregierte Nachfrage. Als Argument dieser Funktionen berücksichtigen wir explizit nur den Zinssatz. Die ausgelassenen, durch Punkte angedeuteten Variablen schließen Vermögens- und Substitutionseffekte ein, die durch Veränderungen der Produktionsfunktion bedingt sind.

Gleichung (5.4), die über eine große Zahl von Haushalten aggregiert, läßt sich selbst dann verwenden, wenn die Haushalte nicht identisch sind, d.h. wenn sie sich z.B. in bezug auf Produktivität, Alter, Präferenzen, Finanzvermögen im Ausgangspunkt usw. unterscheiden. In einigen Fällen wird die Aggregation unterschiedlicher Wirtschaftssubjekte keine nennenswerten Probleme verursachen, da z.B. eine Veränderung des Zinssatzes für alle den gleichen Typ von intertemporalem Substitutionseffekt nach sich zieht. Entsprechend lassen sich Modifikationen bei den Produktionsfunktionen ohne weiteres handhaben, sofern diese für alle Haushalte ähnlich aussehen. Hingegen sind einige Veränderungen für manche Wirtschaftssubjekte vorteilhaft und für andere nachteilig; z.B. bedeuten Veränderungen des Preisniveaus oder des Zinssatzes für die Marktteilnehmer je nach ihrem Status auf dem Kreditmarkt positive oder negative Vermögenseffekte. Derartige Veränderungen beeinflussen die Verteilung der Ressourcen zwischen den Haushalten, obwohl der Gesamtwert dieser Ressourcen unverändert bleibt. Ökonomen nennen diese Art von Veränderungen **Verteilungseffekte**. Da wir keine Mutmaßungen über den Einfluß von Verteilungseffekten auf die Angebots- oder Nachfrageaggregate äußern wollen, unterstellen (oder hoffen) wir, daß wir - wie das in der Makroökonomie üblich ist - diese Effekte für die Zwecke einer gesamtwirtschaftlichen Analyse vernachlässigen können.

Allerdings gibt es bekanntlich einige Variablen, welche die Angebots- und Nachfrageaggregate in Gleichung (5.4) nicht berühren. Im Aggregat ist der Wertpapierbestand B_0 gleich Null; dieser erscheint folglich nicht. Wir haben in Kapitel 4 die Rolle der anfänglichen realen Kassenhaltung M_0/P diskutiert und dabei gesehen, daß diese dann keinen Netto-Vermögenseffekt in bezug auf die Konsumnachfrage und das Arbeitsangebot hat, wenn wir ausschließlich Fälle betrachten, für die $M_0/P = M^d_1/P$ gilt; diese Bedingung ist bei allgemeiner Markträumung erfüllt. Folglich erscheint M_0/P - und das Preisniveau P selbst - nicht in Gleichung (5.4).

Bei der Diskussion verschiedener Arten von Transaktionskosten in Kapitel 4 haben wir gesehen, daß diese Vermögens- und Substitutionseffekte nach sich ziehen. Allerdings haben wir angenommen, daß diese Effekte als so geringfügig erachtet werden, daß wir sie vernachlässigen können. Sie sind daher ebenfalls nicht in Gleichung (5.4) enthalten.

Schließlich haben wir in Kapitel 3 dargestellt, daß eine Veränderung des Zinssatzes R keinen aggregierten Vermögenseffekt verursacht. (Eine Erhöhung des Zinssatzes ist zwar für Kreditgeber vorteilhaft, jedoch für Kreditnehmer entsprechend nachteilig.) Deshalb beziehen sich die Zinseffekte auf das Gesamtangebot und die Gesamtnachfrage in Gleichung (5.4) ausschließlich auf die intertemporalen Substitutionseffekte. Wir wissen daher, daß eine Erhöhung des Zinssatzes einerseits die laufende Konsumnachfrage C^d senkt und andererseits das laufende Güterangebot Y^s erhöht.

Warum berührt das Preisniveau nicht Güterangebot und -nachfrage?

Es erscheint merkwürdig, daß das Preisniveau P nicht in der Bedingung für die Räumung des Gütermarktes in Gleichung (5.4) erscheint. Wir würden intuitiv erwarten, daß ein höherer Güterpreis die Nachfrage senkt und das Angebot erhöht. Überlegen wir also, was geschieht, wenn P nach oben geht. Die Produktionsfunktion $f(n)$ ändert sich nicht. Deshalb nimmt bei gegebenem n das nominale Einkommen des Haushalts aus Verkäufen auf dem Gütermarkt, $P \cdot f(n)$, mit dem Preisniveau zu. Das reale Einkommen $f(n)$ (das wir erhalten, wenn wir das nominale Einkommen durch P teilen) bleibt unverändert. Da das reale Einkommen aus der Produktion dasselbe ist, erscheint es insoweit vernünftig, daß die Konsumnachfrage und das Arbeitsangebot sich nicht verändern.

Wir halten den Zinssatz R ebenfalls konstant. Folglich berührt eine einmalige Erhöhung des Preisniveaus nicht die relativen Kosten des Konsums und der Freizeit in verschiedenen Perioden. Die Veränderung von P bringt mithin keine intertemporalen Substitutionseffekte hervor.

Bei gegebenem nominalen Bestand an Wertpapieren b_0 reduziert eine Erhöhung des Preisniveaus den realen Bestand b_0/P. Dieser Effekt ist nicht nachteilig für jemanden mit einem positiven Wertpapierbestand, aber entsprechend vorteilhaft für denjenigen, der einen negativen Wertpapierbestand aufweist. Im Aggregat bewirkt das nichts, da der Gesamtbestand an Wertpapieren B_0 gleich Null ist, und weil wir Verteilungseffekte vernachlässigen.

Eine Erhöhung von P vermindert schließlich M_0/P. Das reale Vermögen sinkt insoweit, und die Haushalte würden darauf mit einer Verringerung der Konsumnachfrage und einer Erhöhung des Arbeitsangebots reagieren. Einen solchen Mechanismus haben wir in Kapitel 4 als *Realkasseneffekt* bezeichnet. Wir wissen jedoch, daß die Haushalte in einer Position der allgemeinen Markträumung die vorhandene Geldmenge zu halten wünschen; d.h. $M^d{}_1/P$ entspricht schließlich M_0/P. In diesem Falle gibt es, wie wir aus Kapitel 4 wissen, keine Netto-Vermögenseffekte in bezug auf die Konsumnachfrage und das Arbeitsangebot. Dies begründet, warum wir den Realkasseneffekt vernachlässigen können, wenn wir an Situationen allgemeiner Markträumung denken; aus eben diesem Grund erscheint das Preisniveau P nicht in Gleichung (5.4).

Da der Zinssatz Güterangebot und -nachfrage insgesamt stark beeinflußt, erscheint es angebracht, Gleichung (5.4) graphisch darzustellen; der Zinssatz R wird auf der vertikalen Achse abgetragen. Abb. 5.1 veranschaulicht, daß der Zinssatz auf das Gesamtangebot Y^s einen positiven Effekt und auf die Gesamtnachfrage C^d eine negative Wirkung hat. Wenn sich der Zinssatz ändert, lassen sich die Reaktionen von Angebot und Nachfrage als *Bewegungen entlang der Kurven* darstellen. (Die Tatsache, daß die Kurven als Geraden gezeichnet sind, hat lediglich praktische Gründe.)

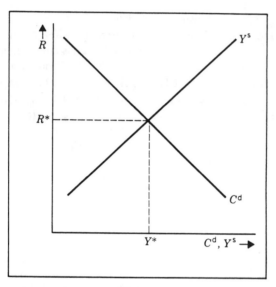

Abb. 5.1: *Räumung des Gütermarktes*
Die Räumung des Gütermarktes $C^d = Y^s$ erfolgt beim Zinssatz R^*. In diesem Punkt ist die gesamtwirtschaftliche Produktion $Y^* = C^*$.

Die jeweilige Lage der Angebots- und Nachfragekurven hängt in Abb. 5.1 von den ausgelassenen Variablen ab, die durch ... in Gleichung (5.4) angedeutet sind. Sobald sich eine dieser Variablen verändert, schlägt sich dies in einer *Verschiebung der Kurven* des Angebots und der Nachfrage in der Abbildung nieder. Bei gegeben Werten dieser Variablen können wir die Höhe des Zinssatzes R^*, der die Räumung des Gütermarktes, $Y^s = C^d$, garantiert, unmittelbar aus der Abbildung ablesen. In unserer Analyse werden wir jeweils den aus einer Markträumungsbedingung abgeleiteten Wert einer Variablen mit einem Stern kennzeichnen, wie etwa $R = R^*$. In der Abbildung gibt daher $Y^* = C^*$ die Höhe der Produktion bei Markträumung an.

Erinnern wir uns, daß die Produktion eines jeden Haushalts y vom Arbeitseinsatz n gemäß der Produktionsfunktion $y = f(n)$ abhängt. Angenommen, wir können diese Beziehung auch in der aggregierten Form verwenden

$$Y = F(N). \tag{5.5}$$

Die aggregierte Produktionsfunktion verbindet den gesamtwirtschaftlichen Arbeitseinsatz N mit der gesamtwirtschaftlichen Produktion Y, so daß wir mit Hilfe des Markträumungs-Outputs Y^* aus Abb. 5.1 anhand von Gleichung (5.5) das dazugehörige Aggregat des Arbeitseinsatzes N^* ermitteln können.

Das Markträumungsdiagramm in Abb. 5.1 ist für unsere nachfolgende Untersuchung makroökonomischer Störungen von zentraler Bedeutung. Es läßt sich selbst dann verwenden, wenn wir das Modell durch Hinzufügung weiterer Faktoren komplizieren. Deshalb wollen wir die diesem Diagramm zugrunde liegenden Ideen noch einmal hervorheben: Erstens erweckt ein höherer Zinssatz bei den Wirtschaftssubjekten den Wunsch, in der laufenden Periode Güter zu produzieren und zu verkaufen, jedoch wenig Güter zu erwerben. Diese Kräfte spiegeln sich in der Aufwärtsneigung der Angebotskurve und in der Abwärtsneigung der Nachfragekurve wider. Zweitens können wir die markträumenden Werte des Zinssatzes und der Produktion durch die Gleichsetzung des Gesamtangebots mit der Gesamtnachfrage bestimmen.

Die Geldnachfrage entspricht dem Geldangebot

Die zweite gesamtwirtschaftliche Konsistenz-Bedingung erfordert, daß der Kassenbestand M_0 gleich der aggregierten nachgefragten Geldmenge M^d_1 in der Periode 1 ist. Zur Vereinfachung werden auch hier die Zeitindizes weggelassen.

Im Kapitel 4 haben wir eine Funktion für die aggregierte Geldnachfrage abgeleitet, die in realen Größen - d.h. für M^d/P - negativ vom Zinssatz R und positiv von der Höhe der realen Ausgaben C und des realen Einkommens Y abhängt. Deshalb können wir die Bedingung dafür, daß die vorhandene Geldmenge freiwillig als Kasse gehalten wird, wie folgt schreiben

$$M = P \cdot L(R, Y, \dots). \qquad (5.6)$$
$$(-)(+)$$

Zu beachten ist, daß die Funktion L auf der rechten Seite der Gleichung (5.6) die reale Geldnachfrage M^d/P beschreibt. Folglich drückt $P \cdot L(R, Y, \dots)$ die nominale Geldnachfrage M^d aus. Der Einfachheit halber ersetzen wir die realen Ausgaben C durch den aggregierten Output Y als Maß für die realen Transaktionen in der Geldnachfragefunktion. (Wir wissen bereits, daß in diesem Modell in jedem Falle $C = Y$ gilt.) Die ausgelassenen und durch ... gekennzeichneten Ausdrücke stehen für alle Faktoren, die neben dem Zinssatz und der Produktion Einfluß auf die reale Geldnachfrage haben - wie z.B. die realen Transaktionskosten.

Abb. 5.2 zeigt graphisch die Gleichheit zwischen Geldmenge und Geldnachfrage. Es erscheint nützlich, das Preisniveau P auf der vertikalen Achse abzutragen. Dann erscheint die konstante Geldmenge M als eine vertikale Linie in der Abbildung. Die nominale Geldnachfrage wird durch $M^d = P \cdot L(R, Y, \dots)$ bestimmt; bei gegebenen

Werten von R und Y ist die Nachfrage direkt proportional zu P. Daher bilden wir sie in der Abbildung als eine aus dem Ursprung kommende Gerade mit positiver Steigung ab. Es ist zu beachten, daß die Geldmenge der Geldnachfrage entspricht, wenn das Preisniveau den Wert P^* aufweist.

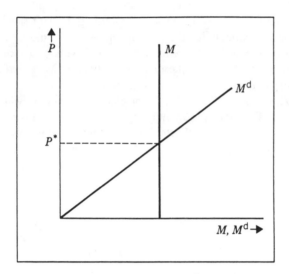

Abb. 5.2: *Die Geldnachfrage entspricht dem Geldangebot*
Die nominale Geldnachfrage wird durch $M^d = P \cdot L(R, Y, ...)$ bestimmt. Bei gegebenen Werten von R und Y ist diese Nachfrage eine aus dem Ursprung kommende Gerade mit positiver Steigung. Das nominale Geldangebot M ist eine Konstante. Die Geldmenge entspricht der Geldnachfrage, wenn das Preisniveau den Wert P^* aufweist.

Allgemeine Markträumung

Wir wollen nun die Werte des Zinssatzes R^* und des Preisniveaus P^* bestimmen, die mit den beiden folgenden gesamtwirtschaftlichen Konsistenz-Bedingungen vereinbar sind:

- Der Gütermarkt wird entsprechend Abb. 5.1. geräumt und
- die Geldmenge entspricht, wie in Abb. 5.2, der Geldnachfrage.

Diese beiden Bedingungen sichern, wie wir aufgrund des Walras-Gesetzes wissen, die Räumung des Kreditmarktes - d.h. $B^d = 0$. Insofern können wir R^* und P^* als die allgemeinen Markträumungswerte des Zinssatzes und des Preisniveaus bezeichnen.

Die grundlegende Funktionsweise des Modells ist ohne weiteres einsichtig. Mit Hilfe des Markträumungsdiagramms in Abb. 5.1 wird der Zinssatz R^* bestimmt und damit zugleich die aggregierte Produktion Y^*. Diese Werte für R^* und Y^* können wir in die Geldnachfragefunktion auf der rechten Seite von Gleichung (5.6) einsetzen. Für eine gegebene nominale Geldmenge M finden wir sodann in Abb. 5.2 den Wert des Preisniveaus P^*, der die allgemeine Markträumung ermöglicht.

Das Verfahren zur Lösung des Modells ist deshalb so einfach, weil das Preisniveau in der Bedingung für die Räumung des Gütermarktes in Gleichung (5.4) nicht erscheint. Oder anders ausgedrückt: Veränderungen des Preisniveaus führen nicht zu einer Verschiebung der Kurven in Abb. 5.1, so daß wir bei der Bestimmung des Zinssatzes R^* nicht den Markträumungswert des Preisniveaus P^* kennen müssen. Statt dessen können wir den Zinssatz R^* einfach der Abb. 5.1 entnehmen und anschließend die Gleichung (5.6) und Abb. 5.2 zur Bestimmung des Preisniveaus P^* heranziehen. Die genaue Funktionsweise dieses Modells wird wohl am leichtesten verständlich, wenn man es anhand einiger Beispiele durcharbeitet, die im übrigen auch um ihrer selbst willen von Interesse sind.

Angebotsschocks

Ökonomen verwenden den Begriff **Angebotsschocks**, um plötzliche Veränderungen der Produktionsbedingungen zu kennzeichnen. Negative Schocks schließen Mißernten, Streiks, Naturkatastrophen, Epidemien und politische Erschütterungen ein. Die wichtigsten jüngeren Beispiele für Angebotsschocks waren die Ölkrisen von 1973-74 und 1979. Tatsächlich begannen die meisten Ökonomen erst nach diesen dramatischen Veränderungen auf dem Ölmarkt, sich für Angebotsschocks zu interessieren.

Aus verschiedenen Gründen bezieht sich der Begriff *Angebotsschock* stets auf einen negativen Effekt beim Güterangebot. Aber es sind auch positive Entwicklungen denkbar, wie etwa technologische Innovationen, ertragreiche Ernten oder die drastische Verringerung des Ölpreises im Jahr 1986. Unsere Analyse läßt sich sowohl auf günstige als auch ungünstige Veränderungen der Produktionsbedingungen anwenden. Es wird sich aber als vorteilhaft erweisen, zwischen vorübergehenden und anhaltenden Veränderungen zu unterscheiden, wie wir dies schon bei einigen vorangegangenen Diskussionen getan haben.

Eine temporäre Verschiebung der Produktionsfunktion

Wir beginnen mit einer temporären Veränderung der Produktionsfunktion, die nur in der laufenden Periode auftreten möge. Konkrete Beispiele hierfür sind die Dürre im Jahr 1988, die den landwirtschaftlichen Output in den USA beeinträchtigte, oder Bergarbeiterstreiks, die die Produktion in Großbritannien verringerten.

Wir betrachten zunächst eine parallele Abwärtsverschiebung der Produktionsfunktion, wie in Abb. 5.3 dargestellt. Dieser Fall ist das einfachste Beispiel eines Angebotsschocks, da die Kurve des Grenzprodukts der Arbeit unberührt bleibt. Es treten folglich keine durch eine Veränderung der relativen Kosten von Konsum und Freizeit ausgelösten Substitutionseffekte auf.

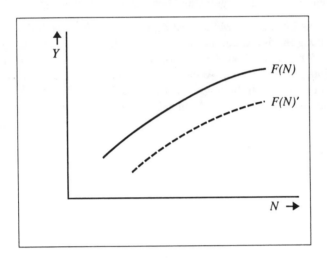

Abb. 5.3: *Parallele Abwärtsverschiebung der Produktionsfunktion*
Wir untersuchen hier eine parallele Abwärtsverschiebung der Produktionsfunktion von $F(N)$ nach $F(N)'$.

Auswirkungen auf Zinssatz und Produktion

Eine Konsequenz des Angebotsschocks ist eine sinkende Produktion bei gleichbleibendem Arbeitseinsatz und damit ein abnehmendes Güterangebot Y^s.

Zweitens bewirkt die Störung eine Vermögensverringerung, die allerdings aufgrund der kurzfristigen Veränderung gering ausfällt. Daher erwarten wir eine geringe negative Reaktion bei der aggregierten Konsumnachfrage C^d und eine geringe positive Reaktion beim aggregierten Arbeitseinsatz, wobei letztere eine Zunahme des Güterangebots Y^s impliziert. Da es sich indes nur um einen schwachen Vermögenseffekt handelt, kann die Angebotszunahme nur einen kleinen Teil der anfänglichen Angebotsverringerung kompensieren. Letztlich tritt eine Nettoabnahme des Gesamtangebots Y^s ein, die die geringe Abnahme der Gesamtnachfrage C^d übertrifft.

In Abb. 5.4 sind die Veränderungen auf dem Gütermarkt dargestellt. Vor der Verschiebung wird der Markt beim Zinssatz R^* geräumt. Dann verursacht die Störung eine Verschiebung der aggregierten Angebotskurve Y^s nach links zur Kurve $(Y^s)'$. Auch die aggregierte Nachfragekurve verschiebt sich von C^d nach $(C^d)'$. Wie bereits gesagt, ist die Verschiebung der Angebotskurve stärker als die der Nachfragekurve, so daß sich beim ursprünglichen Zinssatz R^* eine Situation des **Nachfrageüberschusses** - $(C^d)' > (Y^s)'$ - ergibt. (Im umgekehrten Fall - mit einer vorübergehenden, vorteilhaften Verschiebung der Produktionsfunktion - ergäbe sich ein **Angebotsüberschuß**.)

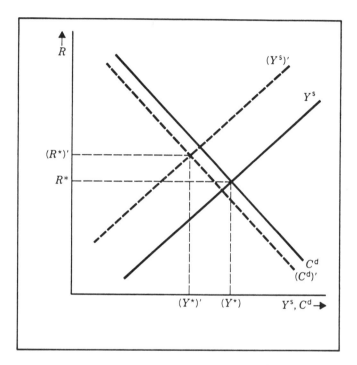

Abb. 5.4: *Auswirkungen eines Angebotsschocks auf den Gütermarkt*
Die vorübergehende Abwärtsverschiebung der Produktionsfunktion senkt das Gesamtangebot stärker als die Gesamtnachfrage. Deshalb muß der Zinssatz steigen, um die Räumung des Gütermarktes zu gewährleisten.

Die im Vergleich zum Güterangebot überschüssige Nachfrage bedeutet, daß alle Wirtschaftssubjekte - beim herrschenden Zinssatz - aufgrund der nur vorübergehenden Verschlechterung der Produktionsbedingungen ihre Ersparnis verringern möchten. Die Wirtschaftssubjekte werden auf kurzfristig reduzierte Einkommen nicht mit einer Reduzierung ihres Konsums, sondern mit einer Verringerung ihrer laufenden Ersparnis oder einer Erhöhung ihrer laufenden Kreditaufnahme reagieren. Sie planen, später ihre Schulden zurückzuzahlen oder ihre Aktiva aufzustocken, sobald das Einkommen höher ist. Aber wir wissen, daß nicht alle ihre Ersparnis verringern oder ihre Kreditaufnahme erhöhen können, weil im Aggregat die Ersparnis gleich Null sein muß. Deshalb hat sich der Zinssatz so anzupassen, daß die insgesamt von den Individuen gewünschten Ersparnisse mit den gesamtwirtschaftlichen Möglichkeiten übereinstimmen, d.h. insbesondere, daß die Gesamtersparnis gleich Null ist. Anders ausgedrückt bedeutet dies, daß sich der Zinssatz so verändern muß, daß die Räumung des Gütermarktes gewährleistet ist.

Aus Abb. 5.4 läßt sich ablesen, daß der neue Zinssatz $(R^*)'$ höher ist als der ursprüngliche Zinssatz R^*. Diese Zunahme hält die Wirtschaftssubjekte davon ab, insgesamt zu entsparen. Gleichzeitig bewirkt die Zinserhöhung eine Abnahme der Konsumnachfrage entlang der Kurve $(C^d)'$ und eine Zunahme des Angebots entlang der Kurve $(Y^s)'$. Beim neuen Zinssatz $(R^*)'$ wird der Gütermarkt wiederum geräumt, d.h. $(Y^s)' = (C^d)'$.

Das neue Produktionsniveau $(Y^*)'$ ergibt sich in Abb. 5.4 im Schnittpunkt der neuen Angebots- und Nachfragekurven. Die Störung - hier in Form einer vorübergehenden Verschlechterung der Produktionsbedingungen - verringert die Produktion, was angesichts der verringerten Güternachfrage $(C^d)'$ auch zu erwarten ist. Erstens ergibt sich eine Vermögensverringerung, welche die Nachfragekurve nach links verschiebt. Zweitens stellt sich eine Erhöhung des Zinssatzes ein, so daß die Nachfrage entlang der neuen Kurve $(C^d)'$ sinkt. Die aggregierte Nachfrage - und folglich der Output, welcher der Nachfrage entspricht - muß insgesamt abnehmen.

Aus der Sicht des Güterangebots $(Y^s)'$ ergibt sich zunächst eine Verschiebung der Kurve nach links. Dann bewirkt die Erhöhung des Zinssatzes eine Angebotszunahme entlang der Kurve $(Y^s)'$, die allerdings die anfängliche Angebotsabnahme nur teilweise kompensieren kann. Dieses Ergebnis ist folgerichtig, da beim neuen Zinssatz $(R^*)'$ Angebot und Nachfrage wieder ausgeglichen sind; wir haben soeben gezeigt, daß die Nachfrage gesunken ist.

Auswirkungen auf den Arbeitseinsatz
Die für den Arbeitseinsatz relevanten Faktoren hängen eng mit den die Konsumnachfrage beeinflussenden Kräften zusammen. Erstens führt eine Verringerung des Vermögens zu vermehrter Arbeit und verringerter Freizeit. Zweitens bewirkt die Zinssteigerung eine zusätzliche Erhöhung des laufenden Arbeitseinsatzes, so daß der gesamte Arbeitseinsatz steigt, während die Freizeit insgesamt abnimmt. Dieses Ergebnis ist insofern einleuchtend, als die Störung die für eine Substitution von Freizeit und Konsum relevanten Bedingungen unberührt läßt, d.h. die Lage der Kurve des Grenzprodukts der Arbeit wird nicht verschoben. Wenn sich also Konsum und Freizeit ändern, dürfen wir erwarten, daß diese Änderung in der gleichen Richtung erfolgt. In unserem aktuellen Beispiel bedeutet dies, daß beide Aggregate abnehmen.

Insgesamt bewirkt der Angebotsschock, daß sich Produktion und Konsum verringern, der Arbeitseinsatz hingegen steigt. Erinnern wir uns an die Analyse in Kapitel

2, bei der wir ganz ähnliche Ergebnisse erzielten, als wir in der Robinson-Crusoe-Wirtschaft eine Abwärtsverschiebung der Produktionsfunktion diskutierten. Angesichts der Tatsache, daß die Wirtschaftssubjekte im gegenwärtigen Modell auf dem Kreditmarkt Geld aufnehmen und verleihen können - was Robinson Crusoe nicht möglich war -, hätte man eigentlich ein anderes Ergebnis erwarten können. Da jedoch der Zinssatz in der Marktwirtschaft dafür sorgt, daß die Gesamtheit aller Ersparnisse gleich Null ist, befindet sich ein repräsentatives Wirtschaftssubjekt letztlich in der gleichen Situation wie Robinson Crusoe: Seine Ersparnis ist gleich Null. Aus diesem Grund gelangen wir zu ganz ähnlichen Schlußfolgerungen bei Betrachtung einer Verschlechterung der Produktionsbedingungen bezüglich des Arbeitseinsatzes, der Produktion und des Konsums.

Auswirkungen auf das Preisniveau
Zur Bestimmung des Preisniveaus gehen wir von der Bedingung aus, daß das gesamte Geld freiwillig gehalten wird. Diese Bedingung hatten wir folgendermaßen ausgedrückt:

$$M = P \cdot L(R, Y, ...).$$
$$(-)(+)$$

Wir wissen, daß die Störung die Gesamtproduktion senkt und den Zinssatz erhöht. Beide Veränderungen reduzieren die reale Geldnachfrage, welche auf der rechten Seite der Gleichung erscheint. Abb. 5.5. zeigt daher, wie sich die Geldnachfrage von M^d zu $(M^d)'$ nach links verschiebt. Zu beachten ist, daß das Preisniveau vom Ausgangsniveau P^* zu einem höheren Wert $(P^*)'$ ansteigt. Diese Veränderung ist notwendig, um die Gleichheit zwischen der Geldnachfrage und der konstanten Geldmenge M wiederherzustellen.

Mit Hilfe dieser Analyse lassen sich die Auswirkungen der Ölkrisen der 70er Jahre auf das US-Preisniveau veranschaulichen. Die im Vergleich zu den Preisen anderer Güter drastischen Erhöhungen des Ölpreises in den Jahren 1973-74 und 1979-81 wirkten auf die Produktionsfunktionen wie ein negativer Schock. Hierfür gibt es zwei Gründe: Erstens ist Öl ein überaus wichtiger Produktionsinput, so daß sich eine Senkung des Ölangebots - die sich im Anstieg des relativen Preises für Öl ausdrückt - nachteilig auf die Produktion anderer Güter auswirkt. Zweitens bedeutet die Zunahme des relativen Ölpreises für Ölimporteure, wie die USA, daß pro gekaufter Öleinheit ein größerer Teil des inländischen Einkommens an Ausländer gezahlt werden muß. Deshalb verbleibt den Ölimporteuren bei gegebenem Arbeitseinsatz und Output weniger Einkommen für Konsumausgaben.

Insgesamt ergaben sich also die in Abb. 5.4 dargestellten Kurvenverschiebungen. (Diese Veränderungen stellen sich zumindest dann ein, wenn die Wirtschaftssubjekte die Erhöhung des relativen Ölpreises als vorübergehend betrachten.) Wir erkennen erneut, daß die Produktion fällt, der Zinssatz steigt und die reale Geldnachfrage zurückgeht. Das bedeutet, daß sich das Preisniveau bei gleichbleibender Geldmenge erhöht. Aufgrund entsprechender Überlegungen können wir zeigen, daß die Verringerung des relativen Preises von Öl in den Jahren 1983-84 und insbesondere im Jahr 1986 geholfen hat, das allgemeine Preisniveau in den USA niedrig zu halten.

Wir sollten allerdings daraus nicht den Schluß ziehen, daß eine Erhöhung des relativen Preises irgendeines Gutes das allgemeine Preisniveau steigen läßt. Unter dem allgemeinen Preisniveau verstehen wir bekanntlich die Menge an Geldeinheiten, mit der ein repräsentativer Warenkorb von Gütern gekauft werden kann. Offensichtlich kann sich das allgemeine Preisniveau entweder nach oben oder unten bewegen, wenn einige relative Preise steigen und andere sinken. Betrachten wir beispielsweise den Fall einer schlechten Weizenernte, von der zwar andere Länder, nicht jedoch die USA betroffen sind. Der Weizenpreis steigt im Vergleich zu den Preisen anderer Güter, und hiervon profitieren die USA als Weizenexporteur. Aus der Sicht der USA stellt sich die Störung als eine vorübergehende Aufwärtsverschiebung der Produktionsfunktion dar, die zu einer Erhöhung der realen Geldnachfrage und letztlich zu einer Senkung des allgemeinen US-Preisniveaus führt.

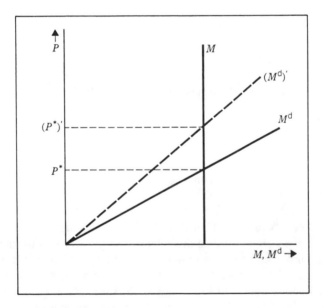

Abb. 5.5: *Auswirkungen eines Angebotsschocks auf das Preisniveau*
Der Anstieg des Zinssatzes und der Rückgang der Produktion bewirken eine Linksverschiebung der Geldnachfrage. Das Preisniveau steigt von P^* auf $(P^*)'$, um die Gleichheit zwischen der Geldnachfrage und der konstanten Geldmenge M wiederherzustellen.

Dynamik von Veränderungen des Zinssatzes und des Preisniveaus

Wir haben dargelegt, wie sich eine bestimmte Störung, wie etwa eine temporäre Verschlechterung der Produktionsfunktion, auf die allgemeinen Markträumungswerte des Zinssatzes und des Preisniveaus auswirkt. Die gesamtwirtschaftlichen Konsistenz-Bedingungen werden solange nicht erfüllt sein, wie eine neue Position der allgemeinen Markträumung erreicht ist. Wir haben allerdings noch nicht erklärt, wie sich der Zinssatz R und das Preisniveau P konkret verändern, um von einer Markträumungsposition zur anderen zu gelangen.

Wie zuvor erwähnt, erweckt eine vorübergehende Verschlechterung der Produktionsbedingungen bei allen Wirtschaftssubjekten den Wunsch, zum gegebenen Zinssatz weniger zu sparen, so daß das geringere Kreditangebot im Vergleich zur Kreditnachfrage den Kreditzins in die Höhe treibt. Diese Überlegung stimmt mit der von uns festgestellten Zunahme des Wertes des markträumenden Zinssatzes überein.

Überdies haben wir festgestellt, daß durch die Störung eine Übernachfrage nach Gütern entsteht, welche den Anbietern wiederum eine Erhöhung des Preises P erlaubt, zu dem sie zu Verkäufen bereit sind. Diese Reaktion stimmt überein mit der Zunahme des markträumenden Wertes des Preisniveaus.

Diese Skizze läßt vermuten, daß es irgendwelche plausiblen dynamischen Anpassungsprozesse der Marktkräfte geben muß, die die Volkswirtschaft zu einem neuen Zustand mit allgemeiner Markträumung führen. Tatsächlich sind einige ausgeklügelte dynamische Modelle konstruiert worden, doch ändert dies nichts an der Tatsache, daß Ökonomen die Dynamik dieses Prozesses nach wie vor nicht sehr gut verstehen. Wir haben vor allem Schwierigkeiten zu erklären, wie sich die Wirtschaftssubjekte verhalten, solange die gesamtwirtschaftlichen Konsistenz-Bedingungen nicht erfüllt sind.[1] Solange wir allerdings nur Zustände untersuchen, in welchen diese Bedingungen gewährleistet sind, beschränken wir unsere Aufmerksamkeit freilich nur auf Situationen mit allgemeiner Markträumung.

In der folgenden Analyse konzentrieren wir uns vor allem auf die Merkmale der Markträumungspositionen und ergänzen diese gelegentlich durch diese Skizze der dynamischen Prozesse, um die Veränderung des Preisniveaus und des Zinssatzes zu illustrieren. Allerdings sollten wir diese Darstellungen mit einer gewissen Vorsicht genießen, da sie nicht auf ausformulierten Modellen basieren. Unsere wichtigsten Aussagen über die reale Welt beruhen auf der Betrachtung des Einflusses bestimm-

---

[1] Walras stellte sich einen Auktionator vor, der die Preise im Verlauf des von uns angedeuteten dynamischen Prozesses entsprechend anpaßte. Solange aber nicht der Zustand der allgemeinen Markträumung erreicht war, wurden keine Transaktionen abgewickelt. Bei einer derartigen Sichtweise brauchen wir uns keine Gedanken darüber zu machen, wie sich die Wirtschaftssubjekte in Situationen verhalten, in denen die Märkte nicht geräumt sind. Selbstverständlich darf man den Kunstgriff mit dem Auktionator für die Mehrzahl der Märkte nicht allzu wörtlich nehmen. Der Grundgedanke ist vielmehr, daß Käufer und Verkäufer sehr schnell imstande sind, genau die Preise zu bestimmen, die mit den gesamtwirtschaftlichen Konsistenz-Bedingungen übereinstimmen.

ter Störungen auf die Bedingungen der allgemeinen Markträumung. Diese Methode führt häufig zu Antworten, die recht gut mit realen Beobachtungen übereinstimmen, so daß das Fehlen einer formalen dynamischen Theorie der Preisänderungen aus empirischer Sicht nicht einmal so sehr ins Gewicht fällt.

Zusammenfassung der Resultate
Fassen wir unsere Ergebnisse bezüglich einer vorübergehenden Abwärtsverschiebung der Produktionsfunktion zusammen. Wir erkannten, daß diese Störung zu einem Rückgang der Produktion und des Konsums, jedoch zu einer Zunahme des Arbeitseinsatzes führt. Sowohl der Zinssatz als auch das Preisniveau steigen.

Der Zinssatz steigt, weil alle Wirtschaftssubjekte die Abnahme der Produktionsmenge als kurzfristig betrachten und deshalb zur Aufrechterhaltung ihres Konsumniveaus Kredite aufnehmen wollen. Da jedoch nicht alle zugleich Kredit aufnehmen können, steigt der Zinssatz, um den Ausgleich zwischen gewünschter Kreditnachfrage und -angebot wiederherzustellen. Auf diese Weise erhält jeder, der in dieser Situation Kredite anbietet, eine Prämie in Form eines höheren Zinssatzes.

Das Preisniveau steigt, weil die Abnahme des laufenden Konsums und der Produktion in Verbindung mit der Zunahme des Zinssatzes die reale Geldnachfrage verringert. Bei unveränderter Geldmenge muß das Preisniveau steigen, um die Gleichheit von Geldnachfrage und konstanter Geldmenge wiederherzustellen.

Die Berücksichtigung einer Verschiebung der Kurve des Grenzprodukts der Arbeit
Wir haben soeben einen Fall untersucht, bei dem die Produktionsfunktion parallel nach unten verschoben wurde. Wir interessieren uns aber gewöhnlich für Situationen, in denen die Abwärtsverschiebung der Produktionsfunktion zugleich eine Verschlechterung der Grenzproduktivität der Arbeit mit sich bringt. So wird im Falle einer proportionalen Abwärtsverschiebung der Produktionsfunktion, wie in Abb. 5.6, das Grenzprodukt der Arbeit bei jedem beliebigen Arbeitseinsatz sinken. Aber wir wollen wiederum annehmen, daß die Veränderung der Produktionsfunktion nur für die laufende Periode gilt, so daß sie von den Wirtschaftssubjekten als nur temporäre Störung betrachtet wird.

Es stellen sich wiederum die Effekte auf dem Gütermarkt ein, wie in Abb. 5.4 dargestellt, jedoch kommen einige neue hinzu, die durch den Rückgang des Grenzprodukts der Arbeit bedingt sind. Die Wirtschaftssubjekte wollen aufgrund der gesunkenen Produktivität weniger arbeiten, um in den Genuß von mehr Freizeit zu kommen. Aufgrund der nur temporären Verschlechterung der Produktionsmöglichkeiten möchten sie auch mehr Freizeit heute statt zukünftigen Konsums und zukünftiger Freizeit, so daß ein intertemporaler Substitutionseffekt auftritt. Insgesamt gibt es also einen Anreiz, den gegenwärtigen Arbeitseinsatz N zu reduzieren und einen schwächeren Impuls, die gegenwärtige Güternachfrage C^d zu verringern. Zu beachten ist jedoch, daß die Abnahme des laufenden Arbeitseinsatzes einen Rückgang des gegenwärtigen Güterangebots Y^s bedeutet.

Um diese neuen Effekte berücksichtigen zu können, müssen wir das Markträumungsdiagramm in Abb. 5.4 in zweifacher Weise modifizieren. Erstens fügen wir eine Verschiebung der Angebotskurve nach links zur neuen Kurve $(Y^s)'$ hinzu und zweitens eine geringere Linksverschiebung der Nachfragekurve $(C^d)'$. Es ist aber zu beachten, daß diese Modifikationen die allgemeine Konfiguration der Kurven in Abb. 5.4 nicht verändern, so daß wir nach wie vor zu der Schlußfolgerung gelangen, daß die Produktion und der Konsum abnehmen, während der Zinssatz steigt. Aufgrund der Abwärtsbewegung der Kurve des Grenzprodukts der Arbeit sind diese Effekte jedoch größer als zuvor.

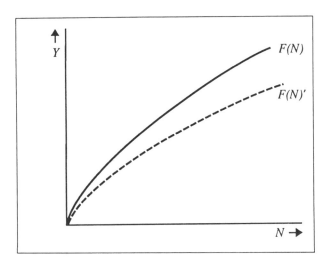

Abb. 5.6: *Proportionale Abwärtsverschiebung der Produktionsfunktion*
Wir untersuchen hier eine proportionale Abwärtsverschiebung der Produktionsfunktion von $F(N)$ zu $F(N)'$.

Der einzige qualitative Unterschied in den Resultaten besteht im Verhalten des Arbeitseinsatzes, der zuvor aufgrund der Vermögenseinbuße und der Erhöhung des Zinssatzes zugenommen hatte. Jetzt wollen die Wirtschaftssubjekte aber weniger arbeiten, weil das Grenzprodukt der Arbeit (GPA) gesunken ist. Insgesamt bleibt es offen, ob der Arbeitseinsatz per Saldo steigt oder sinkt.

Übertragen wir dieses Ergebnis erneut auf den Fall einer Mißernte. Die Wirtschaftssubjekte werden heute viel arbeiten wollen, weil der Output niedrig (Vermögenseffekt) und der Zinssatz hoch (intertemporaler Substitutionseffekt) ist. Wenn die Mißernte jedoch den zusätzlichen Arbeitseinsatz heute relativ unproduktiv erscheinen läßt, dann werden die Wirtschaftssubjekte anstelle von Arbeit mehr Freizeit vorziehen. Insgesamt ist nicht eindeutig, ob das Zusammenwirken dieser Kräfte letztlich zu vermehrtem oder verringertem Arbeitseinsatz führt.

Betrachten wir nochmals Abb. 5.5 und Gleichung (5.6), die die Bedingung für die freiwillige Haltung der vorhandenen Kasse angibt, so stellen wir erneut fest, daß die Störung zu einer Anhebung des Preisniveaus führt. Da jedoch sowohl der Output als auch der Zinssatz stärker steigen als im vorherigen Fall, folgern wir, daß der Anstieg des Preisniveaus ebenfalls entsprechend größer ausfällt.

Angebotsschocks und Zinssatz in Frankreich während des 19. Jahrhunderts

David Denslow und Mark Rush (1989) untersuchten den Einfluß von Ernten auf den Zinssatz in Frankreich in der Periode 1828 bis 1869. Dieses Beispiel erschien aus verschiedenen Gründen attraktiv: Die Landwirtschaft hatte einen Hauptanteil an der Produktion (über 50%), kurzfristige Schwankungen im landwirtschaftlichen Output spiegeln im wesentlichen Witterungseinflüsse wider (die außerökonomische Kräfte darstellen und daher leicht zu interpretieren sind), die französische Volkswirtschaft wies gewisse Züge einer Ökonomie ohne internationale Handelsbeziehungen auf (wie in unserem theoretischen Modell) und es stehen brauchbare Daten zur Verfügung. Denslow und Rush ermittelten, daß ein temporärer Rückgang der Weizenproduktion einen statistisch signifikanten inversen Effekt auf den langfristigen Zinssatz in Frankreich hatte. Eine Abnahme der Weizenproduktion um 10% erhöhte den Zinssatz um 0,1 Prozentpunkte über den vergleichbaren Zinssatz in England. Diese Ergebnisse sind daher mit unserer theoretischen Analyse konsistent.

Eine permanente Verschiebung der Produktionsfunktion

Kehren wir zum Fall einer parallelen Abwärtsverschiebung der Produktionsfunktion zurück, bei der das Grenzprodukt der Arbeit unverändert bleibt. Allerdings soll es sich diesmal um eine permanente anstelle einer nur für eine Periode gültigen Verschiebung handeln.

Der Unterschied zum vorangegangenen Fall besteht im Ausmaß der Vermögenseffekte. Hier entsteht sowohl ein stark negativer Effekt auf die Konsumnachfrage als auch ein stark positiver Effekt auf den Arbeitseinsatz, so daß das Güterangebot weniger stark zurückgeht als zuvor. Wie unsere Analyse in Kapitel 3 zeigte, hat eine dauerhafte Verschiebung der Produktionsfunktion auf die gewünschte Ersparnis einen nur geringfügigen Einfluß. Die Wirtschaftssubjekte wollen sich vor allem heute nicht stärker verschulden, da das zukünftige Einkommen genau so niedrig ist wie das gegenwärtige. Wenn der Zinssatz unverändert bleibt, gehen die angebotene und die nachgefragte Gütermenge folglich in ungefähr gleichem Umfang zurück. Wir haben diesen Fall im Markträumungsdiagramm in Abb. 5.7 illustriert. Es ist zu erkennen, daß die Links-Verschiebungen der Angebots- und Nachfragekurven gleich groß sind. Deshalb stimmen Angebot und Nachfrage immer noch beim ursprünglichen Zinssatz R^* überein, und der neue Markträumungszinssatz $(R^*)'$ entspricht dem ursprünglichen R^*.

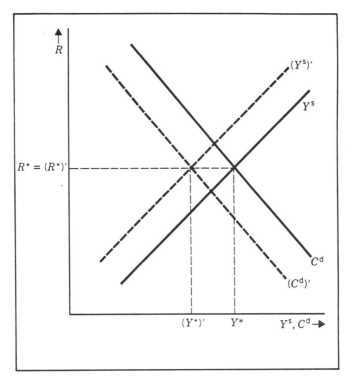

Abb. 5.7: *Auswirkungen einer permanenten Abwärtsverschiebung der Produktionsfunktion auf den Gütermarkt*
Die permanente Abwärtsverschiebung der Produktionsfunktion bewirkt gleich große Verringerungen von Gesamtangebot und -nachfrage. Deshalb bleibt der Zinssatz unverändert.

Auch hier ergibt sich wieder ein Rückgang der Produktion und des Konsums, wobei die Verringerung der Konsumnachfrage aufgrund des unveränderten Zinssatzes diesmal nur die Vermögensabnahme widerspiegelt. Letztere verursacht wiederum eine Zunahme des Arbeitseinsatzes.

Da die Produktion abnimmt und der Zinssatz konstant bleibt, geht die reale Geldnachfrage zurück. Abb. 5.5 läßt sich daher wiederum verwenden, um zu zeigen, daß das Preisniveau steigt. Insgesamt erhalten wir also für die Produktion und das Preisniveau ähnliche Ergebnisse wie bei einer temporären Veränderung der Produktionsfunktion.

Der entscheidende Unterschied besteht darin, daß der Zinssatz bei einer temporären Verschlechterung der Produktionsbedingungen steigt, bei einer permanenten Veränderung jedoch unverändert bleibt. Der Zinssatz ist ein Indikator für die Kosten, die der heutige Einsatz der Ressourcen im Vergleich zu morgen mit sich bringt. So bedeutet etwa ein hoher Zinssatz hohe Kosten des Gegenwartskonsums und der gegenwärtigen Freizeit im Vergleich zum zukünftigen Konsum und zur zukünftigen Freizeit. Bei einer temporären Verschlechterung der Produktionsbedingungen werden heutige Güter im Vergleich zu künftigen knapper, so daß in dieser Situation ein hoher Zinssatz angebracht erscheint, weil er die Wirtschaftssubjekte dazu veranlaßt, bei ihren Konsum- und Arbeitsentscheidungen die heutige relative Knappheit zu berücksichtigen. Auf der anderen Seite bedeutet eine permanente Verschlechterung der Produktionsbedingungen, daß die Güterverknappung von Dauer ist. Die gegenwärtige Position unterscheidet sich nicht von der zukünftigen. Der Zinssatz ändert sich nicht, da die Kosten der gegenwärtigen und zukünftigen Ressourcenverwendung unverändert bleiben.

Diese Ergebnisse vermitteln uns wichtige Erkenntnisse über die Bewegungen des Zinssatzes. Wir erwarten zumeist, daß sich der Zinssatz dann verändert, wenn wirtschaftliche Störungen die gegenwärtigen Bedingungen im Vergleich zu den zukünftigen verändern. Mißernten, Naturkatastrophen und umfangreiche Streiks fallen in diese Kategorie. Wie wir in einem späteren Kapitel noch herausarbeiten werden, ist der Krieg vermutlich das wichtigste empirische Beispiel für eine temporäre gesamtwirtschaftliche Störung. Bei permanenten Störungen prognostizieren wir relativ unbedeutende Veränderungen des Zinssatzes. (Zur *Vorsicht* sei angemerkt: Die Analyse hat bislang die wichtigen Einflüsse der Inflation auf den Zinssatz ausgeklammert. Deren Auswirkungen werden in den Kapiteln 7 und 8 behandelt.)

Wie zuvor können wir die Analyse so modifizieren, daß sie eine Abwärtsverschiebung der Kurve des Grenzprodukts der Arbeit einschließt und werden dabei feststellen, daß diese Erweiterung unsere Ergebnisse nicht grundlegend verändert. Auch in diesem Fall läßt eine permanente Verschlechterung der Produktionsbedingungen den Zinssatz unberührt. Aber ebenso wie bei der Analyse einer temporären Veränderung, ist die Reaktion des Arbeitseinsatzes ungewiß. Die Vermögensverringerung motiviert zur Mehrarbeit, die Senkung des Grenzprodukts der Arbeit gibt jedoch Anlaß zu verminderten Arbeitsanstrengungen.

Veränderungen der Geldmenge

Bei unseren bisherigen Beispielen haben wir die Veränderung des Preisniveaus mit Hilfe der Bedingung abgeleitet, daß Geld freiwillig gehalten wird. Dabei stellten wir fest, daß Veränderungen des Outputs und des Zinssatzes die Nachfrage nach realer Kassenhaltung veränderten. Da die nominale Geldmenge M konstant ist, paßt sich das Preisniveau so an, daß die nominale Geldnachfrage mit der nominalen Geldmenge in Übereinstimmung gebracht wird. Im wesentlichen haben wir uns mit Veränderungen der Geldnachfrage befaßt, während das aggregierte nominale Geldangebot M konstant gehalten wurde.

Viele Ökonomen sind der Auffassung, daß Veränderungen der Geldmenge M aus empirischer Sicht die Hauptursache für Schwankungen des Preisniveaus sind. Um diesen Zusammenhang analysieren zu können, müssen wir Veränderungen der Geldmenge zulassen. Deshalb werden wir nun ein einfaches analytisches Hilfsmittel konstruieren, das uns deren Analyse erlaubt.

Wir betrachten einen Fall, bei dem die ursprüngliche Geldmenge M_0 und alle folgenden Geldmengen M_t, für $t > 0$, im gleichen Umfang zunehmen. Somit gibt es ein für allemal eine Erhöhung der Geldmenge. Dies kann man sich etwa so vorstellen, daß der Staat zusätzliches Geld druckt und dieses den Bürgern zukommen läßt. In den Kapitel 7 und 17 werden wir genauer untersuchen, wie neu geschaffenes Geld in die Volkswirtschaft gelangt. Für die aktuelle Analyse unterstellen wir, der Staat führe diese etwas merkwürdig anmutende Aktion der Geldschaffung nur einmal durch, so daß die Bürger später keine weiteren Geldzuwendungen erwarten.

Die Bedingung zur Räumung des Gütermarktes, $Y^s(R,...) = C^d(R,...)$, enthält nicht die Geldmenge M. Deshalb wissen wir von vornherein, daß die Veränderung der Anzahl der verfügbaren Banknoten den markträumenden Wert des Zinssatzes R^* unberührt läßt und auch keine Effekte auf das Niveau von Output und Konsum auftreten ($Y^* = C^*$).

Betrachten wir nochmals die Bedingung für das freiwillige Halten der angebotenen Geldmenge

$$M = P \cdot L(R, Y, ...).$$
$$(-)(+)$$

Da der Zinssatz und das Produktionsniveau konstant bleiben, erfährt auch die reale Geldnachfrage, $L(R, Y, ...)$, die auf der rechten Seite der Gleichung steht, keine Veränderung. Deshalb verschiebt sich die in Abb. 5.8 mit M^d bezeichnete Linie nicht. Die Abbildung zeigt jedoch, daß die nominale Geldmenge von M auf M' zunimmt. Daraus folgt, daß das Preisniveau von P^* auf $(P^*)'$ steigt. Damit die Gleichheit zwischen der nominalen Geldnachfrage M^d und der Geldmenge gewahrt bleibt, muß der Anstieg des Preisniveaus im gleichen Verhältnis erfolgen wie jener des Geldbestandes. Mit anderen Worten: Die reale Geldmenge M/P bleibt unverändert. Dieses Ergebnis erscheint sinnvoll, da die reale Geldnachfrage $L(R,Y,...)$ gleich bleibt.

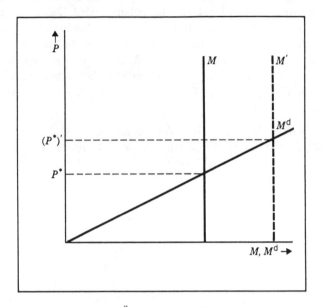

Abb. 5.8: *Auswirkungen einer Änderung der Geldmenge*
Die Geldmenge erhöht sich von M auf M'. Damit diese Geldmenge freiwillig gehalten wird, muß das Preisniveau von P^* auf $(P^*)'$ steigen.

Wie zuvor können wir einen dynamischen Prozeß skizzieren, der die Erhöhung des Preisniveaus plausibel macht. Beim ursprünglichen Preisniveau verfügen die Wirtschaftssubjekte über höhere reale Kassenbestände als gewünscht und versuchen deshalb, ihre überschüssige Kasse teils für Güter und Freizeit und teils für Wertpapiere zu verwenden. Der dadurch ausgelöste positive Güter- und Freizeiteffekt entspricht dem Realkasseneffekt, der dann wirksam wird, wenn die Wirtschaftssubjekte eine reale Kasse halten, die höher ist, als sie für die Zukunft planen, was hier der Fall ist. Da der Realkasseneffekt bewirkt, daß die Güternachfrage größer ist als das Güterangebot, entsteht ein Druck auf das Preisniveau.[2] Die Preise werden so lange

---

[2] Sofern die Wirtschaftssubjekte einen Teil ihrer Kassenüberschüsse in Wertpapieren anlegen, also vermehrt Wertpapiere nachfragen, läßt dies den Zinssatz tendenziell sinken, was wiederum zu einer Überschußnachfrage nach Gütern und damit zu einem verstärkten Aufwärtsdruck auf das Preisniveau führt. Wenn das Preisniveau steigt, kehrt die Zunahme der nominalen Geldnachfrage den Druck auf dem Wertpapiermarkt um und verursacht einen Anstieg des Zinssatzes. Im neuen Zustand der allgemeinen Markträumung - in dem die Geldmenge, das Preisniveau und die nominale Geldnachfrage im gleichen Verhältnis zugenommen haben - ist der Nettoeffekt auf den Zinssatz gleich Null.

steigen, bis die vorhandene Kasse freiwillig gehalten wird. Sodann haben die Haushalte keine überschüssigen Geldbestände mehr, die sie zum Kauf von Gütern verwenden wollen, und folglich gibt es auch keinen Druck mehr auf das Preisniveau.

Neutralität des Geldes

Diese Ergebnisse offenbaren eine wichtige Eigenschaft, die als **Neutralität des Geldes** bezeichnet wird und besagt, daß einmalige Veränderungen der aggregierten Geldmenge, die auch beibehalten werden, zwar nominale Variablen beeinflussen, reale Variablen jedoch unverändert lassen. Wenn sich beispielsweise die Geldmenge verdoppelt, so verdoppelt sich auch das Preisniveau P, die nominalen Werte der Produktion und des Konsums, $PY = PC$. Unverändert bleiben hingegen die realen Variablen, wie die Produktion und der Konsum, $Y = C$, die reale Kassenhaltung M/P und der Arbeitseinsatz N. Dasselbe gilt für den Zinssatz R, der eine reale Variable ist, die uns die Kosten heutigen Konsums oder heutiger Freizeit im Vergleich zu morgen anzeigt. In späteren Kapiteln werden wir noch weitere Aspekte der Geldneutralität erörtern.

Quantitätstheorie des Geldes und der Monetarismus

Als **Quantitätstheorie des Geldes** bezeichnen wir eine ökonomische Denkrichtung, die sich mit der Beziehung zwischen Geld und Preisen befaßt. Sie hat bereits eine sehr lange Tradition. Wesentliche Beiträge zu dieser Theorie gehen auf David Hume, Henry Thornton und Irving Fisher zurück.[3] In den Analysen lassen sich zwei gemeinsame Elemente erkennen: Veränderungen der Geldmenge haben erstens einen positiven Effekt auf das allgemeine Preisniveau. Veränderungen der Geldmenge sind zweitens aus empirischer Sicht ganz wesentlich für längerfristige Bewegungen des Preisniveaus verantwortlich.

Einige Ökonomen haben die Quantitätstheorie dahingehend verfeinert, daß sie Veränderungen der Geldmenge zu Veränderungen der Gütermenge, für die die Wirtschaftssubjekte ihr Geld ausgeben können, in Beziehung setzten. Letztere entsprechen in unserem Modell der Produktion Y. Da der Output jedoch nur eine von mehreren Variablen ist, die die reale Kassenhaltung beeinflussen, haben manche Quantitätstheoretiker argumentiert, daß das Preisniveau steigt, wenn die Geldmenge relativ zu der realen Geldnachfrage der Wirtschaftssubjekte zunimmt. Preisniveauschwankungen würden dann überwiegend Veränderungen der Geldmenge reflektieren, sofern die Veränderungen der nominalen Geldmenge sehr viel ausgeprägter sind als die Fluktuationen der realen Geldnachfrage.[4]

---

[3] Vgl. Eugene Rotwein (1970), H. Thornton (1978)und I. Fisher (1963), Kap. 2 u. 8.

[4] Milton Friedman sieht in der Betonung der Stabilität der Geldnachfrage das "Markenzeichen" eines modernen Quantitätstheoretikers. Vgl. ders. (1956), S. 16.

Ökonomen setzen die Quantitätstheorie des Geldes gelegentlich mit der Aussage gleich, daß monetäre Veränderungen neutral sind. Dies entspricht unserer früheren Feststellung, daß Veränderungen der Geldmenge zwar proportionale Effekte beim Preisniveau auslösen, die realen Variablen jedoch unangetastet lassen. Viele Quantitätstheoretiker halten diese Hypothese langfristig für zutreffend, nicht jedoch für den Fall kurzfristiger Schwankungen der Geldmenge. Die Quantitätstheorie läßt grundsätzlich die Möglichkeit zu, daß Schwankungen der Geldmenge die reale wirtschaftliche Aktivität kurzfristig beeinflussen können. In unserem Modell lassen sich derartige kurzfristige reale Effekte der Geldmenge bislang noch nicht zeigen. In späteren Kapiteln werden wir auf diese Möglichkeit noch zurückkommen.

Neuerdings wird die Bezeichnung **Monetarismus** auf eine der modernen Quantitätstheorie des Geldes verwandte Denkrichtung angewandt. Wie dies bei vielen in Zeitungen populären Begriffen der Fall ist, ist auch dieser durchaus widersprüchlich verwendet worden. Eindeutig ist jedoch, daß Monetaristen die Geldmenge als insbesondere langfristig entscheidende Determinante des Preisniveaus betrachten. Deshalb propagieren sie die Kontrolle des Geldangebots als zentrale Voraussetzung für Preisstabilität. Im übrigen betonen Monetaristen bedeutende kurzfristige Effekte von Geldmengenschwankungen auf die realen ökonomischen Aktivitäten, betrachten diese jedoch typischerweise als nicht vorhersehbar. Deshalb ist ihrer Ansicht nach eine stabile Geldmengenentwicklung zugleich die beste Politik zur Vermeidung erratischer Schwankungen realer Variablen.[5]

Veränderungen der Geldnachfrage

Wie bereits erwähnt, können wir mit Hilfe der Bedingung, daß die angebotene reale Geldmenge freiwillig gehalten wird, das Preisniveau bestimmen.

$$M = P \cdot L(R, Y, ...).$$
$$(-)(+)$$

Wir haben soeben die Wirkungen von Veränderungen der Geldmenge untersucht und dabei festgestellt, daß sich das Preisniveau in derselben Richtung ändert. An früherer Stelle haben wir Verschiebungen der Produktionsfunktion erörtert, die entweder die Produktion Y oder den Zinssatz R verändern. Bei konstanter Geldmenge haben diese Veränderungen über eine Verschiebung der realen Geldnachfrage Ein-

---

[5] Der Begriff *Monetarismus* ist offenbar von Karl Brunner (1968) geprägt worden. Er hebt drei wesentliche Kennzeichen der monetaristischen Position hervor (S. 9): "Erstens sind vor allem monetäre Impulse für Schwankungen der Produktion, der Beschäftigung und der Preise verantwortlich. Zweitens erweisen sich Veränderungen des Geldbestandes als zuverlässigstes Maß für den Schub monetärer Impulse. Drittens dominiert das Verhalten der Währungsbehörden die Bewegungen des Geldbestandes über den Konjunkturzyklus hinweg."

fluß auf das Preisniveau. Das Preisniveau bewegt sich allerdings in genau entgegengesetzter Richtung zu Veränderungen der realen Geldnachfrage.

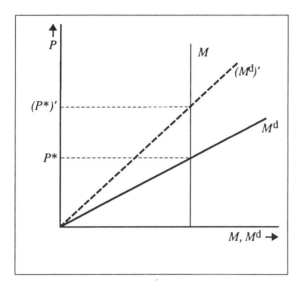

Abb. 5.9: *Wirkung einer Verringerung der Geldnachfrage auf das Preisniveau*
Die Geldnachfrage verschiebt sich nach links von M^d nach $(M^d)'$. Das Preisniveau erhöht sich von P^* auf $(P^*)'$, um die Gleichheit zwischen Geldnachfrage und konstanter Geldmenge M wiederherzustellen.

In einer Volkswirtschaft kann sich die Geldnachfrage aber auch durch andere Faktoren als durch Schwankungen der Produktion oder des Zinssatzes ändern. In unserem Modell der Geldnachfrage in Kapitel 4 können sich z.B. die mit dem Tausch von verzinslichen Aktiva in Geld verbundenen Kosten verändern. Aufgrund der Entwicklung von Geldmarkttiteln, automatisierten Bankschaltern und anderen finanztechnischen Innovationen haben sich diese Kosten in den letzten Jahren deutlich reduziert. Unserer Voraussage entsprechend müßte dies die Nachfrage nach realer Kassenhaltung vermindern.

Um diese Form der Veränderung zu verdeutlichen, sei angenommen, daß sich die reale Geldnachfragefunktion $L(R, Y, ...)$ nach links verschiebt, wie in Abb. 5.9 gezeigt. Im Ergebnis muß das Preisniveau steigen, um die Gleichheit von nominaler Geldnachfrage und gegebener nominaler Geldmenge M zu gewährleisten. Deshalb prognostizieren wir, daß die finanztechnischen Innovationen der letzten Jahre - die die Nachfrage nach realer Kassenhaltung zurückgehen ließen - das Preisniveau bei unveränderter nominaler Geldmenge erhöht und die reale Kassenhaltung M/P gesenkt haben.

In unserem Modell wird die Bedingung zur Räumung des Gütermarktes, $Y^s(R, ...)$ = $C^d(R, ...)$, durch die Veränderung der realen Geldnachfrage - und die daraus resultierende Veränderung der realen Kassenhaltung - nicht beeinflußt. Deshalb verändern sich weder die Markträumungswerte der Produktion noch des Zinssatzes.

Zusammenfassung

Jedes makroökonomische Modell muß bestimmte Bedingungen der gesamtwirtschaftlichen Konsistenz erfüllen. In unserem Kontext wird verlangt, daß erstens die Gesamtproduktion dem Gesamtkonsum entspricht, zweitens jeder verliehenen Geldeinheit eine geborgte Geldeinheit gegenübersteht und drittens die Wirtschaftssubjekte die vorhandene Geldmenge als Kasse halten wollen. Wir bedienen uns hier des Konzepts der Markträumung, um diese Bedingungen zu erfüllen. Insbesondere wird gefordert, daß das Güterangebot der Nachfrage entspricht, die Gesamtnachfrage nach Wertpapieren gleich Null ist, die Geldnachfrage gleich dem vorhandenen Geldangebot ist. Wegen der zugrunde liegenden Budgetbeschränkungen der Haushalte sind diese drei Bedingungen allerdings nicht unabhängig voneinander, weshalb es nach dem Walras-Gesetz ausreichend ist, mit zwei dieser drei Bedingungen zu arbeiten. Wir konzentrieren uns vorwiegend auf die Bedingung zur Räumung des Gütermarktes - Güterangebot ist gleich Güternachfrage - sowie auf die Bedingung, daß die vorhandene Geldmenge freiwillig als Kasse gehalten wird.

Um zu zeigen, wie die Bedingung zur Räumung des Gütermarktes den Zinssatz und die Produktion bestimmt, haben wir ein Markträumungsdiagramm entwickelt. Bei einer gegebenen nominalen Geldmenge wird das Preisniveau dann durch die Bedingung festgelegt, daß die Wirtschaftssubjekte freiwillig die vorhandene Kasse halten.

Mit Hilfe dieses Instrumentariums können wir Angebotsschocks untersuchen, die wir als Verschiebungen der Produktionsfunktion darstellen. Eine vorübergehende Verschlechterung der Produktionsbedingungen senkt den Output und erhöht den Zinssatz sowie das Preisniveau und hat einen ungewissen Effekt auf den Arbeitseinsatz. Im Falle einer nicht nur temporären, sondern permanenten Abwärtsverschiebung der Produktionsfunktion ergibt sich als wesentlicher Unterschied, daß sich der Zinssatz nicht erhöht. Der Grund dafür ist, daß ein höherer Zinssatz die Knappheit heutiger Güter im Vergleich zu späteren signalisiert. Wenn sich die Situation auf Dauer verschlechtert, gibt es mithin keinen Grund für eine Änderung des Zinssatzes.

Veränderungen der nominalen Geldmenge sind in unserem Modell neutral, d.h. das Preisniveau verändert sich proportional zur Geldmenge, während die realen Variablen konstant bleiben. Vernachlässigen wir die Transaktionskosten, so haben Veränderungen der Geldnachfrage keinen Einfluß auf die realen Variablen, abgesehen von der Höhe der realen Kassenhaltung. Das Preisniveau sinkt jedoch, wenn die reale Geldnachfrage zunimmt.

Fragen und Probleme

Zur Wiederholung

5.1 Wie sind die Transaktionen auf verschiedenen Märkten, wie dem Konsumgüter- und dem Kreditmarkt, in den individuellen Budgetbeschränkungen miteinander verbunden? Wie zeigt das Walras-Gesetz, daß diese Verknüpfung sich auf sämtliche Märkte überträgt?

5.2 Wie wirkt sich eine Veränderung (*a*) des Zinssatzes, (*b*) des Vermögens und (*c*) der Produktionsfunktion auf die aggregierte Güternachfrage und das aggregierte Güterangebot aus? Beschreiben Sie die Effekte graphisch und unterscheiden Sie dabei sorgfältig zwischen *Verschiebungen der* Angebots- und Nachfragekurven und *Bewegungen auf* diesen Kurven.

5.3 Warum bewirkt eine Veränderung des Preisniveaus keinen Abbau eines Nachfrage- oder Angebotsüberschusses auf dem Gütermarkt? Erklären Sie, wie eine Veränderung des Preisniveaus die Bedingung sicherstellt, daß die vorhandene Kasse freiwillig gehalten wird.

5.4 Betrachten Sie eine parallele Aufwärtsverschiebung der Produktionsfunktion, die das gesamte Güterangebot erhöht. Versuchen Sie sich mit Hilfe eines Diagramms zu vergewissern, daß
a. der Zinssatz unverändert bleibt, falls sich die Konsumnachfrage im selben Umfang verändert;
b. der Zinssatz sinkt, falls sich die Konsumnachfrage weniger stark verändert.

5.5 Beschreiben Sie Ihre Ergebnisse von Aufgabe 5.4 mit Hilfe des Konzepts der marginalen Konsumneigung. Welche der beiden Möglichkeiten ist im Falle einer nur vorübergehenden Verschiebung der Produktionsfunktion wahrscheinlich?

5.6 Was wird unter Neutralität des Geldes verstanden? Erklären Sie deren Implikationen für die weitverbreitete Vorstellung, daß eine Erhöhung der Geldmenge den Zinssatz senkt.

5.7 Angenommen, die mit dem Tausch von Finanzaktiva in Geld verbundenen Transaktionskosten sinken. Beschreiben Sie den dadurch bedingten Effekt auf (*a*) das Preisniveau, (*b*) die reale Geldmenge und (*c*) die Umlaufgeschwindigkeit des Geldes. Widersprechen diese Effekte der Neutralität monetärer Änderungen?

Probleme zur Diskussion

5.8 Das Walras-Gesetz der Märkte

a. Zeigen Sie, wie sich das Walras-Gesetz [Gleichung (5.3)] unter Verwendung der Haushaltsbudgetbeschränkungen ableiten läßt.

b. Wir haben scheinbar drei voneinander unabhängige Bedingungen der gesamtwirtschaftlichen Konsistenz: Die Gesamtnachfrage nach Wertpapieren ist gleich Null, $B^d_1 = 0$; der Bestand an Geld wird freiwillig gehalten, $M_0 = M^d_1$; das Güterangebot ist gleich der Güternachfrage, $Y^s_1 = C^d_1$. Erklären Sie, warum nach dem Walras-Gesetz nur zwei dieser Bedingungen voneinander unabhängig sind.

c. Wie verhält sich die Anzahl der unabhängigen gesamtwirtschaftlichen Konsistenz-Bedingungen zu der Anzahl der im Modell zu bestimmenden Marktpreise? Dabei verstehen wir unter dem Begriff *Marktpreise* sowohl das Preisniveau P als auch den Zinssatz R, welcher der Preis für Kredite ist.

5.9 Wirkungen einer Änderung der Bevölkerung

Wir unterstellen eine einmalige Abnahme der Bevölkerung, die möglicherweise durch eine Seuche oder eine plötzliche Auswanderungswelle verursacht wird. Produktivität und Präferenzen der verbleibenden Bevölkerung sollen davon ebenso unberührt bleiben wie die aggregierte Geldmenge.

Was geschieht unter diesen Umständen mit den Werten der Gesamtproduktion Y, dem Arbeitseinsatz N, dem Zinssatz R und dem Preisniveau P?

5.10 Effekte einer veränderten Arbeitsbereitschaft

Angenommen, alle Haushalte würden (auf magische und unerklärliche Weise) ihre Präferenzen zugunsten des Konsums und zu Lasten der Freizeit verändern und somit ihre Arbeitsbereitschaft steigern. Die Präferenzen für gegenwärtige im Vergleich zu künftigen Ausgaben sollen jedoch konstant bleiben, so daß die aggregierte geplante Ersparnis beim anfangs gegebenen Zinssatz keine Veränderung erfährt.

Was geschieht mit den Werten der Gesamtproduktion Y, dem Arbeitseinsatz N, dem Zinssatz R und dem Preisniveau P?

Können Sie sich irgendwelche realen Ereignisse vorstellen, die die allgemeine Arbeitsbereitschaft erhöhen könnten?

(*Anmerkung*: Es wäre problematisch, wenn wir unbeschränkte Fluktuationen der Präferenzen zuließen. Eine grundlegende Stärke des ökonomischen Ansatzes und zugleich die Basis zur Entwicklung von Hypothesen, die wir anhand von beobachteten Daten falsifizieren können, ist die Annahme stabiler Präferenzen. Dies erlaubt uns, Veränderungen der Produktionsmöglichkeiten und andere Störungen als Vermögens- und Substitutionseffekte zu analysieren, um letztlich prognostizierbare Einflüsse auf die beobachteten Variablen, wie beispielsweise die Produktion und das Preisniveau, zu erhalten. Im Falle instabiler Präferenzen läßt sich letztlich jedes beobachtete Verhalten begründen, indem man entsprechende Veränderungen bei den unbeobachtbaren Präferenzen unterstellt. Die Fähigkeit, sämtliche Daten erklären zu können, würde indessen den prognostischen Wert unseres Modells zunichte machen. Im übrigen sind nicht kalkulierbare Veränderungen der Präferenzen für ein Individuum viel plausibler als für die Gesamtheit aller Haushalte. Es gibt wohl kaum einen vernünftigen Grund, warum alle Wirtschaftssubjekte exakt zum gleichen Zeitpunkt plötzlich mehr arbeiten wollen.)

5.11 Effekte einer Veränderung der geplanten Ersparnis
Angenommen, alle Haushalte erhöhen ihre Präferenz für gegenwärtige Ausgaben gegenüber künftigen Ausgaben. Bei gegebenem Wert des Zinssatzes sinkt die geplante Ersparnis.

Was geschieht mit der gesamtwirtschaftlichen Produktion Y, dem Arbeitseinsatz N, dem Zinssatz R und dem Preisniveau P?

(Die Anmerkung zu Problem 5.10 gilt auch für die hier unterstellte Präferenzänderung.)

5.12 Vorübergehende Veränderungen des Preisniveaus
Wir beziehen uns wiederum auf die Analyse einer vorübergehenden Verschlechterung der Produktionsbedingungen (Abb. 5.4 und 5.5), bei der wir gezeigt haben, daß das Preisniveau von seinem ursprünglichen Wert P^* auf den höheren Wert $(P^*)'$ steigt. Da es sich jedoch um eine temporäre Störung handelt, erwarten wir auch hier in späteren Perioden einen Rückgang des Preisniveaus auf den Anfangswert P^*. Zumindest müßte dies dann passieren, wenn alles andere, einschließlich der Geldmenge, unverändert bleibt.

Bisher haben wir in unserer Analyse angenommen, daß die Wirtschaftssubjekte ein im Zeitablauf konstantes Preisniveau erwarten. Wir haben aber soeben gezeigt, daß das gegenwärtige Preisniveau im Falle einer vorübergehenden Verschlechterung der Produktionsbedingungen über seinem erwarteten zukünftigen Wert liegt. Überlegen Sie, wie man die Analyse modifizieren könnte, um erwartete künftige Veränderungen des Preisniveaus zu berücksichtigen. (Verwenden Sie nicht zu viel Zeit auf dieses Problem, da wir dieses Thema in den Kapiteln 7 und 8 eingehend behandeln werden.)

5.13 Konsum, Sparen und Zinssatz (fakultativ)
Unserer Theorie zufolge veranlaßt eine Zinssatzerhöhung die Wirtschaftssubjekte, ihren laufenden Konsum im Vergleich zum laufenden Einkommen zu verringern und ihre laufende Ersparnis entsprechend zu erhöhen. Obwohl eine vorübergehende Abwärtsverschiebung der Produktionsfunktion zu einer Erhöhung des Zinssatzes führt, stellt sich keine Veränderung des Verhältnisses von aggregiertem Konsum zu aggregiertem Einkommen ein (welches in diesem Modell gleich 1 ist). Im übrigen bleibt auch die aggregierte Ersparnis (welche gleich Null ist) unverändert.
a. Erklären Sie diese Ergebnisse.

b. Wirtschaftswissenschaftler haben oft versucht, die Auswirkungen einer Veränderung des Zinssatzes auf die individuellen Konsum- und Sparentscheidungen zu schätzen. Dabei haben sich viele Untersuchungen mit der Beziehung zwischen dem Zinssatz und entweder dem Verhältnis von Gesamtkonsum zu Gesamteinkommen oder zu den gesamten Ersparnissen befaßt. Welche Prognosen erlaubt die Theorie bezüglich dieser Beziehung? Warum gibt sie keine Aufschlüsse über die Konsequenzen eines veränderten Zinssatzes für die individuellen Konsum- und Sparentscheidungen?

c. Der Theorie zufolge motiviert ein gestiegener Zinssatz die Wirtschaftssubjekte zur Erhöhung ihres Konsums in der nächsten Periode c_2 im Vergleich zum Konsum dieser Periode c_1. Angenommen, wir betrachten die Beziehung des Zinssatzes R_1 zum Verhältnis der Konsumaggregate C_2/C_1. Vermittelt diese Beziehung Aufschlüsse über das Verhalten der Individuen?

d. Angenommen, wir wollten anhand aggregierter Daten die Effekte des Zinssatzes auf die individuellen Konsum- und Sparentscheidungen ermitteln. Mit welchen Größen sollten wir uns angesichts der soeben gefundenen Antworten befassen?

5.14 Die Dynamik von Veränderungen des Preisniveaus

Im Text haben wir einen Fall untersucht, bei dem die reale Geldnachfrage abnahm, woraufhin das Preisniveau anstieg, der Zinssatz hingegen unverändert blieb.

a. Skizzieren Sie einen dynamischen Prozeß, der die Kräfte beschreibt, welche den Anstieg des Preisniveaus auslösen.

b. Bleibt der Zinssatz konstant oder verändert er sich, während sich das Preisniveau in Teilfrage (*a*) anpaßt?

c. Können Sie einen Fall erläutern, bei dem das Preisniveau unverzüglich seine neue Markträumungsposition erreicht, anstatt sich entsprechend dem in Teilfrage (*a*) skizzierten Prozeß allmählich anzupassen?

5.15 Eine Währungsreform

Angenommen, der Staat ersetze die bestehende Geldeinheit durch eine neue. Beispielsweise wird in den USA der alte Dollar gegen den "Reagan-Dollar" ausgetauscht, der zehn alten Dollars entspricht. Die Wirtschaftssubjekte können ihre alten Banknoten im Verhältnis 10:1 gegen neue einlösen. Außerdem werden alle auf alte Dollar lautenden Verträge im Verhältnis 10:1 in "Reagan-Dollar" konvertiert.

a. Was geschieht mit dem Preisniveau und dem Zinssatz?

b. Was geschieht mit der Produktion, dem Konsum und dem Arbeitseinsatz?

c. Wird in den Ergebnissen die Neutralität des Geldes ersichtlich?

5.16 Temporäre versus permanente Veränderungen der Produktionsfunktion (fakultativ)

Betrachten Sie die parallele Abwärtsverschiebung der Produktionsfunktion in Abb. 5.3, welche die Kurve des Grenzprodukts der Arbeit unberührt läßt. Nehmen Sie zunächst an, daß es sich dabei um eine permanente Veränderung handelt.

Das grundlegende Markträumungsmodell

a. In Kapitel 2 haben wir diese Art von Störung für ein isoliertes Individuum, Robinson Crusoe, analysiert und dabei festgestellt, daß Crusoe seinen Output und Konsum verringert, seinen Arbeitseinsatz jedoch erhöht. Vergleichen Sie diese Ergebnisse mit denen des 5. Kapitels, welches die Existenz von Güter- und Kreditmärkten einschließt. Stellen Sie sich den typischen oder repräsentativen Haushalt vor: Unterscheiden sich die Reaktionen dieses Haushalts in bezug auf Produktion, Konsum und Arbeitseinsatz von Robinson Crusoes Verhalten?

b. Gehen Sie jetzt von einer vorübergehenden Veränderung der Produktionsfunktion aus und vergleichen Sie wiederum Robinson Crusoes Reaktionen in bezug auf Produktion, Konsum und Arbeitseinsatz mit denen des repräsentativen Haushalts im Modell dieses Kapitels.

c. Inwieweit hängen Robinson Crusoes Reaktionen bezüglich der Produktion, des Konsums und des Arbeitseinsatzes davon ab, ob die Verbesserung der Produktionsfunktion temporär oder permanent ist? (Vergleichen Sie hierzu Problem 2.9 in Kapitel 2).

d. Wenn man die Ergebnisse zu den Teilfragen (*a*), (*b*) und (*c*) verbindet, lassen sich die Auswirkungen temporärer und permanenter Veränderungen der Produktionsfunktion im Modell dieses Kapitels, das Märkte für Güter und Kredit einschließt, vergleichen. Inwieweit hängen die Reaktionen des repräsentativen Haushaltes in bezug auf Produktion, Konsum und Arbeitseinsatz davon ab, ob die Veränderung der Produktionsfunktion permanent oder temporär ist?

Kapitel 6

Arbeitsmarkt

Der Einfachheit halber haben wir bisher unterstellt, die Haushalte erzeugten ihre Produkte ausschließlich mit ihrer eigenen Arbeitskraft. Um unser Modell nun realistischer zu gestalten, führen wir einen Markt ein, auf dem die Wirtschaftssubjekte Arbeitsleistungen austauschen können. Wirtschaftssubjekte, die wir uns als Unternehmen oder Arbeitgeber vorstellen können, kaufen Arbeitsleistungen; diejenigen, die Arbeitsleistungen verkaufen, sind die Arbeitnehmer in der Volkswirtschaft.

Wir können uns den Arbeitsmarkt als einen "Ort" denken, an dem Arbeitsleistungen angeboten und nachgefragt werden. Durch die Räumung dieses Marktes werden - zusammen mit jener der Güter- und Kreditmärkte - die Aggregate der Beschäftigung und der Produktion bestimmt. Ein Anliegen dieses Kapitels besteht darin zu zeigen, wie die Existenz des Arbeitsmarktes und das Auftreten von Unternehmen die Bestimmung von Beschäftigung und Produktion verändern. Es wird sich herausstellen, daß diese Veränderungen für die meisten makroökonomischen Fragestellungen nur von geringer Bedeutung sind; die vereinfachende Annahme, daß die Wirtschaftssubjekte nur in ihrem eigenen Produktionsprozeß tätig sind, erweist sich in den meisten Fällen als ausreichend. Die Erweiterungen dieses Kapitels erlauben uns jedoch zu untersuchen, wie die Lohnsätze bestimmt werden und inwieweit der Arbeitsmarkt zur Förderung der ökonomischen Effizienz beiträgt. Dieser erweiterte Rahmen wird im übrigen sehr bedeutsam für unsere spätere Analyse der Arbeitslosigkeit (Kapitel 11).

Modell eines Arbeitsmarktes

Zur Vereinfachung sei unterstellt, daß alle Arbeitsleistungen physisch identisch sind. Die Wirtschaftssubjekte produzieren nicht mehr für sich selbst, sondern verkaufen statt dessen ihre Arbeitsleistungen auf dem Arbeitsmarkt. Auf diesem bildet sich ein einheitlicher Lohnsatz, den wir mit w bezeichnen und in Geldeinheiten pro Arbeitsstunde ausdrücken (aus Gründen der Bequemlichkeit lassen wir die Zeitindizes weg). Die Käufer von Arbeitsleistungen bezahlen w Geldeinheiten für jede Stunde, die jemand für sie tätig ist. Entsprechend erhalten die Verkäufer von Arbeitsleistungen w Geldeinheiten für jede geleistete Arbeitsstunde. Ebenso wie bei unserer Analyse des Gütermarktes unterstellen wir, daß die einzelnen Käufer und Verkäufer den Lohnsatz w als gegeben betrachten.

Wir bezeichnen die Anzahl der Arbeitsstunden, die ein Haushalt in einer Periode auf dem Arbeitsmarkt anbietet, mit n^s und das vom Haushalt empfangene Arbeitseinkommen (in Geldeinheiten) mit $w \cdot n^s$.

Stellen wir uns vor, daß einige Haushalte - die wir Arbeitgeber nennen wollen - **Unternehmen** betreiben; diese stellen andere Wirtschaftssubjekte als Arbeitskräfte ein. Bezeichnen wir mit n^d die Anzahl der Arbeitsstunden, die ein Unternehmen am Arbeitsmarkt nachfragt, so entspricht $w \cdot n^d$ der in Geldeinheiten ausgedrückten Lohnzahlung des Unternehmens an seine Arbeitnehmer.

Jedes Unternehmen verwendet die Arbeitsleistungen n^d als Inputs zur Güterproduktion. Die produzierte und auf dem Gütermarkt angebotene Menge beträgt dann

$$y^s = f(n^d), \tag{6.1}$$

wobei f wiederum die Produktionsfunktion ist. Da die Güter zum Preis P verkauft werden, ist der Brutto-Erlös des Unternehmens $P \cdot y^s$. Der **Gewinn** (oder Ertrag) des Unternehmens ergibt sich aus der Differenz von Brutto-Erlös und Lohnzahlungen, also

$$\text{Gewinn} = P \cdot y^s - w \cdot n^d = P \cdot f(n^d) - w \cdot n^d. \tag{6.2}$$

Es ist zu beachten, daß die Unternehmen in diesem Stadium unserer Analyse Wertpapiere weder ausgeben noch halten.

Der Unternehmensgewinn fließt dem Haushalt zu, der Eigentümer des Unternehmens ist. Wir könnten einen **Aktienmarkt** einführen, auf dem die Wirtschaftssubjekte Eigentumsrechte an Unternehmen kaufen und verkaufen. Dann würde der Gewinn an die jeweiligen Aktionäre in Form einer Dividendenzahlung fließen. Zur Vereinfachung verzichten wir auf die Einführung eines Aktienmarktes und unterstellen, daß die Eigentumsrechte an Unternehmen auf irgendeine Weise auf die Haushalte verteilt sind.[1] In jedem Falle erscheint es wichtig, darauf hinzuweisen, daß das Eigentum an den Unternehmen zu 100% irgenwelchen Haushalten zusteht. Das Gesamteinkommen eines Haushalts umfaßt daher seinen Anteil an Unternehmensgewinnen, Arbeitseinkommen, $w \cdot n^s$, und Zinseinkommen.

Arbeitsnachfrage

Stellen wir uns einen Haushalt vor, der ganz oder teilweise Eigentümer eines Unternehmens ist. Der Nutzen dieses Haushalts hängt von seinem Konsum c^d und Arbeitseinsatz n^s ab. Folglich ist die Arbeitsnachfrage n^d für den Haushalt nur über ihren Effekt auf den Unternehmensgewinn von Bedeutung, der in Gleichung (6.2) definiert ist. Ist das Verhalten der Unternehmen von dem Ziel bestimmt, ihren Eigentü-

---

[1] Die Möglichkeit des Kaufs und Verkaufs von Aktien unterschiedlicher Unternehmen wird erst interessanter, sobald wir Unsicherheit über die Erträge eines jeden Unternehmens zulassen. Dann haben die Haushalte Veranlassung, ihren Aktienbestand über viele Typen von Unternehmen zu diversifizieren. Da wir derartige Unsicherheiten nicht berücksichtigen, wäre für unsere Analyse durch die Einführung eines Aktienmarktes nicht viel gewonnen.

mern zum Vorteil zu gereichen - was wir unterstellen - , so wird die Arbeitsnachfrage n^d so gewählt, daß der Gewinn in jeder Periode maximiert wird.

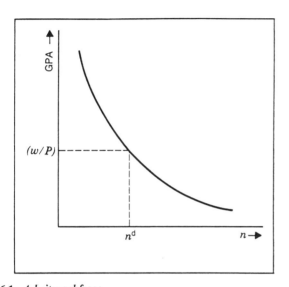

Abb. 6.1: *Arbeitsnachfrage*
Das Grenzprodukt der Arbeit *GPA* sinkt mit zunehmendem Arbeitseinsatz. Die Nachfrage der Produzenten nach Arbeit n^d wird durch den Punkt bestimmt, an dem das Grenzprodukt gleich dem Reallohnsatz w/P ist.

Eine Erhöhung des Arbeitseinsatzes n^d hat für den Gewinn zwei Konsequenzen: Erstens bedeutet eine zusätzliche Arbeitsstunde, daß der Output $f(n^d)$ um das Grenzprodukt der Arbeit *GPA* zunimmt, wodurch der Brutto-Erlös um den Betrag $P \cdot GPA$ steigt. Zweitens erhöht sich die Lohnsumme um den Geldlohnsatz w. Folglich steigt der Gewinn bei Zunahme des Arbeitsinputs, wenn der Wert des Grenzprodukts der Arbeit $P \cdot GPA$ höher ist als der Lohnsatz w. Um den Gewinn zu maximieren, fragt ein Unternehmen so lange mehr Arbeitskräfte nach, bis der Wert des Grenzprodukts genau gleich dem Lohnsatz ist, d.h. $P \cdot GPA = w$ gilt. Nach Division durch das Preisniveau lautet die von jedem Produzenten in jeder Periode erfüllte Bedingung

$$GPA = w/P, \tag{6.3}$$

wobei die rechte Seite der Gleichung (6.3) den **Reallohnsatz** w/P angibt. Diese Variable zeigt einem Individuum die Menge der Güter an, die es mit dem Geldbetrag w kaufen kann. Gleichung (6.3) besagt, daß ein Produzent dann den Arbeitseinsatz n^d so wählen wird, daß das Grenzprodukt *GPA* gleich diesem Reallohnsatz ist. An diesem Punkt trägt die letzte Arbeitseinheit gerade genug zum Output bei - nämlich *GPA* -, um die in Gütereinheiten gemessenen zusätzlichen Kosten dieser Arbeitseinheit (also den Reallohnsatz) zu decken.

Abb. 6.1 illustriert diese Ergebnisse. Die Kurve zeigt den negativen Effekt eines zusätzlichen Arbeitseinsatzes auf das Grenzprodukt *GPA*. Aus der Abbildung geht hervor, daß die Unternehmen ihre Arbeitsnachfrage n^d an dem Punkt ausrichten, an dem das Grenzprodukt gleich dem Reallohnsatz w/P ist.

Eigenschaften der Arbeitsnachfrage

Anhand von Abb. 6.1 können wir veranschaulichen, wie sich verschiedene Veränderungen auf die Nachfrage nach Arbeit auswirken. Dabei ist unmittelbar ersichtlich, daß eine Abnahme des Reallohnsatzes w/P eine höhere Arbeitsnachfrage nach sich zieht. Aufgrund der sinkenden realen Arbeitskosten werden die Unternehmen so lange zusätzliche Arbeitskräfte einstellen, bis das Grenzprodukt der Arbeit genauso stark gefallen ist wie der Reallohn w/P.

Eine Aufwärtsverschiebung der Kurve des Grenzprodukts der Arbeit führt in Abb. 6.1 für jeden gegebenen Wert des Reallohnsatzes zu einer höheren Arbeitsnachfrage. Die Beschäftigung steigt, bis das Grenzprodukt wiederum mit dem gegebenen Reallohn w/P übereinstimmt.

Diese Ergebnisse lassen sich mit Hilfe einer Funktion für die aggregierte Arbeitsnachfrage zusammenfassen

$$N^d = N^d(w/P, \dots), \atop (-) \qquad (6.4)$$

wobei die Punkte sich wiederum auf die spezifischen Merkmale der Produktionsfunktion beziehen.

Da der von jedem Unternehmen gewählte Arbeitseinsatz über die Produktionsfunktion $y^s = f(n^d)$ das Güterangebot bestimmt und die Arbeitsnachfrage mit steigendem Reallohn abnimmt, erhält die Funktion für das gesamte Güterangebot die Form

$$Y^s = Y^s(w/P, \dots). \atop (-) \qquad (6.5)$$

Vorteile eines Ausgleichs des Grenzprodukts der Arbeit zwischen Unternehmen

Aufgrund der Annahme, daß alle Arbeitsleistungen identisch sind, muß der Reallohn zu irgendeinem Zeitpunkt für jeden Arbeiter gleich hoch sein. Damit muß auch das Grenzprodukt der Arbeit in sämtlichen Produktionsprozessen gleich groß sein. Dieses Ergebnis ist selbst dann gültig, wenn sich die Unternehmen hinsichtlich ihrer Produktionsfunktionen oder die Haushalte hinsichtlich ihrer Arbeitsbereitschaft unterscheiden. Der Ausgleich dieser Grenzprodukte ist offensichtlich effizient, da die Gesamtproduktion der Volkswirtschaft bei sonst unverändertem Arbeitseinsatz allein durch eine Verlagerung von Arbeitskräften in andere Produktionsprozesse gesteigert werden könnte. Dies wäre durch den Wechsel einer Arbeitskraft von einer Aktivität mit niedrigem Grenzprodukt in eine Tätigkeit mit hoher Produktivität möglich. Die Gleichheit der Grenzprodukte ist jedoch nur durch die Existenz des Arbeitsmarktes gewährleistet. In unserem früheren Modell, in dem die Wirtschaftssubjekte nur in ihren eigenen Produktionsprozessen tätig waren, hätten sich große Unterschiede in den Grenzprodukten ergeben können. Da niemand in einen anderen Tätigkeitsbereich überwechseln konnte, gab es keinen Mechanismus zum Ausgleich der Grenzprodukte.

Dies sei am Beispiel zweier Regionen, A und B, illustriert. Die Technologie in Region A ist primitiv, so daß die Arbeitskräfte ein niedriges Grenzprodukt und einen geringen Reallohn erzielen, $GPA^A = (w/P)^A$. Die Region B ist technisch fortgeschrittener und erreicht ein höheres Grenzprodukt und einen höheren Reallohn, $GPA^B = (w/P)^B$. Nun sei angenommen, daß sich ein die gesamte Volkswirtschaft umfassender Arbeitsmarkt herausbildet, der es den Wirtschaftssubjekten aus Region A erlaubt, in Region B zu arbeiten und umgekehrt. So wie die Dinge liegen, werden die Arbeitskräfte aus der Niedrig-Lohn Region A in die Region B abwandern. Indem sie mit einer besseren Technologie arbeiten, sind sie in der Lage, mehr Güter zu produzieren, ohne ihre Anstrengungen verstärken zu müssen. Die Abwanderung von Arbeitskräften aus der Region A in die Region B wird solange anhalten, bis sich die Grenzprodukte und Reallöhne beider Regionen ausgleichen. Dies tritt teilweise durch ein höheres Grenzprodukt in Region A (wo der Arbeitseinsatz abnimmt) und teilweise durch ein geringeres Grenzprodukt in Region B (wo der Arbeitseinsatz zunimmt) ein. Der für uns entscheidende Gesichtspunkt ist jedoch, daß die Bildung eines die gesamte Volkswirtschaft umfassenden Arbeitsmarktes eine Ausdehnung der Gesamtproduktion ohne Vermehrung des gesamten Arbeitseinsatzes erlaubt. In diesem Sinne ist die Volkswirtschaft effizienter, wenn ein Arbeitsmarkt existiert.

Ebenso wie die Güter- und Kreditmärkte trägt die Existenz des Arbeitsmarktes zur ökonomischen Effizienz bei. Durch diesen Markt werden alle Vorteile ausgeschöpft, die durch Umsetzungen von Arbeitskräften in unterschiedliche Produktionsbereiche erzielt werden können. Da am Ende alle Grenzprodukte und Reallöhne gleich sind, kann es keine unausgenutzten Vorteile mehr geben.

Arbeitsangebot und Konsumnachfrage

Die Einführung des Arbeitsmarktes läßt die bisherige Analyse des Arbeitsangebots und der Konsumnachfrage weitgehend gültig. Die wichtigste Änderung ergibt sich bei der Konsum- und Freizeitwahl eines Haushalts zu einem bestimmten Zeitpunkt. In unserem früheren Modell gab die Kurve des Grenzprodukts der Arbeit den Wirtschaftssubjekten die Bedingungen an, zu denen sie Konsum und Freizeit substituieren konnten. Wenn jemand in seinem eigenen Produktionsprozeß eine zusätzliche Arbeitsstunde leisten wollte, dann konnte er die zusätzliche Produktion (in Einheiten des *GPA*) zur Erhöhung seines Konsums verwenden. Da die Haushalte jetzt ihre Arbeitsleistungen zum Reallohnsatz w/P verkaufen, gibt dieser ihnen die Bedingungen an, zu denen sie Konsum und Freizeit substituieren können. Wenn jemand eine Stunde länger arbeitet, kann er mit den zusätzlichen w/P-Einheiten an Realeinkommen seinen Konsum erhöhen.

Folglich tritt bei einem Haushalt nunmehr der Reallohnsatz an die Stelle der Kurve des Grenzprodukts der Arbeit. Dies bedeutet, daß eine Zunahme des Reallohnsatzes die Haushalte zur Erhöhung ihres Arbeitsangebots und ihrer Konsumnachfrage veranlaßt. Wir wissen andererseits, daß die Arbeitsnachfrage von den Unternehmen stets so gewählt wird, daß der Reallohnsatz dem in der Volkswirtschaft insgesamt gegebenen Grenzprodukt der Arbeit entspricht. Deshalb müssen Änderungen des Reallohnsatzes letztlich immer mit entsprechenden Änderungen der Kurve des Grenzprodukts der Arbeit übereinstimmen.

Wie zuvor können durch Verschiebungen der Produktionsfunktion Vermögenseffekte entstehen, die sich zuerst in den Unternehmensgewinnen zeigen (und den Aktienkursen, sofern wir einen Aktienmarkt eingeführt hätten). Aber wir wissen, daß die Gewinne an die Haushalte fließen, die Eigentümer der Unternehmen sind. Infolgedessen bewirken Verschiebungen der Produktionfunktionen letztlich Vermögenseffekte bei Haushalten, ebenso wie in unserem früheren Modell, das Unternehmen vernachlässigte.

Eine neue Überlegung ergibt sich bei gegebener Lage der Produktionsfunktion aus dem durch eine Veränderung des Reallohnsatzes ausgelösten aggregierten Vermögenseffekt. Eine Erhöhung des Reallohns begünstigt die Anbieter von Arbeitsleistungen. Dieser Vorteil wird aber durch die zusätzlichen Kosten bei den Unternehmen, die Arbeitsleistungen kaufen, gerade ausgeglichen. Da die Unternehmen sich im Eigentum von Haushalten befinden, ist der Vermögenseffekt einer Veränderung von w/P für die Haushalte insgesamt gleich Null. (Verteilungseffekte werden allerdings dann auftreten, wenn sich die Haushalte darin unterscheiden, welchen Anteil ihre Arbeits- und Gewinneinkommen haben. Wir folgen jedoch unserer bisherigen Übung, die Verteilungseffekte auf die Aggregate des Arbeitsangebots und der Konsumnachfrage zu vernachlässigen.)

Vom Zinssatz R gehen die gleichen intertemporalen Substitutionseffekte aus wie zuvor. Eine Erhöhung des Zinssatzes wird die Haushalte dazu veranlassen, durch eine Verringerung ihrer laufenden Konsumnachfrage und eine Erhöhung ihres laufenden Arbeitsangebotes mehr zu sparen. Ein zusätzlicher intertemporaler Substitutionseffekt tritt auf, wenn die Wirtschaftssubjekte zeitliche Schwankungen des Reallohnes antizipieren. Angenommen, die Arbeitnehmer z.B. halten den gegenwärtigen Reallohn im Vergleich zum künftigen Reallohnsatz für hoch. Dann werden sie heute ihr Arbeitsangebot erhöhen und für später eine Verkürzung desselben planen. Bei unserer früheren Analyse haben wir ähnliche Effekte bei antizipierten Veränderungen der Kurve des Grenzprodukts der Arbeit festgestellt.

Um die Ergebnisse dieses Abschnitts zusammenzufassen, verwenden wir die Funktionen für das aggregierte Arbeitsangebot und die aggregierte Konsumnachfrage

$$N^s = N^s(w/P, R, \ldots) \qquad (6.6)$$
$$(+)\ (+)$$

und

$$C^d = C^d(w/P, R, \ldots). \qquad (6.7)$$
$$(+)\ (-)$$

Die durch die Punkte angedeuteten Ausdrücke stehen wieder für die Eigenschaften der Produktionsfunktion sowie für all jene Faktoren, die für künftige Abweichungen des Reallohnsatzes von seinem gegenwärtigen Wert verantwortlich sind.

Räumung des Arbeitsmarktes

Der Arbeitsmarkt wird geräumt, wenn das gesamte Arbeitsangebot N^s gleich der gesamten Arbeitsnachfrage N^d ist. Unter Verwendung der Gleichungen (6.4) und (6.6) lautet folglich die Bedingung für die Räumung des Arbeitsmarktes

$$N^d(w/P, \ldots) = N^s(w/P, R, \ldots). \qquad (6.8)$$
$$(-)(+)\ (+)$$

Die durch die Punkte angedeuteten Ausdrücke schließen wiederum Merkmale der Produktionsfunktion ein.

> **Empirische Belege zur Reaktion des Arbeitsangebots auf zeitliche Variationen der Reallohnsätze**
>
> In Kapitel 3 erörterten wir die Schätzungen von George Alogoskoufis (1987a, 1987b) bezüglich der intertemporalen Substitutionseffekte beim Arbeitsangebot. Neben dem bereits erwähnten Einfluß der Zinssätze wird in diesen Studien auch die Reaktion des Arbeitsangebots auf antizipierte Veränderungen der realen Lohnsätze untersucht. In den USA erhöht ein Anstieg der erwarteten Wachstumsrate der Reallöhne um einen Prozentpunkt pro Jahr die Zuwachsrate der Arbeitnehmerzahl um etwa einen Prozentpunkt p.a. Die Ergebnisse für das Vereinigte Königreich zeigen eine geringere Sensitivität des Arbeitseinsatzes in bezug auf Veränderungen der Reallöhne; eine Zunahme der erwarteten Wachstumsrate der Reallöhne um einen Prozentpunkt pro Jahr ließ die Zuwachsrate der Arbeitnehmerzahl um nur etwa 0,4 Prozentpunkte p.a. steigen. Die Ergebnisse sind für beide Länder weniger eindeutig, wenn der Arbeitseinsatz statt durch die Zahl der Arbeitnehmer durch die Arbeitsstunden gemessen wird. Es zeigte sich keine statistisch signifikante Beziehung zwischen der erwarteten Wachstumsrate der Reallöhne und der Zuwachsrate der Arbeitsstunden pro Kopf. Diese Belege legen daher den Schluß nahe, daß eine intertemporale Substitution beim Arbeitsangebot in Reaktion auf zeitliche Veränderungen der Löhne in bezug auf die Zahl der Arbeitskräfte wichtiger ist als in bezug auf die Arbeitsstunden je Person.

Wie zuvor gibt es ebenfalls Bedingungen, welche die Räumung des Gütermarktes und die freiwillige Haltung der Geldmenge gewährleisten. Diese müssen zusammen mit Gleichung (6.8) erfüllt sein, um die Räumung sämtlicher Märkte zu garantieren. Alle Bedingungen zusammengenommen erlauben es, den Nominallohnsatz w ebenso wie den Zinssatz R und das Preisniveau P zu bestimmen. Mit anderen Worten: Wir fügen mit Gleichung (6.8) eine neue Markträumungsbedingung hinzu und bestimmen dadurch einen weiteren "Preis" - nämlich den für Arbeitsleistungen w. Im Moment konzentrieren wir uns auf die neue Bedingung zur Räumung des Arbeitsmarktes.

Abb. 6.2 zeigt die Räumung des Arbeitsmarktes, wobei wir den Reallohnsatz w/P aus praktischen Gründen auf der vertikalen Achse abtragen, während Arbeitsnachfrage und -angebot auf der horizontalen Achse erscheinen. Hier gilt, daß für eine gegebene Produktionsfunktion der Unternehmen die nachgefragte Arbeitsmenge mit sinkendem Reallohn w/P steigt.

Aus Abb. 6.2 geht hervor, daß die Aggregate von Arbeitsnachfrage und -angebot beim Reallohnsatz $(w/P)^*$ und dem Arbeitseinsatz N^* gleich sind. Wir können auch sagen, daß dieses Gesamtniveau des Arbeitseinsatzes der **Gesamtbeschäftigung** (der Gesamtzahl der Arbeitnehmer) oder der Gesamtzahl der von allen geleisteten

Arbeitsstunden entspricht. Anhand von Abb. 6.2 ist es möglich, die markträumenden Werte des Reallohnsatzes und der Beschäftigung (der gesamten Arbeitszeit) mit Variablen zu verbinden, die entweder die Kurve der Arbeitsnachfrage oder die Kurve des Arbeitsangebots verschieben. Zu diesen Variablen gehören der Zinssatz R, die Gestalt der Produktionsfunktionen sowie künftige Reallohnänderungen. So wird z.B. eine Erhöhung des Zinssatzes die Arbeitsangebotskurve in Abb. 6.2 nach rechts verschieben, so daß die Beschäftigung N^* steigt, während der Reallohnsatz $(w/P)^*$ sinkt.

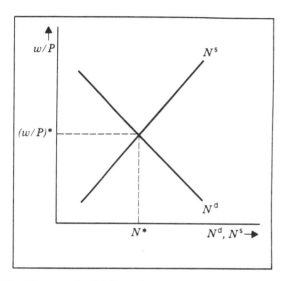

Abb. 6.2: *Räumung des Arbeitsmarktes*
Bei einem gegebenen Zinssatz R und gegebenem Verlauf der Produktionsfunktion wird der Arbeitsmarkt beim Reallohnsatz $(w/P)^*$ und der Arbeitsmenge N^* geräumt.

Räumung des Gütermarktes

Unter Verwendung der Gleichungen (6.5) und (6.7) können wir die Bedingung zur Räumung des Gütermarktes folgendermaßen schreiben

$$C^d(w/P, R, ...) = Y^s(w/P, ...). \qquad (6.9)$$
$$(+) \, (-) \qquad\quad (-)$$

Wir wollen zeigen, daß diese Bedingung im wesentlichen jener zur Räumung des Gütermarktes in Kapitel 5 entspricht. Es gilt m.a.W. zu demonstrieren, daß die Einführung eines Arbeitmarktes und von Unternehmen die Gültigkeit unserer früheren Analyse des Gütermarktes aufrechterhält. Dieses Ergebnis ist wichtig, weil es bedeutet, daß unsere Schlußfolgerungen in Kapitel 5 auch im erweiterten Modell unter Einschluß eines Arbeitsmarktes ihre Gültigkeit behalten.

Bekanntlich bestimmt die Bedingung zur Räumung des Arbeitsmarktes in Gleichung (6.8) und Abb. 6.2 den Reallohn w/P. Diese Bedingung impliziert, daß eine Erhöhung des Zinssatzes R zu einer Rechtsverschiebung der Arbeitsangebotskurve in Abb. 6.2 führt. Folglich sinkt w/P bei steigendem R. Wir können dieses Ergebnis verwenden, um den Reallohn w/P in der Bedingung für die Räumung des Gütermarktes in Gleichung (6.9) zu eliminieren. Wir haben insbesondere gezeigt, daß w/P invers zu R variiert, und deshalb können wir w/P durch R ersetzen, um eine vereinfachte Bedingung zur Räumung des Gütermarktes zu erhalten

$$C^d(R, ...) = Y^s(R, ...). \qquad (6.10)$$
$$(-) \qquad (+)$$

Wie gewöhnlich kennzeichnen die Punkte weitere Eigenschaften der Produktionsfunktion. Es ist zu beachten, daß der Reallohn w/P nicht in Gleichung (6.10) erscheint, weil wir diesen durch verschiedene Elemente - einschließlich des Zinssatzes R und der Gestalt der Produktionsfunktion - ersetzt haben, welche den Reallohn bestimmen. Da Y^s in Gleichung (6.9) von w/P und w/P seinerseits von R bestimmt wird, ist Y^s indirekt von R abhängig. Wenn wir nach w/P auflösen, hängt Y^s in Gleichung (6.10) direkt von R ab.

Wir wollen nun genauer untersuchen, wie der Zinssatz in die Bedingung zur Räumung des Gütermarktes in Gleichung (6.10) eingeht. Wir wissen bereits, daß eine Erhöhung von R die Arbeitsangebotskurve in Abb. 6.2 nach rechts verschiebt, was zu einer Senkung von w/P führt. Diese zieht, wie in Gleichung (6.9) dargestellt, eine Vergrößerung des Güterangebots Y^s nach sich. In Gleichung (6.10) wird diese Wirkungskette durch den positiven Effekt von R auf Y^s erfaßt.

Auf der Nachfrageseite hat die Veränderung des Zinssatzes zwei Konsequenzen: Erstens bewirkt eine Erhöhung von R gemäß Gleichung (6.9) bei gegebenem Reallohn w/P eine Senkung der Konsumnachfrage C^d. Zweitens wird die Abnahme der Konsumnachfrage noch dadurch verstärkt, daß der gestiegene Zinssatz R eine Senkung des Reallohns w/P verursacht. Der negative Effekt von R auf C^d in Gleichung (6.10) erfaßt diese beiden Wirkungsketten.

Der entscheidende Punkt ist, daß Gleichung (6.10) genauso aussieht wie die in Kapitel 5 verwendete Bedingung zur Räumung des Gütermarktes.[2] Da die Bedin-

---

[2] Der einzige Unterschied besteht darin, daß der Arbeitsmarkt dafür sorgt, daß alle Grenzprodukte der Arbeit gleich dem Reallohnsatz und gleich groß sind. Die Gleichheit der realen Lohnsätze ergibt sich allein deshalb, weil wir unterstellten, daß erstens alle individuellen Arbeitsleistungen physisch identisch sind und zweitens alle Arbeitsplätze identische Merkmale aufweisen. Wir könnten unsere Analyse auch dahingehend erweitern, daß sie verschiedene Fähigkeiten und Arbeitsplatzmerkmale berücksichtigt. Unter diesen Umständen wird sich einerseits für produktivere Arbeitskräfte und

gung zur Räumung des Gütermarktes genauso aussieht wie zuvor, können wir unsere frühere Analyse weiter verwenden, um den Zinssatz, die Produktion und den Arbeitseinsatz für jede Periode zu bestimmen. Das Beispiel einer Verschiebung der Produktionsfunktion soll erneut dazu dienen, die Zusammenhänge zu veranschaulichen.

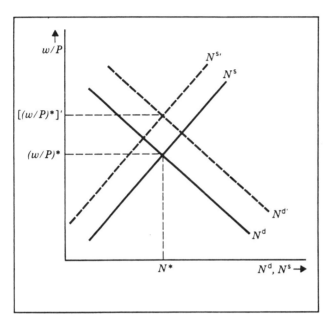

Abb. 6.3: *Auswirkungen einer Verbesserung der Produktionsbedingungen auf den Arbeitsmarkt*
Die permanente Aufwärtsverschiebung der Produktionsfunktion erhöht die Arbeitsnachfrage, senkt jedoch das Arbeitsangebot, so daß der Reallohnsatz steigt; die Veränderung des Arbeitseinsatzes hingegen bleibt ungewiß.

Eine Verbesserung der Produktionstechnologie

Unterstellt sei eine anhaltende proportionale Aufwärtsverschiebung der Produktionsfunktion, so daß sich für jeden aggregierten Arbeitseinsatz eine höhere gesamtwirtschaftliche Produktion und ein höheres Grenzprodukt der Arbeit einstellt.

Abb. 6.3 zeigt die Effekte auf dem Arbeitsmarkt. Da die Veränderung das Vermögen erhöht, nimmt das Arbeitsangebot bei gegebenem Reallohnsatz w/P ab. Andererseits nimmt die Arbeitsnachfrage wegen der Aufwärtsverschiebung der Kurve

---

andererseits für weniger angenehme Tätigkeiten ein höherer Reallohnsatz durchsetzen. Diese Überlegungen lassen jedoch die grundlegenden makroökonomischen Ergebnisse unverändert.

des Grenzprodukts der Arbeit bei gegebenem Reallohn zu. In Abb. 6.3 ergibt sich daher eine Erhöhung des Reallohnsatzes, während die Veränderung der Beschäftigung ungewiß ist. Wie in einigen vorhergehenden Fällen bedingt der Vermögenseffekt einen geringeren Arbeitseinsatz, die Produktivitätssteigerung hingegen einen erhöhten Arbeitseinsatz.

Abb. 6.4 zeigt die Auswirkungen auf den Gütermarkt. Hierbei verwenden wir die Markträumungsbedingung aus Gleichung (6.10), die bereits die Festlegung des Reallohns auf dem Arbeitsmarkt berücksichtigt. Betrachten wir zuerst die Rechtsverschiebung der Konsumnachfragekurve. Diese Verschiebung ist teilweise dem durch die verbesserte Produktionstechnologie ausgelösten Vermögenseffekt und teilweise dem durch den gestiegenen Reallohnsatz bedingten Substitutionseffekt (mehr Konsum anstelle von Freizeit) zuzuschreiben.

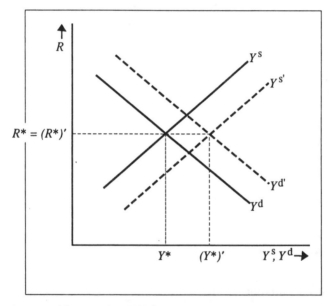

Abb. 6.4: *Auswirkungen einer Verbesserung der Produktionstechnologie auf den Gütermarkt*
Die permanente Aufwärtsverschiebung der Produktionsfunktion bewirkt eine etwa gleich große Erhöhung von Güternachfrage und -angebot, so daß die Produktion steigt, der Zinssatz hingegen unverändert bleibt.

Das Güterangebot nimmt mit der Verbesserung der Produktionsbedingungen zu, sinkt jedoch infolge des Anstiegs des Reallohnsatzes. Da die Verschiebung der Produktionsfunktion und die daraus resultierende Veränderung von w/P in unserem Beispiel von Dauer sind, würde sich bei dem anfänglichen Zinssatz das Aggregat der geplanten Ersparnisse, wenn überhaupt, nur geringfügig verändern. Dies bedeutet eine Verlagerung der Güterangebotskurve Y^s per Saldo nach rechts, die etwa der Verschiebung der Nachfragekurve C^d entspricht. Unsere Schlußfolgerung aus Abb. 6.4 lautet daher, daß sich der Output erhöht, der Zinssatz hingegen unverändert bleibt.[3]

Eine entscheidende Beobachtung ist, daß die grundlegenden Ergebnisse mit den früheren übereinstimmen, als alle Wirtschaftssubjekte nur für sich selbst tätig waren. Eine dauerhafte Verbesserung der Produktionsmöglichkeiten erhöht die Gesamtproduktion, während der Effekt beim Arbeitseinsatz ungewiß bleibt. Außerdem ändert sich der Zinssatz aufgrund der permanenten Verschiebung der Produktionsfunktion nicht.

Die Einführung des Arbeitsmarktes erlaubt uns eine wichtige Aussage über die Entwicklung des Reallohnsatzes. Die wirtschaftliche Entwicklung bringt eine Folge permanenter Verbesserungen der Produktionstechnologie der in den Abbildungen 6.3 und 6.4 betrachteten Art mit sich. Unsere Analyse zeigt daher, daß die Wirtschaftsentwicklung zu kontinuierlichen Erhöhungen des Reallohnsatzes führt. Diese Aussage läßt sich anhand von Daten über die Reallohnentwicklung sehr vieler Länder belegen. So stieg z.B. in den USA der durchschnittliche reale Stundenlohn von 1948 bis 1987 im Durchschnitt um 1,0% p.a.[4]

Nominale Lohnsätze

Um nominale Lohnsätze und andere Nominalgrößen zu bestimmen, können wir uns erneut der Bedingung bedienen, daß Geld freiwillig als Kasse gehalten wird. Diese Bedingung ist uns aus Kapitel 5 bekannt als

$$M = P \cdot L(R, Y, ...). \quad (6.11)$$
$$(-)(+)$$

Die aggregierte reale Geldnachfrage $L(\cdot)$ enthält nunmehr sowohl die Kassenhaltung von Unternehmen als auch von Haushalten, wobei die Gestalt dieser Funktion sich nur unwesentlich von unserer früheren Analyse unterscheidet. Die reale Geldnachfrage sinkt nach wie vor mit steigendem Zinssatz R und nimmt mit wachsenden realen Transaktionen, gemessen durch die reale Produktion Y, zu.

---

[3] Da sich der Zinssatz nicht ändert, müssen wir die Analyse des Arbeitsmarktes in Abb. 6.3 nicht modifizieren, da dieser, wie wir wissen, ein gegebener Wert von R zugrunde liegt.

[4] Der Lohnsatz entspricht den durchschnittlichen Stundenverdiensten (bereinigt um Überstunden und Verschiebungen zwischen den Wirtschaftszweigen) der gesamten privaten nicht-landwirtschaftlichen Wirtschaft. Der reale Lohnsatz ist das Verhältnis des Nominallohnsatzes zum BSP-Deflator. Die Daten finden sich im *Economic Report of the President*, 1988, Tab. B-44 und B-3.

Das gesamte Markträumungsmodell besteht nun aus Gleichung (6.11) sowie den bereits früher abgeleiteten Bedingungen für die Räumung des Arbeits- und Gütermarktes:

$$N^d(w/P, ...) = N^s(w/P, R, ...) \qquad (6.12)$$
$$(-) \qquad\qquad (+)(+)$$

und

$$C^d(w/P, R, ...) = Y^s(w/P, ...). \qquad (6.13)$$
$$(+)(-) \qquad\quad (-)$$

Wie wir bereits gesehen haben, bestimmen die Gleichungen (6.12) und (6.13) den realen Lohnsatz w/P, den Zinssatz R sowie die Niveaus von Produktion Y und Beschäftigung N.

In Kapitel 5 haben wir gezeigt, daß eine Zunahme der Geldmenge M neutral ist, was besagt, daß das Preisniveau P im gleichen Verhältnis steigt, die realen Variablen - einschließlich des Outputs Y, des Arbeitseinsatzes N, des Zinssatzes R und der realen Kassenhaltung M/P - jedoch unverändert bleiben. Die Eigenschaft monetärer Neutralität bleibt auch gültig in dem Modell, das den Arbeitsmarkt beinhaltet. Der Liste der unveränderten realen Variablen haben wir allerdings den realen Lohnsatz w/P hinzuzufügen. Dementsprechend verändert sich der nominale Lohnsatz w wie jene nominalen Variablen, die im gleichen Verhältnis wie die Geldmenge zunehmen.

Um die Richtigkeit dieser Ergebnisse zu überprüfen, müssen wir uns lediglich daran erinnern, daß R und Y durch die Gleichungen (6.12) und (6.13) bestimmt werden. Diese Variablen determinieren die reale Geldnachfrage $L(\cdot)$. Für eine gegebene reale Geldnachfrage besagt Gleichung (6.11), daß eine Zunahme von M zu einer proportionalen Erhöhung von P führt. Sofern es sich bei der Veränderung der nominalen Geldmenge um ein einmaliges Ereignis handelt, bleibt die reale Kassenhaltung M/P unberührt.

Bedenken wir, daß die Gleichungen (6.12) und (6.13) w/P und N bestimmen. Tatsächlich entspricht der Reallohn dem Grenzprodukt der Arbeit bei diesem Wert von N. Wir können den nominalen Lohnsatz w finden, indem wir den Reallohn w/P mit dem Preisniveau P, das wir bereits ermittelt haben, multiplizieren. Erinnern wir uns nochmals, daß eine Zunahme von M eine Erhöhung von P im gleichen Verhältnis hervorruft, aber w/P unverändert läßt. Daher muß eine Zunahme von M zu einer proportionalen Erhöhung des nominalen Lohnsatzes w (und des Preisniveaus P) führen.

Der Arbeitsmarkt im makroökonomischen Modell

Überlegen wir, inwieweit unsere Analyse durch die Einführung des Arbeitsmarktes und von Unternehmen berührt wird. Wir haben gezeigt, daß diese neuen Elemente nicht die Art und Weise verändern, wie Verschiebungen der Produktionsfunktion die aggregierten Werte des Outputs und des Arbeitseinsatzes beeinflussen. Wir sahen ferner, daß die Erweiterungen den Zusammenhang zwischen Geld und Preisen unverändert lassen. Mit anderen Worten: Unsere früheren Vereinfachungen - die Ausklammerung des Arbeitsmarktes und von Unternehmen - erlauben uns vernünftige Aussagen zu vielen wichtigen Fragen; deshalb werden wir bei unserer folgenden Analyse überwiegend auf einen einfachen Modellrahmen ohne explizite Berücksichtigung des Arbeitsmarktes oder von Unternehmen zurückgreifen. Erst bei der Erörterung von Arbeitslosigkeit in Kapitel 11 werden wir erneut auf den Arbeitsmarkt und die Unternehmen zurückkommen.

Zusammenfassung

Wir führten einen Arbeitsmarkt ein, auf dem zum herrschenden Lohnsatz Unternehmen Arbeit nachfragen und Haushalte Arbeit anbieten. Dieser Markt ist geräumt, wenn die gesamte Arbeitsnachfrage dem gesamten Arbeitsangebot entspricht. Ein entscheidender Aspekt des geräumten Arbeitsmarktes besteht darin, daß auf ihm das Grenzprodukt einer jeden Arbeitskraft gleich dem realen Lohnsatz ist. Dabei werden durch diesen Markt alle Outputzuwächse, die durch die Verlagerung von Arbeitskräften in andere Produktionsbereiche erzielbar sind, vollständig ausgeschöpft.

Die Bedingungen der allgemeinen Markträumung erfordern, daß der Arbeitsmarkt zusammen mit den Märkten für Güter und Kredite geräumt wird. Im Vergleich zu unserer früheren Analyse haben wir eine neue Bedingung hinzugefügt, nämlich die, daß der Arbeitsmarkt geräumt wird, sowie einen neuen "Preis", nämlich den Lohnsatz für Arbeitsleistungen.

Die Bedingungen zur Bestimmung sowohl der aggregierten Mengen des Outputs und des Arbeitseinsatzes als auch des Zinssatzes und des Preisniveaus sind den früheren sehr ähnlich. Somit können wir für viele Zwecke unsere Analyse unter der Annahme fortsetzen, daß die Haushalte wie zuvor allein in ihren eigenen Produktionsprozessen tätig sind. (Allerdings haben wir den Arbeitsmarkt und die Unternehmen zu berücksichtigen, wenn wir uns später mit Arbeitslosigkeit befassen.) Zudem erlaubt uns die Einbeziehung des Arbeitsmarktes, den Lohnsatz zu bestimmen. Die theoretischen Überlegungen besagen, daß der Reallohn im Zuge der Entwicklung einer Volkswirtschaft steigen wird. Dies steht mit den empirischen Daten in Übereinstimmung.

Fragen und Probleme

Zur Wiederholung

6.1 Wie beeinflußt eine Zunahme des realen Lohnsatzes die Nachfrage nach Arbeit? Welche Rolle spielt die Annahme abnehmender Grenzproduktivität der Arbeit?

6.2 Wir betrachten zwei Individuen, A und B, die beide die gleiche Produktionsfunktion besitzen, wobei A sich jedoch durch eine größere Arbeitsbereitschaft auszeichnet. Sofern jedes Individuum isoliert auf einer Insel lebt, wer wird dann mehr arbeiten? Wer wird das höhere Grenzprodukt haben? Zeigen Sie, wie sich durch den Austausch von Arbeitsleistungen gegen Güter zwischen den zwei Inseln - also durch die Einführung eines Arbeitsmarktes - eine Outputerhöhung erzielen läßt, ohne daß der Arbeitseinsatz insgesamt zunimmt.

6.3 Angenommen, der Zinssatz steigt. Wie beinflußt diese Veränderung das Arbeitsangebot und mithin den realen Lohnsatz?

6.4 Erläutern Sie, warum die wirtschaftliche Entwicklung tendenziell den Reallohn steigen läßt.

6.5 Nehmen Sie an, die Geldmenge M steigt.
a. Die Zunahme des Nominallohns legt eine Verbesserung für die Arbeitnehmer nahe. Erklären Sie, warum dies nicht der Fall ist.
b. Die Zunahme des Preisniveaus scheint eine Verschlechterung für die Arbeitnehmer darzustellen. Ist dies zutreffend?

Probleme zur Diskussion

6.6 Arbeitsmarkt und Effizienz
Im Text haben wir zwei isolierte Regionen A und B betrachtet. Die Technolgie in A war der von B unterlegen. Daher meinten wir, daß die Herausbildung eines die gesamte Volkswirtschaft umfassenden Arbeitsmarktes zu einem höheren Gesamtoutput führt, ohne daß dies eine Steigerung des gesamten Arbeitseinsatzes erforderlich macht. In diesem Sinne erhöht der neue Markt die volkswirtschaftliche Effizienz.
a. Bedeutet dieses Ergebnis, daß jedermann besser gestellt ist? Bedenken Sie bei der Antwort die Lage von Arbeitskräften und Unternehmen (und der Eigentümer derselben) in beiden Regionen.
b. Schließt Ihre Anwort die Möglichkeit ein, daß einige Gruppen sich weigern abzuwandern, um Märkte zu eröffnen, selbst wenn dadurch Vorteile für die Gesamtwirtschaft entstünden? Können Sie sich Beispiele für ein derartiges Verhalten in der Realität vorstellen?

6.7 Das Walras-Gesetz
a. Welche zusätzliche gesamtwirtschaftliche Konsistenz-Bedingung tritt auf, wenn wir den Arbeitsmarkt einführen?
b. Verwenden Sie die aggregierte Form der Budgetbeschränkung der Haushalte, um das Walras-Gesetz der Märkte abzuleiten. Worin unterscheidet sich dieses von jenem in Kapitel 5?

6.8 Vermögenseffekte durch Veränderungen des Reallohns
Angenommen, der Reallohn w/P nimmt zu.
a. Warum treten sich gegenseitig aufhebende Vermögenseffekte ein? Welche Vermögenseffekte würden Sie für die aggregierte Konsumnachfrage und das aggregierte Arbeitsangebot voraussagen?
b. Nehmen Sie an, daß die meisten Anbieter von Arbeitsleistungen nur einen geringen Teil des Eigentumsrechts an Unternehmen besitzen. Welche Vermögenseffekte für das aggregierte Arbeitsangebot würden Sie voraussagen?

6.9 Vorübergehende Verschiebungen der Produktionsfunktion
Unterstellt sei eine vorübergehende, parallele Abwärtsverschiebung der Produktionsfunktion.
a. Welche Wirkungen hat dies auf den Zinssatz, den Reallohnsatz und die Mengen des Outputs und der Beschäftigung?
b. Unterscheiden sich die Ergebnisse von jenen des Kapitels 5, in dem die Wirtschaftssubjekte allein für ihre eigenen Produktionsprozesse tätig wurden?
c. Wie verändert sich die Antwort, wenn die Verschiebung der Produktionsfunktion proportional statt parallel ist?

6.10 Kurzfristige Bewegungen des realen Lohnsatzes (fakultativ)
Unterstellt sei erneut eine vorübergehende, parallele Abwärtsverschiebung der Produktionsfunktion.
a. Wenn Sie die Resultate von Aufgabe 6.9 verwenden, wie sieht der Zusammenhang zwischen Veränderungen des realen Lohnsatzes und den Mengen der Beschäftigung sowie des Outputs aus?
b. Nehmen Sie realistischer an, daß sich die Kurve des Grenzprodukts der Arbeit nach unten verschiebt und daß diese Verschiebung groß genug ist, um den Arbeitseinsatz sinken zu lassen. Wie sieht in diesem Fall der Zusammenhang zwischen Veränderungen des realen Lohnsatzes und den Mengen der Beschäftigung sowie des Outputs aus?
c. Angenommen, Konjunkturschwankungen werden durch Verschiebungen der Produktionsfunktion verursacht. Welche Voraussage würden Sie dann über das "zyklische" Verhalten der Reallohnsätze machen? Werden diese sich in die gleiche oder entgegengesetzte Richtung bewegen wie Produktion und Beschäftigung? (Über das zyklische Verhalten der Reallohnsätze wird auf empirischer Ebene ausgiebig diskutiert. Einige Forscher haben ein schwaches "prozyklisches" Muster gefunden,

was bedeutet, daß die Reallohnsätze tendenziell hoch sind, wenn Produktion und Beschäftigung ein hohes Niveau aufweisen.)

6.11 Kurzfristige Entwicklung der Produktivität (fakultativ)
Unterstellt, wir verwenden die gängige Definition der Arbeitsproduktivität als Verhältnis von Output zu Beschäftigung Y/N.
a. In welchem Zusammenhang steht dieses Produktivitätsmaß mit dem Grenzprodukt der Arbeit?
b. Nehmen Sie wie in Aufgabe 6.10 an, daß Konjunkturschwankungen durch Verschiebungen der Produktionsfunktion verursacht werden. Wie wird sich dann die Produktivität entwickeln? Ist die Produktivität höher oder niedriger, wenn der Output hoch ist?

6.12 Bestimmung von Aktienkursen (fakultativ)
Angenommen, es gäbe eine bestimmte Menge an Unternehmen in der Volkswirtschaft, die jeweils Zugang zur gleichen Produktionsfunktion $f(n)$ haben. Nehmen Sie des weiteren an, daß der Eigentümer eines Unternehmens 100 Eigentumstitel (Aktien) drucken läßt und verkauft, die dem Erwerber 1% der Unternehmensgewinne zusichern. Wie hoch wird der Preis einer jeden Aktie sein?

Teil II

Inflation

Bisher haben wir die Analyse dadurch vereinfacht, daß wir das allgemeine Preisniveau als konstant unterstellten. Obwohl diese Annahme bequem war, steht sie im krassen Gegensatz zur Realität, vor allem in den letzten Jahren. Diese waren durch einen tendenziellen Anstieg der Preise gekennzeichnet, also durch Inflation. Deshalb erscheint es notwendig, das Modell insoweit zu modifizieren, als die Wirkungen eines sich verändernden Preisniveaus berücksichtigt werden.

In Kapitel 7 beginnen wir mit der empirischen Beziehung zwischen Inflation und monetärem Wachstum. Sodann diskutieren wir die wichtige Unterscheidung zwischen erwarteter und nicht-erwarteter Inflation sowie zwischen nominalen und realen Zinssätzen.

In Kapitel 8 werden die neuen Elemente in das Markträumungsmodell einbezogen. Mit Hilfe dieser Erweiterungen sind wir in der Lage, die Wirkungen monetären Wachstums auf Inflation, Zinssätze und andere Variablen zu untersuchen. Ein wichtiges Ergebnis besteht darin, daß Fluktuationen der monetären Wachstumsraten als die wesentliche Ursache von Schwankungen der Inflationsraten angesehen werden können. Nichtsdestoweniger mögen diese Bewegungen des monetären Wachstums und der Inflation nur wenig mit der Entwicklung realer Variabler zu tun haben. Das bedeutet, daß Geld im Modell weiterhin als annähernd neutral angesehen werden kann.

Kapitel 7

Inflation und Zinssätze

Wir beginnen in diesem Kapitel mit der Untersuchung der **Inflation**. Darunter verstehen wir einen anhaltenden Anstieg des allgemeinen Preisniveaus. Theoretische Analysen weisen auf einige mögliche Ursachen der Inflation hin. Um die einzelnen Erklärungsansätze zu prüfen, wollen wir auf die Bedingung zurückgreifen, daß die angebotene Geldmenge freiwillig als Kasse gehalten wird:

$$M = P \cdot L(R, Y, ...). \qquad (7.1)$$
$$(-)(+)$$

Eine mögliche Ursache für den Anstieg des Preisniveaus ist eine Verringerung der realen Geldnachfrage. Diese kann z.B. mit einer dauerhaften Abwärtsverschiebung der Produktionsfunktion in Zusammenhang stehen, die die Produktion Y verringert. Eine einmalige Störung dieser Art zieht nur einen einmaligen und keinen dauerhaften Anstieg der Preise nach sich. Für einen anhaltenden Inflationsprozeß bedürfte es also einer Reihe aufeinanderfolgender Abwärtsverschiebungen der Produktionsfunktion. Es besteht kein Zweifel, daß negative Schocks - wie Ölkrisen, Mißernten und Streiks - das allgemeine Preisniveau kurzfristig beeinflussen können. Es gibt jedoch keinen Anhaltspunkt dafür, daß diese Kräfte auch für eine lang anhaltende Inflation verantwortlich sind. Tatsächlich verzeichnen die meisten Länder typischerweise ein Wachstum der Produktion. Da dieses Wachstum die reale Geldnachfrage erhöht, erwarten wir, daß die Preise bei unveränderter nominaler Geldmenge M im Zeitablauf sinken.

Eine Verringerung der realen Geldnachfrage kann auch auf einer Verbesserung der Finanztechniken beruhen. So haben in den vergangenen Jahren viele Länder Finanzierungsinstrumente und -methoden entwickelt, die eine Rationalisierung der Geldhaltung erleichtern. In den USA hat dies zu einem abwärtsgerichteten Trend bei der realen Geldnachfrage in der Nachkriegszeit geführt. Gleichwohl kann nur ein geringer Teil der Inflationsrate auf diesen Faktor zurückgeführt werden; etwa 1-2% p.a. dürfte eine vernünftige Schätzung sein. Die seit Ende der 60er Jahre anhaltend hohen Inflationsraten in vielen Ländern lassen sich damit jedoch kaum erklären.

Aus unserer vorangegangenen Analyse bleibt uns eine Verbindung zwischen Inflation und der Erhöhung der Bargeldmenge M. Auf empirischer Ebene ist erstens zu beobachten, daß die Geldmenge häufig über lange Zeiträume hinweg mit einer hohen Rate zunimmt. Zweitens variieren die **monetären Wachstumsraten** in den einzelnen Ländern und innerhalb eines Landes im Zeitablauf erheblich. Insoweit erscheint das monetäre Wachstum als eine plausible Inflationsursache.

Daten zur Inflation und zum monetären Wachstum verschiedener Länder

Um die Rolle des Geldes als Inflationsursache abschätzen zu können, wollen wir einige Daten untersuchen. Tab. 7.1 zeigt die Erfahrungen von 83 Ländern in der Nachkriegszeit anhand der durchschnittlichen Wachstumsraten des Indexes der Konsumentenpreise und der Geldmenge, die als Bargeldumlauf definiert ist. (Ähnliche Ergebnisse ergeben sich, wenn wir das umfassendere monetäre Aggregat M1 verwenden, das auch scheckfähige Guthaben enthält. Die Definition von M1 variiert jedoch aufgrund unterschiedlicher Ausgestaltung der Finanzinstitutionen in den einzelnen Ländern stärker als der Bargeldumlauf.) In der Tabelle sind die Länder entsprechend ihrer durchschnittlichen Inflationsraten in absteigender Reihenfolge angeordnet. Bei Betrachtung der Tabelle gelangen wir zu folgenden Feststellungen:

- Die durchschnittlichen Zuwachsraten des Preisniveaus und der Geldmenge sind in der Nachkriegszeit in allen Ländern positiv.

- Die durchschnittlichen Zuwachsraten sind typischerweise hoch. Für die Inflationsrate beträgt der Median für die 83 Länder 7,4% p.a., wobei er in 21 Ländern über 10% liegt. Für die durchschnittliche Zuwachsrate der Geldmenge beträgt der Median 11,4% p.a., und für 57 Länder liegt er über 10%.

- Die durchschnittlichen Zuwachsraten des Preisniveaus und der Geldmenge zeichnen sich durch eine große Schwankungsbreite im Länder-Querschnitt aus. Die durchschnittlichen Inflationsraten bewegen sich zwischen 94% in Argentinien, 68% in Chile und 54% in Bolivien sowie etwa 3% in der Schweiz und der Bundesrepublik Deutschland. Die Rate der USA beträgt 4,2%. Die Zuwachsraten der Geldmenge bewegen sich in einem ähnlichen Bereich mit 92% in Argentinien, 73% in Chile, 52% in Bolivien und 4% in Belgien, 5% in der Schweiz und 6% in den USA.

- In nahezu allen Ländern ist die durchschnittliche Wachstumsrate des Bargeldes höher als die des Preisniveaus, d.h. ein typisches Merkmal der Nachkriegszeit sind wachsende reale Kassenbestände. Der Median der Wachstumsrate der realen Bargeldbestände beträgt 3,6% p.a.

- Am auffälligsten ist jedoch die für alle Länder geltende starke positive Beziehung zwischen den durchschnittlichen Preisänderungsraten und den durchschnittlichen monetären Wachstumsraten.

Tab. 7.1: *Wachstumsraten des Preisniveaus, der Geldmenge und der Produktion von 83 Ländern in der Nachkriegszeit* (angeordnet in absteigender Reihenfolge der Inflationsraten)

Land	ΔP	ΔM	$\Delta M - \Delta P$	ΔY	Zeitraum
Argentinien	93,9	91,6	−2,3	1,4	1979-86
Chile	67,9	73,3	5,4	1,5	1960-84
Bolivien	54,4	51,6	−2,8	3,2	1962-87
Brasilien	44,8	46,6	1,8	6,6	1963-85
Uruguay	42,1	41,0	−1,0	1,4	1960-86
Israel	30,8	31,4	0,6	7,0	1950-86
Zaire	30,0	29,8	−0,2	2,4	1963-86
Peru	28,1	31,7	3,6	3,5	1960-85
Jugoslawien	20,9	24,7	3,8	4,9	1960-86
Island	18,8	19,0	0,2	$4,1^b$	1950-87
Ghana	18,7	16,9	−1,8	$0,2^a$	1950-85
Türkei	18,5	21,2	2,6	$5,7^a$	1955-86
Mexiko	15,3	19,2	4,0	5,4	1950-86
Somalia	15,3	18,0	2,8	−	1960-86
Südkorea	13,4	22,6	9,3	7,4	1953-87
Kolumbien	13,3	17,1	3,8	5,0	1950-85
Paraguay	12,2	16,7	4,5	4,8	1952-87
Sierra Leone	12,1	13,6	1,5	3,8	1963-83
Jamaica	11,4	14,9	3,6	1,6	1960-86
Costa Rica	11,2	16,0	4,8	4,6	1960-87
Portugal	10,3	11,1	0,8	4,7	1953-85
Gambia	9,8	11,5	1,7	$3,2^a$	1964-86
Spanien	9,6	12,7	3,2	4,4	1954-86
Griechenland	9,5	14,9	5,4	4,7	1953-87
Madagaskar	9,5	8,8	−0,7	$1,5^a$	1964-86
Nigeria	9,2	12,9	3,8	3,4	1955-86
Sudan	9,0	11,6	2,6	$3,0^a$	1951-83
Guayana	8,9	12,9	3,9	$0,1^a$	1960-87
Ecuador	8,8	13,6	4,8	5,4	1951-86
Senegal	8,6	11,9	3,3	$0,8^a$	1967-84
Iran	8,4	20,0	11,6	6,2	1959-83
Trinidad/Tobago	8,4	12,1	3,7	2,6	1960-85
Zentr. Afrik. Rep.	8,4	12,3	3,9	−	1963-87
Mauritius	8,3	12,0	3,7	3,6	1963-87
Gabun	8,0	11,4	3,4	$7,8^a$	1962-85
Philippinen	8,0	10,7	2,7	4,8	1950-87
Nepal	7,9	14,3	6,4	2,6	1964-87
Kamerun	7,8	11,8	4,0	$6,9^a$	1963-84
Irland	7,6	7,9	0,4	3,1	1950-86
Niger	7,5	10,7	3,2	$3,1^a$	1963-85
Italien	7,4	10,5	3,1	4,4	1950-87
Neuseeland	7,4	6,1	−1,2	3,1	1954-85
Ägypten	7,4	12,3	5,0	$4,3^a$	1955-87
Elfenbeinküste	7,3	12,0	4,7	$5,0^a$	1962-86
Indien	7,3	10,0	2,8	3,9	1960-86

180 Kapitel 7

Tab. 7.1 (Fortsetzung)

Land	ΔP	ΔM	$\Delta M - \Delta P$	ΔY	Zeitraum
Syrien	7,2	15,0	7,8	5,7	1957-86
Südafrika	7,0	9,6	2,6	3,8	1950-87
Finnland	6,9	8,4	1,5	4,3	1950-86
Kongo	6,8	10,7	3,9	–	1960-86
Togo	6,8	13,2	6,4	$3,6^a$	1963-84
Pakistan	6,7	10,3	3,7	4,7	1955-87
El Salvador	6,6	7,8	1,2	3,1	1951-87
Verein. Königreich	6,5	6,4	0,0	2,4	1951-87
Frankreich	6,4	7,1	0,7	4,1	1950-87
Australien	6,3	8,4	2,1	3,9	1950-87
Saudi Arabien	6,3	18,3	12,0	6,0	1968-86
Dänemark	6,2	6,8	0,7	3,1	1950-87
Norwegen	6,1	6,8	0,6	4,1	1950-87
Schweden	6,1	7,5	1,4	3,0	1950-86
Burkina Faso	5,9	10,1	4,2	$3,6^a$	1962-85
Dominikan. Rep.	5,8	10,8	5,0	5,0	1950-86
Tschad	5,8	7,2	1,4	–	1960-77
Marokko	5,7	11,1	5,4	3,7	1958-86
Tunesien	5,4	10,9	5,5	$6,4^a$	1960-87
Lybien	5,4	25,0	19,7	$5,7^a$	1964-79
Haiti	5,3	8,4	3,0	1,9	1953-86
Sri Lanka	5,2	10,1	4,9	$5,4^a$	1950-87
Japan	5,0	11,4	6,4	$6,9^b$	1953-87
Guatemala	4,9	8,4	3,5	3,9	1950-86
Thailand	4,8	8,8	4,0	6,3	1955-87
Venezuela	4,8	8,8	4,0	4,6	1950-86
Irak	4,7	14,1	9,4	6,6	1965-75
Österreich	4,7	7,3	2,6	3,9	1950-87
Kanada	4,6	7,1	2,5	4,3	1950-87
Zypern	4,5	10,7	6,2	5,0	1960-87
Niederlande	4,4	6,5	2,0	$3,8^b$	1950-87
Honduras	4,3	8,7	4,3	3,6	1950-87
Belgien	4,2	4,2	−0,1	$3,3^b$	1950-87
USA	4,2	5,6	1,4	$3,1^b$	1950-87
Malta	3,8	9,8	6,0	6,2	1960-86
Singapur	3,6	10,8	7,3	8,0	1963-87
Schweiz	3,3	4,8	1,6	3,1	1950-86
BRD	3,1	6,8	3,7	$4,1^b$	1953-87

Anmerkung: Alle Wachstumsraten sind Jahresdurchschnitte für den in der äußersten rechten Spalte angegebenen Zeitraum. ΔP ist die Wachstumsrate der Konsumentenpreise, ΔM die des Bargeldumlaufs und ΔY die des realen Bruttoinlandsprodukts.

[a] Daten für das reale Bruttoinlandsprodukt waren für diese Länder nicht verfügbar. ΔY wurde durch Substraktion der durchschnittlichen Wachstumsrate der Konsumentenpreise ΔP von der durchschnittlichen Wachstumsrate des nominalen Bruttoinlandsprodukts berechnet.

[b] Anstelle des realen Bruttoinlandsprodukts wurde das reale Bruttosozialprodukt verwendet.

Quelle: Alle Daten entstammen verschiedenen Ausgaben der *International Financial Statistics*.

Inflation und Zinssätze 181

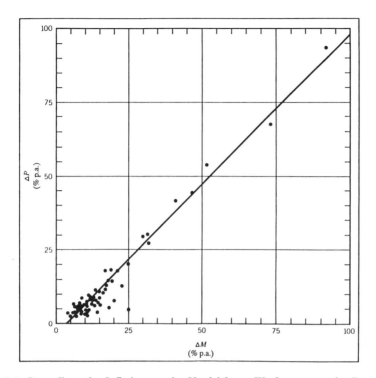

Abb. 7.1: *Darstellung der Inflationsrate im Vergleich zur Wachstumsrate des Bargeldumlaufs für 83 Länder*
Gezeigt wird die positive Beziehung zwischen Inflation und der Wachstumsrate des Bargeldumlaufs.

Abb. 7.1 verdeutlicht den Zusammenhang zwischen Inflation und monetärem Wachstum. Aus dem Diagramm geht die positive Korrelation zwischen Inflation und der Zuwachsrate des Bargeldumlaufs hervor. Ferner ist erkennbar, daß jede Erhöhung der monetären Zuwachsrate um einen Prozentpunkt p.a. mit einer etwa gleich hohen Steigerung der Inflationsrate einhergeht. Dabei ist diese Beziehung in den extremen Fällen enger als in den gemäßigten, bei denen die durchschnittliche monetäre Zuwachsrate zwischen 5% und 15% p.a. liegt.

Sofern die Wachstumsrate der Geldmenge die des Preisniveaus übertrifft, steigt die reale Kassenhaltung M/P im Zeitablauf. Da Bargeld zu jedem Zeitpunkt freiwillig gehalten wird, muß die Zuwachsrate der realen Kassenhaltung gleich der Zuwachsrate der realen Geldnachfrage sein. In unserer vorherigen Analyse der Geldnachfrage haben wir festgestellt, daß mehrere Faktoren für eine Zunahme der realen Geldnachfrage verantwortlich sein können. Als wichtigsten Faktor haben wir die

Zuwachsrate der Produktion ausgemacht. Deshalb haben wir in Tab. 7.1 auch die durchschnittlichen Wachstumsraten der Produktion für 79 Länder (für die Daten verfügbar waren) angegeben. In Abb. 7.2 ist die durchschnittliche Zuwachsrate der realen Kassenhaltung dem Produktionswachstum gegenübergestellt. Auch hierbei ist eine positive Korrelation zwischen beiden Zuwachsraten erkennbar. Außerdem geht aus der Tabelle hervor, daß der Median der Wachstumsrate der Produktion, der bei 4,1% p.a. liegt, mit dem Median der Zuwachsrate der realen Kassenhaltung (3,6% p.a.) fast übereinstimmt. Wir können daraus folgern, daß ein Land mit höherer Wachstumsrate des Outputs bei gegebener monetärer Wachstumsrate tendenziell eine geringere Inflation aufweist. Deshalb erklären Unterschiede in den Wachstumsraten der Produktion zumindest einen Teil der in Abb. 7.1 erkennbaren unvollkommenen Übereinstimmung zwischen monetärem Wachstum und Inflation.

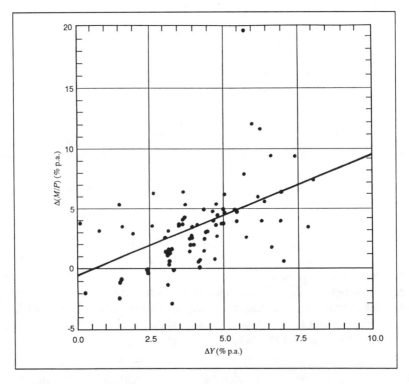

Abb. 7.2: *Darstellung der Wachstumsraten der realen Kassenhaltung im Vergleich zur Wachstumsrate der Produktion für 79 Länder*
Gezeigt wird die positive Beziehung zwischen den Wachstumsraten der realen Geldmenge und der Produktion.

Eine weitere Variable, die die Geldnachfrage beeinflußt, ist der Zinssatz R, der die Kosten der Geldhaltung bestimmt. Unter sonst gleichen Bedingungen ist zu erwarten, daß die durchschnittliche Zuwachsrate der realen Kassenhaltung in den Ländern niedriger ist, in denen der Zinssatz gestiegen ist und umgekehrt. Entscheidend ist hierbei die Veränderung des Zinssatzes und nicht dessen durchschnittliche Höhe. Obwohl Wirtschaftswissenschaftler diese Aussage für Industrieländer bestätigt haben, gelang dies für die Mehrzahl jener Länder nicht, denen organisierte Wertpapiermärkte mit Zinssatznotierungen fehlen. Dennoch werden wir in diesem und im nächsten Kapitel sehen, daß Zinssätze und Inflationsraten eng zusammenhängen. Steigerungen der Inflationsrate bedeuten erhöhte Kosten der Geldhaltung, weil eine höhere Inflationsrate bewirkt, daß Geld real schneller an Wert verliert. Wir sagen daher voraus, daß die durchschnittliche Zuwachsrate der realen Kassenhaltung in Ländern mit gestiegener Inflationsrate geringer ist. (Auch hierbei ist wieder die Veränderung der Inflationsrate und nicht ihr Durchschnittsniveau ausschlaggebend.) Beispiele hierfür sind in Tab. 7.1 Argentinien, Bolivien und Zaire, deren drastischer Anstieg der Inflationsraten die negativen Wachstumsraten der realen Kassenhaltung erklärt.

Insgesamt läßt sich aus den Länderdaten ein signifikanter positiver Zusammenhang zwischen monetärem Wachstum und Inflation ableiten. Dieser ist überdies enger, als es zunächst den Anschein hat, wenn wir weitere Variablen wie das Produktionswachstum, Veränderungen des Zinssatzes sowie der Inflationsraten berücksichtigen, welche die reale Geldnachfrage beeinflussen.

Inflation und monetäres Wachstum - Zeitreihenanalyse für die USA

Tab. 7.2 enthält die durchschnittlichen Inflationsraten und das durchschnittliche monetäre Wachstum in den USA für 20-Jahreszeiträume von 1860 bis 1980. Während der gesamten 120-jährigen Zeitspanne lag die durchschnittliche Inflationsrate bei 2,1% p.a., während die durchschnittliche Zuwachsrate der Bargeldmenge 4,8% p.a. betrug. Dementsprechend lag die durchschnittliche Wachstumsrate der realen Kassenhaltung bei 2,7% p.a. Beachtenswert ist, daß die zuletzt genannte Zahl mit der durchschnittlichen Wachstumsrate des realen Sozialprodukts, die bei 3,3% p.a. lag, annähernd übereinstimmt. (Auch in diesem Fall erhalten wir ganz ähnliche Resultate, wenn wir die umfassendere monetäre Größe M1 statt des Bargeldumlaufs zugrunde legen.)

Obwohl die Zeitreihen für die USA keine so umfassenden Beobachtungen vermitteln wie der Länderquerschnitt, sind in den verschiedenen 20-Jahresperioden ganz wesentliche Unterschiede zu beobachten. So war z.B. die durchschnittliche Inflationsrate während zweier Zeitintervalle negativ: Zwischen 1920-40 (diese Periode umfaßt die Weltwirtschaftskrise) betrug sie − 1,6% und zwischen 1880-1900 − 0,6%.

In drei Fällen lag sie jedoch über 4%: Von 1960-80 betrug sie 4,8%, von 1900-20 4,6% und von 1940-60 4,3%. Die beiden Weltkriege beeinflussen die beobachteten Daten für die letzten beiden Zeitabschnitte nachhaltig. Die Spanne der Zuwachsraten des Bargeldumlaufs reichte von 2,4% zwischen 1920-40 bis 6,9% zwischen 1960-80.

Tab. 7.2: *Zeitreihen zur Inflation und zum monetären Wachstum in den USA: Durchschnitte für 20-Jahreszeiträume (durchschnittliche jährliche Wachstumsraten in % p.a.)*

	ΔP	ΔM (Bargeld)	$\Delta M - \Delta P$	ΔY
1860-1880	1,1	3,4	2,3	4,3
1880-1900	- 0,6	3,2	3,8	3,0
1900-1920	4,6	6,5	1,9	2,8
1920-1940	- 1,6	2,4	4,0	2,4
1940-1960	4,3	6,8	2,5	3,8
1960-1980	4,8	6,9	2,1	3,5
1860-1980	2,1	4,9	2,8	3,3

Anmerkung: Alle Wachstumsraten sind Jahresdurchschnitte für die in der ersten Spalte angegebenen Perioden. ΔP ist die Wachstumsrate des BSP-Deflators, ΔM die Wachstumsrate der Bargeldmenge, ΔY die Wachstumsrate des realen BSP.

Quellen: Die Daten zur Entwicklung des Preisniveaus und des realen BSP finden sich in den Abb. 1.1 und 1.4. Zur Geldmengenentwicklung vgl. Milton Friedman und Anna Schwartz (1970), Tab. 1 u. 13, sowie verschiedene Ausgaben des *Federal Reserve Bulletin*.

Es besteht eine positive, wenn auch nicht perfekte Beziehung zwischen monetärem Wachstum und Inflation über die betrachteten 20-Jahresperioden hinweg. Wie in unserer vorherigen Analyse können wir einen Teil der Abweichungen zwischen beiden Wachstumsraten durch die Einbeziehung anderer Variablen erklären, welche die Geldnachfrage beeinflussen, z.B. die Wachstumsrate der Produktion, die Veränderungen des Zinssatzes und die Entwicklung der Finanzinstitutionen.

Inflation als monetäres Phänomen

Eine oberflächliche Betrachtung der beiden Datenreihen - des Länderquerschnitts und der Zeitreihen für die USA - legt uns nahe, Milton Friedmans (1968b, S. 29) berühmte Aussage "Inflation ist immer und überall ein monetäres Phänomen" durchaus ernst zu nehmen. Allerdings sollten wir einige wichtige Punkte nicht vergessen: Erstens kann die Analyse die Effekte realer Störungen auf das Preisniveau, z.B. einen Angebotsschock, nicht ausschließen. Wir gehen jedoch davon aus, daß diese Effekte bedeutsamer sind für eine Episode von Preissteigerungen als für eine chronische Inflation. Zweitens sollten wir berücksichtigen, daß der Begriff *monetäres Phä-*

nomen Variablen einschließt, die sowohl die reale Geldnachfrage als auch das nominale Geldangebot beeinflussen. Drittens würden wir wissen wollen, warum in den einzelnen Ländern und zu verschiedenen Zeiten unterschiedliche Wachstumsraten der Geldmenge zu beobachten sind. Zur Beantwortung dieser Frage müßten wir eine Reihe neuer Faktoren in die Analyse einbeziehen, etwa die Beweggründe, die einen Staat dazu veranlassen, mehr oder weniger Geld drucken zu lassen. In diesem und im folgenden Kapitel werden wir die Theorie des Geldangebots indes ausklammern und lediglich die Konsequenzen eines gegebenen, nicht näher erklärten Zeitpfades der Geldmenge für die Inflation und andere Variablen untersuchen. Diese Art der Analyse ist für das Verständnis der Inflation von essentieller Bedeutung, obwohl sie noch keine erschöpfenden Antworten liefert.

Tatsächliche und erwartete Inflation

Um die Inflation in unser theoretisches Modell einzubeziehen, definieren wir die Inflationsrate zwischen den Perioden t und $t + 1$ als

$$\pi_t = \frac{(P_{t+1} - P_t)}{P_t}. \tag{7.2}$$

Zu beachten ist, daß die Inflationsrate der Veränderungsrate des Preisniveaus zwischen den Perioden t und $t + 1$ entspricht. Durch Umformung von Gleichung (7.2) können wir nach dem Preisniveau der nächsten Periode auflösen

$$P_{t+1} = (1 + \pi_t)P_t. \tag{7.3}$$

Demnach steigen die Preise während einer Periode um den Faktor $1 + \pi_t$. Obwohl wir uns auf steigende Preise konzentrieren - d.h. auf positive Inflationsraten -, können wir auch Fälle analysieren, in denen die Preise im Zeitablauf sinken, die also durch **Deflation** charakterisiert sind.

Die Wirtschaftssubjekte wollen bei ihren Entscheidungen, etwa bei der Wahl zwischen heutigem und späterem Konsum, wissen, wie sich die Preise im Zeitablauf verändern werden. Deshalb machen sie Prognosen oder bilden **Inflationserwartungen**. Wir verwenden das Symbol π^e_t, um die Erwartungen bezüglich der Inflationsrate π_t auszudrücken. Üblicherweise gehen wir davon aus, daß ein Wirtschaftssubjekt diese Erwartung während der Periode t entwickelt und mit seiner Inflationserwartung π^e_t eine Prognose über das Preisniveau der nächsten Periode P_{t+1} macht, weil das laufende Preisniveau P_t bereits bekannt ist.

Im allgemeinen sind Inflationsprognosen nicht fehlerfrei, d.h. die tatsächliche Inflationsrate ist höher oder niedriger als die Erwartungen des repräsentativen Wirtschaftssubjekts. Folglich ist der Prognosefehler - d.h. die **unerwartete (nicht-antizipierte) Inflation** - normalerweise nicht gleich Null. Die Wirtschaftssubjekte haben jedoch Veranlassung, *rationale* Erwartungen zu bilden, um systematische Fehler zu vermeiden, indem sie die verfügbaren Informationen über die zurückliegende Inflationsentwicklung und andere relevante Variablen effizient nutzen. Daher dürfte die nicht-antizipierte Inflation typischerweise weder positiv noch negativ sein. Außerdem dürfte es kein systematisches Fehlermuster im Zeitablauf geben. Ist der Erwartungsfehler in dieser Periode positiv, kann er in der folgenden entweder positiv oder negativ sein.

Reale und nominale Zinssätze

Wie zuvor soll R_t der Zinssatz für Wertpapiere sein. Wenn jemand in der Periode t Wertpapiere (mit einer Laufzeit von einer Periode) im Werte von 1 $ kauft, dann erhält er in Periode $t + 1$ Einnahmen aus der Kreditsumme plus Zinsen in Höhe von $(1 + R_t)$\$. Folglich steigt der Nominalwert der in Form von Wertpapieren gehaltenen Finanzaktiva in einer Periode um den Faktor $(1 + R_t)$. Insofern können wir den Zinssatz R_t als **nominalen Zinssatz** definieren.

Was geschieht nun im Zeitablauf mit dem realen Wert der Aktiva, die von den Wirtschaftssubjekten in Form von Wertpapieren gehalten werden? Sofern das Preisniveau, wie in den vorausgegangenen Kapiteln unterstellt, konstant ist, wächst der reale Wert dieser Aktiva ebenfalls mit der Rate R_t. In einer Welt mit konstantem Preisniveau ist der nominale Zinssatz R_t also gleich dem **realen Zinssatz**, der das Wachstum des Realwertes der Aktiva im Zeitablauf bestimmt.

Sofern die Inflationsrate π_t positiv ist, fallen nominaler und realer Zinssatz auseinander. Dann kosten die Güter in der nächsten Periode mehr als in der laufenden. Gleichung (7.3) besagt, daß das Preisniveau im Laufe einer Periode um den Faktor $1 + \pi_t$ steigt. Wenn der Nominalwert der Aktiva sich in einer Periode um den Faktor $(1 + R_t)$ erhöht, dann steigt deren realer Wert um $(1 + R_t)/(1 + \pi_t)$. Wir haben also zu bedenken, daß die in der nächsten Periode verfügbaren Geldeinheiten - die um den Faktor $(1 + R_t)$ gestiegen sind - einem um den Faktor $(1 + \pi_t)$ erhöhten Preisniveau gegenüberstehen.

Wenn die Haushalte ihre Aktiva in Form von Wertpapieren halten, steigt der reale Wert der Aktiva im Laufe einer Periode um den Faktor $(1 + R_t)/(1 + \pi_t)$. Definieren wir den realen Zinssatz r_t als den Satz, mit dem die in Form von Wertpapieren gehaltenen Aktiva real wachsen, dann erfüllt der reale Zinssatz die Bedingung

$$(1 + r_t) = \frac{(1 + R_t)}{(1 + \pi_t)}. \tag{7.4}$$

Es ist nicht der nominale, sondern der reale Zinssatz, der den Wirtschaftssubjekten darüber Auskunft gibt, wieviel zusätzlichen Konsum sie in der Periode $t + 1$ erhalten werden, wenn sie in der Periode t auf eine Konsumeinheit verzichten. Vermindert jemand z.B. c_t um eine Einheit, so spart er P_t zusätzliche Geldeinheiten (in Form von Wertpapieren) und gelangt in den Genuß von zusätzlichen $P_t \cdot (1 + R_t)$ Geldeinheiten für Ausgaben in der Periode $t + 1$. Mit diesem Betrag können in Periode $t + 1$ zusätzliche Einheiten von Konsumgütern in Höhe von $P_t \cdot (1 + R_t)/P_{t+1}$ gekauft werden. Schließlich ist dieser Ausdruck gleich $(1 + R_t)/(1 + \pi_t)$ und dieser entspricht gemäß Gleichung (7.4) $1 + r_t$.

Diese Ergebnisse bedeuten, daß sich die Wirtschaftssubjekte bei der Entscheidung über die Höhe des Konsums (oder des Arbeitseinsatzes) in einer Periode gegenüber einer anderen - und damit über die Höhe der Ersparnis - am realen Zinssatz und nicht am nominalen Zinssatz orientieren. Aus diesem Grund erscheint es wichtig, mehr über die Bedeutung und Messung des realen Zinssatzes zu erfahren.

Wir erhalten einen brauchbaren Ausdruck für den realen Zinssatz r_t, wenn wir beide Seiten von Gleichung (7.4) mit dem Ausdruck $(1 + \pi_t)$ multiplizieren und auf beiden Seiten der Gleichung 1 abziehen

$$r_t + \pi_t + r_t\pi_t = R_t. \tag{7.5}$$

Wie wir wissen, messen wir alle Variablen - R_t, π_t und r_t - als Wachstumsraten je Periode (z.B. je Monat). Unterstellt, die nominalen Zinssätze und die Inflationsraten lägen höchstens zwischen 10-20% p.a., dann sind die Raten von R_t, π_t und r_t pro Monat nicht höher als 1-2%. Der Ausdruck $r_t\pi_t$ in Gleichung (7.5) wird dann einen sehr geringen Wert aufweisen; er wird kleiner sein als $0{,}02 \cdot 0{,}02 = 0{,}0004$. Deshalb können wir diesen Ausdruck vernachlässigen und den realen Zinssatz im Sinne einer hinreichenden Annäherung als

$$r_t \simeq R_t - \pi_t \tag{7.6}$$

schreiben, wobei das Symbol $\simeq$ "annähernd gleich" bedeutet.[1]

Bekanntlich gibt der nominale Zinssatz R_t den Nominalwert an, um den die in Form von Wertpapieren gehaltenen Aktiva im Zeitablauf wachsen. Demgegenüber bestimmt der reale Zinssatz r_t den realen Wertzuwachs dieser Aktiva. Gleichung (7.6) besagt, daß der reale Zinssatz r_t gleich dem nominalen Zinssatz R_t abzüglich der Inflationsrate π_t ist. Im Falle einer positiven Inflationsrate ist der reale Zinssatz niedriger als der nominale. Ferner ist der reale Zinssatz nur dann positiv, wenn der nominale Zinssatz höher ist als die Inflationsrate. Im Falle eines negativen realen Zinssatzes - der nominale Zinssatz ist niedriger als die Inflationsrate - kann der mit

---

[1] Die Approximation wird um so besser, je kürzer die Zeitperiode ist. Tatsächlich spielt die Länge der Zeitperiode im Modell keine ökonomische Rolle. Der hier verwendete Periodenbegriff - der von Ökonomen als *diskrete Zeit* bezeichnet wird - dient lediglich der Vereinfachung der Analyse. Deshalb können wir vernünftigerweise annehmen, daß eine Periode extrem kurz und Gleichung (7.6) dann eine recht genaue Approximation ist.

der Rate R_t gestiegene Nominalwert der Aktiva den durch die Rate π_t ausgedrückten Preisniveauanstieg nicht ausgleichen.

Tatsächlicher und erwarteter realer Zinssatz

Normalerweise gehen wir von Situationen aus, in denen die Wirtschaftssubjekte den nominalen Zinssatz für Wertpapiere R_t direkt beobachten können. Um den **erwarteten realen Zinssatz** zwischen den Perioden t und $t + 1$ berechnen zu können, subtrahieren die Wirtschaftssubjekte die von ihnen erwartete Inflationsrate π^e_t vom nominalen Zinssatz. Deshalb lautet der erwartete reale Zinssatz r^e_t

$$r^e_t \simeq R_t - \pi^e_t. \tag{7.7}$$

Zu bedenken ist, daß die tatsächliche Inflationsrate π_t sowohl über als auch unter der erwarteten Rate π^e_t liegen kann. Sofern eine unerwartet hohe Inflation auftritt - $\pi_t > \pi^e_t$ - wird der reale Zinssatz r_t geringer sein als der erwartete Zinssatz r^e_t. Anders formuliert: Wenn man die Gleichungen (7.6) und (7.7) kombiniert, erhält man den unerwarteten Teil des realen Zinssatzes $r_t - r^e_t$

$$r_t - r^e_t \simeq -(\pi_t - \pi^e_t). \tag{7.8}$$

Deshalb verursachen Prognosefehler bei den Inflationserwartungen, $\pi_t - \pi^e_t$, Prognosefehler mit umgekehrtem Vorzeichen beim realen Zinssatz.

Es sind verschiedene institutionelle Arrangements denkbar, mit deren Hilfe Kreditnehmer und -geber den realen Zinssatz r_t anstelle des nominalen Zinssatzes R_t sichern. In diesem Falle passen sich die nominalen Tilgungs- und Zinszahlungen so an, daß die Inflation kompensiert wird. Diese Anpassungen garantieren, daß der tatsächliche reale Zinssatz dem zuvor festgelegten Wert entspricht. Auf diese Weise ist den Wirtschaftssubjekten der reale Zinssatz im voraus bekannt, während hinsichtlich des nominalen Zinssatzes Ungewißheit herrscht.

Derartige Vereinbarungen werden als **Indexierung** oder **Inflationskorrektur** bezeichnet. Sie sind insbesondere in Ländern wie Brasilien und Israel mit extrem hoher chronischer Inflation anzutreffen. Kürzlich hat die britische Regierung, wie weiter unten dargelegt, eine langfristige indexierte Anleihe aufgelegt, während die amerikanische Regierung diesbezüglichen Ansinnen bisher widerstanden hat. Wirtschaftswissenschaftler können noch nicht erklären, warum private Haushalte und der Staat offensichtlich die Kreditaufnahme und -vergabe zu vorher fixierten nominalen Zinssätzen dem Kreditgeschäft zu realen Zinssätzen vorziehen.[2]

---

[2] Hierzu existieren verschiedene Erklärungsversuche: (1) Die Wirtschaftssubjekte verwenden und halten Bargeld - ein Aktivum, das in nominalen Einheiten ausgedrückt wird - und wollen deshalb Kreditgeschäfte in denselben Einheiten abwickeln; (2) die Regierung setzt Verträge in nominalen Einheiten leichter durch als in anderen Einheiten; (3) die steuerliche Behandlung indexierter Wert-

Inflation und Zinssätze

Nominale und reale Zinssätze in den USA nach dem 2. Weltkrieg
Tab. 7.3 zeigt die Beziehung zwischen nominalen und realen Zinssätzen in den USA nach dem 2. Weltkrieg. Der nominale Zinssatz R_t ist die durchschnittliche jährliche Verzinsung von 3-monatigen Schatzwechseln (dies sind kurzfristige US-Bundesanleihen). Die jährliche Inflationsrate π_t entspricht der Veränderungsrate des allgemeinen Preisniveaus und wird durch den Konsumentenpreisindex gemessen. Der reale Zinssatz eines jeden Jahres ergibt sich aus der Formel: $r_t = R_t - \pi_t$.

Die tatsächliche Inflationsrate π_t kann von der individuell erwarteten Rate π^e_t erheblich abweichen; in diesem Fall unterscheiden sich realer Zinssatz r_t und erwarteter realer Zinssatz r^e_t. Da dieser für unsere nachfolgende Analyse von Bedeutung ist, sollten wir einige Mühe darauf verwenden, die erwartete Inflation zu messen.

Messung der erwarteten Inflation
Ökonomen haben wenigstens drei Methoden zur Messung von Erwartungen über Variablen wie die Inflationsrate und den realen Zinssatz verwendet:

- Erstens, indem sie eine Auswahl von Personen nach deren Meinungen befragen.

- Zweitens, indem sie die Hypothese **rationaler Erwartungen** verwenden, welche besagt, daß die Erwartungen der Wirtschaftssubjekte optimalen Voraussagen bei gegebenen verfügbaren Informationen entsprechen. Mit Hilfe statistischer Verfahren werden diese optimalen Vorhersagen dann ermittelt.

- Drittens, indem sie Marktdaten etwa über Zinssätze oder die Preise von Finanzkontrakten verwenden, um auf die Vorstellungen der Wirtschaftssubjekte zu schließen.

Der wesentliche Mangel der ersten Methode besteht darin, daß die Stichprobe nicht für die gesamte Volkswirtschaft repräsentativ sein muß. Im übrigen haben Ökonomen eine bessere Theorie darüber, wie die Wirtschaftssubjekte handeln, als darüber, wie sie bei Umfragen antworten. Anders als auf dem Markt, auf dem die Teilnehmer ihre Auffassungen gleichsam durch Geld bekräftigen, ist weniger klar, was es bedeutet, wenn jemand Meinungen zu Inflation oder anderen Variablen kundtut.

---

papiere ist unklar; (4) es ist schwierig, sich auf einen Preisindex zur Inflationskorrektur zu einigen. Huston McCulloch (1980) berichtet, daß die Gerichte in den USA nach 1933 keine Indexsicherungen für Wertpapiere zuließen. In jenem Jahr beschloß der Kongreß, die bei einigen zuvor ausgegebenen Wertpapieren vereinbarten "Goldklauseln" nicht anzuerkennen. Diese Klauseln - die einer Indexierung entsprachen - verpflichteten die Kreditnehmer, ihre Darlehen nicht in US-Dollar, sondern in Gold zurückzuzahlen. Nachdem der Kongreß diese Goldklauseln für ungültig erklärt hatte, interpretierten die Gerichte dies so, als bezöge sich die Restriktion auf sämtliche Formen indexierter Wertpapiere. Da der Kongreß diese Resolution 1977 jedoch rückgängig machte, sind indexierte Wertpapiere wieder zulässig.

Der zweite, auf rationalen Erwartungen beruhende Ansatz, hat einige Erfolge, aber auch einige Schwierigkeiten hervorgebracht.[3] Ein Problem besteht darin herauszufinden, über welche Informationen die Wirtschaftssubjekte verfügen, wenn sie ihre Erwartungen bilden. Ein weiteres betrifft die Auswahl der statistischen Modelle. Jedenfalls unterscheiden sich die Resultate einiger derartiger Untersuchungen der erwarteten Inflation in mancher Hinsicht nicht von den weiter unten betrachteten Ergebnissen von Befragungen.

Tab. 7.3: *Inflationsraten, nominale und reale Zinssätze in den USA nach dem 2. Weltkrieg (% p.a.)*

Jahr	R_t	π_t	r_t	π^e_t	r^e_t
1948	1,0	0,4	0,6	1,2	−0,2
1949	1,1	−2,8	3,9	−4,0	5,1
1950	1,2	8,0	−6,8	−0,2	1,4
1951	1,6	4,3	−2,7	3,1	−1,5
1952	1,8	0,4	1,4	1,1	0,7
1953	1,9	0,7	1,2	−0,6	2,5
1954	1,0	−1,4	2,4	−0,9	1,9
1955	1,8	0,0	1,8	0,3	1,5
1956	2,7	3,5	−0,8	0,5	2,2
1957	3,3	3,4	−0,1	1,3	2,0
1958	1,8	1,3	0,5	0,1	1,7
1959	3,4	1,3	2,1	0,6	2,8
1960	2,9	1,6	1,3	0,7	2,2
1961	2,4	0,6	1,8	0,6	1,8
1962	2,8	1,3	1,5	1,0	1,8
1963	3,2	1,5	1,7	1,0	2,2
1964	3,6	0,9	2,7	1,0	2,6
1965	4,0	2,1	1,9	1,1	2,9
1966	4,9	3,2	1,7	1,7	3,2
1967	4,3	3,4	0,9	2,1	2,2
1968	5,3	3,8	1,5	2,8	2,5
1969	6,7	5,5	1,2	2,9	3,8
1970	6,5	4,5	2,0	3,6	2,9
1971	4,4	3,3	1,1	3,8	0,6
1972	4,1	3,7	0,4	3,3	0,8
1973	7,0	9,5	−2,5	3,6	3,4
1974	7,9	11,3	−3,4	6,2	2,7

---

[3] Zur Verwendung dieses Ansatzes zur Messung der erwarteten Inflation vgl. z.B. James Hamilton (1985).

Tab. 7.3 (Fortsetzung)

Jahr	R_t	π_t	r_t	π^e_t	r^e_t
1975	5,8	6,4	−0,6	6,7	−0,9
1976	5,0	5,2	−0,2	5,6	−0,6
1977	5,3	5,9	−0,6	5,6	−0,3
1978	7,2	8,1	−0,9	6,2	1,0
1979	10,1	11,4	−1,3	7,6	2,5
1980	11,4	10,2	1,2	10,4	1,0
1981	14,0	7,6	6,4	9,7	4,3
1982	10,7	4,1	6,6	6,1	4,6
1983	8,6	4,0	4,6	4,5	4,1
1984	9,6	3,1	6,5	5,3	4,3
1985	7,5	3,2	4,3	4,2	3,3
1986	6,0	0,6	5,4	3,5	2,5
1987	5,8	3,7	2,1	3,5	2,3
1988	6,7	4,7	2,0	4,2	2,5

Anmerkung: Die Inflationsrate π_t bezieht sich auf die Veränderung des Konsumentenpreisindexes vom Januar jeden Jahres bis zum Januar des nächsten Jahres. Um einige Meßprobleme der Zinskosten von Hypotheken zu vermeiden, haben wir Daten verwendet, welche Schutzräume ausschließen. Der nominale Zinssatz R_t ist die durchschnittliche jährliche Verzinsung von Dreimonats-US-Schatzwechseln. Der reale Zinssatz r_t ist gleich $R_t - \pi_t$.

Quelle: Die Daten stammen aus der *Citibase* Datenbank. Die Variable π^e_t aus der Livingstone-Erhebung wurden von der Federal Reserve Bank von Philadelphia mitgeteilt. Die Zahlen verstehen sich als Durchschnitt einer 6-monatigen Vorhersage (von Dezember des vorhergehenden Jahres bis Juni des laufenden Jahres) für jedes Jahr.

Der dritte Ansatz, der sich auf Marktdaten stützt, hatte bei der Messung erwarteter Inflation bislang nur begrenzte Erfolge.[4] Eine vielversprechende Datenquelle ist der Terminkontrakt auf der Basis des Konsumentenpreisindexes, der an der Kaffee-, Zucker- und Kakao-Börse gehandelt wird. Auf diesem Markt bieten die Händler letztlich auf den Wert des Konsumentenpreisindexes in zukünftigen Perioden. Sie verdienen oder verlieren Geld, je nachdem, welcher Wert des Konsumentenpreisindexes sich später tatsächlich einstellt. Der Blick auf diese Gebote erlaubt uns, auf die Erwartungen der Händler über die zukünftigen Veränderungen des Preisniveaus zu schließen. Im Februar 1986 antizipierte man beispielsweise eine Inflationsrate von 4,5% für den Rest des Jahres, 7,3% für 1987 und 8,1% für 1988. Bis Juni 1986 waren jedoch die erwarteten Inflationsraten auf 4,4% für 1987 und 6,6% für 1988 gefallen. (Bemerkenswert ist, daß die tatsächlichen Inflationsraten in deutlicher Abweichung von den Erwartungen, wie sie aus dem Terminkontrakt auf der Basis des Konsumen-

---

[4] Eugene Fama (1975) faßte nominale Zinssätze als ein brauchbares Maß für die erwartete Inflation auf; der von ihm vermutete Zusammenhang fand aber nach den frühen 70er Jahren keine Bestätigung mehr. Vgl. zur Diskussion dieses Aspekts Charles Nelson und G. William Schwert (1977).

tenpreisindexes hervorgehen, 0,6% für 1986, 3,7% für 1987 und 4,7% für 1988 betrugen). Bedauerlicherweise ist es unmöglich, diese Daten auf ihren aktuellen Stand zu bringen, weil der Markt infolge mangelnden Händlerinteresses nicht funktionierte.

Kehren wir zum ersten Ansatz, der Erhebungsdaten zur Messung der Inflationserwartung verwendet, zurück. Joseph Livingston, ein Journalist aus Philadelphia, begann 1946 damit, etwa 50 Ökonomen (in den Anfangsjahren der Umfrage waren es weniger) zu ihrer Prognose über den Konsumentenpreisindex für einen zukünftigen Zeitraum von 6 bis 12 Monaten zu befragen. Die mit π^e_t in Tab. 7.3 bezeichnete Variable ist der Durchschnitt der Vorhersagen über 6 Monate im voraus, ausgedrückt als Voraussage über die jährliche Inflationsrate.[5] Die letzte Spalte in Tabelle 7.3 enthält die entsprechenden Werte für den erwarteten realen Zinssatz $r^e_t = R_t - \pi^e_t$.

Zinssätze und Inflationserwartungen nach dem 2. Weltkrieg

In Tab. 7.3 ist bemerkenswert, daß der nominale Zinssatz in der Nachkriegszeit drastisch stieg, von jährlich 1% 1948 auf 3% zu Beginn der 60er Jahre, auf 5-6% Ende der 60er Jahre, auf 10% im Jahre 1979 und auf 14% im Jahre 1981, um 1987-88 auf 6% zu sinken. Allerdings handelte es sich nicht um eine stetige Zunahme, denn der Zinssatz sank z.B. zwischen 1957 und 1958 von 3,3% auf 1,8%, zwischen 1970 und 1972 von 6,5% auf 4,1%, zwischen 1974 und 1976 von 7,9% auf 5,0% und zwischen 1981 und 1987 von 14% auf 5,8%. Trotz der beobachtbaren generellen Aufwärtsentwicklung des Zinssatzes wäre es keinesfalls einfach gewesen, diesen "Trend" zu prognostizieren. Jedenfalls hätte derjenige, der dieses Muster richtig vorausgesehen hätte, durch Spekulationen auf dem Wertpapiermarkt sein Glück machen können.

Die Daten aus Tab. 7.3 zum nominalen Zinssatz R_t, zur erwarteten Inflationsrate π^e_t und zum erwarteten realen Zinssatz r^e_t sind in Abb. 7.3 graphisch dargestellt. Die Abbildung zeigt den bemerkenswerten Umstand, daß sich der nominale Zinssatz und die erwartete Inflationsrate tendenziell annähern; so stieg insbesondere von den frühen 50er Jahren bis 1980 die Inflationserwartung im wesentlichen parallel mit dem nominalen Zinssatz. Gleiches gilt für die tatsächliche Inflationsrate, jedoch wies diese stärkere Schwankungen von Jahr zu Jahr auf. In unserer nachfolgenden Analyse (Kapitel 8) werden wir zu begründen versuchen, warum sich nominale Zinssätze und Inflationsraten in etwa parallel entwickeln.

Die Entwicklung des erwarteten realen Zinssatzes weicht deutlich von dem des nominalen Zinssatzes ab. Da sich erwartete Inflation und nominale Zinssätze in etwa parallel entwickeln, ergibt sich zumindest bis 1980 kein regelmäßiges Muster für die erwarteten realen Zinssätze r^e_t. So betrug der durchschnittliche Wert von r^e_t 1948-64 1,8%, während er 1965-80 1,7% ausmachte.

---

[5] Zur Diskussion der Livingston Erhebung vgl. John A. Carlson (1977).

Für die Periode 1981-88 lag der durchschnittliche Wert von r^e_t bei 3,5% und damit um 1,7 Prozentpunkte über dem für 1948-80. Die Rate sank jedoch von über 4% zwischen 1981 und 1984 auf einen Durchschnitt von 2,4% in den Jahren 1986-88. Dieser Wert liegt lediglich um 0,6 Prozentpunkte über dem Durchschnitt von 1948-80.

In Tab. 7.3 ist ferner bemerkenswert, daß die Abweichungen zwischen tatsächlicher und erwarteter Inflation, $\pi_t - \pi^e_t$, zumindest teilweise die Entwicklung der tatsächlichen realen Zinssätze r_t zu erklären vermögen. Es sei daran erinnert, daß für einen gegebenen Wert von r^e_t die unerwartete Inflation $\pi_t - \pi^e_t$ den realen Zinssatz r_t im Verhältnis 1:1 verringert.

Unerwartete Inflation - d.h. $\pi_t > \pi^e_t$ - war für einige der niedrigsten realen Zinssätze verantwortlich. So stellte die Inflationsrate 1950 in Höhe von 8,0% - verglichen mit der erwarteten Rate von − 0,2% - eine Überraschung dar, die zeitlich mit dem Beginn des Koreakrieges zusammenfiel. Deshalb lag der reale Zinssatz mit − 6,8% deutlich unter der erwarteten Rate (1,4%). In ähnlicher Weise waren die Inflationsraten der Jahre 1973-74 mit 9,5% und 11,3% - im Vergleich zu den Erwartungen in Höhe von 3,6% und 6,2% - angesichts der ersten Ölkrise überraschend. Wiederum lagen die realen Zinssätze mit − 2,5% und − 3,4% erheblich unter den Erwartungen.

Längerfristig gesehen betrug die mit Hilfe der Livingston-Erhebung gemessene erwartete Inflation von 1948 bis 1980 im Durchschnitt 2,4%; im Vergleich dazu machte die tatsächliche Inflationsrate im Durchschnitt 3,7% aus. Dementsprechend lag der durchschnittliche erwartete reale Zinssatz r^e_t mit 1,8% erheblich über dem tatsächlichen Durchschnittssatz von r_t mit 0,5%. Mit anderen Worten: Die bis 1980 anhaltende Tendenz zur Unterschätzung der Inflation ist eine Teilerklärung dafür, warum sich r_t im Durchschnitt nur unwesentlich über Null bewegte.[6]

Wenn wir Inflations-Überraschungen verwenden, um hohe reale Zinssätze zu erklären, sollten wir schließlich auch Zeiten unerwartet niedriger Inflation betrachten. Diese finden wir in der Periode 1981-1986. Die tatsächliche Inflationsrate lag für 1981, 1982 und 1984 jeweils um etwa 2 Prozentpunkte unter den erwarteten Werten, während die tatsächliche Rate 1986 um etwa 3 Prozentpunkte unter der erwarteten blieb. Daher betrug 1981-1986 der Durchschnitt von r_t 5,6%, verglichen mit 3,8% für r^e_t. Mithin sind 1,8 Prozentpunkte des hohen Durchschnittswertes von r_t 1981-1986 der unerwartet niedrigen Inflation zuzuschreiben.

---

[6] Denkbar ist, daß die chronische Unterschätzung der Inflation bedeutet, daß die in der Livingston-Umfrage Interviewten irrationale Vorstellungen hatten. Aber diese Aussage beruht entschieden darauf, daß wir es im Nachhinein besser wissen. Wie bereits in Kapitel 1 erwähnt und in Tabelle 7.2 ausgewiesen, stellte tatsächlich die hohe durchschnittliche Inflation in der Nachkriegszeit eine drastische Abweichung der historischen Entwicklung der USA in Friedenszeiten dar. Statistische Modelle, die zur Prognose deutlich besser geeignet sind als die Livingston-Umfrage, wurden von Personen, die lediglich Zugang zu historischen Daten hatten, nicht verwendet. Zur Diskussion über die Rationalität der Livingston-Umfrage vgl. John Carlson (1977) und John Caskey (1985).

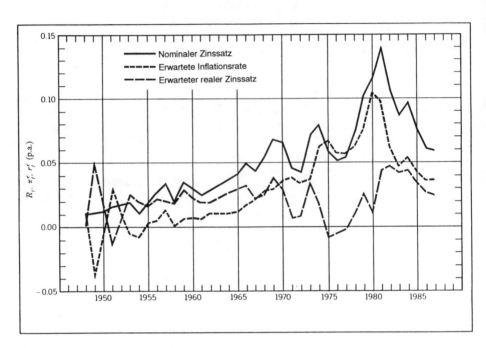

Abb. 7.3: *Entwicklung der Inflationsrate, des nominalen und des realen Zinssatzes in den USA*
Die erwartete Inflationsrate und der nominale Zinssatz stiegen überwiegend während der Nachkriegsperiode, fielen aber nach 1981. Die erwarteten realen Zinssätze waren von 1981 bis 1984 ungewöhnlich hoch.

Verzinsung des Geldes

Wir haben bisher die nominalen und realen Zinssätze von Wertpapieren diskutiert, können jedoch dieselbe Analyse auf die Bargeldhaltung übertragen, sofern wir deren nominalen Zinssatz mit Null anstelle von R_t definieren. Bekanntlich ist der reale Zinssatz für irgendein Aktivum gleich dem nominalen Zinssatz abzüglich der Inflationsrate π_t. Deshalb lautet der Realzins für Wertpapiere $r_t = R_t - \pi_t$, und der reale Zinssatz des Geldes (Bargeld) mit einer nominalen Verezinsung von Null ist entsprechend $-\pi_t$. Eine positive Inflationsrate bedeutet also, daß die Kaufkraft des Geldes im Laufe der Zeit ausgehöhlt wird.

Wie bei Wertpapieren können wir auch beim Geld zwischen erwarteter und tatsächlicher realer Verzinsung unterscheiden. Der erwartete reale Zinssatz beim Geld entspricht dem negativen Wert der erwarteten Inflationsrate $-\pi^e_t$. Angesichts der in Tab. 7.3 aufgeführten anhaltend steigenden Inflationsraten der USA während der

Indexierte Wertpapiere im Vereinigten Königreich

Wie bereits erwähnt, werden bei indexierten Wertpapieren die nominalen Zahlungen so angepaßt, daß der reale Zinssatz bekannt ist. Folglich müssen wir nicht erwartete Inflation messen, um die erwarteten realen Zinssätze zu ermitteln (die in diesem Fall den tatsächlichen Sätzen entsprechen). Obwohl indexierte Wertpapiere derzeit in den USA nicht existieren[7], lohnt es, die britischen Erfahrungen zu untersuchen.

Die britische Regierung begann im März 1981, marktfähige Wertpapiere (Staatsanleihen) auszugeben, bei denen die nominalen Zinszahlungen und die Tilgungssumme an einen breit definierten Großhandelspreisindex gebunden waren.[8] In Tab. 7.4 ist ausgewiesen, daß die realen Zinssätze auf indexierte Wertpapiere seit 1981 von 2,4% auf 3,3% 1984-85 und 3,8% 1988 stiegen. Der Durchschnittswert von 3,3% zwischen 1982 und 1988 stimmt mit den durchschnittlichen erwarteten realen Zinssätzen r^e_t in den USA überein (vgl. Tab. 7.3). Allerdings war die reale Zinssatz in Großbritannien im früheren Abschnitt der Periode geringer (3,1% gegenüber 4,1% in den USA für die Jahre 1982-85), jedoch höher im späteren (3,7% gegenüber 2,3% in den Jahren 1986-88).

Da es an den Finanzmärkten Teilnehmer gibt, die bequem zwischen indexierten Anleihen des Vereinigten Königreiches und nominalen Wertpapieren der USA tauschen können, würden wir voraussagen, daß die erwarteten realen Zinssätze dieser Finanzaktiva ähnlich sein werden. Andernfalls würden einige Marktteilnehmer zu denjenigen Wertpapieren überwechseln, die einen höheren realen Ertrag versprechen. Dieser Prozeß des Austausches würde solange anhalten, bis die Preise der Wertpapiere sich so angepaßt haben, daß die erwarteten realen Zinssätze gleich sind.[9] Wie auch immer, die in Tab. 7.4 aufgeführten Daten liefern uns ein weiteres Maß für die erwarteten realen Zinssätze nach 1980.

---

[7] Der berühmte Ökonom Irving Fisher ließ 1920 von seiner Gesellschaft Cardex Rand eine indexierte Anleihe auflegen, die aber nicht sonderlich gefragt war.

[8] Da die Bindung an den Index eine Zeitverzögerung von 8 Monaten bedeutet, variiert der reale Ertrag ein wenig mit der tatsächlichen Inflation. Wir können aber im Sinne einer Annäherung davon ausgehen, daß der reale Zinssatz im voraus bekannt ist.

[9] Es gibt allerdings einige Gründe für eine Abweichung zwischen den indexierten britischen Staatsanleihen von den erwarteten realen Zinssätzen von US-Staatsanleihen. Erstens sind die Erträge der US-Wertpapiere wegen des Risikos der Inflation unsicherer. Zweitens ist die steuerliche Behandlung der britischen Anleihen günstiger, weil nur die dem realen Zinssatz entsprechenden Einnahmen zu versteuern sind. Drittens sind die britischen Anleihen an einen Index britischer Preise gebunden, und diese können sich anders entwickeln als die Preise in den USA. Schließlich haben die in Tab. 7.4 aufgeführten Schuldtitel eine Laufzeit von 25 Jahren, während die Schatzwechsel von Tab. 7.3 eine solche von 3 Monaten haben.

Tab. 7.4: *Reale Zinssätze indexierter Wertpapiere im Vereinigten Königreich*

Periode	Realer Zinssatz[a] (in %)
1981 (April bis Dezember)	2,4
1982	2,8
1983	2,9
1984	3,3
1985	3,3
1986	3,5
1987	3,7
1988	3,8

[a] Der Zinssatz bezieht sich auf Anleihen mit einer Laufzeit von rd. 25 Jahren. Von April 1981 bis März 1982 sind die Werte geschätzt aus dem Ertrag von 1996 fälligen Wertpapieren.

Quelle: Für 1981-83 Buckmaster and Moore, *Index-Linked Gilt Book*, Mai 1985; für 1984-88 Bank of England.

Nachkriegszeit erscheint die Folgerung angebracht, daß der erwartete reale Zinssatz des Geldes sehr viel niedriger ist als früher.

Es sei daran erinnert, daß Geld in unserem Modell dem Bargeld entspricht, das eine Nominalverzinsung von Null hat. Erst seit kurzem sind die meisten scheckfähigen Guthaben verzinslich. Für diese Arten von "Geld" können wir den realen Zinssatz genauso ermitteln wie für Wertpapiere, d.h. er ist gleich dem nominalen Zinssatz abzüglich der Inflationsrate.

Zusammenfassung

Wir haben zunächst einige Daten zum monetären Wachstum und zur Inflation verschiedener Länder und über einen längeren Zeitraum für die USA betrachtet. Diese Daten legen die Schlußfolgerung nahe, daß Änderungen des monetären Wachstums für einen wesentlichen Teil der Veränderungen der Inflationsraten verantwortlich sind.

Der reale Zinssatz für Wertpapiere r_t ist gleich dem nominalen Zinssatz R_t abzüglich der Inflationsrate π_t. Ist bei einem Wertpapier der Nominalzinssatz im voraus festgelegt, dann hängt der erwartete reale Zinssatz r^e_t negativ von der erwarteten Inflationsrate π^e_t ab. Wir untersuchten die Daten für Schatzwechsel und die Inflationserwartungen anhand von Livingston-Erhebungen für die USA seit dem 2. Weltkrieg. Es zeigte sich bis zu den frühen 80er Jahren eine drastische und in etwa gleich hohe Steigerung des Nominalzinssatzes und der erwarteten Inflationsrate. Von 1981 bis 1987 sanken diese beiden Größen nachhaltig. Der erwartete reale Zinssatz lag 1948-80 im Durchschnitt bei 1,8%, erhöhte sich 1981-1984 auf über 4% und fiel 1986-88 auf 2,3% zurück.

Fragen und Probleme

Zur Wiederholung

7.1 Nach Auffassung der Monetaristen sind Veränderungen des Preisniveaus vor allem durch Veränderungen der Geldmenge bedingt. Läßt sich diese Schlußfolgerung ausschließlich theoretisch begründen? Nehmen Sie dazu Stellung.

7.2 Definieren Sie den realen Zinssatz. Warum unterscheidet sich dieser vom nominalen Zinssatz bei Inflation?

7.3 Warum weicht der tatsächliche Zinssatz typischerweise vom erwarteten Satz ab? Inwieweit hängt dieser Zusammenhang davon ab, ob bei Wertpapieren der nominale oder reale Zinssatz festgeschrieben ist?

7.4 Erläutern Sie die Livingston-Erhebung zur Inflationserwartung. Worin bestehen die Vor- und Nachteile einer Verwendung derartiger Informationen zur Messung der erwarteten Inflationsraten?

Probleme zur Diskussion

7.5 Monetäres Wachstum und Inflation
Wir gehen von folgender Geldnachfragefunktion aus:

$$(M/P)^d = L(Y, R, ...) = Y \cdot H(R).$$
$$(+)(-)$$

Diese Form, in der H irgendeine Funktion ist, besagt, daß eine Erhöhung der realen Produktion um beispielsweise 10% die reale Geldnachfrage ebenfalls um 10% zunehmen läßt.

a. Ist es denkbar, daß diese Form der Geldnachfrage mit unserer Theorie der Geldnachfrage aus Kapitel 4 übereinstimmt?
b. Betrachten wir die Beziehung zwischen den durchschnittlichen Zuwachsraten der Geldmenge und des Preisniveaus in verschiedenen Ländern. Wie beeinflußt die durchschnittliche Wachstumsrate der realen Produktion die Beziehung zwischen den Zuwachsraten des Geldes und der Preise, wenn die obige Geldnachfrage gilt?

c. Wie sieht das Verhältnis zwischen den durchschnittlichen Zuwachsraten der Geldmenge und des Preisniveaus in einem Land aus, in dem der nominale Zinssatz R gestiegen ist?

d. Sofern der erwartete reale Zinssatz konstant ist, welcher Zusammenhang besteht dann zwischen den durchschnittlichen Zuwachsraten der Geldmenge und des Preisniveaus in einem Land, in dem die erwartete Inflationsrate π^e zugenommen hat? Inwieweit läßt sich dieses Ergebnis auf Länder übertragen, bei denen wir den nominalen Zinssatz R nicht auf einem organisierten Kreditmarkt beobachten können?

7.6 Statistische Beziehung zwischen monetärem Wachstum und Inflation (fakultativ)

Studenten, die sich mit der Ökonometrie beschäftigt haben und zu einem statistischen Computer-Programm Zugang haben, sollten die folgende Übung machen:

a. Verwenden Sie die Daten aus Tab. 7.1, um eine Regression für die Inflationsrate ΔP auf eine Konstante und die monetäre Wachstumsrate ΔM durchzuführen. Wie hoch ist der geschätzte Koeffizient für die monetäre Wachstumsrate, und wie sollten wir diesen interpretieren? Welche Bedeutung hat die Konstante?

b. Führen Sie eine Regression durch für die Wachstumsrate der realen Kassenhaltung $\Delta M - \Delta P$ auf die Wachstumsrate der realen Produktion ΔY und eine Konstante. Interpretieren sie den Koeffizienten für ΔY.

c. Angenommen, wir fügen der Regression in (a) die Variable ΔY hinzu. Wie hoch ist der geschätze Koeffizient für ΔY, und wie sollten wir diesen interpretieren?

7.7 Pränumerando-Zahlungen von Hypotheken und Kündbarkeit von Wertpapieren

Bei Hypotheken ist es üblicherweise möglich, vorzeitige Tilgungen zu leisten, die als *Pränumerando-Zahlungen* bezeichnet werden. Hypothekenverträge sehen manchmal für eine vorzeitige Tilgung Konventionalstrafen vor, manchmal auch nicht. In den vergangenen Jahren wurden diese von zahlreichen US-Bundesstaaten untersagt. (Allerdings werden normalerweise bestimmte Gebühren für den Abschluß eines neuen Hypothekenvertrages erhoben.) Desgleichen ist es dem Emittenten bei vielen langfristigen Anleihen - außer bei US-Staatsanleihen - möglich, die Kreditsumme nach einer bestimmten Frist und unter Inkaufnahme einer Konventionalstrafe frühzeitig zurückzuzahlen. Wenn der Emittent diese Option zur frühzeitigen Tilgung ausnutzt, "kündigt" er das Wertpapier. Wertpapiere, die diese Option beinhalten, werden als "kündbar" bezeichnet.

a. Wann ist es für einen Kreditnehmer vorteilhaft, seine Hypothek oder seine Anleihe vorzeitig zurückzuzahlen? Würde sich die Zahl der frühzeitigen Tilgungen erhöhen, falls der Nominalzins unerwartet gestiegen oder gesunken wäre?

b. Seit Ende der 70er Jahre bis 1982 haben sich Banken und Bausparkassen eifrig bei ihren Kunden für eine vorzeitige Tilgung ihrer Hypotheken eingesetzt. Warum war ihnen daran gelegen?

c. Angenommen, die jährlichen Schwankungen des nominalen Zinssatzes nehmen zu. (Diese Fluktuationen waren seit den frühen 70er Jahren bis Anfang der 80er Jahre sehr ausgeprägt.) Wie wirkt sich diese Veränderung aus der Sicht eines Kreditnehmers auf den Wert einer Pränumerando-Option - d.h. vorzeitiger Kündbarkeit - für eine Hypothek oder eine Anleihe aus?

7.8 Rationale Erwartungen und die Messung der Inflationserwartung
Inwieweit hilft uns die Hypothese rationaler Erwartungen, Inflationserwartungen zu messen?

7.9 Indexierte Wertpapiere
Angenommen, ein Wertpapier koste 1.000 $ und erbringe nach einem Jahr die Tilgungssumme von 1.000 $ plus 100 $ Zinsen.

a. Wie hoch ist der nominale Zinssatz des Wertpapiers? Wie hoch ist der tatsächliche und der erwartete reale Zinssatz? Warum ist der nominale Zinssatz bekannt, der reale Zinssatz hingegen ungewiß?

Wir unterstellen ferner, daß ein Wirtschaftssubjekt eine indexierte Anleihe auflegt, deren Tilgungszahlungen die Inflation kompensieren sollen. Die nach einem Jahr gezahlte Summe könnte z.B. 1.100 $$(1 + \pi)$ betragen, wobei π die jährliche Inflationsrate ist.

b. Wie hoch ist der reale Zinssatz der indexierten Anleihe? Warum ist der reale Zinssatz bekannt, der nominale jedoch ungewiß?

c. Können Sie sich andere Formen indexierter Wertpapiere vorstellen? Sind sowohl die realen als auch die nominalen Zinssätze in einigen Fällen ungewiß?

Kapitel 8

Geldmenge, Inflation und Zinssätze im Markträumungsmodell

In diesem Kapitel werden wir mit Hilfe des Markträumungsmodells die Inflationsrate und den Zinssatz bestimmen. Wir werden dabei im wesentlichen auf den Rahmen von Kapitel 5 zurückgreifen, das den Arbeitsmarkt nicht explizit berücksichtigt. Wie wir in Kapitel 6 sahen, ist diese Vereinfachung für die meisten Zwecke brauchbar. Unser grundlegender Ansatz besteht darin, einen gegebenen Zeitpfad der Geldmenge M_t zu spezifizieren und sodann die Zeitpfade des Preisniveaus P_t - und somit der Inflationsrate π_t - sowie des nominalen und realen Zinssatzes R_t und r_t zu ermitteln, welche die Bedingungen der allgemeinen Markträumung erfüllen.

Dabei konzentrieren wir uns auf die Auswirkungen unterschiedlicher Raten der antizipierten Inflation und des monetären Wachstums und unterstellen dabei, daß selbst schwankende Inflationsraten π_t von den Wirtschaftssubjekten korrekt prognostiziert werden. Wirtschaftssubjekte haben m.a.W. **vollkommene Voraussicht** über zukünftige Preise, so daß zu jedem Zeitpunkt die tatsächliche und erwartete Inflationsrate übereinstimmen, also $\pi_t = \pi^e_t$ gilt. Wenn überdies der nominale Zinssatz R_t bekannt ist, sind auch der tatsächliche und der erwartete reale Zinssatz $r_t = r^e_t$ einander gleich.

Die Analyse ist insoweit eingeschränkt, als sie nicht-antizipierte Inflation und monetäres Wachstums ausklammert. (Wir werden uns später mit diesem Thema befassen). Vorerst erscheint es jedoch durchaus sinnvoll, die antizipierte Inflation als gesonderten Fall zu behandeln, da vor allem deren Veränderungen grundsätzlich die langfristige Entwicklung des nominalen Zinssatzes in den USA seit dem 2. Weltkrieg erklären.

Einbeziehung von Inflation und monetärem Wachstum in das Modell

Im folgenden werden wir die in Kapitel 7 behandelten neuen Elemente - Inflation und die Unterscheidung zwischen realen und nominalen Zinssätzen - in unser Modell integrieren. Überdies wollen wir die Beziehung zwischen monetärem Wachstum und Inflation analysieren und zu diesem Zweck das Modell so erweitern, daß Veränderungen der Geldmenge zugelassen sind.

Der Einfachheit halber beschränken wir uns auf Situationen, in denen der nominale Zinssatz R, die Inflationsrate π und folglich auch der reale Zinssatz $r = R - \pi$ im Zeitablauf konstant sind. Da wir eine Übereinstimmung zwischen tatsächlicher und erwarteter Inflation, $\pi = \pi^e$, unterstellt haben, ergibt sich ebenfalls eine Gleichheit zwischen tatsächlichen und erwarteten realen Zinssätzen, $r = r^e$.

Monetäres Wachstum und Transferzahlungen

Um die Einführung des monetären Wachstums in das Modell möglichst einfach zu gestalten, nehmen wir an, daß neues Geld geschaffen wird durch Transferzahlungen des Staates an die Haushalte. (Später werden wir sehen, daß die wesentlichen Resultate auch für andere, realistischere Formen der Einführung zusätzlichen Geldes in eine Volkswirtschaft gültig sind.)

Wir bezeichnen die von einem Haushalt in Periode t empfangenen nominalen Transferzahlungen mit v_t, wobei die einzelnen Beträge keinesfalls für jedermann gleich groß sein müssen. Der Staat finanziert die Gesamtheit aller Transferzahlungen V_t durch die Schaffung und Verteilung neuen Geldes, so daß die Veränderung der gesamten Geldmenge $M_t - M_{t-1}$ gleich der Summe aller Transferzahlungen ist:

$$V_t = M_t - M_{t-1}. \tag{8.1}$$

Gleichung (8.1) ist eine einfache Version einer **staatlichen Budgetbeschränkung**, deren linke Seite den gesamten Staatsausgaben entspricht, die hier ausschließlich in Form von Transferzahlungen V_t getätigt werden. Die rechte Seite repräsentiert die Staatseinnahmen, die vorerst nur aus dem Druck neuen Geldes stammen.

Die Verteilung der Transferzahlungen wollen wir uns über einen "Hubschrauber-Abwurf" vorstellen; Staatsbeamte beladen einen Hubschrauber mit Geld und werfen dieses ganz zufällig über dem Land ab[1], so daß die Transferzahlungen dann anfallen, wenn die Bürger das Geld aufsammeln. Gleichgültig, wie unrealistisch diese Geschichte auch sei, der für uns einzig wichtige Aspekt besteht darin, daß die individuellen Transferleistungen unabhängig sind vom Einkommen der Empfänger, von deren vorherigen Bargeldbeständen etc. Wirtschaftswissenschaftler bezeichnen einen derartigen Verteilungsmodus als **Pauschaltransfer** und meinen damit, daß die von einer Person empfangene Summe weder von deren Arbeitseinsatz, Geldhaltung noch von anderen Entscheidungen abhängt. Da die Transferzahlungen pauschal erfolgen, gehen die Wirtschaftssubjekte davon aus, daß Veränderungen der Kassenhaltung von m_{t-1} auf m_t keinen Einfluß auf die Höhe ihrer individuellen Transferzahlungen v_t haben.[2]

---

[1] Meines Wissens stammt diese "Hubschraubergeschichte" von Milton Friedman (1969), S. 4-5.

[2] Wir gehen von positiven Transferzahlungen aus, obwohl negative ebenso behandelt werden könnten. Negative Transfers sind Steuern, die auch pauschal anfallen können, d.h. unabhängig vom Einkommen und der Kassenhaltung der Individuen. Das Gegenstück zu unserem Hubschrauber-Verteilungssystem wäre die Vorstellung, daß alle Steuern durch einen riesigen Staubsauger aufgesogen werden.

Geldmenge, Inflation und Zinssätze im Markträumungsmodell

Um die Transferzahlungen in die Haushaltsbudgetbeschränkungen einzubeziehen, müssen wir diese zunächst umformen. Die Haushaltsbudgetbeschränkung für Periode t lautet jetzt

$$P_t y_t + b_{t-1}(1 + R) + m_{t-1} + v_t = P_t c_t + b_t + m_t. \quad (8.2)$$

Wie zuvor enthält die linke Seite die auf dem Gütermarkt erzielten Nominaleinnahmen $P_t y_t$ zuzüglich der in der vergangenen Periode gehaltenen Wertpapiere und Kassenbestände $b_{t-1}(1 + R) + m_{t-1}$. Hinzugekommen sind die nominalen Transferzahlungen v_t, die für den Haushalt eine zusätzliche Einnahmequelle darstellen. Die rechte Seite von Gleichung (8.2) enthält die gleichen Mittelverwendungen wie zuvor, nämlich die nominalen Güterkäufe $P_t c_t$ zuzüglich der Wertpapier- und Geldbestände der laufenden Periode $b_t + m_t$. Wir versehen das Preisniveau P_t mit einem Zeitindex, da nunmehr das Preisniveau nicht länger als im Zeitablauf konstant gilt. Da der nominale Zinssatz R jedoch annahmegemäß unverändert bleibt, brauchen wir diesen nicht mit einem Zeitindex zu kennzeichnen.

Budgetbeschränkungen bei unendlichem Zeithorizont

Um die Inflation in die Budgetbeschränkungen der Haushalte für einen unendlichen Zeithorizont zu integrieren, müssen einige Anpassungen vorgenommen werden. Zunächst werden die verschiedenen monetären Größen, wie der reale Anfangskassenbestand, die staatlichen Transferzahlungen und die durch Bargeldhaltung entgangenen Zinsen ausgeklammert. (Der Anhang zu diesem Kapitel zeigt, daß diese Auslassung durchaus akzeptabel ist.) Dann ähnelt die in nominalen Gegenwartswerten ausgedrückte Budgetbeschränkung für einen unendlichen Zeithorizont weitgehend der zuvor verwendeten Version. Unter der Annahme eines konstanten nominalen Zinssatzes R erhält man die Bedingung

$$P_1 y_1 + \frac{P_2 y_2}{(1 + R)} + \frac{P_3 y_3}{(1 + R)^2} + \ldots + b_0(1 + R)$$

$$= P_1 c_1 + \frac{P_2 c_2}{(1 + R)} + \frac{P_3 c_3}{(1 + R)^2} + \ldots \quad (8.3)$$

Das einzig neue Element in Gleichung (8.3) ist der Zeitindex für das Preisniveau.

Da wir eine konstante Inflationsrate π zugrunde legen, müssen die Preisniveaus zweier beliebiger, aufeinanderfolgender Perioden die Bedingung $P_t = (1 + \pi)P_{t-1}$ erfüllen. Folglich können wir mit Hilfe dieser Bedingung jedes zukünftige Preisniveau durch den Gegenwartspreis P_1 und die konstante Inflationsrate π ausdrücken. Wir erhalten dann die Abfolge

$$P_2 = (1 + \pi)P_1,$$
$$P_3 = (1 + \pi)^2 P_1,$$
$$\vdots$$

Setzt man diese Ergebnisse in die Budgetbeschränkung der Gleichung (8.3) ein, so erhält man die revidierte Beschränkung

$$P_1 \left[y_1 + y_2 \cdot \frac{(1 + \pi)}{(1 + R)} + y_3 \cdot \frac{(1 + \pi)^2}{(1 + R)^2} + \ldots \right] + b_0(1 + R)$$

$$= P_1 \left[c_1 + c_2 \cdot \frac{(1 + \pi)}{(1 + R)} + c_3 \cdot \frac{(1 + \pi)^2}{(1 + R)^2} + \ldots \right]. \tag{8.4}$$

Zu beachten ist, daß das Realeinkommen und die realen Ausgaben der nächsten Periode, y_2 und c_2, mit dem Faktor $(1 + \pi)/(1 + R)$ multipliziert werden. Wie wir aus Kapitel 7 wissen, wird die Beziehung zwischen realen und nominalen Zinssätzen gegeben durch: $(1 + r) = (1 + R)/(1 + \pi)$. Deshalb ist in Gleichung (8.4) der Term $(1 + \pi)/(1 + R)$ gleich $1/(1 + r)$. Um nun das reale Einkommen und die realen Ausgaben der nächsten Periode, y_2 und c_2, als Gegenwartswerte auszudrücken, dividieren wir beide durch den Diskontierungsfaktor $(1 + r)$. Dies ist durchaus sinnvoll, da der reale - und nicht etwa der nominale - Zinssatz den Wirtschaftssubjekten angibt, in welchem Verhältnis sie Güter der einen Periode gegen die einer anderen Periode tauschen können. Vor allem ist es der *reale*, und nicht der *nominale* Zinssatz, der hierbei eine Rolle spielt.

Genau dasselbe Prinzip läßt sich auf jede zukünftige Periode anwenden. So gehen beispielsweise das Realeinkommen und die Ausgaben für Periode 3, y_3 und c_3, in Gleichung (8.4) als ein Vielfaches des Faktors $(1 + \pi)^2/(1 + R)^2$ ein, was gleichbedeutend ist mit $1/(1 + r)^2$. Wenn wir dieses in Gleichung (8.4) einsetzen und zugleich durch das gegenwärtige Preisniveau P_1 dividieren, erhalten wir eine vereinfachte Form der Budgetbeschränkung:

$$y_1 + \frac{y_2}{(1 + r)} + \frac{y_3}{(1 + r)^2} + \ldots + \frac{b_0(1 + R)}{P_1}$$

$$= c_1 + \frac{c_2}{(1 + r)} + \frac{c_3}{(1 + r)^2} + \ldots \tag{8.5}$$

(Der nominale Zinssatz erscheint in dem Term $b_0(1 + R)$, da dieser dem nominalen Wert des auf Periode 1 übertragenen Wertpapierbestandes entspricht.)

Gleichung (8.5) ist die in realen Größen ausgedrückte Budgetbeschränkung für einen unendlichen Zeithorizont. Als neues Element enthält sie den realen Zinssatz r, welcher anstelle des nominalen Zinssatzes R in den verschiedenen Diskontierungsfaktoren erscheint.

Intertemporale Substitutionseffekte

Wir haben bereits erörtert, wie der Zinssatz intertemporale Substitutionseffekte bei den Entscheidungen der Wirtschaftssubjekte über Konsum, Arbeitseinsatz und Sparen hervorbringt. Diese Effekte schließen die relativen Kosten für Konsum und Freizeit zu unterschiedlichen Zeitpunkten ein. Stellt jemand solche Vergleiche an, so möchte er z.B. wissen, wieviel mehr er in der nächsten Periode konsumieren kann, wenn er seinen Konsum in dieser Periode einschränkt. Wir haben aber gesehen, daß ein Wirtschaftssubjekt auch sparen und auf diese Weise jede entgangene Konsumeinheit der laufenden Periode in $(1 + r)$ Einheiten zusätzlichen Konsums in der nächsten Periode verwandeln kann. Insofern bewirkt eine Erhöhung des realen Zinssatzes r, daß die Wirtschaftssubjekte gegenwärtig weniger konsumieren und auf Freizeit verzichten, um später in den Genuß von mehr Konsum und Freizeit zu gelangen. Mit anderen Worten: Ein höherer Zinssatz r veranlaßt die Wirtschaftssubjekte, heute vermehrt zu sparen. Entscheidend dafür ist der reale Zinssatz und nicht der nominale Zinssatz. Unsere vorausgegangene Analyse der intertemporalen Substitutionseffekte bleibt gültig, sofern wir den nominalen Zinssatz durch den realen ersetzen.

Schließlich sei daran erinnert, daß wir den realen Zinssatz r in diesem Kapitel als eine bekannte Größe betrachten. Im allgemeinen ist jedoch der erwartete reale Zinssatz $r^e = R - \pi^e$ die für intertemporale Substitutionseffekte relevante Variable. Niemand wird seine geplanten Zeitpfade des Konsums und der Freizeit und somit der Ersparnis verändern, solange er nicht einen entweder höheren oder niedrigeren Realzins erwartet. Ausschlaggebend für das Auftreten intertemporaler Substitutionseffekte sind Veränderungen des nominalen Zinssatzes R im Vergleich zur erwarteten Inflationsrate π^e.

Zinssätze und Geldnachfrage

Bekanntlich beruht die Geldnachfrage auf einem *trade-off* zwischen Transaktionskosten und entgangenem Zinseinkommen. Ferner hängen die entgangenen Zinseinnahmen von der Differenz zwischen dem Zinssatz für Wertpapiere und dem für Geld ab. Da der nominale Zinssatz für Geld gleich Null ist, entspricht diese Differenz dem *nominalen* Zinssatz R (und nicht dem *realen* Zinssatz r). Die Funktion der Geldnachfrage enthält demzufolge den nominalen Zinssatz R. Daher hat wie in unserer vorangegangenen Analyse, in der Inflation vernachlässigt wurde, die Funktion der aggregierten realen Geldnachfrage die Form

$$(M_t/P_t)^d = L(Y_t, R, \ldots).\qquad(8.6)$$
$$(+)(-)$$

Wichtig ist vor allem, daß es der (erwartete) reale Zinssatz r ist, der intertemporale Substitutionseffekte beim Konsum und Arbeitseinsatz auslöst, während der Nominalzinssatz R die reale Geldnachfrage beeinflußt.

Markträumungsbedingungen

Aus Kapitel 5 kennen wir bereits die Bedingungen für eine allgemeine Markträumung. Erstens ist das aggregierte Güterangebot Y^s_t gleich der Nachfrage C^d_t, so daß die Bedingung lautet

$$Y^s(r_t, \ldots) = C^d(r_t, \ldots).\qquad(8.7)$$
$$(+)\qquad(-)$$

Gleichung (8.7) gibt den durch den realen Zinssatz r_t ausgelösten intertemporalen Substitutionseffekt an. Dieser Effekt ist bekanntlich für das Güterangebot in Periode t positiv und für die Nachfrage negativ. Die durch Punkte gekennzeichneten ausgelassenen Variablen implizieren wie gewöhnlich verschiedene Eigenschaften der Produktionsfunktion.

Die zweite Bedingung lautet, daß die gesamte Geldmenge freiwillig als Kasse gehalten wird. Wir können diese Bedingung für die Periode t folgendermaßen schreiben

$$M_t = P_t \cdot L(Y_t, R_t, \ldots).\qquad(8.8)$$
$$(+)(-)$$

Auf der linken Seite steht die tatsächliche Geldmenge, rechts die nominale Geldnachfrage, die positiv vom Preisniveau P_t sowie der Gesamtproduktion Y_t und negativ vom nominalen Zinssatz R_t abhängt. Alle übrigen Einflußfaktoren der Geldnachfrage, wie etwa die Transaktionskosten, sind in Gleichung (8.8) durch Punkte gekennzeichnet. Dabei unterstellen wir, daß diese Faktoren im Zeitablauf unverändert bleiben.

Superneutralität des Geldes

Bevor wir die Beziehungen zwischen monetären Größen und Inflation eingehend erörtern, können wir aus der Bedingung für die Räumung des Gütermarktes bereits eine wichtige Eigenschaft ablesen. Die dem Modell zugrunde liegenden realen Faktoren, wie die spezifischen Formen der Produktionsfunktionen, die Bevölkerungsgröße und die Haushaltspräferenzen, werden in der Güternachfrage und dem Güterangebot in Gleichung (8.7) als nicht spezifizierte Größen durch Punkte gekennzeichnet. In Abhängigkeit von den Werten dieser Variablen bestimmt Gleichung (8.7) den realen Zinssatz r_t und die gesamtwirtschaftliche Produktion $Y_t = C_t$ zu jedem Zeitpunkt. Sofern sich die zugrunde liegenden realen Faktoren im Laufe der Zeit nicht verändern, sind die Markträumungswerte des realen Zinssatzes und der Produktion konstant.

Der entscheidende Punkt ist, daß wir den realen Zinssatz und die Produktion unabhängig vom Zeitpfad der Geldmenge bestimmen, so daß Veränderungen der Geldmenge mindestens einige der realen Variablen des Modells unberührt lassen, selbst wenn sie die Zeitpfade des Preisniveaus und des nominalen Zinssatzes beeinflussen. Wenn sämtliche realen Variablen von der Geldentwicklung unabhängig sind, bezeichnen Wirtschaftswissenschaftler Geld als **superneutral**, um so an das zuvor diskutierte Konzept der Neutralität des Geldes anzuknüpfen. Dieses besagt, daß einmalige Veränderungen der Geldmenge zwar nominale Variablen berühren, reale Größen jedoch unverändert lassen. Der Begriff der Superneutralität des Geldes erweitert diese Idee von einmaligen Veränderungen der Geldmenge auf beliebige Variationen der zeitlichen Entwicklung der Geldmenge.

Wie wir bereits wissen, ist Geld in unserem Modell neutral. In diesem Kapitel wollen wir u.a. untersuchen, ob Geld superneutral ist. In dem Maße, wie Geld nicht superneutral ist, werden gewisse Effekte des Geldes und der Inflation auf die realen Variablen festzustellen sein.

Monetäres Wachstum, Inflation und Nominalzinssatz

Um eine detaillierte Analyse der Beziehungen zwischen monetärem Wachstum, Inflation und nominalem Zinssatz vorzunehmen, gehen wir von gegebenen Werten des realen Zinssatzes r und des Outputs Y aus. Durch die Konstanthaltung dieser Variablen treffen wir zugleich zwei Annahmen: Erstens gehen wir davon aus, daß antizipierte Veränderungen der Geldmenge und der Preise den realen Zinssatz und die Produktion unverändert lassen. Zweitens unterstellen wir, daß die gesamtwirtschaftliche Güternachfrage- und Güterangebotsfunktion keine anderen Verschiebungen im Zeitablauf erfahren; denn im allgemeinen würden derartige Veränderungen den realen Zinssatz und Output ebenfalls modifizieren.

Unsere Analyse läßt demnach ein systematisches Wachstum der Gesamtproduktion außer acht. In Kapitel 7 haben wir gesehen, daß Länder mit höheren durchschnittlichen Wachstumsraten bei einer gegebenen durchschnittlichen Zuwachsrate der Geldmenge geringere Inflation verzeichnen. Obwohl diese Tatsache ohne weiteres in die Analyse integriert werden könnte, halten wir der Einfachheit halber die Produktion konstant.

Die wichtigsten Resultate können wir durch die Annahme einer konstanten monetären Wachstumsrate illustrieren und erhalten für diesen Fall

$$M_t = (1 + \mu)M_{t-1}, \tag{8.9}$$

wobei μ die monetäre Wachstumsrate angibt. Wir nehmen nun an, daß Gleichung (8.9) die Entwicklung der Geldmenge vom gegenwärtigen Zeitpunkt ($t = 1$) an bis in eine nicht näher bestimmte Zukunft festlegt.

Unter der Annahme, daß die Geldmenge mit konstanter Rate wächst, können wir das zu jeder Periode gehörige Preisniveau ermitteln. Ganz generell legt das Modell den Zeitpfad der Preise durch die zuvor genannten Markträumungsbedingungen fest. Jedoch haben wir den realen Zinssatz und die Produktion bereits bestimmt, so daß in Gleichung (8.7) Güterangebot und Güternachfrage im Aggregat übereinstimmen. Des weiteren gilt bei im Zeitablauf unveränderten Angebots- und Nachfragefunktionen, daß der reale Zinssatz r und der Output Y konstant sind. In diesem Fall muß das Preisniveau P_t schließlich die Bedingung für die freiwillige Aufnahme des Geldangebots erfüllen. Diese lautet in realen Größen

$$M_t/P_t = L(Y, R_t, ...). \tag{8.10}$$
$$(+)(-)$$

In Kapitel 5 haben wir festgestellt, daß einmalige Erhöhungen der Geldmenge zu einer proportionalen Steigerung des Preisniveaus führen. Deshalb erscheint es vernünftig, jetzt die Möglichkeit zu betrachten, daß das Preisniveau P_t mit derselben Rate zunimmt wie die Geldmenge M_t. In diesem Fall wäre die Inflationsrate π konstant und gleich der monetären Wachstumsrate μ. Im folgenden wollen wir untersuchen, ob diese Vermutung mit der Bedingung für das freiwillige Halten des Geldangebots aus Gleichung (8.10) übereinstimmt.

Wenn Geldmenge und Preise mit derselben Rate steigen, bleibt das Verhältnis dieser beiden Größen, das dem Realkassenbestand M_t/P_t entspricht, im Zeitablauf unverändert. Deshalb ist die auf der linken Seite von Gleichung (8.10) ausgewiesene Realkasse konstant.

Da einerseits der nominale Zinssatz $R_t = r_t + \pi_t$ ist und wir andererseits wissen, daß der reale Zinssatz konstant ist, muß bei einer unveränderten Inflationsrate dasselbe für den nominalen Zinssatz gelten. Dieses Resultat bedeutet schließlich, daß die auf der rechten Seite von Gleichung (8.10) erscheinende reale Geldnachfrage $L(\cdot)$ ebenfalls konstant ist. (Die Produktion Y bleibt im Zeitablauf annahmegemäß unverändert.)

Da die tatsächliche und gewünschte reale Kassenhaltung jeweils konstant ist, müssen wir nur herausfinden, ob es sich um die gleichen Konstanten handelt. Diese Bedingung ist erfüllt, wenn wir das gegenwärtige Preisniveau P_1 so bestimmen, daß die

Höhe der Realkasse M_1/P_1 gleich der realen Geldnachfrage $L(\cdot)$ ist. Da die tatsächliche und die gewünschte Realkasse im Zeitablauf gleich bleiben, können wir sicher sein, daß zu jedem Zeitpunkt die vorhandene Geldmenge freiwillig gehalten wird; d.h. Gleichung (8.10) ist in jeder Periode erfüllt.

Unsere Vermutung, daß die Preise mit der gleichen Rate zunehmen wie die Geldmenge, befindet sich in Übereinstimmung mit den Bedingungen für die allgemeine Markträumung. Es ist dieser Zeitpfad der Preise, der nach unserem Modell eintreten wird. Zusammenfassend erhalten wir also folgende Ergebnisse:

- Die Preise steigen mit derselben Rate wie die Geldmenge, d.h. $\pi = \mu$.
- Die aggregierte reale Kassenhaltung M_t/P_t ist konstant.
- Der nominale Zinssatz R ist konstant und gleich $r + \pi$.
- Die Gesamtnachfrage nach realer Kasse $L(Y, R, \ldots)$ ist konstant.
- Das gegenwärtige Preisniveau P_1 sorgt dafür, daß die reale Kassenhaltung M_1/P_1 gleich der realen Geldnachfrage $L(Y, R)$ ist.

Die Ergebnisse implizieren, daß sich die Zuwachsrate der Geldmenge μ im gleichen Umfang in der Inflationsrate π und dadurch im nominalen Zinssatz $R = r + \pi$ niederschlägt. Wir wissen jedoch, daß ein höherer nominaler Zinssatz zugleich eine geringere reale Geldnachfrage bedeutet, so daß eine höhere Zuwachsrate der Geldmenge mit einer niedrigeren realen Kassenhaltung M_t/P_t einhergeht.

Veränderung der monetären Wachstumsrate

Die Ergebnisse werden bei der Analyse einer Veränderung der monetären Wachstumsrate noch besser verständlich. Daher nehmen wir an, daß die Geldmenge seit langem mit der konstanten Rate μ gewachsen ist und daß jedermann eine Fortsetzung dieses Trends in der Zukunft erwartet. Somit ist die Inflationsrate konstant, $\pi = \mu$, und für den nominalen Zinssatz erhält man

$$R = r + \pi = r + \mu.$$

Diese Ausgangssituation ist auf der linken Seite von Abb. (8.1) dargestellt.

Sehen wir uns nun an, wie sich die Geldmenge M_t im Zeitablauf entwickelt. Wir erhalten folgende Sequenz

$$M_1 = (1 + \mu)M_0$$
$$M_2 = (1 + \mu)M_1 = (1 + \mu)^2 M_0$$
$$\cdot$$
$$\cdot$$
$$\cdot$$

Die Geldmenge ist daher für jede Periode t gegeben durch

$$M_t = (1 + \mu)^t M_0. \tag{8.11}$$

Es erscheint angebracht, die Geldmenge M_t auf einer proportionalen oder logarithmischen Skala abzutragen, bei der jede Einheit auf der Vertikalen jeweils einer gleichen proportionalen Veränderung der Variablen entspricht - z.B. einer einprozentigen Veränderung der Geldmenge. Da letztere mit der konstanten proportionalen Rate μ wächst, läßt sich ihre zeitliche Entwicklung auf der linken Seite von Abb. 8.2 als Gerade mit der Steigung μ darstellen.[3]

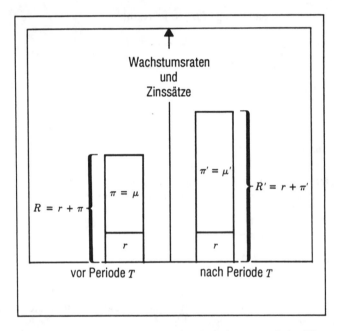

Abb. 8.1: *Zuwachsraten der Geldmenge, des Preisniveaus und der Zinssätze: Auswirkungen einer Erhöhung der monetären Wachstumsrate*
Vor Periode T beträgt die Wachstumsrate der Geldmenge μ, so daß die linke Seite die Inflationsrate $\pi = \mu$ darstellt, während der nominale Zinssatz $R = r + \pi = r + \mu$ ist. Nach Periode T entspricht die Zuwachsrate der Geldmenge μ', so daß die neue Inflationsrate $\pi' = \mu'$ und der neue nominale Zinssatz $R' = r + \pi' = r + \mu'$ beträgt.

---

[3] Wir vernachlässigen in diesem Schaubild die diskreten Periodenlängen und tun so, als seien sie extrem kurz.

Da wir zuvor festgestellt haben, daß das Preisniveau ebenfalls mit der konstanten Rate $\pi = \mu$ steigt, gilt

$$P_t = (1 + \pi)^t P_0 = (1 + \mu)^t P_0. \quad (8.12)$$

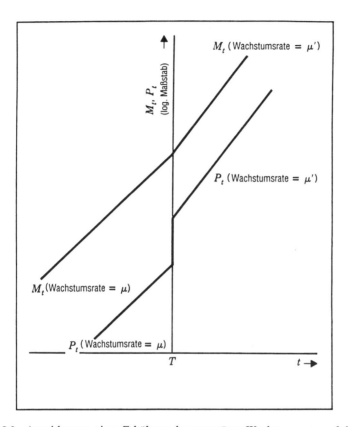

Abb. 8.2: *Auswirkungen einer Erhöhung der monetären Wachstumsrate auf den Zeitpfad des Preisniveaus*
Wir zeigen die Entwicklung der Geldmenge und des Preisniveaus vor und nach einer Erhöhung der monetären Wachstumsrate zum Zeitpunkt T, wobei das Preisniveau im Zeitpunkt T einen Sprung macht.

Die zeitliche Entwicklung des Preisniveaus läßt sich daher auf der linken Seite von Abb. 8.2 ebenfalls als Gerade mit der Steigung μ abtragen, die parallel zu der die Geldmenge M_t darstellenden Geraden verläuft.

Wir nehmen nun an, daß die Zuwachsrate der Geldmenge zu irgendeinem Zeitpunkt T von μ auf μ' steigt, wobei diese Veränderung völlig überraschend kommt und vor dem Zeitpunkt T niemand mit dieser beschleunigten Wachstumsrate gerechnet hat. Sobald sie jedoch eintritt, nehmen wir an, daß von allen erwartet wird, die neue monetäre Wachstumsrate μ' bleibe in Zukunft konstant. Wir untersuchen hier also die Konsequenzen einer Erhöhung der monetären Wachstumsrate, die sich ein für allemal ereignet.

Nach der Veränderung der monetären Wachstumsrate ist die Volkswirtschaft im Grunde in derselben Situation wie zuvor - mit dem Unterschied, daß die Geldmenge mit der Rate μ' anstelle von μ zunimmt. Daher haben wir auf der rechten Seite von Abb. 8.1 die neue Inflationsrate mit $\pi' = \mu'$ angegeben. Im übrigen wissen wir, daß die monetäre Veränderung den realen Zinssatz unberührt läßt, dieser also den Wert r beibehält. Deshalb beträgt der neue nominale Zinssatz $R' = r + \pi' = r + \mu'$. Die Inflationsrate und der nominale Zinssatz steigen m.a.W. jeweils im selben Maße wie die monetäre Wachstumsrate.

Die nach dem Zeitpunkt T relevanten Geldmengen- und Preisniveauwerte sind auf der rechten Seite der Abb. 8.2 veranschaulicht. Da die Wachstumsrate der Geldmenge nach dem Zeitpunkt T steigt, besitzt die Gerade für die Geldmenge M_t nunmehr die Steigung μ', welche die ursprüngliche Steigung übertrifft. Es ist jedoch zu beachten, daß zum Zeitpunkt T kein Sprung bei der Geldmenge auftritt; die Geldmenge beginnt an dieser Stelle lediglich schneller zu wachsen.

Da überdies die Preise nach dem Zeitpunkt T mit der Rate $\pi' = \mu'$ steigen, verläuft die Gerade für das Preisniveau P_t parallel zu jener der Geldmenge. Bei Betrachtung von Abb. 8.2 fällt eine wichtige Komplikation bei der Geraden P_t auf, nämlich der Sprung des Preisniveaus P_t im Zeitpunkt T, mit dem wir uns näher befassen müssen.

Die Akzeleration der Geldmenge im Zeitpunkt T hebt den nominalen Zinssatz von $R = r + \mu$ auf $R' = r + \mu'$ an. Wie wir bereits wissen, senkt eine Zunahme des nominalen Zinssatzes die reale Geldnachfrage. Daher wird die vorhandene Geldmenge zum Zeitpunkt T nur dann freiwillig gehalten, wenn die tatsächliche Realkasse M_T/P_T genauso stark abnimmt wie die reale Geldnachfrage. Indes findet zum Zeitpunkt T keine plötzliche Veränderung der nominalen Geldmenge statt, sondern nur eine Erhöhung der Zuwachsrate, so daß die Realkasse nur dann im gleichen Ausmaß sinken kann wie die reale Geldnachfrage, wenn zum Zeitpunkt T gleichzeitig ein Sprung des Preisniveaus nach oben stattfindet.

Wir können sogar etwas über die Größe dieses Preisniveausprungs aussagen. Dem proportionalen Anstieg des Preisniveaus steht eine gleich große proportionale Senkung der Realkasse gegenüber, der ihrerseits eine proportionale Abnahme der realen Geldnachfrage im gleichen Umfang entspricht. Des weiteren hängt das Ausmaß der Senkung der Geldnachfrage von zwei Dingen ab: Erstens von der Veränderung des nominalen Zinssatzes, die durch $\mu' - \mu$ gegeben ist, und zweitens von der Sensitivität der realen Geldnachfrage gegenüber Veränderungen des nominalen

Zinssatzes. Deshalb wird der Preisniveausprung um so größer sein, je stärker die Geldmenge $\mu'-\mu$ akzeleriert und je sensitiver die Geldnachfrage auf Veränderungen des nominalen Zinssatzes reagiert.

Erhöhung des nominalen Zinssatzes
Zu fragen ist, warum die Beschleunigung der Geldzuwachsrate zum Zeitpunkt T den nominalen Zinssatz steigen läßt. Angenommen, die Wirtschaftssubjekte erfahren zum Zeitpunkt T, daß der Staat in Zukunft eine expansivere Geldpolitik verfolgen will, dann wissen sie, daß die Inflationsrate auf $\pi'=\mu'$ steigen wird, welche die ursprüngliche Rate $\pi=\mu$ übersteigt. Wie wird sich die zum Zeitpunkt T gestiegene erwartete Inflationsrate auf den Kreditmarkt auswirken? Die Kreditnehmer betrachten den ursprünglichen nominalen Zinssatz jetzt als günstiger, da der reale Zinssatz $R-\mu$ auf den niedrigeren Wert $R-\mu'$ sinkt. Folglich werden die Kreditnehmer bei unverändertem nominalen Zinssatz ihre Kreditnachfrage erhöhen. Andererseits verschlechtert sich die Realverzinsung für die Kreditgeber, so daß sie bei unverändertem nominalen Zinssatz ihr Kreditangebot verringern. Ein Gleichgewicht zwischen Kreditangebot und -nachfrage - d.h. die Räumung des Kreditmarktes - wird nur bei einer Erhöhung des nominalen Zinssatzes eintreten.

Der neue nominale Zinssatz R' übersteigt den alten Satz R genau um die Zunahme der Inflationsrate $\mu'-\mu$. Die Kreditgeber werden diese Nominalzinssteigerung als gerade ausreichend erachten, um den durch die höhere Inflationsrate bedingten Verlust an Kaufkraft zu kompensieren. Entsprechend sind die Kreditnehmer bereit, den höheren nominalen Zinssatz in Kauf zu nehmen, da sie damit rechnen, ihre Kredite später mit stärker entwerteten Geldeinheiten zurückzahlen zu können. Die Nominalzinserhöhung macht also die Veränderung der erwarteten Inflationsrate wieder wett, so daß die beschleunigte Zunahme der Geldmenge und des Preisniveaus den realen Zinssatz r unverändert läßt.

Preisniveausprung
Wir wollen nun untersuchen, warum sich das Preisniveau sprunghaft zum Zeitpunkt T erhöht. Die plötzliche Aussicht auf eine höhere Inflation und die daraus folgende Zunahme des nominalen Zinssatzes reduziert die reale Geldnachfrage zum Zeitpunkt T. Falls sich das Preisniveau nicht anpaßt, übersteigt die tatsächliche Realkasse M_T/P_T die gewünschte Realkasse, so daß alle Wirtschaftssubjekte versuchen werden, ihre überschüssige Kasse durch Kauf von Gütern oder Wertpapieren abzubauen. Die erhöhte Güternachfrage wird die Preise nach oben drücken. Die Volkswirtschaft erreicht nur dann einen Zustand der allgemeinen Markträumung, wenn das Preisniveau hinreichend steigt, um die Gleichheit von tatsächlicher und gewünschter Realkasse zu gewährleisten. Aber genau dies ist die Bedingung, mit der wir die Größe des Preisniveausprungs in Abb. 8.2 bestimmt haben.

Lohnsätze
Sofern wir dem Modell einen Arbeitsmarkt hinzufügten, würden wir wiederum feststellen, daß der Reallohn w/P und das Niveau der Beschäftigung N von der Geldmenge unabhängig sind. Daher muß der Pfad der Nominallöhne zu dem der Preise parallel verlaufen, wie in Abb. 8.2 dargestellt. Dies bedeutet, daß die Nominallöhne bis zum Zeitpunkt T mit der Rate μ wachsen und nach dem Zeitpunkt T mit der höheren Rate μ'; ferner muß zum Zeitpunkt T ein Aufwärtssprung der Nominallöhne stattfinden.

Beschleunigung des monetären Wachstums: Zusammenfassung der Ergebnisse
Die Ergebnisse einer einmaligen Zunahme der Wachstumsrate der Geldmenge seien nun zusammengefaßt. (Für den Fall einer Verringerung des monetären Wachstums gelten die Ergebnisse lediglich mit umgekehrtem Vorzeichen.)

- Es treten keine Veränderungen beim realen Zinssatz, beim realen Lohnsatz oder bei den Niveaus von Produktion und Beschäftigung auf.

- Inflationsrate und nominaler Zinssatz (sowie die Zuwachsrate der Nominallöhne) steigen genauso stark wie die Zuwachsrate der Geldmenge.

- Die reale Geldnachfrage und die tatsächliche reale Kassenhaltung nehmen ab.

- Das Preisniveau macht einen Aufwärtssprung, um die tatsächliche Realkasse mit der geringeren Geldnachfrage in Übereinstimmung zu bringen.

Wir wollen diese Ergebnisse verwenden, um zu prüfen, ob Geld superneutral ist, d.h. ob der Pfad der Geldmenge für reale Variablen eine Rolle spielt. Erinnern wir uns daran, daß der Pfad der Geldmenge den realen Zinssatz, den realen Lohnsatz und die Niveaus von Produktion und Beschäftigung unberührt läßt. Da jedoch die Beschleunigung des monetären Wachstums die Inflationsrate erhöht, steigert sie auch den Nominalzins und vermindert dabei die reale Geldnachfrage. Der sich ergebende Rückgang der Realkasse stellt einen realen Effekt der Veränderung der monetären Entwicklung dar. Deshalb ist Geld im Modell nicht gänzlich superneutral.

Die Verringerung der realen Geldnachfrage wird begleitet von einer Erhöhung der Transaktionskosten, die die Wirtschaftssubjekte zu tragen haben, wenn sie ihre Geldhaltung rationalisieren. Diese Kosten bedeuten eine Inanspruchnahme von Ressourcen, und insoweit stellt die Zunahme der Kosten einen negativen realen Effekt der Erhöhung des monetären Wachstums dar. Wir haben im übrigen jegliche Wirkungen der Transaktionskosten auf die Entscheidungen der Haushalte bezüglich des Arbeitseinsatzes, des Konsums und der Ersparnis vernachlässigt. Sofern wir diese Effekte berücksichtigten, würden wir erkennen, daß eine Beschleunigung des monetären Wachstums den realen Zinssatz, den realen Lohnsatz sowie die Niveaus von Produktion und Beschäftigung beeinflussen könnte. Die Unabhängigkeit dieser realen Variablen von der Entwicklung der Geldmenge stellt lediglich eine Näherung dar, die sich als ausreichend erweist, sofern die Transaktionskosten gering sind.

Wir sollten schließlich darauf verweisen, daß die gegenwärtige Analyse vollkommene Voraussicht hinsichtlich des zukünftigen Preisniveaus unterstellt (abgesehen von dem Preisniveausprung, der die unerwartete Beschleunigung des monetären Wachstums zum Zeitpunkt T begleitet). Daher besteht (außer zum Zeitpunkt T) eine Übereinstimmung zwischen tatsächlicher und erwarteter Inflation und damit auch zwischen tatsächlichen und erwarteten Zinssätzen. In Kapitel 7 haben wir aber bereits gesehen, daß eine unerwartete Inflation bedeutende Wirkungen auf die realisierten realen Zinssätze hat. Sofern die Inflation und mithin die zukünftigen realen Zinssätze ungewiß sind, ergeben sich eine Vielzahl von realen Effekten (von denen wir einige in Kapitel 19 erörtern werden). An dieser Stelle haben wir lediglich die Wirkungen von antizipierten Veränderungen des Geldes und der Preise betrachtet.

Inflationsdynamik

Wir befassen uns nochmals mit dem Fall einer Erhöhung der monetären Wachstumsrate zum Zeitpunkt T von μ auf μ' und betrachten im folgenden die Übergangsphase von der ursprünglichen Inflationsrate $\pi = \mu$ zur höheren Rate $\pi' = \mu'$. Da der nominale Zinssatz steigt, nimmt die reale Kassenhaltung ab, was allerdings eine Übergangsperiode bedingt, in welcher die Preise vorübergehend stärker steigen als die Geldmenge. In unserer Analyse vollzieht sich dieser Übergang im Zeitpunkt T innerhalb eines kurzen Augenblicks über den plötzlichen Aufwärtssprung des Preisniveaus. Selbstverständlich gibt es in der Realität eine Reihe von Phänomenen, die bewirken, daß sich die Übergangsphase über mehrere Perioden erstrecken kann. Wir werden hier einige dieser Umstände betrachten, um bestimmte Aspekte der Inflationsdynamik zu untersuchen.

Allmähliche Anpassung der Geldnachfrage

Wir kehren zu dem Fall zurück, bei dem die Wirtschaftssubjekte erst zum Zeitpunkt T erfahren, daß die Geldmenge beschleunigt zunehmen wird. Dabei ist die Höhe des Preisniveausprungs zum Zeitpunkt T vom Ausmaß der Senkung der realen Geldnachfrage abhängig. Wenn wir nun davon ausgehen, daß die Wirtschaftssubjekte ihre Geldnachfrage aufgrund steigender nominaler Zinssätze nur allmählich anpassen, dann werden wir zum Zeitpunkt T nur einen kleinen Sprung des Preisniveaus feststellen. Statt dessen ist eine allmähliche Aufwärtsentwicklung des Preisniveaus erkennbar, die mit der Reduktion der realen Geldnachfrage korrespondiert.

Bekanntlich beruht die individuelle reale Geldnachfrage auf bestimmten Entscheidungen über die Häufigkeit der Transaktionen, der Finanzplanung u.dgl. Wenn der nominale Zinssatz steigt, erscheint es einleuchtend, daß die Individuen einige Zeit benötigen, um ihr Verhalten entsprechend anzupassen. Insofern würde die reale Geldnachfrage im Aggregat bei einer Erhöhung des nominalen Zinssatzes erst allmählich abnehmen.

Im Falle einer langsamen Anpassung der Geldnachfrage verteilt sich der Preisniveausprung über eine Übergangsphase. Sofern also die Geldmenge zum Zeitpunkt T akzeleriert, reagiert die Inflationsrate in etwa wie die in Abb. 8.3 dargestellte durchgezogene Linie, bei der die Inflationsrate π_t die neue Wachstumsrate der Geldmenge μ' während eines längeren Intervalls übersteigt.[4] Während dieser Periode sinken die realen Kassenbestände allmählich mit der Abnahme der realen Geldnachfrage. Schließlich nähert sich die Inflationsrate ihrem neuen langfristigen Wert μ' an. Der Realkassenbestand bleibt konstant, allerdings auf einem geringeren als dem Ausgangsniveau.

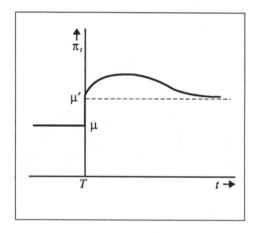

Abb. 8.3: *Auswirkungen einer höheren monetären Wachstumsrate auf die Inflation im Falle einer allmählichen Anpassung der Geldnachfrage*
Die Wachstumsrate der Geldmenge steigt zum Zeitpunkt T von μ auf μ'. Die durchgezogene Linie zeigt, daß die Inflationsrate π_t eine Zeitlang über μ' liegt, sich schließlich jedoch dieser Rate anpaßt.

---

[4] Die Abbildung zeigt, daß die Inflationsrate für eine Weile nach dem Zeitpunkt T ansteigt, um später auf den Wert μ' zurückzufallen. Die Details dieses Pfades hängen von der genauen Spezifizierung der allmählichen Anpassung der Geldnachfrage ab.

Antizipierte Veränderungen des monetären Wachstums

Unsere Analyse kann sowohl Situationen mit steigender als auch sinkender Zuwachsrate der Geldmenge erfassen. Bislang haben wir uns jedoch auf Fälle beschränkt, in denen die Veränderung des tatsächlichen monetären Wachstums genau mit einer veränderten Wahrnehmung des künftigen monetären Wachstums zeitlich zusammenfällt. In den vorhergehenden Beispielen treffen demnach zum Zeitpunkt T zwei Dinge zusammen: Erstens nimmt die positive oder negative Akzeleration der Geldmenge permanente Züge an, und zweitens erfahren die Wirtschaftssubjekte erst zum Zeitpunkt T davon.

Es gibt jedoch Situationen, in denen die Wirtschaftssubjekte Informationen im voraus erhalten, die ihnen erlauben, künftige Zu- oder Abnahmen des monetären Wachstums zu prognostizieren. So würden die Wirtschaftssubjekte z.b. bei dem absehbaren Ende eines Krieges eine Abnahme des Geldmengenwachstums als wahrscheinlich erwarten. Desgleichen könnten während einer Phase extremer Inflation politische Versprechen gegeben werden, für eine stabilere monetäre Entwicklung zu sorgen. So haben die Deutschen z.b. gegen Ende der **Hyperinflation** nach dem 1. Weltkrieg durchaus damit gerechnet, daß eine **Währungsreform** kommen würde.[5] Schließlich können politische Entwicklungen - wie etwa Wahlergebnisse - signalisieren, daß die Regierung plant, zu einer mehr oder weniger expansiven Geldpolitik überzugehen. So hat z.b. William Jennings Bryan in seiner Kampagne um die US-Präsidentschaft in den Jahren um 1890 für ein Programm des leichten Geldes (freie Prägung von Silbermünzen) geworben. Seine Niederlage hat vermutlich die Erwartungen bezüglich des zukünftigen monetären Wachstums und der Inflation gedämpft; diese Erwartungen hätten für den Fall seiner Wahl wahrscheinlich Auftrieb erhalten. Andererseits ist nicht auszuschließen, daß die Wahl von Ronald Reagan anstelle von Jimmy Carter im Jahr 1980 die Erwartungen hinsichtlich der künftigen monetären Wachstums- und Inflationsraten deutlich verringert hat.

Wenn die Wirtschaftssubjekte eine Beschleunigung oder Verlangsamung des Geldmengenwachstums antizipieren, kann der Inflationspfad von den bisher diskutierten Entwicklungen abweichen. Um eine Reihe recht komplizierter Details auszuklammern, werden wir die möglichen Effekte nur kurz skizzieren.

Nehmen wir an, die Wirtschaftssubjekte erfahren zum gegenwärtigen Zeitpunkt, daß die Geldmenge zu einem zukünftigen Datum T akzelerieren wird. Damit wissen sie, daß sie künftig mit höheren Inflationsraten und einem höheren nominalen Zinssatz zu rechnen haben. Da die Kosten der Geldhaltung vom Zeitpunkt T an steigen, werden sie bereits vor diesem Zeitpunkt zu einer Verringerung ihrer Geldnachfrage neigen. Andernfalls würden sie in ihrer Geldhaltung zum Zeitpunkt T gleichsam überrumpelt werden, wenn ein starker Anstieg der Preise eintritt. Folglich übt die In-

---

[5] Robert Flood und Peter Garber (1980) sowie Laura Lahaye (1985) haben diese Erwartungen einer anstehenden Währungsreform quantifiziert.

flationserwartung bereits heute einen negativen Effekt auf die individuelle Bereitschaft zur Kassenhaltung aus. Die einsetzende Verringerung der Geldnachfrage bedeutet, daß das laufende Preisniveau steigen muß. Die bloße Erwartung der Akzeleration der künftigen Geldmenge nimmt folglich schon heute eine höhere Inflationsrate vorweg, obgleich die Zunahme noch gar nicht stattgefunden hat. Da schließlich die höhere Inflationsrate antizipiert wird, steigt der nominale Zinssatz ebenfalls vor der eigentlichen Akzeleration der Geldmenge.

Der genaue Zeitpfad der Inflation hängt davon ab, wann die Wirtschaftssubjekte von der Geldmengenzunahme erfahren. Wie bereits erwähnt, gilt ganz generell, daß Veränderungen der Erwartungen hinsichtlich der künftigen monetären Situation bereits vor dem Eintreten des tatsächlichen Ereignisses Änderungen der Inflationsrate und des nominalen Zinssatzes auslösen können. Obwohl unsere Analyse die Rolle monetärer Faktoren als Inflationsursache betont, können kurzfristig zwischen den Zuwachsraten der Geldmenge und des Preisniveaus durchaus signifikante Abweichungen auftreten. Diese fallen vermutlich um so mehr ins Gewicht in einem Umfeld - wie jenem gegenwärtiger Industriestaaten -, in welchem eine unbeständige Geldpolitik häufige Revisionen der individuellen Prognosen monetärer Entwicklungen erforderlich macht. Eine derartige Situation zeichnet sich gleichzeitig durch stark schwankende Inflationsraten und nominale Zinssätze aus.

Der Übergang von einer Inflationsrate zu einer anderen

Ein grundlegendes Merkmal dieser Ergebnisse bezüglich des Übergangs von einer langfristigen Inflationsrate zu einer anderen soll betont werden. Obwohl das Preisniveau nicht unbedingt sprunghaft steigen muß, setzt die Akzeleration der Geldmenge eine Übergangsphase voraus, während der die Preise proportional stärker steigen als die Geldmenge. Diese Schlußfolgerung ergibt sich notwendig aus der letztendlichen Abnahme der Realkassenbestände.

Dieses Ergebnis läßt sich ohne weiteres umkehren und auf den Fall der abnehmenden Geldzuwachsrate übertragen. Auch hier gilt wieder, daß Preisniveauspringe nicht zwangsläufig stattfinden müssen, daß es aber eine Übergangsphase gibt, in der die Preise proportional weniger stark sinken als die Geldmenge. Dies ist dadurch bedingt, daß der niedrigere nominale Zinssatz die reale Geldnachfrage erhöht.

Betrachten wir beispielsweise den Fall einer restriktiven Geldpolitik, bei der der Staat das monetäre Wachstum dauerhaft von 10% p.a. auf 5% p.a. verringert, vermutlich mit dem Ziel, die Inflation zu senken. Unsere Analyse impliziert, daß es eine Übergangsphase gibt, während der die Inflationsrate sogar unter 5% p.a. liegt. Tatsächlich kann vorübergehend sogar Deflation, d.h. ein sinkendes Preisniveau auftreten. Insofern müssen wir bei der Beurteilung einer Geldpolitik zur Bekämpfung der Inflation als vorübergehenden Nebeneffekt die Möglichkeit sehr niedriger oder gar negativer Inflationsraten berücksichtigen.

Geld und Preise während der Hyperinflation in Deutschland

Ein Teil unserer theoretischen Ergebnisse läßt sich recht gut anhand der Daten zur Hyperinflation in Deutschland nach dem 1. Weltkrieg veranschaulichen. Diese kommt einem Laborexperiment nahe, anhand dessen wir die Konsequenzen hoher und veränderlicher monetärer Wachstums- und Inflationsraten erforschen können.[6] Immerhin erreichten die Inflationsraten zwischen 1921 und 1923 Werte von nahezu Null bis über 500% pro Monat! Im übrigen zeigen die verfügbaren Daten, daß bei den aggregierten realen Variablen, wie Produktion und Beschäftigung, nur sehr geringfügige Änderungen stattfanden. Folglich dürften die aggregierte reale Geldnachfrage nicht sehr stark von Änderungen des realen Einkommens oder der realen Ausgaben berührt worden sein.

In einer Situation mit unbeständigen Inflationsraten ist es unmöglich, den realen Zinssatz für Darlehen, der den nominalen Zinssatz festlegt, korrekt vorherzusagen. Deshalb verschwindet diese Kreditform zumeist in Hyperinflationen, so wie damals in Deutschland. Zur Analyse der Geldnachfrage während der deutschen Hyperinflation steht uns daher kein sinnvolles Maß für den nominalen Zinssatz zur Verfügung, weshalb wir als bestmöglichen Indikator für die Kosten der Geldhaltung die erwartete Inflationsrate π^e verwenden. Diese Rate gibt den Wirtschaftssubjekten an, wieviel sie durch die Haltung von Geld verlieren im Vergleich zum Kauf eines langlebigen Gutes, das seinen Realwert beibehält.

Tab. 8.1 vergleicht die Entwicklung der monetären Wachstumsrate μ, der Inflationsrate π und der Realkasse M/P in Deutschland von 1920 bis 1925. In den meisten Fällen gibt sie die durchschnittlichen Wachstumsraten der Geldmenge und der Preise für Halbjahres-Intervalle an, während die Höhe der Realkasse für das jeweilige Ende dieser Intervalle ermittelt wurde.

Zu Beginn des Jahres 1920 betrugen die Wachstumsraten der Geldmenge und des Preisniveaus bereits mehr als 6% pro Monat. (Typischerweise messen Wirtschaftswissenschaftler bei Hyperinflationen monatliche anstelle von jährlichen Raten!) Während der ersten Hälfte des Jahres 1921 sank dann die Zuwachsrate der Geldmenge im Durchschnitt auf weniger als 1% pro Monat. Auffallend ist, daß unserer Theorie entsprechend die Inflationsrate π während dieser Phase stärker sank als die Zuwachsrate der Geldmenge μ und die Realkassenbestände dementsprechend von Anfang 1920 bis Anfang 1921 um etwa 20% stiegen. (Die Höhe der Realkasse zu Beginn des Jahres 1920 entsprach in etwa der des Vorkriegsjahres 1913.)

Im Jahre 1922 akzelerierte die Geldmenge dramatisch bis zu einer durchschnittlichen Wachstumsrate von nahezu 30% monatlich gegen Ende des Jahres. Interessant ist, daß die Zuwachsrate der Preise π noch stärker stieg als die der

---

[6] Es ist nicht überraschend, daß dieses Thema viele Ökonomen fasziniert hat. Zwei der wichtigeren Untersuchungen stammen von Costantino Bresciani-Turroni (1937) und Phillip Cagan (1956).

Geldmenge μ, so daß die Realkassenbestände bis Ende 1922 auf etwa ein Viertel ihres Wertes von Anfang 1920 fielen. Während der ersten Hälfte des Jahres 1923 war zwar eine leichte Beruhigung der Geldmengenakzeleration zu beobachten, aber Geldmenge und Preisniveau verzeichneten immerhin die außergewöhnliche durchschnittliche Zuwachsrate von 40% im Monat. Obwohl die Inflationsrate extrem hoch war, blieb das Niveau der Realkasse einigermaßen stabil. Im weiteren Verlauf des Jahres 1923 erreichte die Hyperinflation in den Monaten Oktober bis November mit einer monatlichen monetären Expansion von 300-600% ihren Höhepunkt. Da diese Werte auch hier von den Inflationsraten übertroffen wurden, erreichte die Realkassenhaltung im Oktober 1923 mit 3% des Wertes von Anfang 1920 ihren Tiefpunkt. Wenn wir die Schwankungen des aggregierten Realeinkommens von 1920 bis 1923 vernachlässigen - was als erste Approximation durchaus akzeptabel ist -, dann impliziert die Verringerung der Realkasse eine Steigerung der Geldumlaufgeschwindigkeit um mehr als das 30fache. Dies heißt m.a.W.: Wenn die Deutschen 1920 die repräsentative Währungseinheit zwei Wochen lang als Bargeld gehalten hätten, bevor sie diese verausgabten, dann taten sie dies im Oktober 1923 nur mehr einen halben Tag lang.

Im November 1923 fand dann in Deutschland eine einschneidende Währungsreform statt, die mit der Einführung einer neuen Währung einherging und das Versprechen beinhaltete, neues Geld zur Finanzierung von Staatsausgaben oder für andere Zwecke nur bis zu einer bestimmten Grenze zu drucken. Außerdem umfaßte sie bestimmte Veränderungen der staatlichen Steuer- und Ausgabenpolitik sowie die Verpflichtung, die neue Währung durch Gold zu sichern.[7] Auf jeden Fall erfuhren monetäres Wachstum und Inflation nach dem Dezember 1923 eine drastische Beschneidung, so daß die monetären Zuwachsraten im Laufe des Jahres 1924 im Durchschnitt zwischen 5% und 6% monatlich lagen. Aufgrund der sinkenden Wachstumsraten der Geldmenge nach dem November 1923 war die durchschnittliche Inflationsrate 1924 mit weniger als 1% pro Monat sogar noch niedriger. Das Gegenstück dazu war die dramatische Zunahme der Realkassenhaltung, die vom Oktober 1923 von 3% ihres Niveaus von 1920 bis zum Dezember 1924 auf 56% anstieg.[8] (Ein Großteil dieser Realkassenzunahme war durch die

---

[7] Zu Darstellungen dieser Währungsreform vgl. Costantino Bresciani-Turroni (1937), Thomas Sargent (1982) und Peter Garber (1982). Sargent befaßt sich in seiner Analyse außerdem mit dem Ende der Hyperinflationen in Österreich, Ungarn und Polen in den frühen 20er Jahren und zeigt, mit welcher Schnelligkeit Inflationen beendet werden können, sobald Regierungen glaubwürdige Erklärungen zur Begrenzung der Geldschaffung in langer Sicht abgeben.

[8] Die größte Hyperinflation ereignete sich in Ungarn nach dem 2. Weltkrieg: Das Preisniveau erhöhte sich um den Faktor 3×10^{25} im Laufe von 13 Monaten zwischen Juli 1945 und August 1946. Die Inflationsrate verringerte sich in der Stabilisierungsphase von August 1946 bis Dezemeber 1947 auf etwa 15% p.a., und die reale Kassenhaltung erhöhte sich um den Faktor 14. Vgl. dazu William Bomberger und Gail Makinen (1983).

Einführung der neuen Währung während der Reformmonate November/Dezember 1923 bedingt.)

Im Jahre 1925 sank die Zuwachsrate der Geldmenge schließlich auf 1-2% pro Monat, während sich die Inflationsrate nach wie vor bei etwa 1% monatlich bewegte. Dem entsprach wiederum eine langsame Zunahme der Realkasse, die Ende 1925 60% ihres Niveaus von Anfang 1920 erreichte. Interessant ist, daß der Realkassenbestand nicht mehr auf sein Ausgangsniveau von Anfang 1920 zurückkehrte, obwohl die Inflationsrate für den Rest der 20er Jahre niedrig blieb. Möglicherweise reflektiert diese Diskrepanz, daß die Hyperinflation auf die individuelle Bereitschaft zur Geldhaltung einen nachhaltig negativen Einfluß ausübt.

Tab. 8.1: *Monetäres Wachstum, Inflation und Realkassenbestände während der deutschen Hyperinflation*

Periode	μ	π	M/P (Ende der Periode)
	(% pro Monat)		(1913 = 1,0)
2/20- 6/20	5,7	6,0	1,01
6/20-12/20	3,0	1,1	1,13
12/20- 6/21	0,8	0,1	1,18
6/21-12/21	5,5	8,4	0,99
12/21- 6/22	6,5	12,8	0,68
6/22-12/22	29,4	46,7	0,24
12/22- 6/23	40,0	40,0	0,24
6/23-10/23	233,0	286,0	0,03
Reformperiode			
12/23- 6/24	5,9	-0,6	0,44
6/24-12/24	5,3	1,4	0,56
12/24- 6/25	2,0	1,6	0,57
6/25-12/25	1,2	0,4	0,60

Anmerkung: M ist eine Schätzung des gesamten Bargeldumlaufs. Bis Ende 1923 beziehen sich die Zahlen auf die Gesamtheit aller gesetzlichen Zahlungsmittel, die weitgehend aus Banknoten der Reichsbank bestehen. Später kommen Noten der Rentenbank, private Banknoten und verschiedene "Notgelder" hinzu. Allerdings sind insbesondere in den Daten Ende 1923 viele inoffizielle Notwährungen sowie umlaufende Fremdwährungen nicht enthalten. Wir haben die Zahlen so standardisiert, daß der Bargeldumlauf des Jahres 1913 1,0 beträgt. P ist ein Preisindex der Lebenshaltung, der auf dem Jahr 1913 = 1,0 basiert.

Quelle: Sonderhefte zur Wirtschaft und Statistik, Berlin 1925.

Realeffekte der Inflation

Einige Effekte einer nicht-antizipierten Inflation

Obwohl sich unsere Analyse in diesem Kapitel auf die antizipierte Inflation konzentriert, sollten wir wenige kurze Bemerkungen zu einigen realen Wirkungen einer nicht-antizipierten Inflation machen. Ein Effekt dieser Art bestand während der Hyperinflation in Deutschland in einer massiven Umverteilung des Vermögens. Vor Beginn der extremen Inflation hatten einige Haushalte und Unternehmen nominale Verbindlichkeiten (einschließlich Hypothekenkredite und andere Schulden), während andere nominale Forderungen besaßen. Die Hyperinflation, die zum Zeitpunkt des Erwerbs nominaler Verbindlichkeiten und Forderungen nicht vorherzusehen war, ließ ganz überwiegend den realen Gehalt von Ansprüchen mit zuvor festgelegtem nominalen Wert erlöschen. Folglich gewannen die Schuldner und verloren die Gläubiger. Ganz allgemein gilt, daß eine unerwartete Inflation zu einschneidenden Wirkungen auf die Vermögensverteilung führen kann.

Die Unvorhersehbarkeit von Inflation vermindert die Bereitschaft der Wirtschaftssubjekte, Verträge mit zuvor festgesetzten nominalen Ansprüchen abzuschließen. Daher verschwanden, wie bereits angemerkt, tendenziell die üblichen Wertpapier- und Kreditmärkte während der deutschen Hyperinflation und anderer extremer Inflationen. Obgleich andere Arten von Märkten nach wie vor funktionieren mögen (wie Aktienmärkte, in fremder Währung abgeschlossene Transaktionen während der Hyperinflation in Deutschland oder Märkte für indexierte Wertpapiere in modernen Inflationen), bedeutet der Verlust an traditionellen Typen von Wertpapieren und Krediten einen nachteiligen realen Effekt einer unvorhersehbaren Inflation.

Effekte einer antizipierten Inflation auf die reale Kassenhaltung und Transaktionskosten

Bei der Diskussion zur Superneutralität des Geldes erwähnten wir, daß manche reale Variablen, wie z.B. die aggregierte Produktion, von antizipierten Veränderungen der Geldmenge und des allgemeinen Preisniveaus zumindest näherungsweise unabhängig sind. Aber selbst für den Fall, daß die gesamtwirtschaftliche Produktion sich nur geringfügig verändert, bleibt ein realer Effekt einer Zunahme der erwarteten Inflation: Die Verringerung der realen Kassenhaltung. Diese war während der deutschen Hyperinflation drastisch auf 3% ihres ursprünglichen Wertes gesunken.

Die Zunahme der erwarteten Inflation und die Verringerung der Realkasse wird von einer Erhöhung der Transaktionskosten begleitet. Obwohl wir diese in normalen Zeiten für geringfügig halten, können wir sie in so extremen Situationen wie der Hyperinflation in Deutschland keinesfalls vernachlässigen. Denn die Deutschen verbrachten damals einen beträchtlichen Teil ihrer Zeit mit dem ein- bis zweimal täglichen Empfang ihrer Löhne und anderer Zahlungen sowie der eiligen Suche nach Verwendungsmöglichkeiten für ihr Bargeld. Bei diesen Größenordnungen würden wir ebenfalls erwarten, daß extreme Inflationen signifikante Wirkungen auf die gesamtwirtschaftliche Produktion haben. Es gibt im Falle Deutschlands einige Belege dafür, daß der Umgang mit einer ausufernden Inflation gegen Ende des Jahres 1923 nachteilige Wirkungen auf die gesamtwirtschaftliche Produktion und Beschäftigung hatten.

Einnahmen aus der Geldschöpfung

Ein anderer realer Effekt der Inflation betrifft die **Staatseinnahmen aus der Geldschöpfung**. In unserem Modell verwendet der Staat dieses Einkommen bisher ausschließlich zur Finanzierung von Transferzahlungen, aber realistischerweise finanziert er damit eine Vielzahl von Ausgaben.

Wir wissen, daß die realen Einnahmen für die Periode t durch $(M_t - M_{t-1})/P_t$ gegeben sind. Unter Verwendung der Bedingung $M_t = (1 + \mu)M_{t-1}$ erhalten wir folgenden Ausdruck:

$$\text{reale Einnahmen aus der Geldschöpfung} = \frac{(M_t - M_{t-1})}{P_t} = \mu \cdot M_{t-1}/P_t. \quad (8.13)$$

Ökonomen bezeichnen die Staatseinnahmen aus der Geldschöpfung häufig als **Inflationssteuer**. Ein höherer Wert von μ bedeutet einen höheren Wert der Inflation π, was einen höheren Wert des nominalen Zinssatzes $R = r + \pi$ impliziert. Daher erzeugt ein höheres monetäres Wachstum einen höheren Steuersatz auf die Geldhaltung; die Wirtschaftssubjekte müssen in stärkerem Maße auf Zinsen verzichten, um Geld zu halten. Wir können auch sagen, daß der höhere Wert von π bedeutet, daß der reale Geldwert mit einer höheren Rate sinkt.

Entsprechend Gleichung (8.13) sind die realen Einnahmen aus der Geldschöpfung das Produkt aus der Wachstumsrate der Geldmenge μ und einem Ausdruck, der die Höhe der aggregierten realen Geldmenge approximiert, M_{t-1}/P_t. Bedenken wir, daß eine Erhöhung von μ eine Verringerung der Realkasse nach sich zieht. Steigt nun μ um, sagen wir, 10%, so steigen die realen Einnahmen nur dann, wenn die proportionale Abnahme der Realkasse geringer ist als 10%. Diese Voraussetzung ist in den meisten Situationen tatsächlich gegeben, außer in so extremen Fällen wie z.B. während der deutschen Hyperinflation. Doch selbst hier war sie erst dann nicht mehr erfüllt, als die Zuwachsrate der Geldmenge pro Monat zwischen Juli und August 1923 die 100%-Marke erreichte. Bis dahin war es dem Staat noch immer gelungen, durch die beschleunigte Betätigung der Notenpresse ein höheres reales Einkommen zu erzielen.

In normalen Zeiten ist der Anteil der durch Geldschöpfung erzielten Einnahmen in den meisten Ländern gering. So erzielte die Federal Reserve 1987 etwa 17 Mrd. $ aus dieser Quelle. Das sind etwa 2% der gesamten Staatseinnahmen und 0,4% des BSP der USA. Von 1960-1978 betrugen in 14 Industrieländern die Einnahmen aus der Geldschöpfung im Durchschnitt etwa 1% des BSP [vgl. Stanley Fischer (1982), Tab. A2].

Demgegenüber fallen die aus der Geldschöpfung stammenden Einnahmen in einigen Ländern mit hohen Inflationsraten stärker ins Gewicht. Ein extremes Beispiel ist Argentinien; dort stammte zwischen 1960 und 1975 nahezu die Hälfte der Staatseinnahmen und etwa 6% des BSP aus der Geldschöpfung. Weitere Länder mit ebenfalls sehr hohen Einnahmen aus der Notenpresse sind Chile (5% des BSP 1960-1977), Libyen (3% des BSP 1960-1977) und Brasilien (3% des BSP von 1960-1978).

Während der deutschen Hyperinflation und einigen anderen Hyperinflationen (in Österreich, Ungarn, Polen und in Rußland nach dem 1. Weltkrieg) wurde die Geldschöpfung zur vorrangigen Einnahmequelle des Staates. Die höchsten dabei erzielten Anteile am BSP beliefen sich auf 10-15%, was offenbar das Maximum zu sein scheint. Im übrigen bestand in Deutschland eine enge monatliche Verbindung zwischen dem Umfang der realen Staatsausgaben und der Wachstumsrate des Geldangebots. Die Veränderungen des monetären Wachstums - und folglich auch der Inflation - wurden in diesem Fall durch Schwankungen der realen Staatsausgaben verursacht [vgl. Zvi Hercowitz (1981)]. Interessanterweise handelte es sich während dieser Periode bei einem Großteil der Staatsausgaben um Reparationszahlungen, die im Zusammenhang mit dem 1. Weltkrieg zu leisten waren. Deshalb war die Verringerung dieser Zahlungen nach November 1923 vermutlich ein wichtiger Faktor, der wesentlich zum Erfolg der deutschen Währungsreform beigetragen hat.

Zusammenfassung

Wir haben in unser Modell monetäres Wachstum integriert, indem wir staatliche Transferzahlungen zuließen und bei Betrachtung der staatlichen Budgetbeschränkung erkannt, daß die aggregierten Transferzahlungen der Änderung der Geldmenge entsprachen.

Sodann haben wir die Haushaltsbudgetbeschränkungen um die Inflation erweitert. Das wichtigste Ergebnis lautet, daß diese Beschränkungen nun anstelle des Nominal- den Realzinssatz beinhalten und daß die intertemporalen Substitutionseffekte in bezug auf den Konsum und die Freizeit gleichfalls vom realen Zinssatz abhängen. Ferner gilt, daß für die Budgetbeschränkung und für die intertemporalen Substitutionseffekte der erwartete Realzinssatz entscheidend ist, sofern Unsicherheit über die Inflation herrscht.

Der nominale Zinssatz R bestimmt weiterhin die Kosten der Geldhaltung im Vergleich zur Wertpapierhaltung. Obwohl der reale Zinssatz die für Konsum- und Arbeitsentscheidungen relevante Größe darstellt, ist es der nominale Zinssatz, der in der Geldnachfragefunktion erscheint.

Wir haben mit Hilfe des Markträumungsmodells die Interaktion zwischen monetärem Wachstum, Inflation sowie nominalem und realem Zinssatz untersucht. Dabei ergab sich als ein wichtiges Ergebnis, daß der reale Zinssatz, der reale Lohnsatz, die gesamtwirtschaftliche Produktion und Beschäftigung von antizipierten Veränderungen der Geldmenge unberührt bleiben. Dennoch ist Geld in unserem Markträumungsmodell nicht superneutral. (Unter superneutral verstehen wir, daß Variationen des Zeitpfades der Geldmenge keine realen Effekte auslösen.) Tatsächlich beeinflußt die Entwicklung der Geldmenge sowohl die Realkassenhaltung und den nominalen Zinssatz als auch die Höhe der Transaktionskosten. Zudem gilt die Invarianz des realen Zinssatzes und der Produktion nur im Sinne einer Annäherung.

Eine Erhöhung der Zuwachsrate der Geldmenge schlägt sich langfristig als parallele Erhöhung der Inflationsrate, des nominalen Zinssatzes und der Wachstumsrate der Nominallöhne nieder. Da andererseits ein höherer nominaler Zinssatz jedoch die reale Geldnachfrage reduziert, muß es eine Übergangsphase geben, während der die Inflationsrate die Zuwachsrate der Geldmenge übersteigt. Im einfachen Fall geschieht dieser Übergang in Form eines sofortigen Aufwärtssprungs des Preisniveaus. Sobald wir jedoch realistischere Annahmen treffen - wie eine allmähliche Anpassung der Geldnachfrage und die vorherige Kenntnis des beschleunigten Geldmengenwachstums, erhalten wir während der Übergangsphase eine komplexe dynamische Preisentwicklung, bei der die Inflationsrate vorübergehend höher ist als die Zuwachsrate der Geldmenge.

Ähnliche Ergebnisse erhalten wir im Fall eines Rückgangs der Zuwachsrate der Geldmenge. Auch hierbei schließt der Prozeß der Inflationsverringerung während einer Übergangsphase ungewöhnlich niedrige und möglicherweise sogar negative Inflationsraten ein.

Wir haben einige Ergebnisse anhand der Beobachtung der Dynamik der monetären und inflationären Entwicklung während der deutschen Hyperinflation nach dem 1. Weltkrieg illustriert. Die Daten veranschaulichen, daß höhere monetäre Zuwachsraten zu niedrigen realen Kassenbeständen führen, während Verringerungen des monetären Wachstums den entgegengesetzten Effekt hervorbringen. Darüber hinaus haben wir die Auswirkungen dieser Inflation auf die Transaktionskosten und die realen Einnahmen des Staates aus der Geldschöpfung diskutiert.

Anhang (fakultativ)

Vermögenseffekte der monetären Größen

Im Text haben wir jegliche im Zusammenhang mit Geld auftretenden Vermögenseffekte vernachlässigt. Diese betreffen den anfänglichen Kassenbestand, die Transaktionskosten, die durch Geldhaltung in künftigen Perioden entgangenen Zinseinkünfte sowie die Transferzahlungen, die Haushalte vom Staat erhalten. In Kapitel 4 argumentierten wir, daß diese Vorgehensweise im Sinne einer Annäherung im einfachen Modell ohne Inflation gerechtfertigt sei. In diesem Anhang wird dieser Sachverhalt im Kontext der Inflation behandelt. Das Hauptergebnis lautet, daß der Ansatz weiterhin im Sinne einer Annäherung als befriedigend erscheint.

Betrachten wir die rechte Seite von Gleichung (8.5), die den realen Gegenwartswert der Mittelverwendung eines Haushalts für einen unendlichen Zeithorizont angibt, und fügen - unter Vernachlässigung der Transaktionskosten - den realen Gegenwartswert der durch die Kassenhaltung entgangenen Zinsen hinzu. Die neu hinzugefügten Größen sind

$$\frac{R \cdot m_1}{[P_2(1+r)]} + \frac{R \cdot m_2}{[P_3(1+r)^2]} + \ldots, \tag{8.14}$$

wobei die Punkte entsprechende Ausdrücke für m_3, m_4 usw. repräsentieren. Um die einzelnen Glieder dieser Reihe verstehen zu können, schauen wir uns das erste genauer an. Der Ausdruck Rm_1 gibt die nominalen Zinseinnahmen an, die einem Wirtschaftssubjekt während der Periode 2 entgehen, weil es in Periode 1 anstelle von Wertpapieren die Geldmenge m_1 hält. Da das entgangene Zinseinkommen zur Periode 2 gehört, dividieren wir es durch das Preisniveau P_2, um reale Größen zu erhalten. Anschließend dividieren wir durch den Diskontierungsfaktor $(1+r)$, um nur den Gegenwartswert dieser Größe zu ermitteln. Wichtig ist, daß die einzelnen Glieder in Gleichung (8.14) bis auf den Diskontierungsfaktor analog zu interpretieren sind.

Um spätere Analysen zu vereinfachen, formen wir den Ausdruck (8.14) um. Offenkundig enthält der erste Summand das Glied $P_2(1+r)$. Da das Preisniveau der zweiten Periode P_2 gleich $(1+\pi)P_1$ ist, mit π als konstanter Inflationsrate, können wir schreiben

$$P_2(1+r) = P_1(1+\pi)(1+r) = P_1(1+R).$$

Diese Form der Substitution für das Preisniveau läßt sich bei allen Gliedern des Ausdrucks (8.14) durchführen, so daß wir schließlich eine vereinfachte Gleichung erhalten

$$\left[\frac{R}{(1+R)}\right] \cdot \left[\frac{m_1}{P_1} + \left(\frac{m_2}{P_2}\right)\bigg/(1+r) + \ldots\right]. \tag{8.15}$$

Geldmenge, Inflation und Zinssätze im Markträumungsmodell

Auf der linken Seite von Gleichung (8.5), die den realen Gegenwartswert der Einnahmequellen des Haushalts darstellt, müssen wir den realen Wert des Anfangskassenbestandes sowie den Gegenwartswert der realen staatlichen Transferzahlungen hinzufügen

$$\frac{m_0}{P_1} + \left(\frac{v_1}{P_1}\right) + \left(\frac{v_2}{P_2}\right)\Big/(1+r) + \left(\frac{v_3}{P_3}\right)\Big/(1+r)^2 + \ldots \quad (8.16)$$

Um den aggregierten realen Gegenwartswert der neuen Einnahmequellen zu bestimmen, können wir Ausdruck (8.16) für alle Haushalte aufsummieren und erhalten

$$\frac{M_0}{P_1} + \left(\frac{V_1}{P_1}\right) + \left(\frac{V_2}{P_2}\right)\Big/(1+r) + \left(\frac{V_3}{P_3}\right)\Big/(1+r)^2 + \ldots$$

Aus der staatlichen Budgetbeschränkung wissen wir jedoch, daß die aggregierten Transferzahlungen jeder Periode V_t gleich der Veränderung der Geldmengen $M_t - M_{t-1}$ sind. Wenn wir alle V_t durch die entsprechenden Differenzen ersetzen, ergibt sich

$$\left(\frac{M_0}{P_1}\right) + \left\{\frac{(M_1 - M_0)}{P_1} + \frac{(M_2 - M_1)}{[P_2(1+r)]} + \frac{(M_3 - M_2)}{[P_3(1+r)^2]} + \ldots\right\}.$$

Da sich das erste Glied M_0/P_1 mit einem entsprechenden innerhalb der Klammern aufhebt, können wir den Ausdruck auch folgendermaßen schreiben

$$\left(\frac{M_1}{P_1}\right) - \frac{M_1}{[P_2(1+r)]} + \frac{M_2}{[P_2(1+r)]} - \frac{M_2}{[P_3(1+r)^2]}$$

+ entsprechende Größen für M_3, M_4, usw.

Wir können noch eine weitere Substitution vornehmen

$$P_2(1+r) = P_1(1+\pi)(1+r) = P_1(1+R).$$

Die Glieder, die M_1 enthalten, können wir in den oberen Ausdruck einsetzen und erhalten

$$\left(\frac{M_1}{P_1}\right)\left[1 - \frac{1}{(1+R)}\right] = \left(\frac{M_1}{P_1}\right) \cdot \frac{R}{(1+R)}.$$

Entsprechend lassen sich die Glieder für M_2 vereinfachen

$$\left(\frac{M_2}{P_2}\right) \cdot \left[\frac{R}{(1+R)}\right]\Big/(1+r).$$

Wenn wir dies alles zusammennehmen, läßt sich der Ausdruck für den aggregierten realen Gegenwartswert der neu hinzugefügten Einnahmequellen folgendermaßen schreiben

$$\left[\frac{R}{(1+R)}\right] \cdot \left[\frac{M_1}{P_1} + \left(\frac{M_2}{P_2}\right)\bigg/(1+r)\right.$$
$$\left. + \text{ entsprechende Glieder für } M_3, M_4 \text{ usw.}\right]. \quad (8.17)$$

Betrachten wir den Ausdruck (8.15), der den realen Gegenwartswert der neuen Verwendungen der Einnahmequellen des Haushalts enthält. Das Aggregat der neuen Verwendungen stimmt überein mit dem Aggregat der neuen Einnahmequellen, die in Gleichung (8.17) erscheinen. Folglich haben die monetären Größen im Aggregat keinen Einfluß auf den Saldo von Entstehungs- und Verwendungsseite. Daher können wir auch Vermögenseffekte bei den Aggregaten des Konsums und der Freizeit außer acht lassen, die erstens mit der Realkassenhaltung, zweitens dem Gegenwartswert der realen Transferleistungen und drittens dem aufgrund künftiger Bargeldhaltung entgangenen Zinseinkommen verknüpft sind.

Schließlich wollen wir noch einmal betonen, daß gesamtwirtschaftliche Vermögenseffekte dann auftreten, wenn wir den Gegenwartswert der realen Transaktionskosten berücksichtigen. Aber wir unterstellen hier wie zuvor, daß diese Effekte vernachlässigt werden können.

Fragen und Probleme

Zur Wiederholung

8.1 Betrachten wir ein Wirtschaftssubjekt mit einer Lebenszeit von zwei Perioden, das in jeder Periode ein nominales Einkommen von 1.000 $ bezieht und weder am Anfang noch am Ende Aktiva besitzt. Der Nominalzins R für Dollar-Anleihen ist 15%, und die erwartete Inflationsrate π^e beträgt zwischen den beiden Perioden 10%. Annahmegemäß ist das Preisniveau in der ersten Periode gleich 1.
a. Wie hoch ist der reale Wert des Einkommens der Periode 1?
b. Wie hoch ist die maximale Geldsumme, die in der Periode 1 aufgenommen werden könnte? Ermitteln Sie den Realwert dieser Summe und fügen Sie diese dem Realwert des Einkommens der ersten Periode hinzu, um den Maximalwert des in der ersten Periode möglichen (realen) Konsums zu finden.
c. Wie hoch ist das Preisniveau in Periode 2? Wie hoch ist der Realwert des Einkommens der Periode 2?
d. Wie hoch ist die Geldsumme, die maximal durch die in Periode 1 getätigten Ersparnisse in der zweiten Periode erreicht werden kann? Ermitteln Sie den Realwert dieses Betrages (in Periode 2), und addieren Sie diesen zum Realwert des

Einkommens der zweiten Periode, um die Maximalhöhe des in der zweiten Periode möglichen (realen) Konsums festzustellen.
e. Stellen Sie wie bei Aufgabe 3.3 in Kapitel 3 die Konsummöglichkeiten in beiden Perioden graphisch dar.
f. Welche Steigung besitzt die Budgetgerade, die Sie in Teilfrage (e) gezeichnet haben? Zeigen Sie, daß sie gleich $-(1 + R)/(1 + \pi^e)$ sein muß.

8.2 Erklären Sie aufgrund Ihrer Antwort zur Frage 8.1, warum $(1 + R)/(1 + \pi^e)$ anstelle von $1 + R$ das korrekte Maß für den *trade-off* zwischen dem realen Konsum in beiden Perioden ist. In welcher Situation wäre es angebracht, statt dessen den nominalen Zinssatz zu verwenden?

8.3 Angenommen, der Gütermarkt wird bei einem realen Zinssatz von 4% geräumt.
a. Wie hoch ist der nominale Zinssatz, wenn die Inflationsrate gleich Null ist? Wie hoch ist er, wenn die Inflationsrate 10% beträgt?
b. Falls der nominale Zinssatz sich nicht im gleichen Ausmaß erhöht wie die Inflationsrate, was geschieht dann mit dem Gütermarkt? Ergibt sich ein Überschußangebot oder eine Überschußnachfrage?

8.4 Welche der folgenden Aussagen ist korrekt?
a. Eine konstante Erhöhung des Preisniveaus wird zu einer kontinuierlichen Erhöhung des nominalen Zinssatzes führen.
b. Eine kontinuierliche Erhöhung der Inflationsrate wird zu einer kontinuierlichen Erhöhung des nominalen Zinssatzes führen.

8.5 Welche Auswirkungen hätten jeweils die folgenden Ereignisse auf den nominalen Zinssatz?
a. Die Ankündigung einer einmaligen Erhöhung der Geldmenge.
b. Die Ankündigung einer geplanten Erhöhung der monetären Zuwachsrate.

Warum gibt es in beiden Fällen Preisniveausprünge? Erhöht sich die Umlaufgeschwindigkeit des Geldes in beiden Fällen?

8.6 Überprüfen Sie die folgende Aussage kritisch: "Die Quantitätstheorie des Geldes behauptet, daß die Inflationsrate gleich der monetären Wachstumsrate sein muß. Da beide in Wirklichkeit nicht gleich sind, muß die Theorie falsch sein." Wie verändern Faktoren wie eine antizipierte Inflationserhöhung oder eine allmähliche Anpassung der Geldnachfrage eine derartige These? Und wie steht es mit den in Kapitel 7 untersuchten Faktoren, so z.B. dem Wachstum der Produktion?

8.7 Kann der Staat durch die Steigerung der monetären Wachstumsrate immer seine Einnahmen erhöhen? Inwieweit hängt die Antwort von der Reaktion der Geldnachfrage auf den nominalen Zinssatz ab?

Probleme zur Diskussion

8.8 Inflation und Geldnachfrage

Nehmen wir an, daß die Haushalte sowohl Güter - z.B. Lebensmittel - als auch Geld und Wertpapiere besitzen, und daß diese Güter mit der Rate δ pro Jahr abgeschrieben werden.
a. Wie hoch ist der "nominale Zinssatz" für diese Güterhaltung? Inwieweit beeinflußt dieser Zinssatz die Güter- und Geldnachfrage?
b. Was geschieht mit der Geldnachfrage, wenn der Nominalzinssatz für Wertpapiere R unverändert bleibt, die erwartete Inflationsrate π^e hingegen steigt?

Anmerkung: Diese Aufgabe zeigt, daß die Geldnachfrage sowohl eine Substitution zwischen Geld und Gütern als auch zwischen Geld und Wertpapieren mit sich bringen kann. Deshalb ist es möglich, daß sich die Geldnachfrage ändert, wenn sich die erwartete Inflationsrate verändert, selbst wenn der Nominalzins für Wertpapiere konstant bleibt.

8.9 Vermögens- und Substitutionseffekte der Inflation (fakultativ)

Angenommen, die erwartete Inflationsrate π^e und der nominale Zinssatz R steigen jeweils um einen Prozentpunkt, so daß der erwartete Realzins für Wertpapiere unverändert bleibt.
a. Was geschieht mit der realen Geldnachfrage?
b. Was geschieht angesichts dieser Geldnachfrage mit den individuellen realen Transaktionskosten?

Anders als bisher soll die Rolle der Transaktionskosten in den Haushaltsbudgetbeschränkungen berücksichtigt werden.
c. Wie wirkt sich eine höhere Inflation auf das individuelle Vermögen aus? Wie reagieren Konsum und Freizeit darauf?
d. Löst eine höhere erwartete Inflationsrate zugleich Substitutionseffekte beim Konsum und der Freizeit aus? (Beachten Sie, daß die Ausweitung von Freizeit im Gegensatz zum Konsum keine Verwendung von Geld impliziert.) Wie wirkt sich dann eine höhere erwartete Inflation insgesamt auf den Konsum und die Freizeit aus?

8.10 Superneutralität des Geldes
a. Was bedeutet der Begriff *Superneutralität des Geldes*?
b. Ist Geld in unserem Modell superneutral? Welche realen Variablen verändern sich bzw. bleiben im Falle einer modifizierten Geldmengenentwicklung unverändert? Erklären Sie die diesen Ergebnissen zugrunde liegenden Faktoren.

8.11 Inflation und Sparen (fakultativ)
a. Angenommen, wir definieren die reale Ersparnis eines Haushalts als Veränderung des realen Wertes seiner Aktiva − Wertpapiere und Geld. Leiten Sie unter Verwendung der Haushaltsbudgetbeschränkung aus Gleichung (8.2) einen Ausdruck für die reale Ersparnis ab. Entspricht die reale Ersparnis dem realen Einkommen

abzüglich der realen Konsumausgaben? Wie messen wir in dem Ausdruck für das reale Einkommen das reale Zinseinkommen aus Wertpapieren? Schließt dieses den nominalen Zinssatz R oder den realen Zinssatz $R - \pi$ ein? Gibt es auch einen Ausdruck für das reale "Zinseinkommen" aus der Geldhaltung?

b. Die nominale Ersparnis ist gleich der realen Ersparnis multipliziert mit dem Preisniveau P_t. Wie lautet die Formel für die nominale Ersparnis?

c. Nehmen Sie alternativ an, wir definieren die nominale Ersparnis als Veränderung des nominalen Wertes der Haushaltsaktiva, die in Form von Wertpapieren und Geld gehalten werden. (Die herkömmliche Volkswirtschaftliche Gesamtrechnung folgt dieser Praxis.) Vergleichen Sie die Ergebnisse mit denen von Teilfrage (b). Welche Unterschiede ergeben sich bei der Messung des Zinseinkommens aus Wertpapieren und Geld?

d. Angenommen, wir definieren die reale Ersparnis als nominale Ersparnis geteilt durch das Preisniveau P_t, wobei die nominale Ersparnis wie in Teilaufgabe (c) bestimmt ist. Mißt dieses Konzept der realen Ersparnis die Veränderung des realen Wertes der Aktiva?

Vergleichen Sie das Ergebnis mit dem von Teilfrage (a), welches die Veränderung des realen Wertes der Aktiva mißt.

8.12 Ein Fall von Banknotenfälschung

Im Jahr 1925 veranlaßte eine Bande von Betrügern die *Waterlow Company*, einen britischen Hersteller von Banknoten, portugiesische Währung (Escudos) im Wert von 3 Mill. Pfund zu drucken und an sie auszuhändigen. Da das Unternehmen auch die rechtmäßigen Banknoten für die Bank von Portugal herstellte, waren die Fälschungen vom Original nicht zu unterscheiden (abgesehen davon, daß die Seriennummern Duplikate einer früheren Serie rechtmäßiger Banknoten waren). Bevor der Schwindel aufflog, waren im Wert von einer Million Pfund "Falsifikate" in Portugal in Umlauf gebracht worden. Nach Aufdeckung des Betrugs (weil die Duplizierung der Seriennummern herauskam) tauschte die Bank von Portugal die gefälschten Scheine in neu gedruckte, gültige Banknoten um. Die Bank verklagte später die *Waterlow Company* wegen des entstandenen Schadens. Das Unternehmen wurde für schuldig befunden, aber die entscheidende Frage war die Höhe des Schadenersatzes. Die Bank argumentierte, der Schaden betrage eine Million Pfund (abzüglich einiger Geldmittel, die den Betrügern abgenommen worden waren). Die Gegenseite machte geltend, daß der Bank lediglich vernachlässigbare reale Kosten durch die Ausgabe von zusätzlichem neuem Geld im Werte von einer Million Pfund zum Austausch gegen die gefälschten Noten entstanden sei. (Beachten Sie, daß es sich dabei um eine reine Papierwährung handelte ohne das Versprechen einer Umwandlung in Gold oder irgend etwas anderes.) Folglich lief das Argument darauf hinaus, daß die einzig wirklichen Kosten für die Bank in den Ausgaben für das Papier und den Druck bestanden hätten. Welche Seite war Ihrer Meinung nach im Recht? [Das Oberhaus entschied 1933, daß eine Million Pfund die angemessene Größenordnung sei. Zu Erörterungen dieser faszinierenden Episode der monetären Ökonomie vgl. R.G. Hawtrey (1932) und Murray Bloom (1966).]

Teil III

Konjunkturschwankungen und Wirtschaftswachstum

In diesem Teil des Buches wird auf die bedeutenden Probleme der Konjunkturschwankungen und des Wirtschaftswachstums Bezug genommen. Kapitel 9 erweitert das Modell durch die Einbeziehung von Investitionen, die eine Schlüsselrolle bei den kurzfristigen Schwankungen der Volkswirtschaft spielen. Sodann prüfen wir, inwieweit das Modell einige beobachtete Merkmale der Konjunkturschwankungen zu erklären vermag.

In diesem Stadium schließt unser Modell staatliche Ausgaben, Steuern und Verschuldung nicht ein (wir werden dies in den Kapiteln 12-14 aufgreifen). Im übrigen lassen wir monetäre Störungen als Ursachen für Veränderungen der realen ökonomischen Aktivitäten nicht zu (diese werden wir in den Kapiteln 17-20 behandeln). Daher können Konjunkturschwankungen im Modell nur infolge von Angebotsschocks, d.h. von Verschiebungen der Produktionsfunktion, und möglicherweise wegen der Veränderungen der Präferenzen auftreten. Modelle, die auf diese Art von Störungen zur Erklärung von Konjunkturschwankungen abstellen, werden als reale Konjunkturtheorien bezeichnet. (Volkswirte, die derartige Modelle verwenden, könnten vielleicht als "Realisten" bezeichnet werden im Gegensatz zu den Monetaristen.) In letzter Zeit haben Forscher solchen Modellen ihre verstärkte Aufmerksamkeit zugewandt.[1] Später werden wir auf dieser Analyse aufbauen, um Konjunkturschwankungen zu verstehen, die entweder von Veränderungen der staatlichen Ausgaben, Steuern oder Verschuldung oder solchen monetärer Art herrühren.

In Kapitel 10 nehmen wir die längerfristigen Aspekte der Investitionen auf - insbesondere ihre Manifestation als Akkumulation produktiven Kapitals. Diese Akkumulation spielt eine zentrale Rolle im Prozeß des langfristigen Wirtschaftswachstums.

In Kapitel 11 zeigen wir, daß Schwankungen der ökonomischen Aktivitäten Veränderungen der Arbeitslosigkeit einschließen. Ein damit eng verwandtes Thema betrifft die Diskussion um die "natürliche" Arbeitslosenrate und die Frage, warum diese positiv ist.

---

[1] Der Begriff "reale Konjunkturschwankungen" stammt von John Long und Charles Plosser (1983). Zur allgemeinen Diskussion sowie zu einer Erweiterung um monetäre Störungen vgl. Robert King und Charles Plosser (1984).

Kapitel 9

Investitionen

Bisher haben wir der Einfachheit halber angenommen, daß Arbeitsleistungen der einzig variable Input im Produktionsprozeß sind. Um unser Modell realistischer zu gestalten, werden wir jetzt auch Kapitalleistungen einbeziehen, worunter wir vor allem **Sachkapital** verstehen, z.b. Maschinen und Gebäude, die von Produzenten genutzt werden. In der Volkswirtschaftlichen Gesamtrechnung wird diese Kategorie als **betriebliche Ausrüstungen und Bauten** bezeichnet. Wir können den Kapitalbegriff jedoch erweitern, indem wir auch die von den Unternehmen gehaltenen **Lagerbestände** einbeziehen. Außerdem könnten wir noch langlebige Konsumgüter wie Wohnhäuser, Autos und Haushaltsgeräte hinzurechnen. Konsequenterweise könnte man den Kapitalbegriff noch um das **Humankapital** erweitern, das die Wirkungen der schulischen und beruflichen Ausbildung auf die jeweiligen Fähigkeiten der Arbeitskräfte widerspiegelt. Obgleich sich die allgemeine ökonomische Argumentation auch auf das Humankapital bezieht, werden wir uns im wesentlichen auf das Sachkapital beschränken.

Kapitalstock und Investitionen in den USA

Beginnen wir zunächst mit einem Überblick über den Kapitalstock der USA. Abb. 9.1 zeigt, wie sich, unter Verwendung des Standardkonzepts des Sachkapitals, das **private Anlagekapital**, welches sowohl betriebliche Ausrüstungen und Bauten als auch Wohngebäude umfaßt, von 1926 bis 1987 entwickelt hat.[1] Die Daten verstehen sich als reale Größen, d.h. sie drücken die Kapitalmengen in Dollar-Werten des Basisjahres 1982 aus.

Abb. 9.1 zeigt das gesamte private Anlagekapital sowie dessen Aufteilung in Wohngebäude und Nicht-Wohngebäude. Die Wohnhauskomponente macht etwa die Hälfte des gesamten Kapitalstocks während der gesamten Periode aus. Es ist zu beachten, daß der Kapitalbestand sowohl betriebliche Lagerbestände (die nicht zum "Anlage"-Kapital gehören) als auch die staatlichen Kapitalgüter und langlebige Konsumgüter (mit Ausnahme von Wohngebäuden) ausklammert. In der Abbildung wird der Kapitalstock der Haushalte in Form langlebiger Konsumgüter (ohne Wohngebäude) gesondert ausgewiesen. Die Summe aus diesen Gebrauchsgütern und dem Standardkonzept des Sachkapitals vermittelt ein umfassenderes Maß des privaten Sachkapitals.

---

[1] Die Daten entstammen dem U.S. Department of Commerce (1987) und *U.S. Survey of Current Business* (August 1988).

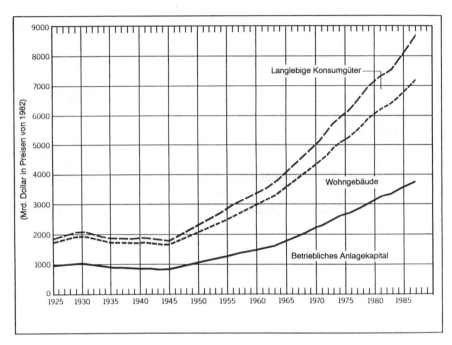

Abb. 9.1: *Entwicklung des privaten Anlagekapitals in den USA, 1925-87*
Die durchgezogene Linie bildet das reale betriebliche Anlagekapital ab. Die untere durchbrochene Linie fügt dem die Wohngebäude hinzu, die obere durchbrochene Linie den realen Bestand an langlebigen Konsumgütern.

Die verschiedenen Komponenten des Kapitalstocks sind während der gesamten Nachkriegsperiode gewachsen, wobei die durchschnittliche Wachstumsrate des erweiterten Konzepts privaten Sachkapitals für den Zeitraum 1946-1987 3,8% p.a. ausmachte. Die durchschnittlichen Wachstumsraten der Komponenten betrugen 3,6% für betriebliches Kapital (ohne Wohngebäude), 3,4% für Wohngebäude und 5,7% für langlebige Konsumgüter, wobei deren schnelles Wachstum bemerkenswert ist.

Die Entwicklung des Kapitalstocks verlief vor 1946 deutlich anders. Nachdem er während der 20er Jahre überwiegend wuchs (was in der Abbildung nur teilweise zum Ausdruck kommt), zeigte er einschließlich seiner Komponenten während der Depression in den 30er Jahren einen Rückgang. Nach einer kurzen Wachstumsphase von den späten 30er Jahren bis 1941 nahm er während des 2. Weltkriegs erneut ab.

Die Veränderungen des Kapitalstocks entsprechen den Investitionsausgaben der Unternehmen oder Haushalte für Sachkapital. Abb. 9.2 zeigt verschiedene Komponenten dieser Investitionsausgaben, ausgedrückt als Anteil am realen BSP, wobei die einzelnen Kategorien jenen des Kapitalstocks in Abb. 9.1. entsprechen. Die Investitionsdaten beziehen sich auf die tatsächlichen Ausgaben (die als Bruttoinvestition bezeichnet werden) und sind nicht um die geschätzten Abschreibungen auf den Kapitalstock gekürzt. (Wir werden uns mit den Abschreibungen später in diesem Kapitel befassen.) Eine Berücksichtigung der üblichen Schätzungen für die Abschreibungen, die sich aus bestimmten mechanistischen Formeln ergeben, würde das allgemeine Bild der zeitlichen Entwicklungen in Abb. 9.2 im übrigen nicht stören.

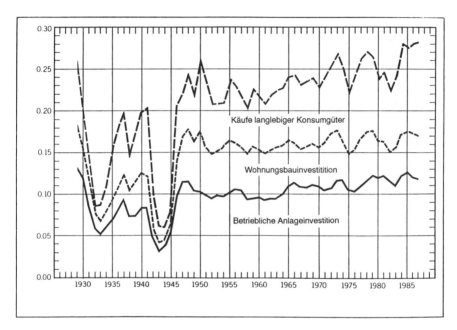

Abb. 9.2: *Anteil der Anlageinvestitionen am BSP*
Die durchgezogene Linie zeigt den Anteil der realen betrieblichen Anlageinvestitionen am realen BSP. Die untere durchbrochene Linie fügt dem den Anteil der realen Investitionen für Wohngebäude am realen BSP, die obere durchbrochene Linie den Anteil der realen Ausgaben für langlebige Konsumgüter am realen BSP hinzu.

Die Entwicklung der Investitionen wird für unsere Analyse der Konjunkturschwankungen von besonderer Bedeutung sein. Der Anteil der privaten Sachinvestitionen (für betriebliche Anlagen plus Wohngebäude) am BSP machte 1947-1987 im Durchschnitt 16,0% aus, wobei die Werte von 14,6% für 1952 und 17,7% für 1948 reichten. Abgesehen vom Koreakrieg fielen die niedrigsten Werte mit den wichtigsten Rezessionen der Nachkriegszeit zusammen: 14,6% (1958), 14,7% (1975 und 1961) und 14,9% (1982).

Bezogen auf das umfassendere Konzept der Anlageinvestition, welches die Käufe von langlebigen Konsumgütern einschließt, ergab sich zwischen 1947 und 1987 ein durchschnittlicher Anteil von 23,7%, wobei hierbei die Werte von 20,0% für 1958 und 28,2% für 1987 reichten. Ebenso wie für das engere Konzept der Anlageinvestition fällt der Verlauf des umfassenderen Maßes mit den wichtigsten Rezessionen zusammen. Wegen des großen Gewichts der langlebigen Konsumgüter zeigt die Investition in ihrer erweiterten Definition einen ausgeprägteren Investitions-Boom in den letzten Jahren. Im Durchschnitt lag der Anteil zwischen 1984 und 1987 bei 27,9% und damit um 4,2 Prozentpunkte über dem Mittelwert von 23,7% für die Periode 1947-87. (Unter Ausschluß der langlebigen Konsumgüter belief sich der Anteil der Anlageinvestitionen am BSP 1984-1987 auf durchschnittlich 17,1%, verglichen mit 16,0% als Mittelwert für 1947 bis 1987.)

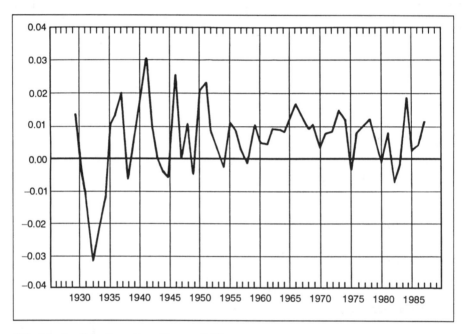

Abb. 9.3: *Anteil der Lagerinvestition am BSP*
Die Abbildung zeigt den Anteil der realen betrieblichen Lagerinvestition am realen BSP.

Ein ausgeprägteres Muster von Fluktuationen der Investitionsausgaben erkennen wir für die Zeit vor dem 2. Weltkrieg. Der Anteil der Anlageinvestitionen (ohne langlebige Konsumgüter) erreichte 1933 einen Niedrigwert von 6,7% im Verlauf der Weltwirtschaftskrise. Nach einer gewissen Erholung ging der Rückfall auf einen niedrigen Wert von 10,4% für 1938 wiederum mit einer Rezession einher. Die alles in allem niedrigsten Werte traten mit 3,9% für 1943 und 4,5% für 1944 während des 2.

Weltkriegs auf. Wir sollten aber unsere Überlegungen zu dieser Kriegsentwicklung zurückstellen, bis wir in Kapitel 12 die Staatsausgaben analysieren.

Neben der Anlageinvestition schließen die betrieblichen Investitionsausgaben auch die Aufstockung von Güterbeständen ein, die als Vorräte in Form von Fertig- oder Halbfertigprodukten gehalten werden. Die Veränderung von Lagerbeständen kann entweder positiv oder negativ sein. Abb. 9.3 zeigt den Anteil der realen betrieblichen Lagerinvestition am realen BSP. Dieser Anteil ist extrem unbeständig, und die Niedrigwerte fallen, ebenso wie bei den Anlageinvestitionen, mit Rezessionen zusammen. So war die reale Lagerinvestition beispielsweise in den Rezessionen der Jahre 1982-83, 1980, 1975, 1958, 1954 und 1949 negativ. Vor dem 2. Weltkrieg galt dies ebenfalls für die Rezessionsjahre 1938 und 1930-34.

Das reale BSP und seine Komponenten in Rezessionen

In diesem Abschnitt betrachten wir die Entwicklung des realen BSP und insbesondere seiner Investitionskomponenten während der wirtschaftlichen Abschwungphasen in den USA. Würden wir Phasen des wirtschaftlichen Aufschwungs untersuchen, so gelangten wir zu ähnlichen Schlußfolgerungen, freilich mit entgegengesetzten Vorzeichen.

Tab. 9.1 zeigt, wie sich das reale BSP während der jüngsten Rezessionen in den USA entwickelte. Betrachten wir beispielhaft die Rezession 1957-58. Das reale BSP betrug 1958 1.539 Mrd. $ (Basisjahr 1982). Verwenden wir das reale BSP von 1956 als Bezugspunkt, so können wir das reale BSP berechnen, das sich 1958 ergeben hätte, sofern die Produktion mit einer jährlichen Rate von 2,9% (der durchschnittlichen Rate 1929-1987) zugenommen hätte. Dieser Wert beträgt 1.617 Mrd. $. Daher macht die Lücke zwischen diesem Wert und dem tatsächlichen realen BSP 78 Mrd. $ aus, was einem Produktionsausfall von 4,8% entspricht. Diese beiden zuletzt genannten Werte erscheinen in den ersten beiden Zeilen von Tab. 9.1. Das Konzept des Produktionsausfalls liefert uns eine brauchbare Schätzung für das Ausmaß einer Rezession.

Tab. 9.1 enthält die Ergebnisse dieser Berechnung für sechs Rezessionen in den USA seit dem 2. Weltkrieg sowie für die Weltwirtschaftskrise 1929-33. In der Tabelle wird das Rezessionsjahr 1961 ausgelassen, da es einen Ausfall der realen Produktion von lediglich 1% aufwies. (Allerdings glaubte Richard Nixon, daß diese Kontraktion groß genug sei, um seine Wahl zum Präsidenten 1960 zu gefährden.) Erkennbar ist, daß die schärfsten Kontraktionen der Nachkriegszeit jene von 1982[2] und 1975 waren

---

[2] Kontrovers ist, ob 1980 oder 1982 als Endjahre zweier unterschiedlicher Rezessionen, oder ob die Jahre 1980-82 als eine anhaltende Kontraktion angesehen werden sollten. Da die zwischenzeitliche Erholung Ende 1980 und Anfang 1981 derart kurz war, sehen wir 1980-82 als eine einzige Rezession an.

mit einem Produktionsausfall von 9,1 bzw. 7,3%. Dieser lag im Durchschnitt der sechs Fälle bei 5,2%. Im Gegensatz dazu machte der Ausfall an realem BSP im Jahr 1933 bemerkenswerte 37% aus.

Tab. 9.1 *Konsum und Investitionen in Rezessionen*

Ende der Rezessionsphase	1933	1949	1954	1958	1970	1975	1982	Mittelwert für 6 Nachkriegs-
Bezugsjahr	1929	1948	1953	1956	1969	1973	1979	rezessionen
Realer BSP-Ausfall (in Mrd. $, in Preisen von 1982)	298	32	61	78	78	213	317	–
Ausfall in % des realen BSP-Trends	37,4	2,8	4,1	4,8	3,1	7,3	9,1	5,2
Bedingt durch (in %):								
private Konsumausgaben	50	20	5	27	10	37	43	24
- langlebige Konsumgüter	8	–13	2	15	13	13	12	7
- Verbrauchsgüter und Dienstleistg.	42	33	4	12	–4	24	31	17
Bruttoanlageinvestitionen	37	72	4	45	30	53	44	41
- betriebliche Ausrüstungen und Bauten	26	51	11	34	17	26	18	26
- Wohngebäude	10	22	–6	11	12	27	26	15
Veränderung der betriebl. Vorräte	8	69	13	22	23	26	13	28
Staatliche Güterkäufe	2	–64	86	–13	46	9	7	12
Netto-Exporte	2	3	–9	19	–7	–25	–7	–4
Gesamtinvestition[a]	53	128	19	82	66	92	69	76

[a] Käufe langlebiger Konsumgüter zuzüglich Bruttoanlageinvestitionen zuzüglich der Veränderung der betrieblichen Lagerbestände.

Anmerkung: Die Methode zur Berechnung des Ausfalls bei den einzelnen Komponenten wird im Text erläutert.

Quelle: U.S. Department of Commerce (1986) und *Citibase* Datenbank.

Wir verwenden dieselbe Methode in Tab. 9.1, um die Ausfälle bei den Hauptkomponenten des BSP zu berechnen.[3] In den sechs Nachkriegs-Rezessionen belaufen sich die durchschnittlichen Anteile am realen BSP-Ausfall auf 24% bei den privaten Konsumausgaben, 41% bei den Bruttoanlageinvestitionen, 28% bei den Veränderungen der betrieblichen Vorräte, 12% bei den staatlichen Güterkäufen und − 4% beim Saldo aus Exporten und Importen.

Ein wichtiges Ergebnis ist der relativ geringe Beitrag der Konsumausgaben. Obwohl der Mittelwert des Anteils dieser Komponente am BSP während der Nachkriegsperiode 61% ausmachte, waren Schwankungen der Konsumausgaben im Durchschnitt nur etwa zu 24% für den Produktionsausfall in den sechs Nachkriegsrezessionen verantwortlich. Der Grund ist, daß der Konsum proportional weniger stark schwankt als die Produktion.

Die privaten Konsumausgaben schließen Käufe von langlebigen Gebrauchsgütern (ohne Wohngebäude) ein. Wir können uns diese Ausgaben, wie bereits erwähnt, als eine Form der Investition durch Haushalte vorstellen. Tab. 9.1 weist aus, daß die Konsumausgaben für Verbrauchsgüter und Dienstleistungen im Durchschnitt für 17% des Produktionsausfalls während der sechs Nachkriegsrezessionen verantwortlich sind (obwohl diese Ausgaben durchschnittlich 54% des BSP seit dem 2. Weltkrieg ausmachten). Mithin sind die Ausgaben für Verbrauchsgüter und Dienstleistungen wesentlich stabiler als das aggregierte BSP.

Wie Tab. 9.1 ausweist, waren die Investitionsausgaben im weiteren Sinne - Anlageinvestitionen, Veränderungen der betrieblichen Lagerbestände und Käufe von langlebigen Gebrauchsgütern - im Durchschnitt für 76% des Produktionsausfalls während der sechs Nachkriegsrezessionen verantwortlich, obwohl diese Ausgaben lediglich 24% des BSP im Durchschnitt seit dem 2. Weltkrieg ausmachten. Folglich erwiesen sich die Investitionsausgaben als erheblich unbeständiger als das allgemeine BSP. Als erste Approximation gilt daher, daß sich Rezessionen in erster Linie durch einen starken Rückgang der Investitionskomponenten erklären lassen.

Zwei weitere Komponenten des BSP - staatliche Käufe von Gütern und Dienstleistungen sowie Netto-Exporte - zeigen keine sehr regelmäßige Beziehung zu konjunkturellen Ab- und Aufschwüngen. Im Durchschnitt der sechs Nachkriegsrezessionen läßt sich der Beitrag dieser beiden Komponenten zum Ausfall an realem BSP mit 12% bzw. − 4% ausmachen.[4] Wir werden die staatlichen Käufe in Kapitel 12 und die Netto-Exporte in Kapitel 15 erörtern.

---

[3] Der berechnete Ausfall ist bei jeder Komponente gleich der Abweichung des tatsächlichen Wertes vom Trendwert, wobei für den Trendwert vom Bezugsjahr an ein 2,9%iges Wachstum p.a. unterstellt wird.

[4] Für die Rezessionen der Jahre 1954 und 1970 reflektiert der erhebliche Beitrag der staatlichen Käufe die drastische Senkung der Militärausgaben nach dem Korea- bzw. Vietnamkrieg. Während

Schließlich sollten wir in Tab. 9.1 die Daten für die Weltwirtschaftskrise 1929-33 betrachten. In diesem Fall waren die Konsumausgaben für Verbrauchsgüter und Dienstleistungen mit 42% für den Ausfall an realem BSP verantwortlich, während die gesamten Investitionskomponenten zu 53% dazu beitrugen. (Weder die staatlichen Güterkäufe noch die Netto-Exporte spielten dabei eine Rolle.) Insofern war für die Weltwirtschaftskrise der Konsumrückgang vergleichsweise von größerer Bedeutung als dies bei den milden Kontraktionen der Nachkriegszeit der Fall war.

Insgesamt weisen die Daten einige Merkmale auf, die wir mit Hilfe unserer Theorie erklären wollen. So möchten wir vor allen wissen, warum

- die Investitionen sehr viel stärker schwanken als der Konsum,

- das Verhältnis der Investitionen zum BSP in Rezessionszeiten niedrig und in Boomzeiten hoch ist und

- die Konsumausgaben - insbesondere für Verbrauchsgüter und Dienstleistungen - während milder Rezessionen relativ wenig sinken, während eines starken Konjunkturabschwungs hingegen deutlich zurückgehen.

Kapital in der Produktionsfunktion

Wir beginnen nun mit der Einbeziehung des Kapitals in das theoretische Modell. Um die Analyse möglichst handhabbar zu gestalten, nehmen wir an, es gebe nur eine einzige Kapitalart, deren Menge wir in physischen Einheiten messen können - z.B. als Anzahl eines Standardtyps von Maschinen. Dann bezeichnen wir den Kapitalbestand eines Produzenten am Ende der Periode $t - 1$ mit k_{t-1}. Da es einige Zeit dauert, bis ein neues Kapitalgut betriebsbereit ist, unterstellen wir, daß der Kapitalstock der Periode $t - 1$ der für die Produktion in Periode t verfügbare Kapitalbestand ist; es dauert also eine Periode, bis neu erworbene Kapitalgüter einsatzbereit sind.

Die Produktionsfunktion sieht nun folgendermaßen aus

$$y_t = f(k_{t-1}, n_t), \qquad (9.1)$$
$$(+) \ (+)$$

wobei die Variable k_{t-1} den Kapitaleinsatz und die Variable n_t den Arbeitseinsatz mißt. In der Realität bestehen unterschiedliche **Auslastungsgrade** des Kapitalstocks. Wir verstehen darunter den Anteil der Nutzung eines einzelnen Kapitalgutes an der Gesamtzeit. So kann etwa eine Fabrik mit ein oder zwei Schichten täglich operieren bzw. an Wochenenden geöffnet oder geschlossen sein. Indes vernachlässigen wir diese möglichen Auslastungsveränderungen in Gleichung (9.1) und unterstellen für die

---

der Rezession 1949 ergab sich ein erheblicher Anstieg der Staatskäufe. Daher zeigen diese einen großen negativen Beitrag zum realen BSP-Ausfall.

Produktionsfunktion, daß die Kapitalmenge k_{t-1} immer in einer Standardschicht pro Tag eingesetzt wird.

Die Pluszeichen unter den beiden Inputs in Gleichung (9.1) bedeuten, daß sie marginal produktiv sind, d.h. ihre Erhöhung führt bei Konstanz des jeweils anderen Faktors zu einer Produktionssteigerung. Wie wir wissen, mißt das Grenzprodukt der Arbeit für die Periode t (GPA_t) den Effekt einer zusätzlichen Arbeitseinheit n_t auf den Output y_t. Es ist zu beachten, daß wir den Kapitalstock k_{t-1} konstant halten, wenn wir das Grenzprodukt der Arbeit messen. Analog zu dieser Definition mißt das **Grenzprodukt des Kapitals** (GPK_{t-1}) die Reaktion des Outputs y_t auf eine Erhöhung des Kapitals k_{t-1} um eine Einheit, während der Arbeitseinsatz n_t konstant bleibt. Dabei wird durch den Zeitindex deutlich gemacht, daß sich dieses Grenzprodukt auf den Kapitalbestand k_{t-1} am Ende der Periode $t-1$ bezieht, obwohl es aufgrund der zeitlichen Verzögerung bis zur Inbetriebnahme neuen Kapitals auf den Output der Periode t wirkt.

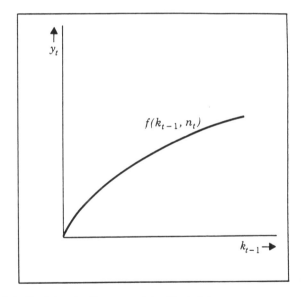

Abb. 9.4: *Reaktion des Outputs auf den Kapitaleinsatz*
Die Abbildung zeigt die Auswirkung einer Veränderung des Kapitalinputs k_{t-1} auf den Output y_t, während der Arbeitseinsatz n_t konstant gehalten wird.

Wir haben den Begriff der abnehmenden Grenzproduktivität der Arbeit diskutiert und sind davon ausgegangen, daß das Grenzprodukt der Arbeit GPA_t mit zunehmendem Arbeitseinsatz sinkt, solange der Kapitalstock unverändert bleibt. Für das Grenzprodukt des Kapitals machen wir eine entsprechende Annahme; das

GPK_{t-1} nimmt bei konstantem Arbeitseinsatz mit zunehmendem Kapitaleinsatz k_{t-1} ab.

Abb. 9.4 zeigt, wie der Output - bei konstantem Arbeitseinsatz - auf den vermehrten Kapitaleinsatz eines Produzenten reagiert. Die Tatsache, daß die Kurve durch den Ursprung geht, bedeutet, daß ein Produzent bei einem Kapitalstock von Null keinerlei Output erzielt. Die Steigung der Kurve entspricht dem Grenzprodukt des Kapitals GPK_{t-1}; sie ist durchweg positiv, nimmt aber mit zunehmendem Kapitaleinsatz ab. Um diesen Zusammenhang hervorzuheben, ist er in Abb. 9.5 explizit dargestellt.

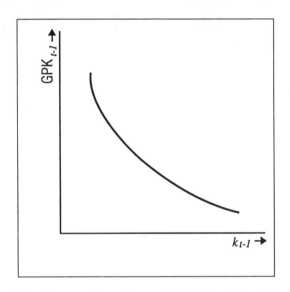

Abb. 9.5: *Beziehung zwischen Grenzprodukt des Kapitals und Kapitaleinsatz*
Die Abbildung zeigt, daß das Grenzprodukt des Kapitals GPK_{t-1} mit zunehmendem Kapitaleinsatz k_{t-1} sinkt.

Investitions- und Konsumgüter

Investition ist der Kauf von Kapitalgütern auf dem Gütermarkt - z.B. Maschinen oder Gebäude. In der Realität wird die Mehrzahl der Investitionen von Unternehmen getätigt. Es erweist sich jedoch wie bisher als einfacher, nicht zwischen Unternehmen und Haushalten zu unterscheiden und uns letztere als Produzenten vorzustellen, die Investitionen tätigen.

Im allgemeinen unterscheiden sich Kapitalgüter physisch von Konsumgütern. Der Einfachheit halber sei aber unterstellt, daß es nur ein physisches Gut gibt, das von den Wirtschaftssubjekten hergestellt und auf dem Gütermarkt getauscht wird. Allerdings kaufen es die einen zu Konsumzwecken, während es die anderen (vermutlich Unternehmen) erwerben, um Kapital zu akkumulieren, d.h. um zu investieren.[5]

Wie zuvor verkaufen die Produzenten ihren gesamten Output y_t auf dem Gütermarkt zum Preis P_t, wobei diese Güter entweder zum Konsum c_t oder zu Investitionszwecken i_t gekauft werden. Deshalb ist die Gesamtnachfrage nach Gütern y^d_t eines Haushalts, den wir uns als Investor vorstellen, gleich der Summe aus Konsumnachfrage c^d_t und Investitionsnachfrage i^d_t. Da alle Güter zum gleichen Preis verkauft werden, ist es den Anbietern gleichgültig, ob ihre Produkte als Konsum- oder Investitionsgüter bezeichnet werden. Daher werden wir uns im weiteren auf das gesamte Güterangebot eines Produzenten y^s_t konzentrieren.

Abschreibungen

Kapitalgüter haben keine unendliche Lebensdauer, sondern nutzen sich im Laufe der Zeit ab und erleiden dadurch eine Wertminderung. Wir modellieren diesen Prozeß in einfacher Form, indem wir die Höhe der Abschreibung während der Periode t als konstanten Anteil des Kapitalstocks k_{t-1} ausdrücken, den jemand aus der Periode $t-1$ überträgt und in der Periode t verwendet. Wenn d_t die Höhe der Abschreibungen in Gütereinheiten angibt, dann gilt

$$d_t = \delta k_{t-1}, \tag{9.2}$$

wobei δ die konstante Abschreibungsrate pro Periode ist. Um die Höhe des in der Periode $t+1$ für die Produktion verfügbaren Kapitalstocks k_t ermitteln zu können, müssen wir die Investitionen i_t zum Kapitalstock k_{t-1} hinzuzählen und die Abschreibungen d_t abziehen, also

$$k_t = k_{t-1} + i_t - \delta k_{t-1}. \tag{9.3}$$

Demnach gibt es zwei Investitionsbegriffe:

1. Die Bruttoinvestition entspricht der Menge der gekauften Kapitalgüter i_t.
2. Die Nettoinvestition entspricht der Veränderung des Kapitalstocks $k_t - k_{t-1}$. Diese ist wiederum gleich der Bruttoinvestition i_t abzüglich der Abschreibungen δk_{t-1}.

---

[5] Ein solches Konstrukt wird als *Ein-Sektor-Produktionstechnologie* bezeichnet. Diese in den meisten Makroanalysen übliche Spezifikation verwendet nur einen Produktionsprozeß, mit welchem die Wirtschaftssubjekte mit Hilfe von Inputs Güter produzieren können. Manche Ökonomen verwenden ein *Zwei-Sektoren-Produktionsmodell*, bei dem es einen Prozeß zur Produktion von Konsumgütern und einen weiteren zur Erzeugung von Kapitalgütern gibt. (Dennoch gibt es auch hier nur einen Kapitaltyp und nur ein spezifisches Konsumgut.) Ein Beispiel für ein Modell mit einer Zwei-Sektoren-Produktionstechnologie findet sich bei Duncan Foley und Miguel Sidrauski (1971), insb. Kap. 2.

Wenn wir die aktuelle Güternachfrage betrachten, so spielt die Bruttoinvestition eine Rolle. Wollen wir jedoch analysieren, wie sich der Kapitalstock verändert, so ist es die Nettoinvestition, die zählt.

Dementsprechend gibt es auch zwei Produktionsbegriffe:

1. Die Bruttoproduktion ist die gesamte erzeugte Gütermenge y_t.
2. Die Nettoproduktion ist gleich der Bruttoproduktion abzüglich der Abschreibungen, also $y_t - \delta k_{t-1}$. Die Nettoproduktion gibt somit die insgesamt produzierte Gütermenge an, abzüglich der im Produktionsprozeß abgenutzten Kapitalgüter.

Betrachten wir die gesamte Höhe des Güterangebots und der Güternachfrage, so ist die Bruttoproduktion relevant. Beziehen wir uns jedoch auf die für Konsum oder Nettoinvestition verfügbare Gütermenge, so ist die Nettoproduktion die wichtige Variable.

Merkmale des vorhandenen Kapitalstocks

Bekanntlich benennen die Produzenten ihre Produktion entweder als Konsum- oder Kapitalgüter. Sobald jedoch der Käufer sein Kapital investiert hat - z.B. in Form einer Fabrik -, wäre es ausgesprochen unrealistisch anzunehmen, daß diese Güter wieder in Konsumgüter zurückverwandelt und dann verzehrt werden könnten. Deshalb gehen wir davon aus, daß die anfängliche Zuordnung als Konsum- oder Kapitalgut irreversibel ist, so daß die Produzenten ihr Kapital nicht zu einem späteren Zeitpunkt konsumieren können. Allerdings können sie es bis zur völligen Abnutzung verwenden, ohne es zu ersetzen.

Ein zweiter Aspekt betrifft die Möglichkeit, Kapitalgüter von einer Produktionsaktivität in eine andere zu verlagern. Wir vereinfachen hier die Analyse durch die Annahme, daß derartige Bewegungen zu vernachlässigbaren Kosten möglich sind. Diese Kapitalmobilität garantiert, daß die Wirtschaftssubjekte ihre vorhandenen Kapitalbestände bestmöglich verwenden. Ansonsten könnte jemand ein besseres Ergebnis erzielen, indem er das Kapital woanders einsetzt. Wichtig ist überdies, daß wir sämtliche Kapitaleinheiten als physisch identisch betrachten, so daß jede Einheit letztlich dasselbe physische Grenzprodukt aufweist.

In manchen Fällen wird es angebracht sein, einen Wiederverkaufsmarkt für gebrauchte Kapitalgüter zu berücksichtigen, so daß ein Wirtschaftssubjekt, dessen Kapital nach seinem Dafürhalten ein zu niedriges Grenzprodukt erbringt, es vorteilhaft finden könnte, dieses Kapital zu verkaufen. Da aber altes und neues Kapital annahmegemäß identisch ist, muß der Preis einer Kapitaleinheit in Periode t auf dem Wiederverkaufsmarkt gleich dem der neuen Einheiten P_t sein. Angesichts dieses Ergebnisses kann man davon ausgehen, daß die alten Kapitalgüter neben den neuen auf dem Gütermarkt verkauft werden. Folglich benötigt man keinen gesonderten Wiederverkaufsmarkt.

Investitionsnachfrage

Befassen wir uns nun mit dem Anreiz eines Unternehmers, während der Periode t zu investieren. Zu diesem Zweck gehen wir von dem für die nächste Produktionsperiode verfügbaren Kapitalstock

$$k_t = k_{t-1} + i_t - \delta k_{t-1}$$

aus. Dabei sind der zum Zeitpunkt t vorhandene Kapitalstock k_{t-1} und die Abschreibung δk_{t-1} durch frühere Entscheidungen bereits gegeben. Deshalb bewirkt eine Erhöhung der Bruttoinvestitionen i_t um eine Einheit sowohl eine Erhöhung der Nettoinvestition $i_t - \delta k_{t-1}$ als auch des Kapitalstocks k_t um eine Einheit. Die Investitionsentscheidung jedes Produzenten in Periode t hängt dann vom Vergleich der dadurch entstehenden Kosten mit den Erträgen des zusätzlichen Kapitals k_t ab.

Da ein Unternehmer zur Erhöhung der Investition um eine Einheit auf dem Gütermarkt eine zusätzliche Gütereinheit zum Preis P_t erwerben muß, gibt P_t die Kosten einer zusätzlichen Investitionseinheit an.

Beim Ertrag des zusätzlichen Kapitals sind zwei Komponenten ausschlaggebend: Erstens erhöht die zusätzliche Investitionseinheit den Kapitalstock k_t um eine Einheit. Falls wir den Arbeitseinsatz in der nächsten Periode n_{t+1} konstant halten, erhöht diese zusätzliche Kapitaleinheit die Produktion der nächsten Periode y_{t+1} um das Grenzprodukt des Kapitals GPK_t. Da diese zusätzlichen Güter zum Preis P_{t+1} verkauft werden, entsprechen die Einnahmen aus diesem Verkauf dem Produkt $P_{t+1} \cdot GPK_t$.

Bekanntlich gibt δ den Teil jeder Kapitaleinheit an, der nach einer Periode durch Abschreibung gleichsam "verschwindet", während der Rest $1 - \delta$ übrigbleibt. Wir können der Einfachheit halber unterstellen, daß die Produzenten ihr altes Kapital in der Periode $t + 1$ auf dem Gütermarkt verkaufen. (Sofern sie wollen, können sie ihr Kapital in der Periode $t + 1$ "zurückkaufen", um es in der Periode $t + 2$ zu verwenden.) Da die Güter in Periode $t + 1$ zum Preis P_{t+1} verkauft werden, sind die aus der Veräußerung gebrauchten Kapitals erzielten Einnahmen gleich $(1 - \delta)P_{t+1}$. Dieser Betrag ist die zweite Ertragskomponente der Investition.

Insgesamt verursacht eine zusätzliche Investitionseinheit in Periode t Kosten in Höhe von P_t und erbringt in der Periode $t + 1$ den Ertrag $P_{t+1}(GPK_t + 1 - \delta)$. Deshalb ergibt sich der nominale Nettoertrag der Investition aus der Differenz $P_{t+1}(GPK_t + 1 - \delta) - P_t$. Wenn wir diesen Ausdruck durch die Anzahl der investierten Geldeinheiten P_t dividieren, erhalten wir die nominale Ertragsrate (im folgenden: Verzinsung) der Investition

$$\frac{P_{t+1}(GPK_t + 1 - \delta) - P_t}{P_t} = (1 + \pi_t)(GPK_t + 1 - \delta) - 1$$

Wir verwenden bei der obigen Berechnung die Bedingung $P_{t+1} = (1 + \pi_t)P_t$, wobei π_t die Inflationsrate in Periode t ist.

Ob es sich bei der nominalen Verzinsung der Investition um eine gute oder schlechte Verzinsung handelt, hängt vom Vergleich mit anderen verfügbaren Erträgen ab. So können die Haushalte z.B. den nominalen Zinssatz R_t für Wertpapiere erzielen. Haushalte oder Unternehmen müssen diesen Zins bezahlen, wenn sie ihre Investitionen mit Hilfe eines Kredites finanzieren. Wenn die nominale Verzinsung der Investition höher ist als der Zinssatz für den Kredit R_t, zahlen sich vermehrte Investitionen aus, d.h. es werden mehr Kapitalgüter gekauft. Sobald der Kapitalstock steigt, bewirkt allerdings die abnehmende Grenzproduktivität, daß das Grenzprodukt des Kapitals GPK_t sinkt und dadurch die nominale Verzinsung der Investitionen solange reduziert wird, bis sie gleich dem Zinssatz R_t ist. An diesem Punkt gibt es für die Unternehmer keinen Anreiz mehr zu weiteren Investitionen.

Algebraisch ausgedrückt verhalten sich die Investoren so, daß sie die Bedingung

$$(1 + \pi_t)(GPK_t + 1 - \delta) - 1 = R_t$$

erfüllen, wobei die linke Seite die nominale Verzinsung der Investitionen angibt. Da wir wissen, daß die reale Verzinsung von Wertpapieren r_t die Beziehung $(1 + r_t) = (1 + R_t)/(1 + \pi_t)$ erfüllt, können wir das obige Ergebnis mit Hilfe dieser Bedingung vereinfachen und erhalten

$$GPK_t - \delta = r_t. \tag{9.4}$$

Die linke Seite von Gleichung (9.4) gibt die **reale Verzinsung der Investition** an – die Bruttoverzinsung GPK_t abzüglich der Abschreibungsrate δ. Die Investoren handeln so, daß die reale Verzinsung der Investitionen der realen Verzinsung von Wertpapieren r_t entspricht, da jede Differenz zwischen diesen beiden Größen es lohnend machen würde, mehr oder weniger zu investieren. Deshalb führt die von einem Haushalt oder Unternehmen gewählte Investitionshöhe zu einem Grenzprodukt GPK_t, das die beiden Realverzinsungen einander angleicht.

In Abb. 9.6 sind diese Ergebnisse graphisch dargestellt. Wenn der Kapitalstock k_t steigt, nimmt das Grenzprodukt GPK_t ab, wie die obere Kurve in der Abbildung verdeutlicht. Demgegenüber zeigt die untere Kurve die reale Verzinsung einer zusätzlichen Investitionseinheit $GPK_t - \delta$. Ein Produzent wählt schließlich den durch $\hat{k}_t$ gekennzeichneten Kapitaleinsatz, bei dem die reale Verzinsung der Investition, $GPK_t - \delta$, dem realen Zinssatz für Wertpapiere r_t entspricht.

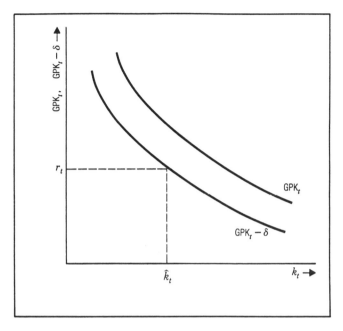

Abb. 9.6: *Wahl des Kapitalstocks*
Die Produzenten streben den Kapitalstock $\hat{k}_t$ an, bei dem die reale Verzinsung der Investitionen $GPK_t - \delta$ gleich dem realen Zinssatz für Wertpapiere r_t ist.

Bei gegebener Kurve des Grenzprodukts des Kapitals hängt der **geplante Kapitalstock** $\hat{k}_t$ vom realen Zinssatz r_t und der Abschreibungsrate δ ab. Insofern können wir den gewünschten Kapitalstock durch die folgende Funktion beschreiben

$$\hat{k}_t = \hat{k}(r_t, \delta, ...). \quad (9.5)$$
$$(-)(-)$$

Durch die Punkte werden die Eigenschaften der Produktionsfunktion gekennzeichnet, welche den Verlauf der Kurve des Grenzprodukts des Kapitals beeinflussen. Zu beachten ist, daß bei einer Zunahme von r_t oder δ das Grenzprodukt des Kapitals GPK_t in Gleichung (9.4) höher sein muß. Bei gegebenem Verlauf der Kurve des Grenzprodukts des Kapitals sinkt der geplante Kapitalstock.

Bei gegebenen Werten des realen Zinssatzes und der Abschreibungsrate bewirkt eine Aufwärtsverschiebung der Kurve des Grenzprodukts des Kapitals eine Erhöhung des geplanten Kapitalstocks. Dieses Ergebnis läßt sich graphisch darstellen, indem beide Kurven in Abb. 9.6. nach oben verschoben werden.

Sobald wir den geplanten Kapitalstock $\hat{k}_t$ kennen, ist uns auch die Entscheidung hinsichtlich der Bruttoinvestition i_t bekannt. Um den Kapitalstock $\hat{k}_t$ zu realisieren, fragt ein Produzent Investitionsgüter in Höhe von i^d_t nach, wobei folgender Zusammenhang gilt

$$i^d_t = \hat{k}_t - (1 - \delta)k_{t-1}.$$

Wichtig ist hierbei, daß sich bei gegebenen Werten des Anfangskapitals k_{t-1} und der Abschreibung δk_{t-1} die Brutto-**Investitionsnachfrage** im Verhältnis 1:1 mit dem geplanten Kapitalstock $\hat{k}_t$ verändert. Unter Verwendung von Gleichung (9.5) können wir die Bruttoinvestitionsnachfrage als Funktion darstellen:

$$i^d_t = \hat{k}(r_t, \delta, ...) - (1 - \delta)k_{t-1} = i^d(r_t, \delta, k_{t-1}, ...). \qquad (9.6)$$
$$(-)(-) \qquad\qquad (-)(?)(-)$$

Bei gegebener Bruttoinvestitionsnachfrage beträgt dann die Nettoinvestitionsnachfrage

$$i^d_t - \delta k_{t-1} = \hat{k}(r_t, \delta, ...) - k_{t-1}. \qquad (9.7)$$
$$(-)(-)$$

Eigenschaften der Investitionsnachfrage

Die wichtigsten Implikationen dieser Analyse für die Investitionsnachfrage lassen sich wie folgt zusammenfassen:

- Eine Verringerung des realen Zinssatzes r_t erhöht den geplanten Kapitalstock $\hat{k}_t$, so daß die Investitionsnachfrage steigt.

- Bei gegebenem realen Zinssatz bewirkt eine Aufwärtsverschiebung der Kurve des Grenzprodukts des Kapitals GPK_t eine Erhöhung des geplanten Kapitalstocks $\hat{k}_t$, so daß die Investitionsnachfrage zunimmt.

- Die Investitionsnachfrage nimmt *ceteris paribus* ab, wenn der anfängliche Kapitalstock k_{t-1} zunimmt. Dabei sind durch die "ceteris paribus"-Bedingung alle anderen Einflußfaktoren auf den geplanten Kapitalstock $\hat{k}_t$ ausgeschaltet. Da die Nettoinvestitionsnachfrage gleich $\hat{k}_t - k_{t-1}$ ist, sinkt diese bei einer Erhöhung des Anfangskapitals k_{t-1}. Da außerdem die Bruttoinvestitionsnachfrage gleich $\hat{k}_t - (1 - \delta)k_{t-1}$ ist, bewirkt eine Erhöhung des Anfangskapitals k_{t-1}, daß die Bruttoinvestitionsnachfrage i^d_t ebenfalls abnimmt, zumindest solange die Abschreibungsrate δ unter 100% liegt.

- Eine Erhöhung der Abschreibungsrate δ senkt den geplanten Kapitalstock $\hat{k}_t$, so daß die Nettoinvestitionsnachfrage $\hat{k}_t - k_{t-1}$ abnimmt. Andererseits ist die Bruttoinvestitionsnachfrage gleich $\hat{k}_t - (1 - \delta)k_{t-1}$, und deshalb ist bei einer Verringerung des geplanten Kapitalstocks und bei gleichzeitig steigendem Abschreibungssatz der Nettoeffekt auf die Bruttoinvestitionsnachfrage nicht eindeutig.

- Die Bruttoinvestitionsnachfrage ist positiv, solange der geplante Kapitalstock $\hat{k}_t$ den Anteil $(1 - \delta)$ des Anfangskapitals k_{t-1} übersteigt. Negative Bruttoinvestitionen bedeuten, daß bei irgendeinem Produzenten der Verkauf alter Kapitalgüter den Kauf neuer übersteigt.

Wir hatten zuvor angenommen, daß die Kapitalgüter nicht in Konsumgüter zurückverwandelt werden können, d.h. wir unterstellten **irreversible Investitionen**.[6] Deshalb muß die negative Bruttoinvestition eines Produzenten (der Verkauf von Kapitalgütern) der positiven Bruttoinvestition eines anderen Produzenten entsprechen. Sobald über alle Produzenten aggregiert wird, kann es keine negativen Bruttoinvestitionen I_t geben. Anders ausgedrückt, der aggregierte Kapitalstock K_t kann nicht um mehr als die Summe der Abschreibungen δK_{t-1} unter das Anfangskapital K_{t-1} absinken. Entsprechend kann die aggregierte Nettoinvestition $K_t - K_{t-1} = I_t - \delta K_{t-1}$ negative Werte bis höchstens zum Ausmaß der Abschreibungen δK_{t-1} annehmen.

In Abb. 9.1 haben wir gesehen, daß der Kapitalstock während der Weltwirtschaftskrise und des 2. Weltkrieges abnahm, so daß die privaten Nettoanlageinvestitionen negative Werte aufwiesen. Nach unserer Interpretation heißt dies, daß der aggregierte geplante Kapitalstock $\hat{K}_t$ während dieser Jahre unter das Anfangskapital K_{t-1} gesunken ist.

Quantitative Wirkungen auf die Investitionsnachfrage
Sehen wir uns die mengenmäßige Entwicklung der Nettoinvestitionsnachfrage etwas genauer an. Seit dem 2. Weltkrieg machte die Nettoanlageinvestition (ohne den Kauf langlebiger Konsumgüter) im Durchschnitt etwa 4% des Kapitalstocks K_{t-1} aus. Berücksichtigen wir nun Veränderungen des realen Zinssatzes r_t oder der Kurve des Grenzprodukts des Kapitals GPK_t, d.h. Größen, die den aggregierten geplanten Kapitalstock $\hat{K}_t$ beeinflussen. Nehmen wir beispielsweise an, daß sich der geplante Kapitalstock aufgrund irgendwelcher Veränderungen dieser beiden Größen um 1%

---

[6] Sofern bei den Produzenten Unsicherheit bezüglich der zukünftigen Bedingungen etwa dem künftigen Stand der Technologie - besteht, wird die Irreversibilität der Investitionen besonders bedeutsam. Grundsätzlich sind die Wirtschaftssubjekte bestrebt, irreversible Entscheidungen zu vermeiden, wie die Durchführung von Investitionsprojekten vor Beseitigung der Unsicherheit. Steigt der Grad der Unsicherheit, so sinkt tendenziell die Investitionsnachfrage. Dieses Element scheint der Auffassung von Keynes (1936), Kap. 22, zu unterliegen, daß die Investitionsnachfrage unbeständig ist und daher Schwankungen der gesamtwirtschaftlichen Aktivitäten verursacht. Zur Diskussion irreversibler Investitionen vgl. Ben Bernanke (1983a).

> **Das Fehlen eines Wiederverkaufsmarktes (fakultativ)**
>
> Bei der Bestimmung der Investitionsentscheidung haben wir bisher so getan, als ob die Produzenten in Periode t den noch nicht abgeschriebenen Teil ihres Kapitals $(1 - \delta)k_{t-1}$ auf dem Gütermarkt verkaufen und, sofern sie dies wünschen, in der Periode $t + 1$ wieder Investitionsgüter kaufen können, um diese dann in Periode $t + 2$ wieder zu verkaufen usw. Aufgrund dieser Annahme über die Verkäuflichkeit des alten Kapitals läßt sich die Verzinsung der Investitionen für eine Periode zwar auf relativ einfache Art berechnen, aber es handelt sich um ein rein gedankliches Konstrukt. Normalerweise behält ein Produzent ein Kapitalgut viele Jahre lang, und der Verkauf von Kapitalgütern ist für die meisten betrieblichen Ausrüstungen und Bauten eher ungewöhnlich, im Gegensatz zu privaten Wohnhäusern und Automobilen.
>
> Unsere Investitionsanalyse ist selbst dann auf viele interessante Fälle anwendbar, wenn der Wiederverkauf von Kapitalgütern unmöglich ist. Im vorherigen Modell verkauft ein Produzent in Periode t die Kapitalmenge $(1 - \delta)k_{t-1}$ und kauft dann den geplanten Kapitalstock $\hat{k}_t$. Die Differenz zwischen den Käufen und Verkäufen von Kapitalgütern $\hat{k}_t - (1 - \delta)k_{t-1}$ ist gleich der Bruttoinvestitionsnachfrage i^d_t. Wenn wir uns ausschließlich auf Produzenten konzentrieren, die in jeder Periode eine positive Bruttoinvestitionsnachfrage aufweisen, dann wird die Möglichkeit des Wiederverkaufs irrelevant, da jemand mit positiver Bruttoinvestition kein Interesse am Verkauf seiner Kapitalgüter hat. Der Produzent behält den existierenden Kapitalstock und kauft neue Güter im Umfang i^d_t hinzu. In diesem Fall ergeben sich keine Veränderungen, wenn wir die Möglichkeit des Wiederverkaufs ausschließen.[7]
>
> Da wir wissen, daß die Bruttoinvestitionsnachfrage i^d_t gleich der Nettoinvestitionsnachfrage $\hat{k}_t - k_{t-1}$ zuzüglich der Abschreibungen δk_{t-1} ist, sind unsere vorherigen Resultate selbst dann gültig, wenn die Nettoinvestitionsnachfrage des repräsentativen Produzenten nicht positiv ist. Die einzige Bedingung dafür lautet, daß die Nettoinvestitionsnachfrage nicht so stark negativ ist, daß sie den Wert der positiven Abschreibungen δk_{t-1} übersteigt.
>
> Wir nehmen an, daß für die folgenden Untersuchungen unsere bisherige Investitionsanalyse, die entweder den Wiederverkauf von Kapitalgütern zuläßt oder stets eine positive Bruttoinvestitionsnachfrage bei allen Produzenten unterstellt, zutreffend ist. Gleichzeitig ist diese Analyse näherungsweise auch dann gültig, wenn – was durchaus plausibel erscheint – die Bruttoinvestitionsnachfrage die meiste Zeit bei den meisten Produzenten positiv ist.

---

[7] Eine Diskussion dieser und anderer damit zusammenhängender Investitionsprobleme findet sich bei Robert Hall (1977), insb. S. 71-74.

Allmähliche Anpassung der Investitionsnachfrage

In unserer Analyse gehen wir davon aus, daß die Produzenten während einer einzigen Periode - z.b. einem Jahr - genügend Güter kaufen, um ihren geplanten Kapitalstock zu realisieren. Sie investieren also so viel, daß sie die Lücke zwischen dem Kapitalbestand der vorhergehenden Periode $(1 - \delta)k_{t-1}$ und dem geplanten Kapitalstock $\hat{k}_t$ schließen.

Wir haben bislang eine Reihe von Kosten vernachlässigt, die bei der Installierung neuer Kapitalgüter anfallen. So bedarf es z.B. bis zur Errichtung eines neuen Werkes und zur Inbetriebnahme neuer Anlagen einer Phase der Planung und Entscheidungsfindung, einer gewissen Zeit der Konstruktion und Lieferung und schließlich noch eines Zeitraumes, in dem die Manager und Arbeitskräfte sich mit den neuen Anlagen vertraut machen. Einzelne Phasen dieses Prozesses kann man beschleunigen, allerdings nur unter Inkaufnahme zusätzlicher Kosten. So führen schnellere Entscheidungen häufig zu mehr Fehlern, und die Beschleunigung des Aufbaus lassen sich Arbeitnehmer und Zulieferer in der Regel teuer bezahlen.

Da mit der Anpassung des Kapitalstocks generell Kosten verbunden sind, können wir zwei Typen von Zeitverzögerungen im Investitionsprozeß festhalten. Erstens führt die Diskrepanz zwischen dem Ausgangskapital $(1 - \delta)k_{t-1}$ und dem geplanten Kapitalstock $\hat{k}_t$ während eines längeren Zeitraumes zu positiven Investitionen. Da die Errichtung neuer Fabriken und neuer Anlagen Zeit benötigt, verteilen die Investoren den Erwerb neuer Kapitalgüter über einen bestimmten Zeitraum. Zweitens steht die größere Produktionskapazität erst nach Vollendung des Investitionsprojekts zur Verfügung. (Wir haben dies teilweise durch die Annahme eingefangen, daß der Kapitalstock der laufenden Periode die Basis für die Produktion der nächsten Periode bildet.)

Obwohl die Anpassungskosten bei Investitionen quantitativ durchaus bedeutsam sind, werden wir sie der Einfachheit halber auch weiterhin vernachlässigen.[8] Das läßt sich damit rechtfertigen, daß sich unsere wesentlichen Analyseergebnisse bei Einbeziehung dieser Komplikation nicht verändern.

verringert. Dann sinkt die aggregierte Nettoinvestitionsnachfrage - z.B. während eines Jahres - um etwa 1% des Kapitalstocks. Sofern die Nettoinvestitionsnachfrage anfänglich 4% des Kapitalstocks ausmachte, wird sie durch diese Veränderung auf 3% verringert. Eine 1%ige Reduktion des geplanten Kapitalstocks führt daher in einem Jahr zu einer ungefähr 25%igen Senkung der Nettoinvestitionsnachfrage. Da die Nettoinvestitionen eines Jahres ein relativ geringer Teil - im Durchschnitt etwa

---

[8] Eine Diskussion der Anpassungskosten der Investitionsnachfrage findet sich bei Robert Eisner und Robert Strotz (1963) sowie bei Robert Lucas (1967).

4% - des vorhandenen Kapitalstocks sind, können geringfügige prozentuale Veränderungen des geplanten Kapitalstocks erstaunlich starke prozentuale Veränderungen der Nettoinvestitionsnachfrage nach sich ziehen. Deshalb sollten uns zwei zuvor erwähnte Merkmale der US-Daten nicht weiter verwundern. Erstens weist der Anteil der Nettoinvestitionen am BSP von Jahr zu Jahr deshalb beträchtliche Schwankungen auf, weil die Nettoinvestitionsnachfrage unbeständig ist. Zweitens ist der geplante Kapitalstock manchmal - insbesondere während der Weltwirtschaftskrise und des 2. Weltkriegs - so niedrig, daß die gesamte Nettoinvestition negativ ist.

Investitionen und die Budgetbeschränkungen der Haushalte

Bekanntlich werden die Investitionsausgaben in unserem Modell von den Haushalten getätigt und stellen somit eine der Verwendungen der Haushaltseinnahmen dar. Wenn wir die Investition in die Budgetbeschränkung eines Haushalts für Periode t einbeziehen, erhalten wir die Bedingung

$$P_t y_t + b_{t-1}(1 + R) + m_{t-1} + v_t = P_t c_t + P_t i_t + b_t + m_t. \qquad (9.8)$$

Wie zuvor gibt die linke Seite die Einnahmequellen an, während die rechte Seite deren Verwendung zeigt. Dabei steht der neue Ausdruck $P_t i_t$ für die Investitionsausgaben auf der rechten Seite der Gleichung.

Bislang haben wir die Ersparnis eines Haushalts als Wertveränderung der Aktiva definiert, die entweder in Form von Wertpapieren oder Geld gehalten werden können. Bei Auftreten von Inflation hatten wir zwischen der Veränderung des realen und nominalen Wertes der Aktiva zu unterscheiden. Im allgemeinen werden die Haushalte daran interessiert sein, wie sich der *reale* Wert ihrer Aktiva im Zeitablauf entwickelt. Daher sollten wir die **reale Ersparnis** definieren als Veränderung des realen Wertes der Aktiva, insbesondere die Veränderung der realen Wertpapier- und Kassenhaltung. (Die **nominale Ersparnis** läßt sich dann durch Multiplikation der realen Ersparnis mit dem Preisniveau ermitteln.)

Neben diesen Finanzaktiva besitzen die Wirtschaftssubjekte nun mit dem Sachkapital noch ein weiteres Wertaufbewahrungsmittel, so daß wir nunmehr die reale Gesamtersparnis eines Haushalts als Veränderung des Realwertes der Wertpapiere, des Kassenbestandes und des Kapitals definieren können:

$$\text{reale Ersparnis} = \frac{(b_t + m_t)}{P_t} - \frac{(b_{t-1} + m_{t-1})}{P_{t-1}} + k_t - k_{t-1}. \qquad (9.9)$$

Dabei gibt der letzte Ausdruck in Gleichung (9.9) die Nettoinvestition an; diese ist demnach ein Bestandteil der realen Ersparnis.

Eine Möglichkeit zur Finanzierung zusätzlicher Nettoinvestitionen $k_t - k_{t-1}$ besteht für einen Haushalt darin, die reale Ersparnis zu erhöhen, was entweder eine Kürzung des Konsums oder eine Erhöhung des Arbeitseinsatzes (der zu vermehrtem realem Einkommen führt) erforderlich macht. Aber Haushalte können Investitionen auch dadurch finanzieren, daß sie den realen Wert ihrer Finanzaktiva - Wertpapiere und Geld - reduzieren. So kann z.B. ein Haushalt (Unternehmen) Kredit aufnehmen, um zusätzliche Kapitalgüter zu bezahlen. (Bei einem Unternehmen könnte die Kreditaufnahme zur Finanzierung einer Fabrik, bei einem Haushalt zur Finanzierung eines neuen Hauses dienen.) Folglich erfordert die Entscheidung eines Haushalts oder Unternehmens, die Investition zu erhöhen, nicht eine entsprechende Erhöhung der realen Ersparnis.

Aus der Sicht eines einzelnen Haushalts oder Unternehmens werden die Nettoinvestition und die reale Ersparnis von sehr unterschiedlichen Kräften beeinflußt. So erhöht sich beispielsweise die Nettoinvestition bei einer Aufwärtsverschiebung der Kurve des Grenzprodukts des Kapitals, während sie bei einer Erhöhung des realen Zinssatzes r_t sinkt. Dagegen nimmt die reale Ersparnis eines Haushalts zu, wenn das Einkommen vorübergehend hoch ist oder wenn der reale Zinssatz steigt.

Wäre es unmöglich, Kredite aufzunehmen oder zu vergeben, so müßten die Nettoinvestitionen eines Haushalts oder Unternehmens gemäß Gleichung (9.9) allein durch dessen reale Ersparnis finanziert werden. Produzenten könnten attraktive Investitionsmöglichkeiten nur dann wahrnehmen, wenn sie bereit wären, entweder auf Gegenwartskonsum oder auf Freizeit zu verzichten. Andererseits gewährleistet die Möglichkeit des Rückgriffs auf Finanzaktiva oder die Kreditaufnahme, daß die Produzenten selbst dann investieren können, wenn sie selbst nicht bereit sind, viel zu sparen. Die Möglichkeiten der Kreditaufnahme bzw. -vergabe gewährleisten insbesondere, daß alle Investitionsprojekte durchgeführt werden, wenn die reale Verzinsung der Investition mindestens gleich dem Realzinssatz r_t ist. Insofern ist die Trennung der individuellen Investitionsentscheidungen von den individuellen Sparentscheidungen der wirtschaftlichen Effizienz überaus förderlich.[9]

Worin besteht nun die aggregierte reale Ersparnis der Volkswirtschaft? Da der aggregierte Wertpapierbestand B_t in jeder Periode gleich Null ist, ergibt sich aus Gleichung (9.9)

$$\text{aggregierte reale Ersparnis} = \frac{M_t}{P_t} - \frac{M_{t-1}}{P_{t-1}} + K_t - K_{t-1}. \qquad (9.10)$$

Wir wollen den Teil der aggregierten realen Ersparnis vernachlässigen, der den Veränderungen der aggregierten realen Kassenhaltung entspricht, da dieser im Vergleich zu den aggregierten Nettoinvestitionen relativ gering ist. Dann besagt Glei-

---

[9] Dieses Merkmal einer Marktwirtschaft wird besonders hervorgehoben von Irving Fisher (1930), vor allem in Kap. 7 und 11.

chung (9.10), daß die aggregierte reale Ersparnis gleich den aggregierten Nettoinvestitionen $K_t - K_{t-1}$ ist. Da die Wirtschaftssubjekte ihre Investitionen durch den Verkauf von Wertpapieren oder durch Kreditaufnahme finanzieren können, müssen andere wiederum ihre Wertpapierbestände erhöhen bzw. entsprechende Kredite bereitstellen. Insofern sind für die Gesellschaft als Ganzes größere Nettoinvestitionen immer zugleich mit einer entsprechenden Erhöhung der aggregierten realen Ersparnisse verbunden.

Früher hatten wir die Möglichkeit der Investition ausgeschlossen und konnten deshalb bei Konstanthaltung der aggregierten realen Kassenhaltung feststellen, daß die gesamte reale Ersparnis gleich Null sein muß. Denn ohne Investition gibt es für die Volkswirtschaft keine Möglichkeit zum Sparen, d.h. zu einer Veränderung des Realvermögens. Sobald der Kapitalstock jedoch variieren kann, ist eine aggregierte reale Ersparnis ungleich Null möglich. Mit anderen Worten: Die Volkswirtschaft kann nun durch Anpassung der aggregierten Nettoinvestition Ressourcen von einer Periode in eine andere transferieren. Diese Möglichkeiten der zeitlichen Ressourcenverlagerung war für ein einzelnes Wirtschaftssubjekt, das auf dem Kreditmarkt zum Realzinssatz r_t Kredite aufnehmen und vergeben konnte, bereits gegeben. Sobald wir der Analyse einen variablen Kapitalstock hinzufügen, hat die Volkswirtschaft die Möglichkeit zur realen Ersparnis, die jener entspricht, die den Wirtschaftssubjekten auf dem Kreditmarkt offensteht. Diese Möglichkeiten haben für die Analyse der Markträumungsbedingungen wichtige Konsequenzen.

Räumung des Gütermarktes

Es bleiben nach wie vor zwei gesamtwirtschaftliche Konsistenz-Bedingungen zu erfüllen: Erstens muß die gesamte Güternachfrage gleich dem gesamten Güterangebot sein, und zweitens muß alles Geld freiwillig als Kasse gehalten werden. Während die Existenz der Investitionen für die erste Bedingung wichtige Implikationen hat, bleibt die zweite davon unberührt. Deshalb konzentrieren wir uns hier auf die Bedingung zur Räumung des Gütermarktes.

Die Räumung des Gütermarktes erfordert, daß das aggregierte Güterangebot gleich der Nachfrage ist

$$Y^s(r_t, ...) = C^d(r_t, ...) + I^d(r_t, ...). \qquad (9.11)$$
$$(+) \qquad (-) \qquad (-)$$

Die linke Seite der Gleichung zeigt den positiven intertemporalen Substitutionseffekt des realen Zinssatzes r_t auf das gesamte Güterangebot Y^s_t. Wie bisher reflektiert diese Reaktion einen positiven Effekt auf den Arbeitseinsatz N_t. Die in der Funktion ausgelassenen und durch Punkte gekennzeichneten Ausdrücke stehen für verschiedene Charakteristika der Produktionsfunktion sowie den aus der vorherigen Periode übernommenen Kapitalstock K_{t-1}.

Die rechte Seite der Gleichung (9.11) enthält die zwei Komponenten der Gesamtnachfrage: Konsum und Bruttoinvestition. Genau wie zuvor löst der Realzinssatz r_t bei der Konsumnachfrage C^d_t einen negativen intertemporalen Substitutionseffekt aus. Dasselbe gilt für die Bruttoinvestitionsnachfrage I^d_t. Auch hier stehen die ausgelassenen Ausdrücke für die Charakteristika der Produktionsfunktion, die Höhe des Kapitalstocks K_{t-1} und die Abschreibungsrate δ.

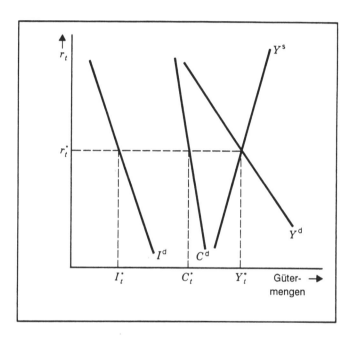

Abb. 9.7: *Räumung des Gütermarktes*
Der Gütermarkt wird beim Realzinssatz r^*_t geräumt. Die Produktion Y^*_t teilt sich auf den Konsum C^*_t und die Bruttoinvestition I^*_t auf.

In Kapitel 10, in dem wir das langfristige Wirtschaftswachstum behandeln, werden wir uns eingehend mit den Veränderungen des aggregierten Kapitalstocks im Zeitablauf befassen und die Rolle des Kapitalstocks K_{t-1} in der Markträumungsbedingung von Gleichung (9.11) genau erläutern. Im Augenblick beschränkt sich unsere Analyse auf einen gegebenen Wert dieses Kapitalstocks, d.h. es handelt sich um eine kurzfristige Analyse, in der Veränderungen des Kapitalstocks so gering sind, daß sie vernachlässigt werden können. Diese Annahme ermöglicht es uns, die spezifische Rolle der Investitionen bei Konjunkturschwankungen zu veranschaulichen.

Entsprechend dem in Kapitel 5 entwickelten Ansatz setzt Abb. 9.7 die Aggregate der angebotenen und nachgefragten Güter zum realen Zinssatz r_t in Beziehung, wobei die Angebotskurve Y^s aufwärts und die Nachfragekurve Y^d abwärts geneigt ist. Außerdem zerlegt die Abbildung die Gesamtnachfrage in ihre zwei Komponenten, die Konsumnachfrage C^d und die Bruttoinvestitionsnachfrage I^d, deren Kurven in bezug auf den Realzinssatz r_t jeweils eine negative Steigung aufweisen. Wir haben zuvor diskutiert, warum die Bruttoinvestitionsnachfrage besonders sensibel auf Veränderungen des realen Zinssatzes reagiert. Daher weist in der Abbildung die I^d-Kurve eine stärkere negative Steigung auf als die C^d-Kurve.

Abb. 9.7 zeigt, daß der Gütermarkt beim Realzinssatz r^*_t geräumt wird. Dementsprechend bezeichnen wir die Produktion mit Y^*_t und ihre Komponenten, den Konsum mit C^*_t und die Bruttoinvestitionen mit I^*_t.

Angebotsschocks

Wir wollen nun untersuchen, wie die Existenz von Investitionen unsere Analyse von Angebotsschocks berührt. Wie zuvor unterscheiden wir dabei zwischen temporären und permanenten Störungen.

Temporäre Verschiebung der Produktionsfunktion

Betrachten wir eine vorübergehende Abwärtsverschiebung der Produktionsfunktion, wie sie durch eine Mißernte verursacht wird. Um die Dinge einfach zu halten, nehmen wir zunächst an, daß es sich um eine parallele Abwärtsverschiebung in der Periode t handelt, so daß die Kurven des Grenzprodukts der Arbeit GPA_t und des Kapitals GPK_{t-1} unverändert bleiben. Ferner unterstellen wir, daß sich die Kurve des künftigen Grenzprodukts des Kapitals GPK_t nicht verändert.

Die Senkung der Produktionsfunktion verringert auf der linken Seite der Gleichung (9.11) das gesamtwirtschaftliche Güterangebot Y^s_t und erzeugt überdies einen negativen Vermögenseffekt, der aufgrund der vorübergehenden Störung allerdings gering ist. Daraus resultiert wiederum ein leichter Rückgang der Konsumnachfrage C^d_t sowie eine geringfügige Zunahme des Arbeitseinsatzes N_t. Diese kompensiert einen Teil der anfänglichen Abnahme des Güterangebots. Da die Kurve des Grenzprodukts des Kapitals GPK_t gleich bleibt, ergibt sich bei der Bruttoinvestitionsnachfrage I^d_t keinerlei Veränderung.

Abb. 9.8 zeigt jeweils eine Linksverschiebung der aggregierten Angebots- und Nachfragekurve, wobei das Ausmaß der Verschiebung bei der letzteren geringer ist. Dabei kennzeichnet r^*_t denjenigen realen Zinssatz, bei dem der Gütermarkt vor der Verschiebung der Produktionsfunktion geräumt war. Bei diesem Zinssatz werden jetzt mehr Güter nachgefragt als angeboten - d.h. $Y^d_t > Y^s_t$. Dieser Nachfrageüberschuß entsteht, weil die Wirtschaftssubjekte auf die temporäre Produktionssenkung mit einer Verringerung ihrer geplanten Ersparnis reagieren. Insofern bewirkt die Störung, daß die Nettoinvestitionsnachfrage die gewünschte reale Ersparnis übersteigt.

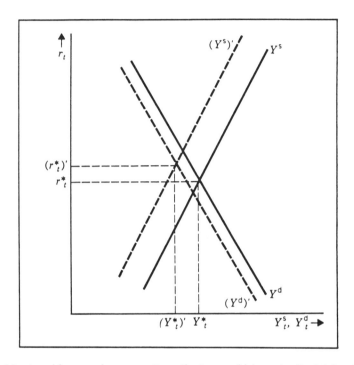

Abb. 9.8: *Auswirkungen einer temporären Abwärtsverschiebung der Produktionsfunktion*
Es ergibt sich eine Linksverschiebung des gesamtwirtschaftlichen Angebots Y^s, die größer ist als die Linksverschiebung der Nachfrage Y^d. Deshalb steigt der reale Zinssatz, während die gesamtwirtschaftliche Produktion sinkt.

Wie in unserer früheren Analyse dieser Situation muß der Realzinssatz steigen, damit der Gütermarkt geräumt wird. Deshalb liegt in Abb. 9.8 der neue Markträumungszinssatz $(r^*_t)'$ über dem Anfangswert r^*_t. Diese Erhöhung des Realzinssatzes wird durch den Überschuß der beabsichtigten Kreditnachfrage über das beabsichtigte Angebot an Krediten hervorgerufen.

Inwieweit unterscheidet sich der Anstieg des realen Zinssatzes von unserer früheren Analyse, die keine Investitionen enthielt? Dort mußte der reale Zinssatz so lange steigen, bis die gewünschte Ersparnis im Aggregat gleich Null war. Im vorliegenden Fall ist die aggregierte reale Ersparnis gleich der aggregierten Nettoinvestition, und daher bedarf es aufgrund der Tatsache, daß der gestiegene reale Zinssatz die Investitionsnachfrage verringert, einer geringeren Zunahme des Realzinssatzes als zuvor.

Abb. 9.8 zeigt, daß das neue Produktionsniveau $(Y^*_t)'$ unter dem ursprünglichen Niveau Y^*_t liegt. Diese Produktionssenkung spiegelt zum Teil eine Verringerung des Konsums, $(C^*_t)' < C^*_t$, und zum Teil eine Abnahme der Bruttoinvestition, $(I^*_t)' < I^*_t$, wider. (Da die Abschreibungen auf dem Wert δK_{t-1} fixiert bleiben, ist die Abnahme der Nettoinvestitionen gleich der der Bruttoinvestitionen.) Wichtig ist, daß die Erhöhung des realen Zinssatzes den Konsum ebenso wie die Investitionsnachfrage verringert und daß darüber hinaus die Abnahme des Vermögens den Rückgang der Konsumnachfrage verstärkt. Schließlich bewirken der höhere Realzinssatz und die Verringerung des Vermögens, daß der Arbeitseinsatz $(N^*_t)'$ den ursprünglichen Wert N^*_t übersteigt.

Die Reaktionen des Konsums und des Arbeitseinsatzes sind aufgrund des schwachen Vermögenseffektes nur dann deutlich, wenn der reale Zinssatz r_t beträchtlich steigt. Was geschieht aber, wenn die Investitionsnachfrage extrem stark auf Veränderungen des Realzinssatzes reagiert? (Wir haben oben erörtert, warum dies wahrscheinlich ist.) Dann reicht bereits eine geringfügige Erhöhung des realen Zinssatzes r_t aus, um die gewünschten Ersparnisse und die Nettoinvestitionsnachfrage anzugleichen bzw. den Gütermarkt zu räumen. In diesem Fall schlägt sich die Produktionssenkung vorwiegend in einem Investitionsrückgang nieder, während sich Konsum und Arbeitseinsatz nur geringfügig verändern.

Die entscheidende Schlußfolgerung lautet, daß Investitionsschwankungen den Konsum und den Arbeitseinsatz teilweise vor bestimmten temporären ökonomischen Störungen abschirmen. Wir wollen zu erklären versuchen, warum dies so ist. Im Falle eines vorübergehenden Angebotsrückgangs - z.B. einer Mißernte - wollen alle Wirtschaftssubjekte ihr bisheriges Konsumniveau und ihre Arbeitsleistung aufrechterhalten, indem sie zum ursprünglichen Realzinssatz weniger sparen bzw. sich stärker verschulden. Aber ohne Möglichkeiten zur Investition könnten indes nicht alle zugleich weniger sparen. In diesem Fall steigt der Realzins solange, bis die aggregierte geplante Ersparnis gleich Null ist. Folglich müssen die Haushalte zwangsläufig ihr Konsum- und Arbeitsverhalten erheblich anpassen. Sobald wir jedoch Investitionen einführen, sind auch gesamtwirtschaftliche Veränderungen der Ersparnis möglich. Mit der Verringerung der gesamtwirtschaftlichen Nettoinvestition reagiert die *Volkswirtschaft* wie jedes Wirtschaftssubjekt angesichts eines gegebenen Realzinssatzes. In der Tat schlägt sich ein Großteil der Outputveränderung in der Investition und der realen Ersparnis nieder, sofern die Investitionsnachfrage, wie wir vermuten, sehr sensibel auf den Realzinssatz reagiert. Demgegenüber treten beim Konsum und beim Arbeitseinsatz nur relativ schwache Veränderungen auf.

Hervorzuheben ist, daß die Investitionen zumindest im Fall einiger temporärer Wirtschaftsstörungen deutlich stärker schwanken als der Konsum. Dies gilt vor allem für Angebotsschocks - wie Mißernten -, die sowohl den Output verringern als auch den Anteil der Investitionen am BSP reduzieren. Umgekehrt bewirken positive Angebotsschocks eine Produktionssteigerung und eine Zunahme des Investitionsanteils am BSP. Deshalb stehen die theoretischen Ergebnisse in dieser Hinsicht mit der beobachteten Entwicklung der Investitionen in Rezessionen und Boom-Phasen im Einklang.

Entwicklung der Beschäftigung
Es gibt einen Aspekt, der den US-Daten widerspricht: die Entwicklung des Arbeitseinsatzes. Bekanntlich werden Rezessionen unausweichlich von einem Rückgang der Beschäftigung begleitet, doch ergibt unsere Analyse, daß ein kurzfristiger negativer Angebotsschock den Arbeitseinsatz geringfügig erhöht.

Dies ist in unserem Beispiel nur deshalb der Fall, weil wir einen wahrscheinlichen negativen Effekt bei der Arbeitsproduktivität ausgeklammert haben. Wie bei einigen früheren Fällen bereits erwähnt, geht mit einer Abwärtsverschiebung der Produktionsfunktion normalerweise eine entsprechende Abwärtsverschiebung der Kurve des Grenzprodukts der Arbeit GPA_t einher. Diese Verschiebung veranlaßt die Wirtschaftssubjekte, ihren Arbeitseinsatz N_t zu verringern. Da die Produktivitätssenkung nur vorübergehend ist, entsteht zusätzlich ein intertemporaler Substitutionseffekt, der den Rückgang des Arbeitseinsatzes noch verstärkt.

Die Verringerung des Arbeitseinsatzes impliziert zusätzliche Verschiebungen der Güterangebots- und Nachfragekurven nach links (vgl. Abb. 9.8), so daß die Produktion noch stärker schrumpft. Außerdem erfährt der Realzinssatz eine stärkere Erhöhung, die ihrerseits eine stärkere Abnahme der Investitionsnachfrage nach sich zieht. Insgesamt ergibt sich als neues Resultat, daß die Outputsenkung tendenziell von einem geringeren Arbeitseinsatz begleitet wird. Wir werden die Beschäftigungsentwicklung während einer Rezession in Kapitel 11, das sich auch mit Arbeitslosigkeit befaßt, erneut untersuchen.

Permanente Verschiebung der Produktionsfunktion

Bereits zuvor haben wir permanente Verschiebungen der Produktionsfunktion den soeben untersuchten temporären Veränderungen gegenübergestellt. Wir wollen nun die Wirkungen einer permanenten Abwärtsverschiebung bei Vorhandensein von Investitionen untersuchen. Auch hierbei unterstellen wir wieder eine parallele Verschiebung, die die Kurven der verschiedenen Grenzprodukte unberührt läßt. Da insbesondere das Grenzprodukt des Kapitals GPK_t unverändert bleibt, stellt sich auch keine Veränderung der Investitionsnachfrage I^d_t ein.

Da im Falle eines dauerhaften negativen Schocks die Vermögenseffekte an Bedeutung gewinnen, entsteht ein starker negativer Effekt bei der Konsumnachfrage

C^d_t sowie ein starker positiver Effekt beim Arbeitseinsatz N_t. Aus unseren vorangegangenen Diskussionen wissen wir, daß diese Art dauerhafter Veränderung der Produktionsfunktion die gewünschte reale Ersparnis per Saldo wenig beeinflußt. Folglich haben wir in Abb. 9.9 eine für die Nachfrage- und Angebotskurve gleich starke Verschiebung nach links dargestellt. (Dieses Ergebnis ist selbst dann gültig, wenn wir eine permanente Abwärtsverschiebung der Kurve des Grenzprodukts der Arbeit berücksichtigen, nur ergibt sich dabei eine deutlich stärkere Linksverschiebung der beiden Kurven.)

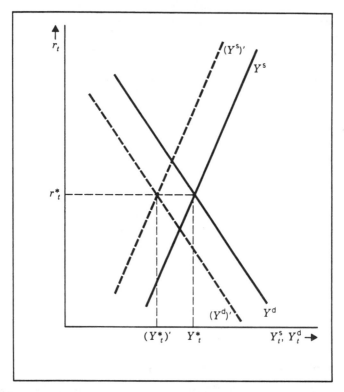

Abb. 9.9: *Auswirkungen einer permanenten Abwärtsverschiebung der Produktionsfunktion*
Bei einer permanenten Abwärtsverschiebung der Produktionsfunktion ist die Linksverschiebung der Angebots- und Nachfragekurve in etwa gleich, so daß die Produktion zwar sinkt, der reale Zinssatz jedoch unverändert bleibt.

Der entscheidende Punkt ist, daß das Güterangebot nach wie vor beim ursprünglichen Realzinssatz r^*_t gleich der Nachfrage ist. (Desgleichen gilt, daß die Nettoinvestitionsnachfrage gleich der gewünschten realen Ersparnis ist.) Aufgrund des gleichbleibenden realen Zinssatzes ergibt sich keine Veränderung der Investition, und so spiegelt in diesem Fall die gesamte Produktionssenkung einen Rückgang des Konsums wider.

Das für uns wichtige neue Ergebnis betrifft die Rolle der Investition als eine Art Puffer für den Konsum. Im Falle temporärer Schocks auf die Produktionsfunktion verhindern die ausgeprägten Schwankungen der Investitionen starke Veränderungen beim Konsum. Allerdings können sie den Konsum nicht vor permanenten Veränderungen der Produktionsmöglichkeiten bewahren. Aufgrund ihrer beträchtlichen Vermögenseffekte führen diese zu drastischen Reaktionen des Konsums.

Veränderungen der Kapitalproduktivität

Die vorhergehenden Beispiele behandelten Störungen, die die Kurve des Grenzprodukts des Kapitals GPK_t unverändert ließen, so daß die Investitionsnachfrage unberührt blieb. Veränderungen bei dieser Nachfragekomponente können jedoch ebenfalls Schocks auf die Volkswirtschaft auslösen. Nach Auffassung von Keynes (1936), Kap. 11 u. 12, ist dieser Faktor sogar die entscheidende Ursache von Konjunkturschwankungen.

Bei Betrachtung von Angebotsschocks, die die Produktionsfunktion berühren, erwähnten wir die Ölkrisen als wichtige Beispiele. Es gibt einige Belege dafür [vgl. Ernst Berndt und David Wood (1979)], daß Energie und Kapitalgüter komplementäre Inputs im Produktionsprozeß sind. Ein Rückgang der Energiemenge als Input - wie in den Ölkrisen - vermindert tendenziell das Grenzprodukt des komplementären Inputs Kapital. Daher führt ein Angebotsschock in Zusammenhang mit der Verfügbarkeit von Energie neben der Verringerung des Güterangebots zu einer Verminderung der Investitionsnachfrage. Unabhängig von Angebotsschocks existieren weitere Umstände, unter denen die Produzenten ihre Einschätzungen über das erwartete Grenzprodukt des Kapitals und mithin über die wahrscheinliche Verzinsung der Investition verändern. Ein wichtiges Beispiel ist die Erhöhung oder Senkung des effektiven Steuersatzes auf Kapitaleinkommen durch den Staat. (Wir behandeln diese Steuerwirkungen in Kapitel 12.)

Um die Wirkungen derartiger Fälle zu verdeutlichen, wollen wir eine Abwärtsverschiebung der Kurve des Grenzprodukts des Kapitals GPK_t betrachten. Bekanntlich bezieht sich dieses Grenzprodukt auf den Output der Periode $t + 1$. Der Einfachheit halber nehmen wir an, daß die Produktionsfunktion während der Periode t unverändert bleibt und abstrahieren zunächst von jeglichen direkten negativen Effekten auf das laufende Güterangebot. Ferner seien an dieser Stelle jegliche Vermögenseffekte vernachlässigt.

Wie wir wissen, lautet die Bedingung zur Räumung des Gütermarktes (unter Auslassung der Zeitindizes)

$$Y^s(r, ...) = C^d(r, ...) + I^d(r, ...).$$
$$(+) \qquad (-) \qquad (-)$$

Aufgrund unserer Prämissen verursacht die Störung zunächst nur eine Senkung der Bruttoinvestitionsnachfrage I^d auf der rechten Seite der Gleichung. Deshalb zeigt Abb. 9.10 lediglich eine Linksverschiebung der aggregierten Nachfragekurve Y^d, die durch den Rückgang der Investitionsnachfrage bedingt ist.

Aus der Abbildung geht hervor, daß der reale Zinssatz und die Produktion sinken, wobei die Verringerung der Produktion durch den negativen Effekt des niedrigeren Realzinssatzes auf den Arbeitseinsatz verursacht ist. Außerdem bewirkt der niedrigere reale Zinssatz einen Anstieg des Konsums, so daß die Investition deutlich stärker sinkt als die Produktion.

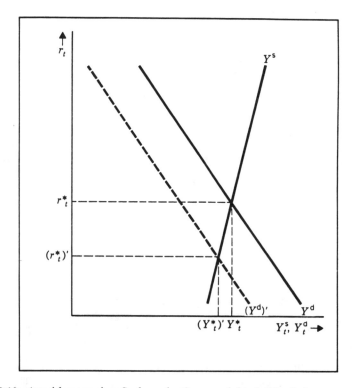

Abb. 9.10: *Auswirkungen einer Senkung des Grenzprodukts des Kapitals*
Die Senkung der Kurve des Grenzprodukts des Kapitals verringert die Investitionsnachfrage, so daß sowohl der reale Zinssatz als auch die Produktion abnehmen.

Befassen wir uns nochmals mit dem zuvor betrachteten temporären Angebotsschock. Normalerweise wird diese Art Störung - vor allem wenn sie im Zusammenhang mit dem Energieangebot steht - von einer Abwärtsverschiebung der Kurve des Grenzprodukts des Kapitals GPK_t begleitet. Deshalb erscheint es angebracht, die Effekte aus Abb. 9.10 mit denen aus Abb. 9.8 zu kombinieren, wodurch sich die negativen Effekte auf die Produktion und die Investitionen noch verstärken. Allerdings wird durch die reduzierte Investitionsnachfrage zugleich der reale Zinssatz gesenkt und damit ein Teil des Konsumrückgangs kompensiert, so daß der Gesamteffekt auf den Konsum nicht mehr eindeutig ist.

Ein wichtiges neues Ergebnis betrifft das kurzfristige Verhalten des realen Zinssatzes r. Anhand von Abb. 9.8 haben wir festgestellt, daß ein temporärer negativer Schock, der auf die Produktionsfunktion wirkt, den Realzinssatz erhöht, weil alle Wirtschaftssubjekte weniger sparen wollen, um ihre Konsumniveaus aufrechtzuerhalten. Sobald der Schock jedoch zugleich das Grenzprodukt des Kapitals verringert, werden gegenläufige Kräfte ausgelöst, so daß in Abb. 9.10 die Abwärtsverschiebung der Investitionsnachfrage den Realzinssatz sinken läßt. Demnach ist der Gesamteffekt auf den Realzinssatz ungewiß. Die Nettoveränderung hängt davon ab, ob die Reduktion der aggregierten gewünschten Ersparnis größer oder kleiner ist als der Rückgang der Nettoinvestitionsnachfrage.

Tatsächlich läßt sich empirisch für den Realzinssatz weder in Rezessionen noch in Boomzeiten ein eindeutiges Verhaltensmuster feststellen. Im Gegensatz zu den Berichten, die man häufig in der Presse liest, sind höhere reale Zinssätze nicht notwendigerweise ein Signal dafür, daß sich die Volkswirtschaft schlecht entwickelt, ebenso wie niedrige reale Zinssätze nicht immer ein Indikator für eine prosperierende Ökonomie sind. Daher sollten wir nicht sehr unzufrieden sein, wenn unsere Theorie keine eindeutige Vorhersage für den Zusammenhang zwischen den realen Zinssätzen und dem Zustand der Volkswirtschaft liefern kann.

Zusammenfassung

Die Investitionen schwanken vergleichsweise sehr viel stärker als die Gesamtproduktion, die ihrerseits wiederum stärker fluktuiert als der Konsum. Des weiteren ist das Verhältnis der Investitionen zum Kapitalstock oder zum BSP in Rezessionen niedrig und in Boomzeiten hoch. Während der sechs Nachkriegsrezessionen war der gesamte Ausfall an realem BSP im Durchschnitt zu 76% durch nicht getätigte Investitionen bedingt, zu denen Bruttoanlageinvestitionen, Veränderungen der betrieblichen Lagerbestände und Käufe von langlebigen Konsumgütern gehören. Im Gegensatz dazu verringerten sich die Konsumausgaben für Verbrauchsgüter und Dienstleistungen in diesen Rezessionen vergleichsweise wenig. Nur während der Weltwirtschaftskrise war ein bemerkenswert starker Konsumeinbruch zu beobachten.

Wir haben die theoretische Analyse der Investition damit begonnen, den Kapitalstock als Input in die Produktionsfunktion einzubeziehen. Das Grenzprodukt des Kapitals ist positiv, nimmt jedoch mit zunehmendem Kapitaleinsatz ab.

Die Bruttoinvestition ist die Menge an Kapitalgütern, die ein Produzent auf dem Gütermarkt kauft. Da wir Kapital- und Konsumgüter als physisch identisch ansehen, ergibt sich die gesamte Güternachfrage aus der Summe der Bruttoinvestitions- und Konsumnachfrage. Die Veränderung des betrieblichen Kapitalstocks - die Nettoinvestition - ist gleich der Bruttoinvestition abzüglich der Abschreibungen. Im Aggregat können die Bruttoinvestitionen nicht, die aggregierten Nettoinvestitionen hingegen sehr wohl negativ sein - was in den USA überwiegend in den 30er Jahren und während des 2. Weltkriegs der Fall war.

Da die reale Verzinsung der Investitionen gleich dem Grenzprodukt des Kapitals abzüglich der Abschreibungsrate ist, bestimmen die Produzenten ihre gewünschten Kapitalbestände so, daß deren Verzinsung dem realen Zinssatz entspricht. Daraus folgt, daß der geplante Kapitalstock steigt, wenn der reale Zinssatz sinkt, wenn sich die Kurve des Grenzprodukts des Kapitals nach oben verschiebt oder wenn die Abschreibungsrate sinkt.

Auf der Basis ihres Anfangskapitals investieren die Produzenten in einer Periode so viel, daß sie ihren geplanten Kapitalstock erreichen. Deshalb wird bei gegebenem Anfangsbestand die Investitionsnachfrage dann steigen, wenn der geplante Kapitalstock zunimmt. Außerdem bedeutet für einen bestimmten geplanten Kapitalstock ein kleinerer Anfangsbestand eine größere Investitionsnachfrage. Schließlich ist festzustellen, daß sich geringfügige prozentuale Veränderungen des geplanten Kapitalstocks in starken prozentualen Veränderungen der Nettoinvestitionsnachfrage niederschlagen. Dies erklärt, warum die Nettoinvestitionsnachfrage starken Schwankungen unterliegt.

Die Existenz eines Kreditmarktes bedeutet, daß die Investitionsentscheidungen der Haushalte oder Unternehmen nicht zugleich eine entsprechende Sparentscheidung voraussetzen. Gesamtwirtschaftlich ist jedoch die reale Ersparnis gleich den Nettoinvestitionen (zuzüglich der Veränderung der realen Kassenhaltung). Die Einführung der Investitionen ermöglicht unterschiedliche Niveaus der realen Ersparnisse für die Volkswirtschaft. Diese Möglichkeit bringt wichtige Implikationen für die Ausprägungen kurzfristiger Konjunkturschwankungen mit sich.

Die aggregierte Bruttoinvestitionsnachfrage geht als Teil der gesamtwirtschaftlichen Nachfrage in die Bedingung für die Räumung des Gütermarktes ein. Da diese Komponente normalerweise überaus stark auf Veränderungen des realen Zinssatzes reagiert, sind es die Investitionen, die einen Großteil der kurzfristigen Produktionsschwankungen absorbieren. So führt ein temporärer negativer Angebotsschock auf die Produktionsfunktion zu einer deutlichen proportionalen Investitionssenkung, jedoch nur zu einem relativ geringen Konsumrückgang. Demgegenüber ist der Effekt beim realen Zinssatz ungewiß - er hängt davon ab, ob die Abnahme der gewünschten realen Ersparnis größer oder kleiner ist als die der Nettoinvestitionsnachfrage.

Schließlich stellten wir fest, daß Veränderungen bei den Investitionen den Konsum nicht vor permanenten Verschiebungen der Produktionsfunktion abschirmen können, so daß hier ebenfalls eine starke negative Reaktion des Konsums zu erwarten ist.

Fragen und Probleme

Zur Wiederholung

9.1 Was versteht man unter privaten inländischen Anlageinvestitionen? Gehören auch Käufe von langlebigen Konsumgütern dazu? Wie steht es mit Wertpapierkäufen?

9.2 Unterscheiden Sie zwischen Bruttoinvestition und Nettoinvestition. Wann ist die Nettoinvestition negativ? Kann die Bruttoinvestition negativ sein, wenn Kapitalgüter nicht wiederverkauft werden können?

9.3 Angenommen, die Produzenten erwarten Inflation, d.h. ein höheres Preisniveau in der nächsten Periode. Werden sie unter diesen Umständen ihre gegenwärtigen Käufe von Kapitalgütern erhöhen? Was geschieht, wenn der nominale Zinssatz aufgrund der erwarteten Inflation steigt?

9.4 Macht eine höhere Investition bei einem einzelnen Haushalt oder Unternehmen zugleich eine höhere Ersparnis erforderlich? Wie können Veränderungen des Zinssatzes für die gesamte Volkswirtschaft gewährleisten, daß die reale Ersparnis im gleichen Maße steigt wie die Investition?

9.5 Stellen Sie graphisch dar, wie die Aufteilung der Gesamtproduktion auf Konsum und Investition durch die Räumung des Gütermarktes erreicht wird. Wie wird diese Aufteilung durch eine vorübergehende Verschiebung der Produktionsfunktion verändert? Hängt Ihre Antwort von der relativen Sensitivität der Konsumnachfrage und der Investitionsnachfrage auf Zinssatzänderungen ab?

9.6 Warum bewirkt eine Abnahme der Kapitalproduktivität eine Senkung des Zinssatzes? Könnte dieser so stark fallen, daß die Investitionshöhe unverändert bleibt? Erläutern Sie dies.

Probleme zur Diskussion

9.7 Ein-Sektor-Produktionsfunktion
In unserem Modell können die produzierten Güter entweder als Konsum- oder als Kapitalgüter definiert werden. Ökonomen bezeichnen dies als eine Ein-Sektor-Produktionsfunktion.
a. Warum ist in diesem Modell der Preis einer Konsumgütereinheit immer gleich dem Preis einer Kapitaleinheit? Was würde geschehen, wenn der Preis der Konsumgüter höher wäre als der Preis der Kapitalgüter oder umgekehrt?
b. Angenommen, jeder plant eine negative Bruttoinvestition, d.h. alle wollen ihr altes Kapital auf dem Gütermarkt verkaufen. Kann der Preis der Kapitalgüter in diesem Fall unter den Preis der Konsumgüter sinken?
c. Wir betrachten ein "Zwei-Sektoren-Modell", in dem Konsum- und Kapitalgüter aufgrund unterschiedlicher Produktionsfunktionen hergestellt werden. Wäre in diesem Modell der Preis einer Konsumgütereinheit immer gleich dem Preis einer Kapitalgütereinheit? **(fakultativ)**

9.8 Vorratsinvestitionen
Die Unternehmen halten Vorräte zum Teil als Fertigprodukte, zum Teil als Halbfabrikate und Rohstoffe. Wenn man die Lagerbestände als eine Kapitalform betrachtet, die ebenfalls in die Produktionsfunktion eingeht, dann sind Veränderungen dieser Bestände gleichbedeutend mit Lagerinvestitionen. (Im allgemeinen nehmen Ökonomen an, daß die Abschreibungsrate für Vorräte nahezu gleich Null ist.)
a. Wie wirkt sich eine Erhöhung des realen Zinssatzes auf die Höhe der Lagerbestände aus, die die Unternehmen halten wollen? Was geschieht mit den Lagerinvestitionen?
b. Was geschieht mit den Lagerinvestitionen, wenn die Produktionsfunktion vorübergehend von einem negativen Schock betroffen wird? Welche Entwicklung der Lagerinvestitionen vermuten Sie in Rezessionen?

(Empirisch betrugen die betrieblichen Lagerinvestitionen 1947-1987 im Durchschnitt nur 0,7% des BSP. Andererseits unterliegen sie starken Schwankungen, und ihre Veränderungen sind in Rezessionen oft negativ. Tatsächlich zeigt Tab. 9.1, daß Ausfälle bei dieser Komponente während der sechs Nachkriegsrezessionen im Durchschnitt zu 28% am gesamten realen BSP-Ausfall beteiligt waren.)

9.9 Investitionsprämie
In den Jahren 1962-1986 wurde zumeist für bestimmte Investitionsarten eine bei der Einkommensteuer anrechenbare Steuergutschrift gewährt. Angenommen, durch ein solches staatliches Programm wird den Investoren ein bestimmter Anteil a ihrer Investitionsausgaben zurückerstattet. Wie wird dann die Höhe des Anteils a den geplanten Kapitalstock der Unternehmer und damit ihre Investitionsnachfrage beeinflussen? (Nehmen Sie an, daß ein Produzent, der sein Kapital wiederverkauft, die erhaltene Prämie zurückzahlen muß.)

9.10 Kapazitätsauslastung (fakultativ)
Eine Möglichkeit zur Erhöhung der Ausbringungsmenge besteht für den Produzenten darin, sein Kapital intensiver zu nutzen, indem er z.B. mehr Schichten pro Tag "fährt" oder weniger Ausfallzeiten für die Instandhaltung zuläßt. Wir nehmen an, daß eine intensivere Nutzung zugleich eine beschleunigte Abschreibung des Kapitals bedeutet.
a. Wie bestimmt ein Produzent den besten Nutzungsgrad seines Kapitals?
b. Zeigen Sie, daß eine Erhöhung des realen Zinssatzes r_t die Produzenten zu einer intensiveren Nutzung ihres Kapitals veranlaßt. Was bedeutet dies für die Auswirkungen des realen Zinssatzes auf das Güterangebot y^s_t?

9.11 Eigentum an Kapital (fakultativ)
In unserem Modell sind die Kapitalnutzer zugleich auch die Eigentümer des Kapitals. Angenommen, daß diese Eigentümer Zertifikate drucken, die jeweils das Eigentum an einer Kapitaleinheit beinhalten und an andere Marktteilnehmer (auf einem Aktienmarkt) verkauft werden können. Anstatt das Kapital selbst zu nutzen, können die Käufer dieser Zertifikate auch anderen Wirtschaftssubjekten ("Unternehmen") gegen eine an die Zertifikatsinhaber zu zahlende Gebühr die Nutzung des Kapitals erlauben. Diese Gebühr kann entweder ein fester Betrag oder ein Gewinnanteil sein.
a. Warum könnte es sinnvoll sein, Kapitaleigentum und Kapitalnutzung zu trennen? (Bekanntlich können die Wirtschaftssubjekte ihre Kapitalkäufe durch Kreditaufnahme finanzieren.) Unter welchen Umständen erscheint die Trennung eher unangebracht?
b. Wovon hängt der Nominal- und Realwert eines Eigentümerzertifikates ab, wenn es einen Anspruch auf eine Kapitaleinheit gewährleistet?
c. Warum ist der künftige Realwert eines Zertifikats in der Realität mit großer Unsicherheit verbunden? Warum hängt der Wert von dem Erfolg der Gesellschaft ab, die das Zertifikat ausgegeben hat?

9.12 Temporäre Schocks auf die Produktionsfunktion und Konsum
Wir haben festgestellt, daß aufgrund der starken Reaktion der Investitionen temporäre Schocks auf die Produktionsfunktion den Konsum relativ wenig beeinflussen. Wie reagiert der Konsum bei zunehmend stärkeren - aber nach wie vor vorübergehenden - Schocks? Wie verteilt sich der Produktionsausfall auf Konsum und Investitionen? Inwieweit stimmt die Antwort mit den Daten der Weltwirtschaftskrise überein?

9.13 Investitionsmöglichkeiten für Robinson Crusoe
Wir haben festgestellt, daß die Investitionen in der Marktwirtschaft bei temporären Produktionsschocks die Hauptlast tragen. Wir führen jetzt in das Robinson-Crusoe-Modell aus Kapitel 2 Investitionsmöglichkeiten ein. Wie würde Robinson Crusoe mit seinen Investitions- und Konsumentscheidungen auf temporäre und permanente Verschiebungen der Produktionsfunktion reagieren? Ähneln die Resultate im wesentlichen denen einer Marktwirtschaft?

9.14 Sparen, Investition und realer Zinssatz (fakultativ)

Schocks auf die Produktionsfunktion wirken sich manchmal sowohl günstig als auch ungünstig aus und sind manchmal temporär und manchmal permanent.

a. Welche Zusammenhänge zwischen dem Realzinssatz und den aggregierten Größen der Nettoinvestitionen und der Realersparnis sind unter diesen Umständen zu erwarten?

b. Angenommen, wir versuchen, den Einfluß des Realzinssatzes auf die individuell gewünschte reale Ersparnis aus der Analyse der Beziehung zwischen Realzinssatz und aggregierter realer Ersparnis abzuleiten. Welches Problem ergibt sich hierbei, und wo liegt seine Ursache?

c. Angenommen, wir versuchen, den Einfluß des Realzinssatzes auf die Investitionsnachfrage aus der Analyse der Beziehung zwischen realem Zinssatz und aggregierten Nettoinvestitionen abzuleiten. Welches Problem ergibt sich, und wo liegt seine Ursache?

d. Angenommen, wir untersuchen die Beziehung zwischen dem Realzinssatz r_t und dem Verhältnis der aggregierten Konsumgrößen C_{t+1}/C_t. Was können wir über das Sparverhalten eines Individuums erfahren?

Kapitel 10

Kapitalakkumulation und Wirtschaftswachstum

Bisher haben wir die Investitionen in einem kurzfristigen Kontext analysiert. Dabei sind Veränderungen des Kapitalstocks so geringfügig, daß man sie vernachlässigen und sich auf die Rolle der Investitionen als Komponente der gesamtwirtschaftlichen Güternachfrage konzentrieren kann. Nun wollen wir untersuchen, wie sich Veränderungen des Kapitalstocks auf die Produktionskapazität bzw. auf das gesamtwirtschaftliche Güterangebot auswirken. Damit erfassen wir eines der zentralen Elemente, welches die langfristige wirtschaftliche Entwicklung eines Landes beeinflußt.

Wir halten einige wichtige Größen anfangs konstant, wenn wir den Prozeß der Kapitalakkumulation untersuchen. Hierzu gehört die Bevölkerung, die eine wichtige Determinante des gesamtwirtschaftlichen Erwerbspersonenpotentials ist. Eine andere ist die Akkumulation von Humankapital - also Bildung und Ausbildung -, durch die sich die Qualität des Erwerbspersonenpotentials verändert. Die ökonomischen Kräfte, die für die Akkumulation des Humankapitals maßgebend sind, stimmen in vielerlei Hinsicht mit den für das Sachkapital relevanten Faktoren überein. Mithin können wir in unserer Theorie den Begriff Kapital so weit fassen, daß er sowohl die schulische und berufliche Ausbildung als auch Gebäude und Maschinen beinhaltet.

Schließlich klammern wir zunächst den **technologischen Wandel** aus, den wir als Verschiebung der Gestalt der Produktionsfunktion modellieren könnten. Wir denken hier an Forschung und Erfahrungen, die im Laufe der Zeit zu einer besseren Kenntnis der Produktionsmethoden und Produkte führen. In manchen Fällen kann man dieses Wissen als eine andere Form von Kapital verstehen, das die Produzenten aufgrund von Aufwendungen für Forschung und Entwicklung akkumulieren. Allerdings gibt es einige wichtige Unterschiede: Es ist schwierig, an Wissen Eigentumsrechte zu erlangen, und man ist sich der Tatsache bewußt, daß sich das Wissen darüber, wie Güter zu produzieren sind, tendenziell nicht verringert, wenn es sich über viele Unternehmen verbreitet oder auf einen größeren Produktionsumfang ausdehnt. Insoweit bedeuten die Möglichkeiten der Wissenserweiterung, daß die Volkswirtschaft zu langfristigem Wachstum fähig ist, ohne sich dem Problem abnehmender Erträge gegenüberzusehen.

Auswirkungen des Kapitalstocks auf Produktion, Arbeitseinsatz und Konsum

In unserer vorangegangenen Analyse haben wir den aggregierten Kapitalstock als Konstante betrachtet. Da sich dieser jedoch im Zeitablauf verändert, müssen wir untersuchen, wie diese Veränderungen die angebotenen und nachgefragten Gütermengen beeinflussen. Zuerst wollen wir uns der Frage zuwenden, wie mengenmäßiger Kapitaleinsatz und Arbeitseinsatz zusammenwirken.

Zusammenwirken von Kapital und Arbeit

Wie beeinflußt eine Erhöhung des Kapitaleinsatzes die Arbeitsproduktivität und umgekehrt? Es lassen sich Beispiele konstruieren, in denen die Vermehrung eines Faktors, Kapital oder Arbeit, das Grenzprodukt des anderen entweder erhöht oder senkt. Uns interessiert hier jedoch nur der typische Zusammenhang zwischen Kapital und Arbeit. Untersuchungen der Produktionsfunktionen auf gesamtwirtschaftlicher Ebene deuten darauf hin, daß die Kooperation der Inputfaktoren durchaus typisch ist. Deshalb werden wir annehmen, daß die Vermehrung eines Faktors, Kapital oder Arbeit, jeweils das Grenzprodukt des anderen erhöht.

Skalenerträge

Wie verändert sich der Output, wenn ein Produzent (Haushalt oder Unternehmen) die Einsatzmengen beider Inputs - Kapital und Arbeit - verdoppelt? Erzielt er dadurch den doppelten Output oder mehr bzw. weniger als die doppelte Menge? Wenn sich der Output dabei genau verdoppelt, sagen wir, die Produktionsfunktion weise **konstante Skalenerträge** auf. Andererseits spricht man im Falle eines mehr oder weniger als doppelt so großen Outputs von **zunehmenden oder abnehmenden Skalenerträgen**. Selbstverständlich ist es auch denkbar, daß auf jeweils verschiedenen Skalenniveaus zunehmende, konstante oder abnehmende Erträge auftreten.

Normalerweise entstehen beim Betrieb eines Unternehmens einige *fixe Kosten*, wie etwa die Einrichtung einer Montagestraße oder die Aneignung von Wissen über Produktionstechniken. Da diese Fixkosten nur einmal auftreten, ergibt sich tendenziell ein Intervall zunehmender Skalenerträge - die zweite produzierte Einheit erfordert weniger Inputs als die erste. Wenn im weiteren Verlauf die Bedeutung der Fixkosten abnimmt und die Anstrengungen zur Kontrolle des Produktionsprozesses zunehmen, kann sich ein Bereich abnehmender Erträge ergeben.[1] Bevor dieser letzte Bereich erreicht wird, wachsen die Unternehmen einer Industrie tendenziell, um die Skalenerträge auszunutzen. Für unsere Zwecke wollen wir davon ausgehen, daß die Unternehmen (die sich in unserem Modell nach wie vor im Eigentum von Haushalten befinden) ihren Bereich steigender Erträge bereits ausgeschöpft haben und daß sie groß genug sind, um abnehmende Erträge aufzuweisen; d.h. im relevanten Bereich führt eine Verdoppelung von Kapital und Arbeit zu weniger als einer Verdoppelung des Outputs.

---

[1] Zur Diskussion, wie dieser und verwandte Faktoren die Unternehmensgröße beeinflussen, vgl. Ronald Coase (1937) sowie Armen A. Alchian und Harold Demsetz (1972).

Kapitalstock und die Entscheidungen der Haushalte

Bekanntlich hängt die Produktion eines Wirtschaftssubjekts in der Periode t vom vorhergehenden Kapitalstock k_{t-1} durch die Produktionsfunktion

$$y_t = f(k_{t-1}, n_t)$$

ab. Aus der Sicht eines Produzenten stellt sich ein erhöhter Kapitalbestand k_{t-1} in der Periode t wie eine Aufwärtsverschiebung der Produktionsfunktion dar. Bei gegebenem Arbeitseinsatz n_t ist daher eine Zunahme des Kapitals k_{t-1} gleichbedeutend mit einem größeren Güterangebot y^s_t.

Im übrigen sind die Haushalte zum Zeitpunkt t *ceteris paribus* besser gestellt, wenn sie mehr Kapital k_{t-1} besitzen. Selbstverständlich mußten die Haushalte (oder Unternehmen), um dieses Kapital erwerben zu können, Investitionen tätigen, die sie vermutlich durch Kreditaufnahme auf dem Kreditmarkt zu finanzieren hatten. Aber aus der Sicht der Gesamtwirtschaft heben sich aufgenommene und gewährte Kredite auf. Damit muß der gesamte Kapitalstock K_{t-1} früher getätigte Ersparnis widerspiegeln, was gleichbedeutend ist mit einem Verzicht auf Konsum oder Freizeit. Mit Beginn der Periode t gehören die mit dem Erwerb des gesamten Kapitalstocks verbundenen Kosten der Vergangenheit an. Die Haushalte betrachten somit bei ihren Entscheidungen das Kapital als Vermögen und machen im Aggregat keine Abzüge für die mit dem Erwerb des Kapitals verbundenen Aufwendungen. (Ein einzelner Haushalt subtrahiert zwar die laufenden Schulden, die mit der Finanzierung der Investition entstanden sind; im Aggregat ist die Gesamtschuld jedoch gleich Null.) Deshalb ist ein erhöhter Kapitalstock K_{t-1} gleichbedeutend mit einer Zunahme der gesamtwirtschaftlichen Konsumnachfrage C^d_t.

Durch die Kapitalzunahme K_{t-1} ergeben sich für den gesamten Arbeitseinsatz N_t zwei Effekte: Zum einen veranlaßt der Vermögenseffekt die Wirtschaftssubjekte, weniger zu arbeiten. Zum anderen verschiebt sich die Kurve des Grenzprodukts der Arbeit durch die Zunahme des Kapitals nach oben, was den Arbeitseinsatz steigert. Der Gesamteffekt ist ungewiß.

Kapital in der Bedingung zur Räumung des Gütermarktes

Wenn wir die obigen Ergebnisse zusammenfassen, erhalten wir als Bedingung zur Räumung des Gütermarktes zum Zeitpunkt t

$$Y^s(r_t, K_{t-1}, ...) = C^d(r_t, K_{t-1}, ...) + I^d(r_t, K_{t-1}, ...). \quad (10.1)$$
$$(+)(+) \qquad (-)(+) \qquad (-)(-)$$

Auf die Rolle des Kapitalstocks K_{t-1} in dieser Gleichung sei besonders hingewiesen. Einerseits erhöht eine Zunahme des Kapitalstocks die Produktionskapazität, was den positiven Effekt beim Güterangebot Y^s_t verursacht. Zugleich nimmt aufgrund des Vermögenseffektes auch die Konsumnachfrage C^d_t zu. Andererseits bewirkt eine Erhöhung des früheren Kapitalstocks K_{t-1} bei gegebenem geplanten Kapitalstock für die Periode t eine Verringerung der Bruttoinvestitionsnachfrage I^d_t. Schließlich ergibt sich auch ein nicht eindeutiger Effekt beim Arbeitseinsatz. Dieser wiederum modifiziert insgesamt den Einfluß des Kapitalstocks auf das Güterangebot Y^s_t und die Konsumnachfrage C^d_t.

Für spätere Zwecke erscheint es angebracht, die Abschreibungen δK_{t-1} auf beiden Seiten der Gleichung (10.1) abzuziehen, so daß wir als Markträumungsbedingung erhalten

$$Y^s(r_t, K_{t-1}, ...) - \delta K_{t-1} = C^d(r_t, K_{t-1}, ...) + I^d(r_t, K_{t-1}, ...) - \delta K_{t-1}. \qquad (10.2)$$
$$(+)(+) \qquad\qquad (-)(+) \qquad\qquad (-)(-)$$

Die linke Seite der Gleichung gibt das Netto-Angebot $Y^s_t - \delta K_{t-1}$ an, während die rechte Seite die Summe aus Nettoinvestitionsnachfrage $I^d_t - \delta K_{t-1}$ und Konsumnachfrage C^d_t enthält.

Der Prozeß der Kapitalakkumulation läuft wie folgt ab: Bei gegebenem Kapitalstock K_{t-1} bestimmt die Markträumungsbedingung von Gleichung (10.2) den realen Zinssatz r_t, die Nettoproduktion $Y_t - \delta K_{t-1}$ und die Nettoinvestition $I_t - \delta K_{t-1}$. Auf diese Weise legen wir den Kapitalstock der nächsten Periode durch die Bedingung

$$K_t = K_{t-1} + I_t - \delta K_{t-1} \qquad (10.3)$$

fest; d.h. wir addieren zum vorherigen Kapitalbestand K_{t-1} die Nettoinvestition $I_t - \delta K_{t-1}$, um den Kapitalbestand K_t der nächsten Periode zu erhalten.

Sobald wir den Kapitalstock K_t kennen, können wir erneut mit Hilfe der Markträumungsbedingung den Realzinssatz, die Nettoproduktion sowie die Nettoinvestition der nächsten Periode bestimmen. Auf diese Weise erhalten wir eine Sequenz von Kapitalstöcken, Produktionsmengen usw. Wir können also anhand dieses Modells einen Zeitpfad der wirtschaftlichen Entwicklung abbilden. (Allerdings bleiben Veränderungen der Bevölkerung und der Technologie zunächst ausgeklammert.)

Erhöhung des Kapitalstocks in einer Periode

Angenommen, die Volkswirtschaft verfüge zu irgendeinem Anfangszeitpunkt $t = 1$ über den aggregierten Kapitalstock K_0. Dann lautet unter Verwendung von Gleichung (10.2) die Markträumungsbedingung

$$Y^s(r_1, K_0, ...) - \delta K_0 = C^d(r_1, K_0, ...) + I^d(r_1, K_0, ...) - \delta K_0. \qquad (10.4)$$
$$(+)(+) \qquad\qquad (-)(+) \qquad\qquad (-)(-)$$

In Abb. 10.1 gibt die aufwärts geneigte Linie das Netto-Angebot $Y^s_1 - \delta K_0$ an und die abwärts geneigte Linie die Nachfrage $Y^d_1 - \delta K_0$. Demnach ist der markträumende Realzins durch den Wert r^*_1 gegeben und die dazugehörige Nettoproduktion durch $Y^*_1 - \delta K_0$. Außerdem zeigt die Abbildung die beiden Nachfragekomponenten, nämlich den Konsum C^d_1 und die Nettoinvestition $I^d_1 - \delta K_0$, so daß wir anhand der Abbildung zugleich die Aufteilung der Nettoproduktion in Konsum C^*_1 und Nettoinvestition $I^*_1 - \delta K_0$ bestimmen können.

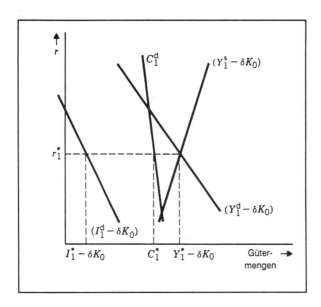

Abb. 10.1: *Räumung des Gütermarktes*
Der Gütermarkt wird beim Realzinssatz r^*_1 geräumt. Die Nettoproduktion $Y^*_1 - \delta K_0$ teilt sich auf den Konsum C^*_1 und die Nettoinvestitionen $I^*_1 - \delta K_0$ auf.

Unter der Annahme, daß die aggregierte Nettoinvestition $I^*_1 - \delta K_0$ wie in Abb. 10.1 positiv ist, wird der Kapitalstock der nächsten Periode K_1 größer sein als der Anfangskapitalstock K_0. Nun stellt sich das Problem, wie die Erhöhung des Kapitals von K_0 auf K_1 die Markträumungsbedingung verändert. Dabei interessiert uns insbesondere, wie sich der Realzinssatz r^*_2 im Vergleich zum anfänglichen Realzinssatz r^*_1 entwickelt. Bei der Lösung dieses Problems gehen wir von der Annahme aus, daß der aggregierte Kapitalstock die einzige Größe ist, die sich zwischen den Perioden 1 und 2 verändert.

Unter Verwendung der Gleichung (10.2) lautet die Markträumungsbedingung für die Periode 2

$$Y^s(r_2, K_1, \ldots) - \delta K_1 = C^d(r_2, K_1, \ldots) + I^d(r_2, K_1, \ldots) - \delta K_1. \quad (10.5)$$
$$(+)(+) \qquad\qquad (-)(+) \qquad (-)(-)$$

Überlegen wir nun, wie sich die Erhöhung des Kapitals von K_0 auf K_1 auf die verschiedenen Terme dieser Gleichung auswirkt. Zunächst resultiert bei gegebenem Arbeitseinsatz ein erhöhtes Netto-Angebot $Y^s_2 - \delta K_1$; denn dieses steigt durch eine zusätzliche Kapitaleinheit um den Betrag $GPK_1 - \delta$, also die Realverzinsung der Investitionen.

Sodann bewirkt die Kapitalzunahme von K_0 auf K_1 eine erhöhte Konsumnachfrage C^d_2. Die Größenordnung dieser Reaktion läßt sich ermitteln. Sofern wir zeitliche Veränderungen des Grenzprodukts des Kapitals außer acht lassen, verursacht eine zusätzliche Kapitaleinheit einen konstanten realen Einkommensstrom in Höhe von $GPK_1 - \delta$. Ebenso wie im Fall einer permanenten Verbesserung der Produktionsbedingungen erwarten wir, daß die marginale Konsumneigung in einer solchen Situation nahezu gleich eins sein wird. Soweit sich der Arbeitseinsatz nicht verändert, wird sich auch die Konsumnachfrage annähernd um den Betrag $GPK_1 - \delta$ erhöhen. Mit anderen Worten: Die Erhöhung der Konsumnachfrage entspricht ungefähr der Zunahme des Netto-Angebots. Folglich ruft die Erhöhung des Kapitalstocks keine signifikante Veränderung der gewünschten realen Ersparnis hervor.[2]

Die Erhöhung des Netto-Angebots auf der linken Seite von Gleichung (10.5) ist in etwa so groß wie die Erhöhung der Konsumnachfrage auf der rechten Seite. Indes bedingt die Kapitalzunahme von K_0 auf K_1 zugleich eine Verringerung der Nettoinvestitionsnachfrage auf der rechten Seite. Folglich bleibt offen, ob die aggregierte Nachfrage wegen der entgegengesetzten Bewegungen von Konsumnachfrage und Nettoinvestitionsnachfrage steigt oder fällt. Auf jeden Fall können wir folgern, daß ein erhöhter Kapitalbestand das Netto-Angebot stärker steigen läßt als die Nachfrage. Beim ursprünglichen Realzinssatz r^*_1 ist die Nettoproduktion in Periode 2 größer als die Nachfrage. Anders ausgedrückt, übersteigt die gewünschte Realersparnis die Nettoinvestitionsnachfrage. Deshalb muß der Realzinssatz auf den Wert r^*_2 sinken, um den Gütermarkt in Periode 2 zu räumen; d.h. $r^*_2 < r^*_1$.

Sehen wir uns an, was mit den verschiedenen Variablen geschieht. Zunächst muß der Konsum zunehmen, $C^*_2 > C^*_1$, da sowohl der direkte Effekt einer Erhöhung des Kapitals als auch die Abnahme des Realzinssatzes konsumsteigernd wirken. Demgegenüber bleibt die Veränderung des Arbeitseinsatzes ungewiß. Die Abnahme des realen Zinssatzes sowie der durch das erhöhte Kapital ausgelöste Vermögenseffekt lassen den Arbeitseinsatz sinken, während der positive Effekt des zusätzlichen Kapitals auf das Grenzprodukt der Arbeit arbeitssteigernd wirkt. Solange der Arbeitsein-

---

[2] Die Veränderung des Arbeitseinsatzes ist unklar. Wie auch immer sie aussieht, sie wird nur geringe Konsequenzen für die gewünschte reale Ersparnis haben.

satz nicht drastisch sinkt, was unwahrscheinlich ist, impliziert der erhöhte Kapitalinput eine Zunahme sowohl der Brutto- als auch der Nettoproduktion.

Wir wissen ferner, daß die Nettoinvestition abnimmt, $I^*_2 - \delta K_1 < I^*_1 - \delta K_0$. Andernfalls wäre die Zunahme der Nettoproduktion größer als die des Konsums. Dieses Ergebnis ist jedoch unmöglich, wenn der auslösende Impuls auf das Netto-Angebot und die Konsumnachfrage annähernd gleich groß sind, wie wir unterstellen. Demnach zieht eine Zunahme des Kapitalstocks eine geringere Nettoinvestition nach sich. Darüber hinaus nimmt die Nettoinvestition im Verhältnis zur Netto- oder Bruttoproduktion ab.

Erhöhungen des Kapitalstocks über viele Perioden

Solange die Nettoinvestition positiv ist, setzt sich der soeben beschriebene Prozeß im Zeitablauf fort. Die Erhöhung des Kapitalstocks wird von einem sinkenden Realzinssatz, von steigendem Konsum und einer abnehmenden Nettoinvestition begleitet. Außerdem nehmen Netto- und Bruttoproduktion wahrscheinlich zu, während die Veränderung des Arbeitseinsatzes offen bleibt.

Bekanntlich nimmt die Wachstumsrate des Kapitals im Zeitablauf ab. Aber die Veränderung des Kapitalstocks löst auch bei den anderen Variablen Reaktionen aus. Allerdings werden diese insbesondere beim Konsum und bei der Produktion im Zeitablauf immer schwächer. Beim Konsum sowie bei der Brutto- und Nettoproduktion sind folglich abnehmende Wachstumsraten zu verzeichnen.

Warum sinkt der reale Zinssatz im Zeitablauf? In der Ausgangssituation, zum Zeitpunkt 1, weist die Volkswirtschaft einen relativ niedrigen Kapitalstock K_0 und ein entsprechend hohes Grenzprodukt des Kapitals GPK_1 auf. Dann gibt der hohe Realzinssatz r^*_1 die Kosten des Ressourcenverbrauchs während Periode 1 im Vergleich zu später an. Diese hohen Kosten spiegeln insbesondere das günstige Investitionsklima wider, in dem Sinne, daß die Funktion der Investitionsnachfrage ein hohes Niveau aufweist. Damit ist der Konsum zum Zeitpunkt 1 gegenüber dem Konsum zu einem späteren Zeitpunkt nur dann gerechtfertigt, sofern die Wirtschaftssubjekte bereit sind, auf Erträge in Höhe des Zinssatzes r^*_1 zu verzichten, die gleich der Realverzinsung der Investitionen $GPK_1 - \delta$ sind.

Mit zunehmender Entwicklung der Volkswirtschaft steigt der Kapitalstock, während das Grenzprodukt des Kapitals sinkt. Aufgrund der sich vermindernden Investitionsmöglichkeiten sinkt der Realzinssatz r^*_t und signalisiert damit, daß der Vorteil eines Konsumaufschubs abnimmt.

Steady-state-Kapitalstock und realer Zinssatz

Wie lange hält der Prozeß der Kapitalakkumulation an?[3] (Wir stellen diese Frage unter der Annahme, daß Bevölkerung und Technologie nach wie vor konstant bleiben.) Die Zuwachsrate des Kapitals sinkt tendenziell im Zeitablauf und erreicht am Ende Null. Dies bedeutet, daß der Kapitalstock irgendein langfristiges Niveau anstrebt. Daher wird schließlich auch die Nettoinvestition gegen Null gehen, und es werden sich, entsprechend der unveränderten Menge an Kapital, konstante Niveaus der Produktion, des Konsums, der Bruttoinvestition (die gleich der Abschreibung ist) und des Arbeitseinsatzes einstellen. Ökonomen bezeichnen eine solche Situation als **steady-state**.* Sie verstehen darunter eine Entwicklung, bei der eine Reihe von Variablen im Zeitablauf konstant bleibt. In unserem Modell sind die Wachstumsraten des Kapitals, der Produktion, des Konsums und des Arbeitseinsatzes im steady-state alle gleich Null. (Wenn wir später Bevölkerungswachstum und technologischen Wandel einführen, werden wir sehen, daß die steady-state-Wachstumsraten positiv sein können.)

Um den realen Zinssatz im steady-state zu bestimmen, müssen wir die Analyse des Verhaltens der Haushalte im Zeitablauf von Kapitel 3 erweitern. Angenommen, daß der Gesamtnutzen eines jeden Haushalts, beginnend zum Zeitpunkt 1 bis zu einem unendlichen Zeithorizont, gegeben sei durch

$$U = u(c_1, n_1) + \frac{1}{(1+\rho)} u(c_2, n_2) + \dots, \qquad (10.6)$$

wobei ρ eine positive Konstante ist. Tatsächlich berechnen wir den Gegenwartswert des Nutzens, verwenden dabei aber die Größe ρ und nicht den realen Zinssatz r. Wir werden diese Größe ρ als **Rate der Zeitpräferenz** bezeichnen. Je höher diese Zeitpräferenzrate ist, um so stärker wird der zukünftige Nutzen diskontiert. Oder anders ausgedrückt: Für jede Nutzeneinheit, auf die ein Haushalt heute verzichtet, benötigt er $1 + \rho$ zusätzliche Nutzeneinheiten in der nächsten Periode, um den Gesamtnutzen U aufrechtzuerhalten. Daher zeigt ein höherer Wert von ρ eine größere Präferenz für gegenwärtigen Nutzen gegenüber zukünftigem an.

Im steady-state wählt jeder Haushalt die konstanten Werte $c_1 = c_2 = \dots = c$ und $n_1 = n_2 = \dots = n$; der Gesamtnutzen ist dann

---

[3] Die Diskussion dieses Abschnitts bezieht sich auf die klassische Darstellung der Spar- und Investitionsdynamik durch Frank Ramsey (1928).

* Im Deutschen bezeichnet man den steady-state als stationären Zustand. Der später in diesem Kapitel verwendete Begriff des steady-state-Wachstums wird vielfach als "Wachstumsgleichgewicht" übersetzt. Angesichts der Vorbehalte des Autors gegen den Gleichgewichtsbegriff haben wir uns für den angelsächsischen Sprachgebrauch entschieden. (Anm. d. Übers.)

$$U = u(c, n) + \frac{1}{(1 + \rho)} u(c, n) + \ldots$$

Bevor wir sicher sein können, daß dies bereits die zutreffende Antwort ist, sollten wir prüfen, ob sich die Haushalte nicht besser stellen können, indem sie andere als die konstanten Werte des Konsums und Arbeitseinsatzes wählen. (Anderenfalls hätten sie tatsächlich keine konstanten Niveaus des Konsums und Arbeitseinsatzes gewählt.)

Falls der reale Zinssatz im steady-state den Wert r^* hätte, könnte ein Haushalt auf dem Kreditmarkt eine Einheit des Konsums (oder der Freizeit) zum Zeitpunkt t gegen $(1 + r^*)$ Einheiten zum Zeitpunkt $t + 1$ tauschen. Nehmen wir z.B. an, eine Abnahme von c_t um eine Einheit verringert den Nutzen in Periode t, $u(c, n)$, im Ausmaß Δu, dann würde ein Zuwachs der Menge c_{t+1} um $(1 + r^*)$ Einheiten den Nutzen der Periode $t + 1$ um $(1 + r^*) \cdot \Delta u$ steigern.[4] Wir multiplizieren letzteres mit dem Ausdruck $1/(1 + \rho)$, um die Wirkung auf den Gesamtnutzen zu ermitteln. Mithin wird der Effekt auf den Gesamtnutzen gegeben durch

$$\Delta u \left[-1 + \frac{1}{(1 + \rho)} \cdot (1 + r^*) \right].$$

Betrachten wir den in eckigen Klammern eingeschlossenen Ausdruck in der obigen Gleichung. Wäre dieser positiv, so könnten die Haushalte ihren Gesamtnutzen dadurch erhöhen, daß sie den Konsum in Periode t um eine Einheit kürzen und die zusätzliche Ersparnis für eine Erhöhung des Konsums um $1 + r^*$ Einheiten in der Periode $t + 1$ verwenden. Wäre der Ausdruck hingegen negativ, so wären die Haushalte in der Lage, ihren Gesamtnutzen zu erhöhen, indem sie ihren Konsum in Periode t um eine Einheit erhöhen und die reduzierte Ersparnis durch eine Konsumeinschränkung um $1 + r^*$ Einheiten in der Periode $t + 1$ ausgleichen. Folglich können die Haushalte nur dann mit ihren ursprünglichen Entscheidungen zufrieden sein, wenn der Klammerausdruck gleich Null ist. Diese Bedingung verlangt, daß der reale Zinssatz r^* im steady-state gleich der Zeitpräferenzrate ρ ist. Sofern diese Übereinstimmung nicht gegeben ist, können die Haushalte ihren Gesamtnutzen erhöhen, indem sie ihren Gegenwartskonsum entweder senken oder erhöhen und entsprechende Anpassungen beim Zukunftskonsum vornehmen.

Als Schlußfolgerung ergibt sich, daß die Haushalte mit konstanten Niveaus des Konsums (und des Arbeitseinsatzes) zufrieden sind, falls $r^* = \rho$ gilt. Darüber hinaus muß das Konsumniveau dem Niveau der Nettoproduktion entsprechen. Mit anderen

---

[4] Wir können so rechnen, weil wir bei einer Position begonnen haben, für die $c_{t+1} = c_t$ und $n_{t+1} = n_t$ gilt. Anderenfalls müßten wir uns Gedanken über die relativen Mengen des Konsums und der Arbeit in den zwei Perioden machen.

Worten: Die reale Ersparnis ist im steady-state gleich Null. Dies stimmt überein mit der Feststellung, daß die Nettoinvestition ebenfalls gleich Null ist.

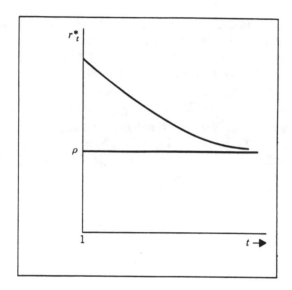

Abb. 10.2: *Entwicklung des realen Zinssatzes im Zeitablauf*
Mit wachsendem Kapitalstock sinkt der Realzinssatz und nähert sich der Zeitpräferenzrate ρ an.

Erinnern wir uns daran, daß der Wachstumsprozeß des Kapitalstocks eine Verringerung des realen Zinssatzes r^*_t impliziert. Nun wissen wir, daß der Realzins schließlich die Zeitpräferenzrate ρ erreicht. Daher sieht der Zeitpfad des realen Zinssatzes wie in Abb. 10.2 dargestellt aus. Solange entlang dieses Pfades $r^* > \rho$ ist, sind die Nettoinvestition und die reale Ersparnis positiv. Aber mit Ausdehnung des Kapitalstocks nehmen Nettoinvestition und reale Ersparnis ab, während der Realzins auf den Wert ρ sinkt.

Was bestimmt das Niveau des Kapitalstocks im steady-state? Bedenken wir, daß die Realverzinsung der Investitionen $GPK_t - \delta$ in jeder Periode gleich dem realen Zinssatz r^*_t ist. Da der reale Zinssatz im steady-state seinerseits der Zeitpräferenzrate ρ entspricht, lautet die steady-state-Bedingung also

$$GPK - \delta = \rho. \tag{10.7}$$

Da das Grenzprodukt *GPK* im steady-state konstant bleibt, versehen wir es nicht mit einem Zeitsubskript.

Wir wollen nun anhand eines Beispiels versuchen, die steady-state-Ergebnisse zu illustrieren. Dazu nehmen wir an, daß sich die Volkswirtschaft zum Zeitpunkt 1 in einer steady-state-Position befindet, bei der das Grenzprodukt des Kapitals GPK_1 gleich der Summe $\rho + \delta$ ist. Dieses steady-state-Kapital wollen wir mit K_0 bezeichnen. Für den Realzinssatz der Periode 1 gilt: $r^*_1 = GPK_1 - \delta = \rho$. Überdies sind die Anfangsgrößen der Nettoinvestitionen und der Realersparnis gleich Null.

Wenn wir nun unterstellen, daß in Periode 2 eine permanente Verbesserung der Produktionsfunktion eintritt, dann erhalten die Produzenten einen höheren Output bei gegebenen Inputs. Ferner sei angenommen, daß sich permanente Aufwärtsverschiebungen der Grenzproduktkurven für Arbeit und Kapital ergeben. Da es sich um permanente Veränderungen handelt, sind die Zuwächse des Netto-Angebots und der Konsumnachfrage in etwa gleich groß, so daß die gewünschte Realersparnis nahe bei Null bleibt. Dennoch wird die Nettoinvestitionsnachfrage aufgrund des steigenden Grenzprodukts des Kapitals positiv. Beim ursprünglichen Realzinssatz $r^*_1 = \rho$ ist damit die Güternachfrage größer als das Angebot, und die Nettoinvestitionsnachfrage übersteigt die gewünschte reale Ersparnis. Daraus folgt, daß der reale Zinssatz r^*_2 über seinen Anfangswert $r^*_1 = \rho$ hinaus ansteigt.

Die Volkswirtschaft befindet sich nun in jener Position, mit der wir unsere vorherige Analyse der Kapitalakkumulation begonnen haben. Die Nettoinvestition ist positiv, und der Realzinssatz ist höher als der steady-state-Wert ρ. Daher steigt der Kapitalstock im Zeitablauf, während der Realzinssatz sinkt. Die Volkswirtschaft nähert sich schließlich einem neuen steady-state an, in dem der Kapitalstock größer ist als der anfängliche Kapitalbestand K_0 der vorausgehenden steady-state-Situation. Der Realzinssatz kehrt dann wieder zu seinem steady-state-Wert ρ zurück.

Zusammenfassend gilt, daß eine permanente Verbesserung der Produktionsfunktion (die eine Aufwärtsverschiebung der Kurve des Grenzprodukts des Kapitals einschließt) kurzfristig die Nettoinvestitionen und den Realzinssatz erhöht. Langfristig verfügt die Volkswirtschaft über mehr Kapital - also auch über eine größere Produktions- und Konsummenge -, während der reale Zinssatz unverändert bleibt.

Bevölkerungsveränderungen

Eine einmalige Bevölkerungszunahme

Wir unterstellen wieder, daß die Volkswirtschaft sich im Zeitpunkt 1 in einem steady-state mit dem aggregierten Kapitalstock K_0 befindet. In Periode 2 möge dann die Bevölkerung einmalig um 10% zunehmen. Ferner nehmen wir an, daß die Anzahl der Haushalte (und Unternehmen) ebenfalls um 10% zunimmt und daß die neuen Haushalte in bezug auf Durchschnittsalter, Präferenzen und Produktivität mit den alten identisch sind. Es wäre möglich, daß die neuen Haushalte ihre Existenz völlig ohne Kapital beginnen oder aber, daß die alten Haushalte (die Eltern) den neuen (den Kindern) ein Startkapital mitgeben. Unsere wichtigsten Ergebnisse sind jedoch in beiden Fällen gleich.

Falls der gesamtwirtschaftliche Kapitalstock unverändert bleibt, steht dem repräsentativen Produzenten weniger Kapital zur Verfügung als zuvor. (Wir müssen bedenken, daß die Zahl der Produzenten - Haushalte oder Unternehmen - um 10% zunimmt.) Deshalb übersteigt das Grenzprodukt des Kapitals seinen steady-state-Wert $\rho + \delta$. Folglich nimmt der gewünschte aggregierte Kapitalstock zu, und die aggregierte Nettoinvestitionsnachfrage wird positiv. Außerdem wachsen der Arbeitseinsatz, das Güterangebot und die Konsumnachfrage im Aggregat. Diese Veränderungen haben jedoch nur einen geringen Einfluß auf die geplante reale Gesamtersparnis. Deshalb übersteigt die Güternachfrage beim ursprünglichen Realzinssatz r^*_1 das Angebot in Höhe der Zunahme der Investitionsnachfrage, so daß der Realzinssatz zunimmt - d.h. $r^*_2 > r^*_1 = \rho$.

Die einmalige Bevölkerungszunahme versetzt die Volkswirtschaft in den bereits bekannten Zustand, in dem der Realzinssatz höher ist als der steady-state-Wert ρ. Dies stellen wir uns am besten so vor, daß der Anstieg der Bevölkerung den typischen Produzenten sozusagen in ein früheres Stadium der Wirtschaftsentwicklung zurückversetzt, welches durch einen geringeren Kapitalstock gekennzeichnet ist und folglich durch einen Realzinssatz, der über dem steady-state-Wert liegt.

Als Konsequenz der Erhöhung des Realzinssatzes während Periode 2 erhalten wir den üblichen Zeitpfad, bei dem der aggregierte Kapitalstock wächst, während der Realzinssatz sich seinem steady-state-Wert ρ annähert. Die Frage ist, was wir über die verschiedenen Variablen dieses neuen steady-state aussagen können. Dabei interessiert uns insbesondere, ob im Aggregat das Kapital, die Produktion, der Konsum und der Arbeitseinsatz um 10% und damit im selben Ausmaß zunehmen wie die Bevölkerung.

Im Falle konstanter Skalenerträge der Produktion würden alle diese Aggregate um genau 10% wachsen. Dann würden durch eine 10%ige Zunahme der aggregierten Kapital- und Arbeitseinsätze 10% mehr Güter produziert. Außerdem wäre das Grenzprodukt des Kapitals genauso hoch wie zuvor und damit gleich seinem steady-state-Wert $\rho + \delta$.

Da die Anzahl der Produktionseinheiten ebenfalls um 10% zunimmt, müssen wir uns fragen, warum wir etwas anderes als konstante Skalenerträge erwarten sollten. Da das Aggregat des Faktors "Boden", der für die verschiedenen natürlichen Ressourcen und die Bodenfläche steht, unverändert bleibt, mag es eine Tendenz zu abnehmenden Skalenerträgen geben. Es gibt vermutlich einen Produktionsbereich, in dem konstante Skalenerträge eine sinnvolle Approximation sind. Dies gilt solange, bis die unvermehrbare Bodenfläche zu einem wesentlichen Engpaßfaktor wird. In diesem Bereich mit annähernd konstanten Skalenerträgen können wir feststellen, daß eine 10%ige Bevölkerungszunahme langfristig tatsächlich zu einer nahezu

10%igen Erhöhung des Kapitals, der Produktion, des Konsums und des Arbeitseinsatzes führt.

Bevölkerungswachstum

Nun wäre es naheliegend, mit der Analyse eines kontinuierlichen Bevölkerungswachstums fortzufahren. Allerdings sind die Details dieser Thematik mit einigen Schwierigkeiten verbunden, die den Rahmen unserer Diskussion sprengen würden. Deshalb wollen wir uns auf die knappe Skizzierung einiger Resultate beschränken.

Wir nehmen weiterhin nahezu konstante Skalenerträge an, unterstellen jedoch, daß die Bevölkerung mit einer stetigen Rate wächst und nicht nur einmalig zunimmt. In der Nachkriegszeit lagen z.b. in den Industrieländern die Bevölkerungswachstumsraten typischerweise zwischen 0 und 2% p.a. So betrug in den USA die Wachstumsrate zu Beginn des 19. Jahrhunderts noch etwa 3% p.a., lag dann aber von 1960-87 bei nur 1,1%.[5]

Das Bevölkerungswachstum verursacht bei den aggregierten Werten des Kapitals, der Produktion, des Konsums und des Arbeitseinsatzes einen kontinuierlichen Aufwärtstrend. Die Volkswirtschaft kann sich deshalb nicht mehr einem steady-state annähern, in dem diese Aggregate konstant sind. Statt dessen haben wir eine von den Ökonomen als **steady-state-Wachstum** bezeichnete Situation, bei der die aggregierten Größen des Kapitals, des Outputs, des Konsums und des Arbeitseinsatzes alle mit derselben Rate wachsen wie die Bevölkerung. Obwohl sich die absoluten Größen dieser Variablen im Zeitablauf ändern, bleiben bestimmte Relationen im steady-state-Wachstum konstant. Dazu gehören die Pro-Kopf-Größen des Kapitals, des Outputs und des Konsums. Die Pro-Kopf-Wachstumsraten dieser drei Variablen sind also im steady-state-Wachstum alle gleich Null.

Im Gegensatz zum zuvor beschriebenen steady-state zeichnet sich ein steady-state-Wachstum durch positive aggregierte Nettoinvestition und reale Ersparnis aus. Da die Nettoinvestition die neuen Gesellschaftsmitglieder mit Kapital versorgt, kann die Kapitalmenge pro Kopf und pro Arbeiter im Zeitablauf konstant bleiben. Wir brauchen uns nur in die Rolle von Eltern zu versetzen, die sparen, um ihre Kinder zu versorgen - konkret, um sie z.B. in einem Betrieb unterzubringen (oder ihnen eine Ausbildung zu ermöglichen). Allerdings reicht es bei einer positiven Wachstumsrate der Bevölkerung nicht aus, wenn die Wirtschaftssubjekte ihren Nachkommen ihr Kapital einfach weiterreichen, denn im Durchschnitt kommt auf einen Erwachsenen

---

[5] Während von der Mitte des 19. Jahrhunderts bis in die 20er Jahre etwa ein Drittel des Bevölkerungswachstums durch Einwanderung bedingt war, fällt diese von den 30er bis in die 60er Jahre deutlich weniger ins Gewicht. In den letzten Jahren haben die Einwanderungszahlen jedoch wieder zugenommen, so daß sie 1986 für 26% des Bevölkerungswachstums verantwortlich waren. (Vgl. *Statistical Abstract of the U.S.*, 1988, S. 10.) Würden überdies die illegalen Einwanderer mitgerechnet, fiele dieser Anteil wesentlich höher aus.

mehr als ein Kind. Deshalb muß der repräsentative Erwachsene während seiner Lebenszeit positive reale Ersparnisse akkumulieren.

Wie sieht der Realzinssatz in einer Position des steady-state-Wachstums aus? Da der Pro-Kopf-Konsum konstant ist, lassen unsere vorherigen Resultate vermuten, daß der Realzinssatz nach wie vor gleich der Zeitpräferenzrate ρ ist. Andererseits bilden aber die repräsentativen Eltern positive reale Ersparnisse, die nicht zur Erhöhung des individuellen Konsums dienen, sondern zur Versorgung der wachsenden Bevölkerung. Dies impliziert wiederum, daß sich die Eltern für ihre Kinder verantwortlich fühlen und deshalb den zukünftigen Nutzen ihrer Kinder mit der Zeitpräferenzrate ρ diskontieren.

Wir sollten schließlich darauf hinweisen, daß in unserer Diskussion der Zeitpfad der Bevölkerung als gegeben betrachtet wird. Aber wir sollten auch imstande sein, die Bevölkerung mit Hilfe ökonomischer Überlegungen zu bestimmen. Manche klassischen Ökonomen, wie Malthus, Ricardo und Marx, haben dieses Thema als zentralen Bestandteil der ökonomischen Analyse erachtet (wenngleich sich ihre Theorien empirisch nicht bestätigt haben). Vor kurzem haben einige Wirtschaftswissenschaftler erneut eine ökonomische Analyse des Bevölkerungswachstums vorgenommen.[6] Die empirischen Ergebnisse sind zwar ermutigend, können jedoch die Entwicklung des Bevölkerungswachstums über die Zeit nicht vollständig erklären.

Technologischer Wandel

Wie wir wissen, führt eine permanente Verbesserung der Produktionsfunktion zu einer langfristigen Erhöhung der Pro-Kopf-Größen des Kapitals, der Produktion und des Konsums. Der Prozeß der wirtschaftlichen Entwicklung ist typischerweise durch eine kontinuierliche Reihe solcher Verbesserungen charakterisiert, die wir als technischen Fortschritt bezeichnen. Wie im Fall des Bevölkerungswachstums werden wir nur einige Konsequenzen einer sich ständig verbessernden Technologie skizzieren.

Kontinuierliche technologische Verbesserungen führen zu einer dauerhaften Erhöhung der Pro-Kopf-Größen des Kapitals, der Produktion und des Konsums. In manchen Fällen erreicht die Volkswirtschaft ein **Pro-Kopf-Wachstum im steady-state**, das durch konstante Wachstumsraten dieser Pro-Kopf-Größen charakterisiert ist. Die Volkswirtschaft tendiert also nicht länger zu Pro-Kopf-Wachstumsraten von Null.

Was geschieht nun in einer Situation des Pro-Kopf-Wachstums im steady-state mit dem realen Zinssatz? Im Gegensatz zu unseren vorhergehenden Fällen nimmt der Pro-Kopf-Konsum hier langfristig zu, so daß der Realzinssatz im steady-state ausreichend hoch sein muß, um die Wirtschaftssubjekte zu einer Verschiebung des

---

[6] Vgl. z.B. Richard Easterlin (1968), Gary Becker(1981) sowie Gary Becker und Robert Barro (1988).

Konsums von früheren auf spätere Zeitpunkte zu veranlassen. Dies bedeutet, daß der reale Zinssatz im steady-state die Zeitpräferenzrate ρ übersteigen muß. (Erinnern wir uns, daß ein Realzins, der gleich ρ ist, gerade ausreicht, um zu konstantem Pro-Kopf-Konsum zu veranlassen.)

Schließlich gilt wie bei der Analyse des Bevölkerungswachstums, daß wir bei unserer Diskussion davon absehen, technologische Veränderungen mit Hilfe der ökonomischen Analyse zu erklären. Idealerweise würden wir die Anreize der Produzenten zur Investition in Forschung und Entwicklung klären wollen, die letztlich zu neuen Produkten und besseren Produktionsmethoden führen. Einen interessanten Aspekt stellt die Regelung der Eigentumsrechte der Wirtschaftssubjekte an ihren Erfindungen, Produktionstechniken u.dgl. dar. Auch die möglichen Grenzen ständig neuer Ideen, d.h. die Wahrscheinlichkeit, daß der technische Fortschritt nicht beliebig lange anhalten kann, wäre ein interessanter Untersuchungsgegenstand. Dieser Bereich ist ein vielversprechender Zweig ökonomischer Forschung.

Zusammenfassung unserer Schlußfolgerungen zur wirtschaftlichen Entwicklung

Bevor wir uns einigem statistischen Material zuwenden, fassen wir die wichtigsten theoretischen Schlußfolgerungen zur wirtschaftlichen Entwicklung zusammen. Wir gehen zunächst davon aus, daß sowohl Bevölkerungswachstum als auch technologischer Wandel ausgeklammert sind und der Kapitalstock der Volkswirtschaft am Anfang kleiner als sein steady-state-Wert ist. Dann gelangen wir zu positiven, aber abnehmenden Wachstumsraten des Kapitalstocks, der Produktion und des Konsums, die sich schließlich den steady-state-Werten von Null annähern. Zugleich sinkt der Realzinssatz ebenfalls in Richtung des steady-state-Wertes, der gleich der Zeitpräferenzrate ρ ist. Außerdem kommt es im Zeitablauf zu einer Abnahme des Verhältnisses von Nettoinvestitionen zu Netto- und Bruttoproduktion, wobei die Nettoinvestition im steady-state gleich Null ist.

Bei Einführung des Bevölkerungswachstums nähert sich die Volkswirtschaft einer Situation des steady-state-Wachstums an. Dabei sind die Pro-Kopf-Wachstumsraten des Kapitals, der Produktion und des Konsums alle gleich Null, während die Nettoinvestition positiv ist. Im übrigen sind die Resultate mit den obigen identisch.

Schließlich können wir auch kontinuierliche Verbesserungen der Technologie zulassen. Dann kann sich die Volkswirtschaft einer Position des Pro-Kopf-Wachstums im steady-state annähern, bei dem die Pro-Kopf-Größen des Kapitals, der Produktion und des Konsums alle mit einer positiven konstanten Rate wachsen. In dieser Situation übersteigt der steady-state-Realzinssatz die Zeitpräferenzrate ρ.

Langfristige Daten für die USA

Um zu überprüfen, ob unsere Theorie mit der langfristigen Entwicklung der US-Wirtschaft übereinstimmt, betrachten wir Tab. 10.1, die die Wachstumsrate des realen Bruttosozialprodukts (BSP), ein Maß für den Realzinssatz und die Brutto- und Nettoinvestitionsquoten enthält. Die für das 19. und 20. Jahrhundert aufgelisteten Daten geben die Durchschnittswerte für Perioden von jeweils 20 Jahren an, wobei die Phasen der drei großen Kriege ausgeklammert sind (1861-66, 1917-19, 1941-46).

Um lange Zeitreihen zu erhalten, verwenden wir den Zinssatz für erstklassige, kurzfristige Handelspapiere, zu denen kurzfristige Schuldscheine etablierter Unternehmen gehören. (US-Schatzwechsel wurden erstmals 1929 ausgegeben.) Wie wir früher feststellten, waren die Realzinssätze während der Zeit nach dem 2. Weltkrieg zumeist niedrig; im Durchschnitt der Jahre 1947-80 betrug der reale Zinssatz lediglich 0,6%. Allerdings lag dieser Durchschnittswert in den Jahren 1981-88 mit 4,7% erheblich höher. Abgesehen von diesen hohen Realzinssätzen seit 1981 ergibt sich aus Tab. 10.1 als wesentliche Beobachtung, daß die realen Zinssätze in längerer Frist bemerkenswert gesunken sind. Dies läßt sich anhand der folgenden Durchschnittswerte demonstrieren: 1840-60 und 1867-80 betrug der Realzinssatz 9,1%, 1880-1900 6,3%, 1900-16 3,1%, 1920-40 4,9%, 1947-60 − 0,2% und 1960-80 1,2%. Im Vergleich zu den Werten vor dem 2. Weltkrieg erscheinen die Realzinsen 1981-88 nicht länger dramatisch. In jedem Falle belegen die langfristigen Daten die Aussagen unserer Theorie, daß im Zuge der wirtschaftlichen Entwicklung sowohl das Grenzprodukt des Kapitals als auch der Realzinssatz sinken.

Das Verhältnis der privaten Brutto- und Nettoanlageinvestition zum BSP zeigt langfristig einen gewissen Abwärtstrend; die Nettoinvestitionsquote ist von 9-10% (1869-1900) auf 6% (1947-80) gesunken. Nach unserer Theorie geht diese Abnahme mit dem Sinken des Realzinssatzes einher.

Tab. 10.1 zeigt die durchschnittlichen Wachstumsraten des realen BSP, der Bevölkerung und des realen Pro-Kopf-BSP seit 1840. (Bei den realen BSP-Daten für das 19. Jahrhundert handelt es sich um grobe Schätzungen.) Die Zahlen zeigen eine ausgeprägte Abnahme der Bevölkerungswachstumsraten - von etwa 3% p.a. um die Mitte des 19. Jahrhunderts auf etwas mehr als 1% für den Zeitraum 1960-80 - sowie eine leichte Abnahme der Zuwachsraten des realen BSP - von etwa 5% zwischen 1840 und 1860 auf 3,5% zwischen 1960 und 1980. Seit 1880 ist allerdings kein eindeutiger Abwärtstrend zu beobachten. Auch bei den Pro-Kopf-Wachstumsraten des realen BSP ist kein eindeutiger Trend zu erkennen; tatsächlich ist der Wert von 2,3% p.a. für 1960-80 nur durch den Wert von 3,5% p.a. in der Periode 1869-80 übertroffen worden. Dieses Ergebnis widerspricht der theoretischen Voraussage abnehmender Pro-Kopf-Wachstumsraten.

Tab. 10.1: *Wachstumsraten, Zinssätze und Investitionsquoten für die USA seit 1840*

	Wachstumsraten (% p.a.)[a]			Zinssätze und Inflationsraten[a] (% p.a.)			Investitionsquoten	
	reales BSP	Bevölkerung	reales BSP pro Kopf	R	π	$r = R - \pi$	Private Bruttoanlageinvestitionen/ BSP	Private Nettoanlageinvestitionen/ BSP
1840-1860	4,9	3,1	1,8	8,6	−0,5	9,1	−	−
1867-1880	5,6[b]	2,3[b]	3,3[b]	6,7	−2,4	9,1	0,17[c]	0,09[c]
1880-1900	3,2	2,1	1,1	5,6	−0,7	6,3	0,19[d]	0,10[d]
1900-1916	3,7	1,8	1,9	5,5	2,4	3,1	0,17	0,07
1920-1940	2,2	1,1	1,1	3,3	−1,6	4,9	0,12	0,01
1947-1960	3,4	1,7	1,7	2,3	2,5	−0,2	0,14	0,06
1960-1980	3,2	1,2	2,0	5,9	4,7	1,2	0,14	0,06

Anmerkung: In den betrachteten Zeiträumen sind die mit den drei großen Kriegen verbundenen Jahre ausgeklammert: 1861-66, 1917-19 und 1941-46.

Zu den Daten für das reale BSP vgl. Abb. 1.1 in Kapitel 1.

R ist der Nominalzinssatz für 4 - 6monatige erstklassige Handelspapiere. Von 1857-89 bezieht sich die Variable auf 60-90 Tagessätze, die aus Frederick R. Macaulay (1938), Tab. 10 stammen. Die Werte für 1840-56 basieren auf Bigelows Schätzungen für die "New York and Boston Money Markets," die bei Macaulay in Tab. 25 aufgeführt sind. Die Zinssätze seit 1890 stammen vom U.S. Department of Commerce (1975), S. 1001 und verschiedenen Ausgaben des *Federal Reserve Bulletin*.

Die Inflationsrate π basiert auf dem BSP-Deflator seit 1869, vgl. Abb. 1.4 in Kapitel 1. Daten über das Preisniveau vor 1869 beziehen sich auf den Konsumentenpreisindex und sind dem U.S. Department of Commerce (1975), S. 211 entnommen.

Die Investitionsquoten werden durch die Division der realen, inländischen privaten Anlageinvestitionen durch das reale BSP ermittelt. Die Investitionsdaten für 1869-1928 stammen von John Kendrick (1961), Tab. A-I und A-III.

Für die letzten Jahre stammen die Daten aller Variablen vom U.S. Department of Commerce (1986).

[a] Die Beobachtungsperioden für die Zinssätze sind 1840-59, 1867-79, 1880-99, 1900-15, 1920-39, 1947-59 und 1960-79. Deshalb entsprechen die betrachteten Zeiträume in etwa denen der Inflationsrate.

[b] 1869-80 (Daten für das reale BSP von 1867-68 sind nicht verfügbar.)

[c] 1869-78.

[d] 1879-1900.

Länderquerschnittsdaten für die Periode nach dem 2. Weltkrieg

Wir wollen nun die Wachstumserfahrungen in der Nachkriegszeit im Länderquerschnitt betrachten. Dazu greifen wir auf die von Robert Summers und Alan Heston (1988) (unter anfänglicher Mitwirkung von Irving Kravis) für mehr als 100 Länder erhobenen Daten zurück. In Abb. 10.3 werden für 113 Länder die durchschnittlichen Wachstumsraten des realen Bruttoinlandsprodukts (BIP) pro Kopf für die Zeit von 1960 bis 1985 gegenüber dem Niveau des BIP pro Kopf 1960 abgebildet. Dabei wird ein leicht positiver Zusammenhang erkennbar, aber der wesentliche Eindruck ist, daß die Beziehung zwischen der Pro-Kopf-Wachstumsrate und dem Ausgangsniveau der Pro-Kopf-Produktion wenig ausgeprägt ist. Oder anders gesagt: Es ist keine Tendenz dafür erkennbar, daß Länder mit anfänglich niedriger Pro-Kopf-Produktion vergleichsweise schneller wachsen und Anschluß an jene Länder gewinnen, die mit einer hohen Pro-Kopf-Produktion begonnen haben.

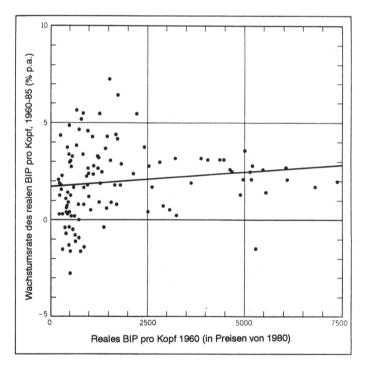

Abb. 10.3: *Pro-Kopf-Wachstum im Vergleich zum Anfangsniveau der Pro-Kopf-Produktion (für 113 Länder).*

Falls die Länder hinsichtlich ihrer technologischen Bedingungen und Präferenzen ähnlich wären, würde die Theorie prognostizieren, daß Länder mit anfänglich geringer Pro-Kopf-Produktion tendenziell zu denen mit anfangs hohen Werten aufschließen. Dieser Prozeß würde mit dem vorübergehend relativ schnellen Wachstum von Ländern mit niedrigem Einkommen korrespondieren. Die in Abb. 10.3 gezeigte Entwicklung des Pro-Kopf-Wachstums stützt allerdings diese Einschätzung nicht, und in dieser Hinsicht ähneln die Ergebnisse des Länderquerschnitts der langfristigen Entwicklung in den USA. Es sei daran erinnert, daß wir keine Tendenz zu einem Nachlassen des Pro-Kopf-Wachstums im Entwicklungsverlauf der US-Volkswirtschaft erkennen konnten.

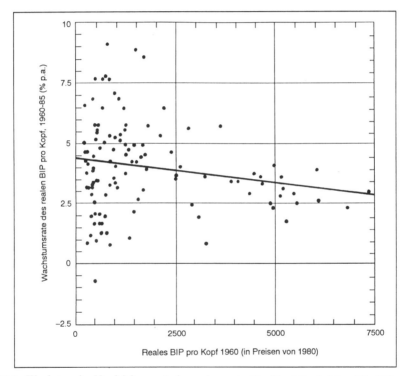

Abb. 10.4: *Wachstum im Vergleich zum Anfangsniveau der Pro-Kopf-Produktion (für 113 Länder).*

Abb. 10.4 zeigt im Ländervergleich eine schwach negative Beziehung zwischen der Wachstumsrate des realen BIP (nicht des realen BIP pro Kopf) und dem Anfangsniveau des realen BIP pro Kopf. Dieser Zusammenhang reflektiert die stark inverse Beziehung zwischen dem Bevölkerungswachstum und dem anfänglichen Niveau des realen BIP pro Kopf. Dies bedeutet, daß die ärmeren Länder in der Zeit nach dem 2. Weltkrieg tendenziell höhere Wachstumsraten der Bevölkerung aufwiesen, und auch dies hat wiederum Ähnlichkeit mit den Beobachtungen für die USA, denn mit Entwicklung der Volkswirtschaft ging das Wachstum der US-Bevölkerung zurück.

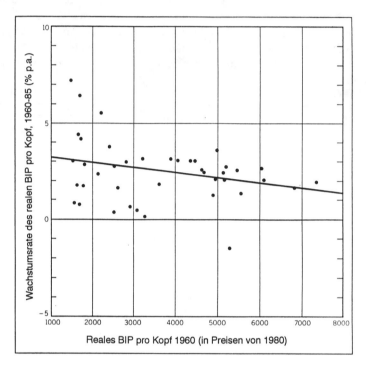

Abb. 10.5: *Pro-Kopf-Wachstum im Vergleich zum Ausgangsniveau der Pro-Kopf-Produktion (für 41 Länder mit Anfangswerten über 1.500 $).*

Die Ergebnisse für 41 Länder, die 1960 mit vergleichweise hohem Pro-Kopf-Einkommen begannen, sind in den Abb. 10.5 und 10.6 dargestellt. (Diese Auswahl schließt Länder ein, deren in Preisen von 1980 bewertetes BIP pro Kopf 1960 1.500 $ überstieg.) Für diese Gruppe zeigt sich eine gewisse negative Beziehung zwischen der Wachstumsrate des realen BIP pro Kopf und dem Anfangsniveau des realen BIP pro Kopf (Abb. 10.5). Ein stark negativer Zusammenhang ergibt sich ferner zwischen der Wachstumsrate des realen BIP und dem anfänglichen realen BIP pro Kopf (Abb. 10.6). Mithin zeigen die Daten eine gewisse Tendenz zur Annäherung zwischen den Ländern, denen es 1960 einigermaßen gut ging.

Die Daten des Länderquerschnitts verdeutlichen insgesamt zwei systematische Muster in bezug auf das wirtschaftliche Wachstum. Erstens gab es Länder, die seit

1960 ein Niveau relativer Prosperität erreicht haben. In diesen Fällen ist eine gewisse Tendenz dazu erkennbar, daß Länder mit niedrigem Einkommen schneller wachsen und sich den Ländern mit hohem Einkommen annähern. Zweitens gibt es Länder mit niedrigem Anfangsniveau des Einkommens (sagen wir mit weniger als 1.000 $ pro Kopf in Preisen von 1980), die nicht mit jener hohen Rate wuchsen, die notwendig gewesen wäre, um zu den wohlhabenderen Ländern aufzuschließen. In diesem Bereich zeigen die Daten keinerlei Tendenz zu einer Annäherung. Daher bedürfte die Theorie einer Erweiterung, um die Existenz einer "Falle des niedrigen Niveaus" der am wenigsten entwickelten Länder zu erklären.

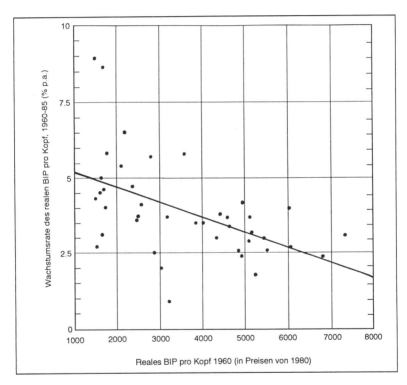

Abb. 10.6: *Wachstum im Vergleich zum Ausgangsniveau der Pro-Kopf-Produktion (für 41 Länder mit Anfangswerten über 1.500 $).*

Obwohl die in diesem Kapitel entwickelte Theorie einen gewissen Erklärungswert besitzt, vermag sie im wesentlichen die Unterschiede in den Wachstumsraten, die entlang der vertikalen Achsen der Abb. 10.3 und 10.4 erkennbar sind, nicht zu erklären; d.h. sie ist nicht besonders gut geeignet, um zu begründen, warum die Länder über lange Zeiträume mit so deutlich unterschiedlichen Raten wachsen. Es gibt jedoch einige vielversprechende neuere Entwicklungen der Wachstumstheorie, die uns auf ein besseres Verständnis der Daten hoffen lassen. Zu den in der neueren Theorie hervorgehobenen Elementen gehören die Bestimmungsgründe des technischen Fortschritts, die Einflüsse auf das Bevölkerungswachstum, die Rolle von Investitionen in das Humankapital; zentrale Forschungsgegenstände sind die Entwicklung des Sparens und der Investition, die Rolle freier Märkte und die Wirkungen staatlicher Leistungen und Besteuerung. Einige Forschungsarbeiten erhellen die Möglichkeiten einer "Falle des niedrigen Niveaus" für die wirtschaftliche Entwicklung, ein Phänomen, das die Länderdaten zu charakterisieren scheinen. Für einen (technisch anspruchsvollen) Überblick über die jüngere Forschung vgl. Paul Romer (1989).

Zusammenfassung

In diesem Kapitel haben wir den langfristigen Prozeß der Kapitalakkumulation untersucht. Wenn die Menge des eingesetzten Kapitals zunimmt, führt das abnehmende Grenzprodukt des Kapitals zu einem Sinken des realen Zinssatzes. Der Pfad der ökonomischen Entwicklung zeigt einen Anstieg des Konsums und der Produktion, jedoch eine sinkende Nettoinvestition. Der Arbeitseinsatz nimmt entweder zu oder ab. Die Zuwachsraten des Kapitals, des Konsums und der Produktion haben eine sinkende Tendenz, so daß sich die Volkswirtschaft schließlich einem steady-state annähert, in welchem Output und Kapital unverändert bleiben. In einer solchen Situation sind Nettoinvestition und Realersparnis gleich Null, und der Realzinssatz ist gleich der Zeitpräferenzrate.

Eine kontinuierlich wachsende Bevölkerung führt zu einem anhaltenden Produktions- und Kapitalwachstum. Obwohl die Volkswirtschaft sich dann nicht mehr einer Position annähert, in der Nettoinvestition und reale Ersparnis gleich Null sind, tendieren die Pro-Kopf-Wachstumsraten des Kapitals, des Konsums und der Produktion gegen Null. Im Falle eines anhaltenden technischen Fortschritts können diese Pro-Kopf-Wachstumsraten langfristig positiv sein.

Die Daten für die USA seit 1840 zeigen eine langfristige Abnahme des Realzinssatzes und einen geringen Rückgang des Anteils der Nettoanlageinvestitionen am BSP. Dennoch ist trotz sinkender Wachstumsrate der Produktion keine systematische Abnahme der Pro-Kopf-Wachstumsrate zu beobachten.

Darüber hinaus haben wir die Wachstumserfahrungen von mehr als 100 Ländern für den Zeitraum 1960-85 untersucht. Es gibt insgesamt nur eine geringe Beziehung zwischen der Wachstumsrate des realen BIP pro Kopf und dem Ausgangsniveau des realen BIP pro Kopf. Aus diesem Grund nähern sich die Länder mit niedrigem Einkommen nicht in systematischer Weise den Ländern mit hohem Einkommen an. Für Länder, die in einer Position relativer Prosperität begonnen haben, zeigt sich bei jenen mit niedrigem Einkommen eine gewisse Tendenz zu schnellerem Wachstum. Insofern weisen die Daten in Richtung auf eine Konvergenz innerhalb der Gruppe der vergleichsweise wohlhabenden Länder.

Fragen und Probleme

Zur Wiederholung

10.1 Warum senkt eine Erhöhung des Kapitalstocks den realen Zinssatz?

10.2 Geben Sie eine Zusammenfassung der Konsequenzen eines höheren Kapitalstocks auf die Größen
a. des Konsums,
b. der Freizeit,
c. der Nettoinvestition.
Unterscheiden Sie ggf. zwischen Vermögens- und Substitutionseffekten.

10.3 Welche unmittelbaren Effekte ergeben sich bei einer einmaligen, dauerhaften Verbesserung der Produktionsfunktion beim Zinssatz und bei den Nettoinvestitionen? Würden die Nettoinvestitionen im Falle einer gleich großen Zunahme des Zinssatzes und des Grenzprodukts des Kapitals steigen? Erläutern Sie, warum dies relativ unwahrscheinlich ist.

10.4 Welche langfristigen Effekte ergeben sich bei der in Frage 10.3 betrachteten Verbesserung der Produktionsfunktion? Warum bleiben die Nettoinvestitionen in künftigen Perioden selbst dann positiv, wenn das *GPK* nicht mehr zunimmt? Warum erreicht die Volkswirtschaft schließlich einen steady-state bzw. warum sind die Nettoinvestitionen letztlich gleich Null?

10.5 Vergleichen Sie eine steady-state-Volkswirtschaft mit einer Volkswirtschaft mit steady-state-Wachstum. Erklären Sie, warum in der letzteren die Nettoinvestitionen in jeder Periode positiv sind.

Probleme zur Diskussion

10.6 Auswirkungen eines erhöhten Kapitalstocks auf den Gütermarkt
Zeichnen Sie ein Diagramm, um die Wirkungen einer Erhöhung des Kapitalstocks von der Periode 1 zur Periode 2 auf den Gütermarkt zu zeigen.
a. Wodurch wird die Richtung und Größe der Verschiebung der aggregierten Nachfrage nach der Nettoproduktion festgelegt?
b. Zeichnen Sie die Kurve der Nettoinvestitionsnachfrage ein. Wie hoch ist die Nettoinvestitionsnachfrage nach Erhöhung des Kapitalstocks, wenn der reale Zinssatz dem Wert r^*_1 entspricht?
c. Betrachten Sie den Effekt eines erhöhten Kapitalstocks auf die Nettoinvestitionen. Warum ist dieser Effekt negativ?

10.7 Wirtschaftsentwicklung und Reallohn
Angenommen, wir führten einen gesonderten Arbeitsmarkt in unser Modell ein.
a. Unterstellt, Bevölkerung und Technologie sind konstant und die Volkswirtschaft beginnt mit einem Kapitalstock, der kleiner ist als der im steady-state. Was geschieht mit dem Reallohnsatz, wenn die Volkswirtschaft Kapital akkumuliert?
b. Angenommen, die Volkswirtschaft befindet sich zum Zeitpunkt 1 in einem steady-state, und es findet eine einmalige Verbesserung der Produktionstechnologie statt. Diese verschiebt die Kurven des Grenzprodukts der Arbeit und des Kapitals nach oben. Was geschieht kurz- und langfristig mit dem Reallohnsatz?

10.8 Bevölkerungswachstum (fakultativ)
Angenommen, die Technologie bleibt konstant, die Bevölkerung wächst hingegen mit der konstanten Rate η. Überdies sollen die Skalenerträge nahezu konstant sein. Wie wirkt sich der Wert von η *in einer Situation des steady-state-Wachstums* auf die folgenden Variablen aus:
a. die Wachstumsraten des Gesamtkapitals, der Bruttoproduktion, des Konsums und des Arbeitseinsatzes?
b. die Pro-Kopf-Wachstumsraten des Kapitals, der Bruttoproduktion, des Konsums und des Arbeitseinsatzes?

Wir nehmen jetzt an, daß Veränderungen von η das Verhältnis des aggregierten Kapitals zur aggregierten Bruttoproduktion oder zum aggregierten Arbeitseinsatz in einer Situation des steady-state-Wachstums unberührt lassen. Wie beeinflußt dann der Wert von η im steady-state-Wachstum die folgenden Variablen:
c. Das Verhältnis der aggregierten Nettoinvestition zu den Aggregaten des Kapitals und der Bruttoproduktion?
d. Das Verhältnis des aggregierten Konsums zur aggregierten Bruttoproduktion?

Kapitel 11

Arbeitslosigkeit

Bisher haben wir uns auf die Vorhersagen des Modells zu Fluktuationen der Produktion und zur Aufteilung des Outputs in Investitionen und Konsum konzentriert. Ein negativer Angebotsschock kann zu einer Rezession führen, die den Output und den Anteil der Investitionen an der Produktion sinken läßt. Das Modell vermag ferner einen Rückgang des gesamtwirtschaftlichen Arbeitseinsatzes in einer Rezession zu erklären. In einer Modellkonstruktion, wie wir sie in Kapitel 6 verwendeten, die Unternehmen und einen separaten Arbeitsmarkt aufweist, zeigen sich derartige Veränderungen als Variationen entweder der Beschäftigung - d.h. der Zahl der beschäftigten Personen - oder der Anzahl der von den Beschäftigten geleisteten Arbeitsstunden.

Wir haben noch nicht über die **Arbeitslosigkeit** diskutiert, die verstanden wird als Zahl der Personen, die eine Arbeit suchen, aber keine Beschäftigung finden können. Arbeitslose und Beschäftigte bilden zusammen die **Erwerbspersonen**. Personen, die weder eine Beschäftigung haben noch eine solche suchen, werden als **Nichterwerbstätige** bezeichnet. Die **Arbeitslosenquote** ist der Anteil der Arbeitslosen an den Erwerbspersonen. Während Arbeitslosigkeit die erfolglose Arbeitssuche kennzeichnet, bezieht sich der Begriff der *offenen Stellen* auf die Zahl derjenigen Arbeitsplätze, die von den Unternehmen nicht besetzt werden konnten.

Auf dem Arbeitsmarkt von Kapitel 6 erfolgte die Anpassung des Lohnsatzes so, daß Arbeitsangebot und -nachfrage ausgeglichen wurden. Jeder, der zum herrschenden Lohnsatz Arbeit suchte, war in der Lage, eine Beschäftigung zu finden. Entsprechend gelang es den Unternehmen, die geplante Zahl an Arbeitskräften einzustellen. Sowohl die Arbeitslosigkeit als auch die Anzahl der offenen Stellen war gleich Null, und die Zahl der Beschäftigten entsprach derjenigen der Erwerbspersonen. Obwohl dieses Modell des Arbeitsmarktes gewisse Schwankungen der Beschäftigung (d.h. der Erwerbstätigkeit) einschließen kann, vermag es nicht zu erklären, warum die Zahl der Arbeitslosen und der offenen Stellen von Null verschieden ist. Infolgedessen sagt es nichts darüber aus, warum sich die Anzahl der Beschäftigten und die der unbesetzten Stellen im Zeitablauf verändern können. Neben diesen Unzulänglichkeiten kann das Modell auch nicht vollständig befriedigend zum Verständnis aller Veränderungen von Beschäftigung und Produktion beitragen.

Um Arbeitslosigkeit und offene Stellen zu erklären, müssen wir gewisse "Friktionen" des Arbeitsmarktes berücksichtigen. Wir haben insbesondere zu klären, warum Arbeitslose einige Zeit benötigen, um eine Beschäftigung zu finden und zu akzeptieren. Ebenso sollte deutlich werden, warum einige Zeit vergeht, bis die Unternehmen offene Stellen besetzen können. Insoweit liegt der Schlüssel zum Verständnis von

Arbeitslosigkeit und offenen Stellen im Suchprozeß von Arbeitnehmern nach Arbeitsplätzen und von Unternehmern nach Arbeitskräften.

In unserer früheren Diskussion haben wir die Dinge durch die Annahme vereinfacht, daß die Arbeitskräfte sich nicht unterscheiden; und indem wir von der Vorstellung nur eines einzigen Produktionsprozesses ausgingen, unterstellten wir, daß die Arbeitsplätze identisch sind. Unter diesen Umständen ist der Suchprozeß bei Arbeitnehmern und Unternehmern trivial. Um die Analyse gehaltvoll zu gestalten, müssen wir Unterschiede bei Arbeitskräften und Arbeitsplätzen zulassen. Tatsächlich können wir uns die Funktionsweise des Arbeitsmarktes so vorstellen, daß er für eine möglichst gute Übereinstimmung zwischen Arbeitskräften und Arbeitsplätzen sorgt. Da sich diese unterscheiden, ist der Prozeß, der die Übereinstimmung herstellen soll, schwierig und zeitraubend. Arbeitslosigkeit und offene Stellen entstehen als Begleitumstände dieses Prozesses.

Im nächsten Abschnitt entwickeln wir ein einfaches Modell dieser Anpassung am Arbeitsmarkt. Zwei wesentliche Zielsetzungen dieser Analyse sollten zuvor hervorgehoben werden. Wir wollen erstens erklären, warum die Zahl der Arbeitslosen und die Zahl der offenen Stellen positiv ist. Zweitens soll gezeigt werden, wie diese Variablen im Zeitablauf variieren und inwieweit sie bei der Bestimmung der Beschäftigung zusammenwirken. Wir wollen insbesondere verstehen, wie sich Arbeitslosigkeit und Beschäftigung in Rezessionen und Boomphasen entwickeln.

Ein Modell der Arbeitsplatzsuche

Stellen wir uns eine Person vor, die gerade in die Phase der Erwerbstätigkeit eingetreten ist, aber noch keinen Arbeitsplatz gefunden hat. Als Beispiel mag uns ein Student dienen, der sich nach bestandenem Examen nach seinem ersten "Job" umsieht, oder alternativ eine Person, die nach Gründung einer Familie (wieder) erwerbstätig wird. Angenommen, diese Person stellt sich auf der Suche nach einer Anstellung bei verschiedenen Unternehmen vor. Dort wird der Bewerber einer Befragung unterzogen, um seine mutmaßliche Qualifikation für die jeweilige Position herauszufinden. Als Ergebnis einer solchen Befragung wird das Unternehmen abzuschätzen versuchen, wie hoch das wahrscheinliche Grenzprodukt des Bewerbers ist. Der Einfachheit halber wollen wir annehmen, daß das Unternehmen diesem einen Arbeitsplatz zum nominalen Lohnsatz w anbietet, der dem geschätzen Wert des Grenzprodukts entspricht. (Wir unterstellen allein aus Gründen der Vereinfachung, daß die Beschäftigung mit den üblichen Wochenarbeitsstunden verbunden ist.)

Der Bewerber muß sich entscheiden, ob er das Angebot zum Lohnsatz w annehmen will. Die Alternative zur Übernahme der Stelle ist, arbeitslos zu bleiben und die

Suche nach einer anderen Beschäftigung fortzusetzen.[1] Das zahlt sich aus, wenn nachfolgende Lohnangebote die ursprüngliche Offerte übersteigen. Andererseits ist das Ausschlagen eines Angebots mit Kosten verbunden, die dem entgangenen Lohneinkommen bei Arbeitslosigkeit entsprechen. Dieses entgangene Einkommen muß allerdings bewertet werden abzüglich des Einkommens, das die Person als Arbeitsloser erhält. Dazu gehört die Arbeitslosenunterstützung, auf die wir später noch eingehen werden, und der Wert, welcher der Zeit beigemessen wird, die man ohne Arbeit (auf der Suche nach einer Beschäftigung) verbringt.[2]

Bei der Bewertung eines Angebots hat man zuerst festzulegen, wie man dieses mit anderen verfügbaren Angeboten zu vergleichen gedenkt. Bei diesem Vergleich hat der Arbeitsplatzsuchende eine Verteilung der möglichen Löhne[3] unter Berücksichtigung seiner Ausbildung, Berufserfahrung, örtlichen Präferenzen etc. zu bedenken. Abb. 11.1 zeigt eine denkbare Verteilung der Lohnangebote. Für jeden Wert des Lohnes auf der horizontalen Achse gibt die Höhe der Kurve die Chance oder die Wahrscheinlichkeit an, dieses Lohnangebot zu erhalten. Im gezeigten Fall liegen die Offerten gewöhnlich im mittleren Bereich des Wertes von w; allerdings gibt es eine geringe Chance, entweder ein sehr hohes Lohnangebot (auf dem rechten Ast der Verteilung) oder eines in der Nähe von Null zu erlangen.

In Abb. 11.1 gibt w^u den Lohn an, der effektiv bei Arbeitslosigkeit erzielt wird. Es versteht sich von selbst, daß jedes Angebot unter w^u ausgeschlagen wird. Für den in der Abbildung gezeigten Fall liegt w^u auf dem linken Abschnitt der Verteilung der Lohnangebote. Diese Konstruktion impliziert, daß die meisten, wenn auch nicht alle Lohnofferten w^u übersteigen. Mithin bleibt es dem Arbeitsplatzsuchenden zu entscheiden, ob er ein Lohnangebot $w > w^u$ akzeptiert.

Wie zuvor erwähnt, mag eine Person einen Lohn oberhalb von w^u ablehnen, um sich die Chance auf ein noch besseres Angebot zu erhalten (vgl. Fußnote 1). Aber es ergibt sich ein *trade-off* insoweit, als dem Arbeitsplatzsuchenden ein Einkommen in Höhe von $w - w^u$ entgeht, solange er arbeitslos ist. Die Balance dieser Kräfte schließt ein, was Ökonomen einen **Reservationslohn** (oder gelegentlich Akzeptanzlohn) nennen, den wir mit $\bar{w}$ bezeichnen. Lohnangebote unter $\bar{w}$ werden zurückge-

---

[1] Wir unterstellen, daß es sich nicht auszahlt, eine Stelle zu akzeptieren und dennoch die Arbeitsplatzsuche fortzusetzen, und zwar deshalb, weil es erstens angesichts der Kosten, die mit der Einstellung verbunden sind, nicht wünschenswert erscheint, eine Stellung mit einer erwarteten kurzen Dauer zu übernehmen, und weil zweitens die Suche leichter ist, solange man arbeitslos ist.

[2] Vermutlich haben Arbeitslose mehr Freizeit, selbst wenn man den für die Arbeitsplatzsuche benötigten Zeitaufwand berücksichtigt. Allerdings würden sich unsere grundlegenden Folgerungen nicht ändern, wenn die Wirtschaftssubjekte es vorzögen zu arbeiten, anstatt arbeitslos zu sein.

[3] Aus Vereinfachungsgründen unterstellen wir, daß die Attraktivität verschiedener Arbeitsplätze allein vom Lohn abhängt. Wir könnten freilich das Modell so erweitern, daß es einen effektiven Lohnsatz enthält, in welchem die Arbeitsbedingungen, die Arbeitszeit, der Ort der Beschäftigung und ähnliche Faktoren berücksichtigt sind.

wiesen, solche darüber angenommen. Wenn jemand einen hohen Wert von $\bar{w}$ setzt, dann wird er für lange Zeit (möglicherweise für immer) arbeitslos und auf der Suche nach einer annehmbaren Stelle sein. Andererseits bedeutet ein niedriger Wert von $\bar{w}$ (aber immer noch höher als w^u), daß die voraussichtliche Zeit der Arbeitslosigkeit verhältnismäßig kurz ist. Allerdings ist der erwartete Lohn eines akzeptablen Arbeitsplatzes um so niedriger, je geringer der Wert von $\bar{w}$ ist.

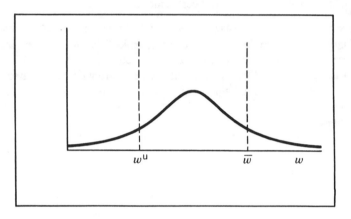

Abb. 11.1: *Verteilung von Lohnangeboten*
Die Kurve bildet die Chancen ab, Lohnangebote in unterschiedlicher Höhe zu erhalten. Je höher die Kurve ist, um so größer ist die Wahrscheinlichkeit, daß der entsprechende Lohn offeriert wird. Dabei ist w^u der effektiv bei Arbeitslosigkeit erzielte Lohn, und $\bar{w}$ ist der Reservationslohn. Lohnangebote werden akzeptiert, sofern sie mindestens so hoch sind wie $\bar{w}$, andernfalls werden sie zurückgewiesen.

Der optimale Wert von $\bar{w}$ hängt von der Gestalt der Verteilung von Lohnangeboten in Abb. 11.1 ab, als auch von der Höhe von w^u sowie der erwarteten Dauer der Beschäftigung.[4] Für unsere Zwecke ist es nicht nötig, die Details zur Berechnung des optimalen Reservationslohns $\bar{w}$ durchzugehen; allerdings können wir einige Eigenschaften, die sich dabei herausstellen, angeben.

Da erstens einige Lohnangebote im allgemeinen unakzeptabel sind - d.h. für sie gilt $w < \bar{w}$ -, dauert es typischerweise einige Zeit, bis ein Arbeitsplatzsuchender eine annehmbare Stelle findet. In der Zwischenzeit ist er "arbeitslos" (wenn auch mit der Suche nach Arbeit beschäftigt). Deshalb kann unvollständige Information darüber,

---

[4] Zur Diskussion von Modellen der Arbeitsplatzsuche, die einen Reservationslohn enthalten, vgl. Belton M. Fleisher und Thomas J. Kniesner (1984), S. 477-507.

wo die beste Beschäftigung zu finden ist, einen positiven Bestand an Arbeitslosigkeit erklären.

Zweitens veranlaßt eine Zunahme des Einkommens bei Arbeitslosigkeit w^u die Arbeitsplatzsuchenden, ihre Maßstäbe für die Akzeptanz eines Arbeitsplatzes anzuheben - d.h. $\bar{w}$ steigt. Bei gegebener Verteilung der Lohnangebote in Abb. 11.1 wird es wahrscheinlicher, daß $w < \bar{w}$ ist, was bedeutet, daß die Zahl der abgelehnten Lohnofferten zunimmt. Daraus folgt, daß die Arbeitsplatzsuchenden sich tendenziell mehr Zeit lassen, eine Beschäftigung zu finden, wenn w^u steigt. Für eine Gruppe von Arbeitnehmern fällt daher die **Rate der aufgenommenen Arbeitsverhältnisse**, und die erwartete **Dauer der Arbeitslosigkeit** nimmt zu.

Angenommen drittens, die gesamte Verteilung der Lohnangebote werde günstiger, etwa weil infolge eines positiven Schocks auf die Produktionsfunktion der Unternehmen das Grenzprodukt der Arbeit insgesamt um 10% höher liegt als zuvor. Dann würde sich die Verteilung der Lohnangebote in Abb. 11.1 nach rechts verschieben. (Die Höhe der Kurve beim alten Lohn w entspricht nun derjenigen beim Lohn $1{,}1w$.) Bei gegebenem Reservationslohn $\bar{w}$ folgt daraus, daß die Lohnangebote wahrscheinlicher im akzeptablen Bereich $w \geq \bar{w}$ liegen und daher die Rate der aufgenommenen Arbeitsverhältnisse zunimmt sowie die erwartete Dauer der Arbeitslosigkeit zurückgeht.

Im allgemeinen veranlaßt eine günstigere Verteilung der Lohnangebote die Wirtschaftssubjekte auch dazu, ihren Reservationslohn $\bar{w}$ zu erhöhen. Bleibt jedoch der bei Arbeitslosigkeit bezogene Lohn w^u unverändert, dann überwiegt tendenziell der erste Effekt.[5] Eine Veränderung in Richtung auf eine bessere Verteilung der Lohnofferten - hervorgerufen etwa durch einen positiven Schock auf die Produktivität - läßt die Rate der aufgenommenen Arbeitsverhältnisse steigen und die erwartete Dauer der Arbeitslosigkeit zurückgehen.

Arbeitskraftsuche der Unternehmen

Unsere bisherige Sicht des Beitrags der Unternehmen zum Prozeß der Arbeitsplatzsuche erscheint unrealistisch. Unternehmen erhielten Stellenbewerbungen, bewerteten die Bewerber in bezug auf ihr wahrscheinliches Grenzprodukt und gaben ein

---

[5] Sofern w^u und alle übrigen Lohnangebote um 10% höher sind, dann ändert sich der *trade-off* zwischen den Nutzen und Kosten der Annahme einer Beschäftigung nicht und die Rate der aufgenommenen Arbeitsverhältnisse sowie die erwartete Dauer der Arbeitslosigkeit ebenfalls nicht. Halten wir hingegen w^u konstant - wie wir dies oben getan haben -, so muß der Nettoeffekt zu einem Rückgang von w^u äquivalent sein. Deshalb besteht der Nettoeffekt in einer Zunahme der Rate der aufgenommenen Arbeitsverhältnisse und in einer Abnahme der erwarteten Dauer der Arbeitslosigkeit.

Lohnangebot ab.[6] Dieser Vorgang erlaubt es den Unternehmen nicht, ihre vorhandenen Informationen darüber zu nutzen, welche Anforderungen die Arbeitsplätze aufweisen, welche Charakteristika die Arbeitnehmer erfüllen müssen, die in diesen Beschäftigungen gewöhnlich produktiv sind, und welche Löhne diesen Arbeitnehmern üblicherweise zu zahlen sind. Unternehmen übermitteln diese Informationen durch Stellenausschreibungen, die einen Anforderungskatalog hinsichtlich der Ausbildung, der Berufserfahrung usw. enthalten und eine bestimmte Entlohnungsspanne abstecken. Derartige Ausschreibungen helfen, die befähigsten Bewerber auszuwählen und für eine schnellere und bessere Übereinstimmung von Arbeitskräften und Arbeitsplätzen zu sorgen.

Obwohl die Arbeitskraftsuche durch Unternehmen für das gute Funktionieren des Arbeitsmarktes wichtig ist, läßt diese unsere nachfolgend genannten grundlegenden Schlußfolgerungen unberührt.

- Es vergeht Zeit, bis Arbeitnehmer eine passende Beschäftigung gefunden haben, so daß die erwartete Dauer der Arbeitslosigkeit und die Zahl der offenen Stellen positiv sind.

- Eine Anhebung des bei Arbeitslosigkeit bezogenen Lohns w^u verringert die Rate der aufgenommenen Arbeitsverhältnisse und verlängert die Dauer der Arbeitslosigkeit.

- Eine günstige Entwicklung der Produktivität erhöht die Rate der aufgenommenen Arbeitsverhältnisse und verkürzt die Dauer der Arbeitslosigkeit.

Beendigung von Arbeitsverhältnissen

Arbeitnehmer suchen Arbeitsplätze, die gemessen an den ansonsten wahrgenommenen Möglichkeiten hoch entlohnt werden, während die Unternehmen, in Kenntnis des zu zahlenden Lohns, nach Mitarbeitern mit hoher Produktivität Ausschau halten. Auch wenn Arbeitnehmer und Unternehmer ihre verfügbaren Informationen so gut wie möglich nutzen, sind Fehler nicht auszuschließen. So mag z.B. ein Arbeitgeber bemerken, daß ein Mitarbeiter weniger produktiv ist als erwartet, und einem Arbeitnehmer mag sein "Job" (oder sein Vorgesetzter) mißfallen. Wenn die Übereinstimmung zwischen Arbeitkräften und Arbeitsplätzen später eindeutig ungünstiger aussieht als ursprünglich, sind die Unternehmen geneigt, Mitarbeiter zu entlassen bzw. haben die Arbeitnehmer Veranlassung zu kündigen. In beiden Fällen werden Arbeitsverhältnisse beendet, was typischerweise das Wiederauftreten offener Stellen bei den Unternehmen und Arbeitslosigkeit bei den Arbeitnehmern bedeutet.

---

[6] Da das Grenzprodukt der meisten Bewerber für die Mehrzahl der Stellen negativ ist (Hochschullehrer z.B. als Geschäftsführer von General Motors), müßten wir negative Lohnangebote zulassen. Da diese gewöhnlich unakzeptabel sind, können wir uns einfach vorstellen, daß in solchen Fällen überhaupt keine Stellenangebote abgegeben werden.

Entscheidend ist, daß die Beendigung von Arbeitsverhältnissen den Prozeß der Suche nach Mitarbeitern bzw. Arbeitsplätzen für Unternehmen und Arbeitnehmer wieder beginnen läßt.

Die Beendigung von Arbeitsverhältnissen tritt auch infolge veränderter Umstände ein, selbst wenn Unternehmen und Arbeitnehmer anfänglich zutreffende Einschätzungen voneinander hatten. So kann z.b. ein negativer Schock auf die Produktionsfunktion eines Unternehmens die Bewertung des Grenzprodukts des Arbeitnehmers mindern und Anlaß zur Kündigung sein (was gewöhnlich zur Arbeitslosigkeit, nicht aber zu einer offenen Stelle führt). Wenn wir die Produkte von Unternehmen unterscheiden würden, so ergäbe sich ein ähnlicher Effekt bei einem relativen Rückgang der Nachfrage nach dem Produkt eines Unternehmens. Ferner werden manche Arbeitsverhältnisse von vornherein nur für begrenzte Zeit eingegangen, wie das bei Saisonarbeitern in der Landwirtschaft oder bei Sporteinrichtungen der Fall ist.

Auf der anderen Seite des Arbeitsmarktes mögen sich Arbeitnehmer veränderten Bedingungen gegenübersehen, etwa im Hinblick auf die Familiensituation, die Ausbildung, den Standort, den Ruhestand sowie hinsichtlich alternativer Beschäftigungsmöglichkeiten. (Einige dieser Veränderungen werden antizipiert, andere nicht.) Soweit sich die Umstände ändern, kann dies einen Arbeitnehmer dazu veranlassen, seine Stelle zu kündigen (was zu einer offenen Stelle, aber nicht zu Arbeitslosigkeit führt).

Für eine Gruppe von Beschäftigten lassen sich diejenigen Faktoren identifizieren, die Einfluß auf die **Rate der beendeten Arbeitsverhältnisse** haben. So ist diese Rate z.B. höher für ungelernte Arbeiter, deren Produktivität zu Beginn eines Arbeitsverhältnisses schwer einzuschätzen ist, oder für jüngere Arbeitnehmer, von denen man erwarten kann, daß sich ihre familiäre Situation oder ihre Präferenzen hinsichtlich des Standorts ändern. Die Rate der beendeten Arbeitsverhältnisse ist ebenfalls in Industriezweigen höher, die sich häufigen Schocks in bezug auf die Produktionstechnologie oder die Produktnachfrage ausgesetzt sehen.

Sofern Arbeitsverhältnisse nicht beendet werden (und neue Erwerbspersonen nicht hinzukommen), müßte der Prozeß der Arbeitsplatzsuche letztendlich die Arbeitslosigkeit und das Vorhandensein offener Stellen beseitigen. Die Tatsache jedoch, daß Arbeitsverhältnisse aufgelöst werden, bedeutet, daß neu aufgenommene Beschäftigungsverhältnisse fortwährend aufgewogen werden durch die Beendigung bestehender Arbeitsverhältnisse - d.h. durch Entstehen neuer Arbeitslosigkeit und offener Stellen. Niveau und Veränderung von Arbeitslosigkeit und offenen Stellen sind das Ergebnis des Zusammenspiels von Aufnahme und Beendigung von Arbeitsverhältnissen. Diesen Prozeß wollen wir anhand eines einfachen Beispiels illustrieren, das sich auf die Zahl der beschäftigten und unbeschäftigten Personen bezieht.

Beendigung sowie Aufnahme von Arbeitsverhältnissen und die natürliche Rate der Arbeitslosigkeit

Bezeichnen wir die Zahl der Beschäftigten mit N, die der Arbeitslosen mit U und unterstellen im Moment, daß sich die Zahl der Erwerbspersonen, $N + U$, im Zeitablauf nicht verändert. Wir lassen also z.B. nicht zu, daß Personen in den Ruhestand treten oder neue Erwerbspersonen hinzukommen. Infolge einer erneuten Bewertung von Arbeitsplätzen und Arbeitskräften wird ein Teil der Beschäftigten in jeder Periode ihren Arbeitsplatz verlieren. In Abb. 11.2 stellt das mit N bezeichnete Quadrat die Beschäftigten dar, während das mit U gekennzeichnete Rechteck die Arbeitslosen repräsentiert. Der von N auf U weisende Pfeil gibt die Zahl der in dieser Periode beendeten Arbeitsverhältnisse an. Wenn die Zahl der Erwerbspersonen konstant ist und - ebenso unrealistisch - niemand, der seinen Arbeitsplatz verloren hat, unverzüglich eine neue Beschäftigung findet, dann wechseln alle Personen, die ihren Arbeitsplatz verloren haben, von der Kategorie N in die Kategorie U. Wir wollen beispielhaft annehmen, daß während jeder Periode 1% der Beschäftigten ihren Arbeitsplatz verlieren - d.h. die Rate der beendeten Arbeitsverhältnisse beträgt 1% je Periode.

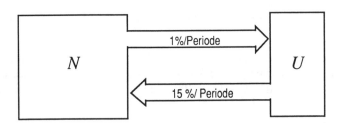

Abb. 11.2: *Bewegungen zwischen Beschäftigung und Arbeitslosigkeit*
In diesem Beispiel verlieren 1% der Beschäftigten (N) in jeder Periode ihren Arbeitsplatz, während gleichzeitig 15% der Arbeitslosen (U) eine Stelle finden. Folglich beträgt die Nettoveränderung bei der Beschäftigtenzahl während der Periode $15\% \cdot U - 1\% \cdot N$. Die Veränderung der Arbeitslosenzahl ist im übrigen gleich dem negativen Wert der Veränderung der Beschäftigten.

Wie bereits erwähnt, tritt als zweites, sich in jeder Periode wiederholendes Ereignis auf, daß ein Teil der Arbeitslosen eine Stelle findet. In Abb. 11.2 stellt der von U nach N zeigende Pfeil die Zahl der Arbeitslosen dar, die in einer Periode eine Stelle finden. Während wir später versuchen, die für dieses Beispiel richtigen Antworten zu erhalten, nehmen wir zunächst an, in jeder Periode fänden 15% aller Erwerbslosen eine Arbeit. Mit anderen Worten: Die Rate der aufgenommen Arbeitsverhältnisse beträgt 15% je Periode.

Mit Hilfe dieses Prozesses der Beendigung und der Aufnahme von Arbeitsverhältnissen können wir die Anzahl der beschäftigten und unbeschäftigten Arbeitnehmer bestimmen. In Tab. 11.1 gehen wir davon aus, daß die Zahl der Erwerbspersonen auf 100 Mio. Personen fixiert ist (die tatsächliche Größe betrug 1987 122 Mio.), und daß die Volkswirtschaft in der Periode 1 mit 90 Mio. Beschäftigten und 10 Mio. Arbeitslosen beginnt. Damit beträgt die Arbeitslosenquote zunächst 10%. In der ersten Periode verlieren von den 90 Mio. Arbeitnehmern 1% - oder 0,9 Mio. Personen - ihren Arbeitsplatz, während 15% - oder 1,5 Mio. - Arbeitslose zugleich eine Stelle finden, so daß die Nettoveränderung bei der Beschäftigung während der ersten Periode 0,6 Mio. beträgt. Die Arbeitslosigkeit nimmt dementsprechend um 0,6 Mio. ab.

Tab. 11.1: *Dynamik der Beschäftigung und Arbeitslosigkeit und die natürliche Rate der Arbeitslosigkeit*

Periode	1	2	3	4	5	6	...	∞
Anzahl der Beschäftigten (N)	90,0	90,6	91,1	91,5	91,9	92,2	...	93,8
Anzahl der Arbeitslosen (U)	10,0	9,4	8,9	8,5	8,1	7,8	...	6,2
Anzahl der beendeten Arbeitsverhältnisse	0,9	0,9	0,9	0,9	0,9	0,9	...	0,9
Anzahl der neu aufgenommenen Arbeitsverhältnisse	1,5	1,4	1,3	1,3	1,2	1,2	...	0,9
Nettoveränderung der Beschäftigung	0,6	0,5	0,4	0,4	0,3	0,3	...	0,0
Nettoveränderung der Arbeitslosigkeit	−0,6	−0,5	−0,4	−0,4	−0,3	−0,3	...	0,0

Anmerkung: Wir unterstellen, daß die Volkswirtschaft mit 90 Mio. Beschäftigten (N) und 10 Mio. Arbeitslosen (U) beginnt und daß entsprechend Abb. 11.2 1% aller Beschäftigten in jeder Periode ihren Arbeitsplatz verlieren, gleichzeitig aber 15% der Arbeitslosen eine Stelle finden. Deshalb beträgt die Nettoveränderung der Beschäftigung $15\% \cdot U - 1\% \cdot N$. Außerdem ist die Veränderung der Arbeitslosigkeit gleich dem negativen Wert der Beschäftigungsänderung. Ferner gilt, daß bei 93,8 Mio. Beschäftigten und 6,2 Mio. Arbeitslosen die Nettoveränderungen der Beschäftigung und Arbeitslosigkeit gleich Null sind, so daß die natürliche Rate der Arbeitslosigkeit in diesem Beispiel 6,2% beträgt.

Da die Anzahl der Beschäftigten steigt und die der Arbeitslosen sinkt, nimmt die Anzahl der beendeten Arbeitsverhältnisse ebenfalls zu (1% der Beschäftigten), während die der Neueinstellungen sinkt (15% der Arbeitslosen), so daß sich die Beschäftigungszunahme im Laufe der Zeit verlangsamt. Schließlich erreicht die Volkswirtschaft ein Beschäftigungsniveau, bei dem die Anzahl der beendeten und neu begonnenen Arbeitsverhältnisse gleich ist. Solange sich die Raten der beendeten und aufgenommenen Arbeitsverhältnisse nicht ändern, bleiben Beschäftigung und Arbeitslosigkeit konstant. In unserem Beispiel tritt der Ausgleich zwischen beendeten und neu aufgenommenen Arbeitsverhältnissen bei 93,8 Mio. Erwerbstätigen und 6,2 Mio. Arbeitslosen ein, also bei einer Arbeitslosenquote von 6,2%. Damit können wir sagen, daß die **natürliche Rate der Arbeitslosigkeit** in diesem Modell 6,2% beträgt, d.h. die Volkswirtschaft tendiert automatisch zu dieser Quote, sofern die Rate der beendeten und neu begonnenen Arbeitsverhältnisse unverändert bleibt.

Zur natürlichen Rate der Arbeitslosigkeit sind noch einige wichtige Anmerkungen zu machen. Erstens findet weiterhin ein nennenswerter *Arbeitsplatzwechsel* statt, selbst wenn die Arbeitslosenquote schließlich bei diesem Wert konstant bleibt. So gilt für unser Beispiel, daß bei der Arbeitslosenquote von 6,2% in jeder Periode nahezu 1 Mio. Arbeitnehmer einen Arbeitsplatz verlieren bzw. finden. In diesem Modell - ebenso wie in der Realität - sind starke Veränderungen zwischen Beschäftigung und Arbeitslosigkeit ein durchaus normales Merkmal des Arbeitsmarktes.

Zweitens hängt die Dynamik der Beschäftigungssituation ebenso wie der Wert der natürlichen Arbeitslosenrate von den Raten der beendeten und neu aufgenommenen Arbeitsverhältnisse ab, die in unserem Beispiel bei 1% bzw. 15% liegen. Allgemeiner formuliert, zeigt unsere vorausgegangene Analyse, inwieweit die Raten der beendeten und aufgenommenen Arbeitsverhältnisse von verschiedenen Faktoren wie dem Alter und der Erfahrung eines Arbeitnehmers, dem bei Arbeitslosigkeit verfügbaren Einkommen und der Veränderlichkeit der Angebots- und Nachfragebedingungen einer Industrie abhängen. Um zu erkennen, wie diese Faktoren Beschäftigung und Arbeitslosigkeit beeinflussen, wollen wir alternative Werte der Raten beendeter und aufgenommener Arbeitsverhältnisse betrachten.

Bezeichnen wir die Rate der beendeten Arbeitsverhältnisse mit s und die Rate der neu aufgenommenen Arbeitsverhältnisse mit η. Dann erhalten wir für die Veränderung der Beschäftigtenzahl ΔN in einer Periode

$$\Delta N = \eta U - sN. \tag{11.1}$$

Dabei gibt der erste Ausdruck ηU die Anzahl der Arbeitslosen an, die während der Periode eine Stelle finden, während der zweite Ausdruck sN die Anzahl der Beschäftigten darstellt, die ihren Arbeitsplatz verlieren. Folglich besagt Gleichung (11.1), daß die Veränderung der Beschäftigung gleich den Neueinstellungen abzüglich der beendeten Arbeitsverhältnisse ist.

Gleichung (11.1) impliziert, daß sich die Beschäftigung erhöht, sobald die neu aufgenommenen Arbeitsverhältnisse ηU über den beendeten Arbeitsverhältnissen sN liegen, während im umgekehrten Fall die Beschäftigung abnimmt. Um also die natürlichen Beschäftigungs- und Arbeitslosigkeitsniveaus zu bestimmen, setzen wir die Veränderung der Beschäftigung ΔN in Gleichung (11.1) gleich Null. Dann erhalten wir unter Verwendung der Bedingung, daß die Anzahl der Erwerbspersonen $N + U$ 100 Mio. beträgt

$\eta U = sN = s(100 - U)$.

Wenn wir diese Gleichung nach der Anzahl der Arbeitslosen U auflösen, erhalten wir die natürlichen Werte der Arbeitslosigkeit und der Beschäftigung

$$U = 100 \cdot s/(s + \eta)$$
$$N = 100 \cdot \eta/(s + \eta).$$
(11.2)

Folglich beträgt die natürliche Arbeitslosenrate

$$u = U/100 = s/(s + \eta). \qquad (11.3)$$

Da in unserem Beispiel $s = 0,01$ und $\eta = 0,15$ pro Periode sind, erhalten wir $u = 0,01/0,16 = 6,2\%$, so daß sich unser vorheriges Ergebnis bestätigt.

Gleichung (11.3) verbindet die natürliche Arbeitslosenrate mit der Rate der beendeten Arbeitsverhältnisse s und der Rate der neu aufgenommenen Arbeitsverhältnisse η.[7] Eine höhere Rate der beendeten Arbeitsverhältnisse s erhöht die natürliche Arbeitslosenquote, während eine höhere Neueinstellungsrate η sie senkt. Deshalb sollten wir bei der Analyse unterschiedlicher natürlicher Arbeitslosenraten - entweder bei verschiedenen Arbeitnehmergruppen oder im Zeitablauf - nach Unterschieden in den Raten der beendeten und neu aufgenommenen Arbeitsverhältnisse suchen. Es ist einleuchtend, daß Arbeitskräfte, die häufiger ihren Arbeitsplatz verlieren oder nur schwer eine Stelle finden, vergleichsweise länger unbeschäftigt sein werden.

Zugänge und Abgänge bei den Erwerbspersonen

Bevor wir unsere Theorie auf Daten zu Arbeitslosenquoten anwenden, erscheint es sinnvoll, unsere Analyse um die Zu- und Abgänge bei den Erwerbspersonen zu erweitern. Dabei bezeichnen wir diejenigen Personen als Nichterwerbstätige, die weder einen Arbeitsplatz haben noch derzeit einen solchen suchen. (Der Begriff umfaßt also auch Studenten und Hausfrauen, die sich selbst durchaus zu Recht als "Beschäftigte" betrachten könnten.) In der Praxis ist es manchmal schwierig, die Nichterwerbstätigen von den Arbeitslosen zu unterscheiden. Diese Unterscheidung beruht nämlich auf Umfragen, bei denen die Befragten angeben, ob sie während einer bestimmten Periode aktiv "auf Arbeitssuche" sind oder nicht. Die Zahl der tatsächlich Arbeitslosen wird häufig unterschätzt, da ein Teil der Nichterwerbstätigen sehr wohl arbeiten würde (allerdings nur zu einem bestimmten Lohn!). Andererseits sind viele der als arbeitslos Registrierten nicht bereit, eine Arbeit zu Bedingungen zu akzeptieren, die sie aus ihrer Sicht für unannehmbar halten.

---

[7] Eine gründlichere theoretische Analyse dieses Modelltyps findet sich bei Robert Hall (1979); Chitra Ramaswami (1983) sowie Michael Darby, John Haltiwanger und Mark Plant (1985).

Uns interessiert in diesem Zusammenhang, wie sich Abgänge und Zugänge bei den Erwerbspersonen in unserem Modell auswirken. Dabei gibt es vielfältige Ursachen für solche Bewegungen: Arbeitskräfte treten in den Ruhestand, verlassen die Schule, nehmen eine zusätzliche Ausbildung auf, der Familienstand, die Anzahl und das Alter der Kinder und die Art der verfügbaren Arbeitsplätze verändern sich.

Abb. 11.3 zeigt die möglichen Bewegungen zwischen den Kategorien Beschäftigung, Arbeitslosigkeit und Nichterwerbstätigkeit. (Die mit 2 und 3 bezifferten Ströme haben wir bereits untersucht.) Insgesamt ergeben sich folgende Möglichkeiten:

1. Stellenwechsel, ohne arbeitslos zu werden oder aus dem Arbeitsmarkt auszuscheiden. [Diese Art der Veränderung ist besonders unter Sportlern und Ökonomieprofessoren beliebt - tatsächlich aber führt mehr als die Hälfte aller Arbeitsplatzwechsel nicht zur Arbeitslosigkeit; vgl. Kim Clark und Lawrence Summers (1979), S. 43.]

2. Verlust des Arbeitsplatzes, der zu Arbeitslosigkeit führt.

3. Wiedereintritt in ein Arbeitsverhältnis nach einer Phase der Arbeitslosigkeit.

4. Wechsel aus der Arbeitslosigkeit in den Status des Nichterwerbstätigen - dies wird manchmal als das Phänomen der "resignierten Arbeitnehmer" bezeichnet.

5. Eintritt oder Wiedereintritt in den Kreis der Erwerbspersonen, aber zunächst mit dem Status "arbeitslos".

6. Eintritt oder Wiedereintritt in den Kreis der Erwerbspersonen mit sofortiger Aufnahme eines Arbeitsverhältnisses (was bei den meisten frisch diplomierten Betriebs- und Volkswirten der Fall ist).

7. Verlust des Arbeitsplatzes mit anschließender Nichterwerbstätigkeit (hierzu gehört sowohl der Ruhestand als auch ein vorübergehendes Ausscheiden, um Kinder großzuziehen oder eine zusätzliche Ausbildung zu absolvieren).

Die Summe der Ströme 1, 2 und 7 entspricht der Gesamtheit aller beendeten Arbeitsverhältnisse, während sich die Gesamtheit der neu begonnenen Arbeitsverhältnisse aus der Summe der Ströme 1, 3 und 6 ergibt. Die Differenz zwischen diesen beiden Strömen entspricht der Veränderung der Beschäftigung. Andererseits ist die Veränderung der Arbeitslosigkeit durch die Summe der Ströme 2 und 5 abzüglich der Summe der Ströme 3 und 4 gegeben. Somit entspricht aufgrund der Zu- und Abgänge bei den Erwerbstätigen die Veränderung der Beschäftigung nicht mehr dem negativen Wert der Veränderung der Arbeitslosigkeit.

Wie zuvor - wenn auch in komplexerer Form - legt die Neigung der Wirtschaftssubjekte, die verschiedenen in Abb. 11.3 dargestellten Bewegungen durchzumachen, letztlich das Beschäftigungsniveau bzw. die Höhe der Arbeitslosigkeit im Zeitablauf fest. Dabei gilt weiterhin, daß die Beschäftigung um so niedriger ist, je höher die

Rate der beendeten Arbeitsverhältnisse, und daß sie um so höher ist, je größer die Rate der Neueinstellungen. Jedoch hängen die Zu- und Abgänge bei den Erwerbspersonen mit diesen Tendenzen zusammen. So werden z.B. Personen, die häufig zwischen Erwerbstätigkeit und Nichterwerbstätigkeit wechseln, vergleichsweise wenig Arbeitserfahrung erwerben. Somit gehören sie potentiell zu jenen, die als erste entlassen und als letzte eingestellt werden.

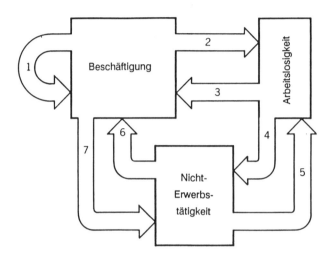

Abb. 11.3: *Bewegungen von Personen zwischen den drei Kategorien: Beschäftigung, Arbeitslosigkeit und Nichterwerbstätigkeit*
Das Diagramm zeigt die möglichen Bewegungen von einer Kategorie in die andere.

Auch die Arbeitslosigkeit wird durch die Möglichkeiten beeinflußt, ganz aus dem Arbeitsmarkt auszuscheiden. Beispielsweise wird die Neigung der Arbeitslosen, die Arbeitssuche völlig aufzugeben (Strom 4 in Abb. 11.3), die Zahl der als arbeitslos registrierten Personen verringern. Andererseits bewirkt die Neigung der Arbeitskräfte, vom Zustand der Beschäftigung in den Status eines Nichterwerbstätigen überzuwechseln (Strom 7), möglicherweise eine Erhöhung der Arbeitslosigkeit. Denn erstens werden diese Personen häufig arbeitslos, wenn sie wieder in den Kreis der Erwerbstätigen eintreten (Strom 5), und zweitens ist bei ihnen die Wahrscheinlichkeit größer, daß sie später ihren Arbeitsplatz wieder verlieren (Ströme 2 und 7).

Entwicklung der Arbeitslosenquoten nach demographischen Gruppen in den USA

Tab. 11.2 zeigt die Arbeitlosenquoten für alle Arbeitnehmer und für verschiedene nach Alter, Geschlecht und Rasse unterschiedenen Arbeitnehmergruppen. Bei den Daten handelt es sich um Durchschnittswerte für den Zeitraum 1948-87 sowie für verschiedene Teilperioden. Die durchschnittliche Arbeitslosenquote für sämtliche zivilen Arbeitskräfte liegt für den gesamten Zeitraum 1948-87 bei 5,7%. (Der Wert für 1988 lag bei 5,5%.) Allerdings schwanken die nach demographischen Merkmalen untergliederten durchschnittlichen Arbeitslosenquoten beträchtlich. So betrug z.B. die durchschnittliche Quote bei Frauen im Alter von 20 Jahren oder darüber 5,4%, während die der Männer bei nur 4,6% lag. Zumindest bis zum 50. Lebensjahr sinkt die Arbeitslosenquote bei beiden Geschlechtern mit zunehmendem Alter. Der deutlichste Unterschied ist bei Jugendlichen zu beobachten, die eine durchschnittliche Arbeitslosigkeit von 15,1% aufweisen, welche sich wesentlich von den 4,9% der mindestens 20jährigen abhebt. Schließlich ist die durchschnittliche Rate für Schwarze und andere Minoritäten mit 10,3% rund doppelt so hoch wie die für Weiße mit 5,1%.

Tab. 11.2: *Entwicklung der US-Arbeitslosenquoten*
(in % der zivilen Erwerbspersonen innerhalb der jeweiligen Kategorie)

	1948 -52	1953 -57	1958 -62	1963 -67	1968 -72	1973 -77	1978 -82	1983 -87	1948 -87
Alle zivilen Arbeitnehmer	4,3	4,3	6,0	4,6	4,7	6,7	7,3	7,5	5,7
Männer ab 20	3,6	3,6	5,2	3,3	3,2	5,0	5,9	6,6	4,6
Frauen ab 20	4,2	4,2	5,6	4,6	4,7	6,6	6,6	6,6	5,4
Jugendliche (16-19)	10,3	10,8	15,4	14,8	14,6	17,5	18,6	19,0	15,1
Weiße	4,0	3,8	5,4	4,1	4,3	6,1	6,4	6,5	5,1
Schwarze u.a. Minoritäten	6,9	7,9	11,4	8,6	8,2	11,8	13,6	14,1	10,3

Anmerkung: Die Tabelle zeigt die durchschnittliche Arbeitslosenquote während der angegebenen Periode für verschiedene Arbeitnehmergruppen.

Quelle: Citibase Datenbank.

Aus Tab. 11.2 geht hervor, daß bei den relativen Arbeitslosenquoten der verschiedenen demographischen Gruppen keine starken Veränderungen im Zeitablauf auftreten. Für Jugendliche betrug sie im Durchschnitt das 2,6fache der Gesamtrate, wobei dieses Verhältnis im Zeitablauf ziemlich konstant geblieben ist. Desgleichen hat sich auch die Rate für Schwarze weitgehend auf dem 1,8fachen der Gesamtrate stabilisiert. Die Rate für Frauen im Alter von über 20 Jahren lag typischerweise nahe bei der Gesamtrate, sie ist jedoch seit den späten 70er Jahren leicht darunter gefallen; d.h. die Arbeitslosenquote von Frauen im Vergleich zu jener der Männer hat im Zeitablauf etwas abgenommen.

Viele Ökonomen glaubten, daß die Arbeitslosenquote ab Mitte der 70er Jahre anhaltend gestiegen sei (vgl. Tab. 11.2). Tatsächlich aber lag die Rate für 1988 mit 5,5% unter dem Durchschnitt von 5,7% für 1948-87.

Wir können die Streuung der nach demographischen Kriterien aufgelisteten durchschnittlichen Arbeitslosenquoten als Ausdruck der unterschiedlichen natürlichen Arbeitslosenraten interpretieren, die ihrerseits auf unterschiedlichen Raten der beendeten und neu aufgenommenen Arbeitsverhältnisse beruhen. Um die gruppenspezifischen Raten der beendeten Arbeitsverhältnisse vergleichen zu können, wollen wir Daten über die **Dauer der Arbeitsverhältnisse** untersuchen. Hier gilt grundsätzlich, daß Personen mit häufigem Arbeitsplatzwechsel in der Regel kurzfristige Arbeitsplätze besetzen und umgekehrt. Um andererseits Informationen über die Raten der Neueinstellungen zu erhalten, analysieren wir Daten über die Dauer der Arbeitslosigkeit. Hier gilt, daß Arbeitskräfte, die schnell einen Arbeitsplatz finden, nur kurzfristige Phasen der Arbeitslosigkeit durchmachen und umgekehrt.

Dauer der Arbeitsverhältnisse

Die von Robert Hall (1980a, 1982) durchgeführten Untersuchungen über die Beendigung von Arbeitsverhältnissen vermitteln uns ein gewisses Verständnis für die Unterschiede, die bei den alters-, geschlechts- und rassenspezifischen Arbeitslosenquoten auftreten. Erstens handelt es sich bei den meisten neu besetzten Arbeitsplätzen um relativ kurzfristige Beschäftigungen. So schätzte Hall z.B. anhand der Daten von 1973, daß 61% aller neuen Beschäftigungen weniger als ein Jahr dauern, während die durchschnittliche Dauer eines neuen Arbeitsplatzes 4 Jahre beträgt. Mit zunehmendem Alter und nach Ausprobieren einer Vielzahl von Beschäftigungen finden die meisten Arbeitnehmer schließlich eine passende Stelle, auf der sie lange Zeit verbleiben. So waren z.B. 1978 70% aller 50jährigen Arbeitnehmer mindestens 5 Jahre in ihrer gegenwärtigen Stelle beschäftigt. Auch bei den 40jährigen haben derzeit etwa 40% aller Arbeitnehmer ein sehr langfristiges Beschäftigungsverhältnis, das schließlich mindestens 20 Jahre andauert. Diese Ergebnisse besagen, daß die Beendigung der Arbeitsverhältnisse (Ströme 1, 2 und 7 in Abb. 11.3) bei jüngeren Arbeitskräften sehr viel häufiger ist, da die meisten von ihnen noch keinen passenden langfristigen Arbeitsplatz gefunden haben. Deshalb erklärt dieser Umstand einen guten Teil der höheren Arbeitslosenquote bei jüngeren Personen, insbesondere bei Jugendlichen.

Mit der niedrigeren durchschnittlichen Dauer der Arbeitsverhältnisse läßt sich auch ein Teil der höheren durchschnittlichen Arbeitslosenquote von Frauen im Vergleich zu Männern erklären. So schätzte Hall für 1978, daß etwa 50% der arbeitslosen Frauen bei ihren gegenwärtigen Beschäftigungen eine Mindestdauer von 5 Jahren erreichen, während nur etwa 15% mindestens 20 Jahre an demselben Arbeitsplatz tätig sind. Die Vergleichszahlen für Männer sind 64% bzw. 37%. Grundsätzlich gilt, daß Frauen im Laufe ihres Lebens sehr viel häufiger zwischen dem Status der Erwerbstätigkeit und Nichterwerbstätigkeit wechseln (Ströme 4, 5, 6 und 7 in Abb. 11.3) als Männer.

Überraschenderweise haben nach Halls Erhebungen Schwarze ungefähr die gleichen Chancen auf einen langfristigen Arbeitsplatz wie Weiße. So lautet z.B. seine Schätzung für 1978, daß 63% der schwarzen Erwerbstätigen in ihrer gegenwärtigen Stelle eine Mindestdauer von 5 Jahren erreichen und 26% zumindest 20 Jahre lang denselben Arbeitsplatz innehaben, während er für Weiße ähnliche Werte von 57% bzw. 29% ermittelt. Indes zeigen andere Daten, daß für Schwarze die Wahrscheinlichkeit, in jedem beliebigen Monat entlassen zu werden, größer ist als für Weiße. Stephen Marston (1976), Tab. 4, schätzt, daß etwa ein Drittel der höheren durchschnittlichen Arbeitslosenquote von Schwarzen auf diesen Umstand zurückzuführen ist. Wenn wir Marstons Beobachtungen mit Halls Schätzungen verbinden, gelangen wir zu der Schlußfolgerung, daß Schwarze zwar einerseits eine starke Neigung zu sehr kurzfristigen Stellen haben, andererseits jedoch auch Arbeitsplätze besetzen, in denen sie mindestens 5 Jahre lang tätig sind.

Dauer der Arbeitslosigkeit

Das andere entscheidende Element, das die durchschnittliche Arbeitslosenquote bestimmt, ist die Dauer einer typischen Phase der Arbeitslosigkeit. Grundsätzlich gilt, je länger ein Arbeitsloser braucht, um einen Arbeitsplatz zu finden oder den Kreis der Erwerbstätigen zu verlassen (Ströme 3 und 4 in Abb. 11.3), um so größer wird die zu einem beliebigen Zeitpunkt gemessene Anzahl der Arbeitslosen sein.

Die von Kim Clark und Lawrence Summers (1979) durchgeführten Untersuchungen liefern einige interessante Informationen über die Dauer der Arbeitslosigkeit. Ein großer Teil der Arbeitslosigkeitsphasen dauert nicht länger als einen Monat; 1969 79%, 1974 60% und 1975 55%. (Zu beachten ist, daß 1975 durch eine starke Rezession geprägt war, während 1974 den Beginn dieser Rezession anzeigte und 1969 ein Boomjahr war.) Dementsprechend ist die durchschnittliche Phasenlänge mit 1,4 Monaten 1969, 1,9 Monaten 1974 und 2,2 Monaten 1975 relativ kurz. Nach Auffassung von Clark und Summers ist jedoch die Bedeutung der langfristig Arbeitslosen sehr viel größer, als diese Zahlen vermuten lassen. Denn erstens gewichten wir bei der Bestimmung der durchschnittlichen Arbeitslosenzahl zu einem bestimmten Zeitpunkt immer die Häufigkeit jeder Phase mit ihrer Länge. Deshalb ergab sich trotz der für 1974 ermittelten durchschnittlichen Phasenlänge von nur 2 Monaten, daß 69% der Arbeitslosen länger als 2 Monate unbeschäftigt waren. Außerdem waren 1974 immerhin noch 19% der Arbeitslosen 6 Monate oder länger erwerbslos.

Zweitens endet nahezu die Hälfte aller Phasen der Nichtbeschäftigung mit dem Rückzug aus dem Erwerbsleben (Strom 4 in Abb. 11.3) und nicht etwa mit dem Eintritt in ein Beschäftigungsverhältnis (Strom 3 in der Abbildung). Außerdem tauchen viele der Ausgeschiedenen bald wieder als Arbeitssuchende auf (Strom 5 in der Abbildung), was sich in den Daten als Neubeginn einer Phase der Arbeitslosigkeit ausdrückt. Nach Ansicht von Clark und Summers sollten diese Phasen der Arbeitslosigkeit ebenso wie die dazwischenliegenden Perioden der Nichterwerbstätigkeit als lange Phasen der Arbeitslosigkeit gewertet werden. Da jedoch andererseits ein Großteil dieser Personen (ebenso wie jene, die nie den Kreis der Erwerbspersonen verlassen) möglicherweise nicht ernsthaft auf der Suche nach einem Arbeitsplatz ist, sollte man sie wiederum nicht zu den Arbeitslosen zählen. An dieser mangelnden Eindeutigkeit läßt sich bereits die grundlegende Problematik der Definition und der Messung der Arbeitslosigkeit erkennen. Im allgemeinen ist es einfacher, die Beschäftigung zu definieren und zu messen als die Arbeitslosigkeit.

Jugendliche werden sehr viel eher eingestellt, verlassen aber auch eher wieder den Kreis der Erwerbspersonen als ältere Arbeitskräfte. So betrug z.B. 1974 die durchschnittliche Dauer der Arbeitslosigkeit bei Jugendlichen 1,6 Monate, während sie bei den über 20jährigen knapp über 2 Monate lag. Deshalb spiegelt die höhere Arbeitslosigkeit von Jugendlichen eher die kurze Verweildauer in Arbeitsplätzen und weniger eine niedrige Rate der Neueinstellungen wider.

Der wichtigste Unterschied zwischen den Geschlechtern in bezug auf die Erwerbstätigkeit liegt in der viel höheren Tendenz arbeitsloser Frauen, ganz aus dem Erwerbsleben auszuscheiden (Strom 4 in Abb. 11.3). So wurden 1974 58% der arbeitslosen Frauen im Alter von über 20 Jahren Nichterwerbstätige, während dies bei den Männern nur für 26% zutraf.

Bei den Schwarzen, insbesondere den unter 25jährigen, trägt die vergleichsweise größere Schwierigkeit, Stellen zu finden, wesentlich zu ihrer höheren Arbeitslosenquote bei. Marston (1976), Tab. 4, schätzt beispielsweise, daß auf diesen Faktor zwischen 1967 und 1973 etwa zwei Drittel der höheren durchschnittlichen Arbeitslosenquote von Schwarzen zurückzuführen war.

Faktoren, die die natürliche Arbeitslosenrate beeinflussen

Nach Auffassung der Ökonomen gibt es eine Vielzahl von Faktoren, darunter insbesondere staatliche Maßnahmen, die die natürliche Rate der Arbeitslosigkeit beeinflussen. Wir werden uns hier auf die wichtigsten Möglichkeiten beschränken; dies sind die Arbeitslosenversicherung, der Mindestlohn und die Gewerkschaften.

Arbeitslosenversicherung

Die **Arbeitslosenversicherung** begann (in den USA) im Jahre 1936 mit einem Programm, das bestimmte Leistungen für Personen vorsieht, die ihren Arbeitsplatz verloren haben und gegenwärtig "auf der Suche nach Arbeit sind". Demnach sind die in Abb. 11.3 zu der Kategorie "Arbeitslosigkeit" zählenden Personen anspruchsberechtigt für derartige Leistungen. Obwohl die Bundesregierung ebenfalls eine gewisse Rolle spielt, werden die entscheidenden Regeln, die die Berechtigung und die Höhe der Leistungen bestimmen, von den Regierungen der Bundesstaaten festgelegt. Im allgemeinen setzt der Leistungsanspruch einer Person voraus, daß sie eine bestimmte Zeit eine versicherungspflichtige Tätigkeit ausgeübt hat.[8] (1986 übten etwa 92% aller zivilen Arbeitskräfte versicherungspflichtige Tätigkeiten aus - vgl. *Economic Report of the President*, 1988, Tab. B-32 und B-42.) Außerdem werden die Zahlungen der Arbeitslosenversicherung nach einer gewissen Zeit, die normalerweise zwischen 26 und 39 Wochen liegt, eingestellt. In Zeiten der Rezession (wie 1982-83) wird die Leistungsdauer zumeist von der Bundesregierung verlängert.

Ein Beschäftigter kann sein laufendes Arbeitseinkommen mit den Unterstützungsleistungen vergleichen, die er bei Arbeitslosigkeit erhalten würde. Das Verhältnis der potentiellen Leistungen zum Arbeitslohn können wir als "Lohnersatzleistungs-Quote" bezeichnen. Diese Quote hat sich seit dem 2. Weltkrieg nur geringfügig verändert; das Verhältnis der durchschnittlichen wöchentlichen Zahlungen der Arbeitslosenversicherung zu den durchschnittlichen wöchentlichen Einkommen aller außerhalb der Landwirtschaft tätigen Arbeitnehmer nahm von 39% 1947 auf 45% 1987 zu (vgl. *Economic Report of the President*, 1988, Tab. B-42 und B-45). Die seit der Einführung wichtigsten Veränderungen des Arbeitslosenversicherungsprogramms waren die Erweiterung des Versicherungsschutzes (insbesondere auf kleine Firmen und auf Angestellte staatlicher und kommunaler Behörden) sowie Verlängerungen der Leistungsdauer.

Theoretisch bewirkt die Existenz der Arbeitslosenversicherung, daß die Arbeitslosen aufgrund der Unterstützung eine geringere Bereitschaft zeigen, einen Arbeitsplatz zu akzeptieren oder den Kreis der Erwerbspersonen zu verlassen (Ströme 3 und 4 in Abb. 11.3). Außerdem werden die Beschäftigten, die einen Anspruch auf Arbeitslosenunterstützung haben, eher eine vorübergehende Beendigung ihres Arbeitsverhältnisses akzeptieren (Strom 2 in Abb. 11.3).[9] Die Arbeitslosenversicherung

---

[8] In manchen Staaten haben Arbeitskräfte, die ihre Stelle kündigen oder aus wichtigen Gründen entlassen werden, dennoch Anspruch auf Arbeitslosenunterstützung, während sie diesen in anderen Staaten verlieren. Natürlich läßt sich oft nur schwer unterscheiden, ob jemand freiwillig kündigt oder berechtigterweise entlassen wird oder ob jemand seinen Arbeitsplatz aus anderen Gründen verliert. Eine eingehendere Diskussion dieser und anderer Fragen findet sich bei Daniel Hamermesh (1977).

[9] Diese Tendenz nimmt ab, wenn die Arbeitgeber Zahlungen leisten müssen, deren Höhe sich an den durchschnittlichen Unterstützungsleistungen, die ihren ehemaligen Beschäftigten gewährt werden, orientieren. Dieses Verfahren wird als "experience rating" (Bemessung der Abgaben nach der Entlas-

veranlaßt insbesondere zu **vorübergehenden Entlassungen**, d.h. zu kurzfristigen Ausstellungen in Perioden mit Produktionsrückgängen. Insgesamt führt ein großzügigeres Unterstützungsprogramm zu einer höheren natürlichen Arbeitslosenrate.

Die Mehrzahl der empirischen Schätzungen zur Wirkung der Arbeitslosenversicherung in den USA beruhen auf Vergleichen zwischen den Bundesstaaten hinsichtlich der Anspruchsniveaus und -kriterien. Anhand dieser Daten glauben einige Forscher erkennen zu können, daß die Existenz der Arbeitslosenversicherung insgesamt eine Erhöhung der natürlichen Rate der Arbeitslosigkeit um etwa 0,5 bis 1 Prozentpunkt bewirkt.[10] In einer jüngeren Studie hat Gary Solon (1985) darauf hingewiesen, daß Arbeitslosenunterstützungen seit 1979 für Familien mit hohem Einkommen zu versteuern sind und geschätzt, daß die Verringerung der effektiven Unterstützungen die Dauer der Arbeitslosigkeit von versicherten Personen mit hohem Einkommen um etwa 10% verkürzte.

Lawrence Katz und Bruce Meyer (1988) konzentrierten sich auf die Dauer der Unterstützung und schätzten, daß eine Erhöhung des Anspruchs auf Unterstützungszahlungen um eine Woche die durchschnittliche Dauer der Arbeitslosigkeit um 0,16 bis 0,20 Wochen ausdehnt. Daher würde eine Verlängerung der Unterstützungen von 26 auf 39 Wochen, wie in der Rezession von 1982-83, die Durchschnittsdauer der Arbeitslosigkeit um mehr als 2 Wochen erhöhen.

Viele Ökonomen glauben, daß die großzügig bemessenen Programme der Arbeitslosenunterstützung, inbesondere die lange Periode der Anspruchsberechtigung, in einigen westeuropäischen Ländern für das hohe Ausmaß an Langzeit-Arbeitslosigkeit verantwortlich sind. [Vgl. dazu Garry Burtless (1987) und Michael Burda (1988).] So können beispielsweise in den Niederlanden arbeitslose Personen Unterstützungen, die durchschnittlich 70% des Arbeitseinkommens ausmachen, für bis zu zweieinhalb Jahren beziehen, in Dänemark sind es ebenfalls zweieinhalb Jahre bei Unterstützungen von im Durchschnitt 90% des Arbeitseinkommens [vgl. Michael Emerson (1988), S. 90]. In Abb. 11.4 ist für 13 Industrieländer der Umfang der langfristigen Arbeitslosigkeit (Zahl derer, die mindestens 6 Monate arbeitslos sind, ausgedrückt in Prozent der gesamten Arbeitslosigkeit) gegenüber einem Maß für die Großzügigkeit der Arbeitslosenversicherung dargestellt. Dieses Maß berücksichtigt

---

sungsquote) bezeichnet. Hierbei zahlt ein Unternehmen, das viele Arbeitnehmer entläßt, eine höhere Summe in den Fonds ein, aus dem die Arbeitslosenunterstützung finanziert wird. Daher haben die Arbeitgeber einen Anreiz, die Entlassungsrate niedrig zu halten. Anders als in den meisten anderen Ländern wird in den USA dieses System bei der Arbeitslosenversicherung in einem gewissen Umfang angewendet, es ist jedoch noch sehr unvollkommen. Vgl. zur Diskussion dieser Frage Robert Topel und Finis Welch (1980).

[10] Vgl. Hamermesh (1977), S. 52, sowie Kim Clark und Lawrence Summers (1982), Tab. 10. Hamermesh konzentriert sich auf die Auswirkungen der Dauer der Arbeitslosigkeit. Zugleich unterscheidet er zwischen Jahren mit hoher und mit niedriger Arbeitslosigkeit, stellt dabei jedoch nur relativ geringe Unterschiede fest. Clarks und Summers Schätzungen beziehen sich auf das Jahr 1978, in dem die gesamtwirtschaftliche Arbeitslosenquote 5,9% betrug.

die Lohnersatzleistungsquote ebenso wie die Anspruchsdauer von Unterstützungen.[11] (Die Länder unterscheiden sich hinsichtlich der Anspruchsdauer stärker als hinsichtlich der Lohnersatzleistungen.) Die Abbildung zeigt, daß die Länder mit großzügiger bemessenen Programmen der Arbeitslosenunterstützung eine größere Häufigkeit von Langzeit-Arbeitslosigkeit aufweisen.

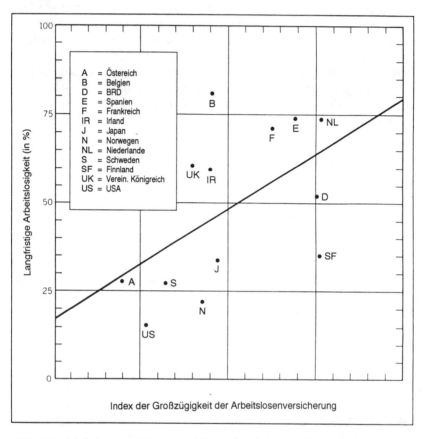

Abb. 11.4: *Arbeitslosenversicherung und Langzeit-Arbeitslosigkeit in Industrieländern.*

Wenngleich es Hinweise darauf gibt, daß die Arbeitslosenunterstützung die Rate der Arbeitslosigkeit erhöht, so fehlen doch Belege dafür, daß die Arbeitslosenversicherung in den USA während der letzten beiden Dekaden wesentlich großzügiger

---

[11] Die Daten über die Merkmale der Arbeitslosenversicherung stammen von Emerson (1988), S. 90 und aus "The Employer", Kopenhagen, 10. August 1987, S. 6. Die Zahlen zur langfristigen Arbeitslosigkeit stammen von der OECD (1987), S. 201.

ausgestaltet worden ist. Daher fällt es nicht leicht, das Programm für die hohen Arbeitslosenquoten von Mitte der 70er Jahre bis zum Anfang der 80er Jahre (oder für den Rückgang der Arbeitslosenquote von 1983 bis 1988) verantwortlich zu machen.

Mindestlohn

Als weitere Determinante der natürlichen Rate der Arbeitslosigkeit wird von Ökonomen häufig der **Mindestlohn** genannt, der seit 1938 in bestimmten Industriezweigen von der Bundesregierung festgelegt wurde. Während diese Regelung 1946 für etwa 57% aller nichtleitenden Angestellten galt, war dieser Prozentsatz aufgrund neuer Gesetzesregelungen 1986 bis auf etwa 87% gestiegen (vgl. *Statistical Abstract of the U.S.*, 1988, S. 395).

Der Kongreß hat den Basismindestlohn pro Stunde seit dem Anfangswert von 0,25 $ im Jahre 1938 mehrfach geändert: 1950 wurde er auf 0,75 $ erhöht, 1963 lag er bei 1,25 $, 1968 bei 1,60 $, 1977 bei 2,30 $ und 1981 wurde er auf 3,35 $ angehoben. Seither hat es zumindest bis Ende 1988 keine weitere Veränderung gegeben. Das Verhältnis des Mindestlohns zum durchschnittlichen Stundenlohn (außerhalb der Landwirtschaft) bewegte sich 1950-1987 zwischen 37% und 56%. Obwohl es keinen eindeutigen Trend gibt, bewirkte jede Verfügung eines neuen Mindestlohns durch den Kongreß zunächst eine Steigerung dieses Verhältnisses, das dann mit der Anhebung der durchschnittlichen Stundenlöhne allmählich wieder abnahm. So sank ohne Anpassung des Mindestlohns dieses Verhältnis von 46% (1981) auf 37% (1987).

Ein höherer Mindestlohn verringert den Anreiz für Arbeitgeber, weniger produktive Arbeitskräfte in Sektoren mit Mindestlohnregelung einzustellen. Empirische Untersuchungen haben gezeigt, daß ein höherer Mindestlohn sowie ein erweiterter Geltungsbereich der Mindestlohngesetze insbesondere die Beschäftigung von Jugendlichen vermindert. So gibt es Untersuchungen, nach denen eine 10%ige Erhöhung des Mindestlohns die Zahl der beschäftigten Jugendlichen um etwas mehr als 1% verringert.[12] Im übrigen spricht einiges dafür, daß auch bei jungen Erwachsenen im Alter von 20 bis 24 Jahren negative Beschäftigungseffekte zu verzeichnen sind, während bei älteren Arbeitnehmern keine eindeutigen Tendenzen erkennbar sind. Da durch den Mindestlohn der Einsatz von weniger produktiven Arbeitern künstlich verteuert wird, ist es wahrscheinlich, daß die Unternehmen den Einsatz produktiverer Kräfte vorziehen. Nicht zuletzt deshalb befürworten die Gewerkschaften den Mindestlohn, um auf diese Weise ihre hochbezahlten Mitglieder vor dem Wettbewerb der unproduktiven Arbeiter in den unteren Lohngruppen zu schützen.

Während die Auswirkungen des Mindestlohns auf die *Beschäftigung* von Jugendlichen eindeutig ist, hängt der Effekt auf deren *Arbeitslosigkeit* auch von der Beteili-

---

[12] Einen Überblick über die empirischen Ergebnisse geben Charles Brown, Curtis Gilroy und Andrew Koehn (1982).

gung an der Erwerbstätigkeit ab. Da ein höherer Mindestlohn die Beschäftigungschancen verringert, wird sich auch die Anzahl der Jugendlichen vermindern, die sich als arbeitsuchend melden. Durch diese Reaktion wird die Tendenz, daß ein höherer Mindestlohn die statistisch ausgewiesene Jugendarbeitslosigkeit erhöht, teilweise aufgehoben.

Grundsätzlich läßt sich sagen, daß der Mindestlohn nicht für die hohe Arbeitslosenquote von Mitte der 70er Jahre bis zu den frühen 80er Jahren verantwortlich gemacht werden kann. Denn erstens hat er sich im Vergleich zu den durchschnittlichen Stundenlöhnen nicht erhöht, und zweitens haben die hohen Arbeitslosenquoten dieser Periode ältere Arbeitskräfte genauso betroffen wie Jugendliche und junge Erwachsene.

Gewerkschaften

Manche vertreten die Auffassung, daß Gewerkschaften Arbeitslosigkeit verursachen, da sie den Reallohn erhöhen können und das Beschäftigungsniveau in gewerkschaftlich organisierten Industrien niedrig halten. Dies führt dazu, daß in nicht gewerkschaftlich organisierten Sektoren ein größeres Arbeitskräfteangebot herrscht und die Reallöhne niedriger sind. Deshalb können Gewerkschaften Ineffizienzen verursachen, die eine unangemessene Verteilung der Arbeit und Produktion zwischen organisierten und nichtorganisierten Industrien beinhalten. Denkbar wäre auch, daß erhöhte Gewerkschaftsmacht zur Verringerung der Beschäftigung und Produktion führt. Weniger eindeutig ist, ob die Gewerkschaften etwas mit dem Umfang der *Arbeitslosigkeit* zu tun haben, da die negativen Effekte auf die Gesamtbeschäftigung zumeist mit einer Abnahme der Erwerbspersonenzahl einhergehen können.

Auf jeden Fall sollten wir die Auswirkungen von Gewerkschaften untersuchen, indem wir die Änderung des Organisationsgrades im Zeitablauf beobachten. Der Anteil der gewerkschaftlich organisierten zivilen Erwerbspersonen ist seit Mitte der 50er Jahre nach einem Höhepunkt von 27% auf 21% im Jahr 1980 und etwa 15% im Jahr 1986 gesunken (vgl. *Statistical Abstract of the U.S.*, 1988, S. 402; 1982-83, S. 408-409). Deshalb können wir die hohen Arbeitslosenquoten von Mitte der 70er Jahre bis Anfang der 80er Jahre nicht einem verstärkten Organisationsgrad zuschreiben. (Die stärksten Organisationserfolge konnten die Gewerkschaften mit einer Zunahme von weniger als 3% auf 6% zu Beginn des 20. Jahrhunderts verzeichnen; ebenso Mitte der 30er Jahre, wo der Organisationsgrad von 7% auf 15% stieg, sowie während des 2. Weltkrieges, wo er sich von 16% auf 26% erhöhte.)

Veränderungen der Erwerbsquoten

Die hohen Arbeitslosenquoten von Mitte der 70er Jahre bis Anfang der 80er Jahre stehen im Gegensatz zur Beschäftigungsentwicklung, wenn diese zu einem Bevölke-

Arbeitslosigkeit 317

rungsmaß in Beziehung gesetzt wird. Tab. 11.3 zeigt das Verhältnis der Erwerbspersonen (einschließlich des Militärpersonals) zur Gesamtbevölkerung und zur Bevölkerung im Alter zwischen 16 und 64 Jahren. Während die erste Quote bis Mitte der 70er Jahre zwischen 37% und 41% schwankte, dann aber 1987 auf 47% anstieg, bewegte sich die zweite Quote zunächst bis Mitte der 70er Jahre zwischen 61% und 66% und stieg dann auf 72%.

Die hohen Erwerbsquoten der letzten Jahre spiegeln vor allem den erhöhten Anteil der Frauen an den Erwerbspersonen wider, der von 29% im Jahre 1948 auf 38% im Jahre 1969 gestiegen ist und 1987 45% betrug. Diese Entwicklung bedeutet, daß es heute sehr viel mehr Familien mit mehr als einem Einkommensbezieher gibt. Deshalb hat eine bestimmte Arbeitslosenquote heute für die Einkünfte der repräsentativen Familie längst nicht mehr die Bedeutung wie früher. (Die Existenz der Arbeitslosenversicherung und anderer Wohlfahrtsprogramme spielt hierbei ebenfalls eine Rolle.)

Tab. 11.3: *Entwicklung der US-Erwerbsquoten*

	Erwerbsquote	
	in % der Gesamtbevölkerung	in % der Bevölkerung im Alter von 16-64 Jahren
1948-52	40	63
1953-57	39	64
1958-62	37	64
1963-67	38	65
1968-72	39	66
1973-77	41	66
1978-82	44	69
1983-87	45	70
1948-87	40	66

Anmerkung: Die Tabelle zeigt das Verhältnis der gesamten Erwerbspersonen (einschließlich des Militärpersonals) zur Gesamtbevölkerung und der Bevölkerung im Alter zwischen 16 und 64 Jahren.
Quelle: Economic Report of the President, 1988, Tab. B-31, B-32; 1983, Tab. B-29.

Beschäftigung und Arbeitslosigkeit in Rezessionen

In Kapitel 9 zeigten wir, daß Angebotsschocks für einige Merkmale von Konjunkturschwankungen in der Realität verantwortlich sein können. So können insbesondere Abwärtsverschiebungen der Produktionsfunktion Rezessionen erzeugen, die sich in einer Abnahme des realen BSP und des Anteils der Investitionen am BSP niederschlagen. Der gesamtwirtschaftliche Arbeitseinsatz kann ebenfalls zurückgehen, wenngleich diese Wirkung vom Verhältnis von Substitutions- und Vermögenseffekten abhängt. Wir verwenden nun den theoretischen Rahmen dieses Kapitels, um zu verdeutlichen, wie Angebotsschocks die Arbeitslosigkeit beeinflussen. Dabei betrachten wir den Fall einer konstanten Erwerbstätigkeit, so daß Veränderungen der Arbeitslosigkeit entgegengesetzte Entwicklungen der Beschäftigung widerspiegeln.

Wir unterstellen einen negativen Schock, der das Grenzprodukt der Arbeit des repräsentativen Arbeitnehmers und Arbeitsplatzes verringert. Eine bereits früher erwähnte Wirkung besteht darin, daß die Rate der neu aufgenommenen Arbeitsverhältnisse η fällt, und zwar deshalb, weil sich die Marktchancen - wie sie durch das Grenzprodukt der Arbeit festgelegt werden - im Vergleich zum Einkommen bei Arbeitslosigkeit w^u verschlechtern. Aus eben diesem Grund erscheinen bestehende Arbeitsverhältnisse sowohl für die Unternehmen als auch für die Arbeitnehmer wechselseitig weniger vorteilhaft. Daher werden tendenziell mehr Arbeitsverhältnisse beendet, insbesondere durch Entlassungen oder Kündigungen der Unternehmen. Jedenfalls steigt tendenziell die Rate der beendeten Arbeitsverhältnisse s.

Um die Wirkungen auf Arbeitslosigkeit und Beschäftigung zu verdeutlichen, wollen wir zu dem Beispiel zurückkehren, in dem die Erwerbstätigen mit 100 Mio. Personen fixiert waren und die Raten der beendeten und neu aufgenommenen Arbeitsverhältnisse 15% bzw. 1% betrugen. In Tab. 11.4 wird angenommen, daß die Volkswirtschaft in Periode 1 mit einer natürlichen Rate der Arbeitslosigkeit beginnt, die in diesem Beispiel 6,2% beträgt. Sodann läßt ein negativer Schock auf die Produktionsfunktion - wodurch eine Rezession ausgelöst wird - die Rate der beendeten Arbeitsverhältnisse von 1% auf 1,5% ansteigen und jene der neu aufgenommenen Arbeitsverhältnisse von 15% auf 10% absinken.

Obwohl einige Personen immer noch einen Arbeitsplatz finden, ist die Zahl derjenigen, die ihren Arbeitsplatz verlieren, weitaus größer. Folglich zeigt Tab. 11.4, daß die Arbeitslosenquote von Periode 1 bis zur Periode 6 von 6,2% auf 9,4% stetig ansteigt. Dem entspricht ein Absinken der Zahl der Beschäftigten von 93,8 Mio. auf 90,6 Mio.

Angenommen, der temporäre negative Schock auf die Produktionsfunktion hält bis zum Ende der 5. Periode an. Von Beginn der Periode 6 an kehrt die Rate der beendeten Arbeitsverhältnisse wiederum auf 1% und die der neu aufgenommenen Arbeitsverhältnisse auf 15% zurück. Obwohl einige Personen nach wie vor ihren Arbeitsplatz verlieren, wird die Zahl der Arbeitsplatzverluste jetzt durch die neu aufgenommenen Beschäftigungsverhältnisse überkompensiert, so daß die Arbeitslosenquote allmählich auf die natürliche Rate von 6,2% absinkt bzw. die Zahl der Beschäftigten wieder auf 93,8 Mio. ansteigt.

Es erscheint sinnvoll, anhand dieses Beispiels auf zwei realistische Merkmale von Rezessionen hinzuweisen. Erstens beinhaltet das Entstehen einer Rezession eine Phase allmählich steigender Arbeitslosigkeit bzw. sinkender Beschäftigung. Zweitens bedarf es selbst nach Beginn der Erholungsphase einer beträchtlichen Zeitspanne, bis die Arbeitslosenquote wieder das Niveau vor der Rezession erreicht.

Tab. 11.4: *Entwicklung der Beschäftigung und der Arbeitslosigkeit in einer Rezession*

Periode	1	2	3	4	5	6	7	8	9	...	∞
Rate der beendeten Arbeitsverhältnisse (s)	0,015	0,015	0,015	0,015	0,015	0,01	0,01	0,01	0,01	...	0,01
Rate der aufgenommenen Arbeitsverhältnisse (η)	0,10	0,10	0,10	0,10	0,10	0,15	0,15	0,15	0,15	...	0,15
Zahl der Beschäftigten (N)	93,8	93,0	92,3	91,7	91,1	90,6	91,1	91,5	91,9	...	93,8
Zahl der Arbeitslosen (U)	6,2	7,0	7,7	8,3	8,9	9,4	8,9	8,5	8,1	...	6,2
Zahl der beendeten Arbeitsverhältnisse	1,4	1,4	1,4	1,4	1,4	0,9	0,9	0,9	0,9	...	0,9
Zahl der aufgenommenen Arbeitsverhältnisse	0,6	0,7	0,8	0,8	0,9	1,4	1,3	1,3	1,2	...	0,9
Nettoveränderung der Beschäftigung	−0,8	−0,7	−0,6	−0,6	−0,5	0,5	0,4	0,4	0,3	...	0,0

Anmerkung: Während der Rezession in den Perioden 1-5 steigt die Rate der beendeten Arbeitsverhältnisse von 1% auf 1,5% pro Periode, und die Rate der aufgenommenen Arbeitsverhältnisse sinkt von 15% auf 10% pro Periode. Folglich steigt die Arbeitslosenquote von der natürlichen Rate von 6,2% auf 9,4% in Periode 6. Sobald die Raten der beendeten und der neu aufgenommenen Arbeitsverhältnisse in Periode 6 auf ihre normalen Werte zurückkehren, beginnt die Erholungsphase der Wirtschaft, in deren Verlauf die Arbeitslosenquote sich erneut der natürlichen Rate von 6,2% annähert.

In diesem Beispiel mit einer konstanten Erwerbstätigenzahl ist die Entwicklung der Beschäftigung jener der Arbeitslosigkeit gerade entgegengesetzt. Sofern wir im übrigen von Veränderungen des Kapitalstocks absehen, entwickelt sich die Produktion parallel zu jener der Beschäftigung. Obwohl dieses Muster die wesentlichen Kennzeichen von Konjunkturschwankungen einfängt, fehlen dennoch einige Elemente. Erstens ist die Arbeitszeit je Arbeitnehmer, insbesondere in bezug auf *Überstunden*, flexibler als die Zahl der Beschäftigten, und daher sinkt die Arbeitszeit und das Produktionsniveau in einer Rezession (bzw. erhöht sich in einer Boomphase) vor den entsprechenden Veränderungen der Beschäftigung. Selbst ohne Anpassung der Arbeitsstunden können zweitens die Unternehmen die Auslastung des Kapitalstocks und damit das Produktionsvolumen verändern. Bei gegebener Zahl von Arbeitsstunden zeigt sich eine Abnahme der Auslastung in einer Rezession als Verringerung der Produktion pro Arbeitsstunde.[13] Drittens kann die Erwerbstätigkeit variieren. Abgesehen von Jugendlichen, die in schlechten Zeiten aus der Erwerbstätigkeit auszuscheiden neigen, scheint jedoch kein enger Zusammenhang zwischen dem Erwerbspersonenpotential und den realen ökonomischen Aktivitäten zu bestehen (vgl. auch Problem 11.7 am Ende des Kapitels).

Arbeitslosigkeit während der letzten US-Rezessionen

Tab. 11.5 zeigt die Entwicklung von Produktion, Beschäftigung und Arbeitslosigkeit während der sechs Rezessionen in den USA seit dem 2. Weltkrieg. Die prozentualen Ausfälle an realem BSP entsprechen jenen, die wir in Kapitel 9 (Tab. 9.1) berechneten. Nun stellen wir entsprechende Berechnungen für die Beschäftigung an. Unter Verwendung der Gesamtzahl der Beschäftigten (einschließlich des Militärpersonals) beträgt das durchschnittliche Beschäftigungsdefizit der sechs Rezessionen 2,4%, wobei die Werte von weniger als 1% (1970) bis zu 4,2% (1958) reichten. Bemerkenswert ist, daß bei jeder Rezession der prozentuale Beschäftigungsausfall geringer ist als der des realen BSP. Im Durchschnitt der sechs Rezessionen überstieg der prozentuale Ausfall an realem BSP (5,2%) jenen bei der Beschäftigung (2,6%) um 2,6 Prozentpunkte, so daß das Verhältnis des realen BSP zur Anzahl der Beschäftigten - was ein Maß für die Arbeitsproduktivität ist - in diesen Rezessionen um durchschnittlich 2,5% zurückging.

Im Hinblick auf den gesamten Arbeitseinsatz ergibt sich, daß das Maß der gesamten Arbeitszeit aussagefähiger ist als die Zahl der Beschäftigten. Zur Berechnung der gesamten Arbeitszeit multiplizieren wir die Zahl der Beschäftigten mit einem Schätzwert der durchschnittlichen Wochenarbeitsstunden pro Erwerbstätigen. Da diese während einer Rezession tendenziell abnehmen, ergibt sich ein stärkerer prozentualer Ausfall bei der Gesamtarbeitszeit als bei der Zahl der Beschäftigten. Tatsächlich liegt der durchschnittliche Ausfall während der in Tab. 11.5 aufgeführten sechs Rezessionen mit 4,1% bei der Gesamtarbeitszeit nur um einen Prozentpunkt unter dem des realen BSP mit 5,2%. Folglich ergibt sich während einer typischen

---

[13] Eine Verringerung der Kapazitätsauslastung bedeutet im allgemeinen, daß weniger Arbeitsstunden für die laufende Produktion ausreichen. Soweit die geleisteten Arbeitsstunden nicht zurückgehen, beschäftigen die Unternehmen einen größeren Arbeitsinput als er für die Produktion nötig ist. Ökonomen haben darüber spekuliert, ob dieser "Überschuß" an Arbeit unterausgelastet ist (mit Arbeitnehmern, die in Rezessionen weniger intensiv arbeiten) oder statt dessen genutzt wird für andere Aktivitäten, die sich nicht im gemessenen Output niederschlagen. Jon Fay und James Medoff (1985) haben bei einer Untersuchung von 168 Unternehmen im verarbeitenden Gewerbe festgestellt, daß das repräsentative Unternehmen auf eine Rezession reagiert, indem es 5% zusätzlicher Arbeitsstunden für die Instandhaltung und die Überholung der Ausrüstung, für Schulung und andere Aktivitäten aufbringt, die sich nicht in der laufenden Produktion zeigen. Es scheint in Rezessionen eine deutliche Umlenkung von Arbeitskräften in derartige produktive, aber typischerweise nicht gemessene Tätigkeiten zu geben.

Rezession ein Rückgang der Arbeitsproduktivität um etwa 1%, wenn diese als reales BSP pro Erwerbstätigenstunde gemessen wird. Die beiden Fälle, bei denen unter Verwendung dieses Konzepts der Arbeitsproduktivität beträchtliche Rückgänge zu verzeichnen waren, sind die Jahre 1975 und 1982.

Tab. 11.5: *Entwicklung von Produktion, Beschäftigung und Arbeitslosigkeit während der Nachkriegsrezessionen in den USA*

Jahr der Rezession	1949	1954	1958	1970	1975	1982	Durchschnitt für 6 Rezessionen
Bezugsjahr	1948	1953	1956	1969	1973	1979	
Ausfall in % des realen BSP	2,8	4,1	4,8	3,1	7,3	9,1	5,2
Ausfall an Beschäftigung	1,3	2,1	2,9	0,7	1,9	3,5	
Ausfall in % des Trends	2,1	3,2	4,2	0,8	2,1	3,3	2,6
Ausfall an Gesamtarbeitsstunden	0,08	0,11	0,15	0,07	0,13	0,19	
Ausfall in % des Trends	3,3	4,2	5,6	2,3	3,9	5,1	4,1
U	5,8	5,3	6,5	4,8	8,3	9,5	
$U - U^o$	2,1	2,5	2,5	1,4	3,6	3,8	2,6

Anmerkung: Der Ausfall an realem BSP ist Tab. 9.1 entnommen. Die Zahl der Beschäftigten ist die Gesamtbeschäftigung (in Mio.) einschließlich der Streitkräfte. Die gesamten Stunden entsprechen den gesamten Wochenstunden (in Mrd.). U ist die Arbeitslosenquote für alle Erwerbspersonen. Der Ausfall an Beschäftigung versteht sich im Verhältnis zur Beschäftigung des Bezugsjahres (korrigiert um eine Wachstumsrate von 1,4% p.a.). Der Ausfall an Gesamtarbeitsstunden ist ebenfalls im Verhältnis zu den Stunden des Bezugsjahres berechnet (korrigiert um eine Wachstumsrate von 1,2% p.a.). Die Arbeitslosenquote U^o ist der Wert des Bezugsjahres.
Quelle: Economic Report of the President, 1988.

Schließlich zeigt Tab. 11.5 die Entwicklung der Arbeitslosenquote während der sechs Rezessionen, die im Durchschnitt um 2,6 Prozentpunkte gestiegen ist. Die Rezession 1980-82 schneidet mit einer Erhöhung um 3,8 Prozentpunkten am schlechtesten ab, dicht gefolgt von jener der Jahre 1974-75 mit 3,6 Prozentpunkten.

Angebotsschocks, Rezessionen und Arbeitslosigkeit

Unsere Theorie zeigt, wie Angebotsschocks die für Rezessionen charakteristisch hohe Arbeitslosigkeit verursachen können, wie jene, die in Tab. 11.5 beschrieben sind. Wir würden jedoch wissen wollen, inwieweit diese Rezessionen tatsächlich das Ergebnis eindeutig identifizierbarer Angebotsschocks waren. Wenngleich wir diese Frage nicht eindeutig beantworten können, ergeben sich aus jüngeren empirischen Untersuchungen einige vielsagende Hinweise.

James Hamilton (1983) dokumentiert die bedeutende Rolle der Ölkrisen. Die Mehrzahl der Ökonomen meint, daß der dramatische Anstieg der Ölpreise 1973-74 und 1979-80 einen wesentlichen Faktor für die Rezessionen 1974-75 bzw. 1980-82 bildet. Hamilton bekräftigt diese Auffassung, macht jedoch die überraschende Beobachtung, daß in der Tendenz "ein Merkmal einer jeden Rezession in den USA seit dem 2. Weltkrieg, mit der von 1960-61 als einziger Ausnahme, darin bestand, daß auf Anstiege des Ölpreises Rezessionen folgten" (S. 229). So folgte z.B. die Rezession 1957-58 auf einen Ölpreisanstieg infolge der Suezkrise und der Abschwung 1954 trat nach einer Erhöhung der Ölpreise als Folge der Verstaatlichung der Ölindustrie im Iran auf. Insgesamt bestätigen Hamiltons statistische Ergebnisse, daß Ölkrisen eine bedeutende Ursache für hohe Arbeitslosigkeit und geringes Wachstum des realen BSP waren. Mehr noch, das Ausmaß der jüngsten Schocks (1973-74 und 1979-80) erklärt, warum die beiden damit einhergehenden Rezessionen (1974-75 und 1980-82) zu den schwersten der Nachkriegszeit gehörten.

Abgesehen vom Öl ist es Ökonomen bisher nicht gelungen, nachweisbare Schocks als regelmäßige Elemente der Konjunkturschwankungen in den USA auszumachen. Es ist gleichwohl möglich, daß eine Reihe von Störungen der Produktionsbedingungen - von Makrökonomen nicht direkt identifizierbar - für Rezessionen und Boomphasen verantwortlich sind. David Lilien (1982) ist dieser Idee nachgegangen, indem er die sich verändernde Zusammensetzung der Produktion in den USA in das Blickfeld rückte. Diese Zusammensetzung hat sich in jüngerer Zeit weg von den traditionellen Bereichen des verarbeitenden Gewerbes, wie Stahl- und Automobilproduktion, hin zu High-Tech-Industrien und Dienstleistungen bewegt. (Eine früher dominante Bewegung führte von der Landwirtschaft zum verarbeitenden Gewerbe.) Liliens Argument ist, daß der Prozeß der Reallokation von Arbeit zwischen den Sektoren zu hohen Raten der Beendigung von Arbeitsverhältnissen und damit zu hohen Arbeitslosenquoten geführt habe.[14] Liliens empirische Ergebnisse für die USA nach dem 2. Weltkrieg (S. 787-92) zeigen, daß Perioden mit beschleunigter Veränderung der industriellen Struktur tendenziell Zeiten mit ungewöhnlich hoher Arbeitslosigkeit waren. Insoweit legen die Ergebnisse nahe, daß die Rezessionen in den USA

---

[14] Unser einfaches Modell, wie es in Gleichung (11.3) zusammengefaßt ist, besagt, daß die natürliche Rate der Arbeitslosigkeit durch $s/(s + \eta)$ bestimmt wird. Sofern die Rate der beendeten Arbeitsverhältnisse s proportional stärker als die Rate der neu aufgenommenen Arbeitsverhältnisse η zunimmt, ist eine Erhöhung der Arbeitslosigkeit vorauszusehen.

teilweise von realen Schocks - wie technologischen Innovationen, Veränderungen der ausländischen Konkurrenz oder Variationen der relativen Preise von Rohstoffen - herrührten, und daß diese zu Änderungen der Zusammensetzung der industriellen Produktion führten. Diese Schlußfolgerung ist freilich von einer Reihe von Ökonomen bezweifelt worden; so hat beispielsweise Prakash Loungani (1986) gezeigt, daß aufgrund der US-Daten kein enger Zusammenhang zwischen den Veränderungen der Zusammensetzung der Produktion und der Arbeitslosigkeit besteht, sobald wir die Bewegung der Ölpreise ausklammern.[15]

Die meisten Makroökonomen versuchen, saisonale Effekte durch Verwendung **saisonbereinigter Daten** (wie sie vom U.S. Department of Commerce zur Verfügung gestellt werden) zu eliminieren. Durch das Verfahren der Saisonbereinigung versucht man, die normalen Schwankungen einer Variablen, wie des realen BSP, auszuschalten, die vom Winter (dem ersten Quartal) zum Frühjahr (dem zweiten Quartal) usw. auftreten. Robert Barsky und Jeff Miron (1988) gelangten jedoch zu einigen interessanten Schlußfolgerungen, indem sie sich auf nicht-bereinigte Daten stützten. Die normalen saisonalen Schwankungen verschiedener Größen - wie die der realen Werte des BSP, des Konsums und der Investition sowie der Beschäftigung und der Arbeitslosigkeit - sind einerseits ausgeprägter als die mit typischen Rezessionen verbundenen Veränderungen. Auf der Basis von Quartalsrechnungen zeigte sich beispielsweise, daß zwischen 1948 und 1985 mehr als 80% der gesamten Fluktuationen des realen BSP und über 60% jener der Arbeitslosenquote auf systematische Saisonschwankungen zurückzuführen waren [vgl. Barsky und Miron (1988), Tab. 1]. Darüber hinaus weist das saisonale Muster des Bewegungszusammenhangs zwischen dem BSP und seinen wichtigsten Komponenten sowie dem BSP und der Beschäftigung Ähnlichkeiten mit jenen auf, die mit Rezessionen und Boomphasen verbunden sind (ebenda, Tab. 2). Im saisonalen Zusammenhang gehen z. B. die Entwicklungen der Investition und des Konsum mit denen des BSP einher, jedoch ist die Investition erheblich unbeständiger als der Konsum. Miron (1988) zeigt, daß diese Ergebnisse in bezug auf das saisonale Verhalten in den USA typischerweise auch für eine Auswahl von 25 Industrie- und Schwellenländer gültig sind.

Es ist naheliegend zu vermuten, daß die saisonalen Entwicklungen die Einflüsse des Wetters und der Urlaubszeiten widerspiegeln. Bis zu einem gewissen Grade können wir uns diese Bewegungen als gewöhnliche Veränderungen der Technologie (wie etwa infolge von Witterungseinflüssen auf das Baugewerbe) und als systematische Effekte auf die Präferenzen (wie den positiven Einfluß des Weihnachtsfestes auf die Konsumnachfrage und die negative Wirkung der Sommerferien auf das Arbeitsangebot) vorstellen. Die Saisoneffekte sind daher gleichzusetzen mit jenen Störungen, die in realen Konjunkturmodellen hervorgehoben werden; d.h. mit realen Schocks, die auf die Technologie und die Präferenzen einwirken. Das Ausmaß saisonaler Schwankungen verdeutlicht, daß diese Formen realer Störungen quantitativ in

---

[15] Zu weiteren Diskussionen vgl. Katharine Abraham und Lawrence Katz (1986).

kurzfristiger Sicht bedeutsam sind. Die Belege relativieren vor allem das Argument mancher Ökonomen, daß die auf die Technologie und die Präferenzen wirkenden Schocks nicht stark genug seien, um für den beobachteten Umfang von Rezessionen und Boomphasen verantwortlich gemacht zu werden. Die Ähnlichkeit der Saisonbewegungen mit jenen in Rezessions- und Boomzeiten legt überdies nahe, daß gleichartige Formen von Störungen möglicherweise allen beobachteten Fluktuationen zugrunde liegen. Die saisonalen Indizien stützen daher die Vorstellung, daß die realen Konjunkturtheorien einen vielversprechenden Ansatz zur Erklärung von Rezessionen und Booms und damit auch für das Verständnis von Schwankungen der Arbeitslosigkeit darstellen.

Zusammenfassung

Sofern keine Übereinstimmung zwischen Arbeitskräften und Arbeitsplätzen besteht, benötigen Wirtschaftssubjekte Zeit, um eine passende Arbeit zu finden. Arbeitnehmer suchen nach Stellen mit hoher Entlohnung (und weiteren vorteilhaften Merkmalen), während Unternehmen nach produktiven Arbeitskräften Ausschau halten. Während dieses Suchprozesses bleiben einige Arbeitsuchende unbeschäftigt und einige Stellen unbesetzt. Die Rate der neu aufgenommenen Arbeitsverhältnisse ist abhängig von solchen Elementen wie dem bei Arbeitslosigkeit verfügbaren Einkommen und dem Niveau und Verlauf der Verteilung von Lohnangeboten.

Da Arbeitnehmern und Arbeitgebern bei ihren anfänglichen Einschätzungen Irrtümer unterlaufen und die Umstände sich ändern, werden bestehende Arbeitsverhältnisse irgendwann beendet. Die Rate der beendeten Arbeitsverhältnisse hängt von bestimmten Merkmalen der Arbeitnehmer ab - wie etwa dem Alter und der Berufserfahrung - sowie von der Variabilität der Angebots- und Nachfragebedingungen der jeweiligen Industriezweige.

Die Dynamik von Beschäftigung und Arbeitslosigkeit hängt von den Raten der beendeten und neu aufgenommenen Arbeitsverhältnisse ab. Sofern diese Raten konstant sind, tendiert die Volkswirtschaft automatisch zu einer natürlichen Rate der Arbeitslosigkeit. Diese steigt bei einer Erhöhung der Rate der beendeten Arbeitsverhältnisse, sinkt jedoch bei einer Erhöhung der Rate der Neueinstellungen. Außerdem wird die natürliche Arbeitslosenrate durch Schwankungen des Erwerbspersonenpotentials beeinflußt.

Wir analysieren mit Hilfe dieses Rahmens die Unterschiede in den durchschnittlichen alters-, geschlechts- und rassenspezifischen Arbeitslosenquoten. Diese setzen wir dann zu den damit verbundenen Unterschieden in der Dauer der Arbeitsverhältnisse und der Arbeitslosigkeit in Beziehung. So zeigen sich beispielsweise bei jüngeren Arbeitnehmern deutlich höhere Raten der Beendigung von Arbeitsverhältnissen und dementsprechend höhere durchschnittliche Arbeitslosenquoten.

Wir hatten bereits vorher erkannt, daß Angebotsschocks Rezessionen im Sinne von Produktionsrückgängen hervorrufen können. Nun können wir zeigen, daß diese Form von Schocks auch die Rate der Neueinstellungen verringert und die Rate der Beendigung von Arbeitsverhältnissen erhöht. Während einer Rezession nimmt so die Arbeitslosigkeit zu und die Beschäftigung ab. Aus empirischer Sicht lassen sich die wichtigsten Belege für diese Wirkungen von Angebotsschocks aus der Veränderung der Ölpreise ableiten. Jedoch deuten einige Ergebnisse bezüglich der saisonalen Schwankungen darauf hin, daß Veränderungen der Technologie und der Präferenzen - also Formen von Störungen, die in den realen Konjunkturtheorien hervorgehoben werden - kurzfristig quantitativ bedeutsam sein können.

Fragen und Probleme

Zur Wiederholung

11.1 Wie lautet die Definition der Arbeitslosenquote? Wird die Arbeitslosigkeit in der Volkswirtschaft unterschätzt, da bei dieser Definition Arbeitskräfte, die vom Status eines "Arbeitslosen" in den eines "Nichterwerbstätigen" überwechseln, nicht berücksichtigt werden? Können Sie sich irgendwelche Faktoren vorstellen, die zu einer Überschätzung der Arbeitslosigkeit durch die Arbeitslosenquote führen?

11.2 Angenommen, ein Arbeitsuchender erhält ein Lohnangebot w, welches seinen bei Arbeitslosigkeit bezogenen Lohn w^u übersteigt. Sollte er dieses Angebot ausschlagen?

11.3 Warum sollten Arbeitnehmer und Unternehmer, sobald sie eine Übereinstimmung im Arbeitsverhältnis gefunden haben, jemals daran denken, dieses zu beenden? Können Sie einige Faktoren aufzählen, die die Rate der beendeten Arbeitsverhältnisse beeinflussen?

11.4 Wie ist die natürliche Rate der Arbeitslosigkeit definiert? Wann würde die Arbeitslosigkeit von der natürliche Rate abweichen? Kann sich die natürliche Rate selbst im Zeitablauf verändern?

Probleme zur Diskussion

11.5 Rate der Neueinstellungen
Diskutieren Sie die Wirkung auf die Rate der Neueinstellungen und die erwartete Dauer der Arbeitslosigkeit bei
a. einer Erhöhung der Arbeitslosenunterstützung,
b. einer Anhebung des Mindestlohns,
c. einer technologischen Veränderung, die die verfügbaren Lohnangebote verbessert.

Betrachten Sie eine Gruppe von Arbeitsuchenden, deren Fähigkeiten schwer zu bewerten sind. Für solche Personen weist die Verteilung der Lohnofferten tendenziell eine große Streuung auf. Wird die Rate der Neueinstellungen für diese Gruppe hoch oder niedrig sein?

11.6 Rate der beendeten und der neu aufgenommenen Arbeitsverhältnisse und die natürliche Rate der Arbeitslosigkeit

Angenommen, das Erwerbspersonenpotential umfaßt 100 Mio. Personen, von denen zunächst 92 Mio. beschäftigt und 8 Mio. arbeitslos sind. Außerdem soll die Rate der beendeten Arbeitsverhältnisse 1% pro Periode und die Rate der Neueinstellungen 20% pro Periode betragen. Des weiteren werden alle Bewegungen zwischen Erwerbspersonen und Nichterwerbspersonen ausgeklammert. Stellen Sie den Zeitpfad der Beschäftigung und Arbeitslosigkeit dar und ermitteln Sie die natürliche Rate der Arbeitslosigkeit.

11.7 Erwerbspersonenpotential in einer Rezession

Die Daten zeigen eine relativ geringe systematische Reaktion der gesamten zivilen Erwerbspersonen auf Rezessionen und Booms. Welche Reaktion würden Sie aus theoretischer Sicht erwarten? (*Hinweis:* Berücksichtigen Sie zuerst die Anreize der Wirtschaftssubjekte, in einer Rezession den Kreis der Erwerbspersonen zu verlassen, d.h. die Arbeitssuche aufzugeben. Gibt es aber auch für einige Personen Anreize, während schlechter Zeiten erwerbstätig werden zu wollen?)

Andererseits nimmt die Erwerbstätigkeit Jugendlicher in Rezessionen ab. Wie können wir diese Beobachtung erklären?

11.8 Frauen und Jugendliche unter den Erwerbspersonen

Die Arbeitslosenquote der Frauen liegt im Durchschnitt etwa einen Prozentpunkt höher als die der Männer (vgl. Tab. 11.2). Außerdem ist der Anteil der weiblichen zivilen Erwerbspersonen zwischen 1948 und 1987 von 29% auf 45% gestiegen. Wie beeinflußt diese wachsende Bedeutung weiblicher Erwerbspersonen den Gesamtwert der natürlichen Arbeitslosenrate?

Bei Jugendlichen (zwischen 16 und 19 Jahren) liegt die durchschnittliche Arbeitslosenquote etwa 10 Prozentpunkte höher als bei Erwachsenen. Im übrigen ist der Anteil der zivilen jugendlichen Erwerbspersonen seit Anfang der 50er bis Ende der 70er Jahre von etwa 6,5% auf fast 9,5% gestiegen, um dann auf 6,7% im Jahr 1987 zu fallen. Was bedeuten diese Veränderungen für den Gesamtwert der natürlichen Arbeitslosenrate?

11.9 Mindestlohn

Wie wirkt eine Erhöhung des Mindestlohns auf die Beschäftigung
a. von hoch- und geringproduktiven Arbeitskräften in Industriezweigen, die an den Mindestlohn gebunden sind?

b. von hoch- und geringproduktiven Arbeitskräften in Industriezweigen, die nicht an den Mindestlohn gebunden sind?
Wie wirkt ein höherer Mindestlohn auf die Arbeitslosenquote von
a) Jugendlichen?
b) allen Arbeitnehmern?

11.10 Das Gesetz von Okun
Das (nach dem Ökonomen Arthur Okun) benannte Okun'sche Gesetz besagt, daß in einer Rezession das Verhältnis der prozentualen Outputverringerung zur prozentualen Erhöhung der Arbeitslosenquote in etwa gleich 3 ist.

Berechnen Sie diese Verhältnisse für die in Tab. 11.5 angegebenen sechs Nachkriegsrezessionen. Wie schneidet das Okun'sche Gesetz dabei ab?

Inwieweit stimmt dieses Okun'sche Gesetz mit der Entwicklung der Produktivität in einer Rezession überein?

11.11 Offene Stellen und Arbeitslosigkeit (fakultativ)
Wir haben erörtert, wie ein negativer Schock auf die Produktionsfunktion zu höherer Arbeitslosigkeit (sowie zu geringerer Beschäftigung und Produktion) führen kann.
a. Was bewirkt diese Art der Störung in bezug auf die Zahl der offenen Stellen? In welchem Zusammenhang steht die Anzahl der offenen Stellen zum Niveau der realen Wirtschaftsaktivität?
b. Denken Sie sich eine Kurve, die die Arbeitslosigkeit und die offenen Stellen zueinander in Beziehung setzt. (Eine solche Kurve wird gelegentlich nach dem englischen Ökonomen William Beveridge als *Beveridge-Kurve* bezeichnet.) Welche Steigung wird diese Kurve Ihrer Prognose nach haben?

Teil IV

Staat

Bislang spielte der Staat in unserem Modell eine eher untergeordnete Rolle, die sich weitgehend auf die Ausgabe von Geld und auf Transferzahlungen beschränkte. In der Realität übt der Staat durch seine Ausgaben, Steuern, Sozialprogramme, Verordnungen und Verschuldungspolitik einen bedeutenden Einfluß auf die wirtschaftlichen Aktivitäten aus. In diesem Teil des Buches betrachten wir die makroökonomischen Wirkungen dieser staatlichen Aktivitäten.

In Kapitel 12 beginnen wir die Analyse mit der Betrachtung der staatlichen Käufe von Gütern und Dienstleistungen und einer einfachen Form von Steuereinnahmen. Durch diese Erweiterungen sind wir in der Lage zu untersuchen, wie die staatlichen Käufe die realen Zinssätze, das Niveau des Bruttosozialprodukts und die Aufteilung der Produktion auf private und öffentliche Ausgaben beeinflussen. In den USA haben die kurzfristigen Veränderungen der staatlichen Käufe eine wesentliche Rolle während des Krieges gespielt, stellten aber ansonsten kein gewichtiges Element bei konjunkturellen Schwankungen dar. Die langfristige Zunahme der Größe des Staatssektors führte jedoch zu einer Verdrängung der privaten Ausgaben.

In Kapitel 13 werden Einkommensteuern und Transferzahlungen eingeführt, die Einfluß auf die Bereitschaft der Wirtschaftssubjekte zur Arbeit, Produktion und Investition haben. Wir prüfen in diesem Zusammenhang die - von den "Angebots-Ökonomen" hervorgehobene - Möglichkeit, daß Veränderungen von Steuersätzen eine wesentliche Bedeutung für das Niveau der wirtschaftlichen Aktivitäten haben.

In Kapitel 14 werden die öffentliche Verschuldung und das damit eng verknüpfte Konzept der staatlichen Budgetdefizite diskutiert. Obwohl diesen Aspekten in den letzten Jahren eine starke Aufmerksamkeit zuteil wurde, lautet unsere Schlußfolgerung, daß die Budgetdefizite nur einen geringen Einfluß auf die Volkswirtschaft der USA ausübten.

Kapitel 12

Staatliche Güterkäufe und öffentliche Leistungen

In diesem Kapitel führen wir die staatlichen Käufe von Gütern und Dienstleistungen und eine einfache Form von Steuereinnahmen ein und werfen, bevor wir diese Erweiterungen des Modells betrachten, noch einen kurzen Blick auf die Entwicklung der Staatsausgaben in den USA und anderen Ländern.

Daten zu den Staatsausgaben

Die Abbildungen 12.1 und 12.2 zeigen die Entwicklung der Staatsausgaben in den USA von 1929 bis 1987. Danach ist der Anteil der gesamten Staatsausgaben am nominalen BSP - sieht man von Kriegszeiten ab - von 0,10 (1929) über 0,18 (1940), 0,21 (1950), 0,27 (1960), 0,31 (1970), 0,33 (1980) auf 0,35 im Jahre 1987 gestiegen (ein vergleichbarer Wert für 1902 beträgt 0,07).

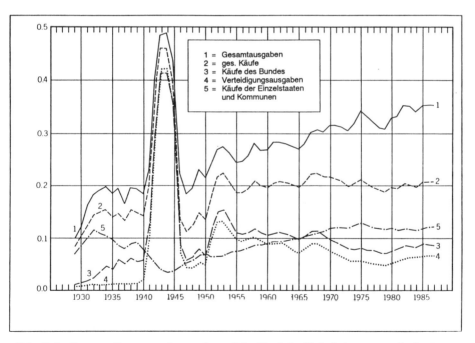

Abb. 12.1: *Gesamte Staatsausgaben und staatliche Käufe im Verhältnis zum nominalen BSP*

Die stetig ansteigende Bedeutung der gesamten Staatsausgaben verbirgt einige gegenläufige Bewegungen bei einzelnen Komponenten dieser Gesamtgröße. Abb. 12.1 zeigt, wie sich die Käufe von Gütern und Leistungen des Bundes im Zeitablauf verändert haben. Ihr Anteil am BSP stieg von 0,01 im Jahr 1929 auf 0,06 1940 und - nach dem 2. Weltkrieg - auf 0,07 1950. Nach einer Erhöhung auf 0,11 im Jahre 1960 fiel der Anteil 1979 auf 0,07, bevor er 1987 auf 0,09 anstieg.

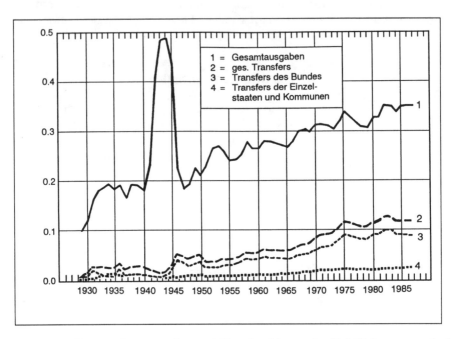

Abb. 12.2: *Gesamte Staatsausgaben und Transferzahlungen im Verhältnis zum nominalen BSP*

Die eindeutig dominierende Komponente der Güterkäufe des Bundes waren, abgesehen von der Weltwirtschaftskrise von 1933 bis 1940, die Militärausgaben. Ihr Anteil am BSP betrug 1940 0,02, 1960 0,09, erreichte 1979 einen Tiefpunkt von weniger als 0,05 und stieg bis 1987 auf 0,07. (Der Anteil der Militärausgaben an den gesamten Staatsausgaben ist zwischen 1960 und 1987 von 33% auf 19% gesunken.) Abb. 12.1 zeigt ferner die Höhepunkte der Militärausgaben in Kriegsphasen mit 0,41 (1943-44), 0,13 (1952-53) und 0,09 (1967-68).

Der Anteil der Güterkäufe der Bundesstaaten und Kommunen am BSP betrug von 1929 bis 1950 0,07, erreichte 1975 mit 0,13 einen Höhepunkt, blieb in der Folgezeit relativ stabil und erreichte 1987 0,12. Etwa die Hälfte dieses Anstiegs war durch die deutliche Zunahme der Bildungsausgaben zwischen 1950 und 1975 bedingt.

Tab. 12.1: *Staatsausgaben verschiedener Länder*

Land	Ausgabenquote (%)	Land	Ausgabenquote (%)
Ägypten	41	Malaysia	33
Argentinien	27	Malawi	27
Australien	34	Malta	40
Barbados	31	Mauritius	29
Belgien	50	Mexiko	22
Bolivien	13	Nepal	14
Botswana	37	Neuseeland	34
Brasilien	26	Nicaragua	21
BRD	46	Niederlande	54
Burkino Faso	14	Norwegen	51
Burma	15	Oman	50
Chile	32	Österreich	46
Costa Rica	22	Pakistan	24
Dänemark	52	Panama	34
Dominikan. Rep.	16	Papua-Neuguinea	34
Ecuador	26	Paraguay	11
El Salvador	15	Peru	18
Fiji	26	Philippinen	13
Finnland	39	Sambia	34
Frankreich	43	Schweden	54
Ghana	17	Schweiz	34
Griechenland	36	Senegal	22
Guatemala	12	Sierra Leone	23
Guyana	53	Singapur	20
Indien	20	Spanien	26
Indonesien	21	Sri Lanka	31
Iran	35	Südafrika	28
Irland	48	Südkorea	18
Island	36	Swaziland	25
Israel	77	Syrien	41
Italien	44	Thailand	17
Japan	27	Tunesien	31
Jemen	35	Türkei	23
Jordanien	51	Uganda	15
Kamerun	19	Uruguay	23
Kanada	39	USA	35
Kenia	27	Venezuela	24
Kolumbien	15	Verein. Königreich	44
Liberia	32	Zaire	35
Luxemburg	41	Zypern	27
Marokko	32		

Anmerkung: Die Tabelle gibt den Anteil der Staatsausgaben am Bruttoinlandsprodukt an. Die Staatsausgaben sind konsolidierte Gesamtausgaben im Durchschnitt von 1970 bis 1985 und stammen vom International Monetary Fund, *Government Finance Statistics* und *International Financial Statistics*, verschiedene Ausgaben.

Abb. 12.2 zeigt die Entwicklung der Transferzahlungen. Der Anteil der gesamten an Personen gezahlten Transfers am BSP stieg von 0,01 (1929) auf 0,03 (1940), 0,05 (1950 und 1960), 0,08 (1970), 0,11 (1980) und 0,12 (1987). Der BSP-Anteil der einzelstaatlichen und kommunalen Transferzahlungen (zu denen die Unterstützung von Familien mit abhängigen Kindern gehört) erhöhte sich von 0,013 (1950) auf 0,026 (1987). Der Anstieg der Transferquote ist jedoch vorwiegend der Bundesregierung zuzuschreiben, insbesondere auf Grund der steigenden Leistungen für die Soziale Sicherung. So ist der BSP-Anteil der Zahlungen für die Renten-, Hinterbliebenen- und Invalidenversicherung von 0,003 im Jahre 1950 auf 0,044 im Jahre 1987 und der BSP-Anteil der *Medicare-* und *Medicaid*-Ausgaben* im gleichen Zeitraum von Null auf 0,018 gestiegen.

Die Veränderungen des Anteils der US-Staatsausgaben am BSP seit den 50er Jahren lassen sich in drei grundlegende Tendenzen zusammenfassen: eine drastische Senkung der Militärausgaben (die nach 1979 teilweise revidiert wurde), eine ungefähr entsprechend starke Zunahme der Leistungen der Sozialen Sicherung und einen beträchtlichen Anstieg der Ausgaben von Bundesstaaten und Kommunen (insbesondere im Bereich des Bildungswesens) seit Mitte der 70er Jahre.

In Tab. 12.1 sind die Anteile der staatlichen Gesamtausgaben am Bruttoinlandsprodukt (BIP) für 81 Länder aufgeführt. Die Zahlen stellen Durchschnittswerte für den Zeitraum 1970-1985 dar. Für die aufgeführten Länder sind Daten verfügbar zu einem breit definierten Konzept staatlicher Ausgaben, wobei diese für den Gesamtstaat konsolidiert sind. Sie schließen die Käufe von Gütern und Leistungen, Transfer- und Nettozinszahlungen aller staatlichen Ebenen ein. Der Anteil der Staatsausgaben am BIP reicht von 11% in Paraguay und 12% Guatemala bis zu 77% in Israel sowie 54% in Schweden und in den Niederlanden. Abgesehen von den Ländern mit höheren Militärausgaben ist der Anteil in den Industrieländern tendenziell größer als in den Entwicklungsländern. (Vermutlich führt die wirtschaftliche Entwicklung zu einem hohen Staatsanteil und nicht umgekehrt!)

Staatliche Budgetbeschränkung

Wir wollen die staatliche Nachfrage nach Gütern in der Periode t mit G_t bezeichnen, wobei diese entsprechend der Terminologie der Volkswirtschaftlichen Gesamtrechnung sämtliche realen Käufe von Gütern und Leistungen der Bundes-, Länder- und Kommunalregierungen repräsentiert. Die gesamten realen Staatsausgaben sind gleich diesen Käufen zuzüglich des realen Werts der gesamten Transferzahlungen V_t/P_t. (Die staatlichen Zinszahlungen bleiben noch außer Betracht.)

Während wir bisher annahmen, daß die Staatseinnahmen ausschließlich aus der Notenpresse stammen und der reale Wert dieser Einnahmen durch $(M_t - M_{t-1})/P_t$

---

* Medicare und Medicaid sind Krankenversicherungsprogramme in den USA. (Anm. d. Übers.)

gegeben war, kommt nun als neuer Einnahmefaktor die Besteuerung der Haushalte hinzu. (Die Steuern könnten auch Unternehmen auferlegt werden, aber bekanntlich gehören diese in jedem Falle Haushalten.) Wenn T_t den Gesamtwert der in Periode t geleisteten Steuern bezeichnet, betragen die realen Steuereinnahmen T_t/P_t.

Wie zuvor gilt, daß die staatliche Budgetbeschränkung die Gleichheit der gesamten realen Ausgaben mit den gesamten realen Einnahmen erfordert.[1] Deshalb erhalten wir

$$G_t + \frac{V_t}{P_t} = \frac{T_t}{P_t} + \frac{(M_t - M_{t-1})}{P_t}. \quad (12.1)$$

Wenn die realen Güterkäufe G_t und Steuern T_t/P_t gleich Null gesetzt werden, ist Gleichung (12.1) mit der früheren Budgetbeschränkung identisch.

Zuvor sind wir von pauschalen Transferzahlungen ausgegangen, d.h. die Höhe der an einen Haushalt gezahlten realen Transfers v_t/P_t hängt weder von dessen Einkommen noch von seinen Bemühungen um den Erhalt der Transferzahlungen oder anderen Umständen ab. Nun unterstellen wir darüber hinaus Pauschalsteuern, so daß die reale Steuerschuld eines Haushalts t_t/P_t unabhängig ist sowohl von der Höhe oder der Art des Einkommens als auch von allen Anstrengungen zur Steuervermeidung u. dgl.

In der Realität wird das Verhältnis der individuellen Steuern zum Einkommen, zu den Unternehmensgewinnen, zum Umsatz, zum Vermögen, zu den möglichen Abzügen vom zu versteuernden Einkommen usw. durch ein kompliziertes Steuergesetz bestimmt. In der Regel stehen den Individuen sehr viele Möglichkeiten offen - das Hinzuziehen von Steuerberatern, die Verminderung des Arbeitseinsatzes, die Deklarierung eines zu niedrigen Einkommens und die Ausnutzung steuerrechtlicher Schlupflöcher -, ihre steuerlichen Verpflichtungen zu reduzieren. Insofern entstehen durch das Steuersystem wichtige Substitutionseffekte, die u.a. den Arbeitseinsatz, die Investitionen und die relative Nachfrage nach unterschiedlichen Gütern (selbst die Anzahl der Kinder) betreffen. Generell gilt, daß die Wirtschaftssubjekte ihre Aktivitäten so wählen, daß ihre Steuerbelastung möglichst gering gehalten wird.

---

[1] In den USA fließen die Einnahmen aus der Notenausgabe direkt an die Notenbank (Federal Reserve; kurz: Fed), die ihrerseits den größten Teil ihrer Gewinne an das US-Schatzamt überweist. Dennoch wird die Fed in der VGR aus historischen Gründen wie ein Privatunternehmen und nicht als Teil der Bundesregierung behandelt. Deshalb wird die Gewinnabführung der Fed an das Schatzamt wie die Gewinnbesteuerung von Kapitalgesellschaften behandelt. (Man empfindet fast Mitleid mit der Fed, da ihre "Gewinne" zu nahezu 100% besteuert werden!) Dieser Kniff kann unachtsamen Forschern einige Probleme bereiten, da die Zahlungen der Fed 1987 etwa 17% der insgesamt auf die Gewinne von Kapitalgesellschaften gezahlten Bundessteuern ausmachten (17,7 Mrd. $ von insgesamt 105,8 Mrd. $).

Um die Wirkungen der Staatsausgaben zu isolieren, werden wir diese durch Steuern verursachten Substitutionseffekte zunächst ausklammern und zu diesem Zweck **Pauschalsteuern** unterstellen, da von diesen keinerlei Substitutionseffekte ausgehen. (Im nächsten Kapitel werden wir dann realistischere Steuerformen und Transferzahlungen behandeln.)

Staatliche Produktion

Der Staat verwendet seine Güterkäufe G_t zur Bereitstellung von Leistungen für die Haushalte und Unternehmen, und wir wollen annehmen, daß der Staat diese Leistungen den Empfängern unentgeltlich zur Verfügung stellt. In den meisten Ländern gehören zu den öffentlichen Leistungen die Bereiche Verteidigung, Gesetzgebung und Rechtsprechung, Polizei- und Feuerschutz, Wissenschaft und Bildung, Verkehrswesen, öffentliche Parkanlagen u. dgl. Der Bereich der staatlichen Aktivitäten hat sich im Laufe der Zeit eindeutig vergrößert, obwohl er von Land zu Land erhebliche Unterschiede aufweist.

Wir könnten die öffentlichen Leistungen als Output einer staatlichen Produktionsfunktion modellieren. Die Inputs dieser Funktion wären dann der im staatlichen Besitz befindliche Kapitalstock, die Arbeitsleistungen der staatlichen Angestellten sowie die Produkte, die der Staat vom privaten Sektor kauft. Der Einfachheit halber vernachlässigen wir die Produktion im öffentlichen Sektor, indem wir - wie dies bei Makromodellen allgemein üblich ist - postulieren, daß der Staat auf dem Gütermarkt lediglich Endprodukte und Dienstleistungen erwirbt und somit seine gesamte Produktion durch den privaten Sektor ausführen läßt. In einem solchen Rahmen sind die öffentlichen Investitionen, der in staatlichem Besitz befindliche Kapitalstock sowie die staatliche Beschäftigung stets gleich Null. Die Einführung einer eigenständigen staatlichen Produktion würde unsere Ergebnisse nur dann berühren, wenn die Technologie oder die Managementfähigkeiten des öffentlichen Sektors von denen des privaten Sektors abweichen würden. Sofern dies nicht der Fall ist, ist es unerheblich, ob der Staat entsprechend unserer Annahme Endprodukte erwirbt oder aber Kapital und Arbeit kauft und mit diesen die Leistungen selbst herstellt.

Während wir bislang angenommen haben, daß die Produktion entweder als Konsum- oder Kapitalgüter bezeichnet werden kann, führen wir nun eine dritte Verwendungsmöglichkeit ein: staatliche Güterkäufe, die zur Versorgung der privaten Haushalte und Unternehmen mit öffentlichen Leistungen dienen. Wie zuvor ist es den Anbietern gleichgültig, ob die Wirtschaftssubjekte die Güter zum Konsum, zur Investition oder zur Versorgung mit öffentlichen Leistungen verwenden. Demnach entscheiden allein die Nachfrager - zu denen nun auch der Staat gehört - über die tatsächliche Verwendung der Güter.

Öffentliche Leistungen

In unserem Modell betrachten wir zwei Formen öffentlicher Leistungen. Beim ersten Typus handelt es sich um Leistungen, die einen direkten Nutzen stiften - wie dies bei Parkanlagen, Büchereien, Schulspeisungen, subventionierten Gesundheits- und Transportleistungen und den "unterhaltsamen" Teilen des Raumfahrtprogramms der Fall ist. Ein wichtiges Merkmal dieser Dienstleistungen ist, daß sie enge Substitute für private Konsumausgaben sein können. (Wenn der Staat den Kindern in der Schule ein Mittagessen bezahlt, dann brauchen wir kein eigenes zu kaufen. Private Substitute für das Raumfahrtprogramm zu finden, ist allerdings wesentlich mühsamer.)

Bei dem zweiten Typus von Leistungen handelt es sich um einen Input für die private Produktion, wie z.B. den Erlaß und die Durchsetzung von Gesetzen, bestimmte Aspekte der nationalen Verteidigung, staatlich geförderte Forschungs- und Entwicklungsprogramme, Feuerwehr- und Polizeidienste und verschiedene Regulierungsaktivitäten. In einigen Fällen sind diese Leistungen enge Substitute für private Arbeits- und Kapitalinputs. In anderen Fällen, insbesondere solchen, welche die "Infrastruktur" betreffen wie die Rechtssprechung, Verteidigung und vermutlich Autobahnen und andere Verkehrssysteme, erhöhen die öffentlichen Leistungen wahrscheinlich die Grenzprodukte privater Produktionsfaktoren.

Es gibt eine Reihe von Situationen, in denen staatliche Programme beide Merkmale der von uns betrachteten Leistungen aufweisen, allerdings kann das "Mischungsverhältnis" in einzelnen Programmen sehr unterschiedlich sein. Dennoch verfahren wir in unserem theoretischen Modell so, als gäbe es nur eine einzige Form der staatlichen Aktivität, die sowohl einen direkten Nutzen als auch bestimmte Leistungen für private Produzenten hervorbringt.

Budgetbeschränkungen der Haushalte

Während wir zuvor die realen Transferzahlungen v_t/P_t als Einnahmequelle eines Haushaltes eingeführt haben, müssen wir nun die realen Steuern t_t/P_t subtrahieren, um das Realeinkommen nach Steuern zu ermitteln. Demzufolge lautet die Budgetbeschränkung in realen Größen nun

$$y_t + b_{t-1}(1 + R_t)/P_t + m_{t-1}/P_t + (v_t - t_t)/P_t = c_t + i_t + (b_t + m_t)/P_t. \quad (12.2)$$

Bei seinen Entscheidungen interessiert sich der einzelne Haushalt für den Gegenwartswert der realen Transferzahlungen abzüglich der realen Steuern, der gegeben wird durch

$$\frac{(v_1 - t_1)}{P_1} + \left(\frac{1}{1+r}\right) \cdot \left(\frac{v_2 - t_2}{P_2}\right) + \ldots$$

Betrachtet man das Aggregat dieses Ausdrucks, so sieht man, daß jeder Term die realen Transferzahlungen abzüglich der realen Steuern $(V_t - T_t)/P_t$ enthält. Zugleich wissen wir aus der staatlichen Budgetbeschränkung in Gleichung 12.1, daß diese Größe gleich den realen Einnahmen aus der Geldschöpfung abzüglich der realen staatlichen Güterkäufe ist, und zwar

$$\frac{(V_t - T_t)}{P_t} = \left(\frac{M_t - M_{t-1}}{P_t}\right) - G_t. \tag{12.3}$$

Sofern die Geldmenge konstant gehalten wird, so daß für jede Periode die Bedingung $M_t - M_{t-1} = 0$ gilt, impliziert Gleichung (12.3), daß der aggregierte Realwert der Transferzahlungen abzüglich der Steuern $(V_t - T_t)/P_t$ gleich dem negativen Wert der realen staatlichen Güterkäufe $-G_t$ ist. Deshalb fügen die Haushalte im Aggregat den Gegenwartswert der realen staatlichen Güterkäufe $[G_1 + G_2/(1 + r) + \ldots]$ als negativen Posten hinzu, wenn sie den gesamten Gegenwartswert ihrer Einnahmen kalkulieren.[2] Dieses Ergebnis erscheint sinnvoll, da die vom Staat gekauften Güter G_t jenen Teil des Outputstromes repräsentieren, der für die Haushalte nicht verfügbar ist.

Temporäre Veränderungen der staatlichen Güterkäufe

Wir wollen die Effekte der staatlichen Güterkäufe auf den Konsum, die Investition und den Arbeitseinsatz untersuchen und betrachten eine temporäre Erhöhung im Niveau der laufenden staatlichen Käufe G_1. Es wird sich zeigen, daß sich die Wirkungen unterscheiden, je nachdem, ob diese Veränderung vorübergehend oder von Dauer ist. Wir beginnen mit einer temporären Veränderung, d.h. G_t steigt, aber die Haushalte antizipieren keine zukünftige Änderung des Wertes von G_t. Das wohl wichtigste empirische Beispiel für diesen Fall sind die Militärausgaben in Kriegszeiten (wobei wir uns vorstellen, daß die Periodenlänge mit der erwarteten Dauer des Krieges übereinstimmt).

Bekanntlich lautet die staatliche Budgetbeschränkung für Periode 1

$$G_1 + \frac{V_1}{P_1} = \frac{T_1}{P_1} + \frac{(M_1 - M_0)}{P_1}. \tag{12.4}$$

---

[2] Wie in früheren Fällen (die wir in Kapitel 4 und im Anhang zu Kapital 8 diskutierten) ändern sich die Ergebnisse nicht, sofern die verschiedenen monetären Ausdrücke ebenfalls einbezogen werden.

Eine Zunahme der Käufe G_1 muß irgendeine Kombination aus einer Erhöhung der realen Steuern T_1/P_1, einer Abnahme der realen Transferzahlungen V_1/P_1 oder aber einer Erhöhung der realen Einnahmen aus der Geldschöpfung $(M_1 - M_0)/P_1$ nach sich ziehen. Da wir pauschale Steuern und Transferzahlungen unterstellen, kommt unsere Analyse der realen Variablen des Gütermarktes immer zu demselben Ergebnis, unabhängig davon, von welcher konkreten Kombination wir ausgehen. Deshalb nehmen wir einfach an, daß die zusätzlichen Güterkäufe durch höhere reale Steuereinnahmen T_1/P_1 finanziert werden.

Das höhere Niveau der laufenden staatlichen Güterkäufe bedeutet eine Zunahme der bereits zuvor erwähnten beiden Formen öffentlicher Leistungen. Es ergibt sich erstens ein positiver Effekt auf den Nutzen der laufenden Periode, weil wir davon ausgehen, daß die Wirtschaftssubjekte die vom Staat bereitgestellten Dienste zu schätzen wissen. Angenommen, die öffentlichen Leistungen substituieren einige private Konsumausgaben, nicht aber die Freizeit.[3] Wenn der Staat unentgeltlich z.B. Büchereien, Parkanlagen, Schulmahlzeiten und Verkehrsmittel bereitstellt, vermindern die Haushalte ihre entsprechenden Ausgaben. Wir wollen den Parameter α verwenden, um die Größe dieses Effektes zu bemessen. Eine Erhöhung der laufenden Güterkäufe G_1 um eine Einheit veranlaßt die Haushalte, die aggregierte private Konsumnachfrage C^d_1 um α Einheiten einzuschränken.

Es ist möglich, daß der Parameter α größer als eins ist, so daß eine zusätzliche Einheit staatlicher Güterkäufe die aggregierten Konsumausgaben um mehr als 1 Einheit vermindert. Dies ist deshalb denkbar, weil die Wirtschaftssubjekte aus bestimmten öffentlichen Leistungen, wie z.B. dem Washington Monument, gemeinsam Nutzen ziehen können. Dieses Merkmal des gemeinsamen Nutzens meinen die Ökonomen, wenn sie manche staatlichen Leistungen als **öffentliche Güter** bezeichnen. Je ausgeprägter dieser "öffentliche Gutcharakter" ist, um so größer ist der Parameter α.

Es ist einleuchtend, daß der Parameter α mit zunehmender Höhe der staatlichen Güterkäufe sinkt, und zwar deshalb, weil mit zunehmender Höhe der öffentlichen Leistungen die jeweils letzte Einheit ein immer weniger enges Substitut für die privaten Ausgaben ist. Andererseits gibt der Wert des Parameters α nicht notwendigerweise die Wertschätzung einer zusätzlichen Einheit öffentlicher Leistungen an, da deren Empfänger sie u.U. selbst dann sehr hoch einschätzen, wenn sie kaum mehr als Substitute der Privatausgaben zu betrachten sind - d.h. wenn α klein ist.

Einige interessante empirische Studien liefern Schätzungen des Parameters α für die Volkswirtschaft der USA nach dem 2. Weltkrieg. Nach diesen Schätzungen[4] liegt α zwischen 0,2 und 0,4, was besagt, daß eine zusätzliche Einheit der staatlichen Güterkäufe 0,2 bis 0,4 Einheiten des aggregierten privaten Konsums substituiert. Daher

---

[3] Wir folgen hier dem allgemeinen Ansatz von Martin J. Bailey, (1971), Kap. 9.

[4] Vgl. Roger Kormendi (1983) und David Aschauer (1985).

erscheint unsere Annahme, daß α positiv, aber deutlich kleiner als eins ist, gerechtfertigt.

Bei dem zweiten Typus der öffentlichen Leistungen handelt es sich um Inputs für die private Produktion. Das Grenzprodukt dieser öffentlichen Leistungen messen wir mit Hilfe des Parameters β. Bei unverändertem Arbeits- und Kapitaleinsatz erhöht eine Zunahme der gegenwärtigen Käufe G_1 um eine Einheit den Output Y_1 um β Einheiten. Aufgrund der abnehmenden Grenzproduktivität sinkt der Parameter β jedoch mit zunehmenden staatlichen Güterkäufen. Die von David Aschauer (1988) vorgelegten empirischen Ergebnisse zeigen wesentliche Produktionswirkungen der staatlichen Beiträge zur "Infrastruktur", nicht jedoch von anderen Formen staatlicher Ausgaben. Die Infrastrukturkomponenten schließen Autobahnen, Flughäfen, Elektrizitäts- und Gaseinrichtungen, Massenverkehrsmittel, Wasserversorgung und Abwasserentsorgung ein.

Veränderungen der öffentlichen Leistungen können überdies den Kurvenverlauf der Grenzprodukte der Arbeit (GPA) und des Kapitals (GPK) beeinflussen. Einerseits ersetzen öffentliche Leistungen in manchen Fällen private Inputs, so kann z.B. eine kostenlose Stadtpolizei private Leibwächter ersetzen, andererseits können die nationale Verteidigung, eine wirkungsvolle Gesetzgebung und eine leistungsfähigere Infrastruktur in Gestalt von Autobahnen und Flughäfen die Grenzprodukte der privaten Produktionsfaktoren erhöhen, obwohl sich keine allgemein gültigen Aussagen über die Richtung dieser Effekte machen lassen. In Ermangelung einer besseren Annahme klammern wir Verschiebungen der Kurven der Grenzprodukte der Arbeit und des Kapitals aus. In diesem Fall haben die laufenden staatlichen Güterkäufe G_1 keinen direkten Einfluß auf den Arbeitseinsatz. Daher wird bei gegebenem Kapitalstock eine Erhöhung der staatlichen Käufe G_1 um eine Einheit das Gesamtangebot an Gütern Y^s_1 um β Einheiten steigern.

Die Nettoinvestitionsnachfrage (der Haushalte und Unternehmen) hängt von der Kurve des Grenzprodukts des Kapitals, dem Kapitalstock der Vorperiode und dem Realzinssatz ab. Aufgrund der Annahme, daß die öffentlichen Leistungen keine Auswirkungen auf das Grenzprodukt des Kapitals haben, wird es keinen direkten Effekt der staatlichen Güterkäufe auf die Investitionsnachfrage geben. Etwaige Effekte müssen durch Veränderungen des realen Zinssatzes ausgelöst werden.

Wir sollten uns schließlich daran erinnern, daß der Gegenwartswert der Haushaltseinnahmen als negativen Posten den Gegenwartswert der staatlichen Güterkäufe enthält. (Dieser entspricht dem Gegenwartswert der Steuern abzüglich der Transferzahlungen.) Da die Erhöhung der Staatskäufe temporärer Natur ist, erhöht sich zwar der Gegenwartswert dieser Käufe, jedoch nur in einem geringen Umfang. Folglich treten nur geringe Vermögenseffekte auf, die sich in einer Verringerung der Konsumnachfrage und einer Zunahme des Arbeitsangebots äußern, und diese Änderungen verstärken die Effekte auf die Konsumnachfrage und das Güterangebot, die wir bereits erwähnten. Um den temporären Charakter der Veränderung der staatlichen Güterkäufe zu betonen, erscheint es angebracht, diese geringen Vermögenseffekte zu vernachlässigen; später werden sie wichtig, sobald wir permanente Veränderungen der Staatskäufe betrachten.

Räumung des Gütermarktes

Wir können nun die staatlichen Güterkäufe in die Bedingungen für die Markträumung einbeziehen. Da die entscheidenden neuen Effekte bei der Güternachfrage und dem Güterangebot auftreten, konzentrieren wir uns auf die Bedingung zur Räumung des Gütermarktes, die für Periode 1 lautet

$$C^d(r_1, G_1, ...) + I^d(r_1, ...) + G_1 = Y^s(r_1, G_1, ...). \qquad (12.5)$$
$$(-)(-) \qquad\quad (-) \qquad\qquad (+)(+)$$

Die gesamtwirtschaftliche Güternachfrage Y^d_1 besteht aus der Konsumnachfrage C^d_1, der Bruttoinvestitionsnachfrage I^d_1 und den staatlichen Güterkäufen G_1. Deshalb wird die Gesamtnachfrage für gegebene Werte der beiden privaten Nachfragegrößen bei einer Zunahme der Staatsnachfrage entsprechend wachsen. Aber eine Erhöhung der Käufe G_1 um eine Einheit bewirkt eine Abnahme der aggregierten Konsumnachfrage C^d_1 um α Einheiten. (Diese Verringerung wäre ein wenig höher, wenn wir auch die Vermögenseffekte berücksichtigten.) Da kein Effekt bei der Investitionsnachfrage auftritt, wird eine Zunahme der staatlichen Güterkäufe um eine Einheit die Gesamtnachfrage um 1 − α Einheiten erhöhen. (Wir gehen davon aus, daß α < 1 ist.)

Die Käufe des Staates beeinflussen auch das Güterangebot. Eine Zunahme der staatlichen Güterkäufe G_1 um eine Einheit läßt das Güterangebot Y^s_1 um β Einheiten steigen. (*Achtung:* Unsere Analyse unterstellt, daß nur Pauschalsteuern erhoben werden. Sobald diese unrealistische Annahme im nächsten Kapitel fallengelassen wird, ergeben sich einige beträchtliche negative Effekte der Staatsaktivität auf die im privaten Sektor nachgefragten und angebotenen Gütermengen.) Wenn α + β < 1 gilt, muß die Zunahme der gesamten Nachfrage (1 − α) größer sein als die des Angebots (β). Diese Bedingung wird sich als wichtig erweisen bei der Analyse der Wirkungen auf den realen Zinssatz.

Was besagt die Ungleichung α + β < 1? Sie besagt nichts anderes, als daß bei einer Erhöhung der staatlichen Güterkäufe um eine Einheit die Wirtschaftssubjekte aus der kombinierten Reaktion, nämlich der Substitution der Konsumausgaben um α und der Erhöhung der privaten Produktion um β, weniger als eine Einheit erhalten. Diese Bedingung läßt sich leicht mit Hilfe der Annahme erfüllen, daß die öffentlichen Leistungen nutzlos sind - so, als würde der Staat Güter kaufen und diese ins Meer werfen. In diesem Fall ist die Bedingung α = β = 0 erfüllt. Obwohl diese Auffassung durchaus verbreitet ist (und in vielen Makromodellen implizit enthalten ist), scheint sie nicht gerade die interessanteste Methode zu sein, um die Funktionen des Staates zu modellieren!

Aber warum ist $\alpha + \beta < 1$ sinnvoll? Falls $\alpha + \beta > 1$ ist, würde der repräsentative Haushalt von einer Zunahme der öffentlichen Leistungen, für die höhere Steuern zu zahlen sind, profitieren, und zwar deshalb, weil das, was er zurückerhält - der Wert der Leistungen, die Konsumausgaben ersetzen (α) plus dem Wert der zusätzlichen Produktion (β) - die zusätzlichen Steuern übersteigen. Sofern also $\alpha + \beta > 1$ gilt, erscheint es plausibel, daß der Staatssektor größer wird, und diese Expansion verringert tendenziell die Werte von α und β. Es wäre insbesondere wünschenswert, die Staatstätigkeit solange auszudehnen, bis die Bedingung $\alpha + \beta < 1$ erfüllt ist. (Es ist zu bedenken, daß die Ungleichheit $\alpha + \beta < 1$ nicht notwendigerweise bedeutet, daß eine weitere Zunahme der Staatstätigkeit unerwünscht ist. Die Haushalte mögen die öffentlichen Leistungen selbst dann als positiv empfinden, wenn sie nur schwache Substitute für private Ausgaben sind - d.h. selbst dann, wenn der Parameter α klein ist.)

Abb. 12.3 zeigt die durch eine temporäre Zunahme der staatlichen Güterkäufe ausgelösten Effekte auf dem Gütermarkt. Ohne diese Zunahme wird der Markt beim realen Zinssatz r^*_1 geräumt. Aufgrund der Zunahme der Käufe erhöhen sich jedoch die aggregierten Mengen der nachgefragten und angebotenen Güter. Da $1 - \alpha > \beta$ ist, übersteigt die Rechtsverschiebung der gesamtwirtschaftlichen Nachfragekurve die der Angebotskurve, so daß beim Realzinssatz r^*_1 eine Überschußnachfrage besteht. Daraus folgern wir, daß der reale Zinssatz auf $(r^*_1)'$ ansteigt.

Die in Abb. 12.3 gezeigte Produktionssteigerung ist durch zwei Elemente bedingt: Erstens gehen wir davon aus, daß öffentliche Leistungen produktiv sind, und zweitens veranlaßt die Zunahme des realen Zinssatzes die Wirtschaftssubjekte dazu, mehr zu arbeiten.

Sehen wir uns nun die Zusammensetzung des Outputs an. Wir wissen, daß die staatlichen Güterkäufe steigen, die private Verwendung der Produktion - zu Konsum- und Investitionszwecken - dagegen zurückgeht. Dabei nimmt die Konsumnachfrage aus zwei Gründen ab: Erstens werden Privatausgaben durch öffentliche Leistungen ersetzt, obwohl dieser Effekt z.B. im Falle erhöhter Militärausgaben gering - d.h. der Parameter α klein ist. Zweitens veranlaßt der höhere reale Zinssatz die Wirtschaftssubjekte, ihre Ausgaben zurückzustellen. Dieser zweite Effekt führt auch zu einer Senkung der Investitionsnachfrage. Der entscheidende Punkt ist, daß die erhöhten staatlichen Güterkäufe die privaten Ausgaben **verdrängen**; dies bedeutet, daß der höhere Realzinssatz und die direkte Substitution zwischen privaten Konsumausgaben und öffentlichen Leistungen die Konsumenten und Investoren veranlassen, ihre Ausgaben einzuschränken, wenn der Staat seine Güterkäufe erhöht.

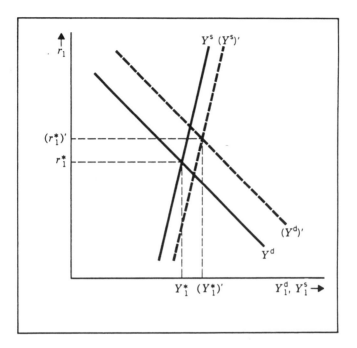

Abb. 12.3: *Auswirkungen einer temporären Erhöhung der staatlichen Güterkäufe auf den Gütermarkt*
Durch die temporäre Erhöhung der staatlichen Güterkäufe nimmt die gesamtwirtschaftliche Nachfrage stärker zu als das Angebot, so daß sowohl der reale Zinssatz als auch die Produktion steigen.

Wir haben bereits dargelegt, daß die Investitionsnachfrage besonders stark auf Schwankungen des realen Zinssatzes reagiert. Deshalb gehen wir davon aus, daß - außer im Falle einer sehr starken direkten Substitution der Konsumausgaben durch öffentliche Leistungen - die vorübergehende Erhöhung der staatlichen Güterkäufe in erster Linie die Investitionen (einschließlich der Käufe langlebiger Gebrauchsgüter) und weniger den Konsum verdrängen wird.

Da Konsum und Investition abnehmen, folgt daraus, daß die Produktion weniger stark steigt als die Güternachfrage des Staates, d.h. das Verhältnis der Produktionsveränderung zur Veränderung der staatlichen Nachfrage ist positiv, aber kleiner als eins. Falls dieses Verhältnis größer als eins wäre, hätte eine Veränderung der staatlichen Güterkäufe einen multiplikativen Effekt auf die Produktion. In unserem Modell tritt ein solcher **Multiplikator** nicht auf, weil die Volkswirtschaft Schocks eher dämpft als verstärkt. So bewirkt die Erhöhung der staatlichen Güterkäufe vor allem eine Zunahme des Arbeitseinsatzes und eine Abnahme der privaten Konsum- und Investitionsnachfrage, welche die anfängliche Überschußnachfrage nach Gütern abzubauen helfen. (Bei der Analyse des keynesianischen Modells in Kapitel 20 werden wir die Möglichkeit eines Multiplikators erneut untersuchen.)

Überlegen wir, warum die temporäre Erhöhung der staatlichen Güterkäufe den realen Zinssatz steigen läßt. Eine Erhöhung der Ausgaben, die durch eine vorübergehende Anhebung der Steuern finanziert wird, bedeutet eine temporäre Verringerung des verfügbaren Einkommens der Haushalte. Da es sich dabei nicht um eine dauerhafte Erscheinung handelt, ist die marginale Konsumneigung gering, und die Haushalte reagieren vor allem mit einer Einschränkung ihrer geplanten Ersparnis. Sofern die geplante Ersparnis zurückgeht und die Investitionsnachfrage sich nicht verändert, muß der reale Zinssatz wie üblich steigen. Im übrigen signalisiert der höhere Zinssatz den Haushalten, daß es in der Notlage eines Krieges angebracht ist, härter zu arbeiten, mehr Güter zu erzeugen und die Nachfrage nach privaten Konsum- und Investitionsgütern einzuschränken. Insofern erreicht der Markt mit Hilfe des Realzinssatzes im Zeitablauf die jeweils angemessene Allokation des Arbeitseinsatzes, der Produktion, des Konsums und der Investitionen.[5]

Bei unserer Diskussion haben wir Kriege bislang unter dem Gesichtspunkt vorübergehend hoher Güterkäufe des Staates betrachtet. Indes haben bedeutendere Kriege noch andere Aspekte, die unsere Analyse grundlegend berühren können. So haben wir jegliche negativen Wirkungen von militärischen Niederlagen auf die Produktionskapazität vernachlässigt. Diese Effekte, ein Beispiel für negative Angebotsschocks, verringern die Produktion. Ein weiteres Kennzeichen ist das in Kriegszeiten weitverbreitete Mittel der Rationierung mit dem Ziel, die private Güternachfrage niedrig zu halten. Andere Maßnahmen sind der Militärdienst, die Beschlagnahme von Eigentum und Appelle an den Patriotismus, um Arbeitseinsatz und Produktion zu stimulieren. Grundsätzlich können direkte Kontrollen als eine Art Ersatz für einen höheren realen Zinssatz fungieren, um die private Nachfrage zu verdrängen und zu erhöhtem Arbeitseinsatz und Output anzuregen. Diese Abweichungen vom Marktmechanismus lassen unsere allgemeinen Schlußfolgerungen hinsichtlich Produktion, Konsum, Investition und Beschäftigung gültig - diese Kontrollen können aber eine Erhöhung des Realzinssatzes in Kriegszeiten ausschalten.

---

[5] Zu einer weitergehenden Diskussion dieser Effekte vgl. Robert Hall (1980a).

Entwicklung in Kriegszeiten

Entwicklung der Produktion und anderer Größen

Einige Auswirkungen vorübergehend hoher staatlicher Güterkäufe lassen sich anhand der jüngsten vier Kriege beurteilen - 1. und 2. Weltkrieg, Korea- und Vietnamkrieg -, in die die USA verwickelt waren. (Für diese Fälle können wir vernünftigerweise jeglichen direkten Einfluß der Kampfhandlungen auf die Produktionskapazität der USA ausschließen.) Tab. 12.2 beschreibt die Entwicklung der Militärausgaben, des realen Bruttosozialprodukts (BSP) und der wichtigsten BSP-Komponenten während dieser Phasen.

Tab. 12.2: *Entwicklung der Produktion und ihrer Komponenten in vier Kriegszeiten*

Kriegshöhepunkt	1918	1944	1952	1968
Bezugsjahr zum Vergleich	1915	1947	1950	1965
Überschuß der realen Militärausgaben (in Mrd. $, Basis 1982)	81,4	645,3	146,3	46,1
Überschuß in % des realen BSP-Trends	16,8	66,2	11,4	2,0
Überschuß des realen BSP (in Mrd. $, Basis 1982)	13,7	405,7	101,9	81,4
Überschuß in % des realen BSP-Trends	2,8	41,6	8,0	3,6
Verhältnis der überschüssigen realen Militärausgaben zum Überschuß:				
des realen BSP	0,17	0,63	0,70	1,77
der realen persönlichen Konsumausgaben	−0,45	−0,08	−0,05	1,15
für langlebige Gebrauchsgüter	−	−0,04	−0,09	0,31
für Verbrauchsgüter und Dienstleistungen	−	−0,04	0,04	0,84
der realen Bruttoinvestitionen	−0,19	−0,16	−0,26	−0,21
Sonstige[a]	−0,19	−0,13	0,01	−0,17
Beschäftigungsüberschuß (Mio.)				
Gesamtbeschäftigung	2,1	8,4	1,5	2,5
Militärpersonal	2,7	9,9	1,9	0,7
zivile Erwerbstätige	−0,6	−1,5	−0,4	1,8
Überschuß der Gesamtbeschäftigung in % des Trendwertes	5,3	14,8	2,4	3,2

[a] Zivile staatliche Güterkäufe und Exporte minus Importe.

Anmerkung: Die Berechnungsmethode des Überschusses oder Defizits jeder Komponente wird im Text erläutert.

Quellen: Für den 2. Weltkrieg, den Koreakrieg und den Vietnamkrieg stammen die Daten vom U.S. Department of Commerce (1986). Für 1915 und 1918 entsprechen die Daten für das reale BSP jenen in Abb. 1.1. Für die Schätzungen der Komponenten des realen BSP wurden Daten von John W. Kendrick (1961), Tab. A-I und A-IIa, verwendet. Zur Schätzung der Werte der realen Militärausgaben, der realen privaten Konsumausgaben und der realen Bruttoinvestitionen wurden die auf der Basis von Kendricks Daten ermittelten jährlichen Anteile des realen BSP mit den Zahlen für das gesamte reale BSP kombiniert.

Wir verwenden eine Analysemethode, die weitgehend jener entspricht, mit der wir bereits Rezessionen untersuchten. Wir stellen z.B. den Höhepunkt des Korea-Krieges, das Jahr 1952, dem Bezugsjahr 1950 gegenüber. Dabei ergibt sich, daß die Militärausgaben um 146 Mrd. $ über ihrem Trendwert lagen, was 11% des realen BSP-Trendwertes ausmachte. Andererseits betrug das reale BSP 102 Mrd. $ und lag damit um 8% über seinem eigenen Trendwert.

Anschließend ermitteln wir das Verhältnis des überschüssigen realen BSP und seiner verschiedenen Komponenten zum Überschuß der realen Militärausgaben und erhalten für 1952 einen Wert von 0,70. Dieses Ergebnis stimmt ziemlich genau mit den Vorhersagen der Theorie überein - allerdings unter der Prämisse, daß der Anstieg der militärischen Ausgaben die einzige nennenswerte Störung für die Volkswirtschaft darstellte. Das heißt, die vorübergehende Erhöhung der staatlichen Güterkäufe bewirkt bei der Produktion einen positiven Effekt, der jedoch kleiner als eins ist.

Da das BSP in geringerem Maße steigt als die Militärausgaben, müssen die nichtmilitärischen Komponenten des BSP insgesamt abnehmen. Aus den Zahlen in Tab. 12.2 ergibt sich für 1952, daß die Gesamtinvestitionen (Bruttoinvestition plus Käufe langlebiger Konsumgüter) um 0,35, gemessen am Zuwachs der Militärausgaben, gesunken sind. Demgegenüber war der entsprechende Anteil der Konsumausgaben für Verbrauchsgüter und Dienstleistungen tatsächlich um 0,04 höher, d.h. der vorübergehende Überschuß der Militärausgaben verdrängte ausschließlich den Investitionsanteil an den privaten Ausgaben. Dies ist nach unserer Theorie nicht überraschend, da die Militärausgaben kein direktes Substitut der Konsumausgaben sind.

Die letzten Zeilen der Tabelle zeigen die Beschäftigungseffekte, wobei die Gesamtbeschäftigung (Anzahl der erwerbstätigen Personen einschließlich des militärischen Personals) 1952 um 1,5 Mio. oder 2,4% über dem Trend lag. Dieser Gesamtwert teilte sich auf in 1,9 Mio. zusätzlichen Militärpersonals und 0,4 Mio. weniger zivile Arbeitskräfte. (Wir vernachlässigen hierbei die mutmaßlich positiven Effekte auf die Arbeitszeit und -intensität je Beschäftigten.)

Für den 2. Weltkrieg verwenden wir eine ähnliche Methode. Da die Volkswirtschaft sich 1940 noch nicht vollständig von der Weltwirtschaftskrise erholt hatte, wählen wir 1947 als Bezugsjahr. Aus der Tabelle geht hervor, daß die Ergebnisse weitgehend mit denen des Koreakrieges übereinstimmen, nur daß es sich um deutlich höhere Werte handelt. So betrug z.B. der Überschuß der realen Militärausgaben 1944 645 Mrd. $ bzw. 66% des realen BSP-Trendwertes, und das reale BSP lag um 406 Mrd. $ oder 42% über seinem eigenen Trendwert. Andererseits war das Verhältnis des BSP-Überschusses zu dem der Militärausgaben mit 0,63 mit dem Wert des Koreakrieges vergleichbar.

Während des 2. Weltkrieges zeigt sich, daß der Überschuß der Militärausgaben die gesamte Investition (Bruttoinvestition und Käufe langlebiger Konsumgüter) zu

20% verdrängte, während dieser Anteil bei den Verbrauchsgütern und Dienstleistungen nur 4% betrug. Die Gesamtbeschäftigung übersteigt 1944 ihren Trendwert um 8,4 Mio. oder 15%. Dieser Gesamtwert teilt sich auf in 9,9 Mio. zusätzlichen Militärpersonals und 1,5 Mio. weniger zivile Arbeitskräfte.

Im 1. Weltkrieg ergibt sich für 1918, daß der Überschuß des realen BSP über den Trendwert nur das 0,17-fache des Überschusses der realen Militärausgaben ausmachte. Dieser Wert liegt erheblich unter den für den Koreakrieg und den 2. Weltkrieg ermittelten Werten. Allerdings sind die Berechnungen für den 1. Weltkrieg weniger zuverlässig, weil die zugrunde liegenden Daten für das reale BSP mit erheblicher Unsicherheit behaftet sind.

Jedenfalls fehlen Daten, die eine Aufteilung des Konsums in langlebige und kurzlebige Güter zuließen. Die in Tab. 12.2 ausgewiesenen Ergebnisse zeigen, daß der Überschuß der Militärausgaben 1918 die Bruttoinvestition um den Anteil 0,19 und die privaten Konsumausgaben (welche die Käufe langlebiger Güter einschließen) um den Anteil 0,45 verdrängten. Letzterer ist wesentlich höher als die für den Koreakrieg und den 2. Weltkrieg ermittelten Werte. Schließlich erhalten wir für die Gesamtbeschäftigung im Jahr 1918 einen über den Trend hinausgehenden Wert von 2,1 Mio. oder 5,3%, der durch eine Zunahme des militärischen Personals um 2,7 Mio. und eine Abnahme der zivilen Arbeitskräfte um 0,6 Mio. bedingt war.

Die Ergebnisse des Vietnamkrieges unterscheiden sich deutlich von denen der anderen Kriege. Im Vergleich zum Bezugsjahr 1965 schätzen wir den Überschuß der realen Militärausgaben für 1968 auf nur 46 Mrd. $, was 2% des realen BSP-Trendwertes ausmachte. Im Gegensatz zu den anderen Kriegen scheint die Erhöhung der Militärausgaben Mitte bis Ende der 60er Jahre offenbar nicht der alles überragende Einflußfaktor für die Volkswirtschaft gewesen zu sein.

Für das Jahr 1968 wird der Überschuß des realen BSP über seinen Trendwert auf 81 Mrd. $ oder 4% geschätzt, d.h. er war um das 1,8-fache höher als der Überschuß der realen Militärausgaben. Dem entpricht, daß die nicht-militärischen Komponenten des BSP 1968 über dem Trendwert lagen. So betrug das Verhältnis der Gesamtinvestition (Bruttoinvestition und Käufe langlebiger Konsumgüter) zu den überschüssigen Militärausgaben 0,10 und das der Verbrauchsgüter und Dienstleistungen 0,84. Dies bedeutet, daß die USA sich tatsächlich "Kanonen und Butter" zugleich leisten konnten.

Die wahrscheinlichste Erklärung für diese Ergebnisse ist, daß die US-Volkswirtschaft in den 60er Jahren einen Boom erlebte, der wenig mit dem Vietnamkrieg zu tun hatte. Diese Auffassung wird durch die hohe Wachstumsrate der Produktion in den Jahren unmittelbar vor der Zunahme der Militärausgaben bestätigt. So lag die durchschnittliche jährliche Wachstumsrate des realen BSP zwischen 1961 und 1965 mit 5,1% deutlich über der von 1965 bis 1968 mit 4,3%.

Im folgenden wollen wir uns noch einmal auf die Resultate des Koreakrieges sowie des 1. und 2. Weltkrieges konzentrieren, da sie einen interessanten Vergleich hinsichtlich der Entwicklung der Volkswirtschaft während eines Kriegsbooms und Rezessionen ermöglichen. Hierzu ist erstens festzustellen, daß die Unterschiede zwischen den Kriegs- und Rezessionsphasen sich vor allem in den Relationen zwischen den Veränderungen der Produktion und der privaten Ausgaben niederschlagen. Während die Produktion in Kriegszeiten steigt und in einer Rezession sinkt, nehmen die privaten Ausgaben in beiden Fällen ab. Zweitens gleicht die Situation in Kriegsphasen jener von Rezessionen insofern, als die entscheidenden Anpassungen im Bereich der privaten Ausgaben vorwiegend bei den Investitionen stattfinden. (Der 1. Weltkrieg mag eine Ausnahme darstellen, wenngleich die Daten zu unzuverlässig sind, um dies mit Sicherheit sagen zu können.) So haben wir während des Koreakrieges und des 2. Weltkrieges wie bei den sechs Nachkriegsrezessionen, die wir in Kapitel 9 (Tab. 9.1) untersuchten, nur eine relativ geringe Abnahme der Nachfrage nach Verbrauchsgütern und Dienstleistungen festgestellt.

Schließlich erscheint noch das Ergebnis wichtig, daß vorübergehend hohe staatliche Güterkäufe zwar die Produktion und die Beschäftigung steigern, daß aber, wie erwartet, das Verhältnis zwischen den Überschüssen des realen BSP und den Käufen kleiner als eins ist.

Entwicklung des realen Zinssatzes

Unserer Theorie zufolge müßten vorübergehend hohe Staatsausgaben, wie sie in Kriegszeiten üblich sind, den realen Zinssatz erhöhen. Allerdings müssen wir beim Vergleich dieser Vorhersage mit der Zinsentwicklung in Kriegen vorsichtig sein, da unsere frühere theoretische Analyse von der Prämisse ausging, daß die staatlichen Güterkäufe nur während der laufenden Periode vorübergehend hoch sind. In Kriegszeiten steigen die Militärausgaben üblicherweise eine Zeitlang und sinken bei Kriegsende allmählich, wobei die Dauer der Ausgabenerhöhung und der Zeitpunkt des Kriegsendes am Anfang ebensowenig feststehen wie der Sieger.

Aus unserer Theorie läßt sich aber auch das Ergebnis ableiten, daß der durchschnittliche Realzinssatz im Zeitraum zwischen dem Höhepunkt eines Krieges und einer bestimmten Zeit nach seiner Beendigung hoch sein müßte. Deshalb haben wir in Tab. 12.3 die durchschnittlichen Zinssätze für 6-Jahresintervalle gegenübergestellt, die jeweils mit dem Höhepunkt eines Krieges beginnen und nach jedem Krieg ein bis fünf Friedensjahre umfassen. Neben den soeben analysierten vier Kriegen haben wir noch den amerikanischen Bürgerkrieg aufgeführt. In allen fünf Fällen haben wir den durchschnittlichen Nominalzinssatz für erstklassige, kurzfristige Handelspapiere über einen Zeitraum von sechs Jahren ermittelt und den Realzinssatz dann durch Subtraktion der durchschnittlichen Änderungsrate des BSP-Deflators errechnet. (Da wir für den Bürgerkrieg keine Daten des BSP-Deflators besitzen, haben wir statt dessen den Konsumentenpreisindex verwendet.)

Während des Bürgerkrieges (1863-68) war der durchschnittliche Realzinssatz mit 2,2% sehr viel niedriger als der Durchschnittswert von 9,1% für die Zeiträume 1840-60 und 1867-80. Der für die Periode des 1. Weltkrieges (1918-23) gültige durchschnittliche Realzinssatz war mit 3,1% gleich dem Durchschnitt für 1900-16, lag andererseits aber unter dem Durchschnitt von 4,9% für 1920-40. Auch für den 2. Weltkrieg lag der Durchschnitt im Zeitraum 1944-49 mit −5,2% deutlich unter den Durchschnittswerten für 1920-40 (4,9%) und 1947-60 (−0,2%).

Tab. 12.3: *Zinssätze in Kriegszeiten*

Periode	π_t	R_t	r_t
1863-68	4,8	7,0	2,2
1918-23	2,7	5,8	3,1
1944-49	6,2	1,0	−5,2
1952-57	2,2	2,6	0,4
1968-73	5,2	6,6	1,4

Anmerkung: Alle Werte sind Durchschnitte, die als jährliche Prozentsätze für die betreffenden Perioden ausgewiesen werden. π_t ist die Inflationsrate, die für den Zeitraum 1863-68 auf dem Konsumentenpreisindex und bei den anderen Perioden auf dem BSP-Deflator basiert. R_t ist der Zinssatz für 4-6monatige erstklassige kurzfristige Handelspapiere. $r_t = R_t - \pi_t$.
Quellen: Vgl. Tab. 10.1.

Während der beiden jüngsten Kriege, Korea und Vietnam, betrugen die durchschnittlichen Realzinssätze 0,4% (für 1952-57) und 1,4% (für 1968-73) und unterschieden sich nicht nennenswert von dem Durchschnitt für 1947-80 (0,6%).

Insgesamt läßt sich aus den Resultaten auf keinen Fall ein positiver Effekt der Kriegsausgaben auf die realen Zinssätze ablesen, da diese in Kriegszeiten tatsächlich eher unter dem Durchschnitt lagen.

Der für die Jahre 1944-49 deutlich negative Realzinssatz spiegelt eine Überschätzung der Inflation infolge der Aufhebung der Preiskontrollen wider. (Allgemeine Preiskontrollen wurden in früheren Kriegen nicht angewandt; während des Koreakrieges allerdings in einem gewissen Umfang.) Die Kontrollen während des 2. Weltkriegs hielten die veröffentlichten Preise insbesondere in den Jahren 1943-45 unter ihren "wahren" Werten, so daß die Inflation unterschätzt wurde. Nachdem die Kontrollen 1946-48 allmählich aufgehoben wurden, paßten sich die veröffentlichten Werte ihren wahren Werten an, so daß die Inflation dieser Jahre überschätzt wurde.

Meine Schätzung[6] lautet, daß die Inflationsrate der Jahre 1944-49 im Durchschnitt 1,1% p.a. ohne Kontrollen betragen hätte gegenüber dem offiziellen Wert von 6,2%. Sofern die Kontrollen die Entwicklung des Preisniveaus lediglich verschleiern, stellt der niedrigere Wert eine brauchbarere Schätzung der wahren Inflationsrate dar. Verwenden wir diesen Wert, so betrug 1944-49 der reale Zinssatz −0,1% und nicht −5,2%. Es sei darauf hingewiesen, daß der korrigierte Wert von −0,1% sehr nahe bei dem durchschnittlichen Realzins der Jahre 1947-60 (−0,2%) liegt.

Selbst unter Berücksichtigung der Preiskontrollen würden wir nicht folgern, daß die realen Zinssätze in den USA während der Kriege besonders hoch waren. Eine mögliche Erklärung ergibt sich aus der Zuflucht zu gewissen Formen der Befehlswirtschaft, bei der Regierungsvorschriften über Produktion, Arbeitseinsatz und Ausgaben den Marktmechanismus ersetzten. Insbesondere während der beiden Weltkriege übte die Regierung direkten Zwang auf den Arbeitseinsatz und die Produktion aus, wozu auch der Militärdienst zu zählen ist, und rationierte den privaten Konsum und die private Investition. Es ist vorstellbar, daß die Wirtschaftssubjekte wegen der geringen verfügbaren Gütermenge und der bescheidenen Freizeitmöglichkeiten selbst bei einem negativen Realzinssatz Finanzaktiva halten würden. Die Befehlswirtschaft ist m.a.W. in mancher Hinsicht ein gewisser Ersatz für eine Marktwirtschaft mit hohen realen Zinssätzen. Wenn dieses Argument einige Berechtigung hat, so impliziert es zugleich, daß die Daten aus den Kriegen der USA nicht sonderlich gut geeignet sind, um die theoretische Verknüpfung zwischen vorübergehenden staatlichen Käufen und dem Realzins zu testen.

Wir können einige dieser Schwierigkeiten umgehen, indem wir die langfristige Beziehung zwischen Kriegsausgaben und Realzins im Vereinigten Königreich betrachten. Vom Standpunkt unserer wissenschaftlichen Untersuchung aus betrachtet, hat Großbritannien zu zahlreichen Kriegen, insbesondere vor 1815, beigetragen. Vor dem 1. Weltkrieg waren diese Kriege nicht von Formen der Befehlswirtschaft begleitet, und daher können wir recht zuversichtlich sein, daß sich, anders als im Falle der USA, ein positiver Effekt der vorübergehenden Kriegsausgaben auf die realen Zinssätze prognostizieren läßt.

Die durchgezogene Linie in Abb. 12.4 zeigt ein Maß für die vorübergehenden realen Militärausgaben im Verhältnis zum Trendwert des realen BSP.[7] Die Spitzen dieser Linie entsprechen den sieben größeren Kriegen des Vereinigten Königreiches über die Periode 1730-1918. Die Spitzenwerte der temporären Ausgaben betrugen 50% des BSP im 1. Weltkrieg (1916), 16% im Siebenjährigen Krieg (1761), 9% im

---

[6] Zur Diskussion dieser Schätzungen auf der Basis der Entwicklung der Geldmenge und anderer Variablen vgl. Robert Barro (1978b), S. 572.

[7] Zu Einzelheiten dieser Variablen und weiteren Ergebnissen vgl. Robert Barro (1987). Eine frühere Diskussion dieser Daten findet sich bei Daniel Benjamin und Levis Kochin (1984).

Amerikanischen Unabhängigkeitskrieg (1782) und 7% in den Napoleonischen Kriegen (1814).

Die durchbrochene Linie in der Abbildung zeigt den langfristigen nominalen Zinssatz. Der positive Zusammenhang zwischen diesem Zinssatz und den vorübergehenden Ausgaben ist deutlich zu erkennen, und er wird auch durch statistische Analysen bestätigt.[8] Die Zinssätze erhöhten sich im Durchschnitt um 1,0 Prozentpunkte während der sieben Kriege. Diese Veränderung ist groß gemessen an ihrem durchschnittlichen Niveau, das zwischen 1730 und 1918 bei 3,5% lag.

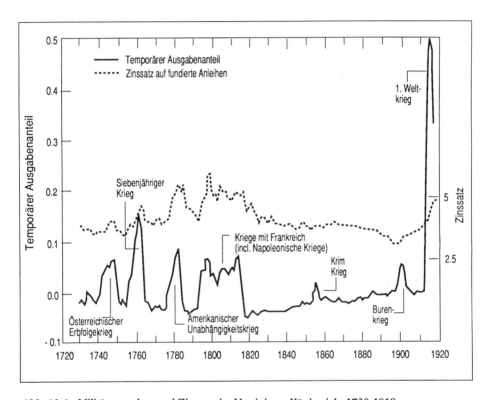

Abb. 12.4: *Militärausgaben und Zinssatz im Vereinigten Königreich, 1730-1918*

---

[8] Die Daten beziehen sich auf fundierte Anleihen (consols), d.h. Staatsanleihen mit laufender Verzinsung, aber ohne festen Rückzahlungstermin. (Das Vertrauen in den Bestand des britischen Empires war wohl sehr groß.) Die Ergebnisse beziehen sich auf nominale Zinssätze, während unsere Theorie auf reale Zinssätze abstellt. Im Beobachtungszeitraum lag jedoch die langfristige Inflationsrate im Vereinigten Königreich nahe bei Null. Es ist daher wahrscheinlich, daß der positive Zusammenhang zwischen temporären Ausgaben und nominalen Zinssätzen ebenfalls eine positive Beziehung zu den realen Zinssätzen widerspiegelt.

Um einige zusätzliche Belege zu gewinnen, haben David Denslow und Mark Rush (1987) die Beziehung zwischen langfristigen Zinssätzen und temporären Staatsausgaben in Frankreich in der Zeit von 1828 bis 1869 untersucht. Sie beobachteten einen positiven Zusammenhang, der jenem für die langfristige Entwicklung in Großbritannien ähnelt. Daher stimmen diese Ergebnisse zusammen mit denen für das Vereinigte Königreich mit der Theorie eher überein als die jüngeren Resultate für die USA.

Permanente Veränderungen der staatlichen Güterkäufe

Die vorangegangene Analyse bezieht sich auf temporäre Veränderungen der staatlichen Güterkäufe, so wie sie in Kriegszeiten auftreten. In anderen Fällen ergeben sich lang anhaltende Änderungen in der Größe des Staatssektors. Die zuvor analysierten Daten z.B. für die USA wiesen permanente Erhöhungen der Relation der gesamten staatlichen Güterkäufe zum BSP in den 30er und 50er Jahren auf, während sich in den 60er und 70er Jahren keine größeren Veränderungen dieser Quote zeigten.

Wir haben zuvor festgestellt, daß eine temporäre Erhöhung der staatlichen Käufe die nachgefragten und angebotenen Gütermengen zunehmen läßt, wobei jedoch, wie in Abb. 12.3 dargestellt, der Anstieg der Nachfrage jene des Angebots übersteigt. Falls die Veränderung der öffentlichen Käufe als dauerhaft wahrgenommen wird, ergibt sich als neuer Gesichtspunkt, daß die Haushalte einen meßbaren Anstieg des Gegenwartswertes der staatlichen Käufe und folglich auch beim Gegenwartswert der Steuern abzüglich der Transferzahlungen antizipieren. Infolgedessen ergeben sich nun signifikante Vermögenseffekte, die die Konsumnachfrage vermindern und das Arbeitsangebot erhöhen. Diese Reaktionen verringern den Überschuß der Güternachfrage, und tatsächlich werden wir erkennen, daß ein Anstieg der staatlichen Käufe jetzt die nachfragten und angeboten Gütermengen in nahezu gleichem Umfang erhöht; d.h. eine permanente Veränderung der öffentlichen Güterkäufe stört nicht die Gleichheit von Nachfrage und Angebot. Wir werden sogleich sehen, warum dies so ist.

Betrachten wir zuerst eine vereinfachte Szenerie, in der die öffentlichen Leistungen nutzlos sind ($\alpha = \beta = 0$) und das Arbeitsangebot fixiert ist. In diesem Fall entzieht eine permanente Erhöhung der staatlichen Käufe um eine Einheit den Haushalten eine Einheit des verfügbaren Einkommens in jeder Periode. Wie bei einer dauerhaften Verschiebung der Produktionsfunktion ist in dieser Situation die marginale Konsumneigung nahezu gleich eins. Deshalb sinkt die Konsumnachfrage um eine Einheit, d.h. eine zusätzliche Einheit öffentlicher Ausgaben verdrängt unmittelbar eine Einheit privater Konsumausgaben. Da die staatlichen Käufe um eine Einheit höher sind, verändert sich die aggregierte Güternachfrage nicht. Bei konstantem Arbeitsangebot und unproduktiven öffentlichen Leistungen ($\beta = 0$) ändert sich das

Güterangebot ebenfalls nicht. Daher erhält, wie zuvor angedeutet, eine permanente Erhöhung die Gleichheit zwischen Güternachfrage und -angebot. Dieses Ergebnis stellt sich selbst dann ein, falls die öffentlichen Leistungen produktiv sind ($\alpha \neq 0$ oder $\beta \neq 0$) oder das Arbeitsangebot variiert. In dem eingerahmten Abschnitt weiter unten wird diese Aussage begründet.

Abb. 12.5 verdeutlicht die Effekte einer permanenten Erhöhung der staatlichen Güterkäufe auf dem Gütermarkt. Es ist erkennbar, daß sich die Kurven der Nachfrage und des Angebots im gleichen Ausmaß nach rechts verschieben und die Aggregate des Angebots und der Nachfrage nach wie vor beim ursprünglichen realen Zinssatz r^*_1 ausgeglichen sind. Wir folgern daraus, daß eine dauerhafte Expansion der staatlichen Käufe keine Wirkung auf den realen Zinssatz hat.

Abb. 12.5 zeigt überdies, daß die Produktion steigt. Diese Reaktion spiegelt die Produktivität (β) der öffentlichen Leistungen und eine mögliche Zunahme des Arbeitsangebots wider. (Letzteres steigt tendenziell wegen der Vermögensabnahme, wie in dem eingerahmten Abschnitt weiter unten erläutert wird. Der Hinweis erscheint allerdings angebracht, daß eine Zunahme des Arbeitsangebots möglicherweise nicht auftritt, sofern die Staatsausgaben anstelle einer Pauschalsteuer durch eine Einkommensteuer finanziert werden. Wir werden im nächsten Kapitel realistischere Formen der Besteuerung betrachten.)

Analysieren wir desweiteren die Zusammensetzung des Outputs. Einer Zunahme der staatlichen Güterkäufe stehen zwei Faktoren gegenüber, die eine Verringerung der Konsumnachfrage bewirken. Erstens sind öffentliche Leistungen Substitute für private Ausgaben, und zweitens veranlaßt die Senkung des Vermögens die Haushalte zu einer Reduzierung ihres Konsums. Da sich jedoch der Realzinssatz nicht verändert, gibt es keine Auswirkungen auf die Investition. Das letzte Ergebnis weicht von einer nur vorübergehenden Veränderung der staatlichen Güterkäufe ab, da in diesem Fall aufgrund der Erhöhung des realen Zinssatzes beide Formen privater Ausgaben verdrängt wurden. Demgegenüber bewirkt eine permanente Veränderung der staatlichen Güterkäufe nur eine Verdrängung der Konsumausgaben.

Da der Konsum sinkt, während die Investition unverändert bleibt, nimmt die Produktion weniger stark zu als die staatlichen Güterkäufe, d.h. das Verhältnis der Outputveränderung zur Veränderung der staatlichen Güterkäufe ist wiederum positiv, aber kleiner als eins. Unser Modell enthält also nach wie vor keinen Multiplikator.

Uns interessiert nun, warum der reale Zinssatz im Falle einer temporären Erhöhung der staatlichen Güterkäufe steigt, hingegen auf eine permanente Zunahme nicht reagiert. Wir haben gesehen, daß eine vorübergehende Ausweitung der staatlichen Güterkäufe einen temporären Rückgang des verfügbaren Einkommens der Haushalte impliziert, der zu einer Einschränkung der geplanten Ersparnis führt. Im Falle eines permanenten Anstiegs der staatlichen Käufe und Steuern ist im Gegensatz dazu auch der Rückgang des verfügbaren Haushaltseinkommens von Dauer. In diesem Fall ist die marginale Konsumneigung nahezu gleich Null, und die Wirkung auf die gewünschte Ersparnis ist gering. Aus diesem Grund ändert sich der reale Zinssatz nicht.

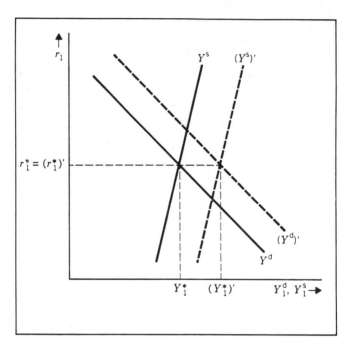

Abb. 12.5: *Auswirkungen einer permanenten Zunahme der staatlichen Güterkäufe auf den Gütermarkt*
Die permanente Zunahme der Güterkäufe erhöht die Gesamtnachfrage und das Gesamtangebot um etwa gleich große Beträge, so daß zwar die Produktion steigt, der Realzinssatz jedoch unverändert bleibt.

Tab. 12.4 enthält empirische Schätzungen zu den Wirkungen temporärer und permanenter Veränderungen der staatlichen Güterkäufe auf das reale BSP. Bei den Verteidigungsausgaben ergeben sich starke positive Auswirkungen auf die Produktion, wobei die geschätzten Reaktionen bei temporären Veränderungen stärker sind als im Falle permanenter Änderungen. Die Schätzungen zeigen, daß der Output durch eine vorübergehende Zunahme der Verteidigungsausgaben eine Steigerung zwischen 50% und 120% erfährt. Diese Ergebnisse sind weitgehend konsistent mit den weniger formalen, die wir zuvor für Kriegsphasen ermittelt haben. Dabei haben wir festgestellt, daß der Überschuß an realem BSP während der beiden Weltkriege und des Koreakrieges etwa 60-70% des Überschusses der realen Militärausgaben ausmachte.

Ergebnisse für den Fall produktiver öffentlicher Leistungen und variablen Arbeitsangebots (fakultativ)

Angenommen, öffentliche Leistungen seien Substitute für private Konsumausgaben, d.h. $\alpha > 0$. Wir wissen bereits, daß die direkte Substitution zwischen öffentlichen und privaten Ausgaben eine Verringerung der Konsumnachfrage um α Einheiten bedeutet, sofern die staatlichen Güterkäufe dauerhaft um eine Einheit zunehmen. (Diese Wirkung stellt sich sowohl bei einer temporären als auch permanenten Veränderung der staatlichen Käufe ein.) Wenn $\alpha > 0$ gilt, verlieren die Haushalte jedoch in jeder Periode nur $1 - \alpha$ Einheiten des verfügbaren Einkommens. Die übrigen α Einheiten stellen Leistungen zur Verfügung, welche die Haushalte nicht länger auf dem Markt zu kaufen brauchen, und deshalb impliziert der Vermögenseffekt, daß die Konsumnachfrage um $1 - \alpha$ Einheiten sinkt. (Die marginale Konsumneigung ist hierbei wiederum nahe bei eins.) Fügen wir diese Reaktion dem Rückgang der Konsumnachfrage um α Einheiten hinzu, so stellen wir fest, daß eine Erhöhung der Staatskäufe um eine Einheit immer noch zu einem Rückgang der gesamten Konsumnachfrage um eine Einheit führt. Wie im Fall mit $\alpha = 0$ bleibt deshalb die Gleichheit zwischen Güternachfrage und -angebot gewahrt.

Unterstellen wir nun, die öffentlichen Leistungen seien produktiv, d.h. $\beta > 0$. Sofern sich die staatlichen Güterkäufe dauerhaft um eine Einheit erhöhen, steigt das Güterangebot um β Einheiten in jeder Periode und infolgedessen nimmt auch das Einkommen der Haushalte aus der Produktion in jeder Periode um β Einheiten zu. Da die marginale Konsumneigung in diesem Fall nahe bei eins liegt, erhöht sich auch die Konsumnachfrage um etwa β Einheiten. Mit anderen Worten: Die Aggregate der angebotenen und nachgefragten Güter sind jeweils um β Einheiten höher und deshalb ist der Nachfrageüberschuß nach wie vor gleich Null.

Sofern schließlich $\alpha + \beta < 1$ gilt, verrringert ein permanenter Anstieg der staatlichen Güterkäufe das Vermögen und veranlaßt daher zu einer Erhöhung des Arbeitseinsatzes. Die vermehrte Arbeitsleistung bedeutet einen Anstieg des Güterangebots und eine entsprechende Zunahme des Haushaltseinkommens aus der Produktion. Da die marginale Konsumneigung wiederum nahezu eins ist, erhöht sich die Konsumnachfrage in annähernd gleichem Umfang. Weil die Zunahme des Arbeitseinsatzes bedeutet, daß die angebotenen und nachgefragten Gütermengen jeweils größer sind, folgt daraus wiederum ein Nachfrageüberschuß von Null.

Für den Fall einer permanenten Zunahme der Verteidigungsausgaben zeigt Tab. 12.4 einen Anstieg des realen BSP zwischen 30% und 70%. Da die Reaktion wiederum geringer als 100% ist, muß eine permanente Erhöhung der Käufe einen Teil der privaten Ausgaben verdrängen.

Da die Daten zu den zivilen Güterkäufen wenig Informationen über temporäre Schwankungen liefern, gelten unsere Resultate nur für permanente Änderungen. Unglücklicherweise sind die Schätzungen ungenau, da sie den Reaktionsbereich der Produktion von −20% bis +130% zur Veränderung der Güterkäufe beziffern. Obwohl ein positiver Effekt wahrscheinlich ist, können wir dessen Größenordnung nicht genau angeben.

Schließlich zeigen die Ergebnisse, daß die staatlichen Güterkäufe in Friedenszeiten nur eine unbedeutende Rolle bei konjunkturellen Schwankungen spielen. Änderungen der staatlichen Güterkäufe zeigen insbesondere keine regelmäßige Beziehung zu den sechs seit dem 2. Weltkrieg aufgetretenen wichtigsten Rezessionen in den USA, die wir zuvor in Tab. 9.1 analysiert haben.

Tab. 12.4: *Empirische Schätzungen der Effekte staatlicher Güterkäufe auf das reale BSP*

Veränderung um eine Einheit	geschätzte Anzahl der Einheiten, um die das BSP zunimmt
Temporäre Verteidigungsausgaben	0,5 bis 1,2
Permanente Verteidigungsausgaben	0,3 bis 0,7
Permanente zivile Güterkäufe	−0,2 bis 1,3

Anmerkung: Die Ergebnisse [aus Barro (1978b)] beziehen sich auf US-Daten für den Zeitraum von 1946 bis 1978, obwohl die Resultate für die Periode 1942-1978 ähnlich sind.

Auswirkungen staatlicher Güterkäufe auf das Preisniveau

Da Ökonomen häufig die Auffassung vertreten, daß Staatsausgaben inflationär wirken, wollen wir anhand unseres Modells die Auswirkungen staatlicher Güterkäufe auf das Preisniveau untersuchen.

Wir beginnen wie üblich mit der Bedingung, daß das gesamte Geldangebot freiwillig als Kasse gehalten wird. Für die Periode 1 gilt

$$M_1 = P_1 \cdot L(Y_1, R_1, G_1, \ldots), \qquad (12.6)$$
$$(+) \ (-) \ (-)$$

wobei L die Funktion der realen Geldnachfrage ist. Wir gehen davon aus, daß die Produktion Y_1 die realen Transaktionen wiedergibt, die einen positiven Effekt auf die reale Geldnachfrage haben, während der Nominalzinssatz R_1 diesbezüglich nach wie vor negative Wirkungen zeitigt.

Die staatlichen Güterkäufe G_1 haben ebenfalls ein negatives Vorzeichen in der Geldnachfragefunktion. Da die öffentlichen Leistungen den Empfängern unentgeltlich zur Verfügung gestellt werden, sind mit staatlichen Güterkäufen geringere monetäre Transaktionen verbunden als mit dem privaten Konsum oder den privaten Investitionen. Deshalb ist bei einer gegebenen Produktion eine Zunahme der Käufe G_1 gleichbedeutend mit einer geringeren realen Geldnachfrage.

Untersuchen wir nun, wie sich eine Erhöhung der staatlichen Güterkäufe G_1 auf das Preisniveau auswirkt. Im Falle einer permanenten Zunahme steigt der Output Y_1, wohingegen der reale Zinssatz unverändert bleibt. Daher wird die reale Geldnachfrage zunehmen, es sei denn, der direkte negative Effekt der staatlichen Güterkäufe auf die reale Geldnachfrage überwiegt. Sofern also die Entwicklung des nominalen Geldbestandes konstant bleibt, reduzieren zunehmende staatliche Güterkäufe tendenziell das Preisniveau P_1.

Im Falle einer vorübergehenden Zunahme der staatlichen Güterkäufe steigt der Realzinssatz r_1 und damit bei einer gegebenen erwarteten Inflationsrate π^e_1 auch der Nominalzinssatz R_1. Dadurch wird die reale Geldnachfrage reduziert, wodurch ein Anstieg des Preisniveaus wahrscheinlicher wird.

Insgesamt gilt, daß sich bei einer gegebenen Entwicklung der Geldmenge systematische Auswirkungen staatlicher Güterkäufe auf das Preisniveau nur schwer vorhersagen lassen. Darüber hinaus könnten wir selbst im Falle eines positiven Effektes diesen kaum für chronische Preissteigerungen - also für Inflation - verantwortlich machen. Statt dessen ist es wahrscheinlicher, daß jede Ausweitung der staatlichen Güterkäufe - relativ zum Umfang der Gesamtwirtschaft - einen einmaligen Anstieg des Preisniveaus nach sich zieht. Um hieraus eine hinreichende Erklärung für Inflation abzuleiten, müßten wir zumindest eine kontinuierliche Zunahme der relativen Bedeutung dieser staatlichen Güterkäufe nachweisen. Wir haben zuvor gesehen, daß sie tatsächlich in den 60er und 70er Jahren im Verhältnis zum BSP annähernd unverändert geblieben sind, obwohl genau in diesen Jahren die Inflation in den USA zu einem ernsten Problem wurde.

Eine Erhöhung der staatlichen Güterkäufe kann auch deshalb inflationär wirken, weil sie zur Geldschöpfung anregt. Denn eine Regierung ist leicht versucht, ihre realen Einnahmen durch vermehrte Geldschöpfung zu erhöhen, um einen Teil der höheren Güterkäufe zu finanzieren. Selbstverständlich gilt dieses Argument auch für die staatlichen Transferzahlungen, die lediglich eine andere Form der Staatsausgaben darstellen. Wichtig ist, daß dieser Mechanismus höhere reale Ausgaben mit einer schnelleren Zuwachsrate der Geldmenge und damit einer höheren Inflationsrate verknüpft. Insofern läßt sich auf diese Weise zeigen, wie höhere reale Staatsausgaben inflationär wirken können.

Empirisch gibt es nicht viele Anzeichen für einen eindeutigen Einfluß der staatlichen Güterkäufe auf das Preisniveau, sofern wir die Entwicklung der Geldmenge konstant halten. Allerdings können für einige Länder enge Verbindungen zwischen den realen Staatsausgaben und der Rate der Geldschöpfung festgestellt werden. Manche Regierungen versuchen offenbar, die Erhöhung ihrer realen Ausgaben mit Hilfe der Notenpresse zu finanzieren. So haben wir bereits in Kapitel 8 gesehen, daß der Zusammenhang zwischen Staatsausgaben und monetärem Wachstum während der deutschen Hyperinflation von 1921 bis 1923 ausgesprochen eng war.

Für die USA gibt es allerdings keine Hinweise darauf, daß langfristige Veränderungen der Staatsausgaben im Verhältnis zum BSP zu höheren Zuwachsraten der Geldmenge führen. Dennoch ist im Zusammenhang mit der extremen Ausgabenexpansion in Kriegsphasen immer auch eine vermehrte Geldschöpfung zu beobachten. Die USA finanzieren also genau wie viele andere Länder einen Teil ihrer Kriegsausgaben mit der Notenpresse. Insofern ist diese Tatsache sicherlich für einen Teil der zu Kriegszeiten häufig hohen Inflation mitverantwortlich.

Zusammenfassung

Wir haben den Kauf von Gütern und Dienstleistungen durch den Staat als weitere Verwendungsform der Produktion eingeführt. Um diese Ausgaben sowie die Transferzahlungen zu finanzieren, erhebt der Staat pauschale Steuern oder betreibt Geldschöpfung. Die von ihm getätigten Käufe haben den Zweck, einen Strom öffentlicher Leistungen bereitzustellen. Eine zusätzliche Einheit dieser Leistungen substituiert α Einheiten der gesamten Konsumausgaben und steigert überdies die Produktion um β Einheiten. Ausgehend von der Bedingung $\alpha + \beta < 1$ folgt, daß die Haushalte und Unternehmen vom Staat unmittelbar weniger als die Kosten einer zusätzlichen Einheit öffentlicher Leistungen zurückerhalten.

Eine temporäre Zunahme der staatlichen Güterkäufe, wie sie in Kriegszeiten auftritt, erhöht die Gesamtnachfrage stärker als das Angebot, so daß sowohl der reale Zinssatz als auch die Produktion steigen. Dabei bedingt die Verdrängung von Investition und Konsum, daß der Gesamtoutput weniger stark steigt als die staatlichen Güterkäufe; es gibt also keinen Multiplikator.

Empirisch gesehen, spielen Veränderungen der staatlichen Güterkäufe eine wesentliche Rolle in Kriegszeiten, nicht jedoch im Zusammenhang mit Konjunkturschwankungen in Friedenszeiten. Die theoretischen Resultate in bezug auf die Entwicklung bestimmter Größen werden durch die US-Daten für den 1. und den 2. Weltkrieg sowie für den Koreakrieg bestätigt. So steigt insbesondere das reale BSP, allerdings nur um etwa 60-70% des Zuwachses der realen Militärausgaben. Folglich wird ein Teil der privaten Ausgaben, vor allem die Investition, verdrängt. Demgegenüber zeigen die US-Daten keine Tendenz für einen Anstieg des realen Zinssatzes in Kriegszeiten. Andererseits ergaben einige langfristige Untersuchungen für das

Vereinigte Königreich und Frankreich einen positiven Effekt der Kriegsausgaben auf die Zinssätze.

Eine permanente Erhöhung der staatlichen Güterkäufe erhöht die nachgefragten und angebotenen Gütermengen in ungefähr gleichem Umfang. Deshalb steigt wiederum die Produktion, aber der reale Zinssatz bleibt unverändert. In diesem Fall geht die Verdrängung der privaten Ausgaben ausschließlich zu Lasten des Konsums.

Schließlich haben wir die Beziehung zwischen staatlichen Güterkäufen und Inflation untersucht und festgestellt, daß bei gegebener Entwicklung der Geldmenge aus dem Modell kein positiver Zusammenhang abgeleitet werden kann. Allerdings sind erhöhte Staatsausgaben dann inflationär, wenn sie den Staat zu einer verstärkten Betätigung der Notenpresse veranlassen.

Fragen und Probleme

Zur Wiederholung

12.1 Über welche Kanäle beeinflußt die staatliche Güternachfrage die Überschußnachfrage auf dem Gütermarkt? Wie beeinflußt sie den Nutzen? Können Sie sich Beispiele öffentlicher Leistungen vorstellen, die keine engen Substitute für Konsumgüter sind ($\alpha = 0$), aber dennoch Nutzen stiften?

12.2 Können öffentliche Leistungen auch Substitute für Freizeit sein? Falls dies so ist, welchen zusätzlichen Effekt würden Sie dann auf dem Gütermarkt erwarten?

12.3 Warum steigt der reale Zinssatz infolge einer vorübergehenden Erhöhung der staatlichen Güterkäufe?

12.4 Was heißt "Verdrängung" (*crowding out*)? Ist damit ausschließlich ein intertemporaler Substitutionseffekt gemeint? Könnte es auch eine direkte Substitution von staatlichen Güterkäufen und privaten Investitionen geben?

Probleme zur Diskussion

12.5 Staatliche Güterkäufe in der Volkswirtschaftlichen Gesamtrechnung (VGR)
Die VGR behandelt alle staatlichen Güterkäufe als Teil des realen BSP. Wenn wir aber annehmen, daß diese Käufe G_t einen Input der privaten Produktion darstellen - d.h. im Aggregat $Y_t = F(K_{t-1}, N_t, G_t)$ gilt - dann sind öffentliche Leistungen ein Vorprodukt und damit ein Input für eine folgende Produktionsstufe. Deswegen sollte man diese Leistungen dem realen BSP nicht zweimal hinzurechnen - einmal, wenn der Staat Güter kauft und nochmals, wenn die staatlichen Leistungen einen Beitrag zur privaten Produktion leisten.
a. Angenommen, die Unternehmen beschäftigen anfänglich private Wachposten, daß dann aber der Staat einen kostenlosen Polizeischutz gewährt, durch den die

Wachposten ersetzt werden. Vorausgesetzt, daß die privaten Wachposten und die Polizei gleichermaßen effizient sind und dasselbe Einkommen erhalten, wie wird sich der Übergang von privaten zu öffentlichen Leistungen bei der Messung des realen BSP auswirken?
b. Wie würden Sie die Behandlung der öffentlichen Leistungen in der VGR verändern? Ist Ihr Vorschlag praktikabel?

[Eine Diskussion dieser Fragen findet sich bei Simon Kuznets (1948), S. 156-57, und Richard Musgrave (1959), S. 186-88].

12.6 Öffentliches Kapitaleigentum und VGR
Um den Beitrag der staatlichen Produktion an Gütern und Leistungen zum BSP zu erfassen, mißt die VGR diesen durch die Käufe des Staates von Arbeit, Material und neuen Kapitalgütern im privaten Sektor. Die VGR vernachlässigt jedoch, daß der Strom von Leistungen des staatlichen Kapitals einen Beitrag zum volkswirtschaftlichen Output leistet. Außerdem werden bei der Berechnung der Nettoproduktion keine Abschreibungen auf dieses Kapital berücksichtigt.
a. Was geschieht mit dem gemessenen BSP, wenn der Staat sein Kapital einem privaten Unternehmen zur Verfügung stellt und dann die Endprodukte von diesem Unternehmen kauft?
b. Wie würden Sie die Behandlung des öffentlichen Kapitaleigentums in der VGR verändern? Ist dieser Vorschlag praktikabel?

12.7 Die Rolle öffentlicher Leistungen
Wir gehen davon aus, daß eine zusätzliche Einheit öffentlicher Leistungen zwei direkte Auswirkungen zeitigt: (1) substituiert sie α Einheiten des Privatkonsums und (2) erhöht sie die Produktion um β Einheiten.
a. Betrachten Sie verschiedene Kategorien staatlicher Güterkäufe, wie Verteidigungsausgaben, Polizei, Autobahnen, öffentlicher Verkehr, Forschungs- und Entwicklungsausgaben sowie Regulierungstätigkeiten. Wie werden nach Ihrer Meinung die Parameter α und β bei den einzelnen Kategorien variieren? Sind die Parameter immer positiv?
b. Betrachten Sie eine permanente Erhöhung der staatlichen Güterkäufe. Inwieweit hängt die Stärke der Output- und Konsumreaktionen von den Werten der Parameter α und β ab? Erklären Sie die Ergebnisse.
c. Wie Teil b, aber für den Fall einer vorübergehenden Erhöhung der staatlichen Güterkäufe.

12.8 Voraussichtliche Veränderungen der staatlichen Güterkäufe
Während der laufenden Periode, zum Zeitpunkt 1, stellen die Wirtschaftssubjekte fest, daß der Staat seine Güterkäufe in irgendeiner künftigen Periode permanent erhöhen wird. Die laufenden Käufe bleiben ebenso unverändert wie die Zeitpfade der Geldmenge und der realen Transferzahlungen.

a. Was geschieht mit dem realen Zinssatz, der Produktion, dem Konsum, der Investition und der Beschäftigung in der laufenden Periode?
b. Was geschieht mit dem gegenwärtigen Preisniveau und dem nominalen Zinssatz?
c. Können Sie sich irgendwelche realen Fälle vorstellen, in denen diese Frage relevant ist?

12.9 Auswirkungen staatlicher Güterkäufe auf den Reallohnsatz
Stellen Sie sich vor, wir integrierten einen Arbeitsmarkt in das Modell.
a. Wie wirkt sich eine vorübergehende Erhöhung der staatlichen Güterkäufe auf den Reallohnsatz aus?
b. Wie wirkt sich eine permanente Erhöhung der staatlichen Güterkäufe aus?

12.10 Staatliche Beschäftigung in Kriegszeiten (fakultativ)
Im Modell gehen wir davon aus, daß der Staat nur Endprodukte auf dem Gütermarkt kauft und selbst weder Güter produziert noch Arbeitskräfte beschäftigt. Diese Annahme ist grundsätzlich befriedigend, solange die staatliche Produktionsfunktion den privaten Produktionsfunktionen entspricht. Problematisch wird sie allerdings im Falle eines Krieges. Wir brauchen uns nur vorzustellen, daß der Staat während des 2. Weltkrieges effektiv 10 Mio. Arbeitskräfte vorübergehend dem zivilen Erwerbspersonenpotential entzogen hat, aber kein Privatkapital enteignete. Nehmen wir wiederum an, daß der Staat vorübergehend seine Güterkäufe drastisch steigert.
a. Analysieren Sie die hierdurch ausgelösten Effekte auf den realen Zinssatz, die Produktion, die Investition und den Konsum. (Wie sollten wir 10 Mio. Wehrpflichtige bei der Messung der Produktion berücksichtigen?) Was geschieht mit der gesamten und der privaten Beschäftigung?
b. Was geschieht mit dem Reallohnsatz, wenn wir einen Arbeitsmarkt in das Modell integrieren?

12.11 Das Preisniveau während des Koreakrieges
Zu Beginn des Koreakrieges stieg das Preisniveau (BSP-Deflator) mit einer Rate von 10% p.a. vom 2. Quartal 1950 zum 1. Quartal 1951. Im Gegensatz dazu war die Inflationsrate 1949 negativ, betrug vom 1. Quartal 1951 bis zum 1. Quartal 1952 1,4% und vom 1. Quartal 1952 bis zum 1. Quartal 1953 2,0%.

Die nachfolgende Tabelle zeigt für verschiedene Perioden die Inflationsrate π_t, die Zuwachsraten μ_t des Bargeldes und der Geldmenge M1, die Wachstumsrate der realen staatlichen Güterkäufe ΔG_t und den Nominalzinssatz R_t für dreimonatige Schatzwechsel. Wie können wir unter Verwendung dieser Daten den Preisauftrieb zu Beginn des Koreakrieges erklären? (Auf diese Frage gibt es keine eindeutige Antwort!).

(*Hinweis:* Während des 2. Weltkrieges gab es strenge Preiskontrollen, so daß die Haushalte im Koreakrieg 1950 möglicherweise eine Wiedereinführung dieser Kontrollen erwartet haben.)

		(Zahlen in % pro Jahr)			
		(M1)	(Bargeld)		
Jahr und Quartal	π_t	μ_t	μ_t	ΔG_t	R_t
1949/1 bis 1950/2	−0,3	1,8	−1,6	2,7	1,1
Kriegsbeginn					
1950/2 bis 1951/1	10,0	4,0	−0,5	24,6	1,3
1951/1 bis 1952/1	1,4	5,3	4,7	27,9	1,6
1952/1 bis 1953/1	2,0	3,2	4,5	9,2	1,8

12.12 Optimaler Umfang öffentlicher Leistungen (fakultativ)
In unserem Modell erhöht eine permanente Zunahme der staatlichen Güterkäufe die Produktion, verringert dagegen Konsum und Freizeit. Bekanntlich verwendeten wir die Bedingung $\alpha + \beta < 1$, wobei α die Substitution der aggregierten Konsumausgaben durch öffentliche Leistungen mißt und β das Grenzprodukt dieser öffentlichen Leistungen angibt. Außerdem nahmen wir an, daß die Parameter α und β mit zunehmenden staatlichen Ausgaben sinken.
a. Was geschieht mit dem Nutzen eines repräsentativen Wirtschaftssubjekts, wenn die staatlichen Güterkäufe permanent um eine Einheit steigen?
b. Wie hoch wären die staatlichen Güterkäufe, wenn der Staat den Nutzen eines repräsentativen Wirtschaftssubjekts maximieren möchte? Welche Bedingung gilt dabei für die Parameter α und β?
c. Warum wäre es für Teil b falsch, die Höhe der staatlichen Güterkäufe zu wählen, die den aggregierten Output (gemessen durch das reale BSP) maximiert?
d. Wie verändert sich die Analyse - ohne hier zu sehr ins Detail zu gehen -, wenn die öffentlichen Leistungen in anderer Form, d.h. nicht nur als direkte Substitute für private Konsumausgaben, Nutzen stiften würden?

Kapitel 13

Steuern und Transferzahlungen

Bisher haben wir überaus unrealistische Formen der staatlichen Tätigkeit unterstellt, indem wir von Pauschalsteuern und -transfers ausgegangen sind. In unserem Modell sind die jeweils gezahlten Steuern bzw. empfangenen Transfers weder vom Einkommen noch von anderen Merkmalen des Haushalts oder Unternehmens abhängig. In der Realität werden vom Staat eine Vielzahl von Steuern erhoben und Transfers gezahlt, von denen keine den in unserem Modell unterstellten Pauschalen entspricht. Im allgemeinen hängen die Steuern und Transferzahlungen eines Haushalts oder Unternehmens von den jeweiligen Wirtschaftsaktivitäten ab, und diese Abhängigkeit führt zu Verhaltensänderungen. So vermindern z.B. Einkommensteuern die Bereitschaft der Wirtschaftssubjekte, zu arbeiten und zu investieren. Transferzahlungen an Arbeitslose oder Bedürftige können diese ebenfalls dazu veranlassen, nicht zu arbeiten. Generell gilt, daß vom Steuer- und Transfersystem eine Vielzahl von Substitutionseffekten auf den Arbeitseinsatz, die Produktion, den Konsum und die Investitionen ausgehen. In diesem Kapitel werden wir einige dieser Effekte in unsere theoretische Analyse einbeziehen. Doch bevor wir dies tun, erscheint es nützlich, mit einem Überblick über die Besteuerung in den USA zu beginnen.

Staatliche Einnahmequellen in den USA

In Abb. 13.1 sind die Einnahmen des Bundes seit 1929, aufgeschlüsselt nach den wichtigsten Einnahmequellen, dargestellt. Danach ist der Anteil der persönlichen Einkommensteuern an den gesamten Bundeseinnahmen seit dem 2. Weltkrieg weitgehend stabil geblieben. Für das Jahr 1987 betrug dieser Anteil 44%. Demgegenüber ist als nächste Komponente der Anteil der Körperschaftsteuer von 25% nach dem Krieg auf 10% im Jahr 1987 gesunken. Daneben gibt es noch die Abgaben für die Sozialversicherung, die seit dem 2. Weltkrieg deutlich gestiegen sind und 1987 zu 79% der Sozialen Sicherung (einschließlich der Krankenversicherung) zuflossen. Der Rest wurde vor allem für die Arbeitslosenversicherung und die Altersversorgung der Staatsbediensteten verwendet. Bemerkenswert ist, daß die Gesamtzahlungen für die Sozialversicherung seit 1948 von 10% aller Bundeseinnahmen auf 38% im Jahre 1987 gestiegen sind. Daher war diese Kategorie 1987 fast ebenso bedeutsam wie die persönliche Bundes-Einkommensteuer. Ein weiterer Teil der Bundeseinnahmen sind Verbrauchsteuern, Zölle u. dgl., die nach dem 2. Weltkrieg von etwa 20% der Gesamteinnahmen auf 6% im Jahr 1987 gesunken sind. Schließlich sind noch die Zahlungen der Federal Reserve an das Schatzamt - die als Einnahmen des Staates aus der Geldschöpfung zu werten sind - zu berücksichtigen; sie machten 1987 2% der

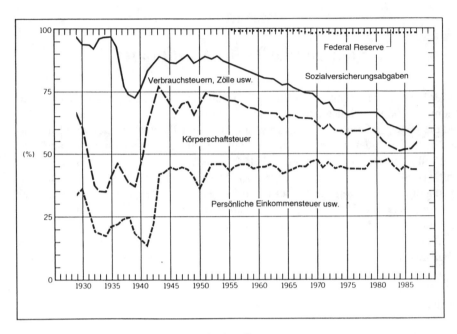

Abb. 13.1: *Aufschlüsselung der US-Bundeseinnahmen*
Die Zahlen sind als Prozentanteile der Gesamteinnahmen zu verstehen. Die Daten stammen vom U.S. Department of Commerce (1986) und *U.S. Survey of Current Business* (Juli 1988).

gesamten Bundeseinnahmen aus. Diese aus der Geldschöpfung stammenden Einnahmen waren um die Mitte der 50er Jahre nahezu gleich Null.

Verbrauchsteuern und Zölle spielten vor dem 2. Weltkrieg eine relativ bedeutendere Rolle, und vor dem 1. Weltkrieg waren sie sogar die wichtigste Einnahmequelle des Bundes. Die persönlichen Einkommensteuern werden erst seit 1913 erhoben, wenn man von einigen Abgaben zur Zeit des Bürgerkrieges und im Jahre 1895 absieht. Die Körperschaftsteuer gibt es seit 1909. Bemerkenswert ist ferner, daß die Sozialversicherungsabgaben bis zur Einführung der Arbeitslosenversicherung im Jahre 1936 und der Sozialen Sicherung im Jahre 1937 ausgesprochen niedrig waren.

Abb. 13.2 enthält eine Aufschlüsselung der Einnahmen der Bundesstaaten und Kommunen. Obgleich hier die Vermögensteuern traditionell den größten Anteil ausmachten, ist dieser seit Anfang der 30er Jahre von 60% auf weniger als 40% nach dem 2. Weltkrieg gesunken und betrug 1987 nur noch 19%. Zu Beginn des Untersuchungszeitraums korrespondierte die relative Abnahme der Vermögensteuern mit der Zunahme der Umsatzsteuer, deren Anteil zunächst von 6% der Einnahmen der Bundesstaaten und Kommunen (1929) auf 20% (1941) gestiegen und seit dem 2. Weltkrieg nahezu konstant geblieben ist. Da die Staaten- und Kommunalregierungen erst seit relativ kurzer Zeit persönliche Einkommensteuern erheben, macht diese Steuerart in den Jahren 1929 und 1948 erst 4%, 1987 jedoch bereits 14% ihrer gesamten Einnahmen aus. Eine andere Einnahmeart der Bundesstaaten und Kommunen, die seit dem 2. Weltkrieg an Bedeutung gewonnen hat, sind Bundeszuschüsse (Zuweisungen von der Bundesregierung an die Bundesstaaten und Kommunen), die seit 1946 von 9% auf 24% im Jahre 1978 gestiegen waren, 1987 jedoch einen Rückgang auf 17% verzeichneten. (Bundeszuschüsse werden vor allem für Wohlfahrtsprogramme, Gesundheitsvorsorge, Verkehr, Bildung, Wohnungsbau, Ausbildungsprogramme sowie im Rahmen des allgemeinen Finanzausgleichs geleistet.)

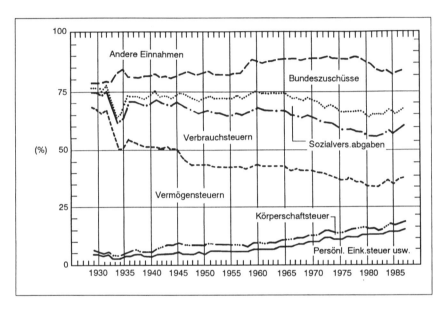

Tab. 13.2: *Aufschlüsselung der Einnahmen der Bundesstaaten und Kommunen*
Die Zahlen sind als Prozentanteile der Gesamteinnahmen zu verstehen. Die Daten stammen vom U.S. Department of Commerce (1986) und *U.S. Survey of Current Business* (Juli 1988).

Abb. 13.3 zeigt den Bundesanteil an den gesamten Staatseinnahmen (ohne die Zuweisungen des Bundes an andere Gebietskörperschaften). Während dieser 1929 34% betrug, 1932 dann mit 19% einen Tiefpunkt erreichte, stieg er während der "New Deal"-Phase wieder an und lag 1940 bei 49%. Nach einem Höhepunkt von 80% während des 2. Weltkriegs sank er zu Beginn der 70er Jahre auf 62% und belief sich 1987 auf ebenfalls 62%.

Abb. 13.4 liefert ein Maß für die gesamtwirtschaftliche Steuerquote, die durch das Verhältnis der gesamten Staatseinnahmen (ohne Bundeszuschüsse) zum BSP ausgedrückt wird. Diese Quote ist von 11% (1929) auf 18% (1940) und 25% (1945) gestiegen, verzeichnete 1949 einen Rückgang auf 22% und ist seit 1956 durch einen allmählichen Aufwärtstrend gekennzeichnet: 26% (1956), 28% (1960), 31% (1969) und 32% (1977-1982). Infolge der Steuersenkungen durch die Reagan-Regierung sank diese Quote 1983-84 (um nur einen Prozentpunkt) auf 31%, um 1987 wieder auf 32% zurückzukehren. (Es fällt nicht eben leicht, in diesen Zahlen die "Reagan-Revolution" zu entdecken!)

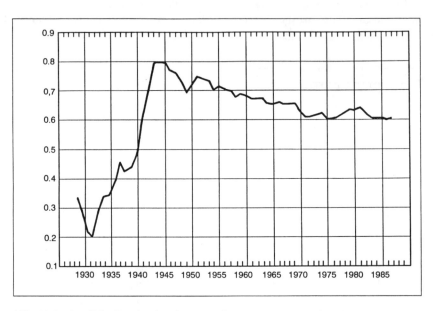

Abb. 13.3: *Anteil der Bundeseinnahmen an den gesamten Staatseinnahmen*
Die Daten stammen vom U.S. Department of Commerce (1986) und *U.S. Survey of Current Business* (Juli 1988).

Steuerarten

Bekanntlich werden einige Steuern auf das Einkommen erhoben (persönliche Einkommensteuern, Körperschaftsteuer sowie Sozialversicherungsabgaben, die sich nach dem Lohneinkommen bemessen), andere hingegen auf die Ausgaben (Verbrauch- und Umsatzsteuern) und einige auf den Vermögensbesitz. In der einen oder anderen Weise hängt die von jemandem zu zahlende Abgabensumme von seiner wirtschaftlichen Aktivität ab. Insoweit sind die in unserer Theorie unterstellten Pauschalsteuern ausgesprochen unrealistisch.

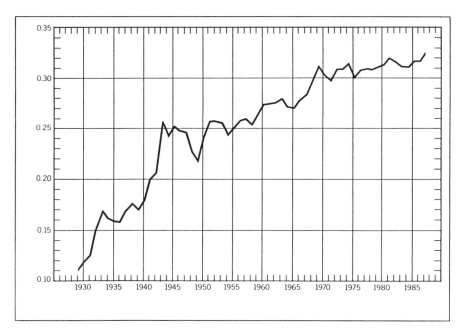

Abb. 13.4: *Anteil der gesamten Staatseinnahmen am BSP*
Die Daten stammen vom U.S. Department of Commerce (1986) und *U.S. Survey of Current Business* (Juli 1988).

Persönliche Bundeseinkommensteuer

Da die persönliche Einkommensteuer des Bundes die wichtigste Steuer überhaupt ist, sollten wir uns deren Berechnung für die Haushalte ansehen. Wir müssen zunächst vom deklarierten persönlichen Einkommen die Betriebsausgaben, Rücklagen für die Alterssicherung und einige andere Posten abziehen und erhalten dann das **bereinigte Bruttoeinkommen**. Von diesem ziehen wir entweder einen Pauschalbetrag ab (1988 belief sich dieser auf 3.000 $ für Alleinstehende und 5.000 $ für Verheiratete) oder aber die Einzelbeträge für Krankenversicherung, bestimmte Schuldzinsen, einige Steuern usw. Nach Abzug der persönlichen Steuerfreibeträge, welche 1988 1.950 $ pro Familienmitglied, einschließlich des Einkommensbeziehers, betrugen, erhalten wir das **zu versteuernde Einkommen**. Von weiteren möglichen Steuervergünstigungen abgesehen, gibt es einen gesetzlich festgelegten Steuertarif, der den zu zahlenden Steuerbetrag mit dem zu versteuernden Einkommen verknüpft. (Der Familienstand spielt hier ebenfalls eine Rolle.) Der entscheidende Aspekt ist, daß der Steuerbetrag kein konstanter Anteil am zu versteuernden Einkommen ist, d.h. es handelt sich nicht um eine **Proportionalsteuer**. In den meisten Einkommensbereichen führt eine Erhöhung des Einkommens (sofern diese groß genug ist, um jemanden in die nächste Stufe des Steuertarifs zu bewegen) zu einem Anstieg des **Grenzsteuersatzes**, welcher dem Steuersatz für einen zusätzlichen Dollar an Einkommen entspricht. Eine solche Konstruktion wird als **Steuer mit abgestuftem Steuersatz** bezeichnet. (Manchmal wird sie eine "progressive Steuer" genannt, womit offenbar irgend jemandes Ansicht über deren besondere Vorzüge ausgedrückt werden soll. Im Gegensatz dazu ist eine "regressive Steuer" eine solche, bei der der Steuersatz mit zunehmendem Einkommen sinkt.)

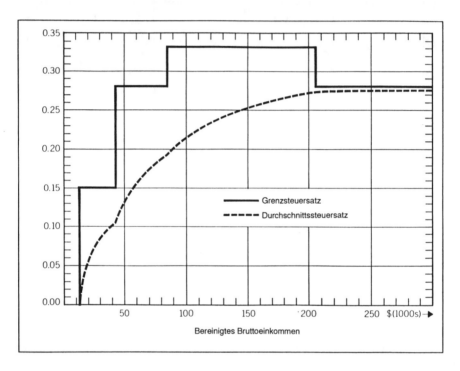

Abb. 13.5: *Steuertarif der persönlichen Bundeseinkommensteuer im Jahre 1988*
Die Abbildung zeigt das Verhältnis der Grenz- und Durchschnittssteuersätze zum bereinigten Bruttoeinkommen einer Familie mit zwei Kindern für 1988. Dabei unterstellen wir, daß die Familie das pauschale Abzugsverfahren in Anspruch nimmt.

Obwohl die US-Einkommensteuer 1988 eine Steuer mit abgestuftem Steuersatz darstellte, war der Grad der Staffelung durch die Steuerreform 1986 und frühere gesetzliche Maßnahmen erheblich reduziert worden. [Vgl. zur Reform 1986 Henry Aaron (1987).] Abb. 13.5 zeigt das Verhältnis des Grenzsteuersatzes und des **Durchschnittssteuersatzes** (das Verhältnis von Steuerbetrag und bereinigtem Bruttoeinkommen) zum bereinigten Bruttoeinkommen einer Familie. Die Darstellung bezieht sich auf ein Ehepaar mit zwei Kindern für das Jahr 1988 unter Anwendung des pauschalen Abzugsverfahrens. (Diese Annahme ist bei hohen Einkommen unrealistisch, da bei diesen die Abzugsbeträge zumeist einzeln geltend gemacht werden.) Das Diagramm enthält somit den Grundfreibetrag in Höhe von 5.000 $ und einen persönlichen Freibetrag von 7.800 $. Der Grenzsteuersatz ist bei einem bereinigten Bruttoeinkommen zwischen 0 $ und 12.800 $ gleich Null, 15% für Einkommen zwischen 12.800 $ und 42.550 $ sowie 28% für Einkommen zwischen 42.550 $ und 84.400 $. Für Einkommen zwischen 84.400 $ und 205.430 $ macht der effektive Grenzsteuersatz 33% aus. (Technisch gesehen, beträgt der Steuersatz 28%. Er erhöht sich um 5% wegen des Auslaufens von Steuervergütigungen in der 15%-Stufe und der persönlichen Freibeträge). Ein eigentümliches Merkmal des Steuergesetzes von 1986 besteht darin, daß der Grenzsteuersatz für bereinigte Bruttoeinkommen von mehr als 205.430 $ auf 28% zurückgeht.

Abb. 13.5 zeigt ferner den Durchschnittssteuersatz als Funktion des bereinigten Bruttoeinkommens. Dieser steigt mit wachsendem Einkommen stetig an und erreicht bei sehr hohen Einkommen einen konstanten Wert von 28%. Wir sollten uns daran erinnern, daß wir sowohl das Einzelabzugsverfahren ausgeschlossen haben als auch verschiedene andere Möglichkeiten, die zu einer Nichtbesteuerung von Einkommen führen. Bei Einbeziehung dieser Möglichkeiten wird der durchschnittliche Steuersatz mit zunehmendem Einkommen etwas weniger stark steigen.

Die Unterscheidung zwischen Durchschnitts- und Grenzsteuersätzen ist für unsere Analyse bedeutsam. *Durchschnittssteuersätze* geben die Einnahmen des Staates als Prozentsatz des Einkommens an - d.h. die Steuereinnahmen sind gleich dem Durchschnittssteuersatz multipliziert mit der Höhe des Einkommens. Der eigentliche Einfluß des Steuersystems auf das Verhalten der Wirtschaftssubjekte hängt jedoch von den *Grenzsteuersätzen* ab, die angeben, welchen Anteil der Staat von jedem zusätzlich verdienten Dollar erhält. Bei ihren Arbeits-, Produktions- und Investitionsentscheidungen berücksichtigen die Haushalte vor allem diese marginalen Steuersätze.

Bundesstaatliche und kommunale Einkommensteuern

Einkommensteuern werden auch von vielen Bundesstaaten und einigen Städten erhoben. Manche Gebietskörperschaften erheben eine Steuer mit abgestuftem Steuersatz, die der Bundessteuer gleicht. So beträgt z.B. die Steuer in Nebraska 19% der Bundesabgabe, während die Grenzsteuersätze in Kalifornien von 0% bis 11% reichen. Andere Bundesstaaten erheben eine proportionale Einkommensteuer und lassen nur einen geringen Steuerfreibetrag zu - so beträgt der Steuersatz z.B. in Illinois 2,5% und in Pennsylvania 2,2%. Schließlich gibt es wenige Bundesstaaten ohne Einkommensteuer. Sofern also jemand nach einem solchen Steuerparadies sucht, diese Staaten sind: Alaska, Florida, Nevada, South Dakota, Texas, Washington und Wyoming. Connecticut, New Hampshire und Tennessee besteuern nur bestimmte Formen von Vermögenseinkommen.

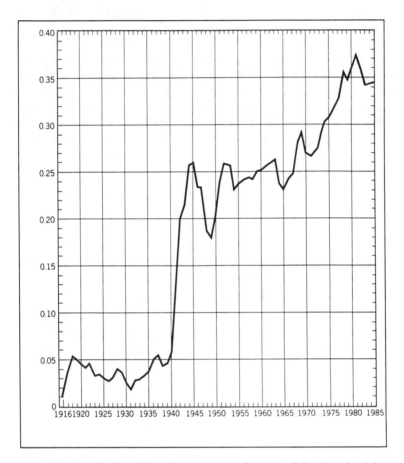

Abb. 13.6: *Durchschnittlicher Grenzsteuersatz der persönlichen Bundeseinkommensteuer und Sozialversicherungsabgaben*
Die Abbildung zeigt die durchschnittlichen Grenzsteuersätze gewichtet mit den Familieneinkommen. Die Daten stammen von Barro und Sahasakul (1986), aktualisiert mit Zahlen des *Internal Revenue Service*.

Sozialversicherungsabgaben

Eine andere wichtige Steuerart (die die Regierung amüsanterweise als "Beitrag" bezeichnet) sind die Abgaben auf Lohneinkommen und Einkommen aus selbständiger Arbeit zur Finanzierung der Sozialen Sicherung. Abgesehen von einigen im Staatssektor Beschäftigten, werden gegenwärtig nahezu alle Arbeitnehmer vom System der Sozialen Sicherung erfaßt.

Das System der Sozialversicherungsabgaben ist wesentlich einfacher als das der persönlichen Einkommensteuer. So zahlten z.B. 1988 die Arbeitgeber und beitragspflichtigen Arbeitnehmer je 7,5% vom Einkommen bis zu einer Bemessungsgrenze von 45.000 $. Insofern betragen die gesamten Grenz- und Durchschnittsabgaben bei einem Arbeitseinkommen zwischen Null und 45.000 $ 15,0%. Danach fällt die Grenzabgabe auf Null, so daß die Durchschnittsabgabe mit zunehmendem Verdienst allmählich sinkt.[1] Wenn man einmal von der Bemessungsgrenze absieht, kann man die Sozialversicherungsabgabe als Proportionalsteuer auf das Arbeitseinkommen bezeichnen. Allerdings sind die Abgabesätze und die Bemessungsgrenzen im Laufe der Zeit erheblich gestiegen - so betrug z.B. 1960 der Abgabesatz noch 3% für jeden Arbeitnehmer und Arbeitgeber mit einer Bemessungsgrenze von 4.800 $.

Grenzsteuersätze beim Einkommen

Der in Abb. 13.4 dargestellte Anteil der gesamten Staatseinnahmen am BSP stellt ein Maß für den durchschnittlichen Steuersatz dar. Wie bereits erwähnt, sind zur Beurteilung der Auswirkungen des Steuersystems auf die Wirtschaftsaktivität vor allem die Grenzsteuersätze relevant. Ideal wäre es, wenn wir für jede Familie zu jedem beliebigen Zeitpunkt den Grenzsteuersatz bestimmen könnten. Bei den persönlichen Einkommensteuern ließe sich dies durch Addition der Grenzsteuersätze für die verschiedenen Bundes-, Staaten- und Kommunalsteuern sowie der Sozialversicherungsabgaben ermitteln. Diese Grenzsteuersätze könnte man dann zu jedem Zeitpunkt über die Familien mitteln.

Abb. 13.6 zeigt den durchschnittlichen Grenzsteuersatz der Bundeseinkommensteuer und die Sozialversicherungsabgaben für den Zeitraum 1916-1985. Diese Werte sind Durchschnittswerte der Grenzsteuersätze von Familien, die mit dem bereinigten Bruttoeinkommen jeder Familie gewichtet wurden. Die einzelnen Werte betrugen 1920 5%, 1930 2%, 1940 6%, 1950 20%, 1960 25%, 1970 27% und 1980 36%. Nach Erreichen eines Höchststandes von 38% im Jahr 1981 sank - infolge der Steu-

---

[1] Bei der Berechnung der effektiven Grenzabgabensätze müßten wir sämtliche zusätzlichen staatlichen Leistungen abziehen, die jemand aufgrund der Tatsache erhält, *daß er die Abgabe bezahlt*. Deshalb handelt es sich bei bestimmten Formen der Staatseinnahmen nicht um eine Steuer - so z.B. beim Schulgeld, den Gebühren für Krankenhausleistungen, den Beiträgen für öffentliche Versorgungskassen sowie bei einigen anderen Posten. Diese Kategorie machte 1987 12% der gesamten Staatseinnahmen aus. Bei den persönlichen Einkommensteuern vernachlässigen wir diese zusätzlichen Staatsleistungen, so daß die Höhe der empfangenen öffentlichen Leistungen, selbst wenn wir diese als positiv empfinden, nicht von unseren geleisteten Steuern abhängt. Bei der Sozialen Sicherung besteht allerdings ein gewisser Zusammenhang zwischen den individuell empfangenen Leistungen und den jeweils geleisteten Zahlungen eines Versicherten. Dieser Effekt ist jedoch, wie Michael Boskin u.a. (1987) argumentieren, für die meisten Personen gering.

ersenkungen der Regierung Reagan - der durchschnittliche Grenzsteuersatz 1983-85 auf 34%. Vergröbernd läßt sich sagen, daß die zeitliche Entwicklung der durchschnittlichen Grenzsteuersätze in Abb. 13.6 starke Parallelen zu jener des Anteils der Staatseinnahmen am BSP in Abb. 13.4 aufweist.

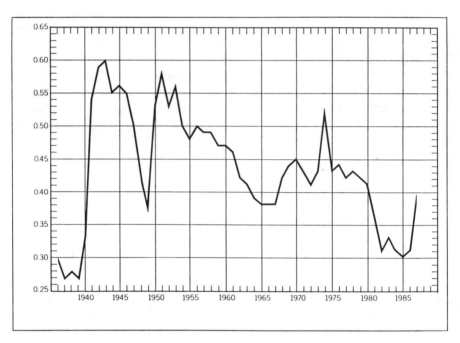

Abb. 13.7: *Körperschaftsteuern im Verhältnis zu den Körperschaftsgewinnen*
Körperschaftsteuern werden sowohl vom Bund als auch den einzelnen Bundesstaaten und Kommunen erhoben. Die Einnahmen der Fed sind von den Körperschaftsgewinnen abgezogen, und deren Überweisungen an das Schatzamt werden wiederum von den Körperschaftsteuern subtrahiert. Die Daten stammen vom U.S. Department of Commerce (1986) und *U.S. Survey of Current Business* (Juli 1988).

Körperschaftsteuern

Neben der Besteuerung der Haushalte erhebt der Staat Steuern auf die Netto-Erträge von Kapitalgesellschaften. Für Großunternehmen betrug der Grenzsteuersatz der Bundessteuer 1988 34% der zu versteuernden Gewinne. Dieser Satz lag vom Ende des 2. Weltkriegs bis zur Steuerreform 1986 nahe bei 50% (allerdings wurde während des Koreakrieges und des 2. Weltkrieges zusätzlich eine komplizierte "Kriegsgewinnsteuer" erhoben). Demgegenüber lagen die Steuersätze von 1918 bis 1938 zwischen 12% und 15%.

Das Verhältnis von Körperschaftsteuern zu Körperschaftsgewinnen hängt sowohl von verschiedenen Steuervergünstigungen als auch von den jeweils zulässigen Abschreibungsmethoden und der Bewertung der Lagerbestände ab. Abb. 13.7 zeigt, wie sich das Verhältnis der Körperschaftsteuern (des Bundes, der Bundesstaaten und Kommunen) zu den Unternehmensgewinnen im Zeitablauf veränderte. Während dieses für 1946-81 ohne erkennbaren Trend zwischen 39% und 59% schwankte, war es 1982-84 auf etwa 30% gesunken bevor es 1987 wieder auf 39% anstieg. Dieses Muster spiegelt vor allem günstigere Abschreibungsmöglichkeiten sowie einige andere Veränderungen der Steuergesetzgebung von 1981 und deren teilweise Rücknahme 1986 wider.

Wir können uns die Körperschaftsteuer als Abgabe auf das den Unternehmen gehörende Kapital vorstellen. Da sich jedoch die Unternehmen letztlich im Eigentum der Haushalte befinden, ist diese Steuer gleichbedeutend mit einer weiteren Besteuerung der individuellen Einkommen aus Kapitalbesitz. In der Tat besteuert der Staat zum einen direkt die Unternehmensgewinne und belastet diese ein zweites Mal bei der Auszahlung von Dividenden oder anderer Formen von Kapitalgewinnen. (Ökonomen bezeichnen dies als *Doppelbesteuerung*.) Für unsere Analyse erscheint es angebracht, die Körperschaftsteuer der persönlichen Einkommensteuer hinzuzurechnen, um so die gesamte steuerliche Belastung des Kapitaleinkommens zu ermitteln.

Vermögensteuern

Die Bundesstaaten und Kommunen verwenden eine große Vielfalt von Berechnungsmethoden, um die Besteuerung von Häusern, Fabriken und anderen Vermögensgegenständen zu ermitteln. Da man die Vermögensteuer grundsätzlich als eine weitere Form einer Kapitalbesteuerung verstehen kann, läßt sie sich mit der persönlichen Einkommensteuer und der Körperschaftsteuer zusammenfassen, um die gesamte steuerliche Belastung des Kapitaleinkommens zu errechnen.

Umsatz- und Verbrauchsteuern

Viele Bundesstaaten und Kommunen erheben sowohl allgemeine Umsatzsteuern als auch spezielle Steuern auf Benzin, Alkohol, Tabak und einige andere Güter. Die Verbrauchsteuern des Bundes werden auf Benzin, Alkohol, Tabak, Autos, Reifen und Telefondienste erhoben.

Das entscheidende Merkmal dieser Steuern ist, daß sie an bestimmte Formen von Ausgaben und nicht an das Einkommen oder Vermögen anknüpfen.[2] In der folgen-

---

[2] Viele andere Länder verwenden eine *Mehrwertsteuer*, die im Grunde einer umfassenden Verbrauchsteuer entspricht. Allerdings fällt sie nicht nur beim Kauf der Endprodukte an, sondern wird auf den verschiedenen Produktionsstufen auf die jeweilige Wertschöpfung erhoben.

den theoretischen Analyse konzentrieren wir uns auf die Einkommensteuer und damit in einem weiten Sinne auf die in den vorhergehenden Abschnitten betrachteten Steuerarten. Wir sollten aber nicht vergessen, daß die Umsatz- und Verbrauchsteuern anders funktionieren.

Integration einer Einkommensteuer in das theoretische Modell

Wir können die wichtigsten Steuereffekte anhand einer einfachen Form der Einkommensteuer analysieren und nehmen dazu an, daß die realen Steuern eines Haushalts t_t/P_t durch den Anteil τ des zu versteuernden realen Einkommens gegeben sind. Der Einfachheit halber gehen wir nicht von einer Steuer mit abgestuftem Steuersatz, sondern von einer Proportionalsteuer aus und halten zunächst den Steuersatz τ im Zeitablauf konstant.

Außerdem soll für das Modell, in dem die Haushalte sowohl Produzenten als auch Arbeiter sind, die Prämisse gelten, daß das reale steuerpflichtige Einkommen eines Haushalts gleich der realen Nettoproduktion $y_t - \delta k_{t-1}$ zuzüglich des realen Zinseinkommens (das negativ sein kann) abzüglich des **steuerfreien Realeinkommens** e_t ist.[3] Dabei behandeln wir die staatlichen Transferzahlungen als steuerfrei, was in den meisten Fällen zutreffend ist. Schließlich klammern wir die Inflation vorerst aus, so daß Real- und Nominalzinssätze für Wertpapiere gleich sind - d.h. $r_t = R_t$. Folglich entsprechen die von einem Haushalt zu zahlenden realen Steuern

$$\frac{t_t}{P_t} = \tau \left(y_t - \delta k_{t-1} + \frac{r_{t-1} b_{t-1}}{P_t} - e_t \right). \tag{13.1}$$

Falls das zu versteuernde reale Einkommen negativ ist, unterstellen wir, daß auch die Steuern negativ und nicht gleich Null sind.[4] Ferner gehen wir davon aus, daß die Steuerparameter τ und e_t für alle Haushalte gleich sind. Überdies klammern wir alle Versuche der Steuerzahler aus, entweder ihren Grenzsteuersatz τ oder die Höhe ihres steuerfreien Einkommens e_t zu beeinflussen. Da der Grenzsteuersatz aller Haushalte gleich τ ist, muß der durchschnittliche Grenzsteuersatz für alle Haushalte ebenfalls gleich τ sein.

---

[3] Diese Formulierung unterstellt, daß die von den Schuldnern gezahlten Zinsen das zu versteuernde Einkommen vermindern. Diese Annahme war in den meisten Fällen zutreffend vor dem Steuergesetz von 1986 für Steuerpflichtige, die einen Einzelnachweis der Abzüge erbrachten. Das Steuergesetz von 1986 brachte jedoch zusätzliche Beschränkungen für die Absetzung von Zinszahlungen.

[4] In der Realität können Steuern negativ sein, weil die Wirtschaftssubjekte einerseits Steuergutschriften (eine Zahlung des Staates an Familien mit geringem Einkommen, die Arbeitseinkommen beziehen) in Anspruch nehmen und andererseits Verluste von einer Periode auf die nächste übertragen können.

Aus Gleichung (13.1) ergibt sich für die aggregierte reale Einkommensteuer

$$\frac{T_t}{P_t} = \tau(Y_t - \delta K_{t-1} - E_t), \tag{13.2}$$

wobei E_t der aggregierte Steuerfreibetrag ist. (Die aggregierten realen Zinszahlungen $r_{t-1}B_{t-1}/P_t$ sind bekanntlich gleich Null.) Deshalb lautet die in realen Größen ausgedrückte staatliche Budgetbeschränkung jetzt

$$G_t + \frac{V_t}{P_t} = \tau(Y_t - \delta K_{t-1} - E_t) + \frac{(M_t - M_{t-1})}{P_t}. \tag{13.3}$$

In dieser Gleichung steht die in (13.2) definierte aggregierte reale Einkommensteuer auf der rechten Seite.

Wenn wir die realen staatlichen Güterkäufe G_t, die aggregierten realen Transferzahlungen V_t/P_t und die realen Einnahmen aus der Geldschöpfung $(M_t - M_{t-1})/P_t$ als gegebene Größen betrachten, dann müssen die beiden Steuerparameter τ und E_t bei einer gegebenen Höhe der gesamtwirtschaftlichen Nettoproduktion $Y_t - \delta K_{t-1}$ so festgelegt werden, daß sie die staatliche Budgetbeschränkung erfüllen, d.h. der Staat muß in jeder Periode genügend Einkommensteuereinnahmen erzielen, um die nicht durch Geldschöpfung gedeckten Ausgaben finanzieren zu können. Denkbar wäre, den Grenzsteuersatz τ zu verändern und den Steuerfreibetrag E_t so anzupassen, daß Gleichung (13.3) erfüllt ist. Auf diese Weise können wir den durch eine Veränderung des Steuersatzes ausgelösten Substitutionseffekt isolieren. Es ist aber zu bedenken, daß wir dem Staat bislang weder eine Kreditaufnahme noch eine Kreditvergabe gestatten; d.h. Budgetdefizite und -überschüsse werden bis zum nächsten Kapitel nicht zugelassen.

Budgetbeschränkungen der Haushalte

Wie wir aus unserer Analyse in vorangegangenen Kapiteln wissen, lautet die in realen Größen ausgedrückte Budgetbeschränkung der Haushalte

$$y_t - \delta k_{t-1} + \frac{b_{t-1}(1 + r_{t-1})}{P_t} + \frac{m_{t-1}}{P_t} + \frac{v_t}{P_t} - \frac{t_t}{P_t}$$

$$- c_t + i_t - \delta k_{t-1} + \frac{(b_t + m_t)}{P_t}. \tag{13.4}$$

Wir sollten uns daran erinnern, daß wir die Haushalte als Träger der Investitionsausgaben betrachten. Ferner haben wir die Abschreibungen auf beiden Seiten von Gleichung (13.4) subtrahiert, so daß die Nettoproduktion $y_t - \delta k_{t-1}$ links erscheint, während die Nettoinvestition $i_t - \delta k_{t-1}$ auf der rechten Seite steht. Außerdem werden die realen Steuern t_t/P_t von den verfügbaren Einnahmen der Haushalte auf der linken Seite abgezogen.

Wenn wir nun die in Gleichung (13.1) definierten realen Steuern in Gleichung (13.4) einsetzen und umformen, erhalten wir

$$(1 - \tau)(y_t - \delta k_{t-1}) + \frac{(1-\tau)r_{t-1}b_{t-1}}{P_t} + \frac{(b_{t-1} + m_{t-1})}{P_t} + \frac{v_t}{P_t} + \tau e_t$$

$$= c_t + i_t - \delta k_{t-1} + \frac{(b_t + m_t)}{P_t}. \tag{13.5}$$

Der erste Ausdruck auf der linken Seite entspricht der Nettoproduktion oder dem Einkommen $y_t - \delta k_{t-1}$ abzüglich der auf das Einkommen zu leistenden Steuerzahlung $\tau(y_t - \delta k_{t-1})$. Folglich ist allein das Einkommen nach Steuern $(1 - \tau)(y_t - \delta k_{t-1})$ die für den Haushalt relevante Größe. Entsprechend findet sich auf der linken Seite von Gleichung (13.5) das reale Zinseinkommen nach Steuern $(1 - \tau)r_{t-1}b_{t-1}/P_t$.

Zu beachten ist, daß die Einnahmeverwendungen des Haushalts auf der rechten Seite von Gleichung (13.5) keinen Steuersatz beinhalten; dies folgt aus unserer Annahme einer Nichtbesteuerung der Ausgaben für Konsum und Nettoinvestitionen. Im allgemeinen würden hier Umsatz- oder Verbrauchsteuern erscheinen.

Steuersätze und Substitutionseffekte

Wir wollen nun sehen, wie die Existenz einer Einkommensteuer die verschiedenen Substitutionseffekte bei den Haushalten verändert. Zu diesem Zweck müssen wir auf die Konzepte des realen Zinssatzes, des Grenzprodukts der Arbeit (oder des realen Lohnsatzes) und der Verzinsung der Investitionen zurückgreifen.

Realer Zinssatz nach Steuern
Die Haushalte erhalten einen Realzinssatz in Höhe von r_t, führen jedoch den Anteil τ ihrer Einnahmen an den Staat ab. Nach Steuern erhalten die Haushalte den Zinssatz $(1 - \tau)r_t$, und diese Variable wollen wir den **realen Zinssatz nach Steuern** nennen. Dieser Zinssatz erscheint (als Zins der Periode $t - 1$) auf der linken Seite von Gleichung (13.5).

In vorangegangenen Kapiteln diskutierten wir intertemporale Substitutionseffekte, die durch Veränderungen des realen Zinssatzes ausgelöst werden. Diese Effekte treten nach wie vor auf, nur sind sie jetzt auf den realen Zinssatz nach Steuern bezogen. So stimuliert eine Zunahme dieses Zinssatzes $(1 - \tau)r_t$ die Ersparnis, und diese spiegelt teilweise eine Verringerung der laufenden Konsumnachfrage und teilweise eine Zunahme des laufenden Arbeitseinsatzes und Güterangebots wider.

Grenzprodukt der Arbeit nach Steuern
Jede zusätzlich geleistete Arbeitsstunde erhöht die Produktion y_t und damit das Einkommen um das Grenzprodukt der Arbeit GPA_t. Jedoch erhalten die Haushalte nur den Anteil $1 - \tau$ von ihrem Grenzprodukt, so daß für die Arbeits- und Konsumentscheidungen das **Grenzprodukt der Arbeit nach Steuern** $(1 - \tau)GPA_t$ relevant ist. (Bei Berücksichtigung eines separaten Arbeitsmarktes wäre der reale Lohnsatz nach Steuern, $(1 - \tau)w_t/P_t$, von Bedeutung.)

Wir unterstellen eine gegebene Kurve des Grenzprodukts der Arbeit GPA_t bezüglich der Arbeitsleistung n_t. Eine Zunahme des Steuersatzes τ bewirkt eine Verschiebung der Kurve nach unten, wenn letztere nach Abzug der Steuer - nämlich als $(1 - \tau)GPA_t$ - gemessen wird. Die Haushalte reagieren mithin so, als sei eine Senkung der Kurve des Grenzprodukts der Arbeit selbst aufgetreten: Sie verringern ihren Arbeitseinsatz, das Güterangebot und die Konsumnachfrage.

Verzinsung der Investition nach Steuern
Bei einer Erhöhung des Kapitalstocks k_t um eine Einheit nimmt die Nettoproduktion der nächsten Periode um das Grenzprodukt des Kapitals abzüglich der Abschreibungsrate $GPK_t - \delta$ zu. Bekanntlich ist dieser Term gleich der realen Verzinsung einer zusätzlichen Investitionseinheit. Demgegenüber bleibt den Kapitaleigentümern (Haushalten) jetzt nur mehr der Anteil $1 - \tau$ dieses Ertrages, so daß die **Verzinsung der Investition nach Steuern** lautet: $(1 - \tau)(GPK_t - \delta)$. Die Produzenten bestimmen den gewünschten Kapitalstock $\hat{k}_t$, indem sie diese Größe dem realen Zinssatz für Wertpapiere nach Steuern $(1 - \tau)r_t$ gleichsetzen, d.h. die Bedingung für den geplanten Kapitalstock lautet

$$(1 - \tau)(GPK_t - \delta) = (1 - \tau)r_t. \qquad (13.6)$$

Es erscheint angebracht, den Steuerparameter $1 - \tau$, der auf beiden Seiten von Gleichung (13.6) erscheint, nicht wegzukürzen, sondern wir stellen uns statt dessen vor, daß der geplante Kapitalstock sowohl vom realen Zinssatz nach Steuern $(1 - \tau)r_t$ als auch vom Steuersatz τ abhängt. Dann können wir den geplanten Kapitalstock $\hat{k}_t$ als folgende Funktion schreiben

$$\hat{k}_t = \hat{k}[(1 - \tau)r_t, \tau, \dots]. \qquad (13.7)$$
$$\phantom{\hat{k}_t = \hat{k}[}(-)(-)$$

Wie stets charakterisieren die Punkte die Eigenschaften der Produktionfunktion, die Einfluß auf den Kurvenverlauf des Grenzprodukts des Kapitals haben.

Bei einem gegebenen Steuersatz τ erhöht eine Zunahme des realen Zinssatzes *nach Steuern* $(1 - \tau)r_t$ auf der rechten Seite von Gleichung (13.6) die erforderliche Verzinsung der Investitionen nach Steuern, so daß der geplante Kapitalstock abnimmt. Bei gegebenem realen Zinssatz nach Steuern $(1 - \tau)r_t$ vermindert ein höherer Steuersatz τ die Verzinsung der Investitionen nach Steuern auf der linken Seite von Gleichung (13.6), so daß der geplante Kapitalstock wiederum abnimmt. Schließlich gilt wie in den früheren Fällen, daß der geplante Kapitalstock steigt, wenn sich die Kurve des Grenzprodukts des Kapitals GPK_t nach oben verschiebt.

Wie zuvor wird die Bruttoinvestitionsnachfrage eines Produzenten durch den geplanten Kapitalstock $\hat{k}_t$ bestimmt. Die Investitionsnachfragefunktion lautet

$$i^d_t = \hat{k}[(1-\tau)r_t, \tau \ldots] - (1-\delta)k_{t-1} = i^d[(1-\tau)r_t, \tau, k_{t-1}, \ldots]. \qquad (13.8)$$
$$\phantom{i^d_t = \hat{k}[}(-)(-)\phantom{\ldots] - (1-\delta)k_{t-1} = i^d[}(-)(-)(-)$$

Die neue Größe ist der Steuersatz. Erstens löst bei gegebenem Steuersatz der reale Zinssatz nach Steuern $(1-\tau)r_t$ einen negativen Effekt bei der Bruttoinvestitionsnachfrage aus. Zweitens hat der Steuersatz τ bei gegebenem Wert von $(1-\tau)r_t$ selbst eine negative Wirkung auf die Investitionsnachfrage.

Veränderung des Steuersatzes

Auf der Basis der durch Gleichung (13.2) gegebenen aggregierten realen Steuereinnahmen $T_t/P_t = \tau(Y_t - \delta K_{t-1} - E_t)$ analysieren wir eine Erhöhung des Steuersatzes τ. Wenn der Steuerfreibetrag E_t unverändert bleibt, wäre mit einer Erhöhung der realen Steuereinnahmen zu rechnen, es sei denn, die gesamtwirtschaftliche Nettoproduktion $Y_t - \delta K_{t-1}$ würde sehr stark sinken. Wir wollen diesen Fall vorerst noch ausschließen, so daß die realen Steuereinnahmen bei unveränderter Höhe des Steuerfreibetrags wachsen.

Angenommen, die Höhe der staatlichen Güterkäufe G_t und der gesamten realen Transferzahlungen V_t/P_t wie auch die realen Einnahmen aus der Geldschöpfung $(M_t - M_{t-1})/P_t$ bleiben konstant. Dann besagt die staatliche Budgetbeschränkung aus Gleichung (13.3), daß die Höhe der eingenommenen realen Steuern ebenfalls gleich bleiben muß. Folglich müssen wir bei einer Erhöhung des Steuersatzes gleichzeitig den Steuerfreibetrag E_t anheben, um die realen Steuereinnahmen konstant zu halten. Tatsächlich ist eine Anhebung des *durchschnittlichen Grenzsteuersatzes* bzw. des Modellparameters τ möglich, ohne den *Durchschnittssteuersatz* verändern zu müssen. So könnte der Staat in der Realität z.B. einerseits verschiedene Freibeträge des Einkommensteuergesetzes erhöhen, andererseits aber die steuerliche Belastung des zu versteuernden Einkommens insgesamt anheben, um dieselben Realeinnahmen zu erzielen. Alternativ wäre denkbar, daß der Staat von einer Steuerform, z.B. den Sozialversicherungsabgaben, zu einer anderen Form, z.B. der persönlichen Einkommensteuer, überwechselt. Ein derartiger Wechsel würde bei konstantem realem Aufkommen aus Sozialversicherungsabgaben und persönlicher Einkommensteuer zu einem insgesamt steigenden durchschnittlichen Grenzsteuersatz führen, da die Sozialversicherungsabgaben einen niedrigen durchschnittlichen Grenzsteuersatz im Vergleich zu ihrem Aufkommen aufweisen.

Der entscheidende Punkt ist, daß wir konzeptionell die durch Veränderungen des durchschnittlichen Grenzsteuersatzes τ ausgelösten Effekte von jenen trennen wollen, die durch Veränderungen der staatlichen Güterkäufe, der Transferzahlungen oder der Geldschöpfung ausgelöst werden. Deshalb wollen wir zuerst den Fall betrachten, bei dem der Steuerfreibetrag zusammen mit dem Steuersatz variiert wird, um das reale Gesamtaufkommen der Steuern konstant zu halten. Anschließend können wir auch Fälle untersuchen, bei denen sich die gesamten Steuereinnahmen zusammen mit bestimmten kombinierten Variationen der staatlichen Güterkäufe, der Transferzahlungen oder der Geldschöpfung verändern.

Schließlich interessiert noch die Frage, ob eine Veränderung des Steuersatzes τ Konsequenzen für das Vermögen des Haushalts hat. Wir haben gesehen, daß die aggregierten Haushaltsbudgetbeschränkungen den Gegenwartswert der aggregierten realen Transferzahlungen abzüglich der aggregierten realen Steuerzahlungen enthalten. Dieser Gegenwartswert hängt vom Gegenwartswert der staatlichen Güterkäufe ab. Solange wir diesen konstant halten, sieht es so aus, als ob eine Veränderung des Steuersatzes den aggregierten Gegenwartswert der Steuern abzüglich der Transferzahlungen und mithin das Vermögen unberührt läßt. Tatsächlich ist dieses Ergebnis in vielen Fällen eine zufriedenstellende Approximation. Allerdings werden wir später sehen, daß es ungenau ist. In unserer derzeitigen Analyse wollen wir die durch Veränderungen des Steuersatzes ausgelösten Vermögenseffekte jedoch ausklammern.

Räumung des Gütermarktes

Wir integrieren nun die verschiedenen, durch den Steuersatz ausgelösten Effekte in die Bedingung für die Räumung des Gütermarktes, die für Periode 1 lautet

$$C^d[r_1(1-\tau), \tau, \ldots] + I^d[r_1(1-\tau), \tau, \ldots] + G_1 = Y^s[r_1(1-\tau), \tau, \ldots]. \quad (13.9)$$
$$(-) \quad (-) \qquad\qquad (-) \quad (-) \qquad\qquad\qquad (+) \quad (-)$$

Um diese Gleichung nicht unnötig zu überfrachten, lassen wir bewußt einige Variablen außer acht, die die Konsum- und Investitionsnachfrage ebenso wie das Güterangebot zusätzlich beeinflussen. Hierzu gehören der ursprüngliche Kapitalstock K_0 sowie die staatlichen Güterkäufe G_1.

Ein neuer Aspekt ist, daß nun der reale Zinssatz nach Steuern $(1-\tau)r_1$ an die Stelle des realen Zinssatzes r_1 tritt. Außerdem löst der Steuersatz τ bei gegebenem realen Zinssatz nach Steuern $(1-\tau)r_t$ einige besondere Effekte aus. Zum einen verschiebt ein höherer Steuersatz die Kurve des Grenzprodukts der Arbeit nach Steuern $(1-\tau)GPA_1$ nach unten, was wiederum zu einem verringerten Arbeitseinsatz und entsprechenden Reduktionen der Güterangebots- und Konsumnachfrageaggregate Y^s_1 und C^d_1 führt. Zum anderen bewirkt ein höherer Steuersatz, daß sich die Verzinsung der Investitionen nach Steuern $(1 - \tau)(GPK_1 - \delta)$ verringert, wodurch die Bruttoinvestitionsnachfrage I^d_1 abnimmt. Demnach gilt generell, daß ein höherer Steuersatz die Marktaktivitäten dämpft, da sowohl die Nachfrage nach Konsum- und Investitionsgütern als auch das Güterangebot gesenkt werden. Diese Ergebnisse sind durchaus folgerichtig, da die Steuerschuld eines Haushalts steigt, sobald verstärkt Marktaktivitäten ergriffen werden. Ein höherer Steuersatz veranlaßt die Wirtschaftssubjekte vor allem, ihre Aktivitäten vom Markt weg in unbesteuerte Bereiche zu verlagern, wie in die Freizeit oder in die sogenannte "**Schattenwirtschaft**", in der die erzielten Einkommen nicht deklariert werden.

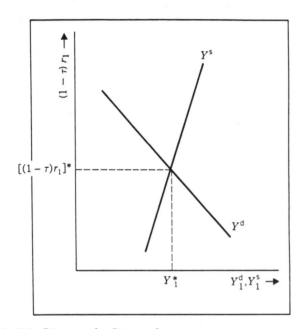

Abb. 13.8: *Räumung des Gütermarktes*
Die Abbildung zeigt die Güternachfrage und das Güterangebot in Abhängigkeit vom realen Zinssatz nach Steuern $(1 - \tau)r_1$.

Abb. 13.8 zeigt die Räumung des Gütermarktes, wobei der reale Zinssatz nach Steuern $(1 - \tau)r_1$ auf der vertikalen Achse, Güternachfrage und -angebot auf der horizontalen Achse abgetragen sind.

Wirkungen eines höheren Steuersatzes

Angenommen, der Steuersatz steigt zum Zeitpunkt 1 dauerhaft von τ auf τ'. Abb. 13.9 zeigt die Wirkungen auf den Gütermarkt. Erstens ergibt sich eine Linksverschiebung der Nachfragekurve, die sowohl die Abnahme der Konsum- als auch der Bruttoinvestitionsnachfrage widerspiegelt. Zweitens verschiebt sich die Angebotskurve nach links. Da der Anstieg des Steuersatzes dauerhaft ist, erwarten wir eine geringe Reaktion der geplanten realen Ersparnis. Deshalb entspricht beim anfänglich gegebenen Wert des realen Zinssatzes nach Steuern der Angebotsrückgang in etwa dem der Konsumnachfrage.[5] Da die Investitionsnachfrage ebenfalls zurückgeht, ist die Abnahme der Nachfrage insgesamt größer als die des Angebots. Daher zeigt Abb. 13.9, daß die Erhöhung des Steuersatzes beim ursprünglichen, den Markt räumenden realen Zinssatz nach Steuern ein Überangebot an Gütern hervorruft.

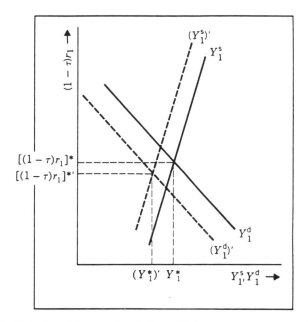

Abb. 13.9: *Auswirkungen eines höheren Einkommensteuersatzes auf den Gütermarkt*
Die Erhöhung des Einkommensteuersatzes von τ auf τ' reduziert die Güternachfrage stärker als das Güterangebot. Deshalb sinkt sowohl der Output als auch der reale Zinssatz nach Steuern.

---

[5] Da wir die aggregierten realen Steuereinnahmen konstant gehalten haben, ist die Veränderung des Aggregats der gewünschten Ersparnisse gleich der Veränderung des Güterangebots Y^s_1 abzüglich der Veränderung der Konsumnachfrage C^d_1.

> **Vermögenseffekte durch Variation des Steuersatzes (fakultativ)**
>
> Wir haben unsere Analyse unter der Prämisse durchgeführt, daß die Veränderung des Steuersatzes das Vermögen unberührt läßt. Diese Annahme erscheint deshalb vernünftig, weil wir den Steuerfreibetrag E_1 ebenfalls variiert haben, um die Höhe der realen Steuereinnahmen T_1/P_1 konstant zu halten. Wir wollen uns nun genauer ansehen, ob das Vermögen tatsächlich unverändert bleibt.
>
> Wie wir bereits in Kapitel 2 darlegten, ist der durch eine Störung ausgelöste Effekt auf das Haushaltsvermögen positiv, wenn er dem Haushalt erlaubt, dadurch ein höheres Nutzenniveau zu erreichen. Demgegenüber ist der Vermögenseffekt negativ, wenn das erreichbare Nutzenniveau sinkt. Die Steuersatzerhöhung, die wir soeben erörtert haben, senkt jedoch den Nutzen des repräsentativen Haushalts. Folglich ist der Vermögenseffekt tatsächlich negativ und nicht gleich Null.
>
> Um zu verstehen, warum dies so ist, müssen wir zunächst bedenken, daß ein Wirtschaftssubjekt von seiner Produktion y_1 nur den Teil $(1-\tau)y_1$ behält, während der Rest in Form von Steuern an den Staat fließt. Deshalb ist der individuelle Beitrag y_1 eines Haushalts zur Gesamtproduktion der Volkswirtschaft größer als sein Einkommen nach Steuern $(1-\tau)y_1$. Da die Haushalte bei ihren Arbeits- und Investitionsentscheidungen nur den Anteil $1-\tau$ ihrer Grenzprodukte der Arbeit und des Kapitals berücksichtigen, sind aus gesellschaftlicher Perspektive die Arbeits- und Investitionsanreize zu gering.[6] Die Existenz des Steuersatzes verzerrt die privaten Entscheidungen, so daß die Arbeits-, Konsum- und Investitionsaggregate niedriger sind als eigentlich geplant. Da ein höherer Steuersatz das Ausmaß der Verzerrung noch verstärkt, muß das Nutzenniveau des repräsentativen Haushalts sinken.
>
> Wir können unsere frühere Analyse dahingehend modifizieren, daß sie den negativen Vermögenseffekt einer Steuersatzerhöhung berücksichtigt, allerdings würden dadurch die allgemeinen Ergebnisse nicht entscheidend beeinflußt. Deshalb können wir die bisherigen Resultate auch ohne Einbeziehung negativer Vermögenseffekte für die meisten Zwecke verwenden.

Abb. 13.9 verdeutlicht, daß sowohl der reale Zinssatz nach Steuern als auch die Produktion abnehmen. Da der Anfangskapitalstock K_0 gegeben ist, wird die Produktionssenkung ausschließlich durch den verminderten Arbeitseinsatz verursacht. Die Wirtschaftssubjekte arbeiten in dieser Situation weniger, weil der Staat einen größeren Teil einer zusätzlichen Einkommenseinheit einbehält.

---

[6] Der Steuersatz τ mindert die erforderlichen Zahlungen aller anderen Steuerzahler (allerdings nur um einen sehr geringen Beitrag pro Person), aber diese Vorteile für andere werden von einem Individuum bei seinen Arbeits- und Investitionsentscheidungen nicht berücksichtigt. Diese von Ökonomen als "externe Effekte" bezeichneten Wirkungen beschreiben Vorteile, die anderen durch das Verhalten eines Individuums entstehen, von diesem aber nicht einkalkuliert werden.

Da sich die staatlichen Güterkäufe nicht ändern, muß die Summe der realen privaten Konsum- und Investitionsausgaben entsprechend abnehmen. Wir wissen, daß die Störung anfänglich keinen Einfluß auf die geplante reale Ersparnis hatte, daher muß diese nach einem Rückgang des realen Zinssatzes nach Steuern am Ende fallen. Da die reale Ersparnis gleich der Nettoinvestition ist, folgt daraus, daß sich diese verringert. (Auch die Bruttoinvestiton fällt, da die Abschreibung gegeben ist.)

Der niedrigere Zinssatz nach Steuern signalisiert eine geringere Präferenz für die heutige Verwendung von Ressourcen, insbesondere für die Akkumulation und Erhaltung von Kapital. Aus der Sicht des privaten Sektors ist diese abnehmende Präferenz für die Kapitalakkumulation durch die Tatsache bedingt, daß ein höherer Steuersatz die Verzinsung der Investitionen nach Steuern verringert.

Der Einfluß auf den Konsum ist ungewiß, und zwar deshalb, weil ein Rückgang des realen Zinssatzes nach Steuern einerseits zu vermehrtem Konsum veranlaßt, während anderseits der höhere Steuersatz den Konsum verringert. Mit anderen Worten: Obwohl die Gesamtproduktion zurückgeht, kann der höhere Steuersatz in ausreichendem Maße Investitionen verdrängen, um eine Senkung des Konsums kurzfristig zu vermeiden.

Langfristige Effekte eines höheren Steuersatzes

Bislang haben wir in unserer Analyse Veränderungen des Kapitalstocks ausgeklammert. Da ein höherer Steuersatz jedoch die Investitionen kurzfristig verringert, ist zu erwarten, daß der Kapitalstock langfristig sinkt. Um diesen Effekt zu untersuchen, müssen wir die in Kapitel 10 entwickelte Analyse von steady-state-Situationen erweitern. Allerdings beschränken wir uns dabei auf Fälle, in denen sowohl die Bevölkerung als auch die Technologie unverändert bleiben.

Wir haben in Kapitel 10 gesehen, daß die Zeitpräferenzrate ρ diejenige Realverzinsung angibt, die Sparer im steady-state erzielen wollen. Sobald die Realverzinsung ρ übersteigt, sparen die Haushalte und erhöhen ihre Konsumausgaben im Zeitablauf. Wenn anderseits die Realverzinsung geringer ist als ρ, entsparen sie, so daß der Konsum im Zeitablauf abnimmt. Im Zustand des steady-state, in dem unter den hier gewählten Annahmen die Gesamtersparnis gleich Null ist, muß die Realverzinsung auf Ersparnisse gleich ρ sein. Da in unserem jetzigen Fall die Realverzinsung auf Ersparnisse gleich dem realen Zinssatz nach Steuern $(1 - \tau)r$ ist, muß in unserem Modell letzterer im steady-state der Zeitpräferenzrate ρ entsprechen.

Die Verzinsung der Investitionen nach Steuern $(1 - \tau)(GPK - \delta)$ ist gleich dem realen Zinssatz nach Steuern $(1 - \tau)r$. Deshalb lautet die vollständige Bedingung für den steady-state nun

$$(1 - \tau)(GPK - \delta) = (1 - \tau)r = \rho. \qquad (13.10)$$

Die Bedingung $(1 - \tau)(GPK - \delta) = \rho$ sagt etwas über die Höhe des Kapitalstocks im steady-state aus. Diese entspricht einem Grenzprodukt, bei dem die Verzinsung der Investitionen nach Steuern $(1 - \tau)(GPK - \delta)$ gleich der Zeitpräferenzrate ρ ist. In diesem Fall reichen die Investitionen der Produzenten gerade aus, um ihren Kapitalstock zu erhalten, d.h. die aggregierte Nettoinvestition ist gleich Null.

Was geschieht nun langfristig, wenn der Steuersatz τ steigt? Durch Gleichung (13.10) wird die Zeitpräferenzrate ρ an die Verzinsung der Investitionen nach Steuern $(1 - \tau)(GPK - \delta)$ gebunden, so daß jede Steuersatzerhöhung eine Erhöhung der Verzinsung der Investitionen vor Steuern $GPK - \delta$ erfordert. Dies ist jedoch nur dann möglich, wenn der Kapitalstock sinkt und damit das Grenzprodukt GPK ausreichend steigt. Deshalb wird ein höherer Steuersatz langfristig einen niedrigeren Kapitalstock nach sich ziehen.

Schließlich wollen wir noch zwei steady-state-Fälle vergleichen: einen mit dem Steuersatz τ und einen anderen mit dem höheren Steuersatz τ'. Wir wissen, daß der reale Zinssatz nach Steuern in beiden steady-states gleich hoch ist, da $(1 - \tau)r$ gleich dem fixen Wert ρ ist. Zudem wissen wir, daß der steady-state mit dem höheren Steuersatz sowohl durch weniger Kapital als auch durch eine geringere Brutto- und Nettoproduktion sowie durch einen niedrigeren Konsum charakterisiert ist. Demgegenüber ist der Vergleich für die Höhe des Arbeitseinsatzes ungewiß. (Warum?)

Auswirkungen einer permanenten Zunahme der staatlichen Güterkäufe in Verbindung mit einer Einkommensteuer

Im vorangegangenen Kapitel haben wir die Auswirkungen einer permanenten Zunahme der staatlichen Güterkäufe untersucht, wobei diese durch Pauschalsteuern finanziert wurden. Dabei stellten wir fest, daß die Produktion steigt, weil einerseits die öffentlichen Leistungen produktiv sind und andererseits die Wirtschaftssubjekte (in Reaktion auf eine Abnahme des Vermögens) mehr arbeiten. Ferner ist ein Konsumrückgang zu verzeichnen, während der reale Zinssatz und die Investitionen unberührt bleiben. Hieraus läßt sich ableiten, daß der Kapitalstock im steady-state im Falle einer permanenten Zunahme der staatlichen Güterkäufe konstant bleibt.[7] Die lang- und kurzfristigen Reaktionen sind demnach identisch.

In der Realität erfordert eine permanente Zunahme der staatlichen Güterkäufe in der Regel eine permanente Erhöhung des durchschnittlichen Grenzsteuersatzes τ. Der Steuersatz muß also steigen, damit die gesamten realen Steuereinnahmen zunehmen. Für die Beurteilung der Konsequenzen erhöhter staatlicher Güterkäufe

---

[7] Wir lassen die Wirkung eines zunehmenden Arbeitseinsatzes auf das Grenzprodukt des Kapitals außer acht. Dieser Effekt läßt kurzfristig die Investitionen und langfristig den Kapitalstock zunehmen.

werden wir die für Pauschalsteuern gültigen Effekte mit denen eines steigenden Steuersatzes kombinieren.

In Tab. 13.1 sind die Ergebnisse zusammengefaßt. Zeile 1 bezieht sich auf eine permanente Zunahme der staatlichen Güterkäufe, die durch Pauschalsteuern finanziert wird, und zeigt die zuvor von uns diskutierten Reaktionen der Variablen. Zeile 2 enthält eine permanente Zunahme des Steuersatzes τ, wobei zwischen kurzfristigen Ergebnissen - bei denen der Kapitalstock unverändert bleibt - und langfristigen Resultaten unterschieden wird. Die Ergebnisse stimmen mit den zuvor in diesem Kapitel erarbeiteten überein.

Tab. 13.1: *Zusammenfassung der gesamtwirtschaftlichen Auswirkungen permanenter Veränderungen der staatlichen Güterkäufe und des Steuersatzes*

Art der Störung	\multicolumn{9}{c}{Reaktion von}								
	K	Y	$Y-\delta K$	N	C	I	$I-\delta K$	$(1-\tau)r$	r
1. permanente Erhöhung der staatlichen Güterkäufe, finanziert durch Pauschalsteuern (kurz- und langfristig)	0	+	+	+	−	0	0	0	0
2. permanente Erhöhung des Steuersatzes τ									
kurzfristig	0	−	−	−	?	−	−	−	+
langfristig	−	−	−	−	?	−	−	0	0	+
3. permanente Erhöhung der staatl. Güterkäufe bei permanenter Erhöhung des Steuersatzes									
kurzfristig	0	?	?	?	?	−	−	−	+
langfristig	−	?	?	?	−	−	0	0	+

Anmerkung: In den Spalten sind die Auswirkungen auf die einzelnen Variablen angegeben, die von den in jeder Zeile aufgeführten Störungen ausgehen. Die möglichen Reaktionen sind positiv (+), negativ (−), Null (0) oder ungewiß (?).

In Zeile 3 kombinieren wir schließlich eine permanente Zunahme der staatlichen Güterkäufe mit einer permanenten Erhöhung des Steuersatzes. Die kurz- und langfristigen Auswirkungen auf die Brutto- und Nettoproduktion sind nunmehr unklar, weil den durch den höheren Steuersatz ausgelösten negativen Effekten die positiven Konsequenzen erhöhter Staatsausgaben gegenüberstehen. Offen ist auch die Veränderung des Arbeitseinsatzes. Andererseits gilt wiederum, daß der reale Zinssatz nach Steuern $(1-\tau)r$ langfristig an die Zeitpräferenzrate ρ gebunden ist, so daß das

Grenzprodukt des Kapitals GPK mit steigendem Steuersatz immer noch zunehmen muß, was langfristig wiederum zu einer Abnahme des Kapitalstocks führt. Dem entspricht der kurzfristige Rückgang der Nettoinvestitionen.

Empirisch lassen sich die Auswirkungen gestiegener staatlicher Güterkäufe schwer von denen eines erhöhten Steuersatzes trennen, weil beide Veränderungen normalerweise gleichzeitig auftreten. Wir haben zuvor einige Schätzungen diskutiert, die die Auswirkungen einer permanenten Erhöhung der staatlichen Güterkäufe auf die Produktion erfassen und haben dabei einen positiven Effekt festgestellt, wenngleich die Schätzungen bei den zivilen Käufen ungenau sind. Wenn wir diese Ergebnisse so interpretieren, daß sie für die kombinierten Wirkungen gestiegener staatlicher Güterkäufe und eines höheren Steuersatzes gültig sind, spricht einiges dafür, daß dieser kombinierte Effekt tatsächlich positiv ist, obwohl er nach unserer Theorie ungewiß ist.

Zusammenhang zwischen Steuersatz und Steuereinnahmen

Wir haben eine permanente Erhöhung der staatlichen Güterkäufe mit einer Erhöhung des Steuersatzes τ kombiniert, um in jeder Periode erhöhte reale Steuereinnahmen T_t/P_t zu erzielen. Da diese Einnahmen entsprechend unserem Steuergesetz

$$T_t/P_t = \tau(Y_t - \delta K_{t-1} - E_t)$$

betragen, können die realen Steuereinnahmen nur dann mit dem Steuersatz steigen, wenn der Steuerfreibetrag E_t konstant bleibt und die Verringerung der Produktion Y_t das zu versteuernde reale Einkommen $Y_t - \delta K_{t-1} - E_t$ proportional weniger stark senkt als sich der Steuersatz erhöht.

Wenn wir die langfristigen Veränderungen der Produktion Y mit Hilfe der Veränderungen der beiden Produktionsfaktoren K und N darstellen, dann ergibt sich aus der steady-state-Bedingung $(1 - \tau)(GPK - \delta) = \rho$ eine langfristige Abnahme des Kapitalstocks. Denn im Falle eines steigenden Steuersatzes muß das Grenzprodukt des Kapitals langfristig hinreichend steigen, um diese Gleichheit wieder herzustellen. Wenn nun große Verringerungen des Kapitalstocks erforderlich sind, um diese Erhöhung des Grenzprodukts zu bewerkstelligen, d.h. wenn die Grenzproduktivität nur geringfügig abnimmt, dann muß der Kapitalstock auf eine Erhöhung des Steuersatzes mit einer deutlichen Abnahme reagieren.

Die langfristige Reaktion des Arbeitseinsatzes N ist unklar. Der Hauptfaktor, der auf eine Verringerung der auf dem Markt angebotenen Arbeitsmenge hinwirkt, ist die höhere Besteuerung des Arbeitseinkommens. Sie veranlaßt nämlich die Wirtschaftssubjekte, sich vom Arbeitsmarkt zurückzuziehen, um mehr Freizeit zu genießen und anderen, nicht-marktlichen (unbesteuerten) Aktivitäten nachzugehen. Wenn diese alternativen Verwendungen der Zeit enge Substitute für die Güter und

Dienste sind, die die Wirtschaftssubjekte auf Märkten kaufen können, dann wird der negative Effekt auf die auf dem Markt angebotene Arbeit recht deutlich ausfallen.

Insgesamt sind ausgesprochen drastische Effekte der Einkommensbesteuerung auf die Produktionsfaktoren Kapital und Arbeit erforderlich, damit die Steuereinnahmen bei einer Steuersatzerhöhung sinken. Mit zunehmender Anhebung des Steuersatzes τ wird dieses Ergebnis jedoch wahrscheinlicher. Wenn der Steuersatz z.B. 10% beträgt, bewirkt eine 10%ige Erhöhung, daß der neue Steuersatz bei 11% liegt. Folglich sinkt der Anteil des von den Wirtschaftssubjekten behaltenen zusätzlichen Einkommens $1 - \tau$ von 90% auf 89% bzw. um 1,1%. Demnach schlägt sich eine 10%ige Erhöhung des Steuersatzes bei dem für die Reaktion von Kapital und Arbeit relevanten Term $1 - \tau$ nur in Form einer 1,1%igen Abnahme nieder. Deshalb ist zu erwarten, daß die 10%ige Erhöhung des Steuersatzes das reale zu versteuernde Einkommen um erheblich weniger als 10% senkt.

Nun betrachten wir wiederum eine 10%ige Erhöhung des Steuersatzes, beginnen aber bei höheren Ausgangswerten. Bei einem Steuersatz von 25% ergibt sich, daß eine 10%ige Erhöhung (auf nunmehr 27,5%) $1 - \tau$ von 75% auf 72,5% oder um 3,3% vermindert. Bei einem Ausgangswert von 50% sinkt $1 - \tau$ von 50% auf 45% und damit um 10%. Ist der Anfangssteuersatz mit 75% noch höher, so wird $1 - \tau$ um 30% reduziert. Generell gilt also, daß die durch eine 10%ige Anhebung des Steuersatzes verursachte proportionale Verringerung von $1 - \tau$ um so größer ist, je höher der Anfangssteuersatz ist. In Tab. 13.2 sind diese Ergebnisse zusammengefaßt.

Tab. 13.2: *Auswirkungen einer 10%igen Erhöhung des Steuersatzes*

τ(alt)	τ(neu)	$(1 - \tau)$(alt)	$(1 - \tau)$(neu)	Veränderung von $(1 - \tau)$ in %
1,0	1,1	99,0	98,9	− 0,1
10,0	11,0	90,0	89,0	− 1,1
25,0	27,5	75,0	72,5	− 3,3
50,0	55,0	50,0	45,0	−10,0
75,0	82,5	25,0	17,5	−30,0
90,0	99,0	10,0	1,0	−90,0

Anmerkung: Wir zeigen die Auswirkungen einer 10%igen Erhöhung des Steuersatzes τ auf den von den Wirtschaftssubjekten behaltenen Einkommensanteil $1 - \tau$. Dabei wird die prozentuale Abnahme von $1 - \tau$ mit steigendem Steuersatz immer größer.

Der Ausdruck $1 - \tau$ reagiert auf eine gegebene prozentuale Erhöhung des Steuersatzes τ um so sensibler, je höher der Ausgangssteuersatz ist. Andererseits wissen wir aber, daß Kapital und Arbeit - und damit auch das zu versteuernde reale Einkommen - ebenfalls auf den Term $1 - \tau$ reagieren, so daß die negative Reaktion des realen zu versteuernden Einkommens auf den Steuersatz mit steigender steuerlicher Belastung des Einkommens immer stärker wird. An irgendeinem Punkt - der sicherlich unter 100% liegt - wird der steigende Steuersatz das zu versteuernde reale Einkommen so stark reduzieren, daß die realen Steuereinnahmen sinken.

In Abb. 13.10 wird die grundlegende Beziehung zwischen den realen Steuereinnahmen T/P und dem Steuersatz τ dargestellt. (Es handelt sich um eine langfristige Beziehung, bei der Kapital und Arbeit uneingeschränkt auf eine Veränderung des Steuersatzes reagieren können.) Diese Beziehung wird zu Ehren des Ökonomen Arthur Laffer häufig als **Laffer-Kurve** bezeichnet [vgl. dazu Don Fullerton (1982)]. Bei einem Steuersatz $\tau = 0$ erzielt der Staat keinerlei Steuereinnahmen. Diese Einnahmen werden positiv, sobald der Steuersatz über Null hinausgeht; die Kurve besitzt also eine positive Steigung. Allerdings verstärkt sich mit zunehmendem Steuersatz die negative Reaktion des zu versteuernden realen Einkommens auf den erhöhten Steuersatz. Dadurch verringern sich die Einnahmen und die Kurve verläuft mit steigendem Steuersatz immer flacher. Schließlich ist dieser so hoch, daß eine weitere Anhebung das zu versteuernde reale Einkommen um den Betrag der Steuersatzerhöhung reduziert. Deshalb bleiben die realen Steuereinnahmen unverändert, und die Kurve in Abb. 13.10 verläuft in diesem Punkt völlig flach. Den zu diesem Punkt gehörigen Steuersatz bezeichnen wir in der Abbildung mit τ^*. Falls der Staat den Steuersatz über τ^* hinaus anhebt, ist die Abnahme des zu versteuernden realen Einkommens verhältnismäßig größer als die Zunahme der Steuern aufgrund des gestiegenen Steuersatzes, so daß die Einnahmen insgesamt zurückgehen. Dies geht so weit, bis die Steuereinnahmen bei einem Steuersatz von nahezu 100% wieder gegen Null gehen. Deshalb sollte eine Regierung, die ihre realen Steuereinnahmen maximieren möchte, auf keinen Fall eine 100%ige Besteuerung vornehmen, sondern statt dessen den Wert τ^* wählen, da die Einnahmen bei diesem Steuersatz maximiert werden.

Manche Verfechter der **Angebotsökonomie** haben 1980-81 mit Hilfe einer ähnlichen Abbildung wie 13.10 die Vorteile einer globalen Senkung der US-Einkommensteuersätze darzulegen versucht, da nach ihrer Auffassung der durchschnittliche Grenzsteuersatz in den USA über dem Wert τ^* liegt, so daß eine generelle Senkung der Steuersätze die realen Steuereinnahmen insgesamt erhöhen würde. Allerdings gibt es keinen empirischen Beleg dafür, daß die Steuersätze der USA inzwischen tatsächlich so hoch sind, um dieses Ergebnis hervorzubringen.

Eine kürzlich von Charles Stuart (1981) für Schweden veröffentlichte Untersuchung liefert auch einige Erkenntnisse über die Situation der USA. Stuart schätzt, daß das Maximum der Steuereinnahmen in Schweden bei einem durchschnittlichen Grenzsteuersatz von etwa 70% erreicht ist, d.h. τ^* liegt seiner Ansicht nach bei etwa 70%. Da der tatsächliche Wert des durchschnittlichen Grenzsteuersatzes in Schweden zu Beginn der 70er Jahre bei 70% lag und inzwischen auf etwa 80% gestiegen ist (Stuart verwendet hier ein über das Einkommensteuergesetz hinausgehendes Steuerkonzept), hat sich Schweden seines Erachtens während der 70er Jahre bereits auf dem fallenden Abschnitt der Laffer-Kurve bewegt.[8] Nach Stuarts Auffassung ist Schwedens niedrige Wachstumsrate des Bruttoinlandsprodukts pro Kopf während der 70er Jahre (1,7% p.a.) teilweise diesem Faktor zuzuschreiben.

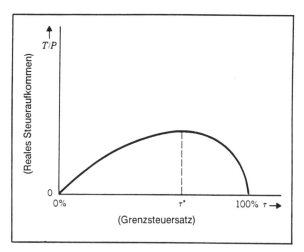

Abb. 13.10: *Beziehung zwischen Steuereinnahmen und Steuersatz (Laffer-Kurve)*
Die realen Steuereinnahmen T/P steigen zunächst mit dem Steuersatz τ, erreichen bei τ^* ihr Maximum, beginnen dann zu fallen und gehen bei Annäherung an einen Steuersatz von 100% gegen Null.

In den USA betrug der durchschnittliche Grenzsteuersatz der persönlichen Bundeseinkommensteuer und der Sozialversicherungsabgaben 1985 etwa 34% (vgl. Abb. 13.7). Allerdings wäre dieser Satz deutlich höher, wenn wir auch andere Steuern einbeziehen könnten. Da wir über diese Daten nicht verfügen, müssen wir uns auf einem groben Vergleich der durchschnittlichen Steuersätze in den USA und Schweden beschränken.

In Schweden entspricht der für τ^* geschätzte Wert von 70% einem Durchschnittssteuersatz von etwa 50%, während der für die USA vergleichbare Wert des durchschnittlichen Steuersatzes, der als Verhältnis der gesamten Staatseinnahmen zum BSP berechnet wird, 1987 32% beträgt. Wenn wir also davon ausgehen, daß sich Schweden und die USA erstens bezüglich des Wertes von τ^* und zweitens bezüglich des Verhältnisses zwischen Grenz- und Durchschnittssteuersätzen in etwa entspre-

---

[8] In einer methodisch vergleichbaren Studie schätzten A. van Ravestein und H. Vijlbrief (1988) den Wert von τ^* für die Niederlande 1970 ebenfalls auf etwa 70%. Der (von den Autoren geschätzte) tatsächliche Wert von τ stieg nach 1970 stetig an und erreichte 1985 67%. Daher lautete die Schlußfolgerung, daß die Niederlande dem Gipfel der Laffer-Kurve schon sehr nahe waren, wenngleich sie ihn noch nicht überschritten hatten.

chen, dann können wir folgern, daß die USA noch weit entfernt von dem durchschnittlichen Grenzsteuersatz von $\tau^* = 70\%$ sind, bei dem die Steuereinnahmen maximiert werden. Allerdings sollten wir dieses Ergebnis aus zwei Gründen mit Vorsicht interpretieren. Erstens handelt es sich bei den schwedischen Daten um grobe Schätzungen, und zweitens können wir nicht sicher sein, daß die USA und Schweden ähnliche Laffer-Kurven aufweisen.

Lawrence Lindsey (1987) schätzte die Auswirkungen der Steuersenkungen der Reagan-Administration zwischen 1982 und 1984 auf die Steuerzahlungen von Steuerpflichtigen in unterschiedlichen Einkommensgruppen. Er ermittelte, daß die Reduktionen der Steuersätze das Steueraufkommen insgesamt und bei Steuerzahlern mit mittleren und niedrigen Einkommen verringerten. Bei Steuerpflichtigen mit den höchsten Einkommen (bereinigte Bruttoeinkommen von mehr als 200.000 $) war der Zuwachs des deklarierten steuerbaren Einkommens jedoch mehr als ausreichend, um die Senkung der Steuersätze auszugleichen. Lindseys Schätzungen besagen, daß die Kürzungen der Steuersätze das Aufkommen in dieser Gruppe 1982 um 3%, 1983 um 9% und 1984 um 23% erhöhten. Obwohl sich die Steuerzahler in den USA insgesamt nicht auf dem fallenden Ast der Laffer-Kurve befinden, schien dies für diejenigen mit den höchsten Einkommen zuzutreffen.[9]

Transferzahlungen

Wir unterstellen nun, daß der Staat seine gesamten realen Transferzahlungen V/P erhöht und diese mit erhöhten Steuereinnahmen T/P finanziert. Wie im Falle steigender staatlicher Güterkäufe erfordert die Zunahme der realen Steuereinnahmen eine Anhebung des durchschnittlichen Grenzsteuersatzes τ. Die negativen Effekte auf den Arbeitseinsatz, die Produktion und die Investitionen haben wir bereits diskutiert (vgl. Zeile 2 von Tab. 13.1). Somit ist auch eine Zunahme der Transferzahlungen, sofern diese durch eine Einkommensteuer finanziert wird, nicht mehr neutral in unserem Modell.

Falls es sich bei den Transferleistungen um pauschale Zahlungen handelt, wie bislang angenommen, ist unsere Analyse beendet. Diese Annahme ist jedoch ziemlich unrealistisch, da der entscheidende Zweck von Transferprogrammen gerade die gezielte Unterstützung bestimmter Personengruppen ist - der Armen, der Arbeitslosen, der Alten oder Kranken, der Landwirte, der Studenten usw. Diese erhalten jedoch keine Pauschalbeträge, sondern die Höhe der Zahlungen hängt in bestimmter Weise von der sozialen Lage des Empfängers ab.

---

[9] Durch das Steuergesetz von 1986 wurden die Steuersätze auf Einkommen aus langfristigen Wertzuwächsen (capital gains) erhöht. Einige Ökonomen meinen, daß dieser Steuersatz für 1988 oberhalb des Wertes liegt, der die Steuereinnahmen maximiert; d.h. eine Kürzung des Steuersatzes auf Wertzuwächse würde ein höheres Steueraufkommen hervorbringen. Obwohl dieses Ergebnis plausibel erscheint, ist es empirisch nicht gesichert.

Wir stellen uns ein Wohlfahrtsprogramm vor, dessen Leistungen vom laufenden oder langfristigen Einkommen einer Familie abhängen. Normalerweise sehen sich die Individuen einer mit steigendem Markteinkommen fallenden Transferzahlungskurve gegenüber, wobei die Transfers möglicherweise ab einer bestimmten Einkommenshöhe überhaupt eingestellt werden. Der entscheidende Gesichtspunkt ist, daß der negative Einfluß des Einkommens auf die Unterstützungsleistungen sich wie ein positiver Grenzsteuersatz darstellt. Da die Transferzahlungen manchmal drastisch gekürzt werden, sobald das Familieneinkommen steigt, können diese Programme hohe effektive Grenzsteuersätze für Einkommen auch der unteren Einkommensbezieher mit sich bringen. So schätzte z.b. der Council of Economic Advisers [*Economic Report*, 1982, S. 29], daß "repräsentative Wohlfahrtsempfänger, insbesondere alleinstehende Mütter mit Kindern, Grenzsteuersätze von über 75% in Kauf nehmen müssen." Bedauerlicherweise verfügen wir über keine Schätzungen des durchschnittlichen Grenzsteuersatzes, der sich auf die gesamte Palette der Transferleistungsprogramme bezieht.

Unterstellen wir nochmals, daß der Staat die Steuern anhebt, um zusätzliche Wohlfahrtszahlungen zu finanzieren. Die durch die Zunahme des durchschnittlichen Grenzsteuersatzes τ bedingten negativen Auswirkungen auf den Arbeitseinsatz, die Produktion und die Investitionen haben wir bereits diskutiert. Aber die Erweiterung des Wohlfahrtsprogramms bedeutet, daß die Bezieher niedriger Einkommen mehr Zahlungen verlieren, wenn sie ein erhöhtes Markteinkommen beziehen. Für potentielle Wohlfahrtsempfänger erhöht sich also der effektive Grenzsteuersatz, so daß die negativen Auswirkungen dieser Veränderung auf den Arbeitseinsatz und die Produktion zusätzlich die durch den höheren Steuersatz bedingten Effekte beim Markteinkommen verstärken.

In den USA und in den meisten anderen Ländern schlagen heute die schnell wachsenden Zahlungen an Rentner und Hinterbliebene im System der Sozialen Sicherung eindeutig am stärksten zu Buche.[10] Die Finanzierung dieser Programme in den USA haben wir bereits diskutiert und wissen deshalb, daß ihre Expansion den marginalen Einkommensteuersatz τ erhöht - mit den entsprechenden negativen Konsequenzen für den Arbeitseinsatz und die Produktion.[11] Falls die Wirtschaftssubjekte ihre Sozialversicherungsleistungen ohne jegliche Beschränkungen erhielten - abgesehen vom Alter[12] -, würden die normalerweise von Wohlfahrtsprogrammen

---

[10] Der Umfang dieses Programms läßt sich z.B. mit Hilfe der "Lohnersatzleistungsquote" messen, welche das Verhältnis der durchschnittlichen Ruhestandsbezüge zum durchschnittlichen Arbeitseinkommen während der letzten Jahre vor dem Ruhestand angibt. 1983 betrug diese Quote 48%, 1965 lediglich 31%. [Vgl. Colin Campbell (1984), S. xi.]

[11] Allerdings hängt die Höhe der Sozialversicherungsabgaben vom Arbeitseinkommen und nicht vom Kapitaleinkommen ab, so daß sich bei den Investitionen andere Auswirkungen ergeben.

[12] Vor 1961 mußten die Empfänger über 65 Jahre alt sein. Seit 1961 besteht die Möglichkeit, bereits mit 62 Jahren reduzierte Leistungen zu erhalten. Das Gesetz von 1983 wird das Ruhestandsalter letztlich von 65 auf 67 Jahre erhöhen.

ausgelösten Verzerrungen nicht auftreten. Da das amerikanische System eine Überprüfung des Arbeitseinkommens vorsieht - d.h. alle Personen (derzeit unter 70 Jahren), deren Arbeitseinkommen eine bestimmte Grenze überschreitet, erhalten nur begrenzte oder keinerlei Sozialversicherungsleistungen -, wirkt dies wie eine Einkommensklausel für Wohlfahrtsprogramme und belastet die potentiellen Empfänger mit einem hohen effektiven Grenzsteuersatz. Insofern ist es nicht überraschend, daß diese Einkommensüberprüfung nach Auffassung von Forschern [wie etwa Michael Boskin (1977)] die Wirtschaftssubjekte motiviert, früher in den Ruhestand zu treten, als sie dies sonst täten.

Zusammenfassung

In diesem Kapitel haben wir das Modell um eine einfache Form der Einkommensteuer erweitert und als Schlüsselparameter den Grenzsteuersatz und den Steuerfreibetrag eingeführt. Dabei verstehen wir unter dem *Grenzsteuersatz* den zusätzlichen Steuerbetrag, den der Staat von einer zusätzlichen Einkommenseinheit einbehält. Haushalte und Unternehmen berücksichtigen diesen Grenzsteuersatz bei ihren Arbeits-, Produktions- und Investitionsentscheidungen. Demgegenüber ergeben sich die staatlichen Steuereinnahmen aus dem Produkt des durchschnittlichen Steuersatzes (Gesamtsteuern dividiert durch das Gesamteinkommen) und der Höhe des Einkommens.

Intertemporale Substitutionseffekte hängen nunmehr vom realen Zinssatz nach Steuern ab; desgleichen sind für die Arbeits- und Investitionsentscheidungen die Grenzprodukte der Arbeit bzw. des Kapitals nach Steuern die relevanten Bezugsgrößen. Vorausgesetzt, wir halten die Gesamtheit der eingezogenen realen Steuern konstant, wird eine Erhöhung des Grenzsteuersatzes die Wirtschaftssubjekte veranlassen, steuerpflichtige Marktaktivitäten durch mehr Freizeit (oder Aktivitäten in der Schattenwirtschaft) zu ersetzen. Deshalb verringert ein höherer Steuersatz kurzfristig sowohl den Arbeitseinsatz als auch die Produktion und die Investitionen, während er langfristig zu einer Abnahme des Kapitalstocks und des Produktions- und Konsumniveaus führt.

Wenn wir eine permanente Zunahme der staatlichen Güterkäufe mit einer Erhöhung des Grenzsteuersatzes kombinieren, ändern sich einige Ergebnisse des vorhergehenden Kapitels. Durch die negativen Auswirkungen der höheren steuerlichen Belastung sind die kurzfristigen Effekte beim Output und der Beschäftigung nicht mehr eindeutig. Ferner führt der höhere Steuersatz langfristig zu einem niedrigeren Kapitalstock.

Mit steigendem Grenzsteuersatz sinkt normalerweise die Höhe des steuerbaren realen Einkommens, und zwar umso stärker, je höher der Steuersatz ist. Wir können daher eine Laffer-Kurve zeichnen, die den Einfluß des Steuersatzes auf die sich vermindernde Höhe der realen Steuereinnahmen darstellt. Die Volkswirtschaft erreicht schließlich einen Steuersatz, bei dem die Steuereinnahmen ihr Maximum erreichen, so daß alle weiteren Steuererhöhungen eine Senkung der realen Steuereinnahmen nach sich ziehen. Für Schweden wird dieser Grenzsteuersatz auf etwa 70% geschätzt, der zu Beginn der 70er Jahre erreicht und dann überschritten wurde. Die USA scheinen offenbar diesen Punkt noch nicht erreicht zu haben.

Transferzahlungen lösen allokative Effekte aus, die denen von Steuern ähnlich sind. Erstens werden die Steuersätze erhöht, um das Transferleistungsprogramm zu finanzieren, und zweitens implizieren die höheren Transferzahlungen, daß die Empfänger mehr zu verlieren haben, wenn sie mehr verdienen. Eine Erhöhung der Transfers vermindert aus diesen beiden Gründen tendenziell die reale ökonomische Aktivität.

Fragen und Probleme

Zur Wiederholung

13.1 Unterscheiden Sie zwischen dem durchschnittlichen Steuersatz und dem Grenzsteuersatz. Müßten die beiden bei einer Proportionalsteuer gleich sein?

13.2 Warum müssen wir die Steuereinnahmen konstant halten, wenn wir die Auswirkungen einer Veränderung des Steuersatzes untersuchen wollen? Welche Vermögenseffekte würden auftreten, falls wir dies nicht täten?

13.3 Erklären Sie kurz, warum eine Erhöhung des Steuersatzes den Zinssatz nach Steuern kurzfristig verringert, langfristig jedoch den Zinssatz vor Steuern erhöht. Wie wirkt sich letzteres auf den Kapitalstock aus?

13.4 Wenn wir die durch eine Erhöhung des Steuersatzes ausgelösten Vermögenseffekte vernachlässigen, nimmt dann der Arbeitseinsatz langfristig ab? Erklären Sie, warum.

13.5 Könnte eine Erhöhung des Steuersatzes die realen Steuereinnahmen vermindern? Inwieweit hängt Ihre Antwort von der Reaktion des Arbeitsangebots auf Veränderungen des Grenzprodukts der Arbeit (nach Steuern) ab?

13.6 Erläutern Sie den Begriff der "Angebotsökonomie". Welche Vorteile hätte eine Senkung des Steuersatzes für die Volkswirtschaft? Beziehen Sie in Ihre Antwort die Vermögenseffekte von Steuern ein.

Probleme zur Diskussion

13.7 Proportionalsteuer

Manche Ökonomen befürworten die Verwendung einer Proportionalsteuer anstelle der persönlichen Einkommensteuer mit abgestuftem Steuersatz. Denn es gäbe in einem solchen System weniger Abzugsmöglichkeiten vom zu versteuernden Einkommen und der Grenzsteuersatz wäre konstant. Somit wäre aufgrund der geringeren Abzugsmöglichkeiten (die gelegentlich als "Schlupflöcher" bezeichnet werden) der durchschnittliche Grenzsteuersatz niedriger als unter der gegenwärtigen Gesetzgebung.

a. Wie würde eine derartige Veränderung auf die Aggregate der Produktion, der Beschäftigung und der Investition wirken?

b. Vergleichen Sie die vorgeschlagene Proportionalsteuer mit der gegenwärtigen Sozialversicherungsabgabe.

c. In welcher Beziehung steht dieser Vorschlag zu den Veränderungen des Steuergesetzes von 1986?

13.8 Subventionen

Angenommen, der durchschnittliche Grenzsteuersatz τ sei gleich Null. Wie bereits erwähnt, bewirkt eine Erhöhung des Steuersatzes τ über Null hinaus - bei Konstanthaltung der Gesamteinnahmen T/P -, daß der Nutzen des repräsentativen Haushalts verringert wird.

a. Erklären Sie dieses Ergebnis.

b. Heißt dies, daß eine Senkung des Steuersatzes unter Null wünschenswert wäre? (Ein negativer Wert von τ bedeutet, daß der Staat die Erhöhung der Produktion subventioniert.)

13.9 Konsumsteuern (fakultativ)

Anstelle einer Einkommensteuer nehmen wir an, daß in jeder Periode die Menge des Konsums besteuert wird, so daß die realen Steuerzahlungen eines Haushalts in der Periode t durch die Formel $t_t/P_t = \tau(c_t - e_t)$ gegeben sind. (Eine Umsatzsteuer auf Konsumgüter könnte in dieser Weise funktionieren.)

a. Formulieren Sie die Budgetbeschränkungen für den Staat und den repräsentativen Haushalt.

b. Wie lautet der reale Zinssatz nach Steuern?

c. Wie geht der Steuersatz τ in die Funktionen der Konsumnachfrage C^d, der Bruttoinvestitionsnachfrage I^d und des Güterangebots Y^s ein?

d. Wie sieht der kurzfristige Effekt (bei konstantem Kapitalstock) einer Erhöhung des Steuersatzes τ aus? Betrachten Sie insbesondere die Reaktionen des realen Zinssatzes, der Produktion, des Arbeitseinsatzes, des Konsums und der Investitionen. Vergleichen Sie die Ergebnisse mit den Auswirkungen einer Einkommensteuer.

13.10 Auswirkungen der Inflation auf eine Einkommensteuer mit abgestuftem Steuersatz

1985 errechneten sich die Einkommensteuern eines Ehepaares in den USA anhand der nachfolgenden Steuertabelle.

Stufen des zu versteuernden Einkommens ($)	Steuersatz eines zusätzlich zu versteuernden Dollar (Grenzsteuersatz) in %
3.540 - 5.719	11
5.720 - 7.909	12
7.910 - 12.389	14
12.390 - 16.649	16
16.650 - 21.019	18
21.020 - 25.599	22
25.600 - 31.119	25
31.120 - 36.629	28
36.630 - 47.669	33
47.670 - 62.449	38
62.450 - 89.089	42
89.090 - 113.859	45
113.860 - 169.019	49
169.020 -	50

a. Angenommen, das Realeinkommen aller Wirtschaftssubjekte bliebe im Zeitablauf konstant, so daß die Inflation alle Nominaleinkommen stetig erhöht. Falls die obigen Steuervorschriften unverändert gültig bleiben, was geschieht im Zeitablauf mit dem durchschnittlichen Grenzsteuersatz und den gesamten realen Steuereinnahmen?

b. Wir unterstellen nun, daß die Steuerstufen in der linken Spalte der Tabelle im Zeitablauf den Veränderungen des Preisniveaus proportional angepaßt (oder "indexiert") werden. Wie wirkt sich dann die Inflation auf den durchschnittlichen Grenzsteuersatz und die gesamten realen Steuereinnahmen aus? (Diese Indexierungsregel gilt in den USA seit 1985.)

13.11 Steuern, Inflation und Zinssätze (fakultativ)

Vorausgesetzt, die Steuern werden auf das nominale Zinseinkommen erhoben, und der Einkommensteuersatz τ bleibt im Zeitablauf konstant.

a. Wie hoch ist der reale Zinssatz nach Steuern für Wertpapiere?

Betrachten Sie eine permanente Zunahme der monetären Wachstumsrate von μ auf μ'. Obwohl die beschleunigte Zunahme der Geldmenge überraschend ist, gehen die Wirtschaftssubjekte davon aus, daß diese höhere Expansionsrate μ' auch künftig gegeben sein wird.

b. Wie wirkt sich angesichts der Existenz einer Einkommensteuer die Erhöhung der monetären Wachstumsrate auf die Inflationsrate π, den Nominalzinssatz R und die gesamtwirtschaftliche reale Kassenhaltung M/P aus? (Nehmen Sie an, daß der Einkommensteuersatz τ von der Inflation unberührt bleibt.)

c. Diskutieren Sie die Beziehung zwischen Veränderungen des nominalen Zinssatzes R und der Inflationsrate π, die in der Antwort zu b erscheint.

13.12 Auswirkungen von Transferprogrammen auf den Arbeitseinsatz

Diskutieren Sie die Auswirkungen der folgenden staatlichen Programme auf die individuellen Arbeitsanreize:

a. Das sog. "food stamp program", das den Kauf von Lebensmitteln mit Hilfe von Gutscheinen subventioniert, wobei sich die jeweilige Höhe der Unterstützung invers zum Familieneinkommen entwickelt.

b. Eine negative Einkommensteuer, bei der bedürftige Personen Bargeldüberweisungen erhalten, die bei einer Erhöhung des Familieneinkommens entsprechend verringert werden.

c. Die Arbeitslosenunterstützung, bei der Arbeitskräfte, die nach einer bestimmten Beschäftigungsdauer ihren Arbeitsplatz verlieren, während der Zeit der Nichtbeschäftigung (bzw. der Arbeitssuche) Bargeldzahlungen erhalten, die sechs Monate oder auch länger gewährt werden. Wie wirkt sich die Tatsache aus, daß Unternehmen mit längerfristig relativ hohen Entlassungsquoten ihre Beiträge zur Arbeitslosenversicherung erhöhen müssen? (Ein Programm mit diesen Eigenschaften bezeichnet man als "experience rated".)

d. Altersrenten im Rahmen des Systems der Sozialen Sicherung. Welche Konsequenzen hat die Überprüfung des Einkommens, welche die Leistungen an Personen (unter 70 Jahren) verringert, deren Arbeitseinkommen eine bestimmte Höhe überschreitet?

e. Die Steuergutschrift für Arbeitseinkommen erfolgt 1988 in der Weise, daß Familien, die keine "unverdienten" Einkommen (das sind im wesentlichen Vermögenseinkommen) erzielten, bis zu einer Einkommensgrenze von 6.225 $ für jeden verdienten Dollar eine 14%ige Steuergutschrift erhalten, während sie bis zu einem Einkommen von 9.850 $ den konstanten Betrag von 874 $ erstattet bekommen. Schließlich sinkt die Gutschrift um jeweils 10% jedes verdienten Dollars, bis sie bei einem Einkommen von 18.576 $ gleich Null ist.

Kapitel 14

Staatsverschuldung

In den vergangenen Jahren war das **staatliche Budgetdefizit** (welches wir später sorgfältig definieren werden) eine der am heftigsten diskutierten ökonomischen Streitfragen. Zumindest aufgrund der Zeitungslektüre gewinnt man den Eindruck, daß es für die Volkswirtschaft verhängnisvoll sein muß, wenn der Staat ein hohes Budgetdefizit in Kauf nimmt. Inwieweit diese Auffassung zutreffend ist, wollen wir in diesem Kapitel vorrangig untersuchen. Wir werden dabei feststellen, daß unsere Schlußfolgerungen sehr deutlich von denen der Journalisten abweichen.

Budgetdefizite entstehen, wenn der Staat einen Teil seiner Ausgaben anstelle von Steuern durch die Ausgabe verzinslicher Staatsanleihen finanziert. Der Bestand an ausstehenden Staatsanleihen ist folglich der zu verzinsende Teil der **Staatsschuld**. Durch ein Budgetdefizit erhöht sich diese im Zeitablauf.

In diesem Kapitel werden wir zunächst die historische Entwicklung der öffentlichen Schuld und der Budgetdefizite untersuchen. Mit diesem Hintergrundwissen erweitern wir unser theoretisches Modell um die staatliche Verschuldung, indem wir anstelle der Erhebung von Steuern Budgetdefizite einführen. Mit Hilfe des Modells werden wir die Auswirkungen solcher Defizite auf die Zinssätze und andere ökonomische Variablen analysieren.

Entwicklung der Staatsverschuldung in den USA und im Vereinigten Königreich

Die empirische Bedeutung der verzinslichen Staatsschuld läßt sich anhand der langfristigen Entwicklung der Staatsverschuldung in den USA und im Vereinigten Königreich ermessen. Tab. 14.1 zeigt die Entwicklung der nominalen, verzinslichen öffentlichen Schulden, die wir mit B^g bezeichnen, im Verlauf der letzten zwei Jahrhunderte. Bei den US-Daten sind öffentliche Schuldtitel im Besitz bestimmter Behörden und Treuhandvermögen der Bundesregierung abgezogen. Außerdem wird die Währungsbehörde, also die Federal Reserve, als Bestandteil der Zentralregierung betrachtet, so daß wir deren Bestände an US-Staatsanleihen ebenfalls ausklammern.[1] Die Tabelle enthält zusätzlich das Verhältnis der öffentlichen Schuld zum nominalen BSP, $B^g/(PY)$. Diese Quote haben wir für die USA von 1790 bis 1987 in Abb. 14.1

---

[1] So betrug die verzinsliche Bruttoschuld des US-Schatzamtes Ende 1987 2.432 Mrd. $, von denen 478 Mrd. $ von verschiedenen US-Behörden und Treuhandvermögen sowie 223 Mrd. $ von der Fed gehalten wurden. Deshalb waren nur 1.745 Mrd. $ in privaten Händen (einschließlich ca. 300 Mrd. $ der Einzelstaaten und Kommunen).

und für das Vereinigte Königreich von 1700 bis 1986 in Abb. 14.2 graphisch dargestellt.

Tab. 14.1: *Staatsverschuldung in den USA und im Vereinigten Königreich (UK)*

	USA		UK	
	B^g (Mrd. $)	$B^g/(PY)$	B^g (Mrd. £)	$B^g/(PY)$
1700	–	–	0,015	0,22
1710	–	–	0,026	0,33
1720	–	–	0,039	0,57
1730	–	–	0,038	0,56
1740	–	–	0,033	0,44
1750	–	–	0,059	0,79
1760	–	–	0,074	0,91
1770	–	–	0,11	1,22
1780	–	–	0,12	1,01
1790	0,08	0,31	0,18	1,04
1800	0,08	0,18	0,28	0,78
1810	0,05	0,08	0,43	0,93
1820	0,09	0,11	0,57	1,32
1830	0,05	0,04	0,55	1,13
1840	0,00	0,00	0,56	1,01
1850	0,06	0,03	0,56	0,94
1860	0,06	0,01	0,59	0,69
1865	2,2	0,24	–	–
1870	2,0	0,25	0,59	0,51
1880	1,7	0,13	0,59	0,43
1890	0,7	0,05	0,58	0,37
1900	1,0	0,05	0,58	0,29
1910	0,9	0,03	0,70	0,29
1919	24,2	0,31	7,5	1,30
1920	23,3	0,27	7,9	1,21
1930	14,8	0,16	7,6	1,55
1940	41,2	0,41	9,1	1,18
1945	227,4	1,07	22,5	2,27
1950	198,6	0,69	27,0	2,03
1960	207,5	0,41	29,0	1,12
1970	229,1	0,23	34,1	0,66
1980	616,4	0,23	96,3	0,42
1987	1.731,5	0,38	185,7	0,44
1988	1.856,8	0,38	–	–

Anmerkungen zu den Daten der USA: B^g ist der Wert der am Jahresende (vor 1916 zur Jahresmitte) von Privaten gehaltenen verzinslichen öffentlichen Schuldtitel der US-Bundesregierung zum Nominalwert. Dabei sind die Bestände der Federal Reserve, bestimmter US-Behörden und der Treuhandvermögen abgezogen. (Sie enthalten allerdings die Bestände einiger staatlich geförderter Institutionen und der Staaten- und Kommunalregierungen.) Weitere Angaben zu den Quellen finden sich bei Robert Barro (1978a), Tab. 1.

Fortsetzung der Anmerkungen zu Tab. 14.1:

P ist ab 1870 der BSP-Deflator (1982 = 1,0; vgl. Abb. 1.4). Die früheren Daten sind ein Großhandelspreisindex nach Angaben des U.S. Commerce Department (1975), S. 201.

Y ist das reale BSP (vgl. Abb. 1.1). Die Schätzungen des realen BSP von 1834-71 sind unveröffentlichte Daten von Robert Gallman. Die früheren Zahlen wurden auf der Basis der Wachstumsraten der realen Produktion berechnet und stammen von Paul David (1967), Tab. 1, und Alice Jones (1980), Tab. 3.15.

Anmerkungen zu den Daten des Vereinigten Königreiches: B^g ist ab 1917 der Wert der verzinslichen Staatsschuld der Zentralregierung zum Nominalwert. Vor 1917 errechnen sich die Werte aus der Akkumulation der Budgetdefizite der Zentralregierung, beginnend von einem Basisbestand der Staatsschuld im Jahr 1700.

P ist ab 1830 der BSP-Deflator (Basis 1980 = 1,0). Frühere Daten beziehen sich auf Großhandelspreisindizes.

PY ist ab 1830 das nominale BSP. Frühere Daten sind das Produkt aus P und dem geschätzten Trendwert des realen BSP.

Die Quellen für B^g sind B. R. Mitchell und Phyllis Deane (1962), Mitchell und H. G. Jones (1971) und Central Statistical Office, *Annual Abstract of Statistics*, verschiedene Ausgaben. Zu den Werten für P und Y vgl. die obigen Quellen sowie C. H. Feinstein (1972), Deane und W. A. Cole (1969) und *International Financial Statistics*, verschiedene Ausgaben.

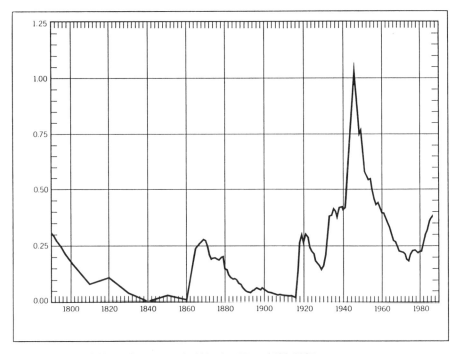

Abb. 14.1: *Entwicklung der Staatsschuld in den USA, 1790-1987*
Die Abbildung zeigt das Verhältnis der Staatsschuld zum nominalen BSP.

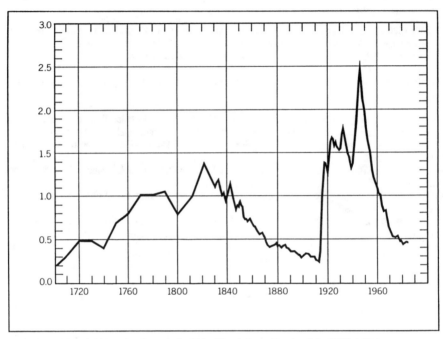

Abb. 14.2: *Entwicklung der Staatsschuld im Vereinigten Königreich, 1700-1987*
Die Abbildung zeigt das Verhältnis der Staatsschuld zum nominalen BSP.

In beiden Ländern wurde das Verhältnis der Staatsschuld zum BSP vor allem durch Kriegszeiten und durch stärkere konjunkturelle Rückschläge erhöht. Allerdings werden diese nicht sehr häufigen Schocks von einem regelmäßigen Trend überlagert, der im Zeitablauf eine Abnahme dieser Quote bewirkt.

Konzentrieren wir uns zunächst auf die USA. Die Höchstwerte des Verhältnisses der öffentlichen Schuld zum jährlichen BSP fallen zusammen mit dem Ende des Unabhängigkeitskrieges (1784 betrug die Schuldenquote 0,33), dem Ende des Bürgerkrieges (1865: 0,25), dem Ende des 1. Weltkriegs (1919: 0,31) und dem Ende des 2. Weltkriegs (1945: 1,07). Während des Spanisch-Amerikanischen und des Koreakrieges sind diese Effekte etwas geringer und unterbrechen daher nur den normalen Abwärtstrend dieser Quote. Demgegenüber ist beim Vietnamkrieg keine auffallende Veränderung zu beobachten. (Wir haben in Kapitel 12 bereits gesehen, daß in diesem Krieg der Anstieg der realen Militärausgaben gegenüber dem Trend relativ gering war.)

Der die Schuldenquote steigernde Einfluß eines Wirtschaftsabschwungs setzt sich zum Teil aus einem negativen Effekt beim BSP und zum Teil aus einem positiven Effekt bei der Staatsschuld zusammen. Eine geradezu dramatische Reaktion auf einen ökonomischen Abschwung ist während der Weltwirtschaftskrise zu beobachten, in deren Verlauf das Verhältnis der Staatsschuld zum BSP von 0,14 im Jahre 1929 auf 0,38 im Jahre 1933 anstieg. Qualitativ ähnliche Reaktionen sind auch bei schwächeren Konjunkturabschwüngen zu beobachten. So stieg die Schuldenquote z.b. zwischen 1979 und 1983 von 0,23 auf 0,31, zwischen 1973 und 1975 von 0,20 auf 0,23 und zwischen 1892 und 1894 von 0,039 auf 0,047.

In Friedenszeiten und in konjunkturell stabilen Phasen hat die Schuldenquote eine sinkende Tendenz. Das gilt sowohl für die (weitgehend friedliche) Nachkriegsperiode von 1945 bis 1987, in der die Quote von 1,07 auf 0,39 sank, als auch für frühere Perioden. Abgesehen von der Weltwirtschaftskrise ist sie in den früheren kriegsfreien Zeitabschnitten gesunken, und zwar zwischen 1919 und 1929 von 0,31 auf 0,14, zwischen 1865 und 1916 von 0,24 auf 0,02, zwischen 1820 und 1860 von 0,11 auf 0,01 und zwischen 1784 und 1810 von 0,33 auf 0,08. Bemerkenswert ist, daß der Wert für 1988 mit 0,38 im historischen Vergleich keineswegs hoch ist und deutlich unter denen der 50er Jahre liegt.

Auffallend sind in den USA seit Ende der 60er Jahre vor allem die deutlich voneinander abweichenden Entwicklungen der nominalen und der realen Staatsschuld. Durch die beschleunigte Inflation der vergangenen Jahre ist eine abnehmende Schuldenquote mit einem deutlichen Anstieg der nominalen Verschuldung durchaus vereinbar. So betrug z.B. 1988 die nominale Schuld 1.857 Mrd. $, während sie 1970 erst bei 228 Mrd. $ lag. Im Gegensatz dazu wies sie zwischen 1945 und 1970 nur sehr geringe Veränderungen auf. Jedoch haben diese Veränderungen der nominalen Staatsschuld bei der realen Schuld oder der Schuldenquote offenbar nicht zu deutlich anderen Verhaltensmustern geführt.

Die Situation des Vereinigten Königreiches entspricht weitgehend jener der USA. So erreicht die Schuldenquote wiederum ihre Höchstwerte in Kriegszeiten - mit 1,3 am Ende des Siebenjährigen Krieges (1764), 1,2 nach dem Amerikanischen Unabhängigkeitskrieg (1785), 1,4 nach den Napoleonischen Kriegen (1816), 1,3 am Ende des 1. Weltkriegs (1919) und 2,5 nach dem 2. Weltkrieg (1946). Bemerkenswert ist allerdings, daß die Höchstwerte der britischen Staatsschuld im Verhältnis zum BSP mehr als doppelt so hoch sind wie die der USA. Interessant ist ferner, daß die öffentlichen Schulden bereits um 1760 mehr als 100% des jährlichen BSP ausmachten; hohe Staatsverschuldung ist also keineswegs ein neues Phänomen!

Konjunkturabschwünge haben wiederum die Schuldenquote steigen lassen. Diese Reaktion zeigt sich im Vereinigten Königreich insbesondere während der Rezessionsperioden 1920-1923 und 1929-1933, in deren Verlauf sich die Schuldenquote von 1,2 auf 1,7 bzw. von 1,5 auf 1,8 erhöhte.

Während der Phasen ohne Kriege oder konjunkturelle Flauten zeigt das Verhältnis der Staatsverschuldung zum BSP eindeutig abnehmende Tendenz, und zwar gilt dies sowohl für die Nachkriegszeit als auch für frühere Perioden. So ist insbesondere von 1946 bis 1987 eine deutliche Abnahme von 1,47 auf 0,44 zu verzeichnen. Der Wert für 1987 liegt nicht wesentlich über dem tiefsten Wert (0,23 Anfang 1914) der letzten beiden Jahrhunderte.

Merkmale öffentlicher Anleihen

In unserem Modell kann der Staat nun durch den Verkauf verzinslicher Wertpapiere Finanzierungsmittel von den Haushalten erhalten. Dabei unterstellen wir, daß Tilgung und Verzinsung der staatlichen Anleihen genauso erfolgen wie bei den privaten Wertpapieren, die wir bereits in das Modell einbezogen haben. Der Einfachheit halber nehmen wir auch weiterhin an, daß alle Wertpapiere eine Laufzeit von nur einer Periode haben.[2] Außerdem sollen alle Wertpapierbesitzer öffentliche und private Schulden als gleichwertig betrachten, d.h. der Staat ist nicht kreditwürdiger als private Kreditnehmer. Deshalb müssen öffentliche Anleihen in jeder Periode denselben nominalen Zinssatz R_t erbringen wie private Wertpapiere.

Unsere Annahme bezüglich der öffentlichen und privaten Anleihen weicht entschieden von unserer Behandlung des Geldes ab. Da Bargeld keine Zinsen abwirft, sollte man meinen, daß es Privatunternehmen lohnend erscheinen könnte, Geld zu drucken. Der Gewinn aus der Geldschaffung ist umso größer, je höher der nominale Zinssatz R_t ist. Aufgrund gesetzlicher Beschränkungen oder aber bestimmter technischer Vorteile des Staates bei der Erzeugung eines offiziellen Zahlungsmittels nehmen wir jedoch an, daß der private Sektor kein Geld ausgeben kann.

Demgegenüber unterstellen wir hinsichtlich der Ausgabe von Wertpapieren, daß es keine gesetzlichen Beschränkungen für Private gibt, und daß der Staat auch keine technischen Vorteile bei deren Emission hat. Deshalb unterscheidet sich der Zinssatz für beide Anleihearten nicht. Diese Annahme ist weitgehend mit den US-Daten vereinbar, wenn wir die privaten Wertpapiere mit erstklassigen Industrieobligationen gleichsetzen. So betrug z.B. der Zinssatz eines 6-monatigen US-Schatzwechsels zwischen 1959 und 1987 im Durchschnitt 6,4%, während 4- bis 6-monatige erstklassige Handelspapiere im Durchschnitt 6,9% einbrachten.[3] Ein ganz ähnliches Bild ergibt sich bei langfristigen Anleihen.

---

[2] Die durchschnittliche Laufzeit von marktfähigen, verzinslichen öffentlichen Anleihen betrug 1946 in den USA etwa 9 Jahre, sank dann stetig ab, bis sie 1976 ein Minimum von etwa 2,5 Jahren erreichte. Während dieses Zeitraums durfte das US-Schatzamt überwiegend keine langfristigen Anleihen zu Zinssätzen auflegen, die sie marktfähig gemacht hätten. Nach Aufhebung dieser Beschränkung stieg die durchschnittliche Laufzeit 1987 auf etwa 5 Jahre und 9 Monate. Vgl. *Economic Report of the President* (1975), Tab. C-73; (1988), Tab. B-85.)

[3] Zumindest ein Teil der positiven Differenz zwischen den Erträgen von kurzfristigen Handelspapieren und US-Schatzwechseln ist durch zwei Vorteile der Staatspapiere bedingt: Erstens sind auf ihre Zinserträge keine einzelstaatlichen und kommunalen Einkommensteuern zu entrichten, und zweitens erfüllen die Schatzwechsel die Bedingung, daß Geschäftsbanken Staatsanleihen in gewissem Umfang zur "Absicherung" der staatlichen Sichtguthaben bei diesen Banken halten müssen.

Wir werden den aggregierten Nominalwert der Staatsanleihen am Ende der Periode t mit B^g_t bezeichnen und das Symbol b wie bisher für private Wertpapiere verwenden. Demnach setzt sich der gesamte Wertpapierbestand eines Wirtschaftssubjekts in Periode t aus $b_t + b^g_t$ zusammen. Da nach wie vor das Aggregat der privat emittierten Wertpapiere gleich Null ist - d.h. $B_t = 0$ -, entspricht die Gesamtsumme der von den Haushalten gehaltenen Wertpapiere der öffentlichen Schuld B^g_t. Obwohl der Staat im Normalfall gegenüber dem Privatsektor ein Nettoschuldner ist, so daß $B^g_t > 0$ ist, kann er auch die Rolle des Netto-Gläubigers einnehmen, wenn er gegenüber dem privaten Sektor Nettoforderungen hat.[4] In diesem Fall ist $B^g_t < 0$.

Staatliche Budgetbeschränkung

Die Existenz öffentlicher Schulden verändert die staatliche Budgetbeschränkung in zweierlei Hinsicht: Erstens ist die Höhe der Nettokreditaufnahme für die Periode t, $B^g_t - B^g_{t-1}$, eine Einnahmequelle. (Es ist zu beachten, daß eine einfache Umschuldung oder die Neuemission von Wertpapieren bei Fälligkeit keine Nettoeinnahmen darstellen. Ausschlaggebend ist allein die Differenz zwischen dem zum Zeitpunkt t vorhandenen Wertpapierbestand B^g_t und den aus der vorhergehenden Periode stammenden Verbindlichkeiten B^g_{t-1}.) Unter diesem Gesichtspunkt spielt sie für die Finanzierung der Staatsausgaben genau dieselbe Rolle wie die Geldschöpfung mit Hilfe der Notenpresse. Zweitens erscheinen die nominalen Zinszahlungen des Staates, $R_{t-1} \cdot B^g_{t-1}$, als Ausgabe, während dieser Term bei der Geldhaltung gleich Null ist.

Demnach lautet die staatliche Budgetbeschränkung in Geldeinheiten für die Periode t nun

$$P_t G_t + V_t + R_{t-1} \cdot B^g_{t-1} = T_t + (M_t - M_{t-1}) + (B^g_t - B^g_{t-1}). \tag{14.1}$$

Die beiden neuen Ausdrücke sind die staatlichen Zinszahlungen $R_{t-1} \cdot B^g_{t-1}$ auf der linken Seite und die Nettokreditaufnahme $(B^g_t - B^g_{t-1})$ auf der rechten Seite. Der Einfachheit halber kehren wir hier wieder zu pauschalen Transferzahlungen V_t und Steuerzahlungen T_t zurück.

Abb. 14.3 zeigt, wie sich die neue Ausgabenart - die Netto-Zinszahlungen des Staates - seit 1929 entwickelt hat. Ausgedrückt in ihrem Verhältnis zum BSP, machten die Netto-Zinszahlungen des Bundes bis 1945 weniger als 1%, von 1945 bis 1950 zwischen 1,3% und 1,8% und von 1951 bis 1978 zwischen 0,9% und 1,2% aus. In der zuletzt genannten Periode wurde der sinkende Anteil der Staatsschuld am BSP (Abb. 14.1) überwiegend durch steigende Zinssätze kompensiert. Nach 1978 hat sich der Anteil der Netto-Zinszahlungen des Bundes am BSP stark erhöht und erreichte 1981

---

[4] In den USA war dies letztmals um 1835 beinahe der Fall; die Hauptsorge galt damals dem Problem, was man mit den überschüssigen Staatseinnahmen machen sollte, nachdem die Staatsschuld voll getilgt sein würde. (Dieses Problem bedrückt uns heute nicht mehr.) Vgl. Davis Dewey (1931), S. 221.

2,0% sowie 2,8% zwischen 1985 und 1987. Die Netto-Zinszahlungen des Staates insgesamt entwickelten sich in etwas anderer Weise, da die Einzelstaaten und Kommunen in den letzen Jahren Netto-Empfänger von Zinseneinkommen waren. Der Anteil der Netto-Zinszahlungen des Staates insgesamt am BSP belief sich zwischen 1985 und 1987 auf nur 2,1%.

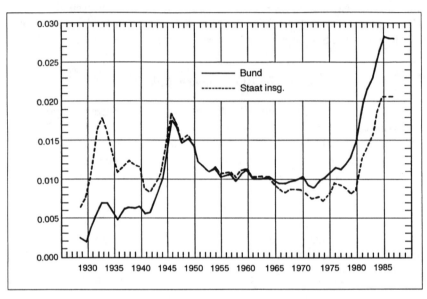

Abb. 14.3: *Entwicklung der staatlichen Zinszahlungen im Verhältnis zum BSP*
Die durchgezogene Linie zeigt die Netto-Zinszahlungen des Bundes im Verhältnis zum BSP. (Die Werte entsprechen den gezahlten Zinsen - ohne Nettozahlungen des Bundes an die Federal Reserve - abzüglich der empfangenen Zinsen.) Die unterbrochene Linie bezieht sich auf den Staat insgesamt; sie verläuft ab Mitte der 60er Jahre unterhalb der durchgezogenen Linie, da die Bundesstaaten und Kommunen Netto-Empfänger von Zinseinkommen in dieser Periode waren.

Staatliches Budgetdefizit

Sparen oder Entsparen des Staates kann ähnlich betrachtet werden wie das Sparverhalten der Haushalte. In der Volkswirtschaftlichen Gesamtrechnung (VGR) wird die nominale Ersparnis des Staates als Veränderung der nominalen staatlichen Kassen- und Wertpapierbestände definiert. (Wir gehen im Modell ebenso wie in der VGR davon aus, daß der Staat kein Kapital besitzt.) Da wir den Staat als Emittenten von Geld und Wertpapieren betrachten - und nicht als Inhaber von Finanzaktiva -, führt eine Erhöhung der Geldmenge und des Wertpapierbestandes dazu, daß er entspart. Ökonomen bezeichnen eine positive Ersparnis des Staates als *Budgetüberschuß* und eine negative Ersparnis als *Budgetdefizit*. (Wenn die Ersparnis gleich Null ist, besteht ein **ausgeglichenes Budget**.)

Wenn wir diese Begriffe zusammenfassen, erhalten wir für das nominale Budgetdefizit im Sinne der VGR

$$\text{nominales Budgetdefizit (VGR-Version)} = (M_t + B^g_t) - (M_{t-1} + B^g_{t-1}). \qquad (14.2)$$

Wenn wir nun die Definition aus Gleichung (14.2) mit der staatlichen Budgetbeschränkung aus Gleichung (14.1) verbinden, erhalten wir den üblichen Ausdruck für das nominale Budgetdefizit

$$\text{nominales Budgetdefizit (VGR-Version)} = P_t G_t + V_t + R_{t-1} B^g_{t-1} - T_t. \qquad (14.3)$$

Demnach ist das nominale Budgetdefizit gleich den Nominalausgaben - für staatliche Güterkäufe, Transfer- und Zinszahlungen - abzüglich der Steuereinnahmen. Es ist dieses Konzept des Budgetdefizits, welches 1986 209 Mrd. $, 1987 162 Mrd. $ und 1988 142 Mrd. $ ausmachte, und dem wir häufig in der Presse begegnen.

Die Standarddefinition des staatlichen Budgetdefizits in Gleichung (14.2) berücksichtigt die Inflation nur unzureichend.[5] Wie bei den Haushalten können wir das reale staatliche Budgetdefizit - d.h. das reale Entsparen - als Veränderung des realen Wertes der staatlichen Verpflichtungen in Form von Bargeld und Wertpapieren definieren. Deshalb lautet die angemessene Definition des **realen Budgetdefizits**

$$\text{reales Budgetdefizit} = \frac{(M_t + B^g_t)}{P_t} - \frac{(M_{t-1} + B^g_{t-1})}{P_{t-1}}. \qquad (14.4)$$

Multiplizieren wir mit dem Preisniveau P_t, so erhalten wir das **nominale Budgetdefizit** (welches einfach das in Geldeinheiten ausgedrückte reale Defizit ist)

$$\text{nominales Budgetdefizit} = (M_t + B^g_t) - (1 + \pi_{t-1}) \cdot (M_{t-1} + B^g_{t-1}), \qquad (14.5)$$

wobei wir $(1 + \pi_{t-1}) = (P_t/P_{t-1})$ auf der rechten Seite eingesetzt haben. Vergleichen wir Gleichung (14.5) mit der VGR-Version des nominalen Budgetdefizits in Gleichung (14.2), so besteht der Unterschied darin, daß wir den Ausdruck $\pi_{t-1} \cdot (M_{t-1} + B^g_{t-1})$ abgezogen haben. Dieser Term drückt die Verringerung des realen Wertes der staatlichen Verbindlichkeiten infolge der Inflation aus. Damit das reale Budgetdefizit (berechnet durch Division des nominalen Defizits durch das Preisniveau) mit der Veränderung der realen staatlichen Verbindlichkeiten übereinstimmt, müssen wir den obigen Ausdruck von der VGR-Version des nominalen Budgetdefizits abziehen.[6]

---

[5] Eine Diskussion dieser Inflationseffekte findet sich bei Jeremy Siegel (1979).

[6] Die Substraktion von $\pi_{t-1} B^g_{t-1}$ auf der rechten Seite von Gleichung (14.3) läuft darauf hinaus, daß der nominale Zinssatz R_{t-1} durch den realen Zinssatz r_{t-1} ersetzt wird. Entsprechend bedeutet der

Tab. 14.2: *Alternative Maße des US-Budgetdefizits, 1965-88*

	VGR-Basis		inflationsbereinigtes Maß	
	nominal	real	nominal	real
1965	1,1	3,3	−5,6	−16,6
1966	1,9	5,4	−8,1	−23,2
1967	7,5	20,9	−1,1	−3,0
1968	11,7	31,0	−2,1	−5,6
1969	−2,1	−5,3	−16,8	−42,2
1970	12,2	29,0	−2,7	−6,5
1971	23,7	53,4	9,0	20,2
1972	18,7	40,2	4,9	10,5
1973	7,4	14,9	−18,2	−36,8
1974	18,5	34,3	−15,2	−28,2
1975	82,4	139,0	53,3	90,0
1976	67,0	106,3	45,0	71,4
1977	60,0	89,2	27,5	40,9
1978	58,4	80,9	10,4	14,4
1979	49,1	62,5	−3,0	−3,9
1980	82,0	95,7	14,4	16,8
1981	85,6	91,1	17,6	18,8
1982	163,8	163,8	117,1	117,1
1983	186,1	179,2	146,5	141,1
1984	201,8	187,3	158,5	147,1
1985	224,0	201,5	177,8	160,0
1986	209,0	183,3	171,2	150,1
1987	161,7	137,7	99,5	84,7
1988	142,3	114,7	52,1	42,0

Anmerkung: Auf der Basis der VGR ergibt sich das nominale Budgetdefizit aus Gleichung (14.2) durch: $(M_t + B^g_t) - (M_{t-1} + B^g_{t-1})$. Das reale Budgetdefizit ist das nominale Budgetdefizit dividiert durch die jährlichen Durchschnittswerte des BSP-Deflators. Beim inflationsbereinigten Maß stammt das reale Budgetdefizit aus Gleichung (14.4), $(M_t + B^g_t)/P_t - (M_{t-1} + B^g_{t-1})/P_{t-1}$, wobei P_t hier der saisonbereinigte Wert des BSP-Deflators für die vier Quartale des Jahres t ist. Das nominale Budgetdefizit ergibt sich aus dem realen Budgetdefizit multipliziert mit den jährlichen Durchschnittswerten des BSP-Deflators.

Quellen (für die Tabelle und für Abb. 14.4): Die Daten für die Staatsanleihen B^g sind in Tab. 14.1 enthalten. M repräsentiert die aggregierten monetären Verbindlichkeiten der Federal Reserve (die "Geldbasis"), die den Bargeldbestand außerhalb des US-Schatzamtes sowie die bei der Federal Reserve gehaltenen Reserven umfassen. Die jeweils für den Dezember jeden Jahres gültigen Daten stammen aus verschiedenen Ausgaben des *Federal Reserve Bulletin*, die Daten für den BSP-Deflator

---

Abzug von $\pi_{t-1} M_{t-1}$, daß wir die nominale Verzinsung des Geldes, die gleich Null ist, durch den realen Zinssatz $-\pi_{t-1}$ ersetzen. Wir berücksichtigen die Inflation tatsächlich in der Weise, daß wir die nominalen Zinssätze durch die realen Raten austauschen. Im Idealfall würden wir bei der Messung des staatlichen Budgetdefizits auch Veränderungen des Marktwertes von Staatsanleihen in Rechnung stellen, die durch Änderungen des Zinssatzes bedingt sind. Robert Eisner und Paul Pieper (1984) berücksichtigen dies und betrachten überdies Veränderungen des Marktwertes staatlicher Vermögensaktiva wie Grundstücke und Gold.

vom U.S. Department of Commerce (1986) und aus verschiedenen Ausgaben des *U.S. Survey of Current Business*.

Da sich beide Defizitkonzepte im Falle einer hohen Inflationsrate deutlich unterscheiden, ist es ausgesprochen wichtig, welche Definition wir für den durch hohe Inflation gekennzeichneten Zeitraum seit Ende der 60er bis zu Beginn der 80er Jahre zugrunde legen. Tab. 14.2 vergleicht das Defizitkonzept der VGR für 1965-88 mit dem die Inflation berücksichtigenden Defizitmaß. Da die Inflationsrate in den Jahren vor 1965 deutlich niedriger war, sind die Unterschiede in dieser Zeit sehr viel weniger ausgeprägt. Das VGR-Konzept gibt seit 1965 für 23 von 24 Jahren ein Budgetdefizit an, während das inflationsbereinigte Maß nur 15 Mal ein Defizit ermittelt. Der Grund hierfür ist, daß sich die Erhöhung der nominalen staatlichen Verbindlichkeiten bei ausgeprägter Inflation oft nicht als entsprechende Zunahme der realen Verbindlichkeiten niederschlägt.

Abb. 14.4 stellt die Inflations-korrigierten realen Budgetdefizite von 1929 bis 1988 graphisch dar. Die durchgezogene Linie zeigt die Höhe des realen Budgetdefizits, während die gestrichelte Linie dieses als Verhältnis zum realen BSP ausdrückt. Bemerkenswert ist erstens die positive Beziehung zwischen dem realen Budgetdefizit und Kriegen. Dies ist insbesondere während des 2. Weltkrieges offensichtlich - so überstiegen die realen Budgetdefizite zwischen 1942 und 1944 das reale BSP um mehr als 20%.[7] Im übrigen ist ein gewisser gleichgelagerter Effekt während des Koreakrieges (1952-53) und möglicherweise während des Vietnamkrieges (1967-68) festzustellen.

Die zweite wichtige Beobachtung betrifft die positive Beziehung zwischen realem Budgetdefizit und konjunkturellen Abschwüngen, wie sich eindeutig in der Weltwirtschaftskrise offenbart, wo das reale Budgetdefizit mehr als 7% des realen BSP von 1932 ausmachte. Im übrigen hatte das reale Budgetdefizit eine eindeutig positive Tendenz während der Nachkriegsrezessionen - so z.B. in den Jahren 1949, 1958-59, 1971, 1975-76 und 1980-83. Die Anteile des realen Budgetdefizits am realen BSP beliefen sich 1975 auf 3,3% und 1982-3 auf 4,0%.

In Tab. 14.3 wird der Zusammenhang zwischen Rezessionen und Budgetdefiziten quantifiziert. Wir beginnen mit dem geschätzten Ausfall an realem BSP in Spalte 2 der Tabelle - dieser betrug 9,1% für 1982. Der Trendwert der realen Steuereinnahmen des Bundes machte 1982 716 Mrd. $ aus (Spalte 3). Sofern die realen Bundeseinnahmen unter den Trendwert im gleichen Ausmaß absinken wie der Ausfall an

---

[7] Die hohen negativen realen Budgetdefizite 1946-47 spiegeln einerseits Abnahmen der nominalen Staatsschuld und andererseits starke Erhöhungen des statistisch ausgewiesenen Preisniveaus wider. Letztere waren vor allem durch die Aufhebung von Preiskontrollen bedingt. Vermutlich ist das wahre Preisniveau während des 2. Weltkrieges stärker gestiegen, 1946-47 hingegen weniger (vgl. unsere Diskussion in Kapitel 12), so daß die tatsächlichen realen Budgetdefizite 1946-47 nicht ganz so negativ sind wie in der Abbildung dargestellt.

realem BSP, dann hätte das reale Budgetdefizit 1982 nach dieser Rechnung 9,1% · 716 = 65 Mrd. $ betragen. Tatsächlich ist aber das durch Rezession bedingte Defizit aus zwei Gründen größer: Erstens ist der prozentuale Einnahmeausfall tendenziell größer als der des BSP. Dies ist im wesentlichen auf den abgestuften Steuertarif der Bundeseinkommensteuer zurückzuführen, durch den die Haushalte bei sinkendem Einkommen in niedrigere Tarifstufen gelangen. Zweitens steigen auf der Ausgabenseite die Transferzahlungen des Bundes in Rezessionen. Insgesamt, so lautet meine Schätzung [vgl. Barro (1979)], sollten wir die vorläufige Zahl von 65 Mrd. $ mit 1,8 multiplizieren, um diesen beiden Faktoren gerecht zu werden. Dann beträgt die geschätzte Wirkung der Rezession auf das reale Budgetdefizit 1982 117 Mrd. $ (Spalte 4 der Tabelle), was zufällig dem tatsächlichen realen Defizit 1982 entspricht.

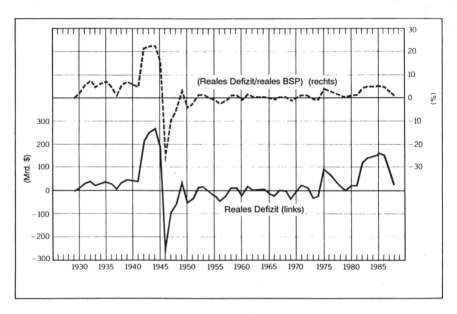

Abb. 14.4: *Entwicklung der realen Budgetdefizite des Bundes*
Die durchgezogene Linie zeigt das reale Budgetdefizit, während die unterbrochene Linie das Verhältnis des realen Budgetdefizits zum realen BSP abbildet.

Tab. 14.3 zeigt ähnliche Berechnungen für einige andere Fälle, in denen ebenfalls eine Rezession primär für das reale Budgetdefizit verantwortlich war. (Signifikante Veränderungen der realen Bundesausgaben wären gesondert zu analysieren.) So können wir für 1975 75 Mrd. $ des realen Defizits von 90 Mrd. $ erklären. Demgegenüber liegt 1958 das tatsächliche reale Budgetdefizit von 9 Mrd. $ deutlich unter dem prognostizierten Wert von 26 Mrd. $, während 1933 schließlich das von uns prognostizierte reale Defizit von 20 Mrd. $ kaum von dem tatsächlichen Wert von 18 Mrd. $ abweicht.

Tab. 14.3: *Rezessionen und reale Budgetdefizite des Bundes*

(1) Rezessionsjahr	(2) Prozent. Ausfall an realem BSP	(3) Trendwert der realen Bundessteuern (Mrd. $, Basis = 1982)	(4) Prognost. reales Defizit = 1.8 × Sp.(2) × Sp.(3)	(5) Tatsächl. reales Defizit
1982	9,1	716	117	117
1975	7,3	572	75	90
1958	4,8	300	26	9
1933	37,4	30	20	18

Anmerkung: Spalte 4 zeigt das prognostizierte reale Budgetdefizit des Bundes für die jeweiligen Rezessionsjahre. Dieser Wert ergibt sich aus dem 1,8fachen des prozentualen realen BSP-Ausfalls (Spalte 2) multipliziert mit dem Trendwert der realen Bundessteuern (Spalte 3). Der Trendwert unterstellt ein Wachstum der realen Steuern von 3,6% p.a. (Durchschnitt für 1948-87), ausgehend vom Vergleichsjahr. Spalte 5 zeigt das tatsächliche reale Budgetdefizit für jedes Jahr.

Quellen: Spalte 2 entspricht Tab. 9.1. Die Daten für die realen Bundessteuern (Nominalwert der erhobenen Steuern dividiert durch den BSP-Deflator) stammen vom U.S. Department of Commerce (1986). Die Werte für Spalte 5 sind in Abb. 14.4 graphisch dargestellt.

Betrachtet man die Geschichte der USA, so erklären Kriegsausgaben und Rezessionen den weitaus größten Teil der realen Budgetdefizite des Bundes. Dieser Zusammenhang scheint allerdings nicht mehr zu gelten für die Zeit nach 1983, da die Steuersenkungen der Regierung Reagan nicht von vergleichbaren Kürzungen der Bundesausgaben begleitet wurden. Von 1984 bis 1986 machte trotz der deutlichen wirtschaftlichen Erholung und des Fehlens kriegsbedingter Ausgaben das Verhältnis des realen Budgetdefizits zum realen BSP durchschnittlich 4,2% aus (vgl. Abb. 14.4). Jedoch fiel dieser Anteil teilweise bedingt durch die Veränderungen des Steuergesetzes 1986, durch welches sich insbesondere die Unternehmenssteuern erhöhten, von 2,2% im Jahr 1987 auf 1,1% im Jahr 1988.

Staatliche Ersparnis, private Ersparnis und volkswirtschaftliche Ersparnis

Die reale staatliche Ersparnis entspricht gerade dem negativen Wert des realen Budgetdefizits; d.h. aus Gleichung (14.4) ergibt sich[8]

---

[8] Sofern der Staat Kapital besäße, hätten wir die Veränderung desselben dem Maß der realen öffentlichen Ersparnis hinzuzufügen; aber wir nehmen im Modell an, der Staat verfüge über kein Kapital.

$$\text{reale staatliche Ersparnis} = -\frac{(M_t + B^g_t)}{P_t} + \frac{(M_{t-1} + B^g_{t-1})}{P_{t-1}}. \qquad (14.6)$$

Das reale private Sparen - d.h. die von den Haushalten geleistete reale Ersparnis - wird gegeben durch

$$\text{reale private Ersparnis} = \frac{(M_t + B^g_t)}{P_t} - \frac{(M_{t-1} + B^g_{t-1})}{P_{t-1}} + K_t - K_{t-1}. \qquad (14.7)$$

Mit diesem Ergebnis wird das Maß der realen Ersparnis aus Kapitel 9 erweitert, um die Veränderung der von den Haushalten gehaltenen realen staatlichen Wertpapiere einzuschließen.

Die Summe aus öffentlicher und privater Ersparnis wird als **volkswirtschaftliche Ersparnis** bezeichnet. Unter Verwendung der Gleichungen (14.6) und (14.7) ergibt sich die reale Ersparnis der gesamten Volkswirtschaft als

$$\text{reale volkswirtschaftliche Ersparnis} = K_t - K_{t-1}. \qquad (14.8)$$

Das wesentliche Resultat besteht also darin, daß die reale Ersparnis der gesamten Volkswirtschaft der aggregierten Nettoinvestition entsprechen muß.

Staatsverschuldung und Budgetbeschränkungen der Haushalte

Wie in Kapitel 13 interessiert die Haushalte der antizipierte Gegenwartswert der aggregierten realen Steuern. (Bei den Steuern handelt es sich hier annahmegemäß um Pauschalsteuern.) Deshalb möchten wir nun wissen, wie die ausstehende öffentliche Schuld sowie die laufenden und künftigen Budgetdefizite den Gegenwartswert der realen Steuern beeinflussen.

Zur Veranschaulichung der wichtigsten Ergebnisse wollen wir zunächst eine Reihe vereinfachender Annahmen treffen. Erstens unterstellen wir, daß das Preisniveau und die aggregierte Geldmenge konstant sind, so daß der Staat aus der Geldschöpfung keinerlei Einnahmen erzielt. Zweitens ist die Höhe der staatlichen Güterkäufe G_t in jeder Periode gegeben. Drittens sollen die aggregierten Transferzahlungen V_t in jeder Periode gleich Null sein. Schließlich nehmen wir an, daß der Staat am Anfang keinerlei zu verzinsende Schulden hat, d.h. $B^g_0 = 0$. (Später werden wir zeigen, daß unsere Schlußfolgerungen durch diese unrealistischen Annahmen nicht beeinträchtigt werden.)

Aufgrund unserer Prämissen lautet die staatliche Budgetbeschränkung in realen Größen für jede Periode

$$G_t + \frac{R \cdot B^g_{t-1}}{P} = \frac{T_t}{P} + \frac{(B^g_t - B^g_{t-1})}{P}. \tag{14.9}$$

Wir treffen die Annahme, daß der Staat zum Zeitpunkt 0 keine verzinslichen Schulden hat. Deshalb müssen, falls der Staat sein Budget vom Zeitpunkt 1 an stets ausgleicht - d.h. $B^g_t - B^g_{t-1} = 0$ in jeder Periode-, die Zinszahlungen immer gleich Null sein. In diesem Fall entsprechen die realen Käufe G_t zu jedem Zeitpunkt den realen Steuern T_t/P.

Nun sei angenommen, daß der Staat zum Zeitpunkt 1 statt eines Budgetausgleichs ein Budgetdefizit von 1 $ eingeht, so daß $B^g_1 = 1$ gilt. Da die Höhe der staatlichen Güterkäufe konstant ist, besagt die Budgetbeschränkung in Gleichung (14.9), daß die Steuern dieser Periode T_1 um 1 $ abnehmen müssen. Wir betrachten mithin eine *Defizit-finanzierte Steuersenkung*. Diese Steuerkürzung um 1 $ bedeutet, daß im Aggregat das laufende verfügbare Haushaltseinkommen um 1 $ steigt.

Unsere nächste Annahme lautet, daß der Staat die öffentliche Schuld vom Zeitpunkt 2 an auf 0 reduzieren will, so daß $B^g_2 = B^g_3 = \ldots = 0$. Dann muß der Staat in Periode 2 die Steuern soweit anheben, daß er die zum Zeitpunkt 1 emittierte Anleihe von einem Dollar tilgen und verzinsen kann. Folglich müssen die Steuern der Periode 2, T_2, um $(1 + R)$$ steigen. Da damit die Schuld abgetragen ist, bleiben die Steuern in den folgenden Perioden unverändert.

Insgesamt gilt, daß die aggregierten Steuern in Periode 1 um 1,00 $ sinken, in Periode 2 jedoch um $(1 + R)$$ steigen. Damit wird der Effekt für den Gegenwartswert der aggregierten realen Steuern gegeben durch

$$\left(\frac{1}{P}\right) \cdot \left[-1 + \frac{(1+R)}{(1+R)} \right] = 0.$$

Wir haben also die Erhöhung der Steuern der nächsten Periode um $(1 + R)$$ mit dem Faktor $(1 + R)$ abdiskontiert. Damit ist der Nettoeffekt auf den Gegenwartswert der aggregierten realen Steuern gleich Null. Da der Gegenwartswert der aggregierten realen Steuern unverändert bleibt, kann das staatliche Budgetdefizit in Periode 1 bei den Haushalten keinen aggregierten Vermögenseffekt auslösen. Somit hat die Umstrukturierung von gegenwärtigen Steuern auf ein Budgetdefizit keinen direkten Einfluß auf die Aggregate der Konsumnachfrage und des Arbeitseinsatzes. In diesem Sinn ist für die Wirtschaftssubjekte eine gegenwärtige aggregierte Steuer von einem Dollar identisch mit einem gegenwärtigen Budgetdefizit von einem Dollar. Dieses Ergebnis ist die einfachste Version von **Ricardos Äquivalenztheorem** der

Staatsverschuldung. (Das Theorem wurde benannt nach dem berühmten britischen Ökonomen David Ricardo, der es als erster formulierte.[9])

Die Aussage läßt sich folgendermaßen interpretieren: Die Haushalte empfangen in Periode 1 aufgrund der Steuersenkung einen zusätzlichen Dollar an verfügbarem Einkommen, müssen aber in Periode 2 (1 + R)\$ an zusätzlichen Steuern leisten. Deshalb werden sie, wenn sie mit diesem zusätzlichen Dollar ihres verfügbaren Einkommens in Periode 1 zusätzliche Wertpapiere in Höhe von 1 \$ kaufen, in der Periode 2 gerade genügend zusätzliche Einnahmen erzielen - nämlich (1 + R)\$ -, um die zusätzlichen Steuern bezahlen zu können. Dies heißt m.a.W., daß sie durch die Steuersenkung in Periode 1 gerade die zur Bezahlung der höheren Steuern der nächsten Periode erforderlichen Einnahmen erhalten und nicht mehr. Deshalb gibt es keinen aggregierten Vermögenseffekt und keine Veränderungen in der aggregierten Konsumnachfrage und im aggregierten Arbeitseinsatz.

Wir können diese Ergebnisse auch im Sinne des Sparverhaltens interpretieren. Das Budgetdefizit von 1 \$ bedeutet, daß der Staat um 1 \$ weniger spart als zuvor; d.h. die öffentliche Ersparnis geht um 1 \$ zurück. Da die Haushalte ihr zusätzliches verfügbares Einkommen von 1 \$ vollständig in Wertpapieren anlegen, erhöht sich die private Ersparnis um 1 \$. (In dem von uns betrachteten Fall ist die marginale Konsumquote bezüglich des verfügbaren Einkommens gleich Null und die marginale Sparquote gleich eins.) Da die Zunahme der privaten Ersparnis genau den Rückgang der staatlichen Ersparnis aufwiegt, verändert sich die Summe beider Größen, die volkswirtschaftliche Ersparnis, nicht.

Um zu diesen Ergebnissen zu gelangen, haben wir unterstellt, daß der Staat in Periode 2 die gesamte Staatsschuld zurückzahlt, obwohl diese Annahme für unsere Ergebnisse nicht erforderlich ist. Dies läßt sich zeigen, indem wir statt dessen annehmen, daß der Staat die zum Zeitpunkt 1 aufgenommene Kreditsumme von 1 \$ *nie* zurückzahlt. Er hat aber nach der ersten Periode immer ein ausgeglichenes Budget, so daß von der zweiten Periode an $B^g_t - B^g_{t-1} = 0$ gilt. In diesem Fall ist der Schuldenstand im Zeitablauf konstant, so daß $B^g_1 = B^g_2 = ... = 1$ gilt. Allerdings muß der Staat in jeder Periode Zinszahlungen in Höhe von R \$ leisten. (Diese Zahlungen wären gleich Null gewesen, wenn der Staat in Periode 1 kein Budgetdefizit eingegangen wäre.) Somit bedingen diese zusätzlichen Ausgaben, daß die aggregierten Steuern T_t nach der ersten Periode um R \$ in *jeder* Periode höher sind.

Die Steuern sinken in der ersten Periode um 1 \$, steigen jedoch in allen folgenden Perioden jeweils um R \$. Deshalb wird die Veränderung des Gegenwartswertes der aggregierten realen Steuern jetzt durch den folgenden Ausdruck gegeben

---

[9] Zur Diskussion dieses Theorems vgl. David Ricardo (1957); James Buchanan (1958), S. 43-46, 114-22; Robert Barro (1989). Gerald O' Driscoll (1977) weist darauf hin, daß Ricardo selbst Zweifel bezüglich der empirischen Gültigkeit seines berühmten Theorems hegte.

$$\left(\frac{1}{P}\right) \cdot \left\{ -1 + R \cdot \left[\frac{1}{(1+R)} + \frac{1}{(1+R)^2} + \ldots \right] \right\}$$

$$= \left(\frac{1}{P}\right) \cdot \left\{ -1 + \left[\frac{R}{(1+R)} \right] \cdot \left[\frac{(1+R)}{R} \right] \right\} = 0.^{10}$$

Die Nettoveränderung des Gegenwartswertes der aggregierten realen Steuern ist also immer noch gleich Null.

Dieses Ergebnis läßt sich folgendermaßen interpretieren: Die Haushalte empfangen aufgrund der Steuersenkung in Periode 1 einen zusätzlichen Dollar an verfügbarem Einkommen, müssen aber zusätzliche künftige Steuern in Höhe von R \$ in jeder nachfolgenden Periode in Kauf nehmen. Wenn sie nun das zusätzlich verfügbare Einkommen in Höhe von einem Dollar in Periode 1 zum Kauf von Wertpapieren verwenden, dann erhalten sie in Periode 2 die Kreditsumme von 1 \$ zurück und zusätzlich Zinsen in Höhe von R \$. Wenn sie mit den Zinszahlungen ihre höheren Steuern begleichen, können sie erneut Obligationen im Werte von 1 \$ kaufen. Sofern sie in dieser Weise fortfahren, können die Haushalte die zusätzlichen Steuerzahlungen in jeder Periode mit Hilfe des Zinseinkommens bestreiten. Damit erhalten sie durch die Steuersenkung der ersten Periode genau die zur Begleichung ihrer künftigen höheren Steuerschuld erforderlichen Einnahmen und nicht mehr. Deshalb ist die Nettoveränderung des Gegenwartswertes der aggregierten realen Steuern wiederum gleich Null, und die aggregierte Konsumnachfrage und der aggregierte Arbeitseinsatz bleiben erneut unverändert. Wir bleiben daher bei der Voraussage, daß die private Ersparnis steigt, um den Rückgang des staatlichen Sparens auszugleichen, so daß die volkswirtschaftliche Ersparnis insgesamt erhalten bleibt.

Die grundlegende Schlußfolgerung lautet, daß Umschichtungen zwischen Steuern und Budgetdefiziten keine aggregierten Vermögenseffekte auslösen. Diese Aussage gilt auch dann, wenn wir viele unserer vereinfachenden Annahmen fallen lassen. Wenn z.B. der anfängliche Schuldenstand von Null verschieden ist, folgt unser Ergebnis aus der Berücksichtigung der zusätzlichen künftigen Zinszahlungen und Steuern, die aus dem heutigen Budgetdefizit resultieren. Desgleichen bleibt das Ergebnis unverändert, wenn wir ein willkürliches System von Transferzahlungen einführen. Nehmen wir z.B. an, daß der Staat auf höhere künftige Zinszahlungen nicht mit erhöhten Steuern, sondern mit verringerten Transferleistungen reagiert. Der einzige Unterschied besteht darin, daß zu der bereits betrachteten Störung eine neue hinzukommt - nämlich gleich hohe Senkungen künftiger Transferzahlungen und Steuern. Da die neue Störung jedoch keinen aggregierten Vermögenseffekt auslöst, bleibt das Ergebnis grundsätzlich gültig.

---

[10] Unter Verwendung der Bedingung $(1 + z + z^2 + \ldots) = 1/(1 - z)$, wobei $z = 1/(1 + R)$. Vgl. die Erörterung der geometrischen Reihe in Fußnote 14, Kapitel 4.

Auch die Einführung der Geldschöpfung und der Inflation bedeutet keine entscheidende Veränderung. Eine Möglichkeit wäre etwa, daß der Staat künftig höhere Zinszahlungen durch eine verstärkte Betätigung der Notenpresse finanziert und nicht über erhöhte Steuern. Das bedeutet in der Terminologie der Ökonomen, daß er einen Teil des Budgetdefizits oder einen Teil des Schuldenbestandes **monetisiert**. Hier gilt jedoch wie zuvor, daß es sich nur um eine andere Störung handelt - nämlich um eine Zunahme der künftigen Geldschöpfung und eine Abnahme künftiger Steuern. Wir wissen bereits, daß Veränderungen der Geldmenge, die zur Finanzierung einer Steuersenkung dienen, keinen aggregierten Vermögenseffekt auslösen. Deshalb ist auch in diesem Fall von Budgetdefiziten kein aggregierter Vermögenseffekt zu erwarten. Allerdings hat die Finanzierung der öffentlichen Schuld durch Geldschöpfung wichtige Implikationen für die Entwicklung der Preise. Sie löst die gleichen Effekte aus wie die zuvor untersuchten Erhöhungen der Geldmenge, wirkt also inflationsfördernd.[11]

Schließlich können wir noch die Existenz von Budgetdefiziten ungleich Null in künftigen Perioden zulassen. Ebenso wie gegenwärtige Defizite bringen auch diese keinerlei aggregierte Vermögenseffekte hervor. Deshalb können wir sagen, daß die aggregierten Vermögenseffekte für jede beliebige zeitliche Entwicklung der Staatsverschuldung gleich Null sind. Die aggregierte Konsumnachfrage wird somit weder auf unterschiedliche Anfangsbestände der realen staatlichen Anleihen B^g_0/P noch auf Veränderungen der laufenden oder künftigen Budgetdefizite reagieren.

Grundsätzlich gilt, daß Budgetdefizite keine aggregierten Vermögenseffekte auslösen, da sie die Inanspruchnahme von Ressourcen durch den Staat nicht ändern. Die Höhe der staatlichen Güterkäufe G_t gibt uns nach wie vor an, wieviel Güter der Staat in Periode t verbraucht. Aggregierte Vermögenseffekte treten wie bisher dann auf, wenn sich der Gegenwartswert der staatlichen Güterkäufe verändert. Solange wir jedoch diesen Gegenwartswert konstant halten, können durch Umstrukturierungen zwischen Steuern und Budgetdefiziten keine aggregierten Vermögenseffekte ausgelöst werden.

Auswirkungen einer Defizit-finanzierten Steuersenkung

Erinnern wir uns, daß im Falle pauschaler Steuern und Transferzahlungen die Bedingung zur Räumung des Gütermarktes in der Periode 1 gegeben ist durch

$$C^d(r_1, ...) + I^d(r_1, ...) + G_1 = Y^s(r_1, ...). \qquad (14.10)$$
$$\quad (-) \qquad\quad (-) \qquad\qquad\quad (+)$$

---

[11] Aris Protopapadakis und Jeremy Siegel (1987) untersuchten empirisch den Zusammenhang zwischen einerseits Geldmengenwachstum und Inflation sowie Budgetdefiziten und öffentlichem Schuldenstand andererseits. Für zehn Industriestaaten zeigte sich eine nur schwache Beziehung zwischen Budgetdefiziten oder Staatsschuld und Wachstumsraten der Geldmenge oder Preise.

In den Nachfrage- und Angebotsfunktionen haben wir den anfänglichen Kapitalbestand K_0 ebenso wie die Höhe der staatlichen Güterkäufe G_1 nicht explizit aufgeführt. Im übrigen gilt wie bisher, daß der Anfangsbestand der realen staatlichen Anleihen B^g_0/P_1 weder für die aggregierte Konsumnachfrage C^d noch für das Güterangebot Y^s relevant ist.

Wir nehmen nun an, daß der Staat die laufenden Steuern T_1 senkt und eine entsprechende Erhöhung seiner verzinslichen Anleihen B^g_1 vornimmt. Ferner sei unterstellt, daß weder die laufenden noch die künftigen staatlichen Güterkäufe verändert werden; wir befassen uns also mit den Effekten eines reinen Budgetdefizits. Häufig bezeichnen Ökonomen diese Vorgehensweise als stimulierende **Fiskalpolitik**. Wir wissen bereits, daß die Substitution der gegenwärtigen Steuern durch ein Budgetdefizit keinen aggregierten Vermögenseffekt auslöst. Die Konsumnachfrage und der Arbeitseinsatz bleiben somit von dieser Maßnahme unberührt. Folglich hat die Steuersenkung keinerlei Konsequenzen für die in Gleichung (14.10) definierte Bedingung zur Räumung des Gütermarktes. Desgleichen bleiben der reale Zinssatz r_1 ebenso wie die Produktion Y_1, der Konsum C_1, die Investition I_1 usw. unverändert.

Diese Ergebnisse können wir auch in der Terminologie der geplanten Ersparnis und Investition ausdrücken. Erinnern wir uns daran, daß das Budgetdefizit eine Erhöhung der geplanten privaten Ersparnis anregt, die den Rückgang des staatlichen Sparens genau ausgleicht, und daher hat das Budgetdefizit keine Auswirkung auf die geplante volkswirtschaftliche Ersparnis. Da sich die Nettoinvestitionsnachfrage ebenfalls nicht ändert, ist folglich keine Anpassung des realen Zinssatzes erforderlich, um die Gleichheit zwischen geplanter volkswirtschaftlicher Ersparnis und Nettoinvestitionsnachfrage aufrechtzuerhalten.

Die Bedingung, daß das Geldangebot in Periode 1 freiwillig als Kasse gehalten wird, lautet

$$M_1 = P_1 \cdot L(Y_1, R_1, \ldots). \qquad (14.11)$$
$$(+)(-)$$

Angenommen, der Staat ändert weder die gegenwärtige Geldmenge M_1 noch den Zeitpfad der künftigen Geldmengen. Dann bleibt Gleichung (14.11) von der Defizit-finanzierten Senkung der laufenden Steuern unberührt, so daß weder das Preisniveau P_1 noch der Nominalzinssatz R_1 eine Änderung erfahren. Ferner werden weder die Inflationsrate π_1 noch sämtliche künftigen Preisniveaus von der Steuersenkung berührt.

Wir stellen fest, daß eine Defizit-finanzierte Steuersenkung weder die Volkswirtschaft stimuliert noch die Zinssätze berührt. Da diese Ergebnisse kontrovers und bedeutsam sind, werden wir später zu untersuchen haben, inwieweit die Schlußfolgerungen durch Modifikationen des Modells verändert werden.

Offenmarktoperationen

Nachdem wir die Staatsverschuldung in das Modell eingeführt haben, können wir auch sog. **Offenmarktoperationen** analysieren. Ein Offenmarktgeschäft mit Wertpapieren liegt vor, wenn der Staat - oder eine Währungsbehörde wie die Federal Reserve - mit neu geschaffenem Geld staatliche Anleihen erwirbt bzw. im entgegengesetzten Falle gegen Geld verkauft. Diese Offenmarktoperationen stellen die wichtigste Methode der Federal Reserve zur Beeinflussung der Geldmenge in den USA dar. Deshalb wollen wir untersuchen, ob dieses realistische Verfahren zur Veränderung der Geldmenge andere Ergebnisse hervorbringt als unsere "Hubschraubergeschichte" der Geldverteilung, die wir in Kapitel 8 analysierten.

Wir betrachten einen Offenmarktkauf in Periode 1, der die Geldmenge M_1 um 1 \$ erhöht und den öffentlichen Schuldenstand B^g_1 um 1 \$ vermindert. Dabei unterstellen wir, daß keine weiteren Veränderungen der Geldmenge auftreten; d.h. die Erhöhung der Geldmenge zum Zeitpunkt 1 ist einmalig.

Tab. 14.4 zeigt, daß ein Offenmarktkauf von Wertpapieren letztlich eine Kombination aus zwei bereits von uns analysierten wirtschaftspolitischen Maßnahmen des Staates darstellt. Um dies zu veranschaulichen, nehmen wir zunächst an, daß der Staat die Geldmenge M_1 um 1 \$ erhöht und die laufenden Steuern T_1 entsprechend um 1 \$ senkt. Diese Veränderungen erscheinen in Zeile 1 in der Tabelle. Dann möge der Staat die Steuern T_1 wieder um 1 \$ erhöhen und die Einnahmen zur Rückzahlung der Staatsschulden B^g_1 in Höhe von 1 \$ verwenden. Diese Veränderungen sind in Zeile 2 der Tabelle aufgeführt. Der Nettoeffekt einer Kombination dieser beiden wirtschaftspolitischen Maßnahmen läßt die Steuern unverändert. Da sich aber die Geldmenge um 1 \$ erhöht, der Wertpapierbestand hingegen um 1 \$ fällt, erhalten wir als Ergebnis einen Offenmarktkauf von Wertpapieren, der in der Tabelle in Zeile 3 dargestellt ist.

Tab. 14.4: *Offenmarktkäufe von Wertpapieren und andere wirtschaftspolitische Maßnahmen*

Wirtschaftspolitische Maßnahme	Veränderung von M_1	Veränderung von B^g_1	Veränderung von T_1
1. Vermehrtes Drucken von Geld und Steuersenkung	+ 1 \$	0	− 1 \$
2. Steuererhöhung und Tilgung öffentlicher Schulden	0	− 1 \$	+ 1 \$
3. Offenmarktkauf von Wertpapieren	+ 1 \$	− 1 \$	0

Anmerkung: Ein Offenmarktkauf von Wertpapieren - Maßnahme 3 - ist gleichbedeutend mit einer Kombination der bereits untersuchten Maßnahmen 1 und 2.

Wir wissen bereits, daß die Maßnahme 1 (mehr Geld und weniger Steuern) das Preisniveau entsprechend der Zunahme der Geldmenge erhöht. Allerdings ergeben sich hier - außer einer Abnahme des realen Bestandes an staatlichen Anleihen - keine Veränderungen der realen Variablen. Wir wissen außerdem, daß die 2. Maßnahme (Fiskalpolitik mit steigenden Steuern und sinkender Staatsschuld) nur eine Reduktion des realen Bestandes staatlicher Anleihen bewirkt. Um schließlich die Effekte eines Offenmarktkaufs von Wertpapieren zu ermitteln, brauchen wir nur diese beiden Reaktionen zu kombinieren. Das Preisniveau wird also ebenso wie die anderen nominalen Variablen (außer der Höhe der öffentlichen Schuld) im gleichen Maße steigen wie die Geldmenge. Abgesehen von der sinkenden realen Höhe der staatlichen Anleihen bleiben alle realen Variablen unverändert. Damit sind unsere vorherigen Ergebnisse bezüglich der Neutralität des Geldes auch für Offenmarktoperationen mit Wertpapieren gültig.

Warum spielt die Staatsverschuldung überhaupt eine Rolle?

Unsere bisherigen Ergebnisse lassen vermuten, daß Staatsschuld und Budgetdefizite für die Volkswirtschaft keine besonders wichtige Rolle spielen. Um dies zu verstehen, brauchen wir nur die Parallele zur privaten Verschuldung zu ziehen. Die aggregierten privaten Schulden sind immer gleich Null - was ebenfalls nicht sonderlich interessant zu sein scheint. Dennoch sind die Möglichkeiten der Kreditaufnahme und -vergabe wichtig, da die Wirtschaftssubjekte durch sie nicht mehr unter dem Zwang stehen, die zeitliche Verteilung ihrer Einkommen und Ausgaben zu synchronisieren. Eine ganz ähnliche Rolle spielt die Staatsverschuldung. Die Existenz des Kreditmarktes enthebt den Staat von der Verpflichtung, seine Einnahmen aus Steuern und Geldschöpfung in jeder Periode mit seinen Ausgaben in Einklang bringen zu müssen.

Unter Verwendung der staatlichen Budgetbeschränkung können wir die realen Einnahmen aus Steuern und Geldschöpfung für die Periode t folgendermaßen ausdrücken

$$\frac{T_t}{P_t} + \frac{(M_t - M_{t-1})}{P_t} = G_t + \frac{V_t}{P_t} + \frac{R_{t-1} \cdot B^g_{t-1}}{P_t} - \frac{(B^g_t - B^g_{t-1})}{P_t}. \quad (14.12)$$

Wir unterstellen gegebene Zeitpfade für die realen staatlichen Güterkäufe und Transferzahlungen und nehmen der Einfachheit halber an, daß der Anfangsbestand verzinslicher Staatsschulden B^g_0 gleich Null ist. Sofern der Staat niemals irgendwelche Wertpapiere ausgibt, müssen seine realen Einnahmen aus Steuern und Geldschöpfung für die Periode t gleich den gegebenen realen Ausgaben dieser Periode, $G_t + V_t/P_t$, sein. Die Einnahmen müssen im Falle hoher Ausgaben ebenfalls hoch sein und umgekehrt. Durch die Möglichkeit der Emission von Anleihen gewinnt der Staat eine weitaus größere Flexibilität, da er etwa bei ungewöhnlich hohen Ausgaben dank der Kreditaufnahme nicht mehr gezwungen ist, gleichzeitig entsprechend hohe Steuereinnahmen zu erzielen. Der Staat besitzt also ganz allgemein die Möglichkeit, seine Verschuldungspolitik so zu gestalten, daß er die Höhe seiner Einnahmen in einer bestimmten Periode verändern kann, ohne gleichzeitig seine Ausgaben entsprechend anpassen zu müssen.

Um die entscheidenden Punkte hervorzuheben, nehmen wir erneut an, daß die Geldmenge im Zeitablauf konstant ist - d.h. es gibt keine Einnahmen aus der Geldschöpfung. Unter diesen Umständen wird die zeitliche Verteilung der realen Steuereinnahmen T_t/P_t durch die staatlichen Entscheidungen bezüglich der Verschuldungspolitik vorgegeben. Für einen gegeben realen Gegenwartswert der Steuern wird die Volkswirtschaft nur dann auf eine andere zeitliche Verteilung der Steuern reagieren, wenn es sich nicht um Pauschalsteuern handelt. Um die genaue Art dieser Reaktion zu verstehen, verwenden wir noch einmal die bereits in Kapitel 13 behandelte Einkommensteuer. Für die aggregierten realen Steuereinnahmen in der Periode t erhalten wir in diesem Fall

$$\frac{T_t}{P_t} = \tau_t \left(Y_t + \frac{R_{t-1} \cdot B^g_{t-1}}{P_t} - E_t \right), \tag{14.13}$$

wobei τ_t der Grenzsteuersatz und E_t die Höhe des steuerfreien Realeinkommens für die Periode t ist. (Die Zinszahlungen auf öffentliche Anleihen - die steuerpflichtig sind - erscheinen im Aggregat des zu versteuernden realen Haushaltseinkommens.)

Durch eine bestimmte zeitliche Verteilung der öffentlichen Verschuldung legt der Staat die Entwicklung der realen Steuereinnahmen T_t/P_t fest, die ihrerseits den notwendigen Wert des Grenzsteuersatzes τ_t aus Gleichung (14.13) bestimmt. Der Staat kann z.B. zunächst planen, den Grenzsteuersatz im Zeitablauf konstant zu halten. Wir betrachten dazu nochmals das Beispiel, in dem die gegenwärtigen Steuern T_1 um 1 $ sinken, während die Staatsschuld um 1 $ zunimmt. Des weiteren soll der Staat die Steuern der nächsten Periode T_2 um $(1 + R)$$ erhöhen, um die zusätzlichen Schulden zurückzuzahlen, so daß sich die Steuern nur in der 1. und der 2. Periode verändern. Sofern der Staat nicht bereits den Punkt der maximalen Steuereinnahmen auf der Laffer-Kurve überschritten hat, schlagen sich Veränderungen der erhobenen Steuern in entsprechenden Veränderungen der Grenzsteuersätze nieder. Demzufolge muß der heutige Grenzsteuersatz τ_1 abnehmen, um die heutigen Steuereinnahmen zu senken, während der Steuersatz der nächsten Periode τ_2 steigen muß, damit die Einnahmen der nächsten Periode ebenfalls steigen. Allerdings veranlaßt dies die Wirtschaftssubjekte, ihr Einkommen auf die gegenwärtige Periode zu verlagern, d.h. sie werden heute mehr arbeiten, in der nächsten Periode hingegen ihren Arbeitseinsatz verringern. Offensichtlich vollzieht sich diese Reaktion genauso wie einige der bereits analysierten intertemporalen Substitutionseffekte.[12]

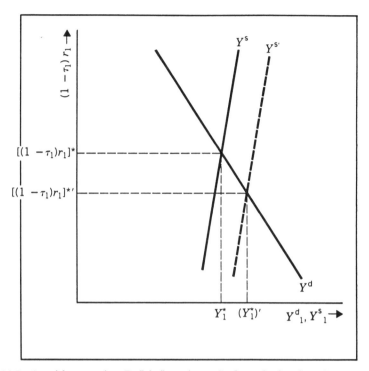

Abb. 14.5: *Auswirkungen einer Defizit-finanzierten Senkung des heutigen Grenzsteuersatzes auf den Gütermarkt*
Der Grenzsteuersatz fällt zum Zeitpunkt 1. Aufgrund der Zunahme des heutigen Güterangebots steigt die Produktion, während der reale Zinssatz nach Steuern sinkt.

Abb. 14.5 zeigt die Auswirkungen auf den Gütermarkt in der Periode 1. Dabei wird die Erhöhung des heutigen Arbeitseinsatzes graphisch als Rechtsverschiebung der Angebotskurve dargestellt. Da es keinen direkten Stimulus für die heutige Nachfrage gibt[13], entsteht beim anfänglichen Wert des realen Zinssatzes nach Steuern

---

[12] Da die Steuer in unserem Modell das Einkommen und nicht die Ausgaben belastet, entsteht bei der Konsumnachfrage kein intertemporaler Substitutionseffekt.

[13] Es kann zwar einen direkten Effekt bei der Investitionsnachfrage geben, aber dieser hängt davon ab, wie sich der Grenzsteuersatz zum Zeitpunkt der Inbetriebnahme des neuen Kapitalstocks verändert hat. Sofern die Veränderungen des Grenzsteuersatzes nur kurzfristiger Natur sind, wird der direkte Effekt bei der Investitionsnachfrage kaum spürbar sein, so daß wir ihn der Einfachheit halber vernachlässigen.

$[(1 - \tau_1)r_1]^*$ ein Überangebot an Gütern. Dementsprechend sinkt in Abb. 14.5 der reale Zinssatz nach Steuern, während der Output zunimmt. Diese zusätzliche Produktion schlägt sich teilweise in Form eines erhöhten Konsums und teilweise in Form erhöhter Investitionen nieder.

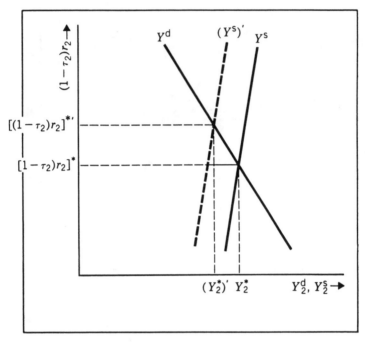

Abb. 14.6: *Auswirkungen einer vorübergehenden Erhöhung des Grenzsteuersatzes auf den Gütermarkt*
In Periode 2, wenn der Staat die Schulden tilgt, ist der Grenzsteuersatz höher. Daher ist die Produktion geringer und der reale Zinssatz nach Steuern höher.

Das Gegenstück zu dem niedrigeren Grenzsteuersatz in dieser Periode ist ein höherer Steuersatz in der nächsten. Deshalb sind, wie in Abb. 14.6 dargestellt, die Veränderungen im Markträumungs-Diagramm in Periode 2 entgegengesetzt zur vorherigen; die Y^s-Kurve verschiebt sich nunmehr nach links. Im Vergleich zu den Werten, die ohne Steuererhöhungen entstanden wären, tritt in Periode 2 eine Zunahme des realen Zinssatzes nach Steuern und eine Abnahme der Produktion, des Arbeitseinsatzes, des Konsums und der Investition auf.

Zusammenfassend läßt sich nach der Analyse der Einkommensteuer sagen, daß die Fiskalpolitik reale Effekte auslöst. Insbesondere bewirkt eine Defizit-finanzierte Senkung des heutigen Grenzsteuersatzes eine Zunahme der gegenwärtigen realen Wirtschaftsaktivität. Anderseits ergeben sich später umgekehrte Reaktionen, sobald der Grenzsteuersatz höher ist als zuvor. In unserem einfachen Beispiel ist der höhere künftige Steuersatz nur für die 2. Periode gültig. Allgemein könnte dies auch für viele Perioden der Fall sein. Dann würde sich die Tendenz einer nachlassenden realen Wirtschaftsaktivität auch auf die Zukunft erstrecken. Insgesamt stellt die Fiskalpolitik ein Instrument dar, mit dem die zeitliche Verteilung der realen Wirtschaftsaktivität beeinflußt werden kann. Wendet der Staat diese Politik zur Stimulierung der heutigen Produktion an, so ergibt sich als Nebeneffekt eine Verringerung des Outputs in der Zukunft.

Zeitliche Verteilung der Steuern

Über die geschickte Handhabung seiner Budgetdefizite kann der Staat die relativen Werte der Grenzsteuersätze in unterschiedlichen Perioden verändern und auf diese Weise die relativen Produktionsmengen zu verschiedenen Zeitpunkten beeinflussen. Jedoch wäre der Staat nicht sonderlich gut beraten, wenn er die Steuersätze in bestimmten Perioden willkürlich erhöht und in anderen reduziert. Denn derartige Schwankungen der Steuersätze würden nur zu überflüssigen Verzerrungen führen, da sie den Wirtschaftssubjekten die falschen Signale für ihre Arbeits- und Produktionsentscheidungen übermitteln. Die US-Regierung hat sich bisher nicht in einer derart erratischen Weise verhalten; vielmehr wurde die öffentliche Verschuldung so gehandhabt, daß im Zeitablauf eine einigermaßen stabile Struktur der Steuersätze aufrechterhalten wurde.

Ein Beispiel für ein derartiges Verhalten betrifft die Entwicklung der Einkommensteuersätze in Rezessionen. Normalerweise nehmen die realen Staatsausgaben in einer Rezession nicht so stark ab wie die Produktion. (Tatsächlich steigen bestimmte Ausgabenposten wie die Arbeitslosenunterstützung und Sozialhilfeleistungen automatisch an.) Deshalb müßte der Staat im Falle eines Konjunkturabschwungs eigentlich die Steuersätze erhöhen, um ein ausgeglichenes Budget zu erreichen. Statt dessen nimmt er jedoch üblicherweise ein reales Budgetdefizit in Kauf, wie wir in Abb. 14.4 sahen.[14]

Ein weiteres Beispiel für staatliches Schuldenmanagement ist in Kriegszeiten beobachtbar, da hier die realen Staatsausgaben und insbesondere die realen Budgetdefizite sehr viel höher sind als normalerweise. Der Staat vermeidet so ungewöhnlich hohe Steuersätze in Kriegszeiten. Auf diese Weise werden notwendige Steuererhöhungen einigermaßen gleichmäßig über die Zeit verteilt. Die Steuersätze steigen etwas, solange der Krieg anhält, nehmen aber auch danach aufgrund der höheren Zinszahlungen für die akkumulierten öffentlichen Schulden noch zu.

---

[14] Ökonomen schätzen häufig jenes Budgetdefizit, welches sich bei "voller Kapazitätsauslastung" oder "Vollbeschäftigung" ergeben hätte. Zur Diskussion dieses **Vollbeschäftigungsdefizits** vgl. E. Cary Brown, (1956) und Council of Economic Advisers, *Economic Report* (1962), S. 78-82.

> **"Unerfreuliche monetaristische Arithmetik"**
>
> Thomas Sargent und Neil Wallace (1981) analysierten die Effekte einer Veränderung der zeitlichen Verteilung der Inflationssteuer. Stellen wir uns ein Land vor, das einen wesentlichen Anteil seiner Staatseinnahmen aus der Geldschöpfung bezieht. (Die Untersuchung bezieht sich daher vornehmlich auf Hyperinflationen und auf Länder, die typischerweise hohe Inflation aufweisen - wie Argentinien und Brasilien.) Angenommen, der Staat kürzt das gegenwärtige monetäre Wachstum in der Absicht, die Inflation einzudämmen. Es sei aber ferner unterstellt, er vermindere nicht die gegenwärtigen und zukünftigen Werte der realen Ausgaben und Steuereinnahmen. In diesem Fall muß der Rückgang der laufenden realen Einnahmen aus der Geldschöpfung durch eine entsprechende Zunahme der verzinslichen Staatsverschuldung ausgeglichen werden. Darüber hinaus erfordert die Finanzierung der höheren Verschuldung (bei unveränderten zukünftigen realen Steuern und Ausgaben), daß die realen Einnahmen aus der Geldschöpfung in Zukunft zunehmen müssen. Der Staat nimmt m.a.W. eine zeitliche Umschichtung der Inflationssteuer vor; heute wird weniger erhoben, in Zukunft mehr. Da das zukünftige monetäre Wachstum zunimmt, erweist sich die kontraktive Geldpolitik nicht als erfolgreich, eine langfristig geringere Inflationsrate hervorzubringen. Sofern die Wirtschaftssubjekte den Anstieg des zukünftigen monetären Wachstums antizipieren, wird die Inflation nicht einmal kurzfristig abnehmen, und zwar deshalb, weil die Erwartung eines höheren monetären Wachstums in Zukunft die gegenwärtige Inflationsrate tendenziell erhöht, wie wir bereits in Kapitel 8 gesehen haben. Sargent und Wallace folgern daraus, daß ein Programm zur Eindämmung der Inflation durch eine Verringerung des monetären Wachstums ohne Erfolg bleiben wird, sofern es nicht begleitet wird von einem Plan, der die heutigen realen Einnahmeverluste aus der Geldschöpfung durch höhere reale Steuern und geringere reale Staatsausgaben ausgleicht.

Vorherrschende Beurteilung einer Defizit-finanzierten Steuersenkung

Unsere Analyse der Fiskalpolitik unterscheidet sich von der Mehrzahl anderer makroökonomischer Modelle. Um die Abweichungen zu verdeutlichen, wollen wir noch einmal auf den Fall von Pauschalsteuern zurückgreifen, die in den meisten Makromodellen unterstellt werden. Der für unsere Analyse entscheidende Punkt ist, daß für den repräsentativen Haushalt eine laufende aggregierte Steuer von 1 $ gleichbedeutend ist mit einem Budgetdefizit von 1 $. Somit rufen bei unveränderten staatlichen Güterkäufen Umschichtungen zwischen Steuern und Budgetdefiziten im Aggregat keine Vermögenseffekte hervor. Im Gegensatz dazu gehen die meisten makroökonomischen Modelle davon aus, daß eine Defizit-finanzierte Steuersenkung das Vermögen der Haushalte selbst dann erhöht, wenn die staatlichen Güterkäufe unverändert bleiben. Sehen wir uns zunächst die Ergebnisse dieses Falles an und untersuchen dann kurz die Argumente, mit denen manche Ökonomen einen positiven Effekt beim aggregierten Vermögen begründen.

Nehmen wir erneut an, daß der Staat die laufenden Steuern um 1 $ senkt und dafür ein Budgetdefizit in Kauf nimmt. Sofern die Steuersenkung den Wirtschaftssubjekten das Gefühl gibt, vermögender zu sein, wird die aggregierte Konsumnachfrage steigen, der Arbeitseinsatz und das Güterangebot hingegen sinken. Insofern erzeugt die Steuersenkung eine Überschußnachfrage nach Gütern, die ihrerseits wieder den realen Zinssatz steigen läßt, so daß die Investitionen ebenfalls abnehmen. Demnach lautet die These dieser Analyse, daß Budgetdefizite den Realzinssatz erhöhen und dadurch die privaten Investitionen **verdrängen** (*crowding out-Effekt*).

Die Ergebnisse können auch so gesehen werden, daß die Erhöhung des laufenden verfügbaren Haushaltseinkommens teilweise zu vermehrtem Konsum und teilweise zu einer Zunahme der geplanten privaten Ersparnis führt. Da die marginale Konsumneigung positiv ist, muß die marginale Sparneigung kleiner eins sein, und daraus folgt, daß der Rückgang der öffentlichen Ersparnis nur teilweise durch eine Erhöhung des geplanten privaten Sparens ausgeglichen wird. Mithin nimmt die geplante volkswirtschaftliche Ersparnis ab und der sich daraus ergebende Überschuß der Investitionsnachfrage über die geplante gesamtwirtschaftliche Ersparnis läßt den realen Zinssatz steigen.

Dieser Analyse zufolge schlägt sich die Senkung der Nettoinvestitionen langfristig in einer Abnahme des Kapitalstocks nieder, was von manchen Ökonomen als "**Last der Staatsverschuldung**" bezeichnet wird. Sie wollen damit zum Ausdruck bringen, daß jede Generation die nachfolgende insofern "belastet", als sie ihr einen geringeren aggregierten Kapitalstock hinterläßt.[15]

Auswirkungen einer Steuersenkung auf das Vermögen

Um zu den oben erwähnten Standardschlußfolgerungen zu gelangen, müssen wir davon ausgehen, daß eine Steuersenkung den Wirtschaftssubjekten das Gefühl vermittelt, vermögender zu sein, selbst wenn die staatlichen Güterkäufe unverändert bleiben. Im folgenden werden wir zwei der wichtigeren Argumente untersuchen, die zur Stützung dieser These vorgebracht werden. Dabei geht es einerseits um die zeitliche Begrenztheit des Lebens und andererseits um die Unvollkommenheiten privater Kapitalmärkte. Die Analyse dieser beiden Problembereiche erscheint auf jeden Fall angebracht, da sie nicht nur im Zusammenhang mit der Staatsverschuldung, sondern auch in anderen Problemkreisen auftreten.

---

[15] Zur Diskussion dieses Konzepts vgl. James Ferguson (1964). Der Beitrag von Franco Modigliani (1964) erscheint besonders erwähnenswert.

Empirische Belege zu den makroökonomischen Wirkungen von Budgetdefiziten

Einige wichtige Voraussagen der Standardanalyse sind, daß höhere reale Staatsdefizite zu höheren realen Zinssätzen, höherem Konsum und geringerer volkswirtschaftlicher Ersparnis führen. Es bestehen kaum Zweifel, daß die meisten Regierungsvertreter und Journalisten ebenso wie viele Ökonomen der Ansicht sind, daß Budgetdefizite die Zinssätze erhöhen. Diese Auffassung wird freilich durch die empirischen Belege nicht besonders gut gestützt. So haben beispielsweise Charles Plosser (1982, 1987) und Paul Evans (1987a, 1987b) detaillierte statistische Analysen der Staatsdefizite und Zinssätze in den USA und anderen Industrieländern durchgeführt. Ihr wesentliches Ergebnis bestand darin, daß Budgetdefizite keinen signifikanten Einfluß auf die nominalen oder realen Zinssätze hatten. Dies steht im Gegensatz zur Aussage der herkömmlichen Theorie, wonach sich die Wirtschaftsubjekte infolge einer Defizit-finanzierten Steuersenkung vermögender fühlen.

Trotz vieler empirischer Studien für die USA und andere Länder hat es sich als schwierig erwiesen, eindeutige Schlußfolgerungen hinsichtlich der Wirkungen von Budgetdefiziten auf Konsum und Ersparnis zu gewinnen. Ein Grund für die statistischen Probleme ist, daß Budgetdefizite häufig als Reaktionen auf Konjunkturschwankungen, Staatsausgaben und Inflation auftreten. Da diese Variablen selbst mit dem Konsum und der Ersparnis in Zusammenhang stehen, ist es schwierig, die Wirkungen von Budgetdefiziten auf die Volkswirtschaft zu unterscheiden von jenen, die in entgegengesetzter Richtung auftreten.

Eine jüngere Studie von Chris Carroll und Lawrence Summers (1987) vermeidet einige dieser Probleme durch den Vergleich von Sparraten in den USA und Kanada. Bis zu den frühen 70er Jahren waren die privaten Sparraten dieser beiden Länder vergleichbar, wichen aber seither voneinander ab; die kanadische Rate war 1983-85 (den letzten Jahren in dieser Studie) um etwa sechs Prozentpunkte höher. Unter Konstanthaltung einiger makroökonomischer Variablen und einiger Aspekte der Steuersysteme, die Einfluß auf die Ersparnis haben, gelang es Carroll und Summers, einen annähernd proportionalen Effekt der Budgetdefizite auf die private Ersparnis darzustellen. Dieses Ergebnis stimmt mit der ricardianischen Auffassung überein.

Die jüngere Fiskalpolitik in Israel eignet sich gleichsam als Experiment zur Untersuchung des Zusammenspiels zwischen Budgetdefiziten und Sparquoten. Abb. 14.7 zeigt von 1983 bis 1985 die Werte der volkswirtschaftlichen, privaten und staatlichen Sparraten. (In diesem Falle ist die reale staatliche Ersparnis gleich der öffentlichen Investition abzüglich des realen Budgetdefizits.) Im Jahr 1983 entsprach die volkswirtschaftliche Sparquote von 13% einer privaten Rate von 17% und einer öffentlichen Rate von −4%. Der dramatische Anstieg des Budgetdefizits 1984 führte zu einer staatlichen Sparrate von −11%. (Die wesentliche Ursache für das Defizit war der stark negative Effekt der Inflationsbeschleunigung auf die realen Steuereinnahmen.) Für unsere derzeitigen Zwecke besteht die interessante Beobachtung darin, daß die private Sparquote von 17% auf 26% anstieg, so daß die volkswirtschaftliche Sparrate sich nur wenig veränderte, indem sie tatsächlich von 13% auf 15% zunahm. Durch das israelische Stabilisierungsprogramm 1985 wurde das Budgetdefizit beseitigt (und damit einhergehend ein Großteil der Inflation), so daß die staatliche Sparquote von −11% (1984) auf Null (1985-86) und −2% (1987) zunahm. Die private Sparquote ging in derselben Zeit drastisch zurück - von 26% (1984) auf 19% (1985) und 14% (1986-87). Infolgedessen blieben die volkswirtschaftlichen Sparraten relativ stabil; sie reichten von 15% (1984) über 18% (1985), 14% (1986) bis 12% (1987). Obwohl eine einzelne Episode nicht darüber entscheiden kann, ob eine Theorie bestätigt oder verworfen wird, ist es interessant, daß dieses spannende Beispiel aus Israel einen annähernd proportionalen Zusammenhang zwischen Budgetdefiziten und privater Ersparnis offenbart, so wie dies von der ricardianischen Theorie vorausgesagt wird.

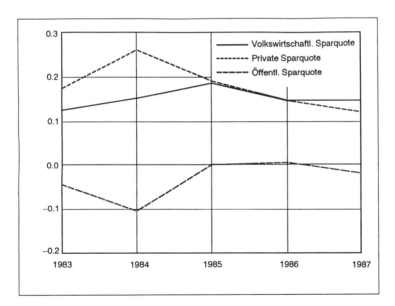

Abb. 14.7: *Staatliche und private Sparraten in Israel, 1983-1987*
Es ist zu beachten, daß das zeitliche Muster der privaten Sparquote annähernd das der staatlichen Sparquote widerspiegelt, so daß der Verlauf der volkswirtschaftlichen Sparrate relativ geglättet wird.

Endliche Lebensperspektive
Wir nehmen erneut an, daß der Staat die laufenden Steuern um 1 $ senkt und ein Budgetdefizit in Kauf nimmt, so daß er künftig sowohl mit höheren Zinszahlungen als auch mit höheren Steuern rechnen kann. Wir wissen, daß der Gegenwartswert der zusätzlichen künftigen Steuern gleich 1 $ ist. Jedoch wollen wir annehmen, daß ein Teil dieser Steuern erst nach dem Tode unseres repräsentativen Wirtschaftssubjektes anfällt. Dann ist der Gegenwartswert der künftigen zusätzlichen Steuern, die während der Lebenszeit unseres repräsentativen Wirtschaftssubjektes zu zahlen sind, geringer als 1 $. Daher tritt ein positiver Vermögenseffekt auf, wenn der Staat die gegenwärtigen Steuern durch ein Budgetdefizit ersetzt.

Warum tritt eine Steigerung des Vermögens auf, wenn die Wirtschaftssubjekte nur eine begrenzte Lebenszeit haben? Der Grund ist, daß der Vermögenszuwachs für die Gesamtheit der gegenwärtigen Steuerzahler mit einer Vermögenssenkung für die Mitglieder künftiger Generationen zusammenfällt, denn diese werden mit der Verpflichtung geboren, mit einem Teil ihrer Steuern die Zinsen für die höhere Staatsverschuldung zu zahlen, obwohl sie nicht in den Genuß der früheren Steuersenkung gelangen. Wenn die gegenwärtigen Steuerzahler diese künftigen Verbindlichkeiten für ihre Nachkommen vollständig berücksichtigten, gäbe es im Aggregat keinen Vermögenseffekt.

Im Grunde genommen geben Budgetdefizite den Angehörigen der gegenwärtigen Generationen die Möglichkeit, verschuldet zu sterben und ihren Nachfahren diese Schuld zu hinterlassen. Falls die heutigen Steuerzahler diese Einkommensverschiebung zwischen verschiedenen Generationen für wünschenswert halten, dann ist dies gleichbedeutend mit einer Erhöhung ihres Vermögens. Tatsächlich haben jedoch die meisten Individuen schon private Möglichkeiten, um Transfers an künftige Generationen zu leisten, und sie haben diese in der jeweils gewünschten Höhe bereits vorgenommen. Beispielhaft können Eltern genannt werden, die für ihre Kinder bestimmte Bildungsinvestitionen tätigen sowie Häuser und andere Erbschaften hinterlassen. In umgekehrter Richtung - und dies insbesondere vor der Ausdehnung des Systems der Sozialen Sicherung - bieten die Kinder ihrerseits ihren Eltern im Alter bestimmte Formen der Unterstützung. Sofern diese privaten Transfers funktionieren, bietet die Substitution von Steuern durch Budgetdefizite dem repräsentativen Wirtschaftssubjekt keine neue Möglichkeit, den Nachkommen finanzielle Mittel zu entziehen. Statt dessen würden höhere Budgetdefizite eine Umstrukturierung der privaten Transfers bewirken, die ausreichend ist, um den ursprünglich als optimal betrachteten Ausgleich zwischen den Einkommen der verschiedenen Generationen wiederherzustellen. In diesem Fall entsteht durch den Übergang von Steuern zu Budgetdefiziten kein aggregierter Vermögenseffekt.[16]

---

[16] Zur Diskussion der Wechselwirkung zwischen öffentlicher Schuld und privaten Transfers zwischen den Generationen vgl. Barro (1974). Eine andere Sicht ist die, daß Eltern ihre Erbschaft nicht aus purem Altruismus hinterlassen, sondern um das Verhalten ihrer Kinder zu kontrollieren. Zur Diskus-

Um ein konkretes Beispiel zu geben, nehmen wir an, daß ein Ehepaar seinen Kindern eine Erbschaft mit einem Gegenwartswert von 5.000 $ hinterlassen möchte. Zugleich entsteht ein staatliches Budgetdefizit, das den Gegenwartswert der Steuern des Ehepaares um 1.000 $ verringert, den Gegenwartswert der Steuern ihrer Kinder jedoch um 1.000 $ erhöht. Unsere Voraussage lautet nun, daß die Eltern mit Hilfe der Steuersenkung den Gegenwartswert des Erbes auf 6.000 $ anheben werden, damit die Kinder mit den zusätzlichen 1.000 $ ihre höheren Steuern bezahlen können. Auf diese Weise verfügen Eltern und Kinder über dieselbe Menge an Konsum und Freizeit wie vor dem Budgetdefizit.

Unvollkommene Kapitalmärkte

Das Argument, Steuern und Budgetdefizite seien äquivalent, setzt ferner voraus, daß für Private und Staat derselbe Zinssatz gilt. Im Prozeß der Kreditvergabe und -aufnahme fallen jedoch bestimmte Transaktionskosten für die Kreditbewertung und -einziehung (im Falle des Zahlungsverzugs bzw. der Nichterfüllung) u.dgl. an. Für jemanden, der ein Haus, ein Auto oder eine Fabrik als Sicherheit zu bieten hat, ist es relativ leicht, sich einen Kredit zu verschaffen. Dies fällt jedoch wesentlich schwerer, wenn jemand, wie etwa ein Student, bestenfalls versprechen kann, den Kredit aus seinem künftigen Einkommen zurückzuzahlen. Deutlich höhere Darlehenszinsen müssen deshalb Kreditnehmer zahlen, die wenig Sicherheiten zu bieten haben und bei denen hohe Überwachungskosten anfallen, um die Rückzahlung des Darlehens zu gewährleisten.

Wir stellen uns eine Welt vor, die aus zwei Gruppen besteht: Zur Gruppe A gehören Personen oder Unternehmen, die zum gleichen realen Zinssatz r Geld verleihen oder aufnehmen können wie der Staat. Dagegen umfaßt die Gruppe B Personen oder Unternehmen, die gern zu diesem Zinssatz Geld aufnehmen würden, jedoch einen höheren Satz akzeptieren müssen. Es sei $\tilde{r}$ der reale Diskontierungssatz, den ein Mitglied dieser Gruppe bei der Berechnung des Gegenwartswertes seiner künftigen Einkommen und Ausgaben zugrundelegt[17], wobei $\tilde{r}$ höher ist als der für die Gruppe A geltende reale Zinssatz r.

Wenn nun der Staat die Steuern senkt und ein Budgetdefizit zuläßt, sind die Mitglieder beider Gruppen davon betroffen. Wie zuvor, erhöht sich das Aggregat der künftigen Steuern. Dabei nehmen wir an, daß die Verteilung dieser künftigen Steuern auf Gruppe A und Gruppe B mit der Verteilung der gegenwärtigen Steuersen-

---

sion dieser "*enforcement theory of giving*" vgl. Douglas Bernheim, Andrei Shleifer und Lawrence Summers (1985).

[17] Für jemanden, der Kredit aufnimmt zu einem hohen realen Zinssatz, ist dieser gleich der Diskontierungsrate $\tilde{r}$. Ist jedoch der Kreditzinssatz hinreichend hoch (möglicherweise unendlich), so mag eine Person dann keinerlei Kredit aufnehmen, selbst wenn sie bereit wäre, eine Rate zu zahlen, die erheblich über r liegt. Für eine solche Person stellt die Diskontierungsrate $\tilde{r}$ den höchsten realen Zinssatz dar, den sie für ein Darlehen zu zahlen bereit ist.

kung übereinstimmt (sonst gäbe es einen Verteilungseffekt, den wir zusätzlich zu berücksichtigen hätten). Für die Mitglieder der Gruppe A ist der Gegenwartswert der höheren künftigen Steuern wiederum gleich der Höhe der Steuersenkung, so daß der Vermögenseffekt gleich Null ist. Da die Mitglieder der Gruppe B ihre künftigen Steuern jedoch mit einem Satz $\tilde{r}$, der über r liegt, diskontieren, ist für sie der Gegenwartswert der zusätzlichen künftigen Steuern geringer als die Steuersenkung. Die Mitglieder dieser Gruppe sind also vermögender; sie sind tatsächlich besser gestellt, weil die Steuersenkung ihnen erlaubt, zum geringeren realen Zinssatz r Kredit aufzunehmen. Diese Verringerung des effektiven Kreditzinssatzes verlanlaßt sie, ihre laufende Konsum- und Investitionsnachfrage zu erhöhen.

Wir haben gezeigt, daß eine Defizit-finanzierte Steuersenkung im Aggregat zu einem Anstieg der gegenwärtigen Konsum- und Investitionsnachfrage führt (die Nachfrage der Gruppe A bleibt unverändert, während die der Gruppe B zunimmt). Die Zunahme der Konsumnachfrage bedeutet, daß sich die geplante private Ersparnis im Aggregat weniger erhöht als das Budgetdefizit; d.h. die geplante volkswirtschaftliche Ersparnis geht zurück. Da die (zunehmende) Investitionsnachfrage die (abnehmende) geplante volkswirtschaftliche Ersparnis übersteigt, muß der reale Zinssatz r zunehmen. Dieser höhere Realzins verdrängt gegenwärtig den Konsum und die Investition der Mitglieder von Gruppe A. Wegen der anfänglichen Nachfragestimulierung der Gruppe B steigt andererseits deren Konsum und Investition per Saldo. Der Effekt besteht daher hauptsächlich in einer Umlenkung der gegenwärtigen Ausgaben von Gruppe A zu Gruppe B.

Die aggregierte Investition mag steigen oder fallen, und die langfristige Wirkung auf den Kapitalstock ist ungewiß. Die wesentliche Veränderung besteht jedoch in einer besseren Lenkung der Ressourcen zu ihren letztendlichen Verwendungen. Die Mitglieder der Gruppe B, die mit einer höheren Rate der Kreditaufnahme begannen, beanspruchen einen größeren Anteil an der laufenden Produktion. Im Grunde genommen werden die Mitglieder der Gruppe A durch die Steuersenkung dazu veranlaßt, einen größeren als den ihnen zustehenden Anteil der zusätzlichen öffentlichen Schulden zu halten, so daß sie im Endeffekt den Mitgliedern der Gruppe B Kredite zum realen Zinssatz r zur Verfügung stellen. Dieser Prozeß funktioniert, weil der Staat die Rückzahlung von Krediten über die Steuererhebung und den Schuldendienst impliziert garantiert. Die Darlehensgewährung zwischen A und B findet statt, obwohl derartige Kredite (wegen der "Transaktionskosten") auf dem unvollkommenen privaten Kreditmarkt gewissermaßen nicht lebensfähig wären.

Die Argumentation ist insoweit gültig, wenngleich sie dem Staat besondere Fähigkeiten zuspricht, Steuern zu erheben von Wirtschaftsubjekten, deren Kreditwürdigkeit gering ist. Selbst wenn der Staat diese Fähigkeit besitzt, stimmen die Ergebnisse nicht mit der Standardanalyse einer Defizit-finanzierten Steuersenkung überein. In dem zuvor diskutierten Modell erscheinen Budgetdefizite als günstig, weil sie die Funktionsfähigkeit der Kreditmärkte tatsächlich verbessern. Bei unvollkommenen

Kreditmärkten vermindern Budgetdefizite darüber hinaus nicht notwendigerweise die aggregierte Investition.

Soziale Sicherung und Sparen

Die Leistungen des Sozialen Sicherungssystems haben in den USA und den meisten anderen Ländern ganz erheblich zugenommen. So machten z.b. zwischen 1984 und 1987 die Zahlungen für Alters-, Hinterbliebenen- und Erwerbsunfähigkeitsrenten 4-5% des BSP aus, verglichen mit 3% 1970, 2% 1960 und 1% 1950. Manche Ökonomen, wie etwa Martin Feldstein (1974), behaupten, daß diese Ausdehnung der Sozialen Sicherung zu einer deutlichen Verringerung der privaten Ersparnis geführt habe. Da dieser Effekt quantitativ bedeutend sein könnte, wollen wir ihn vom Standpunkt unseres Modells aus untersuchen.

Das Argument hinsichtlich der Wirkung auf die Ersparnis hat Geltung, wenn das System der Sozialen Sicherung nicht auf dem **Kapitaldeckungsverfahren** beruht. Bei diesem fließen die von den Arbeitnehmern geleisteten Zahlungen in einen Fonds, aus dem später die Altersrenten finanziert werden. Die Alternative ist das **Umlageverfahren**, bei dem die Leistungen an die Rentner mit Hilfe von Abgaben der jeweils Erwerbstätigen aufgebracht werden. In diesem Fall erhalten die Arbeitnehmer, die sich zu Beginn oder bei Erweiterung des Programms bereits im Ruhestand befinden oder kurz davor stehen, Leistungen, ohne einen vergleichbaren Gegenwartswert an Abgaben zu zahlen. Folglich zahlen die Mitglieder späterer Generationen Abgaben, die den Gegenwartswert ihrer erwarteten Leistungen eindeutig übersteigen. (Bedauerlicherweise gehören die meisten Leser dieses Buches zu dieser Personengruppe.)

Das System in den USA funktioniert vorwiegend nach dem Umlageverfahren. Obwohl das ursprüngliche Konzept dieses Systems 1935 dem Sozialversicherungsvermögen eine wichtige Rolle zudachte, hat es sich seit 1939 immer mehr zu einem Umlageverfahren entwickelt.[18] Dies bedeutet vor allem, daß Rentner in zunehmendem Maße Leistungen erhalten, die - ausgedrückt in Gegenwartswerten - ihre früheren Beiträge übersteigen.

Sehen wir uns die Auswirkungen des Umlageverfahrens etwas genauer an. Wir vernachlässigen zunächst die durch Steuern und Transferzahlungen ausgelösten Substitutionseffekte, da wir diese im vorhergehenden Kapitel bereits diskutiert hatten. Statt dessen konzentrieren wir uns ausschließlich auf die durch eine Anhebung der Renten verursachten Vermögenseffekte, wenn diese durch höhere Arbeitnehmerabgaben finanziert werden.

---

[18] Eine Diskussion der institutionellen Merkmale des Systems der Sozialen Sicherung der USA findet sich in Michael Boskin (1977) sowie Michael Boskin u.a. (1987).

Die übliche Argumentation lautet folgendermaßen: Für alte Menschen erhöht sich der Gegenwartswert ihrer Rentenbezüge nach Steuern. Auf diese Zunahme ihres Vermögens reagieren sie mit einer Konsumsteigerung. Jüngere Menschen müssen hingegen höhere Abgaben zahlen, die allerdings teilweise durch die Erwartung höherer Altersrenten kompensiert werden. Folglich ist die Vermögensverringerung für die jungen Erwerbstätigen betragsmäßig geringer als die Vermögenserhöhung der Rentner. Wir erwarten deshalb, daß die aggregierte Konsumnachfrage steigt und damit die aggregierte geplante Ersparnis abnimmt. Deshalb wird sich der reale Zinssatz erhöhen und die Nettoinvestition verringern. Langfristig schlägt sich diese Abnahme der Nettoinvestition in einer Verringerung des Kapitalstocks nieder.

Im Grunde entspricht das obige Argument in bezug auf die Soziale Sicherung der üblichen Auffassung über eine Defizit-finanzierte Steuersenkung. In beiden Fällen erhöht sich die aggregierte Konsumnachfrage nur dann, wenn die Wirtschaftssubjekte die nachteiligen Konsequenzen für ihre Nachkommen unberücksichtigt lassen. So bedeutet insbesondere eine Ausdehnung des Programms der Sozialen Sicherung, daß die Nachfahren des repräsentativen Wirtschaftssubjekts mit einer Steuerverbindlichkeit geboren werden, die den Gegenwartswert ihrer künftigen Renten übersteigt. Sobald die Wirtschaftssubjekte diese Konsequenzen für ihre Nachfahren vollständig berücksichtigen, ist der aggregierte Vermögenseffekt einer erweiterten Sozialen Sicherung gleich Null.

Wie im Falle einer Defizit-finanzierten Steuersenkung ermöglicht die erweiterte Soziale Sicherung den Älteren, ihren Nachkommen bestimmte Mittel zu entziehen. Doch wie zuvor werden sie diese Möglichkeit nur in Betracht ziehen, wenn sie weder ihren Kindern Transfers zahlen noch von ihnen solche erhalten. Sonst werden sie auf eine erweiterte Soziale Sicherung eher mit einer Umstrukturierung ihrer privaten Transferleistungen zwischen den Generationen als mit einer Änderung ihres Konsums reagieren. So hat z.B. in den USA die Erweiterung des Sozialen Sicherungssystems dazu beigetragen, daß immer weniger Kinder Neigung verspüren, ihre alten Eltern zu unterstützen.

Auf empirischer Ebene hat es eine ausgedehnte Debatte über die Beziehungen zwischen Sozialer Sicherung, Sparen und Investitionen gegeben. Während Martin Feldstein (1974) einen dramatischen negativen Effekt der Sozialen Sicherung auf die Kapitalakkumulation in den USA feststellte, wurden diese Ergebnisse von anderen Wissenschaftlern bestritten.[19] Tatsächlich scheinen weder die langfristigen Daten für die USA noch die Ergebnisse von vergleichenden Länderstudien der vergangenen Jahre die Auffassung zu bestätigen, daß die Soziale Sicherung das Spar- und Investitionsverhalten deutlich negativ beeinflußt.

---

[19] Eine Zusammenfassung der Debatte findet sich bei Louis Esposito (1978); ferner in den Artikeln der Maiausgabe 1979 des *Social Security Bulletin* sowie bei Dean Leimer und Selig Lesnoy (1982).

Zusammenfassung

Die Fähigkeit, verzinsliche Anleihen zu emittieren und wieder einzulösen, macht es möglich, daß die Ausgaben des Staates kurzfristig von seinen Steuereinnahmen und seinen Einnahmen aus der Geldschöpfung abweichen. Umschichtungen zwischen Steuern und Budgetdefiziten berühren zwar den Zeitpunkt der Steuererhebung, nicht aber deren gesamten Gegenwartswert. Deshalb hat diese Art der Fiskalpolitik bei einem konstanten zeitlichen Pfad der staatlichen Güterkäufe keinen aggregierten Vermögenseffekt. Im Falle von Pauschalsteuern bewirken Budgetdefizite bei Abwesenheit eines Vermögenseffektes weder eine Veränderung des realen Zinssatzes noch der Investitionen oder der Produktion. Dieses Ergebnis wird auch als Ricardos Äquivalenztheorem bezeichnet, welches besagt, daß Steuern und Budgetdefizite die Volkswirtschaft in gleicher Weise beeinflussen.

Budgetdefizite haben bei Anwendung einer Einkommensteuer gewisse reale Wirkungen, welche die zeitliche Verteilung der Steuern betreffen und intertemporale Substitutionseffekte beim Arbeitseinsatz und bei der Produktion hervorrufen. Es erscheint als vorteilhaft, wenn der Staat die öffentliche Verschuldung so handhabt, daß starke zufällige Schwankungen der Steuersätze von einer Periode zur anderen vermieden werden. Diese Absicht ist ein Grund für die zu beobachtende Tendenz, daß in Kriegszeiten und in Rezessionen hohe reale Budgetdefizite in Kauf genommen werden, in "guten Zeiten" jedoch reale Überschüsse erwirtschaftet werden.

Die herkömmliche Ansicht über Defizit-finanzierte Steuersenkungen lautet, daß sich durch sie die Wirtschaftssubjekte vermögender fühlen. In diesem Fall würden Defizite den realen Zinssatz erhöhen und Investitionen verdrängen. Gelegentlich wird von Ökonomen der Vermögenseffekt einer Steuersenkung durch den Hinweis auf die Begrenztheit des Lebens oder die Unvollkommenheit der Kapitalmärkte begründet. Eine Prüfung dieser Argumente ergibt jedoch, daß sie die Standardergebnisse vermutlich kaum bestätigen können.

Schließlich haben wir die Analogie zwischen dem System der Sozialen Sicherung und der öffentlichen Verschuldung hergestellt. Wenn Defizit-finanzierte Steuersenkungen den Zinssatz und die Kapitalakkumulation nur geringfügig beeinflussen, dann gilt dies gleichermaßen für eine Erweiterung des Systems der Sozialen Sicherung.

Fragen und Probleme

Zur Wiederholung

14.1 Was ist das reale Budgetdefizit? Warum wird es durch eine Erhöhung der Inflationsrate verringert? Zeigen Sie, wie das reale Budgetdefizit entweder durch eine andere Wirtschaftspolitik oder durch ökonomische Ereignisse, wie eine Rezession, verändert wird.

14.2 Wird durch eine vorübergehende Erhöhung der Pauschalsteuern ein Vermögenseffekt bei den Haushalten ausgelöst? Zeigen Sie, wie der repräsentative Haushalt mit Hilfe des Kreditmarktes die Verringerung seines gegenwärtig verfügbaren Einkommens ausgleichen kann.

14.3 Wirken staatliche Budgetdefizite inflationär? Falls dem so ist, würden Sie irgendeinen Effekt beim realen Zinssatz erwarten? Wie steht es mit dem nominalen Zinssatz?

14.4 Warum sind Offenmarktoperationen neutral?

14.5 Angenommen, der Staat kündigt für irgendeinen späteren Zeitpunkt eine Steuersenkung an. Welche intertemporalen Substitutionseffekte wird dies für den gegenwärtigen Arbeitseinsatz haben? Wie wird sich dies auf den Konsum auswirken?

14.6 Vergleichen Sie den Effekt (*a*) staatlicher Budgetdefizite und (*b*) der Sozialen Sicherung auf die Steuer- bzw. Abgabenverpflichtungen jüngerer Wirtschaftssubjekte. Warum sind die Abgabenverpflichtungen im Falle der Sozialen Sicherung höher als die erwarteten künftigen Renten?

Probleme zur Diskussion

14.7 Aggregierter Vermögenseffekt eines Budgetdefizits
Angenommen, der Staat beschließt in einem System mit Pauschalsteuern, die gegenwärtigen Steuern zu senken und den Steuerausfall durch ein Budgetdefizit zu finanzieren. Von der zweiten Periode an sollen dann die reale Staatsschuld ebenso wie die Zeitpfade der staatlichen Güterkäufe und der realen Transferzahlungen konstant bleiben. Diskutieren Sie den aggregierten Vermögenseffekt, der aus der gegenwärtigen Steuersenkung resultiert. Inwieweit hängt dieser Effekt von den folgenden Aspekten ab:
a. der begrenzten Lebenszeit;
b. der Existenz kinderloser Personen;
c. der Unsicherheit darüber, wer die höheren künftigen Steuern zahlt,
d. der Möglichkeit, daß der Staat in Zukunft mehr Geld druckt, anstatt die Steuern zu erhöhen;
e. der Unvollkommenheit der privaten Kapitalmärkte?

14.8 Auswirkungen einer Defizit-finanzierten Steuersenkung
Wir gehen erneut von Pauschalsteuern aus und unterstellen eine Defizit-finanzierte Senkung der gegenwärtigen Steuern. Diskutieren Sie, welche Effekte in der gegenwärtigen Periode (1) beim realen Zinssatz, der Produktion und den Investitionen, sowie (2) beim Preisniveau und beim nominalen Zinssatz entstehen, vorausgesetzt, daß

a. die Zeitpfade der staatlichen Güterkäufe, der realen Transferzahlungen und der Geldschöpfung unverändert bleiben;
b. wie in Teil a, nur erwarten die Wirtschaftssubjekte jetzt, daß die künftige Zuwachsrate der Geldmenge steigt;
c. wie in Teil a, nur erwarten die Wirtschaftssubjekte jetzt, daß die künftigen realen Transferzahlungen sinken;
d. wie in Teil a, nur erwarten die Wirtschaftssubjekte jetzt, daß die künftigen staatlichen Güterkäufe sinken.

14.9 Der Steuersenkungsplan von Präsident Reagan für 1981
Der von Präsident Reagan 1981 vorgelegte Vorschlag zur Senkung der Einkommensteuersätze des Bundes sah eine etwa 23%ige Senkung der Steuersätze insgesamt vor, die über drei Jahre verteilt bis 1983 durchgeführt werden sollte. Der Plan sah überdies eine allmähliche Verringerung des Anteils der realen Staatsausgaben am realen BSP vor.

Überlegen Sie sich einen alternativen Plan, der denselben Gegenwartswert des realen Steueraufkommens erzielt, andererseits jedoch die gesamte Steuersenkung für 1981 vorsieht. Dabei sollen sich die realen Staatsausgaben entsprechend dem Reagan-Plan entwickeln. Vergleichen Sie Ihre Vorstellungen mit denen des Reagan-Plans hinsichtlich der Konsequenzen für den Arbeitseinsatz, die Produktion und die Investitionen für den Zeitraum 1981-83.

14.10 Soziale Sicherung und Kapitalakkumulation
Angenommen, die Regierung führe ein neues Programm zur Sozialen Sicherung ein, aus dem anspruchsberechtigte Personen bei Eintritt in den Ruhestand den Betrag s erhalten.
a. Wie lautet ihre Voraussage hinsichtlich der langfristigen Wirkungen auf den Kapitalstock?
b. Inwieweit hängt die Antwort davon ab, ob das System der Sozialen Sicherung auf dem Kapitaldeckungs- oder Umlageverfahren beruht?

14.11 Staatliche Goldreserven
Die vom US-Schatzamt gehaltenen Goldreserven werden von der Federal Reserve verwaltet. Der Marktwert dieser Reserven stieg vor allem aufgrund der Goldpreisänderungen seit Ende 1970 von 12 Mrd. $ auf 109 Mrd. $ Ende 1988. In Preisen von 1982 (unter Verwendung des BSP-Deflators) lauten die beiden Werte 28 Mrd. $ (Ende 1970) und 88 Mrd. $ (Ende 1988).
a. Wie würden Sie das Maß für das staatliche Budgetdefizit verändern, um diese Wertänderung der Goldreserven zu berücksichtigen?
b. Können Sie Ihre Überlegungen auf andere Formen staatlichen Vermögens wie Waren, Kapitalgüter und Land erweitern?

(Amüsanterweise bewertet die Federal Reserve ihre Goldreserven zum offiziellen Preis von 42,22 $ pro Unze und nicht zum Marktpreis, der Ende 1988 bei 418 $ pro Unze lag.)

14.12 Vorübergehende Verbrauchssteuern (fakultativ)
Angenommen, Steuern würden nicht auf das Einkommen, sondern auf den Konsum erhoben, so daß die reale Steuer eines Individuums für Periode t gegeben ist durch $t_t/P_t = \tau_t c_t - e_t$. Ferner unterstellen wir, daß der Staat in der Periode 1 ein Budgetdefizit in Kauf nimmt und dafür den marginalen Verbrauchsteuersatz τ_1 senkt, so daß die Grenzsteuersätze in den nachfolgenden Perioden höher sind als normalerweise.
a. Wie wirkt sich die Steuersenkung in Periode 1 auf Güternachfrage und Güterangebot aus?
b. Wie wirkt sich die Steuersenkung in Periode 1 auf den realen Zinssatz, die Produktion, den Arbeitseinsatz, den Konsum und die Investition aus?

Teil V

Internationale Wirtschaftsbeziehungen

Wir haben bisher die makroökonomische Funktionsweise einer einzelnen geschlossenen Volkswirtschaft betrachtet und Beziehungen zu anderen Ländern auf internationalen Märkten ausgeklammert. Die Mehrzahl der Makroökonomen konzentrierte sich noch in jüngster Zeit auf den Rahmen einer geschlossenen Volkswirtschaft. Die Rechtfertigungen für diese Vorgehensweise lauteten, daß erstens die USA einen wesentlichen Anteil an der Weltwirtschaft hatten, daß zweitens ein vergleichsweise geringer Teil der Produktion und der Ausgaben der USA den internationalen Handel betraf, und daß schließlich - im globalen Zusammenhang gesehen - die Güter- und Kreditströme zwischen den Ländern durch vielfältige Beschränkungen beeinträchtigt waren. Aber insbesondere angesichts der Öffnung der internationalen Märkte in den letzten beiden Dekaden wurde die Vernachlässigung der restlichen Welt zunehmend unbefriedigender, selbst für eine so große Volkswirtschaft wie die der USA. So betrug z.B. der Anteil der US-Exporte am BSP zwischen 1948 und 1971 im Durchschnitt 5,9%, stieg dann aber auf 10,1% in den Jahren 1972 bis 1987. (Die Anteile der Importe am BSP machten 4,7% bzw. 10,1% aus.) Abgesehen von diesem größeren Volumen internationalen Handels, waren die ökonomischen Vorgänge in jüngerer Zeit gekennzeichnet durch eine starke Zunahme der Kreditaufnahme der USA bei Ausländern, durch erhebliche Schwankungen der Wechselkurse und bedeutsame Effekte infolge von weltwirtschaftlichen Angebotsschocks, wie jenen, die den Ölmarkt betrafen.

In diesem und dem folgenden Kapitel erweitern wir das Modell, indem wir den grenzüberschreitenden Waren- und Kapitalverkehr berücksichtigen. Diese Erweiterungen erlauben uns die Analyse von weltwirtschaftlichen Fragen, die in den letzten Jahren wichtig geworden sind. Wir werden insbesondere in der Lage sein, das derzeitige Leistungsbilanzdefizit der USA zu diskutieren; ein mindestens ebenso umstrittenes Thema wie das der staatlichen Budgetdefizite.

Wir werden feststellen, daß unsere vorherige Analyse einer geschlossenen Volkswirtschaft auch für die gesamte Weltwirtschaft gültig ist und daß sich unsere frühere Beschreibung des Verhaltens der Individuen auf das Handeln einer kleinen, auf den Weltmärkten operierenden Volkswirtschaft übertragen läßt. Mit Hilfe dieses Ansatzes können wir die Funktionsweise internationaler Kreditmärkte, Veränderungen der Güterpreise wie die des Öls sowie jene Faktoren untersuchen, welche die Zahlungsbilanz eines Landes beeinflussen. Aufgrund ihrer Größe nimmt die Volkswirtschaft der USA eine Mittelstellung zwischen einer kleinen Volkswirtschaft und der gesamten Welt ein.

Abgesehen von den Parallelen zu unserer vorhergehenden Diskussion werden wir uns mit der Bestimmung der Wechselkurse verschiedener Währungen ein völlig neues Gebiet erarbeiten. Darüber hinaus werden wir im Rahmen dieser Analyse die Verknüpfung von Preisen, Zinssätzen und geldpolitischen Maßnahmen zwischen den einzelnen Ländern untersuchen.

Kapitel 15

Internationale Güter- und Kreditmärkte

Betrachten wir eine Weltwirtschaft, in deren Rahmen die USA eines von vielen Ländern ist. Aus der Sicht der USA wollen wir die Möglichkeit des Kaufs von Gütern im Ausland und des Verkaufs von Gütern an Ausländer zulassen; d.h. wir erweitern die Analyse des Gütermarktes um Importe und Exporte. Zum Zwecke dieser Erweiterung beginnen wir mit einer Reihe von unrealistischen Annahmen, die später fallengelassen werden. So sei erstens unterstellt, daß die in jedem Land produzierten Güter physisch identisch sind. Darüber hinaus nehmen wir an, daß Transportkosten und Handelsschranken so unbedeutend sind, daß sie vernachlässigt werden können. (In diesem Sinne bezieht sich die Analyse auf relativ offene internationale Märkte, wie dies in den letzten Jahren im wesentlichen für die Industrieländer zutraf.) Schließlich wollen wir in diesem Stadium davon ausgehen, daß alle Länder eine **einheitliche Währung**, wie etwa den US-Dollar, verwenden. Die Einwohner eines Landes halten US-Dollar und geben die Preise in Einheiten dieser Währung an.

Aufgrund unserer Annahmen müssen die Güter in allen Ländern zum gleichen Dollar-Preis P_t verkauft werden. Andernfalls würden die Haushalte sämtliche Güter zum niedrigsten Preis erwerben und zum höchsten Preis verkaufen wollen. Dies ist die einfachste Version des **Gesetzes vom einheitlichen Preis**. Da wir Inflation zunächst ausklammern, ist das in Dollar ausgedrückte Preisniveau P in allen Ländern konstant.

Wir gehen davon aus, daß die Zentralbank eines jeden Landes eine gewisse Menge an **internationalen Zahlungsmitteln** hält. Diese können aus Papiergeld, das auf US-Dollar oder andere nationale Währungseinheiten lautet oder aus einer Ware wie Gold bestehen. Die genaue Form der internationalen Zahlungsmittel ist für unsere Zwecke unerheblich; wir unterstellen lediglich, daß der Zinssatz für diese Zahlungsmittel gleich Null ist.

Es sei $\overline{H}_t$ die in der Welt vorhandene Menge an internationalen Zahlungsmitteln in Einheiten von US-Dollar in der Periode t. (Ein Balken bedeutet, daß sich die Variable auf die gesamte Welt bezieht.) Der Einfachheit halber wollen wir unterstellen, daß $\overline{H}_t$ im Zeitablauf unverändert bleibt; d.h. $\overline{H}_t$ ist gleich der Konstanten $\overline{H}$. Die inländische Zentralbank fragt die reale Menge H_t/P an internationalen Zahlungsmitteln nach, um Transaktionen zwischen Bewohnern des Inlands und Ausländern zu erleichtern. (Im nächsten Kapitel werden wir diese Währungsnachfrage genauer erörtern.)

Wir unterstellen, daß in der ganzen Welt nur ein einziger Kreditmarkt existiert. Sofern wir von Unterschieden in der Kreditwürdigkeit der einzelnen Kreditnehmer absehen, muß der reale Zinssatz r_t für alle Kreditgeber und -nehmer auf diesem

Weltkreditmarkt identisch sein. Ausgedrückt in US-Dollar - d.h. in zukünftig gezahlten Dollar für jeden gegenwärtigen Dollar pro Jahr - ist der nominale Zinssatz R_t. Da wir Inflation ausklammern, ist der Realzinssatz r_t gleich dem Nominalzinssatz.

Die USA als eine offene Volkswirtschaft

Betrachten wir nun die Situation aus der Sicht der Bewohner eines einzelnen Landes, welches die USA sein könnte, und bezeichnen dieses Land im folgenden als Inland, während wir die anderen Länder pauschal das Ausland oder die übrige Welt nennen. Wenn Y_t die Gesamtheit aller im Inland produzierten Güter und Dienstleistungen darstellt, die als reales Bruttoinlandsprodukt bezeichnet wird, entspricht das nominale Einkommen (in Dollar) aus dieser Produktion der Größe PY_t.

Für die Bewohner eines einzelnen Landes müssen die gesamten verliehenen Mittel nicht mehr der Gesamtheit aller aufgenommenen Kredite entsprechen, sondern die Nettokreditvergabe der Inländer entspricht jetzt der Nettokreditaufnahme der Ausländer in diesem Land. Wenn B^f_t den Nettowertpapierbestand der Inländer am Ende von Periode t repräsentiert (wobei wir der Einfachheit halber unterstellen, daß B^f_t von Haushalten gehalten wird; es würde keinen Unterschied machen, wenn der Staat Auslandsforderungen besäße oder sich bei Ausländern verschuldete), dann ist das Inland im Falle von $B^f_t > 0$ ein Nettogläubiger gegenüber der restlichen Welt, während es im Falle von $B^f_t < 0$ ein Nettoschuldner ist. Dementsprechend ist die Größe $R_{t-1}B^f_{t-1}$ das Nettozinseinkommen, das Inländer in der Periode t aus dem Ausland erhalten.[1]

Wenn wir über die gesamte Welt summieren, so muß die Gesamtsumme der aufgenommenen Kredite der Gesamtsumme der vergebenen Kredite entsprechen, so daß die aggregierten Nettoauslandsforderungen $\overline{B}^f_t$ gleich Null sind. Dieses für die gesamte Welt gültige Ergebnis entspricht jenem, daß wir zuvor für ein einzelnes Land erhielten, solange wir Ausländer nicht berücksichtigten. Im früheren Modellrahmen konnte ein isoliertes Land keinen Kredit aufnehmen. Obwohl diese Beschränkung nun nicht mehr für ein einzelnes Land gilt, ist es für die Welt insgesamt gültig (sofern wir die Möglichkeit, vom Mars zu borgen, ausschließen). Infolgedessen ist das Aggregat der Nettozinseinkommen aus dem Ausland $R_{t-1}\overline{B}^f_{t-1}$ für die gesamte Welt ebenfalls gleich Null.

---

[1] Die Variable B^f_t enthält im allgemeinen nicht nur verzinsliche Wertpapiere, sondern auch alle anderen Nettoforderungen der Inländer gegenüber der restlichen Welt. Hierzu gehört insbesondere auch das Kapitaleigentum im Ausland, gebildet durch im Ausland getätigte **Direktinvestitionen**. Insofern umfaßt der Term $R_t B^f_t$ auch das Einkommen aus diesem Kapitaleigentum.

Angenommen, das Nettozinseinkommen aus dem Ausland sei die einzige Nettoeinkommensquelle aus der übrigen Welt.[2] Dann entspricht das gesamte, auf Dollar lautende Einkommen der Inländer in Periode t dem Bruttosozialprodukt, welches gleich dem Bruttoinlandsprodukt PY_t zuzüglich der Nettozinseinkommen aus dem Ausland $R_{t-1}B^f_{t-1}$ ist. Dieses Gesamteinkommen kann wie folgt verwendet werden:

- In Form privater Konsumausgaben PC_t für heimische oder importierte Güter und Dienstleistungen.

- In Form privater inländischer Bruttoinvestitionen PI_t, also Ausgaben für im Inland lokalisierte Kapitalgüter.

- In Form staatlicher Käufe von Gütern und Dienstleistungen PG_t.

- In Form von **Netto-Auslandsaktiva**; diese entsprechen dem Nettoerwerb verzinslicher Forderungen gegenüber dem Ausland, $B^f_t - B^f_{t-1}$, zuzüglich der Bestandserhöhung an internationalen Zahlungsmitteln, $H_t - H_{t-1}$. Die Veränderung der Währungsbestände macht gewöhnlich nur einen geringen Anteil am BSP aus.

Diese Ergebnisse zusammenfassend, erhalten wir die Budgetbeschränkung des Inlandes für die Periode t

$$PY_t + R_{t-1}B^f_{t-1} = P(C_t + I_t + G_t) + (B^f_t - B^f_{t-1}) + (H_t - H_{t-1}). \quad (15.1)$$

Wenn wir eine einzelne Volkswirtschaft isoliert betrachten (geschlossene Volkswirtschaft), ist das Bruttoinlandsprodukt PY_t gleich den Gesamtausgaben der Inländer für Güter und Dienstleistungen $P(C_t + I_t + G_t)$. Sobald wir die Volkswirtschaft öffnen, tauchen einige neue Faktoren auf, die das Bruttoinlandsprodukt und die inländischen Ausgaben für Güter und Dienstleistungen voneinander abweichen lassen. Die linke Seite von Gleichung (15.1) enthält zusätzlich das Nettozinseinkommen aus dem Ausland $R_{t-1}B^f_{t-1}$, während auf der rechten Seite die Netto-Auslandsaktiva einbezogen sind, die dem Nettoerwerb an verzinslichen Forderungen $B^f_t - B^f_{t-1}$ zuzüglich dem Zuwachs an internationalen Zahlungsmitteln $H_t - H_{t-1}$ entsprechen.

---

[2] Wir vernachlässigen Transferzahlungen zwischen den Ländern ebenso wie Nettoarbeitseinkommen aus dem Ausland. Letztere entsprechen den Einkommen von im Ausland arbeitenden Inländern abzüglich der Einkommen von im Inland tätigen Ausländern. Diese Einkommenskategorie ist für die meisten Länder unerheblich, jedoch für die BRD ein bedeutender negativer Posten, da hier viele Ausländer als Gastarbeiter beschäftigt sind. (Anmerkung des Übersetzers: In der VGR und Zahlungsbilanzstatistik der BRD werden Gastarbeiter zu den Inländern gerechnet; ihre Arbeitseinkommen sind daher nicht im statistisch ausgewiesenen Saldo der Faktoreinkommen aus dem Ausland enthalten.) Demgegenüber können Länder wie Pakistan und die Türkei, die viele Arbeitskräfte in andere Länder "exportieren", einen deutlich positiven Posten vorweisen. Würden wir dieses Nettoarbeitseinkommen berücksichtigen, so müßten wir es dem Nettozinseinkommen hinzurechnen, um das gesamte **Nettofaktoreinkommen aus dem Ausland** zu erhalten. Der Begriff *Faktoreinkommen* bedeutet, daß das Einkommen entweder vom Faktor Arbeit oder "Kapital" herrührt, wobei letzteres hier den Forderungen in Form ausländischer Finanzaktiva B^f entspricht.

Der Ausdruck $B^f_t - B^f_{t-1}$ wird als **Bilanz des Kapitalverkehrs** des Inlandes bezeichnet. Sofern $B^f_t - B^f_{t-1}$ positiv ist, hat ein **Kapitalexport** stattgefunden (bzw. bei einem negativem Saldo ein **Kapitalimport**). Ein Kapitalexport bedeutet, daß Inländer verzinsliche Forderungen gegenüber Ausländern erwerben und insoweit diesen Mittel zum Kauf von Gütern und Dienstleistungen bereitstellen.

Dem Gesamteinkommen der Inländer $PY_t + R_{t-1}B^f_{t-1}$ (das dem BSP entspricht) stehen ihre Ausgaben für Güter und Dienstleistungen $P(C_t + I_t + G_t)$ gegenüber. Die Differenz zwischen Einkommen und Ausgaben entspricht der Ersparnis der Inländer in Form zusätzlicher Finanzaktiva, die Inländer im Ausland erwerben, und wird als Saldo der **Leistungsbilanz** bezeichnet. Wie wir aus Gleichung (15.1) wissen, ist der

$$\text{Leistungsbilanzsaldo} = PY_t + R_{t-1}B^f_{t-1} - P(C_t + I_t + G_t)$$
$$= \text{Nettoauslandsaktiva}$$
$$= B^f_t - B^f_{t-1} + H_t - H_{t-1}. \qquad (15.2)$$

Dieser Ausdruck ist die grundlegende Gleichung für die **Zahlungsbilanz**. Diese Gleichung besagt, daß die Leistungsbilanz gleich den Nettoauslandsaktiva ist, wobei diese wiederum der Summe aus dem Nettokapitalverkehr $B^f_t - B^f_{t-1}$ zuzüglich der Veränderung der internationalen Währungsbestände $H_t - H_{t-1}$ entsprechen. Wenn der Saldo der Leistungsbilanz positiv (bzw. negativ) ist, spricht man von einem **Leistungsbilanzüberschuß** (bzw. **-defizit**). Es ist zu beachten, daß es sich dabei um eine Bilanzidentität handelt, so daß ein Leistungsbilanzüberschuß eine Entsprechung in den Finanztransaktionen haben muß, die in Form einer Zunahme von zinstragenden Forderungen B^f oder internationalen Zahlungsmitteln H auftreten.

Wir betrachten nun die Position eines Landes gegenüber der übrigen Welt aus einem anderen Blickwinkel. Das Bruttosozialprodukt $PY_t + R_{t-1}B^f_{t-1}$ ist gleich dem Gesamtwert der während dieser Periode von Inländern erzeugten Gütern und Dienstleistungen. Folglich entspricht die Differenz zwischen dem BSP und den inländischen Ausgaben dem Wert der von Inländern produzierten Güter und Dienstleistungen abzüglich des Wertes der von diesen Inländern gegenwärtig verwendeten Güter und Dienstleistungen. Im Falle eines positiven Saldos muß das Inland netto Güter und Dienstleistungen an die übrige Welt verkaufen; bei negativem Saldo muß das Inland netto Güter und Dienstleistungen aus dem Ausland kaufen. Als Exporte bezeichnen wir die von Inländern produzierten Güter und Dienstleistungen, die an Ausländer verkauft werden, während Importe im Ausland produzierte Güter und Dienstleistungen darstellen, die von Inländern erworben werden. Definieren wir die Nettoexporte als Wert der Exporte minus dem Wert der Importe, so erhalten wir unter Verwendung von Gleichung (15.2) für den

Internationale Güter- und Kreditmärkte

$$\text{Leistungsbilanzsaldo} = PY_t + R_{t-1}B^f_{t-1} - P(C_t + I_t + G_t)$$
$$= \text{Nettoexporte.} \quad (15.3)$$

Wir können Gleichung (15.3) so umformulieren, daß wir die übliche Definition des Bruttosozialprodukts erhalten

$$BSP = PY_t + R_{t-1}B^f_{t-1} = P(C_t + I_t + G_t) + \text{Nettoexporte.} \quad (15.4)$$

Wir gewinnen eine andere Perspektive der internationalen Kreditvergabe und -aufnahme, indem wir die Ersparnis und Investition des Inlands betrachten. Gemäß Gleichung (15.2) ist der Leistungsbilanzsaldo gegeben durch $PY_t + R_{t-1}B^f_{t-1} - P(C_t + I_t + G_t)$. Der Ausdruck $PY_t + R_{t-1}B^f_{t-1} - P(C_t + G_t)$ entspricht der volkswirtschaftlichen Ersparnis, d.h. dem Teil des BSP, der nicht für privaten Konsum (C_t) oder staatliche Güterkäufe (G_t) verwendet wird. Daraus folgt, daß der Leistungsbilanzsaldo der Differenz zwischen volkswirtschaftlicher Ersparnis, die wir in Dollar ausgedrückt mit S_t bezeichnen wollen, und inländischer Investition entspricht, also

$$\text{Leistungsbilanzsaldo} = PY_t + R_{t-1}B^f_{t-1} - P(C_t + I_t + G_t) = S_t - PI_t. \quad (15.5)$$

Ein Land erzielt mithin einen Überschuß in der Leistungsbilanz - und erwirbt dabei Forderungen gegenüber dem Ausland -, wenn seine volkswirtschaftliche Ersparnis seine inländische Investition übersteigt. Gleichung (15.5) läßt sich alternativ auch so interpretieren, daß die volkswirtschaftliche Ersparnis S_t entweder für inländische Investitionsausgaben PI_t oder zum Erwerb von Nettoauslandsforderungen, welche dem Saldo der Leistungsbilanz entsprechen, verwendet werden kann. [Wir erinnern daran, daß die Nettoauslandsaktiva nach Gleichung (15.2) der Ersparnis in Form zusätzlicher Finanzaktiva $B^f_t - B^f_{t-1}$ oder internationaler Zahlungsmittel $H_t - H_{t-1}$ entsprechen.]

Abb. 15.1 zeigt, wie sich der Leistungsbilanzsaldo der USA zwischen 1869 und 1987 entwickelt hat. Bemerkenswert ist, daß die Leistungsbilanz in der Periode von 1869 bis 1896 mit Ausnahme der Jahre 1894 und 1876-81 ein Defizit aufwies. (Die Leistungsbilanz war auch in den Jahren 1830-68 überwiegend defizitär.) Im Durchschnitt betrug das Defizit in der Zeit von 1869 bis 1875 1,6% des BSP und von 1886 bis 1891 1,4%.

Die Leistungsbilanz wies in den Jahren nach 1896 überwiegend Überschüsse auf, die von 1897 bis 1914 durchschnittlich 0,8% des BSP, in den 20er Jahren 1,2% und in den 30er Jahren 0,5% ausmachten. Infolge des 1. Weltkriegs erhöhte sich der Leistungsbilanzüberschuß in den Jahren 1915-19 auf durchschnittlich 4,6% des BSP. Dieser Überschuß spiegelt die umfangreiche Kreditgewährung der USA an ihre ausländischen Verbündeten wider. Während des 2. Weltkriegs war die Leistungsbilanz in den Jahren 1940-41 vor Kriegseintritt der USA im Überschuß (im Durchschnitt 1,3% des BSP), wies jedoch von 1942 bis 1945 ein Defizit auf (durchschnittlich

−0,7% des BSP). In den Jahren 1946-47 beliefen sich die Überschüsse in der Leistungsbilanz auf durchschnittlich 3,1% des BSP.

Von 1948 bis 1976 zeigte sich typischerweise ein Leistungsbilanzüberschuß, der jedoch nur 0,3% des BSP ausmachte. 1977-78 entstanden Defizite von 0,7% des BSP, gefolgt von einem annähernden Ausgleich in den Jahren 1979-81 und einem Defizit von 0,3% des BSP 1982. Sodann rutschte die Leistungsbilanz drastisch ins Defizit, welches 1983 −1,4% und 1984-87 −3,2% des BSP erreichte. Im Jahr 1988 machte dieser Wert −2,1% aus. Wir müssen in die 80er und 70er Jahre des letzten Jahrhunderts zurückgehen, um Leistungsbilanzdefizite der USA zu finden, die im Verhältnis zum BSP vergleichbar sind. An späterer Stelle werden wir mögliche Erklärungen für die gegenwärtige Schwäche der US-Leistungsbilanz betrachten.

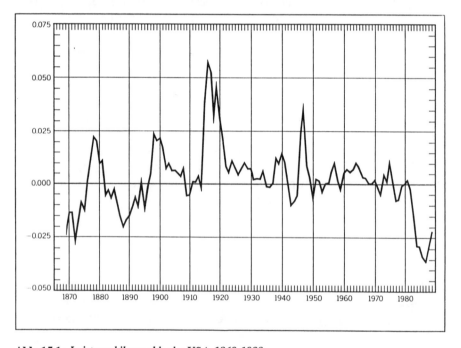

Abb. 15.1: *Leistungsbilanzsaldo der USA, 1869-1988*
Die Abbildung zeigt das Verhältnis des Leistungsbilanzsaldos zum BSP. Die Daten stammen vom U.S. Department of Commerce (1975, 1986) und *U.S. Survey of Current Business*, verschiedene Ausgaben.

Die Rolle des internationalen Kreditmarktes

In einer geschlossenen Volkswirtschaft eröffnet der Kreditmarkt einem Individuum die Möglichkeit, Einkommen und Ausgaben voneinander abzukoppeln. Wenn beispielsweise eine Störung vorübergehend das Einkommen eines Wirtschaftssubjekts senkt, kann es Kredite aufnehmen - oder auf akkumulierte Vermögenswerte zurückgreifen -, um einen temporären Rückgang des Konsums oder der Investition zu vermeiden. Umgekehrt kann ein Individuum auch den größten Teil eines unerwarteten Einkommens sparen, um sich über viele Perioden hinweg einen höheren Konsum leisten zu können.

Demgegenüber ist es im Falle einer die gesamte Volkswirtschaft betreffenden Störung - etwa bei einer vorübergehenden Verschlechterung der Produktionsmöglichkeiten für alle Wirtschaftssubjekte - in einer geschlossenen Volkswirtschaft unmöglich, daß alle zugleich vermehrt Kredit aufnehmen. Deshalb paßt sich in diesem Fall der reale Zinssatz so an, daß das Aggregat der gewünschten Kreditaufnahme gleich dem der gewünschten Kreditvergabe ist. Insoweit kann der Kreditmarkt in einer geschlossenen Volkswirtschaft die Ausgaben nicht gegen eine die ganze Wirtschaft betreffende Störung abschirmen, selbst wenn diese Störung nur temporär ist. (Kurzfristig ist es einer geschlossenen Volkswirtschaft möglich, einen Rückgang des Gesamtkonsums zu vermeiden, indem es eine sinkende aggregierte Investition hinnimmt.)

Im Grunde kann ein einzelnes Land auf dem internationalen Kreditmarkt genauso agieren wie ein Individuum auf dem Kreditmarkt einer geschlossenen Volkswirtschaft. Angenommen, das Inland hat in der Ausgangslage eine ausgeglichene Leistungsbilanz. Sodann tritt ein vorübergehender Angebotsschock auf - wie eine Mißernte oder eine Naturkatastrophe -, der bei allen Bewohnern dieses Landes den Wunsch erweckt, zum ursprünglichen Realzinssatz vermehrt Kredit aufzunehmen. (Wir unterstellen hierbei, daß die Störung nur geringen Einfluß auf die Investitionsnachfrage hat.) Sofern es sich um eine kleine Volkswirtschaft handelt, kann der erhöhte Kredit durch den internationalen Kreditmarkt ohne merkliche Veränderungen des internationalen realen Zinssatzes bereitgestellt werden.

Nehmen wir nun an, die Störung betreffe nicht nur das Inland, sondern die ganze Welt, so kann der weltweit auftretende Wunsch, vermehrt Kredit aufzunehmen, nicht realisiert werden. Unter diesen Umständen müßte der Realzinssatz auf dem internationalen Kreditmarkt so weit steigen, daß die über die Welt aggregierte geplante Kreditaufnahme gleich der geplanten Kreditvergabe ist.

Abb. 15.2 illustriert den Fall eines temporären Angebotsschocks, der ausschließlich das Inland betrifft. Auf der vertikalen Achse tragen wir den realen Zinssatz r_t ab, der auf dem internationalen Kreditmarkt gilt. Da wir von einer kleinen Volkswirtschaft ausgehen, die Zugang zum internationalen Kreditmarkt hat, aber nur einen geringen Einfluß auf diesen Markt ausübt, erscheint es angemessen zu unterstellen, daß der reale Zinssatz gegeben ist. Dann zeigt die abwärts geneigte durchgezogene Kurve in der Abbildung die aggregierte Güternachfrage der Inländer $Y^d_t = C^d_t + I^d_t + G_t$. Wie in unserer vorhergehenden Analyse einer geschlossenen Volkswirtschaft wird diese Nachfrage durch einen niedrigeren Realzins stimuliert.

Die aufwärts geneigte durchgezogene Kurve in der Abbildung zeigt das aggregierte Güterangebot der Inländer: $Y^s_t + R_{t-1}B_{t-1}/P$. Dieses Konzept entspricht dem realen BSP, das die Gesamtheit aller von den Inländern produzierten Güter einschließlich des realen Nettozinseinkommens aus dem Ausland umfaßt. (Wir definieren das Angebot in dieser Weise, damit die Gleichheit zwischen Angebot und Nachfrage dem Saldo der Leistungsbilanz entspricht.) Wie zuvor unterstellen wir, daß ein höherer Realzinssatz die angebotenen Gütermengen erhöht.

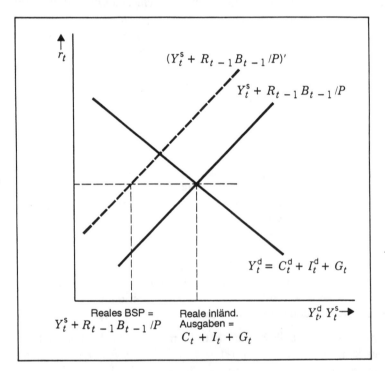

Abb. 15.2: *Auswirkungen eines vorübergehenden Angebotsschocks auf eine kleine offene Volkswirtschaft*
Der Angebotsschock senkt das aggregierte Güterangebot der Inländer, läßt die Nachfrage jedoch weitgehend unverändert. Daraus resultiert beim herrschenden realen Weltzinssatz eine Abnahme des realen BSP relativ zu den realen inländischen Ausgaben. Dies zieht wiederum ein Leistungsbilanzdefizit des Inlands nach sich, dem ein Kapitalimport aus dem Ausland entspricht.

In der Abbildung zeichnen wir die durchgezogenen Kurven so, daß bei gegebenem internationalen realen Zinssatz die aggregierte Güternachfrage der Inländer Y^d_t anfänglich gleich dem aggregierten Güterangebot $Y^s_t + R_{t-1}B_{t-1}/P$ ist. Folglich sind die realen inländischen Ausgaben anfangs gleich dem realen BSP. Aus Gleichung (15.2) folgt, daß dann die Leistungsbilanz ausgeglichen sein muß. Wenn die Währungsbestände des Inlandes konstant bleiben, $(H_t = H_{t-1})$, ist auch die Kapitalbilanz ausgeglichen, $(B^f_t = B^f_{t-1})$.

Wir unterstellen nun, daß ein vorübergehender Angebotsschock das inländische Güterangebot reduziert, die Nachfrage jedoch so gut wie unverändert läßt. Dann entspricht die neue Angebotskurve der gestrichelten Kurve in Abb. 15.2. Zum gegenwärtigen internationalen Realzinssatz r_t übersteigt die von den Inländern nachgefragte Gütermenge nun das Güterangebot. In der Weltwirtschaft kann dieses Ungleichgewicht durch Kreditaufnahme im Ausland wettgemacht werden. Die inländischen Realausgaben $C_t + I_t + G_t$ sind gleich der Güternachfrage Y^d_t; das reale BSP entspricht dem Güterangebot $Y^s_t + R_{t-1}B_{t-1}/P$, und die Differenz zwischen den beiden Größen ergibt das reale Leistungsbilanzdefizit [vgl. Gleichung (15.2)]. Wenn die inländischen Währungsbestände unverändert bleiben, besagt Gleichung (15.2), daß das Leistungsbilanzdefizit zu einem Kapitalzufluß aus dem Ausland führt - d.h. der Wert der Veränderung der ertragbringenden Finanzaktiva $B^f_t - B^f_{t-1}$ ist negativ. Insoweit bewirkt der vorübergehende Angebotsschock, daß sich das Inland im Ausland verschuldet, um einen Rückgang der laufenden Ausgaben zu vermeiden.

Wir müssen jedoch bedenken, daß ein weltweiter Angebotsschock andere Konsequenzen hätte. In diesem Fall gilt die Darstellung in Abb. 15.2 für jedes Land und damit auch für die insgesamt auf der Welt nachgefragten und angebotenen Güter. Folglich muß der reale Weltzinssatz steigen, um den internationalen Kreditmarkt zu räumen, d.h. um Güterangebot und -nachfrage auf dem Weltmarkt auszugleichen. Das repräsentative Land befindet sich schließlich an dem Punkt, an dem die neue Angebotskurve die Nachfragekurve in Abb. 15.2 schneidet und an dem die Leistungsbilanz ausgeglichen ist - d.h. es kann, wie dies stets der Fall sein muß, keinen Kredit im Ausland aufnehmen.[3] Diese Behandlung einer weltweiten Störung - einschließlich der Bestimmung des internationalen realen Zinssatzes - entspricht unserer früheren Analyse einer geschlossenen Volkswirtschaft.

---

[3] Es ist wichtig, daran zu denken, daß die Welt insgesamt und damit auch das repräsentative Land kein Leistungsbilanzdefizit aufweisen kann. Trotz dieser grundlegenden Beschränkung für die Weltwirtschaft zeigt sich, daß statistische Ermittlungsfehler in den Zahlungsbilanzen eine Bestätigung dieser Bedingung mit aktuellen Daten erschweren. Die veröffentlichten Zahlen weisen für die Welt ein Leistungsbilanzdefizit von 76 Mrd. $ für 1982 und 23 Mrd. $ für 1986 aus [vgl. World Bank (1987), Tab. 2.2]. Diese Diskrepanz ist nicht ganz geklärt; sie steht jedoch anscheinend im Zusammenhang mit Ermittlungsfehlern, die die Exporte stärker betreffen als die Importe. Zudem sind einige Länder - wie z.B. Taiwan - nicht in die Statistik der Weltbank einbezogen.

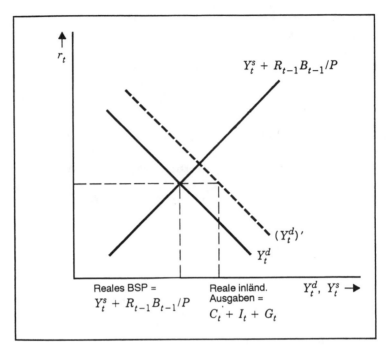

Abb. 15.3: *Auswirkungen einer Nachfrageverschiebung auf eine kleine offene Volkswirtschaft*
Der positive Nachfrageschock führt zu einem Überschuß der realen inländischen Ausgaben über das reale BSP. Daher geht das Inland ein Leistungsbilanzdefizit ein.

Eine internationale Kreditaufnahme kann auch aus einer Veränderung der aggregierten Güternachfrage resultieren. Wir zeigen diesen Fall in Abb. 15.3 durch eine Rechtsverschiebung der Nachfragekurve bei unveränderter Lage der Angebotskurve. Als ein Beispiel für eine derartige Verschiebung könnte eine Zunahme der inländischen Investitionsnachfrage infolge einer Erhöhung des Grenzprodukts des Kapitals (GPK) gelten.

Falls diese Störung wie zuvor allein das Inland betrifft, erscheint es angemessen, den realen Weltzinssatz r_t konstant zu halten. Mit diesem gegebenen Wert von r_t zeigt Abb. 15.3 keine Veränderung des realen BSP, aber eine Zunahme der realen inländischen Ausgaben. In diesem Fall verschuldet sich das Inland im Ausland (geht ein Leistungsbilanzdefizit ein), um das höhere Niveau der Investition zu finanzieren. Die Möglichkeit der Kreditaufnahme bei Ausländern bedeutet, daß ein kleines Land mit günstigen Investitionschancen einen Investitionsboom zu bezahlen vermag, ohne seine laufende Produktion (das reale BSP) erhöhen und seinen Konsum oder seine staatlichen Güterkäufe in der Gegenwart beschneiden zu müssen.

Wie bei Angebotsschocks unterscheiden sich die Ergebnisse dann, wenn die Störung nicht nur das Inland berührt, sondern global auftritt. Angenommen beispielsweise, irgend eine technische Innovation führt in jedem Land zu einer Erhöhung der Investitionsnachfrage, dann bezieht sich die Konstruktion in Abb. 15.3 auf die Aggregate der Nachfrage und des Angebots in der Weltwirtschaft. In diesem Fall steigt der reale Zinssatz r_t, um die Gleichheit zwischen dem realen BSP der Welt insgesamt und den realen Ausgaben für Güter und Dienstleistungen sicherzustellen. Für die gesamte Welt ist es unmöglich, einen Investitionsboom durch Kreditaufnahme im Ausland zu finanzieren, so daß eine Ausweitung der globalen Investition wie im Falle einer geschlossenen Volkswirtschaft entweder durch eine Zunahme der Produktion (eine Bewegung entlang der Angebotskurve in Abb. 15.3) oder eine Abnahme der Summe aus Konsum und staatlichen Güterkäufen erreicht werden muß.

Beispiele für internationale Kreditaufnahme und -vergabe

Es gibt eine Reihe von Situationen, in denen sich ein Land sehr stark auf dem internationalen Kreditmarkt verschulden muß. Nehmen wir als Beispiel Polen in den Jahren 1978-81, als sich aufgrund von Mißernten und Problemen mit der Erwerbsbevölkerung eine drastische Produktionssenkung weit unter das für die Zukunft erwartete durchschnittliche Niveau einstellte. So wurde ermittelt, daß die reale polnische Produktion zwischen 1978 und 1981 um 14% gesunken ist [vgl. Robert Summers und Alan Heston (1988)]. Insoweit ähnelt die Situation Polens dem in Abb. 15.2 dargestellten Fall, bei dem eine externe Kreditaufnahme die drastische Senkung der gegenwärtigen realen Ausgaben verhindert. Tatsächlich erreichte Polens Bruttoauslandsverschuldung 1981 einen Wert von 25 Mrd. $, was etwa die Hälfte seines jährlichen BSP ausmachte. (Die zentralgeleiteten Planwirtschaften Osteuropas verwendeten das Konzept des "Produzierten Nationaleinkommens" in gewisser Analogie zum Nettosozialprodukt.)

Ein zweites Beispiel für ein Land mit sehr hoher Auslandsverschuldung ist Mexiko. In diesem Fall versprach die Entdeckung großer Rohstoffvorkommen, insbesondere Öl, hohe Einkommen in zukünftigen Perioden. So verfügte Mexiko z.B. im Jahre 1974 über beträchtliche Ölvorräte, wenngleich die Fördermenge relativ unbedeutend war. Die Aussichten auf eine Erhöhung des Einkommens regten zu verstärktem Konsum (und "protzigen" Staatsprojekten) an, bevor ein Großteil der Öleinnahmen überhaupt realisiert wurde. Darüber hinaus veranlaßten die Ölfunde zu vermehrten Investitionen in der ölverarbeitenden Industrie. Dieser Fall entspricht einer wie in Abb. 15.3 dargestellten Erhöhung der aggregierten Güternachfrage. Die Folgerung lautet, daß Mexiko im Ausland Kredit aufnehmen würde, um die Zunahme seiner laufenden Ausgaben zu finanzieren. Tatsächlich stieg Mexikos Brutto-Auslandsverschuldung von 1971 bis 1981 von 3,5 Mrd. $ oder 9% des BIP auf 61 Mrd. $ oder

26% des BIP.[4] Natürlich muß eine derartige Verschuldungspolitik Probleme bereiten, sobald der relative Ölpreis unerwartet sinkt, wie 1982-86, so daß das Einkommen Mexikos schließlich niedriger war als erwartet. (Ob sich dies vornehmlich als ein Problem Mexikos oder seiner internationalen Kreditgeber darstellt, ist freilich eine andere Frage.)

Wir können ferner das Beispiel eines Entwicklungslandes heranziehen, das ein hohes Grenzprodukt des Kapitals aufweist. Ein solches Land wird sich im Ausland verschulden, um in beträchtlichem Umfang Investitionen zu finanzieren und auf diese Weise hohe Wachstumsraten der Produktion zu realisieren. Die Möglichkeit der Auslandsverschuldung impliziert, daß das Konsumniveau (und die öffentlichen Käufe) eines Entwicklungslandes während einer Phase hoher Investitionen nicht drastisch reduziert werden muß.

Ein neueres Beispiel für ein derartiges Verhalten ist Brasilien, das von 1971-1980 eine durchschnittliche jährliche Wachstumsrate des realen Bruttoinlandsprodukts pro Kopf von etwa 5% aufrechterhalten konnte. Während dieses Zeitraums sind die Bruttoauslandsschulden von 6 Mrd. $ oder 11% des BIP auf 55 Mrd. $ oder 22% des BIP gewachsen.

Ein früheres Beispiel für ein sich schnell entwickelndes Land mit starker Auslandsverschuldung sind die USA. Im Jahre 1890 erreichte die Nettoauslandsschuld 2,9 Mrd. $, was etwa 21% des BSP entsprach [Vgl. U.S. Department of Commerce (1975), S. 869]. Wie Tab. 15.1 zeigt, befanden sich die USA in den Jahren vor 1890 zumeist in der Rolle eines internationalen Schuldners. Insofern war die Situation der USA gegen Ende des 19. Jahrhunderts in etwa vergleichbar mit der Brasiliens in den 70er Jahren.

Wir sollten uns daran erinnern, daß die Kreditaufnahme im Ausland einen Überschuß der inländischen Ersparnis S über die inländische Investition I widerspiegelt. Im Falle Polens und Mexikos reflektiert die Verschuldung einen Rückgang der Ersparnis, die sich aus einer Verringerung des laufenden Einkommens (Polen) bzw. aus einem Anstieg des erwarteten Einkommens (Mexiko) ergab. Für Brasilien und die USA im 19. Jahrhundert (wie auch für Mexiko) ist die Kreditaufnahme insbesondere Ausdruck eines hohen Niveaus der Investitionsnachfrage.

Im Gegensatz dazu sind Länder, die international als Kreditgeber auftreten, solche, die eine hohe geplante Ersparnis - bei hohem laufenden Einkommen im Vergleich zum langfristigen Einkommen - oder eine vergleichsweise geringe Investitionsnachfrage aufweisen. Diese Kategorie der internationalen Gläubiger schließt die

---

[4] Die Daten für das Bruttoinlandsprodukt von Mexiko und Brasilien (vgl. unten) stammen aus den *International Financial Statistics*, Jahrbuch 1982 und April 1983. Die Zahlen für die Auslandsverschuldung Mexikos und Brasiliens lieferte die Organization of American States, *Statistical Bulletin of the OAS*, Band 4, Nr. 1-2, Januar-Juni 1982, Tab. SA-5, S. 30 und Morgan Guaranty Trust, *World Financial Markets*, Februar 1983, Tab. 2, S. 5.

hochentwickelten Industrieländer ein, wie etwa die USA bis 1983 und die Schweiz. Die Nettoauslandsposition der USA (im Ausland gehaltene US-Finanzaktiva einschließlich der internationalen Währungsbestände abzüglich der in den USA gehaltenen ausländischen Finanzaktiva) wurde Ende 1982 auf 137 Mrd. $ geschätzt; sie fiel jedoch Ende 1986 auf −264 Mrd. $.[5] Die Verringerung der Nettovermögensposition spiegelte die US-Leistungsbilanzdefizite nach 1982 wider.

Ein weiterer wichtiger internationaler Kreditgeber ist Saudi-Arabien, dessen Öleinnahmen bis 1981 im Vergleich zu seinem langfristigen zukünftigen Einkommensstrom hoch waren. Saudi-Arabiens Nettoauslandsposition (einschließlich der internationalen Währungsreserven) belief sich 1982 auf etwa 145 Mrd. $, verminderte sich 1986 jedoch infolge sinkender Öleinnahmen auf etwa 99 Mrd. $ [vgl. Economist Intelligence Unit (1987)].

Ein wichtiger Gesichtspunkt ist, daß - wie im Falle des Kreditmarktes einer geschlossenen Volkswirtschaft - die Existenz eines internationalen Kreditmarktes sowohl für Gläubiger als auch für Schuldner vorteilhaft ist, da letztere auf diese Weise offensichtlich die Möglichkeit haben, vorübergehend mehr als das laufende Einkommen zu verbrauchen, was in den oben genannten Fällen auch tatsächlich zutraf. Durch die Möglichkeit, an das Ausland Kredite zu vergeben, erhalten die Länder mit einer relativ hohen geplanten Ersparnis die Chance, eine höhere Verzinsung zu erzielen als im eigenen Land. Auch wenn es in jüngster Zeit ernsthafte Probleme mit Auslandskrediten gab, sollten wir uns keinesfalls zu dem Schluß verleiten lassen, daß die Existenz eines internationalen Kreditmarktes grundsätzlich zu negativen Ergebnissen führt.

Zu bedenken ist, daß wir bei dieser Analyse durchwegs einen "vollkommenen" internationalen Kreditmarkt unterstellten, auf dem der reale Zinssatz für alle Länder gleich hoch war. Wenn die Einwohner eines Landes jedoch ihre Kreditaufnahme ausdehnen, wobei die Regierung des Landes häufig selbst Kreditnehmer ist oder für die Verbindlichkeiten garantiert, mag das Risiko der Zahlungsunfähigkeit steigen. Wenn sich eine Regierung im Ausland verschuldet, so müssen wir vor allem in Betracht ziehen, daß deren "Souveränität" es ausländischen Gläubigern erschwert, ihre Ansprüche durchzusetzen. (Regierungen sind insoweit souverän, als sie jenseits irgend eines sinnvollen internationalen Rechts stehen; für einen Kreditgeber ist es insbesondere schwierig, sich vor der Insolvenz von Regierungen zu schützen.) Das wachsende Kreditausfallrisiko hat zur Folge, daß der zu zahlende reale Zinssatz mit

---

[5] Vgl. *Economic Report of the President* (1988), Tab. B-106. Die Schätzungen sind aufgrund der unvollständigen statistischen Erfassung und aufgrund der Bewertung des Vermögens zum Buchwert anstatt zum Marktwert relativ grob. Obwohl die Zahlen die USA in einer negativen Nettoauslandsposition für 1986 und 1987 zeigen, war der Saldo der Nettoauslandseinkommen näherungsweise bei Null. Daher würde sich vermutlich bei genauerer Messung eine Nettoauslandsposition der USA 1987 von nahezu Null ergeben.

zunehmender Verschuldung eines Landes tendenziell ansteigt.[6] Infolgedessen kann ein einzelnes Land (oder eine Einzelperson) Probleme haben, sich des Kreditmarktes zu bedienen, um bei stärkeren Einkommensschwankungen einen Ausgleich der Ausgaben herbeizuführen.

Wenn wir diese Effekte berücksichtigen, dürften die Ergebnisse in etwa in der Mitte zwischen den zuvor erzielten Resultaten für eine geschlossene Volkswirtschaft und denjenigen für einen vollkommen internationalen Kreditmarkt liegen. Eine vorübergehende Störung der Einkommenssituation eines Landes wird sich also zum Teil als Veränderung des Realzinssatzes sowie der realen Ausgaben dieses Landes und zum Teil in der Auslandsverschuldung niederschlagen. Die Einkommensveränderung wird mithin nur teilweise durch die internationale Kreditaufnahme aufgefangen.

Fiskalpolitik im internationalen Zusammenhang

Staatliche Güterkäufe

Wir stellten in Abb. 15.3 die Wirkungen einer Veränderung der Güternachfrage auf eine kleine offene Volkswirtschaft dar. Aus Kapitel 12 wissen wir, daß Nachfrageerhöhungen häufig hervorgerufen werden durch eine temporäre Ausweitung der staatlichen Güterkäufe, die möglicherweise im Zusammenhang mit Kriegszeiten steht. Da die staatlichen Käufe nur vorübergehend hoch sind, verändert sich ihr Gegenwartswert nur wenig. Die Störung ruft daher nur einen geringen negativen Vermögenseffekt hervor und beeinflußt die Konsumnachfrage nur mäßig. Bei einem gegebenen geringen Effekt auf die Konsumnachfrage übersteigt die aggregierte Güternachfrage das Güterangebot, wie in Abb. 15.3 dargestellt. Folglich verschuldet sich das Land im Ausland, um die temporäre Steigerung der staatlichen Güterkäufe zu finanzieren, und auf diese Weise gelingt es, die Verringerung der privaten Ausgaben, die zur Bezahlung zusätzlicher öffentlicher Ausgaben notwendig sind, abzumildern. Ein kleiner Teil der Reduktion tritt auf während der vorübergehend hohen Staatsausgaben, aber der Rest ergibt sich erst in Zukunft und entspricht der Verzinsung und Tilgung der akkumulierten Auslandsschuld.

Angenommen, die temporären Staatsausgaben ergäben sich in Kriegszeiten. Dann erlaubt der internationale Kreditmarkt den Kombattanten, sich bei neutralen Ländern zu verschulden und die kurzfristigen Veränderungen des Konsums, der Investition und der Freizeit zu mildern. Beispiele für eine derartige Verschuldung waren die hohen Kredite der USA, insbesondere vor deren jeweiligem Kriegseintritt, an die Verbündeten während des 1. und 2. Weltkriegs. Shaghil Ahmed (1987b) untersuchte derartige Vorgänge im Kontext der langfristigen britischen Geschichte von

---

[6] Vgl. dazu Jonathan Eaton, Mark Gersovitz und Joseph Stiglitz (1986) sowie Jeremy Bulow und Ken Rogoff (1988).

Kriegsausgaben und Handelsbilanzsalden. (Es sei an die Analyse der Daten zu den britischen Militärausgaben in Kapitel 12 erinnert.) In Übereinstimmung mit unserer Theorie ermittelte Ahmed einen positiven Effekt temporärer Staatsausgaben auf das Handelsdefizit vor allem in der Periode von 1732 bis 1830, welche die wesentlichen Veränderungen der Ausgaben einschließt (vgl. Abb. 12.4).

Im Zusammenhang mit Kriegszeiten werden einige weitere Begrenzungen bei der Inanspruchnahme des internationalen Kreditmarktes deutlich. Die Möglichkeit, daß ein Land eine Niederlage erleidet, erhöht die Wahrscheinlich der Zahlungsunfähigkeit und treibt damit den für Kredite zu zahlenden realen Zinssatz in die Höhe. Infolgedessen fällt es einem kriegführenden Land schwerer, die Staatsausgaben zu finanzieren, ohne gleichzeitig die privaten Ausgaben zurückzustutzen oder die Gesamtproduktion zu erhöhen.

Es ist naheliegend, daß der Kreditmarkt nur dann von Nutzen ist, wenn die kriegführenden Parteien sich bei Nicht-Kombattanten verschulden können. Wie in einigen zuvor behandelten Beispielen unterscheidet sich eine globale Störung von einem räumlich begrenzten Schock. Im Falle eines Weltkriegs bleibt niemand übrig, bei dem man sich verschulden könnte. Dann treibt der weltweite Anlaß zur Verschuldung den realen Zinssatz in die Höhe (sofern die internationalen Darlehensmärkte noch zugänglich sind). Das repräsentative Land verbleibt dann aber bei einem Leistungsbilanzsaldo von Null. In Abb. 15.3 entspricht dieses Ergebnis dem Schnittpunkt der Angebotskurve mit der neuen Nachfragekurve bei einem höheren Wert von r_t.

Wie wir aus Kapitel 12 wissen, unterscheidet sich eine dauerhafte Ausweitung der staatlichen Güterkäufe von einem nur temporären Anstieg. Eine permanente Erhöhung der Käufe führt zu einer nahezu proportionalen Kürzung der Konsumnachfrage und hat daher wenig Einfluß auf die aggregierte Güternachfrage. Daraus folgt, daß dauerhafte Veränderungen der staatlichen Güterkäufe nicht zu wesentlichen Veränderungen der Leistungsbilanz führen. Die Länder "zahlen" für eine Ausdehnung des Staatssektors eher mit einer Verminderung der privaten Ausgaben, statt sich bei Ausländern zu verschulden.

Das Ergebnis erscheint vernünftig, wenn wir an eine Auslandsverschuldung denken, die es einem Land ermöglicht, seine Anpassung an eine temporäre Störung, wie sie eine Woge staatlicher Ausgaben darstellt, abzumildern. Das Land bezahlt dafür teilweise durch eine geringe Abnahme der laufenden privaten Ausgaben, aber überwiegend durch eine Kürzung derselben in späteren Zeiten. Dieses Verfahren ist sinnvoll bei einer temporären Erhöhung der Staatsausgaben, nicht jedoch bei einer dauerhaften. Im letzteren Fall besteht die ausgleichende Anpassung an die Störung in einer proportionalen Verringerung der privaten Ausgaben zu jedem Zeitpunkt. Da die laufenden privaten Ausgaben im gleichen Maße zurückgehen, wie die laufenden öffentlichen Ausgaben zunehmen, verschuldet sich das Land nicht im Ausland.

Ein Land, das zur Finanzierung einer permanenten Ausdehnung der Staatskäufe Kredit aufnimmt, wird sich später noch größeren Schwierigkeiten gegenübersehen, da angesichts der Verpflichtung, Zinsen und Tilgung auf die Schuld zu leisten, die privaten Ausgaben in künftigen Perioden stärker eingeschränkt werden müssen, als es der Zunahme der Staatsausgaben entspricht. (Wir unterstellen hierbei, daß es dem betrachteten Land nicht gelingt, seine ausländischen Gläubiger fortgesetzt durch Zahlungsunfähigkeit zu überraschen.)

Steuersätze

Bekanntlich entspricht der Saldo der Leistungsbilanz der Differenz zwischen volkswirtschaftlicher Ersparnis und inländischer Investition, $S - I$. Veränderungen der Steuersätze berühren dann die Leistungsbilanz, wenn sie die geplante volkswirtschaftliche Ersparnis im Vergleich zur inländischen Investitionsnachfrage beeinflussen.

Effekte auf die Investitionsnachfrage treten auf, wenn der Staat die Steuersätze auf Kapitaleinkommen verändert. Die Steuerkürzungen der Regierung Reagan zwischen 1981 und 1984 sahen großzügigere Abschreibungsmöglichkeiten und andere Änderungen vor, die die Steuersätze auf Kapitaleinkommen verringerten. Dies zeigte sich in Abb. 13.7 in einer Abnahme des Verhältnisses der Körperschaftsteuer zu den Unternehmensgewinnen von 0,41 im Jahr 1980 auf durchschnittlich 0,31 in den Jahren 1982 bis 1986.[7] Die prognostizierbare Reaktion besteht in einer Ausdehnung der Investitionsnachfrage und - bei unveränderter Entwicklung der volkswirtschaftlichen Ersparnis - in einer Bewegung zu einem Leistungsbilanzdefizit. Tatsächlich stieg der Anteil der realen betrieblichen Investitionen (ohne Wohnungsbau) am realen BSP von 0,117 1980 auf 0,139 1984; unter Einrechnung der Wohnungsbauinvestitionen trat zwischen 1980 und 1984 ein Anstieg von 0,160 und 0,188 ein.[8] Zugleich veränderte sich das Verhältnis der Nettoauslandsposition zum BSP von 0,005 (1980) auf −0,024 (1984). Folglich entspricht die Entwicklung zu einem Defizit der Leistungsbilanz ungefähr der Zunahme der inländischen Investition. So gesehen, ist die Bewegung zu einem Leistungsbilanzdefizit nicht notwendigerweise ein Symptom für ungünstige Ereignisse.

---

[7] Einige Kürzungen der Körperschaftsteuer wurden durch die Gesetzgebung 1986 zurückgenommen; der Steuernachlaß für Investitionen wurde aufgehoben, die Abschreibungsmöglichkeiten wurden weniger großzügig bemessen und der Steuersatz auf Wertzuwächse erhöht. Andererseits reduzierten sich die Steuersätze des Bundes auf die zu versteuernden Unternehmenseinkommen. Der Anteil der Körperschaftsteuern an den Unternehmensgewinnen erhöhte sich von 0,31 1986 auf 0,39 1987 (vgl. Abb. 13.7).

[8] Die Käufe von langlebigen Konsumgütern - eine weitere Form der Investition - erlebten in dieser Zeit ebenfalls einen Boom. Ausgedrückt als Anteil am realen BSP stiegen diese realen Käufe 1980-84 von 0,077 auf 0,092.

Dauerhafte Veränderungen der Grenzsteuersätze auf Arbeitseinkommen haben einen geringen Einfluß auf die volkswirtschaftliche Ersparnis S und damit auch auf die Leistungsbilanz. So stimuliert z.B. eine permanente Kürzung der marginalen Steuersätze das Arbeitsangebot, erhöht jedoch die Konsumnachfrage in einem ähnlichen Umfang wie das Arbeitseinkommen selbst, und daher verändert sich die geplante Ersparnis nur geringfügig. Daraus folgt bei gegebener Entwicklung der Investitionsnachfrage, daß die Leistungsbilanz keine Veränderung erfährt.

Wie wir in unserer früheren Analyse herausstellten, reagiert die geplante Ersparnis vor allem auf Änderungen, die die Gegenwart im Vergleich zur Zukunft berühren. Eine temporäre Kürzung der Grenzsteuersätze auf Arbeitseinkommen würde die geplante Ersparnis beispielsweise erhöhen, da Arbeitsangebot und Güterangebot in der Gegenwart zunehmen, die laufende Konsumnachfrage hingegen nur in geringem Umfang ansteigt. Daher bringt diese Art der Veränderung von Steuersätzen tendenziell einen Überschuß in der Leistungsbilanz hervor.

Staatliche Budgetdefizite

In Kapitel 14 haben wir einige Mühe auf die Klärung der Frage verwendet, inwieweit Kürzungen der Pauschalsteuern die Konsumnachfrage berühren. (Für unsere derzeitigen Zwecke sollten wir an Pauschalsteuern denken, die den Anreiz, heute statt morgen zu arbeiten, nicht beeinflussen.) Vom ricardianischen Standpunkt aus gesehen, fühlen sich die Haushalte infolge einer Senkung der laufenden Steuern solange nicht vermögender, wie sich der Gegenwartswert der staatlichen Güterkäufe nicht ändert. Deshalb verändert sich die Konsumnachfrage nicht, und die geplante private Ersparnis nimmt im Verhältnis 1 : 1 zum staatlichen Budgetdefizit zu. Die Zunahme des privaten Sparens gleicht den Rückgang der staatlichen Ersparnis genau aus, so daß die volkswirtschaftliche Ersparnis S unverändert bleibt. Ohne Änderung der volkswirtschaftlichen Ersparnis - und ohne Auswirkung auf die Investitionsnachfrage - folgt daraus, daß der Saldo der Leistungsbilanz, $S - I$, konstant bleibt.

Um dieses Ergebnis zu verstehen, sollten wir uns daran erinnern, daß die inländischen Haushalte aus ricardianischer Sicht die zusätzliche Staatsschuld vollständig absorbieren. Ein Budgetdefizit veranlaßt die Bewohner des Inlands daher nicht, sich vermehrt bei Ausländern zu verschulden. Der Saldo der Leistungsbilanz bleibt mithin unverändert.

Bei der herkömmlichen Beurteilung von Budgetdefiziten, die wir ebenfalls in Kapitel 14 darlegten, wird davon ausgegangen, daß eine Defizit-finanzierte Steuersenkung die Konsumnachfrage ansteigen läßt. Die gewünschte private Ersparnis nimmt proportional weniger stark zu als das Budgetdefizit, so daß die geplante volkswirtschaftliche Ersparnis zurückgeht. Eine Begründung für den Anstieg der Konsumnachfrage lautet, daß sich die Individuen angesichts ihrer begrenzten Lebenszeit vermögender fühlen, wenn der Staat sein Budgetdefizit dazu benutzt, Steuerpflichten auf künftige Generationen zu übertragen.

In einer geschlossenen Volkswirtschaft führt ein Aufschwung der aggregierten Güternachfrage zu einer Zunahme des realen Zinssatzes und einem Rückgang der inländischen Investition. Eine offene Volkswirtschaft kann sich demgegenüber bei Ausländern verschulden, um seine zunehmende Nachfrage nach Gütern zu bezahlen. Wir können erneut Abb. 15.3 verwenden, um diese Effekte darzulegen. Bei gegebenem Wert des realen Weltzinssatzes r_t nehmen die inländischen Ausgaben infolge einer Erhöhung der Konsumnachfrage zu. Auf der Produktionsseite bleibt das reale BSP unverändert. Daraus folgt die auf eine offene Volkswirtschaft bezogene Standard-Analyse, daß das Budgetdefizit zu einem Defizit der Leistungsbilanz führt.

Viele Ökonomen (und eine noch größere Zahl von Journalisten) schreiben das hohe Leistungsbilanzdefizit der USA seit 1983 den Auswirkungen ausufernder staatlicher Budgetdefizite zu. (Bekanntlich machte der Anteil des Leistungsbilanzdefizits im Durchschnitt 1984-87 3,2% des BSP aus und 2,1% im Jahr 1988.) Trotz aller Übereinstimmung in den Auffassungen bestätigt ein sorgfältiger Blick auf die empirischen Belege nicht die behauptete Verknüpfung zwischen Staatsbudget und Leistungsbilanzdefiziten. Ein Aspekt ist, daß - über eine längere Entwicklung gesehen - die Bewegungen des US-Budgets und der Leistungsbilanzdefizite voneinander unabhängig waren. So wies z.b. zwischen 1948 und 1982 der Anteil der Leistungsbilanzdefizite am BSP keine Korrelation auf zu verschiedenen Maßen des Budgetdefizits, wobei diese ihrerseits im Verhältnis zum BSP ausgedrückt sind. Die Daten für die USA seit dem 2. Weltkrieg enthüllen nur ein einmaliges zeitliches Zusammenfallen von hohen Budget- und Leistungsbilanzdefiziten, nämlich für die Periode von 1983 bis 1988.

Paul Evans (1988) legte eine sorgfältige statistische Untersuchung über den Zusammenhang zwischen den Defiziten des staatlichen Budgets und der Leistungsbilanz für die USA, Kanada, Frankreich, die BRD und das Vereinigte Königreich in der Periode nach dem 2. Weltkrieg vor. Sein wesentliches Ergebnis bestand darin, daß die Daten die ricardianische Theorie darin bestätigen, daß Budgetdefizite keine Leistungsbilanzdefizite verursachen. Allerdings vermag Evans Studie das Anschwellen der US-Auslandsverschuldung in jüngster Zeit nicht zu erklären.

An früherer Stelle deuteten wir als eine mögliche Ursache für das jüngste Leistungsbilanzdefizit der USA den Rückgang der Grenzsteuersätze auf Kapitaleinkommen zwischen 1981 und 1984 an. Dieses Argument besitzt eine gewisse Attraktivität - obwohl der Sachverhalt keineswegs als gesichert gelten kann -, weil es nicht nur eine Erklärung für die Bewegung zu einem Defizit der Leistungsbilanz seit 1983 liefert, sondern auch für den Boom der Investitionsnachfrage in den USA, der in der gleichen Zeitspanne auftrat. Der Ansatz, der die Bedeutung der marginalen Steuersätze hervorhebt, schreibt den Budgetdefiziten andererseits ein gewisses Gewicht zu.

Budgetdefizite würden eine Rolle spielen, sofern sie ein notwendiges Gegenstück zu Kürzungen der Grenzsteuersätze auf Kapitaleinkommen sind. Wir sollten jedoch beachten, daß sich die Argumentation auf die Bedeutung von Steuersatzsenkungen auf die Investitionsnachfrage bezieht und nicht etwa auf einen direkten Vermögenseffekt beim Konsum.

Terms of trade

Wir haben bisher unterstellt, daß die Güter, die vom Inland und allen übrigen Ländern produziert werden, physisch identisch sind. Darüber hinaus sind wir davon ausgegangen, daß sämtliche Güter zwischen allen Ländern **handelbar** sind, indem wir Transportkosten vernachlässigten. Wir wollen im Moment die Annahme aufrechterhalten, daß alle Güter handelbar sind, jedoch unterstellen, daß sich einzelne Länder auf die Produktion bestimmter Güter spezialisieren. So erzeugt Chile z.B. einen wesentlichen Teil der Weltkupferproduktion und Brasilien einen großen Teil des Kaffees. Daher werden einzelne Länder nachhaltig betroffen, wenn sich die Preise ihrer Haupterzeugnisse im Verhältnis zu den Preisen anderer Güter ändern.

Der Einfachheit halber wollen wir annehmen, daß das Inland ein einziges Gut (oder Güterbündel) produziert und zu einem in Dollar ausgedrückten Preis P verkauft, während die übrige Welt ein anderes Gut (Güterbündel) herstellt, das zum Preis $\overline{P}$ gehandelt wird. Im folgenden wollen wir Veränderungen der Relation $P/\overline{P}$ untersuchen. Wenn sich dieses Verhältnis erhöht, so wollen wir sagen, die **terms of trade*** des Inlands haben sich verbessert, d.h. für jede Einheit inländischer Güter, die von einem Land produziert und ins Ausland verkauft (exportiert) wird, kann dieses Land nun mehr Einheiten ausländischer Güter kaufen (importieren).

Wir müssen die Bedingung für den Leistungsbilanzausgleich verändern, um die Unterschiede zwischen inländischen und ausländischen Preisen und Gütern zu berücksichtigen. Ohne die wesentlichen Ergebnisse zu berühren, können wir die Analyse insoweit vereinfachen, als wir annehmen, daß das gesamte inländische Bruttosozialprodukt Y^s_t zum Preis P verkauft und exportiert wird, während alle inländischen Ausgaben (für Konsum, Investition und Staatskäufe) sich auf im Ausland produzierte Güter (Importe) beziehen, die zum Preis $\overline{P}$ gekauft werden. Für die Leistungsbilanz ergibt sich dann

$$PY^s_t + R_{t-1}B_{t-1} - \overline{P} \cdot (C^d_t + I^d_t + G_t). \tag{15.6}$$

Der Saldo der Leistungsbilanz entspricht nach wie vor der Differenz zwischen volkswirtschaflicher Ersparnis und inländischer Investition, jedoch wird die Ersparnis nun

---

* Die terms of trade werden in der deutschsprachigen Literatur auch als *reales Austauschverhältnis* bezeichnet; wir verwenden jedoch im folgenden den angelsächsischen Terminus (Anmerkung d. Übers.).

gegeben durch $PY^s_t + R_{t-1}B_{t-1} - \overline{P}(C^d_t + G_t)$ in Abhängigkeit von den beiden Preisen P und $\overline{P}$. Für Zwecke unserer Diskussion wollen wir annehmen, daß bei den anfänglich gegebenen Werten von P und $\overline{P}$ der Saldo der Leistungsbilanz gleich Null ist.

Betrachten wir eine Verbesserung der terms of trade, etwa infolge eines Anstiegs von P im Verhältnis zu $\overline{P}$, der durch eine die übrige Welt betreffende Störung hervorgerufen wird. Beispielsweise möge sich Chile einer Erhöhung des relativen Preises für Kupfer oder Brasilien des relativen Preises für Kaffee gegenübersehen. Da die Störungsursache in der übrigen Welt liegt, bleiben die Kapazitäten der Kupfer- bzw. Kaffeeproduktion in Chile und Brasilien unverändert. Wir wollen ferner davon ausgehen, daß die Wirtschaftssubjekte die Änderung von P als temporär betrachten, wie dies im Falle von Preisänderungen bei Kaffee und Kupfer wahrscheinlich ist.

Angenommen, das Inland ändere weder sein Güterangebot Y^s_t noch seine Güternachfrage $C^d_t + I^d_t + G_t$, dann besagt Gleichung (15.6), daß die Verbesserung der terms of trade zu einem Überschuß in der Leistungsbilanz führt. Mit dem Anstieg von P und unveränderter Menge der realen Exporte, die hier der gesamten inländischen Produktion Y^s_t entsprechen, erhöhen sich die Exporteinnahmen PY^s_t. Da die Importausgaben $\overline{P}(C^d_t + I^d_t + G_t)$ unverändert bleiben, ergibt sich ein Leistungsbilanzüberschuß. (Dieses Ergebnis bleibt auch dann gültig, wenn nicht die gesamte Produktion exportiert wird und sich ein Teil der Ausgaben auf inländische Güter zum Preis P anstelle von $\overline{P}$ bezieht.)

Die Verbesserung der terms of trade veranlaßt zu einigen Veränderungen im Güterangebot und in der Güternachfrage. Da die Störung nur temporär auftritt, sind die Vermögenseffekte gering, so daß die zu berücksichtigenden Hauptreaktionen in Substitutionseffekten bestehen. Im Moment wollen wir auch von jeglicher Wirkung auf die Investitionsnachfrage I^d_t absehen.

Bei der Entscheidung über Arbeitseinsatz und Produktion haben die Haushalte (in ihrer Rolle als Arbeiter und Produzenten) zuvor das Grenzprodukt der Arbeit (GPA) berücksichtigt. Im Unterschied dazu verkaufen die Produzenten nun ihren Output zum inländischen Preis P, kaufen aber Güter für Konsumzwecke zum ausländischen Preis $\overline{P}$. (Die Ergebnisse würden sich grundsätzlich nicht ändern, falls die Haushalte realistischererweise einige Güter zum Preis P und andere zum Preis $\overline{P}$ kauften.) Eine Zunahme von $P/\overline{P}$ bedeutet, daß die Haushalte für jede Arbeits- und Produktionseinheit mehr für den Konsum (an ausländischen Gütern) erhalten. Wie im Falle einer Aufwärtsverschiebung der Kurve des Grenzprodukts der Arbeit veranlaßt der Substitutionseffekt infolge eines Anstiegs von $P/\overline{P}$ eine Ausdehnung des Arbeitseinsatzes und eine entsprechende Erhöhung des inländischen Güterangebots Y^s_t. Diese Zunahme der mengenmäßigen Produktion (und der Exporte) verstärkt die Entwicklung zu einem Leistungsbilanzüberschuß.

Ein Anstieg von $P/\overline{P}$ gibt ferner Anlaß zu einer gewissen Erhöhung der Konsumnachfrage. Sofern die Preisveränderung lediglich temporär ist, bleibt diese Reaktion gering, weil die Haushalte ihr vorübergehend hohes laufendes Einkommen auf vermehrten Konsum in vielen Perioden verteilen. Daher bleiben wir bei unserer Aussage, daß eine temporäre Verbesserung der terms of trade zu einem Überschuß in der Leistungsbilanz führt.

Wir wollen nun eine dauerhafte Verbesserung der terms of trade unterstellen. In diesem Fall tritt ein starker Vermögenseffekt auf, der zu vermehrter Konsumnachfrage anregt. Die Veränderung der geplanten volkswirtschaftlichen Ersparnis des Inlands, $PY^s_t + R_{t-1}B_{t-1} - \overline{P}(C^d_t + G_t)$, ist nun tatsächlich gering. Folglich wird sich bei gegebenen Ausgaben für Investitionen, $\overline{P}I^d_t$, der Saldo der Leistungsbilanz nicht verändern. In dieser Situation nehmen die Importausgaben zusammen mit den Exporteinnahmen zu. Eine vorübergehende, nicht aber eine dauerhafte Verbesserung der terms of trade wird von einem Leistungsbilanzüberschuß begleitet.

Betrachten wir nun die Wirkungen auf die Investitionsnachfrage. Die Produzenten zahlen den Preis $\overline{P}$ für neue Kapitalgüter (die als Importe gekauft werden), erzielen aber den Preis P für jede Einheit des Outputs. Bei gegebener Kurve der Grenzprodukts des Kapitals (GPK) läßt ein Anstieg von $P/\overline{P}$ Investitionen attraktiver erscheinen, und daher fördert eine Verbesserung der terms of trade die Investitionsnachfrage.

Der Effekt einer Verbesserung der terms of trade auf die Investitionsnachfrage hängt davon ab, für welche Dauer diese Verbesserung von den Produzenten erwartet wird. Wird sie als temporär angesehen, so werden es die Produzenten nicht als lohnend erachten, ihre Investitionspläne wesentlich zu ändern. Wegen der mit der Veränderung des Kapitalstocks verbundenen Anpassungskosten reagiert die Investitionsnachfrage vornehmlich auf langfristige Veränderungen der terms of trade.[9] Daher sagen wir eine geringe Reaktion der Investitionsnachfrage auf eine permanente Verbesserung der terms of trade voraus, aber eine solche positiver Art infolge einer temporären Verbesserung. Als Beispiel kann eine Erhöhung des Ölpreises dienen. Die Ölproduzenten werden in neue Kapazitäten investieren, sofern sie erwarten, daß der höhere Ölpreis anhält. Aber nur eine geringe Investitionstätigkeit würde auftreten, wenn die Produzenten davon ausgehen, daß die Preisveränderung lediglich vorübergehend ist.

Wir können nun unsere vorangegangene Analyse so modifizieren, daß sie die Reaktionen der Investition einschließt. Eine temporäre Verbesserung der terms of trade erhöht die geplante volkswirtschaftliche Ersparnis, hat aber nur eine geringe

---

[9] Wir erwähnten die Effekte von Anpassungskosten für die Investitionsnachfrage in Kapitel 9. Für die Analyse jenes Kapitels waren diese Kosten nicht bedeutsam; für die Unterscheidung der Investitionsreaktionen auf temporäre oder permanente Veränderungen der terms of trade sind sie jedoch wichtig.

Wirkung auf die Investition. Daher tendiert, wie zuvor, die Leistungsbilanz zu einem Überschuß. Dagegen hat eine permanente Verbesserung der terms of trade nur geringen Einfluß auf die volkswirtschaftliche Ersparnis, erhöht aber die Investitionsnachfrage. Wir prognostizieren daher, daß die Verbesserung der terms of trade die Leistungsbilanz in ein Defizit bringt. Sofern wir dazwischenliegende Fälle betrachten - eine Verbesserung der terms of trade tritt nur für eine gewisse Zeitspanne, aber nicht für ewig ein -, werden sowohl die geplante volkswirtschaftliche Ersparnis als auch die Investitionsnachfrage zunehmen; der Effekt auf die Leistungsbilanz ist daher ungewiß.[10]

Ein empirisches Beispiel für die durch Veränderungen der terms of trade ausgelösten Effekte bietet die Leistungsbilanz der OPEC-Länder. Aus Tab. 15.1 geht hervor, daß die OPEC-Leistungsbilanz 1972 in etwa ausgeglichen war, daß sie aber aufgrund der starken Ölpreiserhöhungen von 1973/74 einen Überschuß von 60 Mrd. $ im Jahr 1974 aufwies. Von 1974 bis 1978 gab der relative Ölpreis etwas nach. Wichtiger ist jedoch, daß die OPEC-Länder ihre Ausgaben an ihr langfristig höheres Einkommen anpaßten - was der zunehmend um sich greifenden Auffassung entsprach, daß der relative Ölpreis hoch bleiben würde. Deshalb war die Leistungsbilanz der OPEC-Länder 1978 wieder in etwa ausgeglichen, allerdings bei sehr viel höheren in Dollar ausgedrückten Export- und Importwerten. Anschließend führten die überraschenden Ölpreiserhöhungen von 1979/80 erneut zu einem hohen Leistungsbilanzüberschuß, der 1980 104 Mrd. $ erreichte. Die nachfolgenden Anpassungen der Ausgaben nach oben bewirkten dann, daß die Leistungsbilanz 1982 in ein geringes Defizit geriet. Der massive Rückgang des Ölpreises 1986 führte dann zu einem Defizit der Leistungsbilanz in Höhe von 28 Mrd. $.

Tab. 15.1: *Leistungsbilanzsalden der Öl-exportierenden Länder (OPEC)*

Jahr	Leistungsbilanzsaldo (Mrd. $)
1972	1
1974	60
1976	37
1978	−3
1980	104
1982	−10
1984	−7
1986	−28

Quelle: OECD, *OECD Economic Outlook*, Juni 1988, Juli 1983, Juli 1979.

---

[10] Eine eingehende Analyse der durch Veränderungen der terms of trade ausgelösten Effekte findet sich bei Jeffrey Sachs (1981) und Jeremy Greenwood (1983).

Nicht-handelbare Güter

Bisher haben wir angenommen, daß alle Güter über alle Länder handelbar sind. Aber einige Dinge, wie Dienstleistungen und Immobilien, lassen sich nur schwer über die nationalen Grenzen hinweg transportieren. Ökonomen tragen dem Rechnung, indem sie **nicht-handelbare Güter** in das Modell einbeziehen.[11] Wie wir wissen, beziehen sich die terms of trade auf den Preis handelbarer Güter, die im Inland produziert werden, im Verhältnis zum Preis handelbarer Güter, die in der übrigen Welt hergestellt werden. Bei gegebenen terms of trade ist es möglich, daß sich der Preis der inländischen, nicht-handelbaren Güter relativ zum Preis der handelbaren verändert. Da die nicht-handelbaren Güter (definitionsgemäß) nicht in den internationalen Handel einbezogen sind, reagiert der relative Preis nicht-handelbarer und handelbarer Güter empfindlicher als die terms of trade auf Störungen, die ihren Ursprung im Inland haben. (Im Extremfall einer geschlossenen Volkswirtschaft, deren Güter international nicht gehandelt werden, spielen allein die inländischen Störungen eine Rolle.)

Wir wollen überlegen, inwieweit die Existenz nicht-handelbarer Güter die Analyse einer Veränderung der terms of trade berührt. Der wichtigste Gesichtspunkt ist, daß eine Verbesserung der terms of trade den Preis der inländischen handelbaren Güter im Vergleich zu den nicht-handelbaren erhöht. Dies veranlaßt das Inland, Produktion, Beschäftigung und Investition zugunsten der handelbaren Güter auszudehnen. Insoweit verstärkt die Existenz nicht-handelbarer Güter den positiven Effekt der terms of trade auf die Produktion handelbarer Güter. Allerdings kann die Expansion des Sektors, der handelbare Güter herstellt, mit einer Verringerung des Outputs und der Beschäftigung im Produktionsbereich der nicht-handelbaren Güter einhergehen. Trotz dieser neuen Effekte erscheint es wichtig, darauf hinzuweisen, daß die wesentlichen Voraussagen über die Beziehung zwischen den terms of trade und der Leistungsbilanz nicht berührt werden.

Zusammenfassung

Wir haben zunächst den internationalen Waren- und Kapitalverkehr eingeführt und auf diese Weise sowohl eine effiziente Spezialisierung der Produktion in den einzelnen Ländern als auch die Möglichkeit zugelassen, daß die Ausgaben eines Landes vorübergehend von seinen Einnahmen abweichen können.

Der Leistungsbilanzsaldo entspricht der volkswirtschaftlichen Ersparnis abzüglich der inländischen Investition. Ein vorübergehender Angebotsschock in einem Land

---

[11] Dies wirft insoweit Schwierigkeiten auf, als die Berücksichtigung von Transportkosten die Handelbarkeit zu einer relativen Angelegenheit macht. Obwohl einige Güter leichter als andere Eingang in den internationalen Handel finden, läßt sich sagen, daß bei ausreichend starkem Anreiz nahezu alles - einschließlich der Dienstleistungen und Arbeitsleistungen - zu einem handelbaren Gut werden kann.

verringert die geplante Ersparnis und führt so zu einem Leistungsbilanzdefizit. Dies gilt gleichermaßen für die Zunahme der Investitionsnachfrage in einem einzelnen Land. Sofern der Schock die ganze Welt betrifft, gibt es im Ausland niemanden, bei dem man sich verschulden könnte. Deshalb paßt sich der reale Weltzinssatz an, um die Gleichheit zwischen den globalen Aggregaten der Ersparnis und der Investition wiederherzustellen. In einer solchen Situation wird (und kann) das repräsentative Land kein Defizit in der Leistungsbilanz eingehen. Wir zeigten, daß diese Art der Analyse auf einige beobachtete Entwicklungen der internationalen Kreditaufnahme und -vergabe anzuwenden ist.

Unter Verwendung dieses Analyserahmens untersuchten wir verschiedene Varianten der Fiskalpolitik. Ein temporärer Anstieg der staatlichen Güterkäufe in einem Land, wie dies in Kriegszeiten gewöhnlich der Fall ist, führt zu einer Kürzung der volkswirtschaftlichen Ersparnis und deshalb zu einem Leistungsbilanzdefizit. Im Gegensatz dazu hat eine permanente Veränderung in den Staatskäufen eines Landes nur geringe Wirkungen auf die volkswirtschaftliche Ersparnis und die Leistungsbilanz. Selbst eine vorübergehende Änderung der staatlichen Güterkäufe verursacht dann kein Leistungsbilanzdefizit, wenn davon alle Länder betroffen sind (wie in einem weltweiten Krieg). Das Nichtvorhandensein potentieller Kreditgeber bedeutet, daß das repräsentative Land eine ausgeglichene Leistungsbilanz beibehält.

Eine Kürzung der Steuersätze auf Kapitaleinkommen stimuliert die Investitionsnachfrage und führt so zu einem Leistungsbilanzdefizit. Dieser Mechanismus könnte einige Aspekte der jüngsten Entwicklungen in den USA erklären. Im Gegensatz dazu haben dauerhafte Steuersatzsenkungen auf Arbeitseinkommen eine geringe Wirkung auf die geplante volkswirtschaftliche Ersparnis und die Leistungsbilanz. Wenn diese Veränderungen der Steuersätze nur vorübergehend eintreten, ergibt sich ein gewisser Einfluß auf das gewünschte Sparen und die Leistungsbilanz.

Die Leistungsbilanz wird von staatlichen Budgetdefiziten berührt, sofern diese die geplante volkswirtschaftliche Ersparnis verändern. Aus der Sicht der ricardianischen Theorie ist dies nicht der Fall. Bei Verwendung einiger anderer Ansätze vermindert ein Budgetdefizit die geplante volkswirtschaftliche Ersparnis und führt so zu einer defizitären Leistungsbilanz.

Eine temporäre Verbesserung der terms of trade erhöht die geplante volkswirtschaftliche Ersparnis und hat eine geringe Wirkung auf die Investitionsnachfrage, wodurch sich eine überschüssige Leistungsbilanz ergibt. Im Gegensatz dazu regt eine permanente Verbesserung der terms of trade die Investitionsnachfrage an, hat aber wenig Einfluß auf die volkswirtschaftliche Ersparnis. Infolgedessen gerät die Leistungsbilanz ins Defizit. Eine gewisse empirische Evidenz für die Verknüpfung zwischen terms of trade und Leistungsbilanz folgt aus den jüngsten Erfahrungen der OPEC-Länder.

Fragen und Probleme

Zur Wiederholung

15.1 Gleichung (15.2) besagt, daß der Leistungsbilanzsaldo gleich der Veränderung der Nettoauslandsposition ist. Wenn sich das BSP oder die inländischen Ausgaben ändern, warum verändert sich dann die Auslandsposition und nicht der reale Zinssatz? Wie sieht die begleitende Veränderung der Nettoexporte aus?

15.2 Erklären Sie, warum eine Verbesserung der terms of trade nicht mit einer Zunahme der Nettoexporte einhergehen muß.

15.3 Warum ist es ausgeschlossen, daß alle Länder gleichzeitig ein Leistungsbilanzdefizit aufweisen?

15.4 Muß ein Land mit einem staatlichen Budgetdefizit auch eine defizitäre Leistungsbilanz aufweisen? Inwieweit hängt die Verknüpfung zwischen beiden Defiziten von dem Zusammenhang zwischen staatlichen Budgetdefiziten und volkswirtschaftlicher Ersparnis ab?

Probleme zur Diskussion

15.5 Vermögenseffekte aufgrund von Änderungen des Realzinssatzes
Betrachten Sie die Vermögenseffekte, die durch eine Veränderung des weltwirtschaftlichen Realzinssatzes ausgelöst werden.
a. Welche Wirkungen entstehen bei einem einzelnen Land?
b. Wie sieht der Gesamteffekt für die Weltwirtschaft aus?
c. Inwieweit unterscheiden sich diese Ergebnisse von unseren früheren Resultaten einer geschlossenen Volkswirtschaft?

15.6 Angebotsschock in einem einzelnen Land
Nehmen Sie an, ein Angebotsschock habe in einem Land einen negativen Einfluß auf die Produktion handelbarer Güter. Unterstellen Sie ferner, der Schock sei vorübergehender Natur und verändere die terms of trade nicht nachhaltig.
a. Was geschieht mit dem Konsum und der Leistungsbilanz dieses Landes, wenn es zu einem auf dem Weltmarkt gültigen realen Zinssatz im Ausland Kredit aufnehmen kann?
b. Wie verändern sich die Ergebnisse, wenn das Land im Ausland keinen Kredit aufnehmen kann?
c. Unterstellen Sie nun, die Industrie des Landes befinde sich überwiegend im Eigentum von Ausländern. (M.a.W.: Inländer haben ihre Aktiva international diversifiziert, um besser gegen regionale Angebotsschocks geschützt zu sein). Wie verändert dies Ihre Antworten?

15.7 Wirkungen einer Steueränderung auf die Leistungsbilanz
Erörtern Sie die Wirkungen auf die Leistungsbilanz eines Landes bei den nachfolgend genannten Veränderungen der Steuersätze.
a. Eine permanente Erhöhung der Grenzsteuersätze auf Arbeitseinkommen.
b. Eine temporäre Erhöhung der Grenzsteuersätze auf Arbeitseinkommen.
c. Eine permanente Erhöhung der Steuersätze auf den Konsum (sagen wir, eine allgemeine Umsatzsteuer auf Konsumgüter).
d. Eine temporäre Erhöhung der Steuersätze auf den Konsum.
e. Eine permanente Kürzung der Steuersätze auf Kapitaleinkommen.
f. Eine temporäre Kürzung der Steuersätze auf Kapitaleinkommen.

15.8 Eine Veränderung der terms of trade
Im Text betrachteten wir eine Veränderung der terms of trade, die eine in der übrigen Welt aufgetretene Störung widerspiegelt. Nehmen Sie statt dessen an, daß ein inländischer Angebotsschock zu einer Erhöhung der relativen Preise der handelbaren Güter dieses Landes führt. Eine Mißernte in Brasilien würde den relativen Preis von Kaffee steigen lassen. Welche Wirkungen hat diese Art von Störung auf
a. das Vermögen und den Konsum verschiedener Güter und
b. die Leistungsbilanz des Landes?

(*Hinweis:* Sind Sie davon ausgegangen, daß es sich um eine temporäre oder permanente Störung handelt?)

15.9 Zölle (fakultativ)
Angenommen, ein kleines Land erhebt einen Zoll auf ein handelbares Gut aus dem Ausland. Wenn der Preis dieses Gutes im Ausland $\bar{P}$ und der Zollsatz 10% beträgt, bezahlen Inländer $1{,}1 \cdot \bar{P}$ für jede Einheit des Gutes. Unterstellt, der Zoll wird dauerhaft erhoben, welche Effekte ergeben sich
a. für den Konsum verschiedener handelbarer und nicht-handelbarer Güter,
b. für die Produktion handelbarer und nicht-handelbarer Güter und
c. für die Leistungsbilanz des Inlands?

(*Hinweis:* Wie hoch werden nach Ihrer Einschätzung die Zoll-Einnahmen sein?)

Wiederholen Sie die Analyse für den Fall eines nur vorübergehend erhobenen Zolls.

Kapitel 16

Wechselkurse

Im vorangegangenen Kapitel erörterten wir die internationalen Märkte für Güter und Kredit, sagten jedoch nichts zu den Wechselkursen. Wir konnten dies auch nicht tun wegen unserer Annahme, daß alle Länder eine gemeinsame Währung verwenden, etwa den US-Dollar, und daß alle Preise in Einheiten dieser Währung ausgedrückt werden. Um die Wechselkurse analysieren zu können, müssen wir unterschiedliche Währungen (Dollar, Yen, DM usw.) einführen und zulassen, daß die Preise auf verschiedene Währungseinheiten lauten. In diesem Kapitel werden die notwendigen Erweiterungen vorgenommen, um diesen Sachverhalt zu berücksichtigen.

Es ist darauf hinzuweisen, daß im vorangegangenen Kapitel auch ohne eine Diskussion über die Wechselkurse verschiedene Faktoren verdeutlicht wurden, die die Leistungsbilanz beeinflussen, und dies schloß Veränderungen der terms of trade ein. Die Einbeziehung von Wechselkursen läßt nicht eines der Ergebnisse ungültig werden; wir werden vielmehr feststellen, daß einige der Kräfte, welche die Leistungsbilanz berühren, auch zu Bewegungen der Wechselkurse beitragen. Die zugrunde liegenden Schocks, durch die Länder zur Kreditaufnahme oder -vergabe veranlaßt werden, verändern sich nicht gegenüber den zuvor analysierten.

Internationale Geldströme

Wie im vorigen Kapitel wollen wir davon ausgehen, daß das Weltangebot an internationalen Zahlungsmitteln einer konstanten Größe $\bar{H}$ entspricht. Weiterhin sei angenommen, daß diese internationale Währung in nominalen Einheiten, wie etwa US-Dollar, ausgedrückt wird und daß deren nominale Verzinsung gleich Null ist.

Bevor wir unterschiedliche Landeswährungen einführen, wollen wir überlegen, wie das Weltpreisniveau in dem Modell mit einheitlicher Währung aus Kapitel 15 bestimmt wird. In diesem Modell drückt jedes Land sein Preisniveau P in denselben Einheiten aus, etwa in Dollar je Gütereinheit. Da die Güter in jedem Land zu ein und demselben Preis verkauft werden, ist das Preisniveau eines jeden Landes und mithin auch das Weltpreisniveau gleich P. Zur Bestimmung dieses Preisniveaus beginnen wir mit einer Betrachtung der Nachfrage nach internationalen Zahlungsmitteln durch die Zentralbanken.

Wir wissen bereits, daß die inländische Zentralbank eine bestimmte reale Menge an internationalen Zahlungsmitteln H_t/P hält, um die Transaktionen zwischen Inländern (einschließlich des Staates) und Ausländern zu erleichtern. Die Geldnachfrage der Zentralbank läßt sich analog zur realen Geldnachfrage der Haushalte sehen.[1] So erhöht insbesondere ein größeres Volumen an realen Transaktionen mit Ausländern die reale Nachfrage nach internationalen Zahlungsmitteln, während ein höherer nominaler Zinssatz diese Nachfrage verringert.

Wir haben zuvor auch gesehen, daß die Veränderung des internationalen Währungsbestandes eines Landes $H_t - H_{t-1}$ in Gleichung (15.2) eine Komponente des Leistungsbilanzsaldos ist. Bei gegebenem Preisniveau P schlägt sich jeder Faktor, der die reale Nachfrage eines Landes nach dieser Währung erhöht - wie etwa ein Anstieg des realen Einkommens - in einem positiven Wert von $H_t - H_{t-1}$ nieder. Ein Land kann die Erhöhung seines Bestandes an internationalen Zahlungsmitteln entweder durch einen Leistungsbilanzüberschuß - d.h. durch einen Exportüberschuß - oder durch Auslandsverschuldung finanzieren.

In jeder Periode muß die aggregierte weltwirtschaftliche Nachfrage nach internationalen Zahlungsmitteln dem gegebenen Angebot $\bar{H}$ entsprechen. Dieses Problem ist analog zu dem früher untersuchten Fall einer geschlossenen Volkswirtschaft, bei dem die nominale Geldmenge M vorgegeben war. Dabei stellten wir fest, daß sich das inländische Preisniveau P so anpaßte, daß die reale Geldmenge M/P gleich der realen Nachfrage war. Dasselbe gilt für die Weltwirtschaft. Hier paßt sich das Weltpreisniveau P so an, daß der Wert der internationalen Währungsbestände $\bar{H}/P$ gleich der real nachgefragten Menge ist. Daraus folgt, daß das Weltpreisniveau vom globalen Geldangebot $\bar{H}$ in positiver Weise und von der realen weltwirtschaftlichen Geldnachfrage in negativer Weise abhängt. Dieses Ergebnis stimmt mit unserer früheren Analyse einer geschlossenen Volkswirtschaft überein.

Unterschiedliche Währungen und Wechselkurse

In der Realität schafft und verwendet jedes Land seine eigene Währungseinheit, wie Dollar, Pfund, Yen usw. Um diesen Umstand zu berücksichtigen, möge M^i die inländische Geldmenge des Landes i sein, die wir in inländischen Währungseinheiten, z.B. in japanischen Yen, ausdrücken. Ein typischer Modellfall ist nun, daß die Zentralbank des Landes i internationale Währung H^i hält und die nationale Währung M^i ausgibt. Demnach sähe die vereinfachte Bilanz einer Zentralbank etwa wie in Tab. 16.1 aus. Die Aktiva der Zentralbank setzen sich aus dem Bestand an internationalen Zahlungsmitteln H^i, aus verzinslichen ausländischen Finanzaktiva sowie verzinslichen inländischen Finanzaktiva zusammen, zu denen auch die im Inland emittierten

---

[1] Mit der Nachfrage der Zentralbanken nach **internationalen Währungsreserven** haben sich viele Forscher beschäftigt. Diese Reserven schließen die in unserem Modell enthaltenen internationalen Zahlungsmittel ein, bestehen jedoch im wesentlichen aus verzinslichen Finanzaktiva wie etwa US-Schatzwechseln. In der Praxis besteht eine beträchtliche Unsicherheit darüber, welche Aktiva als Teil der internationalen Reserven eines Landes betrachtet werden sollten und welche nicht. Zu einem Überblick über die Nachfrage nach internationalen Währungsreserven vgl. Nasser Saidi (1981) und Sebastian Edwards (1985).

staatlichen Wertpapiere gehören. Die inländischen ertragbringenden Finanzaktiva werden als **Inlandskredit** der Zentralbank bezeichnet. Die Passiva der Zentralbank bestehen aus der inländischen Währung M^i. (In der Praxis schließen die Verbindlichkeiten auch die bei der Zentralbank unterhaltenen Einlagen inländischer Finanzinstitute ein. Wir werden diese in Kapitel 17 näher betrachten.)

Tab. 16.1: *Vereinfachte Bilanz einer Zentralbank*

Aktiva	Passiva
Bestand an internationalen Zahlungsmitteln (H^i)	Inlandswährung (M^i)
Verzinsliche Auslandsaktiva	
Verzinsliche Inlandsaktiva (Inlandskredit)	

Das inländische Preisniveau P^i in Land i drückt die Anzahl nationaler Währungseinheiten (z.B. Yen) aus, die für eine Gütereinheit getauscht werden. Der Einfachheit halber nehmen wir erneut an, daß die in allen Ländern produzierten Güter physisch identisch sind, so daß dasselbe Produkt im Land i für P^i Einheiten einer Währung (Yen) und in Land j für P^j Einheiten einer anderen Währung (z.B. DM) verkauft wird.

Wir müssen nun einen neuen Markt einführen, den sog. *Devisenmarkt*, auf dem die Wirtschaftssubjekte die Währung eines Landes gegen die eines anderen tauschen. So können sie z.B. japanische Yen in US-Dollar oder DM umwandeln. Auf dem Devisenmarkt wird der Wechselkurs der verschiedenen Währungen festgelegt. Der Einfachheit halber drücken wir alle Wechselkurse durch die Anzahl der inländischen Währungseinheiten aus, die man für 1,00 US-$ erhält. So konnte man am 13. März 1989 für 1,00 $ 130 japanische Yen kaufen, was bedeutet, daß ein Yen etwa 0,8 Cents wert war. Entsprechend konnten 1,87 DM gegen 1,00 $ getauscht werden, so daß dem Wert einer DM etwa 53 Cents entsprachen.

Der Wechselkurs des japanischen Yen und der DM zum Dollar gibt zugleich den Wechselkurs zwischen Yen und DM an. So konnte man für 130 Yen 1,00 $ kaufen, der sodann in 1,87 DM hätte umgetauscht werden können; folglich konnte man für 130/1,87 = 70 japanische Yen 1,00 DM kaufen. Der Wechselkurs zwischen Yen und DM betrug also 70 Yen je DM. (In der Praxis wird ein solcher Umtausch direkt vorgenommen und nicht über den Dollar abgewickelt.)

Wir wollen nun den Wechselkurs für die Währung des Landes i mit ϵ^i bezeichnen, d.h. man erhält ϵ^i Einheiten (z.B. Yen) für einen US-Dollar. Alternativ können wir auch sagen, daß der Dollar-Wert einer Währungseinheit des Landes i (ein Yen) gleich $1/\epsilon^i$ ist. Dabei besagt ein *höherer* Wert des Wechselkurses ϵ^i, daß der Dollar-

Wert der Währung des Landes i *gesunken* ist, weil nun zum Kauf eines Dollars mehr Währungseinheiten des Landes i erforderlich sind.

Wir betrachten die Länder i und j mit den Wechselkursen ϵ^i und ϵ^j, die uns jeweils angeben, wieviel Währungseinheiten für 1,00 $ getauscht werden können. Daher sind ϵ^i Einheiten der Währung i (z.B. 130 japanische Yen) für ϵ^j Einheiten der Währung j (z.B. 1,87 DM) erhältlich. Der Wechselkurs zwischen den Währungen i und j, d.h. die Anzahl der Währungseinheiten i, die zum Kauf einer Währungseinheit j erforderlich sind, ist gleich ϵ^i/ϵ^j (130/1,87 = 70 Yen je DM). Umgekehrt können wir für eine Einheit der Währung i ϵ^j/ϵ^i Einheiten der Währung j erhalten.

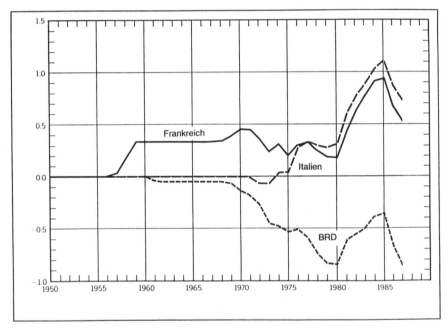

Abb. 16.1: *Wechselkurse für die BRD, Frankreich und Italien*
Wir zeigen die proportionale (logarithmische) Abweichung des Wechselkurses von dem Wert, der 1950 für jedes Land galt. Die Wechselkurse (jeweils für 1,00 US-Dollar) lauteten: BRD 4,20 DM, Frankreich 3,5 Franc, Italien 625 Lire. Die Daten der Abb. 16.1 - 16.6 stammen vom International Monetary Fund, *International Financial Statistics, Yearbook*, verschiedene Ausgaben.

Die Abbildungen 16.1 und 16.2 stellen die Wechselkurse sechs bedeutender Währungen (jene der Länder Frankreich, BRD, Italien, Kanada, Japan und das Vereinigte Königreich) zum US-Dollar für die Jahre 1950-1987 dar. Dabei wird für jedes Jahr

Wechselkurse 467

die proportionale Abweichung des Wechselkurses von jenem Wert ausgewiesen, der für das jeweilige Land im Jahr 1950 galt. So konnte man 1950 z.B. 1,09 kanadische Dollar gegen 1,00 US-Dollar eintauschen, während 1987 1,33 kanadische Dollar für 1,00 US-Dollar aufzuwenden waren; d.h. der Wechselkurs des kanadischen Dollars stieg zwischen 1950 und 1987 gegenüber dem US-Dollar um etwa 20%, wie aus Abb. 16.2 abzulesen ist. (Es ist zu beachten, daß der Anstieg des Wechselkurses bedeutet, daß der Wert des kanadischen Dollars gegenüber dem US-Dollar gesunken ist.)

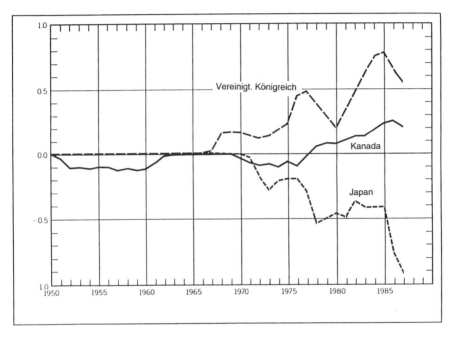

Abb. 16.2: *Wechselkurse für Japan, Kanada und das Vereinigte Königreich*
Vgl. die Anmerkung zu Abb. 16.1. Die Wechselkurse für 1950 lauteten (jeweils zum US-Dollar): Japan 361 Yen, Kanada 1,09 kanadische Dollar, Vereinigtes Königreich 0,357 Pfund.

Kaufkraftparität

Wir sind nun in der Lage, die zentrale theoretische Aussage der monetären Außenwirtschaftstheorie abzuleiten, die den Wechselkurs zwischen zwei Währungen mit dem jeweiligen Preisniveau der beiden Länder verknüpft.

Wir nehmen erneut an, daß alle Güter handelbar und physisch identisch sind, so daß ein Bewohner des Landes i die Wahl hat, mit inländischer Währung entweder heimische Güter zum Preis P^i zu kaufen oder sein Geld in die Währung des Landes j umzutauschen, um Güter zum Preis P^j zu erwerben. Für jede Währungseinheit i

kann der Betreffende im Inland $1/P^i$ Gütereinheiten beziehen. Alternativ dazu kann er auf dem Devisenmarkt für jede Einheit der Währung i ϵ^j/ϵ^i-Einheiten der Währung j eintauschen. Wenn er dann zum Preis P^j kauft, erhält er $(\epsilon^j/\epsilon^i) \cdot (1/P^j)$ Gütereinheiten. Dies erscheint jedoch nur dann sinnvoll, wenn beide Möglichkeiten letztlich die gleiche Gütermenge gewährleisten, da sonst alle Marktteilnehmer ihre Güter im billigen Land beziehen und im teuren Land verkaufen würden. Dieser Gedanke ist im Grunde eine Version des bereits genannten Gesetzes des einheitlichen Preises und bedingt, daß $1/P^i = (\epsilon^j/\epsilon^i) \cdot (1/P^j)$ oder nach Umformulierung

$$\epsilon^j/\epsilon^i = P^j/P^i. \tag{16.1}$$

Gleichung (16.1) besagt, daß das Verhältnis der Wechselkurse zweier beliebiger Währungen, ϵ^j/ϵ^i, gleich dem Verhältnis der Güterpreise der beiden Länder P^j/P^i ist. Diese Bedingung wird als **Kaufkraftparität (KKP)** bezeichnet und gewährleistet, daß die in Gütereinheiten ausgedrückte Kaufkraft jeder Währung gleich groß ist, unabhängig davon, wo die Währung zum Kauf von Gütern verwendet wird.

Wir definieren die Änderungsrate des Wechselkurses von Land i als $\Delta \epsilon^i$ - d.h. $\epsilon^i_{t+1} = (1 + \Delta \epsilon^i)\epsilon^i_t$, wobei ein positiver Wert von $\Delta \epsilon^i$ besagt, daß der Dollar-Wert der Währung des Landes i im Zeitablauf *sinkt*; d.h. man muß mehr von der Währung des Landes i hingeben, um einen Dollar zu erhalten. Alternativ können wir sagen, daß die Währung des Landes i relativ zum Dollar *abgewertet* wird. Wenn $\Delta \epsilon^i$ negativ ist, gilt umgekehrt, daß die Währung des Landes i im Zeitablauf relativ zum Dollar *aufgewertet* wird.

Die KKP-Bedingung in Gleichung (16.1) impliziert, daß die Veränderungsraten zweier beliebiger Wechselkurse, $\Delta \epsilon^j$ und $\Delta \epsilon^i$, mit den Inflationsraten beider Länder verbunden sind; und zwar

$$\Delta \epsilon^j - \Delta \epsilon^i \simeq \pi^j - \pi^i, \tag{16.2}$$

wobei π^j und π^i die jeweiligen Inflationsraten sind. Gleichung (16.2) besagt, daß der Abwertungssatz einer bestimmten Landeswährung $\Delta \epsilon^j$ um so größer ist, je höher die jeweilige Inflationsrate π^j ist. Diese Gleichung wird als **relative Kaufkraftparität** bezeichnet, während Gleichung (16.1) die **absolute Kaufkraftparität** darstellt (in dem Sinn, daß sie die Niveaus der Preise und Wechselkurse statt deren Veränderungen beinhaltet).

Die Gleichungen (16.1) und (16.2) sind gültig, wenn sich die Preise P^i und P^j auf die gleichen handelbaren Güter beziehen. Da wir uns gewöhnlich für das allgemeine Niveau der Preise verschiedener Länder interessieren, können wir P^i und P^j so interpretieren, daß sie sich auf die Preise eines Warenkorbes beziehen, der im Land i bzw. j produziert oder verbraucht wird. (In der Praxis könnten wir diese Preise durch den BIP-Deflator, durch Konsumenten- oder Großhandelspreisindizes messen.) Wenn wir die Preise in dieser Weise verstehen, gilt die KKP-Bedingung nicht mehr exakt, und zwar deshalb, weil sich die Länder erstens auf die Produktion unterschiedlicher handelbarer Güter spezialisieren, deren relative Preise sich verändern können, und weil die Länder zweitens nicht-handelbare Güter produzieren und verbrauchen. Da letztere nicht von einem Land in ein anderes transferiert werden, kann die Kaufkraftparität einer Währung, ausgedrückt in nicht-handelbaren Gütern, davon abhängen, wo diese Güter gekauft werden. So können beispielsweise die Dollar-Kosten für ein Hotelzimmer in London ganz erheblich von denen in Pittsburgh abweichen. Mithin muß die Gleichung (16.1) nicht erfüllt sein, wenn P^i und P^j die Preise nicht-handelbarer Güter einschließen.

Nehmen wir beispielsweise an, die terms of trade des Landes j hätten sich verbessert. Dies heißt, die Preise der im Land j produzierten handelbaren Güter haben sich im Verhältnis zu den Preisen handelbarer Güter, die anderswo hergestellt werden, erhöht. Sofern sich also P^i und P^j auf einen Warenkorb beziehen, folgt daraus, daß P^j/P^i für ein gegebenes Verhältnis der Wechselkurse ϵ^j/ϵ^i zunehmen muß. Allgemein gilt, daß verschiedene reale Störungen die KKP-Bedingung in Gleichung (16.1) verändern können. Neben Änderungen der terms of trade können dies auch andere reale Faktoren sein, wie etwa Veränderungen der Handelsbeschränkungen, der Transportkosten oder der Steuerpolitik sowie eine Vielzahl von Störungen, die zu einer Veränderung der relativen Preise von handelbaren und nicht-handelbaren Gütern führen.

Zinsparität

Angenommen, in jedem Land sei ein durch den Markt bestimmter nominaler Zinssatz gegeben. Der Nominalzinssatz R^i in Land i wird in Einheiten der eigenen Währung ausgedrückt - z.B. als Yen-Betrag, der pro Jahr für einen heute verliehenen Yen gezahlt wird. Sehen wir uns diesen Zinssatz aus der Sicht des US-Dollar an. Zum Zeitpunkt t können wir einen Dollar gegen ϵ^i_t Einheiten der Währung des Landes i (z.B. Yen) eintauschen. Wenn wir diese Summe zum Zinssatz R^i verleihen, erhalten wir $\epsilon^i_t(1 + R^i)$ Einheiten der Währung i (Yen) zum Zeitpunkt $t + 1$. Tauschen wir diesen Betrag wieder zum Wechselkurs ϵ^i_{t+1} der Periode $t + 1$ in Dollar um, so erhalten wir den Dollarbetrag

$$\frac{\epsilon^i_t(1 + R^i)}{\epsilon^i_{t+1}} = \frac{(1 + R^i)}{(1 + \Delta\epsilon^i)},$$

wobei $\Delta\epsilon^i$ wiederum die Änderungsrate des Wechselkurses von Land i (Japan) zum Dollar ist. Wenn der Wechselkurs im Zeitablauf schneller steigt, dann muß bei gegebenem Wert des Nominalzinssatzes R^i der Dollarbetrag der Aktiva der nächsten Periode sinken.

Sofern der Strom von Aktiva über die Grenzen keinen Beschränkungen (*Kapitalverkehrskontrollen*) unterliegt, können die Wirtschaftssubjekte Aktiva in allen Ländern halten. Wenn jemand das Land i wählt, ist der Dollar-Wert seiner Aktiva der nächsten Periode gleich $(1 + R^i)/(1 + \Delta\epsilon^i)$. Ist aber dieser Betrag nicht in allen Ländern gleich, würde jedermann versuchen, sein Geld dort zu verleihen, wo dieser Betrag am höchsten ist, bzw. sich dort zu verschulden, wo er am niedrigsten ist. Insofern lautet eine weitere Implikation des Gesetzes vom einheitlichen Preis, hier auf den Ertrag von Finanzaktiva bezogen, daß der Betrag in allen Ländern gleich hoch sein muß; d.h.

$$\frac{(1 + R^j)}{(1 + \Delta\epsilon^j)} = \frac{(1 + R^i)}{(1 + \Delta\epsilon^i)}.$$

Wir können mit Hilfe dieses Ergebnisses eine Bedingung ableiten, die als **Zinsparität** bezeichnet wird[2]

$$R^j - R^i \simeq \Delta\epsilon^j - \Delta\epsilon^i. \tag{16.3}$$

Der Nominalzinssatz R^j eines Landes muß um so höher sein, je höher die Veränderungsrate des Wechselkurses $\Delta\epsilon^j$ ist - d.h. je schneller dessen Wert relativ zum US-Dollar abnimmt.

In der Realität sind die Veränderungen der Wechselkurse natürlich nicht im voraus bekannt, so daß wir die Variablen $\Delta\epsilon^j$ und $\Delta\epsilon^i$ durch ihre Erwartungswerte ersetzen müßten.[3] Gleichung (16.3) besagt dann, daß eine höhere erwartete Veränderungsrate des Wechselkurses $(\Delta\epsilon^j)^e$ einen entsprechend höheren Nominalzins R^j impliziert.

Allerdings gibt es in der Realität eine Reihe von Faktoren, die verhindern, daß die Zinsparität immer exakt erfüllt ist. Hierzu gehören unter anderem die unterschiedliche steuerliche Behandlung von Zinseinkommen in den einzelnen Ländern sowie Unsicherheiten über die Erträge verschiedener Kapitalanlagen und die Wechselkursbewegungen sowie staatliche Beschränkungen bei der internationalen Kreditaufnahme und -vergabe.

Sofern die Kaufkraftparität schließlich in ihrer relativen Form gültig ist, besagt Gleichung (16.2), daß die Differenz zwischen den Änderungsraten der Wechselkurse

---

[2] Wir multiplizieren mit dem Term $(1 + \Delta\epsilon^i) \cdot (1 + \Delta\epsilon^j)$ und erhalten die Zinsparitäten-Bedingung in Gleichung (16.3), wenn wir die Terme $R^i \cdot \Delta\epsilon^j$ und $R^j \cdot \Delta\epsilon^i$ vernachlässigen. Mit abnehmender Periodenlänge wird die Approximation immer genauer.

[3] Dies ist im Sinne einer Annäherung zu verstehen, weil sich die Anleger auch für den mit Wechselkursänderungen verbundenen Grad der Unsicherheit interessieren. Bei den bedeutenden Währungen können sich die Wirtschaftssubjekte gegen derartige Risiken absichern. Angenommen, ein Bürger der USA halte ein auf DM lautendes Ein-Perioden-Wertpapier und er wolle dessen Dollar-Wert nach Ablauf einer Periode wissen. Dieser Wert ist ungewiß, weil heute niemand den Wechselkurs zwischen DM und Dollar in der nächsten Periode kennt. Durch ein Ein-Perioden-*Termingeschäft* kann man dieses Risiko ausschließen. Angemessen ist in diesem Fall ein Kontrakt, der dem Anleger den Preis garantiert, zu dem er in der nächsten Periode DM gegen Dollar tauschen kann.

$\Delta \epsilon^j - \Delta \epsilon^i$ gleich der Differenz zwischen den Inflationsraten $\pi^j - \pi^i$ ist. Aus der Zinsparitätenbedingung in Gleichung (16.3) folgt dann, daß der reale Zinssatz in allen Ländern gleich hoch ist. Präziser formuliert: Falls wir Unsicherheit in bezug auf die Änderung der Wechselkurse und der Preisniveaus berücksichtigen, bezieht sich die Gleichheit auf den erwarteten realen Zinssatz.

Wir sollten uns daran erinnern, daß die KKP-Bedingung nicht gültig sein muß, wenn sich die Preisniveaus P^i und P^j auf Güterkörbe beziehen, die in den beiden Ländern produziert oder konsumiert werden. Falls die relative KKP-Bedingung in Gleichung (16.2) nicht gilt, so bedeutet dies, daß sich die erwarteten realen Zinssätze zwischen den Ländern unterscheiden können [vgl. dazu Robert Cumby und Maurice Obstfeld (1984)]. Diese Differenzen sind jedoch gewöhnlich zwischen den industrialisierten Ländern gering.

Feste Wechselkurse

Bis Anfang der 70er Jahre, von Kriegszeiten abgesehen, hielten die meisten Länder **feste Wechselkurse** zwischen ihren Währungen aufrecht. Die Abbildungen 16.1 und 16.2 machen deutlich, daß sich die Wechselkurse der sechs bedeutenden Währungen gegenüber dem US-Dollar zwischen 1950 und Anfang der 70er Jahre weniger häufig und in geringerem Umfang veränderten als in der Folgezeit. In der Gruppe der betrachteten Länder traten Abweichungen von fixierten Wechselkursen durch die Fluktuation des kanadischen Dollars bis zu Beginn der 60er Jahre und einige stufenförmige Anpassungen der Kurse des französichen Franc, der DM und des britischen Pfundes auf.

Wir untersuchten ein simples, aber unrealistisches System fester Wechselkurse im letzten Kapitel, wobei alle Länder eine einheitliche Währung verwendeten, so daß die Beständigkeit der Wechselkurse geradezu eine Trivialität ist. Das tatsächlich von den wichtigsten Industrieländern vom 2. Weltkrieg bis Anfang der 70er Jahre praktizierte Verfahren fester Wechselkurse wird als **Bretton Woods System** bezeichnet.[4] In diesem System legten die Mitgliedsländer schmale Bandbreiten fest, in denen sich die Wechselkurse ϵ^i ihrer Währungen zum US-Dollar bewegen konnten. Die Zentralbank des Landes i hatte sich verpflichtet, eigene Währung zum Kurs von ϵ^i Einheiten je US-Dollar zu kaufen oder zu verkaufen. So stellte z.B. die Deutsche Bundesbank Dollar für DM zur Verfügung, wenn die Wirtschaftssubjekte ihre DM-Bestände reduzieren wollten, oder sie gab umgekehrt DM gegen Dollar ab, wenn DM entsprechend nachgefragt wurden. Um diese Transaktionen jederzeit durchführen zu können, hielt jede Zentralbank einen bestimmten Bestand an internationalen Währungsreserven in Form von US-Dollar oder eher noch in verzinslichen Aktiva,

---

[4] Der Name erinnert an den Ort Bretton Woods in New Hampshire, an dem dieses System installiert wurde. Zu Einzelheiten des Systems vgl. James Ingram (1983), Kap. 9.

etwa US-Schatzwechseln, die mühelos in Dollar umgewandelt werden konnten. Die USA waren ihrerseits verpflichtet, (auf Verlangen ausländischer Währungsbehörden) Dollar gegen Gold zu einem fixierten Preis, der damals 35 $ pro Unze betrug, einzutauschen. Durch die Aufrechterhaltung eines festen Wechselkurses gegenüber dem US-Dollar war die Währung jedes Landes zugleich indirekt mit dem Gold verknüpft (daher bezeichnet man dieses System auch als *Gold-Devisen-Standard*).

Ein weiteres Beispiel für ein System fester Wechselkurse ist der klassische **Goldstandard**. Großbritannien praktizierte diesen Goldstandard vom frühen 18. Jahrhundert bis zum 1. Weltkrieg mit einer Unterbrechung infolge der Napoleonischen Kriege zwischen 1797 und 1821. Im Jahr 1926 kehrte Großbritannien zum Goldstandard zurück, gab ihn aber 1931 während der Weltwirtschaftskrise wieder auf. Die USA waren Teilnehmer dieses Systems von 1879 bis zum Ende der Weltwirtschaftskrise 1933, als der Dollar-Preis des Goldes von 20,67 $ auf 35,00 $ je Unze gestiegen war. In früheren Perioden der USA spielte Silber im System des sog. *Bimetallismus* eine bedeutendere Rolle. Aus internationaler Sicht erreichte der Goldstandard seinen Höhepunkt zwischen 1890 und 1914.

Unter dem Goldstandard legte jedes Land den Wert seiner Währung unmittelbar zum Gold anstatt zu einer Leitwährung wie dem US-Dollar fest. So hätte diese Festlegung beispielsweise in New York 20 $ und in London 4 £ je Unze Gold lauten können (dies waren ungefähr die 1914 gültigen Werte), so daß sich ein Wechselkurs zwischen US-Dollar und Pfund von 5 $ pro Pfund ergeben hätte. Andernfalls wäre es (vorbehaltlich der Kosten für den Goldtransport) für die Wirtschaftssubjekte profitabel, Gold in einem Land zu kaufen und in einem anderen Land zu verkaufen. Wie im Bretton-Woods-System wurden so unter dem Goldstandard feste Wechselkurse zwischen den unterschiedlichen Währungen aufrechterhalten, sofern sich jedenfalls die Teilnehmer an die Spielregeln hielten.

Es ist für die Länder auch möglich, feste Wechselkurse aufrechtzuerhalten, ohne daß Gold oder andere Güter in einem solchen System eine Rolle spielen. Im **Europäischen Währungssystem (EWS)** fixieren seit 1979 acht europäische Länder die Wechselkurse ihrer Währungen innerhalb einer recht engen Bandbreite. Die Mitgliedsländer dieses Systems sind Belgien (sowie Luxemburg, das keine eigene Währung besitzt), die Bundesrepublik Deutschland, Dänemark, Frankreich, Irland, Italien und die Niederlande.* Wie aus Abb. 16.1 erkennbar ist, variierten zwischen 1979 und 1987 die Wechselkurse der BRD, Frankreichs und Italiens in ähnlichen Proportionen zum US-Dollar, so daß sich die Kurse zwischen diesen drei Ländern nicht wesentlich veränderten. Anstelle der Verwendung von Gold oder US-Dollar wird im Europäischen Währungssystem als internationales Zahlungsmittel die *Europäische*

---

* Am Wechselkursmechanismus des EWS nehmen ferner Spanien (seit Juni 1989) und Großbritannien (seit Oktober 1990) teil; damit hat sich Zahl der Länder auf 10 erhöht. (Anmerkung d. Übers.)

Währungseinheit (ECU) benutzt, die einem aus spezifischen Anteilen der europäischen Währungen bestehenden Währungskorb entspricht.

Die Funktionsweise eines Systems mit festen Wechselkursen soll nunmehr erläutert werden. P möge den in Dollar ausgedrückten Güterpreis in den USA repräsentieren. Sofern die KKP-Bedingung aus Gleichung (16.1) erfüllt ist, ergibt sich für das Preisniveau des Landes i

$$P^i = \epsilon^i \cdot P. \qquad (16.4)$$

[Es ist zu beachten, daß in Gleichung (16.1) der Wechselkurs des Dollars sich selbst gegenüber gleich eins ist.] Soweit der Wechselkurs ϵ^i des Landes i gegenüber dem Dollar fixiert ist, muß das Preisniveau P^i dieses Landes zum US-Preisniveau P in einem festen Verhältnis stehen.

Wir können dieses Ergebnis verallgemeinern, indem wir Abweichungen von der absoluten Kaufkraftparität zulassen. Wie zuvor erwähnt, können diese durch Veränderungen der terms of trade und vielfältige andere reale Störungen bedingt sein. Aber die grundlegende Aussage - daß ein Land seinen Wechselkurs ϵ^i und sein allgemeines Preisniveau P^i nicht unabhängig voneinander wählen kann - wird dadurch nicht berührt. Trotz der Vielfalt der oben erwähnten realen Faktoren hängt in einem System fester Wechselkurse das Preisniveau eines Landes letztendlich vom Preisniveau der USA ab.

Falls sich das US-Preisniveau P verändert, besagt Gleichung (16.4), daß das Preisniveau P^i des Landes i eine proportionale Änderung erfährt. Dies heißt, daß sich in einem Land mit einem festen Wechselkurs zum US-Dollar in etwa die gleiche Inflationsrate π^i einstellt wie in den USA.

Bei gegebenen festen Wechselkursen impliziert die Zinsparitätenbedingung aus Gleichung (16.3), daß der Nominalzinssatz R^i des Landes i gleich dem US-Zinssatz R ist, so daß es in einem System fester Wechselkurse nur einen einzigen Nominalzinssatz in der Welt gibt. (Dieses Ergebnis ist aufgrund unterschiedlicher Steuersysteme und Ertragsrisiken allerdings nicht immer gewährleistet.)

Geldmenge bei festen Wechselkursen

Bei der Betrachtung einer geschlossenen Volkswirtschaft haben wir zuvor die Beziehung zwischen der Geldmenge eines Landes M^i und dem Preisniveau P^i betont. Soeben haben wir in Gleichung (16.4) das Preisniveau eines Landes bestimmt, ohne die Geldmenge einzubeziehen. Deshalb wollen wir nun die Beziehung zwischen inländischer Geldmenge und inländischen Preisen in einer offenen Volkswirtschaft mit festen Wechselkursen analysieren.

Dabei gilt nach wie vor, daß die Bewohner des Landes i reale Kassenbestände in Höhe von m^i/P^i nachfragen, die von Variablen wie der realen inländischen Produktion Y^i und dem internationalen nominalen Zinssatz R abhängen. (Wir unterstellen hier, daß die Bewohner des Landes i ihre eigene Währung verwenden bzw. halten und nicht die anderer Länder.) Die Bedingung, daß die gesamte Geldmenge in Land i freiwillig als Kasse gehalten wird, lautet

$$M^i = P^i \cdot L(Y^i, R, ...). \quad (16.5)$$
$$(+)(-)$$

Sofern die Bedingung der absoluten Kaufkraftparität erfüllt ist, können wir in Gleichung (16.5) das inländische Preisniveau durch $P^i = \epsilon^i \cdot P$ aus Gleichung (16.4) ersetzen und erhalten als Bedingung für die inländische Geldmenge

$$M^i = \epsilon^i \cdot P \cdot L(Y^i, R, ...). \quad (16.6)$$

Bei gegebenem Wechselkurs ϵ^i, gegebenem US-Preisniveau P und gegebenen Determinanten der realen Geldnachfrage in Land i, $L(\cdot)$, legt Gleichung (16.6) die nominale Geldmenge M^i für das Land i fest. Diese Geldmenge *kann nicht* als freie Entscheidungsgröße der Zentralbank des Landes i betrachtet werden. Sobald die Zentralbank den Wechselkurs ϵ^i festsetzt, gibt es nur eine bestimmte Geldmenge M^i, die mit diesem Wechselkurs vereinbar ist.

Um diese Ergebnisse zu verstehen, nehmen wir an, daß das inländische Preisniveau P^i anfänglich mit der absoluten Kaufkraftparität entsprechend Gleichung (16.4) übereinstimmt und daß die Geldmenge M^i durch Gleichung (16.6) vorgegeben ist. Dann ist die angebotene Geldmenge gleich der nachgefragten Geldmenge.

Angenommen, die Währungsbehörde des Landes i erhöht die Geldmenge M^i, indem sie etwa einen Offenmarktkauf von Staatsanleihen tätigt. In Tab. 16.2 haben wir diesen Fall in Stufe 1 so dargestellt, daß die inländische Geldmenge und die Bestände der Zentralbank an Inlandsaktiva jeweils um 1 Mio. $ steigen.

Angesichts unserer vorausgehenden Analyse einer geschlossenen Volkswirtschaft wäre infolge einer Ausweitung der Geldmenge ein Anstieg des inländischen Preisniveaus P^i zu erwarten. Damit würde aber das Preisniveau des Landes i den durch die Kaufkraftparität in Gleichung (16.4) vorgegebenen Wert übersteigen, so daß bei unverändertem Wechselkurs die in Land i gekauften Güter in jeder beliebigen Währungseinheit teurer würden als die anderswo gekauften Güter. Deshalb würden die Haushalte nicht mehr im Land i kaufen, sondern Käufe in anderen Ländern vorziehen (bzw. importierte Güter erwerben). Diese Reaktion verhindert tendenziell, daß das inländische Preisniveau P^i steigt; d.h. das inländische Preisniveau stimmt mit den in der übrigen Welt gegebenen Preisen überein. Aber die Inländer sind bei diesem Preisniveau nicht bereit, eine größere Menge inländischer Währung M^i zu halten. Statt dessen werden sie ihre überschüssige Landeswährung bei der Zentralbank gegen US-Dollar oder andere Währungen eintauschen. (Da die Zentralbank den Wechselkurs ϵ^i fixiert, ist sie verpflichtet, diese Transaktionen zum einem festen Umtauschkurs durchzuführen.) Folglich zeigen wir in Stufe 2 von Tab. 16.2, daß die Geldmenge und die Zentralbankbestände an internationalen Zahlungsmitteln jeweils um 1 Mio. $ abnehmen.

Alternativ dazu könnte die Zentralbank andere Aktiva verkaufen, um in den Besitz der von den Wirtschaftssubjekten nachgefragten internationalen Zahlungsmittel zu gelangen. Der allgemeinere Gesichtspunkt ist, daß die Zentralbank letztendlich durch die Rückgabe inländischer Währung irgend eine Form von Aktiva verliert.

Tab. 16.2: *Auswirkungen von Offenmarktoperationen auf die Zentralbankbilanz*

	Aktiva	Passiva
Stufe 1	verzinsliche Inlandsaktiva: + 1 Mio. $	inländische Geldmenge M^i: + 1 Mio. $
Stufe 2	internationale Zahlungsmittel: −1 Mio. $	inländische Geldmenge M^i: −1 Mio. $

Anmerkung: In Stufe 1 erhöht der Offenmarktkauf die inländische Geldmenge um 1 Mio. $, während in Stufe 2 der Verlust an internationalen Zahlungsmitteln die inländische Geldmenge um 1 Mio. $ senkt.

Der Vollständigkeit halber müssen wir die Reaktion der Zentralbank auf diesen Verlust an internationalen Zahlungsmitteln oder anderen Aktiva berücksichtigen. Eine Möglichkeit wäre, daß sie eine Abnahme der inländischen Geldmenge M^i zuläßt. Indem die Wirtschaftssubjekte Geld an die Zentralbank zurückgeben, wird die inländische Geldmenge solange fallen, bis sie das Niveau erreicht hat, das mit der Kaufkraftparität in Gleichung (16.6) übereinstimmt. Tatsächlich ist diese automatische Reaktion der inländischen Geldmenge auf den Abfluß an internationalen Zahlungsmitteln ein zentrales Element des Goldstandards oder anderer Systeme mit festen Wechselkursen.

Die andere Möglichkeit bestünde darin, daß die Zentralbank, sobald dieser automatische Mechanismus die inländische Geldmenge M^i zu verringern droht, dieser Tendenz z.B. durch weitere Offenmarktkäufe von Wertpapieren begegnet. Eine solche Verhaltensweise bezeichnen Ökonomen als **Neutralisierung** der internationalen Geldströme. Darunter versteht man, daß die Zentralbank versucht, die inländische Geldmenge M^i von Veränderungen der internationalen Zahlungsmittel und anderer Aktiva zu isolieren. Eine derartige Politik kann die Bestände an Auslandsaktiva schließlich so weit reduzieren, daß die Zentralbank nicht mehr bereit oder imstande ist, den Wechselkurs aufrechtzuerhalten, so daß sie Dollars nicht mehr zum fixen Kurs von ϵ^i Einheiten der inländischen Währung zur Verfügung stellen kann. Statt dessen wird sie eine **Abwertung** der eigenen Währung vornehmen, durch die der Wechselkurs über den Wert von ϵ^i Einheiten pro Dollar steigt. Insofern kann die Neigung der Zentralbanken, die internationalen Währungsströme zu neutralisieren, die Funktionsfähigkeit des Systems fester Wechselkurse bedrohen.[5] (Wir werden diese Probleme später noch eingehend erörtern.)

Daneben gibt es noch eine mögliche wirtschaftspolitische Reaktion auf den Verlust an internationalen Währungsbeständen. Erinnern wir uns, daß dieser im gegenwärtigen Fall durch eine übermäßige Geldschöpfung der Zentralbank ausgelöst wird, die die inländischen Güter gegenüber den ausländischen verteuert. Die Regierung könnte darauf mit Handelshemmnissen antworten, die den Preis ausländischer Güter für Inländer künstlich erhöht. Alternativ dazu könnte sie die Exporte subventionieren, um diese Güter für Ausländer billiger zu machen. Der entscheidende Gedanke ist, daß die Regierung in den freien grenzüberschreitenden Güteraustausch eingreifen kann, um die Kaufkraftparität außer Kraft zu setzen. Daher zieht eine exzessive monetäre Expansion bei festen Wechselkursen zwei negative Effekte nach sich: Der eine ist der Verlust an internationalen Währungsbeständen, der letztendlich zu einer Abwertung führt. Um entweder diese Folge oder eine Verknappung der inländischen Geldmenge zu vermeiden, kann eine Regierung statt dessen in den freien Handel eingreifen. Tatsächlich war die Häufigkeit derartiger Interventionen in der Nachkriegszeit ein entscheidendes Argument der Gegner fester Wechselkurse [vgl. Milton Friedman (1968a), Kap. 9].

Weltmarktpreise bei festen Wechselkursen

Das System der am US-Dollar orientierten festen Wechselkurse setzt das jeweilige Preisniveau P^i eines Landes in ein festes Verhältnis zum US-Preisniveau P [vgl. Gleichung (16.4)], wobei wir, um das Bild abzurunden, letzteres noch bestimmen müssen. Die dafür erforderliche Analyse ähnelt weitgehend unserer früheren Bestimmung des Weltpreisniveaus, d.h. wir müssen auch hier die weltwirtschaftliche Nachfrage nach internationalen Zahlungsmitteln - einschließlich der nach US-Dollar - mit deren Angebot gleichsetzen.

Angenommen, alle Länder halten ihre internationalen Währungsbestände in US-Dollar (wie es im Bretton-Woods-System durchaus angemessen war), dann schließt die gesamte reale Nachfrage nach US-Währung sowohl die der Bürger der USA als auch die der Ausländer ein. Bei gegebener US-Geldmenge M können wir das US-Preisniveau P auf die Weise bestimmen, wie in unserer Analyse für eine geschlossene Volkswirtschaft. Insbesondere ist eine höhere Geldmenge M gleichbedeutend mit

---

[5] Die Diskussion in diesem und den folgenden Abschnitten basiert auf einer Denkrichtung, die häufig als **monetäre Zahlungsbilanztheorie** bezeichnet wird. Dieser Ansatz wurde entwickelt von Robert Mundell (1968), Teil II, und (1971), Teil II. Eine frühe Quelle dieser Betrachtungsweise findet sich in den Schriften von David Hume; vgl. Eugene Rotwein (1970).

einem höheren US-Preisniveau und einem entsprechend höheren Preisniveau P^i in allen anderen Ländern. Umgekehrt senkt eine Zunahme der realen Nachfrage nach US-Währung - durch Bürger der USA oder Ausländer - das US-Preisniveau P und damit auch das Preisniveau P^i aller übrigen Länder.

In dem seit Ende des 2. Weltkriegs gültigen internationalen Währungssystem gab es eine Reihe von Faktoren, die den Entscheidungsspielraum der Federal Reserve hinsichtlich der Höhe der US-Geldmenge M beschränkten. Erstens verlor die US-Währung als internationales Tauschmittel an Attraktivität, sobald die Federal Reserve eine Geldpolitik verfolgte, die der Stabilisierung des US-Preisniveaus P entgegenlief. Andere Länder wollten nicht hinnehmen, daß ihr Preisniveau, das an die zeitliche Entwicklung des US-Preisniveaus gekoppelt war, zu stark anstieg oder erheblich schwankte. Folglich waren sie nicht länger bereit, ihren Wechselkurs an den US-Dollar zu binden oder Dollar als internationale Währungsreserven zu halten. Dies beschränkte die Expansion der US-Geldmenge in dem Sinne, als die Währungsbehörde der USA darauf bedacht war, die Rolle des US-Dollar als Kernstück des internationalen Währungssystems zu erhalten.

Wichtiger noch war zweitens, daß die USA verpflichtet waren, US-Dollar gegen Gold zum Preis von 35 $ je Unze einzutauschen. Deshalb war es bei stärkeren Preisniveausteigerungen in den USA - wie dies Ende der 60er Jahre der Fall war - für die ausländischen Zentralbanken attraktiv, Dollar in Gold umzutauschen. Da die USA mehr und mehr Gold verloren, waren sie schließlich außerstande, den Dollar-Preis des Goldes aufrechtzuerhalten, so daß das System Anfang der 70er Jahre zusammenbrach.

Abwertung

Wir kehren nun zurück zu der Situation eines repräsentativen Landes in einem System fester Wechselkurse, die an den US-Dollar gebunden sind. Wie bereits erwähnt, sieht sich ein solches Land gelegentlich genötigt, den Wechselkurs ϵ^i zu korrigieren. Insbesondere gilt, daß jeder Druck, der eine Steigerung des inländischen Preisniveaus P^i relativ zum US-Preisniveau P bewirkt, bei der eigenen Zentralbank zu Verlusten an internationalen Zahlungsmitteln oder anderen Aktiva führt. Ein derartiger Druck kann z.B. durch eine schnelle Expansion der inländischen Geldmenge M^i oder durch eine Verringerung der Nachfrage nach realer Kasse M^i/P^i in Land i bedingt sein. (Die Abnahme der realen Geldnachfrage kann wiederum einen inländischen Angebotsschock widerspiegeln, der die Produktion im Land i senkt.) Angesichts dieses Abflusses an internationalen Zahlungsmitteln besteht für die Zentralbank Anlaß, den Wechselkurs ϵ^i zu erhöhen, was einer Abwertung der Inlandswährung relativ zum US-Dollar entspricht. Umgekehrt führt jeder Druck, der das inländische Preisniveau P^i relativ zum US-Preisniveau senkt, zu einem Zufluß an internationalen Zahlungsmitteln, der wiederum eine Senkung des Wechselkurses ϵ^i nahelegt. Da die Inlandswährung jetzt im Vergleich zum Dollar wertvoller wird, bezeichnen Ökonomen diese Art der Wertsteigerung üblicherweise als **Aufwertung**.

Normalerweise wird die Zentralbank mit einer Ab- oder Aufwertung nicht allzu lange warten, um nicht zu viel Zeit verstreichen zu lassen, in der internationale Zahlungsmittel ab- bzw. zufließen. Dieses Verhalten wird durch die Tatsache erzwungen, daß eine erwartete Änderung des Wechselkurses zur **Spekulation** führt, welche die Zentralbank zu beschleunigtem Handeln zwingt. Wenn die Wirtschaftssubjekte eine Abwertung antizipieren, dann ist es für sie günstig, ihre inländische Währung bei der Zentralbank gegen internationale Zahlungsmittel, wie US-Dollar, einzutauschen, da die eigene Währung später im Vergleich zu anderen Währungen weniger wert ist. Da dieser Nachfragerückgang nach Inlandswährung bei der Zentralbank zu weiteren Verlusten an Währungsbeständen führt, wird die Abwertung möglichst schnell vollzogen.

In den Abbildungen 16.1 und 16.2 sind Beipiele für plötzliche Auf- und Abwertungen in der überwiegend durch feste Wechselkurse gekennzeichenten Periode vor den frühen 70er Jahren erkennbar. Der französische Franc wurde 1957-58 um insgesamt 40% abgewertet, die DM 1961 um 4% aufgewertet und das britische Pfund 1967 um 14% abgewertet.

Sehen wir uns die Konsequenzen einer Abwertung - d.h. eine Erhöhung des Wechselkurses ϵ^i - an. Wie bereits erwähnt, kann diese Veränderung ein Symptom für einen Inflationsdruck im abwertenden Land sein, der etwa durch eine übertriebene Ausweitung der inländischen Geldmenge M^i erzeugt wird. Hier interessieren uns jedoch nur die Auswirkungen einer autonomen Abwertung - d.h. einer solchen, die völlig unvermittelt erfolgt und nicht etwa in Reaktion auf Veränderungen der Geldnachfrage oder des Geldangebots im Inland.

Wenn das heimische Preisniveau P^i (gemessen z.B. in Yen je Gütereinheit) unverändert bleibt, bedeutet eine Erhöhung des Wechselkurses ϵ^i (Yen je Dollar), daß die Güter im Land i relativ zum Dollar billiger werden, so daß bei gegebenem US-Preisniveau P die Nachfrage nach den im Land i verkauften Gütern zunehmen wird. Diese Nachfrageerhöhung läßt das Preisniveau P^i steigen. Diese Reaktion entspricht der Kaufkraftparitätenbedingung in Gleichung (16.4), die zeigt, daß eine Abwertung (ein höherer Wert von ϵ^i) zu einem höheren inländischen Preisniveau $P^i = \epsilon^i \cdot P$ führt.

Wenn wir die Abwertung und den Anstieg des Inlandspreisniveaus als einmalige Ereignisse auffassen, schlägt sich das höhere inländische Preisniveau in einer erhöhten nominalen Geldnachfrage M^i nieder [vgl. Gleichung (16.5)]. Die Zunahme der nominalen Geldmenge M^i kann auf zweierlei Weise eintreten. Erstens kann die Zentralbank durch Offenmarktoperationen oder andere geldpolitische Maßnahmen mehr Geld in Umlauf bringen, und - sofern die Zentralbank nicht handelt - können die Wirtschaftssubjekte zweitens ihre angesammelten US-Dollar oder ihre sonstigen internationalen Zahlungsmittel bei der Zentralbank gegen Inlandswährung eintauschen. Tauscht die Zentralbank ausländische gegen inländische Währung, so steigt die Geldmenge M^i im Inland. Insofern kann eine einmalige Abwertung zu einer Zunahme der internationalen Währungsbestände eines Landes führen, die von einer Erhöhung der inländischen Geldmenge M^i begleitet wird.

Wichtig ist, daß zwischen einer Abwertung und der Entwicklung der inländischen Preise sowie der inländischen Geldmenge ein wechselseitiger Zusammenhang besteht. Erstens erzeugt eine expansive Geldpolitik einen Abwertungsdruck, und in diesem Sinne kann man sagen, die inländische Inflation sei die Ursache der Abwertung. Zweitens führt eine Abwertung zur Erhöhung des inländischen Preisniveaus und der inländischen Geldmenge, so daß die Abwertung selbst inflationär wirkt.

Unsere Analyse hat bisher die Veränderungen des Wechselkurses ϵ^i und des Inlandspreisniveaus P^i als einmalige Vorgänge betrachtet. In der Realität ist jedoch häufig zu beobachten, daß Länder, die einmal abgewertet haben, dies wiederholt tun. Diese Aussage wird verständlich, wenn wir die Abwertungen vorwiegend als Symptome eines inländischen Inflationsdrucks interpretieren - insbesondere als Indikator dafür, daß die inländische Zentralbank die Geldmenge mit einer hohen Rate wachsen läßt. Normalerweise wird diese Politik von den betreffenden Ländern nicht nur einmal verfolgt, sondern fortgesetzt, so daß auf diese Weise Erwartungen zukünftiger Wechselkurserhöhungen geweckt werden. Die Zinsparitätenbedingung in Gleichung (16.3) impliziert dann, daß der inländische Nominalzinssatz R^i über den der USA steigen muß. Da diese Veränderung zugleich die reale Nachfrage M^i/P^i nach der Währung des Landes i verringert, ist es möglich, daß eine Abwertung des Landes i nicht zur oben diskutierten Zunahme der internationalen Währungsbestände führt.

Flexible Wechselkurse

Das internationale System fester, am US-Dollar orientierter Wechselkurse brach zu Beginn der 70er Jahre zusammen. Ein Grund für den Zusammenbruch war die ab Mitte der 60er Jahre überhandnehmende Schöpfung von US-Dollar, die entsprechende Erhöhungen des Preisniveaus der USA nach sich zog. Deshalb wurde es für die USA schwierig, die Konvertibilität des Dollars zum Gold zum Preis von 35 $ pro Unze aufrechtzuerhalten, so daß Präsident Nixon 1971 schließlich den Dollar-Preis des Goldes erhöhte. Diese Maßnahme signalisierte das Ende des Bretton-Woods-Systems, in dem die Währungen über den US-Dollar indirekt mit dem Gold verknüpft waren.

Seit Anfang der 70er Jahre haben viele Länder ihre Wechselkurse mehr oder weniger frei schwanken ("floaten") lassen, um die Devisenmärkte zu räumen. Wie ein flüchtiger Blick auf die Abbildungen 16.1 und 16.2 offenbart, weisen die Wechselkurse der sechs bedeutenden Währungen gegenüber dem US-Dollar in dieser Periode erhebliche Schwankungen auf. Einige Ländergruppen haben, wie im Europäischen Währungssystem seit 1979, relativ feste Wechselkurse zwischen ihren Währungen beibehalten. Gleichwohl ist im wesentlichen die Entwicklung seit den frühen 70er Jahren durch ein zunehmendes Vertrauen in **flexible Wechselkurse** gekennzeichnet. Um die Ereignisse dieser Periode untersuchen zu können, müssen wir unsere Analyse um die Bestimmung der Wechselkurse unter Bedingungen beweglicher Kurse erweitern.

Wenn wir uns die in den verschiedenen Ländern produzierten Güter als physisch identisch vorstellen, würde die Bedingung der absoluten Kaufkraftparität $P^i = \epsilon^i P$ in Gleichung (16.4) auch bei flexiblen Wechselkursen gelten, d.h. die in Gütern ausgedrückte Kaufkraft irgendeiner Währung ist unabhängig davon, wo die Währung zum Kauf von Gütern verwendet wird. Abweichungen von der Kaufkraftparität können aber wiederum durch verschiedene reale Effekte verursacht sein, wie etwa Veränderungen der terms of trade, der Handelshemmnisse, der Transportkosten usw.

Neu ist im System flexibler Wechselkurse jedoch, daß das Preisniveau P^i eines Landes i nicht länger an das US-Preisniveau P gebunden ist, und daher kann auch die Inflationsrate π^i des Landes i von der Inflationsrate π der USA abweichen. Die Währungsbehörde des Landes i kann nun das inländische Geldangebot M^i über Offenmarktoperationen oder andere geldpolitische Instrumente unabhängig bestimmen. Das inländische Preisniveau P^i paßt sich so an, daß die gegebene inländische Geldmenge freiwillig gehalten wird. Unter Verwendung von Gleichung (16.5) ergibt sich nach Umformung der Terme

$$P^i = \frac{L(Y^i, R^i, ...)}{M^i}. \qquad (16.7)$$

Da die Inflationsrate π^i des Landes i von jener der USA abweichen kann, ist ebenfalls möglich, daß sich der nominale Zinssatz R^i dieses Landes von dem der USA unterscheidet. Nunmehr ist es der reale Zinssatz, $R^i - \pi^i = r$, der in allen Ländern gleich ist.

Nach wie vor gilt die KKP-Bedingung $P^i = \epsilon^i \cdot P$, so daß der Wechselkurs des Landes i durch Einsetzen von P^i in Gleichung (16.7) bestimmt werden kann. Wir erhalten

$$\epsilon^i = \frac{P^i}{P} = \frac{M^i}{P \cdot L(Y^i, R^i, ...)}. \qquad (16.8)$$

Gleichung (16.8) zeigt, wie der Wechselkurs ϵ^i durch die Entscheidung der Währungsbehörde über M^i und durch die Werte von Y^i, P (das US-Preisniveau) und R^i bestimmt wird. [Es ist zu beachten, daß R^i gleich $r + \pi^i$ ist, wobei π^i der Wachstumsrate von P^i entspricht, die durch Gleichung (16.7) festgelegt wird.]

Da $\epsilon^i = P^i/P$ ist, wissen wir auch, daß die Veränderungsrate des Wechselkurses $\Delta\epsilon^i$ von Land i gegenüber dem US-Dollar der Differenz $\pi^i - \pi$ zwischen der Inflationsrate des Landes i und der Inflationsrate der USA entsprechen muß [vgl. Gleichung (16.2)]. Diese Aussage läßt sich besonders gut am Beispiel von Ländern mit hohen durchschnittlichen Inflationsraten verdeutlichen. Es kann nicht überraschen, daß gerade diese Länder am längsten - und zum Teil sogar vor den 70er Jahren - flexible Wechselkurse gegenüber dem US-Dollar aufrechterhielten. Tab. 16.3 zeigt die relativen Inflationsraten (auf den BIP-Deflatoren basierend) und die Veränderungsraten der Wechselkurse einiger Länder mit hoher Inflation für den Zeitraum 1955-86. (Die Tabelle enthält die Länder mit hohen Inflationsraten, für die Daten verfügbar sind.) Man beachte, daß die Differenz $\pi^i - \pi$ zwischen der durchschnittlichen Inflationsrate jedes Landes und der Rate der USA ziemlich genau mit der durchschnittlichen prozentualen Veränderung des Wechselkurses $\Delta\epsilon^i$ pro Jahr übereinstimmt. Die relative KKP ist hier also gültig.

Tab. 16.3: *Vergleich von Inflationsraten und Wechselkursänderungen in einigen Ländern mit hoher Inflationsrate*

	(% p.a., 1955-86)	
	$\pi^i - \pi$	$\Delta\epsilon^i$
Argentinien	57,6	59,9
Brasilien	38,4	38,6
Chile	40,5	40,9
Indonesien[a]	13,4	11,0
Island	17,6	16,9
Israel	28,5	27,7
Kolumbien	11,1	14,1
Peru[b]	23,5	24,3
Südkorea	9,5	8,9
Uruguay	33,9	34,6
Zaire	17,7	23,2

[a] 1967-85.
[b] 1960-85.

Anmerkung: Die Tabelle zeigt die durchschnittliche Inflationsrate eines jeden Landes π^i abzüglich der durchschnittlichen Rate der USA π. Es ist offensichtlich, daß diese Werte weitgehend mit den durchschnittlichen prozentualen Veränderungen (pro Jahr) des Wechselkurses $\Delta\epsilon^i$ gegenüber dem US-Dollar übereinstimmen.

Quellen: Die Preisniveaudaten (Deflatoren für das BIP) und die Wechselkursdaten stammen vom IMF, *International Financial Statistics*.

Obwohl jedes Land unabhängige Entscheidungen über die Geldmenge treffen kann, erscheint der Hinweis wichtig, daß flexible Wechselkurse ein Land keineswegs ökonomisch von der übrigen Welt isolieren. Solange ein System flexibler Wechselkurse freien Güter- und Kapitalverkehr erlaubt, hat die spezifische Form des Systems weder mit dem Umfang des internationalen Handels mit Gütern und Dienstleistungen noch mit dem Ausmaß des internationalen Kreditverkehrs sonderlich viel zu tun. (Wir haben jedoch die Möglichkeit erörtert, daß Länder zu Handelsbeschränkungen Zuflucht nehmen, um einen festen Wechselkurs zu verteidigen, ohne dabei eine Einschränkung der Geldmenge in Kauf nehmen zu müssen.) Die wesentlichen Folgerungen hinsichtlich des internationalen Tausches von Gütern und Finanzaktiva gelten gleichermaßen in einem System flexibler Wechselkurse wie auch in einem System mit festen Wechselkursen. Tatsächlich haben die Resultate auch Gültigkeit für alle Länder, die eine einheitliche Währung verwenden, also für das unrealistische System fester Wechselkurse, das wir in Kapitel 15 unterstellten.

Kaufkraftparität bei flexiblen und festen Wechselkursen

Viele Ökonomen haben behauptet, daß die Kaufkraftparität in dem seit Anfang der 70er Jahre vorherrschenden System flexibler Wechselkurse in geringerem Maße erfüllt sei als bei festen Wechselkursen, die zuvor in den meisten Ländern üblich waren. In den Abbildungen 16.1 und 16.2 sahen wir bereits die Entwicklung der Wechselkurse von sechs bedeutenden Industrieländern. Damit die Implikationen für die Kaufkraftparitäten erkennbar werden, müssen wir die Wechselkurse bereinigen, um den divergierenden Bewegungen der nationalen Preisniveaus Rechnung zu tragen.

In den Abbildungen 16.3 und 16.4 werden die Preisniveaus (BIP- oder BSP-Deflatoren) dieser sechs Länder für die Jahre 1950 bis 1987 dargestellt. Das jeweilige Preisniveau ist im Verhältnis zum Preisniveau der USA abgebildet, d.h. die Werte entsprechen der Größe P^j/P aus unserer vorangegangenen Analyse. Die Daten beziehen sich auf die proportionale Abweichung des Preisverhältnisses eines jeden Jahres gegenüber dem für 1950 geltenden Wert. So zeigt beispielsweise Abb. 16.3, daß 1987 der Wert für die BRD um 20% unter dem von 1950 lag, da die durchschnittliche Inflationsrate der BRD niedriger war als die der USA. In Perioden, in denen die Teuerungsrate eines Landes über den US-Wert hinausging, steigen die Kurven in den Abbildungen 16.3 und 16.4 an.

Das Verhältnis der Wechselkurse ϵ^j zum relativen Preis P^j/P ist in den Abbildungen 16.5 und 16.6 dargestellt. Wie zuvor, zeigen auch hier die Kurven die proportionale Abweichung vom Wert des jeweiligen Landes im Jahr 1950. Bei Gültigkeit der relativen Kaufkraftparität müßten diese Werte stets gleich Null sein. Folglich zeigen sich die Abweichungen von der relativen KKP in den Abbildungen 16.5 und 16.6 als Bewegungen unterhalb oder oberhalb der Null-Linie.

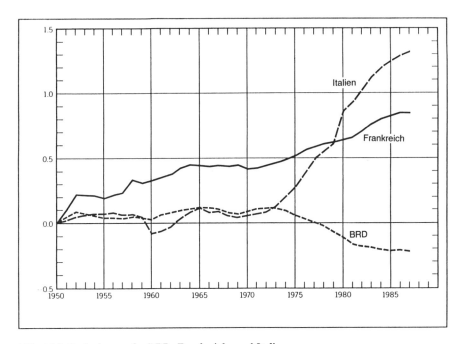

Abb. 16.3: *Preisniveaus der BRD, Frankreichs und Italiens*
Jedes Preisniveau ist im Verhältnis zu dem der USA ausgedrückt. Die Werte stellen die proportionalen (logarithmischen) Abweichungen gegenüber dem 1950 für jedes Land geltenden Wert dar. Zu den Quellen vgl. die Anmerkung zu Abb. 16.1.

Ökonomen bezeichnen das Verhältnis von ϵ^i zu P^i/P (was $\epsilon^i \cdot P/P^i$ entspricht) häufig als **realen Wechselkurs**. Dieser Ausdruck gibt diejenige im Land i produzierte Gütermenge an, die gegen eine in den USA hergestellte Gütereinheit getauscht werden kann. [Man kann eine Einheit von US-Gütern für P Dollar verkaufen, die dann in $\epsilon^i P$ Einheiten der Währung des Landes i eingetauscht werden können. Für diese können $(1/P^i) \cdot \epsilon^i P = \epsilon^i \cdot P/P^i$ Einheiten von im Land i produzierten Gütern gekauft werden.] Ein Anstieg des realen Wechselkurses bedeutet, daß die im Land i hergestellten Güter relativ billiger geworden sind gegenüber den in den USA produzierten Gütern. Oder anders ausgedrückt: Die US-Güter sind relativ teurer geworden. Zur Unterscheidung gegenüber dem realen Kurs bezeichnen Ökonomen den üblichen Wechselkurs - das ist ϵ^i - häufig als **nominalen Wechselkurs**.

So bedeutet z.B. in Abb. 16.6 der Wert von 0,70 für den realen Wechselkurs Japans im Jahr 1970, daß man im Vergleich zur Situation von 1950 in Japan 70% weniger Güter kaufen konnte als in den USA. Folglich hatten sind japanische Güter von 1950 bis 1970 im Vergleich zu amerikanischen Gütern wesentlich verteuert. Da bekanntlich der nominale Wechselkurs zu jener Zeit im wesentlichen fixiert war (vgl. Abb. 16.2), spiegelt das Sinken des realen Wechselkurses für den Zeitraum 1950-

1970 eine *höhere* durchschnittliche Inflationsrate in Japan (4,5% p.a. zwischen 1950 und 1970) als in den USA (2,8% p.a.) wider. (Vgl. Abb. 16.4.)

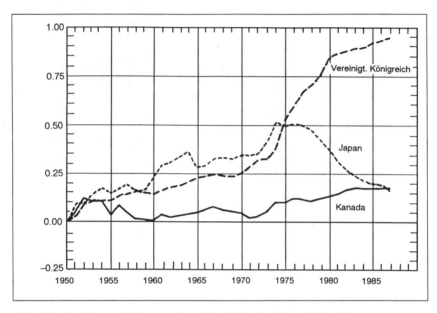

Abb. 16.4: *Preisniveaus für Japan, Kanada und das Vereinigte Königreich*
Vgl. die Anmerkung zu Abb. 16.3.

Der Rückgang des realen Wechselkurses für Japan setzte sich nach 1970 fort (so daß japanische Güter für immer mehr US-Güter getauscht werden konnten) bis 1978 ein Wert von 0,37 erreicht wurde. 1985 stieg der Kurs auf einen Wert von 0,55 an, um 1987 auf 0,35 zu fallen. Seit Mitte der 70er Jahre war Japans Inflationsrate *geringer* als die der USA (vgl. Abb. 16.4), und daher spiegelt die Periode eines rückläufigen realen Wechselkurses einen Anstieg des nominalen Wechselkurses wider (vgl. Abb. 16.2). Der japanische Yen erfuhr zwischen 1971 und 1973, 1976 und 1978 sowie 1985 und 1987 eine besonders rasche Aufwertung.

Die europäischen Länder - BRD, Frankreich und Italien in Abb. 16.5 sowie das Vereinigte Königreich in Abb. 16.6 - erlebten eine im großen und ganzen ähnliche Entwicklung der realen Wechselkurse. Jede der Währungen zeigte eine starke reale Aufwertung zwischen 1970 und 1980, gefolgt von einer realen Abwertung bis 1985 und einer erneuten realen Aufwertung zwischen 1985 und 1987.

Ein Vergleich zwischen der Bundesrepublik und Italien zeigt interessanterweise, daß sich die realen Wechselkurse recht ähnlich entwickelten, obwohl die nationalen

Inflationsraten und nominalen Wechselkurse deutlich auseinanderliefen. Zwischen 1970 und 1980 lag die Inflationsrate Italiens im Durchschnitt um 8% p.a. über jener der USA (vgl. Abb. 16.3), und der nominale Wechselkurs wurde durchschnittlich um 3% p.a. abgewertet (vgl. Abb. 16.1). Folglich ergab sich für Italiens realen Wechselkurs eine *Aufwertung* von 5% p.a. (vgl. Abb. 16.5). Im gleichen Zeitraum lag die durchschnittliche Inflationsrate in der BRD um 2% p.a. unter jener der USA (vgl. Abb. 16.3), und der nominale Wechselkurs der BRD wertete sich im Durchschnitt um 7% p.a. auf (vgl. Abb. 16.1). Wie im Falle Italiens ergab sich eine Aufwertung des realen Wechselkurses von 5% p.a. (vgl. Abb. 16.5).

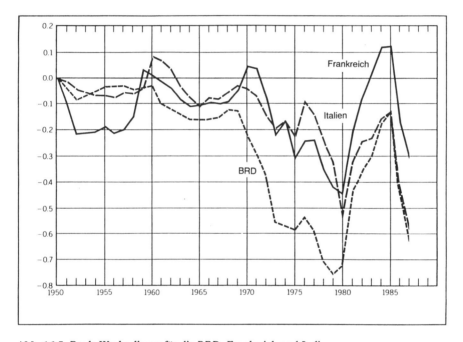

Abb. 16.5: *Reale Wechselkurse für die BRD, Frankreich und Italien*
Die realen Wechselkurse sind gleich den nominalen Wechselkursen ϵ^i geteilt durch das Verhältnis der BIP-Deflatoren P^i/P. Die Werte stellen die proportionalen (logarithmischen) Abweichungen gegenüber dem 1950 für jedes Land geltenden Wert dar. Zu den Quellen vgl. die Anmerkung zu Abb. 16.1.

Aus dem Vergleich zwischen der Bundesrepublik und Italien kann die Lehre gezogen werden, daß sehr unterschiedliche Werte der nominalen Variablen - vor allem der inländischen Preisniveaus, der nominalen Wechselkurse und, wie sich zeigt, der zugrunde liegenden monetären Wachstumsraten - mit ähnlichen Entwicklungsmustern der realen Wechselkurse einhergehen können. Dies deshalb, weil sich die nominalen Wechselkurse, die in den 70er Jahren frei schwankten, in der Bundesrepublik und Italien hinreichend anders verhielten, um die divergierenden Entwicklungen der jeweiligen inländischen Preisniveaus auszugleichen. Obwohl die realen Wechselkurse der Länder gegenüber den USA seit Anfang der 70er Jahre nachhaltige Veränderungen aufwiesen, besteht die Vermutung, daß reale Störungen - und nicht etwa die nominalen Erscheinungen, die sich so deutlich zwischen der BRD und Italien unterschieden - dafür verantwortlich waren. Bedauerlicherweise waren Ökonomen wenig erfolgreich, diese wichtigen realen Störungen zu isolieren.

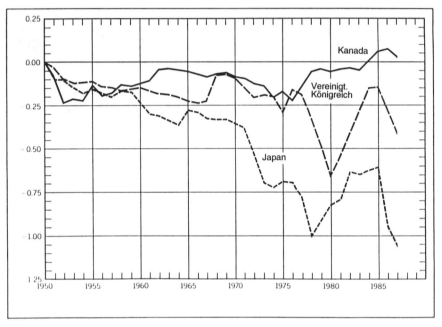

Abb. 16.6: *Reale Wechselkurse für Japan, Kanada und das Vereingte Königreich*
Vgl. die Anmerkung zu Abb.16.5.

Aus der Beobachtung stark inflationierender Länder, die zuvor in Tab. 16.3 aufgeführt wurden, wissen wir, daß die abweichenden Entwicklungen der nominalen Wechselkurse vor allem durch Unterschiede in den Inflationsraten erklärbar sind. In den sechs hier betrachteten Industrieländern waren die Inflationsraten vergleichsweise gemäßigt, und die Fluktuationen der Inflation können nur für einen geringen Teil der von Jahr zu Jahr auftretenden Schwankungen der nominalen Wechselkurse verantwortlich gemacht werden. Über einen längeren Zeitraum gesehen, erklären die unterschiedlichen Entwicklungen der inländischen Preisniveaus gleichwohl einen großen Teil der Bewegungen der nominalen Wechselkurse. So lassen sich für die sechs Industrieländer beispielsweise zwischen 1973 und 1987 rund 70% der Abweichungen in den nominalen Wechselkursen (Abbildungen 16.1 und 16.2) auf die unterschiedlichen Entwicklungen der inländischen Preisniveaus zurückführen.

In Kanada schließlich waren die Veränderungen des realen Wechselkurses relativ gering (vgl. Abb. 16.6). Dieser Umstand spiegelt wahrscheinlich sowohl die Tatsache wider, daß es leicht fällt, Güter und Produktionsfaktoren zwischen Kanada und den USA hin und her zubewegen, als auch die Ähnlichkeiten in der Art der produzierten Güter. Abb. 16.4 zeigt, daß die durchschnittliche kanadische Inflationsrate zwischen 1950 und 1987 (4,8% p.a.) über der amerikanischen lag (4,3%). Deshalb verzeichnete der kanadische Dollar während dieses Zeitraumes eine mäßige Abwertung (vgl. Abb. 16.2).

Wir wollen nun versuchen, einige der wichtigsten Fakten über die Entwicklung der realen Wechselkurse in der Nachkriegszeit zusammenzufassen.[6] Einige Beobachtungen stützen sich unmittelbar auf die Abbildungen 16.1 bis 16.6, andere berücksichtigen detailliertere statistische Analysen dieser und anderer Daten.

1. Die realen Wechselkurse, berechnet auf der Grundlage von BSP- oder BIP-Deflatoren, waren nicht konstant. Das Ausmaß der jährlichen Schwankungen in der Periode flexibler Wechselkurse von 1973 bis 1987 war annähernd um das Zweieinhalbfache größer als im Zeitraum von 1951 bis 1972 mit überwiegend festen nominalen Wechselkursen.[7] Daher waren die Abweichungen von der relativen Kaufkraftparität erheblich, insbesondere seit Anfang der 70er Jahre. Jedoch auch in der früheren Periode mit festen nominalen Wechselkursen waren einige wesentliche Veränderungen der realen Wechselkurse zu verzeichnen. Demnach garantieren feste Wechselkurse keine Stabilität der realen Wechselkurse.

2. Die realen Wechselkurse Kanadas blieben selbst bei flexiblen Wechselkursen relativ stabil, so daß dieses System offenbar nicht notwendigerweise zu starken Schwankungen der realen Wechselkurse führen muß.

3. Wir können uns offenbar nicht auf die vergangenen Erfahrungen mit realen Wechselkursen stützen, um eine zuverlässige Prognose der künftigen Veränderungen zu gewinnen. So hätte beispielsweise die reale Abwertung des US-Dollars gegenüber den Währungen Europas und Japans zwischen 1970 und 1975 (vgl. die Abbildungen 16.5 und 16.6.) nicht erlaubt, die Fortsetzung realer Abwertungen von 1975 bis 1980 (für Japan von 1975 bis 1978) vorherzusagen. Desgleichen hätte sich aus der realen Aufwertung des US-Dollars zwischen 1980 und 1985 nicht die

---

[6] Vgl. hierzu auch Michael Mussa (1979), S. 10-27.

[7] Präziser gesagt, ist die Standardabweichung der jährlichen Schwankungen zwischen 1973 und 1987 um das Zweieinhalbfache höher als die von 1951 bis 1972. Die Standardabweichung entspricht der Quadratwurzel der Varianz, und diese ist der Durchschnittswert der quadrierten Abweichung vom Mittel.

Abwertung zwischen 1985 und 1987 prognostizieren lassen. Deshalb sollten all jene, die mit Überzeugung erklären, der US-Dollar werde über kürzere Frist fallen oder steigen, nicht unbedingt ernst genommen werden.

4. Es besteht offenbar kein eindeutiger Zusammenhang zwischen Veränderungen der realen Wechselkurse und der Erfahrung eines Landes mit Inflation oder monetärem Wachstum. Wir müssen uns nur an den Vergleich zwischen der Bundesrepublik und Italien erinnern. Natürlich ist vorstellbar, daß die Veränderungen der realen Wechselkurse vorwiegend auf reale Veränderungen zurückzuführen sind - so auf Veränderungen der terms of trade, der relativen Preise handelbarer und nicht-handelbarer Güter, der Handelshemmnisse, der Steuerpolitik etc. Jedoch sind die genauen Verknüpfungen zwischen diesen realen Variablen und den realen Wechselkursen empirisch noch nicht bestimmt worden.

5. Angebotsschocks, wie etwa die Veränderungen der Ölpreise, waren seit Anfang der 70er Jahre ungewöhnlich heftig. Diese Schocks implizieren Veränderungen der terms of trade und damit der realen Wechselkurse. Folglich war der Übergang zu flexiblen Wechselkursen nicht verantwortlich für die zunehmende Variabilität der realen Wechselkurse seit Beginn der 70er Jahre. (Die wachsende Bedeutung realer Schocks lassen flexible Wechselkurse attraktiver erscheinen. In diesem Sinne vermag die Unbeständigkeit der realen Wechselkurse uns eher zu erklären, warum wir flexible Wechselkurse haben, und nicht umgekehrt.)

6. Schwankungen der realen Wechselkurse spiegeln Marktkräfte wider, die von keinem Ökonomen (oder Politiker!) besonders gut verstanden werden. Bei flexiblen Wechselkursen zeigen sich diese in Variationen der nominalen Wechselkurse. Im Falle fester Wechselkurse hätten diese Kräfte Druck in Richtung auf die Änderung der inländischen Preisniveaus und Geldbestände erzeugt. Wirtschaftspolitiker hätten diesen Tendenzen vermutlich durch Anwendung kompensierender geldpolitischer Maßnahmen entgegengewirkt, was zu Beschränkungen im Handel und Kapitalverkehr führen kann. Infolge dieser Beschränkungen mögen sich die realen Wechselkurse als weniger unbeständig bei festen Wechselkursen darstellen als bei flexiblen. Aber wegen der Eingriffe in den Handel wäre der Umfang der internationalen Geschäfte ebenfalls geringer. Wir sollten beachten, daß trotz der Unbeständigkeit der realen Wechselkurse seit Anfang der 70er Jahre das Volumen des Welthandels bemerkenswert zugenommen hat, verglichen mit der Zeit vor 1970. Wir erwähnten bereits, daß der Außenhandel der USA im Verhältnis zum BSP zwischen 1972 und 1987 rund doppelt so hoch war wie von 1948 bis 1971.

Wechselkurse und Leistungsbilanz

Die hohen Leistungsbilanzdefizite der USA seit 1983 zogen in besonderem Maße die Aufmerksamkeit von Ökonomen und Journalisten auf sich, wobei die Diskussionen über diese Defizite häufig mit Analysen der Wechselkurse des US-Dollars einhergingen. So lautete beispielsweise ein gängiges Argument im Jahr 1989, daß zur Beseitigung des Leistungsbilanzdefizits eine weitere Abwertung des Dollars gegenüber den Währungen anderer bedeutender Länder notwendig sei. Diese Art der Analyse bezieht sich im allgemeinen auf die realen Wechselkurse, d.h. es wird argumentiert, daß die US-Güter im Vergleich zu Auslandsgütern billiger werden müßten, um den Überschuß der Importe über die Exporte zu beseitigen.

Es erscheint nicht unplausibel, daß eine reale Abwertung des Dollars die Importe zurückdrängt und die Exporte fördert. Aber wir wollen im Moment einmal annehmen, daß sich die physischen Mengen der importierten und exportierten Güter nicht verändern. Dann bedeutet eine Abwertung des Dollars, daß die Dollar-Einnahmen aus Exporten unverändert bleiben, während die Dollar-Ausgaben für Importe steigen. Im Ergebnis würde die Leistungsbilanz ein um so größeres Defizit aufweisen! Das Problem besteht darin, daß die Importeure in Dollar gerechnet (oder ausgedrückt in Gütern, die in den USA produziert werden) nun für jede Einheit ausländischer Güter mehr zahlen.

Der ausgleichende Mechanismus besteht tendenziell darin, daß die physischen Mengen der importierten Güter zurückgehen, während die der exportierten Güter zunehmen. Die Leistungsbilanz bewegt sich in Richtung auf einen Überschuß, sofern dieser Vorgang den entgegengesetzten Effekt, für jede importierte Gütereinheit mehr zahlen zu müssen, überkompensiert.

Wenn wir über die Wirkung einer realen Abwertung des Dollars nachdenken, sollten wir daran denken, daß der Saldo der Leistungsbilanz der Differenz zwischen volkswirtschaftlicher Ersparnis und inländischer Investition entspricht. Die Leistungsbilanz wird überschüssig, sofern sich die volkswirtschaftliche Ersparnis im Verhältnis zur inländischen Investition erhöht. Um in unserer Analyse weiterzukommen, müssen wir etwas über die Gründe einer Veränderung des realen Wechselkurses erfahren.

Um auf einen zuvor erörterten Fall zurückzukommen, sei unterstellt, daß die reale Abwertung des US-Dollars eine negative Veränderung der terms of trade der USA widerspiegele. Dies bedeutet, daß die in den USA produzierten handelbaren Güter im Vergleich zu den anderswo hergestellten Handelsgütern weniger wert werden. Die Reaktion der Leistungsbilanz auf eine derartige Störung haben wir in Kapitel 15 diskutiert. Sofern die Veränderung der terms of trade nur vorübergehend auftritt, geht die volkswirtschaftliche Ersparnis zurück, während sich die inländische Investition nur wenig verändert, und dadurch entsteht ein Leistungsbilanzdefizit. Ist die Veränderung hingegen von Dauer, so ändert sich die volkswirtschaftliche

Ersparnis nur wenig, aber die Investitionsnachfrage nimmt ab. Folglich ergibt sich in der Leistungsbilanz ein Überschuß. Entscheidend ist, daß der reale Wechselkurs in beiden Fällen abgewertet wird, während die Leistungsbilanz ein Defizit in der einen Situation und einen Überschuß in der anderen aufweist.

Wir können uns als eine weitere Ursache für eine reale Abwertung des US-Dollars eine Veränderung des Preises nicht-handelbarer Güter im Vergleich zu den Handelsgütern in den USA vorstellen. Auch in diesem Falle sehen wir, daß sich die Leistungsbilanz in Richtung auf einen Überschuß oder ein Defizit bewegen kann. Die allgemeine Erkenntnis lautet mithin, daß eine reale Abwertung des US-Dollars mit einer Veränderung der Leistungsbilanz in beiden Richtungen einhergehen kann. Das Ergebnis hängt von Einzelumständen der Störung ab, die zu einem Wertverlust des Dollars führen.

Aus den US-Daten läßt sich kein eindeutiges Muster hinsichtlich des Zusammenhangs zwischen Leistungsbilanzsalden und realen Wechselkursen herauslesen. So trat beispielsweise zwischen 1970 und 1980 eine drastische reale Abwertung des Dollars gegenüber den meisten bedeutenden Währungen auf (vgl. die Abbildungen 16.5 und 16.6). In dieser Periode war der Saldo der Leistungsbilanz der USA (vgl. Abb. 15.1) nahezu gleich Null (0,02% des BSP) und zeigte kein regelmäßiges zeitliches Entwicklungsmuster. Dann fiel der US-Dollar in realen Größen gesehen zwischen 1985 und 1987 geradezu krass, während der Saldo der Leistungsbilanz bei 3% des BSP verharrte. Der Befund ist insgesamt, daß Veränderungen der realen Wechselkurse wenige oder keine Informationen darüber vermitteln, wie sich die Leistungsbilanz verhält. Diese empirische Beobachtung entspricht unserem theoretischen Urteil, daß Unterschiede in den zugrunde liegenden Störungen zu abweichenden Mustern des Zusammenhangs zwischen realen Wechselkursen und Leistungsbilanzsalden führen können.

Ein weiterer Gesichtspunkt ist, daß der reale Wechselkurs keine Variable ist, die einer wirtschaftspolitischen Einflußnahme ohne weiteres zugänglich ist. Der nominale Wechselkurs kann durch Regierungen leicht beeinflußt werden, z.B. durch eine Veränderung der monetären Wachstumsrate im Rahmen flexibler Wechselkurse. Regierungen können auch darüber entscheiden, ob sie einem System mit festen oder flexiblen Kursen beitreten wollen. Wir sollten uns aber den realen Wechselkurs vorstellen als einen relativen Preis, insbesondere als Preis der US-Güter im Vergleich zum Preis der Auslandsgüter. Regierungen können den realen Wechselkurs auf die gleiche Weise beeinflussen wie andere relative Preise, so beispielsweise durch Beschränkungen des internationalen Handels und Kapitalverkehrs oder durch die Steuerpolitik (Zölle und Subventionen eingeschlossen). Wenn ein Ökonom die US-Regierung dazu drängt, für einen realen Anstieg oder Rückgang des Dollars zu sorgen, so plädiert er in Wahrheit für eine Einmischung in die Marktkräfte. Bedauerlicherweise wird ein solcher Ratschlag selten mit einem vernünftigen Hinweis auf die notwendige Form des Regierungseingriffes verbunden.

Wechselkurse 491

Zusammenfassung

Die Kaufkraftparität (KKP) verbindet den Wechselkurs eines Landes z.B. gegenüber dem US-Dollar mit dem Verhältnis des Preisniveaus dieses Landes und jenem der USA. In ihrer relativen Form verknüpft die KKP-Bedingung Veränderungen der Wechselkurse mit Unterschieden in den Inflationsraten. Eine Vielzahl realer Faktoren, wie eine Änderung der terms of trade, Verschiebungen der relativen Preise von handelbaren und nicht-handelbaren Gütern, Variationen der Handelsbeschränkungen sowie der Steuerpolitik, können zu Abweichungen von der Kaufkraftparität führen. Derartige Abweichungen - denen Veränderungen der realen Wechselkurse entsprechen - hatten seit Anfang der 70er Jahre besondere Bedeutung.

Die Zinsparität besagt, daß die Unterschiede in den nominalen Zinssätzen zwischen den Ländern den Differenzen der erwarteten Änderungsraten der Wechselkurse entsprechen. Allerdings können Abweichungen in der Besteuerung und unterschiedliche Ertragsrisiken zur Verletzung der Zinsparität führen. Sofern die Kaufkraftparität in ihrer relativen Form erfüllt ist, impliziert die Zinsparität, daß die erwarteten realen Zinssätze in allen Ländern gleich hoch sind.

Beispiele für Systeme mit festen Wechselkursen sind der klassische Goldstandard, das Bretton-Woods-System, das Europäische Währungssystem sowie eine Welt mit einheitlicher Währung. Wenn der Wechselkurs gegenüber dem US-Dollar fixiert ist, wird das Preisniveau eines Landes vor allem durch das Preisniveau der USA bestimmt. Deshalb gibt es zur Erfüllung der KKP-Bedingung eine bestimmte Geldmenge, die mit dem gewählten Wechselkurs eines Landes verträglich ist. Die internationalen Währungsströme bringen diese Geldmenge automatisch hervor, jedoch werden diese Währungsströme von den Ländern manchmal neutralisiert, um ein höheres Volumen der inländischen Geldmenge aufrechtzuerhalten. Diese Maßnahme führt entweder zu einer Abwertung der Währung oder zu Handelshemmnissen. Insgesamt läßt sich eine wechselseitige Beziehung feststellen, bei der die heimische Inflation einerseits eine Abwertung verursachen kann oder eine autonome Abwertung selbst inflationär wirkt.

Flexible Wechselkurse sind seit Anfang der 70er Jahre vorherrschend. Durch sie wird die Gültigkeit unserer wichtigsten Ergebnisse hinsichtlich des internationalen Waren- und Kapitalverkehrs nicht berührt; insbesondere gelten die Bedingungen der Kaufkraft- und Zinsparität in gleicher Weise wie zuvor. Bei flexiblen Wechselkursen kann jedoch jede Zentralbank eine unabhängige Entscheidung über die monetäre Wachstumsrate und damit auch über die Inflation treffen.

Wir stellten fest, daß die realen Wechselkurse der USA keinen regelmäßigen Zusammenhang mit dem Saldo der US-Leistungsbilanz erkennen lassen. Aus theoretischer Sicht hängt diese Beziehung von der jeweils zugrunde liegenden Störung ab, durch die die Veränderung der realen Wechselkurse verursacht wird.

Fragen und Probleme

Zur Wiederholung

16.1 Erklären Sie, inwieweit sich der reale Wechselkurs vom nominalen Wechselkurs unterscheidet. Welcher Kurs ist in einem System fester Wechselkurse festgelegt? Kann die Regierung beide Kurse auf einfache Weise beeinflussen?

16.2 Erklären Sie die Bedingungen der absoluten und relativen Kaufkraftparität in den Gleichungen (16.1) und (16.2). Welche Beziehung besteht zwischen diesen Bedingungen und der Entwicklung der realen Wechselkurse?

16.3 Ist die Währungsbehörde eines Landes bei festen Wechselkursen in ihren Entscheidungen hinsichtlich des Geldangebots frei? Zeigen Sie, wie der Versuch, eine unabhängige Geldpolitik betreiben zu wollen, zu einer Ab- oder Aufwertung führen kann. Warum kann der Versuch zu Handelsbeschränkungen führen?

16.4 In einem System flexibler Wechselkurse wird ein Land mit einer dauerhaft hohen Inflationsrate eine ständige Erhöhung seines Wechselkurses erfahren. Erklären Sie, warum das so ist. Warum könnte der Währungsbehörde dieses System nur recht sein?

16.5 Wir erwähnten als Beispiele für Systeme mit festen Wechselkursen den klassischen Goldstandard, das Bretton-Woods-System und ein Modell mit einheitlicher Währung. Erklären Sie, wie in jedem dieser Systeme feste Wechselkurse sichergestellt werden.

Probleme zur Diskussion

16.6 Veränderungen der Geldnachfrage
Betrachten Sie eine Zunahme der realen Geldnachfrage im Land i.
a. Was geschieht im Land i mit dem Preisniveau P^i und der Geldmenge M^i in einem System fester Wechselkurse? Wie verändert sich sein Bestand an internationalen Zahlungsmitteln H^i?
b. Was geschieht - bei fixierter inländischer Geldmenge M^i - mit dem Preisniveau P^i und dem Wechselkurs ϵ^i in einem System flexibler Wechselkurse?

16.7 Monetäres Wachstum bei flexiblen Wechselkursen
Gleichung (16.8) verknüpft den Wechselkurs eines Landes ϵ^i gegenüber dem US-Dollar mit dem inländischen Geldangebot und der Geldnachfrage. Angenommen, ein Land erhöhe ein für alle mal die Wachstumsrate seiner Geldmenge μ^i. Erläutern Sie die Effekte dieser Veränderung für den Entwicklungspfad von ϵ^i. (Unterstellt sei dabei, daß das US-Preisniveau P, der reale Weltzinssatz r und der Entwicklungspfad der inländischen Produktion Y^i unverändert bleiben.)

16.8 Flexible Wechselkurse und Inflationsraten
a. Zeigen Sie unter Verwendung der Kaufkraftparitätenbedingungen, daß die prozentuale Veränderung des Wechselkurses $\Delta \epsilon^i$ der Differenz zwischen der Inflationsrate des Inlands π^i und jener der USA π entspricht.

b. Berechnen Sie unter Verwendung der vom IMF herausgegeben *International Financial Statistics* (Jahresberichte) die Werte von $\Delta \epsilon^i$, $\pi^i - \pi$ für einige Länder in der Nachkriegszeit. (Wählen Sie einige andere als die in Tabelle 16.3 aufgeführten Länder.) Welche Folgerungen ergeben sich?

16.9 Aufhebung der Goldparität durch Nixon im Jahre 1971
Im Bretton-Woods-System hatten die USA den Goldpreis auf 35 $ pro Unze festgelegt.

a. Wodurch entstanden Probleme mit dem Goldpreis im Jahre 1971?

b. War es richtig, daß Präsident Nixon die amerikanische Verpflichtung aufhob, Gold (von und an ausländische Währungsbehörden) zu einem festen Preis zu kaufen und zu verkaufen? Welche Alternativen hätte es gegeben?

i. Was sah der klassische Goldstandard vor?

ii. Die Franzosen schlugen eine Verdoppelung des Goldpreises vor. Hätte das geholfen?

16.10 Goldtransfer unter dem Goldstandard
Angenommen, der Goldpreis je Unze betrage in New York 5 $ und in London 1 £.

a. Unterstellen Sie einen Wechselkurs von 6 $ je Pfund. Was kann ein Dollar-Inhaber in New York tun, um einen Profit zu machen? Um wieviel muß der Wechselkurs über 5 $ je Pfund hinausgehen, um die Aktion profitabel werden zu lassen, wenn die Transportkosten für Gold 1% der transferierten Menge ausmachen?

b. Stellen Sie dieselbe Berechnung an für einen Wechselkurs unter 5 $ je Pfund.

(Die Ergebnisse bestimmen den Bereich der Wechselkurse um 5 $ je Pfund, außerhalb dessen es nicht lohnend ist, Gold in eine der beiden Richtungen zu transferieren. Die obere und untere Grenze dieses Bereichs werden als *Goldpunkte* bezeichnet. Wenn der Wechselkurs über diese Punkte hinausgeht, wird es vorteilhaft, Gold in unbegrenzter Menge zu transferieren. Können Sie zeigen, daß die Möglichkeit des Goldtransfers garantiert, daß der tatsächliche Wechselkurs innerhalb der Goldpunkte bleibt?)

16.11 Devisentermingeschäfte
Wenn jemand ein Ein-Monats-Termingeschäft über DM abschließt, so verpflichtet er sich zum Kauf von DM im nächsten Monat zu einem Dollarkurs, der bereits heute festgelegt ist. Für den Käufer ist dies ein vorteilhaftes Geschäft, sofern die DM während des Monats (mehr als erwartet) aufgewertet wird. Der Geschäftspartner (der Verkäufer) verpflichtet sich , DM im nächsten Monat zu einem heute festgesetzten Dollarkurs zu verkaufen. Für ihn wäre das Geschäft vorteilhaft, falls die DM während des Monats gegenüber dem Dollar (mehr als erwartet) abgewertet wird.

Betrachten Sie ein deutsches Wertpapier mit einer Laufzeit von einem Monat. Dieses Papier wird heute für eine bestimmte Menge an DM verkauft und in einem Monat zu einer verbindlich zugesagten Menge an DM getilgt. Wie kann jemand den Terminmarkt nutzen, um die Verzinsung in Dollar aus dem Kauf des deutschen Wertpapiers und seiner Haltung über einen Monat sicherzustellen?

16.12 Veränderung der internationalen Währungsbestände (fakultativ)
In unserer Analyse haben wir die Menge an internationalen Zahlungsmitteln als konstante Größe H behandelt. Welche Modifikationen müßten vorgenommen werden, um Veränderungen dieser Menge im Zeitablauf zuzulassen? Bei Ihrer Anwort sollten Sie folgende Systeme berücksichtigen:

a. Die internationalen Zahlungsmittel bestehen aus US-Banknoten.
b. Die internationalen Zahlungsmittel sind ein reines Buchgeld, wie die im Europäischen Währungssystem verwendete Europäische Währungseinheit (ECU).
c. Das internationale Zahlungsmittel ist Gold.

16.13 Alternative Wechselkurssysteme (fakultativ)
In Kapitel 15 unterstellten wir ein Sytem mit einer gemeinsamen Weltwährung. In diesem Kapitel stellten wir fest, daß feste Wechselkurse auch auf andere Weise erreichbar sind, etwa durch den Goldstandard oder eine Vereinbarung wie sie das Europäische Währungssystem darstellt. Wir sahen ferner, daß Wechselkurse statt fixiert auch flexibel sein können. Worin bestehen die Nutzen und Kosten der unterschiedlichen Systeme?

a. Sind feste oder flexible Wechselkurse vorteilhafter?
b. Ist es eine gute oder schlechte Idee, wenn alle Länder eine gemeinsame Währung verwenden?

(*Anmerkung:* Die Frage ist sehr schwierig, und Ökonomen würden in ihren Antworten nicht übereinstimmen. Beim Nachdenken über diese Dinge sollten Sie folgendes berücksichtigen. Bestehen Transaktionsvorteile, wenn es nur eine Währung und nur eine Einheit für Preisnotierungen gibt? Wollen Staaten eine unabhängige Geldpolitik betreiben und möglicherweise Einnahmen aus der Geldschöpfung erzielen? Ist es für Staaten und Individuen kostspielig, Goldbestände zu halten? Können wir uns darauf verlassen, daß die Zentralbanken an ihrer angekündigten Politik fester Wechselkurse festhalten? Ist es in irgendeiner Hinsicht nützlich, wenn Länder für Preisnotierungen unterschiedliche Einheiten verwenden? Ist es zutreffend, daß die realen Wechselkurse seit Anfang der 70er Jahre unbeständiger geworden sind, weil man sich flexiblen Wechselkursen zugewandt hat?)

16.14 Nicht-handelbare Güter und reale Wechselkurse (fakultativ)
Nehmen Sie an, daß jedes Land bestimmte Güter und Dienstleistungen erzeugt (wie Haarschnitte und Vermietung von Gebäuden), die international nicht gehandelt werden, und daß der Preis von nicht-handelbaren Gütern im Land i relativ zum Preis der handelbaren Güter steigt, während die relativen Preise dieser beiden Güterkate-

gorien in den USA unverändert bleiben. Was geschieht mit dem realen Wechselkurs $\epsilon^i/(P^i/P)$ in Land i? (Nehmen Sie an, P^i und P seien die BIP-Deflatoren des Landes i bzw. der USA.)

Beachten Sie bei Ihrer Antwort, daß die allgemeinen Preisniveaus P^i und P die Preise sowohl der handelbaren als auch der nicht-handelbaren Güter einschließen. Das Gesetz des einheitlichen Preises besagt, daß die Kaufkraft jeder beliebigen Währung für alle handelbaren Güter gleich groß sein sollte, unabhängig davon, wo sie erzeugt werden, während dies für nicht-handelbare Güter nicht gelten muß.

Können Sie mit Hilfe Ihres Ergebnisses eine Erklärung für die zwischen 1950 und 1970 zu beobachtende Veränderung des realen Wechselkurses Japans liefern (vgl. Abb. 16.6)?

Teil VI

Wechselbeziehungen zwischen monetärem und realem Sektor

Unsere Analyse konzentrierte sich bisher auf reale Größen, wie Angebotsschocks, als Ursachen von Konjunkturschwankungen. Zwar kann der Staat reale Variablen durch Änderung seiner Käufe von Gütern und Dienstleistungen sowie der Steuersätze beeinflussen, jedoch gibt es wenig Anzeichen dafür, daß derartige fiskalpolitische Aktionen einen wesentlichen Einfluß auf die Konjunkturzyklen in der Geschichte der USA hatten. Andererseits glauben viele Ökonomen, daß monetäre Fluktuationen - vor allen durch staatliche Handlungen hervorgerufene - die Hauptursache dieser Zyklen gewesen sind. Die theoretischen und empirischen Grundlagen dieser Auffassungen wollen wir in diesem Teil des Buches erörtern.

Kapitel 17 untersucht die Rolle der Geschäftsbanken und anderer Finanzinstitute als Vermittler zwischen Kreditgebern und -nehmern. Diese Finanzinstitute schaffen Einlagen, die sehr brauchbare Alternativen zum Bargeld als Zahlungsmittel darstellen. Veränderungen der Art der Vermittlung durch Finanzinstitute haben über ihren Effekt auf die Bargeldnachfrage Einfluß auf das Preisniveau. Wir zeigen ferner, daß Finanzinstitute bei der Allokation von Krediten hilfreich sind und daß sie dadurch die Funktionsfähigkeit der Volkswirtschaft verbessern. Dem entspricht, daß Veränderungen im Umfang der Vermittlungstätigkeit der Finanzinstitute - einschließlich solcher, die durch Änderungen der staatlichen Regulierungen hervorgerufen werden - nicht neutral sind. Gleichwohl gehen wir weiterhin davon aus, daß rein monetäre Störungen, wie jene, die durch Offenmarktoperationen erzeugt werden, neutral sind.

In Kapitel 18 geben wir einen Überblick über verschiedene Aspekte empirischer Belege, welche die Beziehung zwischen nominalen und realen Variablen betreffen. Wir können zeigen, daß unsere Theorie in der Lage ist, einige dieser Zusammenhänge als Reaktionen auf Angebotsschocks und Veränderungen in der Art der Vermittlerrolle der Finanzinstitute zu erklären. Es gibt jedoch eine Beobachtung, die im Widerspruch zu unserer Theorie steht, und sie betrifft die augenscheinliche Sensitivität realer Variabler auf rein monetäre Störungen. Es deuten einige Anzeichen darauf hin, daß Geld nicht neutral ist und eine bedeutende Rolle bei Konjunkturschwankungen spielt. Daher erscheint es lohnend, unsere Theorie so zu erweitern, daß sie zu erklären vermag, warum monetäre Nicht-Neutralität bedeutsam sein kann.

In Kapitel 19 findet diese Erweiterung bei der Berücksichtigung unvollkommener Preisinformation ihre Anwendung. Wir behalten die Annahme geräumter Märkte bei und unterstellen, daß die Wirtschaftssubjekte rationale Erwartungen über Preise und andere Variable bilden. In diesem Rahmen können monetäre Überraschungen zu Irrtümern bezüglich nominaler und realer Störungen und so zu Veränderungen realer Variabler führen. In dieser Weise können wir einige, wenn auch nicht alle, beobachtete Beziehungen zwischen Geld und Konjunkturzyklen erklären. Wir fahren fort, indem wir erstens die Implikationen dieses Ansatzes für die Geldpolitik und zweitens seine möglichen empirischen Begrenzungen untersuchen.

In Kapitel 20 wird die keynesianische Theorie der Konjunkturschwankungen entwickelt. Dieser Ansatz stellt eine zusätzliche Erweiterung unseres grundlegenden Analyserahmens dar; wir ersetzen hierbei die Annahme der Markträumung durch die Alternative starrer Preise und rationierter Mengen. Ebenso wie in Kapitel 19, in welchem die Wirtschaftssubjekte unvollständige Preisinformationen haben, vermag die keynesianische Theorie einige Nicht-Neutralitäten des Geldes zu erklären. Gleichwohl unterscheiden sich diese beiden Theorien in anderer Weise, insbesondere im Hinblick auf ihre Implikationen für die staatliche Wirtschaftspolitik. Die Diskussion dieser Theorien in Kapitel 20 wird deren theoretische und emprische Vorzüge im Vergleich aufzeigen, obwohl ein endgültiges Urteil derzeit noch nicht möglich erscheint.

Kapitel 17

Die Mittlerrolle des Finanzsektors

Bisher wurde Geld in unserem Modell als Bargeld behandelt, d.h. als nicht-zinstragendes, vom Staat ausgegebenes Papiergeld. Als wir die Geldnachfrage in Kapitel 4 untersuchten, konzentrierten wir uns auf die Rolle des Geldes als Zahlungsmittel. Die Haushalte hielten Geld, weil sie es zum Kauf und Verkauf von Gütern, Wertpapieren und Arbeitsleistungen benötigten. Um ihre durchschnittliche reale Kassenhaltung zu vermindern, mußten die Wirtschaftssubjekte zusätzliche Transaktionskosten in Kauf nehmen, was häufigere Gänge zu Banken oder Geschäften einschließen kann.

Scheckfähige Einlagen und M1

Wir erwähnten in Kapitel 4, daß Bargeld in der Realität nicht das einzige Tauschmittel darstellt, vielmehr sind scheckfähige Einlagen typischerweise die bedeutendste Alternative. Diese Einlagen werden in den USA derzeit bei verschiedenen Finanzinstituten, wie Geschäftsbanken und Sparkassen, gehalten. Die Inhaber der Einlagen können Käufe von Gütern, Wertpapieren und Arbeitsleistungen tätigen, indem sie zu Lasten ihres Kontos Schecks ausstellen. Dadurch wird das Finanzinstitut angewiesen, Guthaben vom Konto des Ausstellers auf das einer anderen Person zu übertragen. Der entscheidende Gesichtspunkt ist, daß scheckfähige Einlagen häufig dem Bargeld als Tauschmittel vorzuziehen sind.

In der bekanntesten Definition des Geldes, M1, wird versucht, diejenigen Finanzaktiva zusammenzufassen, die üblicherweise als Tauschmittel dienen. M1 ist daher die Summe aus Bargeld in Händen des Publikums und scheckfähigen Einlagen. In den USA und den meisten anderen Ländern machen die scheckfähigen Einlagen heute den ganz überwiegenden Teil von M1 aus. Im Jahr 1987 z.B. betrug der Anteil der scheckfähigen Einlagen an M1 in den USA 74%, im Vereinigten Königreich 85% und in Kanada 80% (vgl. Tab. 4.1).

Einige Ökonomen haben argumentiert, "Geld" sollte auch Einlagen enthalten, die nicht scheckfähig sind, aber leicht in eine scheckfähige Form oder in Bargeld umgewandelt werden können. Daher schließt das erweiterte Aggregat M2 Termineinlagen der Konsumenten bei verschiedenen Finanzinstituten, Geldmarktforderungen und einige andere Posten ein. Noch breiter definierte monetäre Aggregate, wie M3, umfassen zusätzliche Formen von Finanzaktiva.* Sofern wir über die Definition des

---

* Abgrenzungen der Deutschen Bundesbank: M1 = Bargeldumlauf (ohne Kassenbestände der Kreditinstitute) + Sichteinlagen inländischer Nichtbanken; M2 = M1 + Termingelder inländischer Nichtbanken mit Befristung bis unter 4 Jahren; M3 = M2 + Spareinlagen inländischer Nichtbanken

Geldes als üblichem Tauschmittel hinausgehen, ist die Grenzziehung nicht mehr eindeutig. Im folgenden Abschnitt betrachten wir einige interessante Versuche, dieses Problem durch die Konstruktion von Indikatoren für monetäre Aggregate zu lösen.

Geldmengenindizes

Einige Ökonomen haben zur Messung des Geldangebots einen Ansatz mit Indexzahlen benutzt. Der Gundgedanke dabei ist, ein Aggregat zu konstruieren, welches unterschiedliche Finanzaktiva nach dem Grad ihrer "Geldnähe" gewichtet. Einer dieser von William Barnett, Edward Offenbacher und Paul Spindt (1984) verwendeten Ansätze geht von der Beobachtung aus, daß die Wirtschaftssubjekte Geld halten, obwohl es nicht verzinst wird. Andere Aktiva, wie verschiedene Formen von Einlagen, leisten geringere monetäre Dienste und müssen daher positive Zinssätze haben, um die Wirtschaftssubjekte dazu zu veranlassen, diese zu halten. Die grundlegende Idee besteht nun darin, die Mengen der verschiedenen Aktiva im umgekehrten Verhältnis zu ihren (beobachtbaren) Zinssätzen und so in direkter Weise zum Umfang ihrer monetären Dienste (die nicht beobachtbar sind) zu gewichten. Bargeld wird daher im Verhältnis 1:1 als Geld gezählt, scheckfähige Einlagen (die eine geringe, aber positive Verzinsung aufweisen) in einem etwas geringeren Verhältnis, Terminguthaben (mit höheren Zinssätzen) in einem noch geringeren usw. Unter Verwendung dieses Verfahrens konstruierten Barnett *et. al.* eine Zeitreihe gewichteter monetärer Aggregate, die sich etwas anders als M1 oder andere Konzepte entwickelt.

Eine Schwierigkeit dieses Ansatzes besteht darin, daß unterschiedliche Zinssätze verschiedener Finanzaktiva auch andere Merkmale widerspiegeln als nur ihre jeweiligen monetären Nutzen. Es ist im übrigen gelegentlich schwierig, den "impliziten" Zinssatz kostenloser Dienstleistungen für die Inhaber von Einlagen zu messen. Um dieses Problem zu umgehen, hat Paul Spindt (1985) einen anderen Ansatz gewählt, wobei er direkte Schätzungen der monetären Nutzen vornahm, indem er beobachtete, wie häufig verschiedene Arten von Aktiva zum Tausch verwendet wurden. So erhielten Bargeld und scheckfähige Einlagen - die hohe Umlaufgeschwindigkeiten aufweisen - eine hohe Gewichtung für monetäre Nutzen. Dagegen wurde den Termineinlagen - mit niedriger Umlaufgeschwindigkeit - ein geringes Gewicht zugemessen. Spindt berechnete unter Anwendung dieser Methode eine Zeitreihe für ein weiteres gewichtetes monetäres Aggregat, das wiederum eine andere Entwicklung aufwies als das oben beschriebene. Es spricht einiges dafür, daß Ökonomen bei ihrer zukünftigen Forschung von diesen gewichteten Geldmengenaggregaten zunehmend Gebrauch machen werden.

---

mit gesetzlicher Kündigungsfrist. Vgl. Monatsberichte der Deutschen Bundesbank, lfd. Jg. (Anm. d. Übers.).

Für unsere Zwecke erscheint es entbehrlich, eine präzise Definition des Geldes festzulegen. Es ist allerdings unsere Absicht, das Modell so zu erweitern, daß die ökonomischen Konsequenzen verschiedener Einlageformen und unterschiedlicher Arten von Finanzinstituten berücksichtigt werden können.

Wir beginnen mit der Feststellung, daß sich Einlagen in den USA in verschiedener Hinsicht unterscheiden; und zwar darin:

- Inwieweit die Einlagen auf Verlangen zum Nennwert abgehoben werden können. Dieses Privileg besitzen **Sichteinlagen** und üblicherweise **Spareinlagen**, die gewöhnlich durch Sparbücher verbrieft und mit einer gesetzlichen Kündigungsfrist von 30 Tagen versehen sind. Im Gegensatz dazu weisen **Termineinlagen** ein fixiertes Fälligkeitsdatum mit bestimmten Vertragsstrafen bei vorzeitiger Kündigung auf.

- Inwieweit die Konteninhaber Schecks ausstellen können, die das Finanzinstitut zu einer Zahlung an Dritte verpflichtet. In den USA sind sämtliche Sichteinlagen scheckfähig.

- Inwieweit die Einlagen verzinslich sind und ggf. in welcher Höhe.

- Inwieweit die Einlagen durch die Bundesregierung abgesichert sind. Seit 1980 gilt diese staatliche Versicherung für Einlagen bis zu 100.000 $ bei den meisten Geschäftsbanken, Bausparkassen sowie Sparkassen.

Haushalte und Unternehmen entscheiden unter Berücksichtigung der oben genannten Merkmale und des gezahlten Zinssatzes darüber, wieviel sie von den jeweiligen Einlagearten halten. Der entscheidende Gesichtspunkt ist, daß die verschiedenen Einlagearten häufig viel attraktiver sind als Bargeld oder Wertpapiere. Unter letzteren verstehen wir verzinsliche Schuldverschreibungen des Staates, der Unternehmen oder der Haushalte. Indem ein Haushalt oder Unternehmen ein Wertpapier hält, gibt er (es) in direkter Weise Kredit an den Staat, an andere Haushalte oder Unternehmen. Im Gegensatz dazu stellen Einlagen Verbindlichkeiten der Finanzinstitute dar, und daher gewährt ein Haushalt oder ein Unternehmen diesen Kredit durch die Haltung von Einlagen. Wie wir noch sehen werden, betätigt sich ein Finanzinstitut als Vermittler von Kredit an den Staat, an andere Unternehmen und Haushalte.

Wir wollen zu verstehen versuchen, warum Haushalte und Unternehmen die Dienstleistungen der Finanzinstitute nutzen, anstatt direkt Kredite zu vergeben. Danach können wir ferner erkennen, inwieweit die Existenz von Finanzinstituten und der Umfang ihrer Vermittlertätigkeit die Funktionsfähigkeit der Volkswirtschaft beeinflußt.

Finanzinstitute und Kreditmarkt

In unserem bisherigen Modell geben die Wirtschaftssubjekte, die Wertpapiere besitzen, Kredite direkt an andere. So kann ein Kreditgeber z.B. eine Hypothek auf das Haus irgendeines Wirtschaftssubjekts oder eine Kreditforderung besitzen, die durch das Auto des Schuldners abgesichert ist. Ferner kann er einem Unternehmen einen Kredit zu Investitionszwecken gewähren. Diese Art der direkten Kreditvergabe ist jedoch häufig ineffizient. Erstens müssen die Geldgeber die Kreditwürdigkeit der Schuldner beurteilen, was gewöhnlich schwierig ist. Sofern die Gläubiger ihre Darlehen nicht streuen, besteht zweitens die Gefahr, daß sie im Falle eines "notleidenden" Kredits einen großen Teil ihres Vermögens verlieren. Andererseits ist es für einen einzelnen Haushalt oder ein einzelnes Unternehmen nicht einfach, Kredite zu diversifizieren. Schließlich muß die Art der Forderung, die jemand besitzt - z.B. eine Hypothek - mit der Fälligkeit bzw. Laufzeit der betreffenden Darlehensform übereinstimmen. Denn im Falle eines Kredites mit 20jähriger Laufzeit an einen Hausbesitzer kann der Kreditgeber seine Forderung nur dadurch vorzeitig einlösen, indem er sie verkauft oder den Schuldner zur vorzeitigen Rückzahlung bewegt.

Finanzinstitute, wie etwa Geschäftbanken[1], können die soeben erwähnten Probleme lösen. Diese Institute bieten erstens gute Voraussetzungen, Kredite zu evaluieren und Forderungen einzuziehen sowie eine Vielfalt von Darlehensformen mit unterschiedlicher Fälligkeit zu sammeln. Der Kreditmarkt funktioniert besser, wenn Kredite von Finanzexperten beurteilt und verwaltet werden und nicht von Haushalten oder Unternehmen, die nicht dem Finanzsektor angehören. Zweitens können Finanzinstitute, wie wir bereits erwähnten, Mittel an sich ziehen, indem sie Einlagen anbieten, die für die Haushalte und Unternehmen eine interessante Anlagemöglichkeit darstellen. In normalen Zeiten, wenn Finanzinstitute ein solides, breit gefächertes Anlagen-Portefeuille unterhalten, sind Einlagen sicher und einfach zu handhaben.

Bilanz eines Finanzinstituts

Die Einlagen bei einem Finanzinstitut erscheinen auf dessen Bilanz auf der Passivseite, während die verschiedenen Kredite auf der Aktivseite zu finden sind. Tab. 17.1 zeigt eine typische Bankbilanz. Konkreter gesagt, handelt es sich um die Zahlen einer kleinen Geschäftsbank - The First National Bank of Rochester -, die 1987 eine Bilanzsumme von ca. 160 Mill. $ aufwies.

Wir wollen zunächst die wichtigsten Posten auf der Aktivseite der Bilanz betrachten. Dazu gehören:

---

[1] Andere Institutionen sind (genossenschaftliche) Bausparkassen, Geldmarktfonds, Pensionsfonds, Investmentfonds, Versicherungsgesellschaften und staatliche Hypothekenvereinigungen.

Die Mittlerrolle des Finanzsektors 505

- Kassenbestände in Höhe von 12,7 Mill. $. Dieser Posten umfaßt Bargeld, Einlagen bei der Federal Reserve und bei anderen Finanzinstituten. Die Gesamtheit der Bargeldbestände und der bei der Fed gehaltenen Einlagen werden als **Reserven** bezeichnet.

- Kredite in Höhe von 108,8 Mill. $. Die wichtigsten Posten sind Kredite an Unternehmen, Hypotheken- und Teilzahlungskredite. Die meisten großen Banken würden auch bedeutende Auslandskredite ausweisen.[2]

- Wertpapiere in Höhe von 29,4 Mill. $. Diese Kategorie umfaßt öffentliche Anleihen und kurzfristige Geldmarkttitel (wie z.B. kurzfristige Handelspapiere und kurzfristige Schuldverschreibungen, die von anderen Finanzinstituten ausgegeben wurden).

- Geldmarktforderungen in Höhe von 10,9 Mill. $. Dies sind kurzfristige (häufig täglich fällige) Darlehen an andere Finanzinstitute am **Geldmarkt**. Der dafür gezahlte Zins wird als **Geldmarktzins** bezeichnet. Typischerweise sind kleinere Institute - wie die First National Bank of Rochester - an diesem Markt Kreditgeber, während vor allem die großen Geschäftsbanken Darlehensnehmer sind.

Betrachten wir nun die Passivseite der Bilanz. Die wichtigsten Posten sind:

- Sichteinlagen in Höhe von 22,3 Mill. $.

- Termineinlagen in Höhe von 128,0 Mill. $.

- Geldmarktkredite in Höhe von 0 $. (Die First National ist Kreditgeber am Geldmarkt.)

- Notenbankkredite (Kredite der Federal Reserve oder Fed), die in diesem Fall gleich Null sind. Die Fed verleiht an Finanzinstitute, vor allem an Geschäftsbanken, die Mitglieder des Federal Reserve Systems sind, am sog. *"Diskontfenster"*. Der für diese Kredite erhobene Zins wird als **Diskontsatz** bezeichnet.

- Aktienkapital in Höhe von 11,1 Mill. $. Dieser "Buchwert" entspricht der Summe des eingezahlten Kapitals zuzüglich der akkumulierten Gewinne (so wie sie von Buchhaltern bewertet werden).

---

[2] In den USA gibt es gesetzliche Beschränkungen für die Formen ertragbringender Finanzaktiva, die von Finanzinstituten gehalten werden können. So dürfen z.B. Geschäftsbanken keine Unternehmensaktien besitzen.

Tab. 17.1: *Bilanz der First National Bank of Rochester zum 31.12. 1987* (in Mill. $)

Aktiva		Passiva	
Kassenbestand (einschl. Einlagen bei der Fed und anderen Finanzinstituten)	12,7	Sichteinlagen	22,3
		Termineinlagen	128,0
		Geldmarktkredite	0
Kredite (abzügl. Verlustreserven)	108,8	Notenbankkredit	0
Wertpapiere	29,4	sonstige Passiva	4,7
Geldmarktforderungen	10,9	Aktienkapital	11,1
sonstige Aktiva	4,3		
Summe	166,1	Summe	166,1

Mindestreserven und Überschußreserven

Finanzinstitute halten ertragbringende Finanzaktiva - Kredite und Wertpapiere -, um ein laufendes Zinseinkommen zu erzielen. Im übrigen besitzen sie Sachkapital und Einlagen bei anderen Finanzinstituten, um ihre Geschäfte effizient abwickeln zu können. Wie steht es aber mit dem Kassenbestand? Da Banken und einige Depositeninstitute die Kundeneinlagen bei Bedarf stets in Bargeld verwandeln müssen, halten sie bestimmte Kassenbestände vor, um den möglichen Entnahmewünschen ihrer Kunden gerecht werden zu können. In den USA ist in der Zeit nach dem 2. Weltkrieg die von der Federal Reserve auferlegte **Mindestreserveverpflichtung** zur entscheidenden Determinante für die Höhe der Kassenbestände der Finanzinstitute geworden. (Wir diskutieren das Federal Reserve System später.) Die Mindestreservebestimmungen legen die Höhe der Reserven für die verschiedenen Einlagenformen fest. Nach dem Gesetz können die Reserven entweder als Kassenbestand oder als unverzinsliche Guthaben bei der Fed gehalten werden. Vor 1980 galten diese Bestimmungen nur für Geschäftsbanken, die Mitglieder des Federal Reserve Systems waren, doch der *Monetary Control Act* von 1980 erweiterte die Mindestreservepflicht auf alle Depositeninstitute (ausschließlich der Geldmarktfonds), allerdings mit geringeren durchschnittlichen prozentualen Reservesätzen als zuvor. 1988 betrugen die Reservesätze 12% für scheckfähige Einlagen[3] und 3% für Termineinlagen von Unternehmen mit weniger als eineinhalb Jahren Laufzeit. Allerdings hat die Fed nach wie vor die Befugnis, diese Bestimmungen zu verändern.

Abb. 17.1 zeigt, wie sich das Verhältnis der Mindestreserven zu den scheckfähigen Einlagen von 1918 bis 1987 entwickelt hat. Die Veränderung dieses Verhältnisses ist vor allem durch Änderung der gesetzlichen Vorschriften bedingt. Es gibt aber auch Reserve-Bestimmungen, die sich auf Termin- und Spareinlagen beziehen, welche nicht zur Gesamtheit der scheckfähigen Einlagen gehören. Ferner hängen die Ver-

---

[3] Der Mindestreservesatz betrug für scheckfähige Einlagen bis zu 40,5 Mill. $ nur 3%. Zu weiteren Erläuterung zum *Monetary Control Act* vgl. Robert Auerbach (1985), Kap. 6-8.

pflichtungen von der absoluten Einlagenhöhe des jeweiligen Finanzinstituts ab. Deshalb spiegeln manche Veränderungen des Verhältnisses der Mindestreserven zu den scheckfähigen Einlagen Umstrukturierungen der Einlagen (zwischen scheckfähigen Einlagen und Termin- oder Spareinlagen sowie zwischen den einzelnen Arten der Finanzinstitute) wider. Wir werden einige Details und Implikationen derartiger Veränderungen der Mindestreservequote später diskutieren.

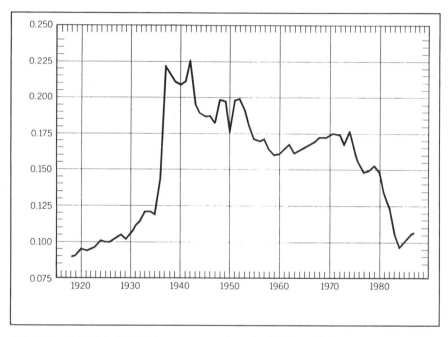

Abb. 17.1: *Verhältnis der Mindestreserven zu den scheckfähigen Einlagen*
Die Daten zu Abb. 17.1 und die folgenden Abbildungen stammen vom Board of Governors of the Federal Reserve System, *Banking and Monetary Statistics, 1941-1970*; *Annual Statistical Digest, 1970-1979* und *Federal Reserve Bulletin*, verschiedene Ausgaben.

Finanzinstitute ziehen es vor, anstelle der unverzinslichen Kassenhaltung verzinsliche Finanzaktiva zu halten. Da sie gewöhnlich in der Lage sind, sehr schnell kurzfristige Wertpapiere zu kaufen und zu verkaufen sowie an den Geldmarkt zu gehen, kann sie bereits ein relativ bescheidener Zinssatz veranlassen, die über das Mindestreserve-Soll hinausgehenden Reserven stark einzuschränken. Die Differenz zwischen den insgesamt vorhandenen und den Mindestreserven bezeichnen Ökonomen als **Überschußreserven**. Abb. 17.2 zeigt, daß diese Überschußreserven in den Jahren 1969 bis 1982, die durch ein besonders hohes Zinsniveau gekennzeichnet waren, weniger als 1% der Gesamtreserven ausmachten. Von 1983 bis 1987 bewegten sie sich zwischen 1% und 2%. Demgegenüber belief sich der Anteil der Überschußreserven an den Gesamtreserven während der Niedrigzinsphase zu Beginn der Nachkriegsperiode ab 1945 auf immerhin 5%. Auffallend sind überdies die hohen Überschußreserven von 1933 bis 1941, die im Durchschnitt sogar 37% der gesamten Reserven ausmachten. Dieses Verhalten reflektiert einerseits die Finanzkrise während der Weltwirtschaftskrise und andererseits die extrem niedrigen Zinsen für sichere Finanzaktiva. (Wir werden diese Phase später noch eingehender diskutieren.)

Überschußreserven stellen Finanzmittel dar, auf die ein Geldinstitut im Notfall zurückgreifen kann, während dies bei den Mindestreserven nicht möglich ist. Denn einem reservepflichtigen Finanzinstitut ist es nicht gestattet, seine Reserven unter das Mindestreserve-Soll absinken zu lassen, welches bei gegebener Höhe der Einlagen zu halten ist.

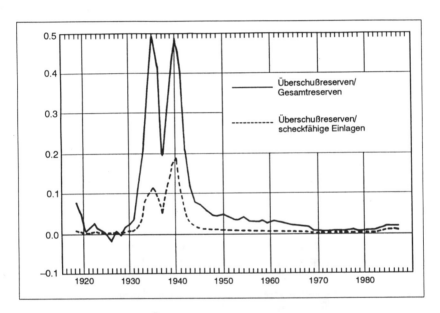

Abb. 17.2: *Entwicklung der Überschußreserven*

Einlagen und ertragbringende Finanzaktiva

Angenommen, ein reservepflichtiges Finanzinstitut erhält zusätzliche Einlagen in Höhe von 100 $. Konkret soll es sich dabei um scheckfähige Einlagen handeln, für die ein Mindestreservesatz von 12% gilt, so daß das Institut 12 $ von diesen zusätzlichen 100 $ als Mindestreserven halten muß. Der Rest der 100 $ kann dann nach Belieben des Geldinstitutes auf (verzinslichen) Darlehen und Wertpapiere oder auf (unverzinsliche) Überschußreserven aufgeteilt werden.

Die Veränderung der Nettoerlöse des Finanzinstituts ist gleich den Zinseinnahmen für die zusätzlichen ertragbringenden Finanzaktiva abzüglich der zusätzlichen Kosten, die mit der Bewertung und Abwicklung von Darlehen oder mit dem Wertpapierhandel verbunden sind, abzüglich sämtlicher Kosten, die im Zusammenhang mit der Kontoführung auftreten (sofern keine Gebühren berechnet werden), abzüglich der auf die neuen Einlagen gezahlten Zinsen. Damit das Finanzinstitut bei diesem Einlagengeschäft einen Gewinn erzielen kann, muß der Zinssatz für Einlagen R^d niedriger sein als der für Darlehen und Wertpapiere, den wir nach wie vor mit R bezeichnen. Die Differenz $R - R^d$ muß insbesondere mindestens folgendes abdecken: die Kosten des Instituts für die in unverzinslicher Form gehaltenen Gelder, die mit der Verwaltung der zusätzlichen Einlagen und ertragbringenden Finanzaktiva verbundenen Transaktionskosten und eine gewisse Verzinsung des in das Finanzinstitut investierten Kapitals. Wir wollen die Gesamtheit dieser Posten als "**Vermittlungskosten**" bezeichnen. Der Wettbewerb unter den Finanzinstituten wird den Zinssatz für Einlagen mindestens so weit erhöhen, daß die Differenz $R - R^d$ die Vermittlungskosten gerade deckt.[4] Der auf Einlagen gezahlte Zinssatz R^d wird folglich mit einem Anstieg der Verzinsung von Krediten und Wertpapieren R zunehmen; R^d wird jedoch sinken, wenn die Vermittlungskosten, etwa durch eine Anhebung des Mindestreservesatzes, zunehmen.

Einlagenzinsen und Vermittlertätigkeit der Finanzinstitute
Der Umfang an Einlagen, den Haushalte und Unternehmen zu halten wünschen - und damit der Umfang der den Finanzinstituten zur Kreditvergabe verfügbaren Mittel - hängt von der Höhe des Zinssatzes auf Einlagen R^d ab. Einlagen werden im Vergleich zum Bargeld mit steigendem Zins R^d attraktiver. (Zu bedenken ist, daß der nominale Zinssatz für Bargeld auf Null festgelegt ist.) Andererseits werden Einlagen im Verhältnis zu Wertpapieren unattraktiver, wenn sich die Differenz $R - R^d$ erhöht.

Angenommen beispielsweise, die Mindestreservequote würde sich verringern, wie dies zwischen 1980 und 1984 der Fall war (vgl. Abb. 17.1). Bei gegebenem Wert von R wäre nach unserer Theorie des Wettbewerbs zwischen Finanzinstituten damit zu rechnen, daß der Einlagenzinssatz R^d steigt. Daher würden Haushalte und Unternehmen vermehrt Einlagen zu Lasten von Bargeld und Wertpapieren halten. Dieser Zuwachs an Einlagen bedeutet, daß die Finanzinstitute ihren Bestand an Finanzaktiva ausdehnen. Insgesamt führt also eine geringere Mindestreserve erstens zu einer Erhöhung von M1 in Form von Einlagen anstelle von Bargeld und zweitens zu einer Zunahme der Vermittlungstätigkeit der Finanzinstitute.

---

[4] Zur weiteren Diskussion vgl. Benjamin Klein (1974).

Regulierung der Einlagenzinsen
Von den 30er bis Anfang der 80er Jahre wurde der Zinssatz, den Banken und andere Finanzinstitute auf Einlagen zahlten, von der US-Bundesregierung reguliert. So wurden durch die Bankgesetze (*Banking Acts*) von 1933 und 1935 Zinszahlungen auf Sichteinlagen völlig untersagt. Diese Beschränkung blieb bis Mitte bzw. Ende der 70er Jahre in Kraft, als sich verzinsliche, scheckfähige Konten immer mehr durchsetzten. Diese hatten vor allem die Form sog. NOW-Konten**, wobei diese letztlich nichts anderes als scheckfähige Konten sind. Diese Formen verzinslicher Konten wurden Mitte der 70er Jahre in Neuengland eingeführt und sind seit dem *Monetary Control Act* von 1980 bundesweit akzeptiert.

Die Federal Reserve begrenzte den Zinssatz für Termin- und Spareinlagen durch die sog. **Regulation Q**. Die Höchstsätze für Termineinlagen waren hoch genug, um zumindest bis in die 50er Jahre nicht restriktiv zu wirken. Aber die Regulierung erwies sich als wesentliche Beschränkung in den späten 60er Jahren und vor allem zwischen 1979 und 1982. Allerdings sind die Beschränkungen der Zinssätze auf die meisten Termineinlagen seit Oktober 1983 durch die Regierung aufgehoben worden.

Was geschieht, wenn der gesetzliche Höchstsatz für Einlagen unterhalb des Zinssatzes liegt, der ohne diese Beschränkung gezahlt worden wäre? Zunächst ist zu betonen, daß die Beschränkungen sich nur auf den tatsächlich gezahlten Zins beziehen, so daß sich der Wettbewerb der Finanzinstitute um gewinnbringende Einlagen oft über die nicht-kostendeckende Bereitstellung von Dienstleistungen vollzieht. Diese Dienstleistungen stellen eigentlich implizite Zinsen dar, welche die von der staatlichen Regulierung untersagten expliziten Zinsen ersetzen. Aber abgesehen von der Möglichkeit, die gesetzlichen Beschränkungen zu umgehen, sollten wir nicht davon ausgehen, daß sie irrelevant sind. Im Grunde sind die impliziten Methoden der Zinszahlung weniger effizient als die expliziten, da die Dienstleistungen, die Banken üblicherweise als enge Substitute für den expliziten Zinssatz anbieten können, begrenzt sind. (Ein gegenläufiger Effekt liegt allerdings darin, daß der explizite Zins steuerpflichtig ist, während dies bei kostenlosen Dienstleistungen typischerweise nicht der Fall ist.) Mit steigenden Marktzinssätzen seit den 50er Jahren war der Wettbewerb um Einlagen für die regulierten Institute aufgrund der Höchstsätze zunehmend schwieriger geworden. Unter diesen Umständen bedeutete die Regulierung der Zinszahlungen, daß der von den Finanzinstituten angebotene Einlagenzins R^d geringer war als ohne Regulierung. Aufgrund unserer vorangegangenen Analyse der Einlagenzinssätze lassen sich die folgenden Reaktionen vorhersehen:

■ Die Wirtschaftssubjekte verzichten auf Einlagen und ziehen statt dessen Finanzanlagen in Form von Schuldverschreibungen und Hypothekendarlehen vor. Dieser

---

** NOW = negotiable-order-of-withdrawal. Dies sind scheckfähige, verzinsliche Kontokorrentkonten (Anm. d. Übers.).

Prozeß führt zu einer Zurückdrängung der Finanzinstitute in ihrer Rolle als Vermittler finanzieller Transaktionen.

- Es entstehen neue Arten unregulierter Finanzinstitute, die Finanzmittel von Banken und anderen Geldinstituten abziehen. Das wichtigste Beispiel der letzten Jahre sind die Geldmarktfonds.

- Die Regierung hebt schließlich die Regulierung der Einlagenzinssätze auf, so daß der Wettbewerb zwischen Banken und anderen Geldinstituten um Einlagen erneut auflebt. Dennoch gibt es aufgrund der bis 1988 existierenden Bestimmungen zwei bleibende Unterschiede zwischen den Geldmarktfonds und den anderen Depositeninstituten: zum einen besteht für die ersteren keine Mindestreserveverpflichtung, zum anderen sind Anteile an derartigen Fonds im Gegensatz zu Einlagen bei Banken und einigen anderen Finanzinstituten nicht durch den Bund versichert.

Kreditaufnahme bei der Notenbank
Seit Einführung des Federal Reserve Systems im Jahre 1914 konnten die Mitgliedsbanken bis 1980 von der Notenbank kurzfristige Gelder zum Diskontsatz aufnehmen. Seit dem *Monetary Control Act* von 1980 ist dies allen Depositeninstituten mit scheckfähigen Einlagen möglich.

Die Kreditaufnahme bei der Notenbank kann dann vorteilhaft sein, wenn deren Diskontsatz unter dem Zinssatz liegt, zu dem die Banken anderweitig Geld aufnehmen können. Eine derartige Kreditaufnahme kann jedoch selbst im Falle eines relativ niedrigen Diskontsatzes unerwünscht sein, weil die Notenbank erstens diejenigen Banken, die häufig am "Diskontfenster" erscheinen, sorgfältiger überwacht, und weil sie zweitens den "zu häufigen" Kunden Kredite verweigern kann. Gleichwohl gilt, daß für die Banken der Anreiz zur Kreditaufnahme bei der Notenbank umso größer ist, je niedriger der Diskontsatz im Vergleich zu den Marktzinssätzen ist.

Abb. 17.3 zeigt die Verschuldung der Finanzinstitute bei der Fed. Auffallend ist, daß die Kreditaufnahme während des 1. Weltkriegs und der 20er Jahre bedeutend war und 1920 mit 13% im Verhältnis zu den scheckfähigen Einlagen einen Höhepunkt erreichte[5]; auch die Werte für 1929 mit 4%, für 1932 mit 3% und für 1933 mit 2% waren noch relativ hoch. Mit annähernd Null erreichte die Verschuldung jedoch zwischen 1935 und 1943 einen Tiefpunkt. In der Nachkriegszeit blieb die Rate der Kreditaufnahme niedrig und überstieg nie 1% der Einlagen. Die höchsten Werte wurden 1974 und 1984 erreicht. 1974 machte die Kreditaufnahme von 2 Mrd. $ etwa 1% der scheckfähigen Einlagen aus. Ein Großteil dieser Kredite ging an die Franklin

---

[5] 1919-21 überstieg die Kreditaufnahme der Mitgliedsbanken sogar ihre Gesamtreserven, da die durchschnittliche Kreditaufnahme im Jahre 1920 2,5 Mrd. $ betrug, während die durchschnittliche Reservehöhe bei 1,8 Mrd. $ lag.

National Bank of Long Island, eine große Bank, die sich auf fragwürdige Spekulationsgeschäfte eingelassen hatte und schließlich scheiterte. 1984 betrug die durchschnittliche Kreditsumme mit 3,7 Mrd. $ wiederum etwa 1% der scheckfähigen Einlagen, wobei ein erheblicher Teil auf die ebenfalls in Schwierigkeiten steckende Continental Illinois National Bank entfiel.

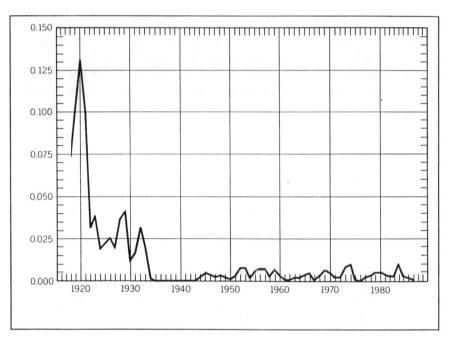

Abb. 17.3: *Kreditaufnahme bei der Federal Reserve im Verhältnis zu scheckfähigen Einlagen*

Abb. 17.4 illustriert, wie sich der durchschnittliche jährliche Diskontsatz der New Yorker Fed im Vergleich zum Zinssatz für 4-6monatige erstklassige Handelspapiere entwickelt hat. Obwohl die beiden Zinssätze sich annähern, ist der Diskontsatz seit dem 2. Weltkrieg typischerweise niedriger als der Zinssatz für kurzfristige Handelspapiere, so daß in diesen Jahren die Notenbankkredite eine Subventionierung des Schuldners darstellten. In manchen Jahren - 1966-67, 1969-70, 1973-74, 1981, 1984 und 1987 - lag der Diskontsatz sogar um mehr als einen Prozentpunkt unter dem Zinssatz für kurzfristige Handelspapiere. Ein Rückblick auf frühere Jahre zeigt, daß der Diskontsatz zwischen 1932 und 1946 über dem Zinssatz für kurzfristige Handelspapiere lag, während er in den 20er Jahren und insbesondere 1918-20 wiederum niedriger war.

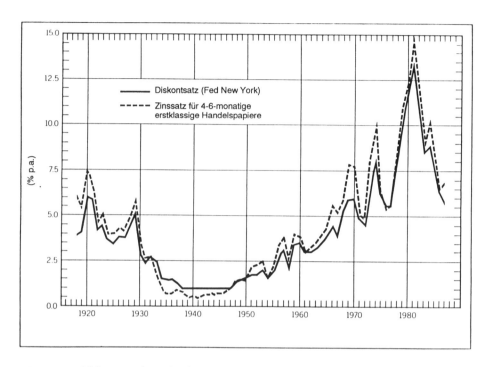

Abb. 17.4: *Diskontsatz der Federal Reserve und Zinssatz für kurzfristige Handelspapiere*

Das Federal Reserve-System

Das Federal Reserve System fungiert seit 1914 als Zentralbank (Notenbank) der USA. Es existieren 12 regionale Federal Reserve Banken, die jeweils als eigenständige, quasi-private Unternehmen errichtet sind. In der Anfangszeit des Systems bildeten die 12 Präsidenten der regionalen Banken die *Governors' Conference*, die einen entscheidenden Einfluß auf die Politik der Fed nahm. Nach der Weltwirtschaftskrise und dem Bankgesetz von 1935 wurde die *Governors' Conference* aufgelöst und die Entscheidungskompetenz bei der Fed in Washington, D.C. konzentriert. Seit 1935 liegen die Befugnisse ganz überwiegend beim *Board of Governors of the Federal Reserve System*. Seine sieben Mitglieder werden durch den Präsidenten für eine überlappende Amtsperiode von 14 Jahren ernannt (und vom Senat bestätigt). Der *Board* wird häufig von seinem Vorsitzenden dominiert - derzeit Alan Greenspan -, der für 4 Jahre vom Präsidenten bestellt wird.

Das Offenmarktgeschäft der Fed - Kauf und Verkauf von staatlichen Schuldtiteln am "offenen Markt" - wird durch das *Federal Open Market Committee (FOMC)* abgewickelt. Dieses wichtige Gremium besteht aus den sieben Mitgliedern des *Board of*

Governors und fünf Präsidenten der regionalen Banken (einschließlich des Präsidenten der New Yorker Bank und rotierender Mitgliedschaft zwischen den übrigen 11 Banken). Wir werden später bei der Behandlung der Offenmarktgeschäfte auf die *FOMC* zurückkommen.

Wir haben bereits einige der Fed-Aktivitäten erwähnt, so die Festsetzung der Mindestreservesätze, die Regulierung der Einlagenzinsen sowie die Kreditvergabe an Finanzinstitute am "Diskontfenster".[6] Im folgenden wollen wir uns auf die Instrumente zur Kontrolle der Geldmenge konzentrieren und werfen zunächst einen Blick auf die Bilanz des Federal Reserve Systems.

Tab. 17.2 zeigt die Bilanz Ende 1987. Die wichtigsten Posten der Aktivseite sind:

- Goldreserven in Höhe von 11,1 Mrd. $ (bewertet zum offiziellen Preis von 42,22 $ pro Unze). Die Fed hält dieses Gold im Auftrag des US-Schatzamtes. In der Vergangenheit, als in den USA noch der Goldstandard galt, waren Schwankungen der Goldmenge vor allem durch Transaktionen mit ausländischen Zentralbanken bedingt. Heute sind Veränderungen nur möglich, wenn das Schatzamt Gold versteigert oder wenn der offizielle Goldpreis korrigiert wird. (Derartige Preisveränderungen traten 1933 und wenige Male in den 70er Jahren auf.)

- Kredite an Depoteninstitute in Höhe von 3,8 Mrd. $. Hierbei handelt es sich um die zuvor erwähnten Kredite an Finanzinstitute zum Diskontsatz.

- Anleihen des Bundes und der Bundesbehörden in Höhe von 231,4 Mrd. $. Wie aus der Bilanz hervorgeht, wird der größte Teil der Fed-Aktiva in dieser Form gehalten.

Die Summe aus Krediten an Finanzinstitute, Bundesanleihen und einigen sonstigen Aktiva wird als **Zentralbankkredit** (*Federal Reserve Credit*) bezeichnet, da er die Gesamtforderungen der Fed gegenüber dem Staat und dem privaten Sektor repräsentiert. Auffallend ist, daß der größte Teil des Zentralbankkredits in Form von Bundesanleihen gehalten wird; d.h. anders als in vielen anderen Ländern enthält sich die Notenbank der USA weitgehend der Kreditvergabe an den privaten Sektor.

Die wichtigsten Posten der Passivseite der Fed-Bilanz sind:

- Banknoten (Bargeld) in Höhe von 212,9 Mrd. $. Derzeit sind diese Banknoten die einzige Form umlaufenden Bargelds, während früher das US-Schatzamt und - noch früher - private Banken Noten ausgaben.

- Einlagen von Depoteninstituten in Höhe von 41,8 Mrd. $. Dies sind die bereits erwähnten unverzinslichen Mindestreserven der Depoteninstitute.

---

[6] Eine Darstellung des Federal Reserve Systems und seiner geldpolitischen Instrumente findet sich bei Robert Auerbach (1985), Kap. 14-16 und Milton Friedman (1960), Kap. 2.

- Einlagen des Schatzamtes in Höhe von 5,3 Mrd. $. Dabei handelt es sich im wesentlichen um Einlagen der Bundesregierung bei der Fed.

Die Summe aus Banknoten und Einlagen von Depositeninstituten (254,7 Mrd. $) wird als **Geldbasis**** (gelegentlich auch **M0**) bezeichnet und repräsentiert die Summe der monetären Verbindlichkeiten der Fed (außer denen gegenüber dem US-Schatzamt oder ausländischen Einlegern). Bemerkenswert ist, daß 1987 etwa 84% der Geldbasis aus Bargeld und lediglich zu 16% aus Einlagen von Depositeninstituten bestanden.

Tab 17.2: *Zusammengefaßte Bilanz sämtlicher Federal Reserve Banken vom 31. 12. 1987 (in Mrd. $)*

Aktiva		Passiva und Kapitalkonto	
Goldreserven	11,1	Banknoten (Bargeld)	212,9
Kredite an Depositeninstitute	3,8	Einlagen von Depositeninstituten	41,8
Anleihen des Bundes und der Bundesbehörden	231,4	Einlagen des US-Schatzamtes	5,3
Sonstige Aktiva[a]	29,3	Andere Einlagen und Verbindlichkeiten	11,5
		Eingezahltes Kapital und Überschuß	4,1
Summe	275,6	Summe	275,6

[a] Einschließlich Sonderziehungsrechte beim Internationalen Währungsfonds (5,0 Mrd. $), Forderungen gegenüber der *Federal Deposit Insurance Corporation (FDIC)* (2,6 Mrd. $), Forderungen in Fremdwährungen (7,8 Mrd. $), Münzen (0,4 Mrd. $), aufgelaufene Zinsen (2,6 Mrd. $), Sachkapital (0,8 Mrd. $) und einige andere Posten.

Quelle: U.S. Board of Governors of the Federal Reserve System, *Annual Report*, 1987, S. 218-19.

Kontrolle der Geldbasis

Offenmarktoperationen

In den frühen Jahren ihrer Tätigkeit konzentrierte sich die Federal Reserve auf Wertpapiergeschäfte am "Diskontfenster", die wir weiter unten diskutieren werden,

---

** "Geldbasis" (monetary base, high powered money) erscheint (bisher) nicht im offiziellen Sprachgebrauch der Deutschen Bundesbank. Die Geldbasis ist statistisch weitgehend identisch mit der "Zentralbankgeldmenge" in der Abgrenzung der Deutschen Bundesbank; diese ist definiert als Bargeldumlauf plus Mindestreserven auf Inlandsverbindlichkeiten zu konstanten Reservesätzen (Basis Januar 1974). Zur Abgrenzung der Geldmengenbegriffe vgl. Monatsberichte der Deutschen Bundesbank, 37. Jg., Januar 1985, insb. S. 15 ff. (Anm. d. Übers.).

und weniger auf Offenmarktgeschäfte. Seit den 30er Jahren wurden jedoch Offenmarktgeschäfte zum Hauptinstrument zur Kontrolle der Geldbasis.

Seit 1935 werden die Entscheidungen über Offenmarktgeschäfte von dem bereits erwähnten *Federal Open Market Committee (FOMC)* gefällt. Seine Anweisungen werden am "Bankschalter" der Federal Reserve Bank New York ausgeführt. Obwohl die Direktiven an den "Bankschalter" explizit in zu kaufenden oder zu verkaufenden Mengen an öffentlichen Anleihen erfolgen, bleiben die Mitteilungen der *FOMC* über ihre geldpolitischen Absichten häufig undeutlich. Üblicherweise werden in den Verlautbarungen die "Marktbedingungen" oder die Zielgrößen für den Zinssatz von Geldmarktpapieren erwähnt, aber es bleibt unklar, inwieweit diese Ziele in Verbindung zu bringen sind mit dem Umfang der Offenmarktgeschäfte, welche die *FOMC* tatsächlich festlegt.

Zu Beginn der 80er Jahre wurden die Ziele der Federal Reserve statt in Zinssätzen in Form monetärer Aggregate, wie M1 oder M2, ausgedrückt. Wie wir später sehen werden, können wir die Entwicklung der monetären Aggregate zu Veränderungen der Geldbasis und insoweit mit den Offenmarktgeschäften in Verbindung bringen. Daher erscheint es sinnvoll, daß die Offenmarktgeschäfte an einer Zielgröße für ein bestimmtes Geldmengenaggregat ausgerichtet werden. Aber es entsteht nicht der Eindruck, als würde die Federal Reserve den von ihr verkündeten Zielgrößen (die sie seit 1978 auf Verlangen des Kongresses bekanntgibt) besondere Aufmerksamkeit schenken.

Es ist schließlich noch erwähnenswert, daß die *FOMC* ihre Entscheidungen zur Offenmarktpolitik mit einer Verzögerung von 30 bis 60 Tagen im *Federal Reserve Bulletin* publiziert. Die Fed hält diese Diskretion für hilfreich, um "wohlgeordnete" Wertpapiermärkte aufrechtzuerhalten. Wer diese Begründung erklären kann, verdient ein "sehr gut" in einer Universitätsübung![7]

Wir wollen nun erörtern, wie Offenmarktgeschäfte die Geldbasis beeinflussen. Im Falle eines Offenmarktkaufes schreibt die Fed einen Scheck über den Erwerb von Anleihen des Bundes z.B. in Höhe von 1 Mill. $. aus. Angenommen, es handelt sich beim Verkäufer der Wertpapiere um eine Geschäftsbank, der wir den Namen "Jedermannbank" geben wollen. (Wir würden das gleiche Ergebnis erhalten, wenn der Verkäufer ein Haushalt oder, was wahrscheinlicher ist, ein Großunternehmen wäre.) Die Fed kreditiert diese Bank mit 1 Mill. $ zusätzlicher Reserven durch eine entsprechende Einlage auf deren Zentralbankkonto. Die dadurch ausgelöste Veränderung der Bilanzen der Fed und der Jedermannbank ist in Tab. 17.3 dargestellt. Zunächst besitzt die Fed 1 Mill. $ mehr Aktiva in Form von Bundesanleihen, denen eine zusätzliche Mill. $ auf der Passivseite gegenübersteht, die als erhöhte Einlagen der De-

---

[7] Die Verschwiegenheit des *FOMC* widerspricht dem *Freedom-of-Information Act*. Der *Supreme Court* (oberster Gerichtshof) hat aber schließlich zugunsten des *FOMC* entschieden. Zur Diskussion dieser Frage und zur Verteidigung dieser Praxis durch das FOMC vgl. Marvin Goodfriend (1986).

positeninstitute (in diesem Falle bei der Jedermannbank) auftauchen. Bei der Jedermannbank wiederum ergibt sich eine Erhöhung der Aktiva um 1 Mill. $ in Form der bei der Fed gehaltenen Einlagen, gleichzeitig jedoch eine entsprechende Abnahme des Bestandes an Bundesanleihen, die einen Teil des Portefeuilles aus Kreditforderungen und Wertpapieren ausmachen.

Tab. 17.3: *Auswirkungen eines Offenmarktverkaufs auf die Bilanzen der Fed und der Depositeninstitute*

Aktiva	Passiva
Federal Reserve	
Bundesanleihen: + 1 Mill. $	Einlagen der Depositeninstitute: + 1 Mill. $
Jedermannbank	
Kredite und Wertpapiere: −1 Mill. $ Einlagen bei der Fed: + 1 Mill. $	

Die in Tab. 17.3 dargestellte Bilanz zeigt noch nicht das Ende dieses Vorgangs, da die Jedermannbank vermutlich kein Interesse daran hat, eine Million zusätzliche unverzinsliche Reserven bei der Fed zu halten. Wir wollen diesen Punkt jedoch zunächst zurückstellen, um uns auf die Entwicklung der Geldbasis zu konzentrieren. Der in Tab. 17.3 dargestellte Kauf von Offenmarktpapieren erhöht die Geldbasis um 1 Mill. $, was sich zunächst bei den Mindestreserven niederschlägt, die von den Depositeninstituten bei der Fed gehalten werden. Es ist offensichtlich, daß bei einem Offenmarktverkauf der genau entgegengesetzte Prozeß aufträte, d.h. wenn die Fed Bundesanleihen in Höhe von 1 Mill. $ verkauft, nimmt die Geldbasis entsprechend ab.

In den USA werden Offenmarktgeschäfte mit Staatsanleihen, nicht aber mit privaten Obligationen, Hypotheken, Wertpapieren, Aktien von General Motors u.dgl. getätigt, weil die Fed derartige private Schuldtitel nicht hält. Hinsichtlich der Kontrolle der Geldbasis würde es allerdings keinen Unterschied machen, ob die Fed statt dessen mit privaten Wertpapieren operierte. Es wäre (abgesehen vielleicht von politischen Aspekten) tatsächlich gleichgültig, ob die Fed anstelle staatlicher Anleihen private Obligationen hielte. Eine derartige Veränderung würde lediglich bewirken, daß der private Sektor mehr öffentliche Anleihen besäße, aber gleichzeitig entsprechend mehr Schulden bei der Fed hätte. Andererseits besäße die Fed mehr Forderungen gegenüber dem Privatsektor und geringere gegenüber dem US-Schatzamt.

Insgesamt blieben jedoch die Nettopositionen des Privatsektors, der Fed und des US-Schatzamtes unverändert.

Kredite an Depositeninstitute

Die Fed könnte die Geldbasis auch über die Höhe der an die Depositeninstitute vergebenen Kredite steuern, indem sie entweder den Diskontsatz oder andere Aspekte ihrer Kreditpolitik verändert, um die Finanzinstitute zu verstärkter oder verringerter Kreditaufnahme am "Diskontfenster" zu bewegen. Wenn z.B. die Jedermannbank heute beschließt, einen Kredit in Höhe von 1 Mill. $ von der Fed aufzunehmen, verbucht diese einen Kredit von 1 Mill. $ an die Jedermannbank und schreibt ihr Einlagen in gleicher Höhe gut. Wenn die Jedermannbank diese Einlagen bei der Fed beläßt (weil sie möglicherweise sonst ihren Mindestreserveverpflichtungen nicht nachkommen könnte), ergeben sich die in Tab. 17.4 dargestellten Bilanzveränderungen.

Tab. 17.4: *Auswirkungen eines Fed-Kredits am "Diskontfenster" auf die Bilanzen der Fed und der Depositeninstitute*

Aktiva	Passiva
Federal Reserve	
Kredite an Depositeninstitute: + 1 Mill. $	Einlagen der Depositeninstitute: + 1 Mill. $
Jedermannbank	
Einlagen bei der Fed: + 1 Mill. $	Kreditaufnahme bei der Fed: + 1 Mill. $

Offensichtlich schlägt sich die Kreditaufnahme auf der Aktivseite der Fed-Bilanz als Erhöhung der Kredite an Depositeninstitute nieder, während sich auf der Passivseite die Guthaben der Depositeninstitute gleichzeitig um 1 Mill. $ erhöhen. Bei der Jedermannbank finden entsprechende Gegenbuchungen statt. Der entscheidende Punkt ist, daß sich die Geldbasis wiederum um 1 Mill. $ erhöht.

Eine wichtige Erkenntnis ist, daß eine Erhöhung der Kreditaufnahme durch die Geldinstitute am Diskontfenster im wesentlichen denselben Effekt hat wie ein Offenmarktkauf von Wertpapieren durch die Fed. In beiden Fällen nimmt die Geldbasis zu, nur daß die Fed beim Offenmarktkauf schließlich mehr Bundesanleihen besitzt, während sich nach der Kreditvergabe am Diskontfenster ihre Forderungen gegenüber den Finanzinstituten vermehrt haben. Parallel dazu vermindert sich bei der Jedermannbank im ersten Fall deren Bestand an Bundesanleihen und erhöhen sich im zweiten Fall die Verbindlichkeiten gegenüber der Fed. Folglich besitzt die Fed nun mehr Verbindlichkeiten einer Privatbank anstelle von Bundesanleihen, was aber keine grundlegenden Konsequenzen hat. Der einzig signifikate Unterschied besteht darin, daß die Fed die Depositeninstitute gewissermaßen subventioniert, weil der Diskontsatz typischerweise niedriger ist als der Marktzinssatz.

Ökonomen vertreten häufig die Ansicht, daß eine Veränderung des Diskontsatzes nicht wegen seines direkten Einflusses auf die Kredittransaktionen, sondern vor allem deswegen bedeutsam ist, weil durch ihn die Zielrichtung der Notenbankpolitik sichtbar wird. Langfristig versucht die Fed, den Diskontsatz an die Veränderungen des Marktzinssatzes anzupassen (vgl. Abb. 17.4). Insofern handelt es sich bei den meisten Bewegungen des Diskontsatzes eher um Reaktionen auf ökonomische Veränderungen als umgekehrt. Die Wahl des Zeitpunktes und zum Teil auch die Höhe der Diskontsatzänderung liegen natürlich im Ermessen der Fed. Deshalb ist es möglich, daß manche Veränderungen ein nützliches Signal für die künftige Entwicklung der Geldbasis oder anderer geldpolitischer Instrumente, wie der Regulierung der Einlagenzinsen, setzen. Allerdings konnte bisher noch niemand nachweisen, daß man anhand von Diskontsatzänderungen die künftige Höhe der Geldbasis oder anderer ökonomischer Variablen hätte vorhersagen können. Insofern ist die These, daß Diskontsatzänderungen einen "Signaleffekt" haben, zwar recht interessant, aber bisher nicht begründet.

Viele Ökonomen sind überdies der Auffassung, daß die Fed die Subventionierung der Kreditnehmer einstellen sollte - d.h. sie sollte den Diskontsatz gewissermaßen als Sanktion über den Marktzinssatz hinaus anheben. Selbstverständlich müßte er dann, um wirklich abschreckend zu wirken, über dem Satz liegen, zu dem ein Geldinstitut anderweitig Kredite aufnehmen könnte. So müßte der "Strafzins" beispielsweise für eine gefährdete Bank wie die Continental Illinois im Jahr 1984 weit über dem Zinssatz für kurzfristige Handelpapiere liegen. Dies hätte zur Folge, daß sich die Geldinstitute vermutlich nicht mehr bei der Fed verschulden würden, so daß dieser Vorschlag letztlich auf eine Schließung des "Diskontfensters" hinausläuft.

Für die Kontrolle der Geldbasis ist das "Diskontfenster" im Grunde überflüssig, da diese Kreditvergabe die gleichen Möglichkeiten eröffnet wie Offenmarktgeschäfte. Insofern ist eine Befürwortung des "Diskontfensters" letztlich gleichbedeutend mit dem Wunsch, daß die Fed nach wie vor ausgewählte Finanzinstitute subventionieren sollte - insbesondere Institute mit Liquiditätsproblemen. Bislang hat es noch niemand vermocht, diese Politik mit wirklich guten Argumenten zu rechtfertigen.

Geldbasis und monetäre Aggregate

Bisher haben wir diskutiert, wie die Fed die Geldbasis kontrollieren kann. Aber wir erwähnten bereits, daß die Fed gut daran täte, die Geldbasis so anzupassen, daß es gelingt, eine Zielgröße für ein monetäres Aggregat, wie M1 oder M2, zu erreichen.

Wir wissen, daß diese Aggregate dem beim Publikum umlaufenden Bargeld eine Reihe weiterer Einlagen hinzufügen. Um das Verhältnis zwischen Geldbasis und monetären Aggregaten zu untersuchen, erscheint es notwendig, die Entwicklung der Einlagen zu verstehen.

Wir kehren zu dem in Tab. 17.3 dargestellten Fall zurück, bei dem ein Offenmarktkauf von Staatsanleihen die Geldbasis um 1 Mill. $ erhöhte. Allerdings wollen wir nun nicht mehr eine einzelne Bank, sondern die Effekte für die Gesamtheit aller Finanzinstitute betrachten. Tab. 17.5 zeigt, daß sich in der ersten Phase die Fed-Guthaben der Finanzinstitute um 1 Mill. $ erhöhen, und ihre Kredit- und Wertpapierbestände entsprechend abnehmen.

Tab. 17.5: *Auswirkungen eines Offenmarktkaufs von Wertpapieren auf den Finanzsektor*

	Finanzinstitute (F.I.)		Haushalte		Fed	
	Aktiva	Passiva	Aktiva	Passiva	Aktiva	Passiva
Phase 1:	Kredite und Wertpapiere: −1 Mill. $				Staatsanl: + 1 Mill. $	Einlagen der F.I.: + 1 Mill. $
	Einlagen bei der Fed: + 1 Mill. $					
Phase 2:	Kredite und Wertpapiere: + 1 Mill. $	Kundeneinlagen: + 1 Mill. $	Einlagen bei F.I.: + 1 Mill. $	Kredite von F.I.: + 1 Mill. $		
Phase 3:	Kredite und Wertpapiere: + 880.000 $	Kundeneinlagen: + 880.000 $	Einlagen bei F.I.: + 880.000 $	Kredite von F.I.: + 880.000 $		

Weiter nehmen wir an, daß die zusätzliche Mill. $ an Fed-Guthaben Überschußreserven sind, die die Finanzinstitute nicht zu halten wünschen. Vielmehr legen die Finanzinstitute diese Mittel ertragbringend an, indem sie z.B. an Haushalte Kredite in Höhe von 1 Mill. $ vergeben. Das Ergebnis wäre allerdings das gleiche, wenn sie mehr Wertpapiere kauften. Für uns ist nur entscheidend, daß die Kreditnehmer zusätzlich 1 Mill. $ besitzen, die sie zunächst als Guthaben bei einem Finanzinstitut deponieren. Deshalb verändert sich die Bilanz dieser Institute in Tab. 17.5 entsprechend der in Phase 2 gezeigten Weise: Auf der Aktivseite erhöhen sich die Posten Kredite und Wertpapiere um 1 Mill. $, so daß die in Phase 1 erfolgte Abnahme um diesen Betrag ausgeglichen wird. Auf der Passivseite erhöhen sich die Einlagen der Kunden um 1 Mill. $.

Die Kreditnehmer werden die zusätzliche Mill. $ vermutlich nicht auf ihrem Konto belassen, sondern diese Mittel ausgeben, so daß eine Umbuchung auf andere Konten erfolgt. Die Wirtschaftssubjekte werden letztlich entweder veranlaßt[8], ihre zusätzliche Million Einlagen bei den Finanzinstituten zu halten oder diesen Betrag bzw. einen Teil davon in Bargeld zu verwandeln (was die Finanzinstitute jederzeit ihren Kunden ermöglichen müssen). Wir lassen diese wichtige Möglichkeit des Umtauschs in Bargeld zunächst außer acht und erhalten dann die in Tab. 17.5 in Phase 2 dargestellte Situation.

Die zusätzliche Million $ an Kundeneinlagen erhöht die Mindestreserven der Finanzinstitute, wobei wir zur Veranschaulichung einen Mindestreservesatz von 12% zugrunde legen, der derzeit für die meisten scheckfähigen Einlagen gilt. Demnach erhöhen sich die Mindestreserven um 120.000 $, so daß den Finanzinstituten immer noch 880.000 $ (1 Mill. $ minus 120.000 $) an Überschußreserven verbleiben. Diese Mittel werden sie ertragbringend anlegen wollen, d.h. in unserem Fall als Darlehen vergeben. Sofern die Kreditnehmer diese zusätzlichen Mittel als Einlagen halten, erreichen wir Phase 3 in Tab. 17.5, in der sowohl die Kredite und Wertpapiere als auch die Einlagen bei den Finanzinstituten jeweils um 880.000 $ zunehmen.

Wenn wir diesen Prozeß fortsetzen, werden wir feststellen, daß die bei Finanzinstituten gehaltenen Einlagen um ein Vielfaches der Zunahme der Geldbasis steigen, nämlich um den Betrag 1 Mill. $ · (1/0,12) = 8,33 Mill. $. Mit anderen Worten: Die Erhöhung der Geldbasis um 1 Mill. $ führt zu einer Zunahme der Einlagen um 8,33 Mill. $. Die Mindestreserven der Finanzinstitute sind ihrerseits um 0,12 · 8,33 Mill. $ = 1 Mill. $ gewachsen - d.h. die zusätzliche Geldbasis wird vollständig als Mindestreserve gehalten.

Dieser **multiple Geldschöpfungsprozeß** erfährt allerdings durch die erhöhte Bargeldnachfrage der Haushalte eine bedeutsame Änderung. In Abb. 17.5 ist das Verhältnis von Bargeld zu den scheckfähigen Einlagen seit 1918 dargestellt. In den 80er Jahren lag diese Quote im Durchschnitt bei 0,38, im Jahr 1987 bei 0,34. Wenn wir einen Wert von 0,4 verwenden und annehmen, daß die relative Attraktivität von Bargeld und Bankeinlagen unverändert bleibt, werden die Wirtschaftssubjekte von jedem zusätzlichen Dollar auf ihrem Bankkonto zugleich 40 Cent mehr Bargeld halten.

In Tab. 17.6 modifizieren wir die Analyse dahingehend, daß die Bargeldhaltung berücksichtigt wird. Demnach ergibt sich in Phase 2a, daß das Publikum von einer zusätzlichen Million $ schließlich (ungefähr) 700.000 $ in Form von Einlagen und 300.000 $ in Form von Bargeld zu halten wünscht (bei der oben unterstellten Quote von 0,4). Sobald es dieses zusätzliche Bargeld seinen Konten entnimmt, müssen die Finanzinstitute sich diese Mittel von der Fed beschaffen, indem sie die bei ihr gehal-

---

[8] Wie wir im folgenden Abschnitt sehen werden, hängt die Motivation in diesem Fall von einem höheren Preisniveau ab.

tenen Einlagen reduzieren. Folglich erhöhen sich in Phase 2a auf der Passivseite der Finanzinstitute die Kundeneinlagen um 700.000 $, während auf der Aktivseite die Einlagen bei der Fed um 300.000 $ abnehmen. Die Mindestreserven steigen dagegen um 84.000 $ (0,12 · 700.000 $) und nicht wie in der vorherigen Phase 2 um 120.000 $. Auch die tatsächlichen Reserven vermehren sich nur um 700.000 $ (im Gegensatz zu 1 Mill. $ im vorhergehenden Fall). Daraus resultiert eine Zunahme der Überschußreserven um 616.000 $ (700.000 $ minus 84.000 $) anstelle der vorherigen 880.000 $ (1 Mill. $ minus 120.000 $). Das Ergebnis dieses Abflusses von Bargeld ist, daß die Finanzinstitute am Ende weniger Überschußreserven besitzen als ohne diese Barabhebungen.

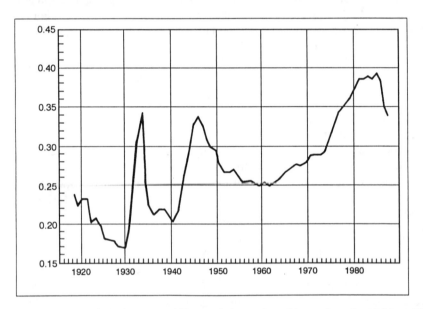

Abb. 17.5: *Verhältnis des vom Publikum gehaltenen Bargeldes zu den scheckfähigen Einlagen*

Bei der Fed bewirkt die zusätzliche Bargeldhaltung von 300.000 $ eine entsprechende Verringerung der buchmäßigen Einlagen der Finanzinstitute, so daß, wie in Tab. 17.6 in Phase 2a gezeigt, die Geldbasis unverändert bleibt, da diese aus Bargeld plus Einlagen der Depositeninstitute bei der Fed besteht. Die Geldbasis erhöht sich also nach wie vor um 1 Mill. $.

Tab. 17.6: *Auswirkungen eines Offenmarktkaufs von Wertpapieren auf den Finanzsektor und den Bargeldumlauf*

	Finanzinstitute (F.I.)		Haushalte		Fed	
	Aktiva	Passiva	Aktiva	Passiva	Aktiva	Passiva
Phase 1a:	Kredite und Wertpapiere: −1 Mill. $		Staatsanl.: + 1 Mill. $			Einlagen der F.I.: + 1 Mill. $
	Einlagen bei der Fed: + 1 Mill. $					
Phase 2a:	Kredite und Wertpapiere: + 1 Mill. $	Kundeneinlagen: + 700.000 $	Einlagen bei F.I.: + 700.000 $	Kredite von F.I.: + 1 Mill. $		Einlagen der F.I.: −300.000 $
	Einlagen bei der Fed: −300.000 $		Bargeld: + 300.000 $			Bargeld: + 300.000 $
Phase 3a:	Kredite und Wertpapiere: + 616.000 $	Kundeneinlagen: + 440.000 $	Einlagen bei F.I.: + 440.000 $	Kredite von F.I.: + 616.000 $		Einlagen der F.I.: −176.000 $
	Einlagen bei der Fed: −176.000 $		Bargeld: + 176.000 $			Bargeld: + 176.000 $

Der weitere Verlauf der Analyse entspricht dem zuvor beschriebenen Prozeß, nur daß in jeder Phase bestimmte Mittel in Form von Bargeld "verlorengehen". Der Endzustand läßt sich anhand der folgenden Gleichungen ermitteln. Dabei repräsentiert das Symbol Δ die Veränderung der jeweiligen Variablen.

Δ(Geldbasis) = Δ(Mindestreserven) + Δ(Bargeld) = 1 Mill. $

Δ(Mindestreserven) = 0,12 · Δ(Einlagen)

Δ(Bargeld) = 0,4 · Δ(Einlagen)

Wenn wir die 2. und 3. Bedingung in die 1. einsetzen, erhalten wir:

0,12 · Δ(Einlagen) + 0,4 · Δ(Einlagen) = 1 Mill. $

Wenn wir nach der Veränderung der Einlagen auflösen, erhalten wir:

Δ(Einlagen) = 1 Mill. $/0,52 = 1.920.000 $

Δ(Bargeld) = 0,4 · Δ(Einlagen) = 770.000 $

$$\Delta(\text{Mindestreserven}) = 0{,}12 \cdot \Delta(\text{Einlagen}) = 230.000\ \$$$

Demnach erfährt unser Ergebnis durch die Einbeziehung der Bargeldhaltung eine drastische Veränderung. Anstelle einer Erhöhung um 8,33 Mill. $ steigen die bei den Finanzinstituten gehaltenen Guthaben um nur 1,92 Mill. $. Im allgemeinen ist die letztlich resultierende Erhöhung der Einlagen umso größer, je niedriger der Mindestreservesatz (der oben auf 0,12 festgesetzt war) und je niedriger das Verhältnis von Bargeld zu Einlagen ist (oben 0,4).

Bei gegebenen Veränderungen der Einlagen und des Bargeldes können wir berechnen, wie ein Offenmarktgeschäft die unterschiedlichen monetären Aggregate beeinflußt. Sofern wir unser Augenmerk allein auf die scheckfähigen Einlagen (mit einem Reservesatz von 0,12) richten, ergibt sich die Veränderung von M1 aus der Summe der Änderungen der Einlagen und des Bargeldes oder 2.690.000 $ im obigen Beispiel. Da eine Erhöhung der Geldbasis um 1 Mill. $ zu einer Expansion von M1 um 2.690.000 $ führt, können wir sagen, daß der **Geldschöpfungsmultiplikator** (das Verhältnis von M1 zur Geldbasis) gleich 2,69 ist. Im allgemeinen ist der Geldschöpfungsmultiplikator um so höher, je niedriger das Verhältnis der Mindestreserven und des Bargeldes zu den Einlagen ist.

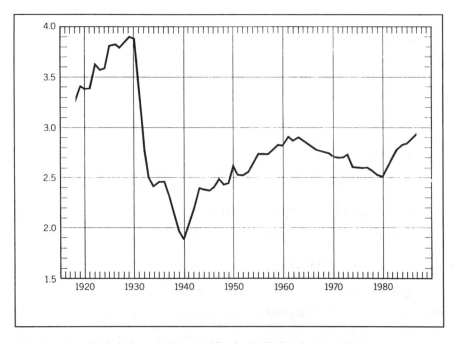

Abb. 17.6: *Das Verhältnis von M1 zur Geldbasis (Geldschöpfungsmultiplikator)*

Abb. 17.6 zeigt die Entwicklung des Geldschöpfungsmultiplikators für den Zeitraum 1918-1987. Dieser Multiplikator war seit dem 2. Weltkrieg relativ stabil und bewegte sich zwischen 2,4 und 2,9. Diese Stabilität spiegelt allerdings einige langfristige Veränderungen wider, die sich zufällig gegenseitig aufgehoben haben. Erstens gingen die Quoten der Mindestreserven und Überschußreserven zu den scheckfähigen Einlagen von insgesamt 0,22 im Jahr 1950 auf 0,11 im Jahr 1987 zurück (vgl. Abb. 17.1 und Abb. 17.2). Diese Veränderung ließ den Geldschöpfungsmultiplikator ansteigen. Aber zweitens stieg, wie Abb. 17.5 zeigt, das Verhältnis von Bargeld zu den scheckfähigen Einlagen von 0,26 im Jahr 1960 auf 0,34 im Jahr 1987. Dieser Faktor verringerte den Multiplikator.

Ein weiteres bemerkenswertes Merkmal von Abb. 17.6 ist der drastische Rückgang des Multiplikators von 3,9 im Jahr 1930 auf 1,9 im Jahr 1940. Darin spiegeln sich die Erhöhungen der Quoten der Mindestreserven und des Bargeldes zu den scheckfähigen Einlagen wider. (Wir werden die Einzelheiten dieser Veränderung später erörtern.)

Wirkungen der Notenbankaktivitäten

Neutralität von Offenmarktgeschäften

Für eine geschlossene Volkswirtschaft haben wir in Kapitel 14 festgestellt, daß Offenmarktoperationen neutral sind. So führt insbesondere eine einmalige Veränderung der Geldbasis allein zu proportionalen Reaktionen des Preisniveaus und anderer nominaler Variablen (ausgenommen die Höhe der Staatsverschuldung). Dieses Resultat gilt auch für eine offene Volkswirtschaft bei flexiblen Wechselkursen, wie wir sie in Kapitel 16 untersuchten, außer, daß sich die nominalen Wechselkurse gemeinsam mit anderen Nominalgrößen verändern.

Die Ergebnisse ändern sich nicht durch die Einführung von Finanzinstituten, nur müssen wir als nominale Variable die in Geldeinheiten bewerteten verschiedenen Einlagen und Reserven berücksichtigen. Dabei können wir feststellen, daß diese nominalen Größen zusammen mit den anderen nominalen Variablen proportional zur Veränderung der Geldbasis steigen. Folglich läßt ein Offenmarktgeschäft die realen Einlagen und Reserven ebenso unverändert wie die Verhältnisse der Einlagen zum Bargeld, der Reserven zu den Einlagen usw.

Zu den sich bei einem einmaligen Offenmarktgeschäft nicht verändernden Variablen gehören der Nominalzinssatz für ertragbringende Finanzaktiva R und der nominale Zinssatz R^d für Einlagen. Da diese Zinssätze unverändert bleiben, werden die Haushalte und Unternehmen weder ihre gewünschte reale Bargeldhaltung noch ihre realen Einlagen verändern. Insoweit stimmen die Ergebnisse überein mit den bereits oben erwähnten unveränderten realen Bargeld- und Einlagewerten.

Auch die Finanzinstitute befinden sich nach der Offenmarktoperation in derselben realen Situation wie zuvor, weil sich ihre realen Einlagen und Reserven, Darlehen und Wertpapiere nicht geändert haben. Falls sie Reserven anfänglich nur aufgrund der Mindestreservebestimmungen - z.B. in Höhe von 12% der Einlagen - gehalten haben, werden ihre Reserven am Ende wieder nur der geforderten Höhe entsprechen.

Umfang der Finanzgeschäfte

Die Mittlerrolle des Finanzsektors ist bedeutsam, weil sie sowohl den Prozeß der Kreditaufnahme und -vergabe als auch die Durchführung bestimmter Transaktionen erleichtert. Das Spiegelbild dieses Prozesses ist der reale Wert der von den Finanzinstituten gehaltenen Einlagen, Kredite und Wertpapiere. Deshalb können wir diese Realgrößen als ein Maß für die Bedeutung und Größe des Finanzsektors in einer Volkswirtschaft ansehen.

Der Umfang der Finanzgeschäfte hängt von deren Erträgen und Kosten ab. Wie bereits erwähnt, entstehen Erträge aufgrund der effizienten Evaluierung der Kredite, der Diversifizierung der Aktiva nach Risiko und Fälligkeit sowie der Bequemlichkeit von Einlagen. Die Kosten umfassen die Ausgaben für die Abwicklung der Kontenführung und Kreditvergabe, die Verzinsung des in den Finanzsektor investierten Kapitals, die Mindestreserven sowie die Aufwendungen, die im Zusammenhang mit der Umgehung von Zinsregulierungen anfallen. Es ist zu vermuten, daß ein Anstieg dieser Kosten das Ausmaß der Finanzgeschäfte reduzieren würde.

Angenommen beispielsweise, die Fed erhöhe die Mindestreservesätze, so daß die Finanzinstitute auf jeden Einlagendollar mehr unverzinsliche Reserven halten müssen und deshalb nur einen niedrigeren Einlagenzins R^d zu zahlen bereit sind. Konsequenterweise reagieren die Haushalte hierauf, indem sie ihre Einlagen in Bargeld oder ertragbringende Finanzanlagen verwandeln, so daß die Höhe der realen Einlagen wie der reale vom Finanzsektor gehaltene Kredit- und Wertpapierbestand letztlich sinkt. Der Umfang der Finanzgeschäfte nimmt ab. Wenn wir anstelle einer Erhöhung der Mindestreservesätze höhere Kosten bei der Kontenführung oder Kreditvergabe annehmen, gelangen wir zu demselben Ergebnis einer Reduzierung der Finanzgeschäfte.

Eine derartige Verringerung der Finanzgeschäfte hat zur Konsequenz, daß es schwieriger wird, den Investoren mit den höchsten Grenzprodukten oder den Konsumenten mit den dringlichsten Wünschen, heute statt morgen zu konsumieren, Ressourcen zuzuleiten. In beiden Fällen funktioniert die Volkswirtschaft weniger effizient. Dieser Effizienzverlust schlägt sich gesamtwirtschaftlich in aller Regel in einem niedrigeren Kapitalstock und einer geringeren Produktion nieder. Aber die wesentliche Schlußfolgerung lautet, daß aufgrund des verminderten Umfangs der Finanzgeschäfte die Ressourcen weniger zuverlässig ihren optimalen Verwendungen zugeführt werden.

In einem gewissen Umfang spiegeln die Kosten des Finanzsektors die mit der Kreditvergabe und der Verwaltung der Einlagen verbundenen Aufwendungen wider. Wir können uns diese Faktoren als Bestandteile der Technologie oder der Produktionsfunktion vorstellen, mit deren Hilfe Finanzgeschäfte bewerkstelligt werden. Bei gegebener Technologie ist der resultierende Umfang der Finanzgeschäfte im Prinzip optimal. Andererseits haben wir jedoch gesehen, daß auch die Mindestreservebestimmungen, die staatliche Regulierung der Einlagenzinsen usw. die Kosten des Finanzsektors künstlich erhöhen. So führen vermehrte restriktive Maßnahmen - wie eine Erhöhung der Mindestreservesätze - zu einer Einschränkung der Finanzgeschäfte und damit zu einer weniger effizienten Allokation von Ressourcen.[9]

Finanzgeschäfte und Preisniveau
Der Umfang der Finanzgeschäfte kann ebenfalls im Zusammenhang mit den Bestimmungsfaktoren des Preisniveaus stehen. Um diese Interdependenz verstehen zu können, greifen wir auf die Analyse der Preisbestimmung in einer geschlossenen Volkswirtschaft aus früheren Kapiteln zurück. (Die Ergebnisse wären für eine offene Volkswirtschaft bei flexiblen Wechselkursen die gleichen.) Nun identifizieren wir Geld mit der Geldbasis, also der Summe aus Bargeldumlauf und den von den Finanzinstituten bei der Fed gehaltenen Reserven. Wir unterstellen, daß die Fed die Geldbasis M durch Offenmarktgeschäfte kontrolliert, wie oben erörtert. Dann wirken sich die Aktivitäten des Finanzsektors auf das Preisniveau aus, weil dieses zugleich die aggregierte reale Nachfrage nach Geldbasis M^d/P beeinflußt. Bei gleichbleibender Geldbasis zieht jede reale Nachfragesteigerung nach Geldbasis eine Senkung des Preisniveaus nach sich. Dieser Effekt funktioniert im Grunde genau wie die verschiedenen, in den vorhergehenden Kapiteln betrachteten Erhöhungen der realen Geldnachfrage.

Um dies anhand eines Beispiels zu erläutern, nehmen wir erneut an, daß die Fed die Mindestreservesätze erhöht, so daß bei gegebener Höhe der Einlagen die Nachfrage nach Reserven seitens der Depositeninstitute zunimmt. Dies ist gleichbedeutend mit einer Erhöhung der realen Nachfrage nach Geldbasis.

Daneben treten noch einige weitere Effekte auf, da die höheren Mindestreservesätze, wie bereits erwähnt, zugleich den für Einlagen gezahlten Zinssatz verringern. Soweit die Haushalte hierauf mit einer verstärkten Auflösung ihrer Konten reagieren und Bargeld halten, nimmt die reale Nachfrage nach Geldbasis noch weiter zu. (Der Grund hierfür ist, daß die Nachfrage nach Geldbasis im Verhältnis eins zu eins mit der Nachfrage nach Bargeld variiert, auf Veränderungen der Einlagen jedoch

---

[9] Die Argumente, die für eine vollständige Deregulierung des Finanzsektors sprechen, finden sich bei Fischer Black (1970) und Eugene Fama (1983).

nur teilweise reagiert.) Je mehr Einlagen aufgelöst und in ertragbringende Finanzaktiva verwandelt werden, umso stärker läßt die reale Nachfrage nach Geldbasis nach. (Die Ursache dafür ist, daß der Rückgang des Einlagenvolumens die reale Nachfrage nach Reserven seitens der Depositeninstitute reduziert.) Aufgrund dieser beiden gegenläufigen Effekte bleibt der Gesamteffekt für die reale Nachfrage nach Geldbasis letztlich offen.[10]

Aufgrund des direkten positiven Effekts auf die Nachfrage nach Reserven können wir ziemlich sicher sein, daß der Gesamteffekt einer Erhöhung der Mindestreservesätze die reale Nachfrage nach Geldbasis erhöht. Deshalb wird bei einer gegebenen nominalen Höhe der Geldbasis die erhöhte reale Nachfrage das Preisniveau senken.

Da aus historischer Sicht starke kurzfristige Schwankungen der realen Nachfrage nach Geldbasis mit Bankenkrisen sowie Veränderungen der Mindestreservesätze (wie 1936-37) einhergehen, wollen wir uns diese Vorgänge etwas genauer ansehen.

Bankenkrisen
Banken und andere Finanzinstitute verpflichten sich ihren Kunden gegenüber, deren Einlagen jederzeit zum Nominalwert in Bargeld umzutauschen. Diese Umtauschverpflichtung gilt bei den meisten Instituten auch für Spargluthaben, für die eine gewisse Kündigungsfrist (normalerweise 30 Tage) gesetzlich vorgeschrieben sein kann. Andererseits verfügen die Finanzinstitute nicht über annähernd genügend Bargeld oder liquide Wertpapiere, um die gleichzeitige Auszahlung sämtlicher Einlagen bewerkstelligen zu können.[11] Deshalb können Finanzinstitute trotz einer durchaus soliden Kreditstruktur und Wertpapierausstattung in Schwierigkeiten geraten, wenn zu viele Kunden gleichzeitig hohe Bargeldforderungen stellen. Sobald die Kunden einer Bank deren Fähigkeit anzweifeln, ihre Einlagen jederzeit zum Nominalwert auszuzahlen, werden sie versuchen, ihre Konten möglichst schnell aufzulösen. Dieser Anreiz ist umso größer, wenn die Einlagen nicht durch den Staat abgesichert sind, wie dies bis 1934 in den USA der Fall war. Wenn viele Bankkunden gleichzeitig versuchen, ihre Einlagen aufzulösen, erleben wir einen Ansturm auf die Banken, auf den diese manchmal mit einer vorübergehenden *Suspendierung* ihrer Einlöseverpflichtung reagieren. Sobald dies gleichzeitig bei vielen Banken oder anderen Finanzinstituten geschieht, sprechen wir von einer **Bankenkrise**.

Das Kennzeichen einer Bankenkrise ist die plötzliche Zunahme der Bargeldnachfrage bzw. die Auflösung von Einlagen, weil die Befürchtung besteht, daß die Banken ihrer Einlöseverpflichtung nicht mehr nachkommen können. Banken und ande-

---

[10] Eine weitere Diskussion dieser Effekte findet sich bei James Tobin (1971a) und (1971b).

[11] Unter *liquide* verstehen wir, daß der schnelle Verkauf eines Aktivums nur geringe Kosten verursacht. So gesehen sind Bundesanleihen liquide, Immobilien hingehen ziemlich illiquide. Letzteres gilt auch für Kredite, deren Bonitätsprüfung kostspielig ist - wie Kredite an Unternehmen und Konsumenten.

re Finanzinstitute reagieren wiederum mit einer erhöhten Nachfrage nach Überschußreserven und anderen liquiden Finanzaktiva, um der erhöhten Bargeldnachfrage ihrer Kunden nachkommen zu können. Auf diese Weise führt die Bankenkrise zu einer verstärkten realen Nachfrage nach Geldbasis - und zwar in Form der Bargeldnachfrage des Publikums und der Nachfrage der Finanzinstitute nach Reserven. Demnach weist eine Bankenkrise zwei Effekte auf: Erstens erschwert sie die Finanzgeschäfte und führt zu den beschriebenen negativen Konsequenzen für die effiziente Ressourcenallokation, nämlich einer wahrscheinlichen Senkung der Produktion und der Investitionen. Zweitens wird die drastische Zunahme der realen Nachfrage nach Geldbasis einen starken Abwärtsdruck auf das Preisniveau ausüben, es sei denn, es erfolgt eine beträchtliche Erhöhung der nominalen Höhe der Geldbasis.

Bankenkrisen traten vor Einrichtung des Federal Reserve Systems im Jahre 1914 recht häufig auf. So gab es zwischen 1800 und 1914 zwölf Vorfälle, die alle Merkmale derartiger Bankenkrisen aufwiesen. Da wir für die Zeit nach dem amerikanischen Bürgerkrieg über bessere Daten verfügen, wissen wir, daß 1873, 1893 und 1907 äußerst heftige Krisen auftraten, in deren Verlauf die Quoten des Bargeldumlaufs beim Publikum und der Überschußreserven der Banken zu den Einlagen drastisch zunahmen. Außerdem waren sie mit Preisniveausenkungen und einer nachlassenden Wirtschaftsaktivität verbunden. Allerdings ist der direkte Einfluß dieser Bankenkrisen auf die Produktion und andere reale Variablen nur schwer nachzuweisen, weil in dem Währungssystem, das vor der Etablierung des Federal Reserve Systems gültig war, ungünstige Wirtschaftsbedingungen automatisch Finanzkrisen auslösten.[12] Ökonomen vertreten die Auffassung, daß diese Krisen gleichzeitig die realen Wirtschaftsbedingungen verschlechterten, doch läßt sich dies nur schwer anhand von statistischen Analysen belegen.

Ein wesentlicher Grund für die Schaffung der Federal Reserve war der Wunsch, Finanzkrisen zu mildern. Die Gründer der Fed sahen einen Weg zur Förderung finanzieller Stabilität in der Anpassung an die saisonale Nachfrage nach Geld. Bei der Verfolgung dieses Ziels war die Fed erfolgreich. Es gibt insbesondere Belege dafür, daß die Akkomodierung saisonaler Schwankungen der Geldnachfrage durch die Fed das saisonale Muster der nominalen Zinssätze, so wie es vor 1914 auftrat, beseitigte [vgl. Jeffrey Miron (1986)]. Ob dieser Erfolg dazu beigetragen hat, Bankenkrisen zu vermeiden, ist allerdings unklar.

Kontroverser ist die Vorstellung - im Zusammenhang mit Ansichten über die Rolle der Bank von England [vgl. Walter Bagehot (1873)] -, daß die Fed durch ihre Operationen am "Diskontfenster" als "**Kreditgeber letzter Instanz**" fungieren solle. Insbesondere im Falle einer drohenden Finanzkrise sollte sie den Finanzinstituten großzü-

---

[12] Phillip Cagan (1965), S. 265 ff., argumentiert, daß Bankenkrisen wesentliche Elemente aufweisen, die unabhängig von Veränderungen der Wirtschaftslage sind. Demgegenüber weist Gary Gorton (1986) eine enge Beziehung zwischen Unternehmenskonkursen und Bankenkrisen nach.

gig Kredite zu einem Diskontsatz zur Verfügung stellen, der unter dem Marktzinssatz liegt. Dieser Prozeß der direkten Kreditvergabe spielte während des 1. Weltkriegs und in den 20er Jahren tatsächlich noch eine wichtige Rolle, hat seither jedoch an Bedeutung verloren.

Während der 20er Jahre war es der Fed durchaus gelungen, Bankenkrisen abzuwenden. So ist zu vermuten, daß der starke konjunkturelle Einbruch 1921 im Rahmen des vor dem 1. Weltkrieg gültigen Währungssystems zu einer Bankenkrise geführt hätte. Die schwersten Bankenkrisen der amerikanischen Geschichte ereigneten sich jedoch in den Jahren 1930-33 während der Weltwirtschaftskrise. Wie Milton Friedman und Anna Schwartz (1963), Kap. 7, in überzeugender Weise darlegen, wären diese Finanzkrisen ohne die Existenz der Fed sehr viel weniger gravierend gewesen, weil sich die Banken im früheren System nicht auf die korrigierenden Maßnahmen der Notenbank verlassen hätten, von denen sich herausstellte, daß sie nicht wirksam wurden. Die Fed wurde vor allem ihrer Rolle als Kreditgeber letzter Instanz nicht gerecht.

Zwischen 1930 und 1933 erreichte die Zahl von Bankenzusammenbrüchen mit ungefähr 9.000 von insgesamt 25.000 Banken Ende des Jahres 1929 ein bis dahin beispielloses Ausmaß. Im März 1933 verfügte Präsident Roosevelt die vorübergehende Schließung sämtlicher Banken. Ein Drittel der 1929 existierenden Geldinstitute wurde danach nicht mehr geöffnet.

Die Bankenkrisen von 1930-33 führten zu einer drastischen Erhöhung des Bargeldumlaufs beim Publikum in Relation zu den scheckfähigen Einlagen. Wie aus Abb. 17.5 ersichtlich, stieg diese Quote zwischen 1930 und 1933 von 0,17 auf 0,34. Auch das Verhältnis der Überschußreserven zu den scheckfähigen Einlagen erhöhte sich von nahezu Null (1930) über 0,04 (1933) bis auf 0,12 (1935) (vgl. Abb. 17.2). Wie bereits erwähnt, übt diese Zunahme der realen Nachfrage nach Geldbasis einen Abwärtsdruck auf das Preisniveau aus, sofern die nominale Höhe der Geldbasis unverändert bleibt.[13] Obwohl diese in den Jahren von 1930 bis 1933 durchschnittlich von 6,6 Mrd. $ auf 7,9 Mrd. $ anstieg, sank das durch den BSP-Deflator gemessene Preisniveau während dieser Periode mit einer jährlichen Rate von 7,9%.

Die Reaktion auf die Bankenkrisen der Weltwirtschaftskrise war eine beträchtliche Ausweitung der bankrechtlichen Bestimmungen, zu denen u.a. die Einführung der verschiedenen Regulierungen der Einlagenzinsen gehörte. Darüber hinaus erhielt die Fed die Befugnis, die Mindestreservesätze zu ändern. Die entscheidende Neuerung 1934 war jedoch die Versicherung von Bankeinlagen durch die *Federal Deposit Insurance Corporation (FDIC)*.[14] Sobald der Staat für die Einlösung der Ein-

---

[13] Die Kosten der Finanzgeschäfte steigen ebenfalls. Ben Bernanke (1983) hat diesen Aspekt der Bankenkrisen während der Weltwirtschaftskrise besonders hervorgehoben.

[14] Die Mittel für diesen Zweck stammen aus einer Abgabe auf die Einlagen der versicherten Banken. Die Höhe der versicherten Einlagen ist derzeit formal auf je 100.000 $ begrenzt, aber in der Praxis

lagen bürgt, verlieren die Bankkunden fast jeden Anreiz, ihre Konten aufzulösen, wenn sie Zweifel an der Zahlungsfähigkeit eines Instituts hegen. Auf diese Weise wird sowohl die Auslösung eines Ansturms auf die Banken als auch die durch die Insolvenz einer Bank ausgelöste Kettenreaktion erschwert. Immerhin hat es seit 1933 keine bedeutenden Bankenkrisen mehr gegeben. Im übrigen ist dadurch ein entscheidender Faktor für die Instabilität der realen Nachfrage nach Geldbasis und damit für das Preisniveau beseitigt worden. Wir können mit einiger Sicherheit diese deutliche Veränderung auf die Einführung der staatlichen Einlagenversicherung zurückführen.

Auf der anderen Seite vermindert die Existenz der staatlichen Einlagenversicherung bei den Finanzinstituten die Anreize, bei der Vergabe risikoreicher Kredite Vorsicht walten zu lassen. (Und zwar deshalb, weil die Versicherungsprämie eines Instituts nicht vom Risiko der Darlehen in dessen Portefeuille abhängt.) Einige Ökonomen argumentieren, daß diese leichtfertige Einstellung für die Häufigkeit von Schwierigkeiten bei der Kreditgewährung an Immobilienhändler, Ölexplorateure und ausländische Regierungen verantwortlich sei. Am Ende wird der Bund (und der US-Steuerzahler) über die *FDIC* (bzw. die *FSLIC*, die entsprechende Institution für die Bausparkassen) für diese Problemkredite zu zahlen haben. Insoweit mag durch die staatliche Einlagenversicherung das Problem der Bankenkrisen durch das Problem einer größeren Häufigkeit von Bankinsolvenzen ersetzt worden sein.

Veränderungen der Mindestreserven 1936-37

Von 1917 bis 1936 gab es keinerlei Veränderungen der gesetzlichen Mindestreservebestimmungen, bis die Fed dann aufgrund der hohen Überschußreserven der Banken (sie beliefen sich 1935 auf 49% der Gesamtreserven und 12% der scheckfähigen Einlagen) beschloß, diese durch eine drastische Erhöhung der Mindestreservesätze zu beseitigen. Diese Sätze wurden für Mitgliedsbanken in Großstädten, außer in New York und Chikago, von 10% der Nettosichteinlagen 1935 auf 15% im August 1936, 17,5% im März 1937 und 20% im Mai 1937 angehoben. Insgesamt stieg das Verhältnis der Mindestreserven zu den scheckfähigen Einlagen zwischen 1935 und 1937 im Durchschnitt von 12% auf 22% (vgl. Abb. 17.1).

Die Fed war offensichtlich der Auffassung, daß die Banken anstelle der Überschußreserven nun die erforderlichen Mindestreserven halten würden, so daß die Gesamtreserven in etwa gleich blieben. Die nach 1933 zu beobachtende erstaunliche Höhe der Überschußreserven (vgl. Abb. 17.2) offenbart, wie sehr die Banken bemüht waren, sich vor Bankenkrisen, wie sie zwischen 1930 und 1933 auftraten, zu schützen. Obwohl das Verhältnis der Überschußreserven zu den scheckfähigen Einlagen zwischen 1935 und 1937 von 12% auf 5% sank, sorgten die Banken dafür, daß

---

scheint der Staat auch für höhere Einlagen zu bürgen. Dies wurde 1984 bei der Absicherung der Einlagengläubiger der Continental Illinois National Bank sichtbar.

es sich wieder auf 10% (1938) und 16% (1939) erhöhte. Gleichzeitig wuchs die Geldbasis von 1937 bis 1939 mit einer jährlichen Rate von 13%, während der BSP-Deflator um etwa 1,5% p.a. abnahm. Diese Preisentwicklung läßt sich durch die steigende Nachfrage nach Reserven seitens der Banken erklären, die im Anschluß an die drastische Erhöhung der Mindestreserven 1936-37 zu beobachten war.

Viele Ökonomen schreiben auch die Rezession 1936-38 der drastischen Erhöhung der Mindestreserven durch die Fed zu. Während das reale BSP vom Tiefpunkt der Weltwirtschaftskrise im Jahre 1933 bis 1936 mit einer durchschnittlichen Jahresrate von 9,6% rapide wuchs, lag die durchschnittliche Wachstumsrate zwischen 1936 und 1938 nahe bei Null (bevor sie zwischen 1938 und 1940 mit einem Durchschnittswert von 7,3% p.a. einen deutlichen Aufschwung erlebte). Nach unserem theoretischen Ansatz löst die Erhöhung der Mindestreservesätze nur deshalb einen realen Effekt aus, weil der dadurch bedingte Rückgang der Finanzgeschäfte eine schlechtere Handhabung der Kreditvergabe und -aufnahme nach sich zieht. Jedenfalls erwarten wir nicht, daß der dämpfende Einfluß der höheren Mindestreserven auf das Preisniveau und andere nominale Variablen irgendwelche realen Effekte auslöst. Wir werden diese wichtige Beziehung zwischen nominalen und realen Variablen in den Kapiteln 18 bis 20 erneut behandeln.

Wahrscheinlich hat die Fed aufgrund der schlechten volkswirtschaftlichen Entwicklung in den Jahren 1936-38 nie wieder eine drastische kurzfristige Veränderung der Mindestreserven vorgenommen. Obwohl sich die gesetzlichen Mindestreserven häufig veränderten - zumeist nach unten - zeigt Abb. 17.1 zwischen 1938 und 1980 keine kurzfristigen Bewegungen der Mindestreserven, die denen von 1936-37 vergleichbar wären. Auffallend ist nur die deutliche Abnahme von 15% auf weniger als 10% zwischen 1979 und 1984 (und 11% 1987), die sowohl die verstärkte Verbreitung der scheckfähigen Einlagen außerhalb des Bereichs der Geschäftsbanken als auch die verringerten Mindestreserven seit dem Bankengesetz von 1980 widerspiegelt.

Zusammenfassung

Finanzinstitute verwenden die ihnen über Einlagen zufließenden Mittel, um Haushalten, Unternehmen und Staat Kredite zu gewähren. Die Vermittlung zwischen den Inhabern von Einlagen und den Kreditnehmern ist nützlich, weil Finanzspezialisten bei der Bewertung und Ansammlung von Krediten tätig werden. In diesem Prozeß entstehen ferner unterschiedliche Formen von Einlagen, die als Tausch- und Wertaufbewahrungsmittel in bequemer Weise Verwendung finden. Der üblichen Geldmengendefinition, M1, werden neben der Bargeldhaltung des Publikums solche Einlagen hinzugefügt, die scheckfähig sind. Insoweit werden durch M1 jene Aktiva zu messen versucht, die als allgemeines Tauschmittel dienen.

Der Umfang der Finanzgeschäfte hängt von den dabei anfallenden Kosten ab. Hierzu gehören die Aufwendungen für die Kontenführung und die Abwicklung der Kredite, die durch Finanzgeschäfte erwirtschaftete Kapitalverzinsung, die Kosten für die Haltung unverzinslicher Mindestreserven sowie jene, die im Zusammenhang mit der Vermeidung von Beschränkungen für Einlagenzinsen anfallen. Eine Zunahme dieser Kosten - wie eine Erhöhung der Mindestreserven auf Einlagen - bewirkt eine Verringerung der Finanzgeschäfte. Die damit verbundenen negativen realen Effekte, zu denen auch die erschwerte Abwicklung von Kreditgeschäften gehört, schlagen sich in einer Abnahme der Investitionen und des Outputs nieder.

Die Federal Reserve kontrolliert die Höhe der Geldbasis (die Summe aus dem beim Publikum umlaufenden Bargeld und den Reserven der Finanzinstitute) vor allem mit Hilfe von Offenmarktgeschäften, bei denen es in den USA normalerweise um einen Tausch zwischen Geldbasis und Bundesanleihen geht. Die Geldbasis wird allerdings in ähnlicher Weise auch durch Diskontkredite der Fed an Finanzinstitute verändert.

Eine Zunahme der Geldbasis bewirkt bei den Einlagen und monetären Aggregaten, wie M1, eine multiplikative Ausdehnung. Der Geldschöpfungsmultiplikator, welcher dem Verhältnis von M1 zur Geldbasis entspricht, ist umso größer, je niedriger die Quoten der Mindestreserven und des Bargeldumlaufs zu den Einlagen sind. Der Geldschöpfungsmultiplikator hat sich nach dem 2. Weltkrieg als recht stabil erwiesen, wies aber in den 30er Jahren einen drastischen Rückgang auf.

In unserem Modell sind Offenmarktgeschäfte nach wie vor neutral, d.h. sie verändern zwar das Preisniveau und andere nominale Variablen, lassen jedoch alle realen Variablen (abgesehen von den im privaten Sektor gehaltenen realen Staatsanleihen) unberührt. Unverändert bleiben auch die Verhältnisse der Einlagen zum Bargeldumlauf und zu den Mindestreserven.

Bei gegebener Höhe der Geldbasis hängt das Preisniveau invers von der realen Nachfrage nach Geldbasis ab. Historisch gesehen sind die wichtigsten kurzfristigen Veränderungen dieser Nachfrage durch Bankenkrisen ausgelöst worden, die durch eine drastische Zunahme der Bargeldnachfrage des Publikums und der Nachfrage der Banken nach Überschußreserven gekennzeichnet waren. Die seit 1934 bestehende staatliche Einlagenversicherung verhinderte offenbar Bankenkrisen, erhöhte aber auch die Neigung der Finanzinstitute, risikoreiche Kredite zu gewähren.

Fragen und Probleme

Zur Wiederholung

17.1 Welche Faktoren begrenzen die Höhe der von den Finanzinstituten gehaltenen Überschußreserven? Erklären Sie, warum die Reserven niedriger sein können als die Einlagen.

17.2 Welche Faktoren sind für die Differenz zwischen dem Zinssatz auf ertragbringende Finanzaktiva und dem für scheckfähige Einlagen verantwortlich? Ist eine Zunahme dieser Differenz mit einem geringeren Einlagevolumen verbunden?

17.3 Zeigen Sie, daß eine Zunahme der Geldbasis von einer multiplikativen Erhöhung des Einlagevolumens begleitet sein muß, damit ihr eine entsprechende Zunahme der Mindestreserven und des vom Publikum gehaltenen Bargeldes gegenübersteht. Um wieviel müßten die Einlagen im Falle eines Mindestreservesatzes von 100% zunehmen?

17.4 Warum ist die Erwartung eines Bankkonkurses für die Bankkunden ein Anlaß, ihre Konten aufzulösen? Zeigen Sie, daß diese Erwartung eine "*self-fulfilling prophecy*" sein kann. Inwieweit kann die staatliche Einlagenversicherung die Wahrscheinlichkeit dieses Ereignisses verringern?

17.5 Erklären Sie, warum sich das Preisniveau erhöht, wenn Haushalte einen Wechsel von Bargeld zu Sichteinlagen vornehmen.

Probleme zur Diskussion

17.6 Diskontsatz und Kreditaufnahme bei der Fed
Inwieweit hängt der Umfang der Kreditaufnahme bei der Fed vom Diskontsatz und vom Zinssatz auf ertragbringende Finanzaktiva ab? Wird Ihre Antwort durch die in den Abb. 17.3 und 17.4 gezeigten Daten bestätigt?

Angenommen, die Fed senkt den Diskontsatz, so daß die Kreditaufnahme steigt. Hat dies für die Volkswirtschaft die gleichen Konsequenzen wie ein Offenmarktkauf von Wertpapieren?

17.7 Mindestreserven
Angenommen, die Fed erhöht den Mindestreservesatz auf scheckfähige Einlagen.
a. Inwieweit berührt dies die reale Nachfrage nach Geldbasis?
b. Inwieweit berührt dies das Preisniveau?
c. Inwieweit berührt dies die nominale Größe von M1?
d. Welche realen Effekte werden durch die Zunahme der Mindestreserven ausgelöst?

Wir wollen nun annehmen, daß die Regierung Mindestreserven für einen Gegenstand verlangt, der nichts mit "Geld" zu tun hat, indem sie z.B. bestimmt, daß jeder, der einen Kühlschrank besitzt, 10 $ unverzinslicher Reserven bei der Fed hinterlegen muß.

Inwieweit beeinflußt diese neue geldpolitische Maßnahme die reale Nachfrage nach Geldbasis und das Preisniveau? Welche weiteren Effekte ergeben sich (z.B. hinsichtlich der Anzahl von Kühlschränken)? Inwieweit unterscheiden sich die Antworten von dem Fall, bei dem sich die Mindestreserven auf scheckfähige Einlagen beziehen?

17.8 Kassenbestand und Mindestreserven
Von 1917 bis Dezember 1959 wurden die von den Finanzinstituten gehaltenen Kassenbestände aus den Mindestreserven der Fed ausgeklammert. Bis November 1960 wurden Teile der Kassenbestände und danach der gesamte Bestand in die Mindestreserve eingerechnet. Vor der Änderung der Bestimmungen 1959-60 machte dieser Posten bei den Mitgliedsbanken des Federal Reserve-Systems immerhin 2,2 Mrd. $ oder etwa 2% aller scheckfähigen Einlagen aus.

Vorausgesetzt, die Geldbasis wäre 1960-61 unverändert geblieben, wie hätte dann die neue Behandlung dieser Kassenbestände das Preisniveau beeinflußt? (Tatsächlich sank die Geldbasis im Durchschnitt von 50,4 Mrd. $ 1959 auf 50 Mrd. $ 1960 bzw. 49,1 Mrd. $. 1961.)

17.9 Verzinsung der bei der Fed gehaltenen Mindestreserven
Gegenwärtig sind alle bei der Federal Reserve gehaltenen Reserven unverzinslich. Angenommen, die Fed zahlt für die Mindestreserven einen Zinssatz, der einen bestimmten Teil des für Handelspapiere gezahlten Zinssatzes ausmacht. Wie würde dies bei unveränderter Geldbasis die folgenden Größen beeinflussen:
a. Den für scheckfähige Einlagen gezahlten Zinssatz?
b. Den Dollar-Betrag der scheckfähigen Einlagen?
c. Das Preisniveau?
d. Den Umfang der Finanzgeschäfte in der Volkswirtschaft?
e. Die Gewinne der Federal Reserve (die an das US-Schatzamt abgeführt werden)?

17.10 Gold und Geldbasis
Angenommen, das US-Schatzamt erhalte aus dem Ausland Gold im Werte von 1 Mrd. $ und hinterlege dieses bei der Fed, so daß deren Goldbestand ebenso wie die Einlagen des Schatzamtes bei der Fed um jeweils 1 Mrd. $ steigen.
a. Was geschieht mit der Geldbasis, wenn das Schatzamt die zusätzliche Mrd. $ in Form von Einlagen hält?
b. Was geschieht, wenn das Schatzamt die zusätzliche Mrd. $ ausgibt und auf diese Weise ihre Einlagen auf das Anfangsniveau zurückführt?
c. Wie kann die Fed den Effekt des Goldzuflusses auf die Geldbasis kompensieren? (Man spricht in diesem Zusammenhang von einer "Neutralisierung" des Goldzuflusses.)
d. Angenommen, die Regierung hebt den offiziellen Goldpreis von 42,22 $ pro Unze auf den Marktpreis von etwa 418 $ (Ende 1988) an. Der resultierende Wertzuwachs der Goldbestände der Fed (die Ende 1988 mit dem offiziellen Goldpreis von 42,22 $ bewertet 11,1 Mrd. $ ausmachten) wird dem Fed-Konto des Schatzamtes gutgeschrieben. Was bewirkt diese Veränderung bei der Geldbasis (die Ende

1988 283 Mrd. $ betrug)? Was könnte die Fed tun, um die Geldbasis konstant zu halten?

17.11 Mitgliedschaft im Federal Reserve-System

Bis 1980 waren nur jene Geschäftsbanken den Mindestreservebestimmungen der Fed unterworfen, die Mitglieder des Federal Reserve-Systems waren. (Außerdem gab es bestimmte Dienstleistungen, wie die Scheckverrechnung und den Zugang zum "Diskontfenster", die den Mitgliedern kostenlos zur Verfügung standen.) Die Mitgliedschaft war für Banken mit einzelstaatlicher Konzession fakultativ, für Geldinstitute mit Bundeskonzession jedoch obligatorisch. (1980 besaßen nur 30% aller Geschäftsbanken Bundeskonzessionen, verfügten aber über 55% der Einlagen bei Geschäftsbanken.)

Der Anteil der Banken mit einzelstaatlichen Konzessionen, die Mitglied des Federal Reserve-Systems waren, ist zwischen 1948 und 1980 von 21% auf 10% zurückgegangen. Wie erklären Sie sich diese Entwicklung?

17.12 "Ansturm" auf Finanzinstitute

Im Text haben wir Bankenkrisen diskutiert. Inwieweit unterscheidet sich die Analyse, wenn die Krise andere Finanzinstitute betrifft, die keine scheckfähigen Einlagen anbieten? (Dies war beispielsweise bis vor kurzem noch bei den Bausparkassen der Fall.)

17.13 Staatliche Einlagenversicherung (fakultativ)

Wir haben die Rolle der staatlichen Einlagenversicherung dargestellt, der es seit 1933 offenbar gelang, Bankenkrisen zu verhindern. In diesem Zusammenhang tauchen eine Reihe ungelöster Fragen auf, über die Sie sich vielleicht Gedanken machen könnten.

a. Könnten private Gesellschaften die Einlagen in zufriedenstellender Weise versichern? Könnte der private Sektor tatsächlich die "richtige" Versicherungssumme garantieren? Warum ist die Einlagenversicherung ein Bereich, der dem Staat überlassen bleiben sollte?

b. Gibt es einen Grund, warum der Staat die Versicherung von Einlagen, aber nicht von anderen Vermögenswerten, wie z.B. Industrie-Obligationen, übernehmen sollte? (Tatsächlich hat der Staat inzwischen sowohl für die Verbindlichkeiten einiger zweifelhafter Schuldner - wie New York City und der Chrysler Corporation - als auch für Rentenverpflichtungen und Konten bei Börsenmaklern gebürgt.)

Kapitel 18

Zusammenhang zwischen nominalen und realen Variablen - Eine empirische Betrachtung

Bislang hat unsere Analyse die Rolle monetärer Variablen als Ursache für Konjunkturschwankungen außer acht gelassen, obwohl viele Ökonomen der Auffassung sind, daß Veränderungen der Geldmenge und der Preise - also nominale Störungen - die kurzfristige Entwicklung realer Variablen, wie die der Produktion und der Beschäftigung, stark beeinflussen. In diesem Kapitel befassen wir uns vor allem mit den empirischen Daten zu diesem wichtigen Thema. Zuerst wollen wir aber zusammenfassen, was unsere bisher entwickelte Theorie über den Zusammenhang zwischen nominalen und realen Variablen aussagt.

Die Theorie prognostiziert, daß Veränderungen der Geldbasis neutral sind. Insbesondere bewirkt eine einmalige Veränderung der Höhe der Geldbasis zwar proportionale Anpassungen bei den nominalen Variablen, läßt aber die realen Größen unberührt. Es verändern sich das Preisniveau, der Nominallohnsatz und der nominale Wert der Produktion, der Investition usw. In einer offenen Volkswirtschaft mit flexiblen Wechselkursen würden wir eine entsprechende Änderung des nominalen Wechselkurses beobachten. Der entscheidende Punkt ist aber, daß die realen Größen der Produktion und Beschäftigung ebenso konstant bleiben wie der reale Zinssatz, reale Wechselkurs usw.

Wir können auch komplizierte monetäre Störungen untersuchen, die nicht ausschließlich in der laufenden Periode Veränderungen hervorrufen. In diesem Fall führt die Erwartung monetärer Veränderungen zu nicht leicht durchschaubaren Reaktionen beim Preisniveau und beim nominalen Zinssatz. Dennoch sagt unser Modell nach wie vor unveränderte reale Variablen voraus. Die einzige Ausnahme bilden die Transaktionskosten, die beim Umtausch von Geld in Güter oder in verzinsliche Finanzaktiva anfallen. Da Veränderungen des nominalen Zinssatzes die reale Geldnachfrage berühren, können daraus einige reale Effekte resultieren, deren Einfluß aber vermutlich nicht ausreichend ist, um stärkere Schwankungen der realen gesamtwirtschaftlichen Aktivität zu erklären.

Das Ergebnis sieht anders aus, falls die monetären Schwankungen auf Veränderungen der Kosten von Finanzgeschäften beruhen und nicht auf Änderungen der Höhe der Geldbasis. Beispielsweise erhöhen Veränderungen der Mindestreserven oder Beschränkungen bei der Verzinsung von Einlagen die Kosten von Finanzgeschäften, und eine Bankenkrise vermindert die Bereitschaft der Haushalte, Einlagen zu unterhalten.[1] Diese Fälle führen ebenso wie Kürzungen der Geldbasis zur Senkung des Preisniveaus und anderer nominaler Variablen. Wegen der höheren Kosten der Finanzgeschäfte gehen auch Investition und Produktion zurück. Insofern bewirken diese Störungen gleichgerichtete Veränderungen der nominalen und realen Variablen.

Daneben gibt es eine Reihe von realen Störungen - wie die Ölkrisen der Jahre 1973-74 und 1979-80 -, die wir als Verschiebungen der Produktionsfunktionen darstellen können.[2] So verringert ein negativer Schock die Produktion und senkt die reale Geldnachfrage. Bei konstanter Geldbasis steigt das Preisniveau. Folglich bewegt sich das Preisniveau in diesem Falle in entgegengesetzter Richtung zur Produktion.

Für eine offene Volkswirtschaft mit festen Wechselkursen stellten wir in Kapitel 16 fest, daß es der Währungsbehörde alles andere als leicht fällt, die Menge der Geldbasis zu bestimmen, sobald der Wechselkurs einmal festgelegt ist. Um eine Zunahme der Geldbasis (die nicht einen vorangegangenen Anstieg der Nachfrage nach Geldbasis widerspiegelt) aufrechtzuerhalten, neigen Regierungen zu Beschränkungen des Handels und Kapitalverkehrs. Dann kann es nicht überraschen, daß diese Beschränkungen - wenn nicht die Erhöhung der Geldbasis selbst - zu realen Effekten führen.

Insgesamt läßt unsere Theorie einige Verbindungen zwischen nominalen und realen Variablen zu. Allerdings hängt deren Vorzeichen von der Art der auslösenden Störung ab. Die zentrale theoretische Aussage betrifft die Geldneutralität. Rein monetäre Störungen - im Sinne einer Veränderung der Geldbasis - ziehen keine realen Effekte nach sich. Anders ausgedrückt, rufen nach unserer Theorie monetäre Störungen zwar beträchtliche Schwankungen der Preise und anderer nominaler Variablen hervor, lassen jedoch die gesamtwirtschaftlichen Größen der Produktion, Beschäftigung usw. unverändert.[3]

Die meisten Ökonomen halten die Aussage der monetären Neutralität zumindest im kurzfristigen Kontext für unzutreffend. Tatsächlich gibt es viele Forscher, die

---

[1] Bankenkrisen treten typischerweise nicht unabhängig vom Konjunkturzyklus auf, aber die Möglichkeit derartiger Krisen hängt teilweise von der Ausgestaltung des Finanzsystems ab. Insbesondere die Einführung der Einlagenversicherung des Bundes im Jahre 1934 hat, wie in Kapitel 17 dargelegt, derartige Krisen seitdem im wesentlichen verhindert.

[2] Für die meisten Zwecke können wir hierzu auch Veränderungen der staatlichen Güterkäufe, der Steuern und der Transferzahlungen rechnen. So wirkt z.B. eine Erhöhung der Grenzsteuersätze analog zu einer Abwärtsverschiebung der Produktionsfunktion.

[3] Die Veränderungen der Preise führen ihrerseits zu einer anderen Aufteilung des realen Vermögens. So ist bekannt, daß Schuldner im Falle nomineller Kontrakte von einer überraschenden Inflation profitieren, während Gläubiger Verluste hinnehmen müssen. Unsere Theorie abstrahiert jedoch von derartigen Verteilungseffekten auf die Produktion und die Beschäftigung. Die Theorie könnte dahingehend erweitert werden, daß Verteilungseffekte gesamtwirtschaftliche Konsequenzen nach sich ziehen.

einen erheblichen Teil der gesamtwirtschaftlichen Konjunkturschwankungen monetären Störungen zuschreiben, von denen unserer Theorie zufolge keine bedeutenden realen Effekte ausgehen. Die herkömmliche Auffassung lautet, daß eine Ausdehnung der Geldmenge die reale Wirtschaftsaktivität tendenziell stimuliert, während eine monetäre Kontraktion Rezessionen auslösen kann.

Die Phillips-Kurve

Die Beziehung zwischen realen und nominalen Variablen wird von Ökonomen häufig anhand der **Phillips-Kurve** (benannt nach dem britischen Ökonomen A. W. Phillips) veranschaulicht. Diese Kurve soll den Zusammenhang zwischen einem Maß für die reale Wirtschaftsaktivität - etwa der Arbeitslosenquote oder dem Niveau bzw. der Wachstumsrate des Outputs - und einer nominalen Variable darstellen - etwa der Änderungsrate des Preisniveaus, der Nominallöhne oder der Geldmenge. Die grundlegende Aussage der Phillips-Kurve lautet, daß höhere Inflation (und das dieser Inflation zugrunde liegende monetäre Wachstum) einen Wirtschaftsaufschwung erzeugt, der sich in niedrigerer Arbeitslosigkeit und einer höheren Wachstumsrate des realen BSP niederschlägt. Dieser Gedanke wurde ursprünglich als eine inverse empirische Beziehung zwischen der Arbeitslosenquote und der Zuwachsrate der Nominallöhne dargestellt. Später haben Wirtschaftswissenschaftler die Rate der Lohnänderung durch die Zuwachsrate der Preise oder der Geldmenge ersetzt. Abb.

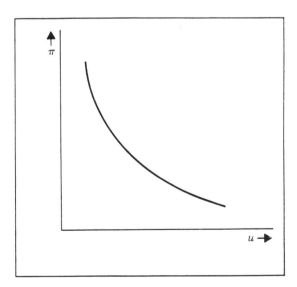

Abb. 18.1: *Einfache Phillips-Kurve*
Die Phillips-Kurve setzt einen niedrigen Wert der Inflationsrate π zu einer höheren Arbeitslosenquote u in Beziehung.

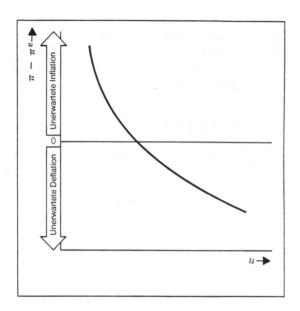

Abb. 18.2: *Phillips-Kurve unter Berücksichtigung der Erwartungen (modifizierte Phillips-Kurve)*
Die modifizierte Phillips-Kurve verbindet einen niedrigeren Wert der unerwarteten Inflation, $\pi - \pi^e$, mit einer höheren Arbeitslosenquote u. Eine gegebene Arbeitslosenquote (von z.B. 6%) ist mit jeder beliebigen Inflationsrate vereinbar.

18.1 zeigt eine einfache Version der Phillips-Kurve, die eine niedrigere Inflationsrate π zu einer höheren Arbeitslosenquote u in Beziehung setzt.

Gelegentlich argumentieren Ökonomen, daß eine erhöhte Inflationsrate oder ein höheres monetäres Wachstum nur kurzfristig zu geringerer Arbeitslosigkeit und höherem Produktionswachstum führen, da sich die Volkswirtschaft letztlich jeder beständigen Inflationsrate anpaßt, so daß die realen Variablen deshalb nicht mehr von der Entwicklung der nominalen Variablen abhängen. Angenommen, die erwartete Inflationsrate π^e wird als die Rate definiert, an die sich die Volkswirtschaft angepaßt hat, dann kann nur der unvorhergesehene Teil der Inflation, $\pi - \pi^e$, systematisch (und vermutlich negativ) mit der Arbeitslosenquote verbunden sein, wie in Abb. 18.2 dargestellt. Diese Art der Beziehung wird als **Phillips-Kurve unter Berücksichtigung der Erwartungen** bezeichnet (kurz: **modifizierte Phillips-Kurve**), weil die Inflationsrate nur relativ zur Höhe der erwarteten Inflation eingeht. Eine wichtige Eigenschaft dieser Kurve ist, daß eine gegebene Arbeitslosenquote mit jeder beliebigen Inflationsrate vereinbar sein kann, z.B. eine Arbeitslosenquote von 6% mit einer Inflationsrate von 0%, 10%, 20% usw. Gleich hohe Veränderungen der tatsächlichen und der erwarteten Inflation lassen das Ausmaß der unerwarteten Inflation $\pi - \pi^e$ unverändert. Sofern die Aussage der modifizierten Phillips-Kurve zutreffend ist, hat diese Zunahme der erwarteten Inflation keine Bedeutung für die Arbeitslosenquote. Demnach können wir sagen, daß die einfache Phillips-Kurve in Abb. 18.1 für einen gegebenen Wert der erwarteten Inflationsrate gilt. Sobald sich die Inflationserwartung ändert, verschiebt sich die Kurve in dieser Abbildung; ein höherer Wert von π^e bedeutet insbesondere, daß eine höhere Inflationsrate mit jedem gegebenen Wert der Arbeitslosenquote verbunden ist.

Ein wesentlicher Teil der makroökonomischen Theoriebildung seit den 30er Jahren kann als Versuch interpretiert werden, die verschiedenen Versionen der Phillips-Kurven und die damit zusammenhängende Nichtneutralität des Geldes zu begründen. Dies gilt gleichermaßen für die keynesianische Theorie wie für die neueren monetären Konjunkturtheorien. Bevor wir auf diese Theorien eingehen, sollten wir die Tatsachen kennenlernen, die sie zu erklären versuchen. Dabei interessieren uns vor allem Belege für die Existenz der Phillips-Kurve und die Nichtneutralität des Geldes.

Beziehung zwischen Arbeitslosigkeit und Änderungsraten der Löhne, Preise und Geldmenge - Langfristige Beobachtungen für die USA und das Vereinigte Königreich

Der Begriff *Phillips-Kurve* entstand im Zusammenhang mit Untersuchungen über die Beziehung zwischen Arbeitslosigkeit und der Wachstumsrate der Nominallöhne von A.W. Phillips (1958) und Richard Lipsey (1960). Im Rahmen seiner statistischen Analysen hat Lipsey für das Vereinigte Königreich vom späten 19. bis zum frühen 20. Jahrhundert eine signifikante inverse Beziehung zwischen der Arbeitslosenquote und der Wachstumsrate der Nominallöhne festgestellt. Die Ergebnisse sind in Abb. 18.3 dargestellt, welche die britischen Daten für den Zeitraum 1863-1913 enthält. Die Wachstumsrate der Nominallöhne Δw ist auf der vertikalen Achse und die Arbeitslosenquote u auf der horizontalen Achse abgetragen. Die Kurve zeigt einen eindeutig negativen Zusammenhang, den Lipsey und viele nachfolgende Forscher als sehr interessant empfinden.

Die inverse Beziehung zwischen Arbeitslosigkeit und der Wachstumsrate der Nominallöhne gilt nicht für die Zeit nach dem 1. Weltkrieg. Die Zwischenkriegszeit 1923-39 wies außergewöhnlich hohe Arbeitslosenquoten auf, deren Durchschnittswert von 14,3% in deutlichem Gegensatz zu der Rate von 4,7% für die Jahre 1862-1913 steht. Für den Zeitraum 1923-39 läßt Abb. 18.4 jedoch keine signifikante Korrelation zwischen der Arbeitslosenquote und der Lohnänderungsrate erkennen.

Ein anderes Entwicklungsmuster zwischen der Änderung der nominalen Lohnsätze und der Arbeitslosigkeit ergab sich für die Zeit nach dem 2. Weltkrieg. Für den Zeitraum 1947-87 ist die Beziehung zwischen Arbeitslosenquote und Lohnänderungsrate signifikant positiv, wie Abb. 18.5 verdeutlicht. Mit anderen Worten: Die

Phillips-Kurve für das Vereinigte Königreich hat seit dem 2. Weltkrieg eine "falsche" Steigung! Die im Vergleich zum Beobachtungszeitraum vor dem 1. Weltkrieg auffallendste Veränderung ist die höhere durchschnittliche Zuwachsrate der Nominallöhne: 7,9% p.a. zwischen 1947 und 1987 gegenüber 0,8% für den Zeitraum 1862-1913 (und −0,1% zwischen 1923 und 1939). Verglichen mit der Zeit vor dem 1. Weltkrieg ist die jüngste Vergangenheit vor allem durch eine Zunahme der durchschnittlichen Lohnänderungsrate charakterisiert, während die durchschnittliche Arbeitslosenquote keine nennenswerten Unterschiede aufweist.

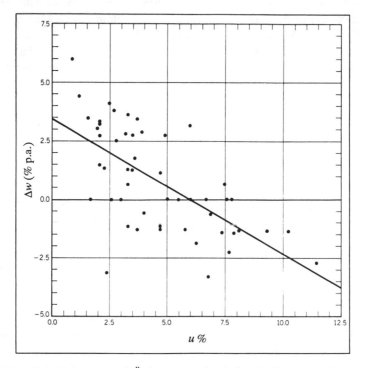

Abb. 18.3: *Arbeitslosenquote und Änderungsrate der Löhne im Vereinigten Königreich, 1863-1913*
Quellen für die Daten der Abbildungen 18.3-18.5: Die Daten zur Arbeitslosenquote stammen von B. R. Mitchell und P. Deane (1962), B. R. Mitchell (1980) und *Monthly Digest of Statistics*, verschiedene Ausgaben. Der Index der Lohnsätze von B. R. Mitchell (1980), Department of Employment and Productivity (1971) und *Monthly Digest of Statistics*, verschiedene Ausgaben.

Die Ergebnisse für das Vereinigte Königreich ändern sich nicht wesentlich, wenn die Wachstumsrate der Nominallöhne durch die Wachstumsrate des Preisniveaus oder der Geldmenge M1 ersetzt wird. Auch dann ergibt sich nur für die Zeit vor dem

1. Weltkrieg eine inverse Beziehung zwischen der Arbeitslosigkeit und der Wachstumsrate nominaler Größen - Löhne, Preisniveau oder M1. Im übrigen zeigt die Steigung der Phillips-Kurve bei vielen dieser nominalen Variablen in der jüngeren Vergangenheit das falsche Vorzeichen.

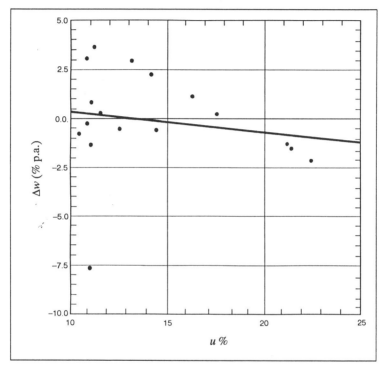

Abb. 18.4: *Arbeitslosenquote und Änderungsrate der Löhne im Vereinigten Königreich, 1923-1939.*

Das Muster für die USA stimmt weitgehend mit dem des Vereinigten Königreiches überein.[4] Abb. 18.6 zeigt eine signifikant negative Korrelation zwischen der Arbeitslosenquote und der Zuwachsrate der Löhne für den Zeitraum 1890-1913. Die Beziehung für die Zwischenkriegszeit, 1923-1939, ist in Abb. 18.7 dargestellt. Obwohl die Steigung der Kurve negativ ist, ist der Zusammenhang statistisch nicht gesichert. Im Gegensatz zum Vereinigten Königreich waren in den USA die Arbeits-

---

[4] Irving Fisher (1962) analysierte diese Beziehung für die USA in einer frühen statistischen Untersuchung, verwendete aber anstelle von Lohnänderungen Änderungen des Preisniveaus. Diese Untersuchung wurde (unter dem reizenden Titel: "I Discovered the Phillips Curve") im April 1973 im *Journal of Political Economy* wieder abgedruckt.

losenquoten in den 20er Jahren überwiegend niedrig, während sie sich in den 30er Jahren in beiden Ländern weitgehend entsprachen.

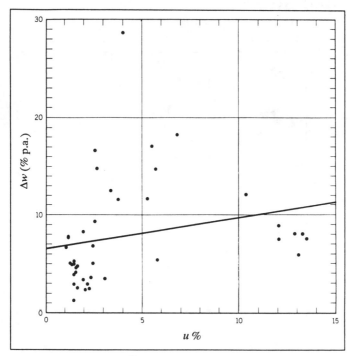

Abb. 18.5: *Arbeitslosenquote und Änderungsrate der Löhne im Vereinigten Königreich, 1947-1987.*

Abb. 18.8 illustriert das Nichtvorhandensein einer signifikaten Korrelation zwischen der Arbeitslosenquote und der Zuwachsrate der Nominallöhne in den USA für die Nachkriegsperiode von 1947 bis 1987. Ein schwacher positiver Zusammenhang - d.h. eine "falsch" geneigte Phillips-Kurve - ergibt sich für die USA in dieser Periode, sofern wir die Wachstumsrate der Löhne entweder durch die des Preisniveaus oder die eines monetären Aggregats wie M1 ersetzen.

Welche Schlußfolgerungen können wir aus diesen langfristigen Zusammenhängen zwischen der Arbeitslosenquote und der Zuwachsrate der nominalen Variablen ziehen? Erstens existiert keine stabile Beziehung zwischen der Arbeitslosenquote - oder allgemeiner zwischen der realen Wirtschaftsaktivität - und den Zuwachsraten der

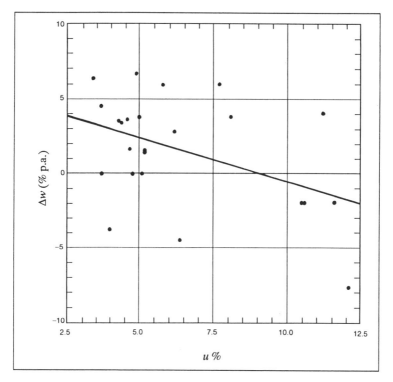

Abb. 18.6: *Arbeitslosenquote und Änderungsrate der Löhne in den USA, 1890-1913.*
Quellen zu den Daten der Abbildungen 18.6 - 18.8: Die Arbeitslosenquote stammt aus Abb. 1.3; der Index der Lohnsätze von Albert Rees (1959) und *Economic Report of the President*, verschiedene Ausgaben. Die neueren Daten enthalten eine Korrektur für Überstundenverdienste.

Nominallöhne, des Preisniveaus oder der Geldmenge.[5] Den deutlich höheren Zuwachsraten der nominalen Variablen seit dem 2. Weltkrieg im Vergleich zu denen der Zeit vor dem 1. Weltkrieg stehen nur geringfügige Veränderungen der durchschnittlichen Arbeitslosenquote (oder der durchschnittlichen Wachstumsraten des realen BSP) gegenüber. Insofern können wir die in Abb. 18.1 dargestellte Version einer langfristig stabilen Phillips-Kurve aus guten Gründen verwerfen. Zumindest langfristig trifft es nicht zu, daß eine höhere Inflation zu einer niedrigeren Arbeitslosenquote führt oder daß eine niedrige Inflationsrate nur um den Preis einer hohen Arbeitslosenquote möglich ist.

---

[5] Eine formale statistische Bestätigung dieser These findet sich bei Robert Lucas (1980) und John Geweke (1986).

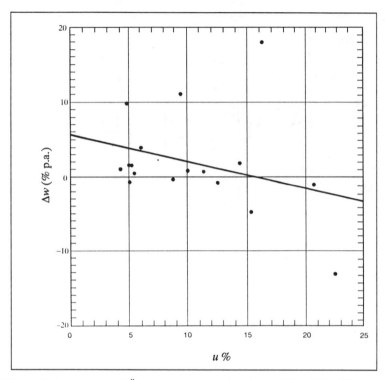

Abb. 18.7: *Arbeitslosenquote und Änderungsrate der Löhne in den USA, 1923-1939.*

Was hat es mit der negativen Beziehung zwischen Arbeitslosigkeit und Zuwachsraten der nominalen Variablen vor dem 1. Weltkrieg auf sich? Eine wichtige Überlegung ist, daß während dieses Zeitraumes sowohl im Vereinigten Königreich als auch in den USA (nach 1879) der Goldstandard gültig war. Unter dem Regime dieses Währungssystems (das wir in Kapitel 16 erörterten) mußte die Geldpolitik eines jeden Landes in Übereinstimmung mit einem festen nominalen Goldpreis stehen. Daher waren die langfristigen durchschnittlichen Änderungsraten der Nominallöhne und des Preisniveaus gering. So betrug z.B. im Vereinigten Königreich die durchschnittliche Änderungsrate der Nominallöhne zwischen 1863 und 1913 0,8% p.a., während die des Preisniveaus bei −0,4% p.a. lag. In den USA lag die durchschnittliche Zuwachsrate der Nominallöhne zwischen 1890 und 1913 bei 1,5% p.a. und die des Preisniveaus bei 0,9% p.a.

Unter dem Goldstandard spiegelten hohe Inflationsraten Preisveränderungen wider, die im Vergleich zur langfristigen durchschnittlichen Inflationsrate, die nahe bei Null lag, hoch waren. Wenn wir die erwartete Inflationsrate mit Null beziffern

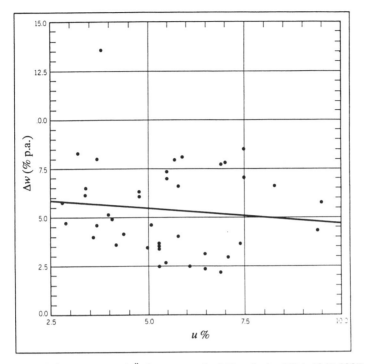

Abb. 18.8: *Arbeitslosenquote und Änderungsrate der Löhne in den USA, 1947-1987.*

(zumindest über einen langen Zeitraum), dann legen die Ergebnisse der Abbildungen 18.3 und 18.6 eine inverse Beziehung zwischen unerwarteter Inflation $\pi - \pi^e \simeq \pi$ und der Arbeitslosenquote nahe. Wir erhalten also die in Abb. 18.2 dargestellte modifizierte Phillips-Kurve. Es ist zu beachten, daß diese Form der Phillips-Kurve durchaus mit der Auflösung des langfristigen Zusammenhangs in Einklang steht. Sobald die Länder den Goldstandard aufgegeben hatten - was teilweise zur Zeit des 1. Weltkriegs, vor allem aber in den 30er Jahren und während des 2. Weltkrieges der Fall war -, sind nicht mehr nahe bei Null liegende durchschnittliche Inflationsraten, sondern relativ hohe und instabile Raten die Regel. Die allgemeine Zunahme der tatsächlichen und erwarteten Inflationsraten - die insbesondere nach dem 2. Weltkrieg zu beobachten war - bedeutet nicht, daß die unerwartete Inflation $\pi - \pi^e$ systematisch hoch oder niedrig ist. Folglich läßt sich auch keine inverse Beziehung zwischen der Inflationsrate und der Arbeitslosenquote mehr feststellen.

Wie verhält es sich aber mit der positiven Beziehung zwischen der Arbeitslosenquote und den Wachstumsraten der nominalen Variablen, die nach dem 2. Weltkrieg recht schwach erkennbar war? Zumindest ein Teil dieser Entwicklung kann durch zwei Faktoren erklärt werden. Erstens scheinen, wie bereits erwähnt, Störungen der Produktionsfunktionen dieses Muster hervorzubringen. Zweitens verstärken alle staatlichen Versuche, in einer Rezession die Geldmenge zu erhöhen, die angesprochene Entwicklung. Ein gesunkener Output löst eine Erhöhung des Geldangebots aus, welches das Preisniveau nach oben drückt. Dieses Muster einer aktiven Geldpolitik ist in den USA ebenso wie im Vereinigten Königreich seit dem 2. Weltkrieg gang und gäbe, war hingegen unter dem Goldstandard nicht üblich.

Ein wichtiges Phänomen, das unsere Theorie noch nicht erklären kann, ist die Tendenz, daß höhere als erwartete Zuwachsraten der nominalen Variablen von niedrigen Arbeitslosenquoten begleitet werden. Insoweit deuten die Daten auf die Existenz dieser Form der modifizierten Phillips-Kurve vor dem 1. Weltkrieg hin.

Beziehungen zwischen nominalen und realen Variablen im Ländervergleich

Im folgenden werden wir die durchschnittlichen Wachstumsraten des realen BSP in verschiedenen Ländern betrachten[6] und diese mit den durchschnittlichen Zuwachsraten des Preisniveaus, der Geldmenge usw. vergleichen. Bei einer Betrachtung der Durchschnittswerte über eine oder mehrere Dekaden hinweg zeigt sich, daß die entscheidenden Unterschiede zwischen den einzelnen Ländern Divergenzen in den langfristigen durchschnittlichen Zuwachsraten des realen BSP, des Preisniveaus, der Geldmenge etc. widerspiegeln. Folglich sollten uns die Beziehungen zwischen diesen Variablen bestimmte Erkenntnisse darüber vermitteln, inwieweit die unterschiedlichen Wachstumsraten der nominalen Variablen langfristig durch Unterschiede in den realen Wachstumsraten bedingt sind.

Abb. 18.9 zeigt für 78 Länder das Verhältnis der durchschnittlichen Wachstumsrate des realen BSP (für Intervalle von ein bis drei Dekaden seit dem 2. Weltkrieg) zur durchschnittlichen Inflationsrate. (Es handelt sich um die aus Kapitel 7 bekannten Daten.) Aus der Abbildung geht hervor, daß zwischen den beiden Variablen keine signifikante Beziehung besteht, was sich durch eine formale statistische Analyse bestätigen läßt. Ähnliche Folgerungen ergeben sich, wenn wir die durchschnittliche Wachstumsrate des realen BSP entweder auf die durchschnittliche Zuwachsrate des Bargeldes oder der von M1 beziehen. Wiederum ergibt sich kein langfristig signifikanter Zusammenhang zwischen realem Wachstum und den Änderungsraten der nominalen Variablen.

Von Roger Kormendi und Phillip Meguire (1984), S. 147, stammt eine detaillierte statistische Analyse über die Wachstumserfahrungen von 46 Ländern in der Zeit nach dem 2. Weltkrieg. Eines ihrer Ergebnisse besagt, daß *Erhöhungen* der Inflationsraten mit geringeren durchschnittlichen Wachstumsraten der realen Produktion

---

[6] Aufgrund unterschiedlicher Meßkonzepte und lückenhafter Daten lassen sich die Arbeitslosenquoten für die verschiedenen Länder nur mühsam vergleichen.

verbunden sind. Dies legt nahe, daß eine höhere Inflationsrate zu einem niedrigeren *Niveau* des Outputs führt. Daher gibt es gewisse Anhaltspunkte für eine Phillips-Kurve mit "falschem" Vorzeichen. Möglicherweise vermindern die mit einer höheren Inflation verbundenen Transaktionskosten bei den Wirtschaftssubjekten den Anreiz, sich in Marktaktivitäten zu engagieren.

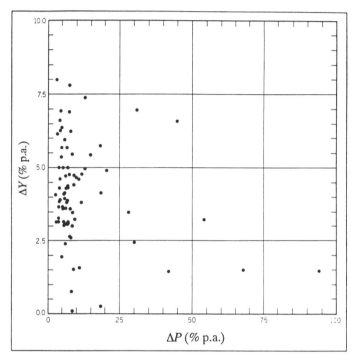

Abb. 18.9: *Beziehung zwischen Inflation und Wachstumsrate des realen BSP im Ländervergleich*
Eine Betrachtung von 78 Ländern ergibt, daß zwischen der durchschnittlichen Wachstumsrate des realen BSP, ΔY, und der durchschnittlichen Inflationsrate, ΔP, keine signifikante Beziehung besteht.

Beziehung zwischen realen und nominalen Variablen während der großen Rezessionen vor dem 2. Weltkrieg

Einige der bereits diskutierten Belege lassen den Schluß zu, daß das kurzfristige Zusammenspiel zwischen nominalen und realen Variablen im wesentlichen dann auftritt, wenn sich erstere in ungewohnter oder überraschender Weise entwickeln. Deshalb werden wir uns im folgenden auf ungewöhnliche Entwicklungen der Geldmenge und des Preisniveaus konzentrieren, um interessante Verbindungen zu den realen Variablen herauszufinden. Tab. 18.1 untersucht diese Beziehung für die fünf gravierendsten Rezessionen der USA zwischen 1890 und 1940. Drei von ihnen - 1892-94, 1906-08 und 1929-33 - waren mit Bankenkrisen und eine, 1937-38, mit einer drastischen Erhöhung der Mindestreserven durch die Fed verbunden. Die fünfte Rezession, 1920-21, verlief parallel zu einer dramatischen Senkung der Geldmenge und des Preisniveaus nach dem 1. Weltkrieg.

Der erste Abschnitt von Tab. 18.1 zeigt den geschätzten realen BSP-Ausfall für die einzelnen Rezessionen. Abgesehen von der Weltwirtschaftskrise 1929-33, in der dieser Ausfall bemerkenswerte 37% ausmachte, ähneln die Werte denen der schwerwiegendsten Rezessionen in der Zeit nach dem 2. Weltkrieg, die 1980-82 und 1974-75 auftraten. (Vgl. Tab. 9.1.)

Der zweite Abschnitt der Tabelle zeigt die Entwicklung der Geldbasis, M,[7] zusammen mit einer Schätzung des "normalen" oder erwarteten Volumens, das wir mit M^0 bezeichnen. Im Jahr 1894 z.B. betrug M 1,57 Mrd. $. Wir erhalten M^0, indem wir fragen, wie hoch die Geldbasis 1894 gewesen wäre, wenn sie seit dem Vergleichsjahr 1892 mit einer normalen oder erwarteten Rate zugenommen hätte. Unter einer normalen Rate verstehen wir die monetäre Zuwachsrate, die man 1892 für die nächsten zwei Jahre prognostiziert hätte. (Vorausgesetzt, daß sich jemand darüber Gedanken gemacht hätte!). Um der Operationalisierung willen schätzen wir diese Rate auf durchschnittlich 3,4% p.a., was dem Wert des letzten Fünfjahreszeitraumes vor 1892 entspricht. In diesem Fall erhalten wir für die normale Geldbasis M^0 des Jahres 1894 einen geschätzten Betrag von 1,65 Mrd. $. Die tatsächliche Geldbasis M lag um 4,8% unter diesem Normalwert. Obwohl der genaue Betrag vom Schätzverfahren für die normale Zuwachsrate der Geldbasis abhängt, können wir den ungefähren Ausfall an Geldbasis zwischen 1892 und 1894 mit etwa 5% beziffern.

Für die anderen Rezessionen verwenden wir ein ähnliches Verfahren und erhalten als Ergebnis, daß die Geldbasis in zwei Fällen die normale Geldbasis überstieg - 1906-08 um 6,9% und 1929-33 um 12,7% -, während für die Rezession 1937-38 der Ausfall an Geldbasis 3,4% betrug.

Für die Rezession 1920-21 ist die Ermittlung der normalen Zuwachsrate der Geldbasis insofern schwieriger, als die Fünfjahresperiode vor 1920 durch das schnelle Geldmengenwachstum im 1. Weltkrieg geprägt war. Da die Wirtschaftssubjekte keinen Grund gehabt hätten, eine derartig hohe Geldmengenexpansion auch für die Zeit nach 1920 zu erwarten, verwenden wir die vor dem 1. Weltkrieg liegende Periode 1909-14 und deren Wachstumsrate von 2,7% p.a. und erhalten für 1920-21 einen

---

[7] Gold- und Silbermünzen sowie Depotscheine machten während des 1. Weltkriegs etwa die Hälfte der Geldbasis aus und spielten noch bis 1933 eine bedeutende Rolle. Die bei der Fed gehaltenen Reserven werden erst nach Einführung des Federal-Reserve-Systems im Jahre 1914 Bestandteil der Geldbasis.

Ausfall an Geldbasis von etwa 11,5%. Auch wenn dieser Wert ungenau ist, steht außer Zweifel, daß die drastische Reduzierung der Geldbasis im Jahre 1921 sicherlich von niemandem zutreffend vorhergesagt worden wäre.

Tab. 18.1: *Reale und nominale Variable während der fünf großen Rezessionen vor dem 2. Weltkrieg*

Endjahr der Rezession	1894	1908	1921	1933	1938
Bezugsjahr zum Vergleich	1892	1906	1920	1929	1937
Y	200,8	346,8	486,4	498,5	664,2
Y^o	216,9	373,2	513,3	796,8	716,5
$Y^o - Y$	16,1	26,4	26,9	298,3	52,3
Ausfall in %	7,4	7,1	5,2	37,4	7,3
M	1,57	3,09	6,33	7,92	14,4
M^o	1,65	2,89	7,15	7,03	14,9
$M^o - M$	0,08	−0,20	0,82	−0,89	0,5
Ausfall in %	4,8	−6,9	11,5	−12,7	3,4
P	0,0660	0,0814	0,151	0,112	0,129
P^o	0,0689	0,0810	0,180	0,145	0,130
$P^o - P$	0,0029	−0,0004	0,029	0,033	0,001
Ausfall in %	4,2	−0,5	16,1	22,8	0,8
Veränderung M1/M in %	−5,4	−12,0	0,3	−32,9	−8,6

Anmerkung: Y ist das reale BSP, M die Geldbasis, P der BSP-Deflator und M1 die Geldmenge. (Für die beiden ersten Rezessionen schätzen wir M1 anhand der verfügbaren Daten für M2.) Die normalen oder erwarteten Werte Y^o, M^o und P^o sind ausgehend von den Werten des Vergleichsjahres mittels der normalen Wachstumsraten errechnet worden. Für das reale BSP verwenden wir die langfristige durchschnittliche Wachstumsrate von 2,9% p.a., während wir für die Geldbasis und das Preisniveau die durchschnittlichen Wachstumsraten der 5-Jahresperiode vor dem Vergleichsjahr zugrunde legen. Eine Ausnahme bildet das Jahr 1921, für das wir die Normalwerte M^o und P^o unter Verwendung der durchschnittlichen Wachstumsraten dieser Variablen für den Zeitraum 1909-14 ermitteln und diese auf das Jahr 1920 beziehen.
Quellen: Vgl. die Abbildungen 1.1 und 1.4 sowie Tab. 7.2. Zur Geldbasis und zu M1 vgl. Friedman und Schwartz (1963).

Insgesamt läßt sich aus den fünf gravierendsten Rezessionen zwischen 1890 und 1940 kein signifikanter Zusammenhang zwischen der Produktionsverringerung und dem Ausfall an Geldbasis ableiten. Tatsächlich wächst die Geldbasis in zwei Fällen sogar (1906-08 und 1929-33). Nur im Falle der Rezession nach dem 1. Weltkrieg, 1920-21, scheinen die Zahlen für eine dominierende Rolle des Ausfalls an Geldbasis zu sprechen. (In diesem Fall ist der Produktionsausfall von 5,2% der geringste von allen in Tab. 18.1 aufgeführten.) Interessant ist in diesem Zusammenhang auch, daß dabei die Abnahme der Geldbasis vor allem einen drastischen Rückgang der Kreditaufnahme bei der Fed widerspiegelte. Dieser wiederum war zumindest teilweise auf eine drastische Erhöhung des Diskontsatzes der Fed zurückzuführen, was gleichbedeutend ist mit einer verringerten Subventionierung der Bankenrefinanzierung.

Es ist denkbar, daß die Beschränkung auf die Analyse der stärksten Konjunkturabschwünge zu irrigen Schlüssen hinsichtlich der grundsätzlichen Rolle von Ausfällen an Geldbasis verleiten könnte. Allerdings wird die Vorstellung, daß diese Rolle eher von untergeordneter Bedeutung ist, durch eine sehr gründliche Analyse von Mark Rush (1985) bestätigt. Er verwendet in seiner Studie sämtliche Daten von 1885 bis 1913 und bedient sich überdies weitaus komplizierterer Methoden zur Messung der normalen oder erwarteten Wachstumsrate der Geldbasis. Im übrigen berücksichtigt er verzögerte Effekte, die von Veränderungen der Geldbasis auf reale Variablen ausgehen. Gleichwohl lautet sein grundlegendes Ergebnis, daß ungewöhnliche Veränderungen der Geldbasis während des Beobachtungszeitraums die Produktion und die Beschäftigung bestenfalls geringfügig beeinflußt haben.

Der dritte Abschnitt von Tab. 18.1 enthält Berechnungen des Preisniveaus, die mit derselben Methode ermittelt wurden wie die der Geldbasis. Dabei ergeben sich Differenzen zum normalen oder erwarteten Preisniveau P^0, die in drei Fällen - 1892-94, 1906-08 und 1937-38 - nicht mehr als 5% ausmachten, während die Werte für 1920-21 mit 16% und für 1929-33 mit 23% darüber lagen.

Wir wissen, daß sich - von 1920-21 abgesehen - die Preisniveausenkungen nicht durch einen Ausfall an Geldbasis erklären lassen, vielmehr müssen Erhöhungen der realen Nachfrage nach Geldbasis für einige Rezessionen von Bedeutung gewesen sein. Aber wir erwarten diese Entwicklung bei Bankenkrisen - die 1893, 1907 und 1930-33 auftraten - oder als Reaktion auf die drastische Erhöhung der Mindestreserven 1936-37.

Um eine Vorstellung von der Größenordnung der Veränderung der realen Nachfrage nach Geldbasis zu erhalten, untersuchen wir die Beziehung zwischen der Geldbasis M und einem umfassenderen monetären Aggregat wie M1. Das Verhältnis zwischen M1 und M vermittelt einen Eindruck vom Umfang der Finanzgeschäfte in einer Volkswirtschaft. Dabei hat unsere vorhergehende Analyse ergeben, daß dieses Verhältnis sinkt, sobald die reale Nachfrage nach Geldbasis zunimmt, was bei einer Bankenkrise der Fall ist.[8] Bei der Betrachtung des vierten Abschnitts von Tab. 18.1 wird ersichtlich, daß das Verhältnis M1/M in vier von fünf Rezessionen deutlich abgenommen hat. Während die Rückgänge um 5% (1892-94), 12% (1906-08) und 33% (1929-33) die Auswirkungen der Bankenkrisen reflektierten, hing die 1937-38 zu beobachtende Verringerung von 9% mit der Erhöhung der Mindestreserven zusam-

---

[8] Für die Zeit vor 1914 sind keine Daten für M1 verfügbar, da wir die Termineinlagen nicht von den Sichteinlagen bei Banken trennen können. Dennoch läßt sich M1 mit Hilfe eines umfassenderen monetären Aggregats schätzen, das die Termineinlagen bei Banken enthält. Dies ist das sog. M2-Aggregat, das heute noch einige zusätzliche Finanzaktiva enthält.

men. Demgegenüber blieb dieses Verhältnis während der Rezession 1920-21 praktisch unverändert.

Die Resultate lassen eine positive Beziehung zwischen Veränderungen der Finanzgeschäfte - die durch das Verhältnis von M1 zur Geldbasis approximiert sind - und der realen Wirtschaftsaktivität vermuten. Dieses Ergebnis unserer Rezessionsanalyse wird noch durch die bereits erwähnte, weitaus detailliertere Analyse von Mark Rush (1985, 1986) gestützt. Er hat für den Zeitraum 1885-1913 und für die 30er Jahre einen deutlichen Zusammenhang zwischen Veränderungen des Verhältnisses von M1 zur Geldbasis und nachfolgenden Änderungen der Produktion und Beschäftigung festgestellt.

Insgesamt macht die empirische Betrachtung der Zeit vor dem 2. Weltkrieg deutlich, daß Veränderungen der Finanzgeschäfte, die insbesondere Bankenkrisen und Fluktuationen der Mindestreserven widerspiegeln, bedeutende reale Effekte hervorrufen. Änderungen des Verhältnisses von M1 zur Geldbasis stellen eine brauchbare Näherungsvariable für diese Effekte dar. Andererseits gibt es keinen sonderlich engen Zusammenhang zwischen Veränderungen der Geldbasis - selbst wenn diese überraschend hoch sind - und Schwankungen der realen Wirtschaftsaktivität. Die einzigen Daten, die für einen derartigen Zusammenhang sprechen, sind die des vergleichsweise milden Konjunktureinbruchs von 1920-21. Doch selbst hier reflektiert die dramatische Verringerung der Geldbasis die drastische Abnahme der Refinanzierungsmöglichkeiten am "Diskontfenster" der Fed. Demnach demonstriert auch diese Rezession nicht eindeutig, daß bedeutende reale Effekte auf eine bloße Verringerung der Geldbasis zurückzuführen sind (die z.B. durch Offenmarktverkäufe von Wertpapieren hervorgerufen wird).

Beziehung zwischen realen und nominalen Variablen seit dem 2. Weltkrieg

Für die Zeit nach dem 2. Weltkrieg existieren viele detaillierte Studien, in denen versucht wird, die Auswirkungen von ungewöhnlichen Veränderungen der nominalen Variablen auf reale Variable zu isolieren. Wir befassen uns zunächst mit einigen Arbeiten, die Schocks auf das Preisniveau untersuchen und sodann mit solchen, die sich auf monetäre Störungen konzentrieren.

Effekte von Preisveränderungen

Eine ökonometrische Studie von Ray Fair (1979) analysiert den Zusammenhang zwischen unerwarteten Veränderungen des Preisniveaus und der realen Wirtschaftsaktivität in den USA seit dem 2. Weltkrieg. Dabei wird als Maß der realen Wirtschaftsleistung die Arbeitslosenquote u_t verwendet und mit Hilfe statistischer Verfahren versucht, den durch unerwartete Veränderungen des Preisniveaus $P_t - P^e_t$ ausgelösten Effekt auf die Arbeitslosigkeit zu schätzen, wobei P_t das tatsächliche Preisniveau und P^e_t das vom repräsentativen Wirtschaftssubjekt für die Periode t erwartete Preisniveau angibt. Diese Studie liefert folglich Schätzwerte für die modifizierte Phillips-Kurve. Zu diesem Zweck interpretiert Fair das erwartete Preisniveau P^e_t als die beste Prognose für das tatsächliche Preisniveau P_t, welche die Wirtschaftssubjekte aufgrund der verfügbaren Daten der Vorperiode $t-1$ erstellen konnten. Als Perioden wählt er Quartale. Mit Hilfe statistischer Methoden sucht Fair nach der besten "Anpassung" zwischen dem tatsächlichen Preisniveau P_t und den zeitlich verzögerten Werten einer Gruppe erklärender Variablen. Die angepaßten Werte verwendet er dann als Proxy-Variable für das erwartete Preisniveau P^e_t. Sie stellt die beste Preisprognose dar, die aufgrund der unterstellten erklärenden Variablen, die zum Zeitpunkt $t-1$ beobachtet wurden, hätte getroffen werden können.

Fair findet keinen signifikaten Zusammenhang zwischen der Arbeitslosenquote und unerwarteten Veränderungen des Preisniveaus für den Zeitraum 1954-73. Darüber hinaus stellt er nach Verlängerung des Beobachtungszeitraums um die Jahre 1974-77 fest, daß der geschätzte Effekt von Preisschocks auf die Arbeitslosigkeit positiv wird, so daß die modifizierte Phillips-Kurve das "falsche" Vorzeichen aufweist.

Wie wir bei unserer Analyse in den vorhergehenden Kapiteln festgestellt haben, hängt die Beziehung zwischen realen Variablen, wie der Arbeitslosenquote oder dem Produktionsniveau, und einer unerwarteten Veränderung des Preisniveaus von der Art der auslösenden Störung ab. So können insbesondere Verschiebungen der Produktionsfunktion einen negativen Zusammenhang zwischen Produktions- und Preisniveauentwicklungen entstehen lassen. Gerade dieses Element kann für die positive Beziehung zwischen Preisschocks und Arbeitslosigkeit verantwortlich sein, die Fair nach Einbeziehung der Daten für 1974-77 feststellte. Bekanntlich tritt während dieses Beobachtungszeitraumes die erste Ölkrise von 1973-74 auf, die als bedeutender Angebotsschock bezeichnet werden kann. Aus diesem Grund scheint die modifizierte Phillips-Kurve, die eine Beziehung zwischen Arbeitslosigkeit und unerwarteten Änderungen des Preisniveaus herstellt, zwei Typen von Effekten zu vermengen. Einerseits gibt es den durch Angebotsschocks verursachten positiven Zusammenhang. Andererseits hat die Kurve im Falle monetärer Störungen, die zu höheren Preisen und geringerer Arbeitslosigkeit führen, zumeist eine negative Steigung. Deshalb könnte die Steigung der Phillips-Kurve selbst dann das "falsche" (positive) Vorzeichen haben, wenn Geld nicht neutral wäre.

Monetäre Schocks und reale Wirtschaftsaktivität in den USA seit dem 2. Weltkrieg

Ich habe die realen Effekte monetärer Schocks in einer Reihe von Artikeln analysiert [vgl. Barro (1981)], wobei der Ausgangspunkt stets die Aufteilung des monetären Wachstums in antizipierte und nicht-antizipierte Komponenten ist. Konzeptionell habe ich den antizipierten Teil mit dem Prognosewert gleichgesetzt, den man mittels der in der Vergangenheit bestehenden Beziehung zwischen der Geldmenge und einer spezifizierten Anzahl erklärender Variablen ermittelt. Unter Verwendung des Geldmengenkonzepts M1 habe ich für die Nachkriegszeit festgestellt, daß das monetäre Wachstum im Jahre t positiv von drei Variablen abhängt: Vom monetären Wachstum des Vorjahres, von der Arbeitslosenquote des Vorjahres und vom gegenwärtigen Umfang der Ausgaben des Bundes relativ zu einem Maß für ein normales staatliches Ausgabeverhalten. Die positive Beziehung zur Arbeitslosigkeit des Vorjahres kann den Wunsch der Fed widerspiegeln, in einer Rezession die Geldmenge auszudehnen, also eine sog. "antizyklische" oder "aktive" Geldpolitik zu betreiben. Der positive Effekt der Bundesausgaben mag den Anlaß zu einer inflationären Finanzpolitik erfassen.

Mit Hilfe der geschätzten Beziehung zwischen monetärem Wachstum und den erklärenden Variablen habe ich versucht, eine als **antizipiertes Geldmengenwachstum** bezeichnete Zeitreihe zu konstruieren. Die Differenz zwischen tatsächlicher und antizipierter monetärer Veränderung habe ich als empirisches Korrelat zu der **nichtantizipierten Geldmenge** aufgefaßt. Im wesentlichen leistet diese Vorgehensweise für die Geldmenge dasselbe wie das Verfahren von Fair für das Preisniveau in der oben diskutierten Untersuchung.

Ich habe zunächst für die Nachkriegszeit Gleichungen für das reale BSP und die Arbeitslosenquote geschätzt, um die realen Effekte der antizipierten und nicht-antizipierten Geldmengenänderungen zu ermitteln. Meine Feststellung war, daß nichtantizipierte Geldmengenänderungen expansive reale Effekte hervorriefen, die etwa 1 bis 2 Jahre anhielten, während die antizipierten Teile der monetären Veränderung keine ausgeprägten realen Effekte aufwiesen. Quantitativ ergaben meine Schätzungen, daß eine um 1% über den Erwartungen liegende Geldmengenzunahme die Produktion des nächsten Jahres um etwa 1% erhöht und die Arbeitslosenquote des nächsten Jahres um etwa 6 Zehntel eines Prozentpunktes senkt. Daher scheinen - im Gegensatz zu den von Fair untersuchten Preisschocks - unerwartete positive Geldmengenänderungen auf die reale Wirtschaftsaktivität bedeutende expansive Wirkungen zu haben.[9]

Die soeben dargestellten Ergebnisse beziehen sich auf das monetäre Aggregat M1. Indes ist durchaus vorstellbar, daß Störungen von M1 sich teilweise aus Schocks auf die Geldbasis M und das Verhältnis von M1 zu M zusammensetzen. Letzteres diente bekanntlich als Indikator für den Umfang der Finanzgeschäfte. Wir stellten fest, daß diese Quote - nicht aber die Entwicklung der Geldbasis - vor dem 1. Weltkrieg von Konjunkturschwankungen begleitet war. Wenn wir allein auf die Geldbasis nach dem 2. Weltkrieg schauen, so ist deren Beziehung zu realen Variablen erheb-

---

[9] Die empirische Analyse antizipierter und nicht-antizipierter Geldmengenänderungen ist in den letzten Jahren recht populär geworden. Einige der wichtigsten Beiträge stammen von C.L.F. Attfield u.a. (1981), Roger Kormendi und Phillip Meguire (1984) sowie Frederic Mishkin (1982).

lich schwächer als die von M1. Mark Rush (1986) berichtet allerdings, daß Schocks auf die Geldbasis in einem signifikant positiven Zusammenhang zu der realen Wirtschaftstätigkeit der USA bezogen auf die jährlichen Daten seit dem 2. Weltkrieg (und ebenfalls in den 20er Jahren) stehen.

Hat Geld Einfluß auf die Volkswirtschaft oder beeinflußt diese die Geldmenge?

Der Nachweis, daß Geld (die Geldbasis oder M1) die Produktion beinflußt, leitet sich erstens aus der Beobachtung einer positiven Korrelation zwischen der Geldmenge und dem Output sowie zweitens aus der (schwieriger zu dokumentierenden) Feststellung ab, daß Veränderungen der Geldmenge jenen der Produktion vorausgehen. Eine wichtige Frage ist, ob diese Beobachtungen implizieren, daß Geld die Produktion beeinflußt oder umgekehrt die Geldmenge auf Veränderungen der ökonomischen Bedingungen reagiert. Ökonomen bezeichnen letztere Situation als eine solche, die durch eine **endogene Geldmenge** gekennzeichnet ist - das heißt, in der die Geldmenge bestimmt wird durch ökonomische Kräfte und nicht (exogen) von außen festgesetzt wird.

Wir erörterten bereits einige Fälle, bei denen eine positive Beziehung zwischen M1 und der realen Wirtschaftstätigkeit im wesentlichen die Reaktion des Geldes auf die volkswirtschaftliche Entwicklung widerzuspiegeln scheinen. Beispielsweise führen bei gegebener Menge der Geldbasis Bankenkrisen zu einer Abnahme der Wirtschaftstätigkeit und damit auch zu einem geringeren Volumen von M1. Da die Reaktion von M1 schneller erfolgen kann als die des realen BSP, kann darüber hinaus die Entwicklung von M1 der Veränderung der Produktion vorausgehen. Allerdings ist die Änderung der Geldmenge in diesem Beispiel nicht die auslösende Ursache.

In zahlreichen vorangegangenen Fällen haben wir Veränderungen der realen Geldnachfrage bei einer gegebenen Menge der nominalen Geldbasis betrachtet. So verringert z.B. ein temporärer Schock den Output und die reale Nachfrage nach Geldbasis. Sofern die nominale Geldbasis unverändert bleibt, erhöht sich das Preisniveau. Aber in einigen Währungssystemen würde sich unter diesen Umständen die Geldbasis automatisch verändern. Nehmen wir etwa an, daß die Währungsbehörde der Regel folgt, Störungen entgegenzuwirken durch eine Verringerung der Geldbasis, sobald das Preisniveau zu steigen beginnt - oder umgekehrt im entgegengesetzten Fall. Dann führt ein Angebotsschock zu geringerer Produktion und ebenfalls zu geringeren Mengen der Geldbasis und M1. Aus den Daten würden wir positive Beziehungen zwischen Produktion und Geldbasis bzw. Produktion und M1 herauslesen, aber diese Zusammenhänge spiegeln endogene Reaktionen der Geldmenge und nicht etwa den Einfluß der Geldmenge auf die Volkswirtschaft wider.

Saisonale Schwankungen der Geldmenge

Ein einfaches Beispiel für eine endogene Geldmenge sind die regelmäßigen saisonalen Schwankungen in der Geldbasis und in M1. Vor der Errichtung der Federal Reserve im Jahre 1914 zeigte sich ein saisonales Verlaufsmuster der nominalen Zinssätze; insbesondere waren diese jeweils im Herbst überdurchschnittlich hoch. Eine Begründung für die Schaffung der Fed war, daß sie diesen Vorgang beseitigen könne, indem sie Variationen der umlaufenden Bargeldmenge zuließ, die sich den normalen saisonalen Schwankungen der realen Geldnachfrage im Jahresverlauf anpaßten [vgl. Carter Glass (1927), S. 387]. Die Federal Reserve hatte in dieser Hinsicht tatsächlich Erfolg. Seit Errichtung der Fed und insbesondere in der Zeit nach dem 2. Weltkrieg sind nahezu keine wesentlichen Saisonschwankungen der nominalen Zinssätze mehr aufgetreten.[10]

Das Gegenstück zur Beseitigung des saisonalen Musters der Nominalzinssätze war das Auftreten von erheblichen jahreszeitlichen Schwankungen bei der Geldbasis und M1. Robert Barsky und Jeffrey Miron (1988) haben dies für die Nachkriegsperiode dokumentiert und überdies gezeigt, daß die Saisonschwankungen in der Geldbasis und M1 positiv korrelieren mit den saisonalen Veränderungen des realen BSP. Überaus deutlich ist der Anstieg aller Variablen zur Weihnachtszeit und ihr ebenso drastischer Rückgang danach. Vermutlich würden alle Makroökonomen zustimmen, daß diese saisonale Erscheinung ein Beispiel für endogenes Geld ist. Die Geldmenge ist um Weihnachten herum hoch, weil der Umfang der Wirtschaftstätigkeit groß ist und weil die Fed in dieser Zeit eine Expansion der Geldbasis zuläßt. Die ökonomischen Aktivitäten sind im Dezember nicht deshalb so umfangreich, weil die Währungsbehörde jedes Jahr zu dieser Zeit mutwillig die Geldmenge ausdehnt.

Die saisonalen Belege machen klar, daß der positive Zusammenhang zwischen Geldmenge und Produktion keinen konkreten Beweis dafür liefert, daß Geld den Output beinflußt. Einige Ökonomen [wie Robert King und Charles Plosser (1984)] gehen noch weiter, indem sie argumentieren, daß das Muster endogenen Geldes, das für die Jahreszeiten so eindeutig ist, auch bei Konjunkturzyklen auftritt. Der Grund dafür ist, daß der Anstieg der realen Geldnachfrage im Boom, ebenso wie zur Weihnachtszeit, die Währungsbehörde dazu veranlaßt, die nominale Geldmenge in diesen Perioden zu erhöhen.

Es fällt nicht leicht, diese Argumentation aus empirischer Sicht einzuschätzen. Ohne einige zusätzliche Informationen (wie etwa Kenntnisse über die Wirkungen der Weihnachtszeit) läßt sich statistisch nicht ausmachen, ob der positive Zusammenhang zwischen Geldmenge und Produktion einen Einfluß des Geldes auf den Output widerspiegelt - oder umgekehrt. In der Tat gehört dieses Problem der

---

[10] Zur neueren Diskussion vgl. Jeffrey Miron (1986), Truman Clark (1986) sowie Greg Mankiw, Jeffrey Miron und David Weil (1987).

> Identifizierung von Ursache-Wirkungs-Beziehungen zwischen Variablen zu den größten Schwierigkeiten, denen sich alle empirisch arbeitenden Wirtschaftswissenschaftler gegenübersehen.

Das letzte Beispiel ist historisch bedeutsam, weil sich die Währungsbehörden in der beschriebenen Weise unter dem Goldstandard verhielten, oder allgemeiner in Systemen, in denen die Währungsbehörden versuchten, den Wechselkurs zwischen den Währungen des Inlands und des Auslands zu fixieren (vgl. die Diskussion in Kapitel 16). Der für uns derzeit wichtige Gesichtspunkt ist, daß derartige Systeme endogene Veränderungen der Geldmenge hervorbringen; sie führen insbesondere zu einem Verlaufsmuster, in dem die nominale Geldmenge sich automatisch in dieselbe Richtung bewegt wie die reale Geldnachfrage. Da Veränderungen der Produktion positive Effekte auf die reale Geldnachfrage haben, sind die Bewegungen von Output und nominaler Geldmenge positiv korreliert.[11]

Goldstandard und feste Wechselkurse haben in letzter Zeit an Bedeutung verloren, aber die Währungsbehörden folgen immer noch Verhaltensregeln, die Geld (die Geldbasis und M1) endogen werden lassen. Die nominale Geldmenge bewegt sich tendenziell in dieselbe Richtung wie die reale Geldnachfrage, oder, anders gesagt, die Variationen der Geldmenge *akkomodieren* die Veränderungen der Geldnachfrage. Durch diese **monetäre Anpassung** werden Veränderungen vermieden, die andernfalls bei Variablen auftreten müßten, welche die reale Geldnachfrage beeinflussen - wie das Preisniveau und der nominale Zinssatz.

Angenommen, die Währungsbehörde verfolge bestimmte Absichten oder Ziele hinsichtlich des zeitlichen Verlaufs des Preisniveaus oder des nominalen Zinssatzes. [Die Setzung von **Zielgrößen für den Zinssatz** bildete tatsächlich einen wichtigen Bestandteil der geldpolitischen Strategie der Federal Reserve zumindest in der Nachkriegszeit; vgl. Marvin Goodfriend (1987).] Wenn die Geldbasis unverändert bleibt, dann beeinflussen Veränderungen der realen Geldnachfrage die Preise und Nominalzinssätze. Zur Vermeidung oder Abschwächung dieser Wirkungen können die Währungsbehörden die Geldbasis anpassen, um die Veränderungen der Geldnachfrage zu akkomodieren. Wie im Goldstandard bringt dieses Muster einer endogenen Geldmenge einen positiven Zusammenhang zwischen Geldmenge und realer Wirtschaftstätigkeit hervor, aber diese Beziehung ist wiederum kein Beleg für den Einfluß des Geldes auf die reale Ökonomie.

---

[11] Es ist möglich, aber nicht zwingend, daß die Veränderung der nominalen Geldmenge jener der Produktion vorausgeht. Diese zeitliche Abfolge hängt von den genauen Spezifikationen der Geldnachfrage und den Bestimmungsgründen der Produktion ab.

Implikationen der empirischen Belege

Sofern monetäre Schocks für Konjunkturschwankungen eine Rolle spielen sollten, stünde diese Beobachtung im Widerspruch zu unserer Theorie. Erinnern wir uns an deren Voraussage, daß Veränderungen der Geldbasis neutral sind, zumindest dann, wenn wir Transaktionskosten und Verteilungseffekte vernachlässigen. Im nächsten Kapitel werden wir einige Erweiterungen der Theorie, welche nicht-neutrale Wirkungen von Veränderungen der Geldbasis zulassen, näher untersuchen. Bei der Bewertung dieser Erweiterungen sollten wir jedoch die empirischen Belege im Gedächtnis behalten. Obwohl einige Hinweise für die Nichtneutralität des Geldes sprechen, ist die empirische Evidenz nicht überwältigend.

Zusammenfassung

Ein großer Teil der makroökonomischen Theoriebildung seit den 30er Jahren kann als Versuch zur Begründung eines engen Zusammenhangs zwischen nominalen und realen Variablen interpretiert werden, wie er sich in verschiedenen Versionen der Phillips-Kurve niederschlägt. Wir können die keynesianische Theorie und die neueren monetären Konjunkturtheorien ohne weiteres in diesem Kontext ansiedeln. Bevor wir aber auf diese Theorien näher eingehen, wollten wir das zu erklärende empirische Material genauer ansehen.

Weder aufgrund langfristiger Beobachtungen noch anhand des Ländervergleichs lassen sich bedeutende Effekte von Unterschieden in den durchschnittlichen Wachstumsraten der Geldmenge, des Preisniveaus und der Löhne auf die realen Variablen feststellen. Langfristig gibt es daher keine systematische Beziehung zwischen realen und nominalen Variablen.

Vor dem 2. Weltkrieg scheinen signifikante reale Effekte von Bankenkrisen und Veränderungen der Mindestreserven auszugehen, die sich als Schwankungen im Verhältnis von M1 zur Geldbasis niederschlagen. Darüber hinaus sind für diese Perioden unerwartete Senkungen des Preisniveaus (und der Nominallöhne) typisch. Allerdings lassen sich kaum reale Effekte beobachten, die durch Veränderungen der Geldbasis ausgelöst wurden.

Für die Zeit nach dem 2. Weltkrieg sind Anzeichen dafür erkennbar, daß monetäre Schocks - nicht aber überraschende Änderungen des Preisniveaus - die reale Wirtschaftsaktivität positiv beeinflußten. Am eindeutigsten ist dieser Zusammenhang, wenn wir ein umfassendes monetäres Aggregat wie M1 verwenden. Aber es scheinen auch einige reale Effekte aufzutreten, die durch plötzliche Veränderungen der Geldbasis ausgelöst werden.

Ein positiver Zusammenhang zwischen Geldmenge und Produktion weist darauf hin, daß die Geldmenge auf die Volkswirtschaft reagiert (endogenes Geld) und nicht umgekehrt. Die positive Beziehung zwischen den genannten Größen tritt insbesondere dann auf, wenn die Währungsbehörde Variationen der realen Geldnachfrage durch Veränderungen der nominalen Geldmenge akkomodiert. Diese monetäre Entwicklung tritt im Goldstandard auf, aber auch in Systemen, in denen die Währungsbehörde Zielgrößen für das Preisniveau oder den nominalen Zinssatz durchsetzt. Hierbei bleibt unklar, inwieweit der empirische Zusammenhang zwischen Geld (Geldbasis oder M1) und realer Wirtschaftstätigkeit erklärt werden kann durch endogene Veränderungen der Geldmenge oder statt dessen durch einen Einfluß der Geldmenge auf die Volkswirtschaft.

Sofern Veränderungen der Geldbasis nicht-neutral und quantitativ bedeutsam wären, ergäbe sich eine ernstzunehmende Unvollständigkeit unserer Theorie. Empirische Beobachtungen legen den Schluß nahe, daß Geld nicht neutral ist, aber die Evidenz ist nicht stark. Obwohl die Nicht-Neutralität des Geldes einige Aufwerksamkeit verdient, messen ihr Ökonomen wahrscheinlich ein zu großes Gewicht bei. Das Zusammenspiel zwischen nominalen und realen Variablen ist weder so bedeutsam noch so überzeugend, wie die meisten Leute meinen.

Fragen und Probleme

Zur Wiederholung

18.1 Was ist das theoretische Bindeglied zwischen dem Preisniveau und den realen Variablen? Zwischen der Inflationsrate und den realen Variablen? Warum könnte es Ihrer Meinung nach wichtig sein, zwischen erwarteter und unerwarteter Inflation zu unterscheiden?

18.2 Lesen Sie die folgende Aussage: "Wirtschaftspolitiker stehen vor der unangenehmen Wahl zwischen Arbeitslosigkeit und Inflation." Erklären Sie, warum diese Aussage weder (*a*) durch die theoretischen Ergebnisse noch (*b*) durch die empirischen Daten zur Phillips-Kurve bestätigt wird.

18.3 Wie erklärt die modifizierte Phillips-Kurve die negative Beziehung zwischen Inflation und Arbeitslosenquoten in den USA vor dem 1. Weltkrieg? Könnte der nicht vorhandene negative Zusammenhang in den folgenden Jahren durch Verschiebungen der Phillips-Kurve "erklärt" werden?

18.4 Inwieweit wurde die Weltwirtschaftskrise (1929-33) von einer Veränderung der nominalen Geldmenge bzw. der realen Geldmenge begleitet?

18.5 Erklären Sie, warum es wichtig ist, zwischen Veränderungen der nominalen Geldmenge und solchen der Geldnachfrage zu unterscheiden. Welchen Zusammenhang zwischen dem Preisniveau und der realen Produktion würden wir für Perioden erwarten, in denen beide Veränderungen gleichzeitig auftreten?

18.6 Was besagt der Begriff *endogene Geldmenge*? Unter welchen Umständen würde eine endogene Geldmenge ein Verlaufsmuster hervorbringen, bei dem die Geldmenge und die Produktion positiv korreliert sind?

Probleme zur Diskussion

18.7 Zeitlicher Verlauf von Geldmenge und Produktion
Nehmen Sie an, die Daten würden eine positive Korrelation zwischen Geld (sagen wir, der Geldbasis) und nachfolgenden Veränderungen der Produktion zeigen. Besagt dieses Ergebnis, daß Geld die Volkswirtschaft beeinflußt und nicht umgekehrt? Wenn nicht, dann nennen Sie einige Beispiele für endogenes Geld, bei denen Veränderungen der Geldmenge jenen der Produktion vorausgehen.

18.8 Saisonale Schwankungen der Geldmenge
Angenommen, die reale Geldnachfrage sei im 4. Quartal des Jahres vergleichsweise hoch, aber relativ gering im 1. Quartal. Ferner sei unterstellt, daß kein saisonales Verlaufsmuster beim erwarteten realen Zinssatz auftritt.
a. Wie würde der saisonale Verlauf des Preisniveaus und des nominalen Zinssatzes aussehen, wenn Sie davon ausgehen, daß keine Saisonschwankungen bei der Geldbasis auftreten?
b. Welche saisonale Entwicklung der Geldbasis würde die jahreszeitlichen Schwankungen des nominalen Zinssatzes beseitigen? Besteht dann immer noch ein saisonales Muster beim Preisniveau?
c. Unterstellen Sie ein saisonales Veränderungsmuster beim erwarteten Zinssatz. Kann die Währungsbehörde dieses beinflussen? Wenn nicht, kann die Währungsbehörde die jahreszeitlichen Schwankungen des nominalen Zinssatzes verhindern? Stellen sich in diesem Fall immer noch Saisonschwankungen des Preisniveaus ein?

18.9 Zinssatz als Zielgröße (fakultativ)
Angenommen, die Notenbank wolle den nominalen Zinssatz konstant halten. Unterstellen Sie ferner, daß der erwartete reale Zinssatz unverändert bleibt und die reale Geldnachfrage variiert (möglicherweise aufgrund von Produktionsänderungen).
a. Was sollte die Notenbank hinsichtlich der nominalen Geldmenge tun, falls die Zunahme der realen Geldnachfrage vorübergehend auftritt? Was sollte sie tun für den Fall, daß diese Erhöhung von Dauer ist?
b. Wie entwickelt sich das Preisniveau in Teilfrage a? Was sollte die Notenbank unternehmen, wenn sie die Absicht hat, Schwankungen des Preisniveaus zu dämpfen?
c. In der Realität verändert sich der nominale Zinssatz fortwährend. Wie können wir diese Tatsache in unsere Analyse einbeziehen?

Kapitel 19

Geldmenge und Konjunkturschwankungen im Markträumungsmodell

In den letzten Jahren haben einige Makroökonomen versucht, die Rolle der Geldmenge bei Konjunkturschwankungen mit Hilfe einer neuen Theorie zu erklären. Dieser neue Ansatz wird gelegentlich als *makroökonomisches Modell mit rationalen Erwartungen* bezeichnet. Wir werden bei unserer Analyse jedoch den eher deskriptiven Begriff des *Markträumungsmodells mit unvollständiger Information* verwenden.[1]

Es erscheint wichtig zu betonen, daß die in diesem Kapitel entwickelte Theorie in erster Linie auf die Interaktion zwischen monetären und realen Phänomenen abstellt. Insoweit stecken die in Kapitel 18 betrachteten empirischen Belege den möglichen Rahmen für die Theorie ab. Diese Beobachtungen legen es nahe, einige interessante Aspekte zu klären, aber sie bedeuten nicht, daß monetäre Schocks die wichtigste Ursache von Konjunkturschwankungen sind.

Die Bedingungen der allgemeinen Markträumung bilden - wie bei den bisher diskutierten Modellen - das zentrale analytische Instrument des Ansatzes dieses Kapitels. Dieser geht ebenfalls von der Annahme aus, daß sich Haushalte und Unternehmen rational verhalten, und daß dies sogar für die Bildung ihrer Erwartungen hinsichtlich der Inflation und anderer Variablen gilt. Indem wir unvollständige Informationen über Preise zulassen, führen wir allerdings eine wichtige Ursache für "Friktionen" ein. Die entscheidende Informationsquelle der Wirtschaftssubjekte, die zugleich ihre Allokationsentscheidungen bestimmt, ist die Beobachtung der Preise verschiedener Güter. Da es jedoch prohibitiv teuer wäre, alle Preise gleichzeitig zu beobachten, geben sich die Haushalte und Unternehmen normalerweise mit einer nur partiellen Kenntnis über einzelne Güterpreise, über Löhne in verschiedenen Arbeitsverhältnissen usw. zufrieden. Folglich weichen ihre Entscheidungen häufig von denen ab, die sie bei vollkommener Information treffen würden.

Den Haushalten und Unternehmen wird die Beurteilung der von ihnen beobachteten Preise durch Schwankungen der Geldmenge und des allgemeinen Preisniveaus erschwert. So können sie im Falle einer Erhöhung des allgemeinen Preisniveaus irrtümlicherweise annehmen, daß sich der Preis ihrer Produkte *relativ* zu anderen Preisen erhöht hat. Folglich werden sie mehr Güter produzieren als im Falle vollständiger Information. Aufgrund dieser Reaktionen werden wir feststellen, daß unerwarte-

---

[1] Einen Überblick über diese Forschungsansätze bietet Ben McCallum (1979). Vgl. ferner Robert Lucas (1981). Zwei frühere Beiträge, durch die ein Teil der anschließenden Forschungsarbeit initiiert wurde, stammen von Milton Friedman (1968c) und Edmund Phelps (1970).

te Erhöhungen der Geldmenge und des allgemeinen Preisniveaus zu einer Expansion der gesamten realen Wirtschaftsaktivität führen können.

In diesem Kapitel erarbeiten wir die Details eines für diese neue makroökonomische Theorie repräsentativen Modells. Um die Rolle unvollständiger Information zu veranschaulichen, müssen wir uns von dem vereinfachten Modell mit einem einzigen gesamtwirtschaftlichen Gütermarkt trennen. Wir gestalten die Dinge nun realistischer, indem wir eine Vielzahl von lokalen Märkten einführen, auf denen Haushalte und Unternehmen Güter und Dienstleistungen kaufen und verkaufen.

Struktur eines Modells mit lokalen Märkten

Wir betrachten erneut das Modell einer geschlossenen Volkswirtschaft, in dem die Haushalte Güter herstellen und auf dem Gütermarkt verkaufen. Statt der Annahme identischer Güter gehen wir nun davon aus, daß sich die Güter hinsichtlich ihrer physischen Eigenschaften wie auch ihrer örtlichen Verfügbarkeit usw. unterscheiden. Dementsprechend versehen wir jetzt die Güter mit dem Index z, der die Werte 1, 2, ..., q annimmt, wobei q eine hohe Zahl repräsentiert. Um die Analyse konkret und einfach zu halten, werden wir z gewöhnlich als Index für die örtliche Verfügbarkeit eines Gutes bzw. als Bezeichnung für einen "lokalen Markt" auffassen. Grundsätzlich könnte dieser Index verschiedene Gütermerkmale, Beschäftigungsarten, Produktionsmethoden u. dgl. ausdrücken. So könnte z.B. der Wert $z = 1$ für die Automobilindustrie, $z = 2$ für die Computerindustrie usw. stehen.

Da Veränderungen des Beschäftigungsortes oder der Produktart mit beträchtlichen Kosten verbunden sind, wechseln die Wirtschaftssubjekte ihren Arbeitsplatz oder ihre Tätigkeit nicht allzu häufig. Um diese Überlegungen in einem übersichtlichen Modell zu erfassen, nehmen wir an, daß jeder Haushalt seine Güter während jeder Periode nur an einem einzigen Standort produziert und verkauft. Dennoch besteht Mobilität in dem Sinne, daß die Wirtschaftssubjekte unter Inkaufnahme bestimmter Kosten von einer Periode auf die andere ihren Standort wechseln können.

Die Preise von Gütern unterscheiden wir nun nach Produktart oder örtlicher bzw. zeitlicher Verfügbarkeit, so daß $P_t(z)$ der Preis von Gütern der Kategorie z in der Periode t ist. Bei $P_t(1)$ könnte es sich z.B. um den Preis eines Warenkorbs in Detroit handeln, während $P_t(2)$ der Preis desselben Warenkorbes in Pittsburgh ist. Dementsprechend drückt das Verhältnis $P_t(1)/P_t(2)$ den Preis der Güter vom Typ (oder Standort) 1 relativ zu dem der Güter vom Typ (oder Standort) 2 aus. Es ist wichtig, dieses Konzept eines *relativen Preises* vom allgemeinen Preisniveau zu unterscheiden, das wir in den vorhergehenden Kapiteln erläutert haben und als Durchschnittswert einzelner Preise zum Zeitpunkt t auffassen.

Um das Modell handhabbar zu halten, abstrahieren wir von allen beständigen Unterschieden zwischen den Standorten oder anderen Gütermerkmalen, d.h. wir vernachlässigen alle jene Aspekte, die Güter an unterschiedlichen Orten teurer oder billiger machen. (Ein Warenkorb kostet z.B. in Alaska stets mehr als in New York.) Wenn in unserem Modell der "lokale Preis" $P_t(z)$ den Durchschnittspreis P_t übersteigt, scheint der Markt z in der Periode t für Verkäufer relativ günstig zu sein. Da diese Situation jedoch Produzenten (und Arbeitskräfte) aus anderen Standorten und Märkten anzieht, wird die Zunahme des Güterangebots auf dem Markt z den lokalen Preis senken und dem allgemeinen Niveau der Preise annähern. Umgekehrt werden bei einem niedrigeren lokalen Preis die Produzenten (und Arbeitskräfte) abwandern, so daß auch auf diese Weise der lokale Preis wieder dem allgemeinen Preisniveau angepaßt wird. Dieser Prozeß der Marktzugänge und -abgänge bewirkt, daß die lokalen Marktpreise nicht allzu stark vom Durchschnittspreis abweichen. Auf lange Sicht können wir ohne weiteres davon ausgehen, daß der erwartete Preis auf jedem lokalen Markt dem Durchschnittspreis sämtlicher Märkte entspricht.

Güterangebot auf einem lokalen Markt

Zu Beginn der Periode t verfügt ein Produzent auf dem Markt z über den Kapitalstock $k_{t-1}(z)$. Entsprechend wird die von ihm am Standort z in der Periode t produzierte Gütermenge durch die Produktionsfunktion

$$y_t(z) = f[k_{t-1}(z), n_t(z)] \tag{19.1}$$

gegeben, wobei $n_t(z)$ der Arbeitseinsatz des Produzenten ist. Wir gehen erneut davon aus, daß jeder Haushalt in seinem eigenen Produktionsprozeß tätig ist, obwohl wir auch die Beschäftigung von Arbeitskräften durch Unternehmen in das Modell einbeziehen könnten. Außerdem unterstellen wir, daß der Kapitalstock der letzten Periode $k_{t-1}(z)$ nicht mobil, sondern an den lokalen Markt z gebunden ist.

Der nominale Verkaufserlös ist gleich der Produktion $y_t(z)$ multipliziert mit dem lokalen Preis $P_t(z)$. Da jedoch die Haushalte Güter auf vielen lokalen Märkten kaufen, zahlt der repräsentative Haushalt für seine Käufe von Konsum- und Kapitalgütern näherungsweise den Durchschnittspreis P_t. In diesem Fall ermittelt ein Produzent den realen Wert seiner Einnahmen aus dem lokalen Güterverkauf - d.h. den Gegenwert der dafür erhältlichen Güter -, indem er den nominalen Wert durch das allgemeine Preisniveau P_t dividiert. Die realen Einnahmen aus der Produktion betragen demnach

$$\left[\frac{P_t(z)}{P_t}\right] \cdot y_t(z) = \left[\frac{P_t(z)}{P_t}\right] \cdot f[k_{t-1}(z), n_t(z)]. \tag{19.2}$$

Der Ausdruck $P_t(z)/P_t$ ist der Preis der auf dem Markt z verkauften Güter im Verhältnis zum durchschnittlichen Güterpreis. Bei einer gegebenen physischen Produktionsmenge $y_t(z)$ ist eine Zunahme des relativen Preises $P_t(z)/P_t$ gleichbedeutend mit einer Zunahme des realen Wertes des Absatzes. (Ein Anstieg von $P_t(z)/P_t$ stellt sich so dar wie eine Verbesserung der terms of trade im Modell des internationalen Handels von Kapitel 15.)

Bei der Entscheidung über den Arbeitseinsatz in der Periode t war zuvor für die Produzenten (und Arbeitskräfte) das physische Grenzprodukt der Arbeit $GPA_t(z)$ relevant. (Hier besagt der Index z, daß sich das Grenzprodukt auf die zusätzliche Arbeit und Produktion auf den Markt z bezieht.) Um nun den Effekt auf die realen Verkaufserlöse zu ermitteln, multiplizieren die Produzenten die Veränderung des physischen Produkts mit dem relativen Preis $P_t(z)/P_t$. Demnach beträgt der reale Wert des Grenzprodukts der Arbeit $[P_t(z)/P_t] \cdot GPA_t(z)$.[2] Eine Erhöhung des relativen Preises wirkt sich für den Produzenten ebenso wie eine proportionale Aufwärtsverschiebung der Kurve des Grenzprodukts der Arbeit aus. Die Produzenten werden folglich auf Veränderungen des relativen Preises $P_t(z)/P_t$ genauso reagieren wie auf Veränderungen der Kurve des Grenzprodukts der Arbeit.

Betrachten wir eine Erhöhung des relativen Preises $P_t(z)/P_t$. Es sei angenommen, daß diese Erhöhung nur temporär ist, so daß die Haushalte für nachfolgende Perioden keinen höheren relativen Preis antizipieren. Diese Veränderung ist gleichbedeutend mit einer Aufwärtsverschiebung der Kurve des Grenzprodukts der Arbeit in der Periode t, nicht jedoch in späteren Perioden. Deshalb erhöhen die Produzenten den Arbeitseinsatz $n_t(z)$ und das Güterangebot $y^s_t(z)$. Wie wir wissen, ergeben sich aus diesen Reaktionen zwei Substitutionseffekte: Einerseits findet eine Verlagerung von Freizeit zum Konsum und andererseits von heutiger Freizeit hin zu künftiger Freizeit statt. Der zweite, intertemporale Substitutionseffekt bewirkt, daß die Beeinflussung der gegenwärtigen Arbeits- und Produktionsleistungen recht stark ausfällt.[3] Ein Beispiel könnte die starke Reaktion des Arbeitsangebots auf die ungewöhnlich hohen Löhne sein, die für Überstunden geboten werden.

Um die Investitionsnachfrage zu bestimmen, können wir auf den in Kapitel 9 entwickelten Ansatz zurückgreifen, wobei wir diesen allerdings um ein Modell mit lokalen Märkten erweitern. Wir nehmen zunächst an, daß die Produzenten des Marktes z

---

[2] Bei separaten Arbeitsmärkten würde ein Arbeitnehmer den lokalen Nominallohnsatz $w_t(z)$ dividiert durch den durchschnittlichen Güterpreis P_t in Betracht ziehen. Dieser Reallohnsatz $w_t(z)/P_t$ entspricht dem Wert des lokalen Lohns ausgedrückt in Gütern, die mit ihm durchschnittlich erworben werden können. Die Unternehmen würden solange Arbeitskräfte einstellen, bis das lokale Grenzprodukt $GPA_t(z)$ den lokalen Arbeitskosten $w_t(z)$ relativ zum Produktpreis des Unternehmens $P_t(z)$ entspricht. D.h. sie verfahren nach der Regel $GPA_t(z) = w_t(z)/P_t(z)$. Wenn wir $GPA_t(z)$ substituieren, zeigt sich, daß $[P_t(z)/P_t] \cdot GPA_t(z) = w_t(z)/P_t$. Indem die Arbeitsanbieter $w_t(z)/P_t$ in Betracht ziehen, reagieren sie letztendlich auf den Ausdruck $[P_t(z)/P_t] \cdot GPA_t(z)$, den wir im Text verwendet haben. Da das Ergebnis dasselbe ist, können wir erneut zu der Vereinfachung greifen, keine Unternehmen oder separate Arbeitsmärkte zu berücksichtigen.

[3] Der höhere relative Preis $P_t(z)/P_t$ erhöht das Vermögen der Verkäufer auf dem Markt z, während der Vermögenseffekt für die Käufer negativ ist. Da jedoch die Veränderungen der relativen Preise nur temporär sind, werden die Vermögenseffekte gering ausfallen, so daß wir sie hier vernachlässigen können.

Kapitalgüter auf anderen Märkten zum *allgemeinen* Preisniveau P_t kaufen. Wenn sich der Kapitalbestand $k_t(z)$ um eine Einheit erhöht, dann wird die Produktion der nächsten Periode $y_{t+1}(z)$ um das Grenzprodukt des Kapitals $GPK_t(z)$ zunehmen. Da der Output zum *lokalen* Preis $P_{t+1}(z)$ verkauft wird, steigt der Erlös der nächsten Periode um den Betrag $P_{t+1}(z) \cdot GPK_t(z)$. Wir können weiterhin davon ausgehen, daß die Produzenten ihre gebrauchten Kapitalgüter zum *allgemeinen* Preis P_{t+1} verkaufen.

Wenn wir der Einfachheit halber von Abschreibungen absehen, ergibt sich die nominale Verzinsung der Investition aus: $[P_{t+1}(z) \cdot GPK_t(z) + P_{t+1}]/P_t - 1$. Mit π_t als Inflationsrate (bezogen auf das allgemeine Preisniveau) geht dieser Ausdruck über in: $(1 + \pi_t)[P_{t+1}(z)/P_{t+1})GPK_t(z) + 1] - 1$. Ebenso wie in Kapitel 9 werden die Produzenten gerade so viel investieren, bis die Verzinsung der Investition dem nominalen Zinssatz R_t entspricht. (Wir gehen nach wie vor davon aus, daß R_t auf einem gesamtwirtschaftlichen Kreditmarkt bestimmt wird.) Die Bedingung für die Investitionsnachfrage läßt sich nach Vereinfachung dann wie folgt ausdrücken

$$\left[\frac{P_{t+1}(z)}{P_{t+1}} \right] GPK_t(z) = r_t, \tag{19.3}$$

wobei r_t der für die gesamte Volkswirtschaft gültige reale Zinssatz [definiert durch $1 + r_t = (1 + R_t)/(1 + \pi_t)$] ist. Die Bedingung für die Investitionsnachfrage in Gleichung (19.3) entspricht der aus Kapitel 9 mit dem Unterschied, daß das Grenzprodukt des Kapitals $GPK_t(z)$ mit dem erwarteten relativen Preis $P_{t+1}(z)/P_{t+1}$ multipliziert wird. Folglich steigt die Investitionsnachfrage in Periode t, wenn entweder eine Erhöhung der Kurve des Grenzprodukts des Kapitals oder des Preises $P_{t+1}(z)/P_{t+1}$ eintritt. Wie bisher auch, sinkt die Investitionsnachfrage bei einem Anstieg von r_t.

Zur Durchführung ihrer Investitionsprojekte müssen die Produzenten gewöhnlich bestimmte Güter und Arbeitsleistungen auf dem lokalen Markt zum Preis $P_t(z)$ kaufen. (Man stelle sich einen "Goldrausch" vor, bei dem die Goldgräber hohe lokale Preise für Arbeitskräfte und Schaufeln bezahlen müssen.) In diesem Falle besteht die wesentliche Änderung unserer formalen Analyse darin, daß der Kaufpreis des Kapitals nicht mehr durch P_t sondern $P_t(z)$ gegeben wird. Das Ergebnis dieser Modifikation lautet, daß die Investitionsnachfrage unter sonst unveränderten Umständen mit einem Anstieg des gegenwärtigen relativen Preises $P_t(z)/P_t$ zurückgehen wird. Wenn sich allerdings der erwartete relative Preis $P_{t+1}(z)/P_{t+1}$ zugleich erhöht, kann die Nachfrage nach lokalen Gütern ungeachtet des Anstiegs von $P_t(z)/P_t$ gleichwohl zunehmen.

Nachfrage der Konsumenten

Bisher haben wir das Verhalten der Produzenten untersucht. Nun betrachten wir die Anreize für die Konsumenten, die auch aus anderen Orten stammen können, von diesen Produzenten Güter zu kaufen. Bei den Käufern führt ein hoher relativer Preis $P_t(z)/P_t$ zu einer Abnahme der Konsumnachfrage $c^d_t(z)$. (Der Index z bezieht sich auf den Ort, an dem Güter gekauft werden und nicht auf den Ort, an dem sie möglicherweise verwendet werden.)

Räumung eines lokalen Marktes

Wenn wir die einzelnen Komponenten unserer Analyse zusammenfügen, erhalten wir als Bedingung für die Räumung des lokalen Marktes

$$Y^s_t(z)\left[\frac{P_t(z)}{P_t}, r_t, ...\right] = C^d_t(z)\left[\frac{P_t(z)}{P_t}, r_t, ...\right]$$
$$(+)\ (+) \hspace{3cm} (-)\ (-)$$

$$+ I^d_t(z)\left[\frac{P_t(z)}{P_t}, \frac{P_{t+1}(z)}{P_{t+1}}, r_t, ...\right]. \quad (19.4)$$
$$(-) \hspace{0.5cm} (+) \hspace{0.5cm} (-)$$

Durch Großbuchstaben kennzeichnen wir das Gesamtangebot bzw. die Gesamtnachfrage auf dem Markt z. Zu beachten ist, daß ein höherer gegenwärtiger relativer Preis $P_t(z)/P_t$ das Güterangebot vergrößert, die Konsum- und Investitionsnachfrage hingegen verringert. Andererseits bewirkt ein höherer zukünftiger relativer Preis $P_{t+1}(z)/P_{t+1}$ eine Zunahme der Investitionsnachfrage.

In den Angebots- und Nachfragefunktionen ist auch der reale Zinssatz r_t enthalten. Wie zuvor führt ein Anstieg des realen Zinssatzes r_t zu einem größeren Güterangebot $Y^s_t(z)$, jedoch zu einer reduzierten Nachfrage nach Konsumgütern $C^d_t(z)$ und Investitionsgütern $I^d_t(z)$.

Abb. 19.1 stellt die Räumung eines lokalen Gütermarktes graphisch dar. Der gegenwärtige relative Preis $P_t(z)/P_t$ ist auf der vertikalen Achse abgetragen. Bei den Angebots- und Nachfragekurven unterstellen wir gegebene Werte für den zukünftigen relativen Preis $P_{t+1}(z)/P_{t+1}$ und den realen Zinssatz r_t. (Wir halten überdies den anfänglichen Kapitalbestand auf dem lokalen Markt $K_{t-1}(z)$ sowie die Produktionsfunktionen konstant.) Der Schnittpunkt der beiden Kurven bestimmt den markträumenden Wert des relativen Preises $[P_t(z)/P_t]^*$ und die lokale Produktion $Y^*_t(z)$. Außerdem muß der relative markträumende Preis für den repräsentativen Markt, der definitionsgemäß keine ungewöhnlichen Veränderungen seiner Angebots- und

Nachfragekurven aufweist, gleich eins sein, d.h. auf diesem Markt ist der lokale Preis $P^*_t(z)$ gleich dem Durchschnittspreis P^*_t.

Störungen auf lokalen Märkten

Es lassen sich vielfältige Veränderungen der Präferenzen und Technologien denken, welche die Räumung eines lokalen Gütermarktes beeinflussen können, wie z.B. Veränderungen der Anzahl der Produzenten oder der Nachfrager oder Verschiebungen der Produktionsfunktionen usw. Wir gehen hier von einer Zunahme der lokalen Konsumnachfrage $C^d_t(z)$ aus, die im Modell eine Erhöhung der Anzahl der Käufer auf dem Markt z widerspiegeln könnte. Die erhöhte Nachfrage möge durch die Popularität eines neuen oder verbesserten Produkts, wie CD-Player oder Personalcomputer, entstanden sein.

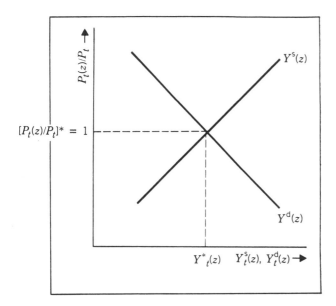

Abb. 19.1: *Räumung eines lokalen Gütermarktes*
Wir bilden Güterangebot und -nachfrage in Abhängigkeit vom relativen Preis $P_t(z)/P_t$ ab. Die Effekte anderer Variablen einschließlich des realen Zinssatzes r_t und des zukünftigen relativen Preises $P_{t+1}(z)/P_{t+1}$ halten wir konstant. Es ist zu beachten, daß der relative markträumende Preis für den repräsentativen Markt gleich eins ist.

Abb. 19.2 zeigt den Effekt einer steigenden Konsumnachfrage auf einem lokalen Gütermarkt. Die durchgezogenen Linien stellen die Angebots- und Nachfragekurven aus Abb. 19.1 dar, während die neue Nachfragekurve durch die gestrichelte Linie $Y^d(z)'$ repräsentiert wird, die sich rechts von der ursprünglichen Linie befindet. Bekanntlich halten wir den realen Zinssatz r_t und den zukünftigen relativen Preis $P_{t+1}(z)/P_{t+1}$ konstant. Da die Störung nur auf dem lokalen Markt auftritt, ist es vernünftig, den realen Zinssatz konstant zu halten. Diese für die gesamte Volkswirtschaft relevante Variable reagiert eher auf Veränderungen der aggregierten Angebots- und Nachfragegrößen als auf Veränderungen auf einem einzelnen lokalen Markt. Auf das Verhalten des zukünftigen relativen Preises gehen wir im folgenden Abschnitt ein.

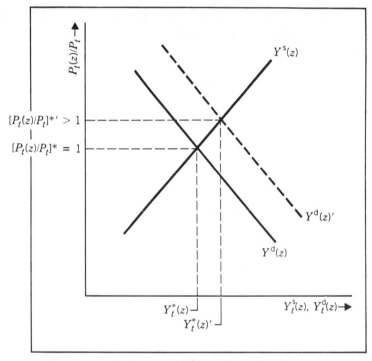

Abb. 19.2: *Reaktionen auf eine Zunahme der lokalen Nachfrage*
Die Veränderung der Konsumnachfrage schlägt sich als positive Verschiebung der lokalen Nachfragekurve nieder, so daß der relative Preis und die lokale Produktion zunehmen. Die Anbieter reagieren auf den höheren relativen Preis, indem sie mehr Güter produzieren (und höhere Arbeitsleistungen erbringen). Wenn der relative markträumende Preis anfänglich gleich eins ist (was beim repräsentativen Markt der Fall ist), dann ist der neue Wert größer als eins.

Abb. 19.2 zeigt, daß der gegenwärtige relative Preis und die lokale Produktion zunehmen, wobei ersteres die Produzenten veranlaßt, mehr zu arbeiten und mehr

Güter anzubieten. Insofern fungiert der hohe relative Preis als Signal, das die ungewöhnlich hohe Arbeitsleistung und Produktion hervorbringt. Andererseits läßt er die Investitionen zurückgehen. Da der gesamte Output höher ist, folgt daraus, daß der Konsum $C_t(z)$ zunehmen muß. Sofern schließlich der relative markträumende Preis anfänglich gleich eins war - was beim repräsentativen Markt der Fall ist -, muß der neue relative Preis größer als eins sein.

Zukünftige relative Preise

Die Erhöhung der Konsumnachfrage bewirkt tendenziell auch einen Anstieg des zukünftigen relativen Preises $P_{t+1}(z)/P_{t+1}$, weil die Störung - in unserem Fall eine Nachfragesteigerung - normalerweise eine Zeitlang anhält. Obwohl der hohe relative Preis den Markteintritt neuer Anbieter fördert, wollen wir unterstellen, daß dieser nicht ausreicht, um den relativen Preis innerhalb einer einzigen Periode auf eins zu senken.

Eine Erhöhung des zukünftigen relativen Preises läßt die Investitionsnachfrage $I^d_t(z)$ steigen. Deshalb ergänzen wir die vorhergehende Analyse in Abb. 19.2, um eine stärkere Rechtsverschiebung der Nachfragekurve zu berücksichtigen. Die wichtigste Konsequenz dieser Modifikation ist, daß die Investitionen nun zunehmen können. Diese Zunahme ist insbesondere dann wahrscheinlich, wenn die Investoren sich "aggressiv" verhalten müssen, um die mit den hohen zukünftigen relativen Preisen verbundenen Chancen gewinnbringend zu nutzen.

Da wir bisher allein die Reaktion eines lokalen Marktes auf eine lokale Störung analysiert haben, sind Veränderungen der gesamtwirtschaftlichen Produktion und Investitionen noch nicht erklärt worden. In späteren Abschnitten werden wir jedoch zeigen, daß eine monetäre Störung auf jedem Markt wie eine Verschiebung der lokalen Nachfrage wirken kann, so daß die Produzenten der einzelnen Märkte ihre Produktion und Investitionen genau wie in diesem Fall verändern. Wenn alle Unternehmer so handeln, finden Bewegungen der aggregierten Variablen statt.

Veränderungen der Geldmenge

Betrachten wir eine einmalige Erhöhung der Geldbasis M_t. Wie bei einigen der zuvor analysierten Fälle könnte diese Veränderung durch einen Offenmarktkauf von Wertpapieren durch die Notenbank ausgelöst sein.

Wir haben bereits früher für eine geschlossene Volkswirtschaft festgestellt, daß eine Erhöhung der Geldmenge das allgemeine Preisniveau proportional steigen läßt, die realen Variablen, wie die gesamtwirtschaftliche Produktion und die Beschäftigung, hingegen unverändert bleiben. Diese Schlußfolgerung ist auch dann gültig, wenn die Haushalte ihre Güter an unterschiedlichen Orten produzieren und tauschen. Wir gehen wie bisher davon aus, daß die Haushalte versuchen, ihre überschüssigen Realkassenbestände für Güter auf verschiedenen Märkten auszugeben. Dann steigt der Preis $P_t(z)$ auf jedem Markt im selben Ausmaß wie die Geldmenge. Gleiches gilt für das allgemeine oder durchschnittliche Preisniveau P_t. Der relative Preis der einzelnen Märkte $P_t(z)/P_t$ bleibt daher ebenso unverändert wie die Produktion $Y_t(z)$ auf den einzelnen Märkten. Bislang fehlt immer noch eine Verbindung zwischen Geldmenge und realen Variablen, zu denen die Produktion und die relativen Preise der verschiedenen Güter gehören.

Unvollkommene Information über die Geldmenge und das allgemeine Preisniveau

Wir nehmen nun eine entscheidende Änderung des Modellrahmens vor, indem wir annehmen, daß die Individuen von nun an beschränkte Informationen über die Geldmenge und die Preise haben. Die grundlegende Idee besteht darin, daß die Wirtschaftssubjekte die Preise von Dingen kennen, die sie vor kurzem gekauft oder verkauft haben. So ist ihnen der Lohnsatz für ihre Arbeitsleistungen (zumindest bei ihrer gegenwärtigen Beschäftigung), der Preis von Nahrungsmitteln auf dem lokalen Markt, ihre Wohnungsmiete usw. bekannt. Desgleichen kennen die Produzenten recht genau die Kosten ihres Arbeitskräfteeinsatzes und anderer Inputs sowie den Preis des von ihnen erzeugten Produkts (zumindest auf einem lokalen Markt). Demgegenüber besitzen die Wirtschaftssubjekte nur geringe Kenntnis über die Preise von Gegenständen, die sie im letzten Jahr gekauft haben oder über die sie sich bisher nicht informiert haben.

Diese allgemeinen Überlegungen können wir modelltheoretisch erfassen, indem wir annehmen, daß Verkäufer und Käufer den lokalen Güterpreis $P_t(z)$ kennen, sich aber hinsichtlich des allgemeinen oder durchschnittlichen Preises P_t nicht sicher sind. Folglich entsprechen die lokalen Güter den Waren, welche die Wirtschaftssubjekte erst kürzlich gekauft haben und deren aktuelle Preise sie kennen. Der allgemeine Preis hingegen bezieht sich auf andere Güter, die zwar potentielle Alternativen zum lokalen Produkt sind, von deren Preisen sie jedoch nur verschwommene Vorstellungen besitzen.

Wie zuvor reagieren Verkäufer und Käufer auf dem Markt z entsprechend ihrer Wahrnehmung des relativen Preises $P_t(z)/P_t$. Obwohl sie den lokalen Preis $P_t(z)$ kennen, sind sie sich hinsichtlich des allgemeinen Preisniveaus P_t nicht sicher. Deshalb müssen wir untersuchen, wie die Wirtschaftssubjekte ihre Erwartungen bezüglich dieses Durchschnittspreises bei unvollständiger Information bilden. Zu diesem Zweck verwenden wir das bereits in Kapitel 7 erwähnte Konzept der rationalen Erwartungen, welches besagt, daß die Wirtschaftssubjekte den Wert einer Variablen, welche sie nicht direkt beobachten können - wie das gegenwärtige Preisniveau -, anhand der verfügbaren Informationen bestmöglich zu schätzen versuchen. Sie verwenden m.a.W. ihre begrenzten Informationen möglichst effizient, um alle vermeidbaren Fehler auszuschließen.[4]

Wir beginnen mit den Erwartungen, die die Wirtschaftssubjekte bezüglich der Preise in Periode t haben. Der Einfachheit halber unterstellen wir, daß alle Märkte ex ante gleich sind, d.h. zu Beginn der Periode t können die Wirtschaftssubjekte nicht vorhersagen, ob der Preis auf dem Markt z, $P_t(z)$, über oder unter dem Durchschnittspreis P_t liegen wird. Unabhängig davon, auf welchem Markt ein Wirtschaftssubjekt tätig zu werden sich entscheidet, gilt es, eine Vorstellung von den Erwartungen über das allgemeine Preisniveau P_t zu entwickeln. Zur Vereinfachung unterstellen wir, daß alle Personen zunächst über dieselben Informationen verfügen und deshalb dieselben Erwartungen bilden, die wir mit P^e_t bezeichnen.

Die Erwartung über Preise hängt im allgemeinen von den Informationen der Vergangenheit sowie von Kenntnissen über die Funktionsweise der Volkswirtschaft ab. Wir dürfen annehmen, daß diese Erwartung sowohl Informationen über die Geldmenge als auch über Variablen enthält, welche die aggregierte reale Geldnachfrage beeinflussen. Die Wirtschaftssubjekte werden brauchbare Informationen über diese Variablen häufig aus den zeitlich zurückliegenden Werten der Geldmenge, der Preise, der Zinssätze und möglicherweise aus staatlichen Ankündigungen geld- und fiskalpolitischer Maßnahmen erhalten. Deshalb hängt die Erwartung P^e_t typischerweise von all diesen Variablen ab.

Räumung eines lokalen Gütermarktes bei unvollkommener Information

Bei gegebener Erwartung über das allgemeine Preisniveau P^e_t ermitteln die Wirtschaftssubjekte den **perzipierten relativen Preis** für den Markt z aus $P_t(z)/P^e_t$. Wir nehmen an, daß sich Käufer und Verkäufer an diesem Preisverhältnis genauso orientieren wie im Modell mit vollständiger Information am aktuellen Preisverhältnis $P_t(z)/P_t$. Das bedeutet, daß ein Anstieg des perzipierten relativen Preises $P_t(z)/P^e_t$ das Angebot lokaler Güter $Y^s_t(z)$ zunehmen, aber die Nachfragegrößen $C^d_t(z)$ und $I^d_t(z)$ sinken läßt.

Abb. 19.3 zeigt das Angebot und die Nachfrage auf einem lokalen Markt, dessen Teilnehmer das allgemeine Preisniveau nicht beobachten können. Den perzipierten relativen Preis $P_t(z)/P^e_t$ tragen wir auf der vertikalen Achse ab. Wir halten zunächst den zukünftigen relativen Preis $P_{t+1}(z)/P_{t+1}$ sowie den realen Zinssatz r_t konstant. Der lokale Markt wird geräumt, wenn das Preisverhältnis $P_t(z)/P^e_t$ gleich eins ist. Dieses Resultat gilt für den repräsentativen Markt, der definitionsgemäß in letzter Zeit keine ungewöhnlichen Veränderungen der lokalen Angebots- und Nachfrage-

---

[4] Das Grundkonzept der rationalen Erwartungen stammt von John Muth (1961). Eine Diskussion seiner Anwendung auf die Makroökonomie findet sich bei Robert Lucas (1976).

mengen erfahren hat. Auf diesem Markt ist m.a.W. das Angebot gleich der Nachfrage, wenn der lokale Preis $P_t(z)$ gleich dem woanders erwarteten Preis P^e_t ist.

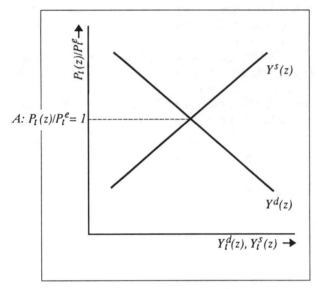

Abb. 19.3: *Reaktion eines lokalen Marktes auf den perzipierten relativen Preis*
Eine Zunahme des perzipierten relativen Preises $P_t(z)/P^e_t$ läßt das Angebot steigen und die Nachfrage sinken. Der repräsentative Markt wird geräumt, wenn $P_t(z)/P^e_t = 1$ gilt.

Zukünftige relative Preise

Bisher haben wir den zukünftigen relativen Preis $P_{t+1}(z)/P^e_{t+1}$ vernachlässigt. Zuvor, als die Wirtschaftssubjekte vollkommene Information über das allgemeine Preisniveau hatten, bestand eine Tendenz für einen anhaltend hohen relativen Preis. Diese Effekte treten nach wie vor auf, wenn die Verkäufer und Käufer das gegenwärtige allgemeine Preisniveau nicht beobachten. So führt eine Erhöhung des perzipierten relativen Preises $P_t(z)/P^e_t$ zu einem Anstieg des relativen Preises, den die Wirtschaftssubjekte für die nächste Periode auf dem Markt z erwarten. Diese Erwartung bewirkt eine Zunahme der heutigen Investitionsnachfrage $I^d_t(z)$.

In Abb. 19.4 haben wir diese neuen Effekte in die Angebots- und Nachfragekurven einbezogen. Da das Preisverhältnis $P_t(z)/P^e_t$ steigt, löst der höhere zukünftige relative Preis eine Zunahme der Investitionsnachfrage $I^d_t(z)$ aus. Deshalb verläuft die Nachfragekurve steiler als zuvor; d.h. die Nachfragemenge geht per Saldo weniger zurück, wenn der gegenwärtig perzipierte relative Preis steigt. Zu betonen ist, daß die Nachfragekurve nun zwei Effekte verbindet: erstens die von einer Erhöhung von $P_t(z)/P^e_t$ ausgehende Wirkung (mit einer Verringerung der Konsum- und Investitionsnachfrage); zweitens den Effekt, der durch die damit einhergehenden Veränderungen des zukünftigen relativen Preises $P_{t+1}(z)/P_{t+1}$ ausgelöst wird (mit einer Erhöhung der Investitionsnachfrage). Der im Moment wichtigste Aspekt von Abb. 19.4 ist, daß der repräsentative lokale Markt wiederum an dem Punkt geräumt wird, an dem $P_t(z)/P^e_t = 1$ gilt.

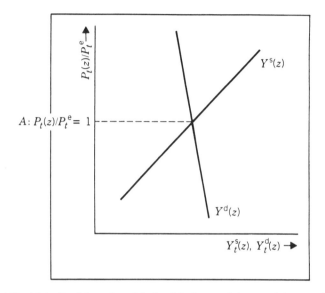

Abb. 19.4: *Reaktion eines lokalen Marktes auf den perzipierten relativen Preis einschließlich der Reaktion des zukünftigen relativen Preises*

Wenn das Preisverhältnis $P_t(z)/P^e_t$ steigt, stimuliert der höhere zukünftige relative Preis die Investitionsnachfrage. Deshalb verläuft die Nachfragekurve im Vergleich zu Abb. 19.3 steiler.

Änderungen der Geldmenge bei unvollkommener Information

Wir betrachten erneut die Auswirkungen einer einmaligen Erhöhung der Geldmenge M_t, wobei es sich nun um eine überraschende Zunahme handelt, die von den Wirtschaftssubjekten bei der Bestimmung ihrer Preiserwartungen P^e_t nicht antizipiert wurde. Obwohl die Erwartung rational war, konnte sie eine unerwartete Veränderung der Geldmenge nicht einschließen.

Wie zuvor gehen wir davon aus, daß der lokale Preis $P_t(z)$ auf dem repräsentativen Markt steigt. (Wie üblich, stellen wir uns Wirtschaftssubjekte vor, die versuchen, ihre überschüssigen Kassenbestände auszugeben, wodurch sie die Preise in die Höhe treiben.) Da die Erwartung P^e_t gegeben ist, muß das Preisverhältnis $P_t(z)/P^e_t$ steigen. Das repräsentative Wirtschaftssubjekt hat nun den Eindruck, als befände es sich auf einem Markt mit einem hohen relativen Preis. Natürlich ist diese Meinung unzutreffend, da der Durchschnitt aller lokalen Marktpreise $P_t(z)$ immer gleich dem allgemeinen Preisniveau P_t ist. Die unerwartete Erhöhung der Geldmenge und der Preise bewirkt jedoch - zusammen mit der unvollständigen Information über den Durchschnittspreis P_t oder die Geldmenge M_t -, daß das repräsentative Wirtschaftssubjekt die Erhöhung des allgemeinen Preisniveaus unterschätzt. Damit überschätzt es aber den relativen Preis, mit dem es konfrontiert ist, und reagiert deshalb mit einer Erhöhung seines Güterangebots und einer Verringerung seiner Konsumnachfrage. Welchen Einfluß dies per Saldo auf die Investitionsnachfrage hat, ist allerdings ungewiß. Der direkte Effekt einer Erhöhung von $P_t(z)/P^e_t$ ist negativ. Aber die höhere Erwartung bezüglich $P_{t+1}(z)/P_{t+1}$ wirkt dem entgegen.

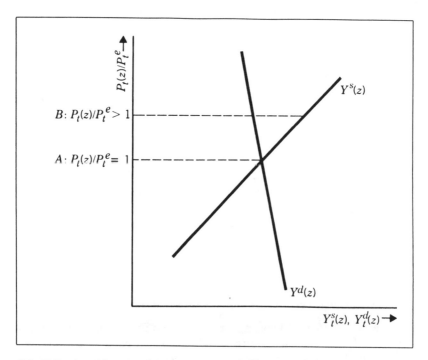

Abb. 19.5: *Auswirkungen einer unerwarteten Geldmengenerhöhung auf dem repräsentativen Gütermarkt*
Bei gegebenen Werten der zukünftigen relativen Preise und des realen Zinssatzes wird der repräsentative Markt in Punkt A geräumt, bei dem $P_t(z)/P^e_t = 1$ gilt. Die unerwartete Erhöhung der Geldmenge und der Preise bewirkt, daß das Preisverhältnis $P_t(z)/P^e_t > 1$ vorliegt, wie dies in Punkt B der Fall ist. Hier übersteigt das Güterangebot $Y^s_t(z)$ die Nachfrage $Y^d_t(z)$.

Punkt A in Abb. 19.5 zeigt das Preisverhältnis $P_t(z)/P^e_t = 1$, bei dem der repräsentative lokale Markt geräumt wird. Da jedoch die überraschende Geldmengenerhöhung einen Anstieg des Preises $P_t(z)$ auf dem repräsentativen Markt bewirkt, muß dieser über der Erwartung P^e_t liegen, wie der in der Abbildung mit B bezeichnete Punkt anzeigt. Dann übersteigt auf dem repräsentativen Markt das Angebot die Nachfrage. Es muß noch ein weiterer Effekt hinzukommen, damit dieser Markt geräumt wird.

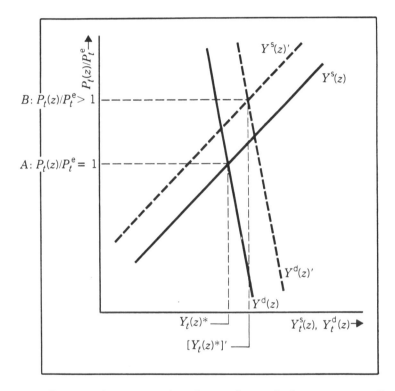

Abb. 19.6: *Räumung des repräsentativen Gütermarktes nach einer unerwarteten Zunahme der Geldmenge*
Die durchgezogenen Linien sind aus Abb. 19.5 übernommen. Ein Rückgang des erwarteten realen Zinssatzes verschiebt die Nachfragekurve nach rechts und die Angebotskurve nach links. Daher wird der repräsentative Gütermarkt geräumt, wenn $P_t(z)/P^e_t > 1$ gilt.

Wirkungen auf den realen Zinssatz

Der reale Zinssatz r_t ist nach wie vor gleich dem nominalen Zinssatz R_t, der auf dem für die Gesamtwirtschaft gültigen Kreditmarkt von jedermann beobachtet wird, abzüglich der allgemeinen Inflationsrate π_t. Der erwartete reale Zinssatz r^e_t - der für die Angebots- und Nachfrageentscheidungen relevant ist - entspricht dem nominalen Zinssatz R_t abzüglich der erwarteten Inflationsrate π^e_t.

Bisher haben wir jegliche durch monetäre Störungen bedingte Einflüsse auf den erwarteten realen Zinssatz ausgeklammert. Abb. 19.5 zeigt jedoch, daß für einen gegebenen Wert von r^e_t das Güterangebot auf dem repräsentativen Gütermarkt die Nachfrage übersteigt. Aus der vorhergehenden Analyse wissen wir, daß der reale Zinssatz in diesem Falle sinken muß.

Wir gehen hier davon aus, daß alle Wirtschaftssubjekte dieselbe Zinserwartung r^e_t haben, obwohl sich diese aufgrund unterschiedlicher erwarteter Inflationsraten π^e_t unterscheiden kann. Die grundlegenden Ergebnisse bleiben jedoch unabhängig von dieser Komplikation gültig.

Betrachten wir die Resultate aus der Perspektive des repräsentativen Gütermarktes. Zunächst übertragen wir die Angebots- und Nachfragekurven aus Abb. 19.5 in Abb. 19.6 als durchgezogene Linien. Aufgrund des abnehmenden erwarteten realen Zinssatzes r^e_t erhalten wir eine Verlagerung der Nachfragekurve nach rechts, während sich die Angebotskurve nach links verschiebt. Der niedrigere erwartete reale Zinssatz veranlaßt die Wirtschaftssubjekte dazu, mehr zu konsumieren und zu investieren, jedoch weniger zu arbeiten und zu produzieren. Die neuen Kurven sind in der Abbildung als unterbrochene Linien dargestellt und schneiden sich in dem mit B bezeichneten Punkt, bei dem das Preisverhältnis $P_t(z)/P^e_t$ größer eins ist. Die Senkung des erwarteten realen Zinssatzes ermöglicht auf diese Weise, daß der Markt geräumt wird, obwohl die Wirtschaftssubjekte auf dem repräsentativen Gütermarkt unverändert einen hohen relativen Preis perzipieren.

Monetäre Effekte auf Produktion, Arbeit und Investitionen
Abb. 19.6 zeigt eine Zunahme der lokalen Produktion $Y_t(z)$, obwohl das Vorzeichen dieser Veränderung gemeinhin nicht eindeutig ist. Betrachten wir zunächst die verschiedenen Kräfte, die auf dem repräsentativen Markt die Produktion beeinflussen. (Unter repräsentativ verstehen wir, daß auf diesem Markt keine außergewöhnlichen Veränderungen des lokalen Angebots und der lokalen Nachfrage auftreten.)

Erstens stimuliert das hohe Preisverhältnis $P_t(z)/P^e_t$ das Angebot, reduziert hingegen die Konsum- und Investitionsnachfrage. Zweitens ermutigt die Erwartung eines höheren zukünftigen relativen Preises $P_{t+1}(z)/P_{t+1}$ zu weiteren Investitionen. Schließlich regt die Senkung des erwarteten realen Zinssatzes r^e_t die Investitions- und Konsumnachfrage an, beeinträchtigt aber das Angebot.

Unsere Vermutung, daß die Produktion auf dem repräsentativen Markt steigt, basiert auf dem starken positiven Effekt des zukünftigen relativen Preises $P_{t+1}(z)/P_{t+1}$ auf die lokale Investitionsnachfrage. Aufgrund dieser Eigenschaft bewirkt eine monetäre Störung in der Regel eine Zunahme der lokalen Investition, Produktion und des Arbeitseinsatzes. Ferner schlägt sie sich in den *Aggregaten* dieser drei Variablen nieder, da dieses Ergebnis für den *repräsentativen* Markt gilt.

Rekapitulieren wir noch einmal den Prozeß, durch den die überraschende Geldmengen- und Preiserhöhung eine Zunahme des Arbeitseinsatzes, der Produktion und der Investition herbeiführt. Erstens stellt sich die allgemeine Preissteigerung für die lokalen Anbieter wie eine Erhöhung ihres relativen Preises dar, so daß diese mehr arbeiten und ihre Produktion erhöhen, wie sie dies im Falle einer echten Steigerung der lokalen Nachfrage auch täten. Sie verwechseln m.a.W. die Veränderung des allgemeinen Preisniveaus mit einer lokalen Störung, die eine Ausdehnung ihrer realen Aktivität nahelegt. (Diese Art lokaler Störung haben wir bereits in Abb. 19.2 untersucht.)

Zweitens läßt die Erhöhung des Preisverhältnisses $P_t(z)/P^e_t$ die Wirtschaftssubjekte glauben, daß der lokale Markt eine Zeitlang für Verkäufer günstig sein wird, so daß sie ihre Erwartungen bezüglich des künftigen relativen Preises $P_{t+1}(z)/P_{t+1}$ nach oben korrigieren. Dies regt wiederum - wie bei einer echten Zunahme der lokalen Nachfrage - zu erhöhten Investitionen an. Die Investitionen schlagen sich in der laufenden Periode als Käufe von Gütern und Dienstleistungen zum lokalen Preis nieder, der von den Wirtschaftssubjekten als relativ hoch perzipiert wird. Die Investoren nehmen diese Käufe deshalb vor, um die für später erwarteten höheren Erträge zu "ernten".

Da die Störung einen Angebotsüberschuß auf dem repräsentativen Gütermarkt verursacht, muß schließlich der erwartete reale Zinssatz r^e_t sinken. Diese Reaktion räumt den repräsentativen Gütermarkt durch eine Erhöhung der Güternachfrage und eine Senkung des Angebots. Unsere frühere Analyse (in Kapitel 9) hat darüber hinaus gezeigt, daß die Investitionsnachfrage besonders sensibel auf einen Rückgang des realen Zinssatzes reagiert, und daher prognostiziert das Modell eine starke positive Reaktion der Investitionen auf eine überraschende Erhöhung der Geldmenge.

Alles in allem wird die Steigerung des Arbeitseinsatzes, der Produktion und der Investition möglich, weil der repräsentative Haushalt ein hohes allgemeines Preisniveau mit einem hohen relativen Preis auf dem jeweiligen lokalen Markt verwechselt. Obwohl die Haushalte sich bemühen, derartige Fehler zu vermeiden, können sie angesichts der verfügbaren Informationen nicht alle Schwankungen des allgemeinen Preisniveaus von denen der relativen Preise unterscheiden. Außerdem müssen sie ihre irrtümlichen Reaktionen auf Veränderungen des allgemeinen Preisniveaus gegen die potentiellen Fehler abwägen, die durch die Nichtreaktion auf echte Veränderungen der relativen Preise entstehen können. In den meisten Fällen signalisiert der lokale Preis $P_t(z)$ recht genau die Gewinnmöglichkeiten lokaler Produktionen und Investitionen, so daß ein übervorsichtiger Produzent, der die Signale ignoriert - um irrtümliche Reaktionen auf Veränderungen des allgemeinen Preisniveaus zu vermeiden -, es auch versäumt, eine Vielzahl echter Gewinnchancen auszunutzen.

Zusammenfassend zeigt die Theorie, auf welche Weise überraschende Geldmengenänderungen nicht neutral sein können. Außerdem können sie Mengenreaktionen auslösen, wie sie für Konjunkturschwankungen typisch sind. So erklärt die Theorie u.a., inwieweit eine überraschende Verringerung der Geldbasis eine Rezession auslösen kann, in der die Gesamtproduktion, die Beschäftigung und die Investitionen abnehmen. Bekanntlich gibt es zumindest für die Nachkriegszeit einige empirische Belege für derartige Konsequenzen einer Veränderung der Geldbasis.

Anhaltende Auswirkungen des Geldes auf reale Variablen

In Rezessionen zeigen Variablen wie Produktion, Beschäftigung und Investition häufig für ein Jahr oder länger eine abnehmende Tendenz. Deshalb interessiert uns, ob die Theorie anhaltende Auswirkungen monetärer Störungen auf reale Variablen erklären kann. Eine Möglichkeit ist die fortdauernd falsche Perzeption des allgemeinen Preisniveaus. In diesem Fall würden auch anhaltende reale Effekte auftreten. Dieses Argument erscheint jedoch unplausibel. Wir haben zuvor argumentiert, daß die Haushalte unvollständige Informationen über die Preise auf anderen Märkten und die Entwicklung der Geldmenge haben und sich deshalb eine Zeitlang über Veränderungen des allgemeinen Preisniveaus täuschen können. Da sie vermutlich jedoch genügend Preisinformationen erhalten, ist es unwahrscheinlich, daß sie bei der Beurteilung des allgemeinen Preisniveaus sehr lange denselben Fehler begehen. Insofern erscheint es unrealistisch, daß diese Fehler zeitlich ebenso lang anhalten wie Boom- und Rezessionsphasen.

Die Theorie bedarf nicht der Annahme fortdauernd falscher Preisvorstellungen, um erklären zu können, warum die Mengenreaktionen so lange anhalten. So haben wir u.a. gezeigt, daß die Fehleinschätzung einer monetären Störung zu erhöhten Investitionen führen kann. Möglicherweise realisieren die Investoren erst einige Monate später, daß sie eine Erhöhung des allgemeinen Preisniveaus mit einem Anstieg des für sie relevanten relativen Preises verwechselt haben. Doch nachdem Investitionsprojekte begonnen worden sind, lohnt es sich häufig nicht, diese abzubrechen, selbst wenn frühere Fehleinschätzungen offenbar werden. Deshalb kann die Investitionsnachfrage sogar nach Entdeckung der Fehlbeurteilung hoch bleiben. Außerdem schlägt sich das höhere Investitionsniveau später in einer erhöhten Produktionskapazität nieder, die ihrerseits die Produktion und die Beschäftigung noch weit über den Zeitpunkt hinaus wachsen läßt, an dem die Wirtschaftssubjekte die zurückliegende Geldmengen- und Preisentwicklung durchschaut haben. Deshalb kann eine monetäre Störung aufgrund dieses Mechanismusses einen anhaltenden Einfluß auf die Investition, die Produktion und die Beschäftigung ausüben.

Neutralität perzipierter Geldmengenänderungen

Die Analyse des vorhergehenden Abschnitts gilt für unerwartete Änderungen der Geldmenge und des allgemeinen Preisniveaus. Wir sollten uns allerdings darüber im klaren sein, daß die Verwechslung von allgemeinem Preisniveau und relativen Preisen dann nicht auftreten kann, wenn die Wirtschaftssubjekte die Geldmengen- und Preisbewegungen vollkommen durchschauen. Um dies einzusehen, nehmen wir an, daß alle Individuen eine einmalige Zunahme der Geldmenge zwischen den Zeitpunkten $t-1$ und t korrekt antizipieren. Dann schlägt sich der höhere Wert der Geldmenge M_t im Verhältnis 1:1 in einer höheren rationalen Preiserwartung P^e_t nieder. Demnach stellt sich die Preiserhöhung auf dem repräsentativen Markt $P_t(z)$ nicht mehr als eine Veränderung im Vergleich zu den Erwartungen der Wirtschaftssubjekte dar. Die tatsächlichen und erwarteten Preise steigen vielmehr im gleichen Ausmaß, so daß sich der perzipierte relative Preis $P_t(z)/P^e_t$ nicht verändert. In diesem Fall treten auf dem repräsentativen Markt keinerlei Angebots- und Nachfrageeffekte und dementsprechend auch keine Veränderungen der Produktion, des Arbeitseinsatzes oder des realen Zinssatzes auf. Vollständig antizipierte Veränderungen der Geldmenge und des allgemeinen Preisniveaus sind ebenso wie in unseren früheren Modellen neutral.

Veränderungen der langfristigen, durchschnittlichen monetären Wachstums- und Inflationsraten wären immer von korrespondierenden Veränderungen der entsprechenden Erwartungsgrößen begleitet. Deshalb werden nach unserer Theorie die realen Variablen, wie die Wachstumsrate der Produktion und die Arbeitslosenquote, von diesen langfristigen Veränderungen nicht beeinflußt. Insofern ist diese Theorie mit den langfristigen Daten für die USA, das Vereinigte Königreich und mit den Daten des Ländervergleichs in der Nachkriegszeit vereinbar. Bekanntlich ergab die empirische Analyse, daß die durchschnittliche Rate des monetären Wachstums oder der Inflation in keinem Zusammenhang zur Arbeitslosenquote oder zur Wachstumsrate der Produktion steht.

Implikationen für die Geldpolitik

Falls Geldmengenänderungen reale Effekte auslösen können, erscheint es naheliegend, sich eine systematische Politik der Geldmengenänderung zu überlegen, mit deren Hilfe sich die Volkswirtschaft stabilisieren ließe. Häufig schlagen Ökonomen vor, die Notenbank solle die Geldmenge akzelerieren - z.B. durch Offenmarktkäufe von Wertpapieren -, um auf diese Weise die Volkswirtschaft aus einer Rezession herauszuführen. Die in diesem Kapitel entwickelte Theorie läßt jedoch keine Empfehlung für eine derartige Geldpolitik zu.

Wir können uns die Geldpolitik als einen regelmäßigen Vorgang vorstellen, der die Geldmenge M_t an den Zustand der Volkswirtschaft anpaßt. So kann die Notenbank die Geldmenge im Falle einer Rezession stärker erhöhen als normalerweise, ihre Zuwachsrate in einer Boomsituation jedoch niedrig halten. Wie bereits erwähnt, spricht einiges dafür, daß die Federal Reserve diese Art antizyklischer Geldpolitik seit dem 2. Weltkrieg praktiziert hat.

Welche Vorhersagen läßt unsere Theorie bezüglich der realen Effekte einer derartigen Geldpolitik zu? Als vernünftig erscheint die Einschätzung, daß die Wirtschaftssubjekte die geldpolitischen Maßnahmen bei der Bildung ihrer Preiserwartungen berücksichtigen. So werden sie ihre Geldmengen- und Preisprognosen entsprechend anpassen, sobald sie wissen, daß die Fed die Volkswirtschaft im Falle einer Rezession mit zusätzlicher Liquidität versorgen wird. Insofern wird in der Preiserwartung P^e_t bereits die typische Reaktion der Notenbank auf die beobachtete Wirtschaftslage erfaßt. Dies impliziert jedoch, daß die Notenbank die Geldmenge und das Preisniveau relativ zu den individuellen Erwartungen nur dann ändert, wenn sie von ihrem üblichen Verhalten abweicht. Demzufolge zieht nur der erratische Teil des Verhaltens der Notenbank reale Effekte nach sich, während der systematische Teil der Geldpolitik - also die vorhersehbare Expansion der Geldmenge im Falle einer Rezession bzw. die Kontraktion der Geldmenge im Falle eines Booms - zu keinerlei Verwechslungen zwischen dem allgemeinen Preisniveau und den relativen Preisen führt. Diese monetären Veränderungen sind deshalb im Modell neutral. Dieses Ergebnis wird von Ökonomen gelegentlich als **Irrelevanz einer systematischen Geldpolitik** bezeichnet.[5]

Selbstverständlich ist ein erheblicher Teil der Geldmengenschwankungen nicht vorhersehbar. Die Irrelevanz-These trifft deshalb nicht auf diese Art monetärer Bewegungen zu. Allerdings können wir uns auch nicht vorstellen, daß man dieses erratische Verhalten als eine sinnvolle Politik ansehen kann. Denn manchmal finden expansive und manchmal kontraktive Veränderungen statt, die aber letztlich zu keiner systematischen Verbesserung der Funktionsweise der Volkswirtschaft führen.

Stagflation

Ökonomen bezeichnen mit dem Begriff **Stagflation** eine Situation, in der während einer Rezession hohe oder steigende Inflationsraten auftreten. So erreichte z.B. die Arbeitslosenquote (für zivile Erwerbstätige) in der Rezession von 1974-75 im Mai 1975 einen Höchstwert von 9,0%, während die jährliche Änderungsrate des BSP-Deflators zwischen 1972 und 1975 von 4% auf 9% anstieg. Auch in der Rezession 1979-80 erreichte die Arbeitslosenquote im Juli 1980 mit 7,8% ihren Höchstwert, während die Inflationsrate zwischen 1978 und 1980 von 7% auf 9% zunahm.

Obwohl die Stagflation für Analysen auf der Basis der Phillips-Kurve ein erhebliches Problem darstellt, kann unsere in diesem Kapitel entwickelte Theorie das Phänomen der Stagflation ohne weiteres erklären. Erstens besteht zwischen den perzi-

---

[5] Vgl. hierzu Thomas Sargent und Neil Wallace (1975) sowie Ben McCallum (1979).

pierten Teilen des monetären Wachstums oder der Inflation und den realen Variablen kein theoretischer Zusammenhang. Die Erhöhung der durchschnittlichen Zuwachsraten der Geldmenge und des Preisniveaus zwischen den späten 60er und frühen 80er Jahren - die vermutlich von jedermann perzipiert wurde - gibt uns keinerlei Anlaß, niedrige Arbeitslosenquoten vorherzusagen. Zweitens handelte es sich bei den Ölkrisen der Jahre 1973-74 und 1979-81 um Angebotsschocks, die bei einer gegebenen Entwicklung der Geldmenge das allgemeine Preisniveau erhöhen. Deshalb prognostizieren wir in diesen Fällen, daß der Rückgang der Produktion mit einer Beschleunigung der Inflation einhergeht.

Gegenwärtige Information über Preise

Bisher waren die Preiserwartungen P^e_t allein abhängig von Informationen, die vor der Periode t verfügbar waren. Wir wollen nun einige interessante neue Ergebnisse ableiten, indem wir zulassen, daß die Wirtschaftssubjekte ihre Vorstellung auf der Grundlage gegenwärtiger Informationen bilden.

Wir erinnern uns, daß die Produzenten während der Periode t beobachten, daß die Güter auf dem lokalen Markt zum Preis $P_t(z)$ verkauft werden. Sofern sich dieser Preis von P^e_t unterscheidet, so mag es dafür zwei Gründe geben. Erstens können einige lokale Bedingungen - etwa eine Nachfrageverschiebung auf dem Markt z - dazu führen, daß der relative Güterpreis dieses Marktes entweder hoch oder niedrig ist. Zweitens kann die Vorhersage der allgemeinen Preise unzutreffend sein, d.h. das allgemeine Preisniveau P_t kann höher oder niedriger sein als P^e_t. Aber annahmegemäß sind die Wirtschaftssubjekte nicht in der Lage, dies direkt zu überprüfen, indem sie unverzüglich eine Vielzahl von Preisen anderer Märkte ermitteln oder einen brauchbaren veröffentlichten Index der laufenden Preise beobachten. Da der Prozeß der Informationsbeschaffung mit Kosten verbunden ist, finden sich Käufer und Verkäufer mit unvollständigen Infomationen über die Preise alternativer Güter ab. Die Beobachtung des lokalen Preises $P_t(z)$ liefert jedoch gewisse Informationen über das gegenwärtige allgemeine Preisniveau P_t. Mit diesen Informationen wollen wir uns jetzt näher befassen.

Zunächst sei angenommen, die Wirtschaftssubjekte seien in der Lage, das allgemeine Preisniveau mit einem hohen Grad an Zuverlässigkeit vorauszusagen. Dies dürfte dann zutreffen, wenn die Notenbank eine Politik verfolgt, die gewöhnlich für Preisstabilität sorgt. Eine solche Politik verlangt, daß die Währungsbehörde große Zufallsveränderungen der Geldmenge M_t vermeidet. In einer solchermaßen stabilen Umwelt werden die Wirtschaftssubjekte keine wesentlichen Anpassungen ihrer Erwartungen P^e_t vornehmen, wenn sie den lokalen Preis $P_t(z)$ beobachtet haben. Sie werden vielmehr darauf vertrauen, daß die Bewegungen von $P_t(z)$ Veränderungen des relativen Preises $P_t(z)/P_t$ und nicht des Preisniveaus P_t widerspiegeln. Selbstverständlich bedeutet das auch, daß die Wirtschaftssubjekte dann erheblich in die Irre geleitet werden, wenn der seltene Fall auftritt, daß überraschende Geldmengenänderungen zu ausgeprägten Bewegungen des allgemeinen Preisniveaus führen. In Kenntnis der Tatsache, daß sie in der Mehrzahl der Fälle recht haben, werden Anbieter und Nachfrager deutlich reagieren, wenn sie Veränderungen von $P_t(z)$ beobachten. Daher führt die durch eine überraschende Ausdehnung der Geldmenge verursachte Preiserhöhung zu einem starken Anstieg der Produktion.

Im Gegensatz dazu stellen wir uns eine Volkswirtschaft vor, in der die Geldmenge instabil ist und das allgemeine Preisniveau P_t häufig erheblich von den Preiserwartungen P^e_t abweicht. Unter diesen Umständen werden die Wirtschaftssubjekte sehr viel weniger darauf vertrauen, daß in den Bewegungen von $P_t(z)$ Veränderungen des relativen Preises $P_t(z)/P_t$ zum Ausdruck kommen. Sie werden im wesentlichen davon ausgehen, daß ein hohes Niveau von $P_t(z)$ einen höheren als den erwarteten Wert von P_t signalisiert. Daraus folgt, daß die perzipierten relativen Preise $P_t(z)/P_t$ weniger stark auf beobachtete Veränderungen von $P_t(z)$ reagieren, und zwar deshalb, weil die Wirtschaftssubjekte eine Anpassung von P^e_t in derselben Richtung vornehmen, in die sich $P_t(z)$ bewegt.

Wie wir wissen, ist die Reaktion der perzipierten relativen Preise jener Mechanismus, der bei überraschenden Veränderungen der Geldmenge reale Effekte hervorbringt. Da die Wirtschaftssubjekte nunmehr weniger bereit sind zu glauben, daß sich die relativen Preise geändert haben, stellt sich heraus, daß monetäre Schocks geringere reale Wirkungen haben als zuvor. Daraus läßt sich als allgemeiner Schluß ziehen: *Je ausgeprägter die zeitliche Instabilität der Geldmenge ist, um so geringer sind die realen Effekte monetärer Schocks.* Dies ergibt sich daraus, daß die Wirtschaftssubjekte bei größerer Unbeständigkeit der Geldmenge im Zeitablauf eher bereit sind, beobachtete Erhöhungen der lokalen Preise mit unerwartet hohen allgemeinen Preisniveaus in Verbindung zu bringen. Daher fällt es schwerer, die Wirtschaftssubjekte durch monetäre Schocks Glauben zu machen, daß sich die relativen Preise geändert haben.

Diese Aussage wird durch einige neuere Untersuchungen verschiedener Länder während der Nachkriegszeit empirisch gestützt.[6] Es zeigte sich, daß monetäre Störungen (gemessen durch überraschende Bewegungen von M1) in den meisten Ländern in einem positiven Zusammenhang mit dem realen BSP stehen, wobei - und dies sagt unsere Theorie voraus - die Stärke dieses Zusammenhangs beträchtlich abnimmt, wenn die monetäre Wachstumsrate eines Landes weniger vorhersehbar wird. Monetäre Schocks (in bezug auf M1) weisen in Ländern wie den USA, in denen eine relative Stabilität der Geldmenge vorherrscht, einen besonders starken positiven Einfluß auf das reale BSP auf. Andererseits ist in Ländern wie Argentinien und Brasilien mit unvorhersehbaren Geldmengenschwankungen nahezu kein Zusammenhang zwischen monetären Störungen und realem BSP festzustellen.

---

[6] Vgl. Roger Kormendi und Phillip Meguire (1984) sowie C.L.F. Attfield und N.W. Duck (1983).

Kehren wir nun zu unserem Modell zurück, um ein weiteres Ergebnis abzuleiten. Wir haben bereits erwähnt, daß größere Geldmengenschwankungen dazu führen, daß die perzipierten relativen Preise weniger stark auf lokale Preisänderungen reagieren. Dies bedeutet einerseits, daß die Wirtschaftssubjekte weniger Fehler machen, wenn die Preisänderungen unerwartete Bewegungen der Geldmenge und des Preisniveaus widerspiegeln. Andererseits impliziert dies auch, daß sie *mehr* Fehler begehen, wenn tatsächlich Veränderungen des relativen Preises auftreten. Alles in allem verlieren im Falle erhöhter Unsicherheit bezüglich der Geldmenge und des Preisniveaus die beobachteten lokalen Preise ihre Signalfunktion hinsichtlich der Veränderung der relativen Preise. Somit wird in einem ganz allgemeinen Sinne das Preissystem als Steuerungsmechanismus der Ressourcenallokation weniger effektiv. Die Volkswirtschaft wird etwa auf Veränderungen der Präferenzen und der Technologie, die eine Verlagerung von Ressourcen in andere Bereiche erfordern, weniger stark reagieren.[7] Insbesondere ist zu beachten, daß Änderungen in der Vorhersehbarkeit der Geldmenge - im Gegensatz zu Variationen ihrer durchschnittlichen Wachstumsrate - in diesem Modell nicht neutral sind. Von diesem Standpunkt aus betrachtet, erscheint diejenige Geldpolitik am vernünftigsten, die am ehesten voraussehbar ist.

Einige problematische Aspekte der Theorie

Wir haben gezeigt, daß das Markträumungsmodell bei unvollkommener Information einige Resultate hervorbringt, die gemessen an den empirischen Belegen recht günstig abschneiden. Bevor wir jedoch die Theorie und ihre höchst interessanten Ergebnisse für die Geldpolitik akzeptieren, sollten wir uns mit ihren Eigenschaften näher befassen und uns mit einigen ernstzunehmenden Einwänden auseinandersetzen.

Entwicklung der Preise und der realen Zinssätze

Der Theorie zufolge kommen reale Effekte monetärer Störungen lediglich durch überraschende Änderungen der Preise und des realen Zinssatzes zum Tragen. Allerdings werden diese Wirkungsmechanismen durch die empirischen Daten nicht bestätigt. So haben wir bereits in Kapitel 18 gesehen, daß die Nachkriegsdaten keinen sehr ausgeprägten Zusammenhang zwischen überraschenden Preisniveauänderungen und Schwankungen der realen Wirtschaftsaktivität aufzeigen.[8] Auch in Untersu-

---

[7] Eine Diskussion der negativen Konsequenzen monetärer Unsicherheit findet sich bei F.A. Hayek (1945) und Henry Simons (1948).

[8] Es ist allerdings, wie bereits in Kapitel 18 erwähnt, möglich, daß Angebotsschocks diesen Zusammenhang verschleiern. Da diese Schocks zu einer inversen Beziehung zwischen Preisen und Produktion führen, können die verfügbaren Studien das durch monetäre Schocks bedingte positive Verhältnis nicht isolieren.

chungen zur Nachkriegszeit konnte keine enge Verbindung zwischen monetären Störungen und dem realen Zinssatz festgestellt werden.[9]

Generell wird die Prognosefähigkeit unserer Theorie in bezug auf monetäre Störungen sehr unterschiedlich beurteilt. Einerseits bietet sie sehr einleuchtende Erklärungen für die positiven Reaktionen der Produktion, der Beschäftigung und der Investitionen auf monetäre Schocks, andererseits werden ihre Aussagen bezüglich der Transmissionsmechanismen zwischen monetären Veränderungen und realen Variablen durch das verfügbare Datenmaterial nicht gestützt.

Unvollständige Information über das Preisniveau und die Geldmenge

Ein zentrales Element der Theorie ist, daß die Wirtschaftssubjekte das allgemeine Preisniveau oder die Geldmenge nicht direkt beobachten. Wäre ihnen dies möglich - indem sie z.B. regelmäßig einen brauchbaren Index wie den Konsumentenpreisindex oder den BSP-Deflator verfolgten -, könnten sie Veränderungen des allgemeinen Preisniveaus nicht als Bewegungen der relativen Preise mißdeuten. Nehmen wir alternativ an, daß die Wirtschaftssubjekte die Geldmenge, nicht aber das allgemeine Preisniveau beobachten, dann können sie - zumindest wenn sie die in diesem Buch gelehrte Ökonomie verstehen! - die Auswirkungen von Geldmengenänderungen für das allgemeine Preisniveau abschätzen. Deshalb würden sie zumindest nicht die monetär induzierten Veränderungen des allgemeinen Preisniveaus mit Schwankungen der relativen Preise verwechseln. Aber für diesen Fall prognostiziert das Modell, daß die monetären Veränderungen neutral sind.

Tatsächlich ist es für die Wirtschaftssubjekte nicht sehr schwierig, sich schnell einen Preisindex (beim Konsumentenpreisindex mit einmonatiger Verzögerung) oder Maße monetärer Aggregate anzusehen (für M1 mit einwöchiger Verzögerung). Auch können sie bei der Lektüre des *Wall Street Journal* jede Woche die Höhe der Geldbasis erfahren. Natürlich ist den meisten nicht daran gelegen, derartige Daten zu sammeln und zu interpretieren, was vermutlich aber daran liegt, daß die Information für sie nur von relativ geringem Wert ist.

Wie verhält es sich mit der Brauchbarkeit der verfügbaren Preisindizes? Ein Grund, warum sie möglicherweise nicht sehr hilfreich sind, liegt darin, daß jedes Individuum sich für einen Warenkorb von Gütern interessiert, der sich deutlich von jenem unterscheidet, auf dem der Preisindex beruht. Außerdem weisen Indizes bestimmte konzeptionelle Mängel auf, die ihren Aussagewert begrenzen. (Die Behandlung von Zinskosten für Hypotheken im Konsumentenpreisindex war bis zur kürzlichen Verfahrensänderung dafür ein Beispiel.) Deshalb müßten die Wirtschaftssubjekte, um sich hinreichend über die Preise zu informieren, detaillierte Erhebungen auf einer Vielzahl von Märkten machen. Da dies ein kostspieliger Vorgang ist, er-

---

[9] Vgl. beispielsweise Robert Litterman und Laurence Weiss (1985).

scheint es durchaus naheliegend, daß den Wirtschaftssubjekten bei ihrer Interpretation der beobachteten Preise gelegentlich bemerkenswerte Fehler unterlaufen.

Ein ähnliches Argument lautet, daß die Daten über monetäre Aggregate wenig nützliche Informationen vermitteln, da aufgrund der Saisonberichtigungen und der Willkürlichkeit der Geldmengendefinition die offiziellen Indikatoren wenig mit dem für die Theorie relevanten Geldmengenkonzept gemein haben. Dieses Argument ist insofern verwirrend, als die veröffentlichten Daten - sei es für M1 oder die Geldbasis - in der Nachkriegszeit durchaus eine positive Beziehung zur realen Wirtschaftsaktivität aufzuweisen scheinen. Falls die Daten jedoch bedeutungslos wären, ist diese Beziehung kaum zu erklären. Falls andererseits die offiziellen Indikatoren bedeutsam sind, ist zu fragen, warum die Wirtschaftssubjekte sich nicht die Zeit nehmen, sie zu beobachten.

Um die verschiedenen Aspekte in Einklang zu bringen, erscheint es angemessen, die mangelnde Informiertheit über das allgemeine Preisniveau und die Geldmenge für geringe und kurzlebige Fehlbeurteilungen der relativen Preise verantwortlich zu machen. Den Wirtschaftssubjekten ist es zu aufwendig, ununterbrochen die Entwicklungen des allgemeinen Preisniveaus und der Geldmenge zu beobachten und zu interpretieren. Andererseits ist das Auftreten ausgeprägter oder lang anhaltender Fehlbeurteilungen unwahrscheinlich. Die Kosten einer Fehlbeurteilung der relativen Preise - und damit von Fehlentscheidungen bei der Produktion, dem Arbeitseinsatz und den Investitionen - erscheinen im Vergleich zu den Kosten der notwendigen Informationsbeschaffung zu hoch. Deshalb können monetär induzierte Verwechslungen der allgemeinen und der relativen Preise höchstens geringe Fluktuationen der gesamtwirtschaftlichen Aktivitäten auslösen. Unsere Theorie ist jedenfalls nicht imstande, massive Output- und Beschäftigungseinbrüche zu erklären.

Anhand der Geschichte der USA haben wir gesehen, daß die Theorie während der relativ schwachen Rezessionen der Nachkriegszeit eine durchaus vielversprechende Erklärung für die signifikante Rolle der Geldmenge, sofern wir diese mit der Geldbasis identifizieren, zu bieten hat. Andererseits ist es unwahrscheinlich, daß der Ansatz eine hinreichende Begründung für die ausgeprägteren Konjunkturabschwünge vor dem 2. Weltkrieg liefern kann. Insbesondere während der Weltwirtschaftskrise von 1929-33 spielte die Verwechslung von allgemeinen und relativen Preisen vermutlich nur eine geringe Rolle. Indes haben wir bereits darauf hingewiesen, daß mit der Weltwirtschaftskrise - sowie mit einigen anderen Phasen vor dem 1. Weltkrieg, die durch Bankenkrisen charakterisiert waren - eine starke Abnahme der Finanzgeschäfte und nicht so sehr eine Verringerung der Geldbasis einherging. Deshalb müssen wir uns vermutlich nicht ausschließlich auf die Annahme der unvollkommenen Information über die Geldmenge und das Preisniveau stützen, um diese Entwicklungen zu verstehen.

Regelgebundene versus diskretionäre Wirtschaftspolitik

Eine anregende neuere Entwicklung in der Makroökonomie ist die Anwendung von Modellen strategischen Verhaltens auf Untersuchungen zur Wirtschaftspolitik. Die ursprüngliche Anregung zu dieser Idee ergab sich aus der Unterscheidung zwischen antizipierten und nicht-antizipierten Veränderungen der Geldmenge und der Preise in jener Art von Modellen, die wir in diesem Kapitel betrachtet haben. Wenn allein nicht-antizipierte monetäre Veränderungen und unerwartete Änderungen des Preisniveaus für die realen Variablen eine Rolle spielen, dann sollten Wirtschaftspolitiker, die Einfluß auf reale Größen nehmen wollen, Veranlassung haben, die Wirtschaftssubjekte zu überraschen. Aber sofern diese rationale Erwartungen bilden, dürfte es schwerfallen, sie systematisch zu täuschen.[10] Die Auflösung dieser konfligierenden Absichten ist Inhalt der strategischen Wechselwirkung zwischen Wirtschaftspolitik und Individuen in der Volkswirtschaft. Der Charakter dieser wechselseitigen Beeinflussung kann anhand eines einfachen Beispiels der Geldpolitik illustriert werden.

Angenommen, die Währungsbehörde könne jede beliebige von ihr angestrebte Inflationsrate π durch Anwendung ihrer Instrumente erreichen. Obwohl es realistischer erschiene, einige Abweichungen zwischen der angestrebten und der realisierten Inflationsrate zuzulassen, würde dies die grundlegenden Ergebnisse nicht berühren. Die Wirtschaftspolitiker streben eine geringere Arbeitslosigkeit (bzw. eine höhere Beschäftigung und Produktion) an, können dies aber nur erreichen, indem sie eine nicht-antizipierte Inflation, $\pi - \pi^e$, erzeugen, und diese unerwartete Inflation würde mit einem nicht-antizipierten monetären Wachstum einhergehen. Bei gegebener erwarteter Inflationsrate π^e verringert sich die Arbeitslosenquote mit π. (Dieses Ergebnis folgt aus der modifizierten Phillips-Kurve, wie in Abb. 18.2 und in dem in diesem Kapitel entwickelten Modell gezeigt.)

Angenommen, die Währungsbehörde lehne Inflation prinzipiell ab. Abgesehen von den Wirkungen auf die Arbeitslosigkeit haben Wirtschaftspolitiker eine Präferenz für eine Inflationsrate von Null. Bei gegebenem Wert von π^e führt eine Erhöhung von π zu einem *trade-off* zwischen den Nutzen einer geringeren Arbeitslosigkeit (einer höheren Produktion) und den Kosten einer höheren Inflation. Die Lösung dieses Konflikts bestimmt die von den Wirtschaftspolitikern gewählte Inflationsrate, die wir mit $\hat{\pi}$ bezeichnen wollen.

Ganz allgemein hängt der Wert von $\hat{\pi}$ von den Erwartungen π^e der Wirtschaftssubjekte ab. Wenn wir diesen Zusammenhang als Funktion ψ ausdrücken, so erhalten wir

---

[10] Abraham Lincoln sah dies etwas anders: "Man kann alle Leute manchmal täuschen, und man kann sogar manche Leute immer täuschen." Vgl. Alexander McClure (1901), S. 124.

$$\hat{\pi} = \psi(\pi^e). \qquad (19.5)$$
$$(+)$$

Ist π^e höher, so muß die Währungsbehörde einen entsprechend höheren Wert von π wählen, um eine unerwartete Inflation $\pi - \pi^e$ aufrechtzuerhalten. Aus diesem Grund nimmt der von den Wirtschaftspolitikern gewählte Wert $\hat{\pi}$ mit zunehmendem π^e zu, wie Gleichung (19.5) zeigt. Die graphische Darstellung von $\hat{\pi} = \psi(\pi^e)$ in Abb. 19.7 enthält noch zwei weitere Annahmen. Erstens soll $\pi > 0$ sein, wenn $\pi^e = 0$ ist; d.h. die Wirtschaftspolitiker halten eine Inflationierung für angemessen, wenn die Wirtschaftssubjekte eine Inflationserwartung von Null hegen. Zweitens ist die Steigung der Funktion $\psi(\pi^e)$ geringer als die 45°-Linie, was bedeutet, daß ein Anstieg von π^e zu einer unterproportionalen Erhöhung von $\hat{\pi}$ führt.[11]

Überlegen wir, wie ein Wirtschaftssubjekt in diesem Modell rationale Erwartungen bildet. Angenommen, jeder kenne die Erwartungen π^e aller übrigen Personen und wisse überdies, was die Regierung zu unternehmen versucht, nämlich $\pi = \hat{\pi}$ so zu setzen, daß sich der geplante *trade-off* zwischen Arbeitslosigkeit und Inflation einstellt. Sodann ermittelt jedes Individuum die Entscheidung der Wirtschaftspolitiker, $\hat{\pi}$, um die rationale Erwartung $\pi^e = \hat{\pi}$ zu berechnen. Daher korrespondiert die rationale Bestimmung der Erwartungen mit der 45°-Linie in Abb. 19.7.

Der Schnittpunkt der beiden Linien in der Abbildung bestimmt die gleichgewichtige Inflationsrate $\pi^* = (\pi^e)^*$. Bei diesem Wert sind zwei Bedingungen erfüllt: Wenn erstens $\pi^e = \pi^*$ gilt, so wählen die Wirtschaftspolitiker, die den Nutzen einer geringeren Arbeitslosigkeit gegen die Kosten einer höheren Inflation bei gegebenem π^e abwägen, den Wert $\hat{\pi} = \pi^*$, da dieser Punkt auf der Linie $\hat{\pi} = \psi(\pi^e)$ liegt. Zweitens ist die Erwartung $\pi^e = \pi^*$ deshalb rational, weil sie die bestmögliche Inflationsprognose darstellt. (In diesem Modell ist, anders als in einigen erweiterten Modellversionen, der Prognosefehler gleich Null; d.h. die Wirtschaftssubjekte verfügen über **vollkommene Voraussicht**.)

Wir können den Inhalt dieser Ergebnisse anhand eines (willkürlich gewählten) Zahlenbeispiels verdeutlichen. Gehen wir davon aus, daß $\pi^e = 0$ ist. Angesichts dieser Einschätzung mögen die Wirtschaftspolitiker einen Wert von z.B. 5% für $\hat{\pi}$ als optimale Wahl betrachten. Aber jeder kann (da er weiß, wie die Regierung handelt) unschwer herausfinden, daß sich die Wirtschaftspolitiker für 5% Inflation entscheiden, wenn alle Wirtschaftssubjekte von einer Inflationserwartung von Null ausgehen. Allgemeiner formuliert: Jeder weiß, daß die Regierung eine hohe Inflation herbeiführen wird, wenn jeder einzelne eine niedrige Teuerungsrate erwartet. Folglich ist $\pi^e = 0$ eine irrationale Einschätzung, und jeder wird zu $\pi^e = 5\%$ übergehen. Wenn aber alle Wirtschaftssubjekte eine Inflationsrate von 5% er-

---

[11] Es kann gezeigt werden, daß diese Eigenschaft erfüllt ist, wenn die mit der Inflation verbundenen Grenzkosten mit steigender Inflationsrate zunehmen.

warten, wird die Regierung den Wert von $\hat{\pi}$ auf, sagen wir, 7% anheben. Dann wechseln alle zu $\pi^e = 7\%$ über, was die Regierung dazu veranlaßt, möglicherweise $\hat{\pi} = 8\%$ zu wählen, und so weiter. Im Gleichgewicht, etwa bei einer Inflationsrate von 10%, ist es für die Regierung naheliegend, $\hat{\pi} = \psi(10\%) = 10\%$ zu setzen, und die Wirtschaftssubjekte halten ebenfalls eine 10%ige Inflation für glaubwürdig.

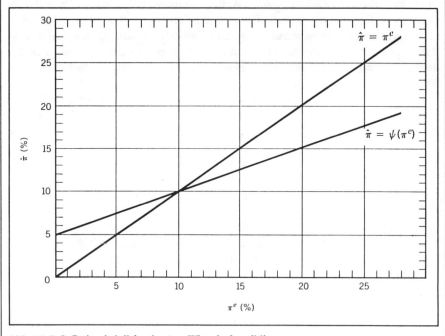

Abb. 19.7: *Inflation bei diskretionärer Wirtschaftspolitik*
Die Linie mit der geringeren Steigung zeigt die Entscheidungen der Wirtschaftspolitiker in bezug auf die Inflationsrate $\hat{\pi}$ als Funktion der erwarteten Inflationsrate π^e. Für Punkte auf der 45°-Linie entsprechen sich π^e und $\hat{\pi}$.

Der unerfreuliche Aspekt dieses Gleichgewichts besteht darin, daß es eine hohe Inflationsrate ($\pi = \pi^*$ in Abb. 19.7) beinhaltet, ohne die Vorteile einer *überraschend* hohen Inflation zu bieten. Da π^e ebenso hoch ist wie π, ist die unerwartete Inflation, $\pi - \pi^e$, gleich Null, und daher geht auf Beschäftigung und Produktion keine stimulierende Wirkung aus.

Die Volkswirtschaft würde bei einer tatsächlichen und erwarteten Inflationsrate von Null besser funktionieren, weil die inflationsbedingten Kosten geringer wären. Auch in diesem Fall wäre die unerwartete Inflation, $\pi - \pi^e$, erneut gleich Null, aber zumindest ist die Teuerung gering. Aus Abb. 19.7 wird jedoch deutlich, daß im Modell $\pi = \pi^e = 0$, kein Gleichgewicht darstellt. Wenn $\pi^e = 0$ ist, entscheiden sich die Wirtschaftspolitiker für $\hat{\pi} > 0$, und dies ist - da die Wirtschaftssubjekte wissen, daß sich die Wirtschaftspolitiker in dieser Weise verhalten werden - mit rationalen Erwartungen nicht konsistent.

Die resultierende hohe Inflation, $\pi = \pi^e = \pi^* > 0$, wird häufig als Folge einer **diskretionären Wirtschaftspolitik** angesehen. Das Ergebnis stellt sich ein, weil die Wirtschaftspolitiker keine Versprechungen oder bindenden Zusagen über zukünftige Handlungen machen können. Im Gegensatz dazu wird gesagt, daß Wirtschaftspolitiker, die derartige Zusagen abgeben können, einer **regelgebundenen Wirtschaftspolitik** folgen. In einer einfachen Form einer solchen Regel wird eine konstante monetäre Wachstumsrate oder eine konstante Inflationsrate spezifiziert (sog. **Regeln konstanter Wachstumsraten**). Da in unserem derzeitigen Rahmen Inflation mit Kosten verbunden ist, besteht die bestmögliche Handlung der Währungsbehörde darin, eine Inflationsrate von Null zu versprechen. (In anderen Modellen sähe die optimale Regel komplizierter aus.) Mit dieser Zusage ist das Ergebnis $\pi = \pi^e = 0$ erreichbar und im übrigen dem Resultat einer diskretionären Politik, $\pi = \pi^e > 0$, überlegen.

Abb. 19.7 illustriert gewissermaßen die Spannung, die in einer Regel mit geringer Inflation liegt. Bei $\pi^e = 0$ wollen die Wirtschaftspolitiker tatsächlich die Zusage unterlaufen, indem sie $\pi = \hat{\pi} > 0$ setzen.[12] Wäre dieser Verstoß durchsetzbar, hätten die Wirtschaftssubjekte dies vermutlich bereits vorher gewußt und ihre Erwartung hinsichtlich einer Inflation von Null nicht aufrechterhalten. Dann stellt sich ein Gleichgewicht ein, das dem einer diskretionären Politik entspricht, wie zuvor in Abb. 19.7 dargestellt. Um dieses Ergebnis zu vermeiden, ist es unbedingt erforderlich, daß Zusagen mit Nachdruck eingefordert werden. Ihre Verbindlichkeit muß strikt genug sein, um die Wirtschaftspolitiker daran zu hindern, sich später über gegebene Zusagen hinwegzusetzen, selbst wenn sie dies vorhaben. In dem Maße, wie die "souveräne Macht" der Regierung die Durchsetzung von Zusagen verhindert, stellt sich ein Ergebnis ein, das dem einer mit hoher Inflation verbundenen diskretionären Politik ähnlicher ist als der mit geringer Inflation einhergehenden Politik bei Regelbindungen.

Ein wichtiger Gesichtspunkt ist, daß sich eine hohe Inflation bei diskretionärer Politik selbst dann einstellt, wenn die Wirtschaftspolitiker guten Willens und kompetent sind. Dieses Ergebnis wird durch die Vorteilhaftigkeit einer Inflationsüberraschung hervorgebracht. In dem soeben betrachteten Beispiel ergibt sich der Vorteil erstens dann, wenn eine Zunahme der unerwarteten Inflation die Arbeitslosigkeit verringert, und zweitens, wenn die Verminderung der Arbeitslosigkeit wünschenswert ist. Letzteres ist dann der Fall, wenn die Privatwirtschaft typi-

---

[12] Das Ergebnis $\pi > \pi^e = 0$ wird demjenigen vorgezogen, das sich aus der Regelbindung ergibt, $\pi = \pi^e = 0$, wie auch dem Resultat bei diskretionärer Politik, $\pi = \pi^e > 0$. Jedoch ist $\pi > \pi^e$ im Modell nicht mit rationalen Erwartungen vereinbar. Im allgemeinen ist das Ergebnis für die Wirtschaftspolitik nicht erreichbar, weil es nicht gelingen kann, die Wirtschaftssubjekte konsequent zu täuschen.

scherweise zu hohe Arbeitslosenquoten hervorbringt. Zwei mögliche Ursachen für dieses Marktversagen sind die Existenz von Einkommensteuern und die Bereitstellung von Arbeitslosenunterstützungen. (Die keynesianische Theorie, die wir im folgenden Kapitel diskutieren, legt nahe, das die Unbeweglichkeit von Preisen oder Löhnen als weiterer Grund für eine möglicherweise im Durchschnitt zu hohe Arbeitslosigkeit in Betracht zu ziehen ist.)

Ähnliche Politikergebnisse stellen sich in vielen Bereichen ein, bei denen es für die Politiker von Vorteil ist, die Wirtschaftssubjekte zu überraschen. So mögen z.B. Schuldnerländer die Gläubiger durch Nichterfüllung ihrer Auslandsverpflichtungen überraschen, oder Regierungen die Kapitaleigner durch Auferlegung hoher Steuersätze auf existierendes Kapital (sog. *Vermögensabgaben*), oder Finanzbehörden durch die Ankündigung von Steueramnestien, oder Regierungen, die es versäumen, bereits gemachte Erfindungen durch Patente zu schützen usw. In all diesen Fällen ist es verlockend, für eine Überraschung durch das Setzen von Fakten zu sorgen. Aber wenn die Wirtschaftssubjekte die Absichten der Politiker durchschauen, werden sie in ihren Erwartungen vor Eintritt der Tatsachen die Wahrscheinlichkeit nachfolgender politischer Handlungen berücksichtigen. Dann werden die Gleichgewichte unerwünschte Eigenschaften haben, so wie im Falle einer hohen Inflation bei diskretionärer Politik. Die Gleichgewichte werden insbesondere eine geringe Auslandskreditvergabe, geringe Investitionen, eine geringe Steuerzahlungsbereitschaft, ein geringes Niveau an Innovationen aufweisen. Um dies zu vermeiden, werden Regierungen das Versprechen abgeben, der Verlockung zu widerstehen, die Wirtschaftssubjekte später zu überraschen. Die Glaubwürdigkeit solcher Versprechen ist freilich eine ernste Frage.

Es hat in jüngerer Zeit umfangreiche Forschungen zu den Anwendungen strategischen Verhaltens auf die Politik gegeben. Ein wegweisender Beitrag stammt von Finn Kydland und Ed Prescott (1977). Jüngere Entwicklungen, vor allem mit Bezug auf die Makroökonomie und die Geldpolitik, wurden von Ken Rogoff (1989) im Überblick dargestellt.

Zusammenfassung

Ein neuer Ansatz in der makroökonomischen Theorie versucht, die Rolle der Geldmenge bei Konjunkturschwankungen zu erklären. Dieser Ansatz basiert grundsätzlich auf den Annahmen der Markträumung und des rationalen Verhaltens, versucht aber, mit Hilfe des Konzepts der unvollkommenen Information über das Preisniveau einige durch monetäre Störungen ausgelöste reale Effekte zu erklären. In diesem Modell erwecken unerwartete Erhöhungen der Geldmenge und des Preisniveaus bei den Individuen den Eindruck, daß der relative Preis ihrer produzierten Güter auf den lokalen Märkten gestiegen ist, so daß sie daraufhin ihre Produktion, Arbeitsleistungen und Investitionen erhöhen. In dieser Hinsicht wird die Theorie von empirischen Daten gestützt, nach denen überraschende Variationen des Volumens der Geldbasis möglicherweise nicht neutral sind.

Da perzipierte Veränderungen der Geldmenge und des allgemeinen Preisniveaus zu keinen Fehlbeurteilungen hinsichtlich der relativen Preise führen, wirken diese Teile der monetären Veränderungen nach wie vor neutral. Dieses Ergebnis stimmt mit der Tatsache überein, daß es keine langfristige Beziehung zwischen realen Variablen und monetärem Wachstum oder Inflation gibt.

Der systematische Teil der Geldpolitik löst keinerlei Fehleinschätzungen hinsichtlich der relativen Preise aus, so daß das theoretische Modell diesem Teil der Wirtschaftspolitik keine Signifikanz hinsichtlich der realen Variablen zuschreibt. Andererseits ist eine erhöhte Unsicherheit in bezug auf die Geldpolitik nicht neutral, weil sie die Informationen verändert, welche die Wirtschaftssubjekte durch Beobachtung der lokalen Preise gewinnen. Da die Wirtschaftssubjekte erkennen, daß monetäre Schocks häufig ausgeprägt sind, reagieren die realen Variablen schwächer auf monetäre Störungen. Da aber der Wert der beobachteten Preise als allokative Signale gemindert wird, ergibt sich eine Verschlechterung der Ressourcen-Allokation. Die Volkswirtschaft reagiert weniger sensibel auf Veränderungen der Präferenzen und der Technologie. Die entscheidende Konsequenz des Modells ist deshalb, daß die Geldpolitik vorhersehbar und nicht erratisch sein sollte.

Obwohl die Theorie mit einigen empirischen Beobachtungen übereinstimmt, wirft sie auch manche Probleme auf. So wird von den Daten weder die Rolle der Preisschocks während einer Rezession gestützt noch die These, daß monetäre Störungen den realen Zinssatz senken. Da die Kosten der Informationsbeschaffung über die Geldmenge und das Preisniveau nicht sehr hoch sind, kann die Theorie tiefgreifende Konjunktureinbrüche, wie etwa die Weltwirtschaftskrise, nicht vollständig erklären. Andererseits erscheint sie als hilfreich zum Verständnis einiger Aspekte von milderen Rezessionen, wie sie vor allem seit dem 2. Weltkrieg zu beobachten sind.

Fragen und Probleme

Zur Wiederholung

19.1 Erklären Sie, warum es vernünftig ist anzunehmen, daß Wirtschaftssubjekte bezüglich des allgemeinen Preisniveaus über unvollkommene Informationen verfügen. Welche Kosten fallen bei der Informationsbeschaffung über Preise an?

19.2 Erklären Sie, was ein relativer Preis ist. Ist der Reallohn ein Beispiel für einen relativen Preis? Zeigen Sie, daß eine proportionale Zunahme von $P_t(z)$ und P^e_t weder Käufer noch Verkäufer berührt.

19.3 Welche Faktoren können dazu beitragen, daß der relative Preis auf einem Markt über viele Perioden hinweg hoch bleibt? Welche Faktoren bewirken, daß

Veränderungen des relativen Preises in späteren Perioden ausgeglichen werden? (Berücksichtigen Sie bei Ihrer Antwort die Auswirkungen einer veränderten Anzahl von Käufern und Verkäufern sowie von Veränderungen des Kapitalstocks.)

19.4 Kann es bei rationalen Erwartungen unerwartete Veränderungen der Geldmenge geben? Falls dem so ist, besitzt der Träger der Wirtschaftspolitik die Möglichkeit, Konjunkturschwankungen durch "überraschende" Erhöhungen der Geldmenge zu begegnen?

19.5 Im Falle rationaler Erwartungen können die bei der Schätzung des Preisniveaus begangenen Fehler nicht von Dauer sein. Wie können wir dann anhaltende Abweichungen der Produktion vom Wachstumstrend erklären?

Probleme zur Diskussion

19.6 Investitionsnachfrage auf einem lokalen Markt
a. Angenommen, die Produzenten des Marktes z kaufen Kapitalgüter zum Preis P_t. Wie lautet die Bedingung zur Bestimmung der Investitionsnachfrage, wenn gebrauchtes Kapital in der nächsten Periode zum Preis P_{t+1} verkauft wird?
b. Wie lautet die Bedingung für die Investitionsnachfrage, wenn die Produzenten Kapital auf dem lokalen Markt zum Preis $P_t(z)$ kaufen? Inwieweit hängt das Ergebnis davon ab, ob gebrauchtes Kapital in der nächsten Periode zum Preis $P_{t+1}(z)$ oder P_{t+1} verkauft wird?

19.7 Veränderungen in der Vorhersehbarkeit der Geldmenge
Angenommen, die Geldmengenschwankungen werden von Jahr zu Jahr weniger vorhersehbar. Was geschieht mit den folgenden Größen:
a. Der Reaktion des perzipierten relativen Preises $P_t(z)/P^e_t$ zum beobachteten lokalen Preis $P_t(z)$?
b. Der Wirkung einer gegebenen monetären Störung auf die Produktion?
c. Der Ressourcenallokation?

19.8 Geldmenge und Streuung der relativen Preise (fakultativ)
Der lokale Preis $P_t(z)$ differiert über die einzelnen Märkte, da jeder Markt seine eigenen lokalen Angebots- und Nachfrageschocks erlebt. (Denken Sie z.B. an Änderungen der Präferenzen und Technologie.) Aus diesem Grund erzeugt das Modell auf den einzelnen Märkten zu jedem Zeitpunkt eine Streuung der relativen Preise. Wie im Problem 19.7 nehmen wir jetzt an, daß die Geldmengenschwankungen von Jahr zu Jahr weniger vorhersehbar werden. Was geschieht dann mit der Streuung der relativen Preise auf den einzelnen Märkten zu irgendeinem Zeitpunkt?

[Es ist evident, daß dieser Effekt bei extremen Inflationen, wie der deutschen Hyperinflation, nicht aber in der Situation der USA ins Gewicht fällt. Vgl. hierzu Zvi Hercowitz (1982). Ein Überblick über die Literatur zum Thema der Preisstreuung findet sich bei Alex Cukierman (1983).]

19.9 Monetäre Effekte auf den Konsum (fakultativ)
Im Text haben wir einige Unzulänglichkeiten des Markträumungsmodells bei unvollkommener Information aufgezeigt. Hier befassen wir uns mit einem anderen Problem, das das zyklische Konsumverhalten betrifft.

Wir haben behauptet, daß ein positiver monetärer Schock Variablen wie Produktion, Beschäftigung und Investitionen erhöhen kann und nehmen jetzt an, daß der Arbeitseinsatz tatsächlich steigt, so daß die Freizeit abnimmt.
a. Wie wirkt sich dies auf den Konsum aus? (*Hinweis:* Verändert der monetäre Schock die Umstände, unter welchen die Wirtschaftssubjekte heutigen Konsum durch heutige Freizeit substituieren können?)
b. Würden sich die Ergebnisse ändern, wenn die monetäre Störung das perzipierte Vermögen erhöhte?
c. Inwieweit stimmen die theoretischen Ergebnisse hinsichtlich des Konsums mit den Daten für Rezessionen in den USA überein?

19.10 Monetäre Effekte auf die realen Lohnsätze (fakultativ)
Ein weiteres Problem der Theorie betrifft die Entwicklung der realen Lohnsätze. Wir erörtern dieses Problem hier.

Angenommen, wir lassen an jedem Ort einen lokalen Arbeitsmarkt zu, auf dem der Lohnsatz durch $w_t(z)$ gegeben ist. Wie würde sich eine überraschende Erhöhung der Geldmenge auf den realen Lohnsatz $w_t(z)/P_t(z)$ des repräsentativen Marktes auswirken? (Fußnote 2 enthält einen Hinweis auf die Vorgehensweise.) Inwieweit stimmt das Ergebnis mit den empirischen Daten über die realen Lohnsätze in Rezessionen und Boomphasen überein?

19.11 Revisionen der monetären Daten
a. Angenommen, die Wirtschaftssubjekte verfolgen die wöchentlichen Berichte über die Geldbasis. Was kann dann mit Hilfe des theoretischen Modells hinsichtlich der Effekte von Veränderungen der Geldbasis auf reale Variablen prognostiziert werden?
b. Die Fed revidiert ihre Geldmengendaten - insbesondere von M1 - häufig mehrere Monate nach den ursprünglichen Berichten. (Diese Revisionen ergeben sich zumeist deshalb, weil die Fed die monatlichen scheckfähigen Einlagen für Nichtmitgliedsbanken und einige andere Finanzinstitute schätzen muß.) Was sagt die Theorie über die ökonomischen Effekte derartiger Revisionen der monetären Daten aus? (Empirisch gesehen sind diese Revisionen völlig unabhängig von der realen Wirtschaftsaktivität.)

19.12 Auswirkungen einer antizipierten Geldpolitik
a. Was besagt die These der Irrelevanz systematischer Geldpolitik?
b. Impliziert diese These, daß die unvorhersebaren Teile der Geldmengenänderung irrelevant sind?

c. Impliziert diese These, daß die systematischen Teile sämtlicher wirtschaftspolitischer Maßnahmen irrelevant sind? Betrachten Sie hierzu die folgenden Beispiele:
   i. Das Arbeitslosenversicherungs-Programm.
   ii. Die Ausweitung der Staatsausgaben während einer Rezession.
   iii. Senkungen der Einkommensteuersätze während einer Rezession.

19.13 Informationsstand der Fed und Geldpolitik
Wir unterstellen, daß die Fed während einer Rezession grundsätzlich eine expansive Geldpolitik betreibt.
a. Warum besagt die Theorie, daß diese Geldpolitik irrelevant ist?
b. Wenn die Fed die Rezession vor anderen beobachtet, ist die Geldpolitik dann immer noch irrelevant?
c. Angenommen, die Fed weiß nicht mehr über Rezessionen als alle anderen Marktteilnehmer. Allerdings weiß sie auch, daß die reale Wirtschaftsaktivität im Falle eines überraschend hohen monetären Wachstums expandiert. Deshalb versucht sie in einer Rezession, die Geldmenge stärker zu vermehren als die Wirtschaftssubjekte erwarten. Welche Probleme treten dabei auf? (*Hinweis:* Nehmen Sie an, daß die Wirtschaftssubjekte diese Geldpolitik der Fed verstehen. Welche rationale Erwartung haben sie dann bezüglich des monetären Wachstums und der Inflation?)

19.14 Regelgebundene versus diskretionäre Wirtschaftspolitik (fakultativ)
Angenommen, die Währungsbehörde präferiere eine Inflationsrate von Null, wolle aber die Arbeitslosigkeit verringern, indem sie eine unerwartete Inflation herbeiführt.
a. Zeigen Sie, wie hoch die gleichgewichtige Inflationsrate sein kann. Ist die Rate unerwartet hoch? Hängt das Ergebnis davon ab, ob die Währungsbehörde das "falsche" Ziel verfolgt oder inkompetent ist?
b. Können die Ergebnisse verbessert werden, wenn die Wirtschaftspolitiker den Willen aufbringen, sich im voraus auf eine bestimmte Inflationsrate festzulegen? Wenn dem so ist, erklären Sie, warum diese Beschränkung (oder Regel) die Dinge verbessern kann.
c. Sind Sie der Meinung, daß die Reputation der Wirtschaftspolitiker einen ausreichenden Ersatz darstellt für eine formelle Regel, die künftige wirtschaftspolitische Handlungen vorschreibt?
d. Können Sie sich, abgesehen von der möglichen Verringerung der Arbeitslosigkeit, einige andere Gründe dafür vorstellen, daß Wirtschaftspolitiker möglicherweise eine unerwartet hohe Inflation wünschen?

Kapitel 20

Keynesianische Theorie der Konjunkturschwankungen

Die keynesianische Theorie wurde entwickelt, um zu verstehen, warum Marktwirtschaften Schwankungen der aggregierten Wirtschaftsaktivitäten aufweisen. Keynes (1936) ging es darum, mit Hilfe seiner Analyse die anhaltenden Depressionen zu erklären, die in den USA während der 30er Jahre und im Vereinigten Königreich während der 20er und der 30er Jahre auftraten, und darüber hinaus wirtschaftspolitische Instrumente zu ihrer Beseitigung anzubieten.

Im Mittelpunkt der keynesianischen Theorie steht der Mechanismus, der auf privaten Märkten Angebot und Nachfrage in Einklang bringt. Dabei wird bemerkenswerteweise unterstellt, daß die Preise sich auf manchen Märkten nicht vollkommen anpassen und somit außerstande sind, den fortwährenden Ausgleich zwischen den nachgefragten und angebotenen Mengen herbeizuführen. Deshalb werden im Gegensatz zu unseren vorhergehenden Modellen einige Märkte nicht stets geräumt. (Die mangelnde Übereinstimmung zwischen Angebot und Nachfrage wird oft als "Ungleichgewicht" bezeichnet, doch werden wir diesen mehrdeutigen Begriff vermeiden.) Da die allgemeine Markträumung nicht gewährleistet ist, erreichen Produktion und Beschäftigung typischerweise nicht ihre effizienten Mengen. Obwohl also jeder durch eine vermehrte ökonomische Aktivität besser gestellt werden könnte, kann der Marktmechanismus dieses höhere Niveau der Aktivitäten manchmal nicht hervorbringen.

Eine zumindest implizite Annahme des keynesianischen Modells ist, daß die Flexibilität mancher Preise eingeschränkt ist, da etwa der Nominallohn oder der Güterpreis nur zögernd auf veränderte Marktbedingungen reagieren. In Extremfällen ist der Lohnsatz oder das Preisniveau sogar starr - oder durch die Vergangenheit völlig festgelegt -, so daß gegenwärtige Marktkräfte diese Preise nicht beeinflussen können. Allerdings sind Ökonomen seit dem Auftreten hoher und schwankender Inflationsraten in den USA und in anderen Industrieländern heute nicht mehr so ohne weiteres bereit, diese Annahme als vernünftig zu akzeptieren. Deshalb werden wir auch die Möglichkeiten prüfen, mit denen sich eine gewisse Preisflexibilität in das keynesianische Modell integrieren läßt.

Einfaches keynesianisches Modell

Die Analyse von Keynes konzentrierte sich ebenso wie einige spätere Abhandlungen dieser Theorie[1] auf relativ starre Nominallöhne und, dadurch bedingt, auf den feh-

---

[1] Vgl. Don Patinkin (1956), Kap. 13, sowie Barro und Grossman (1976).

lenden Ausgleich zwischen Arbeitsangebot und -nachfrage. Die Güterpreise werden zwar manchmal als vollkommen flexibel angenommen (und führen so zu dem sog. **vollständigen keynesianischen Modell**), zumeist jedoch ebenfalls für relativ starr gehalten. In unserem Modellrahmen können wir die grundlegenden keynesianischen Ergebnisse erarbeiten, ohne ausdrücklich einen gesonderten Arbeitsmarkt berücksichtigen zu müssen. Dabei wird der Preis P_t für Güter und Dienstleistungen, die von den Wirtschaftssubjekten auf dem Gütermarkt ausgetauscht werden, als relativ starr betrachtet. (Wir kehren nun wieder zu dem Fall eines einheitlichen Gütermarktes zurück und unterstellen darüber hinaus eine geschlossene Volkswirtschaft.) Wir sollten allerdings betonen, daß die Ausklammerung des Arbeitsmarktes eine reine Vereinfachung darstellt. Wir gelangen zu denselben Schlußfolgerungen, wenn wir statt dessen diesen Markt in die Analyse einbeziehen und einen relativ starren Nominallohn annehmen.

In einigen früheren Analysen wurde unterstellt, daß die Preise starr sind. Doch hat sich diese Annahme als überflüssig erwiesen, weil der keynesianische Modellrahmen ohne weiteres mit positiven Inflationsraten in Einklang zu bringen ist. Das entscheidende Merkmal sind also nicht vollständig starre Preise, sondern vielmehr die Tatsache, daß die Preise nicht alle Märkte sofort räumen können. Dennoch ist es zweckmäßig, zunächst mit einem Modell mit fixem Preisniveau zu beginnen und später in das erweiterte Modell eine Inflationsrate von ungleich Null einzuführen.

Wir beginnen mit unseren Standardbedingungen für die allgemeine Markträumung, die für den Gütermarkt in Periode t wie folgt aussieht

$$Y^s(r_t, G_t, ...) = C^d(r_t, G_t, ...) + I^d(r_t, ...) + G_t. \qquad (20.1)$$
$$(+)(+)(-)(-)(-)$$

Bekanntlich gilt, daß eine Erhöhung der staatlichen Güterkäufe G_t eine Zunahme des Güterangebots nach sich zieht (weil die öffentlichen Leistungen produktiv sind), aber die Menge der nachgefragten Konsumgüter verringert. Wir gehen von Pauschalsteuern aus, obwohl wir ohne weiteres auch eine Einkommensteuer betrachten könnten. Schließlich werden in Gleichung (20.1) der Kapitalstock K_{t-1} und die Eigenschaften der Produktionsfunktion als gegeben vorausgesetzt.

Als nächstes betrachten wir erneut die Bedingung, daß die Geldmenge freiwillig als Kasse gehalten wird

$$M_t = P_t \cdot L(Y_t, r_t, ...), \qquad (20.2)$$
$$(+)(-)$$

wobei M_t die nominale Geldmenge der Periode t ist. Wie üblich hängt die aggregierte reale Geldnachfrage positiv von der Produktion Y_t und negativ vom realen Zinssatz r_t ab. Wir verwenden den realen Zinssatz r_t, weil sich bei einem fixierten Preisniveau - und folglich einer Inflationsrate von Null - nominaler und realer Zinssatz entsprechen.

Die Gleichungen (20.1) und (20.2) bestimmen die allgemeinen markträumenden Werte für den Zinssatz und das Preisniveau, die wir mit r^*_t und P^*_t kennzeichnen. Desgleichen bezeichnen wir das markträumende Niveau der Produktion mit Y^*_t.

Der Ausgangspunkt der keynesianischen Analyse ist, daß das fixe Preisniveau P_t vom allgemeinen markträumenden Wert P^*_t abweicht. Dabei ist im keynesianischen Standardfall das Preisniveau unangemessen hoch, d.h. $P_t > P^*_t$. Unter diesen Umständen ist die Volkswirtschaft im allgemeinen nicht in der Lage, die in den Gleichungen (20.1) und (20.2) spezifizierte vollständige Markträumung zu erreichen. Folglich müssen wir nach einem anderen Konzept als dem der Gleichheit von Angebot und Nachfrage suchen, um den Zinssatz und das Niveau der Produktion zu bestimmen.

Wenn wir zunächst von einer Situation der allgemeinen Markträumung ausgehen und dann willkürlich das Preisniveau über seinen markträumenden Wert anheben, kann Gleichung (20.2) für die allgemeinen markträumenden Werte der Produktion Y^*_t und des Zinssatzes r^*_t nicht mehr gültig sein. Das überhöhte Preisniveau bedeutet, daß die Geldmenge M_t niedriger ist als die aggregierte Geldnachfrage. Unter diesen Umständen werden die Wirtschaftssubjekte versuchen, ihre Kassenbestände teilweise durch den Verkauf von Wertpapieren und teilweise durch die Verringerung ihrer Konsumnachfrage und ihrer Freizeit aufzufüllen. Die erstere Reaktion löst einen Aufwärtsdruck auf den Zinssatz aus, der seinerseits das Güterangebot Y^s_t erhöht und die Nachfrage $C^d_t + I^d_t$ senkt. Daraus ergibt sich ein Überangebot an Gütern. Die zweite Reaktion - die ebenfalls einen Rückgang der Konsumnachfrage und der Freizeit verursacht - verstärkt das Ergebnis noch. Insofern führt das überhöhte Preisniveau zu einem Überangebot an Gütern.

Rationierung der Verkäufe

Wie funktioniert der Gütermarkt im Falle eines Angebotsüberschusses? Was geschieht, wenn - zum herrschenden Preisniveau P_t - die Gesamtheit aller Verkaufsangebote die allgemeine Kaufbereitschaft übersteigt? Normalerweise erwarten wir einen Rückgang des Preisniveaus, aber dieser Mechanismus ist durch unsere Annahmen außer Kraft gesetzt. Deshalb müssen wir den Gütermarkt für den speziellen Fall eines Angebotsüberschusses ohne mögliche Preissenkung analysieren.

Im Falle einer Diskrepanz zwischen den angebotenen und nachgefragten Mengen muß irgendeine Form der Mengenrationierung die Allokation steuern. Der herkömmliche Mechanismus beruht auf zwei Eigenschaften: Erstens kann kein Anbieter oder Nachfrager gezwungen werden, mehr zu verkaufen oder zu kaufen, als er beabsichtigt. Dies folgt aus der Annahme der *Freiwilligkeit der Tauschbeziehungen*.

Zweitens wird so lange gehandelt, bis sich ein Verkäufer und ein Käufer besser stellen können. Der Markt garantiert also die Durchführung aller wechselseitig vorteilhaften Tauschmöglichkeiten, die es im Rahmen fixer Preise P_t gibt. Die erste Bedingung bedeutet, daß die insgesamt verkaufte Gütermenge Y_t durch das Minimum der aggregierten Angebots- und Nachfragegrößen determiniert wird, da sonst unfreiwillige Verkäufe oder Käufe stattfinden würden. Die zweite Bedingung gewährleistet, daß die Verkäufe mindestens so groß sind wie das Minimum der Angebots- und Nachfrageaggregate, da sonst beim Preisniveau P_t irgendwelche wechselseitig vorteilhaften Tauschmöglichkeiten nicht ausgeschöpft würden. Insofern stellt die Kombination dieser beiden Eigenschaften sicher, daß die Produktion durch die "**kurze Seite**" des Marktes determiniert wird - d.h. durch die Bedingung

$$Y_t = \text{MIN.} (Y^s_t, Y^d_t), \tag{20.3}$$

wobei MIN. das Minimum der in den Klammern stehenden Variablen angibt. Wir müssen daran denken, daß wir uns hier auf die Rationierung von Verkäufen auf dem Gütermarkt beschränken. In einem allgemeineren keynesianischen Modell müßten wir auch die Rationierung von Arbeitsplätzen - d.h. den Verkauf von Arbeitsleistungen - auf einem separaten Arbeitsmarkt einbeziehen. Dann würden diejenigen, die zwar Arbeit suchen, jedoch keine Beschäftigung finden können, als **unfreiwillig arbeitslos** betrachtet.

Unter den Bedingungen eines Angebotsüberschusses - $Y^s_t > Y^d_t$ - wird der Output durch die aggregierte Nachfrage Y^d_t bestimmt, welche die "kurze Seite" des Gütermarktes ist. Deshalb hat der repräsentative Nachfrager auch keinerlei Schwierigkeiten, bei den eifrigen Anbietern seine Kaufwünsche zu befriedigen. Demgegenüber sieht sich der repräsentative Anbieter beim Preisniveau P_t einer unzureichenden Anzahl von Käufern für seine Produkte gegenüber.[2] Angesichts dieser Beschränkung müssen wir nochmals die Entscheidungen der Haushalte betrachten. Diese Modifikationen spielen in der keynesianischen Analyse eine zentrale Rolle.

Im Standardmodell eines Wettbewerbsmarktes können die einzelnen Verkäufer und Käufer zum jeweils herrschenden Preis jede gewünschte Menge umsetzen. Diese Bedingung kann im Falle eines Angebotsüberschusses allerdings nicht für alle Anbieter gelten. Für diesen Fall wollen wir die Beschränkung eines einzelnen Anbieters genauer betrachten. Wir nehmen an, daß die Gesamtmenge der verfügbaren realen Verkäufe Y_t über einen Mechanismus, der ohne Preise funktioniert, unter den Verkäufern aufgeteilt wird, welche die größere Menge Y^s_t offerieren. Es existiert also ein Rationierungsprozeß, der jedem einzelnen Produzenten die Menge der realen Verkäufe y_t zuteilt. Wir betrachten hier eine Rationierung der Verkäufe und nicht der Käufe, wie sie im Falle eines Nachfrageüberschusses erforderlich wäre.

---

[2] In einem disaggregierten Rahmen tritt auf einigen Märkten ein Angebotsüberschuß und auf anderen ein Nachfrageüberschuß auf. Das herkömmliche keynesianische Modell bezieht sich auf den Fall, bei dem die Mehrzahl der Märkte einen Angebotsüberschuß aufweist.

Wir unterstellen, daß jeder Produzent die Beschränkung seiner realen Verkäufe y_t als gegeben betrachtet, genau wie die Wirtschaftssubjekte das Preisniveau P_t und den Zinssatz r_t als vorgegeben hinnehmen. Insbesondere erlauben wir keinem Individuum, mit Hilfe irgendwelcher Handlungen die Größe seiner Ration zu beeinflussen. Wir schließen also Möglichkeiten wie eine verstärkte Suche nach Käufern, Schwarzmarktaktivitäten mit möglichem Preisdumping, die Übertreibung der tatsächlichen Verkaufsangebote, um sich auf diese Weise eine größere individuelle Ration zu sichern, und dergleichen aus. Sobald wir derartige Ausnahmen zuließen, wäre dies im Grunde gleichbedeutend mit einer Lockerung der Beschränkung des fixen Preisniveaus P_t.

Wahl des Arbeitseinsatzes

Die Produktionsfunktion wird gegeben durch

$$y_t = f(k_{t-1}, n_t, G_t). \qquad (20.4)$$
$$(+)(+)(+)$$

Hierbei nehmen wir an, daß die Angebote wirksam rationiert werden, so daß für den repräsentativen Produzenten $y_t < y^s_t$ gilt.[3] Deshalb ist die Produktion y_t für den Produzenten eine vorgegebene Größe und nicht eine Entscheidungsvariable.

Angesichts des unveränderlichen Kapitalstocks k_{t-1} und der vorgegebenen staatlichen Güterkäufe G_t entspricht der Arbeitseinsatz n_t dem Minimum, das zur Produktion der rationierten Produktion y_t notwendig ist. Deshalb determiniert die Produktionsfunktion in Gleichung (20.4) die Höhe des Arbeitseinsatzes n_t für gegebene Werte von y_t, k_{t-1} und G_t. Damit können wir die Arbeitsmenge als folgende Funktion schreiben

$$n_t = n(y_t, k_{t-1}, G_t). \qquad (20.5)$$
$$(+)(-) \ (-)$$

Bei gegebenen Werten der übrigen Inputs variiert n_t direkt mit der Produktion y_t, wie in Abb. 20.1 mit Hilfe der Produktionsfunktion dargestellt ist. Für jeden Wert des Outputs y_t auf der vertikalen Achse können wir den entsprechenden Arbeitseinsatz n_t auf der horizontalen Achse ablesen. Dabei gilt, daß eine erhöhte Produktion zugleich den Arbeitseinsatz erhöht. Sobald der Arbeitsmarkt einbezogen wird, ist ein höherer Arbeitseinsatz gleichbedeutend mit geringerer unfreiwilliger Arbeitslosigkeit.

---

[3] Es sollte beachtet werden, daß die Produzenten keine überschüssige Produktion als Lagerbestände horten können. Diese Möglichkeit wird vor allem dann bedeutsam, wenn die Wirtschaftssubjekte einen Angebotsüberschuß für ein nur vorübergehendes Phänomen halten. Eine Erweiterung des keynesianischen Modells unter Einbeziehung von Lagerbeständen findet sich bei Ajit Chaudhury (1979) und Alan Blinder (1980).

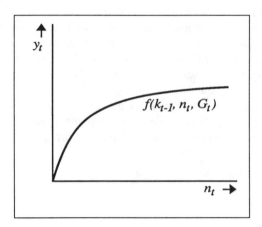

Abb. 20.1: *Bestimmung des Arbeitseinsatzes*
Die graphische Darstellung der Produktionsfunktion zeigt die Auswirkungen eines erhöhten Arbeitseinsatzes bei gegebenen Mengen an Kapital und staatlichen Güterkäufen. Zu jedem gegebenen Niveau der Produktion auf der vertikalen Achse gehört ein entsprechender Arbeitseinsatz auf der horizontalen Achse. Dabei ist eine erhöhte Produktion gleichbedeutend mit einem erhöhten Arbeitseinsatz.

Falls einer der beiden anderen Inputs, k_{t-1} und G_t, erhöht wird, so bedeutet dies, daß zur Produktion eines gleichbleibenden Outputs weniger Arbeit notwendig ist. Deshalb nimmt die Arbeitsmenge n_t in Gleichung (20.5) ab. (In Abb. 20.1 können wir uns von der Richtigkeit dieser Ergebnisse überzeugen, indem wir die Produktionsfunktion nach oben verschieben.)

In einem Modell ohne Verkaufsbeschränkungen bestimmen die Wirtschaftssubjekte den Arbeitseinsatz so, daß das Grenzprodukt der Arbeit gleich dem Wert ist, der einer zusätzlichen Einheit an Freizeit beigemessen wird. Im Falle einer wirksamen Verkaufsbeschränkung ist jedoch der Arbeitseinsatz geringer als sonst üblich, da das Grenzprodukt der Arbeit aufgrund der abnehmenden Grenzproduktivität den Wert einer zusätzlichen Freizeiteinheit übersteigt. Die Wirtschaftssubjekte wären bereit, mehr zu arbeiten und mehr zu produzieren, wenn die Güter zum herrschenden Preis verkauft werden könnten. Die Verkaufsbeschränkung verhindert jedoch eine Ausdehnung des Arbeitseinsatzes und der Produktion. Wir können auch sagen, daß die Verkaufsbeschränkung eine Verschlechterung der effizienten Funktionsweise der Volkswirtschaft bedeutet. Jeder könnte besser gestellt werden, wenn Arbeitseinsatz und Produktion höher wären - wie dies bei Räumung aller Märkte der Fall wäre. Aber im keynesianischen Modell mit nicht geräumtem Gütermarkt (und Arbeitsmarkt) werden die effizienten Anpassungen annahmegemäß nicht eintreten.

Keynesianische Konsumfunktion

Die Beschränkung der Verkäufe bedeutet, daß die Haushalte weniger Realeinkommen erzielen als sonst. In unserem Modell, in dem die Haushalte zugleich auch die Produzenten sind, sind die laufenden realen Einnahmen aus dem Gütermarkt für jeden Haushalt gleich der Zuteilung realer Verkäufe y_t. Wenn ferner die künftigen realen Verkäufe dem gegenwärtigen Wert entsprechen, dann haben Veränderungen von y_t einen proportionalen Effekt auf das zukünftige reale Einkommen. Bei der Konsumnachfrage träte ein nahezu gleich großer Effekt auf. Im Falle einer nur vorübergehenden Verkaufsbeschränkung ist der Effekt von y_t auf die Konsumnachfrage schwächer.

In einem realistischeren Fall, in dem die Arbeiter von Unternehmen beschäftigt werden, würde die auferlegte Beschränkung bedeuten, daß die Unternehmen eine geringere Beschäftigung aufweisen als sonst. Daher würden sich Veränderungen des Gesamteinkommens der Haushalte zum einen in einer Änderung der Arbeitseinkommen und zum anderen in einer Änderung der Gewinneinkommen widerspiegeln. Insgesamt aber würden wir feststellen, daß Veränderungen des Gesamteinkommens zu Anpassungen der Konsumnachfrage führen, so wie in unserem einfachen Modell, das nicht zwischen Unternehmen und Haushalten unterscheidet.

Der entscheidende Punkt ist, daß eine Erhöhung der gegenwärtigen Produktion y_t einen positiven Effekt bei der Konsumnachfrage erzeugt, so daß die mit $\hat{c}^d$ gekennzeichnete Konsumfunktion nun die folgende Form erhält

$$c^d_t = \hat{c}^d(y_t, r_t, \ldots). \quad (20.6)$$
$$(+)(-)$$

Zu beachten ist, daß der Zinssatz r_t nach wie vor einen negativen intertemporalen Substitutionseffekt bei der gegenwärtigen Konsumnachfrage auslöst.

Gleichung (20.6) wird als **keynesianische Konsumfunktion** bezeichnet. Das charakteristische Merkmal dieser Funktion ist, daß der Konsum von den laufenden realen Verkäufen oder vom realen Einkommen y_t abhängt. In unserer vorhergehenden Analyse haben die Haushalte ihren Konsum unter Berücksichtigung der Vermögenseffekte, des realen Zinssatzes, der Substitutionsmöglichkeiten zwischen Konsum und Freizeit und ihren spezifischen Präferenzen festgelegt. Nun gibt es jedoch einen separaten Effekt durch die fest vorgegebene Menge an realen Verkäufen auf dem Gütermarkt. Alles, was zur Erhöhung der individuellen realen Verkäufe und damit des realen Einkommens y_t fuhrt, schlägt sich in einer Zunahme der Konsumnachfrage nieder.

Ein weiteres Argument, das von Ökonomen manchmal zur Herleitung der keynesianischen Konsumfunktion herangezogen wird, bezieht sich auf den Kreditmarkt. Bisher haben wir unterstellt, daß dieser Markt den Wirtschaftssubjekten erlaubt, zum herrschenden Zinssatz r_t jede gewünschte Menge an Kredit aufzunehmen oder zu vergeben. Eine alternative Sichtweise geht davon aus, daß die Haushalte sich nicht ohne weiteres verschulden können, es sei denn, sie verfügen über brauchbare Sicherheiten, wie ein Haus, Auto oder Unternehmen, um die Verbindlichkeit abzudecken. Wegen der mit der Kreditgewährung verbunden Kosten können die Haushalte nicht einfach mit dem Versprechen der Rückzahlung aus künftigen Arbeitseinkommen Kredit aufnehmen. Ökonomen bezeichnen Wirtschaftssubjekte, die zum herrschenden Zinssatz Kredit aufzunehmen wünschten, um ihren laufenden Konsum zu erhöhen, aber einen solchen nicht (zu einem "vernünftigen" Zinssatz) erlangen können, als in ihrer **Liquidität beschränkt**. In dieser Situation werden die Wirtschaftssubjekte ihre Konsumnachfrage c^d_t im wesentlichen proportional zu Änderungen ihres laufenden Einkommens y_t anpassen. Deshalb kann aus dieser Sicht ebenfalls erklärt werden, warum die Variable y_t bei manchen Konsumenten auf der rechten Seite von Gleichung (20.6) erscheint. Wir werden später versuchen, die Bedeutung dieser Liquiditätsbeschränkungen abzuschätzen.

Bestimmung der Produktion im keynesianischen Modell

Wenn wir unsere bisherigen Ergebnisse zusammenfassen, können wir die aggregierte Nachfrage wie folgt schreiben

$$Y^d_t = \hat{C}^d(Y_t, r_t, ...) + I^d(r_t, ...) + G_t,$$
$$\phantom{Y^d_t = \hat{C}^d()}(+)(-)(-)$$

wobei $\hat{C}^d$ eine aggregierte Version der keynesianischen Konsumfunktion und I^d die Funktion der Investitionsnachfrage ist, die wir bereits früher untersucht haben. Da das Preisniveau über dem allgemeinen markträumenden Wert liegt - also $P_t > P^*_t$ gilt - und damit ein Angebotsüberschuß vorliegt, wird die Produktion durch die Nachfrage determiniert und ergibt sich anhand der folgenden Gleichung:

$$Y_t = Y^d_t = \hat{C}^d(Y_t, r_t, ...) + I^d(r_t, ...) + G_t. \tag{20.7}$$
$$\phantom{Y_t = Y^d_t = \hat{C}^d()}(+)(-)(-)$$

Gleichung (20.7) ist die Schlüsselbeziehung des keynesianischen Modells. Sie besagt, daß der Output Y_t gleich der aggregierten Nachfrage Y^d_t ist. Der entscheidende Aspekt ist, daß der Anteil des Konsums an der aggregierten Nachfrage seinerseits wiederum eine Funktion der Produktion ist. Insofern besagt Gleichung (20.7), daß die Produktion (und damit das Einkommen) Y_t die Nachfrage Y^d_t bestimmt, die ihrerseits gleich der Produktion ist.

Ein wichtiges Element für die Bestimmung der Produktion ist die Abhängigkeit der aggregierten Konsumnachfrage von Outputänderungen - d.h. der aggregierten marginalen Konsumneigung in bezug auf Veränderungen des gegenwärtigen Realeinkommens Y_t. Diese marginale Konsumneigung liegt normalerweise zwischen Null und eins und nähert sich dem Wert eins an, sobald die Wirtschaftssubjekte eine Outputveränderung als permanent ansehen. Wir kennzeichnen die marginale Konsumneigung mit dem Symbol v.

Betrachten wir zunächst eine extreme Version des keynesianischen Modells, bei der sowohl der Zinssatz als auch das Preisniveau fixiert ist. Später werden wir einen flexiblen Zinssatz zulassen. Dann können wir anhand von Abb. 20.2, die als das **keynesianische Kreuzdiagramm** bezeichnet wird, darstellen, wie Gleichung (20.7) bei gegebenem Zinssatz r_t die Produktion festlegt. Erstens gibt die mit Y^d_t bezeichnete Kurve die Abhängigkeit der aggregierten Nachfrage vom Niveau der Produktion an. Es sei daran erinnert, daß I^d_t und G_t in Gleichung (20.7) nicht von Y_t abhängen. Deshalb spiegelt die Steigung der Y^d_t-Kurve lediglich den positiven Effekt von Y_t auf C^d_t wider. Die Steigung dieser Geraden ist durch die marginale Konsumneigung v gegeben, die einen positiven Wert hat, der kleiner als eins ist. (Wir zeichnen die Y^d_t-Kurve nur der Einfachheit halber als Gerade.)

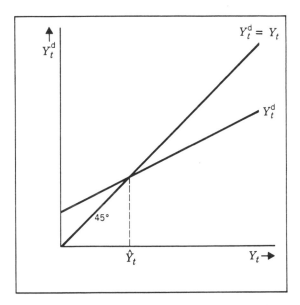

Abb. 20.2: *Bestimmung der Produktion mit Hilfe des keynesianischen Kreuzdiagramms*
Die mit Y^d_t gekennzeichnete Gerade zeigt die Reaktion der aggregierten Nachfrage auf Änderungen der Produktion Y_t, wobei diese nur entlang der 45°-Linie gleich der Nachfrage ist. Daher wird das Niveau des Outputs im Schnittpunkt der Geraden mit $\hat{Y}_t$ bestimmt.

Die 45°-Linie gibt in Abb. 20.2 die Positionen an, bei denen die Produktion Y_t gleich der Nachfrage Y^d_t ist. Demnach ist Gleichung (20.7) erfüllt, wenn die aggregierte Nachfragekurve die 45°-Linie schneidet. Der damit verbundene Wert der Produktion ist durch $\hat{Y}_t$ gekennzeichnet. Das keynesianische Modell mit gegebenem Zinssatz sagt voraus, daß die volkswirtschaftliche Produktion dieser Menge $\hat{Y}_t$ entsprechen wird.

Multiplikator
Um die Bestimmung der Produktion im keynesianischen Modell zu veranschaulichen, betrachten wir eine Zunahme der aggregierten Nachfrage Y^d_t, die sich entweder auf einem Anstieg der Konsum- oder der Investitionsnachfrage beziehen kann. Allerdings konzentriert sich das keynesianische Modell gewöhnlich auf Verschiebungen der Investitionsnachfrage, in denen veränderte Einschätzungen des Grenzproduktes des Kapitals zum Ausdruck kommen.[4]

Die Erhöhung der aggregierten Nachfrage zieht eine Steigerung der Produktion Y_t nach sich (es ist daran zu denken, daß aufgrund des Angebotsüberschusses die Produktion durch die Nachfrage determiniert ist), die ihrerseits eine Zunahme des realen Einkommens und damit einen *weiteren* Anstieg der aggregierten Nachfrage bedingt. Die dadurch ausgelöste Produktionserhöhung führt dann erneut zu einer erhöhten Nachfrage usw. Da jede nachfolgende Produktionserhöhung etwas geringer ist als die vorhergehende, führt dieser Prozeß nicht zu einer unendlich großen Ausweitung der Produktion. Vielmehr nimmt am Ende der Output um ein endliches Vielfaches der ursprünglichen Nachfrageerhöhung zu. Zur genauen Berechnung der Veränderung können wir wieder das keynesianische Kreuzdiagramm verwenden.

In Abb. 20.3 haben wir die ursprüngliche aggregierte Nachfragekurve mit Y^d_t bezeichnet, deren Schnittpunkt mit der 45°-Linie die Gesamtproduktion $\hat{Y}_t$ bestimmt. Dann verschiebt eine **autonome Nachfrageerhöhung** in Höhe von A die aggregierte Nachfragekurve nach oben, und wir erhalten die mit $Y^d_t{}'$ bezeichnete Gerade. (Mit autonom meinen wir hier, daß die Veränderung nicht durch das Modell erklärt wird, sondern außerhalb des Modells auftritt.) Dementsprechend ergibt sich bei dem neuen Schnittpunkt mit der 45°-Linie die neue Produktion $\hat{Y}_t{}'$.

Die Geometrie des keynesianischen Kreuzdiagramms in Abb. 20.3 illustriert die Beziehung zwischen dem ursprünglichen und dem endgültigen Niveau des Outputs $\hat{Y}_t$ und $\hat{Y}_t{}'$. Die Veränderung der Produktion, $\hat{Y}_t{}' - \hat{Y}_t$, bezeichnen wir mit $\Delta \hat{Y}$ und betrachten das kleinere rechtwinklige Dreieck mit der Kathete $\Delta \hat{Y}$. Dabei entspricht die Steigung der mit einem Pfeil markierten Geraden der marginalen Konsumneigung v. Da die vertikale Seite des Dreiecks gegeben ist durch $\Delta \hat{Y} - A$, erfüllt die Steigung die Beziehung

---

[4] Keynes schrieb einen großen Teil dieser Störungen den "*animal spirits*" zu, worunter er spontane Veränderungen in den optimistischen oder pessimistischen Haltungen verstand. Diese veranlassen Unternehmer, ihre Erwartungen hinsichtlich der Vorteilhaftigkeit von Investitionen zu ändern. Vgl. Keynes (1936), Kap. 12.

$$\upsilon = \frac{(\Delta \hat{Y} - A)}{\Delta \hat{Y}}.$$

Hieraus folgt, daß die Produktionsänderung gegeben ist durch

$$\Delta \hat{Y} = \frac{A}{(1-\upsilon)}. \qquad (20.8)$$

Mithin verändert sich die Produktion um ein Vielfaches der autonomen Nachfrageveränderung A. Der **Multiplikator** wird durch den Term $1/(1-\upsilon)$ gegeben, der positiv und größer als eins ist. Es ist zu beachten, daß der Multiplikator umso größer ist, je höher die marginale Konsumneigung υ ist. Außerdem muß die marginale Konsumneigung - wie von uns unterstellt - kleiner als eins sein, damit die Analyse sinnvoll ist, d.h. die endgültige Ausdehnung der Produktion endlich bleibt.

Die Funktionsweise des Multiplikators läßt sich noch besser verstehen, wenn wir Gleichung (20.8) auf eine andere Weise herleiten. Die autonome Nachfrageerhöhung führt zunächst zu einer Produktionssteigerung in Höhe von A. Diese Zunahme des Realeinkommens bewirkt eine Erhöhung der aggregierten Nachfrage um $\upsilon \cdot A$. Daraus ergibt sich eine zusätzliche Produktionssteigerung in Höhe von $\upsilon \cdot A$, die erneut die Nachfrage um $\upsilon \cdot \upsilon A$ steigen läßt. Es findet also ein fortlaufender Prozeß statt, bei dem die Produktionserhöhung jeder "Runde" der Größe υ, multipliziert mit der Zunahme der vorhergehenden "Runde", entspricht. Daraus folgt, daß sich die endgültige Produktionssteigerung aus der Summierung sämtlicher "Runden" ergibt, nämlich[5]

$$\Delta \hat{Y} = A + \upsilon A + \upsilon^2 A + \ldots = A(1 + \upsilon + \upsilon^2 + \ldots) = A/(1-\upsilon). \qquad (20.9)$$

Es ist offensichtlich, daß dieses Ergebnis mit dem in Gleichung (20.8) übereinstimmt.

Bei der Ableitung der Produktionsänderung $\Delta \hat{Y}$ sind zwei Punkte zu beachten: Erstens gehen wir davon aus, daß der Angebotsüberschuß durchweg gültig ist, so daß die Produzenten immer bereit sind, auf die zusätzliche Nachfrage mit einer Produktionssteigerung zu reagieren. Zweitens ist nur aus Darstellungsgründen von einer Sequenz von Anpassungsrunden die Rede. Im grundlegenden Modell lassen wir weder für die Anpassung der Nachfrage noch für die der Produktion zeitliche Verzögerungen zu. Deshalb führt eine autonome Nachfrageerhöhung sofort zu der vollen Reaktion der Produktion, wie in Gleichung (20.9) dargestellt. Wir könnten natürlich auch einen dynamischen Prozeß einführen, bei dem sich die Produktion allmählich dem Wert annähert, der durch das keynesianische Kreuzdiagramm in Abb. 20.3 vorgegeben ist.

---

[5] Die Formel für eine geometrische Reihe impliziert, daß $1 + \upsilon + \upsilon^2 + \ldots = 1/(1-\upsilon)$, wenn $-1 < \upsilon < 1$. Vgl. Fußnote 13 in Kapitel 4.

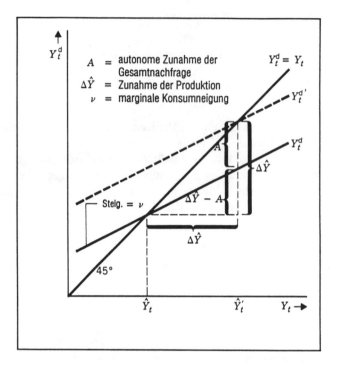

Abb. 20.3: *Multiplikator*
Im Falle einer Zunahme der aggregierten Nachfrage in Höhe von A zeigt die Abbildung, daß die Zunahme der Produktion $\Delta \hat{Y}$ größer ist als die anfängliche Nachfragesteigung. Die Geometrie impliziert hier, daß $(\Delta \hat{Y} - A)/\Delta \hat{Y} = v$, so daß $\Delta \hat{Y} = A/(1 - v)$. Der Term $1/(1 - v)$ ist der Multiplikator.

Bevor wir mit der Analyse fortfahren, wollen wir noch eine dritte Betrachtungsweise des Multiplikators darstellen. Wir können die Bedingung für die Festlegung des Outputs aus Gleichung (20.7) auch folgendermaßen schreiben

$$Y_t - \hat{C}^d(Y_t, r_t, ...) = I^d(r_t, ...) + G_t. \qquad (20.10)$$
$$(+)(-) \qquad (-)$$

Die linke Seite gibt die Summe aus geplanter privater Ersparnis und Steuern an. Demnach besagt Gleichung (20.10), daß das Niveau der Produktion so festgelegt wird, daß die geplante private Ersparnis plus Steuern gleich der Investitionsnachfrage zuzüglich der staatlichen Güterkäufe ist. [Wenn wir G_t auf die linke Seite von Gleichung (20.10) gebracht hätten, so hätte dies die Gleichheit zwischen geplanter volkswirtschaftlicher Ersparnis und Investitionsnachfrage zum Ausdruck gebracht.]

Angenommen, eine autonome Nachfrageerhöhung läßt die rechte Seite von Gleichung (20.10) um A steigen. (Ein Teil dieser Veränderung könnte sich in einer Erhöhung der Konsumnachfrage und daher auf der linken Seite der Gleichung als Abnahme niederschlagen.) Bei unveränderten Steuern muß die Produktion so lange steigen, bis die geplante Ersparnis auf der linken Seite der Gleichung in ausreichendem Maße zugenommen hat. Da die marginale Konsumneigung gleich v ist, entspricht die marginale Sparneigung $1 - v$, und die Veränderung der Ersparnis wird gegeben durch den Ausdruck $(1 - v)\Delta\hat{Y}$. Da die zusätzliche Ersparnis $(1 - t)\Delta\hat{Y}$ die autonome Nachfrageerhöhung A ausgleichen muß, ergibt sich unmittelbar, daß $\Delta\hat{Y} = A/(1 - v)$ ist. Die Antwort bezüglich der Produktionsveränderung entspricht jener der Gleichungen (20.8) und (20.9).

Der Multiplikator ist ein spezifisches Merkmal des keynesianischen Modells; unter den Bedingungen allgemeiner Markträumung würde er nicht auftreten. Um dies zu erkennen, wollen wir erneut einen autonomen Anstieg der aggregierten Nachfrage Y^d_t ohne Veränderung des aggregierten Angebots Y^s_t unterstellen. Wir wissen, daß im Rahmen des Markträumungsmodells (wie in Kapitel 5) der reale Zinssatz r_t steigt, um den Gütermarkt zu räumen. Da der höhere Realzinssatz Y^d_t reduziert, muß der Output Y_t weniger stark zunehmen als es dem Anstieg der autonomen Nachfrage entspricht. (Wir erinnern daran, daß die Konsumnachfrage im Markträumungsmodell nicht direkt von der Produktion abhängt.) Insoweit bringt das Markträumungsmodell gewissermaßen einen "*Dämpfer*" anstelle eines Multiplikators hervor. Der allgemeine Gesichtspunkt ist, daß eine gut funktionierende Volkswirtschaft - mit geräumten Märkten - normalerweise Störungen absorbiert, anstatt sie zu verstärken. Das Auftreten eines Multiplikators im keynesianischen Modell spiegelt die Annahme wider, daß private Märkte nicht geräumt werden und daher in ineffizienter Weise funktionieren.

Bestimmung der Beschäftigung

Bei einem gegebenen Niveau des Outputs Y_t entspricht der Arbeitseinsatz N_t dem Minimum, das zur Produktion dieser Gütermenge erforderlich ist. Wenn wir eine aggregierte Version von Gleichung (20.5) zugrunde legen, erhalten wir

$$N_t = N(Y_t, K_{t-1}, G_t). \qquad (20.11)$$
$$(+)\,(-)\;\,(-)$$

Bei gegebenen Werten des Kapitalstocks und der staatlichen Güterkäufe sowie einer gegebenen Produktionsfunktion zieht jede Störung, die eine Outputänderung bewirkt, zugleich eine Beschäftigungsänderung mit demselben Vorzeichen nach sich. So zeigte beispielsweise die vorangegangene Analyse, daß eine autonome Erhöhung der aggregierten Nachfrage zu einer multiplikativen Ausdehnung der Produktion führt. Nun erkennen wir, daß diese von einer Erhöhung der Beschäftigung begleitet wird.

Da unsere Analyse für den Bereich gilt, in dem ein Angebotsüberschuß herrscht, ist das Grenzprodukt der Arbeit größer als der der Freizeit beigemessene Wert. Deshalb arbeiten die Wirtschaftssubjekte mit Eifer mehr, wann immer sie imstande sind, mehr Güter zu verkaufen. Bei einem separaten Arbeitsmarkt, auf dem der Nominallohn relativ starr ist, würden wir feststellen, daß die Anbieter von Arbeit - die mit einer Rationierung der Arbeitsplätze konfrontiert sind - ohne weiteres mehr arbeiten wollen, sobald die Arbeitgeber ihre Arbeitsnachfrage erhöhen. Unter diesen Umständen entspräche die Höhe der unfreiwilligen Arbeitslosigkeit der Lücke zwischen dem aggregierten Arbeitsangebot N^s_t und dem tatsächlichen Arbeitseinsatz, so daß sich eine Abnahme der Beschäftigung in einer Erhöhung der unfreiwilligen Arbeitslosigkeit niederschlägt.

Keynesianische Investitionsfunktion

Wegen des Multiplikators können sich geringfügige Störungen der aggregierten Güternachfrage in merkliche Fluktuationen der aggregierten Produktion verwandeln. Ein geringer Rückgang der Investitionsnachfrage z.B. kann eine Rezession hervorrufen, die das reale BSP und den Konsum erheblich unter ihre Trendwerte fallen läßt. Auf der anderen Seite werden Rezessionen typischerweise von starken Ausfällen bei den Investitionen und einem relativ geringen Rückgang der Konsumausgaben für Verbrauchsgüter und Dienstleistungen begleitet. Gewöhnlich schließen Rezessionen keine geringen Reduktionen der Investitionen bei erheblichen Ausfällen des Konsums ein. Um diese Aspekte der statistischen Daten zu interpretieren, müssen wir das keynesianische Modell modifizieren, indem wir eine Reaktion der Investitionsnachfrage auf die ökonomischen Bedingungen zulassen.

Wir wissen bereits, daß die Produzenten bei einem Angebotsüberschuß an Gütern ihren Input an Arbeitsleistungen verringern, womit das Grenzprodukt der Arbeit den Wert der Freizeit übersteigt. Ähnliche Überlegungen legen nahe, daß die Produzenten ihren Input an Kapitalleistungen vermindern werden; d.h. sie verringern bei Verkaufsbeschränkungen ihren geplanten Kapitalstock. Damit übersteigt das Grenzprodukt des Kapitals (abzüglich der Abschreibungsrate) den realen Zinssatz. Entscheidend ist, daß eine Abnahme der vorhandenen realen Verkäufe zu einem geringeren geplanten Kapitalstock und infolgedessen zu verminderter Investitionsnachfrage führt.

Wir können die **keynesianische Investitionsfunktion** wie folgt ausdrücken

$$i^d_t = \hat{i}^d(y_t, r_t, ...). \qquad (20.12)$$
$$(+)(-)$$

Bemerkenswert ist, daß die keynesianische Investitionsfunktion unter Berücksichtigung des Produktionsniveaus y_t ein ähnliches Aussehen hat wie die in Gleichung (20.6) eingeführte keynesianische Konsumfunktion. Was tatsächlich für den geplanten Kapitalstock und damit für die Investitionsnachfrage zählt, ist das zukünftige Volumen der realen Verkäufe und des Outputs y_{t+1}. Daher verringert ein Rückgang der laufenden Produktion y_t die Investitionsnachfrage i^d_t, sofern der zukünftige Output y_{t+1} ebenfalls zurückgeht.

Investitions-Akzelerator

Die keynesianische Investitionsfunktion weist eine Verbindung zu dem in der älteren konjunkturtheoretischen Literatur wiederholt diskutierten **Investitions-Akzelerator** auf. Der wesentliche Unterschied besteht darin, daß der Akzelerator die Investitionsnachfrage zu einer Veränderung der Produktion in Beziehung setzt, während die Investitionsnachfragefunktion in Gleichung (20.12) das Produktionsniveau berücksichtigt. Präziser gesagt, ist es der zukünftige Produktionsumfang y_{t+1}. Wir sollten bedenken, daß das Niveau des Kapitalstocks k_{t-1} mit einem negativen Vorzeichen in den ausgelassenen Termen der Investitionsnachfragefunktion von Gleichung (20.12) auftaucht. Wenn wir Veränderungen der Kapitalmenge im Zeitablauf zulassen, können wir eine dynamische Beziehung für die Investition konstruieren, die dem Akzelerator ähnelt. Zur Analyse eines Modells mit einem Akzelerator und Multiplikator vgl. Paul Samuelson (1939).

Unsere formale Analyse der Bestimmung von Produktion und Beschäftigung verändert sich nicht, wenn wir die keynesianische Investitionsfunktion einbeziehen. Der einzige Unterschied besteht darin, daß wir den Parameter υ als **marginale Ausgabenneigung** umzudefinieren haben; diese bringt den Gesamteffekt einer Veränderung der laufenden Produktion y_t auf die Güternachfrage y^d_t zum Ausdruck. Die Gesamtwirkung setzt sich aus der marginalen Konsumneigung und der **marginalen Investitionsneigung** zusammen. Letztere drückt die Auswirkung einer Änderung der Produktion y_t auf die Investitionsnachfrage in Gleichung (20.12) aus. Um eine sinnvolle Analyse zu gewährleisten, muß die marginale Ausgabenneigung υ kleiner eins sein.

Wir wissen, daß der Multiplikator in Gleichung (20.8) dem Ausdruck $1/(1 - \upsilon)$ entspricht. Der Term $1 - \upsilon$ drückt nicht mehr die marginale Sparquote aus, sondern eins minus marginale Ausgabenneigung. Es ist zu beachten, daß die marginale Ausgabenneigung υ kleiner eins ist, so daß der Ausdruck $1 - \upsilon$ positiv ist.

Die neuen Ergebnisse betreffen die Zusammensetzung des Outputs im Verlauf von Konjunkturschwankungen. Die keynesianische Investitionsfunktion impliziert, daß ein autonomer Rückgang der Nachfrage zu einer merklichen Abnahme der Investition führen kann. Diese Reaktion erfolgt zumindest dann, wenn die Kontraktion lange genug anhält, um die zukünftige Produktion y_{t+1} absinken zu lassen.

Andererseits mag die Rezession nicht so lange andauern, daß sie einen wesentlichen Einfluß auf den Gegenwartswert des Einkommens hat. In diesem Fall hat der Rückgang der laufenden Produktion y_t nur eine geringe Wirkung auf die Konsumnachfrage c^d_t. Aus diesem Grund kann der Produktionsausfall im wesentlichen zu Lasten der Investition und nicht des Konsums gehen. Mit anderen Worten: Das keynesianische Modell wird nun konsistent mit den wichtigen Eigenschaften von Rezessionen in der Realität.

Wir erwähnten zuvor, daß Liquiditätsbeschränkungen, die einige Wirtschaftssubjekte daran hindern, zum herrschenden Zinssatz ohne weiteres Kredit aufzunehmen, eine Grundlage für die keynesianische Konsumfunktion abgeben können. Aber sofern derartige Beschränkungen von Bedeutung wären, würden wir erwarten, daß Rezessionen von erheblichen Rückgängen der Konsumausgaben für Verbrauchsgüter und Dienstleistungen begleitet werden. Tatsächlich zeigen die Daten nur geringfügige Schwankungen dieser Ausgabenkategorien. Die Komponenten, die in Rezessionen erheblich zurückgehen, sind - abgesehen von den Unternehmensinvestitionen - Käufe langlebiger Konsumgüter wie Wohnhäuser, Autos und Haushaltsgeräte. Diese Güter sind vergleichsweise leicht durch Kredit zu finanzieren, da sie als Sicherheiten für Darlehen dienen. Daher legen die Daten nahe, daß Liquiditätsbeschränkungen keine Schlüsselrolle für die Konjunkturschwankungen in den USA spielen.

IS/LM-Analyse und die Rolle des Zinssatzes

Bei unserer vorhergehenden Analyse, die den Multiplikator einschloß, ging es um die Bestimmung des Produktionsniveaus bei gegebenem Zinssatz. Dabei galt im Falle eines Angebotsüberschusses für die Produktion die Bedingung in Gleichung (20.7)

$$Y_t = Y^d_t = \hat{C}^d(Y_t, r_t, ...) + \hat{I}^d(Y_t, r_t, ...) + G_t. \qquad (20.13)$$
$$\phantom{Y_t = Y^d_t = \hat{C}^d}(+)(-) (+)(-)$$

Durch die Annahme eines gegebenen Zinssatzes weist unsere Analyse jedoch eine erhebliche Lücke auf. Wir wollen nun einen Schritt weitergehen, indem wir die Bestimmung des Zinssatzes r_t im keynesianischen Modell untersuchen. Zu diesem Zweck müssen wir erneut auf die Bedingung zurückgreifen, daß die gesamte Geldmenge freiwillig als Kasse gehalten wird; sie lautet in Wiederholung von Gleichung (20.2)

$$M_t = P_t \cdot L(Y_t, r_t, ...) \qquad (20.14)$$
$$(+)(-)$$

Bei einem annahmegemäß fixierten Preisniveau P_t bestimmen die Gleichungen (20.13) und (20.14) den Zinssatz und das Produktionsniveau. (Wir erinnern daran, daß sich bei einer Inflationsrate von Null der nominale und reale Zinssatz entsprechen.) Gleichung (20.13) legt das Produktionsniveau Y_t für einen gegebenen Zinssatz r_t fest. Aber durch eine Veränderung des Zinssatzes wird die aggregierte Nachfrage Y^d_t und damit auch die Gesamtproduktion beeinflußt. In diesem Zusammenhang interessiert uns, welcher Wert von Y_t mit jedem Wert von r_t korrespondiert, d.h. wir wollen die Kombinationen des Zinssatzes und der Produktion herausfinden, die mit der in Gleichung (20.13) dargestellten Gleichheit von Produktion und aggregierter Nachfrage vereinbar sind.

Eine Erhöhung des Zinssatzes verringert die aggregierte Nachfrage auf der rechten Seite von Gleichung (20.13), wodurch, wie bei irgendeinem Rückgang der Gesamtnachfrage, das Produktionsniveau sinkt. Deshalb erhalten wir bei der Darstellung der Kombinationen des Zinssatzes und der Produktion, welche die Gleichung (20.13) erfüllen, eine abwärts geneigte Kurve. Entsprechend der üblichen Terminologie bezeichnen wir die Kurve in Abb. 20.4, die diese Beziehung darstellt, als **IS-Kurve**.[6] Entlang dieser Kurve sind der Zinssatz und das Produktionsniveau mit der Bedingung vereinbar, daß die Produktion gleich der aggregierten Nachfrage ist.

Betrachten wir nun die in Gleichung (20.14) enthaltene Bedingung, daß die Geldmenge freiwillig gehalten wird. Bei gegebener Geldmenge M_t definiert diese Bedingung weitere Kombinationen des Zinssatzes und der Produktion. Dabei wollen wir hier diejenigen Kombinationen herausfinden, die mit der Bedingung der freiwilligen Geldhaltung vereinbar sind. Wir wissen, daß ein höheres Produktionsniveau die Geldnachfrage auf der rechten Seite von Gleichung (20.14) steigert. Deshalb muß der Zinssatz r_t zunehmen, um die Geldnachfrage auf das gegebene Angebot M_t zu senken. Wir erhalten folglich bei der Darstellung der Zins- und Produktionskombinationen, die Gleichung (20.14) erfüllen, eine aufwärts geneigte Kurve. Auch hier folgen wir dem üblichen Sprachgebrauch und bezeichnen die in Abb. 20.4 dargestellte Kurve als **LM-Kurve**. Entlang dieser Kurve sind der Zinssatz und das Produktionsniveau mit der Bedingung konsistent, daß die gesamte Geldmenge freiwillig als Kasse gehalten wird.

Der Schnittpunkt der IS- und LM-Kurve in Abb. 20.4 bezeichnet die Kombination von Produktion und Zinssatz - hier als $\hat{Y}_t$ und $\hat{r}_t$ gekennzeichnet -, die zwei Bedingungen erfüllt: Erstens ist die Produktion gleich der aggregierten Nachfrage, und zweitens wird die gesamte Geldmenge freiwillig als Kasse gehalten. Solange das Preisniveau konstant ist, gilt im keynesianischen Modell, daß das Produktionsniveau den Wert $\hat{Y}_t$ und der Zinssatz den Wert $\hat{r}_t$ aufweist. Folglich können wir mit Hilfe des

---

[6] Die Bezeichnung IS bezieht sich auf die Gleichheit von Investitionsnachfrage und geplanter Ersparnis. Aus Gleichung (20.10) wissen wir, daß die Bedingung $Y_t = Y^d_t$ äquivalent ist mit der Gleichheit zwischen geplanter Ersparnis (plus Steuern) und Investitionsnachfrage (plus staatliche Güterkäufe). Die in Abb. 20.4 verwendete Darstellung geht auf John Hicks (1937) zurück.

IS/LM-Diagramms im keynesianischen Modell gleichzeitig die Bestimmung der Produktion und des Zinssatzes analysieren. Tatsächlich ist das IS/LM-Diagramm aufgrund der Popularität des keynesianischen Modells in den letzten vier Jahrzehnten das bevorzugte analytische Instrument vieler Makroökonomen gewesen.

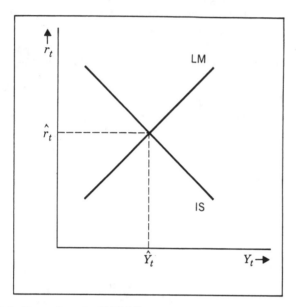

Abb. 20.4: *Verwendung der IS/LM-Kurven zur Bestimmung von Produktion und Zinssatz*
Die IS-Kurve zeigt die Kombinationen von $\hat{Y}_t$ und $\hat{r}_t$, welche die Bedingung $\hat{Y}_t = Y^d_t$ erfüllen. Die LM-Kurve zeigt die Kombinationen, welche die Wirtschaftssubjekte veranlassen, die gesamte vorhandene Geldmenge M_t zu halten. Demnach werden das Produktionsniveau und der Zinssatz durch den Schnittpunkt der beiden Kurven bestimmt.

Veränderungen der Produktion und des Zinssatzes

Um die Rolle des Zinssatzes besser verstehen zu können, betrachten wir erneut einen Fall, bei dem die aggregierte Nachfrage autonom steigt. Bei unverändertem Zinssatz würde die Produktion multiplikativ zunehmen. Allerdings steigt dadurch die Geldnachfrage über den vorhandenen Bestand M_t. Folglich werden die Haushalte versuchen, Wertpapiere zu verkaufen und statt dessen Geld zu halten. Um das Gleichgewicht auf dem Kreditmarkt wiederherzustellen, muß der Zinssatz steigen. Dieser Zinsanstieg wird jedoch sowohl die Geldnachfrage als auch die aggregierte Nachfrage reduzieren. Insofern ist der gesamte Effekt auf die Produktion kleiner als die volle Multiplikatorwirkung. Tatsächlich ist es möglich, daß die Produktionserhöhung kleiner ist als die autonome Nachfragesteigerung. Die Erhöhung des Zinssatzes kann also dazu führen, daß der Multiplikator im keynesianischen Modell kleiner als eins ist (was im Markträumungsmodell gewiß ist).

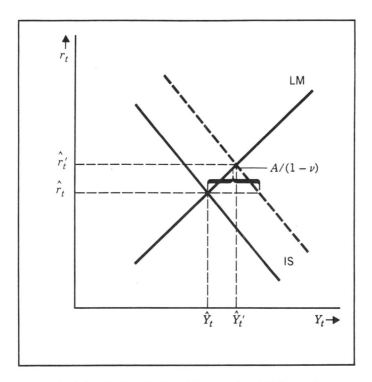

Abb. 20.5: *Keynesianische Analyse der Auswirkungen einer Erhöhung der aggregierten Nachfrage auf Produktion und Zinssatz*
Die Erhöhung der aggregierten Nachfrage verschiebt die IS-Kurve nach rechts, wobei das Ausmaß der Verlagerung gleich der autonomen Nachfrageerhöhung A multipliziert mit dem Multiplikator $1/(1-v)$ ist. Dadurch steigt sowohl die Produktion als auch der Zinssatz, allerdings ist die Steigerung der Produktion kleiner als der volle Multiplikatorbetrag $A/(1-v)$.

Abb. 20.5 zeigt diese Ergebnisse unter Verwendung des IS/LM-Diagramms, für das wir die durchgezogenen Kurven aus Abb. 20.4 übernehmen. Die Erhöhung der aggregierten Nachfrage erscheint hier als Verschiebung der IS-Kurve nach rechts, d.h. die Produktion nimmt bei gegebenem Zinssatz zu. Die Größenordnung dieser Verschiebung entspricht der Veränderung der aggregierten Nachfrage A, multipliziert mit dem Multiplikator $1/(1-v)$. In diesem Beispiel bleibt die LM-Kurve unverändert, so daß in der Abbildung sowohl die Produktion als auch der Zinssatz steigen.

Allerdings ist die Produktionssteigerung geringer als der volle Multiplikatorwert, welcher der Rechtsverschiebung der IS-Kurve entspricht.

Bei gegebener Höhe der staatlichen Güterkäufe ergibt sich, daß die gesamten privaten Ausgaben für Konsum und Investition zunehmen. Allerdings ist es aufgrund des gestiegenen Zinssatzes möglich, daß eine dieser Komponenten abnimmt. Wenn es sich bei der autonomen Störung etwa um eine Erhöhung der Investitionsnachfrage handelt, dann regt die Produktionssteigerung zwar die Konsumnachfrage an, diese wird aber gleichzeitig durch die Erhöhung des Zinssatzes gedämpft. Deswegen kann der Konsum hier trotz der Produktions- und Investitionszunahme sinken. Desgleichen können im Falle einer autonomen Veränderung der Konsumnachfrage die Investitionen abnehmen.

Fiskalpolitik im keynesianischen Modell

Der Staat kann die aggregierte Nachfrage unmittelbar durch Änderung des Umfangs seiner Güterkäufe G_t beeinflussen. Angenommen, der Staat erhöht seine Käufe um eine Einheit und finanziert diese zusätzlichen Ausgaben mit Hilfe von Pauschalsteuern. Wenn wir den Fall einer nur vorübergehenden Erhöhung der Käufe betrachten, sind die Vermögenseffekte gering. Wie in unserer Analyse in Kapitel 12 geht die Konsumnachfrage um einen Teil dieses Anstiegs der staatlichen Güterkäufe zurück.[7] Die aggregierte Nachfrage nimmt zu, jedoch um weniger als eine Einheit. Im IS/LM-Diagramm stellt sich die Störung in der in Abb. 20.5 gezeigten Weise dar.[8] Die Rechtsverschiebung der IS-Kurve spiegelt jetzt einen bestimmten Anteil der Zunahme der Staatskäufe multipliziert mit dem Multiplikator $1/(1 - \upsilon)$ wider. Auch hier steigen sowohl die Produktion als auch der Zinssatz, aber die Produktionserhöhung ist wieder geringer als der volle Multiplikatorbetrag.

Die Wirkungen der vermehrten staatlichen Güterkäufe auf die privaten Ausgaben sind ungewiß. Einerseits regt die Erhöhung der Produktion die private Nachfrage an, andererseits wird diese durch den höheren Zinssatz eingeschränkt. Hinzu kommt noch der direkte negative Effekt der staatlichen Güterkäufe auf die Konsumausgaben. Wir sollten uns in diesem Zusammenhang daran erinnern, daß die empirischen Daten für die USA zeigen, daß eine temporäre Ausdehnung der Staatsausgaben in Kriegszeiten tendenziell die Investitionen verdrängt, aber nur einen geringfügigen Effekt auf die Ausgaben der Konsumenten für Verbrauchsgüter und Dienstleistungen haben.

---

[7] Es sei daran erinnert, daß die öffentlichen Leistungen die privaten Konsumausgaben in Höhe des positiven Anteils α ersetzen.

[8] Dies gilt dann, wenn die Veränderung der staatlichen Güterkäufe keinen direkten Effekt auf die Geldnachfrage hat. Sonst würde sich die LM-Kurve ebenfalls verschieben.

Eine weitere fiskalpolitische Maßnahme besteht in einer Steuersenkung, die der Staat durch die Ausgabe zusätzlicher Wertpapiere finanziert. Nach Ansicht vieler Ökonomen wirkt diese Politik im keynesianischen Modell expansiv. Um jedoch zu diesem Ergebnis zu gelangen, müssen wir annehmen, daß Defizit-finanzierte Steuersenkungen den Wirtschaftssubjekten das Gefühl vermitteln, vermögender zu sein. Denn nur so wird ihre Konsumnachfrage angeregt, und die IS-Kurve verschiebt sich wie in Abb. 20.5 nach rechts - mit der Konsequenz einer erhöhten Produktion und eines erhöhten Zinssatzes.

Aufgrund der höheren künftigen Steuern ist es nach wie vor möglich, daß eine Defizit-finanzierte Steuersenkung (wie in Kapitel 14) keinen aggregierten Vermögenseffekt auf die Konsumnachfrage auslöst. Da die IS-Kurve unverändert bleibt, werden sich Produktion und Zinssatz nicht ändern. Dies heißt m.a.W., daß Ricardos Theorem - demzufolge Steuern und Budgetdefizite äquivalent sind - auch im keynesianischen Modell gültig bleiben kann.

Wenn die Haushalte eine Steuersenkung als Vermögenssteigerung betrachten, kommt es im keynesianischen Modell zu einer Produktionserhöhung. Da Produktion und Beschäftigung ursprünglich aufgrund mangelnder Nachfrage beschränkt sind, ergibt sich für den repräsentativen Haushalt in dieser Situation eine Besserstellung. Im Endeffekt sind die Haushalte dann tatsächlich vermögender. Dieses Ergebnis hat jedoch nichts mit Steuersenkungen als solchen zu tun. Im keynesianischen Modell bewirkt *alles*, was den Wirtschaftssubjekten das Gefühl vermittelt, vermögender zu sein, Produktions- und Beschäftigungssteigerungen, durch die tatsächlich auch alle besser gestellt werden. (Man denke darüber nach, was in diesem Modell geschehen würde, wenn wir angenommen hätten, die Wirtschaftssubjekte fühlten sich angesichts einer Steuersenkung ärmer.)

Veränderungen des Preisniveaus

Den Ausgangspunkt für das keynesianische Modell bildete ein überhöhtes Preisniveau, $P_t > P^*_t$. Falls das Preisniveau sinkt und sich dem allgemeinen markträumenden Wert P^*_t annähert, entfällt die grundsätzliche Beschränkung für die Volkswirtschaft. Daher sollten wir erwarten, daß der Output $\hat{Y}_t$ auf den markträumenden Wert Y^*_t ansteigt. Wir können das IS-LM-Diagramm verwenden, um diesen Vorgang zu veranschaulichen.

Aus Gleichung (20.14) ist uns bekannt, daß die LM-Kurve alle jene Kombinationen von r_t und Y_t zeigt, welche die Geldnachfrage mit der gegebenen Geldmenge M_t in Übereinstimmung bringt. Ein Rückgang des Preisniveaus vermindert die nominale Geldnachfrage $M^d_t = P_t \cdot L(r_t, Y_t, ...)$. Um die Gleichheit mit dem gegebenen Geldangebot wiederherzustellen, bedarf es Veränderungen von r_t oder Y_t, welche die reale Geldnachfrage, $L(r_t, Y_t, ...)$, ansteigen lassen. Folglich verschiebt sich die LM-Kurve nach rechts, wie in Abb. 20.6 gezeigt.

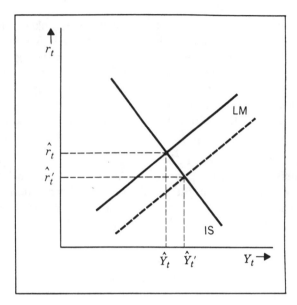

Abb. 20.6: *Keynesianische Analyse der Wirkungen eines Rückgangs des Preisniveaus auf Produktion und Zinssatz*
Ein Rückgang des Preisniveaus verschiebt die LM-Kurve nach rechts; der Zinssatz geht daher zurück und die Produktion nimmt zu.

Die neue LM-Kurve schneidet die unveränderte IS-Kurve bei einem niedrigeren Zinssatz - $(\hat{r}_t)' < \hat{r}_t$ - und einem höheren Niveau der Produktion - $(\hat{Y}_t)' > \hat{Y}_t$. Wir können diese Veränderungen nachvollziehen, indem wir uns daran erinnern, daß ein geringeres Preisniveau die nominale Geldnachfrage $M^d_t = P_t \cdot L(r_t, Y_t, ...)$ senkt. Der Versuch der Haushalte, ihre überschüssige Kasse in Wertpapiere umzuwandeln, führt zu einem Druck auf den Zinssatz, so daß dieser niedrigere Zinssatz zu einer Erhöhung der aggregierten Güternachfrage und der Produktion führt.

Betrachten wir eine Folge von Preisniveausenkungen vom Ausgangswert bis zum Wert bei allgemeiner Markträumung P^*_t. Jede Senkung des Preisniveaus verschiebt die LM-Kurve nach rechts, wie in Abb. 20.7 gezeigt. Dementsprechend fällt der Zinssatz, und die Produktion steigt. Wenn das Preisniveau schließlich auf den Wert P^*_t zurückgegangen ist, wird der Zinssatz auf den allgemeinen markträumenden Wert r^*_t gefallen und die Produktion auf eben diesen Wert Y^*_t gestiegen sein.

Sobald das Preisniveau den Wert P^*_t erreicht, würden weitere Preissenkungen keine zusätzlichen Produktionssteigerungen hervorrufen, und zwar deshalb nicht, weil an diesem Punkt auf dem Gütermarkt ein Wechsel von einem Angebotsüberschuß zu einem Nachfrageüberschuß, $Y^d_t > Y^s_t$, stattfindet. Dann produzieren die Anbieter nicht mehr die nachgefragte, sondern eine geringere Menge Y^s_t. Für die IS-

Kurve wird, wie wir wissen, angenommen, daß die Produzenten der Nachfrage voll entsprechen, d.h. es gilt $Y_t = Y^d_t$. Aus diesem Grund können wir diese Kurve nicht verwenden, um die Bestimmung der Produktion im Falle eines Nachfrageüberschusses an Gütern zu untersuchen.[9]

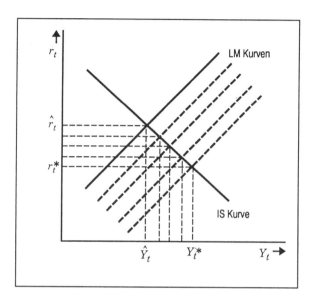

Abb. 20.7: *Wirkungen von Senkungen des Preisniveaus auf den Wert P^*_t bei allgemeiner Markträumung*

Jede Senkung des Preisniveaus verschiebt die LM-Kurve nach rechts. Daher fällt der Zinssatz, und die Produktion steigt. Wenn das Preisniveau den Wert bei allgemeiner Markträumung P^*_t erreicht hat, nehmen der Zinssatz und der Output ihre markträumenden Werte r^*_t und Y^*_t an.

Veränderungen der Geldmenge

Wir nehmen wiederum an, daß das Preisniveau oberhalb des allgemeinen markträumenden Wertes liegt - d.h. $P_t > P^*_t$ - und betrachten eine Erhöhung der Geldmenge M_t, die von einem Offenmarktverkauf von Wertpapieren herrühren könnte. Da P_t fixiert ist, impliziert Gleichung (20.14), daß die reale Geldnachfrage, $L(r_t, Y_t, ...)$, zunehmen muß, damit die zusätzliche Geldmenge freiwillig gehalten wird. Daher wirkt

---

[9] Bei einem Nachfrageüberschuß sind es die Käufe von Gütern und Dienstleistungen, die rationiert werden müssen, und nicht mehr die Verkäufe. Zu einer theoretischen Diskussion dieses Problems vgl. Barro und Grossman (1976). Eine Darstellung empirischer Anwendungen auf die zentralen Planwirtschaften Osteuropas findet sich bei David Howard (1976) sowie Richard Portes und David Winter (1980).

eine Zunahme von M_t genau so wie eine Senkung von P_t. Wir können erneut Abb. 20.6 heranziehen, um die Effekte zu analysieren. Die Rechtsverschiebung der LM-Kurve führt zu einem geringeren Zinssatz und zu einer höheren Produktion.

Wir können diese Ergebnisse so interpretieren, daß die Geldmenge über die bei den anfänglichen Werten des Zinssatzes $\hat{r}_t$ und des Outputs $\hat{Y}_t$ nachgefragte Menge hinaus ansteigt. Wie zuvor, führt der Versuch der Haushalte, ihre überschüssige Kasse in Wertpapiere umzuwandeln, zu einem geringeren Zinssatz und damit zu einer höheren Produktion.

Das wichtige Ergebnis besteht darin, daß eine Geldmengenerhöhung ein Substitut für eine Preisniveausenkung in Richtung auf den Markträumungswert darstellt. Eine Möglichkeit zur Korrektur des überhöhten Preisniveaus, $P_t > P^*_t$, besteht in einer Preissenkung. Aber eine Alternative dazu ist ein Anstieg des Geldbestandes, von dem wir wissen, daß er einen proportionalen Effekt auf das Preisniveau bei allgemeiner Markträumung P^*_t hat. Die monetäre Expansion schließt die Lücke zwischen P_t und P^*_t durch eine Erhöhung von P^*_t anstelle einer Senkung von P_t.

Veränderungen der Geldnachfrage

Aus Gleichung (20.14) geht hervor, daß eine Verringerung der realen Geldnachfrage, $L(r_t, Y_t, ...)$, exakt dieselbe Wirkung hat wie eine Senkung des Preisniveaus. Beide Veränderungen führen zu einem Überschuß des Geldangebots M_t über die Geldnachfrage M^d_t. Sofern die Geldnachfrage fällt - z.B. infolge finanztechnischer Innovationen -, verschiebt sich die LM-Kurve nach rechts, wie in Abb. 20.6 dargestellt. Daher treten wiederum ein Rückgang des Zinssatzes und eine Ausdehnung der Produktion auf.

Diese Ergebnisse stellen sich deshalb ein, weil die Abnahme der Geldnachfrage den Wert des Preisniveaus bei allgemeiner Markträumung P^*_t erhöht. So gesehen, wirkt eine Verringerung der realen Geldnachfrage in derselben Weise wie eine Erhöhung von M_t. Beide Veränderungen reduzieren die Lücke zwischen P_t und P^*_t durch eine Anhebung von P^*_t.

IS-LM-Analyse und allgemeine Markträumung

Das IS-LM-Modell dient dazu, den Zusammenhang zwischen monetären Phänomenen (die LM-Kurve) und realen Erscheinungen (die IS-Kurve) zu verdeutlichen. Die wesentliche Ursache für diesen Zusammenhang liegt im keynesianischen Modell in der Unbeweglichkeit des allgemeinen Preisniveaus (oder des nominalen Lohnsatzes). Daher ist das IS-LM-Instrumentarium hilfreich bei der Untersuchung unterschiedlicher Störungen im Kontext eines fixierten Preisniveaus.

Wir kehren nun zum Modell der allgemeinen Markträumung zurück, in welchem das Preisniveau flexibel ist. Abb. 20.7 zeigt, wie wir das IS-LM-Diagramm verwenden können, um die allgemeinen markträumenden Werte des Zinssatzes r^*_t und der Produktion Y^*_t zu finden. Allerdings erweist sich das Instrumentarium nun als unzweckmäßig, weil volkswirtschaftliche Störungen im allgemeinen sowohl mit Verschiebungen der IS- und LM-Kurve als auch mit Veränderungen des markträumenden Preisniveaus P^*_t einhergehen.

Wenn wir ein flexibles Preisniveau zulassen, eliminieren wir die wesentliche Ursache für den Zusammenhang zwischen monetären und realen Phänomenen im Modell.[10] Im übrigen geht uns dabei ein entscheidender Aspekt des IS-LM-Diagramms verloren, nämlich die Möglichkeit, das Zusammenspiel zwischen monetären und realen Faktoren untersuchen zu können. Wenn wir die Volkswirtschaft unter Bedingungen der allgemeinen Markträumung analysieren wollen, dann können wir auf den theoretischen Rahmen von Kapitel 5 zurückgreifen. Obwohl wir dieselben Ergebnisse mit Hilfe des IS-LM-Modells herleiten könnten, erscheint unsere frühere Methode bequemer.

Angebotsseite im keynesianischen Modell

Da für das keynesianische Modell - sei es in der von uns untersuchten einfachen Fassung oder in ausgefeilteren Versionen - die aggregierte Nachfrage die zentrale Determinante der Produktion und Beschäftigung ist, wird dem aggregierten Angebot nur wenig Aufmerksamkeit geschenkt. Rein formal ist die Vernachlässigung der Angebotsseite durch die Annahme des überhöhten Preisniveaus $P_t > P_t^*$ bedingt, aufgrund dessen ein Angebotsüberschuß an Gütern und Dienstleistungen herrscht. Damit geht das Modell davon aus, daß die Produktionskapazität und die Arbeitsbereitschaft keine echten Beschränkungen für die Produktion darstellen - nur die Bereitschaft, Ausgaben zu tätigen, begrenzt das Ausmaß der ökonomischen Aktivität. Diese Sichtweise erklärt, warum die keynesianische Analyse typischerweise bestimmte Faktoren vernachlässigt, die für das Markträumungsmodell wichtig sind. Hierzu gehören z.B. Verschiebungen der Produktionsfunktion, Veränderungen des Kapitalstocks, Auswirkungen des Steuersystems auf die Arbeitsbereitschaft usw.[11] Die Ver-

---

[10] Der Zusammenhang kann auch auftreten, wenn die Transaktionskosten oder der Umfang der realen Kassenhaltung Einfluß auf das Niveau des Güterangebots oder der Güternachfrage haben. Wir erinnern daran, daß die Vernachlässigung der Transaktionskosten lediglich eine Approximation darstellt, wenngleich eine, die unter den meisten Umständen brauchbar ist. Eine weitere Ursache für den Zusammenhang zwischen monetären und realen Phänomenen sind, wie in Kapitel 19 erörtert, unvollständige Preisinformationen. Da das IS-LM-Modell aber einen gesamtwirtschaftlichen Gütermarkt unterstellt, erscheint es in diesem Kontext nicht als nützlich.

[11] Das keynesianische Modell berücksichtigt diese Faktoren nur insoweit, als sie die Investitions- oder Konsumnachfrage beeinflussen. Desgleichen ist das Angebot von Arbeitsleistungen nur für die Ermittlung der unfreiwilligen Arbeitslosigkeit relevant.

nachlässigung dieser Faktoren erschien insbesondere angesichts der Angebotsschocks der 70er Jahre als befremdlich. Tatsächlich war es der Mangel, Angebotsschocks handhaben zu können, der viele Ökonomen dazu veranlaßte, nach einer Alternative zum keynesianischen Modell Ausschau zu halten. Wir wollen gleichwohl einige keynesianische Aussagen zu Konjunkturschwankungen betrachten.

Aussagen des keynesianischen Modells zu Konjunkturschwankungen

Als wir das Markträumungsmodell in den vorhergehenden Kapiteln entwickelten, bestand eine unserer wesentlichen Absichten darin, diejenigen Störungen zu identifizieren, die sich in der Realität beim Auftreten von Konjunkturschwankungen als wichtig erwiesen haben. Die Liste der Möglichkeiten schloß Angebotsschocks, Verschiebungen der Investitionsnachfrage (die wiederum Angebotsschocks widerspiegeln können), autonome Veränderungen der Konsumnachfrage oder des Arbeitsangebots, monetäre Störungen und Variationen der staatlichen Ausgaben oder Steuersätze ein. Das keynesianische Modell hat dieser Liste der Möglichkeiten nichts hinzugefügt. Im Gegenteil, das Modell verkürzt sie, indem es die Aufmerksamkeit auf Störungen beschränkt, die auf die Gesamtnachfrage einwirken. Die Vernachlässigung der Angebotsseite stellt eine grundlegende Schwäche des keynesianischen Modells dar.

Senkungen der aggregierten Nachfrage können durch einen autonomen Rückgang der Investitions- und Konsumnachfrage oder durch verringerte staatliche Güterkäufe bedingt sein. Im keynesianischen Modell lösen diese Veränderungen normalerweise eine Rezession aus, in deren Verlauf Produktion, Beschäftigung, Investition und Konsum sinken. Obwohl das Modell die anfängliche Störung nicht erklärt, kann es zeigen, warum sich die aggregierten Variablen während einer Rezession oder eines Booms häufig parallel entwickeln. Unter Einschluß der keynesianischen Investitionsfunktion kann das Modell erklären, warum sich der Produktionsausfall in Rezessionen vor allem in einem Rückgang der Investition zeigt.

Der Mechanismus des Multiplikators bewirkt überdies, daß sich geringfügige Störungen in signifikanten Schwankungen der aggregierten Aktivitäten niederschlagen können. Die empirischen Belege zu den Wirkungen von staatlichen Güterkäufen legen jedoch nahe (wie in Kapitel 12 erörtert), daß kein Multiplikator auftritt. Das keynesianische Modell ist mit dem Nichtvorhandensein eines Multiplikators vereinbar, sofern wir es wie im IS-LM-Modell erweitern, um die Bestimmung des Zinssatzes einzuschließen. Aber dieser Verzicht läßt ein charakteristisches Merkmal der keynesianischen Analyse verlorengehen. In einem Modell ohne Multiplikator bedarf es vor allem großer Schocks, um eine Rezession zu erzeugen.

Im keynesianischen Modell hat eine Zunahme der Geldmenge (im Vergleich zum gegebenen Preisniveau) einen expansiven Effekt. Dieser wird über eine Senkung des

Zinssatzes vermittelt. Allerdings scheint diese Aussage im Grunde zu viel zu erklären, da die empirischen Daten keinen langfristigen Zusammenhang zwischen monetärem Wachstum und realen Variablen aufzeigen. Um das Modell mit dieser Beobachtung in Einklang zu bringen, müssen wir eine gewisse Preisflexibilität einführen (siehe unten). Freilich bleibt dann noch das Problem, daß sich aus den Daten nicht einmal eine kurzfristige Beziehung zwischen monetären Schwankungen und Veränderungen des realen Zinssatzes ablesen läßt. Aber wir haben bereits im vorhergehenden Kapitel festgestellt, daß dies auch im Markträumungsmodell Schwierigkeiten bereitet.

Veränderungen der aggregierten Nachfrage, welche die IS-Kurve betreffen, bewirken eine gleichgerichtete Veränderung des realen Zinssatzes. Variationen der Geldmenge (oder der Umlaufgeschwindigkeit), die die LM-Kurve betreffen, verursachen entgegengesetzte Bewegungen des realen Zinssatzes. Deshalb kommt das keynesianische Modell für den Realzinssatz zu keinem eindeutigen zyklischen Verhalten. (Was bei den empirischen Daten ebenfalls der Fall war.) Im keynesianischen Modell hängt die Entwicklung des realen Zinssatzes davon ab, ob die vorherrschende Störung die aggregierte Nachfrage oder das Geldangebot und die Geldnachfrage betrifft.

Inflation im keynesianischen Modell

Bisher sind wir in diesem Kapitel von einem konstanten Preisniveau ausgegangen. Diese Prämisse ist jedoch für die heutigen Volkswirtschaften sehr unbefriedigend, da diese häufig positive und im Zeitablauf stark veränderliche Inflationsraten aufweisen. Da das keynesianische Modell sich zur Bestimmung des Preisniveaus nicht auf die Markträumungsbedingungen stützt, benötigen wir irgendeinen anderen Mechanismus, um die Annahme der Preisstarrheit zu ersetzen. Das übliche Mittel ist ein ad hoc-Anpassungsmechanismus, durch den sich das Preisniveau allmählich dem allgemeinen markträumenden Wert P^*_t annähert. Da die Bedingung $P_t > P^*_t$ einem Überangebot an Gütern entspricht, bedeutet eine Anpassung des Preisniveaus an den markträumenden Wert P^*_t, daß die Preise im Fall eines Angebotsüberschusses sinken bzw. im Falle eines Nachfrageüberschusses steigen.

Eine einfache Form einer Preisanpassungsregel ist

$$\pi_t = \lambda(Y^d_t - Y^s_t), \qquad (20.15)$$

wobei λ einen positiven Wert hat. Je höher der Parameter λ ist, desto schneller passen sich die Preise bei einem fehlenden Ausgleich zwischen Angebot und Nachfrage an. Gelegentlich vertreten Ökonomen die Auffassung, daß die Preise auf einen Nachfrageüberschuß anders reagieren als auf einen Angebotsüberschuß. Und zwar sollen sie bei einem Nachfrageüberschuß schnell steigen, bei einem Angebotsüberschuß dagegen nur sehr zögernd sinken. Diese Asymmetrie rechtfertigt letztlich die

Konzentration der Keynesianer auf Fälle, bei denen das Preisniveau über dem markträumenden Wert liegt. Aber die Ursache dieser Asymmetrie ist bislang nicht geklärt worden.

In ihrer jetzigen Form ist die Preisanpassungsformel in Gleichung (20.15) recht problematisch. Erstens ist die Inflation nur dann ungleich Null, wenn der Gütermarkt nicht geräumt wird - d.h. wenn $Y^d_t \neq Y^s_t$ ist. Die Theorie müßte indes eine Koexistenz von Inflation und geräumten Märkten zulassen. Zweitens ist die Inflation im keynesianischen Fall des Angebotsüberschusses an Gütern negativ, so daß wir mit Hilfe der Gleichung (20.15) keine positive Inflation in die keynesianische Analyse einbauen können.

Gleichung (20.15) impliziert zwar, daß sich das Preisniveau P_t dem allgemeinen markträumenden Preis P^*_t annähert, jedoch können monetäres Wachstum oder andere Faktoren P^*_t ständig verändern. Wir würden vermuten, daß P_t auf die Diskrepanz zwischen dem Preisniveau P_t und P^*_t, die mit dem Angebotsüberschuß zusammenhängt, und auf die zeitliche Veränderung von P^*_t reagiert. Wenn wir letzteres mit π^*_t bezeichnen, wobei π^*_t die erwartete Änderungsrate von P^*_t ist, dann können wir Gleichung (20.15) folgendermaßen modifizieren

$$\pi_t = \lambda(Y^d_t - Y^s_t) + \pi^*_t. \tag{20.16}$$

Gleichung (20.16) besagt, daß die tatsächliche Inflation π_t im Falle eines Nachfrageüberschusses über der antizipierten Änderungsrate des markträumenden Preises π^*_t bzw. im Falle eines Angebotsüberschusses darunter liegt. Demnach scheint sich das tatsächliche Preisniveau P_t selbst dann dem Zielwert P^*_t anzunähern, wenn dieser sich im Zeitablauf verändert.

Gleichung (20.16) ist bei Räumung des Gütermarktes ohne weiteres mit einer positiven Inflationsrate vereinbar. So impliziert etwa eine hohe Rate des antizipierten monetären Wachstums zugleich einen hohen Wert von π^*_t und damit auch eine hohe Inflationsrate π_t. Wenn darüber hinaus die erwartete Änderungsrate des Markträumungspreises π^*_t positiv ist, kann die Inflationsrate π_t auch im Falle eines Angebotsüberschusses positiv sein. Insofern ist Inflation mit dem keynesianischen Modell vereinbar.

Wir können nun eine Rezession wie folgt allgemein beschreiben: Zunächst erfährt die aggregierte Nachfrage einen negativen Schock, der möglicherweise von einer autonomen Verringerung der von den Unternehmen geplanten Investition herrührt. Dann sinken Produktion, Beschäftigung und Investition (und vermutlich auch der Konsum) unter ihre allgemeinen markträumenden Werte. Dementsprechend nimmt die Arbeitslosigkeit zu.

Die Rückgänge in den Mengen dieser Variablen bleiben erhalten, da sich die Preise (und Löhne) nicht sofort nach unten anpassen, um die allgemeine Markträumung wiederherzustellen. Die Preise sind zwar nicht mehr starr, aber sie reagieren nur zögernd. Gleichung (20.16) besagt, daß die Inflationsrate π_t unter die Änderungsrate des markträumenden Preises π^*_t sinkt, so daß das Preisniveau P_t relativ zum markträumenden Preis P^*_t ebenfalls nachgibt. Dadurch erhöhen sich allmählich die Realkassenbestände[12], was wiederum zu einer Senkung des Zinssatzes und damit zur Erhöhung der aggregierten Nachfrage und Produktion führt. Über diesen Prozeß kehrt die Volkswirtschaft allmählich wieder in eine Position der allgemeinen Markträumung zurück.

Die Rolle einer aktiven Wirtschaftspolitik wird im keynesianischen Modell als ein Substitut für die automatische, aber nur zögernde Reaktion der Volkswirtschaft über den Preisanpassungsprozeß betrachtet. Danach können entweder eine Beschleunigung der Zuwachsrate der Geldmenge (Geldpolitik) oder aber erhöhte staatliche Güterkäufe (Fiskalpolitik) die aggregierte Nachfrage anregen, so daß die Erholung aus einer Rezession im Modell beschleunigt werden kann.

Zur Rolle relativ starrer Preise im keynesianischen Modell

Alle neuartigen Charakteristika der keynesianischen Analyse entspringen letztlich der Annahme, daß Preise (oder Löhne) relativ starr sind. Die Schlüsselannahme lautet, daß die Preise im Falle eines Angebotsüberschusses an Gütern nicht schnell genug sinken. Diese Prämisse führt u.a. zu den folgenden Ergebnissen:

- Der Output wird durch die Gesamtnachfrage bestimmt; Elemente der Angebotsseite spielen nur eine untergeordnete Rolle.
- Es kann ein Multiplikator auftreten, der autonome Veränderungen der Gesamtnachfrage mit Reaktionen der Produktion verbindet.
- Wann immer sich die Wirtschaftssubjekte vermögender fühlen und ihre Konsumnachfrage entsprechend erhöhen, werden sie durch die Produktions- und Beschäftigungserhöhungen tatsächlich besser gestellt.
- Veränderungen der Geldmenge lösen reale Effekte aus.
- Eine aktive Geld- und Fiskalpolitik erscheint wünschenswert.

Angesichts dieser durch die Annahme relativ starrer Preise bedingten Resultate sollten wir uns diese Prämisse genauer ansehen. Vermutlich spiegelt die Starrheit der Preise nicht in einem wesentlichen Umfang die Kosten einer Änderung der Preise als solcher wider.[13] (Tatsächlich sind die Kosten einer Veränderung von Produk-

---

[12] Wir unterstellen hier, daß die Steigerungsrate des Markträumungspreises π^*_t eine gleich hohe Wachstumsrate der Geldmenge widerspiegelt, so daß die Wachstumsrate der Geldmenge größer ist als die des Preisniveaus.

[13] Bis vor kurzem schienen die meisten Makroökonomen darin übereinzustimmen, daß die direkten Kosten der Preisanpassung für das Verständnis gesamtwirtschaftlicher Phänomene unwichtig seien.

tion und Beschäfigung - die in keynesianischen Modellen üblicherweise vernachlässigt werden - eindeutig sehr viel wichtiger.) Statt dessen sehen die meisten Makroökonomen die verzögerte Preisanpassung als ein Indiz für andere Probleme, die dem privaten Sektor ein effizientes Funktionieren erschweren. So gibt es etwa Kosten der Informationsbeschaffung, des Arbeitsplatzwechsels, der Produktionsumstellung usw. Die Einbeziehung dieser Phänomene in die ökonomische Analyse hat zur Konsequenz, daß Volkswirtschaften nicht immer effizient auf Änderungen der Präferenzen und Technologien oder auf gesamtwirtschaftliche Nachfrage- und Angebotsschwankungen reagieren.

Es steht außer Frage, daß diese Gesichtspunkte durchaus wichtig sind, um Schwankungen der aggregierten Produktion und Beschäftigung zu erklären und das Problem der Arbeitslosigkeit zu verstehen. Allerdings ist nicht klar, ob wir diese Fragen mit der Vorgehensweise der keynesianischen Modelle adäquat erfassen können, indem wir den Tauschvorgängen im privaten Sektor ein überhöhtes Preisniveau gleichsam aufstülpen. Unvollkommene Information impliziert z.B. keineswegs, daß die Gesamtnachfrage wichtiger ist als das Gesamtangebot. Auch läßt sich aus den Informationslücken der Wirtschaftssubjekte nicht notwendigerweise die wünschenswerte Rolle einer aktiven Geld- und Fiskalpolitik ableiten.

Wenn wir unvollkommene Information und Anpassungskosten zulassen, ergibt sich, daß die Allokation der Ressourcen ein nur schwer zu lösendes Problem für den privaten Sektor darstellt. Es werden oft Fehler begangen, die sich manchmal in Arbeitslosigkeit und Unterproduktion äußern. Die entscheidende Herausforderung an die keynesianische Analyse besteht jedoch in der Beantwortung der Frage, warum diese Probleme einfacher werden, sobald der Staat gelegentlich viel Geld in die Volkswirtschaft pumpt oder seine Güterkäufe ausdehnt. In dem von uns in diesem Kapitel untersuchten Modell erscheinen diese Maßnahmen als günstig, da die Annahme eines überhöhten Preisniveaus die Privatwirtschaft zwingt, leicht korrigierbare Fehler zu begehen. So liegen insbesondere Produktion und Beschäftigung unter dem Niveau, bei dem das Grenzprodukt der Arbeit gleich dem Wert der Freizeit der Arbeiter ist. In ähnlicher Weise übersteigt das Grenzprodukt des Kapitals (abzüglich der Abschreibungsrate) den realen Zinssatz. Derartige Probleme sind jedoch recht offensichtlich und lassen sich auch ohne staatliche Unterstützung vom privaten Sektor lösen. Es wurde jedoch bislang noch nicht nachgewiesen, daß die aktive Wirtschaftspolitik auch dann hilfreich ist, wenn die Volkswirtschaft mit unvollständiger Information oder anderen ernsthaften Problemen zu kämpfen hat.

In der neueren Literatur wird auf die sog. "Menükosten" von Preisänderungen verwiesen. Vgl. Lawrence Ball, Greg Mankiw und David Romer (1988).

Langfristige Verträge

Es ist seit langem erkannt worden, daß die Schwäche der keynesianischen Analyse darin liegt, keine theoretische Begründung für die relativ starren Preise zu liefern. Ein interessanter Erklärungsversuch dieses Phänomens betont die Rolle **langfristiger Verträge**. Dieser Ansatz geht davon aus, daß Käufer und Verkäufer oft langfristige Beziehungen eingehen, anstatt ausschließlich auf Auktionsmärkten, wie z.B. Großhandelsmärkten für landwirtschaftliche Produkte oder organisierten Wertpapiermärkten, zu handeln. So erstrecken sich beispielsweise die Beziehungen zwischen Arbeitgebern und Arbeitnehmern oder aber zwischen Unternehmen und ihren Lieferanten häufig über viele Jahre. Oft beinhalten solche dauerhaften Tauschbeziehungen formale - oder noch häufiger implizite - vertragliche Verpflichtungen zwischen den Parteien. Ein Merkmal derartiger Kontrakte kann z.B. die vorherige Festsetzung von Preisen - oder, was wahrscheinlicher ist, von Löhnen - sein.[14]

Vorherige Preis- oder Lohnabsprachen können es einer Vertragspartei - etwa einer Gruppe von Arbeitnehmern - ermöglichen, einen Teil ihres Risikos auf die andere Partei - z.B. ein Großunternehmen - abzuwälzen. So kann ein Autohersteller seine Arbeitnehmer gegen einige, aber gewiß nicht gegen alle Schwankungen der Nachfrage nach Autos abschirmen. Dies erscheint wünschenswert, wenn das Unternehmen eher imstande ist, Risiken zu übernehmen als die Arbeitnehmer - etwa weil es einen leichteren Zugang zu Versicherungs- oder anderen Finanzmärkten hat.

Die vorherige Festlegung mancher Preise kann sehr wohl auch jemanden davon abhalten, ex post "unvernünftige" Forderungen zu stellen. So kann z.B. ein Unternehmen den Lohnsatz senken, nachdem der Arbeitnehmer für den Arbeitsplatzwechsel erhebliche Kosten auf sich genommen hat. Oder ein Bauunternehmer kann den Preis für ein Bauprojekt zu einem Zeitpunkt erhöhen, zu dem Verzögerungen prohibitiv teuer werden. In diesen Fällen kann der Markt - für Bauunternehmer, Arbeitnehmer und Arbeitgeber - ex ante grundsätzlich kompetitiv sein, sich ex post jedoch eher als Monopol erweisen. Einige dieser Probleme lassen sich dadurch vermeiden, daß man vorher vertragliche Vereinbarungen über Preise und andere Bedingungen trifft.

Einige Ökonomen haben versucht, mit Hilfe des Vertragsansatzes relativ starre Preise oder Löhne in keynesianischen Modellen vernünftig zu begründen.[15] Angenommen, zwei Parteien einigen sich auf einen Preis P für eine bestimmte Vertragsdauer.[16] Dann wird der gewählte Preis angesichts der ursprünglich verfügbaren In-

---

[14] Einige wichtige Beiträge zu diesem Thema stammen von Donald Gordon (1974), Costas Azariadis (1975), Martin Baily (1974) und Herschel Grossman (1979).

[15] Vgl. u.a. Jo Anna Gray (1976), Stanley Fischer (1977) und John Taylor (1980).

[16] Tatsächlich legt die Vertragstheorie die ex ante-Festlegung eines relativen Preises oder eines realen Lohnes anstelle eines nominalen Preises oder Lohnes nahe. Dennoch sind die meisten Verträge in den USA nicht explizit "indexiert" - d.h. sie enthalten keine automatischen Anpassungen der no-

formation in einigen Fällen die beste Schätzung des durchschnittlichen Markträumungspreises P^* für die Laufzeit des Vertrages sein. Andererseits können nicht-antizipierte Ereignisse - wie etwa monetäre Störungen - den Preis von seinem tatsächlichen markträumenden Wert abweichen lassen. Dann werden sich die Parteien nach Auslaufen des Vertrages eventuell auf einen neuen Preis einigen, der während der nächsten Periode wieder dem antizipierten Markträumungspreis entspricht.

Zu jedem beliebigen Zeitpunkt gibt es eine Vielzahl bestehender Verträge mit festgelegten Preisen, die wahrscheinlich von den markträumenden Werten abweichen. So wird z.B. der repräsentative Preis im Falle einer vorausgehenden monetären Kontraktion über dem markträumenden Wert liegen (bzw. im Falle einer monetären Expansion darunter). Da im Laufe der Zeit jedoch immer mehr Verträge erneuert werden, paßt sich der Durchschnittspreis allmählich dem durchschnittlichen markträumenden Wert an. Mit anderen Worten: Wir können mit Hilfe dieses Modells eine Beziehung für die Preisanpassung begründen, die Gleichung (20.16) entspricht:

$$\pi_t = \lambda(Y^d_t - Y^s_t) + \pi^*_t.$$

Die allmähliche Reaktion des Durchschnittspreises auf den Nachfrageüberschuß geht mit dem Prozeß der erneuten Aushandlung von Verträgen einher, während die Einbeziehung der antizipierten Änderungsrate des Markträumungspreises π^*_t die bekannten Faktoren widerspiegelt, welche die Verhandlungspartner bei der Festsetzung ihrer Preise oder Löhne zu Verhandlungsbeginn in Betracht ziehen. Wir sollten bedenken, daß ein überhöhter Preis - d.h. ein Angebotsüberschuß an Gütern und Dienstleistungen - genauso wahrscheinlich ist wie ein zu niedriger Preis. Folglich wäre die Preisanpassung eine symmetrische Relation, die nicht die keynesianische Betonung der Fälle mit überhöhtem Durchschnittspreis rechtfertigt.

Obwohl der Vertragsansatz durchaus imstande ist, einen Prozeß allmählicher Preisanpassung zu erklären, ist es überaus schwierig, mit Hilfe dieses Ansatzes keynesianische Arbeitslosigkeit und Unterproduktion abzuleiten. Die keynesianischen Resultate tauchen immer dann auf, wenn die Preise oder Löhne über den markträumenden Werten liegen *und* Produktion und Beschäftigung dem kleineren Wert von Angebot und Nachfrage entsprechen. Erinnern wir uns noch einmal, daß diese Regel der Bestimmung von Mengen durch die kürzere Marktseite mit dem freiwilligen Tausch auf einem anonymen Markt vereinbar ist. Aber die Regel ist für einen langfristigen Vertrag, der nun die theoretische Basis der verzögerten Preisanpassung bildet, im allgemeinen nicht anwendbar.

---

minalen Preise oder Löhne an die Veränderung der allgemeinen Lebenshaltungskosten. Anscheinend finden es die Arbeitgeber und Arbeitnehmer praktischer, ihre Verträge in einer Standardrecheneinheit - dem Dollar - aufzusetzen, selbst wenn die Inflation einigermaßen hoch und schwankend ist. Allerdings werden durch die Inflation Verträge mit kürzerer Laufzeit begünstigt.

In einer dauerhaften Beziehung mit langfristigen Verträgen müssen die Wirtschaftssubjekte Preise und Löhne nicht sofort anpassen, um die "richtige" Entwicklung der Mengen zu sichern. So können etwa die Arbeitnehmer im voraus zustimmen, daß sie mehr arbeiten werden, sobald die Nachfrage nach den jeweiligen Produkten des Unternehmens hoch ist, während sie im Falle einer geringeren Nachfrage weniger Arbeitsstunden leisten. Im Gegensatz zu einem Auktionsmarkt kann der Vertrag derartige effiziente Anpassungen des Arbeitseinsatzes selbst dann beinhalten, wenn die nominalen Löhne oder Preise sich nicht täglich verändern. (Bei erheblichen kurzfristigen Erhöhungen des Arbeitsanfalls sehen Verträge manchmal die Zahlungen von Überstundenlöhnen oder anderen Zulagen vor.) Wichtig ist, daß die Inflexibilität von Löhnen nicht zwangsläufig zu Unterproduktion und Arbeitslosigkeit führen muß.

Angenommen, die Inflation ist manchmal höher und manchmal niedriger als erwartet. Die Unternehmer und Arbeiter wissen, daß Inflation - soweit sie nicht von gewissen realen Veränderungen begleitet wird - den effizienten Umfang des Arbeitseinsatzes und der Produktion nicht berührt. Aus diesem Grund erscheint es vernünftig, einem Vertrag zuzustimmen, der die Mengenentscheidungen gegenüber der Inflationsrate abschirmt. Über viele Perioden, in denen sich die Wirkungen der nichtantizipierten Inflation auf die Reallöhne tendenziell im Durchschnitt ausgleichen, werden beide Parteien eines Arbeitsvertrags von derartigen Vereinbarungen profitieren. (Wenn die Inflation allerdings sehr hoch und unvorhersehbar wird, ziehen es die Wirtschaftssubjekte vor, entweder die Löhne durch Indexklauseln an das Preisniveau zu koppeln oder Verträge häufiger neu auszuhandeln.)

Eine wichtige Folgerung aus dem Vertragsansatz ist, daß die Inflexibilität von Preisen oder Löhnen nicht notwendigerweise zu Unterproduktion und Arbeitslosigkeit führen muß. In einer langfristigen Vereinbarung brauchen sich weder Preise noch Löhne ständig so anzupassen, daß die markträumenden Werte der Produktion und Beschäftigung herbeigeführt werden. Daher müssen relativ schwerfällig reagierende Preise oder Löhne nicht die keynesianischen Resultate hervorbringen. Anstatt das keynesianische Modell zu stützen, demonstriert der Vertragsansatz vielmehr, daß Produktion und Beschäftigung selbst bei relativ starren Preisen und Löhnen effizient bestimmt werden können - also so, als ob sich Preise und Löhne immer den markträumenden Werten anpaßten.

Einige empirische Belege zum Vertragsansatz

Zum Vertragsansatz liefern zwei neuere Studien einige direkte empirische Belege. Shaghil Ahmed (1987a) verwendete die Daten von 19 Industrien in Kanada im Zeitraum 1961-74. Er benutzte die Daten deshalb, weil in einer früheren Untersuchung von David Card (1980) die Häufigkeit von Indexierungen - d.h. die automatische Anpassung von Löhnen an die allgemeine Inflationsrate - in den Arbeitsverträgen jeder dieser Industrien ermitteln worden war. (Die Spanne reichte über die Industrien gesehen von Null bis etwa 100%.) Den Theorien zufolge, bei denen Verträge als Basis für das keynesianische Modell dienen, sollten in Industrien mit geringer Verbreitung von Indexierungen nachhaltige Reaktionen der Reallöhne und damit auch der Produktion und Beschäftigung auf nominale Störungen beobachtbar sein. Gerade das Gegenteil müßte auf Industrien mit starker Verbreitung von Indexklauseln zutreffen.

Ahmed ermittelte, daß nominale Schocks - auf Grund nicht-antizipierter Veränderungen der Geldmenge oder anderer nominaler Variablen - einen positiven Einfluß auf die geleisteten Arbeitsstunden bei der Mehrzahl der 19 Industrien hatten. Diese Ergebnisse stimmen mit einigen anderen Befunden für die USA und weiterer Länder überein, die wir in Kapitel 18 diskutierten. Der an dieser Stelle wichtige Punkt ist jedoch, daß es zwischen dem Ausmaß der Reaktion auf nominale Störungen in einer Industrie und der Verbreitung von Indexierungen in derselben keinen Zusammenhang gab. Reaktionen auf nominale Störungen waren gleichermaßen wahrscheinlich in Industrien, bei denen Indexklauseln häufig oder selten Anwendung fanden. Dieses Ergebnis läßt Theorien, die langfristige Verträge als Basis für das keynesianische Modell verwenden, in einem ungünstigen Licht erscheinen.

Mark Bils (1989) untersuchte Arbeitsverträge in 12 Industrien des verarbeitenden Gewerbes in den USA. Wenn der Abschluß neuer Verträge eine Rolle spielt, so lautete seine Überlegung, dann müßten ungewöhnliche Entwicklungen der Beschäftigung und der Reallöhne unmittelbar nach diesen Vertragsabschlüssen beobachtbar sein. Seine Ergebnisse zeigten ein gemischtes Bild. Einerseits wiesen einige Industrien - insbesondere die Automobilbranche - bedeutende, auf neue Lohnvereinbarungen folgende Veränderungen der Beschäftigung auf. Es zeigte sich insbesondere eine gewisse Tendenz, vorangegangene Änderungen der Beschäftigung unmittelbar nach den neuen Verträgen zurückzunehmen. Obwohl sich diese Ergebnisse nur auf wenige Industrien beziehen, sind sie eine gewisse Bestätigung des Vertragsansatzes. Andererseits konnte Bils keine entsprechenden Veränderungen der realen Lohnsätze nach dem Abschluß von Arbeitsverträgen ausmachen. Da diese aber ein zentrales Element des Vertragsansatzes bilden, erscheint es schwierig, Bils Ergebnisse mit diesem Ansatz in Einklang zu bringen.

Zusammenfassung

Im keynesianischen Modell liegt das Preisniveau (oder der Nominallohnsatz) über dem markträumenden Wert, so daß die Produktion aufgrund des Angebotsüberschusses an Gütern und Dienstleistungen durch die aggregierte Nachfrage determiniert wird. Dementsprechend tritt Unterproduktion und Arbeitslosigkeit auf.

In der einfachsten Version des keynesianischen Modells mit einem gegebenen Zinssatz führt eine Erhöhung der Gesamtnachfrage zu einer multiplikativen Steigerung der Produktion. Die Nachfrageerhöhung kann eine autonome Veränderung der Investitions- oder Konsumnachfrage oder auch eine Zunahme der staatlichen Güterkäufe widerspiegeln. Mit der Ausdehnung der Produktion geht gewöhnlich ein Anstieg der Beschäftigung, der Investitionen und des Konsums einher. Wenn wir die keynesianische Investitionsfunktion und die Abhängigkeit des Konsums vom langfristigen Einkommen einbeziehen, zeigt sich eine Übereinstimmung des Modells mit der empirischen Beobachtung, daß die Investition unbeständiger ist als der Konsum.

Mit Hilfe der IS/LM-Analyse läßt sich der Zinssatz zusammen mit dem Niveau der Produktion bestimmen. In diesem Modell ist es möglich, daß eine Erhöhung der Gesamtnachfrage keinen multiplikativen Effekt bei der Produktion auslöst, da Konsum- und Investitionsnachfrage durch die Erhöhung des Zinssatzes verdrängt werden.

Im keynesianischen Modell führt ein Rückgang des Preisniveaus zu einer höheren realen Kassenhaltung und zu einem geringeren Zinssatz. Der sinkende Zins regt die Konsum- und Investitionsnachfrage an, und diese Nachfrageerhöhung führt zu einer Ausdehnung der Produktion und der Beschäftigung. Dementsprechend läßt ein Zuwachs der Geldmenge oder eine Verringerung der Geldnachfrage den Zinssatz sinken, und dies bewirkt höhere Niveaus der Produktion und Beschäftigung.

Inflation läßt sich in das keynesianische Modell integrieren durch eine Formel der Preisanpassung, die besagt, daß die Inflation auf einen Nachfrageüberschuß nach Gütern positiv und auf einen Angebotsüberschuß negativ reagiert. Wenn der Gütermarkt geräumt ist, entspricht die Inflationsrate der antizipierten Änderungsrate des Markträumungspreises. Dieser Mechanismus macht es möglich, daß das Preisniveau während einer Rezession relativ zum markträumenden Wert sinkt. Die sich daraus ergebende Zunahme der realen Kassenhaltung führt zu einem sinkenden Zinssatz, wodurch die aggregierte Nachfrage angeregt wird. Auf diese Weise paßt sich die Volkswirtschaft automatisch den markträumenden Werten der Produktion und der Beschäftigung an. Dieser Prozeß der allmählichen Anpassung kann im keynesianischen Modell durch eine aktive Geld- und Fiskalpolitik beschleunigt werden.

Die keynesianische Analyse trifft einige neue Aussagen:

- Die Produktion wird durch die Gesamtnachfrage determiniert, während Elemente der Angebotsseite eine untergeordnete Rolle spielen.
- Es kann ein Multiplikator wirksam werden, der autonome Veränderungen der Gesamtnachfrage mit Reaktionen des Outputs verbindet.
- Wann immer sich die Wirtschaftssubjekte vermögender fühlen und ihre Konsumnachfrage entsprechend erhöhen, werden sie durch die Produktions- und Beschäftigungserhöhungen tatsächlich besser gestellt.
- Veränderungen der Geldmenge lösen reale Effekte aus.
- Aktive Geld- und Fiskalpolitik spielen eine attraktive Rolle.

Diese Aussagen beruhen auf der Annahme, daß die Preise nach unten starr sind. Viele Ökonomen verwenden diese Annahme als Ersatz für die Koordinationsprobleme des privaten Sektors bei der Verarbeitung irgendwelcher Änderungen der Angebots- und Nachfrageaggregate bzw. der Präferenzen und der Technologie. Sobald Ökonomen diese Probleme jedoch mit dem Rückgriff auf unvollständige Informationen, Mobilitätskosten usw. modellieren, sind die obigen keynesianischen Aussagen zumeist nicht haltbar.

Eine interessante Begründung für relativ starre Preise liefert die Existenz langfristiger Verträge. Jeder (explizite oder implizite) Vertrag setzt einen Lohn oder Preis für einen bestimmten Zeitraum fest. Eine Anpassung der durchschnittlichen Löhne oder Preise an den durchschnittlichen markträumenden Wert findet dann über den allmählichen Prozeß der Aushandlung neuer Verträge statt. Obwohl aus dieser Perspektive die relativ schwerfällig reagierenden Preise erklärt werden können, ist sie zur Herleitung der keynesianischen Aussagen über Mengenanpassungen weniger geeignet, da vernünftige Vereinbarungen selbst dann effiziente Arbeits- und Produktionsanpassungen ermöglichen, wenn die Löhne oder Preise sich nicht täglich ändern. Insofern kann die Existenz langfristiger Verträge nicht die in den keynesianischen Modellen auftretende Form von Arbeitslosigkeit und Unterproduktion erklären.

Fragen und Probleme

Zur Wiederholung

20.1 a. Vergleichen Sie die Konsumfunktion des keynesianischen Modells mit der in Kapitel 5 dargestellten. Warum läßt eine Veränderung des laufenden Einkommens die Konsumnachfrage im Markträumungsmodell unberührt?
b. Stellen Sie denselben Vergleich für die Investitionsnachfrage an.

20.2 Was verstehen wir unter unfreiwilliger Arbeitslosigkeit? Sind vorübergehende Entlassungen von Arbeitskräften mit langfristigen Verträgen ein Beispiel für unfreiwillige Arbeitslosigkeit?

20.3 Wie paßt sich die Produktion an, um die gesamtwirtschaftliche Konsistenzbedingung für den Gütermarkt [Gleichung (20.7)] zu erfüllen? Wäre dieses Ergebnis auch dann gültig, wenn es keinen Angebotsüberschuß bei Gütern gäbe?

20.4 Erklären Sie, wie eine Erhöhung der Geldmenge den realen Zinssatz im keynesianischen Modell senkt. Warum tritt dieser Effekt nicht im Markträumungsmodell auf?

20.5 Wie lautet der Multiplikator für die Produktion bei einer Zunahme der staatlichen Güterkäufe? Diskutieren Sie, inwieweit die Größe des Multiplikators durch folgende Faktoren beeinflußt wird:
a. Ob die staatlichen Güterkäufe durch Steuern oder durch ein Budgetdefizit finanziert werden.
b. Eine Zunahme des Zinssatzes.
c. Ob die staatlichen Güterkäufe temporär oder permanent sind.

20.6 Zeigen Sie, daß im Falle eines auf einem "zu hohen" Niveau fixierten Preisniveaus der Zinssatz und die Produktion sich so anpassen müssen, daß die Bedingung der freiwilligen Geldhaltung erfüllt ist. Kann der Zinssatz dann zu hoch sein? Wie kann eine Anpassung des Preisniveaus nach unten den Zinssatz senken und den Angebotsüberschuß an Gütern beseitigen?

Probleme zur Diskussion

20.7 Sparparadoxon
Nehmen wir an, die Individuen werden "knauseriger" und beschließen, mehr zu sparen und weniger zu konsumieren.
a. Was geschieht bei gegebenem Zinssatz mit der Produktion und der Beschäftigung? Was geschieht mit den Ersparnissen? Was geschieht mit den Investitionen? (*Hinweis*: Wenn die Ersparnisse sinken, obwohl die Wirtschaftssubjekte sparsamer werden, spricht man von einem *Sparparadoxon*.)
b. Führen Sie die Analyse nochmals durch, nun aber unter der Annahme, daß sich der Zinssatz anpassen kann. Was geschieht dann mit den Ersparnissen? Gibt es ebenfalls ein Sparparadoxon?
c. Kann es im Markträumungsmodell ein Sparparadoxon geben, wenn sich das Preisniveau anpassen kann? Wodurch sind die unterschiedlichen Ergebnisse bedingt?

20.8 Multiplikator
Betrachten Sie eine autonome Erhöhung der Investitionsnachfrage.
a. Warum gibt es bei konstantem Zinssatz einen multiplikativen Effekt bei der Produktion?

b. Gibt es auch dann einen Multiplikator, wenn sich der Zinssatz anpassen kann? Inwieweit hängt diese Antwort von der Höhe der folgenden Größen ab:
  i. Der Reagibilität der aggregierten Nachfrage auf den Zinssatz?
  ii. Der Reagibilität der Geldnachfrage auf die Produktion?
  iii. Der Reagibilität der Geldnachfrage auf den Zinssatz?

20.9 Perzipiertes Vermögen im keynesianischen Modell
Nehmen Sie an, der amerikanische Präsident hält eine Rede und verkündet darin, daß wir alle vermögender wären, als wir ursprünglich dachten. Wenn wir alle dem Präsidenten glauben, was sagt dann das keynesianische Modell hinsichtlich der Produktions-, Beschäftigungs- und "Vermögens"-Änderungen? Erklären Sie diese Ergebnisse und stellen Sie diese den Thesen des Markträumungsmodells gegenüber.

20.10 Veränderung der Inflationserwartungen
Betrachten Sie eine (unerklärte) Erhöhung der Inflationserwartungen π^e.
a. Inwieweit berührt diese Veränderung die IS-Kurve?
b. Inwieweit berührt diese Veränderung die LM-Kurve? (Denken Sie daran, daß die Geldnachfrage vom nominalen Zinssatz, $R = r + \pi^e$, abhängt.).
c. Was geschieht mit dem Produktionsniveau, dem realen und nominalen Zinssatz? Erklären Sie diese Ergebnisse und stellen Sie diese jenen des Markträumungsmodells gegenüber. (*Hinweis*: Wodurch unterscheidet sich eine Veränderung der Inflationserwartungen von einer autonomen Veränderung der Geldnachfrage?)

20.11 Extreme Fälle in der IS/LM-Analyse
Betrachten Sie die folgenden Extremfälle (die gelegentlich erörtert wurden, aber empirisch nicht nachgewiesen werden konnten).
a. Nehmen Sie an, daß die Geldnachfrage nicht auf den Zinssatz reagiert. Wie sieht dann die LM-Kurve aus? Welche Auswirkungen hat dann eine Störung, welche die IS-Kurve verschiebt, auf die Produktion und den Zinssatz?
b. Nehmen Sie an, daß die Geldnachfrage extrem sensibel auf den Zinssatz reagiert (dieser Fall wird als *Liquiditätsfalle* bezeichnet). Wie sieht die LM-Kurve in diesem Falle aus? Welche Auswirkungen hat jetzt eine Verschiebung der IS-Kurve?
c. Nehmen Sie an, daß der Zinssatz die Gesamtnachfrage praktisch nicht beinflußt. Wie sieht die IS-Kurve in dieser Situation aus? Welche Auswirkungen gehen von einer Verschiebung der LM-Kurve aus?
d. Nehmen Sie schließlich an, daß die aggregierte Nachfrage extrem empfindlich auf den Zinssatz reagiert. Zeichnen Sie die IS-Kurve und beschreiben Sie die durch eine Verschiebung der LM-Kurve ausgelösten Effekte.

20.12 Stagflation im keynesianischen Modell
Angenommen, wir definieren Stagflation als eine Zunahme der Inflation während einer Rezession.

a. Nehmen Sie an, daß eine Rezession durch eine autonome Senkung der Gesamtnachfrage ausgelöst wird. Können wir dann im keynesianischen Modell eine dadurch bedingte Stagflation ableiten?

b. Gibt es irgendeine andere Möglichkeit, um im keynesianischen Modell Stagflation hervorzubringen?

Literaturverzeichnis

Aaron, Henry J. (1987), "Symposium on Tax Reform", *Journal of Economic Perspectives*, 1, 7-119.

Abraham, Katharine G. und Lawrence F. Katz (1986), "Cyclical Unemployment: Sectoral Shifts or Aggregate Disturbances", *Journal of Political Economy*, 94, 507-522.

Ahmed, Shaghil (1987a), "Wage Stickiness and the Non-neutrality of Money: A Cross-Industry Analysis", *Journal of Monetary Economics*, 20, 25-50.

___ (1987b), "Government Spending, the Balance of Trade and the Terms of Trade in British History", *Journal of Monetary Economics*, 20, 195-220.

Alchian, Armen A. und Harold Demsetz (1972), "Production, Information Costs, and Economic Organization", *American Economic Review*, 62, 777-795.

Alogoskoufis, George S. (1987a), "Aggregate Employment and Intertemporal Substitution in the U.K.", *Economic Journal*, 97, 403-415.

___ (1987b), "On Intertemporal Substitution and Aggregate Labor Supply, *Journal of Political Economy*, 95, 938-960.

Ando, Albert und Franco Modigliani (1963), "The 'Life-Cycle' Hypothesis of Saving: Aggregate Implications and Tests", *American Economic Review*, 53, 55-84.

Aschauer, David A. (1985), "Fiscal Policy and Aggregate Demand", *American Economic Review*, 75, 117-127.

___ (1988), "Is Public Expenditure Productive?", Presented at conference of National Bureau of Economic Research, Cambridge, Mass.

Attfield, C. L. F. und N. W. Duck (1983), "The Influence of Unanticipated Money Growth on Real Output: Some Cross-Country Estimates", *Journal of Money, Credit and Banking*, 15, 442-454.

___ , D. Demery und N. W. Duck (1981), "A Quarterly Model of Unanticipated Monetary Growth, Output and the Price Level in the U.K.", *Journal of Monetary Economics*, 8, 331-350.

Auerbach, Robert D. (1985), *Money, Banking and Financial Markets*, 2. Aufl., New York: Macmillan.

Azariadas, Costas (1975), "Implicit Contracts and Underemployment Equilibria", *Journal of Political Economy*, 83, 1183-1202.

Bagehot, Walter (1873), *Lombard Street*, New York: Scribner Armstrong & Company.

Bailey, Martin J. (1971), *National Income and the Price Level*, 2. Aufl., New York: McGraw-Hill.

Baily, Martin N. (1974), "Wages and Employment under Uncertain Demand", *Review of Economic Studies*, 33, 37-50.

Ball, Laurence, N. Gregory Mankiw und David Romer (1988), "The New Keynesian Economics and the Output-Inflation Tradeoff", *Brookings Papers on Economic Activity*.

Bank of England, *Quarterly Bulletin*, verschiedene Ausgaben.

Barnett, William, A., Edward K. Offenbacher und Paul A. Spindt (1984), "The New Divisia Monetary Aggregates", *Journal of Political Economy*, 92, 1049-1085.

Barro, Robert J. (1974), "Are Government Bonds Net Wealth?", *Journal of Political Economy*, 82, 1095-1118.

___ (1978a), "Comment from an Unreconstructed Ricardian," *Journal of Monetary Economics*, 4, 569-581.

___ (1978b), "Unanticipated Money, Output and the Price Level in the United States", *Journal of Political Economy*, 86, 548-580.
___ (1979), "On the Determination of the Public Debt, *Journal of Political Economy*, 87, 940-971.
___ (1981), "Output Effects of Government Purchases", *Journal of Political Economy*, 89, 1086-1121.
___ (1987), "Government Spending, Interest Rates, Prices and Budget Deficits in the United Kingdom, 1730-1918", *Journal of Monetary Economics*, 20, 221-247.
___ (1989), "The Ricardian Approach to Budget Deficits", *Journal of Economic Perspectives*, 3, 37-54.
___ und Chaipat Sahasakul (1986), "Average Marginal Tax Rates from Social Security and the Individual Income Tax", *Journal of Business*, 59, 555-566.
___ und Herschel I. Grossman (1976), *Money, Employment and Inflation*, Cambridge: Cambridge University Press.
Barsky, Robert B. und Jeffrey A. Miron (1988), "The Seasonal Cycle and the Business Cycle", unveröffentlicht, University of Michigan.
Baumol, William J. (1952), "The Transactions Demand for Cash: An Inventory Theoretic Approach", *Quarterly Journal of Economics*, 66, 545-556.
Becker, Gary S. (1981), "The Demand for Children," in *A Treatise on the Family*, Cambridge, MA: Harvard University Press.
___ und Robert J. Barro, (1988), "A Reformulation of the Economic Theory of Fertility", *Quarterly Journal of Economics*, 103, 1-25.
Benjamin, Daniel K. und Levis A. Kochin (1984), "War, Prices and Interest Rates: Gibson's Paradox Revisited", in Michael D. Bordo und Anna J. Schwartz, eds., *A Retrospective on the Classical Gold Standard, 1821-1931*, Chicago: University of Chicago Press.
Bernanke, Ben S., (1983a), "Irreversibility, Uncertainty, and Cyclical Investment", *Quarterly Journal of Economics*, 98, 85-106
___ (1983b), "Non-Monetary Effects of the Financial Collapse in the Propagation of the Great Depression", *American Economic Review*, 73, 257-276.
Berndt, Ernst R. und David O. Wood (1979), "Engineering and Econometric Interpretations of Energy-Capital Complementarity", *American Economic Review*, 69, 342-354.
Bernheim, B. Douglas, Andrei Shleifer und Lawrence H. Summers (1985), "The Strategic Bequest Motive", *Journal of Political Economy*, 93, 1045-1076.
Bienefeld, M. A. (1972), *Working Hours in British Industry*, London: Weidenfeld and Nicolson.
Bils, Mark (1989), "Testing for Contracting Effects on Employment", Rochester Center for Economic Research, working paper no. 174.
Bird, Roger C. und Ronald G. Bodkin (1965), "The National Service Life Insurance Dividend of 1950 and Consumption: A Further Test of the 'Strict' Permanent Income Hypothesis", *Journal of Political Economy*, 73, 499-515.
Black, Fischer (1970), "Banking and Interest Rates in a World without Money", *Journal of Bank Research*, 9-20.
Black, Stanley W. (1985), "International Money and International Monetary Arrangements", in Ronald W. Jones und Peter B. Kenen, eds., *Handbook of International Economics*, volume 2, Amsterdam: North-Holland.
Blinder, Alan S. (1980), "Inventories in the Keynesian Macro Model", *Kyklos*, 33, no. 4, 585-614.

Bloom, Murray T. (1984), *The Man Who Stole Portugal*, New York: Charles Scribner's Sons.
Board of Governors of the Federal Reserve System (1984), *Annual Report*.
___ (1981) *Annual Statistical Digest 1970-1979*, Washington, DC.
___ (1976), *Banking and Monetary Statistics*, 1941-1970, Washington, DC.
___ *Federal Reserve Bulletin*, verschiedene Ausgaben.
Bomberger, William A. und Gail E. Makinen (1983), "The Hungarian Hyperinflation and Stabilization of 1945-1946", *Journal of Political Economy*, 91, 801-824.
Bordo, Michael D. und Lars Jonung (1981), "The Long-Run Behavior of the Income Velocity of Money in Five Advanced Countries, 1870-1975: An Institutional Approach", *Economic Inquiry*, 19, 96-116.
Boskin, Michael J. (1977), "Social Security and Retirement Decisions", *Economic Inquiry*, 15, 1-25.
___, ed. (1977), *The Crisis in Social Security*, Institute for Contemporary Studies, San Francisco.
___, Laurence J. Kotlikoff, Douglas J. Poffert und John B. Shoven (1987), "Social Security: A Financial Appraisal across and within Generations", *National Tax Journal*, 40, 19-34.
Bresciani-Turroni, Costantino (1937), *The Economics of Inflation*, London: Allen & Unwin.
Brown, Charles, Curtis Gilroy und Andrew Koehn (1982), "The Effect of the Minimum Wage on Employment and Unemployment: A Survey", *Journal of Economic Literature*, 20, 487-528.
Brown, E. Cary (1956), "Fiscal Policy in the Thirties: A Reappraisal", *American Economic Review*, 46, 857-879.
Brunner, Karl (1968), "The Role of Money and Monetary Policy", Federal Reserve Bank of St. Louis, *Review*, 9-24.
Buchanan, James M. (1958), *Public Principles of Public Debt*, Homewood, Ill.: Irwin.
Buckmaster und Moore (1985), *Index-Linked Gilt Book*, London.
Bulow, Jeremy und Kenneth S. Rogoff (1988), "Sovereign Debt: Is to Forgive to Forget?", unveröffentlicht, Stanford University.
Burda, Michael (1988), "Reflections on 'Wait Unemployment' in Europe", Economic Policy Panel, London.
Burtless, Gary (1987), "Jobless Pay and High European Unemployment", in Robert Lawrence und Charles Schultze, eds., *Barriers to European Economic Growth*, Washington, D.C.: Brookings Institution.
Cagan, Phillip D. (1956), "The Monetary Dynamics of Hyperinflation", in Milton Friedman, ed., *Studies in the Quantity Theory of Money*, Chicago: University of Chicago Press.
___ (1958), "The Demand for Currency Relative to the Total Money Supply", *Journal of Political Economy*, 66, 303-328.
___ (1965), *Determinants and Effects of Changes in the Stock of Money, 1875-1960*, New York: Columbia University Press.
Campbell, Colin D. (1984), "Introduction", in *Controlling the Cost of Social Security*, Lexington, Mass.: Lexington Books.
Card, David (1980), "Determinants of the Form of Long-Term Contracts", Princeton University, working paper no. 135.
Carlson, John A. (1977), "A Study of Price Forecasts", *Annals of Economic and Social Measurement*, 6, 27-56.
Carroll, Chris und Lawrence H. Summers (1987), "Why Have Private Savings Rates in the United States and Canada Diverged?", *Journal of Monetary Economics*, 20, 249-279.

Caskey, John (1985), "Modeling the Formation of Price Expectations: A Bayesian Approach", *American Economic Review*, 75, 768-776.
Central Statistical Office, *Annual Abstract of Statistics*, London, verschiedene Ausgaben.
___ *Monthly Digest of Statistics*, London, verschieden Ausgaben.
Chaudhury, Ajit K. (1979), "Output, Employment and Inventories under General Excess Supply", *Journal of Monetary Economics*, 5, 505-514.
Clark, Kim B. und Lawrence H. Summers (1979), "Labor Market Dynamics and Unemployment: A Reconsideration", *Brookings Papers on Economic Activity*, no. 1, 13-60.
___ (1982), "Unemployment Insurance and Labor Market Transitions", in Martin N. Baily, ed., *Workers, Jobs and Inflation*, Washington, DC: Brookings Institution.
Clark, Truman A. (1986), "Interest Rate Seasonals and the Federal Reserve", *Journal of Political Economy*, 94, 76-125.
Coase, Ronald H. (1937), "The Nature of the Firm", *Economica*, 4, 386-405.
Cukierman, Alex (1983), "Relative Price Variability and Inflation, a Survey and Further Results", *Carnegie-Rochester Conference Series on Public Policy*, 19, 103-158.
Cumby, Robert und Maurice Obstfeld (1984), "International Interest Rate and Price Level Linkages under Flexible Exchange Rates: A Review of Recent Evidence", in John F. O. Bilson und Richard C. Marston, eds., *Exchange Rate Theory and Practice*, Chicago: University of Chicago Press.
Darby, Michael R. (1976), "Three-and-a-Half Million U.S. Employees Have Been Mislaid: Or an Explanation of Unemployment, 1934-1941", *Journal of Political Economy*, 84, 1-16.
___, John C. Haltiwanger, Jr. und Mark Plant (1985), "Unemployment Rate Dynamics and Persistent Unemployment under Rational Expectations", *American Economic Review*, 75, 614-637.
David, Paul A. (1967), "The Growth of Real Product in the United States since 1840", *Journal of Economic History*, 27, 151-197.
Deane, P. und W. A. Cole (1969), *British Economic Growth, 1688-1959*, 2. Aufl., Cambridge: Cambridge University Press.
Denslow, David A. und Mark Rush (1989), "Supply Shocks and the Interest Rate", unveröffentlicht, University of Florida.
Department of Employment and Productivity (1971), *British Labour Statisitcs, Historical Abstract 1886-1968*, London.
Dewey, Davis R. (1931), *Financial History of the United States*, 11. Aufl., New York: Longmans, Green, 1931.
Dotsey, Michael (1985), "The Use of Electronic Funds Transfers to Capture the Effect of Cash Management Practices on the Demand for Demand Deposits", *Journal of Finance*, 40, 1493-1503.
Easterlin, Richard A. (1968), *Population, Labor Force, and Long Swings in Economic Growth*, New York: Columbia University Press.
Eaton, Jonathan, Mark Gersovitz, und Joseph E. Stiglitz (1986), "The Pure Theory of Country Risk", *European Economic Review*, 30, 481-513.
Economic Report of the President, United States Government Printing Office, Washington, DC, verschiedene Ausgaben.
Economist Intelligence Unit, Ltd., U.K. (1985), *Quarterly Economic Review of Saudi Arabia*, Annual Supplement.
___ (1987), *Country Profile, Saudi Arabia, 1987-88*, London.

Edwards, Sebastian (1985), "On the Interest Rate Elasticity of the Demand for International Reserves: Some Evidence from Developing Countries", *Journal of International Money and Finance*, 4, 287-295.

Eisner, Robert und Robert H. Strotz (1963), "Determinants of Business Investment", in Commission on Money and Credit, *Impacts of Monetary Policy*, Englewood Cliffs, NJ: Prentice-Hall.

___ und Paul Pieper (1984), "A New View of the Federal Debt and Budget Deficits", *American Economic Review*, 74, 11-29.

Emerson, Michael (1988), *What Model for Europe?*, Cambridge MA: MIT Press.

Esposito, Louis (1978), "Effect of Social Security on Saving: Review of Studies Using U.S. Time Series Data", *Social Security Bulletin*, 41, 9-17.

Evans, Paul (1987a), "Interest Rates and Expected Future Budget Deficits in the United States", *Journal of Political Economy*, 95, 34-58.

___ (1987b), "Do Budget Deficits Raise Nominal Interest Rates? Evidence from Six Industrial Countries", *Journal of Monetary Economics*, 20, 281-300.

___ (1988), "Do Budget Deficits Affect the Current Account?", unveröffentlicht, Ohio State University.

Fair, Ray C. (1979), "An Analysis of the Accuracy of Four Macroeconometric Models", *Journal of Political Economy*, 87, 701-718.

Fama, Eugene F. (1975), "Short-Term Interest Rates as Predictors of Inflation", *American Economic Review*, 65, 269-282.

___ (1983), "Financial Intermediation and Price Level Control", *Journal of Monetars Economics*, 12, 7-28.

Fay, Jon A. und James L. Medoff (1985), "Labor and Output over the Business Cycle: Some Direct Evidence", *American Economic Review,* 75, 638-655.

Feinstein, C. H. (1972), *National Income, Expenditures and Output of the United Kingdom 1855-1965*, Cambridge: Cambridge University Press.

Feldstein, Martin S. (1974), "Social Security, Induced Retirement, and Aggregate Capital Accumulation", *Journal of Political Economy*, 82, 905-928.

Ferguson, James M., ed. (1964), *Public Debt and Future Generations*, Chapel Hill: University of North Carolina Press.

Fisher, Irving (1973), "A Statistical Relation between Unemployment and Price Changes", *International Labor Review*, 13, 1926, 785-792, wieder abgedruckt als "I Discovered the Phillips Curve", *Journal of Political Economy*, 81, 496-502.

___ (1930), *The Theory of Interest*, New York: Macmillan.

___ (1922/71), *The Purchasing Power of Money*, 2. Aufl., New York: Augustus Kelley.

Fischer, Stanley (1977), "Long-Term Contracts, Rational Expectations and the Optimal Money Supply Rule, *Journal of Political Economy*, 85, 191-206.

___ (1982), "Seigniorage and the Case for a National Money", *Journal of Political Economy*, 90, 295-313.

Fleisher, Belton M. und Thomas J. Kniesner (1984), *Labor Economics: Theory, Evidence and Policy*, 3. Aufl., Englewood Cliffs, NJ: Prentice-Hall.

Flood, Robert P. und Peter M. Garber (1980), "An Economic Theory of Monetary Reform", *Journal of Political Economy*, 88, 24-58.

Foley, Duncan K. und Miguel Sidrauski (1971), *Monetary and Fiscal Policy in a Growing Economy*, New York: Macmillan.

Friedman, Milton (1956), "The Quantity of Money - A Restatement", in *Studies in the Quantity Theory of Money*, Chicago: University of Chicago Press.
___ (1957), *A Theory of the Consumption Function*, Princeton, NJ: Princeton University Press,.
___ (1960), *A Program for Monetary Stability*, New York: Fordham University Press.
___ (1968a), "Free Exchange Rates", in *Dollars and Deficits*, Englewood Cliffs, NJ: Prentice-Hall.
___ (1968b), "Inflation: Causes and Consequences", in *Dollars and Deficits*, Englewood Cliffs, NJ: Prentice-Hall.
___ (1968c), "The Role of Monetary Policy", *American Economic Review*, 58, 1-17.
___ (1969), *The Optimum Quantity of Money and other Essays*, Chicago: Aldine.
___ und Anna J. Schwartz (1963), *A Monetary History of the United States, 1867-1960*, Princeton: Princeton University Press.
___ (1970), *Monetary Statistics of the United States*, New York: Columbia University Press.
Fullerton, Don (1982), "On the Possibility of an Inverse Relationship between Tax Rates and Government Revenues", *Journal of Public Economics*, 19, 3-22.
Garber, Peter M. (1982), "Transition from Inflation to Price Stability", *Carnegie-Rochester Conference Series on Public Policy*, 16, 11-42.
Geweke, John (1986), "The Superneutrality of Money in the United States: An Interpretation of the Evidence", *Econometrica*, 54, 1-22.
Glass, Carter (1927), *An Adventure in Constructive Finance*, New York: Doubleday, Page.
Goldfeld, Steven M. (1973), "The Demand for Money Revisited", *Brookings Papers on Economic Activity*, no. 3, 577-638.
___ (1976), "The Case of the Missing Money", *Brookings Papers on Economic Activity*, no. 3, 683-730.
Goodfriend, Marvin (1986), "Monetary Mystique: Secrecy and Central Banking", *Journal of Monetary Economics*, 17, 63-92.
___ (1987), "Interest Rate Smoothing and Price Level Trend Stationarity", *Journal of Monetary Economics* 19, 335-348.
Gordon, Donald F. (1974), "A Neo-Classical Theory of Keynesian Unemployment", *Economic Inquiry*, 12, 431-459.
Gorton, Gary (1986), "Banking Panics and Business Cycles", unveröffentlicht, Federal Reserve Bank of Philadelphia.
Gray, Jo Anna (1976), "Wage Indexation: a Macroeconomic Approach", *Journal of Monetary Economics*, 2, 221-236.
Greenwood, Jeremy (1983), "Expectations, the Exchange Rate and the Current Account", *Journal of Monetary Economics*, 12, 543-570.
Grossman, Herschel I. (1979), "Risk Shifting, Layoffs and Seniority", *Journal of Monetary Economics*, 4, 661-686.
Haberler, Gottfried (1939), *Prosperity and Depression*, 2. Aufl., League of Nations, Genf.
Hall, Robert E. (1977), "Investment, Interest Rates, and the Effects of Stabilization Policies", *Brookings Papers on Economic Activity*, no. 1, 61-103.
___ (1979), "A Theory of the Natural Unemployment Rate and the Duration of Unemployment", *Journal of Monetary Economics*, 5, 153-170.
___ (1980a), "Employment Fluctuations and Wage Rigidity", *Brookings Papers on Economic Activity*, no. 1, 91-123.

___ (1980b), "Labor Supply and Aggregate Fluctuations", *Carnegie-Rochester Conference on Public Policy*, 12, 7-33.

___ (1982), "The Importance of Lifetime Jobs in the U.S. Economy", *American Economic Review*, 72, 716-724.

___ (1989), "Consumption", in Robert J. Barro, ed., *Modern Business Cycle Theory*, Cambridge: Harvard University Press.

Hamermesh, Daniel (1977), *Jobless Pay and the Economy*, Baltimore: Johns Hopkins University Press.

Hamilton, James D. (1983), "Oil and the Macroeconomy since World War II", *Journal of Political Economy*, 91, 228-248.

___ (1985), "Uncovering Financial Market Expectations of Inflation", *Journal of Political Economy*, 93, 1224-1241.

Hawtrey, Ralph G. (1932), "The Portuguese Bank Notes Case", *Economic Journal*, 42, 391-398.

Hayashi, Fumio (1986), "Why is Japan's Saving Rate so Apparently High?", *NBER Macroeconomics Annual 1986*, Cambridge, Mass.: MIT Press.

Hayek, Friedrich A. (1945), "The Use of Knowledge in Society", *American Economic Review*, 35, 519-530.

Hercowitz, Zvi (1981), "Money and the Dispersion of Relative Prices", *Journal of Political Economy*, 89, 328-356.

___ (1982), "Money and Price Dispersion in the United States", *Journal of Monetary Economics*, 10, 25-38.

Hicks, John (1937), "Mr. Keynes and the 'Classics'", *Econometrica*, 5, 147-159.

___ (1946), *Value and Capital*, 2. Aufl., Oxford: Oxford University Press.

Howard, David H. (1976), "The Disequilibrium Model in a Controlled Economy: An Empirical Test of the Barro-Grossman Model", *American Economic Review*, 66, 871-879.

Ingram, James C. (1983), *International Economics*, New York: Wiley.

International Monetary Fund, *International Financial Statistics*, verschiedene Ausgaben.

Jevons, W. Stanley (1896), *Money and the Mechanism of Exchange*, New York: D. Appleton.

Jones, Alice H. (1980), *Wealth of a Nation to Be*, New York: Columbia University Press.

Jones, Robert A. (1976), "The Origin and Development of Media of Exchange", *Journal of Political Economy*, 84, 757-776.

Judd, John P. und John L. Scadding (1982), "The Search for a Stable Money Demand Function", *Journal of Economic Literature*, 20, 993-1023.

Katz, Lawrence F. und Bruce D. Meyer (1988), "The Impact of the Potential Duration of Unemployment Benefits on the Duration of Unemployment", unveröffentlicht, Harvard University.

Kendrick, John W. (1961), *Productivity Trends in the United States*, Princeton: Princeton University Press.

Kenny, Lawrence W. (1988), "Cross-Country Estimates of the Demand for Money and Its Components", unveröffentlicht, University of Florida.

Keynes, John Maynard (1936), *The General Theory of Employment, Interest and Money*, New York: Harcourt Brace.

King, Robert G. und Charles I. Plosser (1984), "Money, Credit and Prices in a Real Business Cycle", *American Economic Review*, 74, 363-380.

Klein, Ben (1974), "Competitive Interest Payments on Bank Deposits and the Long-Run Demand for Money", *American Economic Review*, 64, 931-949.

Kormendi, Roger C. (1983), "Government Debt, Government Spending, and Private Sector Behavior", *American Economic Review*, 73, 994-1010.
___ und Phillip G. Meguire (1984), "Cross-Regime Evidence of Macroeconomic Rationality", *Journal of Political Economy*, 92, 875-908.
Kreinin, Mordechai E. (1961), "Windfall Income and Consumption - Additional Evidence", *American Economic Review*, 51, 388-390.
Kuznets, Simon (1948), "Discussion of the New Department of Commerce Income Series", *Review of Economics and Statistics*, 30, 151-179.
Kydland, Finn E. und Edward C. Prescott (1977), "Rules Rather than Discretion: The Inconsistency of Optimal Plans", *Journal of Political Economy*, 85, 473-491.
Lahaye, Laura (1985), "Inflation and Currency Reform", *Journal of Political Economy*, 93, 537-560.
Laidler, David E. (1985), *The Demand for Money: Theories and Evidence*, 3. Aufl., New York: Harper & Row.
Landsberger, Michael (1970), "Restitution Receipts, Household Savings and Consumption Behavior in Israel", unveröffentlicht, Research Department, Bank of Israel.
Law, John (1966), *Money and Trade Considered*, 1705, New York: Augustus Kelley.
Leimer, Dean und Selig Lesnoy (1982), "Social Security and Private Saving: New Time Series Evidence", *Journal of Political Economy*, 90, 606-629.
Lilien, David M. (1982), "Sectoral Shifts and Cyclical Unemployment", *Journal of Political Economy*, 90, 777-793.
Lindsey, Lawrence B. (1987), "Individual Taxpayer Response to Tax Cuts: 1982-1984", *Journal of Public Economics*, 33, 173-206.
Lipsey, Richard E. (1960), "The Relation between Unemployment and the Rate of Change of Money Wage Rates in the United Kingdom, 1862-1957: A Further Analysis", *Economica*, 27, 1-31.
Litterman, Robert B. und Laurence Weiss (1985), "Money, Real Interest Rates, and Output: A Reinterpretation of Postwar U.S. Data", *Econometrica*, 53, 129-156.
Long, John B., Jr. und Charles I. Plosser (1983), "Real Business Cycles", *Journal of Political Economy*, 91, 39-69.
Loungani, Prakash (1986), "Oil Price Shocks and the Dispersion Hypothesis", Rochester Center for Economic Research, working paper no. 33.
Lucas, Robert E., Jr. (1967), "Adjustment Costs and the Theory of Supply", *Journal of Political Economy*, 75, 321-334.
___ (1976), "Understanding Business Cycles", *Carnegie-Rochester Conference on Public Policy*, 5, 7-29.
___ (1980), "Two Illustrations of the Quantity Theory of Money", *American Economic Review*, 70, 1005-1014.
___ (1981), *Studies in Business-Cycle Theory*, Cambridge, Mass.: MIT Press.
McCallum, Ben T. (1979), "The Current State of the Policy-Ineffectiveness Debate", *American Economic Review*, 69, proceedings, 240-245.
Macaulay, Frederick R. (1938), *The Movement of Interest Rates, Bond Yields and Stock Prices in the United States since 1856*, National Bureau of Economic Research, New York.
McClure, Alexander K. (1901), *Abe Lincoln's Yarns and Stories*, New York: W.W. Wilson.
McCulloch, J. Huston (1980), "The Ban on Indexed Bonds, 1933-77", *American Economic Review*, 70, 1018-1021.

MaCurdy, Thomas E. (1981), "An Empirical Model of Labor Supply in a Life-Cycle Setting", *Journal of Political Economy*, 89, 1059-1085.
Mankiw, N. Gregory und Jeffrey A. Miron (1986), "The Changing Behavior of the Term Structure of Interest Rates", *Quarterly Journal of Economics*, 101, 211-228.
___, Jeffrey A. Miron und David N. Weil (1987), "The Adjustment of Expectations to a Change in Regime: A Study of the Founding of the Federal Reserve", *American Economic Review*, 77, 358-374.
Mansfield, Edwin (1985), *Microeconomics*, 5. Aufl., New York: Norton.
Marston, Stephen T. (1976), "Employment Stability and High Unemployment", *Brookings Papers on Economic Activity*, no. 1, 169-203.
Miron, Jeffrey A. (1986), "Financial Panics, the Seasonality of the Nominal Interest Rate, and the Founding of the Fed", *American Economic Review*, 76, 125-140.
___ (1988), "A Cross-Country Comparison of Seasonal Cycles and Business Cycles", unveröffentlicht, University of Michigan.
Mishkin, Frederic S. (1982), "Does Anticipated Monetary Policy Matter?", *Journal of Political Economy*, 90, 22-51.
Mitchell, B. R. (1980), *European Historical Statistics, 1750-1975*, 2. Aufl., London: Macmillan.
___ und P. Deane (1962), *Abstract of British Historical Statistics*, Cambridge: Cambridge University Press.
___ und H. G. Jones (1971), *Second Abstract of British Historical Statistics*, Cambridge: Cambridge University Press.
Modigliani, Franco (1964), "Long-Run Implications of Alternative Fiscal Policies and the Burden of the National Debt", in James M. Ferguson, ed., *Public Debt and Future Generations*, Chapel Hill: University of North Carolina Press.
___ und Richard Brumberg (1954), "Utility Analysis and the Consumption Function: an Interpretation of Cross-Section Data", in Kenneth Kurihara, ed., *Post-Keynesian Economics*, New Brunswick, NJ: Rutgers University Press.
Morgan Guaranty Trust (1983), World Financial Markets, New York.
Mundell, Robert A. (1968), *International Economics*, New York: Macmillan.
___ (1971), *Monetary Theory*, Pacific Palisades, CA: Goodyear.
Musgrave, Richard (1959), *Theory of Public Finance*, New York: McGraw-Hill.
Mussa, Michael (1979), "Empirical Regularities in the Behavior of Exchange Rates and Theories of the Foreign Exchange Market", *Carnegie-Rochester Conference Series on Public Policy*, 11, 9-58.
Muth, John F. (1961), "Rational Expectations and the Theory of Price Movements", *Econometrica*, 29, 315-335.
Nelson, Charles R. und G. William Schwert (1977), "Short-Term Interest Rates as Predictors of Inflation: On Testing the Hypothesis that the Real Rate of Interest is Constant", *American Economic Review*, 67, 478-486.
Ochs, Jack und Mark Rush (1983), "The Persistence of Interest Rate Effects on the Demand for Currency", *Journal of Money, Credit and Banking*, 15, 499-505.
O'Driscoll, Gerald, P., Jr. (1977), "The Ricardian Nonequivalence Theorem", *Journal of Political Economy*, 85, 207-210.
Organization of American States, *Statistical Bulletin of the OAS*, verschiedene Ausgaben.
Organization for Economic Cooperation and Development, *Main Economic Indicators*, Paris, verschiedene Ausgaben.

___ (1983), *National Accounts, Main Aggregates*, vol. 1, 1952-1981, Paris.
___ *National Accounts of OECD Countries*, Paris, verschiedene Ausgaben.
___ (1987), *OECD Economic Outlook*, Paris.
Patinkin, Don (1948), "Price Flexibility and Full Employment", *American Economic Review*, 38, 543-564.
___ (1956), *Money, Interest and Prices*, New York: Harper & Row.
Phelps, Edmund S. (1970), "The New Microeconomics in Employment and Inflation Theory", in *Microeconomic Foundations of Employment and Inflation Theory*, New York: Norton.
Phillips, A. W. (1958), "The Relation between Unemployment and the Rate of Change of Money Wage Rates in the United Kingdom, 1861-1959", *Economica*, 25, 283-299.
Pigou, Arthur C. (1947), "Economic Progress in a Stable Environment", *Economica*, 14, 180-188.
Plosser, Charles I. (1982), "The Effects of Government Financing Decisions on Asset Returns", *Journal of Monetary Economics*, 9, 325-352.
___ (1987), "Fiscal Policy and the Term Structure", *Journal of Monetary Economics*, 20, 343-367.
Portes, Richard und David Winter (1980), "Disequilibrium Estimates for Consumption Good Markets in Centrally Planned Economies", *Review of Economic Studies*, 47, 137-159.
Protopapadakis, Aris A. und Jeremy J. Siegel (1987), "Are Money Growth and Inflation Related to Government Deficits? Evidence from Ten Industrialized Economies", *Journal of International Money and Finance*, 6, 31-48.
Ramaswami, Chitra (1983), "Equilibrium Unemployment and the Efficient Job-Finding Rate", *Journal of Labor Economics*, 1, 171-196.
Ramsey, Frank P. (1928), "A Mathematical Theory of Saving", *Economic Journal*, 38, 543-549.
Rees, Albert E. (1959), "Patterns of Wages, Prices and Productivity", in Charles Myers, ed., *Wages, Prices, Profits and Productivity*, New York: Columbia University Press.
Ricardo, David (1957), "Funding System", in P. Sraffa, ed., *The Works and Correspondence of David Ricardo*, Cambridge: Cambridge University Press.
Rogoff, Kenneth S. (1989), "Reputation, Coordination, and Monetary Policy", in Robert J. Barro, ed., *Modern Business Cycle Theory*, Cambridge, MA: Harvard University Press.
Romer, Christina D. (1986), "Spurious Volatility in Historical Unemployment Data", *Journal of Political Economy*, 94, 1-37.
___ (1987), "Gross National Product, 1909-1928: Existing Estimates, New Estimates, and New Interpretations of World War I and Its Aftermath", National Bureau of Economic Research, working paper no. 2187.
___ (1988), "The Prewar Business Cycle Reconsidered: New Estimates of Gross National Product, 1869-1908", unveröffentlicht, University of California, Berkeley.
Romer, Paul M. (1989), "Capital Accumulation in the Theory of Long Run Growth", in Robert J. Barro, ed., *Modern Business Cycle Theory*, Cambridge, Mass.: Harvard University Press.
Rotwein, Eugene, ed. (1970), *David Hume - Writings on Economics*, Madison: University of Wisconsin Press.
Runkle, David E. (1988), "Liquidity Constraints and the Permanent Income Hypothesis: Evidence from Panel Data", unveröffentlicht, Federal Reserve Bank of Minneapolis.

Rush, Mark (1985), "Unexpected Monetary Disturbances during the Gold Standard Era", *Journal of Monetary Economics*, 15, 309-322.

___ (1986), "Unexpected Money and Unemployment", unveröffentlicht, University of Florida.

Sachs, Jeffrey D. (1981), "The Current Account and Macroeconomic Adjustment in the 1970s", *Brookings Papers on Economic Activity*, no. 1, 201-268.

Saidi, Nasser (1981), "The Square-Root Law, Uncertainty and International Reserves under Alternative Regimes: Canadian Experience, 1950-1976", *Journal of Monetary Economics*, 7, 271-290.

Samuelson, Paul A. (1939), "A Synthesis of the Principle of Acceleration and the Multiplier", *Journal of Political Economy*, 47, 786-797.

Sargent, Thomas J. (1982), "The Ends of Four Big Inflations", in Robert E. Hall, ed., *Inflation: Causes and Effects*, Chicago: University of Chicago Press.

___ und Neil Wallace (1975), "Rational Expectations, the Optimal Monetary Instrument, and the Optimal Money Supply Rule", *Journal of Political Economy*, 83, 241-254.

___ (1981), "Some Unpleasant Monetarist Arithmetic", Federal Reserve Bank of Minneapolis, *Quarterly Review*, 1 - 17.

Siegel, Jeremy J. (1979), "Inflation-Induced Distortions in Government and Private Saving Statistics", Review of Economics and Statistics, 61, 83-90.

Simons, Henry C. (1948), "Rules versus Authorities in Monetary Policy", in *Economic Policy for a Free Society*, Chicago: University of Chicago Press.

Solon, Gary (1985), "Work Incentive Effects of Taxing Unemployment Benefits", *Econometrica*, 53, 295-306.

Spindt, Paul A. (1985), "Money Is What Money Does: Monetary Aggregation and the Equation of Exchange", *Journal of Political Economy*, 93, 175-204.

Stuart, Charles E. (1981), "Swedish Tax Rates, Labor Supply and Tax Revenues", *Journal of Political Economy*, 89, 1020-1038.

Summers, Robert und Alan Heston (1988), "A New Set of International Comparisons of Real Product and Price Levels, Estimates for 130 Countries, 1950-1985", *The Review of Income and Wealth*, 34, 1-25.

Taylor, John B. (1980), "Aggregate Dynamics and Staggered Contracts", *Journal of Political Economy*, 88, 1-23.

Thornton, Henry (1802/1978), *An Enquiry into the Nature and Effects of the Paper Credit of Great Britain,* Fairfield, NJ: Augustus Kelly.

Timberlake, Richard H., Jr. (1978), *The Origins of Central Banking in the United States*, Cambridge, MA: Harvard University Press.

Tobin, James (1956), "The Interest-Elasticity of Transactions Demand for Cash", *Review of Economics and Statistics*, 38, 241-247.

___ (1971a), "A General Equilibrium Approach to Monetary Theory", in *Essays in Economics*, volume 1, *Macroeconomics*, Chicago: Markham.

___ (1971b), "Deposit Interest Ceilings as a Monetary Control", in *Essays in Economics*, volume 1, *Macroeconomics*, Chicago: Markham.

Topel, Robert und Finis Welch (1980), "Unemployment Insurance: Survey and Extensions", *Economica*, 47, 351-379.

United Nations, *Statistical Yearbook*, verschiedene Ausgaben.

U.S. Bureau of Labor Statistics, *Employment and Earnings*, verschiedene Ausgaben.

U.S. Department of Commerce (1975), *Historical Statistics of the U.S., Colonial Times to 1970*, Washington, DC.
___ (1986), *National Income and Product Accounts of the U.S., 1929-1982*, Washington, DC.
___ (1987), *Fixed Reproducible Tangible Wealth in the United States, 1925-85*, Washington, DC.
___ *Statistical Abstracts of the United States*, verschiedene Ausgaben.
___ *Survey of Current Business*, verschiedene Ausgaben.
Van Ravestein, A. und H. Vijlbrief (1988), "Welfare Cost of Higher Tax Rates: An Empirical Laffer Curve for the Netherlands", *De Economist*, 136, 205-219.
Varian, Hal R. (1987), *Intermediate Microeconomics*, New York: Norton.
Walre de Bordes, J. van (1927), *The Austrian Crown*, London: King.
Winston, Gordon C. (1966), "An International Comparison of Income and Hours of Work", *Review of Economics and Statistics*, 48, 28-39.
World Bank (1987), *World Development Report 1987*, New York: Oxford University Press.

Glossar

Abnehmende Grenzproduktivität: Eigenschaft der *Produktionsfunktion*, wonach der vermehrte Einsatz eines Produktionsfaktors immer geringere Zuwächse der Produktion zur Folge hat.

Abnehmende Skalenerträge: siehe *zunehmende Skalenerträge*.

Abschreibung: Die Abnutzung von *Kapitalgütern* im Zeitablauf; häufig als prozentualer Anteil des Kapitalstocks angegeben.

Absolute Kaufkraftparität: Version der *Kaufkraftparität*, die sich auf das Niveau der Wechselkurse und Preise bezieht.

Abwertung: Maßnahme der Zentralbank eines Landes, die dazu führt, daß mehr eigene Währungseinheiten im Austausch für eine ausländische Währungseinheit (z.B. einen US-Dollar) gezahlt werden müssen; entspricht einem Anstieg des *Wechselkurses*.

Aktienbörse: Ein Markt, auf dem Eigentumsanteile an Unternehmen gehandelt werden; die Anteilseigner erhalten die von den Unternehmen ausgeschütteten Dividenden.

Allgemeine Markträumung: Gleichzeitige Räumung sämtlicher Märkte. Vgl. *Markträumungsansatz*, *Walras-Gesetz*.

Allgemeines Preisniveau: Preis pro Einheit eines (physisch einheitlichen) Güteraggregats.

Angebotsökonomie: Untersuchung der Ursachen und Auswirkungen von Veränderungen des Arbeitsangebots und der Faktorproduktivität. Dieser Ansatz betont insbesondere den negativen Einfluß von Einkommensteuern auf die Arbeitsmotivation.

Angebotsschock: Veränderungen, die die *Produktionsfunktion* modifizieren, indem sie die mit Hilfe gegebener Faktoreinsätze erzielbare Ausbringungsmenge erhöhen oder senken oder aber die *Grenzprodukte* der Produktionsfaktoren verändern. Beispiele sind Mißernten und technologische Veränderungen.

Angebotsüberschuß: Marktsituation, bei der zum herrschenden Marktpreis die angebotene Menge die nachgefragte Menge übersteigt.

Antizipiertes Geldmengenwachstum: Die von den Wirtschaftssubjekten prognostizierte Wachstumsrate der Geldmenge, gestützt auf die in der Vergangenheit beobachtete Beziehung zwischen Geldmenge und ökonomischen Variablen.

Arbeitslosenquote: Verhältnis der arbeitslosen Arbeitnehmer zur Gesamtheit aller beschäftigten und unbeschäftigten Arbeitnehmer; Anteil der Arbeitslosen an den Erwerbspersonen.

Arbeitslosenversicherung: Staatliches Programm zur vorübergehenden finanziellen Unterstützung von arbeitslosen Arbeitnehmern, die aufgrund ihrer früheren Berufstätigkeit einen Anspruch erworben haben.

Arbeitslosigkeit: Situation eines Arbeitnehmers ohne Beschäftigung, der auf der Suche nach einem Arbeitsplatz ist.

Aufwertung: Erhöhung des Wertes der Währung eines Landes, ausgedrückt in ausländischen Währungseinheiten (z.B. US-Dollar).

Ausgabenneigung: siehe *marginale Ausgabenneigung*.

Auslastungsgrad: Umfang der zeitlichen Nutzung von Kapitalgütern im Produktionsprozeß. So erhöht z.B. eine Zunahme der täglichen Schichtzeiten in einer Fabrik den Auslastungsgrad der Anlagen.

Ausrüstungen und Bauten: *Sachkapital*, das die bei der Produktion verwendeten Maschinen und Gebäude umfaßt.

Autonome Nachfrageveränderung: Eine nicht erklärte Veränderung der aggregierten Güternachfrage.

Bankenkrise: Gleichzeitiger Ansturm der Bankkunden auf viele Banken und Finanzinstitute, mit der Absicht, die Einlagen in Bargeld zu verwandeln.

Bargeld: Nichtverzinsliches Papiergeld, das vom Staat ausgegeben wird.

Basisgeld: siehe *Geldbasis*.

Berichtigtes Bruttoeinkommen: Bruttoeinkommen abzüglich steuermindernder Beträge, wie z.B. Betriebsausgaben, Werbungskosten und Rückstellungen für betriebliche Altersversorgung.

Board of Governors des Federal Reserve Systems: Das vom Präsidenten der USA ernannte, aus sieben Mitgliedern bestehende Gremium, das die wichtigsten Entscheidungen im Rahmen des Federal Reserve Systems fällt.

Boom: Konjunkturelle Phase, in der die gesamtwirtschaftlich Aktivität bzw. das reale Bruttosozialprodukt hoch und im Steigen begriffen ist.

Bretton-Woods-System: Internationales Währungssystem, das nach dem 2. Weltkrieg errichtet wurde und in dessen Rahmen jedes Land den Wechselkurs der eigenen Währung gegenüber dem US-Dollar festlegte. Da der US-Dollar wiederum in einem festen Tauschverhältnis zum Gold stand (35 $ pro Unze), war der Wert der einzelnen Landeswährungen mittelbar an das Gold gebunden.

Bruttoinlandsprodukt (BIP): Marktwert aller im Inland erzeugten Güter und Dienstleistungen während einer bestimmten Periode.

Bruttoinvestitionen: Erwerb von *Kapitalgütern*.

Bruttosozialprodukt (BSP): Gesamtwert der von Inländern in einer bestimmten Periode erzeugten Güter und Dienstleistungen; das BSP ist gleich dem *Bruttoinlandsprodukt* zuzüglich des Saldos der *Faktoreinkommen aus dem Ausland*.

BSP-Deflator: siehe *impliziter BSP-Preisdeflator*.

Budgetausgleich: Situation, in der das reale Volumen des vom Staat ausgegebenen Geldes und der Wertpapiere unverändert bleibt; die reale Ersparnis des Staates ist gleich Null.

Budgetbeschränkung: Gleichung, welche die periodischen Einnahmequellen, wie das auf dem Gütermarkt erzielte Einkommen und den Anfangsbestand an Wertpapieren, in Beziehung setzt zur Verwendung der Einnahmen, wie Konsum und Endbestand an Wertpapieren.

Budgetdefizit bei Vollbeschäftigung: *Staatliches Budgetdefizit* nach Bereinigung um die automatische Reaktion der Staatsausgaben und Steuern auf eine Rezession oder einen Boom; Schätzung des Defizits, das in einer Volkswirtschaft bei Vollbeschäftigung auftreten würde.

Budgetgerade: Grafische Darstellung der Konsumkombinationen zweier Perioden, die die Zwei-Perioden-*Budgetbeschränkung* erfüllen.

Crowding-out: siehe *Verdrängung*.

Deflation: Eine über einen längeren Zeitraum hinweg anhaltende Senkung des *allgemeinen Preisniveaus*. Vgl. *Inflation*.

Direktinvestitionen im Ausland: Kauf von Kapitalgütern, die im Ausland lokalisiert sind.

Diskontierungsfaktor: Relativer Wert einer Geldeinheit in unterschiedlichen Zeitperioden; so ist beispielsweise der nominale Diskontierungsfaktor in zwei aufeinanderfolgenden Perioden gleich eins plus dem nominalen Zinssatz.

Diskontsatz (der Notenbank): Zinssatz, der auf Notenbankkredite an Finanzinstitute erhoben wird.

Diskretionäre Wirtschaftspolitik: Ein System, bei dem die Wirtschaftspolitik nicht an vorher festgelegte Regeln gebunden ist.
Durchschnittlicher Steuersatz: Verhältnis der Steuerzahlung zum Einkommen. Vgl. *marginaler Steuersatz*.
Einheitswährung: System, in dem alle Länder die gleiche Währung verwenden und die Preise in Einheiten dieser Währung ausgedrückt werden.
Einkommen der privaten Haushalte: Den Wirtschaftssubjekten direkt zufließendes Einkommen; *Volkseinkommen* abzüglich der nicht ausgeschütteten Unternehmensgewinne, Sozialversicherungsbeiträge und Transferzahlungen des Staates und der Unternehmen an private Haushalte.
Einkommenseffekt: siehe *Vermögenseffekt*.
Endogenes Geld: Die automatische Reaktion der *Geldmenge* auf Veränderungen in der Volkswirtschaft. Geld ist endogen im *Goldstandard* oder in Systemen, in denen die Währungsbehörde Zielgrößen für den Zinssatz oder das Preisniveau vorgibt.
Erwartete Inflationsrate: siehe *Inflationserwartung*.
Erwarteter realer Zinssatz: *Realer Zinssatz*, der nach Anpassung des nominalen Zinssatzes an die *Inflationserwartung* voraussichtlich erzielt (oder bezahlt) werden muß.
Erwerbspersonen: Gesamtheit der Beschäftigten zuzüglich der *Arbeitslosen*.
Erzeugerpreisindex: Gewichteter Durchschnitt der Preise von Roh- und Halbfertigprodukten, bezogen auf die Preise eines Basisjahres.
Europäisches Währungssystem (EWS): Seit 1979 geltende Vereinbarung, durch die zehn europäische Länder nahezu *feste Wechselkurse* zwischen ihren Währungen aufrechterhalten. Die Mitgliedsländer sind Belgien, die Bundesrepublik Deutschland, Dänemark, Frankreich, Großbritannien, Irland, Italien, Luxemburg, die Niederlande und Spanien.
Exporte: Von Inländern erzeugte Güter, die an Ausländer verkauft werden.
Federal Open-Market Committee (FOMC): Gremium der Federal Reserve, das die Befugnis für Offenmarktoperationen hat.
Fester Wechselkurs: System, bei dem die einzelnen Länder den Wert ihrer *Währung* im Verhältnis zu anderen Währungen, z.B. dem US-Dollar, festlegen. Beispiele für Systeme mit festen Wechselkursen sind der *Goldstandard*, das *Breton-Woods-System*, das *Europäische Währungssystem* und ein System der *Einheitswährung*.
Finanzinstitute: Institute, die mit Hilfe von Kundeneinlagen Kredite an Haushalte und Unternehmen gewähren. Beispiele sind Banken, Bausparkassen sowie Geldmarktfonds.
Fiskalpolitik: Veränderung der Staatsausgaben, der Steuern und der Kreditaufnahme zur Beeinflussung des gesamten Wirtschaftsablaufs.
Flexibler Wechselkurs: Seit Beginn der 70er Jahre vorherrschendes Währungssystem, bei dem die *Wechselkurse* der einzelnen Länder frei schwanken, um auf diese Weise den Devisenmarkt zu räumen.
Gebrauchsgüter: Langlebige Güter, die von den Haushalten zu Konsumzwecken gekauft werden, wie Häuser, Autos und Haushaltsgeräte.
Gegenwartswert: Der Wert zukünftiger Geldbeträge nach Division durch den *Diskontierungsfaktor*.
Geldbasis: Summe aus Banknoten *(Bargeld)* und unverzinslichen Einlagen *(Mindestreserven)*, die bei der Notenbank von Depositeninstituten gehalten werden.
Geldmarkt: Markt für sehr kurzfristige Kreditgeschäfte zwischen Finanzinstituten, insbesondere Geschäftsbanken.
Geldmarktzins: Zinssatz für am *Geldmarkt* aufgenommene bzw. vergebene Kredite.

Geldmenge M1: Summe aus Bargeld und scheckfähigen Einlagen; Indikator für das Volumen der ständig als *Tauschmittel* verwendeten Finanzaktiva.

Geldnachfrage: Von einem Wirtschaftssubjekt geplante Geldhaltung, ausgedrückt als Funktion der Ausgaben, des Zinssatzes, der *Transaktionskosten* und anderer Variablen.

Geldpolitische Akkommodierung: Die Reaktion der nominalen Geldmenge auf Veränderungen der nominalen *Geldnachfrage*. Sie tritt tendenziell in Systemen auf, bei denen die Währungsbehörde *Zielgrößen für den Zinssatz* festlegt oder in solchen Umständen, unter denen Geld *endogen* ist.

Geldschöpfungsmultiplikator: Das Verhältnis von *M1* zur *Geldbasis*.

Geplanter Kapitalstock: Kapitalstock, der von einem Produzenten angestrebt wird und von Faktoren wie dem *Grenzprodukt des Kapitals*, dem *realen Zinssatz* und der *Abschreibungsrate* abhängt.

Gesamtwirtschaftliche Konsistenz-Bedingungen: Mengenbedingungen, die erfüllt sein müssen, wenn die Aktivitäten aller Marktteilnehmer addiert werden; so muß beispielsweise die Gesamtheit aller verkauften Güter gleich der aller gekauften Güter sein, und die Gesamtheit aller aufgenommenen Kredite muß der Summe der gewährten Kredite entsprechen. Im Grundmodell sorgen wir mit Hilfe der *Markträumungsbedingungen* dafür, daß die gesamtwirtschaftlichen Konsistenzbedingungen erfüllt sind.

Geschlossene Volkswirtschaft: Volkswirtschaft, ohne ökonomische Beziehungen zum Ausland.

Gesetz des einheitlichen Preises: Bedingung, daß identische Güter in unterschiedlichen Ländern denselben Verkaufspreis haben müssen.

Gesetzliches Zahlungsmittel: Eigenschaft des Bargeldes, durch die seine Funktion als Tauschmittel rechtlich abgesichert wird.

Gewinn: Differenz zwischen Erlösen und Kosten eines Unternehmens.

Goldstandard: Internationales Währungssystem, in dessen Rahmen die Länder Gold gegen einen festgesetzten Betrag ihrer Währungseinheiten kaufen oder verkaufen; der Höhepunkt dieses Systems lag zwischen 1890 und 1914.

Grenzprodukt der Arbeit (GPA): Zunahme des Outputs, die durch den zusätzlichen Einsatz einer Einheit des Produktionsfaktors Arbeit erzielt wird, während alle anderen Faktoreinsätze konstant bleiben; entspricht der Steigung der *Produktionsfunktion*, die den Output zum Arbeitseinsatz in Beziehung setzt.

Grenzprodukt der Arbeit nach Steuern: Entspricht dem Grenzprodukt der Arbeit abzüglich der auf die zusätzliche Produktion erhobenen Steuer.

Grenzprodukt des Kapitals (GPK): Zunahme des Outputs, die durch den zusätzlichen Einsatz einer Einheit des *Sachkapitals* erzielt wird, während alle anderen Faktoreinsätze konstant bleiben.

Grenzsteuersatz: Anteil einer zusätzlichen Einkommenseinheit, der als Steuer gezahlt werden muß. Dieser Satz variiert mit der Höhe des *berichtigten Bruttoeinkommens*. Vgl. *durchschnittlicher Steuersatz*.

Handelbare Güter: Güter, die tatsächlich oder potentiell mit anderen Ländern gehandelt werden.

Humankapital: Fähigkeiten und Ausbildungsstand der Arbeitnehmer, die deren Produktivität erhöhen.

Hyperinflation: Periode mit einer außergewöhnlich hohen *Inflationsrate*, wie z.B. in Deutschland nach dem 1. Weltkrieg.

Impliziter BSP-Preisdeflator: *Preisindex*, der das *Bruttosozialprodukt*, ausgedrückt in *nominalen Größen*, zum *realen Bruttosozialprodukt* in Beziehung setzt.

Importe: Güter, die im Ausland produziert und von Inländern gekauft werden.

Indexierung: System von Verträgen, bei denen die zu leistenden Zahlungen entsprechend dem Anstieg oder der Abnahme des *allgemeinen Preisniveaus* nach oben oder nach unten angepaßt werden, um den realen Wert der Zahlungen von der *Inflation* unabhängig zu machen; Inflationskorrektur.

Indifferenzkurve: Kurve, die die Kombinationen zweier Größen, wie z.B. Konsum und Arbeitseinsatz, zeigt, die dasselbe *Nutzen*niveau aufweisen.

Inferiore Güter: Güter mit negativem *Vermögenseffekt*.

Inflation: Anhaltender Anstieg des *allgemeinen Preisniveaus* im Zeitablauf.

Inflationserwartung: Prognose der *Inflationsrate* durch die Wirtschaftssubjekte.

Inflationskorrektur: siehe *Indexierung*.

Inflationsrate: Prozentuale Veränderung eines *Preisindexes* zwischen zwei Perioden.

Inflationssteuer: Einnahmen des Staates aus einer höheren Rate der Geldschöpfung (die *Inflation* verursacht). Vgl. *Staatseinnahmen aus der Geldschöpfung*.

Inlandskredit: Summe der Forderungen der Notenbank gegenüber der heimischen Volkswirtschaft. In den USA besteht der Inlandskredit ganz überwiegend aus Schuldverschreibungen des Bundes, die von der Notenbank gehalten werden. Vgl. *Notenbankkredit*.

Internationale Währungsreserven: Summe der von Notenbanken für internationale Transaktionen verwendeten liquiden Aktiva einschließlich der *internationalen Zahlungsmittel*.

Internationales Zahlungsmittel: Von den Notenbanken gehaltenes internationales *Tauschmittel*, wie Gold oder US-Währung.

Intertemporaler Substitutionseffekt: Wirkungen auf den gegenwärtigen Konsum (die gegenwärtige Freizeit), die durch eine Veränderung der Kosten zukünftigen Konsums (zukünftiger Freizeit) im Vergleich zu denen des Gegenwartskonsums (der gegenwärtigen Freizeit) ausgelöst werden.

Investitionsakzelerator: Der positive Effekt einer Veränderung der Produktion auf die Investitionsnachfrage. Vgl. *Keynesianische Investitionsfunktion*.

Investitionsnachfrage: Von Unternehmen und Haushalten gewünschte Investitionshöhe, die als Funktion des *realen Zinssatzes*, der *Abschreibungsrate* und des vorhandenen Kapitalstocks ausgedrückt wird.

Irrelevanz einer systematischen Geldpolitik: Theoretische These, die besagt, daß eine Politik der Geldmengenänderung als Reaktion auf die Wirtschaftslage prognostizierbar und insofern zur Beeinflussung der Volkswirtschaft wirkungslos ist.

IS-Kurve: In der keynesianischen Theorie verwendetes Diagramm, das sämtliche Kombinationen der aggregierten Produktion und des Zinssatzes zeigt, die die Bedingung erfüllen, daß die gesamtwirtschaftliche Produktion gleich der gesamten Güternachfrage ist.

IS/LM-Modell: In der keynesianischen Theorie verwendetes analytisches Instrument zur gleichzeitigen Bestimmung der gesamtwirtschaftlichen Produktion und des *Zinssatzes*.

Kapitaldeckungsverfahren (in der Sozialversicherung): System, bei dem die individuellen Einzahlungen in einem Treuhandfonds angesammelt werden, und aus dem die Rentenzahlungen geleistet werden. Vgl. *Soziale Sicherung, Umlageverfahren*.

Kapitalexport (-import): Positiver (negativer) *Kapitalverkehrsbilanzsaldo* eines Landes.

Kapitalverkehrsbilanzsaldo: Nettoerwerb verzinslicher Finanzaktiva im Ausland.

Kapitalverkehrskontrollen: Staatliche Beschränkungen des internationalen Kreditgeschäfts.

Kaufkraftparität (KKP): Bedingung, daß das Verhältnis der *Wechselkurse* zweier beliebiger Länder gleich dem jeweiligen Güterpreisverhältnis in jedem Land sein muß.

Keynesianische Investitionsfunktion: Abhängigkeit der *Investitionsnachfrage* vom *Zinssatz*; ein wesentliches Element des *keynesianischen Modells*.

Keynesianische Konsumfunktion: Abhängigkeit der Konsumnachfrage vom Einkommen und *Zinssatz*; zentraler Bestandteil des *keynesianischen Modells*.

Keynesianisches Kreuzdiagramm: Diagramm zur Bestimmung der aggregierten Produktion bei gegebenem *Zinssatz*.

Keynesianisches Modell: Von John Maynard Keynes entwickelte Theorie, mit deren Hilfe gesamtwirtschaftliche Konjunkturschwankungen erklärt werden sollen.

Konstante Skalenerträge: Eigenschaft einiger Produktionsfunktionen, bei denen eine proportionale Erhöhung aller Faktoreinsätze zu derselben proportionalen Erhöhung des Outputs führt.

Konsumentenpreisindex (KPI): Gewichteter Durchschnitt der Konsumgüterpreise, der sich auf ein Basisjahr bezieht.

Kontingente: Mengenmäßige Beschränkung der *Importe*.

Kreditgeber letzter Instanz: Funktion der Notenbank, den Finanzinstituten während einer Finanzkrise Kredite zur Verfügung zu stellen.

"Kurze Seite" des Marktes (zur Bestimmung von Mengen): Bedingung, daß die Produktions- oder Absatzmenge in einer Situation des *Nachfrage-* oder des *Angebotsüberschusses* durch geringere nachgefragte oder angebotene Menge festgelegt wird.

Laffer-Kurve: Eine graphische Darstellung, die zeigt, wie die Steuereinnahmen zunächst entsprechend dem *Grenzsteuersatz* steigen, schließlich ein Maximum erreichen und bei weiterer Zunahme des Grenzsteuersatzes abnehmen.

Lagerbestand: Vorrat an Waren, der von Unternehmen entweder zum Verkauf oder für die Produktion gehalten wird.

Langfristige Verträge: Vereinbarungen zwischen Käufern und Verkäufern oder zwischen Arbeitgebern und Arbeitnehmern, die die Tauschbedingungen für eine Reihe von Perioden festlegen.

Langlebige Konsumgüter: siehe *Gebrauchsgüter*.

Last der öffentlichen Schuld: Der mögliche negative Effekt der *Staatsschuld* auf Ersparnis sowie Investition und damit auf den in Zukunft verfügbaren Kapitalstock.

Lebenszyklusmodell: Theorie der Entscheidungen zwischen Konsum und Freizeit unter der Annahme, daß der *Planungshorizont* gleich der individuell erwarteten Restlebenszeit ist; besagt, daß das Wirtschaftssubjekt während seines Berufslebens Ersparnisse ansammelt und diese während des Ruhestandes aufbraucht. Vgl. *unendlicher Zeithorizont*.

Leistungsbilanzsaldo: Wert der von Inländern produzierten und an Ausländer verkauften Güter (einschl. der Nettofaktoreinkommen aus dem Ausland) zuzüglich der Nettotransfers aus dem Ausland abzüglich der von Inländern getätigten Ausgaben für importierte Güter; wenn der Leistungsbilanzsaldo positiv (negativ) ist, spricht man von einem *Leistungsbilanzüberschuß (-defizit)*.

Liquiditätsbeschränkung: Der negative Effekt auf die Konsumnachfrage, verursacht durch die mangelnde Fähigkeit, zum "herrschenden" *Zinssatz* Kredit aufzunehmen.

LM-Kurve: Im *keynesianischen Modell* verwendetes Diagramm, das alle Kombinationen der Produktionsmenge und des *Zinssatzes* zeigt, die die Bedingung erfüllen, daß die *Geldnachfrage* gleich dem gegebenen Geldangebot ist.

Lohnsatz: Geldbetrag, den ein Arbeitnehmer als Gegenleistung für eine Stunde Arbeitszeit erhält.
M1: Abgrenzung der Geldmenge als Summe aus Bargeld und scheckfähigen Guthaben (einschließlich Reiseschecks); Maß für das Volumen an Finanzaktiva, die regelmäßig als *Tauschmittel* dienen.
Marginale Ausgabenneigung: Der Effekt einer Veränderung des Einkommens (oder der Produktion) auf die Gesamtnachfrage nach Gütern für Konsum- oder Investitionszwecke.
Marginale Investitionsneigung: Der Effekt einer Veränderung der Produktion auf die Investitionsnachfrage.
Marginale Konsumneigung: Der Effekt einer Veränderung des Einkommens auf die Konsumnachfrage.
Marginale Sparneigung: Der Effekt einer Veränderung des Einkommens auf die geplante Ersparnis.
Markträumungsansatz: Auffassung, daß Preise wie der *Zinssatz* und das *allgemeine Preisniveau* so festgelegt werden, daß sie alle Märkte - wie die Märkte für Kredit und Güter - räumen; d.h. auf jedem Markt ist das Angebot gleich der Nachfrage.
Mikroökonomische Fundierung: Theoretische Analyse des individuellen Verhaltens, das dem makroökonomischen Modell der Volkswirtschaft zugrunde liegt.
Mindestlohn: Gesetzlich abgesicherte Lohnhöhe, die von keinem Unternehmen unterschritten werden darf.
Mindestreserven (reservepflichtiger Depositeninstitute): Gesamtbestand an Bargeld und unverzinslichen Einlagen bei der Notenbank, die von Banken und anderen Finanzinstituten gehalten werden.
Mindestreserveverpflichtung: Von der Notenbank auferlegte Verpflichtung, daß Geldinstitute einen bestimmten Teil ihrer Einlagen als *Mindestreserven* halten müssen; nach Einlagenform und in Abhängigkeit von der Einlagenhöhe spezifizierte Erfordernis.
Modifizierte Phillips-Kurve: Beziehung zwischen *unerwarteter Inflation* und *Arbeitslosenquote*; danach führt ein nichtantizipierter Anstieg der *Inflationsrate* zu einer Verringerung der Arbeitslosenquote.
Monetäre Basis: siehe *Geldbasis*.
Monetäre Wachstumsrate: Der prozentuale Anstieg der Geldmenge von einer Periode zur anderen.
Monetäre Zahlungsbilanztheorie: Analysen der *Zahlungsbilanz* und der *Wechselkurse*, die die Geldmenge und die reale Geldnachfrage eines Landes betonen.
Monetarismus: Auf der *Quantitätstheorie des Geldes* basierende theoretische Schule, der zufolge Veränderungen der nominalen Geldmenge im wesentlichen für langfristige Entwicklungen des Preisniveaus und für kurzfristige Schwankungen des realen Bruttosozialprodukts verantwortlich sind.
Monetisierung des Budgetdefizits: Erhöhung der Einnahmen durch eine Ausdehnung der Geldmenge, um die Zinsen auf die *Staatsschuld* finanzieren zu können.
Multipler Geldschöpfungsprozeß: Auswirkungen einer Erhöhung der *Geldbasis* auf die Höhe der bei den Finanzinstituten gehaltenen Einlagen.
Multiplikator: Veränderung der aggregierten Produktion, die eine *autonome* Erhöhung der Gesamtnachfrage um eine Geldeinheit nach sich zieht; wird in einfachen *keynesianischen Modellen* als positiv und größer als eins angenommen.
Nachfrageüberschuß: Marktsituation, bei der zum herrschenden Marktpreis die nachgefragte Menge die angebotene Menge übersteigt.

Naturaltausch: Direkter Tausch von Gütern, bei dem kein Geld verwendet wird. Vgl. *Tauschmittel*.

Natürliche Rate der Arbeitslosigkeit: Durchschnittliche *Arbeitslosenquote*, die entsprechend der durchschnittlichen Raten der beendeten und der neu begonnenen Arbeitsverhältnisse in einer Volkswirtschaft vorherrscht.

Nettoauslandsaktiva: Veränderung des Nettobestandes verzinslicher Finanzaktiva im Ausland zuzüglich der Veränderung der *internationalen Währungsreserven*.

Nettoexporte: Differenz zwischen dem Wert der *Exporte* und dem Wert der *Importe*.

Nettofaktoreinkommen aus dem Ausland: Von Inländern erzieltes Einkommen, das aus Berufstätigkeit im Ausland oder aus Nettoforderungen auf ausländische Finanzaktiva stammt.

Nettoinvestitionen: Veränderung des Kapitalstocks; *Bruttoinvestitionen* abzüglich der *Abschreibungen*.

Nettosozialprodukt (NSP): *Bruttosozialprodukt* abzüglich der *Abschreibungen* auf das Anlagekapital.

Neutralisierung: Maßnahme der Notenbank eines Landes, die verhindern soll, daß eine Zunahme (eine Abnahme) der *internationalen Währungsreserven* die *Geldmenge* des Landes erhöht (senkt).

Neutralität des Geldes: Theoretische These, daß einmalige Veränderungen der nominalen Geldmenge nominale Variablen wie das *allgemeine Preisniveau* beeinflussen, reale Variablen wie das *reale Bruttosozialprodukt* hingegen unberührt lassen.

Nicht-antizipiertes Geldmengenwachstum: Differenz zwischen dem tatsächlichen und dem *antizipierten Wachstum der Geldmenge*.

Nicht-handelbare Güter: Güter, wie Dienstleistungen und Grundstücke, die nicht unmittelbar in den internationalen Handel einbezogen sind.

Nominale Ersparnis: Gegenwärtiger nominaler Wert der *realen Ersparnis*; wird durch Multiplikation der realen Ersparnis mit einem *Preisindex* ermittelt.

Nominale Größen: In gegenwärtigen Geldeinheiten gemessen; zu laufenden Preisen bewertet; berücksichtigen keine Änderungen des *allgemeinen Preisniveaus*.

Nominaler Wechselkurs: Üblicher Wechselkurs zwischen den Währungen; im Gegensatz zum *realen Wechselkurs*, der um die Unterschiede in den nationalen Preisniveaus bereinigt ist.

Nominaler Zinssatz: Zinsbetrag pro Geldeinheit eines für eine Periode aufgenommenen Kredits; Satz, mit dem der nominale Wert der als *Wertpapiere* gehaltenen Finanzaktiva im Laufe der Zeit steigt.

Nominales Budgetdefizit: Gegenwärtiger nominaler Wert des *realen Budgetdefizits* des Staates.

Notenbankkredit: Summe der von der Notenbank gewährten Kredite an Depositenbanken, den Staatsschuldverschreibungen und diversen Finanzaktiva; entspricht den gesamten Notenbankforderungen gegenüber dem Staat und dem privaten Sektor. Vgl. *Inlandskredit*.

Nutzen: Maß an Zufriedenheit eines Haushalts, in Nutzeneinheiten gemessen. Der Nutzen wächst mit einer Zunahme des Konsums oder der Freizeit. Vgl. *Nutzenfunktion*.

Nutzenfunktion: Beziehung zwischen empfangenem Nutzen und dem von einem Haushalt gewählten Konsum und Arbeitseinsatz.

Offene Volkswirtschaft: Volkswirtschaft mit ökonomischen Beziehungen zur übrigen Welt.

Offenmarktoperationen: Kauf oder Verkauf von staatlichen Schuldtiteln durch die Notenbank zur Erhöhung oder Verringerung der *Geldbasis*.

Öffentliche Güter: Güter, aus denen viele Personen gemeinsam Nutzen ziehen; z.B. das Weltraumprogramm oder die nationale Verteidigung.
Pauschalsteuern: An den Staat abgeführte Steuern, bei der der gezahlte Betrag unabhängig ist von irgendeinem Merkmal des Steuerzahlers wie dessen Einkommen oder Vermögen.
Pauschaltransfers: *Transferzahlung* des Staates an ein Wirtschaftssubjekt, bei der die gezahlte Summe unabhängig ist vom Einkommen oder Vermögen des Empfängers.
Permanentes Einkommen: Hypothetisches Realeinkommen, das, wenn es während des gesamten individuellen Planungszeitraums konstant bleibt, genau dem gesamten Gegenwartswert des derzeitigen individuellen Einkommens entspricht; Äquivalent des gesamten gegenwärtigen Einkommens. Eine vorübergehende Veränderung des Einkommens führt zu einer kleineren Veränderung des permanenten Einkommens.
Perzipierter relativer Preis: Verhältnis zwischen dem auf einem lokalen Markt beobachteten Preis und dem beobachteten *allgemeinen Preisniveau*.
Phillips-Kurve unter Berücksichtigung der Erwartungen: siehe *modifizierte Phillips-Kurve*.
Phillips-Kurve: Beziehung zwischen nominalen Variablen wie der *Inflationsrate* und realen Variablen wie der *Arbeitslosenquote* oder der Wachstumsrate der aggregierten Produktion.
Planungshorizont: Anzahl zukünftiger Perioden, die in die *Budgetbeschränkung* eines Haushaltes eingehen; Zeitraum, für den der Haushalt seine Konsum- und Freizeitentscheidungen trifft.
Preisindex: Gewichteter Durchschnitt der einzelnen Preise eines bestimmten Jahres relativ zu den Preisen eines festgelegten Basisjahres; Maß für die Veränderung des Durchschnittspreisniveaus im Vergleich zum Basisjahr.
Private Konsumausgaben: Käufe von Gütern und Dienstleistungen von Haushalten zu Konsumzwecken.
Privates Anlagekapital: Summe aus *Ausrüstungen und Bauten* sowie Wohngebäuden; Maß für den Kapitalstock ohne betriebliche *Lagerbestände* und *Gebrauchsgüter* (mit Ausnahme von Wohnungen).
Privates Einkommen: siehe *Einkommen der privaten Haushalte*.
Pro-Kopf-Wachstum im steady-state: Situation einer wachsenden Wirtschaft, in der Produktion, Kapitalstock und Konsum pro Kopf mit derselben konstanten Rate wachsen.
Produktionsfunktion: Beziehung zwischen Produktionshöhe und Faktoreinsätzen wie Arbeit und Kapital.
Proportionalsteuer: Form der Einkommensteuer, bei der die Höhe der Steuerschuld einem konstanten Anteil des zu versteuernden Einkommens entspricht. Vgl. *Steuer mit abgestuftem Steuersatz*.
Quantitätstheorie des Geldes: Theorie, nach der Veränderungen der *nominalen* Geldmenge für die meisten langfristigen Bewegungen des *allgemeinen Preisniveaus* verantwortlich sind.
Rationale Erwartungen: Auffassung, daß Wirtschaftssubjekte unbekannte Variablen, wie das gegenwärtige *allgemeine Preisniveau*, unter Verwendung sämlicher verfügbarer Informationen bestmöglich vorhersagen bzw. schätzen.
Reale Ersparnis: Veränderung der realen Werte der Finanzaktiva eines Haushaltes oder der gesamten Volkswirtschaft.
Reale Größen: In Gütereinheiten gemessen; bewertet zu Preisen des Basisjahres; Geldwerte, die mit Hilfe eines *Preisindexes* um die *Inflationsrate* bereinigt werden.

Reale Konjunkturtheorie: Theorie der Konjunkturschwankungen, die sich auf reale und nicht auf monetäre Störungen bezieht; sie hebt Veränderungen der *Produktionsfunktion* hervor und unterstellt gewöhnlich *allgemeine Markträumung* und *rationale Erwartungen* der Wirtschaftssubjekte.

Reale Nettoverzinsung der Investitionen: Reale Nettoerträge einer Investition im Laufe einer Periode im Vergleich zu den realen Kosten dieser Investition.

Realer Lohnsatz: Realer Wert des für eine Arbeitsstunde gezahlten nominalen Betrags.

Realer Wechselkurs: Der *Wechselkurs* zweier *Währungen* geteilt durch das Verhältnis der Preisniveaus der beiden Länder.

Realer Zinssatz: Zuwachsrate des Realwertes der in Form von *Wertpapieren* gehaltenen Finanzaktiva; um die *Inflation* bereinigter *Zinssatz* von Finanzaktiva.

Realer Zinssatz nach Steuern: *Realer Zinssatz* abzüglich der auf Zinseinkünfte erhobenen Steuer.

Reales Bruttosozialprodukt: *Bruttosozialprodukt (BSP)* dividiert durch einen *Preisindex*, um Veränderungen des durchschnittlichen Niveaus der Marktpreise zu berücksichtigen; BSP zu konstanten Preisen.

Reales Budgetdefizit: Veränderung des realen Wertes staatlicher Verbindlichkeiten gegenüber der Öffentlichkeit in Form von Geld und Wertpapieren.

Realkasseneffekt (real-balance effect): Einfluß einer Veränderung des *allgemeinen Preisniveaus* auf Vermögensänderungen; *Vermögenseffekt* der Zunahme des Realwertes der Kassenhaltung.

Reallohnsatz: Wert in realen Größen des für eine Arbeitsstunde gezahlten Geldbetrages.

Regel konstanter Wachstumsrate: Eine geldpolitische Regel, nach der ein bestimmtes monetäres Aggregat mit einer konstanten Rate wächst.

Regelgebundene Wirtschaftspolitik: Regelbindung für wirtschaftspolitische Maßnahmen in bezug auf die Geldmenge oder andere Variablen.

Regulation Q: Von der Notenbank auferlegte gesetzliche Begrenzung des *Zinssatzes* für bei Banken gehaltene Termin- und Spareinlagen.

Relative Kaufkraftparität: Version der *Kaufkraftparität*, die sich auf Veränderungen der *Wechselkurse* und Preise bezieht.

Relativer Preis: Preis eines Gutes oder einer Dienstleistung im Verhältnis zum Preis anderer Güter oder Dienstleistungen; Verhältnis des Preises eines Gutes zum *allgemeinen Preisniveau*.

Reservationslohn: Der Lohnsatz, der gerade hoch genug ist, um einen Arbeitnehmer zur Aufnahme einer Beschäftigung zu bewegen.

Rezession: Periode sinkenden Niveaus gesamtwirtschaftlicher Aktivitäten bzw. des *realen Bruttosozialprodukts*.

Ricardos Äquivalenztheorem: Theoretischer Lehrsatz, daß bei gegebener Höhe der staatlichen Güterkäufe eine Erhöhung der gegenwärtigen Steuern für die Volkswirtschaft denselben Effekt hat wie eine entsprechende Erhöhung des staatlichen *Budgetdefizits*.

Sachkapital: Einheiten des Produktionsfaktors Kapital, wie z.B. Maschinen und Gebäude.

Saisonbereinigte Daten: Bereinigung von Mengen um normale saisonale Schwankungen. Saisonbereinigungen spielen eine wichtige Rolle bei Größen der Volkswirtschaftlichen Gesamtrechnung, wie dem realen Bruttosozialprodukt und seinen Komponenten, wie auch bei monetären Aggregaten.

Schattenwirtschaft: Gesamtheit ökonomischer Aktivitäten, deren Einkünfte nicht deklariert und folglich nicht versteuert werden.

Sichteinlagen: Einlagen bei einem Finanzinstitut, über das jederzeit und ohne Einschränkungen zum Nominalwert verfügt werden kann.
Skalenerträge bei der Geldnachfrage: Eigenschaft der Geldnachfrage, wonach die gewünschte durchschnittliche Kassenhaltung nicht proportional zunimmt mit einer Erhöhung des Einkommens.
Soziale Sicherung: Staatliche *Transferzahlungen*, die über Sozialversicherungsprogramme wie Renten-, Hinterbliebenen- und Invaliditätsversicherung ausgezahlt werden.
Spareinlagen: Bei Banken gehaltene Einlagen mit 30tägiger Kündigungsfrist.
Sparen: Veränderung der Finanzaktiva eines Individuums im Laufe einer Periode.
Sparneigung: siehe *marginale Sparneigung*.
Spekulation (mit Wechselkursen): Verkauf (oder Kauf) einer ausländischen Währung im Austausch gegen inländische Währung in Erwartung einer *Abwertung* (oder *Aufwertung*).
Staatliche Budgetbeschränkung: Gleichung, die den Ausgleich zwischen den gesamten Ausgaben und Einnahmen des Staates darstellt.
Staatliche Käufe von Gütern und Dienstleistungen: Ausgaben des Staates für Güter und Dienstleistungen, die im privaten Sektor produziert werden.
Staatliches Budgetdefizit (bzw. Überschuß): Zunahme (Abnahme) des realen Wertes staatlicher Verbindlichkeiten dem privaten Sektor gegenüber in Form von Bargeld und Wertpapieren.
Staatseinnahmen aus der Geldschöpfung: Realeinkommen des Staates durch die Erhöhung der *Geldbasis*. In den USA fließen diese Einnahmen der Federal Reserve zu und werden anschließend von dieser an das US-Schatzamt übertragen.
Staatsschuld: Gesamtheit der verzinslichen staatlichen Verbindlichkeiten der Öffentlichkeit gegenüber.
Stagflation: *Rezession*, die von hoher und steigender *Inflation* begleitet wird.
Steady-state Wachstum: Situation einer wachsenden Wirtschaft, in der Produktion, Kapitalstock, Konsum und Arbeitseinsatz mit derselben Rate zunehmen wie die Bevölkerung, so daß die Pro-Kopf-Beträge konstant sind.
Steady-state: Situation, in der die Wachstumsrate einer Volkswirtschaft gleich Null ist und Produktion, Konsum, Bruttoinvestitionen und Arbeitseinsatz konstant sind.
Steuer mit abgestuftem Steuersatz: Form der Einkommensteuer, bei der der *Grenzsteuersatz* mit dem zu versteuernden Einkommen zunimmt. Vgl. *Proportionalsteuer*.
Steuerfreies Einkommen: Einkommen aus Produktion, Zinserträgen oder staatlichen Transferzahlungen, das nicht der Einkommensteuer unterliegt.
Substitutionseffekte: Reaktion der Haushalte auf Veränderungen der relativen Kosten, die mit dem Erwerb zweier beliebiger Güter, wie Konsum und Freizeit, verbunden sind.
Superiore Güter (oder normale Güter): Güter mit einem positiven *Vermögenseffekt*.
Superneutralität des Geldes: Theoretische Erkenntnis, daß eine Veränderung des zeitlichen Verlaufsmusters des Geldmengenwachstums reale Variablen wie die aggregierte Produktion und den *realen Zinssatz* unberührt läßt. Vgl. *Neutralität des Geldes*.
Tauschmittel: Ware oder irgendeine andere Größe, die von den Wirtschaftssubjekten zur Bezahlung ihrer Käufe verwendet wird; Geld.
Technischer Fortschritt: Verbessertes Wissen bezüglich der Produktionsmethoden, so daß sich die *Produktionsfunktion* nach oben verschiebt.
Termineinlagen: Einlagen bei Banken und anderen Depositeninstituten mit genau festgelegtem Fälligkeitsdatum und bestimmten Vertragsstrafen bei vorzeitiger Kündigung.

Terms of trade: Preis der *handelbaren Güter* eines Landes im Vergleich zum Preis eines Warenkorbs der weltweit handelbaren Güter; oft ausgedrückt durch das Verhältnis der Exportpreise zu den Importpreisen eines Landes.

Transaktionskosten: Kosten, die im Rahmen von Verkäufen oder Käufen anfallen, wie etwa Maklergebühren oder die Kosten der aufgewendeten Zeit.

Transferzahlungen: Finanzielle Leistungen des Staates an Wirtschaftssubjekte, wie z.B. Wohlfahrtsleistungen, die kein Entgelt für Güter oder Dienstleistungen darstellen.

Überschuß (Defizit) der Leistungsbilanz: Ein positiver (negativer) *Leistungsbilanzsaldo*.

Überschußreserven: Differenz zwischen den Gesamtreserven der Finanzinstitute und den von der Notenbank vorgeschriebenen *Mindestreserven*.

Umlageverfahren (in der Sozialversicherung): System, bei dem die Rentenzahlungen aus den Abgaben der gegenwärtig arbeitenden Generation finanziert werden.

Umlaufgeschwindigkeit des Geldes: Verhältnis der Geldtransaktionen in einer Periode zur durchschnittlichen Geldhaltung; Häufigkeit, mit der eine Geldeinheit durchschnittlich im Laufe einer Periode umgeschlagen wird.

Unendlicher Zeithorizont: *Planungshorizont* eines Haushalts, bei dem sich die Pläne auf die unabsehbare Zukunft erstrecken; wird in Modellen verwendet, die die Rolle von Transfers zwischen Generationen behandeln.

Unerwartete (nicht-antizipierte) Inflation: Differenz zwischen der tatsächlichen Inflationsrate und der Inflationserwartung; Schätzfehler bei der Inflationsvorhersage.

Unfreiwillige Arbeitslosigkeit: Unfähigkeit der Arbeitnehmer, zum herrschenden Marktlohn eine Beschäftigung zu finden; Merkmal der *keynesianischen Theorie*.

Verbrauchsgüter und Dienstleistungen: Güter und Dienstleistungen, die von den Haushalten zu Konsumzwecken gekauft werden und die kurzlebig sind.

Verdrängung (durch staatliche Budgetdefizite): Rückgang der privaten Investitionen, infolge einer über ein staatliches *Budgetdefizit* finanzierten Steuersenkung.

Verdrängung (durch staatliche Güterkäufe): Abnahme des privaten Konsums und der privaten Investition, die mit einer Zunahme der staatlichen Güterkäufe einhergeht.

Verfügbares privates Einkommen: *Einkommen der privaten Haushalte* abzüglich Steuern.

Vermittlungskosten: Gesamtkosten, die bei den Aktivitäten der Finanzinstitute anfallen.

Vermögenseffekte: Reaktion von Konsum und Freizeit (oder Arbeit) auf Veränderungen der Möglichkeiten eines Haushalts, seinen *Nutzen* zu erhöhen. Eine Erhöhung (Senkung) des Vermögens tritt dann ein, wenn der Haushalt seinen Konsum steigern kann (verringern muß), während die Freizeit unverändert bleibt.

Verteilungseffekte: Veränderungen der Ressourcenverteilung zwischen den Haushalten ohne Veränderung des gesamtwirtschaftlichen Ressourcenbestandes; manche Sektoren der Volkswirtschaft verzeichnen Zuwächse zu Lasten anderer Sektoren.

Verzinsung der Investitionen nach Steuern: *Reale Nettoverzinsung der Investitionen* abzüglich der auf den Zuwachs der Nettoproduktion zu zahlenden Steuer.

Volkseinkommen: Im Rahmen der gesamtwirtschaftlichen Produktion verdientes Einkommen; entspricht dem um die *Abschreibungen* und die indirekten Steuern berichtigten BSP.

Volkswirtschaftliche Ersparnis: Die Gesamtersparnis der Inländer; Summe aus privater und staatlicher Ersparnis.

Volkswirtschaftliche Gesamtrechnung: Gesamtdarstellung des Bruttosozialprodukts und seiner einzelnen Bestandteile während eines Jahres.

Vollkommene Voraussicht: Annahme, daß die *Inflationserwartungen* oder die Erwartungen bezüglich anderer Variablen korrekt sind, so daß es keine Prognosefehler gibt.

Vollkommener Wettbewerb: Modell basierend auf der Annahme, daß die einzelnen Marktteilnehmer sich jeweils als so unbedeutend betrachten, daß sie jede beliebige Menge kaufen oder verkaufen können, ohne die herrschenden Preise zu beeinflussen.
Vollständiges keynesianisches Modell: Version der keynesianischen Theorie, die einerseits starre nominale *Lohnsätze* und andererseits ein vollkommen flexibles *allgemeines Preisniveau* unterstellt.
Vorleistungen: Produkte, die zum Wiederverkauf oder zur Produktion und zum Verkauf anderer Güter gekauft werden.
Währungsreform: Grundlegende Änderung des Währungssystems oder der Geldpolitik.
Walras-Gesetz der Märkte: Wenn alle Bedingungen der *allgemeinen Markträumung* außer einer erfüllt sind, muß diese ebenfalls erfüllt sein; zwingendes Ergebnis insofern, als gesamtwirtschaftlich die *Budgetbeschränkungen* der Haushalte erfüllt sein müssen.
Wechselkurs: Menge an inländischen Währungseinheiten, mit der eine ausländische Währungseinheit (z.B. ein US-Dollar) gekauft werden kann.
Wechselseitige Übereinstimmung der Bedürfnisse: Voraussetzung des *Naturaltauschs*, bei dem Art und Menge der von einem Händler angebotenen Güter genau mit den Wünschen des anderen Handelspartners übereinstimmen.
Weltwirtschaftskrise: Drastischer Rückgang der gesamtwirtschaftlichen Aktivitäten in den USA und anderen Ländern zwischen 1929 und 1933.
Wertpapier: Verbriefte Forderung, die dem Inhaber (Gläubiger, Kreditgeber) einen Anspruch auf genau festgelegte Zahlungen des Ausstellers (Schuldner, Kreditnehmer) zusichert.
Zahlungsbilanz: Systematische Aufzeichnung der außerwirtschaftlichen Transaktionen eines Landes mit Waren- und Dienstleistungsverkehr, Wertpapieren und internationalen Zahlungsmitteln.
Zeitpräferenzrate: Parameter, der die relative Gewichtung des *Nutzens* in unterschiedlichen Zeitperioden festlegt. Je höher die Zeitpräferenzrate ist, desto höher ist die Diskontierung des zukünftigen Nutzens.
Zielgröße für den Zinssatz: Versuch der Währungsbehörde, einen ausgewählten nominalen Zinssatz möglichst eng an einem Zielwert zu halten. Unter diesen Umständen ist Geld endogen.
Zinsparität: Angleichung der Zinssätze zwischen Ländern unter Berücksichtigung erwarteter Änderungen des *Wechselkurses*.
Zinssatz: Verhältnis zwischen Zinszahlung pro Periode und Kreditsumme; Kreditertrag oder Kreditkosten.
Zoll: Steuer auf die in ein Land importierten Güter.
Zu versteuerndes Einkommen: *Berichtigtes Bruttoeinkommen* abzüglich der Steuerfreibeträge.
Zunehmende (oder abnehmende) Skalenerträge: Eigenschaft der *Produktionsfunktion*, wonach eine proportionale Erhöhung sämtlicher Faktoreinsätze in einer überproportionalen (oder unterproportionalen) Zunahme der Produktion resultiert.
Zuwachsrate der Geldmenge: Prozentuale Erhöhung der nominalen Geldmenge zwischen zwei Perioden.

Index

Abschreibungen 22, 245 f.
Abwertung 476 ff.; *siehe auch* Wechselkurse
Aktienmarkt 158
Akzelerator 611; *siehe auch* keynesianisches Modell
Alterssicherung 429
Angebotsökonomie 388
Angebotsschock 133 ff., 258 ff.
    in einer offenen Volkswirtschaft 443 ff.
    und Arbeitslosigkeit 295 ff., 322 ff.
Angebotsseite im keynesianischen Modell 621 ff.
Anlagekapital, privates *siehe* Kapital
Anleihen, öffentliche 402 f.
Anpassung, monetäre 558
Arbeitsangebot und Güternachfrage 162 ff.
Arbeitseinkommen 157
Arbeitseinsatz 41 ff.
    im keynesianischen Modell 601, 621 f.
    intertemporaler 77 ff.
Arbeitslosenquote 3, 295
Arbeitslosenunterstützung 297
Arbeitslosenversicherung 312 ff.
Arbeitslosigkeit 14, 295 ff.
    Dauer 299, 310 f.
    in Rezessionen 317
    natürliche Rate 304, 311 ff.
    unfreiwillige 600
Arbeitsmarkt 13, 157 ff., 171
    Räumung 163 ff.
Arbeitsnachfrage 158 ff.
Arbeitsplatzsuche 296 ff.
Arbeitsverhältnisse, Beendigung 300 ff.
    Dauer 309 f.
    Rate der aufgenommenen 299
Aufwertung 478
Ausgabenneigung, marginale 611
Auslandsaktiva 439
Auslastungsgrad 242

Bankenkrisen 528 ff.
Bedürfnisse, Übereinstimmung der 95
Beschäftigung 261
    im keynesianischen Modell 609 f.
    in Rezessionen 317 ff.
Bevölkerung 281 ff.
    Wachstum der 283
Boom 2
Bretton Woods System 471
Bruttoeinkommen, bereinigtes 367
Bruttoinlandsprodukt 24, 438

Bruttosozialprodukt, nominales 1
    reales 17, 239 ff.
BSP-Preisdeflator 26
Budget, ausgeglichenes 405
Budgetbeschränkung, staatliche 202, 334 ff., 403 f.
Budgetbeschränkungen 8,
    63 ff., 79 ff., 203 ff.
    der Haushalte 337, 375 f.
    und Geld 113 ff.
Budgetdefizit, nominales 405
    reales 405
    staatliches 397,
    404 ff., 424 ff., 453 ff.
Budgetgerade 69

Crowding out *siehe* Verdrängung

Deflation 185
Devisenmarkt 465
Diskontierungsfaktor 67
Diskontsatz 505
Durchschnittssteuersatz 368

Effekte, monetäre 578 ff.
Effizienz, volkswirtschaftliche 161
Einkommen, privates 25 f.
    verfügbares 26
    zu versteuerndes 367
Einkommenseffekt 43, *siehe* auch Vermögenseffekt
Einkommensteuer 367 ff.
    im theoretischen Modell 374 ff.
Einlagen 501 ff.
    und ertragbringende Finanzaktiva 508
    scheckfähige 501 ff.
    Versicherung von 530
Einlagenzinsen 509
    Regulierung der 510 f.
Einnahmen aus der Geldschöpfung 223 f.
Endliche Lebensperspektive 426 f.
Entwicklungsländer 448
Ersparnis 63
    nominale 64, 254
    private 409 f.
    reale 254
    staatliche 409 f.
    volkswirtschaftliche 410
Erwartungen, rationale 15, 186, 189, 573
Erwerbspersonen 295
    Zugänge und Abgänge 305 ff.

Erwerbsquoten, Veränderung 316 f.
Erzeugerpreisindex 27
Europäische Währungseinheit (ECU) 473
Europäisches Währungssystem 472
Exporte 21, 440

Faktoreinkommen aus dem Ausland 439
Federal-Reserve-System 513 ff.
Finanzgeschäfte, Umfang der 526
Finanzinstitute 14, 504 ff.
    Vermittlertätigkeit der 509
Finanzsektor 501
Fiskalpolitik 14, 415
    im keynesianischen Modell 616 f.
    und internationale Wirtschaftsbeziehungen 450 ff.
Forschung und Entwicklung 271
Fortschritt, technischer 167
Freizeit 36
Fundierung, mikroökonomische 8

Gegenwartswerte 67 f.
Geld 60
    Neutralität 147
    Superneutralität 206 f.
    Umlaufgeschwindigkeit 108 ff.
    Verzinsung 194
Geldangebot 131
Geldbasis 515 ff.
    Kontrolle der 515
    und monetäre Aggregate 519
Geldmarkt 505
Geldmarktzins 505
Geldmenge 63, 201 ff.
    bei festem Wechselkurs 473 ff.
    endogene 556 ff.
    exogene 556
    im keynesianischen Modell 619 f.
    M1 96, 501
    M2 501
    M3 501
    und Konjunkturschwankungen 563 ff.
    Saisonschwankungen der 557
    Veränderung der 145 ff., 571 f., 581
    Veränderung bei unvollkommener Information 575 ff.
    Wachstum, antizipiertes 555
    Zielgrößen für die 558
Geldmengenindizes 502
Geldnachfrage 10, 95 ff., 104 f., 148 ff.
    Anpassung der 215
    empirische Befunde 111 f.
    im keynesianischen Modell 620
    und Zinssatz 205 f.

Geldpolitik 581 f.
    Irrelevanz einer systematischen 582
Geldschöpfungsmultiplikator 524
Geldschöpfungsprozeß, multipler 521
Geldströme, internationale 463 ff.
Geldwirtschaft 95 ff.
Gesamtrechnung, volkswirtschaftliche 17 ff.
Gesetz des einheitlichen Preises 437
Gewerkschaften 316
Gewinn 158
Goldstandard 7, 472
Grenzprodukt der Arbeit 32, 88 f., 140 ff., 159
    nach Steuern 377
Grenzprodukte, Ausgleich der 161
Grenzsteuersatz 368, 371 f.
Güter, handelbare 455
    inferiore 45
    nicht-handelbare 459
    öffentliche 339
    superiore 45
Güterangebot 160
    auf dem lokalen Markt 565 ff.
Güterkäufe, staatliche 331 ff., 450 ff.
    und Preisniveau 356 ff.
    permanente 352 ff.
    temporäre 338 ff.
Gütermarkt 59 f.
    Räumung des 165 ff., 256 ff., 273 ff., 341 ff., 379 ff.

Humankapital 235, 271
Hyperinflation 217
    in Deutschland 219 ff.

Importe 21, 440
Investitionsneigung, marginale 611
Indexierung 188
Indifferenzkurve 39 f., 70
Inflation 6, 177 ff., 201 ff.
    antizipierte 222 ff.
    Dynamik der 215
    erwartete 185 f., 189 ff.
    im keynesianischen Modell 623 ff.
    reale Effekte 222 ff.
    unerwartete 185
Inflationssteuer 223
Information, unvollkommene 563 ff.
Infrastruktur 337, 340
Investition 13, 235 ff.
    Brutto- 245
    Netto- 22, 245
    irreversible 251
    Lager- 20, 235

und Budgetbeschränkungen der Haushalte 254 ff.
reale Verzinsung der 248
Verzinsung nach Steuern 377
Investitions- und Konsumgüter 244 f.
Investitionsausgaben 236
Investitionsfunktion, keynesianische 610 ff.
Investitionsnachfrage 247 ff.
Anpassung der 253
Eigenschaften der 250 f.
IS-Kurve 613
IS/LM-Analyse 15, 612 ff.
und allgemeine Markträumung 620 f.

Kapital 235 ff.
Akkumulation 271 ff.
Export 440
Grenzprodukt des 243
Human- 235, 271
Import 440
in der Produktionsfunktion 242 ff.
Produktivität 263 ff.
und Arbeit 272
und Markträumung 273
Kapitaldeckungsverfahren 429
Märkte, unvollkommene 427 ff.
Kapitalstock 271 ff.
gewünschter 248
im steady-state 278 ff.
Merkmale 246 f.
Kapitalverkehrsbilanz 440
Kapitalverkehrskontrollen 469
Kassenhaltung, Modell der optimalen 98 ff.
reale und Transaktionskosten 222
Käufe, staatliche *siehe* Güterkäufe, staatliche
Kaufkraftparität 467 ff.
absolute 468
bei flexiblen Wechselkursen 482 ff.
relative 468
Keynesianisches Modell 12, 597 ff.
Beschäftigung im 609
einfaches 597
Inflation im 623 ff.
Konjunkturschwankungen im 622 f.
Preisinflexibilität im 625 ff.
vollständiges 598
Konjunkturschwankungen 2
Konjunkturtheorie, reale 13
Konsistenzbedingungen, gesamtwirtschaftliche 11 f., 123 ff.
Konsum, Gebrauchsgüter 20
Verbrauchsgüter 20
Konsumausgaben, private 20
Konsumentenpreisindex 27

Konsumfunktion, keynesianische 603
Konsumnachfrage auf lokalem Markt 568
Konsumneigung, marginale 85 f.
Konsumpräferenzen, intertemporale 70 ff.
Körperschaftsteuer 372 f.
Kosten, fixe 272
Kredite an Depositeninstitute 518 f.
Kreditmarkt 61 ff., 504
internationaler 443 ff.
Kriege und gesamtwirtschaftliche Entwicklung 345 ff.

Laffer-Kurve 388
Lagerbestände 235
Lagerinvestition 20; *siehe auch* Investition
Lebenszyklus-Modell 81
Leistungen, öffentliche 331, 337
Leistungsbilanz 440 ff.
Defizit 440
Überschuß 440
Liquiditätsbeschränkung 604
LM-Kurve 613
Lohnsatz 157, 214
nominaler 169 f.
realer 159

Markt, Störungen auf lokalem 569
Markträumung 11, 124 ff., 132 f., 201, 206
bei unvollkommener Information 573 f.
lokale 568 f.
Markträumungsmodell 563
Mengenrationierung im keynesianischen Modell 599 ff.
Methode, makroökonomische 8 ff.
Methoden, mathematische 16
Mindestlohn 315 f.
Mindestreserven 506 ff., 531 f.
und Überschußreserven 506 ff.
Mindestreserveverpflichtung 506
Modell mit lokalen Märkten 564 ff.
Monetäres Wachstum 207 ff.
antizipiertes 217 f.
Monetarismus 148
Multiplikator 343, 606 ff.

Nachfrageerhöhung, autonome 606
Naturaltausch 60
Nettoinvestition 22; *siehe auch* Investition
Nettosozialprodukt 22 f.
Neutralisierung internationaler Geldströme 475
Nutzen 36
Nutzenfunktion 36 f.

Offene Stellen 295

Offenmarktgeschäfte 416, 515 ff.
  Neutralität der 525 f.
Öffentliche Güter 339

Phillips-Kurve 539 ff.
  modifizierte 540
  unter Berücksichtigung der Erwartungen 540
Planungshorizont 81 f.
Preis, relativer, perzipierter 573
  relativer zukünftiger 571, 574 f.
Preisniveau 1, 26 ff., 61, 129, 137 ff.
  im keynesianischen Modell 617 ff.
  und Finanzgeschäfte 527 f.
  und realer Zinssatz 585
Preissprung 213
Preisstarrheit im keynesianischen Modell 625
Preisveränderungen, reale Effekte 553
Produktion im keynesianischen Modell 604
  staatliche 336
Produktionsfunktion 31 ff., 43 ff.
  Verschiebung der 133 ff., 142 ff., 258 ff., 261 ff.
Produktionstechnologie und Arbeitsmarkt 167 ff.
Proportionalsteuer 367

Quantitätstheorie des Geldes 147 f.

Realeinkommen, steuerfreies 374
Realkasseneffekt 116 f., 129
Regelbindungen *siehe* Wirtschaftspolitik
Regulation Q 510
Reservationslohn 297
Ressourcen, Knappheit der 8
Rezession 2, 549 ff.
  und reale Budgetdefizite 409
Ricardos Äquivalenztheorem 411

Saisonbereinigung 323
Schattenwirtschaft 380
Schocks, monetäre 554 ff.
Sicherung, soziale 81
  und Sparen 429
Skalenerträge 104, 272, 282
Sozialversicherungsabgaben 370 f.
Spareigung, marginale 85
Spekulation 478
Staatsausgaben 14, 331 ff.; *siehe auch* Güterkäufe, staatliche; Transferzahlungen
Staatsverschuldung 397 ff.
  Last der 423
  und Budgetbeschränkungen der Haushalte 410 ff.
Stagflation 582 f.

Steuern 363 ff.
  Arten von 366 ff.
  indirekte 25
  mit abgestuftem Steuersatz 368
  und Staatsverschuldung 14
  Pauschal- 336
  zeitliche Verteilung 421
Steuersatz, durchschnittlicher 368
  langfristige Effekte 383 ff.
  marginaler 368, 371 f.
  und Leistungsbilanz 452 f.
  und Steuereinnahmen 386 ff.
  Veränderung des 378 ff.
Steuersenkung, Defizit-finanzierte 414 ff., 422 ff.
Substitutionseffekt 43, 48 ff.
  beim Arbeitseinsatz 48 ff.
  beim Konsum 48 ff.
  intertemporaler 77 ff., 163, 205
  und Steuersätze 376 ff.
Superneutralität des Geldes 206 f.

Tauschmittel 10, 60
Technologischer Wandel 271, 284 f.
Termingeschäfte 470
Terms of trade 455 ff.
Transaktionskosten 98, 116 f.
Transferzahlungen 21, 202 f., 363, 390 ff.

Überschußreserven 507
Umlageverfahren 429
Umsatzsteuer 373 f.
Unternehmen 158
USA, Arbeitslosigkeit in Rezessionen 320 f.
  Außenwirtschaft 438 ff.
  Entwicklung der Arbeitslosenquote 308 f.
  Inflation 183 f.
  Kapitalstock und Investition 235 ff.
  langfristige Entwicklung 286 ff.
  Phillips-Kurven 541 ff.
  Staatsverschuldung 397 ff.
  Steuereinnahmen 363 ff.

Variable, nominale 61
  und reale, Zusammenhang 537 ff.
  reale 61
Verbrauchsteuern 373 f.
Verdrängung 342, 423
Vereinigtes Königreich, Phillips-Kurven 541 ff.
  Staatsverschuldung 397 ff.
Verhaltensoptimierung 8, 37
Vermittlungskosten 509
Vermögenseffekte 43 ff., 73 ff., 84 f., 116 f., 162

bei Steuersatzvariation 382, 423
monetärer Größen 226 ff.
Vermögensteuern 373
Versicherung von Bankeinlagen 530
Verteilungseffekte 128
Verträge, langfristige 627 ff.
Vertragsansatz, empirische Belege 630
Volkseinkommen 24
Volkswirtschaft, geschlossene 22
  offene 22, 435 ff.
Voraussicht, vollkommene 201, 589
Vorleistungen 23

Währungen 464 ff.
Währungsreserven 464
Walras-Gesetz der Märkte 127 ff.
Wechselkurse 463 ff.
  feste 471 ff.
  flexible 479 ff.
  nominale 483
  und Leistungsbilanz 489 ff.
  reale 483
Weltmarktpreise bei festen Wechselkursen 476f.
Weltwirtschaftskrise 2
Wertpapiere 62
  indexierte 195 f.
Wertschöpfung 23
Wettbewerb, vollkommener 61
Wiederverkaufsmärkte 252
Wirtschaftspolitik, diskretionäre 588 ff.
  regelgebundene 588 ff.
Wirtschaftswachstum 13, 271 ff.
  im Länderquerschnitt 288 ff.

Zahlungsbilanz 14, 440
Zahlungsbilanztheorie, monetäre 476
Zahlungsmittel, gesetzliches 96
  internationale 437, 463 ff.
Zeitpräferenz 278
Zinseinkommen, entgangenes 100
Zinsparität 469 ff.
Zinssatz 62, 139, 201
  erwarteter 188
  nominaler 186 ff., 213
  und intertemporale Substitution 75 ff.
  realer 186 ff., 278, 348 ff., 577, 585 f.
  realer nach Steuern 376